YI JING

Le Livre des Changements

22, rue Huygens, Paris

YI JING

Le Livre des Changements

周易

Cyrille J.-D. Javary
Pierre Faure

LE GRAND LIVRE DU MOIS

Remerciements

Les auteurs tiennent à exprimer leur gratitude envers toutes celles et tous ceux sans qui ce livre n'aurait pu ni commencer ni aboutir ou qui, chacun à leur manière, par leur soutien patient, leur aide discrète ou leur contribution ponctuelle, ont contribué à sa réalisation.

Un regard renouvelé sur le vieux Classique des Changements

Cyrille J.-D. Javary

« La vie qui engendre la vie,
c'est cela le changement ».
Yi Jing[1]

Texte fondateur de la civilisation chinoise, maître d'œuvre de sa philosophie et compagnon de son histoire depuis trente-cinq siècles, le *Yi Jing* aujourd'hui dépasse largement son terroir d'origine. De lui « on peut dire ce qu'on dit volontiers du *Livre de la Voie et de la Vertu (Dao De Jing)* attribué à Lao Zi : né du génie d'un peuple, il est devenu patrimoine de l'humanité tout entière[2] ». Et pourtant, voici un livre qui, même en Chine, ne ressemble à aucun autre. Il se pourrait même que, « de tous les livres qu'ont pu produire ou rêver les diverses civilisations, le *Yi Jing* soit le plus étrange[3] ».

Ni livre révélé comme la Bible ou le Coran, ni poème épique comme l'*Iliade* ou le *Ramayana*, ni parcours médité comme le *Livre des morts* tibétain, ni discours logique comme *La République* de Platon ou *Le Discours de la méthode* de Descartes, le *Yi Jing* se veut simplement le Classique *(jing)* des Changements *(yi)*. Les civilisations de l'Antiquité se sont donné des dieux et des codes, les civilisations modernes des lois et des méthodes, les Chinois, eux, ont traqué l'éternel dans sa forme la plus quotidienne : le changement incessant, le roulement saisonnier. Le *Yi Jing* n'édifie aucun système explicatif de l'univers, il n'explore pas la cause de son existence ou la finalité de son devenir, il ne révèle rien qui doive être l'objet d'une croyance, il ne fait que constater une évidence que ne rejette aucune foi, que ne contredit aucune science : le changement est la vie même. La raison de cet état de fait le laisse indifférent, seul l'intéresse le fonctionnement de ce processus sans cesse à l'œuvre, et cela à la seule fin de permettre à chaque humain de s'y insérer de la manière la plus efficace possible.

Véritable socle du mode de penser chinois, considéré au Pays du Milieu comme le fondement du raisonnable et l'outil de base de l'intelligibilité du monde, le *Yi Jing* a servi de référence et de vocabulaire à la quasi-totalité de ce qui s'est pensé en Chine durant les deux derniers millénaires. Yin & Yang, par exemple, les piliers de la dialectique chinoise, deux termes qui furent « inventés » pour expliquer et généraliser ce que le *Yi Jing* expose, apparaissent pour la première fois revêtus de leur sens philosophique dans les plus anciens commentaires officiels du Classique des Changements. « Quand on examine les anciennes mentions du *Yi Jing* dans l'histoire littéraire chinoise, on note la prééminence qui lui est reconnue. Les autres classiques n'atteignent pas à sa profondeur ou, si l'on préfère, à sa sublimité[4] ». Un médecin du XVIIIe siècle, Zhang Jiebin, auteur du *Lei Jing*, un ouvrage médical faisant toujours autorité, résume cela dans sa préface en disant : « Pour connaître le fonctionnement du corps humain, il n'est rien de mieux que le *Nei Jing* [le "Classique de l'Interne", écrit vers le IIIe siècle avant notre ère et qui reste le livre de base de tous les acupuncteurs], mais le corps humain, comme toutes les choses vivantes fonctionne selon les principes du Yin-Yang. Or pour connaître le Yin-Yang, il n'est rien de mieux que le *Yi Jing*. »

Malgré cela, le texte officiel du *Yi Jing* ne paie pas de mine. Une édition complète en chinois compte environ dix mille idéogrammes : un mince cahier d'une dizaine de pages au format de ce livre, mais on pourrait sans serrer faire tenir l'ensemble complet (texte originel et Commentaires canoniques) sur une seule page de quotidien[5]. C'est là pourtant le résultat d'un impressionnant travail d'agencement étiré sur plus d'une dizaine de siècles, l'aboutissement d'un d'une réflexion méthodique et d'une organisation minutieuse que les anciens Chinois ont commence à l'âge du bronze, avant même de savoir écrire. En fait, il est à peine exagéré de dire que c'est pour commencer à rédiger ce qui finalement deviendra le *Yi Jing* que l'écriture idéographique a été inventée sur les bords du fleuve Jaune[6].

Les souverains de l'Antiquité chinoise avant de prendre des décisions importantes interrogeaient leurs ancêtres défunts par le truchement de carapaces de tortues sur lesquelles on appliquait en certains points des stylets chauffés. Les réponses des esprits interrogés étaient déduites de la forme des fendillements que la chaleur provoquait dans les carapaces. Ensuite, pour garder trace de ces diagnostics, les officiants prirent l'habitude, à partir du XVe siècle avant notre ère, de graver directement sur les carapaces, avant de les archiver, des sortes de signes mnémotechniques résumant leurs conjectures. Ces signes sont les ancêtres de tous les caractères chinois actuels ; ils n'en diffèrent que par leur forme, pas par leurs principes.

Oubliées pendant plus de deux millénaires, redécouvertes fortuitement dans les dernières années du XIXe siècle et minutieusement analysées depuis, ces pièces ont permis de reconstituer avec précision l'évolution de l'écriture chinoise à partir des formes les plus archaïques. Mais ce n'est pas tout, ces carapaces surgies du fond des âges ont aussi apporté un éclairage totalement nouveau sur le processus intellectuel rigoureux grâce auquel il fut possible à partir d'un matériau disparate, circonstancié et quasiment infini (plusieurs centaines de milliers de pièces ont été retrouvées et les archéologues estiment qu'il s'agit là d'à peine le dixième du total), de finalement aboutir à un texte dont la partie la plus ancienne (le Texte canonique), organisée en soixante-quatre chapitres, compte environ quatre mille caractères. On s'aperçut notamment que ces diagnostics qui, à l'origine, étaient détaillés et personnalisés, furent rendus anonymes de manière à pouvoir être généralisés, classés, et organisés en fonction des similitudes qui y furent distinguées. Ce délicat travail d'agencement a pu être réalisé grâce notamment à certains signes spécifiques, des sortes d'évaluations techniques qui résumaient d'un mot l'appréciation tirée de l'examen des fendillements. Car ces indications techniques, par elles-mêmes en nombre assez restreint, se retrouvaient à l'identique dans des centaines de milliers d'archives traitant de circonstances fort diverses. Il fallait bien, se dirent les lettrés de l'Antiquité, qu'une qualité commune parcoure ces situations extérieurement disparates : ils pensèrent alors qu'il devait s'agir de la qualité énergétique du moment et de l'adéquation de ce qu'on projetait d'y réaliser. C'est ainsi qu'après des siècles de réflexion, d'organisation et de distillations successives, ils aboutirent vers le milieu de la dynastie des Han (au tournant de notre ère) à ce texte de seulement quatre mille caractères, organisé en soixante-quatre chapitres, consacré chacun à une situation type, un agencement énergétique spécifique, défini par un titre – généralement un simple verbe d'action – et dont l'évolution globale, le déroulement probable, est explicité par six paragraphes successifs.

« La seule chose qui ne changera jamais, dit un texte du *Yi Jing*, c'est que tout est toujours en train de changer. » Peuple pragmatique s'il en est, les Chinois ont pris cette constatation de bon sens comme perspective pour leur manière de penser le monde et ils l'ont rationalisée à l'aide du *Livre des Changements*. Familier aux lettrés de la Chine impériale qui l'étudiaient aux moments de loisirs et le consultaient au moment de choisir, il n'y a qu'en Occident, où mancies et prophéties sont partie intégrante des grands textes fondateurs, qu'on s'imagine l'interroger pour connaître l'avenir. Peuple trop concret pour imaginer que le futur puisse être sérieusement prévisible, les Chinois n'utilisent le *Yi Jing* à décrypter la configuration d'un moment que dans le but de s'y accorder efficacement.

Rechercher l'adéquation harmonieuse entre le projet que l'on mène et l'ensemble où il s'insère, voilà justement ce que Confucius considérait comme l'acte moral par excellence. Pour cette raison, bien que le système du *Yi Jing* ait puisé dans le taoïsme une grande partie de sa finesse et de sa sensibilité, c'est au confucianisme qu'il doit sa rigueur, ainsi qu'en témoigne l'attribution à son fondateur de la rédaction de la totalité des Commentaires canoniques.

Malgré ce parrainage aussi important que légendaire (Confucius, comme Socrate, n'a jamais rien écrit de sa main), pour l'Occident qui ne le rencontre que très tardivement (la première traduction fut réalisée en 1728, en latin, par Mgr Claude Visdelou, archevêque de Claudiopolis à l'intention de la Congrégation romaine pour la propagation de la foi[7]), le *Yi Jing* passait et passe encore pour un ouvrage divinatoire, un « livre de sorts » bafouant Dieu et humiliant la raison. L'une des causes de cette durable méprise fut la qualité des émissaires envoyés en Chine à partir du XVIIe siècle et la méfiance dans laquelle ces missionnaires tenaient les pratiques indigènes. Une autre fut aussi l'absence dans nos langues de termes appropriés pour définir ce qui est en jeu lors de l'utilisation individuelle du *Livre des Changements*.

Aujourd'hui, cependant, l'image du *Yi Jing* est en train de changer. En Chine, après une défaveur renforcée au XIXe siècle par la colonisation étrangère et au XXe par l'idéologie positiviste des régimes tant nationaliste que communiste, il semblerait qu'il retrouve à nouveau l'importance dont il jouissait jadis. En Occident, à la suite de l'intérêt que lui avait porté Carl Gustav Jung qui y trouvait un argument de poids en faveur de sa théorie des archétypes, et après le culte naïf dont il fut l'objet quand les hippies des années soixante-dix en firent un des emblèmes de leur recherche d'une nouvelle écologie spirituelle, l'image du *Livre des Changements* achève sa… mutation. L'intérêt croissant qui se manifeste pour la civilisation chinoise dans son ensemble et particulièrement pour les différents arts physiques chinois, acupuncture, Tai Ji Quan, Qi Qong, notamment, alimente aujourd'hui l'enthousiasme du public pour le *Yi Jing* qui commence à être mieux perçu pour ce qu'il peut être : une voie royale pour se familiariser avec le mode de penser chinois, en même temps qu'un manuel pratique d'aide à la prise de décision dans la vie quotidienne tout autant qu'un modèle stimulant de l'organisation complexe qui recoupe en bien des points les théories récentes sur le fonctionnement des ensembles aléatoires et la structure fractale des systèmes vivants.

Il fallait pour accompagner ce renouveau une traduction nouvelle du vieux classique chinois, plus hardie dans sa manière de le rendre en français, plus respectueuse de l'état d'esprit et, si l'on ose dire, de la lettre du texte fondamental.

Réussir pareil pari demandait de se placer à l'intérieur du *Yi Jing*, par une pratique au long cours, par une familiarité directe permettant de garder présentes à l'esprit certaines évidences souvent négligées et parfois ignorées tant elles paraissent transparentes.

Le chinois n'est pas une langue, c'est une écriture

La première de ces réalités, moins triviale qu'il n'y paraît, est que le *Yi Jing* est composé en chinois et que le chinois, plus qu'une langue étrangère, est une écriture différente. Le grimoire de ces signes génère, par leur nature même, une intelligence du sens dont nos langues littérales n'ont pas même l'imagination. La seconde, jamais encore prise en compte, est que le *Yi Jing* n'est pas un texte mais une structure. Il ne se déroule pas selon un schéma linéaire, littéraire pourrait-on dire, mais juxtapose un ensemble d'interconnexions infiniment ciselées dont l'agencement réciproque n'a pu être possible que grâce à une qualité particulière des signes chinois sans équivalent dans aucun autre système d'écriture : ils sont tous morphologiquement équivalents. Un idéogramme, quelle que soit sa signification et quel que soit le nombre de traits nécessaires pour l'écrire (de un, pour le plus simple, à trente pour les plus touffus), doit toujours être inscrit dans le même rectangle virtuel : quantum de sens plutôt que mot précis, tous les signes chinois ont la même taille, chacun occupe dans la phrase une surface équivalente. De plus, immuables dans leur taille, les idéogrammes, quasiment indifférent à nos catégories grammaticales usuelles, sont aussi invariables dans leurs formes. Ces singularités qui sont toujours celles de l'actuelle langue écrite sont accusées dans le cas du *Yi Jing* par les spécificités de la langue archaïque, laquelle, un peu à la manière du latin de Cicéron, s'affranchit sans scrupule de tous les mots secondaires, articles, prépositions, sujet même, souvent. Que reste-t-il alors ? L'essentiel du sens, pesé au trébuchet et surtout agencé au millimètre : des paragraphes qui riment pour l'œil autant que pour l'oreille. La mise en forme, pour ne pas dire la mise en page, prend le relais de l'exigence qui jadis s'exprimait par la scansion. À ce point d'importance, traduire demande de prendre en compte plus que ce que le texte comporte, de solliciter aussi tout le jeu qui se trame entre ce qui est et ce qui manque.

Les Chinois, comme tous les peuples, parlaient avant d'écrire ; et parmi les grands peuples ils furent un des derniers à inventer leur écriture. Les Égyptiens, les Sumériens savaient écrire mille ans au moins avant eux, mais l'écriture qu'ils ont inventée est, avec les siècles, devenue… lettre morte. Les Chinois, eux, utilisent toujours les signes créés par leurs ancêtres il y a trente-cinq siècles. Ces glyphes qui n'ont changé d'apparence qu'en raison des instruments utilisés pour les tracer sont uniques dans leur conception. Les mots chinois, en effet, ne sont pas formés d'une succession de signes sans signification propre, servant simplement à noter des successions de sons comme les lettres latines, les syllabaires arabes ou japonais ou partiellement les hiéroglyphes égyptiens. Négligeant parfois complètement le son, les caractères vont droit au sens, le faisant surgir par des représentations schématiques, imagées ou épurées.

L'idéographie chinoise paraît souvent inutilement compliquée, pourtant ce système, inchangé dans ses principes depuis son origine, perdure et rien dans la modernité actuelle ne semble devoir le menacer, pas plus Internet que les messages qui s'inscrivent sur les écrans des téléphones portables. Sans doute est-ce parce que ce système compense une certaine difficulté d'apprentissage par une concision extrême dans l'expression et une puissance évocatrice démultipliée par la combinatoire jouant à l'intérieur des signes comme entre les signes.

L'affaire va plus loin, car les mots étant les outils avec lesquels on pense, il faut en conclure que réfléchir avec des mots formés de signes littéralement vides de signification propre ne peut pas activer les mêmes circuits cérébraux que raisonner à l'aide de schémas graphiquement parlants et orthographiquement muets.

Dessinant des idées – raison pour laquelle ils sont appelés idéogrammes (*idéo* : idée, comme dans idéologie, et *gramme* signe, comme dans télégramme) – les signes chinois suggèrent bien plus qu'ils énoncent. Ils requièrent pour être lus, moins l'aptitude du cerveau gauche à l'analyse séquentielle des lettres, que la capacité du cerveau droit à l'entendement global des images et des formes. Le Chinois ne peut penser que globalement, par agrégats logiques. Cette habitude héritée de sa manière d'écrire, il l'a tout naturellement appliquée aux différents systèmes avec lesquels il s'est représenté le monde, notamment les diagrammes linéaires à six niveaux avec lesquels le texte du *Yi Jing* fut résumé à un moment de son histoire. Idéogrammes et hexagrammes font plus que rimer, ce sont des réalités équivalentes parce bâties l'une comme l'autre comme des constructions linéaires agencées selon une logique strictement positionnelle. Cette parité singulière, qu'ils partagent également avec les méridiens d'acupuncture, dérive vraisemblablement de la même origine : l'habitude de réfléchir sur les fissures produites sur les carapaces de tortues, en donnant un sens à ces formes linéaires, notamment en fonction de leurs positions respectives.

Pourquoi ce rapport fondamental n'avait-il jamais été remarqué dans les ouvrages traitant du *Yi Jing* ? Peut-être simplement parce que jusque récemment, d'une part la grande majorité de ceux qui s'intéressaient au *Livre des Changements* ne connaissaient pas le chinois et d'autre part, à ceux qui étudiaient le chinois à l'université, on recommandait bien de se tenir éloigné du *Yi Jing* dont la sulfureuse réputation divinatoire était exacerbée par les extravagances qu'on pouvait lire à son sujet, notamment au cours des années soixante-dix, époque où me fut offert mon premier exemplaire du *Livre des Changements.* Ayant décidé par la suite d'aller plus avant dans son étude, j'ai choisi de suivre une voie médiane, et d'apprendre du chinois surtout ce qui pourrait m'aider à avoir un rapport plus personnel avec le *Yi Jing.* Les cours de Kyril Ryjik[8], basés sur l'étrangeté philosophique des idéogrammes et surtout sur leur étymologie d'après les formes des carapaces de tortues, achevèrent de me persuader que le « pli langagier de la pensée », ainsi que l'appelle François Jullien, cette influence qu'ont les mots sur les idées, que Nietzsche le premier avait ressentie[9], devenait un plissement hercynien quand il ne s'agissait plus de mots mais d'idées dessinées et d'épures enchâssées dans des réseaux millimétrés. Pour avancer il n'y avait pas de meilleure solution que d'aller se perfectionner sur place et je partis habiter deux ans à Taiwan. À peine a-t-on le pied posé en terre chinoise que se noue un autre rapport avec la langue idéographique, on se sent instantanément saisi par l'omniprésence de l'écrit et enivré par l'infinitude des caractères.

« L'écrit vit et règne d'un bout à l'autre de la Chine : il occupe la place d'honneur dans les palais et les temples mais il orne aussi bien les murs des boutiques, des maisons de thé et des marchands de vin ; et au moment du nouvel an sa présence sacrée et inspirée transfigure la porte des plus pauvres masures au fin fond des campagnes les plus lointaines[10] ». Il n'existe sans doute aucune autre langage au monde où le même terme signifie indifféremment *écriture* et *civilisation.* Il n'existe certainement aucun autre peuple qui ait utilisé ce mot *wen* pour en faire le nom de gloire sous lequel était rendu culte au plus prestigieux des héros fondateurs de son histoire : le Roi Wen, auteur officiel du texte fondateur de sa culture, le *Yi Jing.*

Quand on reste assez longtemps sur place, la relation qu'on entretient avec les idéogrammes s'affine. Petit à petit, à force de les voir partout et de les étudier chaque jour, on se met à cesser de les lire, de les percevoir comme des signes abstraits pour commencer à les regarder comme ce qu'ils peuvent parfois être, de véritables dessins animés, des représentations de mouvement. Prenons pour donner un exemple un terme qui intervient à plus d'une reprise dans le texte du *Yi Jing.* Il s'agit d'une de ces indications techniques résumant la qualité énergétique de la circonstance, ici le fait que, compte tenu de la configuration de départ et de la propension du moment, le flux du Tao apparaît comme temporairement susceptible de se gripper, de perdre sa fluidité efficace. Quatre traits ont suffi aux anciens Chinois pour créer l'idéogramme qui représente cette idée hautement abstraite, le caractère *xiong*, quasiment inchangé depuis trois mille ans :

凶

Il se compose de deux parties, une forme en X : 乂, et une forme en U : 凵. La forme en X est la représentation d'une marche régulière progressant selon un rythme alternatif (toujours le Yin-Yang), comme jadis l'avancée d'un faucheur au travail dans un champs de céréales. Or ce mouvement est représenté enserré par la forme en U, c'est-à-dire qu'au lieu de s'écouler librement et de manière productive il est tombé dans un trou, à l'intérieur duquel il croupit, s'envase et pourrit. L'image est simple et forte. Mais tandis que le cerveau droit la perçoit directement, le cerveau gauche rechigne à trouver un mot qui l'évoquerait sans la déformer.

Confrontés à ce problème qui n'est pas académique, car cette indication est mentionnée à cinquante-huit reprises dans le Texte canonique, les traducteurs occidentaux se sentirent un peu démunis étant donné qu'aucun mot dans les langues latines ne correspondait à cette manière simple, et simplement énergétique, de comprendre la situation. Mais ils ne restèrent pas longtemps désemparés et, persuadés qu'ils étaient de traduire un « livre de sorts », ils allèrent se fournir dans le vocabulaire divinatoire de leur culture d'origine, appelant à leur rescousse la vieille déesse Fortuna, celle qui fait tourner les destins sur sa roue comme représenté sur la dixième lame du tarot marseillais. Ainsi, par la grâce de cette onction douteuse, l'idéogramme *xiong* reçut-il comme traduction « infortune ». Sur cette lancée, son opposé, l'idéogramme *ji*, marque d'un rassemblement vivifiant du flux vital, se vit affublé de « fortune » ! Et depuis lors, quasiment tous les traducteurs se sont recopiés les uns les autres, trop heureux d'éluder à si bon compte la question de savoir quel sens il pouvait bien y avoir à convoquer une vieille déesse romaine pour rendre compte d'un texte chinois dans lequel aucune divinité n'est jamais mentionnée.

Ces deux termes essentiels du *Yi Jing* puisque à eux seuls ils suffisent à en définir l'usage – en chinois l'expression *tuan ji xiong*, mot à mot discerner *(tuan)* les moments où le flux du Tao stagne *(xiong)* de ceux où il s'écoule de manière féconde *(ji)* résume l'utilisation individuelle du *Livre des Changements* –, apparaissent plus de deux cents fois dans le texte. Le plus grave dans ce genre de choix (car on appliqua la même duperie à bien d'autres termes) est qu'il allait tenir le *Yi Jing* enfermé pour plusieurs siècles dans le rayon « sottises divinatoires » des librairies comme des mentalités.

Mais alors, quel mot utiliser pour rendre en français cette description quasi radiographique d'un agencement énergétique que le caractère *xiong* rend si directement perceptible? Comment éviter la connotation d'êtres humains subissant impuissants les caprices de dieux injustes et jaloux qu'évoque « infortune » tout en exprimant le côté indiscutablement défavorable de la situation que signale ce caractère? J'ai longtemps cherché, ne trouvant aucune formulation satisfaisante, tant notre langue est dépourvue de vocabulaire énergétique. Jusqu'au jour où la solution m'est apparue, écrite en toutes lettres sur un de ces portiques qui enjambent les autoroutes et où s'affichent des informations sur l'écoulement du trafic: « À dix kilomètres, bouchon. ». Voilà exactement ce que dessine l'idéogramme *xiong*: un flux qui temporairement se bloque. C'est aussi un bon exemple de la façon dont le *Yi Jing* fonctionne quand on l'interroge. Il ne dit rien de la marche du destin ni de l'avenir de la personne qui le consulte, il donne juste une information objective et circonstanciée: pour qui se dirige dans cette direction, la circulation tend à perdre sa fluidité, c'est-à-dire, pour l'autoroute, son efficacité. Sachant cela, chacun est libre de réagir comme il l'entend, prendre la première sortie, continuer quand même, s'arrêter pour déjeuner; tous les futurs sont possibles, mais à moins d'un coup du sort, ce qui arrivera dépendra de nos choix.

Malheureusement, même si « fluide », son contraire, correspondait à ce que représente le caractère *ji*, « bouchon » ne convenait pas pour traduire *xiong*, car sorti du contexte routier et placé dans celui du *Yi Jing*, le terme devenait burlesque. J'ai donc finalement choisi « fermeture » pour traduire *xiong* et « ouverture » pour *ji*, des mots plus généraux mais qui conviennent assez bien comme appréciations techniques, notamment en raison de leur neutralité. « Impasse » qui était tentant avait cependant deux défauts: ne pas avoir de contraire usuel et surtout évoquer une voie sans issue, ce qui est finalement encore plus étranger à la perspective du *Livre des Changements* que les caprices d'une déesse lunatique[11]. Car la seule chose dont on puisse être sûr quand on interroge le *Yi Jing* ou quand on se trouve pris dans un bouchon, c'est que forcément, même si cela prend parfois très longtemps, à un moment ou à un autre, un changement se produira et la voie finira par s'ouvrir devant soi.

Le *Yi Jing* n'est pas un texte, c'est une structure

Qu'on lise le texte du *Livre des Changements* d'une traite ou qu'on le parcoure chapitre par chapitre au gré de ses questions, on s'aperçoit rapidement que parmi les neuf cents mots différents de son texte originel, tous n'ont pas la même fonction ni la même valeur d'usage, mais qu'ils se répartissent en deux groupes bien distincts. Le premier, de loin le plus important, comprend les termes qui apparaissent ponctuellement (de une à trois ou quatre fois) et le plus souvent dans un seul chapitre dont ils constituent alors le vocabulaire spécifique. En allant plus loin, on peut remarquer que lorsque ces termes – le plus souvent des mots usuels, désignant des objets quotidiens (chariot, lit, vase, arme), des scènes banales (partie de chasse, audience de cours, rituel religieux) et des verbes concrets (progresser, reculer, entrer, regarder) – sont cités dans plusieurs situations types, ils créent ce qu'on pourrait appeler une sorte de lien hypertexte avant la lettre, signalant entre ces situations une problématique sinon commune, du moins connexe. Le second groupe, radicalement différent, est formé d'un ensemble d'à peine vingt-cinq caractères qui à eux seuls occupent quasiment le quart du Texte canonique puisqu'ils totalisent presque neuf cents occurrences. Ils présentent la caractéristique d'être répétés à l'identique tout au long du *Yi Jing* et cela dans la plus parfaite indifférence envers la particularité des chapitres où ils sont placés. Ponctuant abruptement le texte primitif – ils forment des phrases à eux seuls –, ces termes rendent le *Yi Jing* unique, non seulement par rapport aux textes fondateurs des autres grandes civilisations, mais également à l'intérieur de la tradition chinoise elle-même. Jargon de spécialistes, abréviations techniques, résumés d'un diagnostic, ce sont des signes abstraits, inchangés depuis l'âge du bronze, les descendants directs des appréciations jadis gravées pour mémoire sur les carapaces de tortues. En examinant de plus près l'un d'eux, *xiong*, « fermeture », on s'aperçoit à quel point la signification *utile* de ces idéogrammes ne pouvait pas être trouvée simplement en consultant un dictionnaire. C'est à l'intérieur du *Yi Jing* lui-même qu'il fallait aller la débusquer.

Il n'y avait qu'un moyen pour cela : démonter les rouages du *Yi Jing*. Refaire à l'envers le travail des anciens rédacteurs du Texte canonique qui, pour ramener l'infini variété des circonstances analysées sur les carapaces de tortues à soixante-quatre situationstypes, se sont appuyés sur ces termes particuliers. En recherchant les raisons qui avaient présidé à leur choix de placer telle appréciation ici et telle autre là, on pouvait espérer mieux cerner la réalité énergétique qui leur est commune et en conséquence aboutir pour chacune d'elles à une signification pratique préférable à une traduction étroite.

J'ai donc entrepris de dresser l'une après l'autre la liste de toutes les occurrences de chacune de ces appréciations stéréotypées que, faute de mieux, j'appelais « formules mantiques », puisque aux caractères uniques tels que « ouverture », « fermeture », il fallait ajouter des expressions qui, bien qu'utilisant un vocabulaire courant, prennent un sens particulier dans le contexte du Classique des Changements. Par exemple le conseil de « prendre femme » n'est évidemment pas à prendre au premier degré – sinon le *Yi Jing* ne parlerait qu'à une moitié de l'humanité – mais à comprendre au sens symbolique comme un conseil à épouser une attitude Yin.

Ce furent de longues nuits de veille, penché sur d'austères nomenclatures et d'interminables inventaires (« ouverture » par exemple est cité plus de cent cinquante fois[12]). Mais au sortir de cet aride travail de recensement, un *Yi Jing* totalement nouveau apparaissait. Ce n'était plus le texte fumeux, parfumé au taoïsme de bazar, raillé avec mépris par les missionnaires du XIXe siècle, exalté sans retenue par les hippies du XXe, qu'un esprit épris de sérieux ne pouvait que rejeter dans la pénombre des âges prélogiques, mais un réseau infiniment tissé, une formidable machine à connexions, un diamant subtil dont la multiplicité des facettes et la richesse des agencements étaient jusqu'alors était complètement passées inaperçues.

Cette exploration méthodique de l'organisation du texte du *Yi Jing*, qu'il serait pompeux d'appeler structuraliste bien qu'elle en ait la méthode et la rigueur, allait être l'occasion de toute une série de découvertes et d'ouvertures inattendues. Par exemple, le second caractère le plus répété du *Yi Jing* après « ouverture » est *jiu*, un idéogramme qui signifie « faute ». Voilà qui paraît clair ; cependant l'examen des cent occurrences de cette appréciations fait apparaître qu'elle est mentionnée quatre-vingt-quatorze fois précédée de la même négation (« absence de faute ») et six autres fois avec des variantes également négatives. Autrement dit, puisque nulle part on ne lit « il y a faute », comme on peut lire « il y a danger » ou « il y a ouverture », c'est que dans le *Livre des Changements*, la « faute » est toujours récusée, jamais on n'y est mis en position d'accusé ! La notion de faute, si familière à l'Occident indo-européen, avec son cortège de culpabilité et de ressentiment, est étrangère au *Livre des Changements*. On imagine la conclusion rageuse que les missionnaires traducteurs pouvaient tirer de ce constat ! L'appréciation « absence de faute » n'y est pas pour autant la marque d'une conduite irréprochable. L'examen attentif des situations où ce conseil est donné, et la mise en relation des autres recommandations avec lequel il est associé montre plutôt qu'il représente une ferme incitation à ne pas rester dans un état d'esprit incertain ou hésitant, une invite vigoureuse à ne pas avoir de doutes, soit sur la stratégie spécifique proposée en la circonstance par le *Yi Jing*, soit sur celle au sujet de laquelle on l'avait consulté.

Malheureusement, oubliant sans doute que Confucius avait dit « commettre une faute et ne pas s'en corriger, c'est cela la faute[13] » et prenant le caractère *jiu* au sens qui leur était familier, les traducteurs de jadis, en rendant cette formule par des expressions inutilement moralisatrices telles « pas de blâme », « pas de culpabilité », « pas de mal » sont passés à côté de son aspect roboratif.

Qu'à aucun des successeurs du père Visdelou ne soit venue l'idée pourtant simple de s'aider du *Yi Jing* pour traduire le *Yi Jing* donne un aperçu du regard faussé avec lequel fut longtemps considéré l'ancien classique chinois. Les raisons de cela ont été multiples. Certaines, tenant à la mentalité coloniale, produisaient une sorte d'impossibilité *théorique* à créditer de vertus logiques un texte indigène ; d'autres, d'ordre idéologique, étaient des réticences rationnelles et religieuses vis-à-vis d'un ouvrage réputé divinatoire, mais la raison la plus vraisemblable, surtout chez les traducteurs dénués de préjugés hostiles envers le *Yi Jing*, était d'ordre textuel. Obnubilés sans doute par l'apparence livresque du Classique des Changements, ces traducteurs-là crurent de bonne foi avoir affaire à un texte littéraire, c'est-à-dire linéaire. Alors, confrontés à ces curieuses formules mantiques, ils se sont astreints à les *traduire*, plutôt qu'à les comprendre. Et ils en sont tout naturellement arrivés à chercher à *améliorer* le texte original, en s'efforçant de rendre ces sèches indications techniques à l'aide de tournures élégantes c'est-à-dire *variées* ! Le résultat fut plus que désastreux, non seulement la signification stratégique de ces indications était dénaturée par une traduction au ras de l'idéogramme, mais la rigueur avec laquelle elles avaient été agencées disparaissait sous une accumulation de variations fantaisistes[14], rendant impossible toute recherche sérieuse à qui n'avait pas accès au texte chinois, autant dire la quasi-totalité de ceux qui, à l'instar de Jung par exemple, se passionnaient pour le vieux classique.

Le relevé minutieux et l'organisation de l'ensemble des appréciations formées d'un seul caractère en fonction non des chapitres où elles apparaissent mais des caractères qui les encadrent allait produire un autre résultat, aussi imprévu qu'étonnant : la découverte du système avec lequel ces formules mantiques sont *graduées*. En effet, la juxtaposition de ces appréciations montre, soit qu'elles ne sont pas reliées à la phrase précédente, soit qu'elles sont toujours précédées par cinq caractères, toujours les mêmes : « fondamentalement », « il y a », « présage de », « à la fin », « absence de ». Il pourrait s'agir d'une coïncidence si justement la situation spécifique de chacune de ces appréciations ne montrait les raisons pour lesquelles elles peuvent être jugées : maximale, effective, probable ou inexistante. Autrement dit, ces cinq caractères qui déterminent les appréciations mantiques constituent les gradations précises qui modulent chacune des appréciations qu'ils précèdent. Qu'on en juge en mesurant la différence qu'il peut y avoir entre « il y a danger » et « présage de danger » ; si la prudence est recommandée dans les deux cas, ne doit-elle pas être nettement plus déterminée dans le premier cas que dans le second ? Plus subtile en revanche est la discrimination entre la simple mention « regrets » et la précision « il y a regrets », même si intuitivement on devine que la seconde appréciation est plus accentuée que la première. On approche là des raisons qui ont fait que ce système de gradation a pu passer inaperçu. La première est que, parmi les cinq idéogrammes servant de modulateurs tous ne tiennent pas exclusivement ce rôle. Si certains, par exemple « fondamentalement » n'apparaissent dans le *Yi Jing* qu'à ce titre, d'autres, comme « il y a » peuvent y être justifiés par de multiples raisons, grammaticales ou lexicales. L'idéographie alors aide à trancher. En s'appuyant sur l'équivalence de l'espace occupé par chaque caractère, il est possible de reconstituer l'équilibre interne des paragraphes. Point n'est besoin pour cela de savoir lire les caractères, il suffit de regarder le texte chinois comme un tableau de Mondrian. Si cet ouvrage comporte en tête de chaque chapitre le texte entier de chaque hexagramme, en chinois et en français, ce n'est pas pour des raisons décoratives, mais pour faciliter cet exercice consistant à cerner les informations qui n'apparaissent qu'en creux, celles qui, comme nous l'avons vu avec « faute », se manifestent par l'absence et non la présence. On s'aperçoit alors qu'aux cinq degrés matérialisés par les modulateurs des formules mantiques, il faut en ajouter un sixième, en considérant l'absence de modulation comme une modulation à part entière.

Résumé du système des six modulations mantiques

Idéogramme	Traduction	Signification *indique que l'appréciation mantique est*
yuan 元	Fondamentalement	maximale
you 有	Il y a	effective
(aucun)		isolée, directe, sans commentaire
zhen 貞	Présage de	probable
zhong 終	À la fin	prospective
wu, bu 无不	Absence de, pas de, aucun	inexistante, absente

L'idée que l'absence, tout autant que la présence, puisse être porteuse de sens, bien qu'elle soit un mode d'expression familier aux Chinois – c'est une des bases du décryptage des discours politiques –, avait rarement été appliquée à la compréhension du *Livre des*

Changements. Sans doute la teneur Yin, discrète, cachée, de ce genre de message est-elle plus délicate à prendre en compte et nous sommes moins habitués à accorder autant d'importance à ce qui n'est pas mentionné qu'à ce qui l'est. Pourtant, remarquer dans le texte de telle situation type généralement très appréciée l'absence de toute appréciation favorable ou dans telle autre unanimement déconsidérée, l'absence d'appréciations négatives, change considérablement l'idée qu'on peut s'en faire.

Cette analyse textuelle du matériau indiscutable du *Yi Jing* allait finalement m'amener à une autre découverte dont les conséquences sont très importantes par rapport à l'idée qu'on se fait du *Livre des Changements* en Occident. Pendant plus de quinze ans j'avais décrit cet ouvrage comme étant « le grand livre du Yin et du Yang », et voilà qu'il se découvrait sous un tout autre visage. Si son étude, comme le disait Zhang Jiebin, permet de pénétrer l'éternel enlacement du Yin et du Yang, son usage montre qu'à chacun de ces deux principes n'est pas du tout accordée une valeur équivalente. L'examen des appréciations mantiques montre sans conteste que, dans son versant stratégique, le *Yi Jing* est fondamentalement le grand livre du Yin. Voilà une nouvelle qui aurait étonné les traducteurs du XIXe siècle, et en particulier Richard Wilhelm, de tous le plus méprisant envers les femmes.

Tout au long du texte du *Yi Jing*, le Yin est valorisé au détriment du Yang et les stratégies Yin systématiquement recommandées deux fois plus souvent que les stratégies Yang. Deux exemples, insuffisants pour prouver cela, permettront néanmoins de l'évoquer. ÉLAN CRÉATIF, le seul hexagramme entièrement constitué de Yang, ne se voit gratifié dans le texte de ses traits d'aucune appréciation mantique favorable ; on y trouve plutôt mention de danger et de risque d'orgueil. ÉLAN RÉCEPTIF, le seul hexagramme constitué entièrement de Yin, en revanche recueille les deux appréciations les plus hautement favorables : « rien qui ne soit favorable » et « fondamentalement ouvert ». Parmi les différents conseils d'attitude du *Yi Jing*, il en est un qui parle de « partir en expéditions », c'est-à-dire d'entreprendre un sévère travail de remise en ordre. Cette injonction qui ne manque pas de fermeté est citée en tout 18 fois. Cependant parmi ces occurrences, on n'en trouve que 6 pour lesquelles ce type d'attitude est jugé favorablement (« ouverture pour des expéditions ») pour 12 où le *Yi Jing* estime que réagir de cette manière mène à une « impasse ». L'explication de ce déséquilibre est riche d'enseignements. Si l'attitude, secondaire, réfléchie, en un mot, Yin, est deux fois plus souvent conseillée que la réaction primaire, instinctive, Yang (et cela est également le cas pour la quasi-totalité des autres conseils stratégiques), c'est bien parce que la réaction brutale nous est à chacun spontanée, elle ne demande aucune maîtrise particulière alors que la retenue doit être apprise et réapprise souvent. Dans la ligne confucéenne de l'amélioration de soi, il est compréhensible alors que cette dernière soit le plus souvent prônée. Par ricochet, on prend la mesure de l'importance, dans cette perspective globale, des moments où le *Yi Jing* nous conseille d'agir avec véhémence.

La fleur fractale

Trier à longueur de nuits des centaines d'idéogrammes, puis comparer des journées durant des phrases entières pour y traquer ceux qui n'y figurent pas, tout cela allait finalement m'amener à ce par quoi j'aurais sans doute dû commencer : compter un par un tous les signes composant les soixante-quatre chapitres du Texte canonique. Chemin faisant, je m'étonnais qu'aucun auteur n'ait eut jusqu'alors cette innocente curiosité. Les seuls qui mentionnent cette question l'éludent en répétant ce que les Chinois en ont toujours dit : que le Texte canonique compte *environ* quatre mille caractères qui, ajoutés aux *à peu près* six mille caractères des Commentaires canoniques, forment un ensemble de *globalement* dix mille signes, dix mille étant le chiffre symbolique de la totalité. Or quand on a commencé à prendre la mesure de la précision horlogère avec laquelle le *Yi Jing* a été ciselé des siècles durant, la mention « *environ* quatre mille caractères » n'est plus acceptable.

Le texte officiel du *Yi Jing* compte exactement 4 082 caractères et ce chiffre résume magnifiquement le mélange de méticulosité et de souplesse, de perfectionnisme et d'humour dans lequel les Chinois de l'Antiquité aimaient à nicher leurs grands textes classiques. 4 082 n'est pas très loin de quatre mille, c'est sûr, mais ce chiffre se rapproche bien plus de 4 096, un nombre qui n'est pas indifférent au système même du *Yi Jing*. Qu'on en juge : 4 096 est le produit de 64 par 64. Autrement dit, à quatorze unités près, le *Livre des Changements* est un composé de soixante-quatre chapitres, comportant chacun en moyenne de soixante-quatre idéogrammes. Pareille coïncidence ne peut être qu'un fait exprès, surtout à cause de ce qui semble de prime abord être une imperfection. Quand, à l'issue d'un processus commencé avec des centaines de milliers de carapaces et étendu sur plusieurs centaines d'années, on se retrouve avec, à quatorze unités près, un chiffre si parlant, ce ne peut être qu'une marque d'humour soulignant avec élégance, la nécessité vitale d'introduire dans la rigueur numérique la légèreté d'un minuscule manque, la souplesse d'un petit jeu, comme dans la « fausse » équerre des charpentiers chinois[15]. Ces quatorze caractères ne sont pas manquants par inadvertance mais par exigence philosophique, pour proclamer avec délicatesse que le *Yi Jing* n'est ni parfait, ce qui lui retirerait sa qualité humaine, ni parfaitement achevé, ce qui le rendrait infidèle à lui-même.

Mais ce nombre en dit encore davantage. Il montre aussi dans la relation que chaque partie de l'ensemble entretient avec le tout, l'application de la grande règle d'adéquation qui arme tout le *Livre des Changements*: la circonstance prévaut toujours sur le principe, la particularité du moment sur la généralité du règlement. Confucius le disait lui-même: « Dans les affaires du monde, l'Être Accompli n'a pas une attitude rigide de refus ou d'acceptation, le juste est sa seule règle[16] ». Quelle que soit la grille d'analyse qu'on appliquera au *Yi Jing*, cela n'empêchera jamais la particularité de la situation de reprendre ses droits. Par exemple, peu de chapitres parmi les soixante-quatre comptent effectivement soixante-quatre caractères dans leur texte, tout au plus six ou sept. C'est une valeur moyenne qui n'est effective que par accident. Car chaque situation type demande pour être détaillée un nombre spécifique de caractères. Pourtant, cette particularité individuelle n'engendre aucune cacophonie. Les chapitres qui s'écartent le plus de la moyenne n'excèdent pas, dans un sens comme dans l'autre, un écart d'environ cinquante pour cent. La situation type dont le texte est le plus court comporte trente idéogrammes et c'est aussi une des plus plaisantes: ÉCHANGER; celle dont le texte est le plus long, quatre-vingt-quinze idéogrammes, ÉPUISEMENT, est une des plus arides et une des plus difficiles à vivre donc, une de celles pour lesquelles les conseils sont le plus détaillés.

Traduire la traduction

Sur cette base solide, bâtir un commentaire renouvelé du Texte canonique devenait alors un défi raisonnable. Surtout quand la tâche était entreprise à deux, au terme d'une longue fréquentation. Pierre Faure, qui en monta tout le gros œuvre, participait déjà depuis une dizaine d'années aux soirées que le Centre Djohi consacrait au *Yi Jing* quand nous avons commencé ce travail. Et il avait comme moi remarqué, lors de ces séances où chacun confrontait son vécu personnel avec le *Yi Jing* et s'enrichissait de l'expérience des autres participants, la nécessité de constamment recadrer images et connotations qui surgissant spontanément des mots français de la traduction. S'en tenir avec une constance toute confucéenne aux règles traditionnelles d'analyse, le seul moyen pour garder une certaine rigueur lors de l'explication de tirage qui était notre règle alors et l'est resté pour cet ouvrage. C'est ainsi que les commentaires qui accompagnent chaque paragraphe du Texte canonique s'appuient résolument non sur des interprétations personnelles mais sur les principes essentiels de la structure des figures, notamment la structure positionnelle de chacun des niveaux, les fonctions spécifiques qui leur sont dévolues en fonction de leurs positions respectives. Et c'est ce même souci de cohérence qui a amené à rejeter des commentaires toute forme d'explication trigrammatique.

Les huit trigrammes, tout connaisseur de *Yi Jing* le sait bien, sont un des éléments essentiels de la compréhension des hexagrammes. Mais ce qu'ignore souvent l'amateur sincère, abusé par la légende officielle que certains lettrés chinois contemporains défendent toujours mordicus, c'est que les trigrammes, loin d'être le système organisateur originel du *Livre des Changements*, en sont un produit dérivé qui n'apparaît dans l'histoire qu'à partir de la dynastie des Han (210 avant notre ère – 220 après J.-C.), c'est-à-dire à une époque où le Texte canonique est déjà fixé, comme le confirme le manuscrit sur soie du *Yi Jing* trouvé à Ma Wang Dui où il fut enterré en 176 avant notre ère dans lequel les noms des trigrammes ne figurent pas. Que ces trigrammes soient tant mis en avant est peut-être dû au manque d'endurance de ceux qui les prônent : huit diagrammes de trois traits, après tout c'est plus facile à mémoriser que soixante-quatre diagrammes de six traits. À ce niveau-là, la faute est vénielle, mais se targuer, comme le fait par exemple Richard Wilhelm, d'expliquer par le détail tout le texte du *Yi Jing* par tel ou tel attribut des trigrammes qu'on peut y discerner, c'est perpétrer un contresens historique ou, comme le disait joliment Marcel Proust, disserter de l'influence de Baudelaire sur Homère.

Pour cette raison, même si des considérations d'utilité ont amené à présenter à la fin de chaque chapitre deux des Commentaires canoniques, la Grande Image et la Dixième Aile, le premier parce qu'il donne un bon résumé de l'attitude à tenir en la circonstance et le second parce que, résumant la situation à l'aide d'un idéogramme, il en donne un éclairage très stimulant, dans cet ouvrage, l'analyse de chacun des soixante-quatre hexagrammes est indéfectiblement hexagrammatique. Elle ne s'appuie que sur des éléments intangibles résultant autant de l'étude précise de l'agencement et du vocabulaire spécifique du Texte canonique que sur les éléments structurels que chacun peut lire dans l'architecture des figures linéaires : rapport entre les traits Yin et Yang, localisation de ces traits selon les différentes fonctions dévolues à chacun des six niveaux des hexagrammes, et également, ce qui est une première, la prise en compte pour chaque hexagramme de l'hexagramme nucléaire qui en précise le moteur principal et pour chaque trait de l'hexagramme dérivé qui permet d'en préciser la signification. À toutes ces grilles traditionnelles, s'ajoute ici la prise en compte des notions de *correspondance* (rapport entre traits situés à des niveaux analogues) et de *correction* (rapport entre la position d'un trait et la nature Yin ou Yang de la ligne qui s'y trouve), rarement utilisée parce que souvent délicate à clarifier.

Comment imaginer un commentaire du *Yi Jing* qui se croirait irrévocable? Comment envisager une traduction qui s'imaginerait être définitive? Ce serait péché d'orgueil, offense à la raison et surtout déni de l'essence même du *Livre des Changements*.

Quel autre souhait peuvent formuler un traducteur sincère et un commentateur consciencieux que celui d'avoir proposé une version du *Yi Jing* suffisamment honnête pour être utile et suffisamment imparfaite pour susciter chez d'autres le désir de se mettre au travail, afin que, le moment venu, apparaisse une version plus neuve et mieux adaptée au temps que vivront nos enfants?

À l'époque de Confucius, Héraclite ne disait-il pas déjà:

« Le feu se repose en changeant ».

---

1. Grand Commentaire, Livre 1, § 5.

2. P. Claude LARRE S.J., *Les Chinois. Esprit et comportement des Chinois comme ils se révèlent par leurs livres et dans leur vie, des origines à la fin de la dynastie Ming (1644)*, Paris, Éditions P. Auzou, collection «Histoire ancienne des peuples», 1894, p. 165.

3. François JULLIEN, *Figures de l'immanence. Pour une lecture philosophique du* Yi King*, le classique du changement*, Paris,. Éditions Bernard Grasset, collection «Figures», 1993.

4. P. Claude LARRE, *Les Chinois, op. cit.*

5. Si la plupart des éditions traitant du *Yi Jing*, tant en Chine qu'en Occident, ont plutôt l'aspect de forts volumes – celui que vous tenez entre les mains ne faisant pas exception –, cela n'est dû qu'aux commentaires spécifiques à chaque ouvrage.

6. Voir à ce sujet *Le Cœur jaune, la pensée chinoise à travers le* Yi Jing, Paris, Éditions Albin Michel, 2002.

7. Retrouvée par P. Desportes, l'introduction en français à cette traduction (où apparaissent notamment pour la première fois les mots trigramme et hexagramme) fut republiée dans *Djofil*, bulletin du Centre Djohi, Association pour l'étude et l'usage du *Yi Jing* (BP 322, 75229 Paris Cedex 05) à partir du numéro 14 (Sept 1998).

8. Leur argument principal a été publié sous le titre *L'Idiot chinois*, tomes I et II, Paris, Éditions Payot, 1979 et 1983.

9. Dans le chapitre de *Par delà le Bien et le Mal* consacré aux préjugés des philosophes cité par François JULLIEN dans *Penser d'un dehors (la Chine)*, Paris, Éditions du Seuil, novembre 2000, page 260.

10. Simon LEYS, *L'Ange et le cachalot*, Éditions du Seuil, Paris 1998, p. 34.

11. J'ai gardé néanmoins cette traduction dans un cas particulier, la formule

«impasse pour des expéditions» dont il sera question plus loin.
12. Exactement 158 fois; mais il est plus important de remarquer que dans le *Yi Jing*, l'*ouverture* est mentionnée trois fois plus souvent que la *fermeture*. C'est là une marque discrète, mais irréfutable de la perspective fondamentalement positive de l'esprit chinois: l'acharnement à vivre.
13. *Entretiens* (Lun Yu), ch. 15, § 30.
14. Richard Wilhelm, par exemple, rend la même formule mantique *danger* par onze énoncés différents.
15. Construite sur le rapport 8-4-9, l'équerre des charpentiers chinois n'est pas strictement orthogonale (puisque $8^2 + 4^2 = 64 + 16 = 80$ ce qui est différent de $9^2 = 81$), mais ce «défaut» donne à leurs assemblages la souplesse, le «jeu» suffisant pour résister aux typhons.
16. *Les Entretiens* (Lun Yu), ch. 4, § 10.

Pour une actualisation du Yi Jing

Pierre Faure

Il était risqué, à l'orée du troisième millénaire, de se tourner vers un livre auquel l'aura divinatoire et la difficulté du texte donnent une réputation d'incertitude et d'obscurité. Il n'était peut-être pas tout à fait déraisonnable de chercher à le tirer de l'oubli où il restait plongé depuis l'éphémère mode des années soixante-dix, mais il fallait pour cela, et pour le placer au rang d'outil moderne d'investigation, procéder à une triple actualisation. La première concernait le texte lui-même, dont la transposition dans nos langues romanes reste si difficile. La seconde demandait d'examiner de plus près la relation particulière que le lecteur entretient avec cet outil curieux, dont la moindre originalité n'est pas que son usage permette de créer du sens. La troisième consistait à se demander quelle peut être l'actualité d'un ouvrage aussi ancien et aussi éloigné des préoccupations d'un Occident plongé dans le productivisme outrancier que l'on sait.

Une approche actuelle

Le *Livre des Changements* a généralement été lu en Occident à la lumière d'éléments souvent fort étrangers à sa sphère d'origine. Il en est résulté des déformations diverses, provenant de conditionnements pas toujours conscients ou de choix idéologiques, religieux, voire commerciaux délibérés.

Une lecture dépoussiérée exigeait de repartir du texte original et de le regarder avant tout comme une structure cohérente et porteuse de sens en elle-même. C'est ainsi que la signification de tel idéogramme, la portée de telle expression, le symbolisme de tel personnage ont pu se préciser et s'élargir selon la fréquence et la disposition de leurs apparitions ou de leurs absences. Au fur et à mesure que des rythmes se dégageaient, des connivences sont venues indiquer des pistes de lecture et accentuer les différences entre les trois strates du texte : les formules divinatoires et autres expressions mantiques, couche la plus ancienne provenant de l'expérience des devins de l'époque Shang ; les anecdotes historiques, qui se réfèrent pour la plupart à l'avènement de la dynastie des Zhou au XIe siècle avant J.-C. ; les conseils et autres retouches apportés dans les siècles suivants par les lettrés, affinements qui se sont prolongés jusqu'à la fondation de l'Empire en 221 avant J.C, et peut-être au-delà. La répartition de ces différents éléments dans le déroulement de chaque hexagramme ainsi que les échos créés par leur reprise dans différentes situations ont été des sources d'information et d'évaluation précieuses.

Un exemple parmi d'autres, mais probant, de ces résonances internes au texte : aux deux lignes centrales de l'hexagramme 1 ÉLAN CRÉATIF apparaît une expression récurrente, *profitable d'aller voir quelqu'un d'envergure* – expression qui se comprend comme le conseil d'entrer, par l'intermédiaire de ce personnage, dans un processus de distanciation ; or la mutation conjointe de ces deux lignes conduit à l'hexagramme 30 LUMIÈRE, dont la Grande Image est la seule à donner en exemple le même *être d'envergure*. La relation ainsi nouée entre créativité et lumière apporte dès lors des indications, non seulement quant à la lucidité nécessaire à l'action, mais sur le déploiement de la créativité en tant qu'aptitude à l'éclairement : la maîtrise de la créativité ne saurait se limiter à un activisme brut.

Ce type d'échos a permis de s'orienter à travers les différents éléments du texte, et de les mettre en rapport avec une autre source d'enseignement, tout aussi importante : la géométrie des figures. Chacun des soixante-quatre hexagrammes représente une configuration spécifique, une description du réel vu sous un angle particulier, et les six traits qui le constituent peuvent être considérés comme six moments et, partant, six manières d'approcher le dispositif décrit. Les indications dégagées du matériau textuel ont donc trouvé leur prolongement dans la lecture des figures, par l'examen successif des points suivants : la qualité des traits et leur correction, leur place et leur importance dans le déroulement de la situation, leurs relations de voisinage et de correspondance, la comparaison avec l'hexagramme opposé, les forces qui se dégagent de l'hexagramme nucléaire. De la rencontre entre le décryptage du texte et l'analyse des figures sont nés des commentaires qui doivent être vus comme des propositions, certainement pas comme des sentences définitives – une telle position serait-elle défendable concernant une pensée du changement ?

Mais s'il importait d'éviter les affirmations catégoriques, c'est aussi qu'une partie de ce livre manquerait toujours : celle où le lecteur viendrait loger sa propre expérience.

Une mise en acte

Car si l'approche du *Yi Jing* ne peut être qu'un *work in progress*, n'en va-t-il pas de même pour son lecteur ? Voici un ouvrage qui ne fonctionne pleinement que lorsqu'on y injecte une réalité vécue : sa véritable actualisation est celle qui s'opère quand, emmené dans les complications du monde, on met humblement ses pas dans ceux des devins de l'ancienne Chine et procède avec pièces ou baguettes à la pratique du tirage. Il s'agit là, non d'une divination au sens galvaudé du terme, mais d'une mise en acte, c'est-à-dire d'une opération par laquelle nous sommes appelés à redevenir acteur de notre destin, cela en insufflant aux hexagrammes la vitalité qui nous habite et qu'ils viendront orienter en retour.

Cependant, cette pratique que beaucoup récusent, craignant non sans raison les facilités d'un New Age de bazar, on doit se poser la question de sa légitimité. Il faut donc répondre aux deux critiques les plus fréquentes dont elle est l'objet : elle relèverait d'un archaïsme obscur ; elle équivaudrait à une abdication de la raison humaine.

On ne cherche pas, lorsqu'on se tourne vers la Chine, à retrouver les repères que notre environnement culturel ne serait plus en mesure de fournir. Il ne saurait être question ici d'une régression permettant de déceler un sens caché ou d'un retour au sources susceptible d'offrir une nouvelle révélation. Lorsque l'historien de l'art Georges Didi-Huberman évoque les dangers de toute démarche « recherchant une patrie dans le temps passé », c'est pour mieux inviter, au contact des anciens, à une remise en question de notre propre regard, celle qu'effectuaient par exemple les artistes du début du XXe siècle lorsqu'ils se tournaient vers la sculpture africaine : « Ils ne craignaient pas, dit-il, de reconvoquer librement mythes ou paradigmes religieux, mais pas pour les restaurer, pour les dépasser au contraire dans des formes originales et redevenant originaires[1]. »

Pratiquer le *Yi Jing* ne consiste pas à visiter une vérité toute faite, qui redonnerait la cause ou l'origine. Le sinologue François Jullien n'a de cesse d'attirer notre attention sur ce qui nous sépare de la Chine, et son propos est à cet égard sans ambiguïté : « L'absence quasi générale de mises en scène cosmogoniques afférentes à la naissance de l'homme comme à l'origine de l'univers constitue un trait remarquable de la civilisation chinoise et plus particulièrement de la tradition lettrée[2]. » On doit, pour entendre cette leçon, s'abstenir de chercher là une réplique de nos propres présupposés culturels, et répondre à une invitation autre, celle que décrivait le philosophe Walter Benjamin : « L'origine ne désigne pas le devenir de ce qui est né, mais bien ce qui est en train de naître dans le devenir et le déclin. L'origine est un tourbillon dans le fleuve du devenir, et elle entraîne dans son rythme la matière de ce qui est train d'apparaître[3]. »

Quoi de mieux, pour préciser cette notion et l'attitude qu'elle suppose, que de citer le *Yi Jing* lui-même? Par exemple, cette formule de l'hexagramme SE MODELER: «sans début il y a aboutissement» (hexagramme 57, ligne 5). Généralement comprise comme une injonction à reprendre en main une situation qui a mal commencé, cette expression semble plutôt exprimer une tout autre préoccupation: celle de ne pas s'attarder à rechercher le point de départ idéal, qui fournirait alors la base de l'action, mais prendre les choses là où elles sont et s'insérer dans le flux tel qu'il se présente pour en développer les potentialités. Un autre exemple, plus subtil, devrait nous débouter de notre espoir si occidental d'une explication ou d'une cause. Il nous est donné à l'hexagramme 48, le PUITS, dans lequel la *source fraîche*, que l'on s'attendrait à voir située dans des profondeurs à l'accès difficile, apparaît après plusieurs étapes à la ligne souveraine de l'hexagramme: que le pur ne soit pas énoncé comme premier mais comme résultant d'une construction, n'est-ce pas là une magnifique incitation à ne suivre les traces des anciens que pour laisser décanter notre vécu et inventer nous-mêmes une version fraîche de notre affaire?

Si la fréquentation du *Yi Jing* ne doit pas être considérée comme un obscurantisme archaïsant, qu'en est-il de l'intervention du hasard? S'en remettre à une manipulation aléatoire pour prendre une décision, n'est-ce pas là, au regard de la raison, le comble de la démission?

Une telle critique ne survient que lorsqu'on se refuse à considérer le fonctionnement du psychisme dans sa globalité. Elle ne saurait venir en tout cas d'un Chinois, pour qui le hasard se pense comme une *mise en relation*. Elle ne proviendrait pas non plus de ceux que n'effraie pas l'intrusion d'un élément inattendu ou *a priori* anormal: de l'amoureux des nombres par exemple, qui sait bien qu'un changement d'échelle fait apparaître des analogies insoupçonnées; ou d'un amateur de fractales, qui voit la structure de l'arbre entier dans celle de la plus petite de ses feuilles.

Tout esprit avisé sait combien la saisie qu'opère l'activité mécanique de la conscience peut être dommageable à la perception du réel. Des démonstrations pertinentes de ce dernier point ont été fournies par Jean-François Billeter, pour qui l'arrêt du contrôle qu'exerce la conscience permet à notre subjectivité de retourner à une forme d'activité plus complète et plus spontanée[4]. La création d'un lien analogique entre l'état actuel de notre présence au monde et le *corpus* défini des hexagrammes semble être de cet ordre, dans la mesure où elle actualise, par le biais de la mémoire, de l'imagination ou de l'intuition, une partie d'un savoir latent mais inutilisé, beaucoup plus vaste que celui qui nous sert à produire ordinairement notre réalité.

Si la Chine ancienne a conçu la notion des *san cai*, les trois pouvoirs de la Terre, de l'Homme et du Ciel, c'est qu'on y était attentif non seulement à la relation intrinsèque de l'homme avec l'univers, mais surtout à la capacité de l'être humain à dépasser les représentations limitées et vite caduques de la seule conscience. Sans vouloir commettre d'assimilations hâtives, on peut suggérer que laisser intervenir ce que nous nommons *hasard*, c'est accepter de prendre du recul par rapport au fonctionnement habituel de notre esprit, abandonner pour un temps nos tendances interventionnistes afin de laisser apparaître des signes où puissent se lire des analogies entre ce que nous percevons et ne percevons pas. Lorsque nous produisons de tels signes, nous accomplissons le lâcher-prise qui permet, non pas d'opérer des interprétations douteuses à partir d'intuitions échevelées, mais d'obtenir des descriptions permettant de nous dégager du point de vue étroit dans lequel nous étions enfermés. Amenés à déconstruire nos évidences, nous pouvons désenclaver le présent des rigidités qui l'enserrent : en le refluidifiant, nous l'élargissons aux strates qui le sous-tendent et aux germes qu'il recèle.

Alors, plutôt que d'apporter des réponses, le *Yi Jing* nous conduit à sortir nos questions de la gangue où notre propre sclérose les enfermait pour revisiter nos références, les mettre à jour ou les envisager à travers d'autres découpages. En entrant réellement dans l'*originarité* du changement, nous côtoyons à nouveau la transformation, nous avons l'opportunité de nous situer dans les courants à l'œuvre et, plutôt que de les subir, de nous exercer au positionnement juste.

Ainsi la pratique de ce livre peut-elle opérer « à la manière d'une navette qui passe et repasse inlassablement sur la même chaîne », ainsi remplit-il son office de classique, au sens défini par Anne Cheng : « Le pouvoir [des signes écrits leur vient de ce qu'ils] épousent sans médiation les lignes naturelles de l'univers. [...] Une telle écriture est par excellence canonique au sens du terme chinois *jing*, qui désigne la chaîne d'un tissu. Le texte, comme texture, se contente de faire apparaître les motifs fondamentaux de l'univers, il ne s'y superpose pas comme un discours sur l'univers[5]. »

Une pensée à réactualiser

C'est là une mise en jeu qui exige de laisser de côté les présupposés dont la pensée occidentale est porteuse. Les limites qu'elle avait cru bon de tracer entre le fou et le raisonnable, entre le sauvage et le civilisé, entre le corps et l'esprit, se sont estompées à la lumière des travaux de l'anthropologie, du structuralisme et des sciences humaines en général. Lorsque le *Yi Jing* amène à envisager le réel sous la forme d'un champ d'énergie d'où l'individu, momentanément, ne se détache pas comme sujet séparé, il contribue à considérer sous un jour nouveau la question de l'identité.

En Occident, l'univers est pensé en fonction d'une séparation initiale. Que le modèle en soit le dieu transcendant de la Bible ou le monde platonicien des idées, « l'action [de l'homme] est la manifestation autonome de son individualité ; l'ordre est imposé du dehors par l'acte délibéré d'un sujet opérant par intelligence et volonté[6]. » L'individu est pensé comme entité séparée ayant autorité sur son existence et, au-delà, sur le sens et le monde. Cet esprit de domination, poussé à l'extrême, a les conséquences que l'on sait, au premier rang desquelles l'hypertrophie du moi et la conquête destructrice de la nature.

De telles outrances n'ont pas cours dans une société traditionnelle. Qu'il n'y ait pas d'identité naturelle est là une évidence, tant le sujet se révèle dans ces contextes comme résultant d'une construction sociale. Comme l'ont étudié différents ethnologues, l'individu n'y existe pas en dehors d'un réseau très structuré de relations claniques et sociales : « On assiste dans le sujet à une sorte de prolifération de personnalités alors que nous n'avons concédé cette division que sur le plan psychique et dans sa version névrotique[7]. » Une belle illustration de cette absence de délimitation a été donnée par Pierre Clastres à propos de certaines tribus indiennes d'Uruguay, dans lesquelles la souveraineté est pensée selon des critères inhabituels pour un esprit occidental : la place du chef y est tenue à tour de rôle par différents membres de la tribu, et sa fonction consiste, non à exercer le pouvoir, mais à veiller à ce que personne ne prenne le pouvoir. Le lieu de la souveraineté est ici conçu comme un lieu vide, une place laissée volontairement vacante, dont l'homme n'est que le gardien.

Nous gagnerions à passer ainsi de l'idée de domination à celle de souveraineté. Cette notion est abordée de façons multiples dans le *Yi Jing* ; elle y est notamment exprimée à travers le personnage du Roi, symbole de ce lieu vide où se tisse la relation entre Ciel et Terre. Artisan d'une régulation permanente par où se maîtrise aussi bien la pléthore (hexagramme 55) que le dérèglement (hexagramme 59), le Roi se tient à la croisée du vertical et de l'horizontal, se rendant disponible à une lumière qui l'envahit mais l'investit, afin de la restituer dans le champ du monde. Cette position, décrite en plusieurs endroits comme difficile et douloureuse – « pour mon cœur, quelle douleur… » (hexagramme 48, ligne 3) – est seule garante d'une circulation d'énergie constante et libre. Elle correspond au *centre*, ce *zhong* si spécifique à la Chine qu'il a fini par devenir son nom. Jean--François Billeter y fait allusion lorsqu'il décrit « un espace central qui paraît vide parce que nous le percevons également dans toutes ses parties, mais qui est un vide substantiel, fait d'une présence lumineuse et douce[8] ». Anne Cheng le définit pour sa part dans les termes suivants : « Le milieu juste et constant est le bien suprême vers lequel tend toute vie dont le devenir passe nécessairement par le changement et l'échange. Exigence d'équilibre, d'équité et de mesure qui ne cède jamais à l'impulsif, à l'excessif, à l'intérêt immédiat, au calcul partial, à la fantaisie du moment ou au cynisme[9]. »

Une telle conception de la personne n'a rien d'archaïque : elle peut au contraire se révéler d'une extrême modernité. Que le lieu de centrement ne soit pas un point de domination, cela signifie la fin d'un colonialisme, celui du sujet exploité par lui-même et barricadé derrière les certitudes de son intériorité. Cette mise en doute de l'intériorité du sujet est d'une actualité telle qu'on la trouve par exemple dans le discours récent de la psychologie : « L'individualisme occidental, qui a cru découvrir l'existence d'un psychisme séparé et qui a voulu le soumettre à une cure spécifique, a dû déclarer forfait. Le psychisme séparé ne peut jamais se guérir[10]. »

Lorsque nous examinons notre réel à travers le prisme du *Yi Jing*, nous somme appelés à aborder notre identité de manière simultanée sous des angles multiples, comme le ferait un peintre cubiste, donc à briser l'image figée que nous avons de nous-mêmes. Une instance demeure mais mobile, provisoire, comme en chemin vers un anonymat toujours remis, seulement régulatrice de différentes strates dont les mouvements et les temps se chevauchent, certaines en gestation, d'autres en décomposition, mais jouant sans cesse les unes sur les autres. L'aspect contradictoire de ces forces est précisément ce qui décontenance le praticien face à l'instantané obtenu lors d'une consultation – il n'est pas rare en effet que les textes donnent des conseils *a priori* inconciliables. Mais on doit laisser ces contradictions opérer sans donner immédiatement l'avantage à la conscience claire, car elles sont le signe que l'obscure sédimentation que nous nommons notre *identité* est en marche, que ses différentes couches fluctuent et s'influencent, nous incitant à une recomposition libératrice.

Cette invite à se placer dans les flux amène à traverser un aspect de l'expérience humaine auquel notre éducation et notre environnement industrieux ne nous ont pas toujours habitués : l'incertain, le flou, l'ambigu. Cet aspect est un passage obligé dans la pensée du Yin-Yang, pour laquelle changement est nécessairement synonyme d'altérité. La polarité Yang nous est coutumière en tant que force d'affirmation et d'éclairement, mais qu'en est-il de l'obscur, de la disparition, de l'effacement tels que le représente le repli dans le Yin, qu'en est-il de l'*altération* ?

Une de ses connaissances disait du sculpteur Alberto Giacometti qu'il était homme à se tromper tout le temps sans se perdre jamais. Un artiste sait en effet ne pas considérer trop vite ses errements comme des erreurs, et se détacher de l'empressement à juger. Le passage par l'indéterminé est une phase qui effraie et à laquelle on ne consent le plus souvent que contraint par les circonstances. Si le *Yi Jing* peut être vu comme l'apprentissage du Yin, ce n'est pas seulement parce que les conseils de retenue y abondent, mais surtout parce que la plupart des comportements décrits font référence à ce que l'on pourrait nommer l'*art du retour*. La faculté de suspendre notre activité pour faire retour au vide permet d'éviter la sclérose et la répétition rigide. Il ne s'agit pas ici du vide au sens sartrien de néant, mais de l'indéterminé dans lequel les forces se rassemblent pour se réagencer selon des lignes de force nouvelles, « le vide en tant que non-actualisation au départ de toute actualisation, non pas le vide en tant qu'inexistence, mais au contraire comme absolue plénitude – à son stade de non-actualisation mais contenant toutes les actualisations possibles[11] »

Ce passage par une phase Yin d'indétermination, dont l'importance a souvent été soulignée dans les commentaires de cet ouvrage, est malaisé pour la conscience claire dans la mesure où elle doit rétrograder du rôle de patron à celui de témoin d'une activité qui lui échappe. Son habituel besoin de saisie et de définition, décrit entre autres à l'hexagramme 52 STABILISER – lequel engage d'ailleurs à ne pas confondre rigueur et raideur – doit être impérativement suspendu afin que l'intention ne vienne pas gâcher la possibilité du *passage* : passage à une autre façon de s'impliquer, à une autre manière d'être dans le temps. Lorsque l'on fait cesser la remémoration des schémas qui emprisonnent en effet, on échappe à la répétition et au déroulement mécanique du temps : on n'est plus soumis au temps linéaire, historique, on entre dans un temps cyclique, fluide et vivant, dont il est symptomatique qu'il ait été réintroduit dans la pensée occidentale par le biais de l'*éternel retour* nietzschéen. Conception reprise plus récemment par Gilles Deleuze avec cette précision essentielle : il ne s'agit pas d'éternel retour du même, mais de retour avec différence, de répétitions certes, mais qui surviennent toujours dans des formes inconnues, des reformulations nouvelles.

Cette aptitude à *revenir en arrière pour recommencer*, telle que décrite à l'hexagramme 24 RETOUR, peut être le moyen d'aborder une dernière actualisation, qui se joue à travers nos efforts pour résoudre notre lot de difficultés quotidiennes. Le problème concret auquel nous sommes confrontés, et auquel nous tentons d'apporter des réponses à l'aide des hexagrammes, n'est-il pas la forme momentanée que prend une lutte plus haute, plus constante, par laquelle nous n'avons de cesse de procéder avec notre réel à une explication sans cesse poursuivie, sans cesse remise ? Une lutte qui prendra des visages toujours nouveaux, mais finalement aussi une aura particulière, que chacun, individuellement, est le seul à pouvoir produire. C'est un paradoxe que ce scénario, dans lequel les enjeux de notre vie paraissent plus forts, ne puisse justement être abordé de front, avec les armes graves de la raison, mais plutôt par les détours de l'éphémère, du léger, de cet inconstant que nous accusons pour cela d'inconsistance, de ce passager que le quotidien nous contraint à tisser avec lui.

«Le même est toujours un autre qui se fait passer pour le même» écrivait Pierre Klossowski. Lorsque la méditation sur les hexagrammes nous amène à plus de souplesse, nous comprenons que ce qui était perçu jusque-là comme vérité n'était en fait qu'une interprétation. Nous atteignons alors le point où une perception directe, renouvelée, mise à jour du réel nous donne à nouveau une sensation de présence. Et nous réalisons à quel point l'invisible est toujours à la lisière du visible, comme si notre monde hésitait toujours, selon la belle formule de François Jullien, «entre la réticence à advenir et le désir de résorption[12].»

Le *Yi Jing* apprend ainsi à naviguer en confiance d'un infini à l'autre, au gré d'images et de configurations éphémères par lesquelles s'apprivoisent les limites et s'expérimente la centralité. Mon espoir est d'avoir peut-être su, en écrivant les commentaires qui suivent, inviter parfois à cette incessante recomposition du regard.

---

1. Georges DIDI-HUBERMAN, *Ce que nous voyons, ce qui nous regarde*, Paris, Éditions de Minuit, 1992.
2. François JULLIEN, *Procès ou création*, Paris, Éditions du Seuil, 1989.
3. Cité par Georges DIDI-HUBERMAN. Cette proposition a été développée dans mon article «Une grammaire du déséquilibre» in *Les Mutations du Yi King*,Paris, Éditions Albin Michel, collection «Question de»1994.
4. Voir notamment Jean-François BILLETER, «Arrêt, vision et langage: essai d'interprétation du Tsi wou-louen de Tchouang-tseu», *Philosophie*, n° 44, 1994. On trouvera également des citations de cet auteur dans les commentaires de l'hexagramme 52 STABILISER.
5. Anne CHENG, *Histoire de la pensée chinoise*, Paris, Éditions du Seuil, 1997. p. 30 et 84.
6. Voir François JULLIEN, *op cit.*
7. Stéphane BRETON, *La Mascarade des sexes*, Paris, Éditions Calman-Lévy, 1989.
8. Jean-François BILLETER, *op cit.*
9. Anne CHENG, *op cit.*
10. François ROUSTANG, *La Fin de la plainte*, Paris, Éditions Odile Jacob, 1999.
11. François JULLIEN, *op cit.*
12. François JULLIEN, *Éloge de la fadeur*, Paris, Éditions Philippe Picquier, 1991.

Mode d'emploi du *Yi Jing*

Chacun peut lire le *Livre des Changements* à son rythme pour le découvrir, l'étudier ou l'approfondir en dehors de toute préoccupation immédiate. La pratique traditionnelle du *Yi Jing* passe toutefois par une approche qui requiert plus d'engagement : quand un problème spécifique se pose ou que l'inquiétude s'installe, il est d'usage d'y avoir recours pour prendre la décision juste ou définir la position adéquate. On procède alors à la pratique du *tirage* qui consiste, par l'intermédiaire de 3 pièces de monnaie ou de 50 tiges d'achillée, à mettre en rapport le problème considéré avec l'une des 64 figures du *Yi Jing*, et éventuellement l'un ou plusieurs de ses 384 traits. On trouvera ci-dessous des éléments relatifs aux trois étapes de ce processus : la mise au point de la question, la procédure du tirage, l'interprétation de la réponse.

La question

Interroger le *Yi Jing* consiste à faire le point des énergies en présence à un moment donné, comme un acupuncteur prend les pouls pour connaître l'état de son patient ou un aviateur survole un paysage pour en avoir une vue plus large qu'à l'ordinaire. Le but est d'obtenir une *description* des circonstances où se place le problème et des virtualités de la situation. Il ne s'agit pas de deviner le futur mais de comprendre le présent, car c'est dans les composantes du présent que se trouvent les germes de ce qui pourra ou non advenir : tout comme le passé s'est sédimenté dans la réalité présente, des potentialités – que nous déciderons ou non de déployer – se nourrissent de la situation actuelle. Les éclairages obtenus permettront d'échapper à des conditionnements de tous ordres et de s'orienter en connaissance de cause : un tirage de *Yi Jing* ne représente pas un abandon de la liberté personnelle mais une opportunité au contraire de l'accroître.

L'utilisation la plus adéquate consiste à formuler une question contenant *un verbe d'action dont on est le sujet*. Cette manière de procéder comporte un double avantage : elle induit une réflexion qui permet un premier débroussaillage du terrain ; elle fixe l'état du questionnement à un moment donné et dresse ainsi le cadre dans lequel la réponse pourra être lue.

Une question rédigée à la première personne place sans ambiguïté dans la position de quelqu'un qui prend la responsabilité de son affaire et cherche simplement à se situer dans la diversité des courants qui le traversent. Il ne considérera pas le ou les hexagrammes obtenus comme une réponse toute faite, mais poursuivra sa réflexion avec les outils qui lui ont été fournis pour en arriver à prendre lui-même sa décision. De plus, le fait de garder les traces écrites des circonstances du tirage, et de le dater, permet un archivage précieux dans l'optique d'une méditation prolongée non seulement sur le positionnement recherché au moment du tirage, mais sur le *Yi Jing* lui-même.

Lorsque le problème se présente sous la forme d'une alternative – hésitation entre deux possibilités, choix entre acceptation et refus, entre partir ou rester –, on peut utiliser la procédure du *tirage double* qui consiste à poser deux questions, une pour chaque direction envisagée. La comparaison des résultats des deux tirages permet de soupeser les forces en présence et les virtualités selon lesquelles l'une ou l'autre pourra le mieux s'accomplir. Ce type d'utilisation, hérité des pratiques de la Chine antique, montre bien que l'utilisation du *Yi Jing* ne consiste pas à s'incliner devant des réalités déjà écrites, mais de s'orienter le plus justement possible selon les potentiels du moment.

Le tirage

Une fois la question rédigée et datée, il s'agit de procéder au tirage lui-même, à l'aide de l'une des deux méthodes traditionnelles, qui passent par l'utilisation de 3 pièces de monnaie ou de 50 baguettes d'achillée. La technique des pièces est plus rapide, donc plus expéditive, celle des baguettes requiert plus de temps – lenteur qui a pour avantage de permettre plus d'attention et de présence[1].

La méthode des pièces

On utilise trois pièces d'une monnaie de son choix – d'anciennes pièces chinoises si on en a à sa disposition mais n'importe quelles pièces font l'affaire. On commence par établir une convention que l'on respectera une fois pour toutes : un côté de la pièce doit correspondre à Yin, l'autre à Yang. Ce choix fixé, la valeur numérique associée à chacune des deux polarités doit rester invariable : au Yin correspond le pair, au Yang correspond l'impair. Ce qui se traduit par :

Yin = 2
Yang = 3

Il suffit alors de jeter ensemble les trois pièces comme on lance des dés, de transcrire les faces sur lesquelles elles se sont arrêtées dans leur valeur numérique et de les additionner. On note le résultat et on recommence l'opération six fois de suite, de façon à obtenir six traits. L'hexagramme s'écrit toujours *de bas en haut*: le nombre obtenu lors du premier jet permet d'écrire le premier trait, qui occupe la place inférieure, le deuxième jet correspond au second trait, que l'on trace au-dessus du premier, et ainsi de suite jusqu'au sixième qui occupe donc la position supérieure. Les nombres obtenus lorsque l'on additionne les chiffres après chaque lancer de pièces peuvent être de quatre sortes: 6, 7, 8 ou 9, chacun de ces nombres correspondant à un type de trait:

2 + 2 + 2 = 6	=	Yin mutant ou vieux Yin:	
3 + 2 + 2 = 7	=	Yang naissant ou jeune Yang:	
3 + 3 + 2 = 8	=	Yin naissant ou jeune Yin:	
3 + 3 + 3 = 9	=	Yang mutant ou vieux Yang:	

On appelle « mutants » les traits qui changent de polarité, de Yin à Yang, ou de Yang à Yin. On appelle « naissants » les traits qui conservent la même polarité Yin ou Yang.

Les six jets successifs permettent ainsi d'écrire une superposition de six traits Yin ou Yang que l'on appelle l'hexagramme *tiré*. On recherche son numéro dans le tableau où tous les hexagrammes sont classés à partir de leur division en trigrammes (voir ci-dessous). Parmi les textes associés à cet hexagramme, on lit le *Jugement*, appréciation globale de la figure, et la *Grande Image*, exemple de l'attitude à observer en la circonstance. On lit également, dans le *Texte des traits*, les textes correspondant aux traits mutants si on en a obtenu, et uniquement ceux-ci; ils sont aisés à repérer puisque, d'une part, il ne peut s'agir que de *six* ou de *neuf* et que, d'autre part, chacun des six traits commence toujours par une formule de même type: *au début un neuf*, *Six en 2*, etc.

Au cas où le résultat du tirage comprenne des traits mutants, on écrit à côté de l'hexagramme tiré une seconde figure, appelée hexagramme de *perspective*: on reprend les traits obtenus lors du tirage en remplaçant les traits mutants par des traits de polarité inverse: le vieux Yin est remplacé par un jeune Yang, le vieux Yang est remplacé par un jeune Yin, les traits naissants gardent la même polarité que dans l'hexagramme tiré. On ne lira dans l'hexagramme de perspective que les textes concernant l'hexagramme dans sa globalité: Jugement et Grande Image.

La méthode des baguettes

L'utilisation des 50 tiges d'achillée est la technique chinoise traditionnelle – on en trouve d'ailleurs des traces dans le texte du *Yi Jing*, notamment au Jugement de l'hexagramme 8. Bien que l'*achillea millefolium* soit une plante aussi répandue dans les campagnes d'Occident que de Chine, on peut se servir de n'importe quelles baguettes de bois, par exemple des tiges de bambou qui se trouvent plus facilement et font aussi bien l'affaire.

Après s'être assuré du nombre de tiges et avoir pris le temps de s'apaiser, on retire une baguette du tas posé devant soi et on la place à part : elle n'interviendra plus à aucun moment du tirage –elle symbolise le niveau où la répartition en Yin et Yang n'est pas effective, le stade où tout est mêlé dans une unité non différenciée. Trois partages vont être ensuite nécessaires pour déterminer le premier trait.

Les 49 baguettes restantes sont partagées en deux tas que l'on dispose devant soi. On retire une baguette d'un des tas, que l'on place entre l'auriculaire et l'annulaire ; on prend ensuite l'autre tas et l'on décompte les tiges quatre par quatre jusqu'à ce qu'il n'en reste plus que quatre ou moins (c'est-à-dire 4, 3, 2 ou 1) ; on place ce reste entre l'annulaire et le majeur ; on prend ensuite l'autre tas que l'on décompte de la même manière jusqu'à ce qu'il ne reste que quatre baguettes ou moins ; ce reste est placé entre le majeur et l'index de la main gauche. L'ensemble des tiges tenues en main sont alors regroupées : c'est le premier reste intermédiaire, dont le total à ce stade ne peut être que de 5 ou 9. On le pose momentanément de côté.

Les baguettes restantes sont ensuite rassemblées, puis partagées à nouveau en deux tas. On procède au décompte de la même manière que précédemment : une baguette est retirée d'un des tas puis placée entre l'annulaire et l'auriculaire, l'autre tas est compté quatre par quatre, etc. L'ensemble des tiges tenues en main est regroupé : c'est le second reste intermédiaire (son total à ce stade ne peut être que de 4 ou 8) ; il est posé à côté du premier. On rassemble alors les tiges restantes et l'on procède à un troisième partage, suivi des mêmes décomptes que précédemment, ce qui produit le troisième reste intermédiaire (dont le total ne peut être que de 4 ou 8). Si l'on n'obtient pas ces résultats, il est préférable de revenir en arrière et de reprendre les opérations.

L'addition des trois restes intermédiaires permet de déterminer la nature Yin ou Yang du premier trait, et son caractère naissant ou mutant[2]. Les quatre résultats possibles sont :

9 + 8 + 8	25	Yin mutant/vieux Yin *(de valeur 6)*	
5 + 8 + 8 ou 9 + 4 + 8 ou 9 + 8 + 4	21	Yang naissant/jeune Yang *(de valeur 7)*	
9 + 4 + 4 ou 5 + 8 + 4 ou 5 + 4 + 8	17	Yin naissant/jeune Yin *(de valeur 8)*	
5 + 4 + 4	13	Yang mutant/vieux Yang *(de valeur 9)*	

La procédure complète doit être effectuée en tout six fois. On recommence donc depuis le début : trois partages successifs selon la même technique pour calculer le second trait, que l'on écrira *au-dessus* du premier, et ainsi de suite jusqu'au sixième. On peut ne procéder à la transcription des chiffres en traits qu'à la toute fin, de manière à rester concentré sur le tirage en cours. Une fois écrits les six traits de l'hexagramme tiré, on écrit également l'hexagramme de perspective en conservant les traits naissants et en transformant les traits mutants en leur contraire, comme indiqué dans la méthode des pièces. On se réfère ensuite au tableau ci-dessous pour trouver les numéros des hexagrammes obtenus.

Analyse et interprétation

Bien que les textes puissent souvent paraître déconcertants, analyser la réponse du *Yi Jing* n'a rien d'impossible si on procède avec un minimum de rigueur, en s'appuyant sur quelques paramètres définis. Il importe seulement de ne pas laisser l'imagination vagabonder à tout va au départ, car elle aura tôt fait de prendre appui sur n'importe quel élément, par exemple des connotations propres à un terme français mais étrangères à l'idéogramme qu'il traduit, pour s'égaillerer sur de fausses pistes. Pour éviter ce risque d'errements, il suffit de placer quelques garde-fous qui dresseront le cadre à l'intérieur duquel l'intuition pourra s'exercer librement. Il convient donc de ne pas chercher à répondre immédiatement à la question posée, mais de rassembler dans un premier temps les éléments permettant de comprendre comment la situation est décrite. On trouvera déclinés ci-dessous quelques-uns de ces éléments.

Observation des figures

Les hexagrammes sont des représentations concrètes du Yin et du Yang, avec chacune un impact visuel particulier qui peut s'adresser à quiconque quels que soient sa langue ou son bagage. On doit donc prendre le temps de recueillir les informations que fournit la simple observation des figures : la forme de l'hexagramme est-elle parlante ? Yin et Yang y sont-ils représentés à parité, répartis d'une manière spécifique, un trait est-il mis en valeur de par sa position ou sa rareté ? Etc.

Il arrive souvent qu'un hexagramme soit construit selon une disposition qui le met en rapport avec une distribution caractéristique, par exemple la division binaire, clairement visible dans des figures comme les hexagrammes 11 et 12, PROSPÉRITÉ et ADVERSITÉ, ou encore la division en trois fois deux traits, répartition dans laquelle les deux traits inférieurs sont rattachés à la Terre, les deux traits supérieurs sont sous l'influence du Ciel, tandis que les deux places médianes rendent plus spécifiquement compte de l'être humain en tant que lien entre ces deux instances. La disposition des traits dans les hexagrammes 61 et 62, JUSTE CONFIANCE et PETIT EXCÈS, est caractéristique des informations que cette distribution met en valeur.

Les textes

Le sens général d'un hexagramme passe d'abord par la compréhension de son nom. Plus large et plus évocateur que le mot français, l'idéogramme qui sert à le nommer ne différencie pas la description de la situation et le comportement qu'elle implique. Il importe donc de comprendre en premier lieu le type de mouvement que ce nom désigne, ce à quoi aident grandement les connotations ou évocations auxquelles ce nom est associé.

Sans doute une des strates les plus anciennes du *Yi Jing*, le *Jugement* est une appréciation globale, qui peut comprendre plusieurs éléments : généralement, des formules mantiques qui fournissent des indications sur les flux énergétiques du moment (exemple type : l'hexagramme 1) ; s'y ajoute souvent une symbolique spécifique à l'hexagramme sous forme de personnage ou d'allusion à une circonstance particulière (mariage à l'hexagramme 53, emprisonnement à l'hexagramme 9, etc.) ; ou parfois des données sur les forces à l'œuvre et des conseils par rapport aux mouvements en cours (par exemple à l'hexagramme 24).

L'autre texte concernant l'hexagramme dans son entier est la *Grande Image*. Bien que les Grandes Images, d'écriture plus tardive, n'appartiennent pas au Texte canonique du *Yi Jing* mais aux commentaires qui lui sont rattachés sous le nom de *Dixième Aile*, elles apportent des informations utiles quant au comportement adéquat. Le conseil, calqué sur les forces de la nature telles que décrites par les trigrammes, s'adresse dans la plupart des cas à l'Être Accompli, personnage modèle pour qui toute circonstance représente l'opportunité, en suivant l'attitude juste, de s'accomplir.

La *Dixième Aile*, traduite également dans cet ouvrage, est probablement un texte assez ancien, intégré par la suite aux Commentaires canoniques. Se résumant à une formule habituellement assez brève, elle donne un éclairage brut qui fonctionne parfois comme rappel utile d'un élément de base qu'il convient de ne pas négliger.

Tous ces textes concernant la compréhension des figures dans leur ensemble, on en prend connaissance pour les différents hexagrammes mis en jeu dans le tirage, donc en priorité l'hexagramme tiré et l'hexagramme muté. Mais il est également utile de les consulter lorsqu'une analyse un peu plus poussée fait intervenir d'autres figures.

Le *Texte des traits* intervient de deux façons différentes. Les six traits d'un hexagramme constituent les six niveaux du développement de la situation qu'il décrit : ils représentent à la fois les différents stades de son évolution et le point de vue qui prévaut à chacun de ces stades. Il est donc bon de les explorer pour avoir une idée du déroulement général de l'hexagramme. Cependant, dans le cadre du tirage proprement dit, on n'est concerné que par le ou les traits mutants de l'hexagramme tiré, qui apportent la plupart du temps un éclairage plus fin que le Jugement.

Il peut arriver qu'il y ait contradiction entre les deux : dans ce cas, c'est le texte du trait qui prévaut sur celui du Jugement, car il indique le niveau particulier où la problématique de l'hexagramme se joue. Lorsque plusieurs traits sont en mutation, il peut également se produire des divergences ; mais ces paradoxes n'existent que pour la conscience ordinaire, et c'est précisément tout l'apport du *Yi Jing* que de nous mettre en présence de plusieurs moments ou composantes de la situation quand nous n'en voyons qu'une seule.

Les images et événements qui apparaissent dans le texte des traits font souvent allusion à des circonstances historiques ou des pratiques rituelles fort éloignées de notre sphère culturelle. Excepté pour les quelques cas où le sens en a été perdu, il faut essayer de transposer leur signification dans notre contexte et de trouver l'équivalent actuel des mouvements énergétiques qu'elles supposent.

Les trigrammes

Les trigrammes constituent un élément important pour l'approche et la compréhension du *Yi Jing*. S'ils n'ont pratiquement pas été utilisés dans cet ouvrage, c'est que le Texte canonique (Jugements et Traits) traduit et commenté ici a été élaboré dans l'Antiquité préimpériale, bien avant la mise en œuvre systématique des trigrammes sous les Han[3]. Ils comptent cependant au nombre des outils légués par la tradition et se révèlent d'un usage précieux aussi bien pour la mémorisation des hexagrammes que pour l'appréciation de certaines de leurs composantes. C'est un apport dont on aurait tort de se priver, à condition de garder en tête qu'il n'est pas possible d'expliquer le texte des Jugements et des traits par les trigrammes – incohérence historique pourtant courante chez les commentateurs les plus appréciés.

Le tableau de la page suivante permettra de se familiariser avec les trigrammes et de lire notamment le texte des Grandes Images, dont les conseils s'articulent précisément sur une imitation des forces naturelles telles que les décrivent les trigrammes. S'il n'a pas été commenté, le texte des Grandes Images, bien postérieur au Texte canonique, a néanmoins été joint au texte de chaque hexagramme comme il est d'usage depuis la dynastie des Song.

La hiérarchie des places

La connaissance des différentes fonctions associées à chacun des niveaux de l'hexagramme est essentielle pour l'analyse d'un tirage. Elle sert notamment à comprendre la valeur des traits en mutation, qui indiquent le (ou les) niveau(x) où se trouvent le (ou les) nœud(s) de la situation considérée.

Entrée : le premier trait décrit le stade où se découvre la situation. Il a l'avantage de l'innocence et les défauts de l'inexpérience. Les énergies y sont encore à l'état de gestation ou bien se réveillent soudainement : c'est le risque d'action impulsive et non maîtrisée qui est le plus souvent pointé par le texte, dans lequel les conseils de retenue sont fréquents.

Préfet : place centrale du trigramme intérieur, le deuxième niveau est celui du travail et de la gestion concrète de la situation. Le Préfet représente l'autorité souveraine dans les régions et en applique les directives – le second trait reflète la position du cinquième qui occupe quant à lui le centre du trigramme supérieur. Œuvrer, accomplir, réaliser, telles sont les tâches dévolues à ce stade où l'on doit avant tout tenir compte du contexte et le faire évoluer en s'y adaptant.

Passage : le troisième trait représente un moment difficile de l'hexagramme. C'est le stade où, armé de l'expérience acquise aux deux niveaux de la Terre, on est appelé à partir à la rencontre de l'extérieur, sans avoir réellement pour cela la connaissance ni l'expérience nécessaires. Moment d'incertitude et d'écartèlement entre le haut et le bas, le troisième trait se trouve au cœur de l'hexagramme, soumis à la pression des trois places hiérarchiquement fortes qui l'entourent, Préfet, Ministre et Souverain. Cette position instable est dans la plupart des cas marquée par des formules mantiques négatives.

Trigramme	Nom en Pinyin	Image naturelle
☰	**Qian**	Ciel
☷	**Kun**	Terre
☳	**Zhen**	Tonnerre
☴	**Xun**	Vent/Bois
☲	**Li**	Feu
☵	**Kan**	Eau
☶	**Gen**	Montagne
☱	**Dui**	Brume

Qualités	Hexagramme de référence
Créativité, force, initiative	Hexagramme 1 ÉLAN CRÉATIF
Disponibilité, adaptabilité, accueil, don de soi	Hexagramme 2 ÉLAN RÉCEPTIF
Impulsion, mise en route, secousse	Hexagramme 51 ÉBRANLER
Enracinement, pénétration, acceptation, intériorisation	Hexagramme 57 SE MODELER
Clarté, lucidité, vivacité, éclat	Hexagramme 30 FILET D'OISELEUR (LUMIÈRE)
Profondeur, endurance, peur	Hexagramme 29 S'ENTRAÎNER AU PASSAGE DES RAVINS
Rigueur, cohésion, calme, solidité	Hexagramme 52 STABILISER
Communication, joie, légèreté	Hexagramme 58 ÉCHANGER

Ministre: tout comme le Préfet à la deuxième place, le Ministre est un serviteur du Souverain. C'est le niveau où l'on dispose d'une certaine maîtrise, celle acquise tout au long des phases précédentes. Les possibilités que confère cette position doivent cependant être maniées avec prudence du fait de la proximité de la place souveraine. Le rôle est ici essentiellement de communication entre les sphères supérieures et le bas de l'hexagramme, mais aussi d'assistance, d'organisation et de mise en œuvre du gouvernement.

Souverain: la cinquième place est le niveau maître de l'hexagramme. Elle en représente le stade le plus accompli, celui où la situation peut être prise en main, assumée et dirigée. La position supérieure de ce trait est confortée par l'assistance de ses deux serviteurs, Ministre à la toute proche quatrième place et Préfet au deuxième niveau. Première des deux places du Ciel, la cinquième ligne est le lieu d'une conduite éclairée et de l'orientation de la conjoncture dans son ensemble. Cette capacité à imprimer une direction par une attitude juste et opportune est marquée par la présence dans le texte des cinquièmes lignes de formules mantiques la plupart du temps favorables.

Sortie: le niveau de sortie représente à la fois un point d'achèvement et de retombée. Il peut être une sublimation du problème décliné dans l'hexagramme – elle se traduit alors par l'influence du sage sur le souverain – mais il peut être également le lieu d'une insistance déplacée ou d'une inconscience gênante à ce stade – on parlera alors du fou victime de son inconséquence ou de son aveuglement. Il est rare, à cette seconde des deux places du Ciel, que l'on puisse encore intervenir directement dans la situation: c'est plutôt le moment où l'on recueille les fruits, bons ou amers, de ce qui a été auparavant accompli. La sixième place est aussi celle d'un surplomb permettant de préparer l'évolution ultérieure de la circonstance qui s'achève, et donc sa transformation.

Il existe des affinités structurelles entre ces différents niveaux: les traits 1 et 4 se répondent dans la nécessité de la prudence; les traits 2 et 5 occupent tous deux des places centrales; les traits 3 et 6 représentent des moments de retombée souvent mis en rapport par leurs textes: il n'est pas rare que le troisième trait annonce les déboires qui guettent au dernier stade. Ces résonances existent même lorsqu'elles ne sont pas accentuées par la *correspondance* entre ces traits.

Dans cet ouvrage, l'expression *place centrale* concerne les deuxième et cinquième niveaux, tandis que les places *médianes* renvoient aux deux niveaux de l'être humain, les troisième et quatrième lignes.

Éléments d'analyse concernant chacun des traits

D'autres éléments peuvent intervenir dans l'analyse d'un tirage, par exemple la correction des traits. Un trait est dit *correct* lorsque sa polarité Yin ou Yang est en accord avec la place qu'il occupe. Les places impaires sont Yang, les places paires sont Yin. Ainsi donc, un trait Yang est correct lorsqu'il est à une place Yang (1, 3, 5), un trait Yin est correct lorsqu'il est à une place Yin (2, 4, 6) ; ils sont incorrects dans le cas contraire. Cette notion n'est qu'un élément parmi d'autres, qui ne doit pas être pris au pied de la lettre dans la mesure où il est largement corrigé par d'autres paramètres comme la forme de la figure ou le rapport Yin-Yang. Il n'existe en fait qu'une seule figure dont les traits soient tous corrects, le 63 DÉJÀ TRAVERSÉE, mais la comparaison avec la disposition de cet hexagramme peut s'avérer souvent utile.

Il existe par ailleurs des relations entre traits, qui peuvent être de deux types : le *voisinage* et la *correspondance*. Une relation de *voisinage* est effective entre deux traits contigus s'ils sont de polarités différentes, l'un Yin et l'autre Yang ou l'inverse. Elle permet de déceler d'éventuelles attirances, influences ou tensions entre ces niveaux. Une relation de *correspondance* est effective entre les traits 1 et 4, 2 et 5, 3 et 6 s'ils sont de polarités différentes, l'un Yin et l'autre Yang. La correspondance, qui met en relation les forces internes et externes de l'hexagramme, est un paramètre important dans l'analyse d'un tirage, car elle permet d'examiner les liens cachés de la situation et d'entrevoir des possibilités d'évolution.

Une dernière notion apporte des informations importantes au niveau de chaque trait pris individuellement, c'est l'hexagramme dérivé : il s'agit de l'hexagramme obtenu lorsque la mutation est rendue effective, c'est-à-dire lorsqu'on transforme un trait mutant en un trait de polarité inverse. Si elle ne permet pas d'expliquer le texte de la ligne, cette opération permet cependant de mettre en rapport le trait touché avec le sens de l'hexagramme dérivé, et donc d'apporter des éclairages quant à la problématique en jeu à ce niveau de l'hexagramme. Les indications données dans cet ouvrage au paragraphe *dérivé* de chaque trait ne sont que des pistes succinctes d'un domaine beaucoup plus riche, que l'utilisateur devra explorer par lui-même.

Éléments d'analyse concernant l'hexagramme dans son ensemble

Le sens de chaque hexagramme peut être approfondi par son rapport avec deux autres figures, l'une qui lui est totalement extérieure, l'hexagramme opposé, l'autre qui habite en son cœur même, l'hexagramme nucléaire.

L'hexagramme *opposé* est obtenu en remplaçant chacun des traits de l'hexagramme par un trait de polarité inverse : les traits Yin par des traits Yang et inversement, cela sans tenir compte des mutations. Ce nouvel hexagramme permet de définir ce que la situation n'est pas, et ainsi d'éliminer de l'investigation des possibilités qui ne la concernent pas : il fonctionne comme une sorte de contre-jour qui aide à mieux faire ressortir, et donc à mieux définir, le champ d'application de l'hexagramme.

L'hexagramme *nucléaire* est obtenu à partir des quatre traits centraux, donc en excluant le trait d'Entrée et celui de Sortie, qui constituent quant à eux l'*enveloppe* de l'hexagramme. L'opération consiste à superposer les traits 3, 4 et 5 aux traits 2, 3 et 4 : on obtient ainsi une nouvelle figure qui habite en quelque sorte à l'intérieur de la première, figure qui renseigne sur les forces travaillant au cœur de l'hexagramme considéré. Du fait que seuls les quatre traits centraux sont mis en jeu, plusieurs hexagrammes, qui se différencient uniquement par leurs enveloppes, ont le même nucléaire : il est ainsi possible de regrouper tous les hexagrammes par familles de quatre figures ayant le même nucléaire, ce qui crée des liens internes intéressants entre les soixante-quatre hexagrammes du *Yi Jing*.

Une fois ces différents éléments examinés et assemblés, on constate que certaines convergences se créent d'elles-mêmes, presque sans que nous ayons à intervenir. C'est que la part intuitive de l'esprit est déjà entrée en action qui, par des jeux de mémoire et de résonance, éclaire certains paramètres par d'autres et crée des liens qui n'apparaissaient pas au départ. Il importe de laisser l'inventivité s'exprimer à ce stade de l'exploration, car c'est dans ces allers-retours entre analyse et intuition que se forge peu à peu la réponse à la question posée.

Une part non négligeable de cette réponse se situe dans la mise en rapport de l'hexagramme tiré et de l'hexagramme de perspective. Celui-ci ne représente pas une évolution inévitable, comme une vision fataliste pourrait le laisser croire, mais une sorte de coloration de l'hexagramme tiré, qui reste quant à lui l'élément prédominant du tirage. Chaque hexagramme pouvant se transformer en n'importe quel autre, il s'ensuit qu'il existe soixante-quatre versions de la même figure (si on inclut le cas où l'absence de traits mutants fait qu'il ne se change qu'en lui-même). L'hexagramme de perspective renseigne donc sur les modalités particulières à la situation en cours, sur les mouvements qui l'animent, sur le type de problème que l'actualisation de certains de ses paramètres suscite. C'est finalement cette mise en rapport des deux figures qui permet de synthétiser toutes les informations rassemblées et de produire à chaque fois une réponse inédite, originale au sens vrai du terme, car serrant au plus près les possibilités de passage du virtuel au réel.

1. Le calcul des probabilités fait apparaître une différence de résultats entre les deux méthodes. La probabilité d'apparition d'une ligne mutante, 1 chance sur 4, est la même que l'on utilise pièces ou baguettes, mais on a autant de chances d'obtenir une ligne mutante Yin que Yang avec les pièces (2 chances sur 16), alors que la manipulation des baguettes fait apparaître plus souvent une ligne mutante Yang (3 chances sur 16) qu'une ligne mutante Yin (1 chance sur 16).
2. Il faut pour cela faire la transposition suivante : 5 est équivalent à 4, ils ont pour valeur numérique 3 ; 8 est équivalent à 9, ils ont pour valeur numérique 2. L'addition des restes ainsi transposés ne peut aboutir qu'aux nombres 6, 7, 8 ou 9.
Une autre façon de convertir les chiffres est possible : elle consiste à soustraire la somme des restes du nombre total des 49 baguettes utilisées :

Reste 25	49 – 25 = 24	24 divisé par 4 = 6	Yin mutant / vieux Yin
Reste 21	49 – 21 = 28	28 divisé par 4 = 7	Yang naissant / jeune Yang
Reste 17	49 – 17 = 32	32 divisé par 4 = 8	Yin naissant / jeune Yin
Reste 13	49 – 13 = 36	36 divisé par 4 = 9	Yang mutant / vieux Yang

3. Sur les recherches archéologiques et l'historiographie du *Yi Jing*, voir Wang Dongliang, *Les Signes et les mutations*, Paris, L'Asiathèque, 1995.

	☰	☴	☲
☰	1 Élan créatif	9 Petit apprivoise	14 Grand réalise
☴	44 Être accueillant	57 Se modeler	50 Chaudrc
☲	13 S'entendre avec Tous	37 Gens du Clan	30 Filet d'oiseleu (lumière
☱	10 Démarche	61 Juste Confiance	38 Divergen
☷	12 Adversité	20 Regarder	35 Avancer a grand jou
☳	25 Spontanément	42 Augmenter	21 Mordre & Unir
☵	6 Plaider sa cause	59 Dénouer	64 Pas enco traversé
☶	33 Faire retraite	53 Progresser pas à pas	56 Voyageu

☱	☷	☳	☵	☶
43 Se ntrer ésolu	11 Prospérité	34 Grand Force	5 Attendre	26 Grand Apprivoise
28 nd Excès	46 Croissance	32 Endurer	48 Puits	18 Remédier au Corrompu
49 olution	36 Lumière Obscurcie	55 Abondance	63 Déjà Traversée	22 Embellir
58 hanger	19 Approcher	54 Mariage de la Cadette	60 Mesure	41 Diminuer
45 union	2 Élan réceptif	16 S'enthou-siasmer	8 Alliance	23 Usure
17 uivre	24 Retour	51 Ébranler	3 Difficultés initiales	27 Nourrir
47 isement	7 Armée	40 Délivrance	29 S'entraîner au passage des Ravins	4 Jeune fou
31 nciter	15 Se tenir	62 Petit Excès	39 Obstruction	52 Stabiliser

1 ÉLAN CRÉATIF

乾

QIAN

䷀

En haut CIEL ☰

En bas CIEL ☰

Élan créatif
Fondamentalement favorisant
Ténacité profitable

乾 Qian
元亨 yuan heng
利貞 li zhen

Au début un neuf
Dragon tapi dans l'onde
Ne pas agir

潛龍 qian long
勿用 wu yong

Neuf en 2
Dragon visible dans le champ
Profitable d'aller voir quelqu'un d'envergure

見龍在田 jian long zai tian
利見大人 li jian da ren

Neuf en 3
Le Chef Accompli jusqu'à la fin du jour
est Fermement Ferme
Au soir il est encore tout vigilant
Danger
Absence de faute

君子終日 jun zi zhong ri
乾乾 Qian Qian
夕惕若 xi ti ruo
厲 li
无咎 wu jiu

Neuf en 4
Envol possible dans le gouffre
Absence de faute

或躍在淵 huo yue zai yuan
无咎 wu jiu

Neuf en 5
Dragon volant dans le ciel
Profitable d'aller voir quelqu'un d'envergure

飛龍在天 fei long zai tian
利見大人 li jian da ren

En haut un neuf
Dragon hautain
Il y a regrets

亢龍 kang long
有悔 you hui

Tous les neuf à l'œuvre
Apparition d'un vol de dragons
Pas un n'est en tête ouverture

見群龍 jian qun long
无首吉 wu shou ji

Grande Image
Le ciel circule-et-agit avec force
Ainsi l'Être Accompli
en se renforçant lui-même
n'est jamais à bout de souffle

天行健 tian xing jian
君子以 jun zi yi
自彊 zi qiang
不息 bu xi

Dixième Aile
ÉLAN CRÉATIF — 乾 QIAN
fermeté — 剛 gang

ÉLAN CRÉATIF est le plein déploiement des qualités Yang : force d'activation, vigueur, dynamisme, puissante capacité à faire surgir le nouveau et à promouvoir sa réalisation. Seul hexagramme uniquement constitué de traits Yang, ÉLAN CRÉATIF représente un souffle puissant d'émergence qui se manifeste dans une propension à faire converger la force et à enclencher les processus. L'aptitude à l'animation et à l'inventivité s'exprime ici par une qualité essentielle, la fermeté, qui trouve son efficace quand elle entre en résonance avec la souplesse du Yin. Prendre l'initiative ne signifie pas se lancer dans l'activisme, mais maintenir son activité en se gardant autant de l'autoritarisme que du manque d'endurance. Projection constante vers l'extérieur, capacité à aller sans cesse de l'avant, la manière Yang d'agir est d'autant plus exposée au risque d'épuisement. Elle n'atteint son efficience que lorsqu'on prévient la dépense d'énergie par l'investissement dans une orientation claire et un renouvellement continuel de la disposition intérieure.

Le Ciel symbolise la puissance de l'ÉLAN CRÉATIF, le *dragon*, seule image utilisée dans le texte, en montre le déploiement. Tout au long de l'hexagramme, on suit son envol, depuis les profondeurs humides où, impatient, il concentre l'énergie vitale, jusqu'aux hauteurs nuageuses où, hautain, il disparaît. Ce mouvement globalement ascensionnel sera le modèle de tous les hexagrammes : inflexion aux traits extrêmes (1 et 6), difficultés aux traits médians (3 et 4), efficience aux traits centraux (2 et 5). Prématurée au premier trait, encore inexpérimentée au second lorsque le dragon apparaît au niveau de la terre, la force créative se forge à la fois dans l'ardeur et l'inquiétude aux deux traits médians du niveau humain. Elle s'incarne d'abord à la ligne de passage dans le Chef Accompli, dont le courage exemplaire peut s'exprimer à bon escient grâce à la vigilance qui l'empêche de tourner à l'aventurisme. Elle se cherche encore au niveau du quatrième trait, à l'orée des espaces qui appellent la puissance à se déployer. C'est à la cinquième ligne qu'elle trouve sa pleine expression dans le vol souverain d'un dragon au summum de son élan. Elle retombe enfin au trait supérieur, où le texte signale le risque d'orgueil.

À l'opposé d'ÉLAN CRÉATIF, dont les deux traits centraux sont qualifiés de la manière la plus favorable qui soit, le texte d'ÉLAN CRÉATIF se caractérise par l'absence de toute appréciation positive. On y trouve en revanche divers avertissements de prudence et conseils de modération. La puissance du Yang est si éclatante en effet qu'elle empêche parfois d'en voir les limites. C'est pourquoi aux deux places centrales le dragon est invité à prendre de la hauteur en allant consulter un personnage emblématique, l'Être d'envergure, dont la parole apporte un éclairage précieux aussi bien lorsqu'il s'agit de déterminer une orientation que de maîtriser un élan.

Traversant de son souffle toute chose vivante, l'ÉLAN CRÉATIF ouvre dans le *Yi Jing* la ronde des hexagrammes. La puissante force lumineuse qu'il représente ne prend toutefois sa véritable ampleur que lorsqu'on trouve à la fois la direction et la mesure qui seules permettent de déployer efficacement une énergie de dragon.

Calendérique : ÉLAN CRÉATIF appartient à la série dite « du calendrier » qui rassemble douze hexagrammes associés à la variation du rapport entre ombre et lumière au cours de l'année. ÉLAN CRÉATIF est associé dans cette série à la période de culmination de la lumière qui entoure l'équinoxe d'été (début juin – début juillet).

IDÉOGRAMME

QIAN : *Ciel, firmament. Masculin. Le souverain.*
Prononcé GAN : sec, séché par le soleil.

L'idéogramme est complexe, sa prononciation est double[1], sa signification est depuis longtemps abstraite et sa graphie s'est modifiée au cours des siècles[2]. Sa forme actuelle se compose de deux parties. En bas et à droite, se trouve une sorte de crochet élancé qui figure un germe appuyant sur la terre son effort pour éclore. Quand ce germe aura commencé sa croissance externe, il sera représenté alors par un autre caractère, le nom de l'hexagramme 3, DIFFICULTÉS INITIALES.

Le reste de l'idéogramme forme un tout qui se décompose en trois éléments : en haut et à droite au-dessus du germe, des frondaisons, en dessous le signe du soleil et sous lui une sorte de croix. La graphie ancienne de cette croix était plus explicite, elle représentait des vapeurs bloquées au niveau du sous-sol. La signification de cet ensemble était l'idée d'un soleil qui, en pénétrant sous des frondaisons, met en mouvement des énergies jusque-là inemployées. Dans le caractère classique, ces vapeurs bloquées ont été remplacées par un signe qui sera assimilé au signe général des plantes. Depuis les Han, cette partie de l'idéogramme a donc été interprétée comme montrant le soleil « à hauteur des plantes » c'est-à-dire : sur l'horizon. Autant par concordance avec le dynamisme matinal du Yang, que par analogie avec d'autres caractères tels : *aube* (un soleil sur l'horizon), *Est* (un soleil au niveau d'un tronc d'arbre), ou encore AVANCER AU GRAND JOUR, nom de l'hexagramme 35 (des oiseaux piquant au soleil levant), cette position a été comprise comme représentant un soleil levant. Cependant, mettre l'accent sur le lever du soleil a rétréci la signification primitive de l'idéogramme. Alors que la forme ancienne soulignait la richesse enfouie dans la terre, la force germinative du Yin que le soleil fait lever comme une pâte, le caractère classique va perdre ce couplage pour se focaliser uniquement sur le soleil. Au sens matériel le caractère signifiera ce qui est séché par le soleil (sens qu'il a quand il est prononcé *gan*, toujours très employé, notamment dans l'expression *gan rou* : viande séchée, un mets très apprécié des Chinois, voir 21/5). Son sens figuré enfin, se concentrera sur le lieu où évolue le soleil et vers où tend tout ce qui pousse : le ciel. À partir de la dynastie des Han, l'usage va cantonner le sens de ce caractère au domaine impérial, en même temps que le dragon en deviendra un symbole majeur. En dehors du *Yi Jing*, on ne l'utilisera guère, sauf dans des désignations rituelles comme le doublet Ciel-Terre, formé du nom des deux premiers hexagrammes et qui signifie : l'univers.

TEXTE CANONIQUE

JUGEMENT

ÉLAN CRÉATIF	乾	QIAN
Fondamentalement favorisant	元亨	yuan heng
Ténacité profitable	利貞	li zhen

Quatre idéogrammes seulement décrivent la puissance de l'ÉLAN CRÉATIF. Brièveté parlante, tout autant que la multiplicité de phrases et d'images avec laquelle est exposée la puissance de l'ÉLAN RÉCEPTIF (voir 2/J). L'élan Yang n'est que dynamisme, il engendre et engendre sans cesse les êtres et les situations auxquels l'élan Yin donne avec patience consistance et durée. La généralité du texte – l'absence de tout contexte particulier – montre la capacité même du Yang, et non une matérialisation distinctive de cette capacité.

Ce potentiel, il s'agit de le reconnaître et de le manifester car il est celui d'une force d'impulsion dans le jaillissement de son début, capable de stimuler une circonstance, de la développer et d'en tirer parti en s'y tenant avec opiniâtreté. ÉLAN CRÉATIF est un moment où il faut se comporter comme le dragon qui déploie infatigablement une puissante propension à faire advenir.

Les Quatre Qualités du Ciel-Terre

Le sens primitif des quatre caractères qui composent le Jugement de ÉLAN CRÉATIF, vraisemblablement issu du vocabulaire technique des devins de l'âge du bronze, est hypothétique. Avant même que les Commentaires canoniques ne soient écrits, il avait déjà disparu, remplacé par une interprétation symbolique qui les lit un par un, comme la description des « quatre qualités du Ciel » : origine, essor, récolte, enfouissement. Les disposant alors sur une roue saisonnière, couplant origine avec Printemps, essor avec Été, récolte avec Automne, et enfouissement avec Hiver, les lettrés ont produit un système global qui a dominé l'interprétation pendant deux mille ans et fortement impressionné les traducteurs européens jusqu'à nos jours. Plus moderne, le choix de relier ces quatre idéogrammes en deux phrases de deux caractères chacune, qui a eu aussi de nombreux partisans en Chine, s'appuie sur les différents cas où ces deux couples apparaissent dans le Texte canonique. Il offre l'avantage de faire ressortir une gradation dans leur emploi, selon qu'elles sont présentes ensemble ou en partie, et ainsi de situer la signification de ces quatre caractères à mi-chemin du sens perdu des devins et du sens forcé des commentateurs.

Fondamentalement : modulation mantique marquée par un idéogramme qui signifie *début, origine, entièrement.*
Favorisant : appréciation mantique décrivant un climat d'essor, un agencement fertile, un dispositif énergétique global dans lequel l'échange entre le Ciel et la Terre se noue de manière féconde.
Fondamentalement favorisant : formule mantique caractéristique des Jugements. Elle signale un moment particulièrement propice, s'exprimant de manière Yang par une propension à entreprendre et de manière Yin dans une capacité à faire aboutir.
Ténacité profitable : formule mantique signalant que la situation, pour être fructueuse, requiert une grande capacité à endurer, à tenir avec constance, sans se laisser fatiguer par les difficultés du moment.
Fondamentalement favorisant ténacité profitable : groupement particulier de deux formules mantiques qui ne caractérise que sept hexagrammes : 1, 2, 3, 17, 19, 25 et 49.

TEXTE DES TRAITS

Au début un neuf
Dragon tapi dans l'onde — 潛龍 qian long
Ne pas agir — 勿用 wu yong

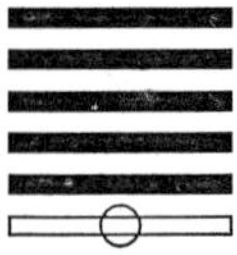

Dès le niveau d'Entrée, la puissance de l'ÉLAN CRÉATIF est là, symbolisée par le dragon. Cependant, tout extraordinaire qu'elle soit, cette force ne peut s'utiliser d'emblée. C'est le stade où, caché dans les tréfonds, le dragon s'emplit d'une eau qu'il ne pourra déverser en pluie féconde qu'une fois haut dans le ciel. Il est trop tôt pour prendre son élan et déployer sa créativité.

La ligne initiale d'un hexagramme représente généralement une approche encore inexpérimentée de la situation. On doit pour le moment s'en tenir aux préparatifs et réfréner la tendance naturelle du Yang à l'action, propension renforcée ici par la correction du trait. Même le grand Yang doit commencer par donner racine à son élan.

Dragon : en Chine, les dragons sont omniprésents. Ancrés dans l'imaginaire oriental depuis le néolithique comme emblèmes de la puissance bienfaisante de l'élan vital, ils deviendront tout naturellement une image de la puissance productive du Yang. Animal aquatique, le dragon chinois crache l'eau féconde et non le feu destructeur comme on se le représentera en Occident. L'hiver, immobile au fond des rivières il s'emplit d'eau ; au printemps, il se réveille dans le fracas des orages et s'élance vers le ciel. En été, il voie au plus haut du ciel d'où il répand sous forme de pluie féconde l'eau accumulée durant la saison Yin et quand arrive l'automne, il redescend vers l'eau sombre pour y restaurer sa puissance durant son sommeil hivernal. On suit tout au long de cet hexagramme les traces de ce cycle du dragon, nommé aux lignes 1, 2, 5 et 6, et évoqué à la ligne 4.
Tapi dans l'onde : l'idéogramme, écrit en combinant un groupe complexe signifiant *épingle à chignon* (voir 16/4) avec le signe de l'eau (comme le *gouffre* cité au quatrième trait), a pour sens propre *se tenir caché sous l'eau* et pour sens figuré *caché, latent, virtuel*. Il est utilisé de nos jours dans des expressions qui désignent aussi bien les sous-marins que l'inconscient. Coïncidence ou élégance, ce caractère ne se distingue pas à l'oreille de celui nommant l'hexagramme 1. Le choix de ce caractère qui, dans le *Yi Jing*, est utilisé uniquement pour caractériser le dragon à ce niveau, souligne l'atmosphère Yin prévalant au début du mouvement Yang. On trouve en écho l'évocation du Yang au début du mouvement Yin (voir 2/1, glace *solide*).
Ne pas agir : formule mantique spécifique qui n'est pas une injonction à ne rien faire, mais avertit plutôt qu'une intervention de type Yang serait pour l'instant inopportune ou à contre-courant. Ici, le moment n'est pas encore venu de se lancer dans l'action. Comme le dragon qui se remplit d'eau fécondante, il faut se préparer par un temps d'attente et accumuler des forces.

Hexagramme dérivé : hexagramme 44. ÊTRE ACCUEILLANT est une situation où il faut accepter d'être freiné par ce qui semble opposé, et s'ouvrir à des modes de réalisation que la force Yang pousserait à méconnaître ou ignorer.

Neuf en 2

Dragon visible dans le champ	見龍在田	jian long zai tian
Profitable d'aller voir quelqu'un d'envergure	利見大人	li jian da ren

Le dragon s'éveille. Entamant sa montée, il quitte l'eau pour la terre, il s'élève des profondeurs invisibles où il s'emplissait de force pour apparaître au niveau du sol. De multiples directions s'ouvrent à lui, symbolisées par les *champs* qui s'étendent vers les quatre orients de la Terre. Mais, trop neuf pour pouvoir déjà discerner les domaines dans lesquels sa créativité pourra s'exercer au mieux, il reçoit le conseil de prendre de la hauteur afin d'adopter une vue d'ensemble sur la situation.

La force du trait est compensée par la retenue conforme à la place de Préfet et en accord avec l'image des quatre horizons de la terre. Les réalisations ne peuvent commencer qu'avec prudence car à ce niveau, la lucidité risquant de faire défaut, on a encore besoin d'être guidé. Même un dragon peut être ébloui par l'intensité de sa puissance naissante. C'est en allant demander conseil que l'on pourra déterminer la direction la plus adaptée.

Dragon : symbole de la puissance Yang (voir ligne 1).
Visible : l'idéogramme signifie aussi bien *aller voir,* que *visible* et *être vu*. Par rapport à l'aspect caché du Yin, la visibilité est de l'ordre du Yang. Elle est très présente dans cet hexagramme, où ce caractère est cité quatre fois : ligne 2 (répété deux fois), 5, ainsi que dans le paragraphe spécifique, Tous les neuf à l'œuvre.
Dans : l'idéogramme est plus fort qu'une simple préposition. Signifiant *être en un lieu, être présent dans, être en train de*, c'est un verbe qui, dans le contexte du *Yi Jing*, souligne un fort rapport entre la présence et le lieu de la présence. Il est cité trois fois dans cet hexagramme, lignes 2, 4 et 5.
Champ : représentant des champs cultivés en parcelles, l'idéogramme, par sa forme carrée, évoque les *quatre directions de la Terre* (voir 2/2), et globalement le multiple pouvoir de germination du Yin. La langue chinoise renforce à sa façon l'alliance entre le Ciel (cité en ligne 5) et la Terre : les caractères *ciel* et *champ* ne diffèrent que par le ton auquel ils sont prononcés. Les multiples champs de la terre sont

partenaires et reflets du ciel unique. Le caractère *champ* a aussi le sens de *chasse* qui induit l'idée de limite, de *confins* (voir 2/6) puisque à la limite des terres agricoles se trouve la lisière entre l'inculte et le cultivé, le sauvage et le civilisé, le primitif et le chinois. Ici, à cette place Yin, terreau de toutes les réalisations possibles, cette frontière se situe entre la puissance du dragon, latente au trait précédent, et les formes qu'elle doit commencer à prendre.

Aller voir : le texte ne porte qu'un seul idéogramme, celui rendu plus haut par *visible*.

Aller voir quelqu'un d'envergure : formule mantique spécifique signifiant aller demander conseil à un être de parole ou toute personne en qui on a confiance. Lorsqu'on est trop envahi par un problème, le meilleur moyen de le résoudre est de s'en distancier en l'extériorisant. Cette démarche oblige à donner une forme objective à ce qui soucie, ne serait-ce que pour pouvoir l'expliciter ; elle permet ainsi de se voir du dehors, de se détacher de ses préoccupations, de prendre de la hauteur, de gagner en envergure. ÉLAN CRÉATIF est le seul hexagramme où ce conseil est répété à deux reprises. Autant au cinquième trait, il est recommandé de relativiser l'intensité créatrice parvenue à son faîte en la replaçant dans un rythme plus vaste, autant ici, il est une invite à l'énergie naissante de s'engager dans une direction solide.

Hexagramme dérivé : hexagramme 13. S'ENTENDRE AVEC TOUS est un moment où on doit confronter sa différence à celle de l'autre, et chercher à étendre son action à un domaine de plus en plus large.

Neuf en 3

Le Chef Accompli jusqu'à la fin du jour	君子終日	jun zi zhong ri
est FERMEMENT FERME	乾乾	QIAN QIAN
Au soir il est encore tout vigilant	夕惕若	xi ti ruo
Danger	厲	li
Absence de faute	无咎	wu jiu

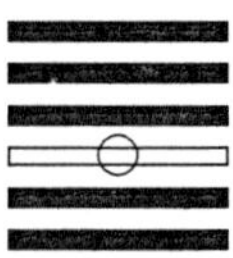

À cette place de passage, premier niveau des affaires humaines, le dragon, symbole de l'hexagramme, disparaît. Mais le redoublement du nom de l'hexagramme indique que son aspect créatif demeure, et la présence du Chef Accompli qu'il est possible de se l'approprier, à condition de se conduire avec autant de perspicacité que ce vaillant personnage. C'est le moment de faire passer dans la réalité la puissance de l'ÉLAN CRÉATIF, d'œuvrer en redoublant d'énergie et en se renforçant inlassablement. Mais, quand à la fin du jour l'énergie décline, on doit accorder une attention particulière à la manière de se comporter.

La correction du trait accentue une propension à la fermeté qui tournera à la rigidité au dernier stade de l'hexagramme. À cette place de passage entre intérieur et extérieur, que le texte souligne par la transition d'un jour à un autre, une démarche trop intransigeante risque de provoquer des réactions dangereuses mais une démarche trop hésitante risque de faire manquer le retournement en cours.

Chef Accompli : personnage symbolique signalant que la situation requiert des qualités particulières de courage et de perspicacité. À cette place de Passage, alors que danger et lassitude guettent, fermeté de caractère et lucidité sont particulièrement nécessaires.

Jusqu'à la fin du jour : formule mantique en deux caractères dont le premier est la modulation à la fin et le second l'idéogramme *soleil* utilisé au sens de *jour*. Apparaissant chaque fois dans des situations de tension ou de difficulté, cette expression peut simplement signifier *jusqu'au bout* car la notation temporelle qu'elle indique est relativement floue.

FERMEMENT FERME : le texte porte deux fois répété le nom de l'hexagramme. En chinois, la répétition d'un caractère lui donne valeur de superlatif. Courante dans le *Yi Jing* (voir par exemple 15/1, 29/3 ou 39/2), cette construction n'est appliquée au nom d'un hexagramme qu'une autre fois dans une figure majoritairement composée de traits Yang : SE MONTRER RÉSOLU, et au même niveau (voir 43/3).

Vigilant : appréciation mantique signalant qu'une attention particulière doit être portée aux changements en cours. *Tout vigilant* rend une construction particulière qui se lit mot à mot *comme vigilant.*

Au soir : l'idéogramme, qui n'apparaît qu'ici, représente le croissant de la lune du premier quartier, dont la pointe inférieure est déjà masquée par l'horizon. Il signifie *soir, crépuscule, nuit, oblique par rapport à l'axe Est-Ouest.*

Au soir encore vigilant : ces deux caractères sont passés à l'état de proverbe pour indiquer quelqu'un qui est vigilant dans sa conduite du matin jusqu'au soir.

Danger : appréciation mantique signalant les risques inhérents à la situation. Ici le danger est la fatigue qui assaille entre chien et loup, préfigurant l'aveuglement qui surviendra au dernier trait.

Absence de faute : formule mantique spécifique incitant à ne pas rester dans un état d'esprit incertain ou hésitant. Au moment de l'ÉLAN CRÉATIF, ce conseil, répété au trait suivant, caractérise le niveau humain (traits 3 et 4), celui où le dragon n'est pas nommé.

Hexagramme dérivé : hexagramme 10. DÉMARCHE est un moment de contact avec une force sauvage, violente comme un tigre. On la canalise par une attitude prudente et respectueuse des formes.

Neuf en 4

Envol possible dans le gouffre	或躍在淵	huo yue zai yuan
Absence de faute	无咎	wu jiu

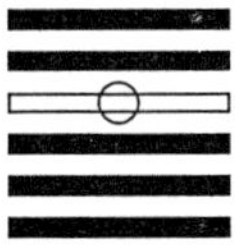

À ce second niveau des affaires humaines, bien que le dragon – comme au trait précédent – n'apparaisse pas explicitement, la mention d'un envol suggère sa présence latente. Cependant quelque chose retient encore : peut-on déjà exercer sa force avec suffisamment de maîtrise, n'est-il pas prématuré de s'élancer ?

Poussé par la force accumulée aux trois traits Yang précédents, mais freiné par la retenue qui s'impose à la place de Ministre en raison de sa proximité avec la place souveraine, le dragon hésite. Alors que les dangers signalés à la ligne précédente ont disparu, l'envol n'est que possible, il n'est pas certain. Que le moment en soit encore à l'accumulation d'énergie comme au premier trait, ou qu'on soit sur le point de s'élancer pour voler en plein ciel comme à la ligne suivante, il importe, avant un pas décisif, de discerner entre hésitation et prudence.

Envol : écrit avec le signe du pied et un groupe complexe où se retrouve le signe des plumes et celui de l'oiseau, l'idéogramme signifie au sens propre *sauter, bondir*, et au sens fi-guré *exulter, brûler d'envie de*. Prononcé différemment, le même caractère désigne alors le faisan à longue queue dont les plumes étaient tenues en main durant les danses chamaniques (voir 53/6). Tentant de conjurer l'incertitude du temps, les chamanes invoquent les dragons afin de faire tomber la pluie, en imitant leur envol par des sautillements saccadés.
Possible : représentant un pays sans frontières précises, l'idéogramme est une marque de doute, d'indétermination. Il pose l'éventualité de l'action, sans l'enfermer ni dans le succès ni dans l'échec.
Dans : voir ligne 2.
Gouffre : formé avec le signe de l'eau (comme *tapi dans l'onde* ligne 1), et un groupe complexe évoquant un abîme au fond duquel roule une eau sonore, l'idéogramme, qui n'apparaît qu'ici, suggère une profondeur qui inspire crainte et respect.
Envol possible dans le gouffre : la construction de la phrase est similaire à celles décrivant le lieu dans lequel se trouve le dragon aux traits

2 et 5. Le départ du mouvement d'envol est donc situé à l'intérieur du gouf-fre et non à partir de son bord, comme on l'a souvent imaginé. Ce n'est pas une chute qui est décrite, mais bien un envol vers le ciel.
Absence de faute : formule mantique spécifique incitant à ne pas rester dans un état d'esprit incertain ou hésitant. Cité au trait précédent, ce conseil caractérise le niveau humain (traits 3 et 4) de l'ÉLAN CRÉATIF, celui où le dragon n'est pas nommé.

䷈ **Hexagramme dérivé :** hexagramme 9. PETIT APPRIVOISE décrit un moment d'accumulation qui ne deviendra fécond qu'avec le temps. Une attitude Yin permet à ce stade d'affiner les impulsions du Yang.

Neuf en 5

Dragon volant dans le ciel	飛龍在天	fei long zai tian
Il est profitable d'aller voir un Être d'envergure	利見大人	li jian da ren

Au cinquième trait, place souveraine de tout hexagramme, l'ÉLAN CRÉATIF touche à son point le plus élevé, le ciel. Le dragon, son emblème, réapparaît dans toute sa plénitude. Zébrant les nuages dont il est l'ombre, il vole, déployant toutes les qualités célestes dont il est porteur. Hardiesse dans l'action, créativité en tous domaines, aisance maximale dans la réalisation des projets, la puissance d'activation propre au Yang est à même d'atteindre ici des sommets.

Pourtant, l'absence d'appréciation favorable indique à la chinoise que cet accomplissement n'est qu'une apogée. À la différence du texte de la ligne souveraine d'ÉLAN RÉCEPTIF, aucune formule mantique ne vient couronner la convergence entre la nature Yang du trait, de la place, et de l'hexagramme dans son ensemble. Le texte se borne à la recommandation, déjà énoncée à la seconde ligne, de gagner en envergure. Quand le flux créatif se manifeste dans son intégralité, c'est en acceptant d'aller demander conseil qu'on peut acquérir la distance qui replace l'instant dans une vue d'ensemble. Un regard supérieur sait que toute véritable réalisation comprend la conscience du repli.

Dragon : symbole de la puissance Yang (voir ligne 1).
Volant : l'idéogramme représente un oiseau en train de voler. Dans le *Yi Jing*, Le dragon est le seul animal dont le vol soit favorable. Quand il s'agit d'oiseaux, voler est toujours signe d'excès et de malheur (voir 36/1, 62/J et 61/6).

Dans : voir ligne 2. Alors que ce mot est le plus souvent mis en relation avec des lieux Yin, et généralement cité à des places paires (comme au traits 2 et 4 de cette figure), sa présence ici à la ligne souveraine souligne la perfection du couplage entre le côté Yang du dragon – son identité de nature avec le ciel – et son côté Yin – la fécondité de l'eau qu'il a accumulée pendant l'hiver (voir ligne 1) et qu'il a pour rôle de déverser en pluie d'en haut du ciel.
Ciel : la notion de Ciel recouvre toute l'histoire chinoise. À l'époque des Shang, il est l'une des multiples divinités animistes. Les Zhou en feront l'image impersonnelle de la régulation cosmique, la puissance suprême qui confie et retire les mandats de commandement sur terre (voir hexagramme 49). Il deviendra ensuite le symbole même du Yang.
Aller voir : voir ligne 2 *visible*.
Aller voir quelqu'un d'envergure : formule mantique spécifique signifiant aller demander conseil à un être de parole ou toute personne en qui on a confiance. ÉLAN CRÉATIF est le seul hexagramme où ce conseil est répété à deux reprises : voir à la ligne 2, où il est une invite à engager l'énergie naissante dans une direction solide. Ici, il recommande de relativiser l'intensité créatrice parvenue à son faîte en la replaçant dans un rythme plus vaste.

Hexagramme dérivé : hexagramme 14. GRAND RÉALISE décrit le passage du projet à la réalisation. Le pouvoir de réalisation du Yang s'y manifeste par l'installation du Yin caché et nourricier à la place d'honneur.

En haut un neuf
Dragon hautain — 亢龍 kang long
Il y a regrets — 有悔 you hui

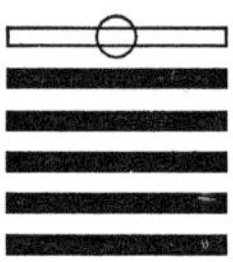

La situation décrite à ce dernier trait est le modèle du renversement qui se produit souvent au niveau de sortie d'un hexagramme. Emporté par son élan, crispé sur sa puissance, le dragon va trop loin, méconnaissant la limite et l'aspect cyclique du mouvement qui devrait l'amener à redescendre vers la terre. À la différence de celle décrite à la troisième ligne, où le Chef Accompli ne perd pas sa vigilance lorsque la lumière décline, une attitude *hautaine* refuse la retombée qui succède à toute ascension. Le dynamisme tourne au volontarisme, la fermeté devient de l'inflexibilité et la grandeur de l'orgueil.

Au sommet d'une accumulation de traits Yang, la formule *il y a regrets*, qui n'apparaît qu'ici sous cette forme directe, prend tout son sens. Tarder à réagir pour adopter l'attitude de retrait exigée par l'évolution de la situation, c'est ignorer l'éternelle loi du changement.

Dragon : symbole de la puissance Yang (voir plus haut, ligne 1).
Hautain : l'idéogramme, proche de celui désignant la *fermeté* (voir 1/DA), signifie *inflexible, intraitable* et aussi *au plus haut degré, excessivement.* Ce croisement de sens montre que le dragon est allé trop loin, qu'il a outrepassé une limite. Défaut caractéristique de la fermeté Yang qui, poussée à l'excès, se transforme en rigidité. Il n'est mentionné qu'ici.
Il y a regrets : formule mantique spécifique renforçant le sens général de l'appréciation *regrets* qui signale qu'on tarde à réagir pour adopter l'attitude demandée par l'évolution de la situation.

Hexagramme dérivé : hexagramme 43. SE MONTRER RÉSOLU est un moment où il faut gérer avec détermination des forces Yang proches de leur culmination afin de prévenir leur débordement.

Le Texte des traits des hexagrammes 1 et 2 comporte un paragraphe spécial traitant du cas où la mutation concerne l'ensemble des six lignes. Le dérivé est alors l'hexagramme opposé. Ce paragraphe se nomme :

Tous les neuf à l'œuvre

Apparition d'un vol de dragons	見群龍 jian qun long
Pas un n'est en tête ouverture	无首吉 wu shou ji

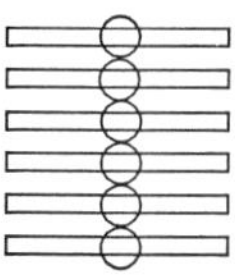

La mutation conjointe des six lignes Yang de l'hexagramme les transforme en une cohorte de seigneurs. Pareil rassemblement de puissance créative ne peut réussir que si aucun ne cherche à prendre la tête et à diriger les opérations de son seul point de vue. En intégrant la souplesse propre au Yin, le Yang donne durée à ses initiatives et trouve le *principe du profitable.*

Apparition : le texte porte le même idéogramme que celui rendu par *voir* et *visible* aux lignes 2 et 5.
Vol : écrit en combinant les caractères *bélier* et *chef,* l'idéogramme, évoquant une grande troupe d'animaux considérés comme de nobles seigneurs, ne comporte pas spécifiquement l'idée de voler. Plus général, il signifie *groupe, multitude,* et plus spécifiquement un ensemble organisé d'animaux : *troupeau* de moutons, *harde* de bêtes sauvages, *banc* de poisson, *essaim* d'abeilles, *vol* d'oiseaux migrateurs, etc. *Vol* a été choisi en fonction des caractéristiques aériennes du dragon.
Dragon : symbole de la puissance Yang (voir ligne 1).
Tête : l'idéogramme signifie à la fois *tête* et *celui qui commande.* Ici, le texte joue sur cette ambiguïté.

Pas un n'est en tête : le texte porte simplement une négation courante et le mot tête. La phrase pourrait donc se lire aussi vol de *dragons sans tête*.
Ouverture : appréciation mantique signalant un moment heureux où un agencement fécond du flux vital multiplie les possibilités de développement. C'est ici le seul endroit de tout l'hexagramme où se trouve une formule mantique favorable.

䷁ **Hexagramme dérivé** : hexagramme 2. Au moment d'ÉLAN RÉCEPTIF, autoritarisme et volonté de puissance doivent laisser place à l'amitié et l'endurance. En précédant, on s'égare ; en suivant, on trouve le principe du profitable.

ÉLEMENTS D'ANALYSE

Nucléaire

䷀ **Hexagramme 1 : ÉLAN CRÉATIF.** Au cœur de ÉLAN CRÉATIF, il y a ÉLAN CRÉATIF lui-même. le Yang, comme le Yin, est à lui-même son propre moteur. Qu'il n'y ait aucune différence de nature entre l'énergie qui anime un moment et la situation qui en résulte est, dans le contexte du *Yi Jing*, la marque d'un principe. Seuls les deux hexagrammes qui expriment les principes Yang & Yin, ÉLAN CRÉATIF et ÉLAN RÉCEPTIF présentent cette particularité.

Souffle puissant de transformation fait de vigueur, de détermination et de capacité à imaginer le nouveau, ÉLAN CRÉATIF est aussi l'hexagramme nucléaire de trois autres figures, dans lesquelles il manifeste ses capacités à transformer à des moments de décision (43), d'accueil (44), et de dépassement (28).

Opposé

䷁ **Hexagramme 2 : Élan réceptif.** La relation d'opposition entre l'ÉLAN CRÉATIF et l'ÉLAN RÉCEPTIF est celle qui unit les deux principes de base de la dialectique chinoise. L'ÉLAN CRÉATIF décrit l'impulsion qui permet de déployer l'action à l'aide de la seule image du dragon, dont on suit le parcours ascensionnel de l'eau souterraine à l'envol céleste. L'ÉLAN RÉCEPTIF décrit la retenue qui permet de servir l'action à l'aide de plusieurs images de contention et d'étalement en toutes directions. Il s'agit moins d'une relation d'opposition que de l'union féconde des contraires : fermeté sans souplesse ne serait que dureté ; souplesse sans fermeté ne serait que faiblesse.

2 ÉLAN RÉCEPTIF

坤

KUN

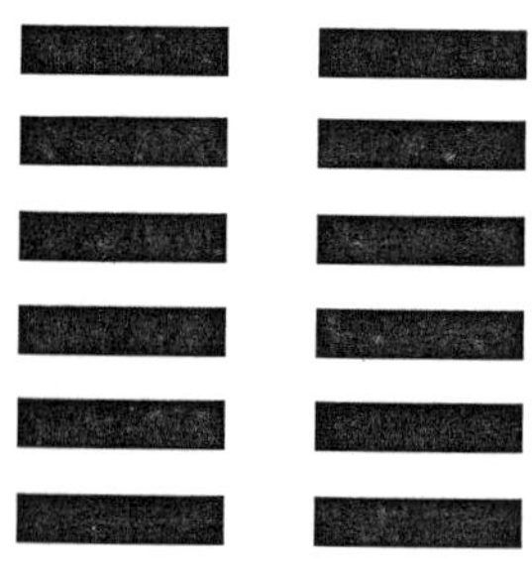

En haut TERRE ☷
En bas TERRE ☷

ÉLAN RÉCEPTIF	坤	KUN
Fondamentalement favorisant	元亨	yuan heng
Profitable d'avoir la ténacité d'une jument	利牝馬之貞	li pin ma zhi zhen
Un Chef Accompli a où aller	君子有攸往	jun zi you you wang
Qui précède s'égare	先迷	xian mi
Qui suit trouve	後得	hou de
le principe du profitable	主利	zhu li
Au Sud-Ouest on trouve des compagnons	西南得朋	xi nan de peng
Au Nord-Est on perd des compagnons	東北喪朋	dong bei sang peng
Apaisement présage ouverture	安貞吉	an zhen ji
Au début un six		
MARCHE sur du givre	履霜	Lü shuang
La glace solide arrive	堅冰至	jian bing zhi
Six en 2		
Rectitude dans les quatre directions	直方	zhi fang
Grandeur sans Entraînement	大不習	da bu Xi
Rien qui ne soit profitable	无不利	wu bu li
Six en 3		
Distinction contenue présage des possibilités	含章可貞	han zhang ke zhen
Que d'aventure on soit au service d'un roi	或從王事	huo cong wang shi
Sans mener à terme il y a aboutissement	无成有終	wu cheng you zhong
Six en 4		
Sac ficelé	括囊	gua nang
Absence de faute	无咎	wu jiu
absence d'éloge	无譽	wu yu
Six en 5		
Robe jaune	黃裳	huang shang
Fondamentalement ouvert	元吉	yuan ji
En haut un six		
Dragons corps à corps aux confins	龍戰于野	long zhan yu yue
Sang noir et jaune	其血玄黃	qi xue xuan huang

Tous les six à l'œuvre
Profitable de durablement tenir bon — 利永貞 li yong zhen

Grande Image
La terre manifeste l'ÉLAN RÉCEPTIF — 地勢坤 di shi KUN
L'Être Accompli ainsi — 君子以 jun zi yi
par une attitude ouverte et cordiale — 厚德 hou de
soutient tous les êtres vivants — 載物 zai wu

Dixième Aile
ÉLAN RÉCEPTIF — 坤 KUN
souplesse — 柔 rou

ÉLAN RÉCEPTIF est le plein déploiement des qualités Yin : force d'accueil, disponibilité, consentement, vaste capacité à s'adapter et à tenir bon en toutes circonstances. Seul hexagramme uniquement constitué de traits Yin, ÉLAN RÉCEPTIF représente un souffle puissant de matérialisation qui se manifeste dans une propension à répartir la force et à nourrir les processus. L'aptitude à l'endurance et à la fécondité s'exprime ici par une qualité essentielle, la souplesse, qui trouve pleinement son efficace quand elle répond à l'appel du Yang. Que l'on ne doive pas prendre ici l'initiative mais suivre ne signifie pas passivité mais ténacité. Étant toujours retrait disponible et capacité à se conformer, la manière Yin d'agir, moins directe, moins éclatante, plus lente, plus réservée, acquiert ainsi plus de force dans la durée. Le ralentissement qu'elle induit, souvent associé à des périodes sombres, permet de resserrer son énergie et de la distribuer jour après jour. Ce qui est de prime abord ressenti comme freinage apparaît alors comme longanimité.

La Terre manifeste la puissance de l'ÉLAN RÉCEPTIF, le Milieu est son domaine, le jaune sa couleur et le multiple sa manière d'être. Alors que le texte de l'hexagramme 1 n'utilise qu'une image, celle du dragon, pour décrire un parcours ascensionnel qui va du fond des eaux jusqu'au ciel, celui de l'hexagramme 2 se développe autour de diverses images toutes en rapport avec l'extension horizontale, l'enveloppement protecteur et la contention prudente. Ce sera au premier trait une couverture de *givre*, au second les *champs* s'étendant vers les quatre horizons, au troisième une *distinction contenue*, au quatrième un *sac ficelé*, au cinquième une *robe jaune* ; cette énumération s'achève au dernier trait par l'évocation de *confins* éloignés.

Alors que le Yang est déclenchement de l'action, le Yin est suivi de la réalisation. Sa capacité à servir, encore sans orientation déterminée au premier trait, éclôt au second dans la faculté à s'adapter aisément à toute direction. Elle sera particulièrement mise en valeur aux deux niveaux humains : le *service d'un roi* est accepté au troisième trait et décliné au quatrième. Après le *sac ficelé* par lequel le Ministre signifie son refus de servir, un autre tissu, la robe immobile, est cité au cinquième trait pour évoquer l'efficacité du non-agir et mettre l'accent sur un aspect discret du Yin, sa fonction d'intermédiaire entre le caché et ce qui est porté à éclore. Aux *confins* de cette limite, comme on le voit au dernier stade, le Yin outrepasse son domaine et s'égare.

À l'opposé de celles d'ÉLAN CRÉATIF, qui ne comportent que des conseils de modération, les deux lignes centrales d'ÉLAN RÉCEPTIF sont marquées chacune par des appréciations mantiques parmi les plus favorables du *Yi Jing*. Il n'est guère étonnant que celle attribuée au second trait, niveau de la souveraineté Yin, l'emporte largement sur celle qualifiant le cinquième. Plus encore que la calme et bienveillante réserve évoquée à la place souveraine, l'efficacité spontanée décrite à la place de Préfet souligne à quel point une position seconde est favorable à l'épanouissement de la générosité et de la fécondité naturelles à la qualité Yin.

La force de l'ÉLAN RÉCEPTIF est de ne rien précéder. Inhérent à toutes choses vivantes, le Yin incarne à la fois l'épaisseur nourricière où s'enracinent tout accomplissement et la lente capacité à mener à terme en œuvrant dans des conditions que l'on n'a pas choisies.

Calendérique : ÉLAN RÉCEPTIF appartient à la série dite « du calendrier » qui rassemble douze hexagrammes associés à la variation du rapport entre ombre et lumière au cours de l'année. ÉLAN RÉCEPTIF est associé à la période du solstice d'hiver (début décembre – début janvier), moment où l'obscurité est à son maximum. Après le temps de l'élagage, USURE (23), l'énergie se concentre au fond de la terre, préparant le RETOUR (24).

IDÉOGRAMME

KUN : *Réponse à l'appel, vertus féminines. Femme, féminin.*

L'idéogramme est composé de deux éléments contigus. À gauche le signe le plus général pour désigner la terre (légèrement contracté comme chaque fois qu'il est en composition). Sa forme ancienne représentait une pierre dressée, sorte d'autel mégalithique destiné à rendre hommage au pouvoir fécondant de la terre. Cette origine spirituelle plus qu'agricole est un hommage rendu à la fécondité propre à la terre, bien naturel chez ce peuple depuis toujours sédentaire. Dans le contexte du *Yi Jing*, cela explique pourquoi cette forme se retrouve dans l'appréciation mantique la plus répandue du *Livre des Changements* : *ouverture*. À droite se trouve un caractère très simple, dont le sens global recouvre l'idée d'extension continue. L'une de ses formes anciennes, représentant deux mains tirant en sens contraire sur une corde, évoque l'action concertante de deux forces dialectiques. Il représente ici l'extension infinie de la puissance germinative de la terre. On retrouve dans ses formes les plus archaïques l'origine des frises d'entrelacs spiralés qui seront le motif dominant de l'art chinois du néolithique à nos jours.

Dans le manuscrit sur soie trouvé à Ma Wang Dui, le nom de cet hexagramme était écrit avec un caractère différent. Il y était nommé *cours d'eau.* Ce choix, qui confirme que les noms des trigrammes n'ont été appliqués qu'ultérieurement aux hexagrammes formés du redoublement d'un même trigramme, évoque bien l'expansion incessante du flux Yin[3], selon un mouvement horizontal qui fait écho au mouvement vertical ascendant décrit à la fois par le nom et par le déroulement de l'ÉLAN CRÉATIF.

TEXTE CANONIQUE

JUGEMENT

ÉLAN RÉCEPTIF	坤	KUN
Fondamentalement favorisant	元亨	yuan heng
Profitable d'avoir la ténacité d'une jument	利牝馬之貞	li pin ma zhi zhen
Un Chef Accompli a où aller	君子有攸往	jun zi you you wang
Qui précède s'égare	先迷	xian mi
Qui suit trouve	後得	hou de
le principe du profitable	主利	zhu li
On trouve des compagnons au Sud-Ouest	西南得朋	xi nan de peng
On perd des compagnons au Nord-Est	東北喪朋	dong bei sang peng
Apaisement présage ouverture	安貞吉	an zhen ji

Yin et Yang, les deux élans sur lesquels repose le *Livre des Changements*, y sont présentés à parité de puissance. Un souffle unique les anime, décrit dans le Jugement des deux premiers hexagrammes par les idéogrammes traditionnellement interprétés comme les « quatre qualités du Ciel » : *fondamentalement favorisant* et *ténacité profitable* (voir 1/J). Ces capacités marquent des moments où la possibilité de trouver le point de départ d'une situation et de lui faire prendre son essor se conjugue à l'endurance nécessaire pour en récolter les bienfaits.

À ces qualités, qui résultent plus du couplage Ciel-Terre que de l'action d'une seule des deux polarités, est ajoutée ici une précision notable : la *ténacité* est *profitable* pour une *jument*. Si le cheval est l'image d'une force solide et infatigable, la jument précise où se trouve la spécificité du Yin : dans sa capacité à mener à terme. Ce que le Yang impulse, le Yin le porte à maturité. Comment cette force peut être mise à profit est détaillé par la suite du texte, dont la forme manifeste par sa longueur exceptionnelle – vingt-neuf idéogrammes – la complexité et la multiplicité du Yin, ainsi que son aptitude à s'étendre en toutes directions.

Le *Chef Accompli* est l'emblème de la vaillance et de la lucidité. A la fois souple et solide, il avance avec courage, discrétion et discernement, sachant tenir bon dans les passages difficiles et les périodes de transition. Œuvrer en fonction d'un objectif déterminé ne l'empêche pas de savoir s'adapter à toutes les circonstances. Qu'il soit cité ici comme modèle montre à quel point patience et ténacité sont nécessaires au plein déploiement de l'activité lorsqu'on est amené à servir et non à diriger. Car c'est en répondant à l'appel que la force Yin se manifeste avec efficacité : en prenant la tête, elle perd de sa puissance propre ; en étant réceptive au dynamisme du Yang, elle en réalise tout l'avantage. C'est pourquoi, au moment de culmination du Yin, on rencontre écho au *Sud-Ouest*, domaine où les forces se restaurent et se rassemblent, et on se trouve démuni au *Nord-Est*, région de l'avancée solitaire et audacieuse. Les *compagnons*, manifestation de qualités d'accueil et de disponibilité ainsi que d'une capacité à réaliser en commun, sont une autre image de cette convergence.

Le Jugement enfin se clôt sur un conseil rare, *apaisement présage ouverture*, qui engage à toujours préférer l'écoute bienveillante pour désamorcer les querelles et les rapports de force. Il importe, pour engendrer et mener à terme des perspectives fécondes, de savoir faire sienne la vertu du temps.

Fondamentalement : modulation mantique marquée par un idéogramme qui signifie *début, origine, entièrement.*
Favorisant : appréciation mantique décrivant un climat d'essor, un agencement fertile, un dispositif énergétique global dans lequel l'échange entre le Ciel et la Terre se noue de manière féconde.
Fondamentalement favorisant : formule mantique caractéristique des Jugements. Elle signale un moment particulièrement propice, s'exprimant de manière Yang par une propension à entreprendre et de manière Yin dans une capacité à faire aboutir.
Ténacité profitable : formule mantique soulignant que la situation requiert pour être fructueuse une grande capacité à endurer, à tenir avec constance sans se laisser fatiguer par les difficultés du moment.
Fondamentalement favorisant ténacité profitable : groupement spécifique de deux formules mantiques, appelé « quatre qualités du Ciel-

Terre» (voir 1/J) qui ne qualifie que sept hexagrammes : 1, 2, 3, 17, 19, 25 et 49.

Profitable d'avoir la ténacité de... : variante de la formule mantique *ténacité profitable*. Dans cette variante, entre *ténacité* et *profitable* sont intercalés différents personnages symboliques qui donnent une tout autre dimension au conseil de persévérance par lequel elle est généralement comprise. Leur choix est parlant : *qui tient sans relâche*, un *être retiré et solitaire*, un *guerrier* et ici la *jument*. Leur qualité commune est une force Yin qui sait résister, endurer et agir sans se soucier d'avoir à œuvrer dans des conditions qui ne sont pas forcément celles qu'on aurait choisies. À cette seule différence, les Jugements d'ÉLAN RÉCEPTIF et ÉLAN CRÉATIF débutent par les mêmes quatre caractères.

Jument : ce mot n'existe pas en chinois. Le texte comporte deux idéogrammes dont l'un signifie *cheval* en général et le second, formé avec le signe général des animaux et un caractère se rapprochant du mot *cuillère* (voir 51/J), le précise comme *femelle*. C'est une construction ordinaire en chinois, mais inhabituelle dans le *Yi Jing*. Dans l'ensemble du *Livre des Changements* en effet, seuls deux animaux sont spécifiés comme femelle : le cheval ici, et la vache au moment de FILET D'OISELEUR (voir 30/J).

Chef Accompli : personnage symbolique dont la présence signale que la situation requiert des qualités particulières de courage et de perspicacité. Le Chef Accompli est cité au Jugement de trois autres hexagrammes : ADVERSITÉ (12) où il ne se soumet pas à des *vauriens*, S'ENTENDRE AVEC TOUS (13) où il se confronte à la différence, et SE TENIR (15) où il sait faire aboutir. Trois moments où, soit la structure Yin est dominante (15), soit la confrontation à des circonstances contraires (12) ou des fonctionnements différents (13) est primordiale.

A où aller : formule mantique spécifique dont le sens est *garder son cap sans se laisser déboussoler par les difficultés propres à la situation*, tenir son objectif quels que soient les turbulences, le flou, ce qui entrave la marche ou masque le but à atteindre. ÉLAN RÉCEPTIF est la seule situation où le Chef Accompli est le sujet de ce conseil. Un Chef Accompli sait, tout en restant souple, garder une orientation, un fil conducteur. Savoir s'adapter aux circonstances ne signifie pas se laisser égarer.

Qui précède... qui suit : le texte porte deux idéogrammes dont le sens propre est *être en avant, être en arrière* et *d'abord, après*. Quand ils ne décrivent pas un simple déroulement temporel, ils indiquent soit une succession d'états, soit un retournement qui, à une exception près, est toujours orienté vers un mieux.

S'égare : composé avec le caractère des grains de riz non cuits et le signe général du mouvement, l'idéogramme évoque les grains de riz *perdus, égarés* parce que emportés par le vent. Il peut avoir un sens transitif *égarer (quelqu'un), troubler, désorienter, affoler* (voir 24/6) et également, comme ici, un sens réflexif.

Trouve: l'idéogramme recouvre une gamme de sens assez étendue qui tournent tous autour de l'idée de gain. Les deux seuls Jugements où il est cité (ici et 48/J *gain*) sont ceux d'hexagrammes très marqués par le Yin.
Principe: l'idéogramme, dont la forme est proche de celle du caractère roi, signifie au sens propre *propriétaire, maître* et au sens figuré *point principal, direction essentielle*, etc. Y voir la conséquence du fait de *suivre* amène à privilégier son sens figuré.
Le principe du profitable: choisir de relier ce qui est profitable au *principe* de la phrase précédente, plutôt qu'aux *compagnons* de la phrase suivante est inhabituel. Pourtant cette ponctuation, qui suit celle de l'édition de l'université de Pékin[4], semble mieux faire ressortir un des points clefs de la stratégie globale proposée par ÉLAN RÉCEPTIF: ne rien imposer, laisser les lignes de force de la situation apparaître d'elle-même.
Compagnons: les compagnons sont des personnages symboliques qui apparaissent dans des situations de relations horizontales et dans des hexagrammes à forte majorité de traits Yin, le plus souvent associés à un mouvement de convergence, différent de celui symbolisé par les *vassaux* qui symbolisent un mouvement vertical de hiérarchisation.
Sud-Ouest... Nord-Est: les désignations géographiques sont rares dans le *Yi Jing* et le plus souvent symboliques ou rituelles (points cardinaux). Elles renvoient globalement à l'opposition entre les Zhou qui habitaient à l'Ouest et les Shang dont l'empire et la capitale étaient à l'Est. Du point de vue des Zhou, une avancée en direction du Nord-Est, région de leur suzerain, signifiait une initiative aventureuse et une retraite en direction du Sud-Ouest, leur région d'origine, un resserrement prudent de leurs forces. De là, le Sud-Ouest en est venu à symboliser dans le *Yi Jing* l'endroit où on se rassemble et se renforce. C'est le début d'un temps Yin qui correspond, dans la disposition des trigrammes attribuée au Roi Wen, à la place de la Terre et, dans une perspective saisonnière, à la fête de la pleine lune d'automne. Au Nord-Est correspondent en écho le début d'un temps Yang, la place du trigramme Tonnerre, éveilleur de l'énergie enfouie pendant l'hiver, et le moment de la fête du printemps (nouvel an chinois).
Apaisement: l'idéogramme est souvent traduit par paix. Son sens est autrement plus vaste. Expression de la prégnance du culte ancestral, il désigne l'*apaisement* ressenti par tout le clan chinois à voir une femme s'installer sous le toit du fils aîné. Grâce aux descendants qu'elle donnera à la famille, ni le culte rendu aux aïeux ni la continuité de la lignée ne seront interrompus.
Ouverture: appréciation mantique signalant un moment heureux où un agencement fécond du flux vital multiplie les possibilités de développement.
Apaisement présage ouverture: cette formule mantique qui n'est citée que deux fois (ici et à 6/4) souligne la capacité Yin de prendre en compte le travail du temps pour résoudre les tensions.

TEXTE DES TRAITS

Au début un six
MARCHE sur du Givre — 履霜 LÜ shuang
La glace solide arrive — 堅冰至 jian bing zhi

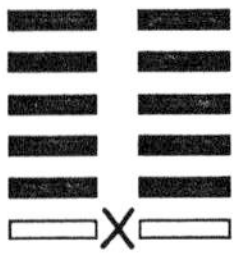

Givre et glace recouvrent la terre comme un manteau : c'est la saison froide, celle où, enveloppé dans la terre, tout se retire et se repose. Le givre est eau, c'est-à-dire don du ciel : Yin est d'emblée positionné par rapport à Yang. À la fécondité printanière et la floraison estivale succède le long temps de la germination dans les frimas de l'automne et les rudesses de l'hiver.

La marche sur le givre est délicate, elle exige une DÉMARCHE souple. Sur la *glace* aussi, raideur et impétuosité peuvent occasionner certaines déconvenues. Mais la glace, qui deviendra par la suite un attribut du trigramme Ciel, suggère par sa solidité le comportement à adopter à ce niveau d'entrée. Dans l'abandon total du Yin s'opère une cristallisation où la forme prend consistance : plutôt que de se précipiter, on devra attendre une certaine fermeté avant qu'une avancée puisse avoir lieu et une direction s'établir.

MARCHE : nom de l'hexagramme 10 DÉMARCHE. L'entrée dans la situation est décrite par une image en rapport avec l'avancée. Le choix du nom de cet hexagramme pour la caractériser évoque un moment critique qui invite à respecter rites et rythmes et à redoubler d'attention. La démarche prudente et souple du tigre, animal emblématique de l'hexagramme 10, est un exemple de l'attitude à la fois souple et ferme à tenir à cette première ligne.
Givre : l'idéogramme, qui n'apparaît qu'ici, est écrit en associant le caractère pluie, signe général des phénomènes météorologiques, avec un groupe signifiant *mutuel*. Il montre le rapport de réciprocité entre l'eau et le givre, qui se transforment l'un en l'autre au passage entre jour et nuit. Cela est particulièrement notable en Chine du Nord, à l'entrée de l'hiver, période que le calendrier traditionnel paysan nomme « gelées blanches », c'est-à-dire mot à mot : *givre* blanc.
Glace : combinant le signe de l'eau et celui des cristaux de glace, l'idéogramme décrit ce qu'il désigne. Il n'apparaît qu'ici. La glace est un des attributs du trigramme Ciel, à cause de sa position à l'entrée de l'hiver (Nord-Ouest) dans la disposition du Roi Wen.
Solide : formé avec le signe de la terre et un groupe complexe, l'idéogramme recouvre un domaine de sens qui n'est pas très éloigné de celui défini par le caractère employé à la Grande Image d'ÉLAN CRÉATIF (voir 1/GI, *force*). Comme DÉMARCHE, le choix de ce caractère, utilisé seulement ici, est un signe Yang au début d'un mouvement Yin, qui fait écho à l'évo-

cation de l'eau, signe Yin au début d'un mouvement Yang (voir 1/1, *tapi dans l'onde*).

Arrive : l'idéogramme a pour sens courant *arriver à, parvenir, jusqu'à* et comme sens dérivé *le plus, au plus haut point, extrêmement*. Marquant en général l'intervention d'éléments nouveaux dans la situation (brigands, compagnons, etc.), il peut aussi indiquer un temps qui commence.

Hexagramme dérivé : hexagramme 24. RETOUR représente l'amorce d'un nouveau cycle, le tout premier moment d'une renaissance encore fragile. C'est un tournant délicat, où toute initiative est prématurée.

Six en 2

Rectitude dans les quatre directions — 直方 zhi fang
Grandeur sans ENTRAÎNEMENT — 大不習 da bu XI
Rien qui ne soit profitable — 无不利 wu bu li

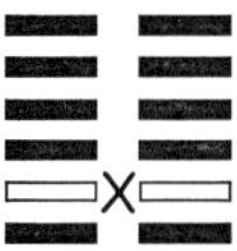

La force encore indécise, qui germe sous un manteau de givre à la ligne précédente, éclôt ici pour s'épanouir vers les quatre horizons de la terre. Elle est à même de s'exercer de manière franche et directe dans tous les domaines, et trouve naturellement son efficacité sans qu'aucun ENTRAÎNEMENT, projet ou préméditation ne soit nécessaire. Cette aisance dans l'adéquation est une marque de *grandeur*. L'emploi inattendu de cet attribut apparenté au Yang évoque une réceptivité transparente à l'influence du Ciel. Des qualités de droiture méticuleuse et de générosité sans calcul sont nécessaires pour manifester cette influence et lui donner forme.

À cette place de Préfet, la souveraineté Yin est à l'honneur. Son efficience, moins cachée et moins immobile que celle de la cinquième ligne à laquelle elle fait écho par sa position centrale, est qualifiée par *rien qui ne soit profitable*, la meilleure appréciation mantique de l'hexagramme et l'une des plus favorables de tout le *Yi Jing*. À la seconde ligne d'APPROCHER (19), cette appréciation indique une capacité à enraciner des forces qui s'éveillent ; à la seconde ligne de GRAND EXCÈS (28), elle est un signe du regain de vitalité qui résulte de la connivence fluide entre Yin et Yang. Savoir, sans s'imposer, accueillir toutes les possibilités qui se présentent permet d'accompagner et de soutenir leur plein déploiement.

Rectitude : représentant un œil mesurant à l'aide d'une sorte de toise, l'idéogramme signifiait à l'origine *terrain sans recoins*. Il évoque l'idée d'une étendue où rien n'est caché. Au sens propre comme au sens figuré, il signifie *droit* par rapport à *courbe, tordu*. Combiné avec le signe du cœur et celui de l'action, il forme le mot *attitude, conduite*.

Quatre directions : le texte porte seulement l'idéogramme *directions*. Cependant, signifiant à l'origine *carré*, ce mot suggère directement l'idée de *quatre*, en rapport avec les quatre directions de la terre dont le carré est l'emblème majeur. Ce caractère a également un emploi grammatical, *être sur le point de*, en écho ici avec la potentialité créatrice du Yin. La phrase pourrait être lue simplement *rectitude en toutes directions*. Cependant la présence du caractère *quatre* dans le texte des Grandes Images de deux situations marquées par l'importance du Yin dans un contexte Yang, FILET D'OISELEUR et ÊTRE ACCUEILLANT (30/GI et 44/GI), amène à donner ici à ce caractère son sens plein de *quatre directions*.
Grandeur : l'idéogramme représente un être humain les bras écartés, mimant le geste universel pour exprimer la grandeur. Dans le contexte du *Yi Jing*, il est parfois employé dans son sens propre *grand*, parfois comme évocation du Yang. Grandeur a été choisi pour faire écho à *rectitude*.
ENTRAÎNEMENT : l'idéogramme est un des deux caractères du nom de l'hexagramme *S'ENTRAÎNER* AU PASSAGE DES RAVINS, (voir 29/I). Centré sur la notion d'exercice, de préparation, de projet, ce mot, qui n'apparaît qu'ici en dehors de l'hexagramme 29, est présenté avec une négation car toute préparation préalable est inutile dans un moment où la vitalité peut s'exprimer dans toute sa fraîcheur et trouver spontanément, par son aptitude à répondre à l'appel, les chemins de la créativité.
Rien qui ne soit profitable : une des meilleures appréciations mantiques du *Yi Jing* soulignant la présence d'un fort potentiel d'action et d'une grande aptitude à œuvrer au renouvellement.

Hexagramme dérivé : hexagramme 7. ARMÉE est un moment où l'on rassemble et discipline ses forces. Le général y maîtrise la vigueur de la troupe et la sienne propre en les mettant au service du pays.

Six en 3

Distinction contenue présage possibilités	含章可貞	han zhang des ke zhen
Que d'aventure on soit au service d'un roi	或從王事	huo cong wang shi
Ne pas mener à terme permet d'aboutir	无成有終	wu cheng you zhong

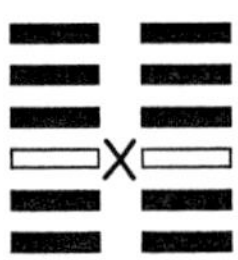

La pleine expression des capacités Yin décrites en seconde ligne, place même de la souveraineté Yin, pourrait en se prolongeant devenir insistante et conduire à trop d'éclat. Bien qu'une certaine force soit généralement recommandée à la ligne de passage, la tonalité d'effacement caractéristique d'ÉLAN RÉCEPTIF, exprimée ici par le *service du roi*, se traduit par des conseils de réserve.

Qui ne cherche pas à se faire valoir ou à exercer ses talents de manière tapageuse voit s'ouvrir des possibilités d'action. Que *d'aventure* on se trouve engagé dans quelque projet ou entreprise, le comportement à adopter est du même ordre : quand on sait œuvrer sans imposer son point de vue ou sa manière, on peut mener à bien. À ce niveau de passage vers l'extérieur, ne pas pousser à bout est la meilleure manière d'aboutir.

Distinction : l'idéogramme, toujours très usuel, désigne ce qui distingue les parties d'un tout ordonné, *chapitre* d'un livre, *strophe* d'un poème, *mesure* d'un morceau de musique (les traits d'un hexagramme ne rentrent pas dans cette catégorie, car il existe un terme spécifique pour les désigner). Comme *insigne* en français, ce caractère peut désigner en même temps une qualité personnelle et le fait d'en être honoré.
Contenue : formé avec le signe de la bouche et un caractère signifiant une présence actuelle et invisible, l'idéogramme, qui entre dans la composition du mot « Yin », signifie *tenir en bouche, contenir, renfermer, dissimuler, retenir.*
Distinction contenue : formule rare, qui évoque une contention fertile. Elle n'est citée que deux fois, toujours dans un contexte de fructification en relation féconde avec le Ciel (voir 44/5).
Présage de possibilités : formule mantique dont le sens n'est pas complètement avéré. Elle marque des moments porteurs de potentialités, caractérisés par une certaine contention, s'exprimant ici par la réserve, à 25/4 par la retenue et à 41/J par la diminution.
Que d'aventure : l'idéogramme, représentant un pays sans frontières précises, est une marque de doute, d'indétermination.
Au service d'un roi : expression classique en trois caractères. Le premier signifie *suivre, se conformer, obéir.* À partir de l'idée de se mettre *au service de*, il peut aussi signifier *diriger* dans le sens de *s'occuper (en tant que vassal) des affaires d'un souverain.* Le second est le mot *roi* et le troisième signifie en tant que nom, *affaire, situation, événement, occupation, emploi* et en tant que verbe, *faire, exécuter, s'occuper de, servir (un supérieur).*
Mener à terme : l'idéogramme signifie *accomplir, parfaire, parachever.* Évoquant à l'origine ce qui vient à la suite d'une action déterminée, ce caractère resté très courant en est venu à désigner dans la philosophie chinoise le mode de production du Yin, résumé dans un proverbe célèbre pour son jeu d'assonance *(Yang sheng Yin cheng)* qui signifie « le Yang fait naître, le Yin *parachève* ». *Mener à terme* a été choisi en fonction de ce contexte.
Que d'aventure on soit au service d'un roi, ne pas mener à terme : cette phrase se retrouve à l'identique et au même niveau à PLAIDER SA CAUSE (voir 6/3). La différence entre les deux situations est marquée ici par la phrase suivante qui n'apparaît pas à 6/3.

Permet d'aboutir : formule spécifique composée de deux caractères dont le premier est le verbe auxiliaire *il y a*, qui joue dans le contexte du *Yi Jing* le rôle d'une modulation renforçant ce qu'il annonce en soulignant son caractère effectif, et le second le terme mantique rendu ailleurs par *à la fin*. Elle marque la réalisation effective d'un aboutissement.
Ne pas mener à terme permet d'aboutir : grâce à l'adaptabilité souple du Yin, ce qu'il y a à faire, pourvu qu'on ne se crispe pas sur les moyens de le faire aboutir, trouvera de lui-même son aboutissement. Alors qu'à 6/3, le texte n'insiste que sur l'attitude de retenue sans évoquer aucun résultat, cet *aboutissement* fait écho à celui décrit à SE TENIR, hexagramme dérivé de ce trait, où l'aptitude à *faire aboutir* concerne par deux fois le Chef Accompli (voir 15/J et 15/3).

Hexagramme dérivé : hexagramme 15. SE TENIR est un moment de cohésion et de réserve où corriger excès et insuffisances permet de réagir souplement mais efficacement aux sollicitations du dehors. On y retrouve deux fois l'idée d'aboutissement.

Six en 4
Sac ficelé — 括囊 gua nang
Absence de faute — 无咎 wu jiu
absence d'éloge — 无譽 wu yu

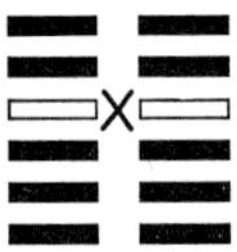

À ce niveau de Ministre, position à la fois de service et de pouvoir, le sac, métaphore de retenue et d'enveloppement, prolonge et accentue les conseils de contention donnés à la ligne précédente. Entre l'effacement au service du roi (ligne 3) et l'exercice immobile du pouvoir (ligne 5), cette poche enclose décrit un retrait prudent permettant de mettre ses talents à l'abri. Elle engage à se garder de tout emportement envers l'autorité que l'on sert et à garder une forme respectueuse et dénuée d'éclat dans la manière d'adresser des reproches ou de signifier son refus de servir.

Laissant à celui qui est concerné le soin de décider de l'opportunité de ce retrait, le texte insiste seulement sur la prudence, déjà recommandée au trait initial, à observer dans la manière de l'accomplir.

Sac ficelé : ces deux caractères sont devenus une expression littéraire classique pour symboliser des talents inutilisés ou désigner un lettré qui se retire et ne participe plus à la vie publique. Il est également possible qu'il soit fait ici allusion à des remontrances, car le rituel des Han précise que tout mémoire adressé au souverain devait être enveloppé dans un sac noir et scellé.
Absence de faute : formule mantique incitant à ne pas rester dans un état d'esprit incertain ou hésitant.

Éloge : l'idéogramme, toujours très utilisé, signifie une reconnaissance de l'action entreprise.
Absence de faute, absence d'éloge : formule mantique spécifique qui suggère que la qualité de la situation est propre au contexte et donc laissée à l'appréciation du lecteur. Elle n'apparaît que deux fois : ici où pour s'alléger d'un pesant fardeau, le Yin se retire et à 28/5, où il recherche une énergie neuve.

Hexagramme dérivé : hexagramme 16. S'ENTHOUSIASMER décrit un moment de ferveur où l'on tente de réveiller et de rassembler des énergies assoupies. L'*épingle à chignon* (citée au quatrième trait), qui discipline une coiffure échevelée, fait écho à la contention des paroles conseillée ici.

Six en 5
Robe jaune — 黃裳 huang shang
Fondamentalement ouvert — 元吉 yuan ji

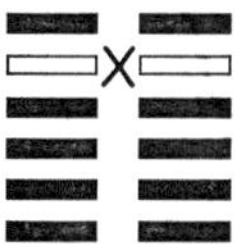
La cinquième ligne d'un hexagramme est le lieu d'une souveraineté qui ne s'opère pas nécessairement de manière ferme ou directive. À ce trait Souverain d'ÉLAN RÉCEPTIF est suggérée une attitude de noble réserve, d'écoute impartiale, de disponibilité secrète, de justesse calme et bienveillante, dépeinte par un symbole trois fois Yin : une *robe* tout d'abord, vêtement souple, enveloppant et protecteur ; de *dessous* ensuite – pas une robe d'apparat, manifestant un pouvoir vis-à-vis de l'extérieur, mais cachée, en rapport avec l'interne, le positionnement profond, invisible ; *jaune* enfin, couleur de la Terre, du Milieu Juste, du centre qui, tel un pivot vide, permet de prendre en compte tous les aspects d'une situation pour les harmoniser.

La *robe jaune* était une allégorie si familière aux Chinois de jadis qu'elle évoquait immédiatement les Rois fondateurs de l'Antiquité, dont l'habit restait immobile car ils savaient gouverner par le *non-agir*. Cette conduite est marquée ici par une appréciation particulièrement faste, *fondamentalement ouverte*, qui ne caractérise que deux situations dans leur ensemble : DIMINUER (41/J) et CHAUDRON (50/J), deux moments où élimination et densification permettent d'opérer un saut qualitatif. Comme à GRAND RÉALISE (14), où la place souveraine est occupée par la seule ligne Yin de l'hexagramme, l'équilibre entre la nature Yang de la place et la qualité Yin du trait permet à la puissance du non-faire d'opérer fructueusement.

Robe : l'idéogramme, qui combine le signe général des vêtements et le caractère *estimer, faire grand cas de*, précise qu'il s'agit d'une robe de dessous. Le costume des nobles de l'époque comportait plusieurs robes portées l'une au-dessus de l'autre. Confucius, par exemple, en portait trois l'été et quatre l'hiver (*Entretiens* X, § 6).

Jaune : associé à la Terre et au Milieu, synonyme de justesse et d'impartialité, le jaune est la teinte souveraine par excellence (seuls les bâtiments impériaux avaient le droit d'avoir un toit jaune). Sa valeur, infiniment plus positive qu'en Occident, est plus particulièrement associée dans le *Yi Jing* à la force du Yin, comme le souligne sa présence aux deux lignes supérieures de cet hexagramme. Elle représente l'attitude qui permet toute réalisation : s'adapter à toutes les directions sans rien chercher à imposer.
Fondamentalement : voir Jugement.
Ouvert : voir Jugement *ouverture*.
Fondamentalement ouvert : formule mantique parmi les plus favorables du *Yi Jing*. *Fondamentalement* rehausse la fécondité de l'agencement décrit par *ouverture*, en soulignant l'étendue de ses possibilités d'application, sa vigueur et sa capacité à initier des situations nouvelles.

Hexagramme dérivé : hexagramme 8. ALLIANCE est une situation de solidarité organisée autour d'un pôle dont le souverain est l'emblème. Son attitude ouverte et accueillante incite toutes les énergies à converger vers lui.

En haut un six

Dragons corps à corps aux confins	龍戰于野	long zhan yu ye
Sang noir et jaune	其血玄黃	qi xue xuan huang

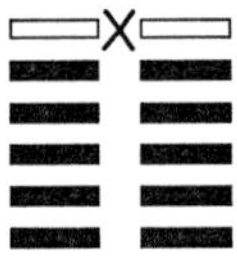

Le niveau de Sortie d'un hexagramme marque souvent un retournement, qui se manifeste ici par la disparition de la retenue Yin. À la différence de la troisième ligne où il est conseillé de *ne pas mener à terme*, il y a aux *confins* dépassement du domaine où patience et souplesse permettent d'*aboutir*. Surgit alors le *dragon*, emblème de l'ÉLAN CRÉATIF et d'une fermeté Yang particulièrement inadaptée à ce contexte, dans une ambiance de lutte trouble où se mêlent le *jaune* de la Terre et l'une des teintes sombres du Ciel.

Le sang mentionné est-il celui de la guerre et de la mort ou bien celui de l'amour et de la naissance ? Les lettrés chinois en ont débattu pendant des siècles, l'interprétation penchant du côté de la lutte aux époques de bouleversement politique, et du côté de l'étreinte aux moments d'harmonie et de stabilité. Aucune appréciation mantique ne permet de trancher entre ces deux points de vue.

Dragons : emblème de la puissance productive du Yang, le dragon n'apparaît qu'ici dans le *Yi Jing* en dehors de l'hexagramme ÉLAN CRÉATIF (voir 1/1).
Corps à corps : écrit en combinant le signe général des armes et un groupe complexe décrivant cris et assauts, l'idéogramme a pour sens le plus courant *se battre, livrer bataille, se mesurer avec*. Pourtant, en dehors d'un contexte

militaire, il a depuis longtemps une signification amoureuse sous-entendue. *Corps à corps*, qui tient un peu des deux, vise à rendre ce double niveau de sens, relevé par de nombreux commentateurs chinois.

Confins : les confins sont plus que les prés ou les champs. L'idéogramme employé combine la notion de lieu d'échange (voir16/I) et celle de village rural. Ses sens dérivés, *rustiques, grossiers, sauvages* rappellent qu'à l'origine, il désignait les régions reculées, situées loin au-delà des territoires cultivés. Là, aux confins du terroir où fleurit la civilisation chinoise, on se frotte aux barbares (voir 13/J, le seul autre endroit où il est cité).

Sang : dans la Chine ancienne, le *sang* était rituel avant d'être physiologique. Toutefois, dans le *Yi Jing*, chaque fois que le sang est mentionné, c'est dans un contexte de couplage tendu ou stérile. Il est donc possible de le lire aussi dans le sens de blessure physique[5], voire morale, ou d'inquiétude (comme en français « se faire du mauvais sang »).

Noir : le texte porte un idéogramme obscur qui n'est pas la couleur noire habituelle (associée au Nord, à l'hiver et au Yin). Signifiant également *subtil, sombre, mystérieux*, il représente plutôt une teinte rouge très sombre considérée comme un des attributs du Ciel.

Jaune : couleur emblématique du centre et de la Terre (voir ligne 5).

Noir et jaune : l'association de ces deux couleurs est devenue une expression littéraire classique signifiant : le Ciel et la Terre. Elle peut aussi avoir le sens de *malade*, sans doute pour des raisons de mélange inapproprié.

Hexagramme dérivé : hexagramme 23. USURE représente la fin d'un cycle, un moment de fatigue inquiète où il faut se consacrer à la restauration de ses forces. L'image principale en est le lit, symbole de tous les passages.

Le Texte des traits des hexagrammes 1 et 2 comporte un paragraphe spécial traitant du cas où la mutation concerne l'ensemble des six lignes. Le dérivé est alors l'hexagramme opposé. Ce texte se nomme :

Tous les six à l'œuvre

Profitable de durablement tenir bon 利永貞 li yong zhen

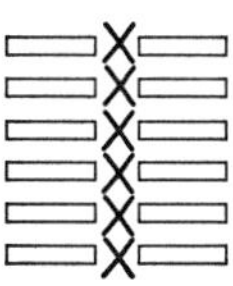

La mutation conjointe des six lignes Yin de l'hexagramme est qualifiée par une formule rare qui insiste sur une ténacité *durable*. Tout comme le risque d'un grand rassemblement de puissance Yang est l'excès d'autoritarisme, celui d'un grand rassemblement de force Yin est l'éparpillement. Citée à la ligne d'entrée de STABILISER (voir 52/1), cette formule engage à œuvrer à la concentration des forces qui permet d'établir une base solide. Apparaissant dans une formulation proche à PETIT EXCÈS (voir 62/4), elle conseille d'économiser sa force par une attitude prudente et tenace. Elle signale ici la nécessité de maintenir la cohésion de ses efforts, en intégrant la fermeté propre au Yang, et de faire du temps un allié.

Durablement : très ancien et resté très courant, l'idéogramme qui ressemble au caractère *eau* (dont l'écoulement est perpétuel) signifie *long, durable, éternel*. Cependant, il représente moins un état ou une qualité que le résultat d'une action.
Tenir bon : le texte porte le caractère rendu par *ténacité* dans les Jugements et par *présage* dans les traits. Dans ce cas particulier, qui n'appartient à aucune de ces catégories, il aurait pu être rendu par *présage* et la phrase se lirait alors : *présage durablement profitable. Tenir bon* a été préféré en raison de la présence de la même formule dans une autre situation très concernée par le Yin, STABILISER (52/1), et d'une formule proche à PETIT EXCÈS (62/4).

ÉLÉMENTS D'ANALYSE

Nucléaire

䷁ **Hexagramme 2 : Élan réceptif.** Au cœur d'Élan réceptif, il y a Élan réceptif lui-même. Le Yin, comme le Yang, est à lui-même son propre moteur. Qu'il n'y ait aucune différence de nature entre l'énergie qui anime un moment et la situation qui en résulte est, dans le contexte du *Yi Jing*, la marque d'un principe. Seuls Élan réceptif et Élan créatif, les deux hexagrammes qui expriment les principes Yin & Yang, présentent cette particularité.

Souffle puissant d'accomplissement fait de disponibilité, de consentement, d'adaptabilité aux circonstances, Élan réceptif est l'hexagramme nucléaire de trois autres figures dans lesquelles il manifeste ses capacités à engendrer en passant par des temps de repos (23), de renaissance (24) et d'entretien de la vie (27).

Opposé

䷀ **Hexagramme 1 : Élan créatif.** La relation d'opposition entre Élan créatif et Élan réceptif est celle qui unit les deux principes de base de la dialectique chinoise. À travers la seule image du dragon dont on suit le parcours ascensionnel de l'eau souterraine à l'envol céleste, l'Élan créatif décrit l'impulsion qui permet de lancer l'action et d'assurer son déploiement. À travers plusieurs images de contention et d'étalement en toutes directions, l'Élan réceptif décrit la retenue qui permet de servir l'action et de soutenir son accomplissement. Il s'agit moins d'opposition que d'union féconde des contraires : fermeté sans souplesse devient dureté, souplesse sans fermeté devient faiblesse.

3 DIFFICULTÉS INITIALES

ZHUN

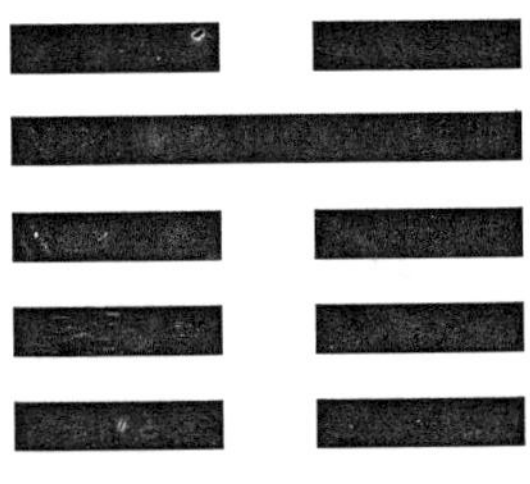

En haut EAU ☵
En bas TONNERRE ☳

DIFFICULTÉS INITIALES	屯	ZHUN
Fondamentalement favorisant	元亨	yuan heng
Ténacité profitable	利貞	li zhen
Ne pas agir	勿用	wu yong
Il y a où aller	有攸往	you you wang
Profitable d'instituer des vassaux	利建侯	li jian hou

Au début un neuf

Pierre dressée	磐桓	pan huan
Profitable d'être tenace comme qui demeure	利居貞	li ju zhen
Profitable d'instituer des vassaux	利建侯	li jian hou

Six en 2

Comme en DIFFICULTÉS INITIALES	屯如	ZHUN ru
Comme tournant en rond	邅如	zhan ru
Attelé et pourtant restant en place	乘馬班如	cheng ma ban ru
N'est pas brigand qui scelle l'union par mariage	匪寇婚媾	fei kou hun gou
Pour une femme pas de présage d'enfantement	女子貞不字	nu zi zhen bu zi
Dix années et alors enfantement	十年乃字	shi nian nai zi

Six en 3

Courir le cerf	即鹿	ji lu
sans s'y préparer	無虞	wu yu
n'est-ce point s'enfoncer	惟入	wei ru
au milieu profond d'une forêt	于林中	yu lin zhong
Un Chef Accompli au tout premier indice	君子幾	jun zi ji
préfère renoncer	不如舍	bu ru she
Aller gêne	往吝	wang lin

Six en 4

Attelé et pourtant restant en place	乘馬班如	cheng ma ban ru
Rechercher l'union par mariage	求婚媾	qiu hun gou
Aller ouverture	往吉	wang ji
Rien qui ne soit profitable	无不利	wu bu li

Neuf en 5

DIFFICULTÉS INITIALES fécondes	屯其膏	ZHUN qi gao
Petit présage ouverture	小貞吉	xiao zhen ji
Grand présage fermeture	大貞凶	da zhen xiong

En haut un six
Attelé et pourtant restant en place 乘馬班如 cheng ma ban ru
Pleurer silencieusement des larmes 泣血漣如 qi xue lian ru
de sang se succédant comme rides
à la surface de l'eau

Grande Image
Nuages tonnerre 雲雷 yun lei
DIFFICULTÉS INITIALES 屯 ZHUN
Ainsi l'Être Accompli 君子以 jun zi yi
démêle fils de trame et fils de chaîne 經綸 jing lun

Dixième Aile
DIFFICULTÉS INITIALES devenir visible 屯見而 ZHUN jian er
et ne pas quitter sa demeure 不失其居也 bu shi qi ju ye

DIFFICULTÉS INITIALES, c'est la confusion des commencements. Pour lutter contre la dispersion et le piétinement, entraves spécifiques des périodes de démarrage, il ne faut se laisser ni vaincre par l'hésitation ni emporter par l'impatience. L'attitude adéquate consiste à prendre le temps de s'arrêter afin d'établir une stratégie à long terme.

Évoquant par son nom le défrichage et la colonisation de terres nouvelles, DIFFICULTÉS INITIALES concerne les difficultés caractéristiques de tout début : les ennuis arrivent tous en même temps. Il faut non seulement vaincre l'inertie et l'impétuosité, mais aussi résoudre simultanément des problèmes d'importance inégale ou de niveaux différents. Comme l'indique la Grande Image, c'est en démêlant l'essentiel de l'accessoire que l'on pourra hiérarchiser ses priorités et ainsi déterminer une direction.

Majoritairement constituée de traits Yin, la figure s'organise autour des deux traits Yang en première et cinquième places, qui soulignent les deux temps forts de la situation : démarrer et diriger. L'atmosphère chaotique des départs est rendue par un foisonnement d'images, où se mêlent éléments sauvages – *forêt, brigands, cerf* – et tentatives d'organisation – *attelages, mariages.* Une image singulière, *attelé et pourtant restant en place,* revient comme un leitmotiv aux trois places Yin pour engager à contenir la propension aux commencements hâtifs ou aux départs prématurés. Cette insistance sur la retenue se lit à la chinoise par le fait que nulle part dans le texte ne se trouve la formule *absence de faute,* incitation à ne pas rester dans un état d'esprit hésitant et indécis. Les trois places Yang sont également marquées par des conseils de modération : il s'agit au premier trait de *demeurer*, au troisième de prendre le temps de discerner les *indices*, enfin de donner la préférence au *Petit* au niveau de la ligne souveraine. La présence du nom de l'hexagramme accentue la relation entre les deux lignes centrales : les DIFFICULTÉS qui amènent à *tourner en rond* à la place de Préfet deviennent *fécondes* à la cinquième ligne, du moins pour qui sait avancer à *petits* pas. La différence est nette entre les troisième et quatrième lignes : qui se lance inconsidérément dans une forêt touffue est clairement averti qu'*aller* de l'avant conduit à la *gêne*, tandis que celui qui sait s'ouvrir à un courant d'union est encouragé à avancer : *aller* non seulement conduit à l'*ouverture* mais est suivi de la meilleure appréciation de l'hexagramme, *rien qui ne soit profitable*. Poussée à l'extrême, la maîtrise de l'impétuosité tourne à la rigidité et à l'immobilisme au niveau de la dernière ligne : qui se crispe dans l'attente risque de n'avoir plus que ses yeux pour pleurer.

Dépasser les DIFFICULTÉS INITIALES demande de savoir retenir son attelage afin de l'engager dans la bonne direction et ainsi créer les conditions d'un essor durable. Après avoir établi les principes Yin et Yang dans les deux premiers hexagrammes, le *Yi Jing* commence réellement avec le troisième hexagramme, premier agencement où ils se mêlent. *Trois*, chiffre impair et Yang, est le signe du surgissement produit par la rencontre animée mais féconde des souffles du Ciel et de la Terre.

IDÉOGRAMME

ZHUN : *Difficile, pénible. Avare, chiche.*
prononcé TUN : Réunir, rassembler, amasser. Cantonner des troupes à la frontière.

L'idéogramme est un ensemble indécomposable. Dérivant du signe général des plantes, il met l'accent sur un moment particulier de la croissance végétale. Le signe général des plantes désignant tous les végétaux poussant par embranchements successifs représente simplement une tige et un couple de jeunes pousses. Deux éléments sont ajoutés pour former le nom de l'hexagramme, l'un à la base de l'idéogramme et l'autre en haut, attirant l'attention, comme le fait la Dixième Aile, à la fois sur ce qui se passe en terre et sur le résultat visible qui en découle à l'extérieur. Au pied de la tige un long trait horizontal évoque la racine pivot qui se développe en donnant à la plante un solide fondement Yin sur lequel elle s'appuie pour entamer sa croissance vers l'extérieur. Ce développement est représenté par la sorte de virgule dessinée en haut de l'idéogramme qui suggère le bourgeonnement commençant à se développer à partir de cette assise.

Selon la manière dont il est prononcé, l'idéogramme peut prendre deux sens différents mais qui s'accordent dans l'évocation de commencement d'abord difficile et d'enracinement productif à long terme. Du côté de *tun* sont regroupées les idées de fondation[6] sociale, et du côté de *zhun* celles de difficulté inhérente à toute fondation. L'expression *tun tian* par exemple, formée avec le nom de l'hexagramme et le caractère champs cultivés, signifie *défrichement* (par les troupes en garnison aux frontières), *terres nouvelles* (concédées aux soldats cantonnés aux marches de l'empire), une politique que la Chine continue d'utiliser dans ses provinces frontalières du Nord-Ouest et même au-delà, comme au Tibet.

TEXTE CANONIQUE

JUGEMENT

DIFFICULTÉS INITIALES	屯	ZHUN
Fondamentalement favorisant	元亨	yuan heng
Ténacité profitable	利貞	li zhen
Ne pas agir	勿用	wu yong
Il y a où aller	有攸往	you you wang
Profitable d'instituer des vassaux	利建侯	li jian hou

Placé à la suite des deux hexagrammes fondateurs, DIFFICULTÉS INITIALES marque le véritable début du *Yi Jing*, et traite analogiquement du comportement à adopter lors de tout commencement – un moment essentiel puisqu'il contient en germe tout le développement ultérieur. Le Jugement de cet hexagramme s'ouvre sur les mêmes termes que ceux d'ÉLAN CRÉATIF & ÉLAN RÉCEPTIF : *Fondamentalement favorisant & Ténacité profitable.* Signalant des capacités d'initialisation, d'essor, de profit et d'endurance, ces appréciations marquent des moments où la possibilité de trouver le point de départ d'une situation et de lui faire prendre son essor se conjugue à la ténacité nécessaire pour en assurer l'épanouissement.

Le texte porte ensuite deux indications qui paraissent si contradictoires qu'elles ont longtemps été réunies en une seule phrase. Conseiller en même temps de *ne pas agir* et d'*avoir où aller* relève pourtant de deux niveaux différents. La contradiction s'évanouit dès lors qu'on replace le moment présent dans le long terme en le considérant par rapport à un but. Quand on se trouve pris dans le tohu-bohu des commencements, la première initiative à prendre est de ne pas céder à l'emballement qui pousse à sortir de la confusion par une action précipitée. La seconde est de réaliser que freiner n'est pas renoncer à son objectif, mais le meilleur moyen de s'en approcher: s'arrêter pour analyser la situation permet de dégager la stratégie appropriée.

Au tout début d'un mouvement, tous les cycles, court terme, long terme, moyen terme, se superposent en une problématique déconcertante. La solution est de les distinguer puis de les organiser selon une échelle de priorité. Cette hiérarchisation préalable, conseillée par l'expression *instituer des vassaux*, est la réponse spécifique des moments où l'on S'ENTHOUSIASME (voir 16/J). La Grande Image en précise ici la modalité: savoir démêler *fils de trame et fils de chaîne*, c'est-à-dire distinguer l'essentiel de l'accessoire, et ainsi mettre de l'ordre dans ses objectifs.

Fondamentalement: modulation mantique marquée par un idéogramme qui signifie *début, origine, entièrement.*
Favorisant: appréciation mantique décrivant un climat d'essor, un agencement fertile, un dispositif énergétique global dans lequel l'échange entre le Ciel et la Terre se noue de manière féconde.
Fondamentalement favorisant: formule mantique caractéristique des Jugements. Elle signale un moment particulièrement propice, s'exprimant de manière Yang par une propension à entreprendre et de manière Yin dans une capacité à faire aboutir.
Ténacité profitable: formule mantique soulignant que la situation requiert pour être fructueuse une grande capacité à endurer, à tenir avec constance sans se laisser fatiguer par les difficultés du moment.
Fondamentalement favorisant ténacité profitable: groupement spécifique de deux formules mantiques, appelé «quatre qualités du Ciel-Terre» (voir 1/J) qui ne qualifie que sept hexagrammes: 1, 2, 3, 17, 19, 25 et 49.
Ne pas agir: indication mantique spécifique. Cette injonction citée seulement deux fois au Jugement – ici et à ÊTRE ACCUEILLANT (voir 44/J) — ne signifie pas qu'il ne faut rien faire mais que, pour sortir des DIFFICULTÉS INITIALES, une intervention active serait soit prématurée (comme à 1/1), soit à contre-courant comme ici.
Il y a où aller: formule mantique spécifique dont le sens est: garder son cap sans se laisser déboussoler par les difficultés propres à la situation, tenir son objectif quelles que soient les turbulences, le flou, ou ce qui entrave la marche. Ici, le risque tient à la difficulté de concevoir un mouvement de recul non comme une démission, mais comme le préalable nécessaire à une stratégie offensive à long terme.
Ne pas agir il y a où aller: beaucoup de traducteurs relient ces deux phrases en une seule, lisant «*ne pas agir* dans ce qu'*il y a où aller*»

généralement résumé brutalement en «ne rien entreprendre». C'est confondre réflexion et abandon. En revanche, séparer les deux conseils fait ressortir leur portée stratégique. Ne pas intervenir d'emblée tout en gardant son objectif en tête amène à percevoir l'ensemble de la situation au-delà de la conjoncture présente. Plutôt que de céder à l'envie d'agir impulsivement, il est préférable de s'arrêter pour faire le point. Comme le montre la reprise de ces deux phrases au début de RETRAITE (voir 33/1), reculer est parfois le meilleur moyen de se préparer à attaquer.
Instituer des vassaux : expression spécifique en deux caractères dont le sens, dans le contexte du *Yi Jing*, est d'instaurer un ordre entre des niveaux qui se mélangent, c'est-à-dire de les organiser hiérarchiquement selon l'importance qu'on leur accorde. Dès lors qu'est choisi et décidé ce qui est vassal et ce qui est suzerain, c'est-à-dire qu'est distingué le primordial du secondaire, la stratégie à adopter s'établit d'elle-même, et on ne risque plus de s'emballer de façon inefficace. Cette hiérarchisation est particulièrement nécessaire pour maîtriser la panique des débuts et l'excitation des moments d'ENTHOUSIASME, seul autre hexagramme où cette expression est citée (voir 16/J).

TEXTE DES TRAITS

Au début un neuf

Pierre dressée	磐桓 pan huan
Profitable d'être tenace comme qui demeure	利居貞 li ju zhen
Profitable d'instituer des vassaux	利建侯 li jian hou

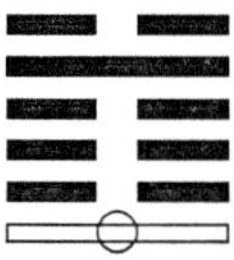

Première ligne du «premier» hexagramme, niveau d'Entrée d'une situation de commencement, ce trait est d'emblée au cœur des difficultés du début. La reprise à l'identique du conseil donné au Jugement d'*instituer des vassaux* confirme qu'à ce stade se trouve le point focal de l'hexagramme, et donc le lieu où la stratégie d'organisation qu'il requiert doit être plus particulièrement mise en œuvre. En revanche, le sens précis de cette pierre qui se dresse devant soi est plus difficile à cerner. S'agit-il d'un obstacle qui retient d'avancer, d'une hésitation devant la direction à prendre, ou bien marque-t-elle le point de départ d'une action à longue échéance? Aucune formule mantique ne vient qualifier cette incertitude, le texte indique seulement comment la dépasser.

Le trait est correct et en relation avec les deux places de service, par voisinage avec le Préfet en seconde ligne et par correspondance avec le Ministre en quatrième. Ce dernier lien surtout est favorable, car la capacité à s'organiser et s'associer est en accord avec la vitalité qui s'exprime à ce début. Le conseil donné au Jugement de *ne pas agir* est remplacé à ce stade par celui de *demeurer*, c'est-à-dire de prendre le temps de se recentrer et, plutôt que de se perdre dans des tergiversations sans fin, d'organiser sa stratégie afin, en hiérarchisant ses priorités, de passer les obstacles l'un après l'autre.

Pierre dressée : le texte porte deux caractères dont le premier, écrit en combinant les caractères *pierre* et *bateau*, représente de grosses roches plates en forme de bateau et le second, combinant le signe du bois et un groupe complexe, désigne une sorte de poteau, une colonne magique se dressant vers le ciel. Ensemble ces deux caractères forment une expression littéraire évoquant l'idée de *ne pouvoir avancer, d'hésiter* devant un obstacle peut-être d'ordre rituel. L'idée d'hésitation qui ressort de cette expression marque à ce trait d'entrée une croisée des chemins entre l'horizontal (rester tranquille) et le vertical (se dresser pour avancer).
Profitable d'être tenace comme qui demeure : construction particulière de la formule mantique *ténacité profitable* déjà citée au Jugement. Souvent comprise comme un simple conseil de ténacité, cette appréciation mantique résume la stratégie proposée par ce trait. L'avantage n'est envisageable que si l'on résiste à l'emballement et au désir de se ruer sur l'obstacle. En écho à la phrase du Jugement *ne pas agir*, le conseil de *demeurer* est également répété à la Dixième Aile.
Instituer des vassaux : expression en deux caractères reprise à l'identique du Jugement (voir plus haut) dont le sens est *hiérarchiser les priorités*. On est ici au cœur de la nécessité d'organisation hiérarchique. Non seulement c'est le seul endroit du *Yi Jing* où cette expression est reprise dans le texte d'un trait, mais l'hexagramme dérivé de cette ligne, ALLIANCE, est celui où une organisation globale est *instituée* (voir 8/GI).

䷇ **Hexagramme dérivé :** Hexagramme 8. ALLIANCE est l'élection d'un centre autour duquel des forces disparates viennent se constituer en un ensemble hiérarchisé.

Six en 2

Comme en DIFFICULTÉS INITIALES	屯如	ZHUN ru
Comme tournant en rond	邅如	zhan ru
Attelé et pourtant restant en place	乘馬班如	cheng ma ban ru
N'est pas brigand qui scelle l'union par mariage	匪寇婚媾	fei kou hun gou
Pour une femme pas de présage d'enfantement	女子貞不字	nu zi zhen bu zi
Dix années et alors enfantement	十年乃字	shi nian nai zi

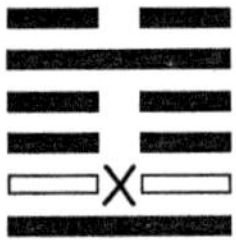

Après l'impulsion décrite à la ligne initiale, ce trait représente un moment où l'on se trouve confronté à des difficultés de toutes sortes, énumérées par un texte d'une longueur inhabituelle (vingt et un caractères, ce qui en fait le plus long des textes associés à une seconde ligne). Des possibilités nouvelles et multiples se présentent sans qu'il soit encore possible de s'engager. L'incertitude prédomine, et l'impression de *tourner en rond* que souligne la construction particulièrement rimée du texte. Bien que l'*attelage* soit prêt, il faut rester en rang et tenir la bride au désir d'avancer. Le défrichage de terres nouvelles ne s'effectue pas de façon impétueuse et inconsidérée, mais en tenant compte du contexte et des circonstances. Pour pacifier des éléments rebelles, des *brigands*, il faut savoir les intégrer à son action en considérant qu'ils peuvent adhérer à des règles et des rites. Cependant il faudra beaucoup de patience avant qu'une attitude à la fois tenace et cordiale puisse porter ses fruits.

Yin à une place de Préfet, c'est-à-dire correcte, cette ligne est aussi en relation avec les deux traits Yang de la figure. Le voisinage avec le premier attise l'envie de bouger, tandis que la correspondance avec le cinquième est un facteur de retenue. À l'orée d'un groupe de trois traits Yin, il faudra un long temps d'efforts soutenus avant que la souplesse, symbolisée par la *femme*, ne trouve réponse. Mais la fécondité ne peut lui manquer : elle est indiquée à la ligne souveraine par l'*ouverture* promise au *Petit*.

Comme… comme : construction particulière du chinois ancien en forme de répétition d'un suffixe adverbial. Parfois difficile à faire apparaître en français, cette construction sonne comme une sorte de comparaison oratoire dont la forme répétitive scande particulièrement le texte de cet hexagramme où elle apparaît parfois complète, parfois tronquée, à tous les traits sauf au premier et au cinquième.

Tournant en rond : rare et complexe, l'idéogramme évoque l'idée d'une avancée pénible et improductive. Ce caractère a sans doute été choisi pour accentuer l'effet de rime donné par la construction de la phrase.

Attelé et pourtant restant en place : emblème de la contention nécessaire pour maîtriser l'impulsion à démarrer trop tôt, cette expression en quatre caractères sonne comme un proverbe. Leitmotiv de cet hexagramme, elle se retrouve à chacun des niveaux Yin (traits 2, 4 et 6). Se lisant mot à mot *atteler* (ou *chevaucher*) *cheval comme en rang*, c'est l'image d'un temps d'attente maîtrisée. Les attelages sont prêts, cochers et chariots sont en rang, mais ils n'avancent pas.

Brigands : représentant quelqu'un en train de porter un coup à une personne sous un toit, l'idéogramme a le sens général de *brigand*,

ennemi, envahisseur, pillard. Dans le contexte du *Yi Jing*, le brigand, vivant en dehors des lois et en dehors du territoire civilisé de la Chine d'alors, est un personnage symbolique représentant des forces dangereuses qu'il faut circonvenir soit par la coercition, soit par la diplomatie.
Scelle l'union par mariage : locution formée de deux caractères, dont le premier signifie *mariage* et le second *union de deux familles.* Cette expression, qui apparaît deux fois dans cet hexagramme (ici et ligne 4, second niveau Yin), concerne généralement l'association avec des *brigands.* Pour les mariages entre Chinois, un autre terme est employé (voir 4/3).
N'est pas brigand qui scelle l'union par mariage : phrase étrange, rimée et rythmée comme un proverbe en quatre caractères, qui fait écho à la politique traditionnelle chinoise vis-à-vis des barbares nomades des steppes du Nord-Ouest. Quand ils ne pouvaient être vaincus militairement (voir 63/3), ils étaient assujettis pacifiquement par l'octroi en mariage de princesses chinoises, ce qui les transformait en tributaires. Dans le contexte du *Yi Jing* cependant, différentes lectures de cette phrase sont possibles, parmi lesquelles deux prédominent sans d'ailleurs s'exclure. Soit ce brigand est un « affreux », un barbare hirsute et le conseil est de dépasser cette apparence repoussante pour s'allier à lui, c'est-à-dire changer son propre regard pour reconnaître l'altérité. Soit ce brigand est, malgré son état, un homme d'honneur, et alors, s'il s'amende et demande l'union, c'est-à-dire s'il change et accepte de rejoindre la civilité, ce serait se comporter soi-même en brigand que de le repousser.
Femme : personnage emblématique symbolisant une attitude Yin.
Enfantement : écrit avec le caractère *enfant* placé sous le signe du *toit* (voir *apaisement*, 2/J) cet idéogramme signifie nom personnel (celui qu'on inscrivait sur les tablettes de l'autel des ancêtres quand un descendant était né). Puis, en raison de l'importance de cet acte, il veut dire aussi *caractère chinois* en général. À l'époque du *Yi Jing* il signifiait aussi *fiançailles* et être *enceinte.* Ce dernier sens semble d'autant mieux convenir ici que la situation exposée ressemble à la grossesse inféconde décrite avec un caractère assez proche à 53/3.
Dix années : le *Yi Jing* ne parle pas en temps réel, mais en durée symbolique ou plutôt psychologique. Il distingue des cycles courts (trois ans) et des cycles longs (dix années). Il distingue aussi des temps révolus (à l'aide d'un caractère rendu par *ans*) et des temps en devenir (avec un caractère rendu par *années*, dont le sens primitif *récolte*, sous-entend l'idée de recommencement). Le cycle de *dix années* est toujours mentionné avec l'idée de temps à venir.

䷻ **Hexagramme dérivé :** hexagramme 60. MESURE est un moment de mise en rythme. L'établissement et l'acceptation des règles y est primordial.

Six en 3

Courir le cerf	即鹿	ji lu
sans s'y préparer	無虞	wu yu
n'est-ce point s'enfoncer	惟入	wei ru
au milieu profond d'une forêt	于林中	yu lin zhong
Un Chef Accompli au tout	君子幾	jun zi ji
premier indice		
préfère renoncer	不如舍	bu ru she
Aller gêne	往吝	wang lin

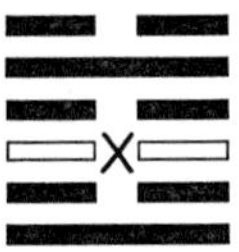

Perdue au milieu de trois traits Yin comme au cœur d'une sombre *forêt*, éloignée des deux traits Yang où s'enclenche et se canalise le mouvement, cette ligne décrit une position inadéquate et isolée. Yin en place de Passage, le trait est incorrect – c'est le seul de l'hexagramme – et sans relation avec les autres lignes. On va ici de manière inconsidérée au-devant de complications pour le moment imperceptibles. Quand on ne possède pas les informations ou les concours nécessaires pour chasser le *cerf*, qu'il soit chimère ou territoire inconnu, il est préférable de s'abstenir.

Renoncer pendant qu'il est encore temps, c'est se conduire en *Chef Accompli*. Alternative à l'attitude de l'impétueux qui s'égare en milieu obscur, le Chef Accompli personnifie la perspicacité aiguisée qui permet de discerner le devenir d'une situation dès son tout premier commencement. Qui s'aperçoit à temps qu'il est en train de se fourvoyer n'hésite pas à changer ses plans et garde ainsi ses forces intactes.

Courir : on chasse de temps à autre dans le *Yi Jing*, mais plus souvent les oiseaux que les grands mammifères. Il n'est d'ailleurs pas formellement question de chasse ici, le verbe employé signifie mot à mot : *aller vers*.

Cerf : un des rares animaux sauvages évoqué dans le *Yi Jing* avec le renard et le tigre. C'est ici la seule fois où il en est fait mention bien qu'on ait retrouvé de nombreuses représentations de cerf en jade dans des tombes datant de l'époque des Zhou. La symbolique attachée au cerf est diverse, se rapportant au mariage et à la sexualité (les jeunes bois de cerf sont utilisés dans la pharmacopée comme aphrodisiaque), à la promotion sociale et également aux pratiques des chamanes qui utilisent parfois d'étranges coiffures ornées de bois de cerf. Les taoïstes enfin le considèrent comme un accompagnateur, après la mort, vers l'immortalité.

Sans : le texte porte une négation classique qui n'est employée que deux fois dans le *Yi Jing* (ici et à 53/1, *point de*), alors qu'elle apparaît souvent dans le *Dao De Jing* où son sens est essentiel.

S'y préparer : l'idéogramme, de forme complexe, signifie aussi *forestier*. La phrase peut donc être comprise : *Courir le cerf sans forestier*, c'est-à-dire sans guide. Les deux lectures rendent la même idée, celle d'une expédition imprudente et prématurée.
Au milieu profond : le texte porte seulement l'idéogramme *milieu*. Profond a été ajouté pour souligner l'utilisation du caractère signifiant *milieu juste* (voir JUSTE CONFIANCE 61/I).
Au tout premier indice : l'idéogramme, dont le sens propre est un *tout petit rien infime*, est écrit comme l'embryon de l'embryon encore coupé en deux par une flèche. Ce « rien » n'est pas vu sous l'angle de la quantité mais sous celui de son développement. Il ne s'agit pas de quelque mystérieux signe des temps, plutôt des prémisses naturelles du retournement d'une situation, du tout premier indice d'une mutation en cours. En dehors d'une expression particulière *à l'approche de la lune pleine* qui marque le tout premier début d'un retournement (voir à 9/6, 54/5 et 61/4), pareille précision ne se trouve qu'ici, à une ligne de passage entre l'intérieur et l'extérieur. En effet, les indices de la mutation en cours sont si ténus que seul un Chef Accompli est capable de les discerner. Les autres ne remarquent rien et poussent la situation en avant jusqu'à ce qu'elle se resserre de manière gênante.
Chef Accompli : personnage symbolique dont la présence signale que la situation requiert des qualités particulières de courage et de discernement. Ici, elles permettent de mesurer les difficultés du début à l'aune du chemin à parcourir et d'éviter ainsi les pièges de l'impulsivité.
Préfère renoncer : le texte porte trois caractères dont le premier est une négation, le second le caractère *comme* (voir trait 2) et le dernier un mot qui signifie en propre *demeure, habitation temporaire* (celle qu'on doit par définition quitter). Ce dernier terme peut être utilisé à la place d'un autre caractère assez proche graphiquement (il n'en diffère que par la main, signe de l'action) et qui signifie *laisser, renoncer à abandonner, sacrifier*. Si le sens de cette phrase ne fait pas de doute, sa construction et sa scansion peuvent difficilement être rendues en français.
Aller : extrêmement usuel, l'idéogramme a, dans le contexte du *Yi Jing*, le sens d'un conseil de mise en route, d'une injonction à aller de l'avant.
Gêne : appréciation mantique indiquant un manque de fluidité qui rétrécit les possibilités d'action.
Aller gêne : formule mantique rare indiquant que poursuivre résulterait d'une réaction immédiate et irréfléchie et ne pourrait que freiner le développement de la situation. Aller de l'avant n'est profitable qu'à la ligne suivante.

䷾ **Hexagramme dérivé :** hexagramme 63. DÉJÀ TRAVERSÉE est un moment d'équilibre précaire, où le fait que tout semble en place risque d'engourdir la vigilance.

Six en 4

Attelé et pourtant restant en place	乘馬班如	cheng ma ban ru
Rechercher l'union par mariage	求婚媾	qiu hun gou
Aller ouverture	往吉	wang ji
Rien qui ne soit profitable	无不利	wu bu li

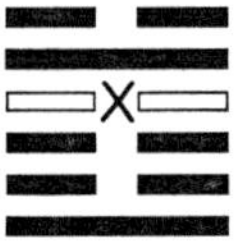

À ce premier niveau extérieur se trouve la position la plus propice de l'hexagramme, marquée par une formule mantique particulièrement favorable. Comme à la seconde ligne, l'image de l'*attelage* prêt à partir mais encore retenu indique la nécessité de la maîtrise. Cependant il ne s'agit plus à ce stade de tergiverser en tournant en rond, mais de mettre à profit la fonction de communication dévolue à cette place de Ministre. L'*union*, longtemps inféconde au niveau du Préfet, doit maintenant être activement recherchée. Les initiatives permettant d'*aller de l'avant*, inadéquates au niveau de passage, sont à présent bienvenues.

Le trait est correct et en relation avec les deux lignes Yang de l'hexagramme. La correspondance avec le trait initial permet de profiter de la poussée sans en être déstabilisé ; le voisinage avec la ligne souveraine, où la situation est conduite avec prudence, est un facteur d'organisation. L'impatience et la confusion étant maîtrisées, un véritable début peut désormais s'enclencher sur des perspectives positives.

Attelé et pourtant restant en place : emblème de la contention nécessaire pour maîtriser l'impulsion à démarrer trop tôt, cette expression, leitmotiv de cet hexagramme, se retrouve à chacun des niveaux Yin les traits 2, 4 et 6 (voir ligne 2).

Rechercher : l'idéogramme est un terme assez fort qui évoque une tension volontaire en direction d'un but déterminé. C'est ici le seul endroit où un tel effort en direction d'une union soit conseillé.

Union par mariage : voir ligne 2.

Aller : voir ligne 3.

Aller ouverture : formule mantique dont le sens est une injonction à agir sans tergiverser, ici pour sortir des difficultés du début. Ce conseil, inverse de celui de la ligne précédente, est d'autant plus important qu'il n'est cité que deux fois dans le *Yi Jing* (ici et à 35/5), chaque fois confirmé par la formule suivante.

Rien qui ne soit profitable : une des meilleures appréciations mantiques du *Yi Jing*. Elle souligne la présence d'un fort potentiel d'action et une grande aptitude à œuvrer au renouvellement, particulièrement dans les périodes de transition.

 **Hexagramme dérivé :** hexagramme 17. SUIVRE est un moment où l'on fait le pas nécessaire pour s'insérer avec aisance dans un courant porteur.

Neuf en 5

DIFFICULTÉS INITIALES fécondes — 屯其膏 ZHUN qi gao
Petit présage ouverture — 小貞吉 xiao zhen ji
Grand présage fermeture — 大貞凶 da zhen xiong

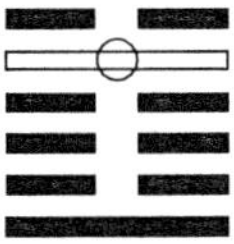

À la ligne souveraine convergent toutes les potentialités contenues dans ce moment de DIFFICULTÉS INITIALES. On est à ce stade en mesure de diriger les impulsions désordonnées qui naissent au niveau du trait initial, le seul autre Yang de la figure. La maîtrise des complications inhérentes aux commencements permet de mettre à profit la vitalité que tout début comporte. La stratégie à tenir précise celle énoncée au Jugement sous la forme d'une alternative : choisir le Yin, le *Petit*, au détriment du Yang, le *Grand*, c'est ne pas vouloir en faire trop et trop vite. Agir de façon ferme et volontariste ne ferait que bloquer la situation : souplesse et endurance seules peuvent permettre à ce qui n'en est qu'à ses débuts de fructifier avec le temps. En scindant une grande difficulté en petits problèmes examinés l'un après l'autre, on économise l'énergie et on épanouit des potentiels prometteurs.

Correct et en relation avec les trois niveaux Yin de la figure, ce trait reçoit par l'intermédiaire des places de Préfet et de Ministre l'impulsion concentrée au premier trait. La présence du nom de l'hexagramme accentue la correspondance avec la deuxième ligne, seul autre endroit où il est mentionné. La longue attente d'un *enfantement* annoncé à ce niveau trouve ici une juste réponse dans la *fécondité* et l'*ouverture* promise à ce qui est petit.

Fécondes : écrit en associant les caractères *supérieur* et *chair*, l'idéogramme qui signifie au sens propre *gras, onctueux*, désigne précisément la graisse onctueuse située juste sous la peau, considérée comme ce qu'il y a de plus savoureux dans un mets. C'est par exemple la peau délicieuse qui est dégustée en premier dans le canard laqué à la mode de Pékin. Appliqué à la terre, ce mot signifie alors *profitable, fertile, fécond* au sens où l'on parle en français d'une terre grasse (voir 2/GI, ouverte et cordiale). Il n'est cité que deux fois dans le *Yi Jing*, ici et à la troisième ligne de CHAUDRON (voir 50/3, *graisse*).
Petit... Grand : emblèmes de Yin et de Yang (voir 9/I et 14/I pour les caractères). La forme râpeuse de la traduction s'efforce de rendre avec précision le flou du texte chinois qui peut être compris de deux manières différentes, selon que *présage* est lu comme un nom ou comme un verbe (ce que la construction autorise). Les deux interpré-

tations possibles *petit présage d'ouverture* et *une attitude Yin présage l'ouverture* ne sont pas contradictoires, cependant la première est oraculaire alors que la seconde est stratégique.

Présage ouverture : formule mantique spécifique indiquant la tendance à un réagencement positif de la situation.

(Présage) fermeture : formule mantique spécifique incitant à considérer la situation en général ou l'attitude qu'on y tient plus dans la perspective d'une évolution défavorable que dans son état actuel. Rare en ligne souveraine, cette formule y est toujours citée dans un contexte de mise en parallèle de deux attitudes. Aussi bien à ARMÉE (voir 7/5) qu'à ENDURER (voir 32/5) c'est comme ici à l'attitude Yin qu'est donné l'avantage.

Hexagramme dérivé : hexagramme 24. RETOUR est un moment de renouveau, le premier pas d'une renaissance encore fragile, qu'une conduite intempestive ne pourrait que gâcher.

En haut un six

Attelé et pourtant restant en place
Pleurer silencieusement des larmes
de sang se succédant comme rides
à la surface de l'eau

乘馬班如 cheng ma ban ru
泣血漣如 qi xue lian ru

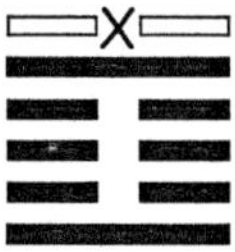

Souvent à la dernière ligne des hexagrammes, la situation tourne. À ce niveau de Sortie d'une situation de commencement, on se retrouve complètement à contre-courant. L'image de l'*attelage* prêt au départ mais toujours retenu y est mentionnée comme aux deux autres niveaux Yin, mais dans un contexte devenu bien différent. Ce qui était maîtrise de l'impatience au second trait et temps d'organisation au quatrième n'est plus maintenant qu'attentisme. À force de se retenir et de se préparer, on a laissé passer l'opportunité de se lancer. Qu'il y ait là de quoi fondre en *larmes*, le *Yi Jing* en convient, mais avec une certaine ironie que marque le contraste entre le ton dramatique du texte et l'absence de toute appréciation mantique négative.

Bien que correct, c'est le trait le plus éloigné du trait initial, point focal où est concentrée l'énergie neuve qui pousse à démarrer. Sans relation avec les lignes internes de l'hexagramme, il est isolé, en dehors du parcours qui va du jaillissement du début à la maîtrise des difficultés. Même le voisinage avec la ligne souveraine ne lui est d'aucune utilité puisque l'action qui s'y effectue est tournée vers l'interne et la canalisation du mouvement. Qu'à l'inverse d'autres dernières lignes de situations à dominante Yin (par

exemple 8/6 et 24/6), aucune appréciation défavorable ne vienne ici qualifier ces ratés sonne comme une incitation à ne pas en rester là.
Attelé et pourtant restant en place : emblème de la contention nécessaire pour maîtriser l'impulsion à démarrer trop tôt, cette expression, leitmotiv de cet hexagramme, se retrouve à chacun des niveaux Yin, les traits 2, 4 et 6 (voir ligne 2). Cependant, ce qui aux deux autres niveaux est l'image d'une attente favorable devient ici celle d'une occasion manquée.
Pleurer silencieusement des larmes de sang : cette expression, qui n'apparaît qu'ici, est restée dans la langue chinoise comme manifestation d'une extrême affliction, spécialement pendant le deuil des parents.
Se succédant comme rides à la surface de l'eau : le texte porte deux idéogrammes, le mot comme (voir trait 2) et un idéogramme qui associe le signe général des liquides au caractère *se succéder* (comme les chariots d'une compagnie militaire, voir 39/4, *union*) qui signifie aussi bien *pleurer à chaudes larmes* que *rides à la surface de l'eau*. L'ensemble du texte de ce dernier trait comporte donc deux verbes différents ayant le sens de pleurer. Ce redoublement, combiné à une construction analogue à celle du second trait *(comme… comme)*, accentue l'idée d'une impasse dans laquelle on s'est soi-même engagé par manque de discernement.

Hexagramme dérivé : hexagramme 42. AUGMENTER est un moment de bouillonnement et de montée en puissance au cours duquel on réaménage et redistribue les forces en présence.

ÉLÉMENTS D'ANALYSE

Nucléaire

䷖ **Hexagramme 23 : USURE.** Au cœur de DIFFICULTÉS INITIALES, il y a USURE. Au cœur d'une situation de démarrage, il y a un élagage portant en lui les germes d'un renouvellement. Il se traduit par la faculté à se dégager de l'obscurité en établissant la distinction entre l'important et l'accessoire. Tailler dans les éléments de confusion est ce qui permet de renforcer les racines, de préserver les fécondités futures et de consolider les conditions d'une bonne mise en marche.

Opposé

䷱ **Hexagramme 50 : CHAUDRON.** La relation d'opposition entre DIFFICULTÉS INITIALES et CHAUDRON s'articule autour du balancement entre début et fin. DIFFICULTÉS INITIALES décrit la confusion d'un commencement, alors que CHAUDRON symbolise la perfection d'un achèvement. DIFFICULTÉS INITIALES est découverte, on y défriche des terres nouvelles ; CHAUDRON est accomplissement, on y refonde son pouvoir en transmutant l'ancien. Au travail d'organisation de forces neuves s'oppose un lent travail de raffinement de forces anciennes.

La relation d'opposition entre les hexagrammes 3 et 50 n'est pas ordinaire. Elle scelle une particularité discrète de l'organisation des soixante-quatre figures telles qu'elles sont disposées dans l'ordre canonique. Tous les hexagrammes de 1 à 50 ont comme opposé un hexagramme compris entre 1 et 50. De même, tous les hexagrammes compris entre 51 et 64 ont leur opposé entre 51 et 64. Si on met à part les hexagrammes 1 et 2 en tant que piliers Yin et Yang du *Livre des Changements*, les hexagrammes 3 et 50 se présentent alors comme les deux extrémités d'un déroulement complet dans lequel le CHAUDRON joue un rôle double, à la fois achèvement d'un premier cycle et fondation d'un second.

4 JEUNE FOU

MENG

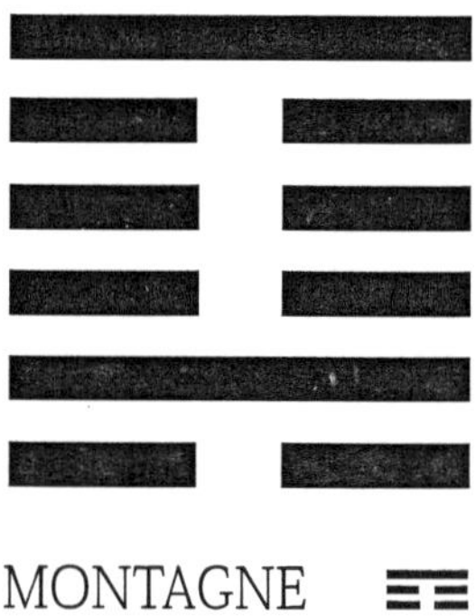

En haut MONTAGNE ☶
En bas EAU ☵

JEUNE FOU	蒙	MENG
Favorisant	亨	heng
Ce n'est pas moi qui recherche	匪我求	fei wo qiu
la jeunesse du JEUNE FOU	童蒙	tong MENG
C'est la jeunesse du JEUNE FOU	童蒙	tong MENG
qui me recherche	求我	qiu wo
Au premier tirage informations	初筮告	chu shi gao
Un second un troisième c'est importune	再三瀆	zai san du
Importuner donc plus d'informations	瀆則不告	du ze bu gao
Ténacité profitable	利貞	li zhen

Au début un six

Mise en route du JEUNE FOU	發蒙	fa MENG
Profitable d'employer règles et châtiments	利用刑人	li yong xing ren
Détendre les entraves des pieds et des mains	用説桎梏	yong shuo zhi gu
et ainsi aller gêne	以往吝	yi wang lin

Neuf en 2

Prendre en charge le JEUNE FOU ouverture	包蒙吉	bao MENG ji
Accueillir une épouse ouverture	納婦吉	na fu ji
Le fils se montrera digne du CLAN	子克家	zi ke JIA

Six en 3

Ne pas agir	勿用	wu yong
Prendre femme	取女	qu nu
L'or du mari est visible	見金夫	jian jin fu
pas sa personne	不有躬	bu you gong
Aucun lieu n'est profitable	无攸利	wu you li

Six en 4

Épuisement du JEUNE FOU	困蒙	Kun MENG
Gêne	吝	lin

Six en 5

Jeunesse du JEUNE FOU	童蒙	tong MENG
Ouverture	吉	ji

En haut un neuf

Fustiger le JEUNE FOU	擊蒙	ji MENG
Pas profitable de composer avec les brigands	不利爲寇	bu li wei kou
Profitable de s'opposer aux brigands	利御寇	li yu kou

Grande Image

Au pied de la montagne sort une source	山下出泉	shan xia chu quan
JEUNE FOU	蒙	MENG
L'Être Accompli ainsi	君子以	jun zi yi
en assumant son agir	果行	guo xing
élève sa conduite	育德	yu de

Dixième Aile

JEUNE FOU mélangé	蒙雜	MENG za
et puis ordonné	而著	er zhuo

JEUNE FOU est un vent de folie juvénile. Il décrit à la fois l'intrépidité de la jeunesse et l'apprentissage qui permet de remédier à l'inexpérience. Placé à la suite de DIFFICULTÉS INITIALES qui concerne la confusion des commencements, JEUNE FOU indique comment épanouir des capacités à l'état naissant. Un jaillissement impétueux doit être pris en compte et canalisé par l'éducation en un courant fécond. Pour que ce qui s'éveille comme une source bondissante puisse, comme l'indique la Grande Image, arriver à maturité, il faut en passer par l'acceptation des règles et l'expérimentation des contraintes.

Le choix d'une situation de régence comme toile de fond de cet hexagramme (voir trait 1 : *mise en route*) suggère que l'enseignement n'est pas seulement instruction mais transition. Le déroulement des différents traits montre le passage du pouvoir entre un vieux maître, dépositaire d'un savoir, et un jeune dauphin, héritier de la dignité royale mais sans expérience. Au début de la situation le futur monarque n'est encore qu'un jeune fou qui doit se soumettre ; à la fin il devient un souverain jeune ayant appris à dominer sa fougue. Qui veut devenir roi doit commencer par se placer sous la férule d'un maître ; qui a charge d'enseigner doit développer chez son élève les qualités lui permettant de s'affranchir de son enseignement.

La majorité de traits Yin implique ici plus qu'ailleurs une grande réceptivité. Les deux seuls traits Yang de la figure, en seconde et sixième place, peuvent être vus comme représentant le maître et l'élève. La fermeté qui, à la dernière ligne, s'oppose à la violence se traduit dès le trait initial par l'application rigoureuse des règles et des punitions. Il s'agit ensuite, en *prenant femme*, de tenir son rôle dans le CLAN, avant que cet enracinement ne se consolide aux deux places médianes par la confrontation au monde. Ce n'est qu'au cinquième trait que la jeunesse est en mesure de s'exprimer de manière féconde. Les appréciations mantiques suivent cette progression : *gêne* aux premier et quatrième traits, *ouverture* aux deux places centrales où l'influence d'un regard supérieur est acceptée sans problème, tandis que les écueils sont plus manifestes à la troisième ligne, la seule où le nom de l'hexagramme n'est pas cité.

JEUNE FOU comporte une particularité curieuse : le Jugement fait allusion à la pratique du *tirage*, comme si le maître était le *Livre des Changements* et son élève celui qui le consulte. Cette mise en scène du *Yi Jing* par lui-même ajoute à cet hexagramme une signification supplémentaire. Qui interroge le *Yi Jing* ne doit pas se comporter en jeune fou, qui s'approche d'un maître vénérable doit apprendre à faire son miel des indications reçues plutôt que de le questionner sans cesse.

IDÉOGRAMME

MENG : *Jeune pousse, frêle. Enfant ignorant, qui n'a pas reçu d'éducation. Ignorance, obscurité, cécité, couvrir, voiler. Recevoir (une faveur), subir (un désastre).*

L'idéogramme est formé de trois parties superposées. Tout en haut, le signe général des plantes qui évoque soit des plantes grimpantes comme celles avec lesquelles on fait une treille, couverture végétale produisant une zone d'ombre, soit les ajoncs avec lesquels on tresse des paniers, ou plutôt des sortes de cages sans fond, du genre de celles qui, posées à même le sol, permettent de confiner les animaux qu'on vend au marché.

En dessous un signe proche de celui du toit, représentant en fait une sorte de couvercle. Un trait supplémentaire est ajouté à l'intérieur de ce signe pour souligner l'idée qu'il y a quelque chose à l'intérieur, maintenu « sous cloche ».

La partie du bas représente justement ce qui est à couvert. Il s'agit d'un cochon, animal doublement important aussi bien dans la cuisine que dans la symbolique chinoise. Il représente l'animal dont la croissance par engraissement est la plus spectaculaire (voir 33/I) et l'offrande de base du culte des ancêtres (voir 37/I et 61/J).

De l'animal qu'on achète jeune pour l'engraisser découle l'idée de jeunesse en devenir, de quelque chose de ténu destiné à prendre de l'épaisseur. Du couvercle vient le sens de ce qui est voilé, ignorant comme un enfant qui n'a pas encore reçu d'éducation. Les Chinois ne seront pas mécontents de la tonalité péjorative de ce mot quant ils le choisiront pour nommer les Meng Gu, ce peuple nomade vivant aux confins Nord-Ouest de l'empire, que nous appelons les Mongols.

Cependant, dans l'optique chinoise, l'ignorance n'est pas un attribut permanent, elle est l'état transitoire de qui n'a pas encore été éclairé, dont le « couvercle » n'a pas encore été soulevé. D'où les sens : enseignement, apprentissage, qui vont de *recevoir* (un enseignement, une faveur) jusqu'à *subir* (une réprimande, une correction, voire un désastre).

Enfin l'idée de folie juvénile, traditionnellement attachée à cet hexagramme, ne trouve pas son fondement dans l'idéogramme, mais dans la situation décrite au Jugement

TEXTE CANONIQUE

JUGEMENT

JEUNE FOU	蒙	MENG
Favorisant	亨	heng
Ce n'est pas moi qui recherche	匪我求	fei wo qiu
la jeunesse du JEUNE FOU	童蒙	tong MENG
C'est la jeunesse du JEUNE FOU	童蒙	tong MENG
qui me recherche	求我	qiu wo
Au premier tirage informations	初筮告	chu shi gao
Un second un troisième c'est importuner	再三瀆	zai san du
Importuner donc plus d'informations	瀆則不告	du ze bu gao
Ténacité profitable	利貞	li zhen

Agir en JEUNE FOU n'est pas nécessairement une faute. L'élan vital qui porte la jeunesse est si *favorisant* qu'il permet d'entreprendre et de réussir là où parfois la prudence de l'âge amènerait à renoncer. Il faut faire confiance à l'ardeur juvénile, en se gardant simplement de ses défauts dont le principal est de ne pas tenir compte des conseils. Lorsqu'on interroge sans cesse, c'est souvent que l'on se refuse à écouter les réponses. Cela est vrai d'où que parvienne l'avertissement, fût- ce d'un livre de sagesse. Pourtant, qu'une réponse avisée ne paraisse pas satisfaisante *a priori* est normal, car c'est à celui qui interroge de faire une partie du chemin pour s'approcher de perspectives ou de domaines qu'il ne connaît pas. Un bon maître incite plus qu'il n'enseigne, il offre moins un savoir que les outils permettant de l'acquérir. Il faut du temps et de la régularité pour laisser décanter un enseignement, d'où le rappel dans ce Jugement de la *ténacité* nécessaire à tout apprentissage

Au-delà de sa signification propre détaillée dans les traits, l'hexagramme JEUNE FOU peut aussi jouer un rôle particulier, unique parmi les soixante-quatre figures : il peut fonctionner comme une sorte de fusible afin que le dialogue qui s'instaure entre le *Livre des Changements* et celui qui le questionne ne tourne pas au bavardage. Alors qu'habituellement, à une interrogation sur une attitude à tenir le *Yi Jing* répond en proposant une stratégie, ici il court-circuite ce fonctionnement en ne répondant pas à la question mais en jugeant l'opportunité du questionnement. Ainsi, lorsque l'hexagramme 4 apparaît comme une réponse trop étrangère à la question posée, c'est que celle-ci n'avait pas lieu d'être. Se mettant en scène lui-même, le *Yi Jing* conseille alors à qui en use de façon intempestive de cesser de se comporter en jeune fou.

Favorisant : appréciation mantique décrivant un climat d'essor, un agencement fertile, un dispositif énergétique global dans lequel l'échange entre le Ciel et la Terre se noue de manière féconde.
Ce n'est pas moi... : le texte porte une négation utilisée, dans le contexte du *Yi Jing*, principalement dans le voisinage de personnages ou de situations négatives *(aucune)* et un caractère signifiant *je, moi, me* en tant que pronom personnel et *mon, mes* en tant qu'adjectif possessif. Cette phrase, ainsi que la suivante (qui *me* recherche), pose la question de savoir qui parle à la première personne dans le *Yi Jing*. S'il semble parfois assuré qu'il s'agit du roi Wen lui-même, ici la question reste entière. Certains ont imaginé une citation que les premiers devins répétaient comme une émanation des forces invisibles s'exprimant au travers des pratiques divinatoires. La tradition qui s'est établie d'y voir le *Yi Jing* lui-même est plus tardive (voir plus bas *tirage*).
Recherche : représentant à l'origine un vêtement de fourrure, très recherché pour sa chaleur et son prix, l'idéogramme est un terme assez fort qui évoque une tension volontaire en direction d'un but déterminé. Il marque ici une action insistante.
Jeunesse : l'idéogramme, très général et resté très courant, est différent de celui qui désigne l'hexagramme.
Premier : écrit en combinant le signe général des vêtements et le caractère couteau, l'idéogramme évoque la toute première coupe dans un tissu, point de départ d'un vêtement donné, puisque jusque-là, n'importe quel vêtement était possible à partir de la pièce de tissu. Dans le contexte du *Yi Jing*, ce caractère a également un emploi technique. Il sert à nommer le trait initial de chaque figure (rendu par *au début* un six, *au début* un neuf), celui avant lequel, lors d'un tirage, n'importe quel hexagramme peut apparaître en réponse.
Tirage : le texte porte un idéogramme qui décrit précisément la manipulation des tiges d'achillée lors de l'interrogation du *Yi Jing* (voir 21/I, MORDRE). Il est cité également au Jugement de ALLIANCE (voir 8/J, *tiges d'achillée*), où le conseil de réitérer les opérations mantiques est aussi la marque d'une incertitude. Dans le contexte du *Yi Jing*, il y a trois

autres cas où il est fait référence aux opérations divinatoires, soit au moyen de la tortue (41/5 et 42/2), soit par une pratique oraculaire non précisée (49/5) et dans chacun des trois, la confiance prédomine. En revanche ici, l'usage des tiges d'achillée, qui fut longtemps considéré comme moins probant que celui de la tortue, est rapporté à une incertitude qui se manifeste par la répétition intempestive de la procédure. Par ailleurs, c'est en raison de cette référence à l'utilisation du *Yi Jing* que s'est établie la tradition expliquant que c'est le *Livre des Changements* lui-même qui parle ici à la première personne.

Informations : formé d'un groupe complexe, l'idéogramme signifie *informer, annoncer, notifier*. Bien que son sens verbal soit prépondérant, le substantif a été choisi pour éviter d'ajouter au texte chinois un sujet qu'il ne comporte pas. Car ce n'est pas de communication courante dont il s'agit ici. L'usage classique de ce caractère désigne un message émanant d'une autorité. Dans le *Yi Jing*, son emploi est plus précis encore, il montre une communication venant d'une autorité légitime en direction d'un lieu où elle n'est pas encore admise, ici par le JEUNE FOU (voir 11/6 *proclamer*, 42/3, 42/4 *et* 43/J).

Un second : le texte porte un caractère dont le sens spécifique est *deux fois de suite, à nouveau*. Il insiste plus sur l'idée de répétition, que sur la symbolique Yin associée au chiffre « 2 » (voir 41/J).

Importuner : écrit avec un groupe complexe et le signe de l'eau qu'il faut constamment endiguer, l'idéogramme précise que c'est par des insistances répétées qu'on importune.

Ténacité profitable : formule mantique signalant que la situation requiert, pour être fructueuse, une grande capacité à endurer, à tenir avec constance, sans se laisser fatiguer par les difficultés du moment.

TEXTE DES TRAITS

Au début un six

Mise en route du JEUNE FOU	發蒙	fa MENG
Profitable d'employer règles	利用刑人	li yong
et châtiments		xing ren
Détendre les entraves des pieds	用說桎梏	yong shuo
et des mains		zhi gu
et ainsi aller gêne	以往吝	yi wang lin

Le trait initial d'un hexagramme représente le stade le plus neuf, le plus immature d'une situation. Ce niveau d'Entrée de JEUNE FOU correspond au moment où le processus d'apprentissage doit être lancé, étape d'autant plus difficile qu'elle repose sur une contradiction : initier un mouvement tout en le canalisant par des limites, ouvrir des perspectives tout en établissant des normes.

Incorrect mais profitant du voisinage avec la ligne ferme et centrale en seconde place, ce trait indique un moment où l'on doit accepter de se soumettre. Il est conseillé d'imposer des règles, au besoin par des punitions, afin de créer les références qui permettent de se situer et donc de se libérer de la confusion. Il convient d'autre part de fixer dès le début des limites, de façon à empêcher des initiatives désordonnées qui pourraient à ce stade restreindre les possibilités de développement.

Mise en route : formé d'un groupe complexe où apparaît l'idée de lancer une flèche, l'idéogramme, toujours très utilisé, signifie *émettre, envoyer, produire, prendre l'initiative, instaurer, lancer,* etc. Dans le contexte du *Yi Jing,* où il n'apparaît que deux fois (voir 55/2, se *manifeste*), ce caractère est peut-être une allusion historique au fils aîné du roi Wen, Fa l'intrépide, dont il est le nom personnel *(fa).* Nommé par la suite le Roi-Guerre (Wu Wang) en raison de ses conquêtes, Fa l'intrépide est bien celui qui a « mis en route » la conquête des Zhou. Après sa mort, la régence fut assurée par Zhou Gong, deuxième fils du Roi Wen, le sage Duc des Zhou qui, dit la légende, entreprit de rédiger les Textes des Traits pour l'édification du dauphin, Cheng, son jeune neveu. Il y a peut-être là, dès l'entrée dans la situation, une allusion au fait que le but final de l'apprentissage est d'amener le jeune fou à régner.

Règles et châtiments : le texte porte deux caractères dont le second est le signe général des êtres humains et le premier, formé avec le signe du couteau et celui du bâti – désignant aussi bien un *échafaudage* qu'un *échafaud* – signifie *infliger un supplice.* Par extension il en est venu à prendre le sens figuré de *loi, règle-norme,* etc.

Détendre : le texte porte un idéogramme écrit avec le signe général de la *parole* et le nom de l'hexagramme 58 ÉCHANGER. Le sens usuel de ce caractère est *parler, dire, expliquer* et aussi *se réjouir* (voir 58/I). Cependant la plupart des commentateurs modernes s'accordent à penser que ce caractère est mis à la place d'un autre, assez proche graphiquement et phonétiquement, qui signifie *se débarrasser, ôter, échapper à, esquiver.* « Détente », comme « lâcher prise » avec lequel ce caractère est aussi rendu (voir par exemple 9/3), sont des compromis qui jouent sur ces deux sens.

Entraves des pieds et des mains : le texte porte deux idéogrammes différents, spécifiques chacun de ce genre d'entraves (voir aussi 21/1 *et* 21/6).

Aller : extrêmement usuel, l'idéogramme a, dans le contexte du *Yi Jing,* le sens d'un conseil de mise en route, d'une injonction à aller de l'avant.

Gêne : appréciation mantique indiquant un manque de fluidité qui rétrécit les possibilités d'action.
Et ainsi aller gêne : l'empêchement indiqué par *gêne*, quand il est appliqué à la possibilité d'aller en avant, est la marque d'une réaction immédiate, irréfléchie, résultant ici de la libération trop hâtive des entraves.

 **Hexagramme dérivé :** hexagramme 41. DIMINUER est un moment d'amoindrissement et de décantation ayant pour but une amélioration de la qualité.

Neuf en 2

Prendre en charge le JEUNE FOU ouverture — 包蒙吉 bao MENG ji
Accueillir une épouse ouverture — 納婦吉 na fu ji
Le fils se montrera digne du CLAN — 子克家 zi ke JIA

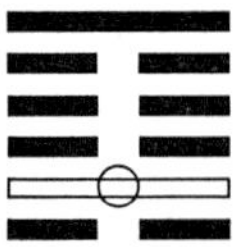

À la mise en route de l'apprentissage marquée par l'établissement des règles décrit à la ligne précédente succède une phase de protection et d'affirmation. Pour rendre la situation féconde, il faut non seulement en embrasser toutes les possibilités, mais concentrer et orienter l'action afin de permettre aux différentes capacités de se développer. La nature Yang du trait évoque les forces neuves d'un jeune prince capable ici d'adopter l'attitude d'écoute conforme à une place de Préfet. À cette première *ouverture*, le texte en ajoute une autre qui souligne l'aspect favorable du passage à la maturité : *accueillir une épouse*, qui équivaut dans une société traditionnelle à prendre sa place dans la lignée, signifie plus généralement adopter l'attitude bienveillante qui rend possible la complémentarité.

Cette disponibilité se reflète dans la position du trait, qui se trouve en relation avec les trois places impaires, toutes occupées par des traits souples – par voisinage avec les premier et troisième traits, par correspondance avec le cinquième. Cette convergence est particulièrement favorable pour à la fois contenir et rendre durables les forces qui s'expriment à ces différents niveaux. La relation avec la ligne souveraine permet en outre de mettre à profit les admonestations décrites au sixième trait, l'autre ligne Yang, siège du niveau le plus expérimenté. Dans cette perspective, la référence au CLAN dépasse la seule capacité à gérer les affaires familiales : on est ici à même d'intégrer tous les éléments dans une structure qui soutient et consolide les potentialités qui s'éveillent.

Prendre en charge : l'idéogramme, toujours très utilisé, représente un enclos, une matrice susceptible de contenir et d'enrichir, et recouvre un grand nombre de sens articulés autour des idées d'enveloppement et de développement, tels que *contenir, supporter, envelopper*. Ici, compte tenu de l'utilisation de ce terme dans des phrases construites à l'identique et associées aux traits des hexagrammes 11 *et* 12 situés au même niveau, on pourrait lire : supporter le JEUNE FOU.

Accueillir : formé en combinant le signe de la soie, signe général du tissage au sens propre et de tous les réseaux au sens figuré, avec le caractère intérieur (voir 37/DA), l'idéogramme montre un élément extérieur rentrant à *l'intérieur* d'un réseau.

Épouse : composé du caractère *femme* (voir ligne 3) et d'un groupe complexe qui a donné lieu à des interprétations fantaisistes, l'idéogramme signifie *épouse, femme mariée, dame.*

Ouverture : appréciation mantique signalant un moment heureux où un agencement fécond du flux vital multiplie les possibilités de développement, rarement citée deux fois dans le même paragraphe (cela ne se produit qu'ici et à 40/J).

Fils : l'idéogramme signifie à la fois *enfant, fils* et *prince*. Ici, il est vraisemblable que les deux sens se chevauchent, évoquant un jeune prince.

Digne : l'idéogramme a pour sens premier *être capable de, pouvoir*. De là, il en est venu à signifier *vaincre, l'emporter sur, maîtriser, rivaliser*. Dans le contexte du *Yi Jing*, ce dernier sens est toujours présenté négativement. Ici, se trouve un des trois seuls cas où la confrontation évoquée par ce caractère est prometteuse de fécondité (les deux autres sont la rencontre des maîtres d'armes à 13/5, et l'engagement du général Zhen à 63/3).

Digne du CLAN : cette expression en deux idéogrammes signifie toujours en chinois littéraire : (un fils) capable (d'administrer un) clan ; c'est-à-dire capable de suivre la trace de ses ancêtres. Dans le contexte du *Yi Jing*, que le second caractère employé entre aussi dans le nom de l'hexagramme 37 GENS DU CLAN souligne l'idée d'une structuration replaçant le moment présent dans une perspective à plus long terme.

䷖ **Hexagramme dérivé** : hexagramme 23. USURE est une période d'élagage où, sans chercher à aller au-delà de la situation, on concentre les forces pour préparer le renouveau.

Six en 3

Ne pas agir	勿用	wu yong
Prendre femme	取女	qu nu
L'or du mari est visible	見金夫	jian jin fu
Pas sa personne	不有躬	bu you gong
Aucun lieu n'est profitable	无攸利	wu you li

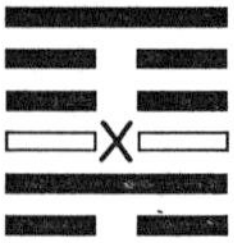

À ce niveau de Passage, le seul où le nom de l'hexagramme n'est pas mentionné, il n'est pas question d'apprentissage, mais d'initiatives prématurées et de comportement équivoque. Comme au Jugement de ÊTRE ACCUEILLANT (44), le conseil de *ne pas agir* est complété par celui de *prendre femme*, expression qui engage à une attitude Yin permettant de rendre durables les impulsions fugaces. S'il est trop tôt pour s'affranchir de l'état d'apprenti, c'est que l'on n'est encore capable que des formes extérieures de la maturité. Ce porte-à-faux est représenté par une scène de fiançailles : le promis envoie les cadeaux usuels, mais aucune présence effective ne vient donner corps au rituel.

L'incorrection du trait, souple à cette place impaire, indique un manque de fermeté ; sa correspondance avec la sixième ligne renforce peut-être l'inadéquation d'un comportement trop pressé d'arriver au but. Clôturant le texte, l'appréciation *aucun lieu n'est profitable* évoque, comme au Jugement de MARIAGE DE LA CADETTE, la stérilité potentielle d'une situation incontrôlée. Que l'on agisse par puérilité, inexpérience ou manque de sincérité, de telles dispositions ne peuvent conduire nulle part.

Ne pas agir : indication mantique spécifique. Cette injonction ne signifie pas qu'il ne faut rien faire, mais qu'à ce moment de la situation, une intervention active serait soit prématurée (comme à 1/1), soit franchement à contre-courant comme ici.
Prendre femme : expression classique qui, dans le contexte du *Yi Jing*, joue le rôle de formule mantique spécifique invitant à nourrir par la durée une incitation ponctuelle. Citée à trois reprises, toujours en rapport avec le conseil de ne pas agir ou d'être tenace (voir 31/J *et* 44/J), son sens général est : épouser le Yin, s'en tenir à une attitude Yin.
Ne pas agir prendre femme : combinaison particulière de deux formules autonomes qui se répondent dialectiquement. La première *(ne pas agir)* déconseille une intervention de type Yang et la seconde *(prendre femme)* lui fait écho en conseillant d'adopter une attitude Yin d'attente et de nourrissement interne. Ce conseil se retrouve tel quel au Jugement de ÊTRE ACCUEILLANT où son emploi est le plus caractéristique (voir 44/J). Cependant, ces deux phrases ont été longtemps comprises comme n'en formant qu'une seule « *ne pas agir* dans le fait de *prendre femme* », et souvent résumées par le conseil brutal « ne pas épouser la femme », lecture qui a donné lieu à diverses interprétations le plus souvent assez réductrices et malveillantes.
Or : le sens premier de l'idéogramme était simplement *métal*. Désignant le bronze, avec lequel étaient fabriqués tous les objets symboliques du pouvoir, chaudron ancestral (voir 50/I), armes de guerre et d'apparat, c'était dans la Chine antique le métal précieux par excel-

lence. Il est employé ici comme évocation des cadeaux précieux intervenant dans le rituel de mariage.

Mari : l'idéogramme représente un personnage caractérisé par le chignon que les garçons recevaient à leur maturité. Son sens général est *adulte, homme fait*, et son sens particulier est *mari*. Dans le contexte du *Yi Jing*, il est une marque de couplage avec le Yin, ici mal réalisé.

Personne : formé par la combinaison des caractères *corps* et *arc* (pour sa courbure), l'idéogramme évoque quelqu'un en train de se pencher en avant pour une salutation de politesse. Son sens actuel, qui fait toujours référence à la présence physique plus qu'à une personne déterminée, est *en personne, personnellement*.

L'or du mari est visible pas sa personne : cette phrase, qui évoque vraisemblablement un rituel de fiançailles, a parfois été comprise de manière extravagante. Elle fait sans doute allusion à l'envoi à la famille de la fiancée de cadeaux que le futur se devait d'accompagner en personne.

Aucun lieu n'est profitable : appréciation mantique la plus contraire. Elle signifie qu'on est animé de sentiments trop négatifs pour pouvoir aboutir à quoi que ce soit de valable.

Hexagramme dérivé : hexagramme 18. REMÉDIER AU CORROMPU est un moment où un effort soutenu doit être accompli pour porter remède à une situation dégradée.

Six en 4
Épuisement du JEUNE FOU — 困蒙 Kun MENG
Gêne — 吝 lin

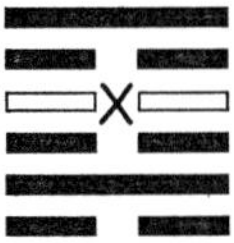

Situé à mi-chemin des deux traits Yang de la figure, associés l'un au maître et l'autre à l'élève, ce trait est dans une position inconfortable. C'est à ce niveau de Ministre que l'apprentissage est le plus difficilement vécu, car on doit en même temps s'affirmer et rester à l'écoute. Sans relation de correspondance ni de voisinage, ce trait est isolé au milieu d'un groupe de trois traits Yin. Qu'il soit le seul trait correct de la figure accentue encore un isolement qui peut se traduire par des réactions d'immobilisme ou un sentiment d'impuissance. Ce qui était enveloppement protecteur au niveau de la seconde ligne devient ici clôture, celle dessinée par le caractère ÉPUISEMENT, le nom de l'hexagramme 47. Cependant, si le choix de cet idéogramme sous-entend un moment d'enfermement, il évoque aussi le courage nécessaire pour faire entendre sa parole et, quoi qu'il en coûte, *faire avancer ses aspirations* (47/GI).

Le texte décrit cette position en seulement trois idéogrammes, ce qui renforce le poids de l'appréciation *gêne*. Le manque de fluidité qu'elle signale n'est plus le résultat d'un comportement comme à la première ligne, il concerne ici l'ensemble de la circonstance. Bien que cette situation ne soit qualifiée ni de fermée ni de dangereuse, elle n'en demeure pas moins un moment d'aridité qui requiert de consolider ses forces et de les forger au contact avec l'extérieur.

ÉPUISEMENT : le texte porte le nom de l'hexagramme 47, une situation où il faut puiser dans ses ressources profondes pour s'affirmer à l'extérieur. Formé avec le signe d'un enclos fermé, à l'intérieur duquel est placé le caractère *arbre* (symbolisant la croissance printanière), l'idéogramme signifie *encerclé, à bout de ressources*. Il indique aussi l'*anxiété* que cet état provoque. Comme si la matrice évoquée au second trait (voir *prise en charge*) était devenue oppressante et dressait autour de soi une barrière.
Gêne : appréciation mantique indiquant un manque de fluidité qui rétrécit les possibilités d'action. Le texte de la cinquième ligne comprend lui aussi trois idéogrammes agencés de la même manière que ceux-ci : une appréciation mantique précédée du nom de l'hexagramme et d'un caractère le déterminant. Trois autres hexagrammes seulement ont un texte aussi court en quatrième place (32/4, 51/4 *et* 60/4).

Hexagramme dérivé : hexagramme 64. PAS ENCORE TRAVERSÉE est un moment de désorganisation, une transition entre une période qui s'achève et une période nouvelle, où l'on doit faire preuve d'endurance et de discernement.

Six en 5
Jeunesse du JEUNE FOU — 童蒙 tong MENG
Ouverture — 吉 ji

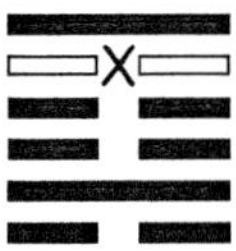
La ligne souveraine est le point focal de la situation, le lieu où, exprimée en un texte particulièrement court, se concentre toute la dialectique de l'hexagramme. Le JEUNE FOU, jusqu'alors dauphin inexpérimenté, est à présent un jeune roi à même de maîtriser sa *jeunesse*. Après l'inconstance décrite à la troisième ligne et l'enfermement évoqué au trait précédent, la situation s'ouvre. La reprise de l'expression du Jugement *jeunesse du JEUNE FOU*, associée cette fois à une appréciation positive, indique que l'on est désormais en mesure de dominer l'exubérance juvénile en en conservant toute la vitalité. Le rapport de l'élève, représenté par le deuxième trait, au maître représenté par le sixième, change de nature : en position de souverain, l'élève a préséance sur son

maître mais, encore inexpérimenté, il a toujours besoin de ses conseils pour apprendre à tenir les rênes du pouvoir.

Le trait est en relation, par voisinage ou correspondance, avec les deux traits Yang de la figure. Sa nature Yin, incorrecte, vient ici heureusement équilibrer la position Yang de la place : elle montre l'importance de la souplesse pour faire le lien entre les règles édictées au trait supérieur et leur mise en œuvre au second trait. Soulignée par la même *ouverture*, la correspondance avec la place de Préfet permet de transmettre le regard expérimenté décrit à la ligne Yang voisine, et ainsi de le diffuser vers les niveaux inférieurs.

Jeunesse : voir Jugement.
Jeunesse du JEUNE FOU : le texte ne comporte pas de répétition, mais deux caractères différents, dont le second est le nom de l'hexagramme lui-même qualifié par *jeunesse*. Reprise du Jugement, cette phrase insiste cette fois sur la vitalité du jeune dauphin.
Ouverture : appréciation mantique signalant un moment heureux où un agencement fécond du flux vital multiplie les possibilités de développement. Comme celui de la ligne précédente, le texte de cette ligne est composé de 3 idéogrammes : une appréciation mantique précédée du nom de l'hexagramme et d'un caractère le déterminant. Un seul autre hexagramme possède un texte de cinquième ligne aussi court (6/5).

☴☵ **Hexagramme dérivé** : hexagramme 59. DÉNOUER est un moment où ce qui était figé retrouve sa liberté d'action. On s'y libère des rigidités et des limites caduques.

En haut un neuf

Fustiger le JEUNE FOU	擊蒙	ji MENG
Pas profitable de composer avec les brigands	不利爲寇	bu li wei kou
Profitable de s'opposer aux brigands	利御寇	li yu kou

Alors que souvent au dernier trait d'un hexagramme le mouvement se renverse, ici c'est le point de vue qui change. La situation n'est plus, comme aux quatre traits précédents, considérée du côté de l'élève, mais de celui qui a charge d'éduquer le JEUNE FOU. L'enseignement est dispensé sans mollesse : règles et châtiments, posées dès la première ligne, sont appliqués avec une fermeté que l'incorrection du trait, ferme à une place paire, peut pousser jusqu'à une discipline quasi militaire. La tentation de *composer* avec ce qu'on considère comme inculte, les *brigands*, doit être fermement repoussée. À ce stade, comme à la ligne de passage de PROGRESSER PAS À PAS (53/3), il ne faut pas hésiter à faire reculer le manque de civilité.

La correspondance avec la troisième ligne, où la suffisance prédomine, engage à faire preuve d'autorité. Le voisinage avec la place souveraine implique que le JEUNE FOU doit savoir se hisser au niveau du maître. Conforme à l'image d'austérité proverbiale des enseignants chinois, la dureté décrite ici s'oppose sans détour à la violence qu'elle entend résorber.

Fustiger : formé d'un groupe complexe contenant le signe de la main tenant un objet long, l'idéogramme évoque aussi bien la férule du maître (comme ici) que l'arme d'un assaillant (voir 42/6, *attaque*) ou la baguette du musicien frappant les pierres musicales.
Brigands : représentant quelqu'un en train de porter un coup à une personne sous un toit, l'idéogramme a le sens général de *brigand, ennemi, envahisseur, pillard*. Dans le contexte du *Yi Jing*, le *brigand*, vivant en dehors des lois et en dehors du territoire civilisé de la Chine d'alors, est un personnage symbolique représentant des forces dangereuses qu'il faut circonvenir soit par la coercition, soit par la diplomatie.
Composer avec les brigands… s'opposer aux brigands : ces deux phrases se comprennent au travers de la politique traditionnelle chinoise de contention des tribus barbares qui nomadisaient dans les steppes d'Asie centrale. C'est pour se protéger contre leurs incursions dévastatrices que fut bâtie la Grande Muraille. Soit on les combattait soit, en leur offrant des princesses chinoises en mariage, on les transformait en vassaux intégrés au système féodal chinois. Dans le contexte du *Yi Jing*, c'est ici la seule fois où il est déconseillé en ces termes d'adopter une attitude conciliante envers les brigands. L'injonction de s'y opposer se retrouve seule à 53/3.

䷆ **Hexagramme dérivé :** hexagramme 7. ARMÉE est un moment de mobilisation où discipline et regroupement des énergies autour d'une autorité permettent de lutter contre un envahissement.

ÉLÉMENTS D'ANALYSE

Nucléaire

䷗ **Hexagramme 24 : RETOUR.** Au cœur de JEUNE FOU il y a RETOUR. Au cœur de l'intrépidité de la jeunesse il y a une vitalité neuve qui demande à être guidée. Un jaillissement impétueux y est canalisé par l'apprentissage. Le retour à un savoir ancien permet de le remettre en jeu avec des forces neuves. Ce renouveau des processus vitaux se manifeste ici par l'apprentissage de la responsabilité.

Opposé

䷰ **Hexagramme 49 : RÉVOLUTION.** La relation d'opposition entre JEUNE FOU et RÉVOLUTION se joue sur le rapport entre l'ancien et le nouveau. RÉVOLUTION est remise à jour, renouvellement de ce qui a vieilli ; JEUNE FOU est un devenir qui se met à l'école de ce qui ne vieillit pas – la tradition. Alors que la mue est le moment où une peau jeune remplace une peau usée, l'apprentissage est retour aux sources dans une perspective de renouvellement : la pensée chinoise est une tradition du changement.

5 ATTENDRE

需

XU

䷄

En haut EAU ☵
En bas CIEL ☰

ATTENDRE	需	XU
Il y a onde porteuse	有孚	you fu
Brillamment favorisant	光亨	guang heng
Présage d'ouverture	貞吉	zhen ji
Profitable de passer le grand fleuve	利涉大川	li she da chuan
Au début un neuf		
ATTENTE aux faubourgs	需于郊	XU yu jiao
Profitable d'employer la CONSTANCE	利用恆	li yong HENG
Absence de faute	无咎	wu jiu
Neuf en 2		
ATTENTE au sable	需于沙	XU yu sha
Paroles de peu	小有言	xiao you yan
À la fin ouverture	終吉	zhong ji
Neuf en 3		
ATTENTE à la vase	需于泥	XU yu ni
provoque l'arrivée des brigands	致寇至	zhi kou zhi
Six en 4		
ATTENTE au sang	需于血	XU yu xue
Sortir de la caverne	出自穴	chu zi xue
Neuf en 5		
ATTENTE aux offrandes de vins	需于酒食	XU yu jiu shi
et de nourriture		
Présage d'ouverture	貞吉	zhen ji
En haut un six		
Rentrer à la caverne	入于穴	ru yu xue
Trois personnes s'en viennent	有不速之客	you bu su zhi
qui n'étaient pas invitées	三人來	ke san ren lai
Respecter cela	敬之	jing zhi
À la fin ouverture	終吉	zhong ji
Grande Image		
Nuages montant vers le ciel	雲上於天	yun shang yu tian
ATTENDRE	需	XU
L'Être Accompli ainsi	君子以	jun zi yi
en buvant et en mangeant	飲食	yin shi
se repose dans la joie	宴樂	yan le

Dixième Aile
ATTENDRE 需 XU
ne pas avancer 不進也 bu jin ye

ATTENDRE, c'est apprendre à différer. Lorsque ce qui est ardemment désiré est remis à plus tard, la tendance naturelle est de tomber dans une anxiété irrépressible et de se mettre à tourner en rond en rongeant son frein. Quelque impérieux que puissent être le désir ou le besoin, on ne doit pas gâcher une situation riche de promesses en se laissant gagner par l'énervement ou l'impatience. L'attente ne doit pas pour autant être un moment de solitude renfrognée et inquiète, mais une période où la communication est entretenue dans la confiance et la bonne humeur.

Considérer les temps d'attente non comme des calamités, mais comme des nécessités faisant partie du cours normal des choses n'est pas seulement dû au crédit que la pensée chinoise accorde au Yin. Il y a à cela des raisons géographiques. La région où est né le *Yi Jing*, le Shanxi, est très montagneuse. Depuis toujours, on y cultive les céréales en terrasses, à flanc de colline, c'est-à-dire dans des lieux où aucune irrigation n'est envisageable. Quand, après avoir fait tout ce qu'il fallait pour labourer, engraisser, semer et biner ses champs, le paysan en arrive au moment où il est à la merci de la pluie, il ne lui reste plus qu'à attendre que « les nuages s'épaississent et se répandent en pluie » comme l'indique le Jugement de l'hexagramme PETIT APPRIVOISE, autre situation de retenue patiente, qui ne diffère d'ATTENDRE que d'un trait.

De là vient l'aspect ouvertement bénéfique de la pluie dans le *Yi Jing*. Elle est présente en arrière-plan de cet hexagramme : dans l'idéogramme tout d'abord, sous forme de nuages dans la Grande Image ensuite, allusivement enfin dans les différents liquides, *vase*, *vin* ou *sang* cités dans le texte des traits.

Le texte se déroule de manière très scandée selon diverses localisations ou types de terrain, des *faubourgs* à la *caverne* en passant par le *sable* et la *vase*, toutes ces images étant des allégories de différentes manières d'attendre. Contrairement à l'hexagramme 13 S'ENTENDRE AVEC TOUS où une symbolique géographique est utilisée pour décrire une progression vers l'extérieur, il s'agit ici de se rapprocher d'un centre où l'accueil soit possible, ce qui montre bien qu'ATTENDRE n'est pas une situation d'immobilité. La manière idéale de passer ce temps d'inaction nécessaire est décrite au cinquième trait, où se partagent boissons et victuailles.

ATTENDRE est un moment de désir et de tension inquiète où l'on essaie de rester patiemment centré en échangeant sereinement avec l'autre. Malgré les difficultés de ce programme, notamment aux deux places médianes, aucune appréciation mantique négative n'y apparaît, même si l'*ouverture* n'y est qu'à venir.

IDÉOGRAMME

XU : *Nécessaire. Le nécessaire, avoir besoin. Requérir, réclamer. Être retardé par la pluie, attendre. Hésiter, tergiverser.*

L'idéogramme est composé de deux éléments. En bas, un groupe complexe dont la forme actuelle est un caractère signifiant une idée de consécutivité *(et, alors)*, mais dont la forme originelle représentait une plante se développant à la fois au-dessous du sol par ses racines et au-dessus par ses tiges, lesquelles sont masquées ici par le second élément.En haut se trouve le caractère général de la *pluie*.

Le sens de l'idéogramme complet, à partir de ses composants se développe sur deux axes. D'abord *nécessaire, avoir besoin de*, à partir de l'idée de la pluie nécessaire au développement des plantes. Ensuite, *être retardé, attendre, hésiter*, c'est de là que l'hexagramme 5 a tiré son nom.

Dans la langue littéraire, le sens d'attente de l'idéogramme a évolué jusqu'à l'hésitation qu'on peut éprouver à s'engager dehors quand... la pluie tombe trop drue. Dans la langue écrite également, ce mot peut être employé comme équivalent d'un autre caractère, homophone, qui signifie : barbe, tant le geste de caresser sa barbe est, dans la gestuelle de l'Opéra de Pékin, synonyme d'attente et de réflexion (voir 22/2, *barbe*). Deux composés enfin méritent d'être signalés. Combiné au signe de l'être humain, cet idéogramme forme un caractère qui, à partir du sens *ceux qui savent attendre*, deviendra un des noms des lettrés confucéens. Combiné au signe de l'eau enfin, il formera un caractère dont le sens est *tremper, imbibé, onctueux, tarder, lent, patient*. Toutes ces connotations de fécondité résonnent particulièrement dans le contexte de cet hexagramme.

TEXTE CANONIQUE

JUGEMENT

ATTENDRE	需	XU
Il y a onde porteuse	有孚	you fu
Brillamment favorisant	光亨	guang heng
Présage d'ouverture	貞吉	zhen ji
Profitable de passer le grand fleuve	利涉大川	li she da chuan

ATTENDRE n'est pas se mettre passivement en retrait, c'est faire confiance au temps. Accepter qu'un aboutissement soit différé laisse à la situation la possibilité d'évoluer et d'éclore ainsi à son heure. Un flux porteur pousse en avant, comme au Jugement de l'hexagramme retourné PLAIDER SA CAUSE (6/J), mais à l'inverse de ce dernier, ce flux ne bloque pas le dispositif à l'œuvre ni n'empêche une attitude ouverte et cordiale.

ATTENDRE ne consiste pas non plus à rester amèrement confiné. Il faut au contraire utiliser ce moment d'inaction forcée pour se manifester franchement et ouvertement. Que l'essor signalé par l'appréciation *favorisant*, sur la quarantaine de Jugements où ce terme apparaît, ne soit qu'ici qualifié par *brillamment* renforce l'idée d'une extériorisation claire et sûre de son fait. L'autre conseil, *passer le fleuve*, va dans le même sens : ne pas s'enfermer et s'isoler dans son anxiété mais faire le pas vers l'autre pour entrer en relation. Une attitude lumineuse et conviviale est la meilleure manière d'accompagner les moments d'attente et de laisser mûrir les potentialités favorables qu'ils recèlent.

Il y a onde porteuse : variante de la formule mantique *onde porteuse* signalant qu'un fort courant porteur traverse la situation. Elle insiste sur la réalité effective *(il y a)* de ce courant.

Brillamment : l'idéogramme, représentant à l'origine un personnage portant trois torches, signifie *brillant, lumineux, lumière, gloire, splendeur, éclat* (voir 20/4 et 64/5). Il y a dans le contexte du *Yi Jing* deux sortes d'éclairements. L'un, de type Yin, est décrit par un caractère représentant une lumière lunaire, froide, entrant à l'intérieur d'une pièce par une fenêtre (voir 36/I, *LUMIÈRE*). L'autre, de type Yang, est noté avec l'idéogramme utilisé ici. Il évoque une lumière chaude (torches) qui éclaire de manière irradiante, en direction de l'extérieur.

Favorisant : appréciation mantique décrivant un climat d'essor, un agencement fertile, un dispositif énergétique global dans lequel l'échange entre le Ciel et la Terre se noue de manière féconde. ATTENTE est la seule situation où cet essor est qualifié par *brillamment.*

Ouverture : appréciation mantique signalant un moment heureux où un agencement fécond du flux vital multiplie les possibilités de développement. Elle est citée quatre fois dans cette figure : Jugement, lignes 2, 5 et 6, toujours dans une perspective à plus ou moins long terme.

Présage d'ouverture : formule mantique spécifique indiquant la tendance à un réagencement positif de la situation. Usuelle dans les Textes des traits, où elle définit un moment spécifique du déroulement de la situation, cette formule est rare dans les Jugements. Elle ne caractérise que trois situations dans leur ensemble : ATTENDRE,

NOURRIR (27/J) et OBSTRUCTION (39/J), trois moments où la durée et le renforcement interne sont primordiaux. Ici, elle est un encouragement supplémentaire à ne pas considérer l'ATTENTE comme une stagnation ou un échec. La situation doit mûrir, il faut lui en laisser le temps.
Passer le grand fleuve : formule mantique symbolique signifiant qu'il faut oser vaincre sa peur, se jeter à l'eau, sortir de chez soi. Le moment requiert de dépasser son fonctionnement habituel et de mettre à l'épreuve ses capacités en accomplissant la démarche nécessaire pour aborder à des rives nouvelles. Le péril est ici l'impatience, l'anxiété, et sa conséquence l'envie d'intervenir à tout prix. Pour se donner le temps comme allié, il faut se défaire du sentiment qu'attendre consiste à ne rien faire et se détourner du désir d'agir, sans pour autant rester enfermé en soi-même. Si ATTENDRE – qui réclame de la patience – et PLAIDER SA CAUSE – qui demande de la retenue (voir 6/J) — sont les deux situations les plus concernées par ce conseil, PLAIDER SA CAUSE est la seule où cette attitude est considérée comme contre-productive.

TEXTE DES TRAITS

Au début un neuf

ATTENTE aux faubourgs	需于郊 XU yu jiao
Profitable d'utiliser la CONSTANCE	利用恆 li yong HENG
Absence de faute	无咎 wu jiu

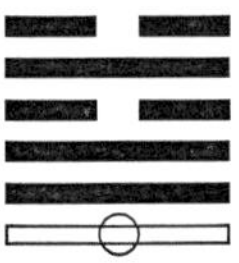

À ce niveau d'Entrée, le plus intérieur de l'hexagramme, l'ATTENTE a lieu au point le plus extérieur de la cité chinoise, les *faubourgs*. Des différentes positions décrites à chacun des six niveaux, celle-ci est la plus éloignée autant de ce qu'on espère atteindre que de la manière juste de se préparer à l'accueillir. À ce stade initial ce que l'on attend se situe dans un horizon si lointain qu'il serait vain d'imaginer pouvoir l'atteindre de manière précipitée.
La fermeté du trait, accentuée par sa position dans un ensemble de trois traits Yang, est le signe d'une propension à agir qui ne correspond pas à la situation. Il est de plus en relation de correspondance avec la quatrième ligne où la tension est à son maximum. Il est préférable de s'en tenir à l'attitude prudente conforme à la place initiale d'un hexagramme. Qu'il soit réalité objective ou sentiment personnel, l'éloignement dans lequel on se trouve requiert la stratégie décrite par le nom de l'hexagramme 32, CONSTANCE : s'armer le cœur de patience et cultiver son endurance.

Attente aux... : Attendre est un des hexagrammes dont le Texte des traits est les plus scandés. Ils commencent tous par une phrase composée à l'identique : nom de l'hexagramme + caractère grammatical à sens locatif *(au)* + indication de lieu. Il en est ainsi de la première ligne à la cinquième. Car à la sixième ligne, une variation de la construction rend compte du retournement de situation. Cette construction signalant à chaque trait une manière particulière d'attendre, la forme nominale *(Attente)*, plus descriptive, a été préférée à la forme verbale *(Attendre)* qui sonne plus en français comme une injonction.
Constance : le texte porte le nom de l'hexagramme 32, Endurer, employé ici dans son sens usuel.
Faubourgs : l'idéogramme signifie littéralement *banlieue*, le lieu d'échange entre la région civilisée et la campagne sauvage. Il est utilisé ici dans son sens courant : toute la zone s'étendant entre les murs de la ville et les limites du domaine appartenant à la culture chinoise, au-delà duquel évoluent les barbares nomades. Au moment de S'entendre avec Tous (voir 13/6) c'est le point le plus éloigné auquel peut parvenir l'entente. Ici, c'est le lieu le plus éloigné du centre vital (voir lignes 4 et 6).
Profitable d'utiliser la Constance : à ce premier niveau de l'Attente, la mise en œuvre de la stratégie d'endurance, de courage et de longanimité, définie par l'hexagramme 32, est favorable.
Absence de faute : formule mantique spécifique incitant à ne pas rester dans un état d'esprit incertain ou hésitant. Elle vient ici en écho avec le conseil donné au Jugement de *passer le grand fleuve.*

 **Hexagramme dérivé** : hexagramme 48. Puits est un moment où l'on se laisse imprégner par des éléments nourriciers mais informels pour les canaliser et les amener au jour.

Neuf en 2

Attente au sable	需于沙	Xu yu sha
Paroles de peu	小有言	xiao you yan
À la fin ouverture	終吉	zhong ji

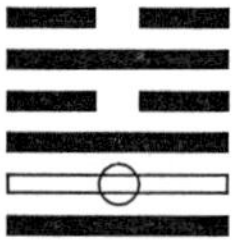

À ce niveau, l'Attente est désignée par un terrain mouvant et incertain. Le *sable*, dont la mobilité rappelle la fluidité de l'eau, suggère peut-être la proximité d'une rivière qui sépare de ce que l'on désire et dont la traversée paraît pour le moment impossible. Il est l'image d'une manière d'attendre inquiète et nerveuse qui entraîne des disputes et des mesquineries, analogues à celles décrites au début de l'hexagramme retourné Plaider sa cause.

Incorrect et seul du groupe formé par les trois traits Yang à être sans aucune relation, ce trait représente le niveau où l'on est retenu par les circonstances et contraint à une attente que l'on vit mal. Garder son calme en évitant bavardages et réprimandes est le meilleur moyen de favoriser une ouverture ultérieure.

ATTENTE **au... :** voir ligne 1.
Sable : formé en associant le signe général de l'eau et celui des petits grains, l'idéogramme, qui n'apparaît qu'ici, signifie *sable, gravier, banc de sable, grève*, etc. Il évoque le bord d'une rivière où terre et eau sont encore distincts, contrairement à la vase citée à la ligne suivante.
Paroles de peu : formée avec le caractère *petit* (rendu ici par *peu*), la modulation *il y a* et le mot *paroles*, cette phrase est aussi construite de façon inhabituelle en chinois. Rare dans le *Yi Jing*, (elle n'apparaît que deux fois : ici et à 6/1), elle peut être comprise de deux manières. Soit il s'agit de la description d'un bavardage (*le petit a la parole* ou bien : *il y a des paroles petites*) et la petitesse de vue représenterait alors l'attitude mesquine de qui ne comprend pas la nécessité d'attendre et critique les dispositions actuelles. Soit, plus stratégiquement, il s'agit du conseil de chercher le moins possible à argumenter.
À la fin : modulation mantique qui replace la circonstance dans une perspective d'avenir, annonçant soit son aboutissement probable, soit un retournement en contraste avec la situation actuelle.
Ouverture : voir Jugement.
À la fin ouverture : formule mantique spécifique citée deux fois dans cet hexagramme, qui renforce le conseil de considérer la situation plus dans l'évolution favorable de son dispositif que dans son état actuel. Elle est citée deux fois dans cette figure : lignes 2 et 6.

Hexagramme dérivé : hexagramme 63. DÉJÀ TRAVERSÉE est un moment où tout est en place, un équilibre provisoire qu'une attitude agitée et turbulente ne peut que défaire.

Neuf en 3

ATTENTE à la vase	需于泥 Xu yu ni
provoque l'arrivée des brigands	致寇至 zhi kou zhi

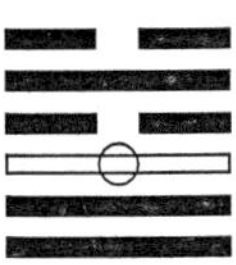
Aux deux traits médians de l'hexagramme – les deux niveaux associés à l'être humain – sont décrites les manières d'attendre les plus anxieuses. Ici la vase suggère que l'on s'enlise dans une attente lourde et craintive qui provoque l'agressivité de l'entourage. S'immobiliser dans la confusion ou se tenir peureusement à l'écart ne peut qu'en-

foncer davantage et va à l'encontre du conseil donné au Jugement de rechercher rencontre amicale et convivialité.

Situé au niveau du Passage vers l'extérieur, ce trait est pris dans les tensions et contradictions de l'hexagramme : correct et situé au sommet du bloc des trois traits Yang inférieurs, il est dans une position qui pousse à la fermeté ; sa relation avec les deux traits Yin supérieurs, par voisinage avec le quatrième et correspondance avec le sixième, est en revanche un facteur de retenue. Bien qu'aucune appréciation mantique défavorable ne soit mentionnée, on doit se garder de s'enliser dans une attitude incertaine où se mélangent la crainte et l'impatience.

ATTENTE à... : voir ligne 1.
Vase : l'idéogramme qui signifie à la fois *arrêter, empêcher, faire obstacle à* et *vase, boue, boueux, pâte, mortier, ciment* désigne aussi spécifiquement les *levées de terre*, ces buttes qui séparent entre eux les sillons ou les champs pour empêcher l'eau de s'écouler et améliorer l'irrigation. Ces différents sens se superposent ici, la vase évoquant un état de confusion (terre et eau ne sont plus distincts comme en ligne 2), et la levée de terre une idée de retranchement défensif.
Provoque : l'idéogramme, écrit en combinant un signe d'autorité et le caractère *arrivée* expliqué ci-dessous, produit dans cette phrase un effet de rime graphique et sonore – effet voulu puisqu'il n'est pas employé ailleurs que dans cette phrase, qui n'apparaît que deux fois (ici et à 40/3). Du sens premier de cet idéogramme *le plus haut point de l'autorité* dérivent ses sens usuels *faire advenir, provoquer, causer.*
Arrivée : représentant une flèche qui se fiche dans la terre ou un oiseau qui pique vers le sol, l'idéogramme a pour sens usuel *arriver à, parvenir.* Il marque en général dans le *Yi Jing* l'intervention d'éléments nouveaux dans la situation.
Brigands : l'idéogramme à le sens général de *brigand, ennemi, envahisseur, pillard.* Dans le contexte du *Yi Jing*, le *brigand*, vivant en dehors des lois ou du territoire civilisé, symbolise des forces dangereuses qu'il faut circonvenir soit par la coercition, soit par la diplomatie.
Provoque l'arrivée des brigands : expression particulière où se répondent échos sonores (le premier et le troisième caractères ont une prononciation identique) et renvois graphiques (le premier caractère est écrit avec le troisième augmenté d'un signe d'action). Elle se retrouve à l'identique et au même niveau de passage à l'hexagramme DÉLIVRANCE (voir 40/3). Là, les brigands s'attaquent à quelqu'un qui est alourdi, immobilisé par ses propres richesses, ici ils menacent celui qui s'enlise dans une attente lourde et craintive. La détente comme l'attente requièrent une certaine légèreté.

Hexagramme dérivé : hexagramme 60. MESURE est un moment de mise en rythme où l'activité doit être modérée selon des règles souples.

Six en 4

ATTENTE au sang — 需于血 XU yu xue
Sortir de la caverne — 出自穴 chu zi xue

La même atmosphère frileuse et agressive se retrouve aux deux traits médians de l'hexagramme – les deux niveaux associés à l'être humain. Soumis à la forte poussée des trois Yang qui le précèdent, ce premier trait Yin n'est pas en mesure de les contenir. Le *sang*, qu'il soit signe d'angoisse ou indication d'une blessure possible, prend dans ce contexte une signification inquiétante. Quant à la *caverne*, qu'elle évoque une simple habitation ou un lieu plus intime, elle est l'image d'un endroit sombre et retiré où l'on est à l'écart du monde extérieur, position qui est en désaccord avec les conseils donnés au Jugement.

Le texte ne comportant aucune appréciation mantique, il est difficile de décider si le mouvement qu'il mentionne est une description de ce qui arrive ou une indication de ce qu'il faut faire. Cependant les deux lectures se rejoignent : demeurer dans une attente craintive équivaut à un décentrement, à une *sortie* hors de son centre d'énergie qui n'est pas ici l'attitude appropriée ; par ailleurs, le risque d'être submergé par la force Yang accumulée dans le bas de l'hexagramme incite à sortir de cette position cachée pour opérer un rapide mouvement vers le dehors.

ATTENTE au... : voir ligne 1.
Sang : dans la Chine ancienne, le sang est rituel avant d'être physiologique : l'idéogramme ne le représente pas comme un liquide corporel, mais comme le contenu d'un vase sacrificiel. Dans le *Yi Jing*, comme il apparaît toujours dans un contexte de couplage tendu ou stérile, il peut être l'image d'une blessure physique ou le résultat d'un relation qui se fait mal.
Sortir : l'idéogramme, représentant de multiples bourgeons en train d'éclore au bout de chaque branche, est une image d'extériorisation. Cependant, en français, même l'infinitif ne rend pas la parfaite neutralité modale des verbes chinois. Ici, le sens peut être aussi bien descriptif, *sortie, on sort*, qu'impératif, *sortir*.
De : l'idéogramme signifie à la fois le lieu *d'origine*, de *passage* d'un mouvement et *soi-même, de soi-même, spontanément* (ce qui vient de soi-même). Souvent le texte joue sur ces deux niveaux de sens.

Caverne : l'idéogramme signifie *trou, grotte*, mais son évocation va plus loin que le rappel de l'enfermement du roi Wen (voir 62/5). Un de ses premiers sens est *tanière*, l'abri que choisissent les animaux pour hiberner. Il désigne aussi les maisons troglodytes creusées traditionnellement dans le lœss du Shanxi, autre trou où s'accumule et s'entretient l'énergie familiale. Enfin, ce caractère est celui utilisé par les Chinois pour nommer les points d'acupuncture. Il est cité deux fois dans cette figure : lignes 4 et 6.

Hexagramme dérivé : hexagramme 43. SE MONTRER RÉSOLU est un moment où il faut se manifester de manière déterminée tout en prévenant des débordements agressifs.

Neuf en 5

ATTENTE aux offrandes de vins et de nourriture — 需于酒食 XU yu jiu shi

Présage d'ouverture — 貞吉 zhen ji

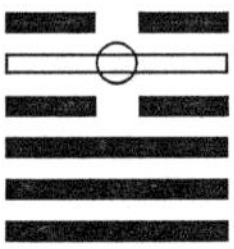

À la ligne souveraine, l'ATTENTE est mise en rapport avec des mets rituels qui représentent la meilleure manière de tirer parti de la circonstance. Se conforter et se nourrir, se renforcer moralement et physiquement, n'est-ce pas en effet la manière idéale d'attendre ? Il y a là un grand optimisme quant aux potentialités que recèle la situation, y compris dans ses éléments cachés, puisque les repas rituels comportent traditionnellement en Chine une part réservée aux ancêtres défunts. Cette allusion est aussi bien une marque de confiance dans l'indéterminé que l'allégorie du geste consistant à nourrir ce qui vous nourrit.

La reprise de la formule du Jugement *présage d'ouverture* montre que l'on est à même d'adopter à ce stade le comportement adéquat pour bien ATTENDRE : accepter la nécessité du temps en optant pour une attitude de convivialité heureuse. C'est en se renforçant par la nourriture et l'échange que l'on maîtrise les périodes d'attente et que se prépare le brillant essor mentionné au Jugement.

ATTENTE aux… : voir ligne 1.
Vins : l'idéogramme désigne tous les liquides fermentés, de la bière à l'alcool de riz. C'est un des plus vieux caractères chinois car les sacrifices aux ancêtres comportaient toujours des libations d'alcools rituels.
Offrandes de nourriture : l'idéogramme signifie au sens propre *aliments, manger*. Bien que ce caractère puisse être employé dans son sens le plus quotidien, il peut être aussi l'évocation d'un rituel. Repas des

vivants ou culte des ancêtres? L'esprit chinois ne dissocie pas les deux domaines, le texte de ce trait non plus. À la Grand Image, de véritables banquets sont conseillés, ici une cérémonie plus rituelle qui, par un rapprochement avec les fondateurs de la lignée en prépare la continuation. La même expression apparaît à 47/2, où l'on commence par s'assurer de sa force personnelle avant de matérialiser son pouvoir au dehors.
Présage d'ouverture : formule mantique spécifique indiquant la tendance à un réagencement positif de la situation. La reprise de la formule citée au Jugement indique qu'à ce niveau se situe un point important du déroulement de l'attente, celui qui précède sa résolution.

Hexagramme dérivé : hexagramme 11. PROSPÉRITÉ est un moment de fluidité printanière où Yin et Yang se conjuguent de manière harmonieuse et fructueuse.

En haut un six

Rentrer à la caverne	入于穴	ru yu xue
Trois personnes surviennent	有不速之	you bu su zhi
qui n'étaient pas invitées	客三人來	ke san ren lai
Respecter cela	敬之	jing zhi
À la fin ouverture	終吉	zhong ji

Au dernier stade de l'hexagramme, niveau de Sortie de ATTENTE, la situation change de nature. Alors que le nom de l'hexagramme ouvre le texte de chacun des cinq premiers traits, il n'est plus cité ici : l'ATTENTE prend fin. Les peurs disparaissent également, notamment celles décrites à la troisième ligne avec laquelle celle-ci est en correspondance. Les *brigands* qu'une immobilisation craintive attiraient à ce stade deviennent ici des *personnes* inattendues : ce qui se présentait sous une forme hostile perd maintenant son aspect inquiétant. Cette fin des tensions permet de se recentrer et ainsi de *respecter* la tournure imprévue prise par les événements.

Situé au voisinage de la ligne la plus favorable de l'hexagramme, ce trait est celui où se parachève l'attitude détendue et confiante décrite à la place souveraine. Cela permet de retrouver son « chez soi » – caverne ou centre d'énergie – et de se rendre attentif aux éléments qui pénètrent de manière inattendue dans la situation. Leur accorder l'importance qu'ils méritent peut permettre d'ouvrir des perspectives et d'intégrer ainsi le bénéfice de cette période de latence.

Rentrer : l'idéogramme représente un mouvement vers l'intérieur. Signifiant globalement *entrer dans, pénétrer*, ce caractère est toujours dans le *Yi Jing* associé à des lieux ou des situations à forte tonalité Yin.

Rentrer à… : la scansion qui rythme la première phrase de chacun des cinq traits précédents (voir ligne 1) se modifie. Le nom de l'hexagramme disparaît, remplacé par la mention d'un mouvement en direction de la caverne dont on s'éloigne à la ligne 4. Cette singularité montre le retournement qui s'opère à ce niveau dans la situation.

Caverne : voir ligne 4.

Trois : le chiffre *trois* est généralement la marque d'un pluriel indéterminé.

Personnes : le texte porte l'idéogramme le plus général qui soit pour désigner les êtres humains. À part le fait qu'ils ne sont pas invités et qu'ils sont trois comme ceux qui cheminent et se séparent au moment de DIMINUTION (voir 41/3), aucun détail ne permet de préciser qui sont ces personnages.

Surviennent : le texte porte un verbe auxiliaire courant qui néanmoins précise que le mouvement décrit se dirige de l'extérieur vers l'intérieur, du lointain vers le sujet

Invitées : l'idéogramme, écrit avec le signe général de la marche et un groupe complexe, possède deux sens aussi différents qu'appariés. Le premier est *rapide, prompt, pressé, vite.* Le second *inviter, appeler, faire venir*, etc. C'est ce terme qui a été choisi pour résumer l'hexagramme 31, qui concerne tout ce qui se produit soudainement (voir INCITER et 31/DA).

Respecter : complexe et toujours très employé en style épistolaire, l'idéogramme a le sens de *respecter, révérer, honorer d'un présent*, etc. Il signifie aussi *avoir une attitude déférente, maîtrise de soi* (voir 30/1), *veiller soigneusement, être vigilant.*

Cela : le texte porte un caractère à usage grammatical qui a valeur de pronom neutre complément. Il peut se rapporter aussi bien à la phrase précédente et désigner ceux-là qui arrivent, qu'à une généralité (ce qui arrive).

À la fin ouverture : citée deux fois dans cet hexagramme (voir ligne 2), cette formule y renforce l'idée que la situation doit être considérée dans son devenir.

䷈ **Hexagramme dérivé :** hexagramme 9. PETIT APPRIVOISE, dont le Jugement évoque une pluie promise, est un moment de confinement où les forces s'accumulent et s'affinent patiemment pour devenir fécondes.

ÉLÉMENTS D'ANALYSE

Nucléaire

䷥ **Hexagramme 38 : DIVERGENCE.** Au cœur de ATTENDRE, il y a DIVERGENCE. Au cœur d'un moment où différer est la meilleure manière d'agir, il y a une tension féconde. Cette tension n'est pas une obstruction, mais une différence de potentiels qui se situe au niveau du temps : il s'agit de différencier le présent du futur. Les mélanges sont source de malaise, alors que la clarification, abolissant les fusions indistinctes, éteint scrupules et anxiétés. En acceptant dans la confiance, la bonne humeur et l'échange avec autrui la tension caractéristique des moments d'attente, on apprend à différer : ainsi on se renforce et on transforme une attente anxieuse en une période féconde.

Opposé

䷢ **Hexagramme 35 : AVANCER AU GRAND JOUR.** La relation d'opposition entre ATTENDRE et AVANCER AU GRAND JOUR se situe au niveau de l'effort et de son champ d'application. AVANCER AU GRAND JOUR montre un cheminement progressif, long et difficile, celui d'un vassal qui se met en avant et trouve dans sa force de caractère l'énergie nécessaire pour vaincre les multiples difficultés qu'il doit affronter. ATTENDRE en revanche montre comment, en refusant de se tourmenter du fait qu'on est dans l'impossibilité d'agir, on peut profiter de ce temps pour se détendre et être ainsi prêt quand le temps de l'action sera revenu.

6 PLAIDER SA CAUSE

SONG

En haut CIEL ☰

En bas EAU ☵

PLAIDER SA CAUSE	訟	SONG
Il y a onde portant au blocage de la vigilance	有孚窒惕	you fu zhi ti
Au Milieu juste ouverture	中吉	zhong ji
à la fin fermeture	終凶	zhong xiong
Profitable d'aller voir quelqu'un d'envergure	利見大人	li jian da ren
Pas profitable de passer le grand fleuve	不利涉大川	bu li she da chuan
Au début un six		
Ne pas rendre durable l'affaire en question	不永所事	bu yong suo shi
Paroles de peu	小有言	xiao you yan
À la fin ouverture	終吉	zhong ji
Neuf en 2		
On ne peut l'emporter en PLAIDANT SA CAUSE	不克訟	bu ke SONG
On s'en retourne chez soi et ainsi se dérobe	歸而逋	gui er bu
La population du fief	其邑人	qi yi ren
trois cents feux	三百户	san bai hu
Absence de faute d'inadvertance	无眚	wu sheng
Six en 3		
Vivre sur le patrimoine de ses ancêtres	食舊德	shi jiu de
Présage de danger	貞厲	zhen li
À la fin ouverture	終吉	zhong ji
Que d'aventure on soit au service d'un roi	或從王事	huo cong wang shi
ne pas mener à terme	无成	wu cheng
Neuf en 4		
On ne peut l'emporter en PLAIDANT SA CAUSE	不克訟	bu ke SONG
RETOUR vers un mandat	復即命	FU ji ming
Changement	渝	yu
Apaisement présage ouverture	安貞吉	an zhen ji
Neuf en 5		
On PLAIDE SA CAUSE	訟	SONG
Fondamentalement ouvert	元吉	yuan ji

En haut un neuf

D'aventure se voir conférer	或錫之	huo xi zhi
la grande ceinture	鞶帶	pan dai
à la fin de l'audience du matin	終朝	zhong chao
par trois fois en être destitué	三褫之	san chi zhi

Grande Image

L'union du ciel avec l'eau	天與水	tian yu shui
s'oppose à l'agir	違行	wei xing
RÉSOUDRE LE CONFLIT	訟	SONG
L'Être Accompli ainsi	君子以	jun zi yi
en menant des affaires	作事	zuo shi
projette leur renouveau	謀始	mou shi

Dixième Aile

PLAIDER SA CAUSE	訟	SONG
Pas de cordialité parentale	不親也	bu qin ye

PLAIDER SA CAUSE, c'est sortir d'une controverse. Faisant aussi bien référence aux plaintes des plaideurs – l'idéogramme signifie parler devant le prince – qu'aux jou tes printanières qui présidaient dans l'Antiquité aux rencontres amoureuses, cet hexagramme concerne toutes sortes de discordes, y compris les tiraillements entre différentes tendances d'une même personne. Axé sur la résolution du conflit, PLAIDER SA CAUSE pose le débat et la discussion, la souplesse et la modération comme principales manières d'aboutir à un nouveau départ.

S'il s'agit de parler, de s'expliquer, ces paroles concernent moins les procédures judiciaires que les « procès » que l'on cherche à intenter à autrui quand, persuadé de détenir la vérité, on se crispe sur ses positions. Les situations qui exigent enquête approfondie et application radicale de la justice sont traitées par une autre figure : l'hexagramme 21 MORDRE & UNIR. Cependant passer devant un tribunal n'a jamais été considéré en Chine comme une circonstance heureuse, plutôt comme un pis-aller, efficace mais brutal. Une résolution à l'amiable est jugée bien préférable car, chaque partie y trouvant son compte, elles peuvent ensuite plus facilement renouer des liens. Dans le but de trouver une solution apaisante, au *Milieu Juste*, la controverse ne doit pas être poussée à bout. Cette nécessité est marquée dans le texte par la citation à trois reprises de formules caractéristiques empruntées à ÉLAN RÉCEPTIF, l'hexagramme 2, formé uniquement de traits Yin, ce qui suggère que la souplesse est préférable à la fermeté pour répondre aux emportements.

Si PLAIDER SA CAUSE a pour cadre la féodalité chinoise – il y est question de *fief*, d'*apanage*, d'*audiences*, d'*insignes honorifiques* – son axe principal est l'opportunité de la parole. Il y a des moments où la plaidoirie est inefficace, notamment aux places paires – toutes incorrectes puisque occupées par des traits Yang – où l'on aimerait pourtant argumenter (traits 2 et 4) et où on devrait cesser de le faire (trait 6). L'explication est en revanche tout à fait appropriée à la ligne souveraine, seul trait correct de l'hexagramme, où la position est suffisamment élevée pour qu'on puisse apprécier avec vigilance toutes les données du conflit, et ainsi trouver non seulement une issue mais un nouveau départ.

À la différence de l'hexagramme 36 LUMIÈRE OBSCURCIE, opposé de celui-ci, il s'agit dans PLAIDER SA CAUSE de « la mise en lumière par le discours contradictoire et le rythme approprié[7] ». Le goût chinois pour le débat public et le règlement à l'amiable est ici manifeste : parmi les soixante-quatre hexagrammes du *Yi Jing*, c'est un de ceux qui comportent le plus d'appréciations favorables, en particulier *ouverture*, citée cinq fois.

Résoudre les antagonismes c'est aussi, comme le montre l'hexagramme nucléaire, savoir les replacer dans un cadre temporel plus vaste et, comme le montre la Grande Image, regarder vers l'avenir. La citation de l'hexagramme 24 RETOUR, et la répétition de la formule *à la fin*, soulignent la possibilité d'un dénouement heureux. Palabres et patience ont bien pour but de rendre possible un recommencement harmonieux.

IDÉOGRAMME

SONG : *Plaider, discuter, arguer. Porter plainte en justice. Litige. Exposer ses griefs à la cour. Corriger, réprimander. Plaidoirie, procédure.*

L'idéogramme comporte deux parties juxtaposées. À gauche le signe général de la parole, formé du dessin d'une bouche surmonté de plusieurs traits horizontaux qui évoquent, dit-on, les ondes sonores sortant de l'orifice buccal, mais qui devaient avoir à l'origine le sens d'outrepassement d'une limite.

À droite, un caractère rendu conventionnellement par *duc*, qui représente le plus élevé des titres nobiliaires de l'Antiquité chinoise, celui de *Zhou Gong* le « sage Duc des Zhou ». Ce caractère, formé lui-même de l'association des signes *huit*, significateur général de ce qui est bien ordonné, et d'un radical évoquant ce qui est privé, a pour sens principal *juste, impartial, équitable*. Comme les nobles de l'Antiquité tenaient aussi cour de justice, ce mot a pris une très grande extension. Il signifie maintenant commun, public, d'intérêt général, officiel, etc. Un poste de police par exemple se dit aujourd'hui en Chine *gong an ju*, le bureau *(ju)* de la sécurité (*an*, la paix, la tranquillité) publique *(gong)*.

L'association des caractères *duc* et *parole* est à l'origine du sens principal du nom de cet hexagramme : parler devant son prince, plaider, demander justice. Il l'a gardé jusqu'à nos jours, signifiant toujours *intenter un procès, parler en justice, discuter, arguer, chicaner, faire des reproches, réprimander*. Cependant, la joute oratoire qui se joue ici n'est pas au même niveau que les *procédures judiciaires* citées au Jugement de MORDRE & UNIR, dont l'idéogramme représente deux chiens qui se disputent (voir 21/J).

TEXTE CANONIQUE

JUGEMENT

PLAIDER SA CAUSE	訟	SONG
Il y a onde portant au blocage de la vigilance	有孚窒惕	you fu zhi ti
Au Milieu Juste ouverture	中吉	zhong ji
à la fin fermeture	終凶	zhong xiong
Profitable d'aller voir quelqu'un d'envergure	利見大人	li jian da ren
Pas profitable de passer le grand fleuve	不利涉大川	bu li she da chuan

Dans les joutes oratoires, ou toutes sortes de polémiques, on est souvent aveuglé par son propre point de vue. Emporté comme par un courant, on risque alors de négliger l'attention et le respect dus à autrui et de s'enfermer dans la certitude rigide de son bon droit.

Au moment de PLAIDER SA CAUSE, la controverse ne peut se dénouer et le conflit trouver une issue que si l'on sait, en usant de souplesse, se garder de pousser l'antagonisme à bout *(à la fin)*. Une attitude plus impartiale, celle qui consiste à rester au *Milieu Juste*, est la seule position offrant la possibilité d'une *ouverture*. Pour y parvenir, la meilleure stratégie est de se distancier, au besoin avec une aide extérieure, pour regarder la situation de plus haut et ainsi éviter de se lancer dans des entreprises hasardeuses.

Il y a onde portant à : variante de la formule mantique *onde porteuse* signalant qu'un fort courant porteur traverse la situation ; elle insiste sur l'existence (il y a) de ce courant, qui peut dans certains cas entraîner des blocages comparables à ceux évoqués ici (voir 58/5 ou 64/6). Cette notation souligne la tendance à se laisser emporter par son propre point de vue.

Blocage : formé avec le mot *arriver, parvenir à*, et le caractère *trou, grotte* (voir 5/4), l'idéogramme signifie *boucher, obstruer, empêcher*. Il est différent de celui nommant l'hexagramme 12.

Vigilance : appréciation mantique signalant qu'une attention particulière doit être portée aux changements en cours. PLAIDER SA CAUSE est la situation où cette signification est la plus notable.

Milieu Juste : représentant une flèche qui se fiche *au milieu* de la cible, l'idéogramme représente l'attitude *juste* parce qu'en parfait accord avec le moment. Ce terme, un des plus importants de la pensée chinoise, est le premier caractère du nom de l'hexagramme *JUSTE* CONFIANCE (voir 61/I).

Ouverture : appréciation mantique signalant un moment heureux où un agencement fécond du flux vital multiplie les possibilités de développement. Cette appréciation, une des plus répandues du *Yi Jing*, est citée à cinq reprises dans cet hexagramme (Jugement, lignes 1, 3, 4 et 5). Pareille accumulation n'est le fait que de trois hexagrammes : PLAIDER SA CAUSE (6), S'ALLIER (8) et GENS DU CLAN (37), et souligne leur côté extrêmement favorable.

Au milieu juste ouverture : combinaison unique de ces deux termes mantiques. PLAIDER SA CAUSE est le seul hexagramme où les possibilités de développement sont liées à l'attitude décrite par l'idée de *Milieu* et la *justesse* qui en découle. Cette singularité met en valeur l'importance de s'en tenir expressément à une attitude modérée, en résistant au courant qui pousse à mener à bout le conflit.

À la fin : modulation mantique qui replace la circonstance dans une perspective temporelle et annonce soit l'aboutissement probable de la situation, soit un retournement en contraste avec le moment considéré. PLAIDER SA CAUSE est l'hexagramme où cette indication est la plus citée (quatre fois : elle est reprise aux lignes 1, 3 et 6) et le seul où elle apparaisse au Jugement. Cette double particularité souligne que la situation dans son ensemble ne doit être considérée ni dans son passé (voir Grande Image), ni dans son présent, mais principalement dans son devenir. Cette perspective est particulièrement notable aux deux seuls traits Yin de l'hexagramme (lignes 1 et 3), les deux moments où PLAIDER SA CAUSE n'est pas possible.

Fermeture : appréciation mantique signalant un blocage, un mauvais agencement du flux vital qui restreint les possibilités de développement. Cependant, ici comme chaque fois qu'elle est citée au Jugement, elle ne qualifie pas la situation en tant que telle, mais une hypothèse (voir 8/J, 19/J et 48/J).

À la fin fermeture : formule mantique rare qui engage ici à éviter les outrances verbales, celles-ci ne pouvant, dans une situation de conflit, que déboucher sur un blocage. Elle n'est citée qu'une autre fois, à 43/6, autre situation où une attitude agressive est déconseillée.
Aller voir : le texte porte un seul idéogramme, extrêmement courant, qui signifie aussi bien *voir, aller voir*, que devenir *visible, être vu*.
Aller voir quelqu'un d'envergure : formule mantique spécifique signifiant aller demander conseil à quelqu'un d'avisé ou toute personne en qui on a confiance. Dans le contexte du *Yi Jing*, ce conseil montre qu'on a trop « le nez collé sur son problème » pour avoir quelque chance de le résoudre. Pour s'en distancier, le meilleur moyen est de l'extérioriser. En obligeant à donner une forme objective à ce qui soucie, ne serait-ce que pour pouvoir l'expliciter à quiconque, cette démarche permet déjà de se voir du dehors, de prendre de la hauteur par rapport ses préoccupations, de gagner en envergure.
Passer le grand fleuve : formule mantique spécifique signifiant qu'il faut oser vaincre sa peur, sortir de chez soi, se jeter à l'eau. Le moment requiert de dépasser son fonctionnement habituel et de mettre à l'épreuve ses capacités en accomplissant le pas nécessaire pour aborder à des rives nouvelles. PLAIDER SA CAUSE est le seul hexagramme où cette stratégie est considérée comme contre productive *(pas profitable de)* car, en pareille situation, il est préférable de vérifier ses affirmations à l'aune de ses repères personnels, plutôt que de chercher à les appliquer au territoire d'autrui.

TEXTE DES TRAITS

Au début un six
Ne pas rendre durable l'affaire en question — 不永所事 bu yong suo shi
Paroles de peu — 小有言 xiao you yan
À la fin ouverture — 終吉 zhong ji

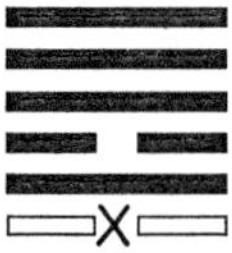

À l'Entrée d'une situation de controverse, il est prudent d'adopter une attitude modérée, conforme à celle indiquée au Jugement, et de faire prévaloir la souplesse sur la tentation d'aller jusqu'au bout de *l'affaire*. La première ligne d'un hexagramme décrit rarement un moment d'autorité ou de maîtrise, et la polémique n'a pas atteint ici un point tel que l'on doive s'y engager pleinement (le nom de l'hexagramme n'est pas cité).

Yin à une place Yang, le trait est incorrect, mais en relation de correspondance avec la quatrième ligne, où l'apaisement est conseillé. Ne pas chercher à maintenir son point de vue au prix d'arguments mesquins, éviter de se laisser entraîner dans de vaines discussions, tels sont les moyens à ce stade de préparer l'émergence d'une issue positive.

Rendre durable : le texte porte un seul idéogramme très ancien et très célèbre, ressemblant au caractère *eau* (dont l'écoulement est perpétuel) et qui signifie *long, durable, éternel.* Cependant, il représente moins un état ou une qualité que le résultat d'une action.
Affaire : l'idéogramme a un sens très général qui s'étend à partir de l'idée de ce qu'il y a *à faire.* Il ne se retrouve qu'une autre fois au niveau d'entrée d'une situation : DIMINUER où, comme ici, il y a quelque chose à terminer (voir 41/1).
L'affaire en question : le texte porte une construction particulière qui se lit mot à mot *ce pour quoi il y a à faire* ou *ce pour quoi on est en service.* Il peut s'agir de toute sorte d'*affaires,* mais aussi d'une position de service dans laquelle on est investi (voir aussi ligne 3 *au service d'un roi*).
Paroles de peu : formée avec le caractère *petit* (rendu ici par *peu*), la modulation *il y a* et le mot *paroles,* cette phrase est aussi construite de façon inhabituelle en chinois. Rare dans le *Yi Jing,* (elle n'apparaît que deux fois : ici et à 5/2), elle peut être comprise de deux manières. Soit il s'agit de la description d'un bavardage mesquin (*le petit a la parole,* ou bien : *il y a des paroles petites*) et la petitesse de vue représenterait alors l'attitude mesquine de qui cherche à imposer son point de vue à tout prix. Soit, plus stratégiquement, comme le conseil de chercher le moins possible à argumenter, particulièrement ici, à l'orée d'une situation de plaidoirie.
À la fin : voir Jugement.
Ouverture : voir Jugement.
À la fin ouverture : formule mantique spécifique qui renforce le conseil de considérer la situation plus dans l'évolution favorable de son dispositif que dans son état actuel. Citée deux fois dans cet hexagramme (lignes 1 et 3), elle souligne l'idée que, bloquée pour le moment, la controverse n'est pas globalement insoluble. À l'opposé de la formule *à la fin fermeture,* citée au Jugement, elle montre qu'il est encore possible, au début de la situation, de sortir du conflit sans avoir à plaider sa cause.

䷉ **Hexagramme dérivé :** hexagramme 10. DÉMARCHE est un moment où une force violente comme un tigre est approchée et canalisée par une attitude prudente et respectueuse des formes.

Neuf en 2

On ne peut l'emporter en PLAIDANT SA CAUSE	不克訟	bu ke SONG
On s'en retourne chez soi et ainsi se dérobe	歸而逋	gui er bu
La population du fief	其邑人	qi yi ren
trois cents feux	三百户	san bai hu
Absence de faute d'inadvertance	无眚	wu sheng

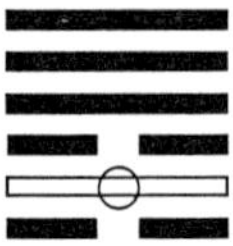

Le dialogue est le meilleur moyen de sortir d'une controverse. Encore faut-il qu'il soit possible, ce qui n'est pas le cas à ce trait. Le nom de l'hexagramme, ici mentionné pour la première fois, souligne le désir d'argumenter pour faire valoir son point de vue. Mais à ce stade de la situation, la plaidoirie est inopérante. Il est préférable de se retirer pour ne pas alimenter la controverse.

Le texte fait sans doute allusion aux procédures judiciaires en usage dans l'ancienne Chine. Après avoir déposé plainte auprès de l'autorité, le plaignant décrit ici ne se sent pas en mesure de poursuivre le procès jusqu'à son terme. Ne voulant pas se soumettre davantage aux contraintes de la procédure, il se retire sur son territoire afin d'échapper aux conséquences de son esquive.

De manière plus générale, à ce stade de la polémique, l'avantage d'un retrait est double : en réduisant le champ de son regard à un domaine connu, on évite de commettre des erreurs d'appréciation et de s'enfermer dans une vision erronée de la situation ; en se préoccupant uniquement de son propre territoire, on ne risquera ni d'imposer son point de vue à autrui, ni de subir les conséquences du sien. On évitera ainsi le blocage de la vigilance dont il est fait mention au Jugement et qui prend ici la forme de faute d'inadvertance.

On ne peut l'emporter : rend deux idéogrammes dont le premier est une négation et le second un verbe qui a pour sens principal capable de. De là, il en est venu à signifier l'emporter sur, maîtriser, rivaliser. La même phrase apparaît en ligne 4.

Retourne : l'idéogramme est différent du nom de l'hexagramme 24 RETOUR, cité à la ligne 4. Bien qu'il fasse partie du nom de l'hexagramme MARIAGE DE LA CADETTE (voir 54/I), il est employé ici dans son sens usuel *retourner chez soi*. C'est la seule fois où il est cité en dehors de l'hexagramme 54.

Se dérobe : formé avec le signe général du mouvement et un caractère complexe qui, quand il est combiné avec le signe de la main, signifie *capturer, saisir, arrêter (un malfaiteur)*, l'idéogramme, qui n'apparaît pas ailleurs, a le sens de *fuir, se soustraire, échapper à la justice*. Le professeur L. Vandeermersch rend compte d'une controverse qui, en 563 avant notre ère, opposa Wangshu Chengcheng et Boyu, deux grands officiers de la maison royale qui se contestaient l'un à l'autre le titre de ministre et les avantages attachés à cette charge. Après la plainte *(song)* et la plaidoirie, le juge ordonne aux deux parties de réunir les pièces essentielles à leur cause. Le *Rituel des Zhou* poursuit : « Le sieur Wangshu fut incapable de présenter un texte écrit, et il se sauva à Jin, car sans écrits, il n'y a pas d'accusation[8]. »

Par ailleurs, la notion de responsabilité collective était courante à l'époque et il n'était pas rare qu'on punisse la population d'un fief pour les fautes commises par le seigneur. Certains commentateurs[9] lisent pour cette raison le sens de ce verbe comme se rapportant à la population du fief : « Il retourne chez lui et avertit les gens de son village (de) s'enfuir afin d'échapper au malheur. »

Fief : l'idéogramme, qui évoquait à l'origine les agglomérations paysannes, a pris ensuite dans le cadre de la féodalité instaurée par les Zhou le sens d'*autorité conférée sur un territoire*. Il peut aussi, dans le contexte du *Yi Jing*, représenter la base personnelle où se réfugier, se défendre en cas de danger ou encore remettre de l'ordre.

Feux : le texte porte un idéogramme dont le sens propre est *porte intérieure* (il apparaît dans ce sens à 55/6 et 60/1). Cependant, comme le mot foyer en français, par métonymie, il signifie aussi famille.

La population du fief trois cents feux : le fief dont il s'agit compte trois cents familles. C'était peut-être pour l'époque un bourg de population moyenne (voir 8/I), mais de toute façon de taille bien plus réduite que celle de la ville murée où se tenait la cour.

Faute d'inadvertance : formé avec le caractère œil et le verbe naître, l'idéogramme, désignant ce qui naît sur la pupille et gêne l'acuité visuelle, a pour sens propre taie dans l'œil, cataracte. Il joue dans le contexte du *Yi Jing* le rôle d'une appréciation mantique spécifique, signalant un type d'erreur particulière due à un défaut d'observation, à un manque de discernement.

Hexagramme dérivé : hexagramme 12. ADVERSITÉ est un moment où le blocage de la communication entraîne l'enfouissement des énergies. On n'y cherche pas à faire reconnaître ses talents.

Six en 3

Vivre sur le patrimoine de ses ancêtres	食舊德	shi jiu de
Présage de danger	貞厲	zhen li
À la fin ouverture	終吉	zhong ji
Que d'aventure on soit	或從王事	huo cong wang
au service d'un roi		shi
ne pas mener à terme	无成	wu cheng

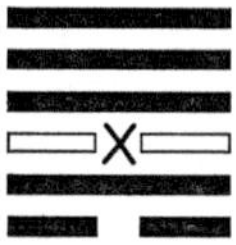

Situé à un niveau de transition, celui du Passage vers l'extérieur, Yin à une place Yang donc incorrect, ce trait n'indique pas une position de force, plutôt une situation de dépendance vis-à-vis d'éléments extérieurs. Comme au premier trait occupé par l'autre trait Yin de la figure, l'absence du nom de l'hexagramme confirme à la chinoise qu'il serait malvenu à ce stade de chercher à plaider sa cause. Tout, en revanche, y incite à la prudence et au retrait.

Le texte évoque deux situations délicates : tirer profit d'avantages passés, être impliqué dans une tâche en qualité d'auxiliaire. Dans les deux cas, une grande circonspection est nécessaire car, comme à la dernière ligne avec laquelle celle-ci est en correspondance, le rapport avec le pouvoir est difficile. Abuser de la situation grèverait l'éventualité d'une issue heureuse. Le conseil de *ne pas mener à terme*, qui caractérise le même niveau de ÉLAN RÉCEPTIF (voir 2/3), recommande au contraire la plus grande souplesse. On doit donc veiller, dans la conduite de projets ou d'affaires, à ne pas vouloir à tout prix imposer sa manière de faire.

Vivre sur le patrimoine de ses ancêtres : le texte porte trois caractères dont le premier signifie *manger*, le second *ancien* (voir 48/1, *vétuste*), et le troisième *vertu, mérites (attitude)*. Son caractère inhabituel a donné lieu à des interprétations fantaisistes, alors qu'elle est simplement une référence imagée à ce qu'on appelait dans le système féodal européen les apanages, terres qui étaient octroyées à un noble en récompense de ses bons et loyaux services, et dont le revenu était censé lui permettre de payer son « panage », c'est-à-dire son pain. Dans le système féodal chinois, ce n'était pas en rémunération de services rendus directement que le suzerain accordait cette possibilité de *manger* : un noble se voyait octroyer ce patrimoine en récompense de la *vertu* de ses *anciens* ascendants. S'appuyer sur pareille situation est dangereux, car ce qui est ainsi accordé est dû au mérite d'autres, et non au sien propre. À aucun moment de PLAIDER SA CAUSE, les faveurs royales ne sont assurées, pas plus l'apanage ici, que la *grande ceinture* évoquée à la sixième ligne, avec laquelle celle-ci est en correspondance.
Présage de danger : formule mantique spécifique soulignant la probabilité de risques inhérents à la situation.
À la fin ouverture : voir ligne 1. Citée deux fois dans cet hexagramme, cette formule mantique renforce l'idée que la situation, bloquée pour le moment, doit être considérée comme favorable dans son devenir.
Que d'aventure : l'idéogramme est une marque de doute, d'indétermination. Cette incertitude est ici caractéristique des traits 3 et 6 où il est fait mention de faveurs octroyées par le suzerain.

Au service d'un roi : expression classique en trois caractères. Le premier signifie *suivre, se conformer, obéir*. À partir de l'idée de se mettre *au service de*, il peut aussi signifier *diriger* dans le sens de *s'occuper (en tant que vassal) des affaires d'un souverain*. Le second est le mot roi et le troisième signifie en tant que nom, *affaire, situation, événement, occupation, emploi* et en tant que verbe, *faire, exécuter, s'occuper de, servir (un supérieur)*.
Mener à terme : l'idéogramme signifie. Évoquant à l'origine ce qui vient à la suite d'une action déterminée, ce caractère resté très courant en est venu à désigner dans la philosophie chinoise le mode de production du Yin, résumé dans un proverbe, célèbre pour son jeu d'assonance *(Yang sheng Yin cheng)* qui signifie « le Yang fait naître, le Yin parachève ». *Mener à terme* a été choisi en fonctior de ce contexte.
Que d'aventure on soit au service d'un roi, ne pas mener à terme : cette sentence se retrouve à l'identique, et au même niveau, à ÉLAN RÉCEPTIF (voir 2/3). La différence entre les deux situations est marquée à l'hexagramme 2 par la phrase *permet d'aboutir* qui la complète. Grâce à l'adaptabilité souple du Yin, ce qu'il y a à faire, pourvu qu'on ne cherche pas à s'imposer, trouvera naturellement son aboutissement. Ici le conseil se limite à une injonction à ne pas forcer la situation : ce qui, au moment d'ÉLAN RÉCEPTIF, est un conseil stratégique en reste à un avertissement insistant sur la nécessité de ne rien forcer, sans préjuger d'aucun aboutissement.

Hexagramme dérivé : hexagramme 44. ÊTRE ACCUEILLANT est le moment du retour au Yin. On doit abandonner sa rigidité et ne pas chercher à maintenir une position de fermeté.

Neuf en 4

On ne peut l'emporter en PLAIDANT SA CAUSE	不克訟	bu ke SONG
RETOUR vers un mandat	復即命	FU ji ming
Changement	渝	yu
Apaisement présage ouverture	安貞吉	an zhen ji

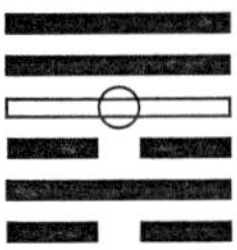

À cette ligne, Yang à une place Yin donc incorrect, on doit se garder, comme à la première ligne avec laquelle celle-ci est en correspondance, de se laisser entraîner dans de vaines discussions. Le nom de l'hexagramme, mentionné ici pour la seconde fois, souligne le désir d'argumenter pour faire valoir son point de vue, mais PLAIDER SA CAUSE s'avérerait tout aussi inutile ici qu'à la deuxième ligne, l'autre place de service, dont le texte s'ouvre par la même phrase. Que ce soit au niveau de Préfet ou de Ministre, une joute oratoire qui ne viserait qu'à obtenir l'approbation d'autrui ne serait pas la bonne manière de communiquer.

Le *retour vers un mandat* ainsi que la mention d'un *changement* indiquent que l'on est dans une position suffisamment favorable pour qu'il ne soit pas utile d'alimenter davantage la controverse. À l'approche de la ligne souveraine de l'hexagramme, tout ce qui va dans le sens de calmer le jeu ne peut qu'être bénéfique. Le conseil de rechercher l'*apaisement*, terme caractéristique du Jugement de ÉLAN RÉCEPTIF, indique que la souplesse est la qualité requise pour rétablir l'entente et favoriser une issue positive.

On ne peut l'emporter : voir ligne 2.
RETOUR : l'idéogramme est celui qui nomme l'hexagramme 24. Le choix de ce terme souligne un retour en avant, un renouveau, un recommencement bien plus profitable que le retour en arrière, le repli chez soi, conseillé à la seconde ligne *(on s'en retourne chez soi)*.
Mandat : dans l'Antiquité, ce terme recouvrait à la fois le mandat général alloué par le Ciel et le mandat féodal conféré par le souverain, désignant aussi bien le destin individuel, la durée de vie, que la position hiérarchique, la situation sociale. Dans le contexte du *Yi Jing* cependant, ce terme apparaît plus souvent dans les traits supérieurs des hexagrammes et généralement combiné à l'évocation de changement dans les rapports hiérarchiques. Dans l'atmosphère de conciliation propre à cette ligne, il marque peut-être une rentrée en grâce, prélude à l'explication devant le suzerain décrite à la ligne suivante.
Changement : l'idéogramme n'est pas celui qui sert à nommer le *Yi Jing*. Caractère assez rare, formé d'un groupe complexe à l'intérieur duquel se trouve le signe d'un bateau allant d'une rive à une autre, il a plutôt le sens de *modifier* une situation, *transférer* quelque chose, *révoquer* un pacte ou un fonctionnaire. Avec une graphie un peu différente, il est employé en acupuncture pour désigner une série de points du dos – les points *shu* – qui correspondent directement aux organes. Il se retrouve à 16/6 *(changer)* et 17/1.
Apaisement : l'idéogramme est souvent traduit par *paix*. Son sens est autrement plus vaste. Expression de la prégnance du culte ancestral, il désigne l'*apaisement* ressenti par tout le clan chinois à voir une femme s'installer sous le toit du fils aîné. Grâce aux descendants qu'elle donnera à la famille, ni le culte rendu aux aïeux, ni la continuité de la lignée ne seront interrompus.
Ouverture : voir Jugement.
Apaisement présage ouverture : cette formule mantique n'est citée que deux fois : ici et au Jugement de ÉLAN RÉCEPTIF (voir 2/J). Elle souligne la capacité Yin de prendre en compte le travail du temps pour résoudre les tensions.

Hexagramme dérivé : hexagramme 59. DÉNOUER est un moment de crue qui dissout les rigidités, permettant à ce qui était figé de retrouver sa liberté d'action.

Neuf en 5
On PLAIDE SA CAUSE 訟 SONG
Fondamentalement ouvert 元吉 yuan ji

La ligne souveraine de PLAIDER SA CAUSE est la seule où la plaidoirie est décrite comme opportune et efficace. On se trouve ici au niveau du prince – celui représenté dans le nom de l'hexagramme – et en mesure de parler – c'est la seule fois où *plaider sa cause* n'est pas précédé de la mention *on ne peut pas l'emporter*. La concision du texte, qui ne comporte que trois idéogrammes, accentue le contraste avec les mises en garde du Jugement et les impossibilités décrites aux lignes précédentes.

Non seulement la situation s'ouvre, mais cette *ouverture* est *fondamentale*, c'est-à-dire caractérisée par une capacité à reconsidérer les litiges de fond en comble et à initialiser un processus positif. Particulièrement bénéfique, cette appréciation est caractéristique d'une autre ligne souveraine, celle de ÉLAN RÉCEPTIF, où est décrite une attitude royale d'écoute impartiale (voir 2/5). La capacité à se tenir au *Milieu Juste*, conseillée au Jugement, trouve ici sa pleine application. C'est le seul trait correct de la figure, et son absence de relation avec les autres traits est un autre gage d'impartialité. Il représente le meilleur moment pour discuter, arguer, énoncer les données du problème, prendre en compte tous ses aspects et envisager de nouveaux dispositifs.

On PLAIDE SA CAUSE : le texte porte simplement le nom de l'hexagramme. Mais il est pour la première fois présenté sans négation. Aux lignes 2 et 4, on ne pouvait pas l'emporter en plaidant sa cause, il était donc inutile de le faire. Ici, au niveau souverain, en agissant avec la justesse que commandent la situation et la place, plus rien ne peut empêcher de plaider.
Fondamentalement : modulation particulière donnée par un idéogramme qui signifie *début, origine, entièrement*. Appliquée à *ouverture*, elle précise que cet agencement est à la fois dans la vigueur de son début et traversé de fond en comble par une force printanière.
Ouvert : voir Jugement ouverture. Deux hexagrammes seulement ont un texte aussi court associé à la cinquième ligne : 4/5 et 6/5.
Fondamentalement ouvert : formule mantique parmi les plus favorables du *Yi Jing*. *Fondamentalement* rehausse la fécondité de l'agence-

ment décrit par *ouverture*, en soulignant l'étendue de ses possibilités d'application, sa vigueur et sa capacité à initier des situations nouvelles. Il n'y a qu'un seul hexagramme dont le niveau souverain est qualifié avec seulement cette formule mantique : ÉLAN RÉCEPTIF (voir 2/5). Cette troisième allusion, après celles des lignes 3 et 4, confirme les conseils donnés au Jugement et souligne encore plus l'importance d'une attitude Yin d'accueil et de souplesse pour mener à bien la controverse.

Hexagramme dérivé : hexagramme 64. PAS ENCORE TRAVERSÉE est un moment de transition entre une période qui s'achève et une période nouvelle. Une grande attention y est recommandée pour être en mesure de favoriser le passage du désordre à l'ordre.

En haut un neuf

D'aventure se voir conférer	或錫之	huo xi zhi
la grande ceinture	鞶帶	pan dai
À la fin de l'audience du matin	終朝	zhong chao
par trois fois en être destitué	三褫之	san chi zhi

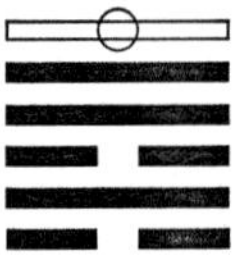

Culmination de l'hexagramme, la sixième ligne est souvent le lieu où s'opère un retournement de la situation. Yang à une place Yin donc incorrect, le trait qui occupe ce niveau de Sortie évoque un excès revendicatif qui risque de faire tout perdre.

La scène est celle d'une audience à la cour royale, où l'on se voit dans un premier temps reconnu et récompensé. Cette faveur n'est-elle que le résultat d'une plaidoirie habile ? Est-on en train d'éterniser une discussion qui n'a plus lieu d'être, ou encore incapable de faire évoluer sa manière de considérer la situation ? Enfermé dans le sentiment rigide de son bon droit, on néglige les conseils de modération et de vigilance donnés au Jugement. À vouloir pousser trop loin son avantage, on risque de perdre le *Milieu Juste*. Même si on a pu un temps l'emporter, le résultat final pourrait être à l'opposé de la reconnaissance que l'on croyait acquise.

D'aventure : voir ligne 3, où il est également fait mention de faveurs octroyées par le suzerain.
Conférer : formé avec le signe du métal et le caractère *changement* du *Livre des Changements*, l'idéogramme signifie une *mutation* obtenue en *récompense*, une *faveur* royale, une *promotion* ou une *investiture* particulière. Dans le contexte du *Yi Jing*, ce mot apparaît toujours dans des situations officielles et dans des phrases où l'accent est mis, par le chiffre *trois*, sur la répétition. Parfois on insiste sur celui qui confère

(le Roi à 7/2), parfois sur celui qui en bénéficie (le Prince de Kang à 35/J), ici aucun acteur particulier n'est désigné comme si la scène entière avait valeur d'exemple général.

Grande ceinture : le texte porte deux idéogrammes dont l'un signifie ceinture et l'autre, combinant les signes *bateau* et *cuir* précise qu'il s'agit d'une ceinture en forme de bateau, large sur le ventre et mince sur les hanches, une marque honorifique conférée aux grands dignitaires, qui fut en usage jusqu'à à l'orée du XXe siècle. Cette récompense fait écho au *patrimoine* cité au troisième trait, en correspondance avec celui-ci.

À la fin : caractéristique de PLAIDER SA CAUSE (voir Jugement) cette modulation mantique est employée ici dans son sens propre. Cependant, sa signification temporelle participe aussi de l'avertissement général de l'hexagramme, qui enjoint de considérer la situation dans sa perspective temporelle.

Audience du matin : L'idéogramme, signifie à la fois *matin* (il sert toujours à nommer la Corée, le pays du matin calme), et aussi *audience solennelle du matin*. De là, son sens s'est étendu jusqu'à *cour, dynastie*, etc.

Par trois fois : le texte porte seulement le chiffre *trois* qui, lorsqu'il n'est pas appliqué à des personnes ou à une durée, évoque une répétition insistante, particulièrement dans une atmosphère officielle.

Destitué : formé avec le signe général des vêtements et un groupe complexe où se retrouve le caractère tigre, l'idéogramme, assez rare, signifie en propre *dépouiller quelqu'un des insignes de sa charge.*

䷮ **Hexagramme dérivé :** hexagramme 47. ÉPUISEMENT est un moment où le point de vue que l'on défend est passé au crible de la confrontation avec l'entourage. C'est l'occasion d'en vérifier les fondements.

ÉLÉMENTS D'ANALYSE

Nucléaire

☲☴ **Hexagramme 37 : GENS DU CLAN.** Au cœur de PLAIDER SA CAUSE, il y a GENS DU CLAN. Au cœur du règlement à l'amiable des conflits, il y a une structure organisée transformant de l'éphémère en durable par référence à un foyer commun. C'est par une parole consistante, capable de relier, que cette organisation intègre les éléments étrangers ou invisibles. Pour qu'une plaidoirie soit efficace, il est nécessaire de trouver une référence commune ; de replacer la discorde sur laquelle on bute dans un cadre temporel plus vaste ; de tenir compte d'un élément étranger, insaisissable parce que invisible, similaire en cela à l'ancêtre du CLAN.

Opposé

Hexagramme 36 : LUMIÈRE OBSCURCIE. PLAIDER SA CAUSE et LUMIÈRE OBSCURCIE décrivent chacun des situations conflictuelles, dont les implications et les solutions sont opposées. Dans LUMIÈRE OBSCURCIE, on n'est pas à l'origine du conflit ; il faut se préserver pour pouvoir disposer de ses forces quand la fin de l'oppression sera venue. Dans PLAIDER SA CAUSE, on est partie prenante du conflit, on doit donc être partie prenante de sa résolution, et adopter des conduites permettant de trouver des solutions. La différence de stratégie se situe au niveau de la parole : PLAIDER SA CAUSE implique de l'utiliser avec souplesse et à-propos ; LUMIÈRE OBSCURCIE exige de se taire pour éviter toute aggravation dangereuse.

7 ARMÉE

師

SHI

䷆

En haut TERRE ☷
En bas EAU ☵

ARMÉE	師	SHI
Présage d'ouverture pour un Être Aguerri	丈人吉	zhen zhang ren ji
Absence de faute	无咎	wu jiu
Au début un six		
L'ARMÉE sort au son des notes Yang	師出以律	SHI chu yi lü
S'interroger sur le butin fermeture	否臧凶	fou zang xiong
Neuf en 2		
Être dans l'ARMÉE au Milieu Juste ouverture	在師中	zai SHI zhong ji
Absence de faute	无	wu jiu
Le Roi par trois fois confère mandat	王三錫	wang san xi ming
Six en 3		
L'ARMÉE d'aventure charroie des cadavres	師或輿尸	SHI huo yu SHI
Fermeture	凶	Xiong
Six en 4		
L'ARMÉE campe à gauche	師左次	SHI zuo ci
Absence de faute	无咎	wu jiu
Six en 5		
Dans les champs il y a des oiseaux	田有禽	tian you qin
Profitable de retenir opiniâtrement les paroles	利執言	li zhi yan
Absence de faute	无咎	wu jiu
Le fils aîné commande l'ARMÉE	長子帥師	zhang zi shuai SHI
Le fils cadet charroie des cadavres	第子輿尸	di zi yu SHI
Présage de fermeture	貞凶	zhen xiong
En haut un six		
Le Grand Chef réalise le mandat	大君有命	da jun you ming
Des pays sont établis des CLANS promus	開國承家	kai guo cheng JIA
Des Êtres Petits ne sont pas employés	小人勿用	xiao ren wu yong
Grande Image		
Au cœur de la terre il y a l'eau	地中有水	di zhong you shui
ARMÉE	師	SHI
L'Être Accompli ainsi	君子以	jun zi yi
en étant tolérant avec le peuple	容民	rong min
APPRIVOISE les foules	畜眾	XU zhong

Dixième Aile
ALLIANCE joies 比樂 BI le
ARMÉE chagrins 師憂 SHI you

ARMÉE, c'est l'état de guerre, la mobilisation de toutes les forces contre un péril qui menace le territoire. C'est un état d'exception qui exige l'instauration d'une discipline sévère, le regroupement de toutes les forces autour d'une autorité appropriée et leur convergence vers un seul objectif. L'ARMÉE, c'est le temps où seule la bannière du général en chef flotte sur les remparts.

Le renversement des rapports hiérarchiques normaux – en temps de guerre, les ordres du Souverain ne pénètrent pas dans la tente du général – se voit dans la forme de la figure, constituée d'une foule de traits Yin et d'un seul trait Yang situé en deuxième place. Cette mise en valeur de la place de Préfet est accentuée par le texte : le Roi, dont c'est une des rares apparitions au second niveau d'un hexagramme, vient y *conférer mandat.* À charge pour celui qui prend la situation en main d'assumer le pouvoir et de le restituer à la fin des hostilités.

Le texte rend effectivement compte du déroulement d'une guerre. Après le défilé des troupes et la mise en place du commandement décrits aux deux premières lignes, les deux traits médians montrent les aléas de la campagne militaire. À la troisième ligne, puis à la cinquième, la mention de *cadavres* souligne l'urgence et la gravité de la situation. La possibilité d'un conflit hiérarchique se concrétise à la cinquième ligne, où il est impératif qu'une personne expérimentée réprime les velléités de révolte et dirige les opérations. Enfin, le nom de l'hexagramme, cité à chacun des cinq traits précédents, disparaît au dernier stade. La guerre finie, les troubles jugulés, l'état de guerre n'a plus lieu d'être. Le retour à la paix, seule justification de la guerre, se manifeste par la réorganisation des territoires enfin débarrassés de la menace qui pesaient sur eux.

ARMÉE est décrit comme un moment pénible auquel on est contraint par les circonstances, ce qui s'accorde au fait que les valeurs militaires n'ont jamais été très à l'honneur en Chine. Que l'appréciation *fermeture* ne soit utilisée qu'aux places impaires suggère que la force, nécessaire dans un tel contexte, doit rester d'ordre défensif et ne se manifester ni par une virilité agressive ni par une fougue héroïque. Lorsque l'appréciation *ouverture* apparaît, elle concerne seulement, au Jugement, les qualités de maturité et d'endurance de l'*Être Aguerri* et, à la seconde ligne, la capacité à diriger les forces.

Si un hexagramme du *Yi Jing* est consacré à un épisode guerrier, ce n'est pas parce que les Chinois ont le goût de la conquête mais parce que l'état de guerre fait partie de la vie, de celle des nations comme de celle des individus, et qu'il importe durant ces moments-là de savoir se conduire avec habileté et courage.

IDÉOGRAMME

SHI : *Corps de troupes de 2 500 soldats ; division. Armée, troupe, multitude. Général. Maître qui enseigne, professeur ; quelqu'un passé maître dans son art, artisan qualifié, artiste.*

L'idéogramme est formé de deux parties. À gauche le dessin d'un mur constitué de couches superposées de terre battue, au sommet duquel un simple trait marque la présence d'un objet significatif précisé par la partie droite. Celle-ci est formée du signe général *tissu* surmonté du chiffre *un*. L'ensemble de ces éléments constitue un caractère qui représente les murs de fortification d'un camp militaire (fixe ou en campagne) sur lesquels flotte un drapeau en tissu marqué du numéro « un » ; c'est l'étendard de la « première armée », celle directement placée sous le commandement du général en chef. Ce drapeau prestigieux n'était déployé que lorsque le général était en personne au milieu de ses troupes, pour manifester à tous sa présence.

Par métonymie, le sens de ce caractère, à partir de son sens originel (première armée), peut désigner aussi bien le *général en chef* lui-même que *l'armée* dans son ensemble, les *troupes*. Le texte de l'hexagramme joue d'ailleurs sur ces deux registres. Par extension, cet idéogramme a été utilisé pour nommer d'abord un *maître* enseignant un art de combat, puis un *instructeur* formant à une technique quelconque et finalement un *professeur*, ce dernier sens étant resté le plus courant. L'appellation respectueuse la plus usuelle envers un professeur est toujours : *lao shi*, mot à mot *vieux* (c'est-à-dire : vénérable) *instructeur*.

TEXTE CANONIQUE

JUGEMENT

ARMÉE	師 SHI
Présage d'ouverture pour un Être Aguerri	貞丈人吉 zhen zhang ren ji
Absence de faute	无咎 wu jiu

Dans une circonstance difficile comme ARMÉE, des tendances favorables ne peuvent se dégager que si l'action est menée avec rigueur, discipline et endurance. L'état de guerre est un moment de lutte soutenue qui exige la présence d'un être *aguerri* : la situation ne peut être féconde que si on a l'expérience nécessaire pour modérer la hardiesse des forces mises en jeu et le caractère trempé permettant de mener le combat à son terme.

Lorsque le territoire est envahi, on doit pouvoir compter sur une capacité à regrouper et diriger toutes ses forces. Pareille lutte n'est pas affaire de héros, ni même de *guerrier* (ce type de personnage est rarement mis en valeur – voir 57/1), mais requiert principalement des qualités de courage et de discernement.

À un disciple qui lui demandait « Si vous aviez une grande armée à commander, qui choisiriez-vous pour vous aider ? », Confucius répondit : « Certainement pas un homme prêt à affronter un tigre à mains nues ou à traverser le fleuve à la nage, un casse-cou qui mourrait sans regrets. Il me faut quelqu'un qui aborde les problèmes avec circonspection et préfère réussir par la stratégie plutôt que par la témérité[10]. »

Présage : modulation de certaines appréciations mantiques. Précisant que l'appréciation dont il s'agit est moins effective que lorsqu'elle est présentée de manière directe, elle la situe comme une tendance probable.

Ouverture : appréciation mantique signalant un moment heureux où un agencement fécond du flux vital multiplie les possibilités de développement.

Présage d'ouverture : formule mantique rare dans les Jugements, indiquant la tendance à un réagencement positif de la situation.

Être Aguerri : personnage symbolique caractérisé par un idéogramme représentant quelqu'un qui tient un bâton (de guerre ou de commandement) et auquel l'âge et l'expérience donnent le privilège de rester armé en présence de son souverain. Aguerri par sa compétence et capable de faire face à des situations dont la difficulté requiert fidélité et autorité, ce personnage est le héros de cet hexagramme. Il joue également un rôle dans SUIVRE, autre situation de conflit entre jeunesse et maturité (voir 17/2 et 17/3).

Présage d'ouverture pour un Être Aguerri : une phrase quasiment identique à celle-ci ouvre le texte d'un autre Jugement, celui de ÉPUISEMENT : *Présage d'ouverture pour un Être d'Envergure* (voir 47/J). Les deux situations ne diffèrent que par le personnage qui leur sert d'emblème, ÉPUISEMENT et ARMÉE traitant l'un et l'autre de moments difficiles, pendant lesquels les règles usuelles n'ont pas cours. Les personnages symboliques qui incarnent l'attitude à tenir dans ces

deux situations se ressemblent, ils sont de la même trempe et sont nommés par des caractères proches. Cependant leurs champs d'action ne se situent pas au même niveau : ARMÉE requiert plus de maîtrise, ÉPUISEMENT plus d'envergure.
Absence de faute : formule mantique spécifique incitant à ne pas rester dans un état d'esprit incertain ou hésitant. Citée à quatre reprises dans cet hexagramme (Jugement, lignes 2, 4 et 5), cette injonction marque les trois niveaux hiérarchiquement importants : Préfet, Ministre et Souverain.

TEXTE DES TRAITS

Au début un six
L'ARMÉE sort au son des notes Yang 師出以律 SHI chu yi lü
S'interroger sur le butin fermeture 否臧凶 fou zang xiong

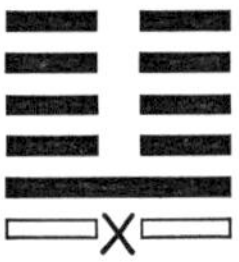

Au premier niveau de l'ARMÉE, la guerre n'est pas engagée : c'est encore le stade des préparatifs. Les défilés militaires ont pour objectif d'entraîner les troupes à la discipline et de les galvaniser en vue des luttes à venir. Ils sont aussi l'occasion d'un étalage de puissance qui a pour but d'impressionner l'adversaire en lui montrant sa détermination.

Yin à une place Yang, le trait est incorrect, ce qui peut être le signe d'une réticence à aller de l'avant. Mais son voisinage avec la seule ligne Yang de l'hexagramme, où se trouve le commandement de l'armée, implique l'idée d'une discipline à instaurer. La musique martiale n'est-elle pas ce qui entraîne et régularise la marche et donne aux troupes souffle et cadence ? Qui laisse ses troupes partir au combat en ordre dispersé, avec pour seule motivation l'appât du gain, est sûr de sa défaite.

Sort : représentant des plantes en train de bourgeonner, l'idéogramme signifie *sortir, produire, engendrer, se produire, paraître, apparaître, se manifester*, etc. Il évoque un passage de l'invisible au manifeste.
Au son des notes Yang : le texte porte un seul idéogramme dont la signification usuelle est *loi, règle, modèle, rang, grade*. À cause de ce sens dominant, cette phrase a été souvent comprise comme signifiant que l'armée doit se mettre en route selon les règlements militaires. Cependant, il s'agit d'un sens figuré et dérivé. À l'origine, le caractère désignait l'ensemble des tubes sonores servant de norme à la gamme chinoise en général et plus particulièrement les six tubes Yang. Le choix de ce terme, qui n'est utilisé qu'ici, comme

complément du verbe *sortir*, souligne qu'il s'agit plus d'une manifestation Yang dirigée vers l'extérieur que de facultés d'organisation ou de commandement.

S'interroger : l'idéogramme est celui qui nomme l'hexagramme 12 ADVERSITÉ. Cependant il n'est pas écrit en majuscules car il est employé ici avec une prononciation et un sens différents, le sens d'une interrogation négative : est-ce que… ou pas (voir 12/I).

Butin : l'idéogramme signifie au sens dérivé *bon, avantageux, faste.* Cependant son sens primitif esclave, serviteur, signifiait des prisonniers de guerre. Il peut être employé à la place d'un caractère proche (dont il ne diffère que par le signe général des choses précieuses), qui signifie *larcin, pot-de-vin, objet volé, butin.*

S'interroger sur le butin : cette phrase peut être lue à plusieurs niveaux. À partir de son sens primitif, tel qu'il est rendu ici, sa signification peut être élargie. Considérant le sens dérivé du caractère rendu par *butin*, elle peut être rattachée à la musique militaire. L'ensemble du texte du trait se lirait alors : si la musique n'est pas bonne, fermeture. C'est-à-dire qu'à l'entrée de l'état de guerre il importe de trouver une cadence commune.

Fermeture : appréciation mantique signalant un moment de blocage, un mauvais agencement du flux vital qui restreint les possibilités de développement.Faisant suite à une phrase interrogative, cette appréciation n'est pas ici absolue mais conditionnelle, alors qu'elle est directe à la troisième ligne et prospective à la cinquième.

Hexagramme dérivé : hexagramme 19. APPROCHER est un moment où il faut laisser se manifester des forces multiples tout en les canalisant.

Neuf en 2

Être dans l'ARMÉE au Milieu Juste 在師中 zai SHI
ouverture zhong ji
Absence de faute 无 wu jiu
Le Roi par trois fois confère mandat 王三錫 wang san xi ming

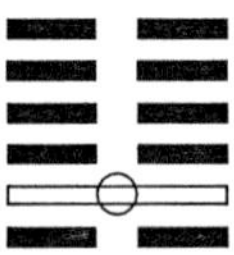

Seul trait Yang de la figure, cette ligne, qui est également la seule à comporter une appréciation mantique favorable, est le pivot de l'hexagramme. C'est le moment où, tel le chef militaire au milieu de ses troupes, on doit être capable de rassembler et diriger les énergies afin de parer à un dangereux déferlement de violence. Circonstance exceptionnelle : le Roi apparaît à un niveau subalterne – la place de Préfet – pour confier avec ostentation le pouvoir au général. Celui-ci prend les affaires en main tout en respectant sa position de sujétion vis-à-vis du souverain qui lui a délégué son autorité. Être *au milieu juste*, c'est non seulement savoir gérer des forces brutales sans se laisser déborder, mais ne pas oublier que ce mandat est temporaire.

L'aspect inhabituel de la situation est souligné par l'incorrection du trait et sa relation privilégiée de correspondance avec la cinquième ligne, où le problème de commandement devient patent. L'appréciation *ouverture* suggère que cette position difficile, à mi-chemin de la force instinctive et du pouvoir, ne peut être tenue que par le personnage expérimenté cité au Jugement. Serviteur loyal, l'*être aguerri* prend sans hésitation la situation en main, sachant commander tout en restant vassal, sachant combattre la barbarie sans se laisser déborder.

Être… dans : l'idéogramme est plus fort que le simple verbe « être». Signifiant *être en un lieu, être présent dans, être en train de*, il souligne un fort rapport entre la présence et le lieu de la présence. Dans le contexte du *Yi Jing*, il est le plus souvent mis en relation avec des lieux Yin, et cité à des places paires. Son emploi le plus significatif est à JUSTE CONFIANCE (voir 61/2, *dans*).

Au Milieu Juste : représentant une flèche perçant une cible en son milieu, l'idéogramme signifie à la fois *milieu* et *juste*. Le texte joue sur ces deux nivaux de lecture qui s'entrelacent et se complètent l'un l'autre, signifiant en même temps « être au milieu des soldats » au sens propre et «être à l'armée, dans une position Juste» au sens figuré. La place d'un Préfet nommé général est à la fois de se trouver au sein de ses troupes et en même temps de se tenir dans une position juste face à son souverain. Le double sens du caractère résume la dialectique du conflit de pouvoir qui est au cœur de cet hexagramme. À cheval entre pouvoir et retrait, la position qu'il désigne renvoie à celle décrite au même niveau de GENS DU CLAN (voir 37/2) où le culte ancestral est assuré grâce à la ténacité effacée de qui est *en charge des offrandes de repas*.

Ouverture : appréciation mantique signalant un moment heureux où un agencement fécond du flux vital multiplie les possibilités de développement.

Absence de faute : voir Jugement. Ici, l'urgence et la gravité de la situation enjoignent de remplir avec détermination le rôle confié.

Roi : personnage symbolique, le Roi est le pivot de l'organisation sociale. Sa présence à un niveau de Préfet est exceptionnelle (elle n'est mentionnée ailleurs qu'à 42/2) et souligne la position de vassalité dans laquelle se place ici le souverain civil vis-à-vis du chef militaire.

Par trois fois : le texte porte seulement le nombre *trois*, formé de trois traits superposés. Quand il n'est pas appliqué à des personnes ou à une durée révolue, ce chiffre évoque une répétition insistante, parti-

culièrement dans une atmosphère officielle (voir 6/6, 35/J, 49/3, 63/3 et 64/4).
Confère : formé avec le signe du métal et le caractère *changement* du *Livre des Changements*, l'idéogramme signifie une *mutation* obtenue en *récompense*, une *faveur* royale, une *promotion* ou une *investiture* particulière. Dans le contexte du *Yi Jing*, ce mot apparaît toujours dans des situations officielles et dans des phrases où, par le chiffre *trois*, l'accent est mis sur la répétition (voir 6/6 et 35/J, *don d'investiture*). Ici, le Roi remet ostensiblement le pouvoir au Préfet. Celui-ci, devenu chef suprême pour le temps de guerre, doit non seulement vaincre l'ennemi, mais, les hostilités terminées, rendre ce pouvoir en se soumettant à nouveau au souverain civil qui l'en a investi à titre temporaire (voir ligne 6).
Mandat : l'idéogramme désignait dans l'Antiquité à la fois le mandat alloué à chaque humain par le Ciel et le mandat féodal conféré par le souverain. Il peut donc signifier aussi bien le destin individuel, la durée de vie, que la position hiérarchique, la situation sociale. Dans le contexte du *Yi Jing* ce terme, qui apparaît le plus souvent dans les traits supérieurs d'un hexagramme, est généralement utilisé en rapport avec l'évocation de changement dans les rapports hiérarchiques. Que ce terme apparaisse seulement ici en seconde ligne, alors que partout ailleurs où il est cité, c'est dans les traits supérieurs (voir ligne 6), souligne encore l'extraordinaire de la situation.

䷁ **Hexagramme dérivé :** hexagramme 2. ÉLAN RÉCEPTIF est un moment où les qualités Yin de ténacité, de courage et de souplesse du Chef Accompli permettent de suivre sans s'égarer une direction déterminée.

Six en 3
L'ARMÉE d'aventure charroie des cadavres 師或輿尸 SHI huo yu shi
Fermeture 凶 Xiong

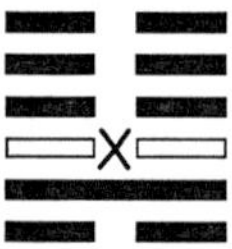

Niveau de Passage entre l'interne et l'externe, la troisième place est rarement de bon augure. La lutte est entrée ici dans sa phase active et le texte évoque la possibilité de coûteux revers. La guerre n'est pas perdue pour autant – *d'aventure* précise que ces déboires ne sont pas certains – mais elle débouche pour le moment sur une impasse – indiquée par *fermeture*, l'appréciation la plus défavorable de l'hexagramme.

Comme le suggère l'accumulation de traits Yin qui surplombe celui-ci, c'est l'étape la plus pesante du combat. L'image des *chariots* remplis de *cadavres* est reprise dans les mêmes termes à la cinquième ligne où elle représente le résultat néfaste d'un commandement inex-

périmenté. L'éventualité de malheurs graves doit engager à reconsidérer la stratégie utilisée.
D'aventure : l'idéogramme est une marque de doute, d'indétermination. Il pose l'éventualité de ce qu'il décrit sans l'enfermer ni dans le succès, ni dans l'échec.
Charroie : l'idéogramme a pour sens propre *chariot* en tant que nom et *transporter en chariot*, en tant que verbe. Il a également un sens adverbial dérivé *beaucoup* (de chariots dans une armée, de marchandises dans un chariot) qui est envisageable ici, la phrase devenant alors : *pour l'ARMÉE possibilité de beaucoup de cadavres.*
Cadavres : il n'y a qu'au moment de l'ARMÉE (ici, et à la ligne 5 dans la même expression) et nulle part ailleurs dans le *Livre des Changements* que des cadavres sont mentionnés. Alors que les grands textes épiques indo-européens comme l'*Iliade* ou le *Mahabharata* sont remplis de batailles, de combats, de violences, de meurtres et de morts, le *Yi Jing* ne comporte qu'un nombre extrêmement réduit d'allusions à la mort (voir 30/4) et généralement pour l'éviter (voir 16/5 et 61/GI).
Fermeture : appréciation mantique signalant un moment de blocage, un mauvais agencement du flux vital qui restreint les possibilités de développement. Conditionnel à la ligne 1, prospectif à la ligne 5, le blocage est ici nettement posé, en contraste avec la première phrase du texte.

Hexagramme dérivé : hexagramme 46. CROISSANCE est un moment où l'on œuvre petit à petit pour s'ériger. L'absence provisoire de résultats ne doit pas décourager, car le mouvement dirigé vers le bas permet l'élévation.

Six en 4
L'ARMÉE campe à gauche — 師左次 SHI zuo ci
Absence de faute — 无咎 wu jiu

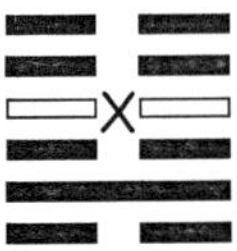

Après les combats désastreux décrits à la ligne précédente, le moment est venu du désengagement. Il ne s'agit pas de battre en retraite – un hexagramme entier, FAIRE RETRAITE, est consacré à cette stratégie – mais de profiter d'une trêve. *Gauche* indique que l'armée ne doit pas rechercher le combat, mais camper momentanément ses positions sur la place honorée en temps de paix.

La correction du trait accentue l'aspect légitime de cette accalmie, qui intervient entre deux niveaux où les combats sont âpres et les déconvenues sévères. L'appréciation *absence de faute* souligne que l'on ne doit pas hésiter à refaire ses forces, car la lutte n'est pas terminée et de graves dangers menacent encore.

Campe : l'idéogramme possède de nombreux sens, parmi lesquels *s'arrêter, faire halte, étape, auberge, lieu, campement*, etc.

Gauche : formé du signe de la *main* et du caractère *équerre*, l'idéogramme représente la main qui aide la main droite. Les notions de gauche et droite sont rares dans le *Yi Jing*, elles n'apparaissent que trois fois, appliquées ailleurs au corps humain (voir 36/2 et 36/4). Ici, *gauche* est employé dans son sens rituel. L'organisation spatiale chinoise découle d'un positionnement face au Sud et adossé au Nord (voir 52/J, *dos*). Dès lors, le côté gauche devient celui qui est à l'Est. Il est donc en relation avec l'énergie Yang, l'aube, le Printemps, le bois, la naissance, la vie, etc. Pour cela, la gauche est la place d'honneur en temps de paix, et la droite la place d'honneur en temps de guerre « l'Être Accompli, chez lui, considère la gauche comme la place d'honneur; mais quand il porte des armes, il considère la droite comme la place d'honneur. (...) Dans les circonstances fastes, on considère la gauche comme la place d'honneur. Dans les circonstances néfastes, on considère la droite comme la place d'honneur. Le général en second occupe la gauche ; le général en chef occupe la droite. Cela signifie qu'ils sont placés selon les rites funèbres » (Lao Zi, *Dao De Jing*, chap. 31)[11]. Dans le contexte de l'ARMÉE, *camper à gauche* signifie donc : faire étape du côté de la paix, c'est-à-dire de ne pas rechercher le combat, pratiquer une tactique d'esquive, fuir l'affrontement pour refaire ses forces.

Absence de faute : formule mantique spécifique incitant à ne pas rester dans un état d'esprit incertain ou hésitant. Ici, l'écho avec la seconde ligne où se trouve la même formule, confirme qu'il faut résolument se plier aux circonstances.

Hexagramme dérivé : hexagramme 40. DÉLIVRANCE est un moment de soulagement où, par discernement entre le réalisable et l'inopportun, on se libère de ce qui pèse.

Six en 5

Dans les champs il y a des oiseaux 田有禽 tian you qin
Profitable de retenir opiniâtrement les paroles 利執言 li zhi yan
Absence de faute 无咎 wu jiu
Le fils aîné commande l'ARMÉE 長子帥師 zhang zi shuai SHI
Le fils cadet charroie des cadavres 第子輿尸 di zi yu shi
Présage de fermeture 貞凶 zhen xiong

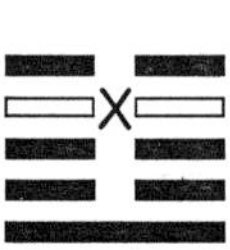

Alors que la ligne précédente marque un temps d'accalmie, ce niveau est celui où le danger menace de toutes parts : le territoire est envahi par les barbares et la révolte gronde au quartier général. Il n'est plus temps de discuter :

l'heure est trop grave pour entrer dans des rapports de force et laisser se développer les critiques ou les disputes.

Incorrect et en correspondance avec la seule ligne ferme de l'hexagramme, ce trait représente un moment où l'autorité est sérieusement malmenée. Le problème du commandement des opérations, réglé avec justesse au second trait entre Préfet et Souverain, prend ici la forme d'un conflit aigu entre maturité et inexpérience. Trop enclin à « se précipiter dans le fleuve sans se soucier de survivre ou de mourir », le *cadet* n'a pas les qualités de l'*Être Aguerri* mentionné au Jugement. Déjà suggérées à la troisième ligne par l'image des *cadavres*, les conséquences néfastes de son impétuosité peuvent à ce niveau souverain se transformer en véritable défaite.

Il est impératif qu'une autorité confirmée mette fin sans hésitation aux contestations et unisse les forces contre les dangers extérieurs, en privilégiant tout ce qui dans la situation peut permettre de rétablir la discipline et de tenir les rênes.

Champs : représentant des champs cultivés en parcelles, l'idéogramme évoque par sa forme carrée les quatre directions de la Terre, le multiple, et globalement le pouvoir de germination du Yin. Il a aussi le sens de *chasse* qui apporte avec lui l'idée de limite. Aux confins des terres agricoles se trouve la lisière entre l'inculte et le cultivé, le sauvage et le civilisé, le nomade et le chinois.

Oiseaux : le sens propre de l'idéogramme est *gibier* en général et *oiseaux* en particulier. Il a aussi pour sens dérivé *oiseaux pillards*, désignant alors soit les volatiles qui picorent les céréales dans les champs, soit les nomades qui surgissent de nulle part pour piller les récoltes, barbares si frustes qu'on croirait qu'ils ne parlent pas une langue humaine mais s'expriment avec des cris d'oiseaux. Le symbole n'est pas choisi au hasard : dans le contexte du *Yi Jing*, les oiseaux sont rarement de bon augure.

Dans les champs il y a des oiseaux : la même phrase se trouve à 32/4, mais en négatif, ce qui confirme son caractère métaphorique. Ces oiseaux sont aussi évoqués au même niveau de l'hexagramme retourné (voir 8/5, *gibier*). Mais s'ils ne sont au moment d'ALLIANCE que du gibier traité avec magnanimité par le Roi, ils représentent au moment d'ARMÉE des envahisseurs dangereux contre lesquels il faut se défendre.

Retenir opiniâtrement : formé avec le signe de la *main* et un caractère complexe montrant un personnage menotté, l'idéogramme évoque une solide contention qui, dans le contexte du *Yi Jing*, s'applique toujours à des tentations : celle de fuir au moment de FAIRE RETRAITE (voir 33/2), celle de SUIVRE au moment d'INCITER (voir 31/3), et ici celle de contester au moment de lutter. L'heure n'est plus au dialogue et à la critique, mais à l'obéissance et à l'action.

Absence de faute : formule mantique spécifique incitant à ne pas rester dans un état d'esprit incertain ou hésitant. Reprise ici pour la troisième fois (voir lignes 2 et 4), cette injonction confirme la nécessité d'agir avec résolution.
Aîné : représentant un personnage avec de longs cheveux (ou une coiffe de chef), l'idéogramme a deux significations imbriquées : d'un côté *le plus âgé, l'aîné,* et de l'autre *chef, maître.* Le texte joue sur ce chevauchement pour renforcer, au niveau de ce trait de commandement, la problématique générale évoquée au Jugement par le personnage de l'*être aguerri.*
Commande l'ARMÉE : le rapprochement des deux idéogrammes qui ne diffèrent que d'un seul trait (voir Idéogramme) crée un effet graphique et visuel aussi élégant en chinois qu'impossible à rendre en français.
Cadet : signifiant en propre frère *puîné,* l'idéogramme est dérivé du caractère servant d'adjectif numéral ordinal.
Charroie des cadavres : voir ligne 3.
Présage : voir Jugement.
Fermeture : voir ligne 3.
Présage de fermeture : formule mantique spécifique qui conseille de considérer la situation en général ou l'attitude qu'on y tient plus dans la perspective d'une évolution défavorable que dans son état actuel. Rare en ligne souveraine, cette appréciation n'y qualifie jamais la situation de manière globale. Ici, comme dans les deux autres hexagrammes où elle apparaît, ENDURER (32), et DIFFICULTÉS INITIALES (3), elle participe à la mise en parallèle de deux attitudes, l'une Yin et l'autre Yang, l'avantage étant donné dans chacun des trois cas à l'attitude Yin.

Hexagramme dérivé : hexagramme 29. S'ENTRAÎNER AU PASSAGE DES RAVINS est un moment où la peur doit être combattue et où agir amène à se surpasser.

En haut un six

Le Grand Chef réalise le mandat	大君有命	da jun you ming
Des pays sont établis des CLANS promus	開國承家	kai guo cheng JIA
Des Êtres Petits ne sont pas employés	小人勿用	xiao ren wu yong

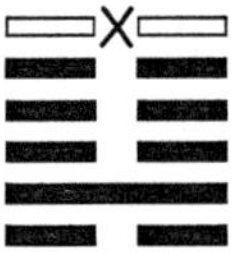
À ce stade, comme souvent à la dernière ligne, s'opère un retournement de la situation. Alors que le nom de l'hexagramme était associé à chacun des traits précédents à une étape des opérations militaires, sa disparition à ce niveau de Sortie marque une rupture nette : l'état de guerre est terminé. Le retour à la paix et à la prééminence de l'ordre civil est marqué par les retrouvailles du souverain avec le pouvoir, spécifié

comme pouvoir de donner *mandat*. C'est à l'autorité civile, symbolisée ici par le *Grand Chef*, qu'il incombe désormais de réorganiser le royaume. Dans le cadre de la féodalité de l'époque, le territoire est réagencé en fiefs et réparti selon les liens de hiérarchie parentale, base de l'organisation sociale dont traite ALLIANCE, hexagramme suivant et retourné de celui-ci.

Il est temps de mettre un terme à tous les résidus du conflit et d'orienter ses efforts sur la remise en route de la norme. Seuls peuvent accomplir cette tâche ceux qui savent se dévouer de façon responsable et loyale, et non les *êtres petits* dont on a éventuellement pu utiliser et juguler les énergies en temps de guerre. Aucune mention particulièrement favorable n'accompagne le texte de ce trait, cependant le choix du mot CLAN, nom de l'hexagramme 37, souligne la possibilité d'instaurer une organisation durable.

> « Les armes sont des instruments de malheur et non pas les instruments de l'Être Accompli. Il s'en sert contre son gré, et met au premier rang le calme et le repos» (Lao Zi, *Dao De Jing*, chap. 31)[12].

Grand Chef : personnage symbolique différent du Chef Accompli. Il représente une autorité civile qui enseigne et règne avec sagesse, et à laquelle est opposé le guerrier (qui usurpe son pouvoir à 10/3). Le balancement entre l'aboutissement de cette situation et celui de ALLIANCE est remarquable : à l'alliance sans chef de 8/6, répond ici le pouvoir d'un *Grand Chef*.

Réalise : le texte porte le verbe *il y a*, modulation insistant sur la réalité effective de ce qui n'était que virtuel auparavant.

Mandat : voir ligne 2. Alors que, à la seconde ligne, le Roi en personne est venu *conférer mandat*, ici le Grand Chef ne confère aucun mandat particulier, il exerce celui qui lui a été rendu.

Pays : représentant un territoire au centre duquel se trouve une capitale carrée, où la sécurité est représentée par une hallebarde et dont la frontière est nette et close comme par une muraille, l'idéogramme résume l'idée chinoise de la civilisation. Sans le dessin de cette limite précise, le même caractère est une marque de doute, d'indétermination (voir *d'aventure* 7/3).

Établis : représentant à l'origine le geste de deux mains retirant la barre verrouillant la porte, l'idéogramme qui n'est employé qu'ici, signifie *ouvrir, commencer, fonder.*

CLANS : le texte porte le premier caractère du nom de l'hexagramme 37, qui, employé seul, signifie *maison*, ici au sens féodal du terme.

Promus : l'idéogramme signifiait à l'origine *présenter un hommage à un supérieur*. Il a ensuite désigné le mouvement inverse *recevoir d'un supérieur, accepter une charge*, puis *hériter, succéder*.

Être Petit : personnage symbolique représentant une attitude sans envergure, mesquine, immature ou rigide. Incapable de responsabilités et peu perspicace quant à l'évolution d'une situation, l'Être Petit ne sait pas replacer le moment dans une perspective plus vaste.

Des Êtres Petits ne sont pas employés : cette phrase se retrouve telle quelle à autre moment de passage, non plus entre guerre et paix, mais entre ordre et désordre (voir 63/3). DÉJÀ TRAVERSÉE décrit le début d'un effondrement auquel le vassal aide à résister ; ici, à la fin de ARMÉE, les troubles sont suivis d'une réorganisation de l'État à laquelle le vassal doit prêter son concours. Ces deux moments charnières se font écho par le couplage entre les hexagrammes dérivés de chacun de ces deux traits.

䷃ **Hexagramme dérivé :** hexagramme 4. JEUNE FOU est un moment de prise en compte d'un état neuf qui, par la soumission à une autorité reconnue, peut atteindre son plein développement.

ÉLÉMENTS D'ANALYSE

Nucléaire

䷗ **Hexagramme 24 : RETOUR.** Au cœur de ARMÉE, il y a RETOUR. Au cœur de l'état de guerre, il y a une vitalité neuve qui demande à être guidée. L'appel à des forces impétueuses et sauvages nécessite leur canalisation par la discipline. C'est autour de l'Être Aguerri que ces énergies se concentrent, car il sait mettre en jeu, préserver et orienter la force ainsi éveillée, sans se laisser dominer par la violence. La remise en route des processus vitaux se manifeste ici par la maîtrise de ce qui envahit.

Opposé

䷌ **Hexagramme 13 : S'ENTENDRE AVEC TOUS.** La relation d'opposition entre ARMÉE et S'ENTENDRE AVEC TOUS se situe entre l'ouverture à l'étranger et la mobilisation contre l'envahisseur. ARMÉE est un temps d'effacement de l'individualité, que symbolise l'uniforme militaire, alors que S'ENTENDRE AVEC TOUS représente l'acceptation des particularités de chacun. On se rassemble pour se battre dans un cas, alors qu'on se bat pour se rassembler dans l'autre. À l'union de tous autour d'un seul répond l'avancée de chacun vers tous.

8 ALLIANCE

比

BI

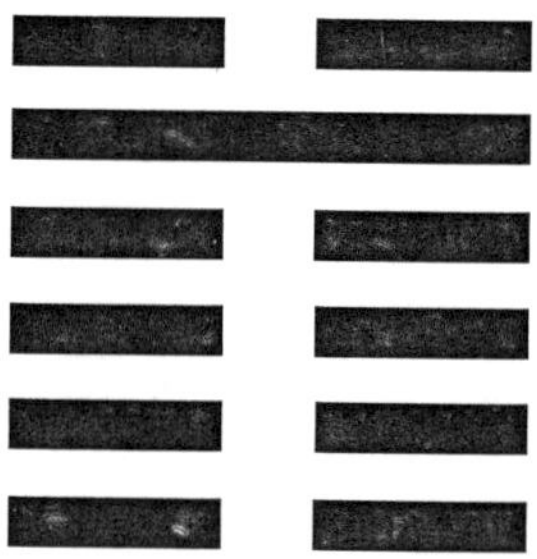

En haut EAU ☵

En bas TERRE ☷

ALLIANCE	比	BI
Ouverture	吉	ji
Réexaminer à l'aide des tiges d'achillée	原筮	yuan shi
Présage fondamentalement durable	元永貞	yuan yong zhen
Absence de faute	无咎	wu jiu
Que surviennent les inquiets	不寧方來	bu ning fang lai
Pour qui vient après fermeture	後夫凶	hou fu xiong

Au début un six

Il y a onde portant à S'ALLIER	有孚比之	you fu BI zhi
Absence de faute	无咎	wu jiu
Il y a onde portant à emplir les jarres	有孚盈缶	you fu ying fu
À la fin se rajoutent d'autres choses	終來有佗	zhong lai you tuo
Ouverture	吉	ji

Six en 2

S'ALLIER de l'intérieur	比之自內	Bi zhi zi nei
Présage d'ouverture	貞吉	zhen ji

Six en 3

S'ALLIER à des vauriens	比之匪人	BI zhi fei ren

Six en 4

À l'extérieur S'allier	外比之	wai BI zhi
Présage d'ouverture	貞吉	zhen ji

Neuf en 5

Manifester l'ALLIANCE	顯比	xian BI
Le Roi à la battue sur trois côtés	王用三驅	wang yong san qu
laisse au-devant échapper le gibier	失前禽	shi qian qin
Les gens du fief ne se mettent pas en garde	邑人不誡	yi ren bu jie
Ouverture	吉	ji

En haut un six

S'ALLIER sans tête	比之无首	BI zhi wu shou
Fermeture	凶	xiong

Grande Image

Au-dessus de la terre il y a l'eau	地上有水	di shang you shui
ALLIANCE	比	BI
Les Anciens Rois ainsi	先王以	xian wang yi
en instituant les dix mille pays	建萬國	jian wan guo

posèrent les relations de hiérarchie parentale entre féodaux | 親諸侯 qin zhu hou

Dixième Aile
ALLIANCE joies | 比樂 BI le
ARMÉE chagrins | 師憂 SHI you

ALLIANCE est élection d'un centre autour duquel des forces disparates viennent se constituer en un ensemble hiérarchisé. Cette convergence de toutes les composantes d'un groupe ou d'un individu s'organise autour d'un but ou d'un projet choisi comme primordial en la circonstance.

L'établissement de ce pôle fédérateur nécessite de savoir à la fois faire le point des forces en présence et franchir le pas de la décision, deux opérations qui sont précisément celles que l'on effectue lorsqu'on interroge le *Yi Jing*. Qu'il soit question de tirage dans le jugement de cet hexagramme montre bien qu'il s'agit ici de sortir de l'inquiétude et de se centrer.

La forme de la figure, composée majoritairement de traits Yin, est à l'image de ce processus d'organisation – il n'est d'ailleurs pas impossible que le choix de placer cet hexagramme en huitième position soit un écho à la signification générale du chiffre *huit* comme emblème de la bonne organisation d'un ensemble. Toutes les forces Yin, répondant à l'appel de la ligne souveraine, se rassemblent autour de l'unique trait Yang, à l'exception de la sixième ligne que sa position élevée exclu de ce mouvement collectif. Les traits situés à des places hiérarchiquement significatives, Préfet, Ministre et Souverain, sont tous trois corrects et en relation favorable.

ALLIANCE utilise un vocabulaire d'ordre civil, *habitants, vauriens*, axé sur des préoccupations collectives, *chasse, jarres* contenant les réserves de nourriture. La société est organisée autour d'un personnage central, le Roi, qui représente le pôle de convergence donnant cohérence et pérennité à l'ensemble. Dans l'ancienne Chine, l'organisation collective était impérative pour la gestion de l'eau : système des puits (voir hexagramme 48), irrigation concertée des champs en terrasses, entretien en commun des digues. Le fleuve Jaune, dont le niveau s'élève constamment du fait de l'accumulation d'alluvions argileux, constituait une angoisse permanente pour les habitants, particulièrement quand l'affaiblissement de l'autorité centrale amenait à délaisser l'entretien régulier de ses digues. Des traces de cette inquiétude affleurent dans le texte du Jugement.

Le lien qui assure la cohésion sociale est l'image de ce sur quoi se fonde toute organisation, notamment l'instance identitaire, qui rassemble tous les éléments d'un individu pour fonder une personne. La propension à unir des forces disparates en un ensemble hiérarchisé capable d'endiguer les débordements constitue le véritable vecteur de l'ALLIANCE. Son aspect hautement favorable est souligné par la répétition à cinq reprises de l'appréciation *ouverture*.

IDÉOGRAMME

BI : *Voisinage, voisin. Conforme, égal. L'un après l'autre. Concourir, égaler. Anciennement : alliance mutuelle de cinq familles.*

L'idéogramme est composé de deux fois le signe général des êtres humains. Plusieurs caractères sont formés sur ce modèle. L'un d'eux représente ces deux humains dos à dos : c'est le signe du Nord, la direction cardinale à laquelle il convient de tourner le dos (voir 52/I). Un autre les représentait à l'origine l'un derrière l'autre. Au cours des siècles, ce caractère, signifiant un mouvement d'adhésion dirigé vers l'extérieur et dont le sens est *suivre*, au sens de *prendre part à la gestion*, a été augmenté du signe de la marche et de celui du pied. La simplification de 1957 lui a redonné sa forme primitive : deux personnes se *suivant*.
Le nom de cet hexagramme est l'inverse de ce dernier. Il représente aussi deux personnages l'un derrière l'autre, mais tournés dans un sens opposé, c'est-à-dire se dirigeant vers l'intérieur, se repliant sur eux-mêmes, sur leur propre village. De là dérive le sens d'*alliance mutuelle* de cinq familles se réunissant chez l'aîné pour le culte des ancêtres défunts. Cette référence au culte ancestral se retrouve dans le caractère *aïeule*, composé avec ce caractère et le signe général de la femme. L'alliance de cinq familles était le premier degré de l'organisation sociale villageoise, le dernier et le plus important étant le *xiang* qui comportait 12 500 familles.

TEXTE CANONIQUE

JUGEMENT

ALLIANCE	比	BI
Ouverture	吉	ji
Réexaminer à l'aide des tiges d'achillée	原筮	yuan shi
Présage fondamentalement durable	元永貞	yuan yong zhen

Absence de faute — 无咎 wu jiu
Que surviennent les inquiets — 不寧方來 bu ning fang lai
Pour qui vient après fermeture — 後夫凶 hou fu xiong

Cas unique, le Jugement de cet hexagramme s'ouvre sur l'appréciation *ouverture*. Cette singularité souligne l'opportunité de répondre à ce qui préoccupe par l'engagement clair dans une problématique de recentrage et d'union. Cependant, si ALLIANCE stipule la nécessité de constituer le pivot autour duquel les énergies pourront se regrouper, une seule réponse ne suffit pas toujours à déterminer quel peut être ce pôle de rassemblement, et un second tirage peut s'avérer nécessaire pour en cerner les caractéristiques. Car il s'agit avant tout d'établir ce sur quoi on se fonde et ce sur quoi on fonde son action. Ce projet se doit par ailleurs d'être suffisamment solide pour qu'on puisse le défendre sans cesse, réitérer de manière durable ce choix initial, c'est-à-dire *fondamental*.

C'est lorsque ce point d'ancrage est posé de manière ferme que les éléments inquiets viennent s'y fixer pour se réorienter ou s'y résorber. L'établissement d'une référence permet ainsi de sortir de la période de confusion ou de malaise. Il importe pour cela de ne pas tarder : tout « jet fondateur » comporte une part de risque et nécessite une mise en œuvre immédiate. Il s'agira ensuite de consolider dans la durée l'élan initial.

Ouverture : appréciation mantique signalant un moment heureux où un agencement fécond du flux vital multiplie les possibilités de développement. Cette appréciation, une des plus répandues du *Yi Jing*, est citée à cinq reprises dans cet hexagramme (Jugement, lignes 1, 2, 4 et 5). Pareille accumulation n'est le fait que de trois hexagrammes : S'ALLIER (8), PLAIDER SA CAUSE (6) et GENS DU CLAN (37), ce qui souligne leur côté extrêmement favorable.

Réexaminer : représentant une source s'écoulant d'une montagne, l'idéogramme a pour sens premier *origine, remonter à l'origine*. De là, il signifie aussi *rechercher, examiner* et *répéter de nouveau*.

À l'aide des tiges d'achillée : le texte porte un seul idéogramme qui décrit précisément la manipulation des tiges d'achillée lors de l'interrogation du *Yi Jing* (voir 21/I, MORDRE). Il est cité également au Jugement de JEUNE FOU (voir 4/J, *tirage*), où le reproche de réitérer les opérations mantiques est aussi la marque d'une incertitude. Dans le contexte du *Yi Jing*, il y a trois autres cas où il est fait référence aux opérations divinatoires, soit au moyen de la tortue (41/5 et 42/2), soit par une pratique oraculaire non précisée (49/5) et dans chacun des trois, la confiance prédomine. En revanche ici, l'évocation de l'usage des tiges d'achillée, qui fut longtemps considérée comme moins probant que celui de la tortue, est rapportée à une incertitude ne pouvant être résolue que par une répétition de la procédure.

Présage : l'idéogramme signifie à la fois *présage* et *ténacité*. Les deux sens se chevauchent dans le *Yi Jing* et ici la construction ambiguë de la phrase ne permet pas aisément de les différencier.

Fondamentalement : modulation particulière rendue par un caractère qui signifie *début, origine, entièrement*.

Durable : l'idéogramme, ressemblant au caractère *eau* (dont l'écoulement est perpétuel), signifie *long, durable, éternel*. Cependant, il représente moins un état ou une qualité que le résultat d'une action.

Présage fondamentalement durable : formule rare qui signale la possibilité de se rendre capable de réaffirmer sans cesse ce que l'on considère comme *fondamental*, c'est-à-dire ici comme fédérateur et primordial. Pouvant également être lue *présage de fondements à rendre durables*, cette formule n'est citée dans le *Yi Jing* qu'une autre fois, à la ligne souveraine de RÉUNION, autre situation civile et collective (voir 45/5).

Absence de faute : formule mantique spécifique incitant à ne pas rester dans un état d'esprit incertain ou hésitant. Elle est citée deux fois dans cet hexagramme (Jugement et ligne 1).

Que surviennent : le texte porte un verbe qui indique un mouvement se dirigeant depuis l'extérieur vers le sujet *(venir)*, précédé d'un caractère à usage grammatical indiquant la soudaineté de l'action décrite par le verbe.

Inquiets : le texte porte deux idéogrammes dont le premier est une négation et le second un caractère complexe dont le sens est *apaisé, paix, tranquillité*. Peu employé dans le *Yi Jing* (il ne se retrouve qu'à 58/4, *apaisé*), ce caractère est différent de celui rendu par apaisement (voir 2/J).

Pour qui : l'idéogramme représentant un être humain grand, caractérisé par l'épingle à chignon que les garçons recevaient à leur maturité, signifie *mari* quand il est mis en rapport avec *épouse*. Employé dans le *Yi Jing* à l'occasion de situations de couplage, il marque ici la difficulté de ceux qui manquent le moment juste à opérer un tel couplage, ici à s'associer.

Vient après : le texte porte un seul idéogramme qui signifie *suivre, être derrière, à l'arrière, ultérieur, ensuite*. Dans le contexte du *Yi Jing*, il est le plus souvent utilisé en balancement avec *d'abord*, son opposé *(d'abord… ensuite)*. Il marque ici le fait que ceux qui viennent *après* manquent le moment favorable de l'ALLIANCE.

Fermeture : appréciation mantique signalant un moment de blocage, un mauvais agencement du flux vital qui restreint les possibilités de développement. Cette appréciation, qui n'est reprise dans cet hexagramme qu'à la sixième ligne, concerne non la situation en général –

qualifiée en tant que telle par *ouverture* – mais, comme chaque fois qu'elle apparaît au Jugement (voir 6/J, 19/J et 48/J), une hypothèse particulière, ici le fait de ne pas participer à l'instauration en cours.

TEXTE DES TRAITS

Au début un six

Il y a onde portant à S'ALLIER	有孚比之	you fu BI zhi
Absence de faute	无咎	wu jiu
Il y a onde portant à emplir les jarres	有孚盈缶	you fu ying fu
À la fin se rajoutent d'autres choses	終來有佗	zhong lai you tuo
Ouverture	吉	ji

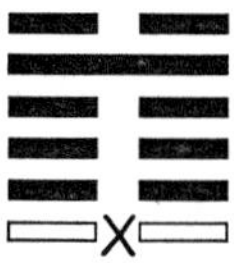

Orienter son énergie autour d'un pôle commun permet d'emblée de sortir de l'incertitude. Dès l'Entrée dans la situation, on ne doit pas hésiter à se laisser porter par la propension à s'associer ou, de manière plus générale, à unir ses forces. Un mouvement de recentrage étant immédiatement productif et gratifiant, il faut mettre à profit cette dynamique d'entraînement pour participer à des réalisations concrètes. Le courant *porteur* qui pousse à mettre ses efforts au service d'une œuvre collective ou unifiante n'est cité qu'à ce trait où il est répété à deux reprises. Il garantit un résultat supérieur à celui que la simple addition des forces laisse espérer.

Malgré son incorrection à cette place initiale, la souplesse du trait crée une cohésion avec les traits voisins. Que la participation à l'ALLIANCE ne puisse être que bénéfique, cela est confirmé par l'écho produit par la présence de la même appréciation mantique à la ligne souveraine, pivot de tout l'hexagramme.

Il y a onde portant à : variante de la formule mantique *onde porteuse* signalant qu'un fort courant porteur traverse la situation ; elle insiste sur l'existence *(il y a)* de ce courant. ALLIANCE n'est pas le seul hexagramme où le courant porteur est mentionné deux fois de suite dans le même trait – cela arrive aussi à 42/5 et 64/6 – mais c'est le seul où cela se situe dès l'entrée dans la situation.
S'ALLIER : nom de l'hexagramme. La forme verbale réflexive est due à la construction de la phrase qui comporte un caractère à usage grammatical jouant le rôle de pronom neutre complément. Cette construction est reprise à l'identique à chacun des traits de l'hexagramme à l'exception du cinquième.
Absence de faute : formule mantique spécifique incitant à ne pas rester dans un état d'esprit incertain ou hésitant. Cette injonction est par-

ticulièrement importante à ce trait initial, dans la mesure où elle est reprise du Jugement.

Emplir : formé avec le signe général des vases et un groupe complexe évoquant un enfant dans la matrice, l'idéogramme signifie à la fois *plein, rempli* et *excédent, surplus*. Ici, comme à 29/5, il évoque un remplissage positif.

Jarres : maintenant inusité, l'idéogramme désignait dans l'Antiquité l'ensemble des ustensiles en argile, les récipients d'usage quotidien servant principalement à stocker la nourriture, par opposition aux *amphores* servant à puiser l'eau (voir 48/2) et aux *chaudrons* solennels servant au culte ancestral (voir 50/I). La simplicité de ce type de récipients est soulignée à 29/4 et son usage inhabituel à 30/3.

Se rajoutent d'autres choses : le texte porte trois idéogrammes dont le premier est le verbe *venir* qui précise un mouvement se dirigeant de l'extérieur vers la personne concernée, le second l'auxiliaire *il y a*, qui insiste sur la réalisation effective de ce qui était auparavant virtuel, et le dernier un caractère rare et assez vague qui signifie *d'autres* (choses ou gens). L'ensemble se lit donc mot à mot *arrivent effectivement d'autres*, sans que rien ne permette de préciser de quoi il s'agit. Cependant, les *jarres* mentionnées à la phrase précédente amènent à penser qu'ici, à l'inverse du Jugement, il s'agit de choses et non de gens.

Ouverture : voir Jugement. La reprise de cette appréciation renforce l'aspect fécond de ce premier trait et souligne sa relation positive avec le cinquième, centre fédérateur de tout l'hexagramme.

Hexagramme dérivé : hexagramme 3. DIFFICULTÉS INITIALES est le moment des commencements confus, où l'établissement des priorités permet de trouver une orientation.

Six en 2

S'ALLIER de l'intérieur	比之自內	BI zhi zi nei
Présage d'ouverture	貞吉	zhen ji

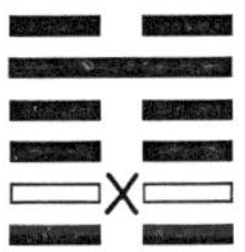

À ce niveau de Préfet, situé au centre interne de l'hexagramme, les flux porteurs qui entraînent les énergies au trait précédent se prolongent dans la même dynamique de convergence. La position privilégiée du trait permet d'y prêter spontanément son concours : Yin à une place Yin, il est correct et en relation avec la ligne souveraine en cinquième place par la seule correspondance à l'œuvre dans cette figure. Il est par ailleurs en résonance avec la place de Ministre par la reprise de la même formule mantique favorable.

Ce dispositif doit être mis à profit pour répondre à l'appel et participer au mouvement d'alliance en en coordonnant les forces profondes. Le mouvement possible à ce niveau va au-delà d'une simple adhésion : *intérieur* est en effet le terme résumant l'organisation durable dont traite l'hexagramme 37 GENS DU CLAN, particularité qui renforce l'incitation à tenir sa place dans la consolidation du processus en cours.

S'ALLIER : nom de l'hexagramme. Voir ligne 1.
De : l'idéogramme signifie à la fois le *lieu d'origine*, de *passage* d'un mouvement, et *soi-même, de soi-même, spontanément*. Il est vraisemblable que le texte joue ici sur les deux registres. Même si son sens locatif est primordial, l'idée de spontanéité est sous-jacente.
Intérieur : l'idéogramme, toujours très courant, signifie *interne, intérieur*. Le choix de ce caractère est doublement important. D'abord par le fait qu'il n'est mentionné qu'ici dans le Texte canonique et seulement une seule fois dans les Commentaires à la Dixième Aile de l'hexagramme 37, et ensuite parce qu'il souligne l'accord profond entre le texte canonique et la structure de la figure. Ici, au niveau central de la partie interne, l'ALLIANCE concerne l'*intérieur*, alors qu'au quatrième trait, premier niveau externe, une phrase construite à l'identique précise qu'elle concerne l'*extérieur*. Cette résonance est à l'image de la répartition entre les fonctions de Préfet et de Ministre dans tout hexagramme.
Présage : modulation globale de certaines appréciations mantiques. Précisant que l'appréciation dont il s'agit est moins effective que lorsqu'elle est présentée de manière directe, elle la situe comme une tendance probable.
Ouverture : voir Jugement.
Présage ouverture : formule mantique spécifique indiquant la tendance à un réagencement positif de la situation. Elle est également citée en ligne 4, autre niveau Yin et autre place de service.

Hexagramme dérivé : hexagramme 29. S'ENTRAÎNER AU PASSAGE DES RAVINS est un moment où l'on s'exerce à franchir les précipices. On y donne le conseil d'unifier le cœur afin de juguler peurs et vertiges.

Six en 3

S'ALLIER avec des vauriens 比之匪人 BI zhi fei ren

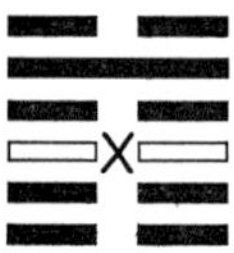

À ce niveau de transition vers l'extérieur, le désir de S'ALLIER demeure, mais les choix sont mauvais. Personnages caractéristiques des moments d'ADVERSITÉ, les *vauriens* symbolisent l'inaptitude à une véritable communication. Égaré au milieu d'un groupe de lignes Yin, où l'union s'effectue pourtant de manière heureuse, ce trait représente le moment où l'on ne trouve pas d'orientation solide, ni une manière adéquate de s'associer.

Incorrect, le trait annonce la retombée décrite au niveau de sortie. Bien qu'il n'y ait pas de correspondance entre les deux traits, ce sont les deux seuls de l'hexagramme où il n'est pas fait mention d'une *ouverture*[13].

S'ALLIER : nom de l'hexagramme. Voir ligne 1.
Vauriens : le texte comporte deux caractères : le signe général des *êtres humains* et une négation particulière ayant fonction d'attribut. L'ensemble désigne ceux qui nient l'ordre établi, car cette négation a aussi un emploi propre en tant que nom, signifiant déjà... vaurien. Qu'ici soit ajouté le terme *être humain* précise qu'il ne s'agit pas de barbares, mais de Chinois. Des hors-la-loi certes, rebelles voire usurpateurs, mais néanmoins gens de l'intérieur du système bien qu'ils refusent l'ordre qui le cimente.
S'ALLIER avec des vauriens : La construction de cette phrase ne laisse pas de doute sur son sens. En revanche, qu'elle se retrouve à l'identique (seul le nom de l'hexagramme change) au Jugement de ADVERSITÉ (voir12/J) souligne l'identité de climat entre ce niveau de l'ALLIANCE et l'absence de communication caractéristique des moments d'ADVERSITÉ.

Hexagramme dérivé : hexagramme 39 : OBSTRUCTION est un moment où les difficultés rendent toute avancée impossible. Le retour vers l'intérieur y est présenté comme la seule stratégie adéquate.

Six en 4
À l'extérieur S'ALLIER — 外比之 wai BI zhi
Présage d'ouverture — 貞吉 zhen ji

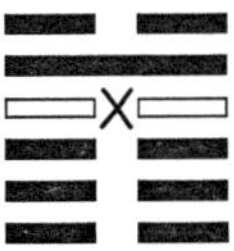

À la différence des errances décrites à la ligne précédente, on est ici en mesure de retrouver des possibilités d'association fécondes. Toutefois, bien que ces possibilités soient décrites par des termes équivalents et qualifiées par une appréciation mantique similaire à celle utilisée à la place de Préfet, il ne s'agit pas à ce niveau de propension personnelle à s'allier, mais de participation à des réalisations concrètes et publiques. La position de cette ligne au premier niveau extérieur de l'hexagramme suggère en effet une plus grande visibilité.

Cependant, située en place de Ministre, à proximité de la ligne souveraine, elle est aussi un moment de plus grande responsabilité. Le trait est correct et en relation de voisinage favorable avec la ligne souveraine : assister et soutenir l'œuvre collective préfigure ainsi l'éclat avec lequel le Roi y manifeste l'ALLIANCE.

Extérieur : l'idéogramme, toujours très courant, signifie *externe, extérieur.* N'apparaissant qu'ici dans le Texte canonique (et une seule fois dans les Commentaires, voir 38/DA), ce caractère souligne l'accord profond entre le texte ancien et la structure de la figure linéaire. Au premier niveau externe de la figure, l'ALLIANCE concerne l'*extérieur* alors qu'au second trait, niveau central de la partie interne, elle concerne l'*intérieur.* Cette résonance est à l'image de la répartition entre les fonctions de Préfet et de Ministre dans tout hexagramme.
S'ALLIER : nom de l'hexagramme. Voir ligne 1.
Ouverture : voir Jugement.
Présage d'ouverture : formule mantique spécifique indiquant la tendance à un réagencement positif de la situation. Elle est également citée en ligne 2, autre niveau Yin et autre place de service.

Hexagramme dérivé : hexagramme 45. RÉUNION est un moment où le lien entre des forces convergentes est appelé à se manifester. Tous les éléments individuels s'y rassemblent autour d'un lieu central personnifié par le Roi.

Neuf en 5

Manifester l'ALLIANCE	顯比	xian BI
Le Roi à la battue sur trois côtés	王用三驅	wang yong san qu
laisse au-devant s'échapper le gibier	失前禽	shi qian qin
Les gens du fief ne se mettent pas garde	邑人不誡	yi ren bu en jie
Ouverture	吉	ji

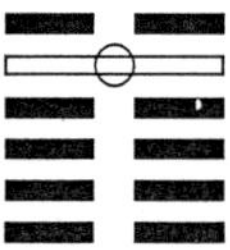

La cinquième ligne est la place souveraine. Celle-ci l'est d'autant plus que c'est la seule ligne Yang de l'hexagramme, et que le Roi y paraît avec majesté. Il s'agit non seulement d'instaurer un pôle solide permettant la convergence des énergies, mais de le manifester de manière évidente afin que tous, particulièrement les éléments troubles ou égarés, puissent s'y référer.

La chasse est, dans la plupart des civilisations anciennes, un plaisir de roi. La battue en revanche, qui requiert la participation des sujets, est une illustration spécifique de la mutualité. Elle permet aussi de remplir un double objectif : d'une part faire le tri entre ceux qui courent la campagne et ceux qui l'habitent, c'est-à-dire entre nomades et *gens du fief,* et d'autre part inciter les éléments extérieurs à rejoindre le fonctionnement collectif sans les y obliger, puisque la possibilité est laissée au *gibier* de *s'échapper* c'est-à-dire de refuser cette intégration.

Laisser libre l'adhésion à la mutualité est une manière d'inciter autrui à se départir de toute méfiance. À l'opposé d'une conduite contraignante qui serait trop à l'image de la brutalité qu'elle entend résorber, cette politique ouverte permet à celui qui appelle, comme l'unique trait Yang, de s'affirmer de manière détachée et à ceux qui répondent, à l'image des traits Yin, de se sentir en phase.

Manifester : l'idéogramme, qui n'apparaît qu'ici, est formé d'un groupe complexe où se trouve notamment le signe du *soleil*. Insistant sur l'éclat, la splendeur et la visibilité, son sens propre est *apparent, en vue, illustre ; faire briller, faire connaître, dévoiler, révéler*. Il sert en chinois moderne dans les expressions signifiant : microscope et révélateur (de photo).
ALLIANCE : le nom de l'hexagramme apparaît ici dans une construction singulière, différente de celle employée à toutes les autres lignes. Outre le fait que cette construction empêche de le rendre par un verbe comme à tous les autres niveaux de l'hexagramme, l'utilisation d'un substantif permet de souligner la réalité effective de l'alliance. La ligne souveraine est le lieu même de la convergence, et non le mouvement qui y conduit.
Roi : personnage symbolique, le Roi est le pivot de l'organisation sociale. La forme classique de l'idéogramme – sa forme primitive est encore débattue – est très parlante. Elle est composée de trois traits horizontaux représentant les trois instances à l'œuvre dans l'univers : la Terre, l'Être humain et le Ciel, reliés par un axe vertical. Plus que la majesté, c'est la fonction royale qui est ainsi représentée. Son emploi le plus caractéristique est à 45/J où le Roi réunit l'ensemble du peuple en le *reliant* à ses racines. La présence du Roi, cité également en ligne souveraine de GENS DU CLAN et de DÉNOUER (37/5 et 59/5) comme symbole de pérennité, fait ici clairement apparaître l'importance d'un point de ralliement pour orienter la mutualité. À l'époque du *Yi Jing*, la chasse à la battue, qui requiert une large participation de la population, est une des formes que prend la manifestation de son rôle.
Battue sur trois côtés : expression en deux caractères, dont le premier est le chiffre *trois* et le second un verbe signifiant *presser, pousser, chasser, expulser*, qui se retrouve dans des expressions anciennes voulant dire *vermifuge* ou *exorciser*, et qui est toujours utilisé en chinois moderne dans les expressions signifiant *avion de chasse* ou *contre-torpilleur*.
Laisse s'échapper : l'idéogramme combinait dans sa forme primitive le signe de la main et l'indication d'un mouvement de chute. Toujours très usuel, il signifie *laisser échapper, perdre, manquer le but*, etc. Il contient en même temps l'idée d'un renoncement et celle d'une perte *(abandon)*.

Au-devant : de forme complexe, l'idéogramme signifie *avancer* en tant que verbe, *autrefois, précédemment, d'abord, devant* en tant qu'adverbe. Dans le contexte du *Yi Jing*, il est le plus souvent utilisé en balancement avec *ensuite*, son opposé *(d'abord... ensuite)*. Voir aussi *vient après* au Jugement.
Gibier : l'idéogramme a pour sens propre *gibier* en général et *oiseaux* en particulier.
Fief : l'idéogramme, qui évoquait à l'origine les agglomérations paysannes, a pris ensuite dans le cadre de la féodalité instaurée par les Zhou le sens d'autorité conférée sur un territoire. Il peut aussi, dans le contexte du *Yi Jing*, représenter la base personnelle où se réfugier, se défendre en cas de danger, ou encore remettre de l'ordre.
Ouverture : voir Jugement.

 **Hexagramme dérivé :** hexagramme 2. ÉLAN RÉCEPTIF est un moment de disponibilité et d'adaptabilité aux circonstances où la ténacité se conjugue à la souplesse.

En haut un six
S'ALLIER sans tête
Fermeture

比之无首 BI zhi wu shou
凶 xiong

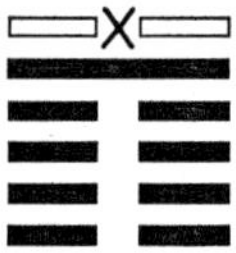

À la retombée qui se produit généralement à la sixième ligne s'ajoute ici le fait que ce trait se situe au-dessus du Roi, pivot du rassemblement, évoqué à la place souveraine. S'il est encore question d'ALLIANCE, comme à toutes les autres lignes, il est maintenant soit trop tard pour la réaliser, soit téméraire d'imaginer pouvoir le faire en dehors d'un projet fédérateur.

Le texte, en résonance avec celui de la troisième ligne, décrit une autre forme de mésalliance : là, on s'allie aux mauvaises personnes, ici on ne s'allie plus, on s'agrège sans principe commun.

S'ALLIER : nom de l'hexagramme. Voir ligne 1.
Tête : représentant une tête humaine, l'idéogramme, comme le mot français chef, signifie *tête* au sens propre et *capitaine*, celui qui est « en tête », au sens figuré. Le choix de ce mot fait ressortir le balancement entre la fin de l'ALLIANCE et celle de l'ARMÉE (7), hexagramme retourné de celui-ci : à l'alliance « sans chef » évoquée ici, répond à 7/6 la présence du « grand chef », instituant la féodalité harmonieuse régissant CLANS et pays. D'après certains commentateurs, la phrase *sans tête* serait une allusion à l'attitude d'un vassal arrogant de Yu le Grand, fondateur mythique de la dynastie des Xia, qui, pour défier son souverain, arrivait en retard aux réunions rituelles. Pour le punir de son arrogance, Yu le Grand l'au-

rait fait décapiter. Bien que peu avérée, cette anecdote coïncide pourtant avec le refus de mutualité qui caractérise ce trait.

Fermeture : appréciation mantique signalant un moment de blocage, un mauvais agencement du flux vital qui restreint les possibilités de développement. Voir aussi Jugement.

䷓ **Hexagramme dérivé** : hexagramme 20. REGARDER est un moment de bilan où il faut regarder les choses en face et travailler à l'élévation de son point de vue.

ÉLÉMENTS D'ANALYSE

Nucléaire

䷖ **Hexagramme 23 : USURE.** Au cœur de ALLIANCE, il y a USURE. Au cœur de la convergence de toutes les forces autour d'un centre, il y a une disparition portant en elle les germes d'un renouvellement. L'évanouissement de la lumière est le fond sur lequel une organisation ou une identité nouvelle commence à se détacher. Le dépassement de l'inquiétude s'effectue sur un coup de dés, comme un jet fondateur à partir duquel la disparition est maîtrisée et le pouvoir d'organisation établi.

Opposé

䷍ **Hexagramme 14 : GRAND RÉALISE.** La relation d'opposition entre ALLIANCE et GRAND RÉALISE se situe au niveau du travail du souverain : en situation Yin le Roi est Yang, il manifeste brillamment l'ALLIANCE ; en situation Yang le Roi est Yin, il ne rejette personne mais place chacun à son poste. L'opposition se situe aussi dans le rapport au temps : GRAND RÉALISE est le moment où le laps de temps entre le projet et sa réalisation est réduit au minimum ; ALLIANCE, celui où le fondement du projet doit être sans cesse réitéré pour que l'ensemble tienne.

9 PETIT APPRIVOISE

小畜

XIAO XU

En haut VENT ☴
En bas CIEL ☰

PETIT APPRIVOISE	小畜	XIAO XU
Favorisant	亨	heng
Nuages épais pas de pluies	密雲不雨	mi yun bu yu
en nos domaines de l'Ouest	自我西郊	zi wo xi jiao

Au début un neuf

RETOUR de soi-même au cheminement	復自道	FU zi dao
En quoi cela serait une faute	何其咎	he qi jiu
Ouverture	吉	ji

Neuf en 2

RETOUR tiré par une longe	牽復	qian FU
Ouverture	吉	ji

Neuf en 3

Les essieux du chariot lâchent prise	輿說輻	yu shuo fu
Mari et épousée se regardent de travers	夫妻反目	fu qi fan mu

Six en 4

Il y a onde porteuse	有孚	you fu
Le sang disparaît la vigilance apparaît	血去惕出	xue chu qu ti
Absence de faute	无咎	wu jiu

Neuf en 5

Il y a onde porteuse	有孚	you fu
comme reliant à la manière des anneaux	攣如	luan ru
d'une chaîne		
Enrichissement par les voisins	富以其鄰	fu yi qi lin

En haut un neuf

Voici la pluie	既雨	ji yu
Voici le repos	既處	ji chu
Être en charge d'une position supérieure	尚德載	shang de zai
Pour l'épouse présage de danger	婦貞厲	fu zhen li
À l'approche de la lune pleine	月幾望	yue ji wang
impasse pour les expéditions	君子征凶	jun zi zheng xiong
d'un Chef Accompli		

Grande Image

Le vent circule-et-agit au-dessus du ciel	風行天上	feng xing tian shang
PETIT APPRIVOISE	小畜	XIAO XU
L'Être Accompli ainsi	君子	jun zi yi
grâce à l'excellence	以懿	yi
affine sa conduite	文德	wen de

Dixième Aile
PETIT APPRIVOISE — 小畜 XIAO XU
manquer. — 寡也 gua ye

PETIT APPRIVOISE, c'est apprivoiser de manière Yin. En retenant patiemment des énergies fortes, on peut non seulement les affiner mais aussi dompter les tensions, maintenir des liens et transformer peu à peu en enrichissement une situation ressentie comme un enfermement. APPRIVOISER ne signifie pas pour autant museler : l'idéogramme indique qu'il s'agit d'appliquer aux animaux de pâturage le processus d'élevage des vers à soie. La grande réserve d'énergie créative qui caractérise ce moment doit être délicatement affinée et lentement modelée afin de pouvoir prendre une forme aboutie.

PETIT, correspondant à ce qui est interne, ténu, caché, évoque avant tout la souplesse prudente et longanime propre à la force Yin. Que l'hexagramme entre dans le cadre d'une relation difficile à l'entourage ou rende compte d'un processus intérieur, l'apprivoisement qui s'effectue par cette force du faible suit un modèle prestigieux : Chang l'étincelant, le créateur légendaire du *Yi Jing*, qui sera en raison de son œuvre civilisatrice et de sa vertu pacifique appelé : le Roi Wen.

La naissance du *Yi Jing*

Le dernier souverain des Shang, Di Xin, était un tyran. Il est raconté à l'hexagramme 36 LUMIÈRE OBSCURCIE comment il fit arracher le cœur de Bi Guan, son frère cadet, qui avait osé blâmer son attitude. En apprenant cela, Chang l'étincelant, chef du clan des Zhou, en conçut une grande tristesse. Il n'en décida pas moins de se rendre comme par le passé à la capitale du Grand Pays pour y porter son tribut rituel de vassalité. Alors qu'il était face à son suzerain, un prince mauvais glissa à l'oreille du tyran que, lorsqu'on lui avait relaté le récit de l'incident, Chang, le Comte de l'Ouest, avait osé pousser un soupir. Di Xin entra dans une fureur terrible. Mais le tyran savait bien qu'il serait trop dangereux de tuer un vassal à qui rien ne pouvait être reproché. Il ordonna donc que Chang soit simplement jeté dans une caverne murée.

La légende raconte que, dans cette geôle où il fut tenu enfermé pendant sept années, Chang l'étincelant médita sur les mutations et composa la première forme écrite du *Livre des Changements*. Reprenant les trigrammes de Fu Xi, il les organisa deux à deux, créant ainsi dit-on, les soixante-quatre hexagrammes. En outre, il fit de chaque figure l'emblème d'une situation, lui donnant un nom propre et résumant sa symbolique dans un court paragraphe appelé par la suite Jugement. Dans cette prison, que la coutume localise dans l'actuelle province du Henan près de An Yang – on y trouve un temple commémoratif au fronton duquel est écrit « le lieu où naquit le *Livre des Changements* des Zhou » – Chang gagnera le titre glorieux sous lequel il est toujours honoré : Roi Wen c'est-à-dire Roi-Écriture, Roi-Civilisation.

Dans le Jugement de PETIT APPRIVOISE, qui évoque la retenue du Roi Wen loin de son domaine, la *pluie* remise à plus tard souligne que cette situation est le moment le plus « petit » de quelque chose qui demandera du temps avant d'aboutir. Emprisonnée, la puissance du Roi Wen en était à son niveau le plus infime. Elle se renforçait pourtant et se perfectionnait patiemment comme des *nuages* s'amoncellent, pour faire éclore une œuvre appelée elle-même à être peaufinée pendant des dizaines de siècles.

La structure de la figure se caractérise par une majorité de traits Yang, qui souligne par contraste l'importance du seul trait Yin situé à la quatrième place, celle de Ministre. Cette particularité met en valeur la faculté d'acceptation du vassal fidèle à son suzerain, dont l'exemple est le Roi Wen qui jamais ne se révolta, quelque indigne que fût la conduite de son supérieur. La présence de ce trait souple crée un vide, une respiration qui rend possible l'attitude compréhensive et tenace à même d'apprivoiser les tensions et d'influencer finalement l'ensemble de la situation.

Les images utilisées dans le texte – *époux, voisins*, face-à-face de la *lune* et du soleil, *essieux* du char, *anneaux* d'une chaîne, arrivée de la *pluie* – sont centrées sur le thème de la relation. Les richesses et les difficultés de la mise en relation sont soulignées par la reprise, aux deux lignes supérieures, de symboles caractéristiques de l'hexagramme 61 JUSTE CONFIANCE, dont la structure ne diffère de celui-ci que d'un trait. Cette ressemblance accentue l'importance du Yin central, lieu d'effacement et de rencontre entre l'intérieur et l'extérieur. Dans PETIT APPRIVOISE, il est ce qui permet le RETOUR aux deux premiers traits, places de la Terre, où se trouvent les seules appréciations mantiques favorables.

Une autre situation du *Yi Jing* est axée sur la même idée de modération de la force : l'hexagramme 26 GRAND APPRIVOISE, qui traite du versant Yang de l'apprivoisement. Le rapport au temps n'est pas le même dans les deux situations : tandis que retenir le Yang apprend à exercer la force avec opportunité, la retenue par le Yin est expérience d'un manque préparant patiemment des réalisations futures. À la différence des moyens contraignants utilisés à l'hexagramme 26, Yin et Yang peuvent ici trouver des manières de commercer. PETIT APPRIVOISE, c'est faire de la vassalité une force.

XIAO : *Petit, menu, mince. Peu, un peu de. Rapetisser, diminuer, s'amenuiser.*

L'explication usuelle de l'idéogramme le décrit comme représentant un bâton vertical en train d'être épointé. Son sens de *petit* viendrait alors de la pointe qui s'amenuise et des minces copeaux dessinés par les petits traits de chaque côté du bâton. Bien que traditionnelle, cette explication témoigne d'un point de vue particulier : ce qui est *petit* n'est pas défini en soi, comme une qualité propre, mais comme l'amenuisement, l'effilochage de quelque chose de *grand.* Quand *petit* sera reconnu comme un des emblèmes du Yin, on expliquera alors l'idéogramme en insistant sur la parité (autre symbole Yin) marquée par les deux copeaux. Le saut sémantique est justifié, mais aussi l'idéologie qu'il véhicule. Le Yin est toujours considéré en référence au Yang et dans un rapport déprécié, les copeaux étant moins utiles qu'un bâton pointu. Ce type d'association sous-jacente nourrira à partir des Han un point de vue négatif associant durablement *petit* avec mauvais et féminin d'où résultera l'habitude d'assujettir le Yin au Yang. Renforcée par les Song, qui institueront par ailleurs l'odieuse coutume des pieds bandés, cette dévalorisation sera reprise à l'envi par les traducteurs occidentaux de la période coloniale et passera telle quelle dans de nombreux commentaires ultérieurs. La découverte des caractères archaïques a démenti l'interprétation traditionnelle et montré qu'elle était tendancieuse. Sur les pièces divinatoires en effet, le signe *petit* était dessiné par trois petits traits verticaux de taille égale représentant simplement des graines. L'image est plus claire, elle montre ce qui est petit sans référence extérieure, tout en suggérant la force spécifique du Yin : le pouvoir germinateur de la multiplicité (trois) des graines que la terre et le temps transformeront en nourriture.

XU : *Faire paître, élever du bétail. Nourrir des animaux. Prendre soin de, entretenir, recueillir, supporter, tolérer.*

L'idéogramme est formé de trois parties superposées. En bas le caractère champ, évoquant les animaux paissant à l'extérieur. Au-dessus, le signe de la soie en général et tout au sommet le dessin d'un toit simple (abri, hangar). L'ensemble décrit l'élevage du bétail, la domestication des animaux étant présentée comme une extension de la sériciculture, comme l'application au gros bétail du processus d'élevage en chambre des vers à soie.

Apprivoiser est plus délicat que domestiquer, néanmoins ce mot français amenuise un peu l'idée sous-jacente à l'idéogramme qui est de s'approprier un processus naturel, de le prendre en charge pour le faire croître.

Petit pouvant comme tous les idéogrammes être compris aussi bien comme nom que comme adjectif, l'association des deux caractères nommant cette figure peut se lire à deux niveaux. L'un, apprivoisement *par* le Petit, insiste sur les qualités Yin qui permettent l'apprivoisement, l'art du petit à petit ; l'autre, apprivoisement *du* Petit, insiste sur la force ainsi apprivoisée et permet de comprendre que le *petit s'apprivoise* lui-même.

APPRIVOISEMENT et EXCÈS sont les deux seules notions présentées dans le *Yi Jing* à la fois selon leurs modalités Yin (9 et 62) et Yang (26 et 28).

TEXTE CANONIQUE

JUGEMENT

PETIT APPRIVOISE	小畜	XIAO XU
Favorisant	亨	heng
Nuages épais pas de pluies	密雲不雨	mi yun bu yu
en nos domaines de l'Ouest	自我西郊	zi wo xi jiao

Bien qu'elle puisse paraître aride, la situation est porteuse d'une grande capacité d'essor. C'est une période de tension, symbolisée par les *nuages* qui représentent un processus de regroupement et de densification pendant lequel les formes sont changeantes et les forces retenues. Mais elle contient aussi la promesse d'une fécondité que la *pluie* apportera à son heure. Aucune appréciation mantique n'est citée, à l'exception de *favorisant*, aucune stratégie spécifique proposée, à l'exception de celle indiquée par une phrase devenue proverbiale tant la situation qu'elle décrit était évocatrice pour les anciens Chinois.

Au moment de PETIT APPRIVOISE, on se trouve analogiquement dans la même position que le Roi Wen en prison, appelé à accomplir une œuvre qui, bien que promise à un grand avenir, en est encore au stade de la gestation. Il convient donc de se comporter comme ce grand personnage qui, vassal modèle, réprima toute tendance à se dresser contre l'oppression injuste dont il était victime, se contentant d'utiliser avec patience l'enfermement qu'il subissait pour réaliser son œuvre et préparer les temps futurs. APPRIVOISER par le Yin, c'est entrer dans un processus intérieur qui consiste à retenir et affiner sa propre force : c'est par cette attitude que l'on exerce à la longue une influence déterminante sur l'ensemble de la situation.

Favorisant : appréciation mantique décrivant un climat d'essor, un agencement fertile, un dispositif énergétique global dans lequel l'échange entre le Ciel et la Terre se noue de manière féconde. Cette fécondité est également évoquée ici par l'image de la pluie, même si sa concrétisation n'est pour l'instant pas en vue.

Nuages : écrit avec le caractère *pluie* et un signe dont le sens est *dire, signifier,* l'idéogramme est plus qu'une indication météorologique. L'apparition de nuages est un message du Ciel qui annonce l'arrivée de la pluie, signe de fécondité potentielle. C'est sans doute la raison pour laquelle ce terme sera choisi à la place de l'eau pour désigner le trigramme Kan dans les Grandes Images de deux hexagrammes décrivant une stratégie assez proche de celui-ci : DIFFICULTÉS INITIALES (voir 3/GI) et ATTENDRE (voir 5/GI).

Épais : l'idéogramme, de forme complexe, comprend entre autres les caractères *toit,* dans le sens Yin de concentration, et *montagne.* Il a vraisemblablement été choisi pour cette phrase en raison de son double sens. Le premier *serré, dense, dru,* qualifie les nuées porteuses d'orage ; le second *secret, caché, retiré, solitaire,* évoque le Roi Wen en prison.

Pluies : la pluie en Chine est chaude, féconde et favorable. Dans le territoire des Zhou, région montagneuse et cultivée en terrasses depuis la plus haute antiquité, elle constitue la seule possibilité d'irrigation. Pour cela, elle a toujours été considérée dans l'imaginaire chinois comme un symbole de couplage efficace et d'union féconde. Dans le *Yi Jing,* l'arrivée de la pluie est généralement de bon augure.

Nuages épais pas de pluies : expression en quatre caractères, restée en usage sous forme de proverbe. Dans le contexte du *Yi Jing,* elle décrit le moment le plus aride de quelque chose que le temps, météorologique ou calendérique, rendra fécond.

En : l'idéogramme signifie à la fois le lieu *d'origine* ou de *passage* d'un mouvement et *soi-même, de soi-même, spontanément.* Son sens de *spontanément* décrit ce qui vient de soi-même, de manière naturelle. Le texte joue sur les deux niveaux de signification, car en Chine comme partout, la pluie vient plutôt de la mer qui se trouve à l'Est aussi bien du domaine des Shang que de celui du Roi Wen.

Nos : l'idéogramme signifie *je, moi, me,* en tant que pronom personnel et *mon, mes, nos* en tant qu'adjectif possessif. Qui parle à la première personne dans le *Yi Jing*? Si ici, il ne fait pas de doute que c'est le Roi Wen, d'autres cas sont moins clairs.

Domaines : l'idéogramme, écrit avec le signe des délimitations territoriales et le caractère *échanges, relations*, signifie littéralement *faubourgs*, le lieu d'échange entre la ville murée, région civilisée, et la campagne sauvage. *Domaines* a été préféré à cause de l'évocation du Roi Wen et aussi parce qu'à l'époque en question, le territoire du clan des Zhou, bien que faisant partie du royaume des Shang par alliance, était géographiquement situé dans les « faubourgs » du Grand Pays (voir 64/4) des Shang.
Ouest : Les mentions de points cardinaux sont peu fréquentes dans le *Yi Jing*. Elles renvoient originellement à l'opposition Shang (Est) - Zhou (Ouest). L'évocation ici de l'Ouest par le roi Wen emprisonné chez les Shang sous-entend que, même hors de chez soi, c'est de son propre domaine, c'est-à-dire de soi-même, qu'il faut attendre la solution.
Nuages épais pas de pluie en nos domaines de l'Ouest : caractéristique de la fonction productive du temps, cette phrase se retrouve à l'identique à la ligne souveraine de Petit Excès – autre hexagramme décrivant l'action du Petit – où elle est associée à l'image d'une personne enfermée dans une caverne, comme ici le Roi Wen dans sa prison (voir 62/5).

Texte des traits

Au début un neuf
Retour de soi-même au cheminement
En quoi cela serait une faute
Ouverture

復自道 Fu zi dao
何其咎 he qi jiu
吉 ji

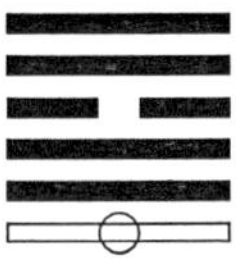

L'Entrée dans une situation s'effectue souvent d'une manière impétueuse ou inexpérimentée, que le *Yi Jing* tempère par des conseils de modération. Située au départ d'un groupe de trois traits Yang, cette ligne pourrait être un lieu d'insoumission où l'on serait porté à refuser les aspects contraignants de l'apprivoisement.

Cependant, la correction du trait et sa relation de correspondance favorable avec l'unique trait souple de l'hexagramme, indiquent qu'il est possible, dès ce stade initial, de comprendre le bien-fondé de la retenue. S'y plier naturellement n'est pas reculer, mais contribuer à un renouveau prometteur auquel il faut adhérer sans hésitation, quelles que puissent être les contraintes.

Retour : nom de l'hexagramme 24. Ce mot, repris également à la ligne suivante, évoque la résurgence encore timide de forces neuves, mais fait aussi écho aux hésitations caractéristiques des débuts, aux pas en avant mêlés aux pas en arrière d'un *cheminement* qui se cherche (voir 24/J).

De soi-même : rend un idéogramme qui signifie à la fois lieu d'origine et spontanément (voir au Jugement *En).*

Cheminement : l'idéogramme a pour sens premier *voie, chemin, cheminer.* Cependant il s'agit du caractère qui sera choisi par les taoïstes pour désigner le Tao. À l'époque de la rédaction du Texte canonique, ce caractère n'avait sans doute pas encore acquis ce sens particulier, mais peut-être était-il déjà sous-jacent. *Cheminement,* qui convient bien pour Tao, est un compromis qui permet de garder l'ambiguïté du texte chinois.

En quoi cela serait une faute : variante interrogative de la formule mantique *absence de faute.* Chaque fois que cette injonction à ne pas rester dans l'incertitude est présentée sous une forme inhabituelle, c'est en rapport avec l'idée d'accomplir un mouvement décidé ou en relation avec l'idée du *cheminement* des choses, du mouvement du Ciel.

Ouverture : appréciation mantique signalant un moment heureux où un agencement fécond du flux vital multiplie les possibilités de développement. Elles n'est citée qu'aux deux premières lignes de cet hexagramme. Que les deux places de la Terre soient les seules marquées d'une appréciation mantique favorable souligne l'importance de la dominante Yin de l'hexagramme dans son ensemble.

Hexagramme dérivé : hexagramme 57. SE MODELER est un mouvement de contrainte qui courbe les êtres et pénètre à l'intérieur des situations cachées pour en remettre la forme à jour.

Neuf en 2

RETOUR tiré par une longe	牽復	qian FU
Ouverture	吉	ji

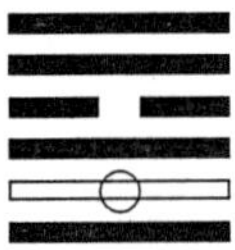

Alors qu'au trait précédent l'adhésion au processus d'apprivoisement s'effectue de plein gré, sinon sans hésitations, il y a ici des résistances. La nature Yang du trait, incorrect et placé au milieu d'un groupe de trois Yang, indique une fermeté que la qualité Yin de la place peut aider à contenir.

La *longe,* cette longue rêne avec laquelle on tire les animaux qui refusent d'entrer ou sortir de l'enclos et avec laquelle on éduque les chevaux au manège, montre qu'il s'agit de retenir les forces en présence pour les apprivoiser et les guider. Encadrer la force d'une main ferme, c'est contribuer comme à la première ligne à un mouvement de renouveau, et favoriser une issue positive.

RETOUR : nom de l'hexagramme 24. Voir ligne 1.
Tiré par une longe : composé des caractères *animal, corde* et d'un signe exprimant la traction ou la résistance, l'idéogramme représente un mouvement contraint, ici en opposition avec le mouvement spontané de la première ligne. Il n'est cité qu'une autre fois, dans un hexagramme construit selon le même rapport entre traits Yin et traits Yang : SE MONTER RÉSOLU où, appliqué au bélier, il montre le ralentissement qui doit être opéré sur le Yang (voir 43/4).
Ouverture : Voir ligne 1. Que les deux premières lignes, aux deux places de la Terre, soient les seules marquées d'une appréciation mantique favorable souligne l'importance de la dominante Yin de l'hexagramme dans son ensemble.

Hexagramme dérivé : hexagramme 37 : GENS DU CLAN représente un dispositif qui transforme de l'éphémère en durable par référence à un foyer commun. On y replace les problèmes du moment dans un cadre temporel plus vaste.

Neuf en 3
Les essieux du chariot lâchent prise — 輿說輹 yu shuo fu
Mari et épousée se regardent de travers — 夫妻反目 fu qi fan mu

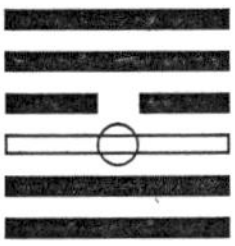

Situé au stade du passage vers l'extérieur et porté par le mouvement Yang des traits précédents, ce niveau est celui où, à l'approche de la seule ligne Yin de l'hexagramme, l'atmosphère d'enfermement s'exacerbe et l'énervement gagne. Le mouvement de couplage entre Yin et Yang se grippe : le *chariot*, dont les essieux sont trop sollicités par la charge, s'arrête. Le blocage suscite l'aigreur des époux qui se boudent.

Absence de légèreté, attitude rigide et manifestations vindicatives aboutissent à l'arrêt du commerce Yin Yang nécessaire à la marche des choses. Cet empêchement est manifeste mais passager puisqu'il n'est sanctionné par aucune appréciation mantique défavorable.

Essieux : l'idéogramme est composé du signe général des *chars* et d'un groupe complexe évoquant l'idée de RETOUR ou d'*enrichissement* (voir ligne 5). L'idéogramme a désigné différents éléments du char : le support de la caisse, la cheville qui la fixe à l'essieu, et aussi les rayons des roues. *Essieu* est un compromis qui cherche à rendre leur qualité commune : une pièce de jonction, cachée, dont la solidité est indispensable à la bonne marche de l'ensemble.
Chariot : l'idéogramme est composé avec le signe général des *chars*, précisé par un caractère qui évoque l'idée d'*union concertante* (voir

61/2, *et*). Le chariot, comme le char, en raison de sa caisse carrée comme la Terre et de son dais rond comme le Ciel, est en Chine une image usuelle du couplage Ciel-Terre. Dans le contexte du *Yi Jing*, sa faculté à avancer et à transporter marque généralement l'efficience de ce couplage.
Lâchent prise: l'idéogramme, écrit avec le signe général de la *parole* et le nom de l'hexagramme 58 ÉCHANGER, a pour sens usuel *parler, dire, expliquer* et aussi *se réjouir*. Cependant la plupart des commentateurs modernes s'accordent à penser qu'il est mis à la place d'un autre, assez proche graphiquement et phonétiquement, qui signifie *se débarrasser, ôter*. *Lâchent prise* est un compromis qui joue entre ces deux sens.
Les essieux du chariot lâchent prise: cette phrase est citée à l'identique dans les deux hexagrammes traitant d'APPRIVOISEMENT, ici celui du Yin et là celui du Yang (voir 26/2). La différence est que lorsqu'il s'agit d'APPRIVOISER en GRAND, le processus est évoqué de manière générale, alors qu'ici il est précisé par l'expression de problèmes relationnels.
Mari: l'idéogramme, représentant un personnage caractérisé par le chignon que les garçons recevaient à leur maturité, signifie en général *adulte, homme*, et *mari* quand il est couplé à *épousée*.
Épousée: l'idéogramme employé ici est peu différent de celui rendu par *épouse* à la sixième ligne. Ils se rejoignent par le sens, celui d'une attitude Yin *(femme)*.
Se regardent de travers: le texte comporte deux idéogrammes. Le premier est le caractère *œil*, employé ici dans le sens de *regarder*, et le second un caractère qui signifie *s'opposer, contre, se détourner*, puis *renvoyer*, et finalement *retourner, revenir sur ses pas*. Ensemble ils forment une expression dont le sens propre est *détourner les yeux* ou *avoir les yeux qui se retournent de colère*, expression encore utilisée pour dire « se bouder ». Dans le contexte du *Yi Jing*, le couplage Yin/Yang évoqué par le binôme *mari & épousée* (ou *épouse*), est présenté deux fois comme infécond (voir 53/3). La différence est qu'ici les deux partenaires sont dans une situation convergente (ils sont face à face, même si c'est en détournant les yeux) alors que là ils divergent, chacun échouant de son côté.

Hexagramme dérivé: hexagramme 61. JUSTE CONFIANCE est une situation de confiance en soi et en l'autre, où la force d'un cœur vide de préjugé rend l'échange possible.

Six en 4
Il y a onde porteuse 有孚 you fu
Le sang disparaît la vigilance apparaît 血去惕出 xue qu ti chu
Absence de faute 无咎 wu jiu

Seule ligne Yin de l'hexagramme, ce trait est situé à une place importante, celle du Ministre réservé et fidèle à son suzerain comme le fut en toutes circonstances le Roi Wen. Dans un environnement aussi Yang, c'est une position difficile à tenir, et il importe d'agir de la manière la plus juste qui soit. On est encore sous le coup des tensions et des désaccords décrits à la ligne précédente, et l'évocation du *sang*, qu'il soit l'image de blessures ou de l'exorcisme par lequel on s'en protège, indique que la situation n'est pas dénuée de risques.

Cependant il ne faut pas, à ce premier niveau extérieur, rester enfermé dans l'inquiétude. Le trait est correct et en relation de voisinage avec la ligne souveraine : la situation commence à tourner de manière plus propice. Il convient d'être attentif à cette évolution et d'y accorder son action par une attitude prudente et respectueuse. Le comportement adéquat consiste à défaire les tensions en écartant fermement les provocations et en privilégiant l'écoute confiante qui aide à dissoudre les rigidités.

Il y a onde porteuse : variante de la formule mantique *onde porteuse* insistant sur la présence effective *(il y a)* d'un fort courant porteur. Cité deux fois dans cet hexagramme (lignes 4 et 5), ce flux porteur fait écho aux tensions évoquées au Jugement de PLAIDER SA CAUSE (voir 6/J), où la formule est également couplée avec le conseil de *vigilance* et où il est recommandé de ne pas pousser les choses à bout.
Sang : dans la Chine ancienne, le sang est rituel avant d'être physiologique ; l'idéogramme ne le représente pas comme un liquide corporel, mais comme le contenu d'un vase sacrificiel. Dans le contexte du *Yi Jing*, chaque fois qu'il apparaît, c'est dans un contexte de couplage tendu ou stérile. Il peut donc être l'image d'une blessure physique ou le résultat possible d'un relation qui se fait mal. Ici, il est le signe d'une situation inquiétante.
Vigilance : appréciation mantique signalant qu'une attention particulière doit être portée aux changements en cours.
Absence de faute : formule mantique spécifique incitant à ne pas rester dans un état d'esprit incertain ou hésitant.

Hexagramme dérivé : hexagramme 1. ÉLAN CRÉATIF est un moment de vigueur et de fermeté traversé par un grand souffle de transformation. La véritable force consiste à en comprendre la puissance sans se laisser emporter par ses rigidités.

Neuf en 5

Il y a onde porteuse	有孚 you fu
comme reliant à la manière des anneaux d'une chaîne	攣如 luan ru
Enrichissement par les voisins	富以其鄰 fu yi qi lin

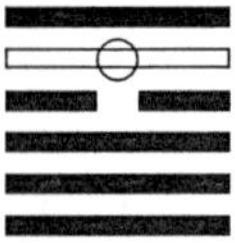

À ce niveau Souverain, l'APPRIVOISEMENT patient change de nature et porte enfin ses fruits. Le trait, Yang à une place Yang, est en relation de bon voisinage avec la place de Ministre, traversée par le même flux de confiance. La communication, si difficile aux deux places médianes, prend une dimension profonde qui n'a d'équivalent qu'au niveau Souverain de JUSTE CONFIANCE, moment d'apogée où la solidité d'un cœur vide de préjugés permet l'approche et l'échange fécond avec les autres (voir 61/5).

Fort de cette confiance retrouvée en soi-même, on est en mesure de faire tomber les murs dressés par la suspicion et de transformer les tensions provoquées par la malveillance en un partenariat bénéfique.

Il y a onde porteuse : variante de la formule mantique *onde porteuse* signalant qu'un fort courant porteur traverse la situation. Citée deux fois dans cet hexagramme (lignes 4 et 5), elle insiste sur la réalité effective *(il y a)* de ce courant.
Comme : construction particulière de la langue archaïque chinoise en forme de suffixe adverbial, marquant une sorte de comparaison oratoire.
Reliant à la manière des anneaux d'une chaîne : formé avec le signe de la main et un groupe complexe montrant l'entrelacement de brins de soie, l'idéogramme signifiait à l'origine *se tenir par la main, indissolublement unis à la manière des anneaux d'une chaîne*. Les traits 3 et 5, entourant la seule ligne Yin de l'hexagramme, sont tous les deux concernés par le problème de relations confiantes, caractéristique de l'hexagramme JUSTE CONFIANCE (voir à 61/5 où *relier* est également cité), très présent à ces deux niveaux puisqu'il est aussi le dérivé de la troisième ligne.
Enrichissement : l'idéogramme signifie *riche, enrichir, copieux, richesse, opulence*, etc. Son usage courant est matériel et positif – il rentre par exemple dans la composition du mot *bonheur* (voir 11/3). Dans le *Yi Jing*, sa présence souligne toujours un échange, parfois fécond, parfois non.
Voisins : au-delà de l'évocation historique que cette expression avait à l'époque des Zhou, les *voisins* symbolisent tous ceux avec qui on est en relation, l'autre, le différent. Ici, parmi les trois situations où ces *voisins* apparaissent, c'est le seul cas où des relations avec eux produisent un enrichissement. N'est-ce pas une mise en valeur de la noblesse du Roi Wen, qui ne se révolta pas contre un maître (et beau-frère) tyrannique, mais répondit par la droiture à l'injustice ? C'est ainsi que le vassal apprivoise le suzerain, que le Petit apprivoise le Grand.

Hexagramme dérivé : hexagramme 26. GRAND APPRIVOISE est un moment de retenue et de maîtrise de la force Yang. Cette contention s'effectue en Grand, c'est-à-dire dans la robustesse et la contrainte.

En haut un neuf

Voici la pluie	既雨	ji yu
Voici le repos	既處	ji chu
Être en charge d'une position supérieu	尚德載	shang de zai
Pour l'épouse présage de danger	婦貞厲	fu zhen li
À l'approche de la lune pleine	月幾望	yue ji wang
Impasse pour les expéditions d'un Chef Accompli	君子征凶	jun zi zheng xiong

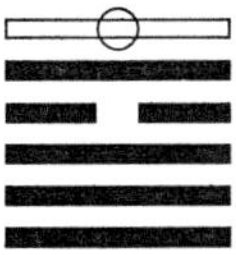

À ce niveau de Sortie, la *pluie* annoncée au Jugement se répand, dissolvant les tensions et permettant à chaque chose de trouver son lieu d'apaisement. Cette accalmie permet d'adopter à présent une conduite bienveillante, détachée des réactions amères auxquelles le contexte pouvait entraîner. *Pluie, épouse, lune*, cette accumulation de symboles Yin indique que le PETIT trouve à cette place supérieure un lieu où s'exprimer. La montée de la lune cependant, si elle met en valeur l'APPRIVOISEMENT réalisé par la souplesse et la patience, indique un équilibre difficile à maintenir entre les deux polarités. La souplesse ayant permis d'amadouer petit à petit les tensions, il ne faut pas gâcher ce renforcement en se conduisant petitement.

Adopter maintenant une attitude mesquine et vindicative ferait renaître les querelles et compromettrait l'acquis. Qu'une certaine position soit atteinte n'autorise pas à s'en prévaloir. Un Chef Accompli se doit de ne pas confondre courage et agressivité, et comprendre que le moment n'est pas à brusquer les choses.

Voici... voici : l'idéogramme, dont le sens propre est *en venir à*, est un caractère à usage grammatical servant de marque du passé ou plutôt du passage du temps autour d'un point d'inflexion. Il peut être traduit par *déjà* comme dans DÉJÀ TRAVERSÉE (63) ou par *après* (voir 19/3). Ici le redoublement donne une construction particulièrement rimée et rythmée.

Pluie : Symbole de fécondité bienvenue. Voir Jugement.

Repos : l'idéogramme, formé d'un groupe complexe, peut avoir deux significations selon sa prononciation. Il désigne soit l'action de *habiter, demeurer, se fixer, s'arrêter, se reposer*, soit l'état, l'aspect de ce mouvement d'arrêt, ou encore le *lieu*, l'*endroit*, la *place* où il se produit. Tous ces sens ont en commun l'évocation d'un mouvement qui cesse (voir 56/4, *se posant en un lieu*).

Être en charge : formé avec le caractère *chariot* et le signe des armes en général, l'idéogramme signifie au sens propre *chargement d'un chariot militaire*. De là, il en est venu à dire *charge, transporter, contenir,*

remplir ; et plus généralement *soutenir, prendre en charge*, etc.
Position : signifiant *bienveillance, bonté, bienfaisance*, mais aussi *conduite, vertu, moralité*, et également *volonté, cœur à l'ouvrage, influence*, ce terme qui prendra une place marquante dans la pensée chinoise, recouvre un vaste réseau de sens qui s'articulent autour de l'idée de matérialisation d'une certaine droiture dans la position sociale qu'on occupe.
Supérieure : l'idéogramme, se prononçant comme le caractère vers *le haut* et représentant la partie supérieure d'un bâtiment élevé, signifie *surpasser, estimer, faire grand cas, supérieur, honorable*. À partir de cette idée d'élévation, il est employé littérairement pour dire *épouser une princesse de rang supérieur au sien*. Bien que dans le contexte du *Yi Jing*, ce caractère puisse évoquer aussi le mariage du Roi Wen (voir 11/2), c'est sa signification morale qui est au premier plan. Ce terme apparaît en effet dans des circonstances qui exigent une grande abnégation dans l'avancée ou dans l'action.
Être en charge d'une position de rang supérieur : cette phrase pourrait aussi être lue *être rempli de vertu supérieure*.
Épouse : l'idéogramme signifie *épouse, femme mariée, dame*. Ici, le danger concernant l'épouse évoque les longues difficultés à enfanter décrites à l'hexagramme 53. Il peut s'agir d'une autre allusion historique, la renommée grandissante du Roi Wen son époux ayant pu poser quelques problèmes à la sœur du tyran (voir 11/5, où leur mariage est cité, et dont l'hexagramme dérivé est le même que celui de cette ligne).
Présage : modulation globale de certaines appréciations mantiques. Précisant que l'appréciation dont il s'agit est moins effective que lorsqu'elle est présentée de manière directe (sans modulation), elle la situe comme une tendance probable.
Danger : appréciation mantique signalant les risques inhérents à la situation.
À l'approche de la lune pleine : expression en trois idéogrammes dont le premier est le caractère *lune*, le second signifie *presque* (voir 3/3, *au tout premier indice*), et le troisième *face* à qui, appliqué à la lune *face* au soleil, désigne la pleine lune. Deux idées se superposent dans cette expression. La première est que les astres Yin et Yang sont presque face à face, c'est-à-dire quasiment à égalité de puissance. La seconde est que, par rapport à sa variation cyclique, la lune est proche de sa culmination (pleine lune), c'est-à-dire proche de l'instant où s'amorce la mutation de la lune ascendante en lune descendante. Cette scène, une des rares notations astronomiques du *Yi Jing*, se retrouve dans deux autres hexagrammes : à JUSTE CONFIANCE (voir 61/4) – autre référence à cet hexagramme (voir ligne 5, reliant) – et à MARIAGE DE LA CADETTE où il est fait allu-

sion à la conception du fils du Roi Wen, la toute première amorce du changement qui mènera finalement les Zhou sur le trône (voir 54/5).
Impasse : appréciation mantique identique à *fermeture* employée uniquement quand cette appréciation est associée à *expéditions.*
Expéditions : terme mantique représentant, dans le contexte du *Yi Jing*, la mise en route d'une action déterminée de remise en ordre.
Impasse pour des expéditions : formule mantique signalant l'inadéquation d'une stratégie d'intervention vigoureuse.
Chef Accompli : personnage symbolique dont la présence signale que la situation requiert des qualités particulières. C'est ici le seul cas où il pourrait être tenté de résoudre les tensions par la force.

䷄ **Hexagramme dérivé** : hexagramme 5. ATTENDRE décrit les moments de tension où la nourriture est promise si on sait faire confiance au temps et ne pas intervenir.

ÉLÉMENTS D'ANALYSE

Nucléaire

䷥ **Hexagramme 38** : **DIVERGENCE.** Au cœur de PETIT APPRIVOISE, il y a DIVERGENCE. Au cœur d'un moment de retenue patiente, il y a une tension féconde. Cette tension n'est pas une obstruction, mais une différence de potentiels qui se situe au niveau du lien entre le dedans et le dehors. L'apprivoisement petit à petit consiste à retenir et affiner la puissance créative de manière à ce qu'elle puisse agir sur l'extérieur. Maintenir la communication permet de dissoudre les murs sur lesquels on bute et d'influer à long terme sur l'ensemble de la situation.

Opposé

䷏ **Hexagramme 16** : **S'ENTHOUSIASMER.** La relation d'opposition entre PETIT APPRIVOISE et S'ENTHOUSIASMER se situe au niveau de la direction que prend la tension entre intérieur et extérieur. PETIT APPRIVOISE est un temps d'enfermement et d'intériorisation, S'ENTHOUSIASMER un moment d'exaltation et d'extériorisation. Alors que l'impulsion enthousiaste passe d'un coup de l'éclat à l'obscurité, l'apprivoisement petit à petit avance longuement de l'obscurité à l'éclosion. À la griserie de S'ENTHOUSIASMER, qui pousse subitement au-delà des limites, répond l'affinement de PETIT APPRIVOISE, qui œuvre patiemment à des réalisations futures.

10 ALLIANCE

履

LÜ

䷉

En haut CIEL ☰
En bas BRUME ☱

MARCHER sur la queue d'un tigre	履虎尾 Lü hu wei
Il ne mord pas la personne	不咥人 bu xi ren
Favorisant	亨 heng

Au début un neuf

DÉMARCHE simple	素履 su Lü
Aller absence de faute	往无咎 wang wu jiu

Neuf en 2

MARCHER sur un chemin uniformément plat	履道坦坦 Lü dao tan tan
Être retiré et solitaire présage ouverture	幽人貞吉 you ren zhen ji

Six en 3

Un borgne peut observer	眇能視 miao neng shi
Un boiteux peut Marcher	跛能履 bo neng Lü
MARCHER sur la queue d'un tigre	履虎尾 Lü hu wei
Il mord la personne fermeture	咥人凶 xi ren xiong
Un guerrier agit en place	武人爲 wu ren wei
d'un grand Chef	于大君 yu da jun

Neuf en 4

MARCHER sur la queue d'un tigre	履虎尾 Lü hu wei
Frayeur et effroi	愬愬 su su
À la fin ouverture	終吉 zhong ji

Neuf en 5

DÉMARCHE RÉSOLUE	夬履 GUAI LÜ
Présage de danger	貞厲 zhen li

En haut un neuf

Observer la DÉMARCHE	視履 shi Lü
scruter les augures	考祥 kao xiang
Pour qui revient sur ses pas	其旋 qi xuan
fondamentalement ouvert	元吉 yuan ji

Grande Image

Vers le haut le ciel vers le bas la brume	上天下澤 shang tian xia ze
DÉMARCHE	履 LÜ
L'Être Accompli ainsi	君子以 jun zi yi
en distinguant haut et bas	辯上下 bian shang xia
fixe et tranquillise la volonté du peuple	定民志 (an) ding min zhi

Dixième Aile

Démarche	履 Lü
ne pas se poser.	不處也 bu chu ye

DÉMARCHE montre comment se comporter au contact d'une force puissante et potentiellement dangereuse. L'allégorie utilisée est inhabituelle : elle expose les risques qu'on encourt à marcher sur la queue d'un tigre.

Le tigre est en premier lieu associé à la force, parfois féroce, des rois et des puissants. DÉMARCHE représente ainsi les moments où l'on se trouve impliqué par inadvertance dans des tensions soudaines qui peuvent provoquer des réactions violentes. Mais le symbole se double d'une autre signification : par opposition au dragon vert qui surgit des profondeurs au Printemps, le tigre, associé à la couleur blanche, est l'image de l'énergie qui s'enfouit dans la terre à l'Automne. Il représente alors une autre facette de cette force : celle, aussi puissante, tapie à l'intérieur de chacun de nous sous forme de sexualité, de désirs ou d'instincts qu'un hasard peut brusquement réveiller. Cet autre aspect symbolique du tigre, dont les appétits insatiables sont décrits au quatrième trait de l'hexagramme NOURRIR, est éclairé ici par l'emploi d'images insolites : le *borgne* et le *boiteux* qui ne sont mentionnés ailleurs dans le *Yi Jing* qu'à l'hexagramme MARIAGE DE LA CADETTE, figure dédiée aux moments où l'on se laisse emporter par l'ardeur et la passion.

La structure de la figure se caractérise par une prédominance de traits Yang, facteur d'impétuosité et de réactions vives, mal équilibrée par un seul trait Yin situé au troisième niveau. C'est à cette place de passage entre l'intérieur et l'extérieur, où un texte nettement plus fourni précise les dangers encourus, que le risque d'inconduite est le plus à craindre. Le nom de l'hexagramme est cité à tous les traits, se lisant selon le contexte comme un nom (démarche) ou comme un substantif (marcher). La division ternaire Terre – Ciel – Être humain fait cependant apparaître des différences entre les façons de se comporter dans un tel contexte : attitudes proches du naturel aux deux places terrestres, rencontre avec le tigre aux deux places de l'être humain, détermination et regard aiguisé aux deux places supérieures. La répartition des formules mantiques montre que le seul niveau vraiment dangereux se situe à la ligne souveraine, place de pouvoir. Dans le même sens, comme souvent en situation fortement Yang, l'avantage est donné aux places paires de par la retenue que leur position Yin favorise. Cette distribution, de plus en plus prometteuse au fur et à mesure du déroulement de l'hexagramme, culmine au dernier trait avec une des formules mantiques les plus favorables du *Yi Jing*.

Plus effrayant que véritablement périlleux, DÉMARCHE est un moment où, pour vaincre arrogance et impétuosité, il faut être d'une grande circonspection dans la manière de se conduire et accorder de l'importance aux formes et à la politesse. Ce comportement prudent, qui allie le regard perçant du tigre à la souplesse de sa démarche, permet de désamorcer les pièges dont le terrain est miné.

IDÉOGRAMME

LÜ : *Soulier. Marcher sur, marcher sur les pas de quelqu'un. Bonheur, chance. Accomplir, pratiquer. Rite. Conduite.*

L'idéogramme est formé d'un groupe complexe, dont l'analyse est encore très controversée. De sa forme actuelle – qui combine un des caractères désignant le *corps* et l'idéogramme nommant l'hexagramme 24 RETOUR – aucune explication ne peut être tirée car elle est le résultat d'amalgames et de modifications obscures. Toujours en usage, le sens le plus général de cet idéogramme est *soulier, chaussure*. On le trouve par exemple dans un proverbe employé pour railler des mesures inadéquates, « rogner le pied pour l'adapter à la chaussure ». De l'objet qui sert à la marche, il en est venu à vouloir dire *marcher*, et particulièrement *marcher sur quelque chose* (voir 2/1). Au sens figuré, à partir de l'idée de *faire route* parce qu'on est envoyé en mission, il a pris la signification de *s'acquitter de, faire honneur* à ses engagements. Associé avec le caractère signifiant *vie*, il forme une expression signifiant mot à mot : marche de la vie, le cours de la vie, qui est employée de nos jours pour rendre en chinois l'expression occidentale *curriculum vitæ*, l'histoire des tâches dont on s'est acquitté.

Cependant, sa graphie la plus ancienne était équivalente au caractère *rite*, signification qui reste toujours un de ses sens dérivés. Le rapprochement entre le *pied* et le *rite*, qui se retrouve en français entre *marche* et *démarche*, se manifeste sur trois niveaux en Chine. Spirituellement d'abord, lors des cérémonies du culte aux ancêtres, la venue du défunt au milieu des siens rassemblés en son nom était matérialisée par l'empreinte de son pied, censée apparaître sur les cendres des bâtonnets d'encens allumés en son honneur et disposés sur un plateau. Socialement ensuite, le *kow tow*, la grande prosternation rituelle front cognant le sol par trois fois se faisait devant les pieds d'un supérieur et particulièrement devant l'empereur. Au niveau imaginaire enfin, le pied tient une place prédominante dans la sexualité chinoise. Si le bandage des pieds en fut la manifestation la plus révoltante, cette importance se manifeste entre autres par nombre de légendes qui rapportent des fécondations extraordinaires opérées par le truchement du pied. La propre mère de Fu Xi, par exemple, est tombée enceinte du créateur du *Yi Jing* en marchant, en posant simplement le pied sur une empreinte de pas d'un dieu dragon.

Rites et démarche, liés par l'écriture, le sont aussi par le *Yi Jing*. Chaque fois que le nom de cet hexagramme apparaît dans le Texte canonique, c'est en première ligne, principal niveau où se retrouve l'image du pied, comme si à ce stade s'expérimentaient les bases d'une bonne conduite. Le seul endroit où le nom de l'hexagramme 10 est mentionné en dehors du Texte canonique est également la seule fois où le caractère *rite* est employé (voir GRAND FORCE, 34/GI). Enfin, dans le texte du *Yi Jing* sur soie trouvé à Ma Wang Dui, le nom de l'hexagramme 10 était écrit avec le caractère signifiant *rites*.

TEXTE CANONIQUE

JUGEMENT

MARCHER sur la queue d'un tigre	履虎尾	LÜ hu wei
Il ne mord pas la personne	不咥人	bu xi ren
Favorisant	亨	heng

La situation dans son ensemble est décrite par une image audacieuse : la rencontre soudaine avec un tigre assoupi. Cette scène, nécessairement symbolique, évoque les moments où prédomine le risque de réveiller par inadvertance une énergie puissante. La conjoncture peut devenir à tout instant explosive et dangereuse, comme lorsqu'on s'avance en terrain miné. Mais si le risque inhérent au moment est clairement posé, les conséquences néfastes qu'il peut avoir ne sont pas inéluctables. La seconde phrase du Jugement est optimiste : la rencontre peut ne pas entraîner de dommages. Il ne s'agit donc pas de s'effrayer mais d'être particulièrement attentif. Il est possible, en adoptant une démarche prudente et en respectant les formes requises, d'entrer en contact avec cette force sauvage – qui peut aussi surgir de l'intérieur – et, en se l'appropriant, de la faire se déployer sans dommage.

Emblème de l'hexagramme, le tigre n'est cité dans le texte des traits qu'aux troisième et quatrième lignes, les deux niveaux de l'être humain, où sont détaillées les difficultés de la rencontre. Mais la DÉMARCHE est mentionnée à chacun des six traits, avec à chaque niveau des précisions sur le moyen de parvenir à canaliser cette puissance.

MARCHER : nom de l'hexagramme. La construction du texte impose une forme verbale.
Queue : formé avec le caractère *poil*, placé à l'extrémité d'un des signes indiquant le corps (des humains comme des animaux), l'idéogramme signifie *queue, arrière, reste,* en tant que nom et *suivre* en tant que verbe.
Tigre : si le dragon est au niveau mythologique l'emblème de l'ÉLAN CRÉATIF du Yang, le tigre en est, au niveau naturel, sa plus splendide manifestation. À l'instar du lion en Occident, le tigre est, dans l'imaginaire chinois, le roi des animaux. Cité trois fois dans cette figure : Jugement, lignes 3 et 4, il se retrouve à 27/4 et 49/5.
MARCHER sur la queue d'un tigre : alors qu'habituellement le nom de l'hexagramme est placé au début du texte du Jugement, en position isolée, comme un titre, il intervient ici directement dans la première phrase. Ce n'est pas une particularité de cette figure, cette construction se retrouve six fois (voir 12/J, 13/J, 20/J, 43/J et 52/J). La même phrase sera reprise à l'identique à la ligne 3.
Mord : l'idéogramme, très peu usité, combinant le signe de la bouche et un caractère signifiant *arriver, atteindre,* décrit plus le mouvement de mâchoires se refermant comme celles d'un piège, que le fait d'être dévoré.
Personne : l'idéogramme désigne l'être humain en général. Qu'il n'y ait pas plus de précisions sur celui qui marche sur la queue du tigre que sur celui qui subit la morsure souligne le sens symbolique de l'image qui sert d'emblème à la situation.
Favorisant : appréciation mantique décrivant un climat d'essor, un agencement fertile, un dispositif énergétique global dans lequel l'échange entre le Ciel et la Terre se noue de manière féconde. Que pareille appréciation soit citée à la fin du Jugement, après que le texte a fait mention du tigre et de ses dangers, montre que la situation, bien que délicate, est loin d'être inféconde.

TEXTE DES TRAITS

Au début un neuf
DÉMARCHE simple
Aller Absence de faute

素履 su LÜ
往无咎 wang wu jiu

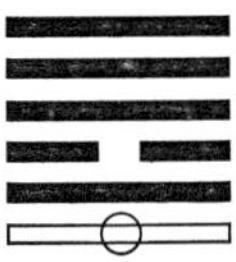

Lorsqu'on se trouve à l'entrée d'une situation périlleuse, il importe de veiller à sa manière d'avancer. La DÉMARCHE peut être décidée tout en restant naturelle, dépourvue d'ornements ou de fanfaronnade. Que la circonstance soit potentiellement dangereuse ne doit ni effrayer ni décourager : aucune formule mantique, positive ou négative, ne vient qualifier ce niveau.

La correction du trait, Yang à une place impaire, est un signe de vivacité ; l'absence de relation avec les autres lignes donne une certaine autonomie. Il ne faut pas hésiter à avancer, à condition de conserver un comportement *naturel*, sans inquiétude ni fermeté excessive.

Simple : l'idéogramme, qui n'est employé qu'ici, est formé du caractère *soie* et du signe *naître*. Son sens premier est *soie naissante*, c'est-à-dire étoffe de soie *écrue* ; de là, il en est venu à signifier *blanc* par absence de couleur, *simple, uni, naturel, brut* par absence d'ornements, et finalement *végétarien* par absence de viande. Enfin, de cette suite de soustractions, il a pris comme sens figuré *principe essentiel, élément fondamental*. L'intériorité, en rapport avec l'aspect rituel évoqué par le nom de l'hexagramme, est montrée ici par une absence comparable à celle exprimée dans EMBELLIR (voir 22/6 et 22/DA). Par ailleurs cet idéogramme est celui qui sert à nommer la «fille de candeur» qui, dans le texte classique appelé *Su Nu Jing*, explique à l'Empereur Jaune l'art de la sexualité vivifiante[14].
Aller : extrêmement usuel, l'idéogramme à, dans le contexte du *Yi Jing*, le sens d'un conseil de mise en route, d'une injonction à aller de l'avant.
Absence de faute : formule mantique spécifique incitant à ne pas rester dans un état d'esprit incertain ou hésitant.
Aller absence de faute : la combinaison de ces deux injonctions qui se renforcent l'une par l'autre est rare. Elle n'apparaît que dans cet hexagramme et deux fois à RÉUNION (45/1 et 45/3), autre hexagramme où un effort particulier est demandé dès l'entrée dans la situation.

Hexagramme dérivé : hexagramme 6. PLAIDER SA CAUSE est un moment de controverse où il importe de ne pas pousser les choses à bout, et d'agir avec une certaine impartialité, afin de retrouver des possibilités de redémarrage.

Neuf en 2
MARCHER sur un chemin uniformément plat 履道坦坦 Lü dao tan tan
Être retiré et solitaire présage ouverture 幽人貞吉 you ren zhen ji

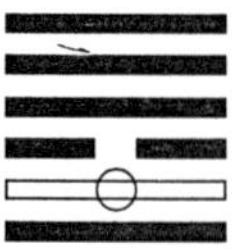
Au premier niveau Yin de l'hexagramme, il ne s'agit plus de veiller à la qualité de la démarche mais d'être conscient de la voie sur laquelle on avance. Le comportement naturel conseillé au trait initial prend maintenant un tour plus stratégique : que le chemin soit *uniformément plat* par choix personnel ou parce qu'on n'en perçoit pas les dangers cachés, il s'agit d'éviter de prendre des risques et de rester en dehors des aspérités et des

confrontations. Le retrait conseillé ici l'est dans les mêmes termes à une autre place de Préfet, celle de MARIAGE DE LA CADETTE (54/2), où il est la réponse appropriée au défaut de perception symbolisé par le borgne mentionné ici à la ligne suivante. Ce retrait prudent peut permettre d'éviter les déconvenues qui surviennent à la place de passage.

Le trait est incorrect et situé au voisinage de la ligne la plus incertaine de l'hexagramme. L'absence de correspondance avec la ligne souveraine indique un défaut de relation qui doit inciter à se préserver. Il est préférable d'aborder et d'apprivoiser la force instinctive sous-entendue dans tout l'hexagramme par une conduite naturelle et solitaire. Cette attitude indépendante peut être féconde : se refusant aux difficultés du partenariat, le solitaire peut se coupler avec l'immédiat et l'instantané. Cette conduite austère, c'est sa manière à lui de chevaucher le tigre.

MARCHER : nom de l'hexagramme. Il est employé ici dans son sens propre.
Chemin : l'idéogramme à pour sens premier *voie, chemin, cheminer.* Cependant il s'agit du caractère que choisiront les taoïstes pour désigner le Tao. À l'époque de la rédaction du Texte canonique, il n'avait sans doute pas encore acquis tout le sens philosophique qu'il prendrait par la suite, mais peut-être était-il déjà sous-jacent.
Uniformément plat : le texte porte le caractère *plat* répété deux fois, ce qui provoque un effet de superlatif. Dessinant un soleil qui se lève sur une large étendue paisible et unie, ce caractère, qui n'apparaît qu'ici, est assez proche de celui rendu par *plaine* à 11/3.
Retiré et solitaire : rend un seul idéogramme, qui signifie aussi bien *retiré* que *solitaire.*
Ouverture : appréciation mantique signalant un moment heureux où un agencement fécond du flux vital multiplie les possibilités de développement.
Présage ouverture : formule mantique indiquant la tendance à un réagencement positif de la situation.

Hexagramme dérivé : hexagramme 25. SPONTANÉMENT décrit une attitude de réponse instantanée, instinctive, à la sollicitation du moment. L'adéquation à la situation y est un gage d'attitude juste.

Six en 3

Un borgne peut observer	眇能視	miao neng shi
Un boiteux peut MARCHER	跛能履	bo neng LÜ
MARCHER sur la queue d'un tigre	履虎尾	LÜ hu wei
Il mord la personne fermeture	咥人凶	xi ren xiong
Un guerrier agit en place	武人爲	wu ren wei
d'un grand Chef	于大君	yu da jun

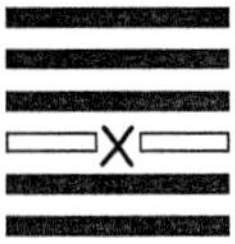

À cette place de Passage, premier des deux niveaux directement associés à l'être humain, la reprise de la phrase emblématique du Jugement montre que le problème global de l'hexagramme se pose maintenant de manière cruciale : comment se comporter quand on est soudainement en présence d'une force sauvage, sans être blessé par sa violence ? La partie est inégale. Œil perçant et démarche souple, le tigre dispose d'une puissance à la mesure de ses appétits. De l'autre côté, *borgne* et *boiteux* évoquent une insuffisance des facultés de perception et de mobilité pour le moins dommageable en la circonstance.

Le trait, Yin à une place Yang, est incorrect, et dénote un risque réel de se trouver, comme ces deux personnages inconscients de leur audace, soudainement confronté à une intensité susceptible de submerger et d'entraîner dans des conjonctures impossibles à contrôler. À l'inverse du pronostic rassurant indiqué au Jugement, la rencontre se solde ici par une morsure, et cette blessure est soulignée par la seule appréciation mantique réellement négative de tout l'hexagramme. Toutefois, si la force est à ce niveau déficiente, elle n'est pas pour autant totalement absente : même si on se sent handicapé, on n'est ni aveugle ni paralysé. C'est l'arrogance de la DÉMARCHE qui est en cause. Le guerrier prétentieux, qui surestime ses capacités, se croit capable de diriger les opérations alors qu'il n'est qu'un bagarreur. L'affaire en effet n'est pas tant de courage que de perspicacité et d'expérience.

Borgne : formé avec le caractère œil et un signe signifiant *tout petit*, l'idéogramme ne signifie *borgne* que par dérivation. Son sens premier est : avoir un œil plus petit que l'autre, regarder en fermant un œil. Ce n'est pas la disparité physique qui est soulignée ici, mais le mauvais équilibre de la perception.
Peut : signifiant maintenant énergie, et représentant à l'origine un ours, totem chamanique de puissance, l'idéogramme marque une capacité humaine à accomplir, une compétence individuelle à réaliser.
Observer : l'idéogramme a pour premier sens examiner, considérer, inspecter, comparer, décrivant l'acte de voir appliqué à l'origine à la lecture des fissures divinatoires. Différent du verbe *voir*, ce caractère, décrit plutôt le fait de regarder quelque chose. Toujours très employé – il sert, entre autres, maintenant à dire télévision – il qualifie le regard du tigre quand il guette sa proie (voir 27/4) et est cité à deux reprises dans cet hexagramme : lignes 3 et 6.
Un borgne peut observer : cette phrase se retrouve à l'identique à 54/2.
Boiteux : formé avec le caractère *pied* et un signe signifiant *peau* dans un sens non naturel, l'idéogramme n'évoque la boiterie que par dérivation. Son sens premier est *estropié*, celui qui a de la peau à la place

d'un pied arraché. Dans le *Livre des Rites*, il est dit « lors des funérailles, les estropiés sont dispensés de bondir ». Ici, comme pour borgne, plus qu'une blessure physique, c'est l'insuffisance de la locomotion qui est décrite.
Borgne... boiteux : il existe en acupuncture un méridien qui part à l'angle externe de l'œil et descend sur la face latérale du corps jusqu'à la cheville en passant par la hanche et le genou, c'est celui de la vésicule biliaire. Il correspond à l'élément bois, lié au démarrage, à la vue, à la colère, à l'agressivité et au courage. Si un seul côté fonctionne, il semble extrêmement présomptueux de vouloir imiter ou côtoyer un tigre en pleine possession de ses moyens. Par ailleurs, ces deux personnages sont également cités aux deux premières lignes de l'hexagramme 54, MARIAGE DE LA CADETTE, dont les connotations sexuelles ne sont pas sans rapport avec la puissance du tigre.
MARCHER : nom de l'hexagramme. il est employé ici dans son sens propre.
Queue : Voir Jugement. L'image de la queue, qui se trouve toujours au premier trait des hexagrammes où elle apparaît, est présente dans l'hexagramme DÉMARCHE aux deux niveaux humains (lignes 3 et 4), comme pour souligner le côté humain d'une approche imprudente.
MARCHER sur la queue d'un tigre : cette phrase reprise du Jugement, où elle sert d'image à la situation entière, est citée deux fois dans le Texte des traits : ici et au trait suivant. On se trouve donc à ce niveau humain, au centre de gravité de l'hexagramme.
Il mord la personne : alors qu'au Jugement il est bien précisé que le tigre ne mord pas, le comportement adopté à ce niveau produit le résultat inverse.
Fermeture : appréciation mantique signalant un moment de blocage, un mauvais agencement du flux vital qui restreint les possibilités de développement.
Guerrier : les Chinois n'ont guère l'âme martiale, ni la fibre épique. À la différence des grandes épopées fondatrices des civilisations indo-européennes, les guerriers ne sont pas très à l'honneur dans le *Yi Jing*. Le Roi Guerre lui-même, Fa l'intrépide, dont le rôle fut essentiel dans la saga des Zhou, s'il est honoré pour ses exploits, meurt jeune. Il ne bénéficie pas de la longévité réservée aux héros civils, son père le Roi Wen, ou son frère le sage Duc des Zhou. La langue également rend compte de cet état d'esprit : l'idéogramme, qui signifie militaire, martial est écrit en composant le signe général des armes et le caractère *arrêter*. Peuple pacifique et par nature peu conquérant, les Chinois n'envisagent pas d'autre justification à l'emploi des armes que celui d'arrêter les invasions. Dans le contexte du *Yi Jing*, le guerrier n'est cité que deux fois, ici dans une idée d'usurpation, et à 57/1 pour louer non sa vaillance mais sa ténacité (voir aussi 7/J).

Agit en place de : le texte porte un idéogramme complexe qui signifie agir, agir en qualité de, agir pour le compte de, mais aussi feindre, simuler.
Grand Chef : personnage symbolique différent du Chef Accompli. Il représente une autorité civile qui règne avec sagesse et enseignement (19/5), celle à qui le général rend le pouvoir après avoir mené l'ARMÉE à la victoire (7/6).

Hexagramme dérivé : hexagramme 1. ÉLAN CRÉATIF est un moment de vigueur et de fermeté traversé par un grand souffle de transformation. La véritable force consiste à en comprendre la puissance sans se laisser emporter par ses rigidités.

Neuf en 4

MARCHER sur la queue d'un tigre　履虎尾 Lü hu wei
Frayeur et effroi　愬愬 su su
À la fin ouverture　終吉 zhong ji

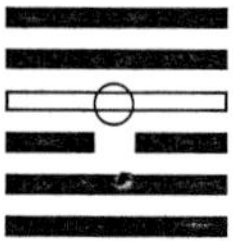

À cette place de Ministre, second des deux niveaux directement associés à l'être humain, le problème global de l'hexagramme – la rencontre soudaine d'une force qui nous dépasse – se pose à nouveau de manière cruciale, comme le montre la reprise à l'identique de la phrase initiale du Jugement. Cependant, si on est confronté à la puissance du tigre, comme à la ligne précédente où il *mord la personne*, les dommages peuvent ici être évités : la rencontre inopinée avec cette force explosive ne provoque aucun mal, juste un *effroi*, une *frayeur* salutaire. Ce ne sont pas là des peurs qui paralysent, mais des commotions qui rendent instantanément plus attentif au contexte, ce qui permet de corriger à temps l'erreur qu'on a pu commettre en *marchant sur la queue du tigre*.

La nature Yin de la place équilibrant la force du trait, il est possible de reprendre contenance et de retrouver la DÉMARCHE prudente, polie et respectueuse qui permet de conjurer les dangers. Dans une telle perspective, un chemin peut s'ouvrir au travers des périls.

MARCHER sur la queue d'un tigre : caractéristique du Jugement cette phrase est reprise ici comme au trait précédent. On se trouve donc à ces niveaux au centre de gravité de l'hexagramme. Cependant à ce niveau, la différence est notable : la morsure du tigre, récusée au Jugement et effective au trait précédent, n'est pas mentionnée ici.
Frayeur et effroi : le texte porte un seul idéogramme répété deux fois, ce qui provoque un effet de superlatif. Formé avec le signe du *cœur*, commun à tous les mots ayant trait au sentiment et à la pensée, et un groupe complexe évoquant un mouvement de *retournement*, ce

caractère, qui n'apparaît qu'ici, représente à la fois ce qui retourne le cœur, l'*effroi*, et ce qui fait retourner en soi-même, c'est-à-dire ce qui rend attentif. Il peut aussi être utilisé comme variante du caractère décrivant une onomatopée de crainte qui apparaît deux fois à ÉBRANLER (voir 51/J et 51/1, *aïe, aïe, aïe*).
À la fin : modulation mantique qui replace la circonstance dans une perspective temporelle et annonce soit l'aboutissement probable de la situation, soit un retournement en contraste avec le moment considéré.
Ouverture : appréciation mantique évoquant un moment heureux où un agencement fécond du flux vital multiplie les possibilités de développement.
À la fin ouverture : formule mantique spécifique qui renforce le conseil de considérer la situation plus dans l'évolution favorable de son dispositif que dans son état actuel. Elle n'apparaît en quatrième ligne que dans cet hexagramme.

Hexagramme dérivé : hexagramme 61. JUSTE CONFIANCE est une situation de partenariat où l'on va à la rencontre de l'autre de manière juste et centrée.

Neuf en 5
DÉMARCHE RÉSOLUE — 夬履 GUAI LÜ
Présage de danger — 貞厲 zhen li

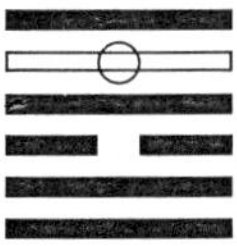

Le niveau souverain de cet hexagramme est occupé par un trait Yang donc correct, mais situé au milieu d'un bloc de trois traits Yang, ce qui accentue sa fermeté et fait écho à la force sauvage du *tigre*, emblème de la situation tout entière.

Le caractère qui qualifie ici la DÉMARCHE n'est pas anodin : c'est le nom d'un autre hexagramme, qui décrit une situation d'expression déterminée : SE MONTRER RÉSOLU (43), au Jugement duquel il est question de *se manifester à la cour du roi*. Si du fait des rayures de leur pelage les tigres peuvent avoir l'idéogramme *roi* écrit sur leur front, les rois peuvent parfois avoir aussi le caractère violent du tigre.

Comme pour répondre au *présage de danger* indiqué ici, le Jugement de SE MONTRER RÉSOLU est le seul, parmi les soixante-quatre hexagrammes, à comporter la mention d'un *danger* effectif. Lorsque la force Yang menace de déborder, il importe de savoir retenir l'impétuosité et la propension à l'agressivité. Même en place de Souverain, on doit savoir se comporter avec souplesse.

RÉSOLUE : le texte porte le nom de l'hexagramme 43 SE MONTRER RÉSOLU. On retrouve au Jugement de cette figure, formé avec les mêmes trigrammes que DÉMARCHE, le conseil de s'affirmer sans *recourir aux armes*.

Danger : appréciation mantique signalant les risques inhérents à la situation. L'emploi le plus caractéristique de cette appréciation est à SE MONTRER RÉSOLU (voir 43/J).
Présage de danger : cette formule mantique apparaît seulement deux fois en ligne souveraine : ici et à MORDRE & UNIR (21/5), deux situations que réunit l'idée de mordre.

Hexagramme dérivé : hexagramme 38. DIVERGENCE est un moment de confrontation et de tension féconde. Les désaccords peuvent y être rencontre bénéfique entre les deux parties.

En haut un neuf

Observer la DÉMARCHE	視履 shi LÜ
scruter les augures	考祥 kao xiang
Pour qui revient sur ses pas	其旋 qi xuan
Fondamentalement ouvert	元吉 yuan ji

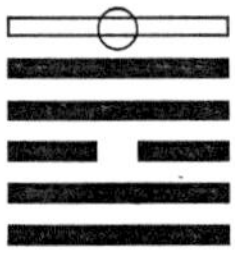
À ce niveau de Sortie, comme souvent au sixième trait des hexagrammes, la situation se renverse. Il ne s'agit plus de MARCHER, mais de porter un regard sur sa DÉMARCHE, ce que ne permettait pas la perception amoindrie du *borgne* cité en troisième ligne. L'œil devenu maintenant aussi perçant que celui d'un tigre, on peut à la fois examiner son propre comportement et guetter les signes naissants d'une évolution riche de potentialités.

Située au-delà des tensions décrites dans le reste de l'hexagramme, cette ligne en correspondance avec le seul trait Yin de la figure, indique des possibilités de relation plus fécondes. Son texte fait écho à celui de la première ligne où l'on *allait* alors qu'ici on *revient*. Dirigé vers l'arrière, ce qui permet un réexamen des éléments incorrects de la démarche passée, ce mouvement est gage de la capacité à mettre en route une situation nouvelle *(fondamentalement)*. Cette possibilité de se repositionner de manière favorable est sanctionnée par une formule mantique tout à fait inhabituelle en sixième ligne. Elle renforce la possibilité de réviser les fonctionnements passés pour amorcer un déroulement futur.

Observer : voir ligne 3.
Scruter : de forme complexe, en rapport avec les pratiques oraculaires comme *observer*, mais lié cette fois au culte ancestral, l'idéogramme signifie aussi bien *interroger, examiner, faire des recherches* que *avancé en âge, père défunt* (voir 18/1). C'est ici le seul cas où il apparaisse dans son sens divinatoire, c'est-à-dire décrivant un regard tourné vers l'avenir, orienté vers l'avant.

Augures : à l'instar du mot « fortune » en français qui n'a pris un sens exclusivement favorable que récemment, l'idéogramme qui à l'origine signifiait simplement *présage* – qu'il soit heureux ou malheureux – veut dire maintenant *bon signe, bonheur, faste*, etc. Il n'apparaît qu'ici.
Revient sur ses pas : l'idéogramme représente une troupe manœuvrant à l'aide de drapeaux, et qui vraisemblablement s'en retournede guerre. Il ne s'agit donc pas d'un retour en avant comme celui décrit par l'hexagramme RETOUR (voir 24/J), mais du retour à un état antérieur (comme à 7/6). Ici, par un mouvement dirigé vers l'arrière, on réexamine les éléments incorrects de la démarche passée pour réamorcer le déroulement futur.
Ouvert : appréciation mantique identique à *ouverture* signalant un moment heureux où un agencement fécond du flux vital multiplie les possibilités de développement.
Fondamentalement : modulation particulière donnée par un idéogramme qui signifie *début, origine, entièrement.*
Fondamentalement ouvert : formule mantique parmi les plus favorables du *Yi Jing*. *Fondamentalement* rehausse la fécondité de l'agencement décrit par *ouverture*, en soulignant l'étendue de ses possibilités d'application, sa vigueur et sa capacité à initier des situations nouvelles. Cette appréciation n'est mentionnée en sixième ligne qu'une autre fois, à l'hexagramme PUITS, autre situation où s'opère à ce niveau un renversement fécond du mouvement décrit par les traits précédents de l'hexagramme (voir 48/6).

䷹ **Hexagramme dérivé** : hexagramme 58. ÉCHANGER est un moment de communication joyeuse et amicale où l'on ne met l'accent ni sur la rigueur ni sur les différences.

Nucléaire

Hexagramme 37 : Gens du Clan. Au cœur de DÉMARCHE, il y a GENS DU CLAN. Au cœur d'un contact dangereux entre forces de poids différents, il y a un modèle d'organisation transformant de l'éphémère en durable par référence à un foyer commun. Cette mise en ordre de l'interne passe par l'intégration d'éléments étrangers ou invisibles pour les alimenter et s'en nourrir. Trouver la manière adéquate de se conduire suppose de tenir compte d'un élément insaisissable, similaire en cela à l'ancêtre du Clan. Dans DÉMARCHE, cet élément est le tigre, qui représente une énergie instinctuelle que l'on apprend à intégrer par le rite et la prudence. DÉMARCHE, moment le plus Yang de cette confrontation, montre l'importance d'un comportement ritualisé dans le fonctionnement d'une structure durable.

Opposé

Hexagramme 15 : SE TENIR. La relation d'opposition entre DÉMARCHE et SE TENIR s'articule entre réserve et audace, modestie et témérité, retrait sachant s'extérioriser et arrogance à maîtriser. À la solidité intérieure de SE TENIR répond la force extérieure dans DÉMARCHE. À la constitution d'une force interne rendue cohérente par la retenue fait écho la confrontation à une violence externe canalisée par le rite.

11 PROSPÉRITÉ (FLUIDITÉ PRINTANIÈRE)

泰

TAI

䷊

En haut TERRE ☷
En bas CIEL ☰

PROSPÉRITÉ	泰	TAI
Le Petit va	小往	xiao wang
Le Grand vient	大來	da lai
Ouverture	吉	ji
Favorisant	亨	heng

Au début un neuf

Arracher des roseaux à racines enchevêtrées	拔茅茹	ba mao ru
Chacun selon son espèce	以其彙	yi qi hui
Ouverture pour des expéditions	征吉	zheng ji

Neuf en 2

Supporter l'immensité fruste et déserte	包荒	bao huang
Passer à cheval le gué de la rivière	用馮河	yong ping he
Ne pas s'éloigner de ce qu'on laisse	不遐遺	bu xia yi
Les compagnons disparaissent	朋亡	peng wang
Atteindre au niveau supérieur	得尚	de shang
par un agir au Milieu Juste	于中行	yu zhong xing

Neuf en 3

Pas de plaine sans côte	无平不陂	wu ping bu pi
Pas d'aller sans RETOUR	无往不復	wu wang bu FU
Présage de difficultés absence de faute	艱貞无咎	jian zhen wu jiu
Pas de crainte à avoir sur l'onde porteuse	勿恤其孚	wu xu qi fu
Bonheur vers les aliments	于食有福	yu shi you fu

Six en 4

Virevolte et voltige	翩翩	pian pian
Pas d'enrichissement par les voisins	不富以其鄰	bu fu yi qi lin
Pas de mise en garde et ainsi onde porteuse	不戒以孚	bu jie yi fu

Six en 5

Le Souverain Yi	帝乙	di yi
MARIE sa CADETTE	歸妹	
causant ainsi une heureuse félicité	以祉	yi zhi
Fondamentalement ouvert	元吉	yuan ji

En haut un six

Le rempart fait Retour au fossé	城復于隍	cheng Fu yu huang
Ne pas employer l'Armée	勿用師	wu yong Shi
Depuis son propre fief proclamer mandat	自邑告命	zi yi gao ming
Présage de gêne	貞吝	zhen lin

Grande Image

Ciel et Terre sont en relation	天地交	tian di jiao
PROSPÉRITÉ	泰	TAI
Les Souverains ainsi	后以	hou yi
par leur capacité à parachever	財成	cai cheng
le Dao du Ciel-Terre	天地之道	tian di zhi dao
accompagnaient l'adéquation	輔相	fu xiang
du Ciel-Terre	天地之宜	tian di zhi yi
et aidaient ainsi au bien-être de tout le peuple	以左右民	yi zuo you min

Dixième Aile

ADVERSITÉ PROSPÉRITÉ	否泰	PI TAI
sont opposés par nature.	反其類也	fan qi lei ye

PROSPÉRITÉ, c'est la fluidité printanière. Ciel et Terre communiquent, Yin et Yang se compénètrent, favorisant la floraison de tout ce qui pousse. Le Printemps se produit dans une atmosphère enivrante, dont les aléas ne sont pas toujours aisés à suivre. C'est pourtant l'attitude à adopter : accompagner le croisement de ces courants pour qu'ils fructifient, suivre cette profusion naturelle dans ses variations afin de se mettre au diapason du souffle qui les anime.

PROSPÉRITÉ décrit un moment plus riche de possibilités que de tranquillité. Sur le plan des réalisations humaines en effet, cette saison d'union et d'échange prend souvent la forme du tourment et de l'incertitude. Si le nom de l'hexagramme n'est jamais cité dans le texte des traits, c'est qu'il s'agit moins de décrire un état de paix sans inquiétude que les étapes nécessaires pour faire fructifier le potentiel de la situation.

La structure de l'hexagramme, associant traits Yin et Yang à parité, reproduit l'équilibre entre jour et nuit caractéristique de l'équinoxe. Mais le moment se caractérise surtout par sa dynamique printanière, car c'est la période où tout se met en mouvement. Les traits Yang, regroupés en bas de la figure, montent vers les traits Yin, qui, depuis le haut descendent à leur rencontre. De ce contact, qui met tous les traits en correspondance les uns avec les autres, naît une fécondité remarquable. Plus subtilement, le dynamisme propre au Yang est tempéré par sa position au bas de l'hexagramme, où il est confronté aux aléas terrestres, tandis que la pesanteur du Yin est vivifiée par son élévation dans les places supérieures. Les trois traits Yang évoquent ainsi des mouvements au niveau du sol : déraciner, traverser des terres incultes, envisager un chemin escarpé. Les trois traits Yin sont plus aériens et plus concernés par des problèmes d'ordre relationnel : voisinage, mariage, rapports de force. Un courant de confiance traverse la situation au point de rencontre entre ces deux groupes – le niveau humain marqué par les troisième et quatrième lignes. Mais la prospérité ne se concrétise vraiment qu'à la cinquième place où un mariage royal est évoqué en termes particulièrement fastes. C'est là le sommet que peut atteindre une attitude ouverte à l'effervescence du moment.

Vivre une situation de Printemps, c'est s'accorder à un mouvement puissant dont on ne maîtrise ni l'arrivée, ni le déroulement. Donner à son comportement l'assaisonnement qui convient, c'est *parachever, accompagner* et *aider*, afin de prolonger sur tous les plans l'échange fécond entre le Ciel et la Terre.

Calendérique : PROSPÉRITÉ appartient à la série dite du Calendrier qui rassemble douze hexagrammes dont la répartition des traits Yin et Yang est représentative du rapport entre ombre et lumière et de sa variation tout au long de l'année. PROSPÉRITÉ, hexagramme cardinal de cette série, est associé à la période située autour de l'équinoxe de Printemps (début mars – début avril). Les traits Yang occupent la moitié de la figure, le rapport entre jour et nuit s'égalise, cependant la dynamique globale est tendue vers l'été.

IDÉOGRAMME

TAI : *Grand, éminent. Suprême, extrême. Très. Paisible. Excessif, fastueux, prodigue.*

L'idéogramme est formé de deux éléments superposés.En haut, un groupe complexe qui dérive de la représentation d'un germe en train de pousser, dont une des graphies a donné le caractère DIFFICULTÉS INITIALES (voir 3/I). Quand il est combiné avec le soleil, ce signe forme le caractère *printemps.* Le Printemps en Chine commence bien avant l'équinoxe, au moment où l'énergie qui s'est accumulée dans les racines pendant l'Hiver entreprend sa remontée vers les branches. Cette poussée devient visible à l'équinoxe, quand l'éclosion des bourgeons manifeste la fluidité et la plénitude de l'échange entre Yin et Yang.

En bas, se trouve une variante usuelle du signe de l'eau. Cette eau n'est pas celle du trigramme Kan, ni celle des orages printaniers (voir hexagramme 51), elle évoque ici la fluidité féconde produite par la bonne communication entre le Ciel et la Terre.

De cette rencontre, l'idéogramme tire son sens principal *grand, éminent, suprême, extrême* qui exprime la vitalité printanière. De là aussi, ce caractère entretient un rapport étroit, de son et de sens, avec un autre idéogramme à la place duquel il peut être employé, le « superlatif » de *grand*: suprême (voir 14/I). Ce dernier signe, combiné avec le caractère *poutre faîtière, sommet* forme l'expression : *tai ji*, mot à mot « grand retournement ». Cette expression, généralement traduite *faîte suprême*, apparaît dans le Grand Commentaire – « dans le *Yi Jing*, il y a le Grand Retournement » Cinquième Aile, I, § 11– et servira plus tard à nommer la « boxe avec l'ombre », le Tai Ji Quan, l'art martial du grand retournement.

Ce n'est que combiné avec un idéogramme signifiant *plat, uni, calme, apaiser, paisible* (voir ligne 3, *plaine*) que le nom de l'hexagramme 11 prend le sens de *paix, tranquillité* qui est celui sous lequel il est le plus connu. Ces deux caractères seront le nom que choisiront les rebelles qui se dresseront au milieu du XIXe siècle contre les envahisseurs Mandchous, les Taiping, partisans de la grande *(tai)* égalité *(ping)*, qui furent d'abord appelés « Boxers » à cause de leur pratique des arts martiaux issus du Tai Ji Quan.

Dans le contexte du *Yi Jing*, le nom de cet hexagramme doit plutôt être rapproché de celui de la plus importante des cinq montagnes sacrées de la Chine ancienne, le Tai Shan (la montagne Tai). Située à l'Est de la Chine, cette montagne qui se dresse au milieu d'une plaine fertile à plus de mille cinq cents mètres d'altitude était reconnue comme un des endroits où le Ciel et la Terre sont « en relation » (voir Grande Image). Les personnages importants, les empereurs, Confucius lui-même, y vinrent en pèlerinage. Enfin, coïncidence notable, le nom de cette montagne est traditionnellement utilisé comme formule de politesse lors des cérémonies de mariage, pour désigner le père de l'épouse. Or à la ligne souveraine de PROSPÉRITÉ est cité le Souverain Yi, le monarque Shang qui donna ses filles en mariage au Roi Wen et favorisa ainsi l'expansion du clan des Zhou.

TEXTE CANONIQUE

JUGEMENT

PROSPÉRITÉ	泰	TAI
Le Petit va	小往	xiao wang
Le Grand vient	大來	da lai
Ouverture	吉	ji
Favorisant	亨	heng

Constitué de seulement six caractères scandés deux par deux, le Jugement de PROSPÉRITÉ n'est composé que d'appréciations globales. Il ne décrit pas une situation particulière, mais un dispositif énergétique suffisamment ample pour s'appliquer à n'importe quel contexte. Bien que ce Jugement soit traditionnellement lu au travers du mouvement saisonnier des souffles – la chaleur progresse, le froid se retire – ce qu'il décrit en fait, c'est la rencontre entre ce qui part et ce qui arrive. La prospérité ne vient pas d'un remplacement du Yin par le Yang, mais de la compénétration féconde entre le pouvoir germinateur de la Terre et le souffle créateur du Ciel. Comme le précise le texte de la ligne souveraine, c'est de cette union que naît l'essor bénéfique qui imprègne la situation dans son ensemble.

L'entrecroisement des flux Yin et Yang produit une prospérité généralisée qui se manifeste par un foisonnement enivrant de possibilités. Les conseils donnés au niveau de chacun des traits, ainsi qu'à la Grande Image, vont indiquer comment procéder à leur développement. PROSPÉRITÉ ne se situe pas au début du mouvement printanier – il a commencé avant, dans le secret de la terre – mais au moment de sa manifestation extérieure, dont la plus visible est l'éclosion des bourgeons prometteurs de fruits futurs. Personne n'est maître du Printemps, en revanche chacun est en mesure d'en accompagner la fluidité.

Petit... Grand : emblèmes des mouvements Yin et Yang, ces termes n'apparaissent pas dans le Texte canonique, puisqu'ils ont été « inventés » précisément pour expliquer et généraliser la dialectique à l'œuvre dans le *Livre des Changements*. On trouve à leur place différents couples d'opposés complémentaires, parmi lesquels *petit* et *grand* jouent un rôle particulier puisqu'ils entrent dans le nom de six hexagrammes. Voir aussi 9/I et 14/I.
Va... vient : très liés l'un à l'autre, ces deux verbes prennent le locuteur pour point de référence. Quand ils décrivent un déplacement dans l'espace, *aller* désigne un mouvement qui s'éloigne de soi et *venir* un mouvement qui se dirige vers soi. Quand ils s'appliquent à une durée, *aller* est utilisé pour nommer le passé, le temps qui s'éloigne de soi, et *venir* l'avenir, le temps qui vient vers soi. Ici, les deux niveaux se combinent ; la lecture temporelle renvoie à l'association avec le Printemps dans la série calendérique et la lecture spatiale au mouvement convergent des deux groupes de traits Yin et Yang.
Le Petit va le Grand vient : caractéristique du couple PROSPÉRITÉ ADVERSITÉ (voir 12/J), cette phrase ne se trouve qu'au Jugement de ces deux hexagrammes, dans lesquels le croisement du Yin et du Yang constitue toute l'armature de la figure.
Ouverture : appréciation mantique signalant un moment heureux

pendant lequel un agencement fécond du flux vital multiplie les possibilités de développement. Apparaissant seulement trois fois sans modulation au Jugement, cette appréciation montre que PROSPÉRITÉ, comme ALLIANCE (8) et JUSTE CONFIANCE (61), est une situation riche de possibilités dans son ensemble. Elle est reprise aux traits 1 et 5.

Favorisant : appréciation mantique décrivant un climat d'essor, un agencement fertile, un dispositif énergétique global dans lequel l'échange entre le Ciel et la Terre se noue de manière féconde. Deux hexagrammes seulement associent dans leur Jugement les appréciations ouverture et favorisant, PROSPÉRITÉ et CHAUDRON (50).

TEXTE DES TRAITS

Au début un neuf

Arracher des roseaux à racines enchevêtrées	拔茅茹	ba mao ru
Chacun selon son espèce	以其彙	yi qi hui
Ouverture pour des expéditions	征吉	zheng ji

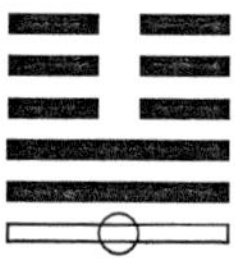

Printemps et Automne, comme PROSPÉRITÉ et ADVERSITÉ, débutent de la même façon, par une poussée prolifique de végétation. Une main ferme vient mettre de l'ordre dans l'effervescence printanière, éclaircir le terrain et permettre ainsi aux plantes de se renforcer et de s'élever. Ce mouvement de croissance ne peut s'effectuer que si l'on se défait d'un *enchevêtrement*, image qui suggère de se désenlacer du proche et du semblable, ou encore de rompre avec des manières de faire dans lesquelles un entremêlement est imposé.

La distinction entre *espèces* souligne que l'éclaircissement de cette profusion doit être opéré par regroupement analogique, c'est-à-dire en fonction de caractéristiques profondes. L'injonction à partir en *expéditions*, généralement déconseillée, montre que cette remise en ordre nécessite une vigueur certaine.

Arracher : formé avec le signe de la main et un groupe désignant une sorte de jarretière (un bas qu'on remonte), l'idéogramme décrit un mouvement de traction appliqué du bas vers le haut.

Roseaux à racines enchevêtrées : les notations botaniques ne sont pas toujours claires dans le *Yi Jing*, ni ce qu'elles symbolisent facile à identifier. Les deux caractères employés ici désignent une sorte de roseau, plante Yin par excellence à cause de la souplesse de ses tiges ; le second précise qu'il s'agit d'une espèce dont les racines viennent par touffes quand on les arrache.

Arracher des roseaux à racines enchevêtrées : cette phrase est passée telle quelle dans la langue littéraire comme une allusion à un prince attirant à lui beaucoup de sages. Dans le contexte de cet hexagramme, ce qui est enchevêtré et souterrain à ce premier trait est évoqué par une image aérienne de grande agilité au quatrième trait, avec lequel ce trait est en correspondance. Le même type de relation est à l'œuvre à l'hexagramme 12 ADVERSITÉ.

Arracher des roseaux à racines enchevêtrées Chacun selon son espèce : l'ensemble de ces deux phrases apparaît à l'identique au même niveau de la situation opposée ADVERSITÉ (voir 12/1). PROSPÉRITÉ et ADVERSITÉ sont difficilement discernables quand ils en sont à leur début. Cependant la suite des textes associés à chacun de ces deux moments permet de préciser la différence de leurs dynamiques.

Ouverture : appréciation mantique signalant un moment heureux où un agencement fécond du flux vital multiplie les possibilités de développement.

Expéditions : terme mantique représentant, dans le contexte du *Yi Jing*, la mise en route d'une action déterminée de remise en ordre.

Ouverture pour des expéditions : il n'y a que deux moments où ce genre d'intervention est conseillé au tout début d'une situation ici et au début de MARIAGE DE LA CADETTE (54/1), hexagramme nucléaire de PROSPÉRITÉ, deux situations traversées par des courants forts et difficiles à maîtriser une fois qu'ils sont engagés.

Hexagramme dérivé : hexagramme 46. CROISSANCE est un moment où l'on œuvre petit à petit pour s'ériger. Un mouvement dirigé vers le bas y permet l'élévation.

Neuf en 2

Supporter l'immensité fruste et déserte	包荒	bao huang
Passer à cheval le gué de la rivière	用馮河	yong ping he
Ne pas s'éloigner de ce qu'on laisse	不遐遺	bu xia yi
Les compagnons disparaissent	朋亡	peng wang
Atteindre au niveau supérieur	得尚	de shang
par un agir au Milieu Juste	于中行	yu zhong xing

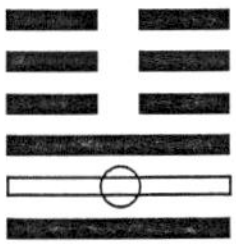

Alors qu'au premier trait est décrite une profusion à organiser, c'est à ce niveau une terre inculte et sauvage qu'il s'agit de prendre en charge. Cela exige de déployer une grande force personnelle, en commençant par accomplir le mouvement nécessaire pour s'en approcher et y déployer son activité. Le *gué* qu'il faut franchir marque la limite entre ce qu'on laisse derrière soi et le territoire désertique vers lequel on se dirige. Cette avancée déterminée ne signifie pas un abandon de son propre territoire, même si elle fait perdre de vue des *compagnons* peut-être désorientés par ce départ courageux vers le différent. Sa mise en œuvre doit se situer au *Milieu Juste*, c'est-à-dire dans un esprit d'impartialité attentif aussi bien à l'inconnu qu'au connu, à l'autre qu'au même, à ce vers quoi on se dirige qu'à ce qu'on laisse derrière soi.

Aucune des appréciations mantiques usuelles du *Livre des Changements* ne caractérise le texte de ce trait. Le *Milieu Juste* en tient lieu, suggérant une capacité inhabituelle à se dépasser. Il y a une noblesse *supérieure* à s'investir dans une situation lorsqu'elle est amère et désertique, et non lorsqu'elle est déjà florissante.

Supporter : l'idéogramme, qui représente un enclos, une matrice susceptible de contenir et d'enrichir, recouvre un grand nombre de sens articulés autour des idées d'enveloppement et de développement. Caractère très vaste, toujours à forte tonalité Yin, ce terme est difficile à cerner à cause de l'étendue des sens qu'il peut prendre. *Supporter* est un compromis par défaut.

Immensité fruste et déserte : formé avec le caractère *disparaître* (voir 25/J) combiné avec le signe des cours d'eau (évoquant les terrains dévastés par les inondations), et le signe général des plantes, l'idéogramme, qui contient aussi le sens d'exubérance sauvage, signifie *terre couverte d'herbes folles, inculte, stérile, vide, désolé.* Il n'apparaît qu'ici.

Passer à cheval le gué : le texte porte trois idéogrammes. Le premier est un verbe auxiliaire *(opérer)* qui souligne la nécessité de ce dont il est question ensuite. Le second, combinant le signe *cheval* et celui des gouttes d'eau, représente directement ce qu'il signifie : un cheval galopant dans une eau peu profonde. dans le contexte du *Yi Jing*, cette scène évoque la formule mantique *passer (à gué) le grand fleuve* telle qu'elle apparaît dans une construction identique à 15/1. Cependant ici, la situation est différente et nettement plus rassurante. En effet, le troisième caractère est le signe *rivière*. Il ne s'agit donc plus d'un cours d'eau qualifié de *grand*, et on s'y aventure plus en sécurité à cheval qu'à pied. Cette expression n'apparaît pas ailleurs.

S'éloigner : formé avec un groupe complexe et le signe général du mouvement, l'idéogramme signifie *éloigné, distant*, aussi bien dans le temps que dans l'espace. Il a aussi, dans son emploi verbal, un sens réflexif.

Ce qu'on laisse : formé avec un caractère signifiant *cadeau précieux* et le signe du mouvement, l'idéogramme a pour sens propre *ce qu'on laisse derrière soi après son départ*. À partir de là, il prend le sens de *laisser,*

perdre, oublier, omettre, mais aussi *ce qui reste* (après un départ, voir 62/J), *léguer, transmettre à la postérité*. De nos jours, couplé avec le mot *corps*, il est utilisé dans l'expression désignant le code génétique (ce que le corps d'un disparu laisse à ses enfants).
Compagnons : dans le contexte du *Yi Jing* les compagnons sont des personnages symboliques toujours associés à un mouvement de convergence, par opposition au mouvement de hiérarchisation représenté par les *vassaux*. En général leur mouvement est une *venue*, cependant ils peuvent aussi *hésiter* ou comme ici, *disparaître*. Leur hésitation erratique à 31/4 rappelle également la circulation désorientante des flux qui traversent PROSPÉRITÉ.
Disparaissent : l'idéogramme signifie à l'origine *se cacher, disparaître de la vue*. En dehors de la formule *tout regret disparaît*, ce verbe est toujours employé avec des symboles de couplage, et appliqué aux compagnons seulement ici.
Atteindre : l'idéogramme, toujours très courant, signifie *obtenir, acquérir, trouver*, etc., à chaque fois dans un sens très positif d'avantage, de gain, de succès.
Niveau supérieur : l'idéogramme signifie *surpasser, estimer, faire grand cas, supérieur, honorable*. À partir de cette idée d'élévation, il est employé littérairement pour dire *épouser une princesse de rang supérieur au sien*. Bien que ce sens dérivé fasse écho au mariage du Roi Wen avec la fille de son suzerain, évoqué à la cinquième ligne de cet hexagramme, c'est en général, dans le contexte du *Yi Jing*, sa signification morale qui est au premier plan. Ce terme apparaît en effet dans des circonstances qui exigent une grande abnégation dans l'avancée ou dans l'action.
Agir : l'idéogramme qui combine indistinctement les sens de *marche* et de *fonctionnement productif* est dans le *Yi Jing* soit l'emblème du mouvement créatif du Ciel *(circule-et-agit)* soit l'indication d'une action ou d'une attitude humaine en conformité avec le Ciel.
Milieu Juste : représentant une flèche qui se fiche *au milieu* de la cible, l'idéogramme, un des plus importants de la langue chinoise, désigne l'attitude juste et centrale parce que en parfait couplage avec le moment (voir *Juste* CONFIANCE 61/I).
Agir au Milieu Juste : couplant l'action créatrice du Ciel et l'attitude juste et centrale, deux notions parmi les plus importantes du *Livre des Changements*, c'est une démarche de haute valeur qui est décrite ici.

䷣ **Hexagramme dérivé :** hexagramme 36. LUMIÈRE OBSCURCIE est un moment de difficultés qui peuvent devenir fécondes si on les traverse en sachant voiler son éclat et voir la lumière dans l'obscurité.

Neuf en 3

Pas de plaine sans côte	无平不陂	wu ping bu pi
Pas d'aller sans Retour	无往不復	wu wang bu Fu
Présage de difficultés absence de faute	艱貞无咎	jian zhen wu jiu
Pas de crainte à avoir sur l'onde porteuse	勿恤其孚	wu xu qi fu
Bonheur vers les aliments	于食有福	yu shi you fu

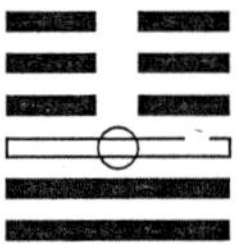

L'avancée du printemps n'est pas uniforme. À cette place de Passage se trouve le point de contact entre traits Yang et traits Yin, stade où ralentissement et pas en arrière sont inévitables. Un texte particulièrement long – la plus longue des troisièmes lignes – et dont le début est tourné comme un proverbe ancien, avertit d'un cheminement à présent moins facile. Cette perspective ne doit pas décontenancer, car elle est conforme au mouvement de balancier propre à l'esprit dialectique.

Comme le donnent à voir tant de peintures chinoises, un paysage paisible ne peut s'étendre à l'infini. De même, toute action a besoin de revenir à son point de départ pour s'y ressourcer. On doit à la fois garder confiance pour dépasser les *difficultés*, et mettre à profit les circonstances présentes pour consolider son parcours et se renforcer.

> «Étant grande, la Voie s écoule ; s'écoulant, elle va plus loin ; au loin en allée, elle finit par opérer le retour» Cette phrase de Lao Zi (chap. 25) est citée par François Cheng qui poursuit : «Le mouvement d'éloignement dans l'espace est en fait un mouvement circulaire qui revient et qui, par le renversement de la perspective et du regard, transforme finalement la relation du sujet-objet. Le sujet se projetant par degrés au-dehors, et le dehors devenant le paysage intérieur du sujet[15].»

Plaine : l'idéogramme est un adjectif signifiant *plat, uni, égal, paisible* (voir aussi *Taiping* à 11/I). Associé dans la langue courante à l'idée d'*apaisement*, ce mot est encore maintenant utilisé dans un sens très positif, par exemple dans les souhaits de nouvel an. Il apparaît aussi à la ligne souveraine de S'ENTRAÎNER AU PASSAGE DES RAVINS, quand les ravins commencent à être *aplanis* (voir 29/5).
Côte : l'idéogramme signifie en propre un *versant* d'une colline, une *pente*, un *talus*.
Aller : extrêmement usuel, l'idéogramme a, dans le contexte du *Yi Jing*, quand il n'est pas opposé à *venir* comme au Jugement, le sens d'un conseil de mise en route, d'une injonction à aller de l'avant.
Retour : nom de l'hexagramme 24, qui traite du retour du Yang après

la culmination hivernale. Le choix de ce caractère fait à la fois allusion au sens général de ressourcement constant qui est le fondement de cet hexagramme et aux mouvements d'aller et retour caractéristiques de la manifestation du renouveau (voir 24/J).

Présage : modulation globale de certaines appréciations mantiques. Précisant que l'appréciation dont il s'agit est moins effective que lorsqu'elle est présentée de manière directe (sans modulation), elle la situe comme une tendance probable.

Difficultés : l'idéogramme signifie *efforts, zèle, fatigues, problèmes, tristesse*. Dans le contexte du *Yi Jing*, les *difficultés* sont avant tout des occasions de se surpasser. Elles apparaissent toujours soit couplées avec des appréciations mantiques favorables soit comme des incitations à réagir. La vraie force s'éprouve surtout dans les moments difficiles.

Absence de faute : formule mantique spécifique incitant à ne pas rester dans un état d'esprit incertain ou hésitant.

Pas de crainte à avoir : formule mantique indiquant qu'on est en train de se ronger inutilement les sangs.

Onde porteuse : appréciation mantique signalant qu'un fort courant porteur traverse la situation. Elle est citée deux fois dans cet hexagramme, à chacun des deux traits médians, où Ciel et Terre s'entrecroisent.

Bonheur : sans doute un des idéogrammes les plus répandus de la culture chinoise. On le trouve partout, sur les objets, les cartes de vœux, en pendentif ou en boucles d'oreille, etc. Formé avec le signe général des questions religieuses et un caractère représentant une jarre pleine de grains, il évoque le bonheur matériel résultant du travail humain et de la faveur céleste. Dans le contexte du *Yi Jing*, le bonheur est toujours *reçu*, il n'est nourricier et effectif qu'ici *(il y a)*.

Aliments : l'idéogramme signifie aussi bien ce qui est *consommé* que le fait de *manger*. Bien qu'il puisse avoir une importante connotation rituelle ou symbolique, il semble ici employé dans son sens le plus matériel. Il ne s'agit pas pour autant d'un banquet, car le fait de boire n'est pas mentionné.

䷒ **Hexagramme dérivé :** hexagramme 19. APPROCHER est un moment d'éclosion multiple à accueillir et soutenir avec bienveillance. C'est l'hexagramme précédent dans le cycle du calendrier, d'où la sensation de recul.

Six en 4

Virevolte et voltige	翩翩	pian pian
Pas d'enrichissement par les voisins	不富以其鄰	bu fu yi qi lin
Pas de mise en garde et ainsi onde porteuse	不戒以孚	bu jie yi fu

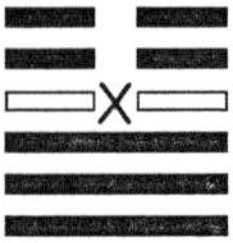

En écho avec le premier trait où le Yang se dépense sur la terre ferme, cette première ligne Yin est le niveau où se découvre la liberté de l'espace aérien. Cependant, situé comme le trait précédent au point de jonction des forces Yin et Yang, à une place où les courants s'entrecroisent de près, il est poussé d'un côté et retenu de l'autre.

Un vol gracile et souple permet d'échapper à ce voisinage contradictoire et de suivre avec agilité la fluidité des courants. À ce niveau, on doit savoir mettre soi-même à profit ces flux porteurs plutôt que de chercher à entrer en relation avec autrui. Il ne convient pas pour autant de se prémunir : souplesse et légèreté sont les garants de la confiance. Alors que la solitude demande un effort particulier à la place de Préfet, elle n'est pas pesante à cette place de Ministre : le souci n'est pas de mise dans un moment où l'on se sent porté.

Virevolte et voltige : le texte porte un seul idéogramme qui n'apparaît qu'ici où, selon la forme classique du superlatif, il est répété deux fois. Écrit avec le caractère *plumes* et un groupe complexe évoquant quelque chose de petit, ce caractère désigne un *vol à tire d'aile, rapide* et *léger, gracieux* et *oblique*, comme celui des hirondelles ou des chauves-souris, autre animal de bon augure en Chine (où l'on écrit chauve-souris avec le caractère *bonheur*).

Enrichissement : l'idéogramme signifie *riche, enrichir, copieux, richesse, opulence*, etc. Son usage courant est matériel et positif : il rentre par exemple dans la composition du mot *bonheur* (voir 11/3). Dans le *Yi Jing*, sa présence souligne toujours un échange, parfois fécond, parfois non.

Voisins : au-delà de l'évocation historique que cette expression avait à l'époque des Zhou, les *voisins* symbolisent tous ceux avec qui on est en relation, l'autre, le différent. Ici, elle signifie que pour le moment, la communication ne passe pas de manière féconde.

Mise en garde : l'idéogramme signifie *prendre garde, mettre en garde, se prémunir, informer*, etc. Se trouvant toujours en place de Ministre, il vaut généralement comme conseil de prudence, sauf ici et à la ligne souveraine de ALLIANCE, où est utilisé un mot très proche (voir 8/5). Dans ces deux situations, ne pas se mettre en garde est l'attitude la plus favorable à une alliance qui se manifeste avec éclat à 8/5, et à la ligne suivante de PROSPÉRITÉ.

Et ainsi : caractère grammatical de liaison à sens conséquentiel, soulignant le résultat de l'absence de *mise en garde*. Voir aussi 62/4 et 63/4.

Onde porteuse : appréciation mantique signalant qu'un fort courant porteur traverse la situation. Elle est citée deux fois dans cet hexagramme, à chacun des traits médians, là où Ciel et Terre s'entrecroisent.

Pas de mise en garde et ainsi onde porteuse : par contraste avec le troisième trait où l'onde porteuse, alors qu'on en doute, est effective, ici elle est conditionnée par l'attitude qu'on adopte. Ce trait est le seul où l'onde porteuse est nettement posée *(et ainsi)* comme résultant du comportement (voir 40/4 où elle est également une conséquence de l'attitude et 49/J où elle résulte du couplage avec le moment).

䷡ **Hexagramme dérivé :** Hexagramme 34. Grand Force est un moment où s'exprime une force grandissante. C'est, dans le cycle du calendrier, l'hexagramme suivant Prospérité, d'où à ce trait la sensation d'aisance et de légèreté.

Six en 5

Le Souverain Yi	帝乙 di yi
MARIE SA CADETTE	歸妹 GUI MEI
causant ainsi une heureuse félicité	以祉 yi zhi
Fondamentalement ouvert	元吉 yuan ji

䷊ Au niveau souverain, la PROSPÉRITÉ devient effective. Elle prend la forme d'une union fastueuse, qui marquera un palier important dans la marche des Zhou vers la gloire. Le Fils du Ciel donne sa fille en mariage au chef du clan qui lui fournit les produits de la terre (c'était le clan des Zhou qui fournissait la cour royale en céréales et animaux rituels), faisant ainsi d'un simple vassal un membre par alliance de la famille royale. Même si les Zhou devront patienter encore une génération avant de remplacer les Shang sur le trône, ces épousailles avec une ancienne lignée ont lieu dans l'atmosphère d'ardeur et de joie propre à l'hexagramme MARIAGE DE LA CADETTE, dont le personnage central assurera la descendance de la future dynastie – le mariage célébré ici y est évoqué dans les mêmes termes, également en ligne souveraine.

Yin à la place d'honneur, ce trait représente un moment où l'union et l'échange permettent la prospérité. Ici se trouvent réunies les capacités pour engendrer une situation *fondamentalement* nouvelle qui trouvera son accomplissement avec le temps.

Souverain : différent du terme *Roi*, en usage chez les Zhou, cet idéogramme était le titre officiel des monarques Shang (voir 42/2).
Yi : nom historique de l'avant-dernier souverain des Shang, le père du tyran Di Xin. Parmi tous les personnages réels évoqués dans le *Livre des Changements*, seuls trois membres de la dynastie Shang sont désignés par leurs noms, ceux qui, chacun à leur manière, ont contribué à l'élévation des Zhou : Wu Ding l'Illustre Ancêtre (63/3), le Sire de Ji (36/5) et le Souverain Yi (11/5 et 54/5). L'idéogramme Yi est différent de celui qui nomme le *Yi Jing*. Selon la coutume de la maison royale des Shang, c'est un signe cyclique.

Marie sa Cadette : le texte porte les deux caractères du nom de l'hexagramme 54 : Mariage de la Cadette.

Le Souverain Yi Marie sa Cadette : cette phrase se retrouve à l'identique à la ligne souveraine de l'hexagramme 54, qui est aussi l'hexagramme nucléaire de Prospérité. C'est le seul cas où le texte d'un hexagramme cite son nucléaire, particularité qui souligne la cohérence entre l'énergie fonctionnant au cœur de la situation et son expression dans l'hexagramme.

Causant ainsi : l'idéogramme est un opérateur grammatical usuel marquant un fort lien de conséquence. Dans le texte des Grandes Images, il est employé systématiquement pour relier les deux phrases constituant le conseil d'attitude.

Heureuse félicité : traduit un seul idéogramme, formé avec le signe général des affaires religieuses et le caractère *pied*. La joie qu'il décrit est celle d'un couplage réussi. Durant le culte ancestral, le défunt marquait son retour parmi les siens, le temps de la cérémonie, en laissant l'empreinte de son pied sur les cendres des bâtonnets brûlés en son honneur. Ce contact fugitif entre deux mondes, signe d'un heureux appariement, réjouissait tout le clan. Dans le contexte du *Yi Jing*, ce caractère n'apparaît que dans Prospérité et Adversité (voir 12/4), emblèmes du couplage Ciel-Terre, où il signale l'accession à un nouveau statut, ici l'entrée des Zhou dans la famille régnante.

Ouvert : appréciation mantique équivalente à *ouverture* qui signale un moment heureux où un agencement fécond du flux vital multiplie les possibilités de développement.

Fondamentalement : modulation particulière qui, appliquée à *ouverture*, précise que cet agencement est à la fois dans la vigueur de son début et traversé de fond en comble par une force printanière.

Fondamentalement ouvert : formule mantique parmi les plus favorables du *Yi Jing*. À chaque fois que cette formule est citée au niveau souverain (2/5, 6/5, 11/5, 41/5 et 42/5), c'est pour y souligner la présence ou la possibilité de couplages productifs.

䷄ **Hexagramme dérivé** : hexagramme 5. Attendre est un moment prometteur, où l'on nourrit ses forces en échangeant sereinement avec l'autre.

En haut un six

Le rempart fait Retour au fossé	城復于隍	cheng Fu yu huang
Ne pas employer l'Armée	勿用師	wu yong Shi
Depuis son propre fief proclamer mandat	自邑告命	zi yi gao ming
Présage de gêne	貞吝	zhen lin

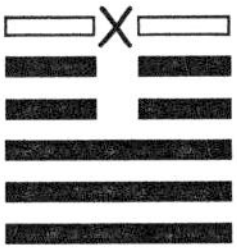

À ce niveau, comme souvent au niveau de sortie d'un hexagramme, la situation bascule et un mouvement de repli se manifeste. Après avoir culminé à la ligne précédente, la PROSPÉRITÉ « se fane » comme l'ADVERSITÉ au dernier trait de l'hexagramme opposé.

En écho avec les difficultés évoquées par le texte de la troisième ligne et dans un mouvement descendant inverse de celui décrit au niveau d'entrée, l'interaction entre souffles créatif et réceptif cesse de se produire. L'échange se sclérose et tourne au rapport de forces. Les relations se transforment en rigidités défensives symbolisées par le *rempart*, dont l'écroulement évoque une retombée à la mesure de la position élevée atteinte au stade précédent. Cette chute est sanctionnée par la formule *présage de gêne*, seule appréciation mantique négative de tout l'hexagramme.

Réagir à ce retournement en *employant l'ARMÉE*, c'est-à-dire d'une manière violente ou agressive, ne ferait qu'aggraver la situation. Il n'y a plus lieu d'envisager une action dirigée vers l'extérieur : c'est au contraire le moment de se tourner vers son propre territoire. Mettre de l'ordre dans son *fief*, restaurer ses bases, permet d'être en mesure de *proclamer* son *mandat*, c'est-à-dire d'assumer sa place.

Rempart : écrit avec le signe *terre* et le caractère *accomplir*, l'idéogramme, qui n'apparaît qu'ici, exprime l'idéal de la civilisation dans l'Antiquité chinoise : le rempart de terre battue entourant la ville est ce qui accomplit l'urbanité. De cette idée naîtra un projet que seuls les Chinois ont pu imaginer et mener à bien : la Grande Muraille.
RETOUR : le texte porte le nom de l'hexagramme 24. Il semble que cet idéogramme soit, comme en ligne 3, utilisé à la fois dans sons sens usuel, *retourner*, et comme évocation du mouvement de renouveau propre à l'hexagramme 24.
Ne pas employer l'ARMÉE : formé avec le nom de l'hexagramme 7 et le verbe signifiant *agir*, cette formule doit être prise pour son sens militaire direct. Elle déconseille de ne pas mettre en route un déploiement agressif. Quand l'ARMÉE est citée au dernier trait d'un hexagramme, son utilisation n'est en général pas recommandée.
Depuis son propre : l'idéogramme signifie à la fois le lieu d'*origine* ou de *passage* d'un mouvement. Il peut signifier aussi : *soi-même, de soi-même, spontanément.*
Fief : l'idéogramme, qui évoquait à l'origine les agglomérations paysannes, a pris ensuite dans le cadre de la féodalité instaurée par les Zhou le sens d'autorité conférée sur un territoire. Il peut aussi dans le contexte du *Yi Jing* représenter la base personnelle où se réfugier, se défendre en cas de danger ou encore remettre de l'ordre.

Proclamer : l'idéogramme signifie *avertir, informer, annoncer, notifier,* etc. Cependant, il ne s'agit pas de communication courante. L'usage de ce caractère montre que c'est une autorité qui parle, et son utilisation dans le *Yi Jing* confirme que le mouvement vient d'une autorité reconnue en direction d'un lieu où elle n'est pas encore admise, d'où ici l'importance de la manifester à partir de sa propre base.
Mandat : l'idéogramme désignait dans l'Antiquité à la fois le mandat général alloué par le ciel et le mandat féodal conféré par le souverain. Il peut donc signifier aussi bien le destin individuel, le lot de vie, que la position hiérarchique, la situation sociale.
Présage de gêne : formule mantique spécifique posant en perspective, comme une probabilité, l'appréciation *gêne* qui indique un manque de fluidité rétrécissant les possibilités d'action. Assez rare, elle qualifie uniquement des niveaux de passage (deux fois au troisième trait et deux fois au sixième). À la fin de PROGRESSER AU GRAND JOUR (35/6), autre contexte de rapport de forces, il est dit de *PROGRESSER les cornes hautes* uniquement pour opérer la soumission du *fief,* c'est-à-dire de son propre domaine.

䷙ **Hexagramme dérivé :** hexagramme 26. GRAND APPRIVOISE est un moment de retenue volontaire où des forces intérieures sont maîtrisées par un mouvement d'affinement et de concentration.

ÉLÉMENTS D'ANALYSE

Nucléaire

☳☱ **Hexagramme 54 : MARIAGE DE LA CADETTE.** Au cœur de PROSPÉRITÉ, il y a MARIAGE DE LA CADETTE. Au cœur de la fluidité printanière, il y a exubérance et ivresse. Des forces dépassent la volonté de l'individu et l'entraînent dans des circonstances qu'il ne contrôle pas. L'ardeur caractéristique de l'hexagramme 54 s'exprime dans les variations de courants qui traversent PROSPÉRITÉ, situation dans laquelle l'être humain est l'instrument de forces naturelles, qu'il ne peut qu'accompagner pour leur donner forme.

Opposé

☰☷ **Hexagramme 12 : ADVERSITÉ.** La relation d'opposition entre PROSPÉRITÉ et ADVERSITÉ s'articule autour de l'idée d'équinoxe.

L'équilibre entre jour et nuit, entre chaud et froid, entre Yin et Yang, est le même dans chaque situation, mais les dynamiques internes et les stratégies sont contraires : PROSPÉRITÉ représente un mouvement d'éclosion qu'il faut accompagner pour le conduire vers sa maturité estivale, ADVERSITÉ un mouvement de déclin qu'il faut mettre à profit en procédant au resserrement intérieur de ses forces. Cette relation d'opposition est d'autant plus profonde que les deux hexagrammes sont aussi le retourné l'un de l'autre (particularité qui ne concerne que huit hexagrammes : les couples 11/12, 17/18, 53/54 et 63/64).

12 ADVERSITÉ (BLOCAGE AUTOMNAL)

PI

En haut CIEL ☰

En bas TERRE ☷

ADVERSITÉ des vauriens	否之非人	PI zhi fei ren
Pas profitable d'être tenace ucommen Chef Accompli	不利君子貞	bu li jun zi zhen
Le Grand va	大往	da wang
le Petit vient	小來	xiao lai

Au début un six

Arracher des roseaux à racines enchevêtrées	拔茅茹	pa mao ru
Chacun selon son espèce	以其彙	yi qi hui
Présage d'ouverture	貞吉	zhen ji
Favorisant	亨	heng

Six en 2

Supporter une promotion	包承	bao cheng
Pour l'Être Petit ouverture	小人吉	xiao ren ji
Pour l'Être Grand ADVERSITÉ favorisante	大人否亨	da ren PI heng

Six en 3

Supporter la honte	包羞	bao xiu

Neuf en 4

Il y a un mandat	有命	you ming
Absence de faute	无咎	wu jiu
Catégoriser et Clarifier	疇離	chou Li
Heureuse félicité	祉	zhi

Neuf en 5

L'ADVERSITÉ fait une pause	休否	xiu PI
Pour l'Être Grand ouverture	大人吉	da ren ji
Ça disparaît ça disparaît !	其亡其亡	qi wang qi wang
S'attacher à la souche du mûrier	繫于苞桑	xi yu bao sang

En haut un neuf

L'ADVERSITÉ se fane	傾否	qing PI
D'abord ADVERSITÉ	先否	xian PI
ensuite joie	後喜	hou xi

Grande Image

Ciel et Terre ne sont pas en relation	天地不交	tian di bu jiao
ADVERSITÉ	否	PI
L'Être Accompli ainsi	君子以	jun zi yi
en ménageant sa conduite esquive les difficultés	儉德辟難	jian de pi nan

Il refuse honneurs et revenus d'un poste officiel — 不可榮以祿 bu ke rong yi lu

Dixième Aile

ADVERSITÉ et PROSPÉRITÉ — 否泰 PI TAI

Se retournent par nature. — 反其類也 fan qi lei ye

ADVERSITÉ, c'est le blocage automnal. Ciel et Terre ne communiquent pas, Yin et Yang ne se rencontrent plus et cette absence de relation se manifeste par le déclin de la nature. À l'inverse de PROSPÉRITÉ, l'hexagramme opposé, le moment n'est plus à l'échange. La dynamique qui l'anime ne permet pas d'envisager de fructification, et s'investir en de telles circonstances ne peut avoir que peu de résultats à long terme. Tout comme le Printemps doit être accompagné, on doit ici se désolidariser de cette absence d'échange, et non chercher à la combattre. Dire non à ceux qui s'y complaisent est le seul moyen de garder ses forces vives jusqu'au renouveau. Car cette situation ne constitue pas un inconvénient pour tout le monde : l'Être Petit trouve dans ce confinement une stratégie à sa mesure, la canaille une occasion de se déployer.

La structure de la figure, associant autant de traits Yin que Yang, reproduit l'équilibre entre jour et nuit caractéristique d'un équinoxe. Mais c'est une dynamique d'automne, la saison où la nature se retire : les traits Yang, regroupés en haut de la figure, montent et se détachent de plus en plus des trois traits Yin qui, suivant leur propension à descendre, s'accumulent vers le bas. Malgré la correspondance entre tous les traits, cette dislocation est à l'image de la stérilité annonciatrice de l'hiver. Pourtant, ADVERSITÉ ne doit pas décourager : si les beaux jours sont derrière, ils sont aussi devant. Le flux vital ne meurt jamais, il se transforme. Mais quand vient l'arrière-saison, il prend une forme plus intérieure.

Le texte utilise un vocabulaire émotionnel ou stratégique, *honte, joie, supporter, catégoriser*, qui s'articule autour de personnages symboliques, les *vauriens*, le *Chef Accompli, l'Être Petit, l'Être Grand*, qui sont autant d'exemples de comportements. L'attitude à suivre ne sera pas la ténacité caractéristique du *Chef Accompli*, qui sait lutter avec vaillance dans des circonstances contraires, mais l'envergure de l'*Être Grand*, autorité morale dont la force en de tels moments est de savoir dire non. L'Être Grand sait distinguer, fût-ce au péril de sa vie, les moments où il faut dépasser l'ÉPUISEMENT pour forcer la communication (voir hexagramme 47) de ceux où cette opiniâtreté est inutile. Chercher à tenir coûte que coûte face à ceux qui nient toute règle est aussi vain que de vouloir s'opposer à la venue des gelées. Le vrai discernement consiste plutôt à s'adapter au mouvement de l'Automne en économisant son énergie et en l'enfouissant à l'intérieur de sa valeur intime. Elle y nourrira des racines solides comme celles d'un *mûrier* (ligne 5) plutôt qu'une végétation désordonnée (ligne 1) appelée à *se faner* (ligne 6).

ADVERSITÉ n'est pas une situation contraire en elle-même, mais un moment défavorable à l'extériorisation et à l'élévation : c'est le temps du refus, de l'esquive et de la résistance, préalable nécessaire au retour de la *joie*.

Calendérique : ADVERSITÉ appartient à la série dite du calendrier qui rassemble douze hexagrammes associés à la variation du rapport entre ombre et lumière au cours de l'année. ADVERSITÉ, hexagramme cardinal de cette série, est associé à la période située autour de l'équinoxe d'Automne (début septembre – début octobre). Les traits Yin occupent la moitié de la figure, le rapport entre jour et nuit s'égalise, cependant la dynamique globale est tendue vers l'Hiver.

IDÉOGRAMME

PI : *Mauvais, mal, malheur, infortune, bouché, obstrué ne pas pouvoir avancer, ne pas pouvoir réussir, etc.*
Prononcé FOU : Dénier, refuser, dire non, non, est-ce que… ou non ?, etc.

L'idéogramme est formé de deux parties superposées. En bas le signe général de la bouche dont le sens figuré est, au premier niveau, communication, et sur un plan plus subtil : rassemblement *(ouverture)*. Au-dessus un signe représentant un oiseau qui s'envole vers le haut du ciel et en conséquence disparaît de la vue. De là ce caractère est devenu une négation extrêmement courante (voir 35/I). La combinaison de ces deux signes forme un idéogramme dont le sens s'est dédoublé :
– quand il est prononcé *fou*, jouant sur ses deux composants, parler et dénier, il est utilisé grammaticalement pour rendre la forme interro-négative « est-ce que… ou non ? », dans le sens de s'interroger sur l'éventualité de quelque chose (c'est ainsi qu'il est employé à 7/1).
– quand il est prononcé *pi*, sa signification dérive aussi de l'idée de non-communication. En tant que nom, il veut dire : *bouché, obstrué*. Au niveau du corps humain, cette obstruction se manifeste dans le blocage des fonctions d'excrétion ; combiné avec le signe général des maladies, l'idéogramme forme alors le mot : *constipation*. En

tant que verbe, il veut dire *s'opposer à l'avancement, ne pas pouvoir réussir*, sens d'où proviennent ses significations dérivées *mauvais, malheur, infortune*.

Dans le contexte du *Yi Jing*, il évoque l'absence de fécondité d'une situation de non-rassemblement. Ne communiquant plus, les dix-mille êtres ne peuvent plus croître, et il en résulte une situation de blocage qui correspond à l'Automne. À cette saison, l'accord entre le Ciel et la Terre ne se produisant plus, la végétation périclite avant de s'enfoncer dans l'apparent sommeil de l'hiver d'où surgira le renouveau printanier.

TEXTE CANONIQUE

JUGEMENT

ADVERSITÉ des vauriens	否之非人	PI zhi fei ren
Pas profitable d'être tenace tel un Chef Accompli	不利君子貞	bu li jun zi zhen
Le Grand va	大往	da wang
le Petit vient	小來	xiao lai

Lorsque le temps n'est plus au couplage des énergies et à la prospérité que cette rencontre entraîne, apparaissent les forces négatives symbolisées par les *vauriens*. La réponse spontanée en pareils cas est souvent de vouloir contrer le cours des choses et de se conduire avec la vaillance d'un *Chef Accompli*. C'est oublier qu'en Chine la droiture, qui sera pour cela symbolisée par le bambou, consiste à savoir plier sans perdre sa force afin de pouvoir se redresser ensuite. La ténacité, qualité maîtresse du Chef Accompli, tourne à la rigidité quand on l'applique sans discernement. La référence à l'Être Grand, mis en scène aux deux traits centraux de l'hexagramme, le montre : les temps d'ADVERSITÉ requièrent plus de fermeté morale que de bravoure. Le vrai courage consiste alors à se désolidariser de ceux qui profitent de la montée du déclin et à refuser de mettre ses talents à leur service. Que le conseil de ténacité donné au Jugement de l'hexagramme suivant soit mentionné ici de façon négative indique clairement qu'aux moments d'ADVERSITÉ, il n'est pas opportun de chercher à S'ENTENDRE AVEC TOUS (voir 13/J). L'attitude adaptée est suggérée en revanche par l'idéogramme nommant cet hexagramme : dire « non », se retirer pour se préserver, effectuer le mouvement de repli conforme à l'image de la saison.

Vouloir s'opposer à la monté de l'hiver ne l'empêchera pas d'arriver. Un mouvement profond est à l'œuvre, comme le montre le reste du texte, composé uniquement d'indications énergétiques : les forces

Yang s'échappent vers le haut, les forces Yin se replient vers le bas, il n'y a plus ni croisement ni couplage fécond. Aucune appréciation mantique, ni bonne, ni mauvaise, ne vient ponctuer ce mouvement inexorable. L'époque doit être acceptée et traversée comme telle : l'automne aussi est une saison nécessaire.

Vauriens : le texte comporte deux caractères : le signe général des êtres humains et une négation particulière ayant fonction d'attribut. L'ensemble désigne ceux qui nient l'ordre établi, car cette négation a aussi un emploi propre en tant que nom, signifiant déjà... *vaurien*. Qu'ici soit ajouté le terme *être humain* précise qu'il ne s'agit pas de barbares, mais de Chinois. Des hors-la-loi certes, rebelles voire usurpateurs, mais néanmoins gens de l'intérieur du système bien qu'ils refusent l'ordre qui le cimente.

ADVERSITÉ des vauriens : alors que généralement le nom de l'hexagramme est placé en position isolée, comme un titre, il intervient ici directement dans la première phrase du texte du Jugement. Ce n'est pas un cas unique, cette construction se retrouve six fois (voir 10/J, 13/J, 20/J, 43/J et 52/J). Certains commentateurs lisent pourtant cette phrase en isolant le nom de l'hexagramme, reliant alors les *vauriens* à la phrase suivante : « ADVERSITÉ. Les vauriens ne favorisent pas la ténacité du Chef Accompli. » C'est être plus méthodique que les Chinois. C'est aussi gommer un caractère de liaison et négliger le fait important qu'une construction similaire (seul le nom de l'hexagramme change) se retrouve pour décrire un autre moment de mésentente : « S'ALLIER avec des vauriens » (8/3). C'est enfin proposer une vision plus sombre de l'ADVERSITÉ en supprimant ce qui la limite aux seuls *vauriens*.

Profitable d'être tenace comme : construction particulière de la formule mantique *ténacité profitable*. Entre *profitable* et *ténacité* est intercalé un troisième caractère qui détermine le type particulier de ténacité qui sera avantageuse dans la circonstance. Cette appréciation mantique spécifique a donc un sens beaucoup plus fort que le simple conseil de persévérance par lequel elle est généralement comprise. Sa particularité se manifeste dans le choix des personnages emblématiques caractérisant cette ténacité : le *Chef Accompli*, la *femme* et celui qui sait *demeurer*. Leur qualité commune est la force Yin qui permet de tenir quelles ques soient les conditions. Cependant ici cette formule présente une autre particularité : elle est précédée d'une négation. C'est le seul cas de tout le *Yi Jing* où la ténacité du Chef accompli est déconseillée.

Chef Accompli : personnage symbolique dont la présence signale que la situation requiert des qualités particulières de courage et de perspicacité.

Tenace comme un Chef Accompli : souvent comprise comme un simple conseil de persévérance, la ténacité du Chef Accompli n'est pas une qualité courante. Elle n'est mentionnée que dans deux hexagrammes, toujours au Jugement : à l'hexagramme 13, où elle est la condition nécessaire pour S'ENTENDRE AVEC TOUS et ici où, fait exceptionnel, elle est déconseillée. Ce rapprochement donne une indication sur la conduite à tenir.

Petit... Grand : emblèmes des mouvements Yin et Yang, termes qui n'apparaissent pas dans le Texte canonique, puisqu'ils ont été « inventés » précisément pour expliquer et généraliser la dialectique à l'œuvre dans le *Livre des Changements*. On trouve à leur place différents couples d'opposés complémentaires, parmi lesquels *petit* et *grand* jouent un rôle particulier puisqu'ils entrent dans le nom de six hexagrammes. Voir aussi 9/I et 14/I.

Va... vient : très liés l'un à l'autre, ces deux verbes prennent le locuteur pour point de référence. Quand ils décrivent un déplacement dans l'espace, *aller* désigne un mouvement qui s'éloigne de soi et venir un mouvement qui se dirige vers soi. Quand ils s'appliquent à une durée, *aller* est utilisé pour nommer le passé, le temps qui s'éloigne de soi, et *venir* l'avenir, le temps qui vient vers soi. Ici, les deux niveaux se combinent ; la lecture temporelle renvoie à l'association avec l'automne dans la série calendérique et la lecture spatiale au mouvement divergent des deux groupes de traits Yin et Yang.

Le Grand va le Petit vient : caractéristique du couple PROSPÉRITÉ ADVERSITÉ (voir 11/J) cette phrase ne se trouve qu'au Jugement de ces deux hexagrammes, deux situations où le croisement du Yin et du Yang constitue l'armature de la figure tout entière.

TEXTE DES TRAITS

Au début un six

Arracher des roseaux à racines enchevêtrées	拔茅茹 pa mao ru
Chacun selon son espèce	以其彙 yi qi hui
Présage d'ouverture	貞吉 zhen ji
Favorisant	亨 heng

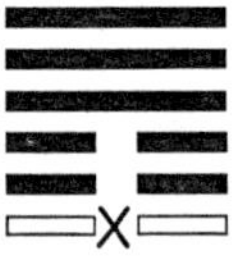

L'automne, comme le printemps, débute par une poussée de végétation. Comme dans PROSPÉRITÉ dont le premier trait s'ouvre sur le même texte, cet « été indien » marque un regain de vigueur en résonance avec l'atmosphère neuve d'un niveau d'entrée. Ce surcroît de vitalité demande qu'une main ferme vienne désherber et éclaircir le terrain afin de permettre aux plantes de se renforcer. Il s'agit, ici encore, de sortir de la confusion, de se désolidariser du même, en rompant avec des attitudes peut-être trop souples et trop facilement manipulables. Qu'il soit question d'*espèce* suggère de procéder à cet arrachage avec discernement, mouvement renforcé par la correspondance avec le quatrième trait, où l'on est appelé à accomplir une mission.

Les indications mantiques soulignent que ce stade initial est encore en deçà des inconvénients de l'ADVERSITÉ : la vigueur qui s'exprime ici est porteuse de fécondité et d'essor. Ce n'est qu'au second trait qu'une différenciation plus nette s'opère entre des possibilités de développement immédiat (marquées par *ouverture*) et un déploiement de la qualité personnelle (indiqué par *favorisant*).

Arracher : formé avec le signe de la main et un groupe désignant une sorte de jarretière (un bas qu'on remonte), l'idéogramme décrit un mouvement de traction appliqué du bas vers le haut.

Roseaux à racines enchevêtrées : les notations botaniques ne sont pas toujours claires dans le *Yi Jing*, ni ce qu'elles symbolisent facile à identifier. Les deux caractères employés ici désignent une sorte de roseau, plante Yin par excellence à cause de la souplesse de ses tiges ; le second précise qu'il s'agit d'une espèce dont les racines viennent par touffes quand on les arrache.

Arracher des roseaux à racines enchevêtrées : cette phrase est passée telle quelle dans la langue littéraire comme une allusion à un prince attirant à lui beaucoup de sages. Dans le contexte de cet hexagramme, ce qui est enchevêtré à ce premier trait est clarifié au niveau du quatrième avec lequel celui-ci est en correspondance.

Espèce : l'idéogramme, assez rare, évoque un rassemblement d'objets de même *genre*, une *collection*, un *ensemble* (voir aussi 13/GI).

Arracher des roseaux à racines enchevêtrées Chacun selon son espèce : ces deux phrases apparaissent à l'identique au même niveau de l'hexagramme opposé PROSPÉRITÉ (voir 11/1). À leur début, les moments d'ADVERSITÉ et de PROSPÉRITÉ ne semblent pas se distinguer. C'est la suite de chacun des deux textes qui permet de préciser leur différence.

Ouverture : appréciation mantique signalant un moment heureux où un agencement fécond du flux vital multiplie les possibilités de développement. La mention directe d'une *ouverture* (et non sa propension comme ici), est citée aux traits 2 et 5 : abonder dans le sens de ce flux est l'attitude de l'Être Petit en ligne 2 et celle de l'Être Grand en ligne 5.

Présage d'ouverture : formule mantique indiquant la tendance à un réagencement positif de la situation.

Favorisant : appréciation mantique décrivant un climat d'essor, un agencement fertile, un dispositif énergétique global dans lequel l'échange entre le Ciel et la Terre se noue de manière féconde.

Exprimant le plus souvent la qualité d'ensemble de la situation (Jugement), cette appréciation favorable est rare dans les Textes des traits. Ici non seulement elle apparaît aux traits 1 et 2, mais c'est la seule fois où elle qualifie un premier trait. Cette singularité souligne discrètement la différence entre le début des moments d'ADVERSITÉ et le moment équivalent des moments de PROSPÉRITÉ : alors que la mention *ouverture pour des expéditions* engage à entrer dans une phase printanière d'expansion, *favorisant* indique le simple déploiement de possibilités actuelles.

Hexagramme dérivé : hexagramme 25. SPONTANÉMENT est un moment où une attitude de réponse instantanée, non préméditée, à la sollicitation du moment est un gage d'attitude juste.

Six en 2

Supporter une promotion 包承 bao cheng
Pour l'Être Petit ouverture 小人吉 xiao ren ji
Pour l'Être Grand ADVERSITÉ favorisante 大人否亨 da ren PI heng

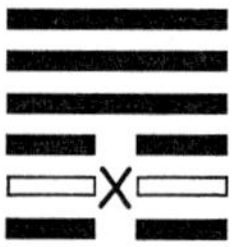

À ce niveau auquel correspond la fonction de Préfet, miroir et représentant du pouvoir central, se pose avec acuité le problème de la vassalité en période de blocage. Être vassal ne pèse pas quand le suzerain est juste, mais lorsque l'autorité se manifeste par une *promotion* qui semble plus de l'ordre de la gratification que du véritable *mandat* (comme à la quatrième ligne), on doit être conscient de la dépendance qu'implique son acceptation. Seul un être de peu d'envergure se réjouit d'un cadeau venant d'un vaurien. Qui a une parole à défendre voit plus loin : en disant « non », il accroît sa capacité personnelle ; en ne craignant pas les revers que ne manquera pas d'entraîner son refus d'une position, il favorise un renforcement intérieur conforme à la saison et œuvre à l'évolution ultérieure de la situation dans son ensemble.

La correspondance de ce trait avec la cinquième ligne implique le contact avec la place d'autorité. Cependant la correction de sa nature Yin laisse ouverte l'alternative entre subir la pression extérieure et s'y opposer selon un point de vue plus élevé.

Supporter : l'idéogramme, toujours très utilisé, représente un enclos, une matrice susceptible de contenir et d'enrichir. Il recouvre un grand nombre de sens articulés autour des idées d'enveloppement et de développement. Caractère très vaste, toujours à forte tonalité Yin, ce terme qui apparaît deux fois dans cette figure (lignes 2 et 3) est difficile à cerner à cause de l'étendue des sens qu'il peut prendre. *Supporter* est un compromis par défaut.

Promotion : représentant un geste d'élévation des mains, l'idéogramme signifiait à l'origine *présenter un hommage à un supérieur*. Il a ensuite désigné le mouvement inverse *recevoir d'un supérieur, accepter une charge, hériter, succéder*.
Être Petit : personnage symbolique représentant une attitude mesquine et sans envergure, toujours cité dans le voisinage d'un autre personnage qui représente l'attitude appropriée. Ici se trouve le seul cas où la comparaison tourne à son avantage, ce qui n'a rien d'étonnant dans un moment où dominent les vauriens (voir Jugement). La situation inverse existe au moment de RETRAITE (voir 33/4).
Ouverture : appréciation mantique signalant un moment heureux où un agencement fécond du flux vital multiplie les possibilités de développement. Cette appréciation est également citée à la ligne souveraine de cet hexagramme, où les qualités de l'Être Grand trouvent à s'exprimer.
Être Grand : personnage symbolique rendu ailleurs par Être d'Envergure. C'est lui que le *Yi Jing* conseille d'aller voir pour prendre de la hauteur. Personnage d'exception, il est à la mesure des situations difficiles qu'il doit assumer : les moments d'ADVERSITÉ, d'ÉPUISEMENT (47/J) et de RÉVOLUTION (49/5). *Grand* a été préféré ici à *envergure* pour jouer avec le double sens, nominal et verbal, de *être*, et surtout pour respecter le balancement avec l'Être Petit puisque c'est ici le seul cas où ces deux personnages apparaissent dans le même trait.
Favorisante : voir ligne 1.
ADVERSITÉ favorisante : la construction de cette phrase est ambiguë. Le texte porte deux caractères : le premier est le nom de l'hexagramme et le second l'appréciation mantique expliquée ci-dessus. Si on considère qu'ils sont en apposition, alors l'ADVERSITÉ est bénéfique en ce qu'elle oblige l'Être Grand à développer cet agencement fécond dans son for intérieur. Si on considère que le nom de l'hexagramme est un attribut de l'appréciation mantique, la phrase doit alors être lue : « ADVERSITÉ *pour ce qui* favorise », ce qui signifie que l'essor se heurte à des empêchements. Les deux points de vue sont moins contradictoires qu'il n'y paraît.

Hexagramme dérivé : hexagramme 6. PLAIDER SA CAUSE est un moment de controverse où il importe de conserver une position juste et centrale.

Un six en 3
Supporter la honte — 包羞 bao xiu

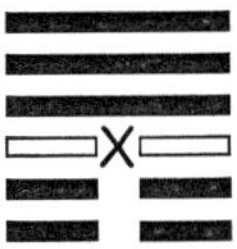

Moment de Passage, le troisième niveau d'un hexagramme décrit rarement une conjoncture favorable. Le texte de ce trait, un des plus courts de tout le *Yi Jing*, suggère un sentiment de confusion, qui n'est pas surprenant dans un environnement où la communication est impossible. Il évoque un moment où des implications passées, dont il est encore difficile de se défaire, empêchent d'accompagner le mouvement de la saison et d'accepter sereinement la période automnale.

Situé à un lieu de contact entre lignes Yin et Yang, ce trait est dans une position malaisée. Son manque de fermeté – il est Yin à une place Yang – le tire vers le bas et semble prolonger l'attitude de l'*Être Petit* décrite au niveau précédent ; sa correspondance avec la dernière ligne permet en revanche d'entrevoir des perspectives plus heureuses. Aucune appréciation négative n'est mentionnée : on ne peut que *supporter* la contradiction actuelle et accepter l'incertitude des moments où il est à la fois trop tard et trop tôt pour intervenir.

Supporter : voir ligne 2.
Honte : représentant à l'origine une main tenant un mouton, c'est-à-dire la présentation d'une offrande rituelle en tribut ou remerciement, l'idéogramme exprime le sentiment de confusion ressenti face à un personnage puissant. Cette émotion est un sentiment bien plus proche de la manière chinoise d'exprimer la politesse que le sens courant de honte, associée le plus souvent en Occident à la notion de péché. Ce mot n'apparaît qu'une autre fois dans le *Yi Jing* : à 32/3, associé à une *promotion* qui intervient ici en ligne 2.

Hexagramme dérivé : hexagramme 33. FAIRE RETRAITE est un moment de recul où l'Être Accompli prend sans haine ses distances avec l'Être Petit.

Neuf en 4
Il y a un mandat — 有命 you ming
Absence de faute — 无咎 wu jiu
Catégoriser et clarifier — 疇離 chou li
Heureuse félicité — 祉 zhi

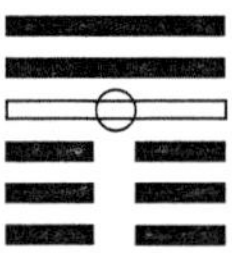
À ce premier niveau extérieur de la figure, occupé par le premier trait Yang de l'hexagramme, le mouvement d'ADVERSITÉ change de nature. Il ne s'agit plus comme en seconde ligne, niveau de Préfet, de résister à des gratifications douteuses, ni d'endurer la position de porte-à- faux décrite à la ligne précédente, mais de prendre les responsabilités qui incombent à une place de Ministre. S'ouvrant sur la mention d'un *mandat*, le texte indique la possibilité d'agir sans tergiverser pour sortir de la confusion engendrée par l'absence de communication.

La relation de correspondance entre le premier trait et celui-ci est accentuée par le terme *catégoriser* qui renvoie au regroupement par *espèces* mentionné en première ligne : on est appelé ici à mettre de l'ordre dans ce qui est enchevêtré et à distinguer genres et territoires afin d'y voir plus clair. Situé au niveau où traits Yin et Yang sont en contact, position qui indique une implication dans les nœuds internes de la situation, ce trait est également emmené par la force des deux Yang supérieurs où s'effectue la sortie du blocage. La possibilité d'envisager le rétablissement de relations fécondes est signalée par la mention *heureuse félicité*, une appréciation inhabituelle qui n'est citée ailleurs qu'à la ligne souveraine de PROSPÉRITÉ.

Il y a un mandat : l'idéogramme *mandat* désignait dans l'antiquité à la fois le mandat général alloué par le Ciel et le mandat féodal conféré par le Souverain. Il peut donc signifier aussi bien le destin individuel, le lot de vie, que la position hiérarchique, la situation sociale. Dans le *Yi Jing*, le mandat n'est employé qu'ici comme complément du verbe *il y a*, modulation spécifique d'une réalisation effective.
Absence de faute : formule mantique spécifique incitant à ne pas rester dans un état d'esprit incertain ou hésitant.
Catégoriser : formé avec le signe des champs et le caractère *longévité*, cet idéogramme, devenu rare, n'apparaît qu'ici. Signifiant *classe, genre*, etc., il évoque les géomètres de l'Antiquité qui pérennisaient par leurs toises les tracés des champs.
Clarifier : cet idéogramme, qui sera choisi pour nommer le trigramme Lumière et l'hexagramme 30 FILET D'OISELEUR, a pour sens ancien *pris au filet* (voir 62/6 et 30 I). *Clarifier*, qui n'est pas assuré, a été choisi pour faire écho à la tonalité de lucidité propre à cet hexagramme.
Heureuse félicité : traduit un seul idéogramme, formé avec le signe général des affaires religieuses et le caractère *pied*. La joie qu'il décrit est celle d'un couplage réussi. Durant le culte ancestral, le défunt marquait son retour parmi les siens, le temps de la cérémonie, en laissant l'empreinte de son pied sur les cendres des bâtonnets brûlés en son honneur. Ce contact fugitif entre deux mondes, signe d'un heureux appariement, réjouissait tout le clan. Dans le contexte du *Yi Jing*, ce caractère n'apparaît que dans ADVERSITÉ et PROSPÉRITÉ (voir 11/5), emblèmes du couplage Ciel-Terre.

䷓ **Hexagramme dérivé :** hexagramme 20. REGARDER est un moment où l'on élève son point de vue de manière à resituer son action dans une unité de temps plus large.

Neuf en 5

L'Adversité fait une pause	休否	xiu Pi
Pour l'Être Grand ouverture	大人吉	da ren ji
Ça disparaît ça disparaît !	其亡其亡	qi wang qi wang
S'attacher à la souche du mûrier	繫于苞桑	xi yu bao sang

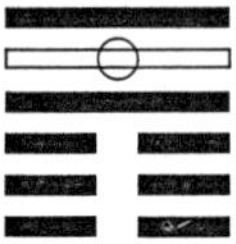

À la place souveraine de l'ADVERSITÉ, les éléments entraînant blocage et manque de communication commencent à s'essouffler. Que les *vauriens* n'y apparaissent pas, alors qu'ils sont mentionnés au Jugement comme symboles de l'atmosphère incertaine de la situation, montre que la véritable maîtrise ne leur appartient pas. L'*Être Grand* en revanche qui, au niveau de la seconde ligne a su résister au poids de leur domination et refuser d'y apporter son concours, reprend de la vigueur et entrevoit des possibilités d'*ouverture* pour son action.

La relation de correspondance entre les deux traits centraux souligne la complémentarité entre l'attitude intérieure de refus, conseillée à la place de Préfet, et la plus grande visibilité de cette place souveraine. Cependant, à l'étonnement de voir l'obstruction s'épuiser d'elle-même, s'ajoute la crainte que ce ne soit là qu'un entracte. L'image du *mûrier*, arbre solide que même des coupes répétées ne font pas disparaître, doit engager à juguler cette inquiétude : les saisons passent, la qualité de l'être de parole s'enracine profondément dans le long terme.

Fait une pause : représentant un être humain s'appuyant sur un arbre, l'idéogramme signifie principalement *s'arrêter, se reposer, cesser de travailler* (il est utilisé de nos jour pour dire *entracte*).
Être Grand : voir ligne 2.
Ouverture : appréciation signalant un moment heureux où une organisation fluide du flux vital multiplie les possibilités de développement. Elle est citée trois fois dans cette figure : lignes 1, 2 et 5.
Disparaît : toujours employé avec des symboles de couplage, ce verbe fait ici écho au renversement qui s'opère pour l'Être Grand entre le second trait et celui-ci.
Ça disparaît, ça disparaît : la répétition des deux caractères de cette phrase apporte une nuance exclamative rare dans le *Yi Jing*, marquée ici par l'emploi du point d'exclamation.
S'attacher : formé d'un groupe complexe et du signe du tissage, l'idéogramme évoque un lien puissant et fécond. Il servira à nommer les Cinquième et Sixième Ailes des Commentaires canoniques du *Yi Jing* : le Xi Ci, mot à mot « Paroles Attachées », appelé le plus souvent « Grand Commentaire ».
Souche : formé du caractère *supporter* (voir ligne 2) et du signe général des plantes, l'idéogramme, outre le nom d'une espèce de joncs

poussant en touffes dont on se servait pour faire des souliers, des nattes et pour envelopper des objets, signifie *souche, racine, massif de plantes à surgeons.*

Mûrier : arbre important de la culture chinoise. Ses feuilles servent à nourrir les vers à soie, symboles de mutation. Des racines profondes permettent à la souche de produire des surgeons même lorsque l'arbre a été foudroyé : le mûrier est ainsi l'image du renouveau. Arbre au tronc creux enfin, il est relié dans différents mythes à l'idée de matrice, à la renaissance du soleil et même à la naissance de Confucius. C'est le seul endroit du *Yi Jing* où cet arbre est cité.

Hexagramme dérivé : hexagramme 35. AVANCER AU GRAND JOUR est un moment d'avancée patiente et progressive dans des conditions difficiles, où l'on est appelé à montrer ses talents.

En haut un neuf
L'Adversité se fane
D'abord Adversité
ensuite joie

傾否 qing Pi
先否 xian Pi
後喜 hou xi

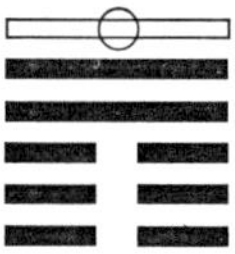
Au dernier stade de l'ADVERSITÉ, comme au niveau de Sortie de beaucoup d'hexagrammes, la tendance se renverse. Ce n'est plus une pause dans l'obstruction comme au trait précédent, mais un déclin. Et ce qui décline ici, c'est le déclin lui-même puisque c'est maintenant l'ADVERSITÉ qui *se fane.* Cette flétrissure, qui fait écho au regain de végétation décrit à la première ligne, signale la fin du blocage automnal. L'ensemble du processus est résumé en quatre mots, comme pour inviter à le considérer de haut : le temps des *vauriens* est replacé dans un processus global où les difficultés finissent par le céder à des possibilités de couplages plus féconds.

La fermeté du trait, Yang à une place Yin, indique une aptitude à se dégager de la confusion intérieure, particulièrement celle indiquée à la troisième ligne avec laquelle il est relié par une relation de correspondance. On est à même à ce stade d'œuvrer à défaire tout ce qui entraîne obstruction, tromperie et manque de cohésion.

Se fane : formé avec le caractère du changement irréversible et le signe des feuilles, l'idéogramme évoque généralement le flétrissement de la floraison, quand les fleurs font place aux fruits. Élégance du texte : en écho à l'image des roseaux citée au premier trait de cet hexagramme, c'est une image de la fin du Printemps qui est employée pour évoquer la fin de l'Automne.

D'abord... ensuite... : deux idéogrammes qui apparaissent toujours

couplés et situés en haut des hexagrammes. Quand ils ne décrivent pas un simple déroulement temporel (18/J & 57/5), ils indiquent soit une succession d'états, soit un retournement qui le plus souvent est orienté vers un mieux.
Joie : expression d'un renouveau heureux, la joie apparaît toujours dans le *Yi Jing* à la suite d'une période de fébrilité inquiète.

䷬ **Hexagramme dérivé :** hexagramme 45. RÉUNION est un moment de rassemblement où le lien entre des forces convergentes est appelé à se manifester.

Nucléaire

Hexagramme 53 : PROGRESSER PAS À PAS. Au cœur de ADVERSITÉ, il y a PROGRESSER PAS À PAS. Au cœur d'une période de déclin, il y a l'attachement à un fonctionnement régulier qui dépasse le moment présent et dans lequel il est possible de s'enraciner. Au cœur de l'automne, pas en arrière dans la manifestation visible de la vitalité naturelle, il y a l'avancée progressive du cours du temps, tendu vers un perpétuel renouvellement. Dans les moments de non-communication et de recul, un lendemain se prépare lentement en référence à un fonctionnement plus vaste. Pour se mettre en accord avec l'époque, on ne force pas les choses, on préserve et nourrit son énergie en se repérant sur l'alternance éternelle des saisons. L'automne ne fait pas qu'annoncer l'hiver, il prépare et garantit le retour du printemps.

Opposé

Hexagramme 11 : PROSPÉRITÉ. La relation d'opposition entre PROSPÉRITÉ et ADVERSITÉ s'articule autour de l'idée d'équinoxe. L'équilibre entre jour et nuit, entre chaud et froid, entre Yin et Yang, est le même dans chaque situation, mais les dynamiques internes et les stratégies sont contraires : PROSPÉRITÉ représente un mouvement d'éclosion qu'il faut accompagner pour le conduire vers sa maturité estivale, ADVERSITÉ un mouvement de déclin qu'il faut mettre à profit en procédant au resserrement intérieur de ses forces.

Cette relation d'opposition est accentuée par le fait que les deux hexagrammes sont aussi le retourné l'un de l'autre (particularité qui ne concerne que huit hexagrammes : les couples 11/12, 17/18, 53/54 et 63/64).

> « Ne visitez pas les états chancelants, ne résidez pas dans les états en rébellion. Quand le monde est en ordre, montrez-vous ; quand le monde est en désordre, cachez-vous. Il est honteux de demeurer pauvre et obscur dans un pays bien gouverné ; il est honteux de devenir riche et honoré dans un pays mal gouverné[16]. »
>
> CONFUCIUS

13 S'ENTENDRE AVEC TOUS

同人

TONG REN

En haut CIEL ☰
En bas FEU ☲

S'ENTENDRE AVEC TOUS jusqu'aux confins	同人于野	TONG REN yu ye
Favorisant	亨	heng
Profitable de passer le grand fleuve	利涉大川	li she da chuan
Profitable d'être tenace comme un Chef	利君子貞	li jun zi zhen
Accompli		

Au début un neuf

S'ENTENDRE AVEC TOUS jusqu'à la grand-porte	同人于門	TONG REN yu men
Absence de faute	无咎	wu jiu

Six en 2

S'ENTENDRE AVEC TOUS jusqu'au temple familial	同人于宗	TONG REN yu zong
Gêne	吝	lin

Neuf en 3

Armes cachées dans les fourrés épais	伏戎于莽	fu rong yu mang
GRAVIR la haute colline ancestrale	升其高陵	SHENG qi gao ling
Trois ans sans que rien ne lève	三歲不興	san sui bu xing

Neuf en 4

À califourchon sur le mur	乘其墉	cheng qi yong
Incapable d'attaquer	弗克功	fu ke gong
Ouverture	吉	ji

Neuf en 5

S'ENTENDRE AVEC TOUS	同人	TONG REN
d'abord pleurer et gémir	先號咷	xian hao tao
et ensuite rire	而後笑	er hou xiao
De grands Maîtres d'Armes	大師	da Shi
sont capables de se rencontrer l'un l'autre	克相遇	ke xiang yu

En haut un neuf

S'ENTENDRE AVEC TOUS jusqu'aux faubourgs	同人于郊	TONG REN yu jiao
Pas de regrets	无悔	wu hui

Grande Image

Le ciel uni au feu	天與火	tian yu huo
S'ENTENDRE AVEC TOUS	同人	TONG REN
L'Être Accompli ainsi	君子以	jun zi yi
en classant par analogie	類族	lei zu
distingue les choses entre elles	辨物	bian wu

Dixième Aile

S'ENTENDRE AVEC TOUS	同人	TONG REN
cordialité parentale.	親也	qin ye

S'ENTENDRE AVEC TOUS, c'est aller vers l'autre. C'est faire entendre à autrui sa différence tout en accueillant la sienne afin que chaque partie inscrive sa spécificité dans une organisation harmonieuse. Tout comme un bol et son couvercle – c'est ce que dessine l'idéogramme – concordent en emboîtant leurs disparités, il s'agit ici de s'accorder entre êtres humains malgré, et avec, les particularités de chacun. Le moment n'est pas à s'abandonner à un sentiment d'affection universelle, mais à accomplir le difficile parcours entre les espoirs de fraternité et leur passage au crible de la réalité.

S'ENTENDRE AVEC TOUS est en effet une situation vigoureuse et dynamique. La structure de la figure est caractérisée par une majorité de traits Yang, ce qui par contraste souligne l'importance du seul Yin situé à la seconde place. Mais, dans un contexte qui exige l'ouverture au monde, l'influence que ce trait pourrait exercer est limitée par sa position à l'intérieur de l'hexagramme. Si un esprit d'accueil est ici indispensable, la présence de termes plutôt belliqueux indique que s'avancer vers l'autre ne signifie nullement renier son point de vue propre mais bien au contraire prendre le risque de l'affirmer.

S'ENTENDRE AVEC *TOUS* n'est pas le seul hexagramme dont le nom évoque les êtres humains. L'autre est l'hexagramme 37 *GENS* DU CLAN, qui ne diffère de celui-ci que d'un trait. Alors que celui-là insiste sur ce qui réunit par-delà les générations les membres d'une même famille, les individus doivent ici sortir de leur domaine familier pour étendre à un cercle de plus en plus éloigné les liens qui peuvent les rapprocher. Ce mouvement vers l'extérieur, qui consiste à confronter sa réalité à celle de l'autre, ne s'effectue pas sans difficultés, comme le montre la présence à la place souveraine du nom de l'hexagramme opposé, ARMÉE.

Le texte est rythmé par chacun des lieux où tente de s'exercer la concorde, selon un mouvement centrifuge qui s'ouvre de plus en plus vers le dehors. *Porte* de la maison, *temple* de la famille, *colline* des ancêtres, l'entente est d'abord restreinte à la parenté, avant que l'on ne franchisse le *rempart*, qui marque une limite mais ouvre aussi sur la rencontre avec l'autre décrite à la ligne souveraine. Le nom de l'hexagramme, cité aux deux premiers et aux deux derniers traits, est absent des troisième et quatrième lignes, niveau humain où la méfiance prédomine.

S'ouvrir à la différence est un idéal difficile à atteindre. Si la concorde s'étend progressivement de trait en trait, elle ne peut, même en haut de l'hexagramme, dépasser les *faubourgs*, c'est-à-dire la banlieue immédiate des territoires habités – un objectif moins inaccessible. Cependant envisager les *confins* comme horizon de l'entente permet de dépasser jalousie et méfiance afin que cordialité et amitié s'épanouissent entre les êtres humains.

IDÉOGRAMMES

TONG : *Ensemble, en commun. Avec. Se réunir, se rassembler. Semblable, identique, le même. Union, concorde, harmonie.*

L'idéogramme représente le bol chinois et son couvercle. Au-dessous est représenté le bol à proprement parler, bien que la forme actuelle du signe soit celui de la bouche. Au-dessus se trouve le couvercle. Le détail important est la taille respective des deux caractères : le couvercle a un diamètre bien supérieur à celui du bol. Si la combinaison de ces deux signes signifie e*nsemble, union, concorde,* c'est en raison de cette caractéristique toujours actuelle du bol chinois. Il rassemble deux objets différents par la forme et la taille et en même temps semblables par analogie (ils servent l'un et l'autre à la nourriture). Apparentés par l'usage, différenciés par la forme, ces deux éléments constituent ensemble une unité cohérente. De là vient l'idée centrale de l'hexagramme : réunir le dissemblable, harmoniser les différences (comparez avec *harmonisant,* à 58/1). De là vient également l'emploi de ce caractère dans de nombreux binômes modernes correspondant aux termes français construits avec le préfixe « co » : collègue, compatriote, compagnon, etc. Au début du XXe siècle, il a été utilisé pour rendre en chinois le terme marxiste « camarade », dans un binôme où il est couplé avec le caractère signifiant : volonté, aspiration. Le « camarade » chinois étant celui avec qui on partage, non sa chambre *(camera)*, mais une volonté, une aspiration, un idéal.

REN : *Être humain, personne, les gens.*

L'idéogramme représente l'être humain en général. Pour exprimer cette idée, les Chinois ont choisi une caractéristique qui différencie l'être humain de tous les autres vivants : il se tient debout sur ses pattes arrière. Cependant, cette définition de l'être humain est vraisemblablement tardive. Les formes les plus archaïques de ce signe montrent plutôt une personne dans une attitude rituelle d'oraison. Ces graphies laisseraient supposer qu'avant d'être anthropologique, l'idée que se faisaient les anciens Chinois de l'être humain était d'abord spirituelle.

S'ENTENDRE AVEC TOUS : parmi les soixante-quatre situations du *Yi Jing,* deux seulement sont nommées en faisant référence à l'être humain : S'ENTENDRE AVEC *TOUS* et GENS DU *CLAN* (37) qui chacune traite d'un pôle particulier des relations humaines. Comme l'écrivait la romancière Han Suyin : « La parenté et l'amitié sont la double pierre angulaire de la structure sociale chinoise. La parenté se tisse jusqu'au degré le plus éloigné dans le temps, l'amitié naît de toutes sortes de rencontres horizontales. » Dans l'une comme dans l'autre situation, c'est le premier caractère de leur nom qui en marque la spécificité. Ici, avec S'ENTENDRE, l'accent est mis sur les rapports horizontaux et communautaires entre membres d'une même génération, alors qu'à l'hexagramme 37, avec CLAN, l'accent est mis sur les rapports verticaux entre différentes générations à l'intérieur de la grande famille. Ces deux points de vue sont représentés dans chacun des idéogrammes par des objets relatifs à la nourriture. À l'hexagramme 37, le cochon dans son aspect le plus rituel, et ici un ustensile plus usuel, un bol et son couvercle.

TEXTE CANONIQUE

JUGEMENT

S'ENTENDRE AVEC TOUS jusqu'aux confins	同人于野	TONG REN yu ye
Favorisant	亨	heng
Profitable de passer le grand fleuve	利涉大川	li she da chuan
Profitable d'être tenace comme un Chef Accompli	利君子貞	li jun zi zhen

Le nom de l'hexagramme, directement inséré dans la première phrase, présente d'emblée l'objectif à atteindre : porter l'esprit de concorde le plus loin possible. Les *confins* désignent la limite des terres cultivées par la civilisation chinoise, au-delà desquelles ne se trouvent que les barbares. Le choix de ce terme indique dans quel état d'esprit doit être envisagée l'entente avec autrui : elle ne peut se développer de manière *favorisante* que si l'on se sent en mesure de reconnaître et d'accepter ce qui paraît le plus autre, le plus éloigné, le plus radicalement différent.

Un tel objectif ne peut être atteint si l'on reste sur son quant-à-soi. Il faut délaisser ses habitudes, faire l'effort de se jeter à l'eau, quitter le connu pour aller à la rencontre d'autres territoires. Cela exige non seulement du courage, mais aussi de la souplesse, de la perspicacité et de l'endurance, car le contact avec l'autre se produit rarement sans que les divergences d'opinions ou d'intérêt ne fassent naître des différends et des malentendus.

S'ENTENDRE AVEC TOUS jusqu'aux : alors que généralement le nom de l'hexagramme est placé en position isolée, comme un titre, il intervient ici directement dans la première phrase du texte du Jugement. Ce n'est pas un cas unique, cette construction se retrouve six fois (voir 10/J, 12/J, 20/J, 43/J et 52/J). De plus ici, cette phrase sera reprise à tous les niveaux de l'hexagramme, sauf aux deux traits médians (3 et 4), toujours avec la même construction : nom de l'hexagramme + caractère grammatical à sens locatif + indication de lieu. Cette scansion permet de suivre le mouvement centrifuge du déploiement de l'entente.

Confins : l'idéogramme combine un signe évoquant la notion de lieu d'échange (voir 16/I) et le caractère *village*. Son sens propre est *campagne*, par opposition à l'ensemble formé par une ville et sa banlieue cultivée. Il désigne aussi les régions encore plus au-delà, les endroits *reculés, éloignés* des centres civilisés. Là n'habitent que des gens *rustiques, grossiers*, voire *sauvages*, c'est-à-dire les barbares, les nomades pillards, si différents qu'on doute presque de leur appartenance au genre humain (voir 7/5, *oiseaux*) ou bien encore les dragons (voir 2/6).

Favorisant : appréciation mantique décrivant un climat d'essor, un agencement fertile, un dispositif énergétique global dans lequel l'échange entre le Ciel et la Terre se noue de manière féconde.

Passer le grand fleuve : formule mantique particulière signifiant qu'il faut oser vaincre sa peur, sortir de chez soi, se jeter à l'eau. Le moment requiert de dépasser son fonctionnement habituel et de mettre à l'épreuve ses capacités en accomplissant le pas nécessaire pour aborder à des rives nouvelles. Ici, il faut sortir de son territoire pour aller vers les *confins*, franchir ses limites, aller à la rencontre d'autres visions du monde.

Profitable d'être tenace comme : construction particulière de la formule mantique *ténacité profitable*. Entre les deux idéogrammes de cette formule est intercalé un caractère qui particularise la forme de ténacité qui est profitable dans la circonstance.

Chef Accompli : personnage symbolique dont la présence signale que la situation requiert des qualités particulières. Modeste et lucide, c'est un stratège fin, s'adaptant souplement aux circonstances et tenant solidement son cap.

Tenace comme un Chef Accompli : souvent comprise comme un simple conseil de persévérance, cette phrase est rare. Elle n'est mentionnée qu'une autre fois, au moment de l'ADVERSITÉ (12/J), où cette ténacité est déconseillée. C'est donc seulement quand il s'agit de S'ENTENDRE AVEC TOUS que cette qualité doit être mise en œuvre. Aller vers autrui, sans se renier soi-même ni écraser l'autre, demande un courage opiniâtre.

Texte des traits

Au début un neuf
S'ENTENDRE AVEC TOUS jusqu'à la grand-porte
Absence de faute

同人于門 TONG REN la yu men
无咎 wu jiu

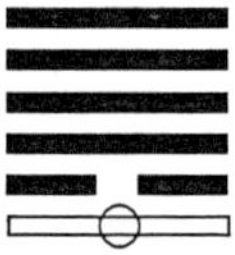

Le stade initial de la recherche de l'entente est décrit par l'image de la *grand-porte*, qui marque à la fois la frontière de la maison et le seuil ouvrant sur l'extérieur. Le sentiment d'humanité et de concorde s'épanouit à ce stade sans difficultés particulières, car il ne s'exerce que dans un cadre limité et au contact de l'entourage immédiat. Cependant, position médiane entre le dedans et le dehors, la porte n'est pas que fermeture, elle est aussi ouverture sur l'extérieur : se tenir sur le seuil permet de se prêter à des contacts plus riches ou plus diversifiés.

Sans autre relation que le voisinage de la seconde ligne, où prédomine la tendance à réserver les efforts de bonne entente aux seuls gens de la maisonnée, le trait décrit une attitude limitée mais prudente, conforme au caractère inexpérimenté d'une première place.

S'ENTENDRE AVEC TOUS jusqu'à : reprise du Jugement, cette phrase ouvre le texte des deux premiers et des deux derniers traits.
Grand-porte : l'idéogramme dessine la porte extérieure à deux vantaux de la maison traditionnelle chinoise. Dans le contexte du *Yi Jing*, la grand-porte, par opposition à la porte intérieure, marque la limite entre l'intérieur et l'extérieur.
Absence de faute : formule mantique spécifique incitant à ne pas rester dans un état d'esprit incertain ou hésitant.

Hexagramme dérivé : hexagramme 33. FAIRE RETRAITE est un moment où par un mouvement de recul l'Être Accompli prend ses distances avec l'Être Petit et prépare une avancée ultérieure.

Six en 2
S'ENTENDRE AVEC TOUS jusqu'au temple familial
Gêne

同人于宗 TONG REN yu zong
吝 lin

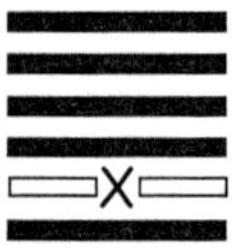

Le *temple familial* où sont disposées les tablettes ancestrales est le pôle autour duquel se constitue et s'entretient le lien qui unit tous les membres du Clan et préserve la lignée. Que la *cordialité parentale* soit citée dans le texte de la Dixième Aile indique que le clan est la cellule fondamentale de l'organisation sociale et que la disposition intérieure évoquée par ce sentiment est le modèle à suivre ici. Cependant, symbolisant l'interne, le caché, le domaine intime et préservé vers lequel on a toujours tendance à revenir, le temple familial renvoie plus à la préservation des références personnelles qu'à l'ouverture au monde, objectif principal de S'ENTENDRE AVEC TOUS.

La contradiction entre cette propension égocentrique et l'ouverture vers l'extérieur requise par la situation génère étroitesse et embarras. S'appuyer, dans le contact avec l'autre, sur des repères intérieurs ne signifie pas mettre des barrières. De là vient sans doute que ce trait, le seul Yin se trouve qualifié par la plus mauvaise appréciation mantique de l'hexagramme, malgré l'excellence de sa position, correcte et centrale, et le fait qu'il entretient avec la ligne souveraine la seule relation de correspondance de la figure.

S'ENTENDRE AVEC TOUS jusqu'au : reprise du Jugement, cette phrase ouvre le texte des deux premiers et des deux derniers traits.
Temple familial : l'idéogramme représente le culte familial aux ancêtres, aussi bien le bâtiment réservé à cet usage dans les grandes familles, que le simple autel domestique toujours en usage chez les familles traditionnelles.
Gêne : appréciation mantique indiquant un manque de fluidité qui rétrécit les possibilités d'action. Cette appréciation, dont c'est la seule apparition en deuxième ligne, évoque ici un rétrécissement de l'ouverture aux autres.

☰ **Hexagramme dérivé :** hexagramme 1. ÉLAN CRÉATIF est un moment de vigueur et de fermeté, une capacité à faire converger les énergies en un seul point. La véritable force consiste à en comprendre la puissance sans se laisser emporter par ses rigidités.

Neuf en 3

Armes cachées dans les fourrés épais	伏戎于莽	fu rong yu mang
GRAVIR la haute colline ancestrale	升其高陵	SHENG qi gao ling
Trois ans sans que rien ne lève	三歲不興	san sui bu xing

Ce niveau de Passage vers l'extérieur est le stade des déconvenues éprouvées aux premiers contacts réels avec les autres. Le texte ne mentionne plus le nom de l'hexagramme comme aux deux traits précédents : il n'y a plus d'entente, mais la description d'une confrontation difficile avec un monde extérieur ressenti comme inculte et hostile, ce qui entraîne méfiance et agressivité. Cette réaction négative – qu'elle soit due à un sentiment d'insuffisance personnelle ou de crainte face à un environnement trop vindicatif – se manifeste par un penchant à la dissimulation.

Il n'est possible ni de s'en tenir à cette ambiance de suspicion, ni de rester enfermé dans son mécontentement, car de telles dispositions sont stériles. La communication horizontale étant bloquée, on se ressource au lien vertical entretenu par le clan en se référant à nouveau aux ancêtres, c'est-à-dire à ce sur quoi on se fonde. Ce retour à sa propre *colline ancestrale* ne s'effectue pas sans efforts : il oblige à pénétrer les choses plus à fond, à prendre sa source plus haut, à *gravir* des hauteurs c'est-à-dire à s'élever pour rehausser son point de vue. La position du trait, en place de transition mais retenu par le voisinage avec la seconde ligne, accentue la contradiction : à cette croisée des chemins entre la rencontre d'autrui et l'exploration de ses racines propres, un travail en profondeur doit être mené. Il serait vain d'espérer un changement rapide : un cycle complet doit s'écouler avant qu'il ne produise ses fruits.

Armes : l'idéogramme signifie aussi bien *armes* que *soldats* et *attaquer*. Dans le contexte du *Yi Jing*, où les faits d'armes ne sont guère prisés, il n'est utilisé que pour désigner une attitude dangereusement agressive comme au Jugement de SE MONTRER RÉSOLU (voir 43/J), ou, comme ici, faussement conciliante.

Cachées : formé avec les caractère *être humain* et *chien*, l'idéogramme, qui n'apparaît qu'ici, évoque un humain à quatre pattes, dans une attitude soit de prosternation, soit de dissimulation. De là dérivent ses sens principaux *se cacher, se mettre en embuscade.*

Fourrés épais : l'idéogramme désigne des herbes sauvages poussant si haut qu'on ne peut les franchir qu'à grandes enjambées. Évoquant un terrain inculte, il préfigure les faubourgs cités à la sixième ligne.

GRAVIR : le texte porte le nom de l'hexagramme CROISSANCE (46), utilisé ici dans son sens propre de montée lente. CROISSANCE est par ailleurs l'hexagramme opposé de SPONTANÉMENT (25), dérivé de ce trait.

Haute : représentant un bâtiment à étage, l'idéogramme signifie *élevé* au sens propre comme au sens figuré.

Colline ancestrale : l'idéogramme signifie aussi bien *colline* que *tombeau*, les tombeaux chinois étant des tumulus, des tertres qui ont globalement la forme de collines. C'est, après celles des deux premières lignes, une nouvelle référence au clan, mais cette fois à l'extérieur, puisque le tumulus se situe en dehors de la maison, et même en dehors de la ville. Ici, comme à 51/2 et 53/5 où la colline ancestrale est également citée, le texte annonce un temps de stérilité avant que la situation ne redevienne positive.

Trois ans sans : le *Yi Jing* ne parle pas en temps réel, mais en durées symboliques. *Trois ans* représente un cycle complet court.

Lève : l'idéogramme est formé d'un ensemble complexe dans lequel se retrouve le caractère *s'entendre* (voir Idéogrammes) ainsi que le redoublement du signe des mains, celles qui donnent et celle qui reçoivent, comme dans le verbe (être en) *union* (voir Grande Image). Toujours très usuel, ce caractère, qui n'apparaît qu'ici, rassemble de nombreuses significations très positives *se lever, s'élever, élever, promouvoir, mettre en branle, prospérer, florissant.*

Hexagramme dérivé : hexagramme 25. SPONTANÉMENT est un moment de réponse instantanée, instinctive à la sollicitation du moment. L'adéquation à la situation y requiert une vigilance particulière.

Neuf en 4

À califourchon sur le mur	乘其墉 cheng qi yong
Incapable d'attaquer	弗克功 fu ke gong
Ouverture	吉 ji

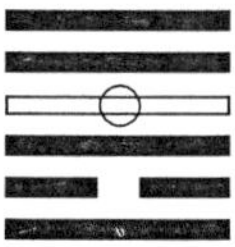

Le texte de ce trait, comme celui de la ligne précédente, ne mentionne pas le nom de l'hexagramme : ce n'est pas non plus à ce stade que peut se réaliser l'entente avec tous. Pourtant, à ce premier niveau extérieur, un pas de plus est franchi vers le dehors. L'image utilisée est ironique : une personne juchée sur un mur, une jambe pendante de chaque côté. Se retrouver ainsi à califourchon sur ce mur d'enceinte présente un double avantage : d'une part cette position empêche de se jeter à l'assaut de l'autre, d'autre part elle permet d'avoir un regard aussi bien sur son propre territoire que sur ce qui se trouve au-delà.

Accentuée par sa participation à un groupe de traits Yang, la fermeté du trait est compensée par sa proximité avec la ligne souveraine. L'agressivité décrite à la ligne précédente subsiste, mais se révèle inopérante. La situation se retourne et des possibilités de compréhension et de tolérance se font jour, marquées par la seule appréciation favorable de tout l'hexagramme.

À califourchon : l'idéogramme signifie en propre *atteler* (*une voiture*, voir 3/2), *voyager en char* (voir 40/3) et *monter un cheval*. Il ne s'agit donc pas tant ici de grimper sur un mur que de s'y retrouver perché, les jambes pendant de chaque côté. Position dangereuse quand on est animé d'intentions belliqueuses, mais avantageuse pour découvrir ce qui est au-delà du mur.
Mur : l'idéogramme, rare et complexe, signifie un petit rempart, un mur peu élevé, en simple terre battue (voir 40/6). Il n'appartient pas au domaine familial ; il se situe au-delà des tombeaux (voir ligne 3 *col-*

lines) et en deçà des landes où se rencontrent les Maîtres d'Armes (voir ligne 5).

Incapable : rend deux idéogrammes dont le premier est une négation et le second un verbe dont le sens principal est *être capable de, pouvoir* et le sens secondaire *l'emporter sur, maîtriser, rivaliser*.

Attaquer : le texte porte un idéogramme très usuel dont le sens est *œuvre, effet, mérite, résultat* (voir 17/1). Il entre notamment dans la dénomination du Qi Gong, pratique corporelle dont le nom signifie mot à mot : le Qi (souffle vital) à l'œuvre *(gong)*. *Attaquer* a été choisi en fonction de son association avec le binôme rendu par *incapable*.

Ouverture : appréciation mantique signalant un moment heureux où un agencement fécond du flux vital multiplie les possibilités de développement. C'est la première et la seule appréciation franchement positive de l'hexagramme. Cette voie qui s'ouvre est à rapprocher du dérivé de ce trait qui, après les différentes allusions à la famille faites aux lignes précédentes, suggère que les liens verticaux qui unissent les GENS DU CLAN sont à présent susceptibles de s'étendre horizontalement à l'extérieur.

Hexagramme dérivé : hexagramme 37. GENS DU CLAN représente une organisation hiérarchisée autour d'un pôle. On y replace les problèmes du moment dans un cadre temporel plus vaste.

Neuf en 5

S'ENTENDRE AVEC TOUS	同人	TONG REN
d'abord pleurer et gémir	先號咷	xian hao tao
et ensuite rire	而後笑	er hou xiao
De grands Maîtres d'Armes	大師	da Shi
sont capables de se rencontrer l'un l'autre	克相遇	ke xiang yu

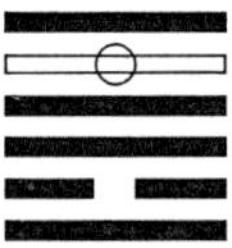
À la place souveraine, le nom de l'hexagramme, absent des deux lignes précédentes, est à nouveau cité, mais dans une construction différente : la capacité à s'entendre avec autrui est là, cette fois décrite sans localisation précise. Cette particularité différencie ce niveau de tous les autres : on atteint ici le point central de la situation. La concorde n'est plus limitée à tel ou tel domaine, c'est désormais au niveau du cœur et des émotions qu'elle peut se réaliser. Les intentions égoïstes, sournoises ou belliqueuses qui ont jusqu'à présent prévalu laissent place à une confrontation franche et directe, qui ne va pas sans grincements. La présence de Maîtres d'Armes, par l'allusion qu'elle comporte à l'hexagramme 7 ARMÉE, indique les turbulences que l'on est amené à endurer lorsqu'on cherche vraiment à s'entendre avec tous.

Le trait appartient à un groupe de quatre traits Yang, ce qui rend difficile la réalisation de la correspondance avec la seule ligne Yin de l'hexagramme. Ce surcroît de force implique, que l'on doit, pour concrétiser l'objectif de rencontre, regrouper ses forces et être prêt à en passer par des confrontations. Rechercher la concorde n'est pas se renier pour se mettre à la disposition de l'autre. C'est au contraire en s'armant et se renforçant sur ses bases, à la manière d'un maître d'arts martiaux, qu'on se rend capable de se mettre au diapason de ce qui arrive. Accueillir et reconnaître l'autre se réalise au prix de cette dureté de contact, qui ouvre en fait la voie à une cordialité véritable.

S'ENTENDRE AVEC TOUS : la structure du texte des trois premières lignes semble reprendre, mais la localisation spatiale (*jusqu'aux*... voir Jugement) fait place ici à une succession dans le temps.
D'abord... ensuite... : ces deux idéogrammes, qui signifient *en avant, d'abord*, et *en arrière, après* marquent le plus souvent une succession d'états, généralement orientée vers un mieux.
Pleurer et gémir : expression fortement rimée en deux caractères. Le premier signifie *appeler, crier, pleurer, se lamenter* ; le second *gémir*, beaucoup plus rare, n'apparaît dans le *Yi Jing* que dans cette expression. Il est différent du caractère rendu par *pousser des gémissements* aux lignes 3 et 5 de FILET D'OISELEUR (hexagramme 30, dérivé de ce trait).
Rire : l'idéogramme, qui signifie toujours *rire*, décrit et fait entendre le rire.
Maîtres d'Armes : le texte porte l'idéogramme qui nomme l'hexagramme 7 ARMÉE. Bien que la plupart des traducteurs choisissent de le rendre par « armée », la construction et le sens de l'ensemble du texte amènent plutôt à ne pas le prendre ici comme une allusion à cet hexagramme (c'est pourquoi il n'est pas écrit en petites capitales), mais plutôt dans son sens usuel de spécialiste enseignant une technique, un art martial (voit 7/I).
Sont capables : l'idéogramme est celui employé à la ligne précédente précédé d'une négation *(incapable)*. Il n'y a dans le *Yi Jing* que trois cas où il est utilisé sans négation : pour reprendre le flambeau familial (4/2), pour vaincre les nomades (63/3) et ici pour assumer le caractère à la fois nécessaire et inattendu de la rencontre, ainsi que le face-à-face qu'elle suppose.
Se rencontrer : l'idéogramme qui signifie *rencontrer par hasard, se produire fortuitement, survenir, occasion, chance*, représente un mouvement inattendu provoquant un couplage heureux.
L'un l'autre : signifiant *mutuel, réciproque*, l'idéogramme, formé des caractères *arbre* et *œil*, a une histoire curieuse. On explique officiellement qu'il a pris le sens de *mutualité* parce que les deux caractères qui le composent se prononcent identiquement l'un et l'autre, c'est-à-dire d'une manière *réciproque* !

Hexagramme dérivé : hexagramme 30. FILET D'OISELEUR est un moment de pleine lumière jusqu'à l'éblouissement. Agitation et vivacité ne doivent pas empêcher d'aller au-delà des apparences.

En haut un neuf

S'ENTENDRE AVEC TOUS jusqu'aux faubourgs — 同人于郊 TONG REN yu jiao

Pas de regrets — 无悔 wu hui

La place la plus extérieure de S'ENTENDRE AVEC TOUS est celle où sont tirées les leçons des difficultés que l'entente soulève. Si la présence du nom de l'hexagramme indique que la concorde est là, elle ne s'étend que *jusqu'aux faubourgs*. Situés au-delà des murs de la ville, les faubourgs sont bien plus éloignés que la *grand-porte* citée au premier trait, où l'implication dans l'échange avec autrui se limite au cercle le plus proche. Toutefois, ils restent bien en deçà des *confins* auxquels le texte du Jugement propose d'étendre la concorde.
Après les expérimentations mouvementées décrites aux lignes précédentes, l'idéal de l'acceptation de la différence est ici passé au crible de la réalité : au lieu d'envisager une ouverture étendue à l'ensemble du genre humain, on en revient à une position moins ambitieuse mais plus réaliste. Rien de regrettable dans ce pragmatisme bien chinois pour qui atteindre un objectif partiel est préférable à viser un but inaccessible.

S'ENTENDRE AVEC TOUS jusqu'aux : reprise du Jugement, cette phrase scande les deux premiers et les deux derniers traits de l'hexagramme.
Faubourgs : l'idéogramme, écrit avec le signe des délimitations territoriales et le caractère *échanges, relations*, signifie littéralement *banlieue*, le lieu d'échange entre la région civilisée et la campagne sauvage. Il est utilisé ici dans son sens courant : toute la zone s'étendant entre les murs de la ville et les limites du domaine appartenant à la culture chinoise, au-delà duquel évoluent les barbares nomades (voir *confins* au Jugement). Au moment d'ATTENDRE, seul autre endroit où il est cité dans ce sens, c'est le lieu le plus éloigné du centre vital (voir 5/1) ; ici, c'est le point le plus éloigné auquel peut parvenir l'entente.
Pas de regrets : formule spécifique dans laquelle une négation renforce le sens d'injonction à aller de l'avant sans aucune nostalgie pour ce qu'on laisse derrière soi contenu dans le terme regrets.

Hexagramme dérivé : hexagramme 49. RÉVOLUTION est un moment de réajustement d'une situation qui ne fonctionne plus.

ÉLÉMENTS D'ANALYSE

Nucléaire

䷫ **Hexagramme 44 : ÊTRE ACCUEILLANT.** Au cœur de S'ENTENDRE AVEC TOUS, il y a ÊTRE ACCUEILLANT. Au cœur de l'entente cordiale, il y a la rencontre de ce qui est autre, étranger, inconnu. ÊTRE ACCUEILLANT opère la pénétration des frontières du Yang, ce qui implique de savoir accueillir et intégrer les éléments nouveaux de la situation. Il s'agit de même dans S'ENTENDRE AVEC TOUS de sortir des certitudes et des limites du clan pour s'ouvrir de plus en plus à la différence.

Opposé

䷆ **Hexagramme 7 : ARMÉE.** La relation d'opposition entre S'ENTENDRE AVEC TOUS et ARMÉE se situe entre l'ouverture à l'étranger et la mobilisation contre l'envahisseur. ARMÉE est un temps d'effacement de l'individualité, que symbolise bien l'uniforme militaire, alors que S'ENTENDRE AVEC TOUS représente l'acceptation des particularités de chaque individu. On se rassemble pour se battre dans un cas, alors qu'on se bat pour se rassembler dans l'autre. À l'union de tous autour d'un seul répond l'avancée de chacun vers tous.

14 GRAND RÉALISE

大有

DA YOU

En haut FEU ☲

En bas CIEL ☰

GRAND RÉALISE	大有	DA YOU
Fondamentalement favorisant	元亨	yuan heng
Au début un neuf		
Absence de relation avec ce qui nuit	无交害	wu jiao hai
Aucune faute	匪咎	fei jiu
Difficultés donc absence de faute	艱則无咎	jian ze wu jiu
Neuf en 2		
Un grand char à charger	大車以載	da che yi zai
Il y a où aller	有攸往	you you wang
Absence de faute	无咎	wu jiu
Neuf en 3		
Le Duc favorise l'essor par un rite	公用亨	gong yong heng
auprès du Fils du Ciel	于天子	yu tian zi
L'Être Petit en est incapable	小人弗可	xiao ren fu ke
Neuf en 4		
N'amplifier aucunement son importance	匪其彭	fei qi peng
Absence de faute	无咎	wu jiu
Six en 5		
Quelle onde porteuse !	厥孚	jue fu
comme elle met en relation	交如	jiao ru
comme elle en impose	威如	wei ru
Ouverture	吉	ji
En haut un neuf		
De lui-même le ciel vient en aide	自天祐之	zi tian you zhi
Ouverture	吉	ji
Rien qui ne soit profitable	无不利	wu bu li
Grande Image		
Le feu se trouve au-dessus du ciel	火在天上	huo zai tian shang
GRAND POUVOIR DE RÉALISATION	大有	DA YOU
L'Être Accompli ainsi	君子以	jun zi yi
en atténuant les défauts	遏惡	e e
et en rendant manifeste les bonnes act:	揚善	Yang shan
se conforme au ciel	順天	shun tian
parfait les mandats	休命	xiu ming

GRAND RÉALISE, c'est rendre réel. Le moment correspond à un grand souffle créateur qui permet de passer du projet à la réalisation, du latent au patent, du virtuel au manifesté. L'aptitude de ce qui est élevé à se concrétiser est à l'œuvre, ce qui rend possible de matérialiser les projets avec aisance. Le nom de l'hexagramme peut se lire de différentes manières : *pouvoir de réalisation de ce qui est grand, grand pouvoir de réalisation, pouvoir de réalisation en grand.* Toutes ces lectures ont un point commun : le Grand a lieu, il s'exprime et fait advenir toutes choses. L'hexagramme ne traite donc pas de possessions ou d'opulence : il n'évoque pas un avoir, mais un avoir lieu. Il ne s'agit pas non plus de l'être par rapport au non-être – notions trop fixes pour l'esprit chinois et étrangères au *Livre des Changements* – mais d'un *passage* du virtuel au réel.

Ce mouvement s'exprime à travers le dynamisme d'une majorité de traits Yang, qu'il faudra matérialiser en se méfiant des orientations erronées (ligne 1) et des exagérations vaniteuses (ligne 4). Cependant la grande créativité que ces traits Yang expriment n'est possible que par leur relation avec le seul trait Yin de la figure, situé à la place souveraine. Symbolisant à la fois effacement et accueil, ce trait, qui donne sa forme caractéristique à l'hexagramme, est d'une importance primordiale : il représente le souffle qui permet au processus universel de fonctionner. Ce vide, qui peut être ressenti négativement comme manque ou absence, constitue en fait le point qui permet de se relier à l'indifférencié, à l'informel, à ce qui n'est pas encore advenu. Thème majeur de la pensée chinoise, repris à l'envi par la peinture et la poésie : *il n'y a pas* est la source ineffable à partir de laquelle *il y a* se déploie.

Ce qui a produit les dix mille êtres
Mais ce qui a est produit par ce qui n'a pas [17].

Lao Zi, *Dao De Jing* § 40

En maintenant la relation avec l'informel à la place centrale, le trait Yin représente l'attitude souveraine qui s'ouvre à tous les possibles de manière à ce qu'à chaque niveau de l'hexagramme, le souffle Yang puisse prendre forme. L'importance de cette *relation*, citée ou évoquée par le texte des trois places impaires, est également manifestée par la structure de la figure : la cinquième ligne est en relation, par voisinage ou correspondance, avec les trois places paires. Tous les traits sont donc en rapport avec l'extraordinaire confiance qui se manifeste au trait Yin, centre bienveillant capable d'harmoniser toutes les énergies. Le caractère Yin de la souveraineté est souligné par la soumission au Ciel, évoqué par le nom traditionnel de l'empereur en Chine : *Fils* du Ciel.

Le vrai souverain se préoccupe de tous mais ne contraint personne, il aide les situations à se réaliser selon les lignes de force qu'elles recèlent, en étant à l'écoute de ce qui lui est supérieur. Encore faut-il que les sujets soient capables de répondre à ses bienfaits par une générosité similaire.

IDÉOGRAMMES

DA : *Grand. Important, grandir. Adulte. Noble. Aîné.*

大

L'idéogramme, un des plus courants et aussi un des plus simples de l'écriture chinoise, représente un être humain posé sur ses deux jambes, les bras étendus pour mimer le geste universel évoquant la notion de grandeur. D'avoir dès l'origine été non une représentation de chose (pictogramme), mais la représentation d'une idée (idéogramme) a conféré à ce caractère une grande valeur d'abstraction. Cela lui vaudra d'être utilisé pour figurer le Ciel, tant météorologique que spirituel. En ajoutant un trait horizontal au sommet du signe *grand*, on désigne le Ciel comme la limite supérieure de la grandeur. Cette filiation idéographique servira de terreau au déploiement de l'idée de grandeur dans la notion de Yang et dans son association avec le Ciel. Dans le *Livre des Changements*, considérer *grand* comme une dénomination primitive de l'idée de Yang est commandé par le fait que quatre hexagrammes sont nommés avec ce caractère : GRAND RÉALISE (14), GRAND APPRIVOISE (26), GRAND EXCÈS (28), GRAND FORCE (34).

YOU : *Il y a, avoir lieu, survenir. Exister, être. Avoir, posséder, disposer de. Abondant, bonne (récolte).*

有

L'idéogramme est un des verbes les plus courants de la langue chinoise comme de toute langue. Pourtant son étymologie n'est pas encore clairement établie. Il est composé du signe de la main, signe d'action, posé au-dessus d'un caractère généralement interprété comme représentant soit la viande, soit la lune. Il faut de curieuses contorsions pour expliquer comment l'association de l'un et l'autre de ces deux termes avec la main décrit l'existence effective de quelque chose, l'avoir en général. En revanche, la proximité graphique entre la forme ancienne de ces deux caractères avec celle du caractère désignant les omoplates divinatoires ouvre une perspective plus riche. L'action (représentée par la main) du tison sur les pièces divinatoires n'était pas vu comme créant les fissures, mais comme les faisant « venir à l'existence ». L'acte divinatoire « réalisait », rendait réelle, c'est-à-dire lisible, une configuration momentanée, préexistante à sa manifestation. Le même type de raisonnement sera appliqué à l'action des aiguilles d'acupuncture, ce qui permet de comprendre comment les méridiens, circulation d'énergie, peuvent avoir un effet réel sans avoir de réalité physique : c'est l'application de l'aiguille qui les fait « exister ». L'idéogramme signifie donc bien plus que la possession de biens matériels, à quoi il a été trop souvent réduit. Il ne décrit pas l'avoir mais plutôt une capacité, celle de « faire advenir », de rendre réel, de matérialiser ce qui est latent, de réaliser un projet.

Dans le passage du *Dao De Jing* cité plus haut, « ce qui a » traduit le caractère *you (réalise)*, et « ce qui n'a pas », un caractère généralement rendu par : vide *(wu)*. Or ce caractère *wu* ne décrit pas un vide, mais une potentialité. Il représente en fait le résultat final d'une opération de défrichage par brûlis. Après qu'on a enflammé les broussailles, il ne reste plus rien qu'une terre noircie, gorgée de cendres fertiles ; un néant apparent, mais riche de dix mille récoltes possibles. Or *you* et *wu* sont souvent rendus par Être et Non-Être. C'est y voir des états de l'être, alors qu'ils sont, l'un comme l'autre, et par le truchement du feu, des mouvement de passage. Du réel au potentiel pour vide *(wu)*, et du virtuel au manifesté pour RÉALISE *(you)*.

TEXTE CANONIQUE

JUGEMENT

GRAND RÉALISE	大有	DA YOU
Fondamentalement favorisant	元亨	yuan heng

Ni personnage modèle, ni conseil d'attitude, ni allusion d'aucune sorte, le Jugement de GRAND RÉALISE est l'un des plus brefs du *Yi Jing*. Outre le nom de l'hexagramme, qui constitue déjà par lui-même une description de la situation et une indication sur la manière de s'y comporter, il ne compte que deux caractères – concision qui est souvent signe d'aisance et de fluidité (voir par exemple 1/J, 17/J, 34/J). Quand vient le moment où le GRAND RÉALISE, il y a une telle aptitude à réaliser qu'il est possible de déployer son énergie créatrice quelle que soit l'action envisagée.

La seule phrase du texte est une formule mantique classique indiquant la possibilité de combiner une grande capacité d'initiative *(fondamentalement)* à une puissante force de déploiement *(favorisant)*. Elle prend un relief particulier dans la mesure où elle appartient au groupement appelé les Quatre Qualités du Ciel-Terre (voir 1/J). Que seuls les deux premiers termes en soient mentionnés, sans les deux qualités complémentaires *(ténacité profitable)*, souligne que le moment n'est pas caractérisé par une situation acquise qu'il conviendrait de perpétuer mais par une force de matérialisation susceptible de s'appliquer à n'importe quel contexte, quelles que soient les circonstances ou les moyens à disposition. Si elle ne peut être davantage décrite, c'est que la situation n'est que propension à accomplir. Même si les formes sous-jacentes qu'elle contient ne sont pas encore apparentes, le potentiel qu'elle recèle est immense.

Fondamentalement : modulation mantique marquée par un idéogramme qui signifie *début, origine, entièrement.*
Favorisant : appréciation mantique décrivant un climat d'essor, un agencement fertile, un dispositif énergétique global dans lequel l'échange entre le Ciel et la Terre se noue de manière féconde.
Fondamentalement favorisant : formule mantique caractéristique des Jugements qui signale un moment particulièrement propice, une capacité à se situer au tout premier départ des choses, s'exprimant de manière Yang dans une faculté d'initialisation et de manière Yin dans une propension à faire aboutir. Dans le contexte du *Yi Jing*, elle constitue la première partie d'un groupement particulier de deux formules mantiques : les Quatre Qualités du Ciel-Terre (voir plus de détails à 1/J). La seconde partie de ce groupement est citée au Jugement de GRAND FORCE (voir 34/J), autre modalité du GRAND. À eux deux, GRAND RÉALISE & GRAND FORCE récréent le texte complet du Jugement de ÉLAN CRÉATIF le seul hexagramme composé uniquement de traits Yang.

TEXTE DES TRAITS

Au début un neuf

Absence de relation avec ce qui nuit	无交害	wu jiao hai
Aucune faute	匪咎	fei jiu
Difficultés donc absence de faute	艱則无咎	jian ze wu jiu

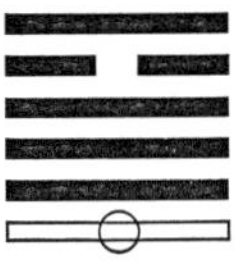

À tous les niveaux de GRAND RÉALISE, la capacité à entrer en relation est le moyen principal d'aider la situation à se réaliser. Mais la première place d'un hexagramme indique souvent un moment d'inexpérience ou d'impétuosité, surtout au départ d'une série de traits Yang. On a donc de fortes chances de ne pouvoir pour l'instant aboutir de la manière espérée.

Il ne faut pas s'émouvoir de ces relations difficiles ou impossibles. Qu'il soit impossible dès l'entrée dans la situation d'entretenir des liens avec des éléments négatifs ne doit pas décourager. Ce n'est qu'au troisième niveau de l'hexagramme qu'une distinction peut se faire entre gens de peu et personnages capables de se relier. Et ce n'est qu'à la place souveraine que l'on est en mesure de trouver l'attitude susceptible d'en imposer à tous, y compris aux plus malfaisants. Les empêchements actuels ne doivent pas décourager, mais stimuler.

Relations : l'idéogramme évoque tout ce qui se croise : les rapports d'échange, de commerce, d'amitié, de contact. Il est repris à la ligne 5 dans un contexte beaucoup plus favorable.
Ce qui nuit : le texte porte simplement un verbe signifiant *nuire* sans mention d'aucun sujet. Aucune autre indication dans la phrase ne permet de distinguer s'il s'agit de personnes ou de choses. La forme neutre a été choisie parce que c'est la plus ouverte, cependant lire *ceux qui nuisent* est possible.
Aucune faute : variante unique de la formule mantique *absence de faute* qui apparaît trois fois dans cette figure : répétée à ce trait et lignes 2 et 4. *Faute* est ici précédé par une négation particulière *aucune* qui, dans le *Yi Jing*, apparaît principalement au voisinage de personnages ou de situations négatives.
Difficultés : dans le *Livre des Changements*, les *difficultés* sont avant tout des occasions de se surpasser. Elles apparaissent toujours couplées avec, soit des appréciations mantiques favorables, soit comme ici des incitations à réagir. La vraie force s'éprouve surtout dans les moments difficiles.
Donc : le texte porte un idéogramme qui insiste sur l'idée de conséquence. Cependant il peut aussi inclure une idée de restriction *(mais)*.
Absence de faute : formule mantique spécifique incitant à ne pas rester dans un état d'esprit incertain ou hésitant. Répétée sous cette forme à trois reprises dans cet hexagramme (lignes 1, 2 et 4), c'est ici le seul cas où elle est cité deux fois dans le même trait.
Difficultés donc absence de faute : le couplage de ces deux formules mantiques, également unique, peut cependant être rapproché d'une construction similaire apparaissant dans un autre hexagramme à dominante Yang : GRAND FORCE (voir 34/6). Là, les difficultés aboutissent à un réagencement progressif de la situation, alors qu'ici elles doivent renforcer la détermination.

Hexagramme dérivé : hexagramme 50. CHAUDRON est un moment de refondation et de renouvellement par circulation des énergies entre le haut et le bas. On y établit son pouvoir en resserrant et densifiant ses forces.

Neuf en 2
Un grand char à charger — 大車以載 da che yi zai
Il y a où aller — 有攸往 you you wang
Absence de faute — 无咎 wu jiu

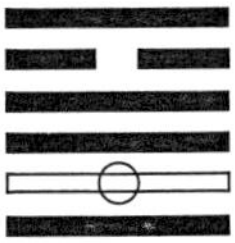

Signe de position sociale et marque honorifique, le *char* est également le symbole du couplage Yin-Yang qui permet à l'univers de fonctionner. Ce couplage s'effectue ici de manière particulièrement efficace : Yang au milieu d'un groupe de traits Yang, ce trait est en correspondance avec la seule ligne Yin de la figure, située à la place souveraine. Créativité et disponibilité sont en mesure de s'apprivoiser mutuellement et d'entretenir une relation très efficace.

C'est le seul endroit où le texte insiste sur la capacité du char à recevoir un chargement : il y a donc de grandes possibilités mais beaucoup à faire, et la fonction de Préfet dévolue à cette place implique de se mettre au service de tâches concrètes et multiples. Il n'y a pourtant pas lieu de se laisser effrayer par le travail à accomplir. Le meilleur moyen de tirer parti de ce potentiel est de s'orienter en fonction d'un but clairement déterminé et de toujours le garder en vue.

Un grand char : le char posé sur sa caisse carrée comme la Terre et coiffé de son dais rond comme le Ciel, est, comme le *chariot*, une image familière du couplage Ciel-Terre. Il est ici qualifié de *grand*, comme le chariot à 34/4. Cependant alors que, là, est soulignée la qualité de ses essieux, ici c'est sa capacité Yin à recevoir une charge qui est mise en avant. Le qualificatif *grand*, emblème du Yang, est inhabituel en ligne 2, place de Préfet et lieu de la souveraineté Yin. Il n'y apparaît qu'une autre fois, au moment de l'ÉLAN RÉCEPTIF (voir 2/2), quand la capacité Yin se déploie *dans les quatre directions* de la Terre.
À charger : l'idéogramme, dont le sens propre est *chargement* d'un chariot militaire, signifie *charge, transporter, contenir, remplir* et plus généralement *soutenir, prendre en charge*, etc.
Il y a où aller : formule mantique spécifique qui apparaît chaque fois qu'une particularité de la situation risque de faire perdre de vue les objectifs à long terme. Son sens global est : garder son cap sans se laisser déboussoler par les difficultés propres à la situation, tenir son objectif quel que soient les turbulences, le flou ou ce qui entrave la marche. Alors qu'elle est le plus souvent précédée de l'appréciation *profitable*, elle est ici posée directement, construction qui en souligne la nécessité impérative, comme à 44/1 et à 36/1, situations de *difficultés* comparables à celles indiquées à la ligne précédente.
Absence de faute : formule mantique spécifique incitant à ne pas rester dans un état d'esprit incertain ou hésitant. Nulle part ailleurs dans

le *Yi Jing* cette injonction, répétée trois fois dans cet hexagramme (lignes 1, 2 et 4) n'est associée à *il y a où aller*. Œuvrer en fonction d'une orientation est ici ce qui permet de sortir de l'hésitation.

Hexagramme dérivé : hexagramme 30. FILET D'OISELEUR est un moment de pleine lumière où la vivacité ne doit pas tourner à l'agitation mais se mettre au service de réalisations concrètes.

Neuf en 3

Le Duc favorise l'essor par un rite	公用亨	gong yong heng
auprès du Fils du Ciel	于天子	yu tian zi
L'Être Petit en est incapable	小人弗可	xiao ren fu ke

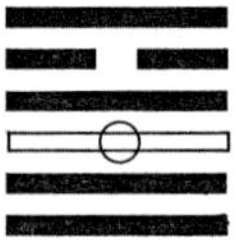
Place de transition entre le haut et le bas, la troisième ligne est généralement l'endroit où se condense la difficulté de l'hexagramme. C'est particulièrement le cas dans GRAND RÉALISE où la capacité à se mettre en contact avec les souffles qui animent l'univers est primordiale pour faire passer les choses du virtuel au réel. Bien que le terme de *relation* ne soit pas utilisé comme à la première et à la cinquième ligne, cet objectif requiert du sujet de savoir se tourner vers ce qui le dépasse, tout comme le vassal se tourne vers son suzerain dans une disposition intérieure d'abnégation et de gratitude.

Il ne s'agit pas pour autant de rester passif. Un véritable vassal n'est pas un simple exécutant soumis et fataliste, mais il prend les choses à son compte et cultive la relation qu'il entretient avec les sphères supérieures, répondant par un mouvement symétrique d'accueil aux potentiels offerts. Tout comme le Roi prend modèle sur le Ciel, le Duc calque son attitude sur celle du Fils du Ciel, qui lui-même redistribue les dons du Ciel, sa généreuse disponibilité étant le canal permettant au Yang de se manifester. Un grand vassal sait se rendre capable d'assumer et de redonner les dons du Ciel, aussi difficiles soient-ils. L'homme de peu au contraire n'est capable ni de les reconnaître, ni *a fortiori* d'en prendre la responsabilité ; il n'entrevoit même pas la possibilité d'une relation certes exigeante mais d'une qualité supérieure.

Duc : terme nobiliaire de l'antique féodalité chinoise, sans équivalent direct en français ; Duc est une convention arbitraire, mais reconnue. Dans le contexte du *Yi Jing*, le choix de ce titre peut, selon les cas, symboliser une position de vassal en général ou bien être une allusion à Zhou Gong, le sage « Duc des Zhou », second fils du Roi Wen à qui fut confié le pouvoir à la mort de son frère aîné Wu Wang. Durant cette régence en effet, le Duc des Zhou a RÉALISÉ par une politique habile (voir hexagramme 35) la conquête de son aîné, assurant ainsi à son clan une suprématie qui allait durer plus de huit siècles.

Favorise l'essor par un rite à : le texte comporte trois caractères : un verbe dont le sens général est *faire, réaliser*, l'appréciation mantique rendue partout ailleurs par *favorisant* et un caractère grammatical à usage d'indication de lieu ou de niveau. En tant que formule mantique, *favorisant* décrit un climat d'essor, un dispositif énergétique global dans lequel l'échange entre le Ciel et la Terre se noue de manière féconde. Cependant, cet idéogramme peut être employé à la place d'un autre, très semblable par le sens et la graphie, rendu par *rites d'hommage* (voir 41/J). Sans qu'il soit possible de choisir, ce terme décrit un rituel dont la solennité est attestée autant par le prestige des lieux où il est conduit que par l'importance des personnages qui le réalisent ou y participent : ici le Duc, ailleurs le Roi.

Fils du Ciel : expression en deux caractères qui deviendra une des appellations les plus courantes pour désigner l'empereur. Dialectique toute chinoise : celui qui est au-dessus de tous n'est pas désigné par un terme qui marque sa supériorité, mais par sa filiation avec l'autorité qui lui est supérieure : le Ciel. Elle n'apparaît qu'ici dans le *Yi Jing*.

Être Petit : personnage symbolique représentant une attitude mesquine et sans envergure, toujours cité dans le voisinage d'un autre personnage qui représente l'attitude appropriée.

Incapable : rend deux idéogrammes dont le premier est une négation et le second un verbe dont le sens principal est *être capable de, pouvoir* et le sens secondaire *l'emporter sur, maîtriser, rivaliser*.

Hexagramme dérivé : hexagramme 38. DIVERGENCE est un moment de tension féconde où les différences s'exacerbent.

Neuf en 4

N'amplifier aucunement son importance 匪其彭 Fei qi peng
Absence de faute 无咎 Wu jiu

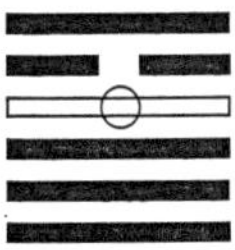

La proximité de ce trait avec la cinquième ligne le met en contact direct avec l'attitude noble et compréhensive qui caractérise la place souveraine. Il ne s'agit pas pour autant de se laisser aveugler par cette avantageuse position et de gâcher par une attitude inconséquente les possibilités qu'elle offre.

Incorrect et poussé par le bloc des traits Yang qui le précèdent, ce qui peut conduire à des imprudences, ce trait fait écho à la première ligne, axée sur l'idée de nuisance. *L'importance* indiquée sonne comme une injonction à éviter toute intervention tonitruante -- le dessin de l'idéogramme suggère de ne pas *résonner comme un tambour*. Veiller à rester à sa place est ici la meilleure façon de faire évoluer la situation.

Aucunement : voir ligne 1 *aucune*.
Amplifier son importance : le texte porte deux idéogrammes aussi incertains l'un que l'autre. Le premier est un signe grammatical à usage démonstratif et le second, formé avec le caractère *tambour* et le signe d'une vibration, est un caractère rare et imprécis. Il peut signifier *gros, grossir* ou bien *d'un âge avancé*. Cette phrase au sens très ambigu a parfois donné lieu à des interprétations assez fantaisistes. *Amplifier* est justifié par le tambour et *importance* ajouté en raison du contexte.
Absence de faute : formule mantique spécifique incitant à ne pas rester dans un état d'esprit incertain ou hésitant. Répétée trois fois dans cet hexagramme (lignes 1, 2 et 4), elle souligne le rapport de cette ligne avec les difficultés évoquées au premier trait.

Hexagramme dérivé : hexagramme 26. GRAND APPRIVOISE est un moment de retenue volontaire qui permet aux forces de s'exercer de manière opportune.

Six en 5

Quelle onde porteuse !	厥孚 jue fu
comme elle met en relation	交如 jiao ru
comme elle en impose	威如 wei ru
Ouverture	吉 ji

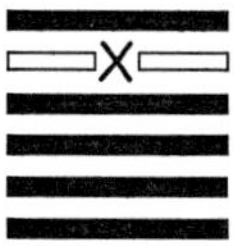
L'attitude décrite à la place souveraine est soulignée par un texte au lyrisme assez inhabituel. La mise en valeur du Yin à cette place centrale indique une disposition à entendre et soutenir telle qu'elle permet de se prêter à toutes les tendances. Cette position exceptionnelle entraîne l'apparition de deux qualités rares : un sentiment d'être porté tellement fort qu'il inspire à l'entourage une confiance inébranlable ; une capacité impressionnante à mettre individus et situations en contact avec l'énergie qui les nourrit et les anime. Ces qualités doivent être cultivées et mises à profit, sans qu'il soit nécessaire d'intervenir directement, pour soutenir la réalisation des projets qui se présentent.

Le niveau souverain est celui du Fils du Ciel, auquel il est fait référence à la troisième ligne. Qu'il n'y soit fait allusion qu'indirectement est bien dans la tonalité d'effacement du Yin, ici mis à l'honneur. L'autorité naturelle qui s'exerce à ce stade n'est citée qu'une autre fois, au niveau supérieur de l'hexagramme 37 GENS DU CLAN, ce qui précise la position décrite ici : le rôle de pivot par lequel un Roi rassemble, hiérarchise et relie. Cette attitude souple et majestueuse est à la racine de la force qui s'exerce à toutes les autres lignes.

Quelle... ! : le texte porte un idéogramme rare qui, dans le contexte du *Livre des Changements*, comporte une forte valeur exclamative. Il n'est cité qu'ici en rapport avec l'onde porteuse et à 38/5 avec le *temple familial*.

Onde porteuse : appréciation mantique signalant qu'un fort courant porteur traverse la situation.

Comme... comme : construction particulière de la langue archaïque chinoise en forme de suffixe adverbial. Elle évoque une idée de comparaison oratoire dont la forme répétitive scande particulièrement le texte de certains hexagrammes (par exemple 3, 22, 30, 35, etc.).

Relations : voir ligne 1.

Impose : formé avec un groupe complexe où se lisent le caractère *femme* et le signe d'une hallebarde, l'idéogramme évoque à la fois une puissance qui fait trembler et un prestige qui en impose. On peut y voir une allusion à la crainte respectueuse qu'inspiraient les femmes chamanes dans la haute Antiquité. Ce caractère n'apparaît qu'une autre fois, également en rapport avec l'onde porteuse, à la fin de l'hexagramme GENS DU CLAN (37/6), situation dans laquelle le Yin est largement mis à l'honneur.

Ouverture : appréciation mantique signalant un moment heureux où un agencement fécond du flux vital multiplie les possibilités de développement. Cette appréciation, également citée à la ligne suivante – autre place du Ciel – contraste avec celles utilisées dans le bas de l'hexagramme.

Hexagramme dérivé : hexagramme 1. ÉLAN CRÉATIF est un moment d'activation et de dynamisme où la capacité à imaginer le nouveau déclenche des énergies fortes. Ce souffle puissant de transformation est d'autant plus efficace lorsqu'il se manifeste en résonance avec la souplesse du Yin.

En haut un neuf

De lui-même le ciel vient en aide — 自天祐之 zi tian you zhi
Ouverture — 吉 ji
Rien qui ne soit profitable — 无不利 wu bu li

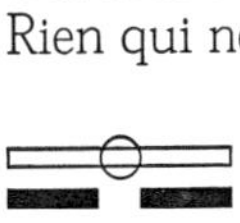

La dynamique globale d'un hexagramme se renverse souvent à la ligne de Sortie, particulièrement quand la position supérieure du dernier trait se double d'une tendance à surpasser la ligne souveraine. Mais comment pourrait-on ici dépasser un Souverain lui-même tourné vers le Ciel et accomplissant parfaitement le rôle qui consiste à en transmettre la puissance ? Ce niveau est au contraire celui où se prolonge et s'amplifie l'esprit de réalisation qui s'exprime à tous les traits précédents.

Qui se situe sur ce plan est en mesure de rester en relation constante avec des forces non encore inscrites dans le réel, à la lisière de toute manifestation : le contact avec la source créative est direct, le souffle du Ciel aidant à trouver spontanément les formes et s'écoulant dans les œuvres sans autre modèle que le Ciel lui-même. Cette élévation ne coupe pas pour autant des forces décrites aux autres lignes. Par sa nature Yang, ce trait est en résonance avec la créativité qui parcourt l'hexagramme entier : par l'évocation du Ciel, il fait écho à la troisième ligne, tandis qu'il est associé à la ligne souveraine par la reprise de l'appréciation *ouverture*, encore amplifiée par l'assurance que tout est *profitable*. Rares sont les moments qualifiés comme celui-ci par deux appréciations aussi bénéfiques : quel que soit l'action à mener, le réel ne pourra résister à une telle capacité de transformation.

De lui-même : l'idéogramme signifie à la fois le lieu d'*origine* ou de *passage* d'un mouvement et : *soi-même, de soi-même, spontanément.*
Ciel : à l'époque des Shang, le Ciel est l'une des multiples divinités animistes. Les Zhou en feront l'image impersonnelle de la régulation cosmique, la puissance suprême qui confie et retire les mandats de commandement sur terre. Il deviendra ensuite le symbole même du grand Yang et l'attribut principal du trigramme qui en condensera les caractéristiques (voir aussi plus haut Idéogrammes).
Vient en aide : assez rare, l'idéogramme désigne un *secours*, une *protection* spécifiés comme *venant du Ciel*. Il n'apparaît qu'ici.
Ouverture : appréciation mantique signalant un moment heureux où un agencement fécond du flux vital multiplie les possibilités de développement. Cette appréciation, également citée à la ligne précédente – autre place du Ciel – contraste avec celles utilisées dans le bas de l'hexagramme.
Rien qui ne soit profitable : une des meilleures appréciations mantiques du *Yi Jing*. Elle souligne la présence d'un fort potentiel d'action et une grande aptitude à œuvrer au renouvellement, particulièrement dans les périodes de transition.

Hexagramme dérivé : hexagramme 34. GRAND FORCE est un moment de grand souffle créateur qui permet de canaliser et maîtriser la force avec aisance et fluidité.

ÉLÉMENTS D'ANALYSE

Nucléaire

☱ **Hexagramme 43 : SE MONTRER RÉSOLU.** Au cœur de GRAND RÉALISE, il y a SE MONTRER RÉSOLU. Au cœur du grand pouvoir de rendre réel, il y a une capacité à faire changer de plan. GRAND RÉALISE manifeste ce changement de niveau par le passage du projet à sa réalisation. Ici toute force latente peut se matérialiser et trouver sa place dans la réalité visible. La capacité à se relier à l'indifférencié, à l'informel, au non encore advenu, permet aux situations de se réaliser selon leurs lignes de force propres.

Opposé

☵ **Hexagramme 8 : ALLIANCE.** La relation d'opposition entre GRAND RÉALISE et ALLIANCE se situe dans la manière de diriger : en situation Yin, le souverain est Yang et se manifeste avec éclat comme point de ralliement de l'ALLIANCE ; en situation Yang, le souverain est Yin et veille à la mise en œuvre de toutes les potentialités. Dans GRAND RÉALISE c'est le non-agir de l'unique trait Yin en place souveraine qui crée le lien permettant les réalisations ; alors que dans ALLIANCE, c'est autour de l'unique trait Yang que se focalise le sentiment d'appartenance et que se réalise l'union. Il y a également opposition dans le rapport au temps : GRAND RÉALISE est le moment où le laps de temps entre le projet et sa réalisation est réduit au minimum ; ALLIANCE, celui où le projet doit être régulièrement refondé.

15 SE TENIR

謙

QIAN

䷎

En haut TERRE ☷
En bas MONTAGNE ☶

SE TENIR	謙	QUIAN
Favorisant	亨	heng
Un Chef Accompli fait aboutir	子有終	jun zi you zhong
Au début un six		
MODESTIE qui SE TIENT	謙謙	QIAN QIAN
Un Chef Accompli opère	君子用	jun zi yong
le passage du grand fleuve	涉大川	she da chuan
Ouverture	吉	ji
Six en 2		
MODESTIE qui se fait entendre	鳴謙	ming QIAN
Présage d'ouverture	貞吉	zhen ji
Neuf en 3		
MODESTIE qui peine	勞謙	lao QIAN
Un Chef Accompli fait aboutir	君子有終	jun zi you zhong
Ouverture	吉	ji
Six en 4		
Rien qui ne soit profitable	无不利	wu bu li
MODESTIE qui agit	撝謙	hui QIAN
Six en 5		
Pas d'enrichissement par les voisins	不富以其鄰	bu fu yi qi lin
Profitable d'opérer invasion et soumission par les armes	利用侵伐	li yong qin fa
Rien qui ne soit profitable	无不利	wu bu li
En haut un six		
MODESTIE qui se fait entendre	鳴謙	ming QIAN
Profitable d'opérer la mise en route de l'ARMÉE	利用行師	li yong xing SHI
et de mener expédition contre fiefs et pays	征邑國	zheng yi guo
Grande Image		
Au cœur de la terre il y a la montagne	地中有山	di zhong you shan
SE TENIR	謙	QIAN
L'Être Accompli ainsi	君子以	jun zi yi
diminuant l'excessif AUGMENTANT l'insuffisant	裒多益寡	pou duo YI gua
ajuste les choses et répand l'apaisement	稱物平施	cheng wu ping shi

Dixième Aile

SE TENIR vivacité et	謙輕而 QIAN qing er
S'ENTHOUSIASMER inertie.	豫怠也 YU dai ye

SE TENIR, c'est concentrer sa force intérieure afin de pouvoir s'affirmer dans sa relation avec le dehors. Retenue austère qui évite la dispersion, simplicité réservée où l'on réduit ses prétentions tout en travaillant à ses insuffisances, SE TENIR ne consiste pas en un abaissement volontaire par sentiment de faiblesse, mais en une maîtrise calme et solide qui permet de réagir souplement et efficacement aux sollicitations extérieures.

S'il s'agit bien, comme le montre l'idéogramme, de resserrer ses paroles, la contenance n'a pas pour seul objet de se renforcer, elle doit tenir la situation dans son ensemble. Cette intransigeance, qui commence par soi-même, n'empêche pas de prêter attention aux autres. Cependant l'accord constant avec ses principes exige parfois de sortir de sa réserve : rester inerte lorsque les valeurs auxquelles on tient sont mises à mal par l'entourage, ce serait ne pas savoir distinguer entre réserve et lâcheté.

Cette droiture implique une rigueur et une combativité particulièrement importantes à la seule ligne Yang de l'hexagramme, située à la place de transition entre l'intérieur et l'extérieur. La force qui se concentre à cette place souvent difficile n'hésitera pas à se transformer en action énergique au moment adéquat. Savoir plier comme un roseau pour se redresser avec force, cette attitude est familière à tout pratiquant d'un art martial. Dans le contexte du *Yi Jing*, un personnage symbolique est l'emblème de ce subtil dosage de fermeté et de souplesse : le Chef Accompli. SE TENIR est une des situations où sa force de caractère est la plus sollicitée, tout comme l'hexagramme 20 REGARDER est un moment où sa hauteur de vue est à rechercher.

La dominante Yin de l'hexagramme lui donne une tonalité de travail rigoureux, mais aussi de souplesse et d'agilité. Le vocabulaire employé multiplie les verbes décrivant une action énergique, *réaliser, peiner, agir*, ce qui montre bien que SE TENIR ne se limite pas à un travail intérieur. Malgré, et à cause de, l'effort soutenu requis par les circonstances, le texte prodigue des encouragements à tous les niveaux : la situation est non seulement favorable aux trois lignes inférieures, mais des plus *profitables* aux quatrième et cinquième traits – l'appréciation rare *rien qui ne soit profitable* y apparaît deux fois, ce qui est un cas unique – et le reste au dernier trait en dépit de la violence requise.

Il est surprenant, lorsque l'on considère la virulence de l'action décrite aux deux dernières lignes, là où doit être affirmé et protégé le territoire péniblement consolidé dans le bas de l'hexagramme, que tant de commentateurs, aussi bien chinois qu'étrangers, aient réduit les conseils de cet hexagramme à la seule vertu d'humilité.

IDÉOGRAMME

QIAN : *Respectueux. Qui cède volontiers aux autres. Qui se met au-dessous des autres. Poli, humble, modeste.*

L'idéogramme est formé de deux parties. À gauche, le signe général de la parole. À droite un groupe touffu résultat de plusieurs modifications. Son point de départ est le caractère commun désignant les céréales, plantes dont la tige centrale, celle qui porte les graines, penche vers le bas. Ce signe est dessiné deux fois, prenant alors la valeur d'une sorte de pluriel et évoquant un grand nombre de tiges. Pour des raisons de rapidité d'exécution, la graphie de ces deux signes s'est modifiée : les traits situés en haut ont été ramassés en deux virgules en forme de V renversé ; ceux situés dans l'espace entre les deux plantes verticales ont disparu. Cela peut-être pour évoquer l'idée que les tiges sont serrées les unes contre les autres, rassemblées en une gerbe par la main dessinée horizontalement à mi-hauteur des hampes. De là vient le sens de ce groupe quand il est utilisé en tant que caractère autonome : tenir, retenir, réunir (voir 52/GI).

Ensemble, les deux parties composant le nom de l'hexagramme appliquent cette idée de contention aux paroles. De là dérive le sens principal de retenue, qui s'étendra aux idées de déférence, discrétion, modestie caractéristiques de la politesse et du savoir-vivre chinois.

TEXTE CANONIQUE

JUGEMENT

SE TENIR	謙	QIAN
Favorisant	亨	heng
Un Chef Accompli fait aboutir	君子有終	jun zi you zhong

Globalement féconde, SE TENIR n'est pas pour autant une situation facile. Elle demande courage et lucidité, ténacité et modestie. Ces qualités sont personnifiées dans le *Yi Jing* par le Chef Accompli, dont cet hexagramme est un des emblèmes. Un Chef Accompli est un être courageux qui, sans se mettre en avant, œuvre en fonction d'un but déterminé. À la fois souple et solide, il avance sans relâche, avec discrétion et discernement, sachant « tenir » dans les passages difficiles et les périodes de transition, où sa vaillance lui permet de franchir le dernier pas, le plus difficile, pour atteindre l'autre rive.

Un Chef Accompli ne se leurre pas sur ses capacités sans pour autant fuir devant l'effort. Ne pas présumer de ses forces lui permet de mener à bien ce qu'il décide d'accomplir. Il se tient à ce qu'il fait et ne se disperse pas dans des objectifs multiples, prenant par exemple le prétexte de faire mieux en s'attelant à autre chose. En se consacrant simplement et totalement à la tâche qu'il s'est fixée, il se rend capable de la mener à bien.

Favorisant : appréciation mantique décrivant un climat d'essor, un agencement fertile, un dispositif énergétique global dans lequel l'échange entre le Ciel et la Terre se noue de manière féconde.
Chef Accompli : personnage symbolique dont la présence signale que la situation requiert des qualités particulières. Modeste et lucide, c'est un stratège fin, s'adaptant souplement aux circonstances et tenant solidement son cap. Ses qualités de courage et de discernement, qui deviendront l'idéal des lettrés confucéens, sont particulièrement mises en valeur dans deux hexagrammes où il est cité trois fois : SE TENIR & REGARDER (20), rapprochement qui relie deux situations parmi les plus exigeantes du *Yi Jing*. Le Chef Accompli est également présent au Jugement de trois autres hexagrammes : ÉLAN RÉCEPTIF 2/J où il garde son cap, ADVERSITÉ 12/J où il ne se soumet pas à des *vauriens*, et S'ENTENDRE AVEC TOUS 13/J où il se confronte à la différence. Trois moments où, soit la structure Yin est dominante (2), soit la confrontation à des circonstances contraires (12) ou des fonctionnements différents (13) est primordiale.
Fait aboutir : formule spécifique composée de deux caractères dont le premier est le verbe *il y a*, modulation marquant une réalisation effective, et le second, la modulation rendue ailleurs par *à la fin* qui évoque à la fois l'aboutissement du fil des saisons, l'achèvement complet de l'année, et le renouveau qui en résulte. Impliquant la nécessité du temps pour matérialiser une intervention, ce terme apparaît notamment à la ligne de passage de ÉLAN RÉCEPTIF (voir 2/3) dont le dérivé est SE TENIR. Dans le contexte du *Yi Jing*, le Chef Accompli est le seul personnage symbolique auquel cette formule, rendue ailleurs par *il y a aboutissement* est appliquée nominalement. Cependant, elle renvoie également à l'hexagramme ÉPUISEMENT (voir 47/4), où un personnage symbolique d'une trempe comparable est mis à l'honneur au Jugement : l'Être d'Envergure. Elle est reprise à l'identique au troisième trait, le seul Yang, autour duquel se structure tout l'hexagramme.

TEXTE DES TRAITS

Au début un six
MODESTIE qui SE TIENT
Un Chef Accompli opère
le passage du grand fleuve
Ouverture

謙謙 QIAN QIAN
君子用 jun zi yong
涉大川 she da chuan
吉 ji

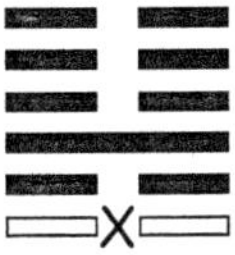

Située au niveau d'Entrée, cette ligne, la plus intérieure et la plus cachée, est celle où commence le resserrement des forces. Un redoublement de contention est nécessaire car la situation requiert une solidité et une perspicacité particulières. Ce n'est pas le moment de se cacher derrière sa modestie ou de démissionner devant la difficulté en arguant de son incapacité. Il s'agit plutôt de mettre son courage à l'épreuve en ne comptant que sur soi-même : il est possible, sous couvert d'audace et de constance, d'atteindre une rive qui semble inaccessible.

Incorrect et isolé en bas de l'hexagramme, ce trait est toutefois en résonance avec le seul trait Yang par la double présence du *Chef Accompli* et de l'appréciation *ouverture*. Cela doit engager dès à présent à aller de l'avant avec la vaillance qui se développe au niveau de la place de transition.

MODESTIE : nom de l'hexagramme. La construction oblige à une forme nominale, car, à la différence du chinois, un verbe français ne peut pas être qualifié par un attribut.
MODESTIE qui SE TIENT : SE TENIR compte parmi les hexagrammes les plus scandés. Le texte de chacun des traits, à l'exception du cinquième, comporte le nom de l'hexagramme précédé à chaque niveau d'un caractère qui le qualifie puisqu'il est placé avant en position d'attribut. À ce premier trait, l'idéogramme qui sert d'attribut est le même que le nom de l'hexagramme. Le redoublement étant classique en chinois ancien – c'est une marque du superlatif – cette phrase a été le plus souvent comprise comme indiquant un redoublement de modestie. Pareille lecture, bien que grammaticalement correcte, a le défaut de briser la rigueur avec laquelle est agencé, cinq fois à l'identique, le texte de cet hexagramme. C'est pourquoi, utilisant les deux sens possibles du nom de cet hexagramme, une construction en forme de relative a été préférée pour rendre la cadence du texte chinois. Il aurait été possible cependant de traduire : SE TENIR MODESTEMENT.
Chef Accompli : personnage symbolique emblématique de cet hexagramme (voir Jugement). Le Chef Accompli n'apparaît au tout début d'une situation qu'en deux autres circonstances : REGARDE (20), où il voit plus loin que la circonstance immédiate, et LUMIÈRE OBSCURCIE

(36, dérivé de cette ligne), où il ne transige pas sur ses principes et préfère jeûner plutôt que céder sur ce qu'il a à dire. Ici – c'est la seule fois où cela arrive – il doit résolument franchir le gué du fleuve.

Opère le passage du grand fleuve : variante de la formule mantique *passer le grand fleuve* qui signifie : oser vaincre sa peur, sortir de chez soi, se jeter à l'eau. Le moment requiert de dépasser son fonctionnement habituel et de mettre à l'épreuve ses capacités en accomplissant le pas nécessaire pour aborder à des rives nouvelles. *Passer le grand fleuve* n'est pas dans cette situation une choix profitable, mais une nécessité. C'est en effet ici le seul cas où ce conseil est donné sans l'appréciation mantique préalable *profitable de*, qui est remplacée par le verbe *opérer*, généralement utilisé comme auxiliaire indiquant la nécessité d'une réalisation effective.

Ouverture : appréciation mantique signalant un moment heureux où un agencement fécond du flux vital multiplie les possibilités de développement. Elle est citée trois fois dans cette figure : lignes 1, 2 et 3.

Hexagramme dérivé : hexagramme 36. LUMIÈRE OBSCURCIE est un moment de difficultés et d'oppression, une période de mise sous le boisseau durant laquelle on doit préserver et nourrir sa flamme personnelle.

Six en 2

MODESTIE qui se fait entendre — 鳴謙 ming QIAN

Présage d'ouverture — 貞吉 zhen ji

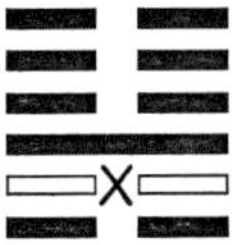

Correcte, centrale et située au voisinage de la troisième ligne où se trouve le point focal de l'hexagramme, cette place de Préfet représente un moment de tâches concrètes et de réalisations favorables à long terme.

Si le moment n'est pas à parler haut, resserrer ses paroles ne signifie pas non plus se taire et bloquer toute communication. Cet engagement à l'expression et à la visibilité prolonge et amplifie le conseil d'action courageuse cité à la ligne précédente

MODESTIE : nom de l'hexagramme. Voir ligne 1.

MODESTIE qui... : SE TENIR compte parmi les hexagrammes les plus scandés. Le texte de chacun des traits, à l'exception du cinquième, comporte le nom de l'hexagramme précédé à chaque niveau d'un idéogramme qui le caractérise.

Se fait entendre : écrit avec le caractère *oiseau* et le signe de la bouche, l'idéogramme désigne le *cri des animaux* en général et celui des oiseaux en particulier. Son sens figuré est *émettre un son, faire retentir*. De nos jours, on peut le voir en Chine au bord des routes et des canaux, écrit sur les panneaux de circulation indiquant

l'obligation de signaler sa présence par un coup de Klaxon ou de sirène. Cité deux fois dans cette figure (lignes 2 et 6), il se retrouve à 16/1 et 61/2.
Ouverture : appréciation mantique signalant un moment heureux où un agencement fécond du flux vital multiplie les possibilités de développement. Elle est citée trois fois dans cette figure : lignes 1, 2 et 3.
Présage d'ouverture : formule mantique indiquant la tendance à un réagencement positif de la situation.

Hexagramme dérivé : hexagramme 46. CROISSANCE est un enracinement patient et soutenu où les forces se rassemblent dans un objectif d'élévation.

Neuf en 3

MODESTIE qui peine	勞謙	lao QIAN
Un Chef Accompli fait aboutir	君子有終	jun zi you zhong
Ouverture	吉	ji

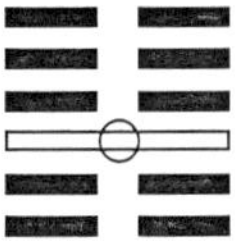

La reprise à l'identique, dans le texte de ce trait, de la phrase principale du Jugement indique que cette place de Passage est le point focal de l'hexagramme. Occupé par la seule ligne Yang, ce niveau est l'endroit où se concentre toute la fermeté nécessaire pour résoudre la difficulté de la situation : au lieu du contact avec l'extérieur, on doit pouvoir compter sur une réelle capacité intérieure.

Le Chef Accompli, assumant la situation avec courage et perspicacité, prend sur lui d'aller au fond des problèmes. Il travaille au cœur de l'obscurité et se console de son labeur en sachant qu'il avance vers son objectif. Alors qu'il ne se trouve pas à une place hiérarchiquement importante, il rassemble toutes les forces afin d'être prêt à les déployer dans le contexte extérieur.

La ténacité requise ici est en forte résonance avec celle décrite à l'hexagramme 2 ÉLAN RÉCEPTIF, dérivé de cette ligne, où sont également cités le *Chef Accompli* et la capacité à *faire aboutir*. Effort et patience, déjà engagés aux lignes précédentes, préparent les actions qui s'épanouissent aux deux lignes suivantes.

MODESTIE : nom de l'hexagramme. Voir ligne 1.
MODESTIE qui... : voir ligne 2.
Peine : le sens de l'idéogramme diffère selon le ton auquel il est prononcé. Au deuxième ton, il signifie *travail pénible, labeur, peiner, épuisement*. Il est employé de nos jours dans ce sens pour désigner les camps de travaux forcés, *lao gai*, le goulag chinois. Quand il est prononcé au quatrième ton, il signifie alors *encourager, réconforter, conso-*

ler quelqu'un de ses fatigues (voir 48/GI). L'accord est assez général sur son emploi ici au sens qu'il prend au deuxième ton.
Chef Accompli : personnage symbolique emblématique de cet hexagramme (voir Jugement). Le Chef Accompli, s'il sait aussi bien tenir que regarder les choses en face, sait également intervenir quand il le faut sans empiéter sur autrui. À l'inverse du *guerrier* qui *agit en place d'un grand chef*, cité au même niveau dans l'hexagramme opposé (voir 10/3), le Chef Accompli ne prend que la place qu'il peut assumer ; lorsqu'il se substitue à quelqu'un, ce n'est pas en tant qu'usurpateur.
Fait aboutir : voir Jugement.
Ouverture : appréciation mantique signalant un moment heureux où un agencement fécond du flux vital multiplie les possibilités de développement. Pareille appréciation, déjà citée au traits 1 et 2, est très inhabituelle à la troisième ligne, généralement défavorable. Il n'y a dans le *Yi Jing* qu'une autre situation où le niveau de passage entre intérieur et extérieur soit qualifié aussi favorablement : EMBELLIR (22).

Hexagramme dérivé : hexagramme 2. ÉLAN RÉCEPTIF est un moment où l'on met en œuvre ses qualités de disponibilité, de souplesse et de ténacité. Sans se mettre en avant, le Chef Accompli y suit une direction déterminée.

Six en 4

Rien qui ne soit profitable	无不利	wu bu li
MODESTIE qui agit	撝謙	hui QIAN

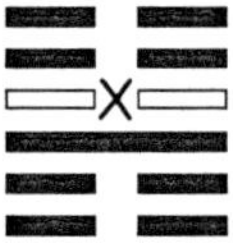
À cette place de Ministre, premier niveau extérieur de l'hexagramme, le texte change de teneur. À la différence des quatre autres traits où le nom de l'hexagramme est cité, il s'ouvre sur une appréciation mantique, et l'une des plus favorables du *Yi Jing* : *rien qui ne soit profitable*, qui souligne que toute action entreprise ne peut que produire des résultats positifs. Cette insistance est un encouragement à exercer sans crainte au-dehors les forces rassemblées dans le bas de l'hexagramme.

Correct et en relation de voisinage avec le seul Yang de la figure, ce trait indique que la retenue a suffisamment renforcé les bases pour que l'on puisse maintenant agir résolument et s'exposer sans hésitation : la proximité avec le trait principal de l'hexagramme permet de prolonger son action et de travailler au déploiement de la force accumulée.
Rien qui ne soit profitable : une des meilleures appréciations mantiques du *Yi Jing*. Elle souligne la présence d'un fort potentiel d'action

et une grande aptitude à œuvrer au renouvellement, particulièrement dans les périodes de transition. SE TENIR est la seule situation où cette appréciation est citée deux fois : lignes 4 et 5.
MODESTIE : nom de l'hexagramme. Voir ligne 1.
MODESTIE qui… : SE TENIR compte parmi les hexagrammes les plus scandés. Le texte de chacun des traits, à l'exception du cinquième, comporte le nom de l'hexagramme précédé à chaque niveau d'un idéogramme qui le caractérise. Ici cependant, un détail vient affiner ce schéma : cette construction ne se trouve pas en ouverture du texte du trait, mais à la suite d'une formule mantique. Cette variation est un signe avant-coureur du retournement qui se confirme aux deux lignes suivantes.
Agit : formé avec le signe de la main, symbole d'action, et un groupe complexe représentant de la laine à carder, l'idéogramme, rare et n'apparaissant qu'ici dans le *Yi Jing*, est sans rapport avec les caractères rendus ailleurs par *agir*. Il a pour sens propre *fendre, carder*, et pour sens figuré *agir, agiter dans le but de démêler.* Il n'apparaît qu'ici.

Hexagramme dérivé : hexagramme 62. PETIT EXCÈS est un moment d'hésitation et de fébrilité où l'idéalisme est tempéré par la limitation des objectifs à des *petites affaires.*

Six en 5

Pas d'enrichissement les voisins	不富以其鄰 bu fu yi qi par lin
Profitable d'opérer invasion et soumission par les armes	利用侵伐 li yong qin fa
Rien qui ne soit profitable	无不利 wu bu li

Ce trait est le seul dont le texte ne mentionne pas le nom de l'hexagramme. Au niveau souverain, la contention n'est plus de mise, pas plus que le commerce paisible avec autrui : une réserve discrète et affable serait à ce stade contre productive. La retenue et la concentration caractéristiques de SE TENIR ne doivent pas empêcher d'assumer avec fermeté l'ensemble de la situation. Plutôt que d'attendre quoi que ce soit de l'entourage, il faut s'appuyer sur les forces qu'on a rassemblées et se manifester ouvertement pour combattre ce que trop de retenue porte à nuire.

Bien qu'elle soit décrite en des termes d'une violence inhabituelle, la stratégie conseillée à ce trait, comme au précédent, est qualifiée par une des appréciations les plus favorables du *Yi Jing* : *rien qui ne soit profitable.* Soulignant que toute action entreprise ne peut que produire des résultats positifs, cette appréciation doit inciter à sortir de sa retenue et à passer à l'action pour faire respecter ses principes. La tonalité guerrière du texte montre qu'il y a un réel combat à mener, à la fois pour s'affirmer personnellement et accomplir le travail nécessaire pour tenir l'ensemble de la situation.

Enrichissement : l'idéogramme signifie *riche, enrichir, copieux, richesse, opulence*, etc. Son usage courant est matériel et positif, il entre par exemple dans la composition du mot *bonheur* (voir 11/3). Dans le *Yi Jing*, sa présence souligne toujours un échange, parfois fécond, parfois non.

Voisins : au-delà de l'évocation historique que cette expression avait à l'époque des Zhou, les *voisins* symbolisent tous ceux avec qui on est en relation, l'autre, le différent. *L'enrichissement par les voisins* n'est mentionné que trois fois. Ici et à 11/4, contrairement à la situation évoquée à 9/5, le moment n'est pas à rechercher communication ou appuis extérieurs.

Profitable : appréciation mantique indiquant qu'on tire profit à se conduire de la manière indiquée par le contexte.

Invasion : l'idéogramme, formé d'un groupe complexe, a un sens très fort, il signifie *pénétrer avec violence, envahir, s'emparer de*, etc. Il n'apparaît qu'ici.

Soumission par les armes : représentant un être humain portant une arme, l'idéogramme signifie *frapper, battre, marcher contre l'ennemi, expédition punitive* (voir 35/6). De là, il en est venu à désigner aussi les services rendus au pays par ce genre d'expéditions (voir 63/3 et 64/4).

Rien qui ne soit profitable : une des meilleures appréciations mantiques du *Yi Jing*. Elle souligne la présence d'un fort potentiel d'action et une grande aptitude à œuvrer au renouvellement, particulièrement dans les périodes de transition. SE TENIR est le seul hexagramme où cette appréciation est citée deux fois : lignes 4 et 5.

Hexagramme dérivé : hexagramme 39. OBSTRUCTION est un moment de difficultés où l'on concentre ses forces et prend de la hauteur pour redonner à l'obstacle une dimension plus juste.

En haut un six

MODESTIE qui se fait entendre	鳴謙	ming QIAN
Profitable d'opérer la mise en route de l'ARMÉE	利用行師	li yong xing SHI
en expédition contre fiefs et pays	征邑國	zheng yi guo

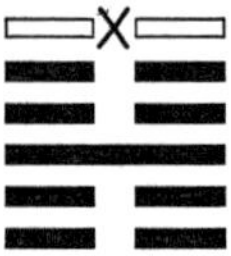

À ce niveau de Sortie, la MODESTIE s'exprime, comme à la seconde ligne, mais de façon plus affirmée. Il convient de se manifester avec force et ainsi de parachever le travail d'ajustement entre tenue personnelle et relation avec l'extérieur qui est au cœur de cet hexagramme. Correct et en correspondance avec l'unique trait Yang de la figure, le trait est dans le prolongement de l'action déterminée enclenchée à la ligne précédente. On doit ici effectuer le rééquilibrage qui permet, par le resserrement intérieur des forces, de mettre fin à la désorganisation du territoire.

Si cette stratégie doit être mise en pratique de manière aussi ferme, c'est que, la modestie risquant de tourner au laxisme, c'est le domaine propre qui est cette fois atteint. En effet, alors que l'expédition guerrière décrite à la ligne précédente symbolisait une action dirigée vers l'extérieur, la mention à ce trait des termes *fief et pays* précise que les expéditions punitives sont maintenant dirigées contre son propre territoire : il s'agit de s'imposer la discipline personnelle qui permet de défendre son domaine et d'y rétablir l'ordre. Renversement habituel de la sixième ligne, alors que toutes les autres lignes comportent des appréciations mantiques favorables, la rigueur est ici la seule attitude présentée comme *profitable*.

MODESTIE : nom de l'hexagramme. Voir ligne 1.
MODESTIE qui... : voir ligne 2.
Se fait entendre : voir ligne 2.
Profitable : voir ligne 5.
Mise en route de l'ARMÉE : formé avec le nom de l'hexagramme 7 et le verbe signifiant *marcher, agir*, ce conseil doit être pris autant au sens militaire que symbolique : se mobiliser, instaurer une discipline, reconquérir les territoires perdus.
Expédition : terme mantique qui indique la mise en route d'une action vigoureuse et déterminée dans un but de remise en ordre. Ce type d'intervention est deux fois plus souvent déconseillé que conseillé. Cependant, il n'est qualifié de *profitable* qu'ici ; les autres fois où il est recommandé, c'est dans la perspective d'une *ouverture*.
Fief : l'idéogramme qui évoquait à l'origine les agglomérations paysannes a pris ensuite dans le cadre de la féodalité instaurée par les Zhou le sens d'autorité conférée à quelqu'un sur un territoire. Il peut aussi représenter, dans le contexte du *Yi Jing*, la base personnelle où se réfugier, se défendre en cas de danger, ou encore remettre de l'ordre.
Pays : ce mot, qui apparaît uniquement dans les textes associés à des traits Yin, situés en haut de l'hexagramme ou au sommet d'un groupe de trois lignes Yin (64/4 est un cas à part), désigne un ensemble plus vaste que le fief.
Contre fief et pays : alors que la ligne précédente décrivait une action dirigée vers l'extérieur *(envahir et soumettre)*, ici elle doit être menée contre fief et pays, donc non plus contre des barbares, mais contre des Chinois. Cela indique qu'il s'agit à présent de maîtriser l'intérieur du pays, c'est-à-dire de se tourner vers soi-même.

Hexagramme dérivé : hexagramme 52. STABILISER est un moment où la concentration des forces permet à la fois de retrouver le calme et d'agir avec détermination.

ÉLÉMENTS D'ANALYSE

Nucléaire

䷧ **Hexagramme 40 : DÉLIVRANCE.** Au cœur de SE TENIR, il y a DÉLIVRANCE. Au cœur d'un moment de rigueur et de concentration, il y a un soulagement qui s'effectue par séparation nette entre le dedans et le dehors, entre l'avant et l'après. En traçant une ligne de démarcation entre son territoire personnel et l'entourage, on cesse de disperser ses forces à l'extérieur, ce qui leur permet de s'unifier intérieurement et de s'accroître. En réduisant ses prétentions au-dehors, on peut travailler à ses insuffisances. Commencer par se renforcer donne ensuite la possibilité d'intervenir pour ne plus se laisser assujettir.

Opposé

䷉ **Hexagramme 10 : DÉMARCHE.** La relation d'opposition entre DÉMARCHE et SE TENIR s'articule entre réserve et audace, modestie et témérité, retrait sachant s'extérioriser et arrogance à maîtriser. À la solidité intérieure de SE TENIR répond la force extérieure dans DÉMARCHE. À la constitution d'une force interne rendue cohérente par la retenue fait écho la confrontation à une violence externe canalisée par le rite.

16 S'ENTHOUSIASMER

豫

YU

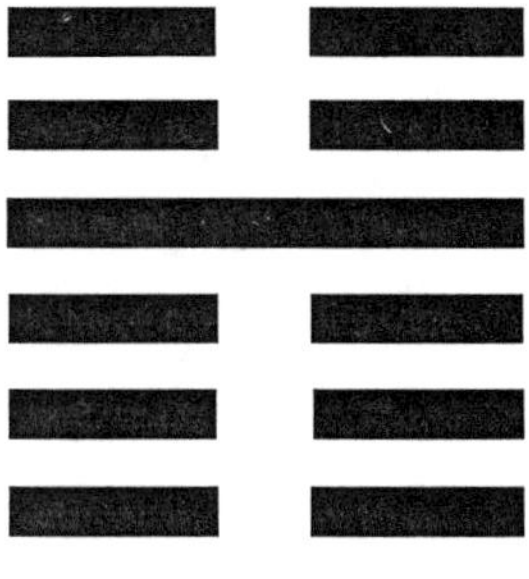

En haut TONNERRE ☳

En bas TERRE ☷

S'ENTHOUSIASMER	豫	YU
Profitable d'instituer des vassaux	利建侯	li jian hou
et de mettre en marche L'ARMÉE	行師	xing SHI
Au début un six		
ENTHOUSIASME qui se fait entendre	鳴豫	ming YU
Fermeture	凶	xiong
Six en 2		
Séparation à la borne de pierre	介于石	jie yu shi
Pas jusqu'à la fin du jour	不終日	bu zhong ri
Présage d'ouverture	貞吉	zhen ji
Six en 3		
ENTHOUSIASME guignant vers le haut regrets	盱豫悔	xu YU hui
À tarder il y a des regrets	遲有悔	chi you hui
Neuf en 4		
ENTHOUSIASME sortant de terre	由豫	you YU
Le Grand atteint des Réalisations	大有得	da you de
Ne pas douter	勿疑	wu yi
Les compagnons sont réunis	朋盍	peng he
comme les cheveux par l'épingle de chignon	簪	zan
Six en 5		
Présage de fébrilité	貞疾	zhen ji
PERSISTANTE sans être mortelle	恆不死	HENG bu si
En haut un six		
ENTHOUSIASME dans les ténèbres	冥豫	ming YU
Mener à terme amène à changer	成有渝	cheng you yu
Absence de faute	无咎	wu jiu
Grande Image		
Tonnerre sort de Terre comme oiseau qu'on lâche	雷出地奮	lei chu di fen
S'ENTHOUSIASMER	豫	YU
Les Anciens Rois ainsi	先王以	xian wang yi
en jouant de la musique magnifiaient la conduite	作樂崇德	zuo ye chong de
en offrant de riches offrandes au Souverain d'en haut	殷薦之上帝	yin jian zhi shang di
s'appariaient ainsi à leurs grands-pères défunts	以配組考	yi pei zu kao

Dixième Aile

SE TENIR vivacité et 謙輕而 QIAN qing er
S'ENTHOUSIASMER inertie 豫怠也 YU dai ye

S'ENTHOUSIASMER, c'est être emporté malgré soi par un élan où se mêlent émotivité et exaltation. Extériorisation instantanée qui emmène en dehors des limites habituelles, cet emportement est trop échevelé pour pouvoir durer par lui-même, mais il est possible d'en tirer parti en le consolidant par la discipline et en canalisant ses impulsions dans une organisation à long terme.

La figure est caractérisée par une prédominance de lignes Yin, rassemblées autour d'un unique trait Yang en quatrième place, pivot de la situation. Toute cette réceptivité peut se muer en inertie si l'énergie de S'ENTHOUSIASMER n'est pas rapidement mise à profit, afin que son mouvement aille au-delà d'un simple emballement.

L'ensemble du texte décrit les différentes manières de vivre ce moment de ferveur. On trouve à chaque stade, excepté aux deux lignes centrales, une construction identique : le nom de l'hexagramme précédé d'un attribut. L'enthousiasme est ainsi décrit successivement comme *intempestif* (trait 1), *avide* (trait 3), *productif* (trait 4), *approfondi* (trait 6). S'il n'est pas nommé aux deux traits centraux, c'est qu'on ne peut aisément à des places de responsabilité se laisser aller à l'émotivité. Alors qu'au cinquième trait on subit l'emportement et on est contraint de l'assumer avec endurance, on s'en départit au second sans attendre, refusant de s'aventurer au-delà d'une démarcation représentée par la *borne de pierre*. C'est d'ailleurs à cette place de Préfet que se trouve la seule appréciation mantique favorable, alors que la plus mauvaise intervient au premier trait, celui où l'on répond sans discernement à la moindre impulsion.

Le vocabulaire employé souligne l'importance du temps : *jusqu'à la fin du jour* (2), *tarder* (3), *fébrilité qui dure* (5), *mener à terme* (6). Mais c'est à l'unique trait Yang que se trouve l'image la plus caractéristique de l'hexagramme, l'*épingle à chignon*, symbole de la capacité à regrouper les forces que l'émotion enflamme et éparpille. Il est remarquable enfin que, dans un moment traversé par une forte poussée, il ne soit nulle part fait mention de l'onde porteuse, sans doute parce que ce qui porte est différent de ce qui emporte. S'ENTHOUSIASMER, ce n'est pas se fondre avec confiance dans un flux mais savoir canaliser les engouements dans lesquels on se laisse prendre.

L'exaltation n'emmène pas longtemps quand aucun rythme ne vient la soutenir. Évoqué dans la Grande Image, le son est un éclat éphémère qui n'a pas en lui-même de consistance, mais une fois organisé en musique, n'est-il pas ce qui entraîne et régularise la marche ?

Les chants qui accompagnent les processions ou les troupes en campagne sont l'exemple de la manière de donner souffle et cadence aux moments d'enthousiasme.

IDÉOGRAMME

YU : *À l'avance, se préparer. Joyeux, content, se réjouir, plaisir, amusement. Hésitant, indécis, irrésolu. Assister à, prendre part.*

L'idéogramme est formé de deux éléments juxtaposés. À gauche un groupe complexe dont la forme archaïque évoque, en un endroit précisé comme périphérique par rapport à un centre non représenté, l'idée de transmission réciproque, d'échange. Ce caractère illustre la réalité de la Chine à l'époque des Zhou : des ensembles civilisés – une ville fortifiée au centre d'un territoire cultivé – entourés d'espaces incultes où nomadisent les barbares. Aux points de contact entre ces deux mondes se trouvent des lieux de passage et d'échange (voir 2/6 et 13/J, *confins*). Quand il est combiné avec le signe du bois, ce caractère représente la navette du tisserand, objet dont le va-et-vient continuel est significatif. À droite, un idéogramme signifiant à l'origine *éléphant*. Les éléphants étaient connus des Chinois de la haute Antiquité : des vases rituels en bronze les représentent. Cependant, sans doute pour des raisons climatiques, ils disparurent des régions du fleuve Jaune. S'ils étaient encore représentés à l'époque des Shang, par la suite la seule trace visible de leur présence était leurs carcasses. Ce qui fait dire au philosophe Han Fei Zi : « Les gens voient rarement un éléphant vivant, mais quand ils trouvent la carcasse d'un éléphant mort, ils se fondent sur cette vision pour se le figurer vivant. Voilà pourquoi tout ce qui sert à se former une idée ou une figure est appelé *éléphant*. » De fait, *éléphant* a pris le sens figuré d'image, symbole. Il est toujours employé dans ce sens, notamment dans le *Yi Jing*, où il sert à nommer les Grandes Images.

Lorsqu'ils sont associés, ces deux signes forment l'idée d'un mouvement qui porte à franchir les limites connues, à s'élancer vers l'extérieur avec un allant qui, comme celui de la navette, est suivi d'un repli. De là dérivent les sens figurés de cet idéogramme : *échange* d'abord, et ensuite, d'une part se *réjouir d'avance* de l'appel vers ce qui se trouve au-delà des frontières – c'est ce sens qui aboutira à l'idée d'enthousiasme et d'autre part *crainte, indécision*, comme la navette qui change tout le temps de direction.

TEXTE CANONIQUE

JUGEMENT

S'ENTHOUSIASMER	豫	YU
Profitable d'instituer des vassaux	利建侯	li jian hou
et de mettre en marche l'ARMÉE	行師	xing SHI

S'ENTHOUSIASMER n'est pas une valeur *a priori*, ni une erreur en soi : aucune formule mantique ne vient caractériser la situation dans son ensemble. Cependant l'exaltation qu'elle représente risque de se résumer à un élan éphémère si rien ne vient l'organiser dans la durée. Comme dans d'autres situations où une forte impulsivité prédomine, l'aspect *profitable* dépend de la capacité à inscrire dans le réel la poussée qui entraîne en dehors des limites habituelles.

Il faut pour cela prendre en main les forces qui se précipitent pour les canaliser et les discipliner. Le foisonnement suscité par l'enthousiasme appelle une hiérarchisation : parmi les envies et les idées qui fusent, on doit dégager des priorités afin que les ardeurs puissent converger en un mouvement concertant et se structurer en projet.

Profitable : appréciation mantique indiquant qu'on tire profit à se conduire de la manière indiquée par le contexte. L'idéogramme, combinant les caractères épi et couteau, évoque le profit du moment des récoltes, le résultat du travail humain. Il n'apparaît qu'ici dans cette figure.
Instituer : composé avec un caractère signifiant *loi, règlement* et une variante du signe de la marche, l'idéogramme évoque les règles fondant l'action. L'emploi de ce terme spécifique montre qu'il s'agit de bien autre chose que d'engager des auxiliaires, même si hiérarchiser ses priorités peut parfois avoir pour conséquence de déléguer des responsabilités.
Vassaux : l'idéogramme désigne au sens propre le second des cinq rangs féodaux, et au sens figuré l'ensemble de la féodalité. Il est employé ici comme image globale d'un système hiérarchisé.
Instituer des vassaux : expression spécifique en deux caractères dont le sens, dans le contexte du *Yi Jing*, est d'instaurer un ordre féodal entre des niveaux qui s'entrechoquent, c'est-à-dire de les organiser hiérarchiquement selon l'importance qu'on leur accorde. Dès lors qu'est choisi et décidé ce qui est vassal et ce qui est suzerain, c'est-à-dire qu'est distingué le primordial du secondaire, la stratégie à adopter s'organise d'elle-même, et on ne risque plus de s'emballer de façon inefficace. Cette hiérarchisation est particulièrement nécessaire pour maîtriser l'emballement initial propre aux moments d'enthousiasme et

la panique devant les DIFFICULTÉS INITIALES, le seul autre hexagramme où cette expression est citée (voir 3/J).
Mettre en marche l'ARMÉE : composée du verbe *circuler, agir* et du nom de l'hexagramme 7, cette sentence doit être comprise non dans une perspective agressive ou militaire, mais au sens des conseils donnés au moment de l'ARMÉE. Mettre en route ce que représente l'ARMÉE, c'est se mobiliser et instaurer la discipline qui permettra de canaliser l'impulsivité. Outre à la fin de RETOUR où cette mise en route est malvenue (24/6), ce conseil de maîtrise n'est donné sous cette forme qu'une autre fois, au dernier trait de SE TENIR (voir 15/6). S'ENTHOUSIASMER et ARMÉE sont les deux seuls endroits du *Yi Jing* où l'on joue de la musique, cela dans la double perspective d'un réveil de l'inertie et d'une force d'entraînement : un rythme cadencé est en effet le moyen de soutenir, régulariser et prolonger l'exaltation réveillée par un appel sonore joyeux (voir 16/GI et 7/1).

TEXTE DES TRAITS

Au début un Six
ENTHOUSIASME qui se fait entendre — 鳴豫 ming YU
Fermeture — 凶 xiong

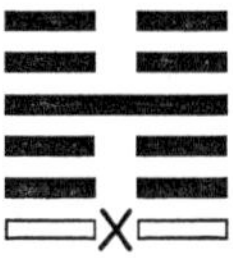

La première ligne d'un hexagramme représente souvent une approche inexpérimentée de la situation. Dans le contexte de S'ENTHOUSIASMER, où l'émotivité prédomine, cette tendance se traduit par des réactions impulsives et naïves qui peuvent entraîner des conséquences dommageables.

Incorrect et en correspondance avec l'unique Yang de l'hexagramme, ce trait est celui où l'on répond de manière irréfléchie à la moindre exaltation. Comme le signale l'appréciation mantique la plus défavorable de l'hexagramme, manifester son enthousiasme de façon précipitée et tonitruante ne peut à ce niveau que conduire à une impasse.

ENTHOUSIASME : nom de l'hexagramme.
Se fait entendre : écrit avec le caractère *oiseau* et le signe de la bouche, l'idéogramme désigne le *cri des animaux* en général et celui des oiseaux en particulier. Son sens figuré est *émettre un son, faire retentir*. De nos jours, on peut le voir en Chine au bord des routes et des canaux, écrit sur les panneaux de circulation indiquant l'obligation de signaler sa présence par un coup de Klaxon ou de sirène. Cité deux fois dans l'hexagramme retourné (15/2 et 15/6), il se retrouve à 61/2.

Fermeture : appréciation mantique signalant un moment de blocage, un mauvais agencement du flux vital qui restreint les possibilités de développement. Il n'est cité qu'ici et c'est la seule appréciation vraiment négative de l'hexagramme.

Hexagramme dérivé : hexagramme 51. ÉBRANLER est un moment de réveil brutal, une forte commotion dont les effets sont difficiles à intégrer et à faire durer.

Six en 2

Séparation à la borne de pierre	介于石	jie yu shi
Pas jusqu'à la fin du jour	不終日	bu zhong ri
Présage d'ouverture	貞吉	zhen ji

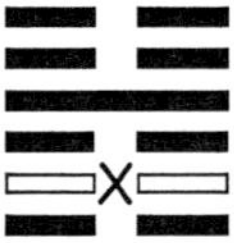

À ce niveau de Préfet se trouve la seule appréciation favorable de la situation et, comme à la ligne souveraine, l'autre place centrale, le nom de l'hexagramme n'est pas cité : on n'y est donc guère enclin à se laisser ravir par l'enthousiasme. Sans attendre que la situation s'obscurcisse, on se refuse à aller au-delà du territoire dont on est sûr. En prenant calmement ses distances, on se désolidarise notamment des réactions bruyantes qui se manifestent à la ligne précédente et on se sépare de ce qui fascine ou s'élance sans ordre ni maîtrise.

Ce trait est, avec le sixième, l'un des deux seuls corrects de l'hexagramme ; il est par ailleurs sans aucune relation avec les autres lignes : on est ici en mesure de rester lucide et de ne pas se laisser impliquer dans des engouements échevelés.

Séparation : écrit en seulement quatre traits, l'idéogramme est d'une graphie trop simple pour avoir une étymologie avérée et son sens n'est pas complètement assuré. Sa signification d'origine est celle d'un *intervalle*, d'un entre-deux qui lui vient peut-être de l'examen pratiqué sur les fissures divinatoires apparaissant à la surface des carapaces de tortues, dont l'écartement rentrait peut-être en ligne de compte pour les pronostics qui en était tirés. Ce rapport est suggéré également par un de ses sens dérivés *coquille, cuirasse* (la carapace des crustacés et celle des soldats). Son sens figuré *fermeté, détermination, résolution* a pu venir aussi bien de la fissure que de la cuirasse. Ici comme à 58/4 (seul autre endroit où il apparaît), le sens de *séparation* semble d'autant mieux convenir que, renforcé par l'idée de *fermeté*, il est en rapport avec la fonction de la borne et le matériau dont elle est faite.
Borne de pierre : le texte porte simplement le caractère *pierre*. L'idée de borne dérive de celle de séparation. Dans l'Antiquité, des bornes de pierre marquaient la limite d'un royaume ou du territoire rattaché

à une cité (au-delà commençaient les « faubourgs » voir 13/6). C'était l'endroit jusqu'où la politesse obligeait à reconduire des amis venus en visite, donc le lieu où s'effectuait la séparation.
Jusqu'à la fin du jour : formule mantique en deux caractères dont le premier est la modulation *à la fin* et le second l'idéogramme *soleil* majoritairement utilisé dans le *Yi Jing* dans le sens de *jour*. Apparaissant chaque fois dans des situations de tension ou de difficultés (voir 1/3 et 63/4), cette expression peut simplement signifier *jusqu'au bout*. Que ce soit ici la seule occasion où elle est employée avec une négation *(pas)* renforce l'idée d'une séparation à effectuer sans délai.
Présage : modulation globale de certaines appréciations mantiques. Précisant que l'appréciation qu'elle module est moins effective que lorsqu'elle est présentée de manière directe, elle la situe comme une tendance probable.
Ouverture : appréciation mantique signalant un moment heureux où un agencement fécond du flux vital multiplie les possibilités de développement.

Hexagramme dérivé : hexagramme 40. DÉLIVRANCE est un moment de soulagement qui s'effectue par l'établissement d'une limite claire entre le réalisable et l'inaccessible.

Six en 3

ENTHOUSIASME guignant vers le haut regrets	盱豫悔 xu YU hui
À tarder il y a des regrets	遲有悔 chi you hui

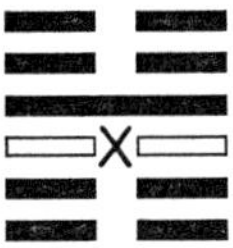
À cette place de transition, l'agitation va croissant. Yin en place impaire, le trait est incorrect et de plus situé au voisinage du seul trait Yang, pivot de tout l'hexagramme. Attiré par l'extérieur et en même temps retenu par l'inertie que représentent les trois traits Yin intérieurs, on est écartelé entre le désir qui entraîne vers le haut et la nonchalance craintive qui alourdit. Les *regrets* guettent à la fois l'avidité et l'immobilisme. Il est préférable de mettre fin à ces tergiversations et de répondre à l'appel en participant réellement à l'élan.

ENTHOUSIASME : nom de l'hexagramme.
Guignant vers le haut : formé avec le caractère *œil* et le signe d'une montée qui n'aboutit pas, l'idéogramme, rare et n'apparaissant qu'ici, signifie *lever les yeux* et aussi *attendre, désirer*.
Tarder : formé avec le signe général de la marche et un groupe complexe dont une variante montre un mouton tiré par une corde, l'idéo-

gramme signifie *marcher lentement, ralentir le pas*. Il a des connotations d'*indécision* et de *lenteur d'esprit*. Prononcé différemment, il évoque aussi des idées d'*attente*, d'*espoir* et de *moment particulier*. Les deux fois où ce mot est cité (voir 54/4, *retarder*), c'est pour désigner un couplage désiré mais dont la réalisation est difficile.
Regrets : appréciation mantique signalant qu'on tarde à réagir pour adopter la nouvelle attitude demandée par l'évolution de la situation. L'idéogramme, formé avec le signe du cœur – commun à tous les sentiments ou pensées – et un groupe complexe représentant des plantes pullulantes, évoque ce qui encombre le cœur et donc le paralyse. Il est répété deux fois dans le texte de ce trait, ce qui ne se rencontre qu'une autre fois, à 47/3.
Il y a regrets : formule mantique spécifique dans laquelle l'appréciation regrets est renforcée par *il y a*, verbe auxiliaire qui souligne la réalité effective de l'appréciation qu'il module.

Hexagramme dérivé : hexagramme 62. PETIT EXCÈS est un moment d'hésitation agitée entre le haut et le bas, où il faut concrétiser ce qui est possible plutôt que viser des objectifs idéalistes.

Neuf en 4

ENTHOUSIASME sortant de terre	由豫	you YU
Le Grand atteint des Réalisations	大有得	da you de
Ne pas douter	勿疑	wu yi
Les compagnons sont réunis comme les cheveux par l'épingle de chignon	朋盍	peng he
	簪	zan

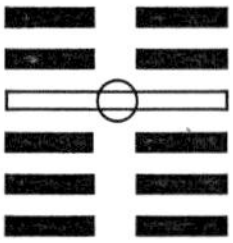

Le seul trait Yang de l'hexagramme représente, par son pouvoir d'entraînement et de dynamisme, le point de convergence et l'unique pivot de fermeté de la situation. C'est à ce stade que le mouvement d'exaltation peut le plus aisément servir à des manifestations visibles et devenir le terreau de réalisations effectives. Bien qu'être en charge de telles possibilités puisse faire *douter*, c'est le moment de déployer des qualités d'initiative et de créativité rares dans un tel contexte.

À cette place de Ministre, l'aptitude à la communication permet de jouer le rôle de rassembleur et de coordinateur consistant à *réunir* les éléments épars et multiples qui se laissent emporter à tout vent, tout comme l'*épingle à chignon* organise et discipline la chevelure. Il ne s'agit pas en effet de seulement s'exalter, il faut aussi savoir puiser dans l'émotion l'énergie propre à entraîner l'entourage, et ainsi maîtriser son exaltation.

ENTHOUSIASME : nom de l'hexagramme.
Sortant de terre : représentant une pousse qui sort d'un champ, l'idéogramme a pour sens usuel *origine, cause, motif.* C'est aussi une préposition très employée pour marquer, selon le contexte, *l'origine, le point de départ, le lieu de passage.* Ici, comme à 27/6, son sens idéographique est dominant.
Grand : l'idéogramme représente un être humain les bras écartés, mimant le geste universel pour exprimer la grandeur. Dans le contexte du *Yi Jing*, il est parfois employé dans son sens usuel d'attribut et parfois comme emblème du Yang *(Petit... Grand)*. Le texte joue parfois sur le chevauchement de ces deux niveaux de sens.
Atteint : le texte porte le verbe *il y a*, modulation mantique qui est la marque d'une réalisation effective (voir ligne 3).
Réalisations : le texte porte un idéogramme qui signifie *parvenir, obtenir, trouver, recevoir, acquérir, convoiter, avoir, posséder*, etc., sens qui tournent tous autour de l'idée de gain. *Réalisations* a été choisi pour faire ressortir l'écho avec le nom de l'hexagramme 14 (voir ci-dessous).
Le Grand atteint des Réalisations : cette phrase comporte plusieurs nivaux d'ambiguïté. Elle est composée de trois idéogrammes : *grand* ; *il y a* ; *obtenir*. À l'indétermination concernant le mot *grand*, s'ajoute le fait qu'ensemble les deux premiers caractères forment le nom de l'hexagramme GRAND RÉALISE (voir 14/I). Étant donné que ces deux idéogrammes sont l'un et l'autre d'un emploi courant dans le *Yi Jing*, la référence à cet hexagramme n'est pas assurée. Cependant, dans la mesure où ce trait est le seul Yang de la figure et que *grand* peut représenter le Yang, un rapprochement est possible entre les deux situations. Dans GRAND RÉALISE la créativité se manifeste à tous les niveaux grâce à l'action de l'unique trait Yin situé à la place d'honneur. Dans S'ENTHOUSIASMER la créativité consiste à rassembler toutes les forces Yin disponibles autour de l'unique trait Yang en place de Ministre.
Douter : formé d'un groupe complexe, l'idéogramme signifie *doute, douter, soupçon, appréhension.* Les deux fois où il est cité (voir 55/2), c'est en relation avec l'idée d'obtention et dans un contexte de fébrilité.
Compagnons : dans le contexte du *Yi Jing* les compagnons sont des personnages symboliques imprécis. Différents des *vassaux* qui symbolisent un mouvement vertical de hiérarchisation (voir Jugement), ils sont le plus souvent associés à un mouvement de convergence.
Réunis : l'idéogramme représente un vase dont le couvercle s'adapte parfaitement au diamètre de l'ouverture (voir 21/I, *Unir*).
Comme les cheveux par l'épingle à chignon : le texte porte seulement l'idéogramme *épingle à chignon.* Dans la Chine ancienne, l'épingle à chignon était la marque courante de l'âge adulte pour les garçons *(mari)*. Comme l'épingle disparaissant dans les replis torsadés des cheveux, ce caractère évoque l'idée d'une présence invisible.

Quand il est combiné avec le signe de l'eau, il signifie *tapi dans l'onde*, terme employé pour qualifier le dragon au moment le plus Yin de l'ÉLAN CRÉATIF (voir 1/1)

Hexagramme dérivé : hexagramme 2. ÉLAN RÉCEPTIF est un moment où l'on met en œuvre des qualités de disponibilité, de souplesse et de ténacité. Sans se mettre en avant, le Chef Accompli y suit une direction déterminée.

Six en 5

Présage de fébrilité 貞疾 zhen ji
PERSISTANTE sans être mortelle 恆不死 HENG bu si

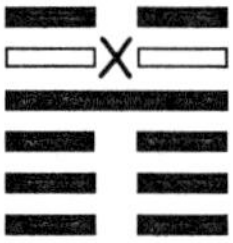

Place souveraine, la cinquième ligne est celle d'où se gère l'ensemble de la situation. Mais comment diriger un mouvement d'exaltation ? Jouer ce rôle est d'autant plus malaisé que le seul moment où l'enthousiasme peut parvenir à des réalisations effectives est décrit au niveau précédent, celui du Ministre. Cette prééminence inusuelle remet en question le rôle de référence du souverain, qui se retrouve comme poussé au-delà de la limite qu'il incarne. Il en résulte une fébrilité, une hâte maladive, une fièvre éprouvante qu'il s'agit d'endurer avec courage.

Incorrect et sans autre relation que de voisinage avec le seul Yang au niveau du Ministre, ce trait, où comme au second le nom de l'hexagramme n'apparaît pas, représente une position où l'on ne s'abandonne pas volontiers au mouvement d'ENTHOUSIASME. L'absence de correspondance avec la place de Préfet, où est indiquée la possibilité de se refuser aux emballements émotifs, est d'autant plus sensible. Pourtant cette situation de porte-à-faux est moins dramatique qu'il ne semble. Bien que le texte ne mentionne aucune appréciation mantique favorable, sa conclusion est un encouragement à la persévérance.

Présage : modulation globale de certaines appréciations mantiques. Elle précise que l'appréciation dont il s'agit est moins effective que lorsqu'elle est présentée de manière directe, et la situe comme une tendance probable. Il n'y a qu'ici qu'elle est appliquée à *fébrilité*.
Fébrilité : l'idéogramme signifie *malaise, souffrance, blessure* et aussi *rapidité, promptitude, hâte. Fébrilité* permet de rendre ces deux niveaux de sens qui se superposent.
PERSISTANTE : nom de l'hexagramme 32, CONSTANCE.
Sans être mortelle : le texte porte l'idéogramme *mourir* simplement précédé d'une négation. Écrit avec un groupe complexe où se retrouve le signe du changement irréversible, ce caractère a le sens de *mort*, mais aussi de *sans issue, immuable, fixe*. À la différence des grands

textes épiques indo-européens comme l'*Iliade*, le *Mahabharata* ou la *Chanson de Roland* qui débordent de batailles, de combats et de meurtres, la mort est rarement évoquée dans le *Yi Jing* : au moment de l'ARMÉE (voir 7/3 et 7/5) où des *cadavres* donnent l'image d'une défaite, et à 30/4 où elle est peut-être symbolique. La seule autre fois où *mourir* est cité, c'est comme ici de manière négative, pour inciter à l'éviter (voir 61/GI, *peines de mort*). Les Chinois aiment la vie et sa manifestation principale : le changement. Peut-être est-ce la raison pour laquelle le *Yi Jing* comporte si peu d'allusions à la mort.
Présage de fébrilité persistante sans être mortelle : le sens de l'ensemble de cette phrase pourrait être compris un peu différemment en la divisant en deux sentences. Il deviendrait alors : « Présage de maladie. (Qui sait) ENDURER ne meurt pas. »

Hexagramme dérivé : hexagramme 45 : RÉUNION est un moment de rassemblement où le lien entre des forces convergentes est appelé à se manifester.

En haut un six
ENTHOUSIASME dans les ténèbres — 冥豫 ming YU
Mener à terme amène à changer — 成有渝 cheng you yu
Absence de faute — 无咎 wu jiu

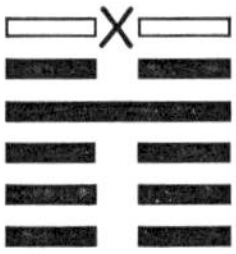
À ce trait de sortie, l'ENTHOUSIASME atteint le point où il change de nature. Alors qu'aux autres lignes comportant le nom de l'hexagramme le mouvement est toujours décrit comme un élan vers l'extérieur, successivement bruyant, tâtonnant, jaillissant, il se ralentit ici pour devenir intérieur et sombre. Il est temps de calquer son attitude sur ce renversement : en s'obligeant à *mener à terme* les impulsions qui emportent malgré soi, on apprend à connaître ses motivations réelles et à vérifier leur bien-fondé.

Isolé et sans relation, ce trait est toutefois correct, ce qui produit une résonance avec la seconde ligne, la seule autre correcte de la figure. Dans le prolongement de la résistance à la fébrilité décrite au stade précédent, on ne doit pas hésiter à donner plus de consistance à son comportement en apportant à son positionnement les modifications que le moment appelle.

ENTHOUSIASME : nom de l'hexagramme.
Ténèbres : formé avec un signe représentant un couvercle (voir 4/I) au-dessous duquel est placé le caractère *soleil* avec encore au-dessous le chiffre *six*, l'idéogramme, qui n'apparaît qu'ici et à 46/6, est traditionnellement expliqué comme évoquant les six heures doubles de la

nuit pendant lesquelles le soleil est sous la terre. Signifiant *obscur, sombre*, il veut dire aussi *nuit, ténèbres*, et à partir de là, l'au-delà néfaste, le *séjour souterrain des morts*, les *enfers*, ainsi que les *hauteurs inaccessibles du ciel*.

Mener à terme : l'idéogramme, représentant peut-être une hallebarde accrochée à un clou, signifie *accomplir, parfaire, parachever*. Évoquant à l'origine ce qui vient à la suite d'une action déterminée, voire militaire, ce caractère très courant en est venu à désigner particulièrement le mode de production Yin. Il est employé dans ce sens dans un proverbe en quatre caractères, célèbre pour son jeu d'assonance : *Yang sheng Yin cheng* qui signifie « le Yang fait naître, le Yin *parachève* ». *Mener à terme* a été choisi en fonction de ce contexte, particulièrement marqué les deux autres fois où l'on retrouve ce caractère : 2/3 et 6/3.

Amène à : le texte porte simplement le verbe *il y a*. Voir *atteint* à la ligne 4.

Changer : l'idéogramme employé n'est pas celui qui sert à nommer le *Yi Jing*. Caractère assez rare, formé d'un groupe complexe à l'intérieur duquel se trouve le signe d'un bateau allant d'une rive à l'autre, il a plutôt le sens de *modifier* une situation, *transférer* quelque chose, *révoquer* un pacte ou un fonctionnaire. Avec une graphie un peu différente, il est employé en acupuncture pour désigner une série de points du dos – les points *shu* – qui correspondent directement aux organes Il se retrouve à : 6/4 et 17/1 *(changement)*.

Mener à terme amène à changer : l'ensemble de la phrase, de construction identique à la phrase du quatrième trait : *le Grand atteint des réalisations*, se lit mot à mot : *mener à terme - il y a - changer*. Le sens conséquentiel *(amène à)* dérive du sens de réalisation que comporte le verbe *il y a* dans le nom de l'hexagramme 14 GRAND RÉALISE.

Absence de faute : formule mantique spécifique incitant à ne pas rester dans un état d'esprit incertain ou hésitant.

Hexagramme dérivé : hexagramme 35. AVANCER AU GRAND JOUR est un moment d'avancée patiente et progressive où on est amené à mettre ses talents à l'épreuve.

ÉLÉMENTS D'ANALYSE

Nucléaire

䷦ **Hexagramme 39 : OBSTRUCTION.** Au cœur de S'ENTHOUSIASMER, il y a OBSTRUCTION. Au cœur d'un moment de fièvre et d'exaltation, il y a une résistance qui freine la tentative d'éveiller les énergies. Cette inertie s'exprime dans les doutes, tergiversations ou sentiments de contrainte qui empêchent de se mettre au diapason du mouvement. Au seul trait Yang est décrit la tentative de vaincre les hésitations et de rassembler les éléments qui se dispersent pour refaire l'union.

Opposé

䷈ **Hexagramme 9 : PETIT APPRIVOISE.** La relation d'opposition entre S'ENTHOUSIASMER et PETIT APPRIVOISE se situe au niveau de la direction que prend la tension entre intérieur et extérieur. PETIT APPRIVOISE est un temps d'enfermement et d'intériorisation, S'ENTHOUSIASMER un moment d'exaltation et d'extériorisation. Alors que l'impulsion enthousiaste passe d'un coup de l'éclat à l'obscurité, l'apprivoisement avance petit à petit de l'obscurité à l'éclosion. À la griserie de S'ENTHOUSIASMER, qui pousse subitement au-delà des limites, répond l'affinement de PETIT APPRIVOISE, qui œuvre patiemment à des réalisations futures.

17 SUIVRE

隨

SUI

En haut BRUME ☱
En bas TONNERRE ☳

SUIVRE	隨	SUI
Fondamentalement favorisant	元亨	yuan heng
Ténacité profitable	利貞	li zhen
Absence de faute	无咎	wu jiu

Au début un neuf

Pour le fonctionnaire il y a changement	官有渝	guan you yu
Présage d'ouverture	貞吉	zhen ji
Sortir par-delà la grand-porte avoir des relations	出門交	chu men jiao
produit des résultats	有功	you gong

Six en 2

Attachement au petit enfant	係小子	xi xiao zi
Abandon de l'homme aguerri	失丈夫	shi zhang fu

Six en 3

Attachement à l'homme aguerri	係丈夫	xi zhang fu
Abandon du petit enfant	失小子	shi xiao zi
SUIVRE fait rechercher des gains	隨有求得	SUI you qiu de
Profitable d'être tenace comme qui demeure	利居貞	li ju zhen

Neuf en 4

SUIVRE fait capturer	隨有獲	SUI you huo
Présage de fermeture	貞凶	zhen xiong
Il y a onde portant à être dans le cheminement	有孚在道	you fu zai dao
Ainsi éclairé comment y aurait-il faute	以明何咎	yi ming he jiu

Neuf en 5

Onde porteuse poussant vers l'avantage	孚于嘉	fu yu jia
Ouverture	吉	ji

En haut un six

Obstinément attaché	拘係之	ju xi zhi
alors	乃	nai
conformément unifier	從維之	cong wei zhi
Le Roi favorise l'essor par un rite	王用亨	wang yong heng
à la Montagne de l'Ouest	于西山	yu xi shan

Grande Image

Au cœur de la brume il y a le tonnerre	澤中有雷	ze zhong you lei
SUIVRE	隨	SUI

L'Être Accompli ainsi	君子以	jun zi yi
en se tournant vers l'obscurité	嚮晦	xiang hui
entre dans le plaisir et le repos	入宴息	ru yan xi

Dixième Aile		
SUIVRE	隨	SUI
sans intention.	无故也	wu gu ye

SUIVRE, c'est faire le pas nécessaire pour s'insérer avec aisance dans un courant porteur. Accompagner sereinement les flux qui se présentent requiert un état d'esprit confiant et détendu, qui permet de se mettre en accord avec le contexte et d'enchaîner sur de nouveaux processus.

Rejoindre ou susciter un mouvement sans chercher à s'imposer suppose aisance et légèreté. C'est savoir se mettre au diapason du moment, et ainsi entrer dans l'atmosphère créative décrite au Jugement. Mais la facilité à s'inscrire dans un mouvement, si elle permet de saisir des opportunités, de suivre des personnes ou de les amener à suivre, peut signifier aussi attachements et inconséquence. Il faudra faire le tri entre lien imposé et don de soi confiant, afin de distinguer entre simple abandon et capacité à s'adonner sereinement sans chercher à diriger.

À l'inverse de REMÉDIER AU CORROMPU son opposé, où il s'agit de revenir sur le passé pour le nettoyer et s'en affranchir, SUIVRE est une maturation tournée vers le futur. L'hexagramme montre ainsi comment un attachement involontaire peut, par l'entraînement à SUIVRE, évoluer en confiance porteuse. Le texte des traits, ainsi que l'agencement de la figure dans son ensemble, rend compte de cette évolution. Les modalités de l'*attachement* y sont exposées aux trois traits Yin, et les indications sur la façon de s'orienter aux trois traits Yang. Les textes des quatre traits situés au centre s'enchaînent deux à deux, selon une structure en engrenage qui rappelle celle de l'hexagramme 53 PROGRESSER PAS À PAS. Du choix difficile entre enfant et adulte (lignes 2 et 3) on passe à la naissance de la confiance (lignes 4 et 5). Les deux traits médians (lignes 3 et 4), où apparaît le nom de l'hexagramme, sont à la charnière de ces deux thèmes : ce sont eux qui permettent de passer de l'un à l'autre, et c'est là, aux deux places concernant plus particulièrement l'être humain (et où se trouvent les seuls traits incorrects de la figure) que sont décrites les déviations et maladresses de SUIVRE.

SUIVRE montre la subtile transformation d'attachements hésitants en une avancée rendue sereine par l'abandon des prérogatives personnelles. C'est une invite à entraîner ou se laisser entraîner avec souplesse dans un mouvement où, telle la barque au fil de l'eau, on se défait de ses crispations pour aborder de manière détachée à des réalités nouvelles.

> Le boucher du prince Wen Hui dépeçait un bœuf avec un rythme musical. « Eh bien ! lui dit le prince, comment ton art peut-il atteindre un tel degré ? » Le boucher dit : « J'aime le Tao. Un bon boucher use un couteau par an parce qu'il ne découpe que la chair. Un boucher ordinaire use un couteau par mois parce qu'il le brise sur les os. Le même couteau m'a servi depuis dix-neuf ans. [...]. Les jointures des os contiennent des interstices et le tranchant du couteau n'a pas d'épaisseur. Celui qui connaît la conformation naturelle du bœuf sait glisser le mince tranchant dans ces interstices. Il agit avec aisance parce qu'il opère par le vide. – Très bien, dit le prince après avoir entendu les paroles du boucher, je saisis l'art de me conserver[18]. »
>
> Zhuang Zi

IDÉOGRAMME

SUI : *Suivre, se conformer à. Suivant, selon, d'après, conformément à. Au gré de. Ensuite. Au fur et à mesure. Etc.*

L'idéogramme est formé de l'assemblage de trois caractères, groupés côte à côte. Celui situé le plus à droite est double. Il comporte en bas le signe de la viande et en haut un caractère qui, formé avec le signe de la main et celui de l'équerre, signifie *gauche* (la main qui tient l'équerre, celle qui seconde par rapport à la droite qui tient l'outil). Combiné avec le signe de la viande, cette « main qui tient l'équerre » forme un caractère autonome signifiant : viande découpée. Au milieu, se trouve le signe général du mouvement. Il vient préciser qu'il s'agit du mouvement de découpe de la viande. Le dernier composant, le plus à gauche, représentant une colline rituelle, est un signe général à valeur d'abstraction. Il signifie que le reste de l'idéogramme est à prendre au sens abstrait, métaphorique. L'ensemble forme un caractère toujours très employé dont le sens principal est : se conformer de manière féconde à quelque chose d'extérieur.

Le rapport de cette idée avec la découpe de la viande est évoqué dans l'aphorisme de Zhuang Zi, philosophe taoïste du IIIe siècle avant notre ère cité plus haut.

L'idéogramme évoque donc un double mouvement : celui d'un

flux qui crée une structure et celui de l'insertion dans un vide créé par cette structure. C'est pour cette raison qu'il a été choisi pour écrire en chinois le nom du type de mémoire d'ordinateur qui stocke l'information au hasard des espaces vides qu'elle rencontre et dont l'acronyme est RAM (Random Access Memory : mémoire à accès aléatoire). Mais c'est vraisemblablement pour évoquer l'idée de flux structurant qu'il a été choisi par les rédacteurs des Commentaires canoniques pour décrire des *vents qui se suivent*, vents dont le redoublement constitue l'hexagramme SE MODELER (voir 57/GI).

TEXTE CANONIQUE

JUGEMENT

SUIVRE	隨	SUI
Fondamentalement favorisant	元亨	yuan heng
Ténacité profitable	利貞	li zhen
Absence de faute	无咎	wu jiu

Six caractères seulement, scandés deux par deux : le Jugement de SUIVRE n'est constitué que d'appréciations mantiques. Il ne décrit pas une situation particulière mais une disposition globale, une tendance qui peut s'appliquer quel que soit le contexte.

Il s'ouvre par les mêmes termes que les Jugements de ÉLAN CRÉATIF et ÉLAN RÉCEPTIF : *fondamentalement favorisant & ténacité profitable*, un groupement particulier de formules mantiques appelé les Quatre Qualités du Ciel-Terre (voir 1/J). Signalant des capacités d'initialisation, d'essor, de profit et d'endurance, ces appréciations marquent les moments où la possibilité de trouver le point de départ d'une situation et de lui faire prendre son essor se conjugue à l'endurance nécessaire pour en récolter les bienfaits. Sept hexagrammes seulement sont ainsi caractérisés et ils représentent tous des moments où il importe de savoir se mettre rapidement en adéquation avec l'instant présent.

Ici, la situation n'est que propension à accomplir et le potentiel qu'elle recèle est immense. Il faut privilégier la facilité avec laquelle les projets peuvent être menés à bien et profiter de la vigueur comme de l'inventivité des énergies en présence sans hésiter à se laisser porter par elles.

Fondamentalement : modulation mantique marquée par un idéogramme qui signifie *début, origine, entièrement.*

Favorisant : appréciation mantique décrivant un climat d'essor, un agencement fertile, un dispositif énergétique global dans lequel l'échange entre le Ciel et la Terre se noue de manière féconde.
Fondamentalement favorisant : formule mantique caractéristique des Jugements. Elle signale un moment particulièrement propice, s'exprimant de manière Yang par une propension à entreprendre et de manière Yin dans une capacité à faire aboutir.
Ténacité profitable : formule mantique soulignant que la situation requiert pour être fructueuse une grande capacité à endurer, à tenir avec constance sans se laisser fatiguer par les difficultés du moment.
Fondamentalement favorisant Ténacité profitable : groupement spécifique de deux formules mantiques, appelé Quatre Qualités du Ciel-Terre (voir 1/J) qui ne qualifie que sept hexagrammes : 1, 2, 3, 17, 19, 25 et 49.
Absence de faute : formule mantique spécifique incitant à ne pas rester dans un état d'esprit incertain. Elle souligne ici qu'il ne faut pas hésiter à s'abandonner aux éléments porteurs de la situation.

Texte des traits

Au début un neuf
Pour le fonctionnaire il y a changement 官有渝 guan you yu
Présage d'ouverture 貞吉 zhen ji
Sortir par-delà la grand-porte avoir des relations 出門交 chu men jiao
Produit des résultats 有功 you gong

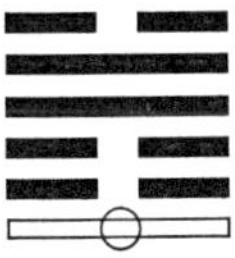

Fonctionnaire, changement, grand-porte, relations : dès le niveau d'entrée de Suivre, il n'est fait mention que d'échange et de transfert d'énergie. Le *fonctionnaire*, important rouage de l'état, est un subordonné responsable, capable de changer de situation ou d'orientation lorsque les circonstances l'exigent. L'aptitude à modifier son état d'esprit pour s'ouvrir à des situations nouvelles est, dès cette première ligne, garante de fécondités à venir. Elle peut trouver son application immédiate dans le pas à accomplir pour franchir la *porte* qui sépare du monde extérieur.

Le moment est venu de sortir de son quant-à-soi pour répondre aux sollicitations du dehors et se relier aux souffles qui s'y manifestent. La correction du trait et sa fermeté sont des éléments qui aident à se placer dans les courants de la situation. Le pas vers l'extérieur, prometteur de contacts et de réalisations, est encouragé par la promesse d'une *ouverture* qui fait écho à celle affirmée à la ligne souveraine.

Fonctionnaire : bien que représentant une fonction essentielle du système politique chinois, l'idéogramme a une étymologie incertaine. Il semble représenter un serviteur-ministre (voir 19/I) sous un toit, peut-être celui d'une salle d'audience. Il comporte une idée d'information qui se retrouve dans une autre de ses significations : organe des sens. Corps social et corps humain ont une organisation identique, comme le montre l'utilisation usuelle de métaphores politiques dans les textes médicaux décrivant les rapports entre organes : les *organes des sens* ont pour fonction d'informer le pouvoir central et en retour d'en rediffuser les ordres. Ce terme n'apparaît qu'ici.
Changement : l'idéogramme n'est pas celui qui sert à nommer le *Yi Jing*. Caractère assez rare, formé d'un groupe complexe à l'intérieur duquel se trouve le signe d'un bateau allant d'une rive à l'autre, il a plutôt le sens de *modifier* une situation, *transférer* quelque chose, *révoquer* un pacte ou un fonctionnaire. Avec une graphie un peu différente, il est employé en acupuncture pour désigner une série de points du dos – les points *shu* – qui correspondent directement aux organes. Il se retrouve à 6/4 et 16/6 *(changer)*.
Ouverture : appréciation mantique signalant un moment heureux où un agencement fécond du flux vital multiplie les possibilités de développement.
Présage d'ouverture : formule mantique indiquant la tendance à un réagencement positif de la situation.
Sortir : l'idéogramme évoque tout ce qui pousse, ce qui sort de l'intérieur, ce qui se manifeste. Signifiant aussi *engendrer, produire, se produire, apparaître, provenir de*, il est le plus souvent un signe d'extériorisation, particulièrement quand il est associé avec la grand-porte.
Grand-porte : l'idéogramme dessine la porte extérieure à deux vantaux de la maison traditionnelle chinoise. Associée le plus souvent au verbe *sortir*, la grand-porte est l'emblème d'un seuil à franchir.
Avoir des relations : l'idéogramme évoque tout ce qui se croise : les rapports d'échange, de commerce, d'amitié, de contact.
Produit des résultats : le texte porte deux idéogrammes : le verbe *il y a* et le mot *résultat*. Produit rend le sens de réalisation sous-jacent à l'emploi du verbe il y a (voir GRAND RÉALISE, hexagramme 14/I). Quant à *résultats*, il s'agit d'un caractère très usuel dont le sens est *œuvre, effet, mérite*, etc. Il entre notamment dans la dénomination du Qi Gong, pratique corporelle dont le nom signifie mot à mot : le Qi (souffle vital) à l'œuvre *(gong)*. Voir aussi 13/4 *(attaquer)*.

 **Hexagramme dérivé :** hexagramme 45. RÉUNION est un moment de rassemblement où le lien entre des forces convergentes est appelé à se manifester.

Six en 2
Attachement au petit enfant — 係小子 xi xiao zi
Abandon de l'homme aguerri — 失丈夫 shi zhang fu

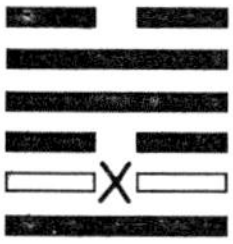

Yin à une place Yin, premier d'un groupe de deux traits Yin liés par des problèmes d'incertitude, ce trait montre des attractions qui s'exercent dans des directions divergentes. Porté par le mouvement fort du trait Yang initial, mais en relation de correspondance avec une cinquième ligne également ferme, il décrit une attitude d'hésitation devant la diversité des courants et des influences. La proximité du premier trait entraîne une attitude compréhensive, peut-être insouciante, qui peut amener à négliger le rapport privilégié avec la ligne souveraine de l'hexagramme.

Uniquement descriptif, le texte ne comporte aucune appréciation, mais il incite à prendre conscience de cette double inclination. Accueillir avec bienveillance la légèreté et l'innocence enfantines est certes une attitude légitime, mais des attachements involontaires peuvent aussi impliquer une vassalisation qui remet à plus tard le mûrissement de l'enfant en un adulte capable de relations aisées et confiantes.

Attachement : l'idéogramme exprime un lien aussi solide au sens propre qu'invisible au sens figuré. Il sert par exemple de nos jours à écrire l'expression « système solaire », évoquant l'attraction qui s'exerce entre les planètes. Il est cité à trois reprises dans cette figure : lignes 2, 3 et 6 *(attaché)*.
Petit : l'idéogramme est vraisemblablement utilisé ici dans son sens propre mais, dans le contexte du *Yi Jing*, il peut aussi être employé comme emblème du Yin *(Petit… Grand)*.
Enfant : l'idéogramme signifie *enfant, fils et prince*. Dans cet hexagramme où il est cité deux fois (lignes 2 et 3), il peut s'agir aussi bien d'un petit *enfant* que d'un jeune *prince*. Le chevauchement des deux sens ne change pas le sens du texte qui porte sur l'alternative entre jeunesse et expérience.
Abandon : l'idéogramme, toujours très usuel, signifie *laisser échapper, perdre, manquer le but*, etc., et contient simultanément l'idée d'un renoncement et celle d'un échec.
Homme : l'idéogramme signifie *adulte, homme fait*, et aussi *mari*. Dans le *Yi Jing*, il est une marque de couplage qui peut aussi bien réussir qu'échouer.

Aguerri : l'idéogramme décrit une personne tenant un bâton (de guerre ou de commandement), auquel l'âge et l'expérience donnent le privilège de rester armé en présence de son souverain. Aguerri par sa compétence et capable de faire face à des situations dont la difficulté requiert fidélité et autorité, ce personnage est le héros de l'hexagramme ARMÉE (voir 7/J), dont l'un des thèmes est le conflit hiérarchique entre jeunesse et maturité. Qu'il y ait dans le choix de ce caractère un arrière-plan de discipline, en contraste avec la nonchalance de la jeunesse, cadre aussi avec la situation évoquée ici.

Hexagramme dérivé : hexagramme 58. ÉCHANGER est un moment de communication joyeuse et amicale l'où on ne met l'accent ni sur la rigueur ni sur les différences.

Six en 3

Attachement à l'homme aguerri	係丈夫	xi zhang fu
Abandon du petit enfant	失小子	shi xiao zi
SUIVRE fait rechercher des gains	隨有求得	SUI you qiu de
Profitable d'être tenace comme qui demeure	利居貞	li ju zhen

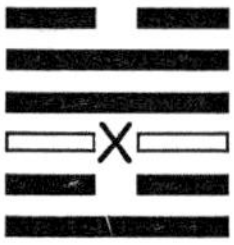

Cette ligne de Passage est reliée à la précédente par son texte et à la suivante par la mention du nom de l'hexagramme. On y retrouve la même incertitude devant des inclinations contradictoires, la même ambivalence entre *attachement* et *abandon* qu'au second trait, mais dans une disposition différente. Bien qu'incorrect, le trait est plus proche des traits fermes qui occupent les places de Ministre et de Souverain et cette influence favorise une maturation, évolution qui entraîne nécessairement des choix et des pertes.

La présence du nom de l'hexagramme, cité à cette ligne pour la première fois, indique que l'on entre vraiment à ce stade dans la problématique de SUIVRE : apprendre à s'insérer dans un courant. Cependant la manière de faire est ici empreinte d'une certaine avidité, et la recherche volontaire de bénéfices personnels plutôt en contradiction avec l'aisance à laquelle cette figure invite. Ces arrière-pensées, mélange paradoxal de volontarisme et d'indolence, risquent d'entraîner des erreurs. Comme au début de DIFFICULTÉS INITIALES – situation de confusion où est donné le même conseil de *demeurer* (voir 3/1) – on doit ici résister à la tendance à se laisser emporter. De réelles possibilités de profit pourraient être gâchées par des liens inadéquats. Il est préférable de rester solide et d'éviter des réactions intempestives aux stimuli extérieurs.

Attachement à l'homme aguerri : voir ligne 2.
Abandon du petit enfant : voir ligne 2.
Rechercher : représentant à l'origine un vêtement de fourrure, très recherché pour sa chaleur et son prix, l'idéogramme est un terme assez fort qui évoque une tension volontaire en direction d'un but déterminé ; il montre ici un volontarisme qui cadre mal avec la tonalité générale de l'hexagramme
Gains : l'idéogramme recouvre une gamme de sens assez étendue : *parvenir, obtenir,* trouver, recevoir, acquérir, convoiter, avoir, posséder, etc., qui tournent tous autour de l'idée de gain.
SUIVRE fait rechercher des gains : le nom de l'hexagramme est employé ici dans un sens psychologique. Ce n'est pas le mouvement de suivre qui est en cause, mais la tendance à un relâchement non dépourvu d'arrière-pensées, les gains en question constituant quelque chose que l'on reçoit, pas que l'on recherche. On retrouve cet aspect aux deux endroits où le nom de cet hexagramme est utilisé (31/3 et 52/2), deux situations où une tendance naturelle (les deux figures concernent le corps humain) à un abandon facile n'est pas du tout favorable. Comparer avec le balancement similaire qui apparaît dans le texte de la ligne suivante.
Profitable d'être tenace comme : construction particulière de la formule mantique *ténacité profitable*. Entre les deux idéogrammes de cette formule est intercalé un caractère qui particularise la forme de ténacité profitable dans la circonstance.
Qui demeure : le texte porte un seul idéogramme qui signifie *habiter, séjourner, mettre en réserve, amasser*. Dans le *Yi Jing*, la stratégie d'attente solide qu'il évoque est toujours favorable.

Hexagramme dérivé : hexagramme 49. RÉVOLUTION est un moment de renversement qui ne peut déboucher sur un réajustement que s'il intervient au moment adéquat.

Neuf en 4

SUIVRE fait capturer	隨有獲	SUI you huo
Présage de fermeture	貞凶	zhen xiong
Il y a onde portant à être dans le cheminement	有孚在道	you fu zai dao
Ainsi éclairé comment y aurait-il faute	以明何咎	yi ming he jiu

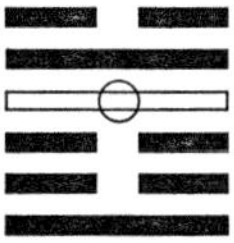

Après l'incertitude devant des inclinations contradictoires et l'ambivalence entre *attachement* et *abandon* qui caractérisent les deux lignes Yin précédentes, on entre avec ce trait Yang et le suivant dans des possibilités d'échange confiant. Cependant, si la propension à SUIVRE est bien réelle, la facilité qu'elle suppose risque d'être détournée. À une place de Ministre où la réserve est requise, le volontarisme – marqué par la nature Yang du trait, incorrect à cette place Yin – s'intensifie et se traduit par un désir de *capture* qui n'est guère en accord avec la légèreté requise dans ce contexte. Que l'on soit porté par un courant d'idées ou une œuvre commune, l'attitude doit rester exempte d'intentions personnelles afin de rester en accord avec les flux qui traversent la situation.

Conforme à l'aisance décrite au Jugement et dans l'anecdote racontée par Zhuang Zi, un courant soutient, dans lequel on doit se laisser porter avec naturel. Avancer avec légèreté sans forcer aucun des éléments en présence permet d'éviter les faux pas. En veillant à la manière juste de SUIVRE, on peut trouver le chemin d'une confiance qui prend toute son ampleur à la ligne suivante.

Capturer : l'idéogramme évoque une saisie par force ou par contrainte.
Fermeture : appréciation mantique signalant un moment de blocage, un mauvais agencement du flux vital qui restreint les possibilités de développement.
Présage de fermeture : formule mantique spécifique qui conseille de considérer la situation en général ou l'attitude qu'on y tient, plus dans la perspective d'une évolution défavorable que dans son état actuel.
Il y a onde portant à : variante de la formule mantique *onde porteuse*, citée également à la ligne suivante mais dans une formulation différente. Elle insiste ici sur l'existence (il y a) effective d'un courant porteur.
Être dans : l'idéogramme est plus fort que le simple verbe « être ». Signifiant *être en un lieu, être présent dans, être en train de*, etc., il souligne un fort rapport entre la présence et le lieu de la présence.
Cheminement : l'idéogramme a pour sens premier *voie, chemin, cheminer*. Cependant il s'agit du caractère qui sera choisi par les taoïstes pour désigner le Tao. À l'époque de la rédaction du Texte canonique, ce caractère n'avait sans doute pas encore acquis ce sens particulier, mais peut-être était-il déjà sous-jacent. *Cheminement*, qui convient bien pour Tao, est un compromis qui permet de garder l'ambiguïté du texte chinois.
Éclairé : bien que l'idéogramme soit un des deux caractères servant à nommer OBSCURCIR SA *LUMIÈRE* (voir 36/I), il semble utilisé ici sans référence notable à cette situation ; c'est pourquoi il n'est pas écrit en capitale.
Comment y aurait-il faute ? : variante interrogative de la formule mantique *absence de faute*. Chaque fois que cette injonction à ne pas rester dans l'incertitude est présentée sous une forme inhabituelle, c'est en rapport avec l'idée d'accomplir un mouvement décidé ou en relation avec l'idée du *cheminement* des choses, du mouvement du Ciel.

Hexagramme dérivé : hexagramme 3. DIFFICULTÉS INITIALES est le moment des commencements confus où il faut savoir retenir les impulsions pour privilégier l'organisation à long terme.

Neuf en 5

Onde porteuse poussant vers l'avantage 孚于嘉 fu yu jia
Ouverture 吉 ji

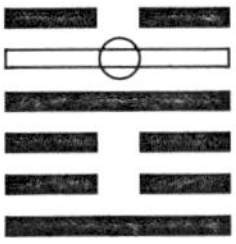

À la place souveraine, les attachements évoqués aux lignes précédentes, qu'ils soient contraintes ou désirs de plier le mouvement à sa volonté, ont disparu. Correcte et centrale, reliée par voisinage au trait supérieur et au bas de l'hexagramme par la correspondance avec le second trait, cette ligne représente la maîtrise d'une situation au dynamisme équilibré.

Loin des balancements entre incertitude et avidité, elle décrit la capacité à s'insérer avec brio dans le flux du réel tel qu'il se présente. La confiance dans la situation emporte vers des réalisations heureuses et entraîne les forces alentour à accompagner le mouvement.

Onde porteuse poussant vers : variante de la formule mantique *onde porteuse* où la direction du courant porteur est soulignée par un caractère grammatical spécifique *(poussant vers)*. Citée à la ligne précédente, l'*onde porteuse* est présentée ici de manière différente, comme si ce flux était moins effectif (voir *il y a*) mais plus centré, plus convergent. La même formule se trouve à 58/5.
Avantage : l'idéogramme évoque l'idée d'une joie apportée par un don venu de l'extérieur. Il est par exemple associé dans différentes expressions aux cérémonies de réception du bonnet viril, de fiançailles, de mariage, d'éloges, de récompenses et de présents officiels. Il est cité deux autres fois : 30/6 et 33/5, rendu par *avantageux*.
Ouverture : appréciation mantique signalant un moment heureux où un agencement fécond du flux vital multiplie les possibilités de développement.

Hexagramme dérivé : hexagramme 51. ÉBRANLER est un moment de réveil des énergies assoupies, une puissance d'activation à même de féconder un renouveau.

En haut un six

Obstinément attaché 拘係之 ju xi zhi
alors 乃 nai
conformément unifier 從維之 cong wei zhi
Le Roi favorise l'essor par un rite 王用亨 wang yong heng
à la Montagne de l'Ouest 于西山 yu xi shan

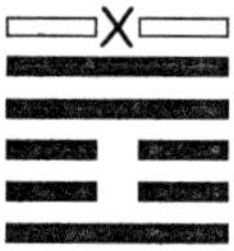

À ce niveau de Sortie, le texte mentionne à nouveau l'*attachement* qui caractérise les deux autres traits Yin. Cependant, grâce à la position élevée du trait, cette attraction n'a plus la même valeur : elle est devenue une relation à laquelle on s'accroche parce qu'on en pressent la qualité et les possibilités. Ce lien, dont l'aspect têtu est bien souligné, n'entraîne plus à *suivre* de manière indolente : il offre désormais la possibilité d'une attitude responsable et désintéressée. On peut ainsi se mettre au service de la situation en en unifiant les forces, ce qui ne peut être l'œuvre que d'un personnage supérieur.

C'est le rôle du Roi que de rassembler des forces éparses en un ensemble organisé. Calquant son attitude sur la puissance de régulation que le Ciel symbolise, le Roi vient se ressourcer auprès de ses ancêtres en se rendant à la montagne qui contient les tombeaux de sa lignée. Se reliant à ses racines, c'est-à-dire aux forces abstraites qui le fondent, il donne souffle et orientation à toutes les énergies de SUIVRE.

Obstinément : formé avec le caractère de la main, signe d'une action volontaire, et un caractère évoquant quelque chose de clos, cet idéogramme, qui n'apparaît qu'ici, suggère des idées de rigidité, de contrainte, de rétention, d'entêtement, voire de formalisme guindé qui tranchent avec l'ambiance de l'hexagramme.
Attaché : voir ligne 2 *attachement.*
Alors : le texte porte un idéogramme grammatical qui souligne ici un lien conséquentiel.
Conformément : le sens dominant de cet idéogramme est *suivre, se conformer, obéir.* Il apparaît six fois dans des situations caractéristiques, rendu par *se conformer* à 31/4, 42/4 et 63/3 et par *au service* à 2/3 et 6/3.
Unifier : l'idéogramme est formé par la combinaison de deux images de tissage : le signe général de la soie – qui représente un écheveau – et celui des *oiseaux à queue courte,* en raison de la manière dont sont entretissées les plumes de leur queue. À partir de son sens premier *fibre, filament,* il signifie *lier, attacher, joindre, unir.* De là dérivent ses sens figurés *principe fondamental, maintenir, sauvegarder.* Voir aussi 29/J.
Roi : personnage symbolique, le Roi est le pivot de l'organisation sociale, le moyeu vide qui rassemble le peuple en le *reliant* à ses racines. Dans le contexte du *Yi Jing,* il peut être aussi une allusion directe au Roi Wen.
Favorise l'essor par un rite à : le texte comporte une phrase en trois caractères. Le premier est un verbe auxiliaire qui insiste sur la réalisation de ce dont il s'agit ; le second est l'appréciation mantique *favorisant* et le dernier un caractère grammatical à usage d'indication de lieu ou de niveau. En tant que formule mantique autonome, *favorisant*

décrit un climat d'essor global dans lequel l'échange entre le Ciel et la Terre se noue de manière féconde. Cependant, il peut aussi être employé à la place d'un autre idéogramme, très semblable par le sens et la graphie : *rites d'hommage* (voir 41/J). Sans qu'il soit possible de choisir, on peut remarquer que, dans le *Yi Jing*, cette phrase décrit un rituel dont la solennité est attestée par le prestige des lieux où il est conduit et l'importance des personnages qui le réalisent ou y participent : le Roi (ici et à 46/4) et le Duc (à 14/3).
Montagne de l'Ouest : il ne s'agit pas d'une quelconque montagne située au couchant. Seule montagne citée dans tout le *Yi Jing*, c'est le plus important sanctuaire ancestral du clan des Zhou. Il s'agit du mont Qi (voir 46/4), situé à quelques centaines de kilomètres à l'Ouest de l'actuelle ville de Xi An et de l'ancienne capitale du Roi Wen et du Roi Wu. Des fouilles récentes y ont localisé et dégagé les fondations du temple ancestral des Zhou, dont il est question ici.

䷘ **Hexagramme dérivé :** hexagramme 25. SPONTANÉMENT décrit une attitude de réponse instantanée au moment, qui demande au niveau individuel une grande vigilance.

ÉLÉMENTS D'ANALYSE

Nucléaire

䷴ **Hexagramme 53 : PROGRESSER PAS À PAS.** Au cœur de SUIVRE, il y a PROGRESSER PAS À PAS. Au cœur de l'insertion dans un courant, il y a l'attachement à un fonctionnement régulier qui dépasse le moment et l'individu, et dans lequel il est possible de s'enraciner. En abandonnant ses prérogatives, l'individu se rattache à un fonctionnement plus large, et grandit peu à peu par la transformation des attachements en confiance véritable. Dans le déroulement de SUIVRE, la progression s'effectue pas à pas le long des quatre traits centraux par la reprise à chaque ligne de la problématique de la ligne précédente : attachement (traits 2 et 3), SUIVRE (traits 3 et 4), onde porteuse (traits 4 et 5). Cette avancée où l'on s'appuie à chaque pas sur l'étape précédente est typique de PROGRESSER PAS À PAS.

Opposé

䷑ **Hexagramme 18 : REMÉDIER AU CORROMPU.** La relation d'opposition entre SUIVRE et REMÉDIER AU CORROMPU s'articule autour des liens qui rattachent à l'entourage. Dans SUIVRE, on se laisse porter par un courant extérieur pour se défaire d'attachements enfantins. Dans REMÉDIER, on revient sur les erreurs passées pour s'affranchir de ce qui entrave le présent. SUIVRE est orienté vers le futur, mais on rend hommage au dernier trait à son ascendance. REMÉDIER revient sur le passé mais on s'y tourne délibérément au dernier trait vers son propre avenir. Cette relation d'opposition est renforcée par le fait que ces deux hexagrammes sont aussi le retourné l'un de l'autre (particularité qui ne concerne que quatre couples d'hexagrammes : 11/12, 17/18, 53/54 et 63/64).

18 REMÉDIER AU CORROMPU

蠱

GU

䷑

En haut MONTAGNE ☶

En bas VENT ☴

REMÉDIER AU CORROMPU	蠱	GU
Fondamentalement favorisant	元亨	yuan heng
Profitable de passer le grand fleuve	利涉大川	li she da chuan
Avant le jour *jia* trois jours	先甲三日	xian jia san ri
Après le jour *jia* trois jours	後甲三日	hou jia san ri

Au début un six

Traiter le CORROMPU du père	幹父之蠱	gan fu zhi GU
Il y a un fils	有子	you zi
Pour le père défunt absence de faute	考无咎	kao wu jiu
Danger à la fin ouverture	厲 終吉	li zhong ji

Neuf en 2

Traiter le CORROMPU de la mère	幹母之蠱	gan mu zhi GU
Présage impossibilité	不可貞	bu ke zhen

Neuf en 3

Traiter le CORROMPU du père	幹父之蠱	gan fu zhi GU
Regrets de peu	小有悔	xiao you hui
Absence de grande faute	无大咎	wu da jiu

Six en 4

Être large envers le CORROMPU du père	裕父之蠱	yu fu zhi GU
Aller fait apparaître la gêne	往見吝	wang jian lin

Six en 5

Traiter le CORROMPU du père	幹父之蠱	gan fu zhi GU
Accomplir éloges	用譽	yong yu

En haut un neuf

Ne plus servir rois et vassaux	不事王侯	bu shi wang hou
Estimer supérieur son propre service	高尚其事	gao shang qi shi

Grande Image

Sous la montagne il y a le vent	山下有風	shan xia you feng
REMÉDIER AU CORROMPU	蠱	GU
L'Être Accompli ainsi	君子以	jun zi yi
en remuant le peuple	振民	zhen min
élève sa conduite	育德	yu de

Dixième Aile

REMÉDIER AU CORROMPU	蠱	GU
donc	則	ze
mise en ordre	飭也	chi ye

Remédier au Corrompu, c'est porter remède de manière énergique à ce qui s'est dégradé avec le temps. Se dresser à contre courant par une intervention vigoureuse permet de procéder à l'assainissement indispensable pour enclencher une situation nouvelle. Ce changement doit se produire en deux temps : veiller à mettre un terme aux éléments qui ont entraîné la dégradation de la situation ; imaginer les conditions d'un renouveau.

Fait unique dans le *Livre des Changements*, ce qui a donné naissance aux conditions auxquelles il faut remédier est évoqué dans le texte par les images du *père* et de la *mère*. Symboles des forces à l'origine du dispositif humain tel qu'il échoit à tout individu, ils représentent, au-delà de leur sens propre, les éléments Yin et Yang du processus dont on reprend les rênes, et dont la poursuite demande épuration.

Traiter ce que le passage du temps a corrompu commence par la reconnaissance du potentiel de régénération que recèle le moment actuel. Cette importance du rapport au temps est manifestée par l'emploi de signes particuliers qui, depuis l'Antiquité, servent en Chine de repères dans un déroulement. Parmi ces signes, le choix de celui qui marque le début des temps Yang montre que revenir sur ce qui a précédé est ce qui permet de recréer les conditions d'un nouveau printemps. Cependant, le *Yi Jing* incite moins à rechercher de ce qui est à l'origine de la corruption qu'à retrouver la capacité d'être soi-même à l'origine.

La corruption, effective aux cinq premières lignes de l'hexagramme, reçoit un traitement vigoureux aux trois places Yang et atteint son but au dernier trait. La détermination que ce traitement exige concerne les conséquences des entreprises « paternelles », c'est-à-dire les éléments Yang du contexte. Il s'adoucit en revanche aux deux places Yin, où il est plutôt question d'énergie « maternelle » et de largesse. Le dernier trait, niveau de sortie, se détache nettement de tous ceux qui le précèdent, indiquant le véritable objectif de ce nettoyage : se dégager du passé pour assumer pleinement sa propre identité et ses possibilités personnelles de génération.

Ainsi s'accomplit la dialectique commune à Remédier au Corrompu et à Suivre, son opposé, centrée sur la relation adulte/enfant. À l'inverse de Suivre où la maturation de l'enfant s'achève par un hommage aux ancêtres, Remédier incite à reprendre et assainir l'héritage des ancêtres pour parvenir à une affirmation sereine de l'autonomie individuelle. Remédier montre comment, par un retour en arrière, se transmettent les forces toujours neuves qui perpétuent le souffle du vivant.

« Qu'un nouveau commencement suive chaque fin, c'est là le cours du Ciel[19]. »

IDÉOGRAMME

GU : *Venin, poison, maléfice, sortilège. Séduire, ensorceler. Cause de désordre. Affaire.*

L'idéogramme se compose de deux parties. Au-dessous, le signe général des vases et au-dessus, répété trois fois, le signe générique de toutes les bêtes grouillantes, vers, scorpions, araignées, et autres insectes venimeux avec lesquelles nos sorcières confectionnaient leurs philtres magiques, poisons, élixirs d'amour ou de jouvence selon le dosage. L'idéogramme joue sur le même registre. Son sens premier : *venin, poison* existe toujours, peut-être à cause d'une célèbre recette de poison : prendre cinq espèces venimeuses, les mettre dans un grand vase, attendre qu'elles s'entre-tuent. Le venin de l'espèce survivante est, dit-on, sans remède.

Cependant, l'idéogramme ne dessine pas cinq insectes, mais trois, marque habituelle du grand nombre. C'est donc aussi l'évocation d'un pullulement d'insectes comme ceux qui gâtent le grain. De là vient son sens de *maladie, infection, corruption*. Le mot gu comporte aussi l'idée de porter remède à ce processus de pourrissement, ce qui est renforcé par sa proximité sonore avec le caractère *amer*, goût traditionnel des remèdes chinois (voir MESURE, 60/J). Un des derniers sens de ce caractère est plus social, il signifie *cause de désordre*, et plus généralement *affaire*, ce que renforce également son homophonie avec un autre caractère signifiant *cause, affaire*. Cela a amené certains commentateurs à voir dans le nom de cet hexagramme l'image d'un fils terminant le deuil de trois ans commencé à la mort de son père, et reprenant les outils qu'il a laissés pour en ôter la rouille et les remettre en service. L'image est heureuse dans la mesure où elle allie l'idée de corruption à celle de l'intervention active qui permet d'y mettre fin et de reprendre à son compte les moyens d'agir.

TEXTE CANONIQUE

JUGEMENT

REMÉDIER AU CORROMPU	蠱	GU
Fondamentalement favorisant	元亨	yuan heng
Profitable de passer le grand fleuve	利涉大川	li she da chuan
Avant le jour *Jia* trois jours	先甲三日	xian jia san ri
Après le jour *Jia* trois jours	後甲三日	hou jia san ri

L'objectif de REMÉDIER est clair : rectifier le passé, réparer ce qui s'est dégradé avec le temps, recréer les conditions d'un nouveau départ. Pour déployer les possibilités de régénération présentes dans le contexte, l'accent doit être mis sur le dynamisme et la vitalité plus que sur une stratégie à long terme.

Il ne faut plus rester enfermé dans un fonctionnement restreint résultant de conditionnements passés. Pour redevenir *favorisante*, la situation doit être repensée *fondamentalement*, c'est-à-dire de fond en comble, avec audace et selon des paramètres extérieurs au champ habituel. Un plan d'action précis doit être établi qui devra à la fois tenir compte des éléments porteurs d'avenir, et mettre un terme à ceux qui pourraient encore pourrir la situation. Le choix du terme *jia* est significatif : origine des temps Yang, il est une incitation à préparer activement la venue d'une saison nouvelle.

Fondamentalement : modulation mantique marquée par un idéogramme qui signifie *début, origine, entièrement*.
Favorisant : appréciation mantique décrivant un climat d'essor, un agencement fertile, un dispositif énergétique global dans lequel l'échange entre le Ciel et la Terre se noue de manière féconde.
Fondamentalement favorisant : formule mantique caractéristique des Jugements. Elle signale un moment particulièrement propice, s'exprimant de manière Yang par une propension à entreprendre et de manière Yin dans une capacité à faire aboutir.
Passer le grand fleuve : formule mantique signifiant qu'il faut oser vaincre sa peur, sortir de chez soi, se jeter à l'eau. Le moment requiert de dépasser son fonctionnement habituel et de mettre à l'épreuve ses capacités en accomplissant le pas nécessaire pour aborder à des rives nouvelles. En écho avec le conseil donné par *fondamentalement*, il faut oser sortir des comportements répétitifs, des routines générées par sa généalogie.
Jour *Jia* : le texte porte deux idéogrammes : le caractère *soleil*, employé dans son sens usuel de *jour*, et un caractère particulier appartenant à un ensemble particulier, constitué de deux séries d'idéogrammes – les dix Troncs Célestes et les douze Branches Terrestres – appelés « signes cycliques ». Valant plus par leur position dans le système que par leurs sens particuliers, ils servent à organiser en séquence un ensemble quelconque. Parmi les dix Troncs Célestes, *Jia* occupe une place à part : la première. Il est par conséquent emblème de l'origine des temps Yang. Associé à l'Est et au Printemps, *Jia* marque le passage entre l'ancien et le nouveau, le recommencement du cycle. Ici, en écho à *fondamentalement*, il renforce l'incitation au renouveau.
Trois jours : durée symbolique imprécise représentant un laps de temps relativement court.

Avant le jour *Jia* trois jours Après le jour *Jia* trois jours : selon l'ancien calendrier chinois, le passage d'une saison à une autre était marqué par un double rituel. Quelque temps avant la date de bascule avaient lieu les cérémonies d'accueil de la saison nouvelle, durant lesquelles on venait à sa rencontre, et quelques jours après, les cérémonies d'adieu au cours desquelles on raccompagnait la saison passée. Il ne s'agit donc pas d'une rupture brutale, mais d'un laps de temps dédié au travail de transition entre deux périodes. Cet intervalle ne durant qu'un temps, les possibilités de renouvellement qu'il comporte doivent en être saisies au vol. Une phrase similaire, mais centrée sur le début des temps Yin est citée à 57/5.

TEXTE DES TRAITS

Au début un six

Traiter le CORROMPU du père	幹父之蠱	gan fu zhi GU
Il y a un fils	有子	you zi
Pour le père défunt absence de faute	考无咎	kao wu jiu
Danger à la fin ouverture	厲 終吉	li zhong ji

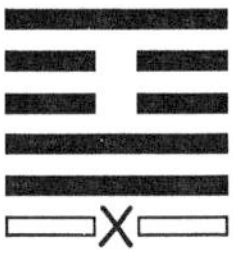

Dès l'Entrée dans la situation apparaît le leitmotiv qui scande le déroulement de tout l'hexagramme : traiter le CORROMPU. Il faut d'emblée prendre en compte le pourrissement de la situation et lui appliquer un remède radical, en commençant par s'assurer que les choses ne seront pas laissées en l'état mais reprises et poursuivies.

Plus explicite que le signe *Jia* cité au Jugement, l'image du *père* fait référence à la capacité à générer le nouveau. Dans la mentalité de l'époque, la présence d'un *fils* est l'assurance que la lignée ne sera pas interrompue et que les esprits des défunts seront nourris. Cette garantie permet de libérer ascendants et descendants d'un sentiment d'insuffisance ou de dette. Cependant le rapport entre père et fils comporte aussi la notion plus large d'une transmission des forces créatives, qui permet d'assurer la perpétuation de la capacité à créer ellemême.

Plus concrètement, il s'agit de discerner dans le contexte les éléments porteurs de vitalité et de devenir, afin de les préserver des périls qui pourraient les empêcher d'arriver à maturité. Ce n'est ici que le début d'un processus mais les germes de renouvellement qu'il comporte sont prometteurs.

Traiter le CORROMPU du... : REMÉDIER est un des hexagrammes les plus scandés. Le texte de chacun des traits commence par une phrase composée à l'identique : *traiter* + nom d'un parent + marque du génitif + nom de l'hexagramme *(CORROMPU)*. Il en est ainsi de la première ligne à la cinquième (la construction du quatrième trait est légèrement différente), ce qui indique à chaque ligne une manière spécifique de REMÉDIER AU CORROMPU. Cette composition disparaît à la sixième ligne, accentuant ainsi le retournement final.

Traiter : écrit avec un signe représentant un madrier, combiné avec la partie gauche et supérieure du caractère nommant l'ÉLAN CRÉATIF du Yang, (voir 1/I), l'idéogramme a pour sens propre *tronc d'un arbre, tige d'une plante, digue*, et comme sens figuré *traiter une affaire, exécuter, agir* ou encore *capacité, talent* à mettre en œuvre pour le faire. Il n'apparaît que dans cet hexagramme où il est répété à quatre reprises : lignes 1, 2, 3 et 5.

Père : l'idéogramme représentait à l'origine une main tenant une hache de pierre, marque honorifique de pouvoir (voir 56/4 et 57/6, *hache d'honneur*). Bien que ce terme ait depuis longtemps le sens de père et qu'il le garde toujours dans la langue actuelle, il n'est pas assuré que dans le contexte de cet hexagramme (où il est cité quatre fois : lignes 1, 3, 4 et 5), il soit utilisé avec toutes les implications que ce mot peut prendre dans le vocabulaire occidental moderne, auquel cas il n'apparaîtrait pas que dans cet hexagramme.

Fils : l'idéogramme, qui n'apparaît qu'en bas des hexagrammes, au début des situations qu'ils décrivent, est un symbole de devenir, de continuité des générations.

Père défunt : l'idéogramme signifie aussi bien *interroger, examiner, faire des recherches*, que *avancé en âge, père défunt*. Deux directions de sens moins divergentes qu'il n'y paraît, l'essentiel des pratiques oraculaires (interroger, examiner les carapaces) étant lié à la recherche du moment approprié pour pratiquer le culte ancestral à rendre au père défunt. Voir en particulier 10/6, où ce caractère, employé dans son sens plus divinatoire, décrit comme ici un regard tourné vers l'avenir.

Absence de faute : formule mantique spécifique incitant à ne pas rester dans un état d'esprit incertain ou hésitant, qui porte ici plus particulièrement sur la nécessité d'effacer les effets actuels des erreurs précédentes.

Danger : appréciation mantique signalant les risques inhérents à la situation.

À la fin : modulation mantique qui replace la circonstance dans une perspective temporelle. Annonce soit l'aboutissement probable de la situation, soit un retournement en contraste avec le moment considéré.

Ouverture : appréciation mantique évoquant un moment heureux où un agencement fécond du flux vital multiplie les possibilités de développement.

Hexagramme dérivé : hexagramme 26. GRAND APPRIVOISE est un moment où des forces instinctives sont retenues et transformées par un mouvement d'affinement et de concentration.

Neuf en 2

Traiter le CORROMPU de la mère — 幹母之蠱 gan mu zhi GU
Présage impossibilité — 不可貞 bu ke zhen

À cette ligne, comme à chacune des cinq premières, il est question de traiter le CORROMPU, c'est-à-dire d'appliquer un remède radical à une situation dégradée. Mais ici, ce n'est pas, comme aux lignes voisines, au *père* que cette stratégie est appliquée, mais à la *mère*, symbole par excellence de qualités Yin de disponibilité et de générosité pleinement appropriées à cette place de Préfet.

S'il s'agit toujours de remédier à des formes insuffisantes ou dégradées résultant de l'action passée, le faire de manière Yang serait à ce niveau voué à l'échec. *Traiter* évoque cette manière de faire, inadaptée à un contexte Yin, lequel requiert plutôt des qualités de même type : non pas agir de manière virulente, mais par la persuasion et le temps. Revenir sur ce que le temps a engendré est impossible : il est préférable de préserver l'inépuisable capacité Yin à engendrer de nouveau, et de préparer ainsi le terrain de réalisations nouvelles.

Traiter le CORROMPU de... : voir ligne 1.
Mère : l'idéogramme est formé à partir du caractère *femme*, auquel on a simplement ajouté la marque des seins pour indiquer l'idée de maternité. Bien que ce terme ait depuis longtemps le sens de *mère* et qu'il le garde toujours dans la langue actuelle, il n'est pas sûr qu'il soit utilisé ici avec les implications que le mot peut prendre dans le vocabulaire occidental moderne (voit ligne 1, *père*). Il n'apparaît pas en dehors de cet hexagramme et de ce trait, à l'exception d'un emploi particulier, également en seconde place, pour nommer la Reine Mère (voir 35/2).
Impossibilité : le texte porte deux caractères, une négation courante et un idéogramme qui recouvre un vaste réseau de sens tournant autour de l'idée de *possibilité, capacité, permission, adéquation, potentialité*.
Présage impossibilité : formule mantique rare signalant des moments porteurs d'impossibilités par inadéquation de la stratégie employée, trop hâtive à 36/3, trop sévère à 60/J et ici trop Yang, ce que suggère l'incorrection du trait.

Hexagramme dérivé : hexagramme 52. STABILISER est un moment d'affermissement où concentration et intériorisation des processus permettent de les faire passer à un autre niveau.

Neuf en 3

Traiter le CORROMPU du père — 幹父之蠱 gan fu zhi GU
Regrets de peu — 小有悔 xiao you hui
Absence de grande faute — 无大咎 wu da jiu

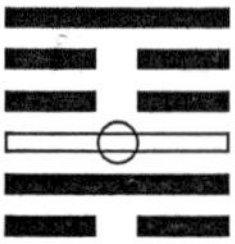

À ce trait, comme aux cinq premiers niveaux de l'hexagramme, l'aptitude à remédier aux agencements issus du passé est le point essentiel. Cependant, c'est précisément à cette ligne de Passage entre le haut et le bas – entre l'avant et l'après – qu'apparaissent les tiraillements entre attachement au passé et désir de s'en défaire. Il s'avère difficile à ce niveau de déterminer le traitement opportun et de le mettre en œuvre.

L'être de *peu* se laisse encombrer le cœur, hésitant peut-être entre une déférence reconnaissant les apports précédents et la volonté d'agir dans un sens nouveau. La fermeté du trait est correcte, mais la ligne est sans résonance avec le sixième trait, où l'on parvient à tourner la page. Cette position ambiguë entraîne des réactions d'inconséquence ou d'impatience, qui semblent toutefois sans conséquence grave.

Traiter le CORROMPU du... : voir ligne 1.
Père : voir ligne 1.
Regrets : appréciation mantique signalant qu'on tarde à réagir pour adopter la nouvelle attitude demandée par l'évolution de la situation. L'idéogramme, formé avec le signe du cœur – commun à tous les sentiments ou pensées – et un groupe complexe représentant des plantes pullulantes, évoque ce qui encombre le cœur et donc le paralyse.
Regrets de peu : formule mantique rare en trois caractères dont le premier est *petit*, rendu ici par *peu*, le second le verbe *il y a* et le troisième *regrets*. Combinant deux formules mantiques de façon inhabituelle en chinois, cette phrase, qui n'apparaît qu'ici, n'a pas un sens très assuré. Parmi d'autres lectures plausibles, « le Petit a des regrets » pointerait les conséquences d'une conduite mesquine et « une attitude Yin est regrettable » ferait écho à la particularité de la formule mantique suivante.
Absence de grande faute : variante de la formule mantique *absence de faute*. L'incitation à ne pas rester dans un état d'esprit incertain ou hésitant, sens principal de cette formule, est ici renforcée par l'adjectif *grand*. Bien qu'il semble que ce terme soit employé ici dans son sens simple d'attribut, le fait qu'il soit aussi emblème du Yang permet une autre lecture, « absence de fautes dues à une attitude Yang ».

Hexagramme dérivé : hexagramme 4. JEUNE FOU est un moment où l'inexpérience de la jeunesse doit en passer par une période d'apprentissage avant que la maturité n'autorise à se dégager de la parole des maîtres.

Six en 4
Être large envers le CORROMPU du père 裕父之蠱 yu fu zhi GU
Aller fait apparaître la gêne 往見吝 wang jian lin

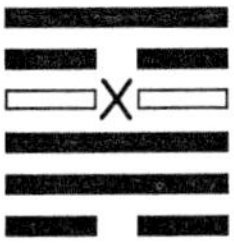
À cette place de Ministre, second niveau Yin de l'hexagramme, le ton change. Il y est toujours question d'agir sur ce qui est *CORROMPU*, mais l'indication d'un traitement énergique, présente dans les trois traits inférieurs, disparaît, laissant place à la description d'une attitude indulgente et compréhensive par rapport au passé.

Faiblesse, impossibilité ou générosité exceptionnelle, aucune appréciation ne permet de juger de la valeur de cette attitude Yin, qui s'accorde à la qualité de la place. Cependant, qu'elle soit un choix ou un état d'esprit, la largesse qu'elle décrit n'est pas la tournure d'esprit adaptée à des initiatives impétueuses. Une attitude Yang, faite de décisions prématurées ou d'entreprises volontaristes, serait déplacée car elle ne pourrait qu'empêcher des possibilités d'action ultérieures.

Être large envers le CORROMPU du... : voir ligne 1. Cependant, à ce trait, se trouve la seule variante de la construction qui scande chacun des niveaux précédents de l'hexagramme : *traiter* y est remplacé par *être large*.
Être large : composé avec le signe général des vêtements et le caractère *vallée* (voir 47/1), l'idéogramme désigne au sens propre un vêtement large et ample comme un val. Ce val est la vallée fertile et accueillante dont parle le *Dao De Jing*, la matrice féconde du monde, l'image même du Yin : « L'esprit de la *vallée* ne meurt pas, cela se rapporte à la femelle obscure. » L'idée de largesse, de tolérance (voir 19/GI), de générosité que ce terme exprime apparaît deux fois dans le *Yi Jing*, ici dans un contexte intérieur, familial, et à 35/1 dans un contexte extérieur, social.
Père : voir ligne 1.
Aller : extrêmement usuel, l'idéogramme a, dans le contexte du *Yi Jing*, le sens d'un conseil de mise en route, d'une injonction à aller de l'avant.
Fait apparaître : l'idéogramme signifie aussi bien voir, *aller voir* que *rendre visible* et *être vu*.
Gêne : appréciation mantique indiquant un manque de fluidité qui rétrécit les possibilités d'action.

Aller fait apparaître la gêne : variante de la formule mantique *aller gêne* qui est la marque d'une réaction immédiate, irréfléchie. Ici une nuance est apportée : aller de l'avant, ne fait pas qu'entraîner un rétrécissement des possibilités d'action, cela le rend visible.

 **Hexagramme dérivé :** hexagramme 50. CHAUDRON est un moment où un lent travail de raffinement d'une situation ancienne permet de refonder son pouvoir.

Six en 5

Traiter le CORROMPU du père — 幹父之蠱 gan fu zhi GU
Accomplir éloges — 用譽 yong yu

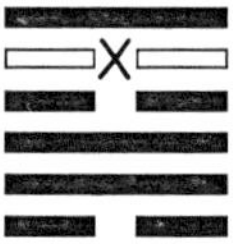

À cette ligne souveraine, une action déterminée de reprise en main de la situation est non seulement possible mais tout à fait adéquate. Comme à chacun des traits précédents, le nom de l'hexagramme signale la dégradation à laquelle remède doit être porté ; comme aux deux autres places impaires, il s'agit de *traiter* ce qui a été corrompu par le *père*, mais sans qu'il soit fait ici mention de *danger* ou de *regrets* qui pourraient grever l'action.

Au lieu de cela, les *éloges* indiquent la reconnaissance promise à toute action énergique allant dans le sens de l'idée maîtresse de l'hexagramme : prendre la responsabilité du dispositif à son point actuel pour imprimer aux énergies qu'il recèle une nouvelle orientation. Se retourner de manière approfondie sur le passé est ainsi la meilleure manière de préparer la voie au saut qualitatif décrit à la ligne suivante.

Traiter le CORROMPU du... : voir ligne 1.
Père : voir ligne 1.
Accomplir : l'idéogramme, toujours très employé, est un caractère à usage de verbe auxiliaire. Son sens global tourne autour de l'idée générale de *agir, faire, réaliser, employer*.
Éloges : l'idéogramme, toujours très utilisé, représente une reconnaissance verbale de l'action entreprise.

 **Hexagramme dérivé :** hexagramme 57. SE MODELER est un moment où il faut accepter que des éléments cachés soient soumis à une réactualisation profonde.

En haut un neuf

Ne plus servir rois et vassaux — 不事王侯 bu shi wang hou
Estimer supérieur son propre service — 高尚其事 gao shang qi shi

Dernier trait de l'hexagramme et culmination de la situation, la sixième ligne indique généralement un moment de retombée, quand elle n'est pas comme ici le siège d'un saut qualitatif qui hausse la problématique à un niveau supérieur. Ce trait est le seul où il ne soit pas question de capacité à *traiter le* CORROMPU du passé, comme à chacun des traits précédents. Il n'y est plus question de rapports familiaux, même généralisés à la relation entre vassal et suzerain : la soumission hiérarchique n'est plus de mise.

Il n'y a plus lieu désormais de se soucier de porter remède à ce qui est corrompu, ni de se situer par rapport à ce qu'on a hérité du passé. On dispose à ce niveau de la possibilité de prendre le problème de plus haut. Que le texte de ce trait ne comporte aucune indication mantique transforme en évidence la nécessité impérieuse de s'occuper de soi, trouver sa place, devenir adulte.

Servir : l'idéogramme signifie *affaire, circonstance, situation, événement, occupation, emploi, travail, fonction* en tant que nom et aussi *faire, exécuter, s'occuper de, être au service de, servir un supérieur* en tant que verbe. Son utilisation redoublée dans le texte de ce trait renforce l'idée de passage d'un niveau à un autre. REMÉDIER est en effet un des hexagrammes les plus scandés : le texte de chacun des traits, de la première ligne à la cinquième, commence par une phrase composée à l'identique (voir ligne 1). Il n'y a qu'à la sixième ligne que cette composition disparaît, accentuant ainsi le retournement exprimé à ce niveau final.
Vassaux : l'idéogramme désigne à la fois un des cinq rangs féodaux et l'ensemble de la féodalité en tant que système hiérarchisé.
Roi : personnage symbolique important du *Yi Jing*, dans lequel il représente le pivot de l'organisation sociale. Il est cité ici uniquement par rapport aux *vassaux*.
Ne plus servir comme les vassaux les rois : le texte porte simplement le verbe *servir* précédé d'une négation et suivi des mots *roi* et *vassaux*. La phrase pourrait donc se lire « ne pas servir les rois et les vassaux ». Cependant, la rupture de construction entre le texte de ce trait et les cinq précédents incite à mettre l'accent sur la différence de point de vue évoquée ici, étonnante pour l'époque. Il s'agit de s'abstraire d'un système féodal, de ne plus servir comme les vassaux servent les rois.
Estimer supérieur : le texte porte deux idéogrammes dont le premier signifie *élevé* au sens propre comme au sens figuré et le second, représentant la partie supérieure d'un bâtiment, et se prononçant comme le caractère *en haut, vers le haut*, signifie *surpasser, estimer, faire grand cas, supérieur, honorable.*

Son propre service : le texte reprend dans cette phrase le caractère rendu plus haut par *servir*. Cependant, il est cette fois précédé d'un caractère déterminatif à usage d'adjectif possessif : *son propre*. L'emploi du même terme dans une optique tout à fait différente marque de manière à la fois indiscutable et légèrement ironique le saut à opérer ici pour se départir de l'aspect féodal de la relation aux ascendants.

䷭ **Hexagramme dérivé :** hexagramme 46. CROISSANCE est un moment où l'on œuvre petit à petit pour s'ériger. Un mouvement dirigé vers le bas y permet l'élévation.

Nucléaire

☳☵ **Hexagramme 54 : MARIAGE DE LA CADETTE.** Au cœur de REMÉDIER AU CORROMPU, il y a MARIAGE DE LA CADETTE. Au cœur d'une intervention énergique visant à assainir le passé, il y a une force qui dépasse la volonté individuelle et entraîne dans des circonstances qu'on ne contrôle pas. Au cœur de REMÉDIER, cette force s'exprime dans le rapport obligé que nous avons avec notre ascendance, c'est-à-dire avec tout ce dont nous sommes tressés. Ce qui nous est imposé par le contexte donne un caractère trouble et passionnel à la situation, mais cet aspect contraignant apporte aussi l'énergie de résoudre cet « avant nous » qui nous incombe et imprègne encore le présent.

Opposé

Hexagramme 17 : SUIVRE. La relation d'opposition entre REMÉDIER AU CORROMPU et SUIVRE s'articule autour des liens qui rattachent à l'entourage. Dans SUIVRE, on se laisse porter par un courant extérieur pour se défaire d'attachements enfantins. Dans REMÉDIER, enlever on revient sur les erreurs passées pour s'affranchir de ce qui entrave le présent. SUIVRE est orienté vers le futur, mais on rend hommage au dernier trait à son ascendance. REMÉDIER revient sur le passé mais on s'y tourne délibérément au dernier trait vers son propre avenir. Cette relation d'opposition est renforcée par le fait que ces deux hexagrammes sont aussi le retourné l'un de l'autre (particularité qui ne concerne que quatre couples d'hexagrammes : 11/12, 17/18, 53/54 et 63/64).

19 APPROCHER

臨

LIN

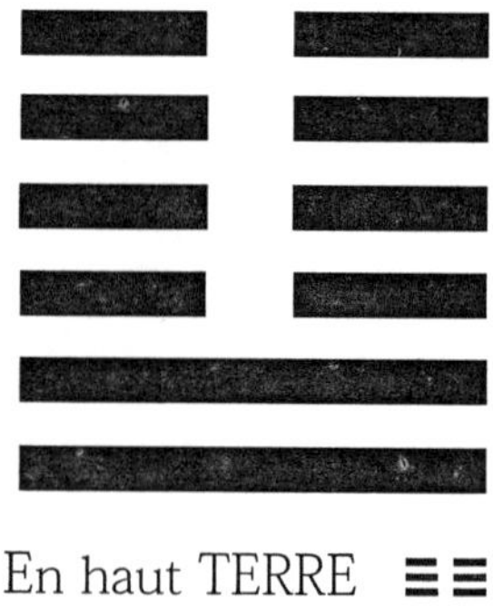

En haut TERRE ☷
En bas BRUME ☱

APPROCHER	臨	LIN
Fondamentalement favorisant	元亨	yuan heng
Ténacité profitable	利貞	li zhen
Arrive le huitième mois il y a	至于八月	zhi yu ba yue
fermeture	有凶	you xiong

Au début un neuf

APPROCHE INCITANTE	咸臨	XIAN LIN
Présage d'ouverture	貞吉	zhen ji

Neuf en 2

APPROCHE INCITANTE	咸臨	XIAN LIN
Ouverture	吉	ji
Rien qui ne soit profitable	无不利	wu bu li

Six en 3

APPROCHE sucrée	甘臨	gan LIN
Aucun lieu n'est profitable	无有利	wu you li
Après s'en être attristé	既憂之	ji you zhi
Absence de faute	无咎	wu jiu

Six en 4

APPROCHE arrivée	至臨	zhi LIN
Absence de faute	无咎	wu jiu

Six en 5

APPROCHE expérimentée	知臨	zhi LIN
Le devoir d'un grand Chef	大君之宜	da jun zhi yi
Ouverture	吉	ji

En haut un six

APPROCHE magnifiée	敦臨	dun LIN
Ouverture	吉	ji
Absence de faute	无咎	wu jiu

Grande Image

Au-dessus de la brume il y a la terre	澤上有地	ze shang you di
APPROCHER	臨	LIN
Ainsi l'Être Accompli	君子以	jun zi yi
inépuisable dans son affectueux souci d'enseigner	教思无窮	jiao si wu qiong
est au-delà des frontières dans son tolérant souci du peuple	容保民无疆	rong bao min wu jiang

Dixième Aile
Le sens de APPROCHER et REGARDER 臨觀之義 LIN GUAN zhi yi
parfois donner parfois demander 或與或求 huo yu huo qiu

APPROCHER c'est se pencher avec bienveillance sur ce qui s'éveille pour l'aider à grandir. C'est un moment de vitalité exubérante et plein de promesses s'il est accueilli avec sollicitude afin que les énergies neuves et fraîches puissent se renforcer par l'échange avec des forces plus expérimentées.

Associé dans la série du calendrier au mois de février, cet hexagramme exprime la montée du Yang qui annonce la venue du printemps, une exubérance un peu débridée dont il convient de tirer profit avant que ne survienne le mouvement inverse de repliement automnal.

La forme de la figure est caractérisée par le rapport qui s'établit entre les deux traits Yang, situés en bas, et les quatre traits Yin. Les premiers représentent des forces qui s'éveillent, les seconds différentes manières de se pencher pour les accueillir et les aider à grandir. Les traits Yang occupent le niveau de la terre, celui des débuts. Animés du même mouvement de croissance, de la même capacité d'INCITATION, ils exercent sur l'ensemble des traits Yin une poussée qui est aussi un appel, auquel il est répondu aux deux traits supérieurs de manière positive.

Le texte des traits d'APPROCHER est relativement court et particulièrement abstrait, à l'instar de celui de l'hexagramme 20 REGARDER, qui décrit la période opposée du cycle annuel, le moment de l'automne. Il est caractérisé par une composition extrêmement cadencée : chaque stade y est décrit à l'aide du nom de l'hexagramme qualifié par un attribut. L'approche est d'abord montrée deux fois de suite comme *incitante*, puis successivement *sucrée, arrivée, expérimentée, magnifiée*, selon une progression régulière qui, sans être toujours linéaire, va de l'exubérance à l'expérience. Favorable dans son ensemble, l'avancée évoquée ainsi par la suite des traits ne se grippe qu'à la place de transition, comme lorsque le gel anéantit un printemps trop précoce.

En écho aux deux traits Yang qui occupent les places de la Terre, les qualités permettant de conduire et sublimer les élans printaniers sont décrites aux lignes supérieures, les deux traits Yin qui occupent les deux places du Ciel.

Calendérique : APPROCHER appartient à la série dite du calendrier qui rassemble douze hexagrammes associés à la variation du rapport entre ombre et lumière au cours de l'année. APPROCHER est associé dans cette série à la période de l'établissement du Printemps (début février –

début mars) quand l'augmentation de la durée du jour devient patente malgré la persistance du froid hivernal. Les traits Yang occupent déjà le tiers de la figure, le Printemps approche. En Occident, c'est le mois des carnavals et de la Saint-Valentin.

IDÉOGRAMME

LIN : *Abaisser ses regards sur, inspecter. Daigner venir, honorer de sa visite. Approcher de, arriver, sur le point de, etc.*

L'idéogramme est formé de deux parties. À gauche est représenté un personnage, bras écartés, dans une attitude de révérence comme il sied à un sujet face à son prince. De là vient le premier sens de ce caractère *sujet, vassal, serviteur*. Ensuite, de l'idée de serviteur du roi, ce caractère en est venu à désigner les grands serviteurs de l'État, prenant alors le sens de *ministre, dignitaire, haut fonctionnaire*.

La partie droite est composée de deux caractères. En haut, le dessin d'un être humain qui s'incline vers ce qui est au-dessous de lui. En bas, trois ustensiles mal définis, d'où dérive un des sens actuels de ce mot *article, objet, produit, marchandise* (voir 57/4). Ce dernier signe est généralement interprété comme représentant ici trois bouches ouvertes.

L'ensemble représenterait alors un ministre qui abaisse ses regards vers le peuple. De là dérive l'image d'une force encore jeune appelant sur elle un regard supérieur pour l'aider à grandir.

Cet idéogramme est toujours très utilisé de nos jours dans la formule de grande politesse employée pour inviter quelqu'un : *qing nin guang lin*, mot à mot : veuillez s'il vous plaît *(qing)* illuminer *(guang)* par votre *(nin)* approche *(lin)* ma modeste demeure (sous-entendu).

TEXTE CANONIQUE

JUGEMENT

APPROCHER	臨	LIN
Fondamentalement favorisant	元亨	yuan heng
Ténacité profitable	利貞	li zhen
Arrive le huitième mois	至八月有	zhi yu ba yue
il y a fermeture	有凶	you xiong

APPROCHER appartient à un ensemble de sept hexagrammes caractérisés par un groupement particulier de formules mantiques : les Quatre Qualités du Ciel-Terre (voir 1/J). Ces qualités marquent des moments où la possibilité de trouver le point de départ d'une situation et de lui faire prendre son essor se conjugue à l'endurance nécessaire pour en récolter les bienfaits. Les hexagrammes caractérisés par ce groupement de formules représentent des moments de réveil exubérant où il importe de savoir se mettre rapidement en adéquation avec l'instant présent. La situation n'est que propension à accomplir et le potentiel qu'elle recèle doit être mis à profit sans tarder.

Ouvert à tous les possibles, ce jaillissement ne saurait en effet durer toujours. Pour ne pas se laisser emporter par la légèreté et l'ivresse printanières, il faut le considérer par rapport à un cycle temporel plus large. Un rétrécissement automnal surviendra à son heure, conformément aux variations régulières du Yin-Yang. Saisir le moment, c'est ici laisser sourdre les forces telles qu'elles se présentent en les accompagnant avec compréhension.

Fondamentalement : modulation mantique marquée par un idéogramme qui signifie *début, origine, entièrement.*
Favorisant : appréciation mantique décrivant un climat d'essor, un agencement fertile, un dispositif énergétique global dans lequel l'échange entre le Ciel et la Terre se noue de manière féconde.
Fondamentalement favorisant : formule mantique caractéristique des Jugements. Elle signale un moment particulièrement propice, s'exprimant de manière Yang par une propension à entreprendre et de manière Yin dans une capacité à faire aboutir.
Ténacité profitable : formule mantique soulignant que la situation requiert pour être fructueuse une grande capacité à endurer, à tenir avec constance sans se laisser fatiguer par les difficultés du moment.
Fondamentalement favorisant Ténacité profitable : groupement spécifique de deux formules mantiques, appelé Quatre Qualités du Ciel-Terre (voir 1/J) qui ne qualifie que sept hexagrammes : 1, 2, 3, 17, 19, 25 et 49.
Arrive : l'idéogramme, marquant en général l'intervention d'éléments nouveaux dans la situation (brigands, compagnons, glace, etc.), peut aussi indiquer un laps de temps. Ici, il opère une projection de la situation dans l'avenir. La qualité éphémère du mouvement de poussée est replacée dans une évolution globale.
Huitième mois : le texte porte simplement le chiffre *huit*, dont c'est la seule apparition dans le *Yi Jing*, et le mot *lune* qui, en chinois comme en bien d'autres langues, est employé pour dire *mois*. À l'exception de l'expression spécifique à l'*approche de la lune pleine* (voir 9/6), c'est la seule fois où le mot *lune* apparaît dans le *Yi Jing*. Encore de nos jours,

les mois sont simplement nommés par des chiffres. Il s'agit ici du huitième mois compté après le solstice d'hiver, celui qui se situe à l'opposé du mois de février correspondant à APPROCHER dans le cycle calendérique. Commençant à la fin du mois d'août, il est associé à l'hexagramme 33 RETRAITE, hexagramme opposé de APPROCHER.
Il y a fermeture : appréciation mantique indiquant un moment de blocage où un mauvais agencement du flux vital restreint les possibilités de développement. Cette appréciation mantique est renforcée ici par la modulation *il y a* qui souligne son caractère effectif. Cependant, comme chaque fois qu'elle est citée au jugement, elle ne qualifie pas la situation en tant que telle (voir 6/J, 8/J et 48/J), mais une hypothèse. Au moment de l'APPROCHE, son évolution à long terme est envisagée selon le rythme cyclique de croissance et décroissance du Yin-Yang, que l'exhubérance actuelle aurait tendance à faire oublier.

TEXTE DES TRAITS

Au début un neuf
APPROCHE INCITANTE — 咸臨 XIAN LIN
Présage d'ouverture — 貞吉 zhen ji

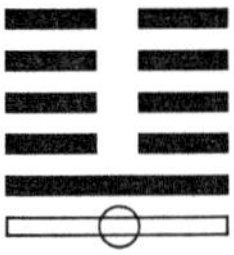

Le mouvement d'APPROCHE débute dans une atmosphère de fraîcheur et de vitalité qui permet de se tourner vers le monde avec appétit. Qu'il soit qualifié d'INCITANT dès ce premier niveau sous-entend l'entrée dans un jeu de réactions et stimulations qui peut s'avérer aussi turbulent que jubilatoire.

Cet allant, fait d'émotions et de contacts, est ouvert à tous les possibles. Il est accentué par le fort rapport de solidarité avec la ligne suivante – seul autre trait Yang de l'hexagramme – où se retrouve un texte identique, ainsi que par la correspondance avec la quatrième ligne. Ces deux appuis, favorisant ouvertures multiples et expérimentations de toutes sortes, permettent de prolonger l'effervescence initiale en mouvement ouvert sur l'extérieur.

APPROCHE... : APPROCHER compte parmi les hexagrammes les plus régulièrement construits. De la première à la dernière ligne, le texte de chacun des traits commence par une phrase agencée à l'identique : le nom de l'hexagramme précédé d'un caractère qui à chaque fois le détermine.
INCITANTE : nom de l'hexagramme 31 INCITER. Les différents sens de l'idéogramme sont *tous ensemble, universel, entièrement, continuel, unir, semblable.*

APPROCHE INCITANTE : cette qualification de l'approche est deux fois inusuelle : non seulement un hexagramme est rarement qualifié directement par un autre hexagramme, mais de plus cette appréciation est reprise mot pour mot à la ligne suivante, montrant par là le bouillonnement caractéristique des deux seules lignes Yang de la figure et leur côté indifférencié.
Ouverture : appréciation mantique signalant un moment heureux où un agencement fécond du flux vital multiplie les possibilités de développement. Elle est citée quatre fois dans cette figure : lignes 1, 2, 5 et 6.
Présage d'ouverture : formule mantique spécifique indiquant la tendance à un réagencement positif de la situation.

Hexagramme dérivé : hexagramme 7. ARMÉE est un moment de discipline et de regroupement des énergies en fonction d'un objectif.

Neuf en 2

APPROCHE INCITANTE — 咸臨 XIAN LIN
Ouverture — 吉 ji
Rien qui ne soit profitable — 无不利 wu bu li

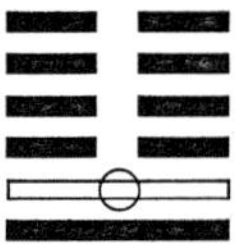

Au second niveau de l'hexagramme, le mouvement de réveil décrit à la ligne précédente se prolonge et se renforce. L'APPROCHE s'y manifeste par une même disposition à s'ouvrir au monde et une même aptitude à entrer dans le jeu de stimulations indiqué par INCITER, le nom de l'hexagramme 31. À ces dispositions s'ajoutent ici la qualité centrale dévolue à la place de Préfet et la correspondance avec la ligne souveraine, où un *grand Chef* peut faire profiter de son expérience. La position du trait au point de jonction entre forces d'impulsion et capacités d'accomplissement permet de consolider la poussée printanière, la nature Yin de la place venant équilibrer la poussée commune des deux traits Yang.

Cette ligne enfin est au cœur de la situation. À la fois dérivé du trait et nucléaire de la situation dans son ensemble, l'hexagramme RETOUR indique une vitalité qui ne demande qu'à être guidée pour que ses forces puissent s'affermir. Pareille convergence explique pourquoi ce niveau est le plus profitable de l'hexagramme : tout ce qu'on tente ici est porté à se réaliser.

APPROCHE... : voir ligne 1.
INCITANTE : nom de l'hexagramme 31 INCITER, voir ligne 1.
Ouverture : appréciation mantique signalant un moment heureux où un agencement fécond du flux vital multiplie les possibilités de développement. Elle est citée quatre fois dans cette figure : lignes 1, 2, 5 et 6.

Rien qui ne soit profitable : une des meilleures appréciations mantiques du *Yi Jing*. Elle souligne la présence d'un fort potentiel d'action et une grande aptitude à œuvrer au renouvellement, particulièrement dans les périodes de transition. Son contraire, *aucun lieu n'est profitable*, est cité à la ligne suivante.

Hexagramme dérivé : hexagramme 24. RETOUR est un moment de renouveau, le premier pas d'une renaissance qui demande à être consolidée.

Six en 3

APPROCHE sucrée — 甘臨 gan LIN
Aucun lieu n'est profitable — 无有利 wu you li
Après s'en être attristé — 既憂之 ji you zhi
Absence de faute — 无咎 wu jiu

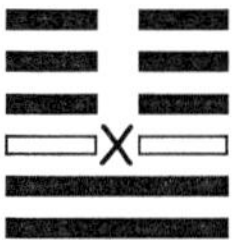

Le troisième niveau, place d'une transition souvent difficile entre l'intérieur et l'extérieur, est de plus ici l'endroit du contact entre traits Yang et Yin. Pressé par les impulsions décrites aux deux Yang précédents, on ne trouve pas d'emblée la manière adéquate de répondre à cette exubérance. Parmi les cinq saveurs, le *sucré* évoque la disponibilité propre au Yin, une disposition à l'acceptation qui pousse à aller jusqu'à consentir de bonne grâce à quelque chose de désagréable. Cependant, accepter tout ce qui se présente n'est pas à ce stade la manière adéquate de mettre à profit le temps de l'APPROCHE, et un état d'esprit de facilité mêlée de contrainte ne peut conduire à rien.

La souplesse du trait n'est pas adaptée à ce niveau de Passage qui requiert des orientations plus précises. La situation n'est pas fermée pour autant : réaliser que l'on se prête trop mollement à ces vives montées d'énergie, et le déplorer, permet de sortir de l'incertitude et d'installer un autre dispositif.

APPROCHE... : voir ligne 1.
Sucrée : représentant quelque chose qui est en bouche, l'idéogramme signifie au sens propre : *doux, sucré*. Dans le système des Cinq Agirs ou Cinq Éléments, la saveur sucrée est associée à la rate, à la Terre, à la couleur jaune et aussi à la sincérité, à la rectitude et à la fidélité. De cette association vient son sens figuré *de plein gré, volontiers, de bon cœur* qui s'applique généralement à des situations désagréables, comme dans l'expression ancienne « un chevalier accepte *volontiers* d'être brûlé vif pour son souverain ». Voir aussi 60/5.
Aucun lieu n'est profitable : appréciation mantique la plus contraire

du *Yi Jing*. Elle signifie qu'on est animé de sentiments trop négatifs pour pouvoir aboutir à quoi que ce soit de valable.
Après : l'idéogramme, dont le sens propre est *en venir à*, est un caractère à usage grammatical. Il sert de marque du passé ou plutôt du passage du temps autour d'un point d'inflexion. Il peut être traduit par *déjà* (voir DÉJÀ TRAVERSÉE 63), par *voici*, ou *après*.
S'en être attristé : l'idéogramme, formé d'un ensemble complexe, signifie *chagrin, tristesse, s'attrister de quelque chose*. Résumant la situation décrite par l'ARMÉE (voir 7/Dixième Aile), il est employé dans le *Shuo Gua* (Huitième Aile) parmi les attributs du trigramme Kan.
Absence de faute : formule mantique spécifique incitant à ne pas rester dans un état d'esprit incertain ou hésitant. Citée trois fois dans cette figure, elle associe cette ligne à la suivante, et la met également en rapport avec la sixième.

Hexagramme dérivé : hexagramme 11. PROSPÉRITÉ est un moment d'ivresse printanière, une effervescence produite par l'échange entre les mouvements du Ciel et de la Terre.

Six en 4

APPROCHE arrivée	至臨 zhi LIN
Absence de faute	无咎 wu jiu

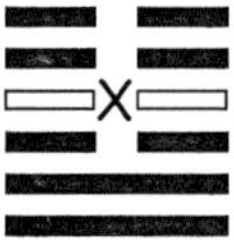

À ce niveau de Ministre est décrite une manière simple et directe de se pencher sur les choses pour les accueillir. Souple et correcte, la ligne est aussi en correspondance avec le premier trait. Cependant, plus éloignée que la précédente de l'effervescence des deux traits Yang, elle n'en subit pas inconsidérément la poussée.

Arrivée a une double signification : d'une part on parvient ici à l'attitude de bienveillance suggérée dans le nom de l'hexagramme, d'autre part on aide ce qui pousse dans le bas de l'hexagramme à arriver, c'est-à-dire à éclore. On ne doit avoir aucune hésitation quant au bien-fondé d'une telle attitude.

APPROCHE… : voir ligne 1.
Arrivée : voir Jugement. Ici l'emploi de ce terme signale que l'attitude de découverte bienveillante caractéristique de l'APPROCHE atteint ses objectifs, comme la flèche se fichant au bout de sa course.
Absence de faute : formule mantique incitant à ne pas rester dans un état d'esprit incertain ou hésitant, et de poursuivre dans le sens d'une approche juste. Citée trois fois dans cette figure, elle associe cette ligne à la précédente, et la met également en rapport avec la sixième.

Hexagramme dérivé : hexagramme 54. MARIAGE DE LA CADETTE est un moment où l'on œuvre dans des conditions que l'on n'a pas choisies, comme instrument d'une réalité qui, bien qu'elle nous dépasse, est susceptible de porter des fruits.

Six en 5

APPROCHE expérimentée	知臨 zhi LIN
Le devoir d'un grand Chef	大君之宜 da jun zhi yi
Ouverture	吉 ji

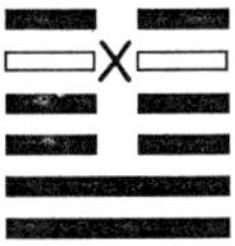

Le mouvement d'APPROCHE, déjà bien soutenu à la ligne précédente, l'est de manière encore plus efficace à la ligne souveraine, où l'on est pleinement en mesure de se pencher vers les forces neuves qui jaillissent en bas de l'hexagramme. L'écho entre les idéogrammes qualifiant l'APPROCHE, *expérimentée* ici et *arrivée* au niveau précédent est subtil : la flèche, qui désignait le stade atteint au quatrième trait, suggère ici une parole efficace et juste.

Le *grand Chef* évoque un personnage qui sait guider et mettre son expérience à la disposition des autres. La relation de correspondance avec la seconde ligne de l'hexagramme apparaît aussi dans la reprise de la même formule mantique. À ces deux niveaux peut se produire l'échange parfait entre incitation et accueil, entre jeunesse et expérience.

APPROCHE... : voir ligne 1.
Expérimentée : formé avec le signe de la bouche et le caractère flèche, l'idéogramme, qui n'apparaît qu'ici, est un terme très vaste. Évoquant l'acuité de la parole qui frappe juste, telle la flèche au centre de la cible (voir JUSTE CONFIANCE 61/I), l'idéogramme signifie *savoir, connaître, apprécier, s'apercevoir, comprendre, sentir, éprouver, être capable de, administrer, gouverner*, etc. Ici, la rigueur de la construction du texte de APPROCHER oblige à une forme au participe passé.
Devoir : l'idéogramme, qui dans l'Antiquité était le nom particulier d'un sacrifice aux génies de la Terre, signifie *convenable, approprié* ; *s'accorder* ; *devoir*. Sa connotation Yin est importante.
Grand Chef : le texte ne comporte pas les deux idéogrammes rendus par *Chef Accompli* mais seulement le caractère *Chef*, qualifié par *grand*. Il s'agit plutôt du souverain civil, qui dispense son savoir avec sagesse. Il apparaît à deux autres endroits : 7/6 et 10/3.
Ouverture : appréciation mantique signalant un moment heureux où un agencement fécond du flux vital multiplie les possibilités de développement. Elle est citée quatre fois dans cette figure : lignes 1, 2, 5 et 6.

 **Hexagramme dérivé :** hexagramme 60. MESURE est un moment de mise en rythme où l'activité doit être modérée selon des règles souples.

En haut un six

APPROCHE magnifiée	敦臨 dun LIN
Ouverture	吉 ji
Absence de faute	无咎 wu jiu

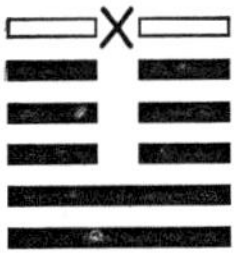

La position de cette dernière ligne, éloignée des forces neuves qui s'expriment au bas de l'hexagramme et sans aucune relation avec les autres traits, pourrait laisser supposer un isolement. Mais, après la parole dispensée à la cinquième place, il s'agit d'un saut qualitatif marqué par la manière dont l'APPROCHE est qualifiée : *magnifiée* rend compte d'une attitude non seulement solide, loyale, généreuse, mais évocatrice de liens rituels qui sont le signe d'un raffinement et d'un positionnement supérieurs. Cette façon de se courber vers le monde pour favoriser et affermir son éveil représente un achèvement de l'APPROCHE qui en prolonge le sens.

APPROCHE… : voir ligne 1.
Magnifiée : l'idéogramme comporte plusieurs prononciations et plusieurs directions de sens dont la plus courante est *ferme, solide, bon, honnête, sincère, loyal, généreux, affermir, augmenter. Magnifié* est un compromis qui évoque cette pluralité par l'idée commune de sublimation. La valeur de qui est décrit ici est accentuée par le fait que ce terme n'apparaît qu'au niveau du Ciel.
Ouverture : appréciation mantique signalant un moment heureux où un agencement fécond du flux vital multiplie les possibilités de développement. Elle est citée quatre fois dans cette figure : lignes 1, 2, 5 et 6.
Absence de faute : formule mantique spécifique incitant à ne pas rester dans un état d'esprit incertain ou hésitant. Citée trois fois dans cette figure, la formule met ce trait en relation avec les lignes 3 et 4.

 **Hexagramme dérivé :** hexagramme 41. DIMINUER est un moment de décantation et de densification qui vise à améliorer la qualité.

ÉLÉMENTS D'ANALYSE

Nucléaire

☷☳ **Hexagramme 24 : Retour.** Au cœur de Approcher, il y a Retour. Au cœur de la légèreté instinctive et de l'exubérance d'un éveil printanier, il y a une vitalité neuve qui demande à être guidée. Les deux figures sont dans le prolongement l'une de l'autre, l'hexagramme 19 succédant à Retour dans le cycle du calendrier. Approcher vient consolider la renaissance qui l'habite en développant l'échange entre énergies Yang de découverte et forces Yin de tolérance. La remise en route des processus vitaux se manifeste ici par l'apprentissage de la bienveillance.

Opposé

☰☶ **Hexagramme 33 : Faire retraite.** La relation d'opposition entre Approcher et Faire retraite est axée sur le rapport au temps. Approcher est une situation printanière, un moment de vitalité qui ouvre à tous les possibles, un présent à construire à partir d'un bouillonnement. Faire retraite est un automne où on se retire de ce qui a été réalisé, l'amorce d'un blocage qui deviendra patent dans Adversité, le calendérique suivant. Les stratégies sont opposées : elles consistent dans Approcher à assister une poussée, dans Faire retraite à accompagner un mouvement de recul.

20 REGARDER

觀

GUAN

䷓

En haut VENT ☴

En bas TERRE ☷

REGARDER l'ablution	觀盥	GUAN guan
et non la libation	而不薦	er bu jian
Il y a onde portant à se conformer à une tenue très digne	有孚顒若	you fu yong ruo
Au début un six		
REGARD enfantin	童觀	tong GUAN
Pour l'Être Petit absence de faute	小人无咎	xiao ren wu jiu
Pour le Chef Accompli gêne	君子吝	jun zi lin
Six en 2		
REGARD à la dérobée	窺觀	kui GUAN
Profitable d'être tenace comme une femme	利女貞	li nu zhen
Six en 3		
REGARDER ma vie	觀我生	GUAN wo sheng
Avances et reculs	進退	jin tui
Six en 4		
REGARDER l'éclat du royaume	觀國之光	GUAN guo zhi guang
Profitable d'accepter l'hospitalité du Roi	利用賓于王	li yong bin yu wang
Neuf en 5		
REGARDER ma vie	觀我生	GUAN wo sheng
Pour le Chef Accompli absence de faute	君子无咎	jun zi wu jiu
En haut un neuf		
REGARDER la vie	觀其生	GUAN qi sheng
Pour le Chef Accompli absence de faute	君子无咎	jun zi wu jiu
Grande Image		
Le vent circule-et-agit au-dessus de la terre	風行地上	feng xing di shang
REGARDER	觀	GUAN
Les Anciens Rois ainsi	先王以	xian wang yi
en visitant les régions	省方	xing fang
REGARDAIENT le peuple	觀民	GUAN min
et instituaient l'enseignement	設教	she jiao
Dixième Aile		
Le sens de APPROCHER et REGARDER	臨觀之義	LIN GUAN zhi yi
parfois donner parfois demander	或與或求	huo yu huo qiu

REGARDER, c'est élever son point de vue. Plus que contempler, c'est se défaire d'un regard ordinaire et remettre en jeu sa manière habituelle de considérer les êtres et les situations. Regarder en face ce qu'on ne veut ou ne peut pas voir entraîne un élagage des certitudes, un changement de la perception.

Aller au-delà d'un regard superficiel est un art qu'enseignaient les maîtres du bouddhisme Chan – l'ancêtre chinois du Zen – notamment par la pratique du kôan, ces sentences volontairement paradoxales destinées à prendre à contre-pied la raison ordinaire et à dissoudre les barrières qu'elle dresse entre l'être et le monde[20]. La chouette capable de voir dans le noir – elle sera pour cela associée chez les anciens Grecs à la sagesse et à Athéna – est l'élément distinctif de l'idéogramme *guan* : ses grands yeux surmontés d'aigrettes y sont nettement dessinés. C'est un regard nocturne, englobant, intérieur, qui n'explore pas avec acuité le monde extérieur, mais invite à prendre conscience de la manière dont on le perçoit. Il s'agit de découvrir les aspects de la situation qui parfois nous échappent, par inadvertance ou souvent par refus de les voir.

Associé dans le cycle annuel à la période où les feuilles tombent, REGARDER est pour l'être humain le moment des bilans : il invite à marquer le pas, à stabiliser un processus qui entraînait jusque-là de lui-même, à faire porter son regard sur ce qui a été accompli. À l'image de la lumière qui s'amoindrit à l'automne, les traits Yang, concentrés aux deux places du Ciel, n'occupent plus que le tiers de la figure. Évoquant ces pagodons qui parsèment le paysage chinois, belvédères d'où le regard porte au loin, l'hexagramme a la forme d'une porte, celle que l'on doit franchir pour procéder au changement de son point de vue.

REGARDER demande des qualités particulières de courage et de discernement : c'est l'un des deux hexagrammes à mettre particulièrement en valeur le Chef Accompli, modèle ici de qui peut considérer le passé sans nostalgie et la disparition sans faiblesse. Cette attitude n'est réellement possible qu'aux deux places supérieures, au terme d'une progression qui suit la répartition en trois niveaux : Terre – Être humain – Ciel. Partant des regards inexpérimentés ou rapides décrits aux deux premiers traits, on passe à l'incertitude puis à l'élargissement du point de vue aux deux places de l'être humain, enfin à un regard plus ample aux deux traits supérieurs. Le texte, relativement court et particulièrement abstrait, dévoile une autre particularité : il est le seul à ne comporter aucune des deux appréciations mantiques usuelles du *Livre des Changements* : *ouverture* et *fermeture*. Comme si au moment de REGARDER, l'heure était moins à des préoccupations d'ordre pratique qu'à la manière dont on envisage ce qui va au-delà.

Calendérique : REGARDER appartient à la série dite «du calendrier» qui rassemble douze hexagrammes associés à la variation du rapport entre ombre et lumière au cours de l'année. REGARDER est associé dans cette série à la période de l'épanouissement de l'Automne (début octobre – début novembre) et à la préparation de l'Hiver.

IDÉOGRAMME

GUAN prononcé au premier ton : *Regarder au loin, observer d'un lieu élevé. Contempler, examiner. Parcourir et visiter un pays. Aspect, vue, apparence. Juger, conjecturer, deviner. Conception, point de vue, idée. Faire voir, faire connaître, instruire, informer.*
Prononcé au quatrième ton : *Lieu élevé d'où l'on peut voir de loin, belvédère. Monastère, temple taoïste.*

L'idéogramme est composé de deux parties contiguës. À droite, un groupe formé du signe général de l'être humain, surmonté du caractère *œil*. Cet ensemble est un verbe dont le sens est double. Au mode actif, il signifie *voir, aller voir, apercevoir* et au mode passif *apparaître, se manifester, être visible*. Ce caractère a en outre un usage courant en chinois. C'est une particule post-verbale indiquant la réalisation d'une perception opérée par la vue ou par n'importe quel organe des sens, et plus généralement un entendement parvenu à la conscience. À gauche un ensemble touffu composé de trois éléments superposés. En bas le signe général des oiseaux, au-dessus deux petits carrés et tout en haut deux petites croix qui ressemblent maintenant au signe général des plantes. À l'origine, il y avait un dessin représentant des sortes de cornes qui servait à caractériser un type d'oiseau particulier : ceux qui ont sur la tête des aigrettes en forme de corne comme les rapaces nocturnes et certains échassiers. À l'intérieur de cette classe, une précision supplémentaire était apportée par les deux carrés placés sous ces aigrettes. Cependant, le carré étant la forme classique du caractère *bouche*, on a longtemps interprété cette double bouche comme spécifiant un oiseau très criard. À partir de là, on a cru que l'ensemble désignait un héron ou une cigogne, voire une grue qui est pourtant nommée avec un caractère spécifique (voir 61/2). La précision apportée par ces carrés est bien différente. Dessinés à l'origine comme des ronds, ils spécifient, parmi les oiseaux à aigrettes, les rapaces nocturnes : chouette, hibou, grand duc, oiseaux tous caractérisés par leurs vastes yeux ronds qui leur permettent de voir dans le noir. Pour cette raison, ces oiseaux sont dans différentes civilisations des symboles de sagesse. De là découlent les connotations de perception de l'invisible contenues dans cet hexagramme où il est question d'avoir un regard assez large pour discerner ce qui est caché, y compris ce qui est rendu invisible par notre propre manière de voir les choses.

Les deux éléments constituant le nom de cet hexagramme se renforcent l'un l'autre dans le sens d'une prise de conscience, la partie droite (voir) évoque une perception parvenue à l'entendement et la partie gauche (chouette) une perception de l'invisible. Cela, joint au fait que les monastères taoïstes étaient le plus souvent perchés sur de hautes montagnes, explique comment cet idéogramme a pu être utilisé pour les désigner. Cependant, la signification de l'idéogramme est plus vaste, plus dialectique aussi, puisque au-delà du fait de percevoir, il désigne le lieu d'où le regard peut s'étendre et également la modification qui en découle dans la conscience de celui qui a vu. Une expression française correspond à cette pluralité de sens : point de vue, qui signifie en même temps belvédère – un lieu élevé d'où l'on peut voir loin et être vu de partout –, le paysage contemplé et la manière de percevoir.

TEXTE CANONIQUE

JUGEMENT

REGARDER l'ablution	觀盥 GUAN guan
et non la libation	而不薦 er bu jian
Il y a onde portant à se conformer	有孚顒若 you fu yong ruo
à une tenue très digne	

Expression d'une période où l'on cherche à se rapprocher de sources invisibles et cachées, l'acte de voir est placé d'emblée dans un contexte ritualisé et sans aucune appréciation mantique. L'heure n'est pas à lever les yeux vers le ciel, mais à percevoir ce qui nous échappe en mettant l'accent sur la concentration, le regard intérieur et le détachement. L'assonance entre les idéogrammes *ablution* et *regarder* est significative : un regard véritable constitue un dépouillement, au sens propre du terme, une purification des regards répétitifs et approximatifs qui émoussent l'acuité de l'esprit.

Aucune des formules mantiques habituellement mentionnées dans les Jugements n'est citée ici. Ni *favorisant*, ni *profitable*, le moment est cependant traversé par un flux qui porte à une attitude droite et juste. La rigueur dans la manière de se tenir permet d'éloigner les dispersions et de stabiliser la disposition intérieure.

Ablution : formé du signe des deux mains tournées vers le bas, entre lesquelles est disposé le caractère eau, le tout étant placé au-dessus du signe général des vases, cet idéogramme ancien représente exactement ce qu'il désigne. Lavabo, formé sur le verbe *lavare*, en serait la meilleure traduction, car ce vieux mot latin est aussi courant en français moderne que l'idéogramme l'est en chinois actuel. En effet, il signifie toujours : se laver les mains et on le rencontre partout, comme synonyme de toilettes. Il est clair cependant qu'ici, seul endroit où il est cité, il doit être pris dans son sens le plus rituel, c'est-à-dire décrivant les cérémonies de purification qui précèdent les sacrifices religieux.
REGARDER l'ablution : alors que généralement le nom de l'hexagramme est placé en position isolée, comme un titre, il intervient ici directement dans la première phrase du texte du Jugement. Ce n'est pas un cas unique (cette construction se retrouve six fois : 10/J, 12/J, 13/J, 43/J et 52/J), mais cette particularité est renforcée ici par le fait que le nom de l'hexagramme et le caractère *ablution* sont phonétiquement très proches.
Libation : rare et archaïque, l'idéogramme, à partir de son sens premier, très concret, *foin, fourrage, paille*, en est venue par métonymies successives à représenter ce sur quoi étaient posées certaines offrandes *(natte, paillasson)*, puis l'*offrande* elle-même, ensuite la *présentation* à un esprit supérieur, enfin l'idée de *recommandation*. Employé seulement ici et dans un contexte cultuel, il aurait pu être rendu par « sacrifice ». *Libation* a été choisi pour faire entendre la forte rime interne du texte chinois, et aussi en raison d'un caractère, composé avec le signe général des liquides et d'une partie du nom de cet hexagramme, qui signifie : offrandes de liquides (il est cité dans le *Livre des Rites* à propos de l'offrande de *vin de millet noir*, voir 51/J).
Onde portant à : appréciation mantique rendue ailleurs par *onde porteuse*. Elle signale qu'un fort courant porteur traverse la situation.
Il y a onde portant à : variante de la formule mantique *il y a onde porteuse* insistant sur l'existence *(il y a)* de ce courant porteur et sur sa direction *(portant à)* donnée par le contexte.
Se conformer : l'idéogramme est obscur. Sa forme ancienne représente un personnage les mains levées et les cheveux en désordre. Son sens primitif est *se conformer, obéir, favorable*, etc. Cependant son emploi le plus courant est grammatical, comme pronom de la seconde personne *(tu, toi, vous)*, conjonction de subordination *(si, comme)*, conjonction de coordination *(ou bien)*, adverbe *(ainsi)*, etc. En choisissant le sens de conjonction, une lecture différente serait possible : *Il y a onde porteuse si on a une tenue très digne*. Il apparaît dans une construction identique à 55/2.
Une tenue très digne : rend un seul idéogramme formé avec le caractère *tête* et un groupe complexe qui se retrouve dans les idéogrammes

se trouver juste face à (voir hexagramme 62) et *hasard* (au sens de couplage). Les deux sens anciens de ce caractère, rare et archaïque, *tenue du corps parfaite* et *beau,* évoquent un port de tête en accord – en couplage – avec la situation rituelle. Ils peuvent suggérer ici un regard juste et franc, c'est-à-dire qui fait face avec droiture.

Texte des traits

Au début un six

REGARD enfantin	童觀	tong GUAN
Pour l'Être Petit absence de faute	小人无咎	xiao ren wu jiu
Pour le Chef Accompli gêne	君子吝	jun zi lin

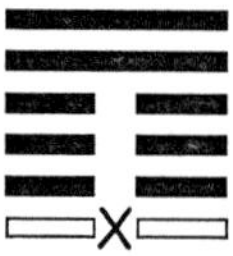

Au niveau d'Entrée, stade le plus inexpérimenté de la situation, le tout premier regard a les qualités et les défauts de l'enfance. Il s'exprime ingénument et spontanément mais ne saurait viser très loin. Regard de l'instant présent, il est sans passé donc inapte à tirer des bilans ou prendre de la hauteur. S'il ne peut être reproché à quelqu'un d'immature ou de peu d'ambition quant à sa qualité personnelle, il est en revanche insuffisant pour celui que son expérience et sa perspicacité rendent capable d'un point de vue plus large.

REGARD : nom de l'hexagramme. La construction du texte, où ce nom est précédé d'un caractère le déterminant, oblige en français à une forme nominale. Elle sera reprise à l'identique à la ligne 2.
Enfantin : toujours très employé, l'idéogramme couvre toute la période comprise entre les langes et l'âge adulte.
Être Petit : personnage symbolique représentant une attitude sans envergure, mesquine, immature ou rigide. Incapable de responsabilités et peu perspicace quant à l'évolution d'une situation, l'Être Petit ne sait pas replacer le moment dans une perspective plus vaste.
Absence de faute : formule mantique spécifique incitant à ne pas rester dans un état d'esprit incertain ou hésitant. Parmi les très nombreuses fois où cette formule est citée, c'est ici la seule où elle est appliquée à l'*Être Petit* (voir ligne 5).
Chef Accompli : personnage symbolique dont la présence signale que la situation requiert des qualités particulières. Modeste et lucide, c'est un stratège fin, s'adaptant souplement aux circonstances et tenant solidement son cap. Ses qualités de courage et de discernement, qui deviendront l'idéal des lettrés confucéens, sont particulièrement mises en valeur dans deux hexagrammes où il est cité trois fois : REGARDER et SE TENIR (15).

Gêne : appréciation mantique indiquant un manque de fluidité qui rétrécit les possibilités d'action.

☴☳ **Hexagramme dérivé :** hexagramme 42. AUGMENTATION est un moment de bouillonnement au cours duquel on réforme et réaménage les forces en présence.

Six en 2
REGARD à la dérobée 窺觀 kui GUAN
Profitable d'être tenace comme une femme 利女貞 li nu zhen

Tout aussi instantané que le regard enfantin mentionné à la ligne précédente, le coup d'œil rapide et furtif décrit à ce niveau de Préfet est cependant capable de saisir au vol l'étendue d'une situation. Plus englobant et plus mûr, il demande seulement à être nourri afin ne pas disparaître aussitôt qu'apparu. Le personnage de la *femme* est l'emblème adapté à ce trait Yin, correct à une place paire et en correspondance avec la cinquième ligne. Elle y personnifie les qualités d'adaptabilité, d'endurance et de compréhension nécessaires à quiconque jugerait la situation à la va vite.

REGARD : nom de l'hexagramme. Voir ligne 1.
À la dérobée : formé avec le caractère *porte* et un groupe signifiant *voir* ou encore *mesurer*, l'idéogramme désigne précisément le fait d'*observer à travers l'ouverture d'une porte* (la tête penchée, précisent même certains dictionnaires), de *regarder furtivement*, d'*épier*, de *guetter*. Dans le *Canon des Poèmes*, ce verbe est spécifiquement attribué à une femme observant son mari. Il évoque le regard rapide de la fiancée jetant un œil par une petite ouverture sur son prétendant. Son insuffisance tient ici au fait qu'il n'est pas réciproque. Il est cité une autre fois, à 55/6.
Profitable d'être tenace comme… : construction particulière de la formule mantique *ténacité profitable*. Entre les deux idéogrammes de cette formule est intercalé un caractère qui particularise la forme de ténacité qui est profitable dans la circonstance.
Femme : personnage emblématique symbolisant une attitude Yin.
Profitable d'être tenace comme une femme : formule mantique spécifique dont l'emploi le plus caractéristique se trouve au Jugement de GENS DU CLAN (voir 37/J). Le personnage de la femme est le symbole d'une force par laquelle les situations perdurent en se renouvelant.

☴☵ **Hexagramme dérivé :** hexagramme 59. DÉNOUER est un moment de crue qui dissout les rigidités et les règles habituelles, permettant à ce qui était figé de retrouver sa liberté d'action.

Six en 3
REGARDER ma vie 觀我生 GUAN wo sheng
Avances et reculs 進退 jin tui

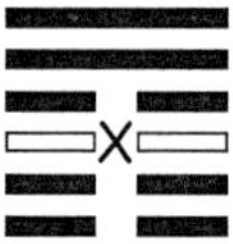

Succédant aux regards plus terre à terre mentionnés aux deux premiers traits, la manière de voir décrite à ce niveau de Passage, bien qu'empreinte d'incertitude, prépare l'élargissement du point de vue qui intervient à la ligne suivante. On a déjà la capacité de considérer globalement les résultats de son action, mais le regard est encore attaché aux formes du passé. C'est en adoptant une conduite ferme et déterminée que l'on peut traverser cette période d'hésitations.

L'absence de formule mantique défavorable, l'écho avec le texte de la ligne souveraine, la correspondance réconfortante avec la sixième ligne, tout ici engage à endurer les peines nécessaires à la maturation et à la naissance d'un autre regard.

Ma : le texte porte un idéogramme signifiant *je, moi, me*, en tant que pronom personnel et *mon, ma, mes* en tant qu'adjectif possessif. Il pose la question de savoir qui peut bien parler à la première personne dans le *Yi Jing*. Parfois il semble clair qu'il s'agit du Roi Wen lui-même, parfois son attribution est moins claire, comme les deux fois où il est cité dans cet hexagramme (lignes 3 et 5),.
Vie : l'idéogramme représente une plante en haut de laquelle un bourgeon est en train d'éclore. Il signifie *vie* en tant que substantif et *vivre, naître, engendrer* en tant que verbe. REGARDER est l'hexagramme où il est le plus cité (lignes 3, 5 et 6) ; il n'apparaît ailleurs qu'à 28/2 et 28/5.
REGARDER ma vie : cette phrase, qui se retrouve à l'identique au cinquième trait, forme une sentence en soi, aucun verbe ne la relie à la phrase suivante. Cependant, en prenant *ma* dans un sens pronominal et *vie* dans un sens verbal, elle peut très bien être lue : *REGARD sur ce que j'engendre* (voir aussi ligne 6).
Avances : écrit avec le signe général du mouvement et le caractère *oiseau*, l'idéogramme évoque l'idée d'*avancer*, de *s'élever*. Il n'apparaît dans le contexte du *Yi Jing* que deux fois, toujours couplé avec *recul* (voir 57/1).
Reculs : écrit également avec le signe général du mouvement et le nom de l'hexagramme 52, l'idéogramme évoque l'idée de *se retirer*, de *céder*. Il est cité seul au dernier trait de GRAND FORCE, pour décrire l'attitude du bélier fougueux qui s'est pris les cornes dans la haie (34/6).
Avances et reculs : caractéristique du mouvement des racines et du vent, la même phrase est citée à la première ligne de l'hexagramme SE MODELER pour décrire une attitude de confusion et d'indécision, à

laquelle des capacités de guerrier permettent de résister. Les variations qu'elle suggère font aussi écho au mouvement de progression en avant et en arrière développé dans PROGRESSER PAS À PAS, hexagramme dérivé de cette ligne.

Hexagramme dérivé : hexagramme 53. PROGRESSER PAS À PAS est un moment d'avancée laborieuse et de gestation douloureuse, dans lequel les pas en arrière font partie intégrante du processus général de progrès.

Six en 4

REGARDER l'éclat du royaume	觀國之光	GUAN guo zhi guang
Profitable d'accepter l'hospitalité du Roi	利用賓于王	li yong bin yu wang

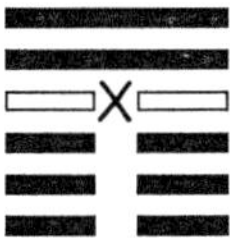
Le regard décrit ici prend place entre les deux niveaux où l'on tente d'avoir une vue entière sur la manière de conduire sa vie. Il sert de transition entre les tergiversations évoquées à la ligne précédente et le regard du Chef Accompli à la ligne suivante. À ce premier niveau extérieur, il est temps d'abandonner les seules considérations personnelles pour élargir son point de vue. En place de Ministre, proche de la ligne souveraine de l'hexagramme, il est indiqué de se placer sous la lumière d'un Roi, seul personnage à même de relier aux souffles fondamentaux de l'univers, et donc emblème de toute personne capable d'éclairer un territoire.

De l'être humain au pays, il y a dans la pensée chinoise changement d'échelle, pas de structure. Lorsque l'organisation du pays est éclatante, elle apparaît de manière suffisamment transparente pour que chacun puisse la comprendre : un pays bien gouverné est une invite à y étendre son regard et à y conformer son propre territoire.

Éclat : l'idéogramme, représentant à l'origine un personnage portant trois torches, signifie *brillant, lumineux, lumière, gloire, splendeur, éclat*, etc. Il y a dans le contexte du *Yi Jing* deux sortes d'éclairement. L'un, de type Yin, est décrit par un caractère représentant une lumière lunaire, froide, rentrant à l'intérieur d'une pièce par une fenêtre (voir 36/I, *LUMIÈRE*). L'autre, de type Yang, est noté avec l'idéogramme utilisé ici. Il évoque une lumière chaude (torches) qui éclaire à partir d'un mouvement centrifuge, allant de soi vers l'extérieur. Cet *éclat* est, à la ligne souveraine de PAS ENCORE TRAVERSÉE (64/5), l'attribut du Chef Accompli, personnage clef des deux traits suivants.
Royaume : l'idéogramme signifie en propre *pays*. Royaume a été préféré à cause de la présence du Roi cité plus loin.

Accepter : rend un auxiliaire verbal dont le sens général est *réaliser, agir*, etc., qui ici sert à déterminer le sens du caractère suivant.
Hospitalité : l'idéogramme, comme le mot « hôte » en français a une double signification. En tant que nom, il signifie *celui qui reçoit l'hospitalité*, et en tant que verbe *accueillir un visiteur*. Ici, plus encore que l'autre fois où il est cité (voir 44/2), la construction de la phrase (mot à mot *profitable d'agir [comme] hôte auprès du roi*) implique le sens de bénéficier de l'hospitalité.
Roi : personnage symbolique, le Roi est le pivot de l'organisation sociale. Plus que la majesté, c'est la fonction royale qui est représentée.

Hexagramme dérivé : hexagramme 12. ADVERSITÉ est un moment où l'on dit non à ce qui fait blocage. L'énergie s'enfouit à l'intérieur de la valeur intime, où elle nourrit des racines solides.

Neuf en 5

REGARDER ma vie 觀我生 GUAN wo sheng
Pour un Chef Accompli absence de faute 君子无咎 jun zi wu jiu

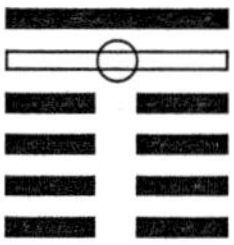

La place souveraine est l'un des deux niveaux où l'on est capable d'un véritable regard. Occupée par le premier trait Yang de l'hexagramme, elle est le lieu où se résume l'expérience effectuée aux différentes lignes Yin qu'elle surplombe, l'endroit d'où l'on peut embrasser du regard tout ce qui a été accompli et le replacer dans un contexte cyclique global.

Comme à la troisième ligne, ce regard concerne les implications personnelles, mais le temps des craintes et des hésitations s'est éloigné pour laisser place à une maîtrise que seul un Chef Accompli est en mesure d'exercer. Présent au cœur de la situation, le Chef Accompli est l'emblème de qui est à la fois en mesure de faire sereinement la lumière sur les réalisations effectuées et d'envisager sans découragement le resserrement des forces que l'heure appelle.

Ma vie : voir ligne 3.
REGARDER ma vie : cette phrase, qui se retrouve à l'identique au troisième trait, forme une sentence en soi, aucun verbe ne la reliant à la phrase suivante. Cependant, en prenant *ma* dans un sens pronominal et *vie* dans un sens verbal, elle peut très bien être lue : *REGARD sur ce que j'engendre* (voir aussi ligne 6).
Chef Accompli : personnage symbolique dont la présence signale que la situation requiert des qualités particulières de courage et de perspicacité, beaucoup mieux à leur place aux deux lignes supérieures qu'en bas de l'hexagramme (voir ligne 1). Il n'intervient au niveau souverain

qu'à trois occasions : REGARDER, DÉLIVRANCE (40), PAS ENCORE TRAVERSÉE (64).
Absence de faute : formule mantique spécifique incitant à ne pas rester dans un état d'esprit incertain ou hésitant. Ce trait, comme le suivant, sont les seuls endroits où cette formule mantique est appliquée au Chef Accompli (voir ligne 1).

Hexagramme dérivé : hexagramme 23. USURE représente dans le cycle du calendrier le dernier stade avant la culmination de l'obscurité. C'est un temps de passage où l'on se consacre aux élagages indispensables.

En haut un neuf
REGARDER la vie 觀其生 GUAN qi sheng
Pour un Chef Accompli absence de faute 君子无咎 jun zi wu jiu

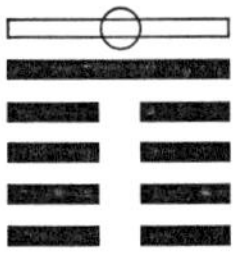
À ce niveau, le plus élevé de l'hexagramme, les similitudes avec la place souveraine sont nombreuses. Les deux traits ont la même fermeté et la même luminosité Yang ; leur textes, très proches, décrivent la même capacité à agir sur l'élévation du regard, la même incitation à regarder courageusement la vie en face.

Prenant acte ici de l'ensemble du mouvement vital, le Chef Accompli est capable d'en discerner, par-delà toute implication personnelle, les fondements, et de dispenser sur toute la situation une lumière d'autant plus dense qu'elle est rare.

Vie : voir ligne 3.
REGARDER la vie : la construction de cette phrase est quasiment identique à celle des lignes 3 et 5. Elle n'en diffère que par un seul idéogramme, qui en fait complètement basculer le sens : au lieu de l'adjectif possessif *ma*, renvoyant à la première personne, le texte comporte cette fois un idéogramme assez flou au niveau de son sens propre (c'est un déterminatif imprécis), mais grammaticalement toujours relié à la troisième personne. Il marque donc ici, par rapport aux lignes 3 et 5, un saut qualitatif caractéristique qui élargit le sens du mot *vie* en le généralisant bien au-delà de la personne, le portant pour ainsi dire à l'infini. La phrase pourrait en effet être lue mot à mot « REGARD sur *ce qu'est la vie* », ou bien à la forme passive « REGARD sur ce qui est engendré ».
Chef Accompli : personnage symbolique dont la présence signale que la situation requiert des qualités particulières de courage et de perspicacité, beaucoup mieux à leur place aux deux lignes supérieures qu'en bas de l'hexagramme (voir ligne 1).

Absence de faute : formule mantique spécifique incitant à ne pas rester dans un état d'esprit incertain ou hésitant. Ce trait comme le précédent sont les seuls endroits où cette formule mantique est appliquée au Chef Accompli (voir ligne 1).

䷇ **Hexagramme dérivé** : hexagramme 8. ALLIANCE est l'élection d'un centre autour duquel des forces disparates viennent se constituer en un ensemble hiérarchisé.

ÉLÉMENTS D'ANALYSE

Nucléaire

䷖ **Hexagramme 23 : USURE.** Au cœur de REGARDER, il y a USURE. Au cœur d'un moment d'élévation du point de vue, il y a une disparition portant en elle les germes d'un renouvellement. Les deux figures sont dans le prolongement l'une de l'autre, l'hexagramme 20 précédant USURE dans le cycle du calendrier. L'évanouissement de la lumière est ce qui pousse au dessaisissement de la manière habituelle de percevoir. L'élagage des certitudes apprend à regarder l'obscurité en face, à envisager l'absence, à se détacher de ce qui a été réalisé.

Opposé

䷡ **Hexagramme 34 : GRAND FORCE.** La relation d'opposition entre REGARDER et GRAND FORCE est axée sur le rapport au temps. GRAND FORCE correspond à la période qui suit l'équinoxe de printemps ; c'est une situation d'expansion et de pleine expression de la vitalité. REGARDER correspond à la période qui suit l'équinoxe d'automne ; c'est un moment où l'on prend du recul pour faire le bilan du passé. Dans GRAND FORCE on se laisse emporter dans l'action extérieure sans pouvoir s'en détacher pour y porter le regard, tandis que dans REGARDER, on se détache des implications extérieures pour améliorer la qualité de son regard.

21 MORDRE & UNIR

噬嗑

SHI HE

䷔

En haut FEU ☲
En bas TONNERRE ☳

MORDRE & UNIR	噬嗑 SHI HE
Favorisant	亨 heng
Profitable d'employer les procédures judiciaires	利用獄 li yong yu

Au début un neuf

CHAUSSÉ d'entraves de bois	屨校 LÜ jiao
Les pieds sont anéantis	滅趾 mie zhi
Absence de faute	无咎 wu jiu

Six en 2

MORDRE la peau	噬膚 SHI fu
Le nez est anéanti	滅鼻 mie bi
Absence de faute	无咎 wu jiu

Six en 3

MORDRE de la viande séchée à l'air sans découpe	噬腊肉 SHI xi rou
Tomber sur du poison	遇毒 yu du
Petit gêne	小吝 xiao lin
Absence de faute	无咎 wu jiu

Neuf en 4

MORDRE de la viande séchée coupée avec les os	噬乾胏 SHI gan zi
Obtenir une flèche de bronze	得金矢 de jin shi
Présage de difficultés profitables	利艱貞 li jian zhen
Ouverture	吉 ji

Six en 5

MORDRE de la viande séchée découpée préparée avec du sucre	噬乾肉 SHI gan rou
Obtenir le bronze jaune	得黃金 de huang jin
Présage de danger	貞厲 zhen li
Absence de faute	无咎 wu jiu

En haut un neuf

Revêtu d'entraves de bois	何校 he jiao
Les oreilles sont anéanties	滅耳 mie er
Fermeture	凶 xiong

Grande Image

Tonnerre éclair	雷電 lei dian
MORDRE & UNIR	噬嗑 SHI HE

Les Anciens Rois ainsi en clarifiant les châtiments fixaient les lois par décret royal	先王以 明罰 敕法	xian wang yi ming fa lai fa

Dixième Aile MORDRE & UNIR consommer.	噬嗑 食也	SHI HE shi ye

MORDRE & UNIR, c'est intervenir sans faiblesse pour rétablir l'harmonie. Certaines situations sont tellement inextricables que chercher à les démêler n'aboutit qu'à les embrouiller encore plus. En pareil cas, seule une intervention vigoureuse et décidée est envisageable. Ce pis-aller, brutal mais efficace, se dit en français trancher le nœud gordien, et en chinois employer les procédures judiciaires.

> Il y avait dans le temple de Zeus de la ville de Gordion, l'ancienne capitale des rois de Phrygie située au centre de l'actuelle Turquie, un char dont le timon était fixé par un nœud inextricable. Un oracle disait que celui qui arriverait à le défaire deviendrait le maître de toute l'Asie. Aucun de ceux qui s'y étaient essayé n'avait réussi à le démêler. Alexandre le Grand, de passage à Gordion après avoir vaincu les armées de Darius, se fit conduire au temple de Zeus. S'étant rapidement aperçu que tout effort pour essayer de désimbriquer les cordes était vain, Alexandre sortit son épée et, d'un seul coup de lame, trancha le nœud gordien.

Demander à la justice de trancher un différend est une solution extrême, à laquelle les Chinois n'ont recours que lorsque les moyens usuels de conciliation se sont révélés inopérants. La résolution à l'amiable d'un conflit a sa place dans le *Yi Jing*: elle est décrite à l'hexagramme 6 PLAIDER SA CAUSE, où le litige se règle par une plaidoirie devant le prince. Mais il est parfois inévitable de mordre avec force pour éliminer radicalement ce qui empêche l'énergie de circuler.

La forme de l'hexagramme est traditionnellement mise en rapport avec celle de hexagramme 27 NOURRIR, qui évoque une bouche. MORDRE & UNIR ne diffère de celui-ci que d'un trait, le quatrième, qui concrétise ce qui empêche les mâchoires de se réunir. C'est cet obstacle, situé au milieu de l'hexagramme et au cœur de la situation, qui doit être éliminé par une morsure énergique, de manière à ce que l'alimentation soit rétablie.

Le symbole de la bouche est souligné dans le texte par l'utilisation répétitive du terme MORDRE et par une image de nourriture : la *viande*, dont les différentes modalités d'apprêt décrivent les degrés successifs de pénétration du problème. Les contributions payées en nature sous forme de *flèches* et de *bronze* évoquent la tenue effective d'un procès. La neutralisation de certaines parties visibles du corps – *pieds, oreilles, nez* – qui faisait peut-être à l'origine allusion à des châtiments, évoque surtout une diminution des fonctions sensorielles qui rend difficile une appréhension juste des circonstances. Le premier et le dernier traits représentent les stades où l'on subit la situation, tandis que les investigations menées conduisent à découvrir, au niveau de la troisième ligne, du *poison*.

L'unique appréciation positive de l'hexagramme, *ouverture*, se trouve au niveau du Ministre en quatrième place, où une action énergique permet d'élucider le problème et préparer ainsi le retour à l'harmonie nourricière. Que dans le texte des traits seule la première moitié du nom de l'hexagramme soit mentionnée montre bien qu'il s'agit d'abord de MORDRE avant qu'UNIR soit possible.

IDÉOGRAMMES

SHI : *Mordre, mâcher, manger. Atteindre, arriver à.*

噬

L'idéogramme est composé de deux parties. À gauche le signe de la bouche. À droite un caractère formé en haut du signe des bambous et en bas, de celui désignant les chamanes en général (voir 57/2). Ce caractère désigne un groupe particulier de chamanes, les « chamanes aux bambous », ceux qui avaient pour spécialité de résoudre les doutes sur l'action à suivre à l'aide d'un texte écrit sur des fiches de bambou, un livre d'oracles qui allait devenir le *Yi Jing*. L'autre particularité de ces chamanes lettrés était l'utilisation des tiges d'achillée. Certains pensent même que, lors des manipulations aléatoires, le devin gardait la cinquantième tige, celle qui est préalablement retirée et placée à part, serrée entre ses dents, usage dont pourrait découler l'explication traditionnelle de la forme de cet hexagramme.

HE : *Unir, ensemble, fermer. Boire.*

嗑

L'idéogramme est également composé de deux parties. À gauche, à nouveau le signe de la bouche. À droite, un caractère formé de deux éléments : en bas la représentation d'un vase (voir 18/I ou 42/I) et au-dessus celle de son couvercle. Ce couvercle quand il est employé en tant que mot a le sens de *quitter, par-*

tir, disparaître (voir 49/Dixième Aile). Cependant, à la différence du couvercle utilisé pour écrire le nom de S'ENTENDRE AVEC TOUS (voir 13/I), il s'agit ici d'un couvercle qui s'adapte parfaitement au récipient. De cette spécificité dérive le sens de *réunion*, sens principal du second idéogramme nommant cet hexagramme, car il est renforcé par celui de *boire*, action qui *réunit* la coupe et les lèvres, et plaisir qui n'est envisagé en Chine qu'en compagnie.

Ponctués chacun par le signe de la bouche, les deux idéogrammes MORDRE et UNIR ont aussi un usage secondaire dans une expression passée de mode mais qui évoquait l'onomatopée d'un rire ou d'une interpellation vigoureuse. Pour entendre en français cette combinaison entre sonorité et signification, il suffit de les lire d'une traite, comme si le nom de cet hexagramme était écrit : « MORDRE-RÉUNIR ».

TEXTE CANONIQUE

JUGEMENT

MORDRE & UNIR	噬嗑	SHI HE
Favorisant	亨	heng
Profitable d'employer les procédures judiciaires	利用獄	li yong yu

Pour rétablir l'ordre dans une situation inextricable, il faut savoir trancher. Quand les accommodements ne sont plus de mise, seule une intervention active peut permettre de recréer les conditions d'une harmonie future. Contrairement aux situations décrites à l'hexagramme 6 PLAIDER SA CAUSE, qui évoque les joutes oratoires de plaignants, c'est par une application beaucoup plus radicale de la justice que la situation peut se résoudre et se développer de manière favorable.

Bien que les Chinois n'aiment guère les *procédures judiciaires* – les juges chinois n'ont pas la réputation d'être des gens intègres[21] – il est parfois indispensable d'y avoir recours. Cependant, si allusion est faite ici à un procès, elle est à prendre dans un sens plus général. Il s'agit tout d'abord de mener une enquête rigoureuse sur ce qui empêche la situation de fonctionner normalement. Une fois les manquements éclaircis, il faut les passer au crible des règles que l'on s'est données, décider des peines adaptées à la correction de ces dysfonctionnements, et enfin les appliquer sans tergiverser.

Favorisant : appréciation mantique décrivant un climat d'essor, un agencement fertile, un dispositif énergétique global dans lequel l'échange entre le Ciel et la Terre se noue de manière féconde.

Profitable : appréciation mantique indiquant qu'on tire profit à se conduire de la manière indiquée par le contexte. Citée deux fois dans cette figure, elle est reprise à la ligne 4.
Employer : l'idéogramme, toujours très utilisé comme auxiliaire verbal, a un sens général tournant autour de l'idée de *agir, faire, réaliser, opérer*. Il insiste ici sur le fait que les procédures judiciaires ne doivent pas être simplement acceptées mais résolument mises en œuvre.
Procédures judiciaires : composé avec le signe général de la parole placé au milieu de deux caractères signifiant *chien*, évoquant donc deux chiens qui s'invectivent mutuellement, la graphie de cet idéogramme en dit long sur le sentiment que les anciens Chinois portaient aux procédures judiciaires : un pis-aller à n'employer qu'en dernière extrémité, quand toutes les procédures d'accord à l'amiable ont échoué. Mentionné uniquement ici dans le Texte canonique, ce terme est cité dans le texte de quatre Grandes Images : 22/GI, 55/GI, 56/GI et 61/GI.

TEXTE DES TRAITS

Au début un neuf
CHAUSSÉ d'entraves de bois — 屨校 LÜ jiao
Les pieds sont anéantis — 滅趾 mie zhi
Absence de faute — 无咎 wu jiu

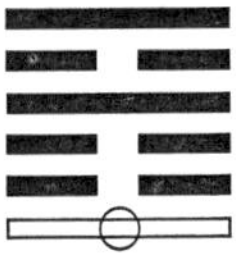

Dans le *Yi Jing*, le *pied* apparaît presque toujours au début d'un hexagramme pour évoquer une démarche à retenir ou contrôler. Au stade initial d'une situation d'intervention active, ce conseil est poussé à l'extrême, puisqu'il s'agit d'une immobilisation complète. Les *entraves*, signe d'une impossibilité de bouger, peuvent également être comprises comme une incitation à empêcher de nuire. Au seuil d'une situation où les éclaircissements sont indispensables, ce blocage peut permettre d'éviter de se jeter tête baissée dans une résolution trop hâtive du problème.

CHAUSSÉ : l'idéogramme, rare et ancien, n'apparaît qu'ici. Il est phonétiquement identique et graphiquement proche de celui qui sert à nommer l'hexagramme 10 DÉMARCHE[22], dont le sens primitif est *soulier*. *Chaussé* a été préféré pour faire écho à *revêtu* qui se trouve à la sixième ligne, dans une phrase de construction identique.
Entraves de bois : formé avec un caractère qui évoque tout ce qui se croise ou se rejoint et le signe des objets en bois, l'idéogramme représente une sorte d'entrave qui fût utilisée en Chine jusqu'au début du XXe siècle. Ce dispositif, analogue au boulet des forçats, était constitué de planches

de bois ajustées soit en forme de X aplati soit en parallèles, aux extrémités desquelles les deux pieds étaient enserrés. N'immobilisant pas complètement les prisonniers mais les empêchant de fuir en rendant leurs déplacements lents et pénibles, ces entraves étaient utilisées lorsque le prévenu était présenté au tribunal. En écho, les entraves mentionnées à la sixième ligne immobilisaient les mains mais permettaient de marcher; elles étaient utilisées lors des transferts de prisonniers.

Pieds: dans le contexte du *Yi Jing*, les pieds sont l'image d'une mise en mouvement. Généralement cités en première ligne, au début des hexagrammes concernés, ils suggèrent alors soit une mise en route empêchée, soit une démarche à freiner ou contrôler.

Anéantis: formé par l'association des signes de l'eau, du feu et des armes de guerre, l'idéogramme a un sens assez virulent : *submerger, détruire, exterminer*. Il n'apparaît que dans les situations les plus extrêmes du *Yi Jing*, trois fois à MORDRE & UNIR (lignes 1, 2 et 6) et deux fois à GRAND EXCÈS (voir 28/6 et 28/GI, submergé).

Les pieds sont anéantis: dans le contexte judiciaire de MORDRE & UNIR, on pourrait imaginer que soit évoquée ici l'amputation des pieds, un des cinq châtiments classiques de la Chine ancienne. Si c'était le cas, un idéogramme spécifique aurait été employé (voir 47/5). L'utilisation du verbe *anéantir* indique que cette phrase est à prendre au sens figuré: c'est la capacité à aller de l'avant qui est réduite à néant, comme le confirme le conseil donné par la phrase suivante.

Absence de faute: formule mantique incitant à ne pas rester dans un état d'esprit incertain ou hésitant. Elle est citée à quatre reprises dans cette figure (lignes 1, 2, 3 et 5). Elle indique que l'immobilisation n'est pas inadéquate dans l'approche du problème auquel on est confronté.

Hexagramme dérivé: hexagramme 35. AVANCER AU GRAND JOUR est une situation de progression difficile où on est appelé à se montrer en pleine lumière.

Six en 2
MORDRE la peau — 噬膚 SHI fu
Le nez est anéanti — 滅鼻 mie bi
Absence de faute — 无咎 wu jiu

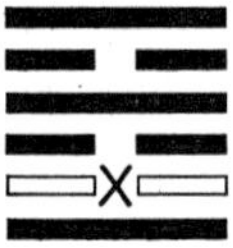

Alors qu'au niveau d'Entrée, on aborde le problème par un freinage contraint, il est ici question de MORDRE, ce qui indique que l'on essaie de s'attaquer à ce qui bloque. Cependant, à la différence des lignes suivantes où l'on mord dans de la *viande*, le problème n'est encore traité qu'au niveau de la *peau*, c'est-à-dire seulement en surface. Le *nez* est la métaphore d'une capacité d'évaluation qui disparaît, s'avérant ainsi limitée ou insuffisante.

Le trait est correct et poussé par sa relation de voisinage avec la première ligne. Même si l'appréciation mantique suggère que ces premières investigations sont adaptées, le mouvement est sans doute trop superficiel pour que le problème soit si rapidement résolu à ce niveau.

MORDRE : il s'agit du premier caractère du nom complet de l'hexagramme. Le texte de chacun des quatre traits internes de la figure (traits 2, 3, 4 et 5) commence à l'identique, par ce verbe suivi, selon le niveau, d'un type différent de viande.
Peau : l'idéogramme a depuis l'Antiquité pour sens propre *peau* et pour sens figuré *superficiel*. Il ne s'agit donc pas ici d'une viande tendre, mais de l'image symbolique d'une frontière entre l'interne et l'externe.
MORDRE la peau : la même phrase apparaît à l'hexagramme DIVERGENCE, dérivé de cette ligne (voir 38/5).
Nez : l'idéogramme, mentionné seulement ici, représente un dessin de l'appendice nasal. Le nez est depuis toujours en Asie un symbole de la personne elle-même. Alors qu'en Occident, on pointe l'index vers son cœur pour se désigner soi-même, en Chine, c'est son nez qu'on montre du doigt. Au sens figuré, le caractère joue sur deux registres. Il signifie à la fois le lieu *d'origine*, de *passage* d'un mouvement et *soi-même, de soi-même, spontanément* (ce qui vient de soi-même).
Anéanti : voir ligne 1.
Le nez est anéanti : dans le contexte judiciaire de MORDRE & UNIR, on pourrait imaginer que soit évoquée ici l'amputation du nez, un des cinq châtiments classiques de la Chine ancienne. Si c'était le cas, un idéogramme spécifique aurait été employé (voir 38/3 et 47/5). L'emploi du verbe *anéantir* indique que cette phrase est à prendre au sens figuré : c'est la capacité à « sentir » une situation qui est réduite à néant.
Absence de faute : formule mantique spécifique incitant à ne pas rester dans un état d'esprit incertain ou hésitant. Citée à quatre reprises dans cette figure (lignes 1, 2, 3 et 5), elle indique que des investigations, même superficielles, ne sont pas inopportunes à ce stade.

Hexagramme dérivé : hexagramme 38. DIVERGENCE est une situation de tension et de confrontation féconde avec l'extérieur. Tension entre l'interne et l'externe dont la peau trace la séparation.

Six en 3

MORDRE de la viande séchée à l'air sans découpe	噬腊肉 SHI **xi** rou
Tomber sur du poison	遇毒 yu du
Petit gêne	小吝 xiao lin
Absence de faute	无咎 wu jiu

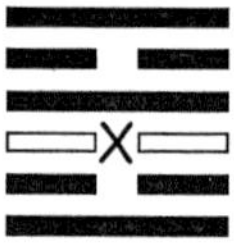

Alors que seule la surface est atteinte au niveau précédent, ce troisième niveau est le premier de ceux où l'on tente de pénétrer activement au cœur du problème, en *mordant* dans de la *viande*. Bien que cette viande soit à ce stade préparée de manière simple, la découverte de *poison* indique la présence d'éléments troubles ou viciés dans la situation.

Le trait est non seulement incorrect, mais en correspondance avec la sixième ligne, où est mentionnée l'autre formule mantique négative de l'hexagramme. Il se trouve de plus au voisinage de la place de Ministre où la fermeté vis-à-vis de ce qui empoisonne s'exerce de la façon la plus énergique. Cette inconfortable position doit engager à éviter toute attitude mesquine ou agitée afin de sortir de la confusion.

MORDRE : voir ligne 2.
Viande : l'idéogramme, toujours très employé, représentait déjà à l'origine une viande préparée, sous forme de lamelles séchées à usage rituel ou alimentaire. Il n'est cité que dans cette figure, lignes 3 et 5.
Séchée à l'air sans découpe : rend un seul caractère, n'apparaissant qu'ici et qualifiant le type de viande qui sert d'emblème à ce niveau de la situation. Bien que l'idéogramme soit composé avec le mot *viande* et un groupe signifiant *vieux*, il ne s'agit pas ici de vieille viande, mais de viande salée et séchée *à la mode d'autrefois*. Des trois sortes de viande dont il est question aux traits centraux de cette figure (3, 4 et 5), c'est celle qui est la moins apprêtée.
Tomber sur : l'idéogramme, toujours très employé, représente un mouvement inattendu provoquant un couplage heureux. Il signifie *rencontrer par hasard, se produire fortuitement, survenir, occasion, chance.*
Poison : l'idéogramme, de forme complexe et n'apparaissant qu'ici, désigne encore maintenant tout ce qui est toxique. Ici, dans le contexte « alimentaire » de cet hexagramme, il désigne un pourrissement caché que l'investigation met au jour.
Petit : l'idéogramme a depuis toujours le sens de *petit*, cependant, dans le contexte du *Yi Jing*, ce caractère peut aussi prendre une signification plus vaste et évoquer symboliquement une attitude Yin.
Gêne : appréciation mantique indiquant un manque de fluidité qui rétrécit les possibilités d'action.
Petit Gêne : formule mantique rare qui peut se lire de deux manières, aucune n'excluant l'autre. La première signale que la situation est *petitement gênante*, c'est-à-dire manquant de fluidité. La seconde qu'une attitude *petite* c'est-à-dire retenue, sans envergure ne serait pas de mise ici car en contradiction d'une part avec la stratégie globale d'intervention active qui caractérise MORDRE & UNIR et d'autre part avec le conseil supplémentaire donné par

absence de faute qui complète aussi *petit gêne* l'autre fois où cette formule est mentionnée (voir 45/3).

Absence de faute : formule mantique spécifique incitant à ne pas rester dans un état d'esprit incertain ou hésitant. Citée à quatre reprises dans cette figure (lignes 1, 2, 3 et 5), elle indique que les investigations menées, même si elles amènent à tomber sur du poison, ne sont pas inopportunes à ce stade.

Hexagramme dérivé : hexagramme 30. FILET D'OISELEUR est un moment de vivacité et de pleine lumière, où l'agitation ne doit pas empêcher de garder les pieds sur terre.

Neuf en 4

MORDRE de la viande séchée coupée avec les os	噬乾胏	SHI gan zi
Obtenir une flèche de bronze	得金矢	de jin shi
Présage de difficultés profitables	利艱貞	li jian zhen
Ouverture	吉	ji

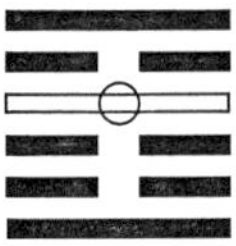

Situé au milieu de trois Yin, ce trait Yang correspond à un moment important de l'hexagramme. On n'est plus au niveau superficiel de la *peau* comme au deuxième trait, ni à celui de la *viande sans découpe* de la troisième ligne. Celle dans laquelle on mord maintenant a subi une certaine préparation, ce qui indique un stade plus avancé des investigations.

La place de Ministre est celle où l'on est appelé à affronter directement les obstacles qui empêchent une circulation fluide des énergies. L'incorrection du trait suggère de sortir de la retenue habituellement dévolue à cette place pour passer à l'action de manière habile et efficace. La *flèche de bronze* peut être la récompense honorifique d'une intervention méritoire, mais elle était aussi le tribut qui devait être payé pour un procès[23]. C'est l'honneur d'un ministre en charge de la justice que de traverser les obstacles qui empêchent d'aller au bout des problèmes et d'appliquer les règles. Cette position est celle qui bénéficie de l'appréciation la plus favorable de tout l'hexagramme.

MORDRE : voir ligne 2.

Viande coupée avec les os : rend un seul caractère, n'apparaissant qu'ici et qui qualifie le type de viande servant d'emblème à ce niveau de la situation. Il ne s'agit pas de viande cartilagineuse, mais d'un mode de préparation très courant en Chine : la viande, généralement de volaille, n'est pas émincée mais tranchée au hachoir et cuite avec les os qui répandent leur moelle dans le plat. La préparation, plus élaborée que celle décrite à la ligne précédente, est cependant moins raffinée que celle décrite à la ligne suivante.

Séchée : l'idéogramme est le même que celui qui nomme l'ÉLAN CRÉATIF mais avec une prononciation différente et donc un sens distinct bien qu'apparié d'une certaine manière (voir 1/I). Cité deux fois dans cette figure (lignes 4 et 5), il signifie *séché par le soleil.*

Obtenir : par opposition avec *tomber sur* (voir ligne précédente), cet idéogramme, toujours très courant, ne signifie pas trouver par hasard, mais *acquérir, trouver, atteindre, recevoir*, etc., à chaque fois dans un sens d'avantage, de gain, de succès.

Flèche : dans la Chine féodale, l'arc est l'arme noble par excellence et la flèche une des meilleures récompenses que peut recevoir un vassal. À ce titre, ce caractère signifie aussi *droit, sincère.* Il se peut qu'en raison du contexte judiciaire de cet hexagramme les flèches fassent aussi référence aux contributions exigées pour la tenue d'un procès[24].

Bronze : servant à fabriquer tous les objets symboliques du pouvoir, chaudron ancestral, armes de guerre et d'apparat, le bronze était dans la Chine antique le métal précieux par excellence. Ce caractère, dont le sens premier était simplement *métal*, désigne maintenant l'*or.*

Présage : modulation globale de certaines appréciations mantiques. Précisant que l'appréciation dont il s'agit est moins effective que lorsqu'elle est présentée de manière directe (sans modulation), elle la situe comme une tendance probable.

Difficultés : l'idéogramme a pris le sens de *efforts, zèle, fatigues, problèmes, tristesse.* Cependant, dans le contexte du *Yi Jing*, les *difficultés* – dont l'emploi le plus caractéristique est à LUMIÈRE OBSCURCIE (voir 36/J) – sont avant tout des occasions de se surpasser. Elles ne sont mentionnées que couplées, soit comme ici avec une appréciation mantique favorable, soit avec une incitation à réagir manifestée par la formule *absence de faute* citée dans cet hexagramme aux lignes 1, 2, 3 et 5.

Profitable : appréciation mantique indiquant qu'on tire profit à se conduire de la manière indiquée par le contexte.

Présage de difficultés profitables : formule mantique dont l'apparence contradictoire a beaucoup embarrassé les commentateurs. Citée à trois reprises (voir 36/J, où son emploi est le plus caractéristique et 26/3), elle relève un fait moral certain : la vraie force s'éprouve surtout dans les moments difficiles. Sa traduction usuelle « profitable d'être persévérant dans les difficultés » en réduit la portée. Il ne s'agit pas de simplement savoir endurer un mauvais moment, mais de porter son regard au-delà des difficultés actuelles en prenant conscience de l'avantage que la traversée des difficultés peut entraîner.

Ouverture : appréciation mantique signalant un moment heureux où un agencement fécond du flux vital multiplie les possibilités de développement. Combinée ici aux *difficultés favorables*, cette appréciation n'est pas mentionnée ailleurs dans cette figure.

Hexagramme dérivé : hexagramme 27. NOURRIR représente l'alimentation nécessaire à un entretien régulier de la vie. La capacité à y rechercher le substantiel y est primordiale.

Six en 5

MORDRE de la viande séchée découpée préparée avec du sucre	噬乾肉 SHI gan rou
Obtenir le bronze jaune	得黄金 de huang jin
Présage de danger	貞厲 zhen li
Absence de faute	无咎 wu jiu

Point d'aboutissement de toutes les investigations précédentes, ce niveau est celui où le texte mentionne la viande de la plus raffinée. Les éléments nécessaires à l'élimination de ce qui entrave un fonctionnement harmonieux ont été suffisamment préparés pour qu'une intervention déterminée puisse avoir lieu de manière souveraine. La présence du *bronze*, déjà cité à la ligne précédente comme matériau des *flèches*, s'il peut faire référence comme à la place de Ministre au déroulement d'un procès, indique surtout que le pouvoir de trancher est ici effectif.

Cependant, si ce métal est le signe d'une puissance manifeste, l'inhabituelle précision de sa couleur – *jaune*, emblème du centre et de la terre – doit inciter à la souplesse et à l'impartialité. Comme à la cinquième ligne de l'hexagramme 10 DÉMARCHE, l'avertissement d'un *danger* potentiel souligne les risques d'une action trop résolue Lorsqu'on a le pouvoir de décider, un mélange équilibré de souplesse et de fermeté est le fondement d'une position véritablement souveraine.

MORDRE : voir ligne 2.

Viande séchée découpée préparée avec du sucre : rend deux idéogrammes qualifiant le type de viande qui sert d'emblème à ce niveau de la situation. Le premier *(viande)*, toujours très employé, représentait déjà à l'origine une viande préparée, sous forme de lamelles séchées à usage rituel ou alimentaire. Le second *(séchée)* est également cité en ligne 4. Cependant la combinaison des deux forme le nom spécifique d'une préparation aussi fameuse que traditionnelle depuis trois mille ans en Chine. Loin d'être une viande musculeuse, il s'agit de fines lamelles de viande de porc ou de bœuf, séchées après macération dans des épices et des aromates, un mets raffiné et toujours très apprécié. Cadeau typique de Nouvel An, car c'est un plat qui ne s'altère pas et qu'on peut donc consommer longtemps après l'avoir reçu, il était, à l'époque des Zhou l'équivalent des « épices » avec lesquelles on payait les maîtres dans l'Europe du Moyen Âge et demeure de nos jours un cadeau traditionnel à un professeur. Quand il ouvrit la première école privée du monde vers 530 avant J.-C., Confucius, pour signifier que l'accès en était libre et non pas réservé aux seuls enfants de la noblesse, disait : « Chaque fois que quelqu'un est venu avec les présents d'usage, quelques tranches de *viande séchée*, je ne lui ai jamais refusé mon enseignement » (*Entretiens*, 7/7)[25].

Obtenir : par opposition avec *tomber sur* (voir ligne 3), cet idéogramme, toujours très courant, ne signifie pas trouver par hasard, mais *acquérir, trouver, atteindre, recevoir*, etc., à chaque fois dans un sens d'avantage, de gain, de succès.
Bronze : voir ligne 4.
Jaune : associé à la Terre et au Milieu, synonyme de justesse et d'impartialité, couleur souveraine par excellence, le jaune est la couleur emblématique de la Chine où sa valeur est infiniment plus positive qu'en Occident.
Présage : voir ligne 4.
Danger : appréciation mantique signalant les risques inhérents à la situation. Son emploi le plus caractéristique est à SE MONTRER RÉSOLU (43/J).
Présage de danger : formule mantique spécifique soulignant la probabilité de risques. Elle apparaît seulement deux fois en ligne souveraine, ici et à DÉMARCHE (voir 10/5), deux situations où il est question de trancher.
Absence de faute : formule mantique spécifique incitant à ne pas rester dans un état d'esprit incertain ou hésitant. Citée à quatre reprises dans cette figure (lignes 1, 2, 3 et 5), elle indique la possibilité de rétablir un fonctionnement naturel, même si cela n'est pas dénué de risques.

Hexagramme dérivé : hexagramme 25. SPONTANÉMENT décrit une attitude de réponse instantanée, instinctive à la sollicitation du moment. L'adéquation à la situation y est un gage d'attitude juste.

En haut un neuf
Revêtu d'entraves de bois — 何校 he jiao
Les oreilles sont anéanties — 滅耳 mie er
Fermeture — 凶 xiong

Aux niveaux d'Entrée et de Sortie de l'hexagramme, il n'est pas fait référence à l'action de MORDRE comme aux quatre traits centraux, mais à des *entraves*. Alors qu'au premier trait ces *entraves* bloquent le mouvement, ici elles immobilisent la tête et les mains, et empêchent d'agir.

Incorrect et en correspondance avec la troisième ligne où il est fait mention de *poison*, le dernier trait est le stade où, non seulement on n'est plus en mesure d'éliminer les obstructions, mais où on les accroît en se fermant à une communication réelle. En écho à l'étroitesse décrite au troisième trait, cette attitude se solde par une impasse.

Revêtu : le texte porte un idéogramme généralement utilisé comme adverbe interrogatif *(comment y aurait-il...)*. Cependant ici, la plupart des commentateurs s'accordent pour lire à la place de ce caractère une variante phonétiquement identique et graphiquement très proche, dont le sens général est *porter quelque chose sur ses épaules*, et qui représente plus spécifiquement cette sorte de pèlerines en fibres tressées qu'utilisent encore les paysans chinois pour travailler en se protégeant du soleil et surtout de la pluie. Cette lecture est d'autant plus satisfaisante qu'elle rend manifeste l'écho entre cette phrase et celle de construction identique au premier trait.

Entraves de bois : voir ligne 1. L'idéogramme représente une sorte d'entrave constituée de planches de bois ajustées soit en forme de X aplati, soit en parallèles et aux extrémités desquelles les deux mains étaient assujetties. Il s'agit ici de la cangue qui emprisonne le cou et les mains d'un prisonnier, utilisée en Chine jusqu'au début du XXe siècle. Ce système peut être fixe, comme jadis le pilori en Occident. En Chine, il était surtout utilisé pour empêcher la fuite des prévenus pendant leur transfert de la prison au tribunal.

Revêtu d'entraves de bois : cette phrase et la suivante sont construites à l'identique de celles du premier trait. Cependant, à l'entrée de la situation, les entraves, placées au niveau des pieds, sont appliquées à la marche ; à la sortie, bloquant les épaules et les mains, n'empêchant pas de marcher mais immobilisant les mains, elles sont appliquées à l'action et à la perception.

Oreilles : l'idéogramme, représentant une oreille, désigne aussi tout ce qui est double et latéral, par exemple les anses d'un chaudron (voir 50/3).

Anéanties : voir ligne 1.

Les oreilles sont anéanties : dans le contexte judiciaire de MORDRE & UNIR, on pourrait imaginer ici comme aux lignes 1 et 2, l'évocation d'un châtiment (l'ablation des oreilles). Cependant ce supplice ne faisait pas partie des châtiments répertoriés par le code des Zhou. De plus l'utilisation du verbe *anéantir*, repris à l'identique des lignes 1 et 2, souligne que cette phrase ne peut être comprise qu'au sens figuré. Ici, c'est la capacité à entendre qui est réduite à néant.

Fermeture : appréciation mantique signalant un moment de blocage, un mauvais agencement du flux vital qui restreint les possibilités de développement.

䷲ **Hexagramme dérivé :** hexagramme 51. ÉBRANLER est une situation de forte commotion. Si leur puissance n'est pas intégrée, les secousses répétées n'y sont plus qu'une agitation désordonnée et bruyante.

ÉLÉMENTS D'ANALYSE

Nucléaire

䷦ **Hexagramme 39 : Obstruction.** Au cœur de Mordre & Unir, il y a Obstruction. Au cœur d'une intervention vigoureuse et décidée, il y a une résistance qui freine le mouvement visant à rétablir l'harmonie. Ce blocage est figuré dans l'hexagramme par le quatrième trait, figure de la tige d'achillée que le chamane place entre ses dents, et qui empêche le haut et le bas de la bouche de se réunir. C'est en pénétrant de plus en plus profondément vers l'intérieur qu'on peut résoudre le problème et refaire circuler l'énergie.

Opposé

䷯ **Hexagramme 48 : Puits.** La relation d'opposition entre Mordre & Unir et Puits se situe au niveau de la manière d'accéder à ce qui nourrit et relie : ponctuelle, spectaculaire, presque violente dans l'un, permanente, invisible, presque insensible dans l'autre. Les aliments mis en scène dans les deux hexagrammes sont à l'image de cette opposition. Dans Mordre & Unir, une nourriture carnée, solide, évocatrice de l'attitude vigoureuse et décidée qui permet de détruire ce qui empêche les énergies de se rejoindre. Dans le Puits, une eau claire et fluide, montant lentement le long de l'hexagramme, évocatrice de l'attitude de réceptivité qui permet la communication. Le cœur de la situation n'est pas le même : un obstacle à éliminer dans Mordre & Unir, une tension à utiliser dans le Puits. On ne peut pas remplir un puits, on ne peut que patiemment favoriser son fonctionnement par une attitude Yin. Mordre & Unir est en revanche la situation où est recommandée l'intervention la plus ferme et la plus active de tout le *Yi Jing*.

22 EMBELLIR

賁

BI

䷕

En haut MONTAGNE ☶

En bas FEU ☲

EMBELLIR	賁	BI
Favoriser le Petit	亨小	heng xiao
Profitable d'avoir où aller	利有攸往	li you you wang
Au début un neuf		
EMBELLIR ses pieds	賁其趾	BI qi zhi
Renoncer au char et marcher	舍車而徒	she che er tu
Six en 2		
EMBELLIR sa barbe	賁其須	BI qi xu
Neuf en 3		
EMBELLIR comme imprégner	賁如濡如	BI ru ru ru
Rendre durable présage ouverture	永貞吉	yong zhen ji
Six en 4		
EMBELLIR comme blanchir	賁如皤如	BI ru po ru
Un cheval blanc comme paré de plumes blanches	白馬翰如	bai ma han ru
N'est pas brigand qui scelle l'union par mariage	匪寇婚媾	fei kou hun gou
Six en 5		
EMBELLIR au jardin du tertre ancestral	賁于丘園	BI yu qiu yuan
Un infime rouleau de soie grège	束帛戔戔	shu bo jian jian
Gêne	吝	lin
À la fin ouverture	終吉	zhong ji
En haut un neuf		
Pur EMBELLISSEMENT	白賁	bai BI
Absence de faute	无咎	wu jiu
Grande Image		
Sous la montagne il y a le feu	山下有火	Shan xia you huo
EMBELLIR	賁	BI
L'Être Accompli ainsi	君子以	jun zi yi
en clarifiant les affaires courantes	明庶政	ming shu zheng
n'ose pas trancher les procès	无敢折獄	wu gan zhe yu
Dixième Aile		
EMBELLIR	賁	BI
sans fards	无色也	wu se ye

EMBELLIR, c'est prendre soin de l'apparence. La façon dont on est perçu par le monde extérieur joue un rôle considérable non seulement dans les relations humaines mais aussi dans l'image que l'on a de soi-même, et par conséquent dans la manière générale de se comporter. Il importe d'être conscient des manifestations visibles de sa personne et de chercher à les améliorer, en les adoucissant par la beauté, l'amabilité, la civilité, le sourire, et en tenant compte de tout ce qui a trait à l'aspect extérieur.

La vraie beauté cependant ne s'arrête pas à l'apparence : elle consiste à harmoniser ce qui se voit avec ce qui ne se voit pas. Au travers d'une dialectique délicate entre forme et fond, surface et profondeur, visible et caché, EMBELLIR incite à se départir de tout ce qui « en jette », artifices ou trompe-l'œil, afin de trouver les formes justes. Cet ajustement ne se fait ni brutalement ni par une grâce divine, il est le résultat d'une conduite longanime. EMBELLIR, dont le propos est plutôt – comme l'ont souligné les commentateurs chinois – de régulariser, arranger, ordonner, ne requiert pas l'énergie Yang de MORDRE & UNIR, l'hexagramme retourné de celui-ci, mais le lent travail Yin de porosité par lequel les masques se dissolvent.

Cette stratégie a une teinte : le blanc, dont la profondeur est à l'image de celle de l'hexagramme. Le texte en évoque les multiples nuances tant par le choix des images que par celui des idéogrammes qui les décrivent. Associé au Yin, le *blanc* est à la fois en deçà et au-delà des couleurs[26]. Il est en même temps symbole d'affadissement de ce qui fut coloré – d'où son usage comme emblème de l'automne et du deuil – et propension à recevoir les couleurs pour les faire miroiter comme la soie naturelle révèle les teintures et les peintures. De là vient le choix, pour écrire l'idéogramme *blanc*, d'un soleil qui point à l'aube. Le blanc se situe donc à la croisée de l'épuration par amoindrissement et de l'embellissement par augmentation, dans ce passage entre le dedans et le dehors, entre-deux où la délicatesse nocturne de l'âme chinoise place la véritable beauté.

Comme dans MORDRE & UNIR, la ligne Yang placée au milieu de l'hexagramme en constitue le pivot. Située ici à la troisième place, elle marque la transition entre l'intérieur et l'extérieur, le passage entre le caché et ce qu'on en donne à voir, qui se fait d'abord par imprégnation. Puis à la ligne suivante, la situation s'harmonise par l'atténuation d'un éclat trop vif. Au-dessous de cette frontière, ce sont les gestes du corps qu'il faut embellir : les *pieds* c'est-à-dire la démarche, la *barbe* c'est-à-dire l'allure. Au-dessus est montré le *blanc*, qui doit s'épurer encore au stade de la quatrième ligne pour réapparaître au dernier trait comme l'image même de la transparence. Entre les deux, le grège de la soie naturelle est la couleur de l'offrande qui relie aux ancêtres. Au-delà de ce don, la ligne souveraine évoque aussi le jardin qui entoure la tombe des défunts, comme pour suggérer qu'à l'approche de l'invisible aussi, la tenue importe. Le dernier trait indique enfin la manière juste de tenir compte du visible sans l'outrepasser : par l'art de l'effacement, laisser transparaître le fond des choses.

IDÉOGRAMME

BI : *Éclatant, brillant, orné, élégant.*

L'idéogramme est formé de deux parties superposées. En bas se trouve le signe du cauris, un coquillage qui jadis servait de monnaie et qui reste en chinois le signe général de tout ce qui est précieux, beau et cher. En haut, dessiné trois fois, le signe général des plantes. Cette répétition, marque de la multitude, fait écho à la magnificence du mouvement de la floraison printanière. Ce mouvement impétueux, jaillissement de l'intérieur vers l'extérieur, sera l'axe principal le long duquel se grefferont les caractères et les expressions construites avec ce mot.

Il ressort particulièrement dans deux caractères composés à partir de cet idéogramme. Le premier, très archaïque, sert à nommer un *marcassin farouche* auquel il convient de limer les dents (voir 26/5). Le second, très courant, servant à désigner tout ce qui expulse avec force de l'air, de l'eau, du feu, etc., signifie *jaillir*. À ce titre il entre dans de nombreuses expressions comme éternuer *(fen ti)*, arrosoir *(pen tong)*, exhaler un parfum *(pen xiang)*, lance-flammes *(pen huo ji)*, avion à réaction *(pen shi feiji)*, etc.

C'est ce mouvement d'extériorisation qui, joint à l'évocation de ce qui est précieux, produit le sens de beauté contenu dans l'idéogramme Bi. Cependant, dans le cadre de cet hexagramme, cette beauté n'est pas posée comme gracieuse en elle-même ou comme une grâce venue du Ciel, mais comme émanation de l'authenticité intérieure de chacun.

TEXTE CANONIQUE

JUGEMENT

EMBELLIR	賁 BI
Favoriser le Petit	亨小 heng xiao
Profitable d'avoir où aller	利有攸往 li you you wang

L'heure n'est pas à vouloir tout changer d'un seul coup ou à se conduire de façon incisive. EMBELLIR ne marque pas le début d'une situation nouvelle, mais propose une manière souple de développer le présent en le réagençant petit à petit, avec patience, en y mettant les formes et sans faire d'éclat.

Beaucoup de désagréments peuvent être évités par le simple soin apporté au paraître : un comportement affable est immédiatement perçu, et permet souvent d'harmoniser une situation. Mais il ne s'agit pas non plus de perdre la tête et de se laisser égarer par les apparences. On doit se conduire avec tact et intelligence en fonction d'une direction. Le formel n'est pas une fin en soi, mais un art qui aide à conduire ses objectifs à leur terme.

Favoriser : appréciation mantique décrivant un climat d'essor, un agencement fertile, un dispositif énergétique global dans lequel l'échange entre le Ciel et la Terre se noue de manière féconde. Rendue par *favorisant* quand elle est employée seule, elle est rendue ici par une forme à l'infinitif en raison de son complément *Petit*.
Petit : l'idéogramme représente à l'origine une multitude de petites graines. Il a depuis toujours le sens de *petit*. Cependant dans le contexte du *Yi Jing*, ce caractère peut aussi prendre une signification plus vaste et symboliser le Yin (voir *Petit... Grand*). Particulièrement ici, envisager *petit* comme un emblème du Yin plutôt que comme un attribut souligne mieux l'orientation générale de la stratégie proposée.
Favoriser le Petit : formule mantique spécifique, signifiant que pour l'ensemble de la situation, l'essor est conditionné par la mise en œuvre d'une stratégie Yin : agir à petits pas, jouer le temps plutôt que l'action, préférer la longanimité au dynamisme. Formée de deux caractères se lisant mot à mot *Favorisant Petit*, cette appréciation (toujours citée au Jugement) ne concerne que quatre hexagrammes (elle n'y apparaît qu'au Jugement) : EMBELLIR (22), FAIRE RETRAITE (33), PAS ENCORE TRAVERSÉE (63) et DÉJÀ TRAVERSÉE (64). La qualité commune de ces quatre situations est de requérir le même type d'attitude : non pas instaurer de manière ferme et volontaire une organisation nouvelle, mais, en combinant endurance et souplesse, améliorer par petites touches un état de choses existant.
Avoir où aller : formule mantique dont le sens est : garder son cap sans se laisser déboussoler par les difficultés propres à la situation, tenir son objectif quels que soient les turbulences, le flou, ou ce qui entrave la marche.
Profitable d'avoir où aller : lorsqu'une particularité de la situation risque de faire perdre de vue les objectifs à atteindre, garder son cap par un effort routinier, inscrit dans le long terme, est ce qui permet de tirer au mieux parti du moment présent.

TEXTE DES TRAITS

Au début un neuf
EMBELLIR ses pieds 賁其趾 BI qi zhi
Renoncer au char et marcher 舍車而徒 She che er tu

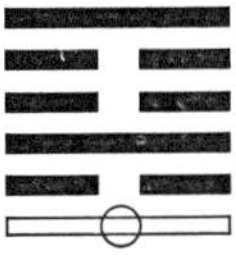

Qu'au niveau d'Entrée, le plus intérieur de l'hexagramme, se manifeste un goût pour l'apparat peut sembler paradoxal. Mais le premier trait représente souvent l'abord le plus inexpérimenté, voire le plus superficiel d'une situation. Il s'agit ici de résister à la tendance à se laisser emporter dans l'action éclatante, de renoncer d'emblée à l'aspect honorifique du char, c'est-à-dire au désir d'intervenir avec superbe, et de se préoccuper de donner des formes plus simples et plus calmes à sa démarche.

Le trait est correct et en correspondance avec la quatrième ligne, où la tentation d'agir avec éclat se manifeste aussi, cette fois par l'apparition d'un cheval magnifique. Il s'agit, ici comme là, de retenir cette impétuosité et d'adoucir sa conduite.

EMBELLIR : cet hexagramme figure parmi les plus scandés – le texte de chacun des traits commence à l'identique, s'ouvrant chaque fois par le nom de l'hexagramme. Aux deux premiers et au cinquième, il est suivi d'un complément d'objet ou de circonstance, aux deux traits centraux il entre dans une structure de comparaison oratoire. Enfin au sixième cette construction se renverse pour rendre compte du changement de niveau qui s'opère à la fin de la situation.
Pieds : dans le contexte du *Yi Jing*, les pieds sont l'image d'une mise en mouvement. Cités le plus souvent à la première ligne, au début des hexagrammes concernés, ils suggèrent soit une mise en route, soit une démarche à retenir ou à contrôler. Ici les deux sens se recoupent puisque le renoncement n'immobilise pas le mouvement.
Renoncer : l'idéogramme, de forme complexe, signifie en propre *demeure, habitation temporaire* (que par définition, on doit quitter). De là vient qu'il peut être utilisé à la place d'un autre phonétiquement identique et graphiquement proche dans le sens de *laisser, renoncer à, abandonner, sacrifier, distribuer des aumônes*. Chaque fois qu'il est cité, c'est à l'orée de quelque chose (voir 3/3 et 27/1).
Char : posé sur sa caisse carrée comme la Terre et coiffé de son dais rond comme le Ciel, le char est une image familière du couplage Ciel-Terre. Dans le contexte du *Yi Jing*, par sa faculté à avancer et à transporter, il symbolise l'efficience de ce couplage. Cependant ici, il est surtout utilisé comme signe honorifique marquant une position sociale élevée.

Marcher : l'idéogramme, de forme complexe, spécifie qu'il s'agit d'*aller à pied*. Il servait au sens propre à désigner les *fantassins*, ceux qui combattent à pied et non en char, ou les *disciples*, ceux qui suivent à pied le char du maître ; il peut prendre au sens figuré des connotations de vacuité et de nudité qui sont bien en rapport avec le sens de cet hexagramme. Mentionné uniquement dans cet hexagramme, ce caractère n'a aucun rapport avec celui traduit aussi par *agir*.

Hexagramme dérivé : hexagramme 52. STABILISER est une situation de calme et de concentration où l'on ne se laisse pas distraire par le regard de l'entourage.

Six en 2

EMBELLIR sa barbe — 賁其須 BI qi xu

Soigner sa mise, veiller à son aspect, faire bonne figure, telle est à ce moment de l'hexagramme la manière juste de se conduire. La présentation ne doit pas être tenue pour quantité négligeable, car elle est aussi une manière de retenir les énergies, aussi bien les siennes propres que celles d'autrui.

Correcte et en relation avec les traits voisins, la ligne indique une sorte de polissage de la manière d'être, important pour le contact avec l'entourage.

EMBELLIR : voir ligne 1.

Barbe : l'idéogramme est formé de l'association du caractère *tête* et d'un signe représentant des rais, des filaments. Manifestation visible de la vitalité, la barbe est symbole de force, mais aussi de patience : caresser sa barbe est un geste quasi emblématique du théâtre chinois qui signale aux spectateurs que le personnage est en train d'attendre et de réfléchir. Ce caractère a aussi pour sens figurés *attendre un instant, retarder, s'arrêter, requérir, il faut*, etc. Il n'est cité qu'ici et à 54/3 (position d'attente).

Hexagramme dérivé : Hexagramme 26. GRAND APPRIVOISE est un moment où des forces instinctives sont retenues et transformées par un mouvement d'affinement et de concentration.

Neuf en 3

EMBELLIR comme imprégner — 賁如濡如 BI ru ru ru

Rendre durable présage ouverture — 永貞吉 yong zhen ji

Alors que la troisième ligne d'un hexagramme marque généralement un moment difficile, celle d'EMBELLIR est favorable car c'est à ce niveau de Passage que s'estompe la limite entre le dedans et le dehors. Construit sur un balancement comparatif renforcé par une forte assonance, le texte établit une équivalence entre *embellissement* et *imprégnation*. Ce qui dans les premiers traits est souci de l'apparence disparaît au profit d'une osmose véritable entre ce qui se voit et ce qui ne se voit pas. Ce changement est souligné par l'évolution des images : les objets tangibles mentionnés dans les traits précédents – le pied, le char, la barbe – sont remplacés par la description d'une action véritable indiquée par des verbes.

Le moment est venu de se départir d'une conduite superficielle pour mettre ses actes et ses pensées en harmonie avec ce qui est réellement ressenti. En ne restant pas à la surface, mais en donnant à l'interne le temps de se couler dans des formes justes, on donne consistance et perspective à sa manière d'être.

EMBELLIR : voir ligne 1.
Comme : construction particulière de la langue archaïque chinoise formée par la répétition d'un suffixe adverbial. Parfois difficile à faire apparaître en français (il aurait fallu dire ici *comme EMBELLIR, comme imprégner*), cette structure grammaticale, ni interrogative ni additive, sonne comme une sorte de comparaison oratoire dont la forme répétitive scande le texte des deux lignes médianes de cet hexagramme.
Imprégner : écrit en combinant le signe de l'eau et le caractère servant à nommer l'hexagramme ATTENTE, cet idéogramme qui signifie *tremper, mouiller* au sens propre, et *lent, hésitant, patient*, au sens figuré, décrit un type d'imprégnation qui a besoin de temps. Il est notable qu'il soit employé dans trois des quatre hexagrammes où il est conseillé au Jugement de *Favoriser le Petit*. Pareil « trempage » équivaut ici à une teinture « dans la masse », une sorte de régularisation en profondeur, le contraire d'une ornementation superficielle.
Rendre durable : le texte porte un seul idéogramme, ressemblant au caractère *eau* (dont l'écoulement est perpétuel) et qui signifie *long, durable, éternel*. Cependant, il représente moins un état ou une qualité que le résultat d'une action.
Ouverture : appréciation mantique signalant un moment heureux où un agencement fécond du flux vital multiplie les possibilités de développement.
Présage ouverture : formule mantique spécifique indiquant la tendance à un réagencement positif de la situation.
Rendre durable présage ouverture : formule mantique rare (elle n'est citée que deux fois : ici et à 42/2) et dont le sens n'est pas com-

plètement avéré. Elle peut en effet aussi être lue *durable présage d'ouverture* ou bien encore *durablement tenir bon ouverture* (voir 52/1). Dans l'impossibilité de trancher, on peut cependant remarquer que dans tous les cas, l'appréciation reste largement favorable *(ouverture)*, ce qui est assez inhabituel pour une troisième ligne, mais bien en rapport avec l'importance du niveau de passage dans cet hexagramme. Une seule autre troisième ligne est présentée aussi favorablement, bien qu'en des termes différents : celle de SE TENIR (voir 15/3). Les deux situations se rapprochent autant par leur nucléaire commun que par leur structure, chacune étant centrée sur une troisième ligne Yang entourée de nombreux traits Yin.

Hexagramme dérivé : hexagramme 27. NOURRIR représente l'entretien régulier de la vie. On y modère son avidité ou son appétit en examinant comment on se nourrit et quelle partie de soi on alimente.

Six en 4

EMBELLIR comme blanchir	賁如皤如	BI ru po ru
Un cheval blanc comme paré de plumes blanches	白馬翰如	bai ma han ru
N'est pas brigand qui scelle l'union par mariage	匪寇婚媾	fei kou hun gou

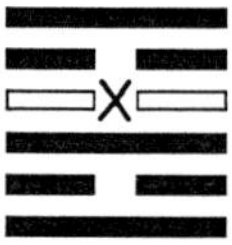

Au premier niveau extérieur de l'hexagramme, la frontière entre le dedans et le dehors est appelée, comme à la ligne précédente, à s'estomper. Cependant cette atténuation ne s'opère pas ici par un processus d'imprégnation intérieure mais dans la manière de se comporter avec autrui. Le *cheval blanc* est à l'image de la vigueur avec laquelle on s'élance. Il importe, lorsqu'on va vers l'autre, de veiller à y mettre moins de fougue. De même lorsqu'on se trouve confronté à une certaine rudesse – qu'il s'agisse de celle des autres ou de la sienne propre – c'est en adoucissant les relations que cessent la confusion et les malentendus.

Correct mais en relation de correspondance avec une première ligne où est également décrite une attitude impétueuse, ce trait est le niveau où l'on atténue l'éclat et calme le brigand. On doit favoriser à ce stade tout ce qui contribue à *blanchir* des manifestations trop voyantes ou trop vindicatives.

EMBELLIR : voir ligne 1.
Comme : voir ligne 3.
Blanchir : formé avec le caractère *blanc* et un groupe complexe signifiant *beaucoup*, l'idéogramme, archaïque, rare et n'apparaissant qu'ici, avait

pour sens d'origine « blanc comme la chevelure fournie et brillante d'un vieillard bien nourri ». Il évoque donc une disparition de la couleur noire, caractéristique des cheveux des Chinois, sans perte de vitalité.

Cheval : compté parmi les six animaux domestiques, le cheval ne fait pas partie des cinq animaux sacrificiels. Cette anomalie vient peut-être du fait que, symbole à la fois d'endurance et de force, le cheval ne se répartit pas clairement entre Yin et Yang. Parfois sa force Yang est mise en avant, parfois sa ténacité Yin est donnée en exemple. Il peut représenter une chose importante que l'on perd ou que l'on reçoit en tant que don d'investiture. Ici, la seule situation où il est associé à la couleur blanche, tonalité dominante de l'hexagramme, il sert vraisemblablement à évoquer les parades de mariage. Mais l'affaire est plus complexe, car en dehors du *Yi Jing*, le cheval blanc occupe une place importante dans l'esprit chinois. Littérairement, il est une allégorie du dandysme (le mot « dandy » sera traduit en chinois moderne par l'expression classique « chevalier au cheval blanc ») ; philosophiquement, il est le sujet d'un paradoxe célèbre des « sophistes » chinois : « un cheval blanc n'est pas un cheval[27] ». Il sera plus tard également associé à l'arrivée du bouddhisme.

Blanc : représentant un soleil en train de poindre, l'idéogramme, resté d'usage extrêmement courant, possède une gamme étendue de sens figurés. Il signifie d'abord *blanc*, puis *pur, vide, clair, simple, facile à comprendre* (comme la langue parlée, appelée « langue blanche » par comparaison avec la langue écrite qui est colorée, multivalente) et de là *déclarer, dire, exposer, franc*, etc. En dehors de cette figure où il est cité deux fois (lignes 4 et 6), il ne qualifie que des roseaux à 28/1.

Paré de plumes blanches : rend un seul idéogramme, rare, archaïque et qui peut prendre des sens contradictoires. Formé d'un groupe très complexe où se retrouve notamment le signe des plumes, ce caractère peut aussi bien signifier *blanc, cheval blanc*, que *faisan au plumage rouge* (voir 61/6) et *plumes d'oiseau servant à écrire* (c'est de là que lui viendra son emploi classique *pinceau, écrit*, notamment dans le nom d'une célèbre institution impériale à l'époque Tang, Han Lin Yuan : l'académie de la forêt des *pinceaux*). De cet éventail de significations se dégage comme constante l'idée d'une manifestation de la visibilité.

Un cheval blanc comme paré de plumes blanches : cette phrase, une des plus obscures du texte du *Yi Jing*, se prête à diverses interprétations. La plus plausible est l'évocation d'un rituel de demande en mariage en usage chez les nomades des steppes et comportant des parades de chevaux décorés. Il peut s'agir aussi d'une allégorie de la monture avec laquelle les chamanes voyagent entre les mondes. La seule chose avérée est que le cheval aux épaules agrémentées d'ailes, tel le Pégase des Grecs, est étranger à l'imaginaire chinois.

Brigands : l'idéogramme a le sens général de *ennemi, envahisseur, pillard*. Dans le contexte du *Yi Jing*, le *brigand*, vivant en dehors des lois et en dehors du territoire civilisé de la Chine d'alors, est un personnage symbolique représentant des forces dangereuses qu'il faut circonvenir soit par la coercition, soit par la diplomatie.

Scelle l'union par mariage : le texte porte deux idéogrammes, dont le premier signifie toujours *mariage* et le second signifie *unir deux familles*.

N'est pas brigand qui scelle l'union par mariage : cette phrase, rimée et rythmée comme un proverbe classique en quatre caractères, fait écho à la politique traditionnelle chinoise vis-à-vis des barbares nomades des steppes du Nord-Ouest. Quand ils ne pouvaient être vaincus militairement (voir 63/3), ils étaient assujettis pacifiquement par l'octroi en mariage de princesses chinoises, union qui les transformait en tributaires. Dans le contexte du *Yi Jing*, différentes lectures de cette métaphore sont possibles parmi lesquelles deux prédominent, sans d'ailleurs s'exclure. Soit le *brigand* est, à l'image d'un barbare hirsute, le symbole d'un partenaire repoussant ; le conseil est alors de dépasser cette apparence pour s'allier avec lui, c'est-à-dire changer son propre regard pour reconnaître l'altérité. Soit ce brigand est, malgré son état de hors-la-loi, un homme d'honneur, et alors, s'il s'amende et demande l'union c'est-à-dire s'il change et accepte de rejoindre la civilité, ce serait se comporter soi-même en brigand que de le repousser.

Hexagramme dérivé : hexagramme 30. FILET D'OISELEUR est une situation dans laquelle la lumière peut devenir éblouissement. La fascination pour le splendide doit y céder le pas à des réalisations concrètes.

Six en 5

EMBELLIR au jardin du tertre ancestral 賁于丘園 BI yu qiu yuan
Un infime rouleau de soie grège 束帛戔戔 shu bo jian jian
Gêne 吝 lin
À la fin ouverture 終吉 zhong ji

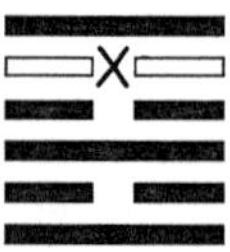

Alors qu'il s'agit, au trait précédent, d'adoucir un comportement où l'éclat et l'impétuosité l'emportent, c'est le peu de préoccupation pour l'apparence qui prédomine à ce stade. Se trouver au *jardin du tertre ancestral*, avec seulement un *infime rouleau de soie grège*, suggère une attitude trop chiche en une telle circonstance.

En écho à la seconde ligne où il est question de soigner sa mise, on ne peut à la ligne souveraine d'EMBELLIR faire l'économie du soin apporté au paraître. Le rituel est l'art de la forme, et il compte d'autant plus lorsqu'on se trouve à proximité des ancêtres, ou du moins dans le lieu qui leur est réservé.

L'aspect naturel de la soie, indiqué par le qualificatif *grège*, accentue le voisinage avec la dernière ligne, où la transparence manifeste une harmonie entre le naturel et le visible. Ce doit être là un engagement à respecter les usages, car le rite est avant tout ce qui permet une tenue adéquate. Il s'agit donc d'assumer l'image et, pour préparer l'*ouverture* annoncée, d'adopter une attitude dans laquelle le respect transparaît même si les moyens sont limités.

EMBELLIR : voir ligne 1.
Au : rend un caractère grammatical qui a fonction d'indiquer une localisation, un niveau.
Jardin : l'idéogramme, qui n'est cité qu'ici, représente un lieu enclos, planté d'arbres et où l'on va en robe. Son sens courant est *jardin, parc*. Cependant, il peut également désigner les vastes sépultures royales ou princières, qui étaient toujours encloses, plantées d'arbres et où l'on n'allait qu'en robe de cérémonie.
Tertre ancestral : l'idéogramme signifie *monticule, coteau, tertre*. Mais également *tumulus, tombe*, puisque les tombeaux de la Chine ancienne avaient la forme de monticules.
Jardin du tertre ancestral : le texte juxtapose les mots *jardin* et *tertre ancestral*. On peut donc les lire aussi bien comme étant en apposition : jardin *et* tertre ancestral, qu'en relation. L'appartenance a été préférée à l'apposition en raison de la proximité des sens que les deux termes recouvrent.
Rouleau : l'idéogramme désigne d'une manière générale tout ce qu'on lie ensemble *botte, gerbe, faisceau, liasse*, etc. Cependant, de l'action de serrer, il a pris également le sens figuré de *restreindre, réfréner*.
Soie grège : composé du caractère *blanc* (et se prononçant quasiment comme lui) et du signe général des tissus, l'idéogramme désigne la soie naturelle, n'ayant reçu aucune couleur.
Rouleau de soie grège : le rouleau de soie brute était une des offrandes traditionnelles du culte ancestral. Il n'est pas mentionné ailleurs.
Infime : le texte porte un caractère répété deux fois de suite, marque classique du superlatif. Cet idéogramme, lui-même composé de la répétition du signe général des armes, n'apparaît pas ailleurs ; il signifie à la fois *mince, peu épais*, comme le fil d'une lame, et *de peu de prix, méprisable*, comme les armes en général.
Gêne : appréciation mantique indiquant un manque de fluidité qui rétrécit les possibilités d'action. C'est ici le seul cas où cette appréciation est mentionnée en cinquième ligne.
À la fin : modulation mantique qui replace la circonstance dans une

perspective temporelle et annonce soit l'aboutissement probable de la situation, soit un retournement en contraste avec le moment considéré.
Ouverture : voir ligne 3.
À la fin ouverture : formule mantique spécifique qui renforce le conseil de considérer la situation plus dans l'évolution favorable de son dispositif que dans son état actuel. Ici, elle répond au présage d'ouverture de la troisième ligne.

Hexagramme dérivé : hexagramme 37. GENS DU CLAN est une organisation hiérarchisée autour d'un pôle ; la relation à l'invisible à travers le culte des morts en est le fondement.

En haut un neuf
Pur EMBELLISSEMENT — 白賁 bai BI
Absence de faute — 无咎 wu jiu

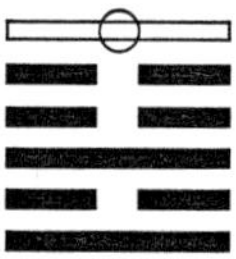

Dernier trait de l'hexagramme et culmination de la situation, la sixième ligne est souvent un moment de retombée. Ici, au niveau le plus extérieur, elle marque l'achèvement du processus d'embellissement par un saut qualitatif qui le hausse à son niveau le plus sublime : le deuil de l'apparence.

Le blanc, rendu ici par *pur*, est cité à nouveau, mais comme image d'un processus de clarification. Lumineux quand il désigne la couleur du cheval à la quatrième ligne, perdant de son éclat au trait suivant pour devenir le *grège* de la soie naturelle, le blanc ici ne qualifie plus aucun objet, mais la globalité d'une attitude : une manière d'être qui sait tenir compte du visible sans tomber dans les pièges du paraître. À ce stade, EMBELLIR devient un art où ne se cache aucune duplicité. En écho à l'*imprégnation* décrite à la troisième ligne, la forme ne masque plus rien, elle laisse transparaître. La sobriété de l'appréciation mantique est à la mesure de cette luminosité discrète.

Pur : le texte porte le caractère *blanc*, la couleur fondamentale d'EMBELLIR (voir ligne 4). Représentant un soleil en train de poindre, l'idéogramme possède une gamme étendue de sens figurés : *blanc, pur, vide, clair, simple, facile à comprendre*. Pur, qui rend davantage compte du sens du texte que de celui du mot lui-même, a été préféré à une formulation plus proche du texte chinois : *EMBELLIR au blanc*, plus énigmatique et qui ne marque pas le renversement de construction qui place ce terme en position de déterminant du nom de l'hexagramme.
EMBELLISSEMENT : nom de l'hexagramme. EMBELLIR figure parmi les hexagrammes les plus scandés : le texte de chacun des traits commence à l'identique, s'ouvrant chaque fois par le nom de l'hexagram-

me (voir ligne 1). Il n'y a qu'au sixième trait que la construction soit différente. En se renversant, elle rend compte du changement de plan qui s'opère à ce niveau, marqué par le choix d'EMBELLISSEMENT au lieu d'EMBELLIR.
Absence de faute: formule mantique spécifique incitant à ne pas rester dans un état d'esprit incertain ou hésitant.

䷣ **Hexagramme dérivé**: hexagramme 36. LUMIÈRE OBSCURCIE est une situation où l'on fait son deuil de tout éclat extérieur dans une perspective de préservation de l'essentiel.

ÉLÉMENTS D'ANALYSE

Nucléaire

䷧ **Hexagramme 40 : DÉLIVRANCE.** Au cœur d'EMBELLIR, il y a DÉLIVRANCE. Au cœur de la visibilité et de l'apparence, il y a l'idée d'un soulagement qui s'effectue par séparation nette entre le dedans et le dehors, entre l'avant et l'après. Tenir compte des effets de l'apparence est une stratégie qui permet de détendre et d'apaiser des tensions. Toutefois être conscient de la frontière qui sépare le visible du caché ne signifie pas en faire une protection derrière laquelle on se préserve. Il s'agit plutôt de travailler à une barrière souple et transparente et, en harmonisant ce qui se voit avec ce qui ne se voit pas, de rendre plus fluide la relation entre le dedans et le dehors.

Opposé

䷮ **Hexagramme 47 : ÉPUISEMENT.** La relation d'opposition entre EMBELLIR et ÉPUISEMENT se situe au niveau du rapport entre le fond et la forme. Au moment d'ÉPUISEMENT, exprimer sa parole oblige à en déterminer la forme et ainsi à en revisiter le bien-fondé. Au moment d'EMBELLIR, prendre conscience des effets de l'apparence permet de les atténuer, afin que beauté et simulation ne dissimulent pas le fond.

23 USURE

剝

BO

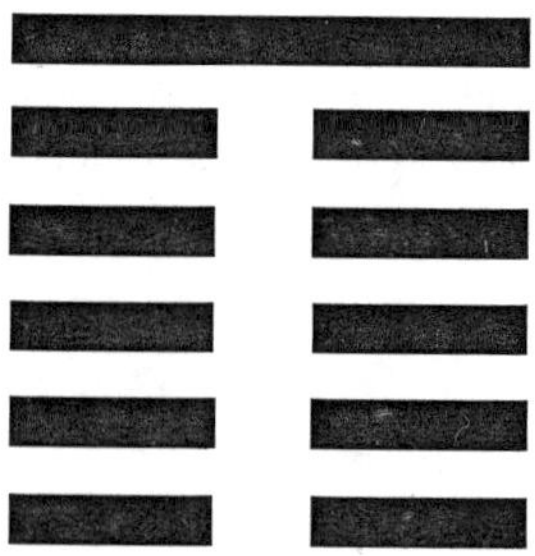

En haut MONTAGNE ☶
En bas TERRE ☷

USURE	剝	BO
Pas profitable d'avoir où aller	不利有攸往	bu li you you wang
Au début un six		
USURE du lit par les pieds	剝牀以足	BO chuang yi zu
Mal discerner présage fermeture	蔑貞凶	mie zhen xiong
Six en 2		
USURE du lit par les traverses	剝牀以辨	BO chuang yi bian
Mal discerner présage fermeture	蔑貞凶	mie zhen xiong
Six en 3		
USURE d'elle-même	剝之	BO zhi
Absence de faute	无咎	wu jiu
Six en 4		
USURE du lit par la peau	剝牀以膚	BO chuang yi fu
Fermeture	凶	xiong
Six en 5		
Poissons enfilés par les ouïes	貫魚	guan yu
Faveurs par les dames du palais	以宮人寵	yi gong ren chong
Rien qui ne soit profitable	无不利	wu bu li
En haut un neuf		
Un fruit excellent n'est pas consommé	碩果不食	shuo guo bu shi
Un Chef Accompli obtient un chariot	君子得輿	jun zi de yu
l'Être Petit l'USURE de sa cabane	小人剝廬	xiao ren BO lü
Grande Image		
Montagne s'appuyant sur la terre	山附于地	shan fu yu di
USURE	剝	BO
Qui est en haut ainsi	上以	shang yi
en épaississant qui est en bas	厚下	hou xia
apaise les situations	安宅	an zhai
Dixième Aile		
USURE	剝	BO
Désagrégation.	闌也	lan ye

USURE est un temps de fatigue et de découragement où l'on risque de se laisser gagner par l'assombrissement et un froid hivernal. Associé au mois de novembre dans le cycle annuel, c'est l'hexagramme des moments où l'on doit s'économiser et se reposer.

Au lieu de gaspiller ses dernières forces dans des entreprises incertaines, il est préférable – comme le suggère le caractère lui servant de titre – de procéder à un élagage des activités extérieures pour renforcer les racines. En accompagnant le mouvement de la saison par une stratégie d'abandon et de lâcher-prise, on peut dépasser l'inquiétude, renforcer son enracinement et préparer un renouvellement. La disparition prévisible de l'élan créatif, représenté par le trait Yang situé en haut de la figure, est alors compensée par la prédominance des capacités Yin à nourrir, rétablir les forces, et tenir quelles que soient les circonstances.

Tout le texte est orienté sur des images de repos et de restauration. Le *lit*, allégorie générale d'une structure à consolider, est cité dans la moitié des traits. Carré et bas comme la terre, c'est le symbole Yin par excellence : on y refait ses forces. Il est aussi en rapport avec l'idée de passage. On utilisait encore naguère dans la Chine paysanne les portes en bois comme lit d'appoint pour les gens de passage[28]. Ce lien entre la porte – dont le dessin se devine dans la forme globale de la figure – et le lit va plus loin : le lit est le lieu du passage entre vie et mort, puisqu'il est l'endroit où l'on est conçu, où l'on naît, où l'on meurt.

Aux deux traits supérieurs de l'hexagramme, la restauration des forces est représentée par des images également Yin, mais plus en relation avec la nourriture : à la ligne souveraine, le *poisson* – symbole de fertilité par l'abondance de ses œufs – et à la ligne suivante, un *fruit excellent* dont les graines seront le départ d'un prochain cycle. À ce niveau, celui du seul trait Yang de la figure, se trouvent deux images d'objets de type Yin par leur forme globalement carrée, mais bien différenciés par leur usage : à la *cabane*, qui représente une attitude figée, est opposé le *chariot* dont la mobilité permet de franchir le seuil qui ouvre sur les lendemains de l'USURE.

USURE est une des quatre situations où n'est jamais mentionnée l'appréciation mantique *ouverture* – les trois autres sont : REGARDER (20), S'ENTRAÎNER AU PASSAGE DES RAVINS (29) et SE MONTRER RÉSOLU (43). En outre l'*usure du lit*, dont on peut suivre l'évolution du premier au quatrième trait, s'accompagne à chaque stade de la mention *fermeture*, ce qui suggère d'éviter toute agitation, mais aussi de préserver les outils du repos eux-mêmes. En revanche, c'est à la cinquième ligne, où l'on se préoccupe d'entretenir les forces pendant cette période difficile, qu'est réservée une des appréciations les plus favorables, non seulement de l'hexagramme, mais de tout le *Yi Jing*. Cette attitude des plus *profitables*, ainsi que la présence du Chef Accompli à la ligne suivante, confirment que l'USURE, bien que ce ne soit pas une saison facile, est déjà orientée sur la préparation du renouveau.

Calendérique : USURE appartient à la série dite du calendrier qui rassemble douze hexagrammes associés à la variation du rapport entre ombre et lumière au cours de l'année. USURE est associé dans cette série à la période précédant le solstice d'Hiver (début novembre – début décembre). Le Yin occupe presque la totalité de la figure : il ne subsiste qu'un trait lumineux en haut de la figure. C'est un temps où se prépare la concentration hivernale (2) des forces de renouveau (24).

IDÉOGRAMME

BO : *Émonder, dépouiller un arbre de ses feuilles, dépouiller la terre de ses plantes, trancher, racler, amincir, diminuer, dénuder, dépouiller, priver, enlever la peau ou l'écorce, peler, éplucher, fendre, ôter, réduire, blesser, nuire, affliger, dépérir, déchoir, tomber.*

L'idéogramme décrit une opération saisonnière. Il est formé à droite du signe du couteau et à gauche d'un groupe composé à partir du signe de l'arbre. Il y est représenté une sorte de hache à long manche, placée au-dessus du caractère arbre dont le haut manque et dont le bas est encombré de quatre traits figurant les branchages et les écorces tombées après la coupe. Dans les « Commandements mensuels », un des chapitres du *Rituel des Zhou*, il est dit : « Avant le solstice d'hiver, il faut *émonder* les arbres touffus. »

L'élagage se fait branche après branche, lentement, de la périphérie vers le tronc. Plutôt qu'un éclatement, c'est une usure « jusqu'à la corde ». Avec toujours en toile de fond, l'angoisse que le dernier brin ne rompe, que l'arbre trop émondé ne puisse pas reprendre. Ce serait manquer de confiance envers les saisons : s'il convient d'élaguer les arbres fin novembre, c'est pour favoriser l'accumulation de l'élan vital dans les racines. En hiver, le flux vital est extérieurement réduit, il n'est pas interrompu. L'idéogramme contient l'idée de dépouillement, pas celle d'épuisement : l'arbre est élagué, pas enfermé (voir 47/I).

L'hiver garantit le printemps, pourvu qu'on sache, sans se raidir, l'accepter pour ce qu'il est : un temps Yin où il faut préserver l'essentiel, de manière à préparer la résurgence de l'énergie. Un proverbe dit : « Quand l'USURE culmine, le RETOUR paraît. »

TEXTE CANONIQUE

JUGEMENT

USURE 剝 BO
Pas profitable d'avoir où aller 不利有攸往 bu li you you wang

Sans fioritures, comme le moment auquel il s'applique, le texte du Jugement de cet hexagramme va droit à l'essentiel : il souligne l'inadéquation d'une stratégie qui consisterait à lutter contre l'usure de manière rigide en se crispant sur un objectif extérieur.

Le peu de force dont on dispose ne permet pas d'agir sur la situation. Quand on est fatigué ou affaibli, il est préférable de s'abstenir de toute initiative et de rester chez soi. Tout comme la taille des branches a pour effet le renforcement des racines, la restriction de l'activité est une opportune mesure de consolidation.

Profitable : appréciation mantique indiquant qu'on tire profit à se conduire de la manière indiquée par le contexte. Elle est ici précédée d'une négation.
Avoir où aller : formule mantique en trois caractères dont le premier idéogramme est le verbe auxiliaire *il y a*, modulation soulignant le caractère effectif de ce qui suit, le second un caractère de liaison grammaticale, et le troisième le verbe *aller* qui est une indication de ferme mise en route. Son sens est : garder son cap sans se laisser déboussoler par les difficultés propres à la situation, tenir son objectif quels que soient les turbulences, le flou ou ce qui entrave la marche.
Pas profitable d'avoir où aller : dans la situation décrite par USURE, la fixation opiniâtre sur un objectif n'est pas de mise. Il n'y a que deux situations du *Yi Jing* dont le Jugement donne ce conseil de manière négative : USURE et SPONTANÉMENT (25/J). Ce sont des circonstances où il ne faut pas chercher à maintenir ses vues à tout prix, mais répondre de manière souple au contexte, qu'il soit à dominante Yin comme celui d'USURE ou Yang comme celui de SPONTANÉMENT.

TEXTE DES TRAITS

Au début un six
USURE du lit par les pieds 剝牀以足 BO chuang yi zu
Mal discerner présage fermeture 蔑貞凶 mie zhen xiong

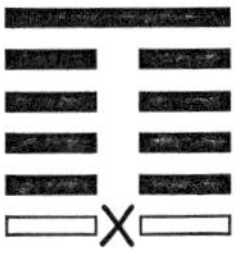

À ce trait d'Entrée, le plus intérieur, les points d'appui se désagrègent. Image d'une structure solide posée sur le sol, le *lit*, qui évoque la position horizontale, celle du repos, est une allusion à l'assise qui rend la verticalité possible. Le *pied*, en revanche suggère généralement une mise en route. Or l'heure n'est pas à se dresser pour entreprendre, mais à épargner ses forces. Symbole – ici comme à l'hexagramme 57 SE MODELER – de ce qui est obscur, le lit est aussi le lieu des rêves, où les réalités s'estompent et la perception devient floue. Dans les moments d'usure, la fatigue peut être telle qu'elle empêche d'y voir clair et de se rendre compte qu'il s'agit avant tout de travailler à la restauration de ses bases.

USURE du lit par… : les traits 1, 2 et 4 de cet hexagramme commencent chacun par une phrase de structure identique : le nom de l'hexagramme, le caractère *lit* et un signe grammatical *(par)* servant à indiquer l'endroit où s'applique l'action décrite. Cette phrase se lit mot à mot : USURE du lit au niveau de…

Lit : dans la Chine antique, le lit n'avait pas un statut d'élément fixe du mobilier, consacré à un seul usage. Formé avec le signe du bois et celui des planches épaisses, l'idéogramme signifiait à l'origine une sorte de *banc* suffisamment large pour s'y asseoir en tailleur ou faire la sieste. C'est pourquoi l'idéogramme était utilisé aussi pour désigner toutes sortes de bâtis en bois. Bien que couramment employé aujourd'hui dans le sens de lit, il peut être considéré comme le symbole de toute structure portante. Caractéristique de cet hexagramme où il est cité trois fois, le lit n'apparaît ailleurs dans le *Yi Jing* qu'à l'hexagramme 57, aux traits 2 et 6.

Pieds : cet idéogramme, qui n'est employé dans le *Yi Jing* que pour désigner les pieds d'ustensiles, est différent du caractère également rendu ailleurs par *pied*. Cette distinction montre que le pied n'est pas ici une métaphore de la faculté à aller de l'avant mais l'image d'un point d'appui. Les deux fois où ce caractère a été choisi, ici et 50/4, c'est dans un contexte de difficulté d'utilisation, ce qui souligne la nécessité d'une stabilisation.

Mal discerner : traduit un seul idéogramme, assez rare et employé seulement dans cette figure, dont le sens d'origine est *œil fatigué qui ne voit plus les objets* et les sens dérivés *faible, ne pas compter, détruire.*

Présage : modulation globale de certaines appréciations mantiques. Précisant que l'appréciation concernée est moins effective que lorsqu'elle est présentée de manière directe (sans modulation), elle la situe comme une tendance probable.

Fermeture : appréciation mantique signalant un moment de blocage, un mauvais agencement du flux vital qui restreint les possibilités de développement. Elle est citée 3 fois dans cette figure : lignes 1, 2 et 4.

Mal discerner présage fermeture : n'apparaissant que dans cet hexagramme, répétée à l'identique aux premier et deuxième traits, cette formule mantique peut être lue de différentes façons qui ne s'excluent pas l'une l'autre. Soit comme deux phrases distinctes et juxtaposées : 1) mal discerner, 2) présage de fermeture. Soit comme une seule : mal discerner présage (la) fermeture. Une troisième lecture serait aussi envisageable : mal discerner les présages (entraîne la) fermeture. La forme à la fois nominale et verbale du mot français *présage* permet de restituer l'ambiguïté du texte chinois et de montrer que ce n'est pas le moment en soi qui aboutit à une impasse inéluctable, mais simplement le fait de mal discerner l'ensemble du processus qui risque d'entraîner un blocage.

Hexagramme dérivé : hexagramme 27. NOURRIR représente l'entretien de la vie. On y examine la manière de se nourrir et on y recherche la modération.

Six en 2

USURE du lit par les traverses 剝牀以辨 Bo chuang yi bian
Mal discerner présage fermeture 蔑貞凶 mie zhen xiong

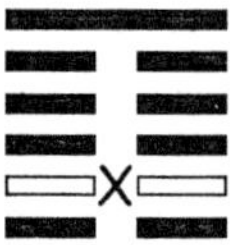

L'USURE qui concerne au trait précédent les points d'appui du lit, les pieds, atteint à présent le bâti qui donne sa solidité à l'ensemble. Ce n'est plus l'assise qui est touchée mais la structure qui, soutenant le lit, en permet l'usage. L'horizontalité des traverses est en accord avec une place seconde, celle du Préfet sur lequel on peut compter et s'appuyer.

La correction du trait, Yin à une place Yin, suggère la présence des qualités nécessaires pour servir. Mais l'heure n'est pas à vouloir trop en faire. Dans une situation qui appelle avant tout le repos, soutenir au-delà du possible ne peut déboucher sur rien. Comme à la première ligne, la difficulté de rester conscient des réalités risque d'empêcher de voir qu'apprendre à économiser ses forces est la seule conduite envisageable.

USURE du lit par… : voir ligne 1.
Lit : voir ligne 1.
Traverses : bien que l'idéogramme ait depuis longtemps le sens classique de *distinguer, séparer, discerner* (sans rapport avec le mot suivant), ici, la seule fois où il est cité dans le *Yi Jing*, il est employé dans son sens propre ancien : barre transversale fixée sur les pieds et sur la plate-forme d'un lit.
Mal discerner présage fermeture : voir ligne 1.

Hexagramme dérivé : Hexagramme 4. JEUNE FOU est un moment de prise en compte d'un jaillissement impétueux et sa canalisation en un courant fécond par l'apprentissage.

Six en 3
USURE même — 剝之 BO zhi
Absence de faute — 无咎 wu jiu

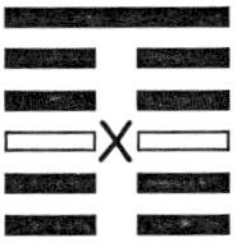

L'USURE, appliquée aux deux traits précédents comme au trait suivant à des parties spécifiques du lit, interrompt ici sa progression pour être considérée dans son ensemble. À ce niveau de Passage, on se trouve au cœur même de l'usure, là où il semble n'y avoir d'autre perspective qu'un élagage complet. Cependant, bien que perdu au milieu d'un groupe de cinq lignes Yin, le trait est en relation par correspondance avec l'unique Yang qui surplombe l'hexagramme, comme la cinquième ligne l'est par voisinage. Qu'il partage avec la ligne souveraine le privilège d'être relié au seul niveau où s'envisage une transition est une perspective qui ouvre l'horizon et doit amener à changer le regard qu'on porte sur la situation.

L'incorrection du trait n'est pas ici un handicap, car ne pas forcer la situation est l'attitude adéquate dans un contexte où le Yin prédomine. Contrairement aux lignes voisines, le texte ne mentionne aucune appréciation mantique négative, mais une incitation à accepter le dépouillement en cours sans se laisser dominer par un sentiment de désagrégation, afin de se mettre déjà en accord avec le renouvellement esquissé à la dernière ligne.

USURE même : le texte porte le nom de l'hexagramme suivi d'un caractère dont le sens, très général, est d'autant plus délicat à cerner qu'il est souvent utilisé comme « mot vide », c'est-à-dire comme opérateur grammatical faisant fonction de complément d'objet indéterminé. Il pose donc la question de savoir à qui ou à quoi renvoie ce complément, étant donné que dans le texte de cette ligne, à la différence de celui de tous les autres traits, aucun objet ni aucun personnage n'est mentionné. La signification de la phrase serait alors *usure de cela* ou *user cela*, « cela » étant ce dont traite la figure dans son ensemble : l'usure elle-même. Son sens pourrait être celui d'une usure de l'usure elle-même.
Absence de faute : formule mantique spécifique n'apparaissant qu'ici dans cette figure. Elle incite à ne pas rester dans un état d'esprit incertain ou hésitant.

Hexagramme dérivé : hexagramme 52. STABILISER est une situation où l'on ramène le calme en cessant de se disperser aussi bien intérieurement qu'extérieurement.

Six en 4
USURE du lit par la peau — 剝牀以膚 BO chuang yi fu
Fermeture — 凶 xiong

L'USURE du lit, un temps interrompue à la ligne précédente, ne s'applique plus à présent à une partie spécifique du lit comme aux deux premiers traits, mais à sa surface. À l'image d'autres symboles Yin, comme les différents tissus évoqué dans le texte d'ÉLAN RÉCEPTIF (voir hexagramme 2), la *peau* mentionnée ici représente une frontière entre l'interne et l'externe. D'un côté, elle est l'enveloppe qui retient et protège ce qui travaille dans le caché ; de l'autre, du côté du visible, elle est ce qui apparaît aux regards. À ce quatrième niveau, première place extérieure, cette frontière est attaquée par l'usure. On ne doit pas se préoccuper de l'extérieur, mais privilégier l'interne et économiser ses forces pour leur permettre de se reconstituer.

USURE du lit par... : voir ligne 1.
Lit : voir ligne 1.
Peau : l'idéogramme a depuis l'Antiquité pour sens propre *peau* et pour sens figuré *superficiel*. La peau est aussi le vêtement des vivants. On peut ici se sentir nu, c'est en tous cas le sens que prend en argot le nom de l'hexagramme quand il est employé avec comme complément le mot chemise.
Fermeture : appréciation mantique signalant un moment de blocage, un mauvais agencement du flux vital qui restreint les possibilités de développement. Elle est citée 3 fois dans cette figure : lignes 1, 2 et 4.

Hexagramme dérivé : hexagramme 35. AVANCER AU GRAND JOUR est un moment d'avancée dans des conditions difficiles où l'on est amené à montrer ses talents au grand jour.

Six en 5

Poissons enfilés par les ouïes	貫魚	Guan yu
Faveurs par les dames du palais	以宮人寵	yi gong ren chong
Rien qui ne soit profitable	无不利	wu bu li

À cette ligne souveraine, la seule où le nom de l'hexagramme n'est pas cité, l'USURE n'est plus subie, comme aux quatre traits précédents, dans une atmosphère de désintégration inévitable. Après la *peau* qui marquait au quatrième niveau la frontière entre l'interne et l'externe, un pas est franchi : *poissons, faveur, profit*, le texte abonde en indications avantageuses. L'USURE qui pourrissait la structure est circonscrite, maîtrisée par l'être humain dont la présence, évoquée ici par les *dames du palais*, remplace aux deux dernières lignes de l'hexagramme l'image du lit qui prédomine dans les traits inférieurs. Les *poissons*, mis à sécher sur des bâtons passés au travers de leurs *ouïes*, évoquent une réserve de nourriture suffisante pour passer la période hivernale. Mais le poisson est aussi, de par son ovulation abondante, un signe de fécondité orienté vers l'avenir. Il n'est pas comme le *lit* un symbole statique, mais une image qui s'inscrit dans le temps comme transition entre passé et futur.

L'appréciation *rien qui ne soit profitable* tranche nettement sur celles des autres lignes. Particulièrement favorable, elle indique qu'on est en position de discerner dans la situation les éléments passés susceptibles d'être à la fois nourriciers et porteurs d'avenir.

Poissons : symbole important en Chine, le poisson, animal aquatique, est de par ses œufs innombrables une allégorie notoire de la multiplicité et de la fécondité Yin. Dans le *Yi Jing*, les deux autres hexagrammes où le poisson est cité sont eux aussi très concernés par le Yin. S'il symbolise ici la nourriture qui permet de « tenir » pendant les périodes hivernales, il est aussi une image de fécondité (44/2) et l'assurance d'une descendance (61/J).

Enfilés par les ouïes : formé avec le caractère des choses précieuses et le signe de ce qui est enfilé, l'idéogramme, qui n'apparaît qu'ici, désigne ce qui est à la fois de valeur et passé le long d'une ficelle (comme les ligatures de sapèques, les anciennes pièces en bronze percées d'un trou carré en leur milieu) ou disposé le long d'une tige, par exemple les poissons, disposés en plein vent selon une technique de séchage qu'on voit encore dans les campagnes chinoises. Il désigne aussi plus symboliquement les membres de la lignée se succédant le long de l'arbre généalogique.

Faveur : formé avec le caractère *dragon* et le signe du *toit*, cet idéogramme qui n'apparaît pas ailleurs désigne une grande puissance concentrée à l'intérieur.

Dames du palais : le texte porte deux caractères : *être humain* en général et *palais*. Parmi les termes utilisés pour nommer les différentes bâtiments des palais, celui-ci est bien spécifique. Il désigne la partie Yin de l'ensemble palatial, le gynécée. Dans le contexte du *Yi Jing*, ce palais n'est mentionné qu'une autre fois (voir 47/3), et le texte précise alors que la personne qu'on devrait y voir est l'*épousée* (de cette qualité de gynécée dérivera que ce mot, palais, désigne l'un des cinq châtiments classiques : réclusion dans cette partie du palais pour les femmes, castration pour les hommes, qui pouvaient alors en qualité d'eunuques les y rejoindre). Il s'agit donc d'un lieu de pouvoir où s'exerce la puissance féminine. *Dames* permet de le suggérer tout en restant aussi général que le terme chinois. *Palais* permet de préciser que c'est le lieu où les choses naissent (ce caractère sera choisi à l'époque moderne pour désigner l'utérus, mot à mot : le palais des enfants). Il est aussi une marque d'origine dans la scansion du temps, le nom d'une des cinq notes de la musique chinoise. De même que l'heure chinoise après minuit, celle d'où commence le décompte des heures du jour, est appelée dans la série des douze signes cycliques : l'heure de l'enfant, de même ce palais est le nom de la note « dont la fréquence va servir de fondamentale à la gamme pentatonique qu'on instaure à l'arrivée d'une nouvelle dynastie[29] » .

Par : l'idéogramme est le même que celui définissant les différents niveaux d'USURE aux traits 1, 2 et 4 (voir ligne 1). Cependant, il est employé ici dans une construction différente qui introduit un agent causal.

Rien qui ne soit profitable : une des meilleures appréciations mantiques du *Yi Jing*. Elle souligne la présence d'un fort potentiel et une grande aptitude à œuvrer au renouvellement, particulièrement dans les périodes de transition. Son importance ici est renforcée par le fait que l'hexagramme USURE est dans l'ensemble relativement pauvre en formules mantiques favorables.

Hexagramme dérivé : hexagramme 20. REGARDER est un moment où l'on élève son point de vue de manière à resituer son action dans une unité de temps plus large.

En haut un neuf

Un fruit excellent n'est pas consommé	碩果不食	Shuo guo bu shi
Le Chef Accompli obtient un chariot	君子得輿	Jun zi de yu
l'Être Petit l'USURE de sa cabane	小人剝廬	Xiao ren BO lü

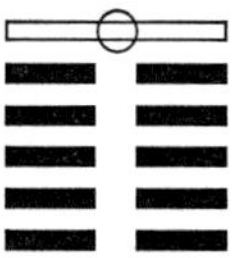

À ce trait de Sortie se concentre la seule force Yang de l'hexagramme : toute la vitalité restante se trouve à la place la plus élevée, symbolisée par le *fruit excellent*. Plus qu'une réserve de nourriture, tels les *poissons* mentionnés à la ligne précédente, ce fruit restant représente à la fois, grâce à ses graines qui retombent en terre, une promesse de renaissance, et la part non touchée, prélevée sur l'immédiat afin de garantir le RETOUR.

Mais cette façon de considérer les temps d'usure n'est pas accessible à tous. Elle demande de prendre de la hauteur afin de savoir déceler au creux de l'hiver les signes annonciateurs du printemps à venir. Le nom de l'hexagramme, qui n'était pas mentionné à la ligne souveraine, réapparaît à cette dernière ligne mais pour ne plus concerner que l'*Être Petit*. Lui seul, enfermé dans un regard étroit, en demeure à la saison présente et la ressent comme une disparition. Le Chef Accompli en revanche, symbole de la force intérieure capable d'envisager le devenir de la situation, sait utiliser les énergies restantes pour assurer la transition.

Chariot et *cabane* sont deux objets carrés en rapport avec la Terre. Mais le char, ajoutant à la capacité de supporter une charge la possibilité du mouvement, est une image plus active du couplage Yin-Yang et du fonctionnement de l'univers. Il symbolise l'attitude du Chef Accompli, capable d'aller au-delà de l'assombrissement en cours et de franchir le seuil conduisant au renouvellement.

Excellent : l'idéogramme, très laudatif, signifie *grand, gros, imposant, magnifique*. Formé avec les caractères *pierre* et *tête*, il peut signifier aussi *ferme comme le roc, inébranlable*. Le plus souvent, son emploi est figuré, évoquant quelqu'un qui a amassé beaucoup de connaissances. Il est par exemple utilisé de nos jours pour désigner le diplôme de licence d'université. Dans le contexte du *Yi Jing*, il n'apparaît qu'au trait supérieur des deux hexagrammes où il est cité (voir 39/6).
Fruit : l'idéogramme, qui n'apparaît qu'ici, représente les fruits aux branches des arbres. Comme en français, il signifie aussi au sens figuré *résultat, conséquence, effet d'une cause*. Les bouddhistes l'utiliseront pour traduire l'idée de rétribution des actes.
Consommé : l'idéogramme signifie *manger*. Il est pris ici à la fois dans son sens matériel et symbolique.
Chef Accompli : personnage symbolique dont la présence signale que la situation requiert des qualités particulières de courage et de perspicacité. Comme dans les trois hexagrammes précédant USURE dans la série du calendrier, FAIRE RETRAITE (33), ADVERSITÉ (12) et REGARDER (20), son attitude est mise en balance avec celle de l'Être Petit.
Obtient : l'idéogramme, toujours très courant, signifie *obtenir, acquérir, trouver, atteindre, recevoir*, etc., à chaque fois dans un sens d'avantage, de gain, de succès.
Chariot : le chariot, comme le char, en raison de sa caisse carrée comme la Terre et de son dais rond comme le Ciel est en Chine une image usuelle du couplage Ciel-Terre. Dans le contexte du *Yi Jing*, sa faculté à avancer et à transporter marque généralement l'efficience de ce couplage. Le choix ici de *chariot*, plutôt que *char*, alors que leur sens propres sont quasiment équivalents, renforce en même temps l'aspect Yin et l'aspect Yang. L'idéogramme signifie plus précisément la *caisse* du char, en tant que nom et *transporter, porter sur les épaules* en tant que verbe. C'est à lui tout seul un symbole de la Terre au sens de globe terrestre – par exemple dans l'expression *yu tu*, mot à mot *image du chariot*, qui signifie *mappemonde*. Ce choix résonne d'autant plus avec l'ensemble des divers symboles Yin cités dans les traits précédents qu'il s'agit ici du niveau de sortie et que, parmi ces images Yin, le chariot est le seul objet qui ait la faculté d'être mobile, d'aller au-delà de la situation présente.
Être Petit : personnage symbolique représentant une attitude sans

envergure, mesquine, immature ou rigide. Incapable de responsabilités et peu perspicace quant à l'évolution d'une situation, l'Être Petit ne sait pas replacer le moment dans une perspective plus vaste.
Cabane : écrit avec le signe général des bâtiments secondaires et un groupe complexe signifiant noir, plutôt dans le sens de sale, noirci par la fumée, l'idéogramme, qui n'apparaît qu'ici, signifie *cabane, hutte, baraque.*

䷁ **Hexagramme dérivé** : Hexagramme 2. ÉLAN RÉCEPTIF est un moment où la ténacité se conjugue à la souplesse. Le Chef Accompli, sans se mettre en avant, y suit une direction déterminée.

ÉLÉMENTS D'ANALYSE

Nucléaire

䷁ **Hexagramme 2 : ÉLAN RÉCEPTIF.** Au cœur de. USURE, il y a ÉLAN RÉCEPTIF. Au cœur d'une période d'élagage, il y a disponibilité, consentement et adaptabilité aux circonstances. Dans cette phase de repos symbolisée par le lit, l'apaisement permet de refaire ses forces et d'effectuer la transition entre l'acceptation d'une fin et la préparation d'un renouvellement. La capacité Yin d'engendrement s'y manifeste déjà par des signes de fécondité qui garantissent le retour de la vitalité.

USURE est lui-même l'hexagramme nucléaire d'une famille de quatre figures, (hexagrammes 3, 8, 20 et 42), dans lesquelles il prend le sens général d'une disparition portant en elle les germes d'un renouvellement.

Opposé

䷪ **Hexagramme : 43 SE MONTRER RÉSOLU.** La relation d'opposition entre USURE et SE MONTRER RÉSOLU apparaît par leur position dans le cycle du calendrier : ce sont les deux situations précédant les culminations Yin et Yang. SE MONTRER RÉSOLU se situe juste avant le solstice d'été, USURE se situe juste avant le solstice d'hiver. Dans SE MONTRER RÉSOLU, la tension doit se résorber par l'expression de la force dans une action déterminée et ponctuelle. Dans USURE l'action doit être évitée pour que le temps travaille à la restauration des forces.

24 RETOUR

復

FU

䷗

En haut TERRE ☷
En bas TONNERRE ☳

RETOUR	復	FU
Favorisant	亨	heng
Sortir et rentrer sans fébrilité	出入无疾	chu ru wu ji
Des compagnons viennent absence de faute	朋來无咎	peng lai wu jiu
En se retournant le chemin fait RETOUR	反復其道	fan FU qui dao
Sept jours et vient le RETOUR	七日來復	qi ri lai FU
Profitable d'avoir où aller	利有攸往	li you you wang

Au début un neuf

RETOUR peu avancé	不遠復	bu yuan FU
Ne pas respecter regrets	无祇悔	wu zhi hui
Fondamentalement ouvert	元吉	yuan ji

Six en 2

RETOUR en pause	休復	xiu FU
Ouverture	吉	ji

Six en 3

RETOUR en hâte	頻復	pin FU
Danger	厲	li
Absence de faute	无咎	wu jiu

Six en 4

Agir au Milieu Juste	中行	zhong xing
RETOUR solitaire	獨復	du FU

Six en 5

RETOUR magnifié	敦復	dun FU
Pas de regrets	无悔	wu hui

En haut un six

RETOUR égaré	迷復	mi FU
Fermeture	凶	xiong
Il y a désastres et fautes d'inadvertance	有災眚	you zai sheng
À opérer la mise en route de l'ARMÉE	用行師	yong xing shi
à la fin il y a grande défaite	終有大敗	zhong you da bai
et ainsi pour le chef et son pays fermeture	以其國君凶	yi qi guo jun xiong
Durant dix années	至于十年	zhi yu shi nian
On ne peut l'emporter dans des expéditions	不克征	bu ke zheng

Grande Image

Le tonnerre se trouve au cœur de la terre	雷在地中	lei zai di zhong
RETOUR	復	FU
Les Anciens Rois ainsi	先王以	xian wang yi
fermaient les passes au moment du solstice	至日閉關	zhi ri bi guan
Marchands et VOYAGEURS ne circulaient pas	商旅不行	shang LU bu xing
Le Souverain ne visite pas les régions	后不省方	hou bu xing fang

Dixième Aile

RETOUR	復	FU
retourner	反也	fan ye

RETOUR, c'est revenir à la source pour recommencer. Par la cessation du mouvement, on revient au plus près de l'indifférencié et de l'invisible, et cette remontée en deçà des formes actualisées permet un renouveau. Car cet espace indéterminé, où actions et intentions sont encore à l'état virtuel, est aussi une zone d'engendrement. S'en rapprocher, c'est prendre en considération l'éveil encore ténu d'une vitalité qui demande à être reçue et affermie, le début d'une renaissance qui ne peut s'effectuer dans la hâte.

Associé dans la série du calendrier au mois de janvier, RETOUR marque un tournant dans la boucle cyclique du temps : c'est le retour de la lumière. Le jour a cessé de décroître, le flux vital concentré dans les racines reprend sa marche ascendante et prépare une éclosion plus particulièrement décrite à l'hexagramme 3 DIFFICULTÉS INITIALES. Un seul trait Yang est enfoui sous le poids de cinq Yin, comme pour signifier le tout début d'une vivification encore en gestation (le cœur de la situation, c'est l'hiver, la saison où rien ne bouge). Cette large prédominance du Yin renforce l'ambiguïté et l'hésitation propres aux moments de passage.

Comme dans toutes les situations de tournant, on devra veiller à ne pas forcer le mouvement. Les choses étant encore à l'état de potentialité, il n'y a dans cet hexagramme la description d'aucune situation particulière, seulement des indications énergétiques abstraites, axées sur la notion d'agir minimum : repos (ligne 2), danger de l'agitation (ligne 3), juste Milieu (ligne 4), fermeture des passes (Grande Image), tout dans le vocabulaire utilisé incite à favoriser une éclosion naturelle par la simple consolidation du mouvement de RETOUR.

Le texte est construit de manière régulière : le nom de l'hexagramme apparaît à toutes les lignes avec un qualificatif, ce qui permet de voir six manières différentes de considérer le rétablissement à l'œuvre. Les formules les plus favorables se trouvent aux deux lignes de la Terre, c'est-à-dire au plus près de la source du renouvellement. Les formules négatives, à l'opposé, sont rassemblées tout en haut de l'hexagramme dont la dernière ligne se détache par sa longueur et les détails d'une attitude de totale incompréhension du mouvement en cours. On y est incapable du seul comportement adéquat dans cette situation : percevoir que la renaissance qui se dessine ici n'en est qu'au stade d'une frêle tendance, qu'il ne s'agit pas de gaspiller mais de consolider.

Calendérique : RETOUR appartient à la série dite « du calendrier » qui rassemble douze hexagrammes associés à la variation du rapport entre ombre et lumière au cours de l'année. RETOUR est associé dans cette série à la période qui suit le solstice d'hiver (début janvier – début février) quand, après la culmination de la nuit, le jour reprend un mouvement de croissance, indiqué par le trait Yang qui apparaît en bas de la figure.

IDÉOGRAMME

FU : *Revenir, retourner, rétablir, restaurer, de nouveau, exempter.*

L'idéogramme est formé de deux éléments contigus. À gauche un des signes de la marche, signifiant que la partie droite est à prendre au sens d'un mouvement. À droite un groupe complexe dont l'explication n'est pas assurée, particulièrement dans la partie supérieure. Les graphies les plus anciennes évoquent un habitat, que certains disent préhistorique comme les maisons à demi enterrées de Ban Po[30]. À l'époque du *Yi Jing*, cette graphie ressemble à celle dont dérivera le caractère *favorisant* et le caractère rendu par *ouverte & cordiale* qui définit l'attitude adéquate au moment d'ÉLAN RÉCEPTIF (voir 2/GI). La partie inférieure est la représentation d'un pied entravé, tiré en arrière, le signe d'une marche difficile.

L'ensemble de l'idéogramme signifie depuis toujours l'idée d'un retour. Ses formes composées permettent d'en cerner les tonalités : c'est un moment de l'hiver (avec le signe habit, il forme le mot *vêtement doublé*) ; un endroit fermé (avec le signe de la terre, celui de *grotte*) ; riche de vie (avec le signe des animaux aquatiques, il forme *coquillage*). C'est aussi un mouvement plein de force (avec le signe des reptiles, c'est le *cobra*, le serpent qui retourne sa tête pour frapper) ; une solide cheville ouvrière (avec le signe des chars, c'est l'*essieu*), la pièce essentielle qui assujettit le mouvement (voir 9/3, 26/2 et 34/4). C'est enfin le lieu où s'incarne le renouveau du flux vital : avec le signe des parties du corps, il forme le mot *ventre* (voir 36/4).

Ici, ce retour est distingué par un signe de mouvement : c'est du mouvement de renouveau qu'il s'agit. Il est caractérisé par le fait d'être à la fois naturel et difficile, et par celui d'être en rapport avec un pôle nettement Yin, auquel il faut toujours revenir pour accompagner ce retour du Yang.

TEXTE CANONIQUE

JUGEMENT

RETOUR	復	FU
Favorisant	亨	heng
Sortir et rentrer sans fébrilité	出入无疾	chu ru wu ji
Des compagnons viennent absence de faute	朋來无咎	peng lai wu jiu
En se retournant le chemin fait RETOUR	反復其道	fan FU qui dao
Sept jours et vient le RETOUR	七日來復	qi ri lai FU
Profitable d'avoir où aller	利有攸往	li you you wang

Tout renouveau est un moment d'essor. Cependant RETOUR est une situation trop fragile pour que l'éclosion puisse se faire d'un seul coup. La circulation Yin-Yang, productrice de l'énergie vitale, s'installe par petits essais successifs, alternance de déploiements et de replis qui ne doivent pas s'effectuer dans l'affolement, la hâte, ou la brusquerie. Toute avancée s'enracine par des pas en arrière ; ce rythme, dont l'hexagramme 53 PROGRESSER PAS À PAS expose le détail, est vécu ici en condensé, c'est-à-dire de manière plus vive. *Sortir et rentrer* peut également se lire comme une allusion à une respiration plus large, celle qui fait alterner l'engendrement des êtres et leur disparition : tel est le cours des choses, et il se déroule d'autant plus aisément qu'il est vécu sans dramatisation ni agitation excessive.

Comme dans d'autres hexagrammes à dominante Yin, la présence des *compagnons* indique le mouvement de resserrement par lequel un souffle commun, vivificateur, est en train de prendre forme. Il serait donc prématuré de chercher à vaincre les difficultés par une volonté d'affirmation autoritaire. Le renouveau se fait au contraire dans un esprit de solidarité et d'amitié, et il y a lieu de se laisser porter sans hésitation par le soutien de ceux qu'un même souffle anime.

C'est par un incessant mouvement de retour à l'indéterminé que les énergies de réalisation se régénèrent : revenir en arrière permet de repartir vers l'avant avec des forces neuves. RETOUR indique ce moment où, toutes les forces convergeant vers le bas, vers l'intérieur, un renversement s'opère qui amorce un redémarrage encore à peine visible. Un laps de temps est nécessaire à ce retournement : il faut d'abord que le mouvement cesse avant que, de l'indifférencié, puisse se dégager une tendance neuve. Si ce n'est pas le moment de prendre des initiatives, il convient en revanche de déterminer une orientation, en discernant de quelle action globale ce moment peut être le premier pas.

Favorisant : appréciation mantique décrivant un climat d'essor, un agencement fertile, un dispositif énergétique global dans lequel l'échange entre le Ciel et la Terre se noue de manière féconde.
Sortir : toujours très courant, l'idéogramme a une vaste plage de sens, *sortir, produire, engendrer, naître, provenir, se produire, arriver, paraître, se manifester,* globalement située dans une perspective Yang.
Rentrer : l'idéogramme représente un mouvement dirigé vers l'intérieur. Signifiant globalement *entrer dans, pénétrer*, ce caractère également très courant est dans le contexte du *Yi Jing* toujours associé à des lieux ou des situations à forte tonalité Yin. Il est le plus souvent employé dans une expression en deux caractères dont le second est une conjonction précisant les lieux où s'applique ce mouvement de rentrée. C'est ici le seul endroit où cette conjonction est absente et où ce verbe, employé dans toute sa généralité, est mis en rapport avec *sortir.*
Fébrilité : l'idéogramme signifie à la fois *malaise, souffrance, blessure* et aussi *rapidité, promptitude, hâte.* Fébrilité permet de rendre ces deux niveaux de sens qui souvent se superposent.
Compagnons : l'idéogramme a toujours le sens de *compagnon.* Dans le contexte du *Yi Jing*, les compagnons sont des personnages symboliques qui apparaissent dans des hexagrammes à forte majorité de traits Yin (voir 2/J), dans des situations de relations horizontales et le plus souvent associés à un mouvement de convergence.
Viennent, vient : répété deux fois dans le texte de ce Jugement, l'idéogramme est un verbe auxiliaire très courant évoquant un mouvement se dirigeant vers le locuteur.
Absence de faute : formule mantique spécifique incitant à ne pas rester dans un état d'esprit incertain ou hésitant, qui conseille ici de se tourner vers ceux qui arrivent. Elle sera reprise au troisième trait.
Chemin : combinant le signe général du mouvement et un caractère signifiant tête, principe, l'idéogramme a pour sens premier voie, chemin, cheminer. Cependant il s'agit aussi du caractère qui sera utilisé ultérieurement pour désigner le Tao.
En se retournant : l'idéogramme, composé de deux paumes l'une

tournée vers le haut, l'autre vers le bas, représente en fait le mouvement d'une paume se retournant. Il signifie au sens propre *envers*, et à partir de cette idée *s'opposer, contre, anti, se détourner* ; le mouvement de la paume a induit le sens de *retourner*, devenu finalement *revenir en arrière, retourner sur ses pas*. Par rapport au mouvement décrit par RETOUR, il suggère plutôt un mouvement de rentrée vers l'intérieur (voir 39/3, 54/3, *retour*, et 9/3, *se regardent de travers*).
Fait RETOUR : le texte porte seulement le nom de l'hexagramme. Il contraste ici avec le verbe précédent.
En se retournant le chemin fait RETOUR : le pas en arrière est nécessaire au ressourcement de la créativité. Une phrase quasi identique se trouve parmi les Commentaires canoniques de la ligne de passage d'ÉLAN CRÉATIF[31] où elle sonne comme un avertissement adressé au Chef Accompli s'il exagère dans la fermeté et se prend pour un dragon invincible. Ce moment de retour en arrière sera mis en valeur dans le *Dao De Jing* comme caractéristique essentielle du mouvement du Tao.
Sept jours : le chiffre sept n'apparaît dans le *Yi Jing* que pour qualifier des jours. Il caractérise alors une durée approximative – la semaine à l'époque du *Yi Jing* est de dix jours (voir 55/1) – se terminant par une fin heureuse, pour peu qu'on sache s'y comporter de manière Yin sans chercher à forcer le mouvement (voir 51/2 et 63/2). La forme de l'idéogramme (une pousse sortant de terre) ainsi que sa présence au Jugement de RETOUR joueront un rôle dans le choix de ce chiffre comme symbole du jaillissement associé au jeune Yang.
Avoir où aller : formule mantique spécifique qui apparaît chaque fois qu'une particularité de la situation risque de faire perdre de vue les objectifs à long terme. Elle signifie : garder son cap sans se laisser déboussoler par les difficultés propres à la situation ; tenir son objectif quel que soit ce qui entrave la marche ou masque le but à atteindre. Garder ici une orientation claire permet d'éviter les pièges de l'agitation instinctive.

TEXTE DES TRAITS

Au début un neuf
RETOUR peu avancé
Ne pas respecter regrets
Fondamentalement ouvert

不遠復 bu yuan FU
无祇悔 wu zhi hui
元吉 yuan ji

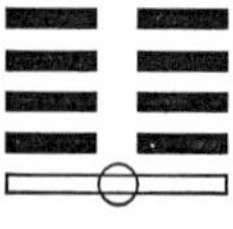

Stade d'éveil d'une situation elle-même d'éveil, l'unique trait Yang, placé tout en bas de la figure, est au cœur de la situation. Il est le lieu où s'exprime une vitalité toute neuve et où se concentrent les potentialités propres au RETOUR. Encore à l'état de simple jaillissement, le renouveau n'a pas pris une consistance telle qu'il puisse être considéré comme établi. Une certaine prudence est nécessaire afin que ce début puisse être reçu et prolongé par les forces Yin qui l'entourent.

On trouve à cette ligne une appréciation mantique parmi les plus favorables du *Yi Jing* en général et de cet hexagramme en particulier : cette faculté de démarrage doit être préservée en tant que matrice initiale d'un mouvement à déployer.

RETOUR : nom de l'hexagramme. RETOUR est l'un des hexagrammes dont le Texte des traits est le plus scandé. Chacun des six niveaux commence à l'identique par le nom de l'hexagramme précédé d'un attribut qui caractérise le moment du RETOUR où l'on se trouve. Seul le quatrième déroge légèrement à cette construction comme pour marquer sa relation privilégiée avec le premier trait.

Peu avancé : formé avec le signe général du mouvement et un caractère signifiant *long* (à l'origine appliqué au vêtement), l'idéogramme qui n'apparaît qu'ici signifie *éloigné, lointain, distant ; de longue durée,* etc. Déterminé par une négation, il signifie que le mouvement de RETOUR est encore proche de son point de départ.

Respecter : l''idéogramme signifie *respect, crainte révérentielle, respecter, vénérer.* Cependant, il peut être confondu avec un autre très proche graphiquement dont le sens ancien est *esprit de la Terre,* et le sens classique *seulement, ne... que, mais* (voir 29/5).

Regrets : appréciation mantique signalant qu'on tarde à réagir pour adopter la nouvelle attitude demandée par l'évolution de la situation. Elle est citée deux fois dans cette figure, ici et à la ligne 5. L'idéogramme, formé avec le signe du cœur – commun à tous les sentiments ou pensées – et un groupe complexe représentant des plantes pullulantes, évoque ce qui encombre le cœur et donc le paralyse.

Ouvert (ouverture) : appréciation mantique signalant un moment heureux où un agencement fécond du flux vital multiplie les possibilités de développement. Elle n'est cité dans cette figure qu'aux deux premiers niveaux.

Fondamentalement : modulation particulière donnée par un idéogramme qui signifie *début, origine, entièrement.* Appliquée à *ouverture,* elle précise que cet agencement est à la fois dans la vigueur de son début et traversé de fond en comble par une force printanière.

Fondamentalement ouvert : formule mantique parmi les plus favorables du *Yi Jing. Fondamcntalement* rehausse la fécondité de l'agencement décrit par *ouverture,* en soulignant l'étendue de ses possibilités d'application, sa vigueur et sa capacité à initier des situations nouvelles. Cette appréciation est rare en première ligne, elle n'y est mentionnée qu'une autre fois, au début d'AUGMENTER, autre situation où s'opère à ce niveau un démarrage caractéristique (voir 42/1).

䷁ **Hexagramme dérivé :** hexagramme 2. ÉLAN RÉCEPTIF est un moment de disponibilité et d'adaptabilité aux circonstances, où la ténacité se conjugue à la souplesse.

Six en 2
RETOUR en pause　　　　休復 xiu FU
Ouverture　　　　　　　吉 ji

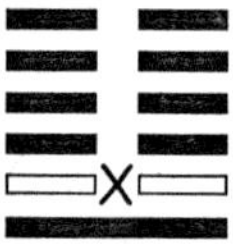

Le renouveau, qui s'exprime par le jaillissement Yang du premier trait, est suivi d'un temps d'arrêt, nécessaire à un mouvement encore jeune pour reprendre son souffle.

Ce deuxième trait, souple à une place de Préfet donc correct, et complémentaire du premier trait avec lequel il est en relation de voisinage, représente un moment où peuvent s'exprimer les qualités permettant de recevoir et d'amortir le mouvement initial pour en épanouir les possibilités.

RETOUR : nom de l'hexagramme, voir ligne 1.
Pause : l'idéogramme représente un être humain s'appuyant sur un arbre. Toujours très courant, il signifie *s'arrêter, se reposer, cesser de travailler.* Il n'est cité qu'une autre fois, à la ligne souveraine de l'hexagramme 12, quand l'ADVERSITÉ marque un temps d'arrêt avant de se résorber.
Ouverture : appréciation mantique signalant un moment heureux où un agencement fécond du flux vital multiplie les possibilités de développement. Cette appréciation, citée seulement aux deux premiers niveaux de l'hexagramme, associe cette ligne à la précédente.

䷒ **Hexagramme dérivé :** hexagramme 19. APPROCHER est un moment de surgissement de forces multiples où l'on se penche avec bienveillance sur ce qui naît pour l'aider à grandir.

Six en 3
RETOUR en hâte　　　　頻復 pin FU
Danger　　　　　　　　厲 li
Absence de faute　　　无咎 wu jiu

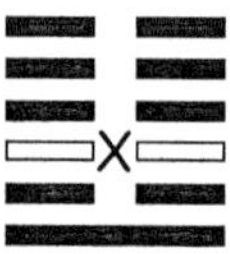

À ce niveau de Passage vers l'extérieur est indiquée une contradiction entre le désir d'avancer et l'insuffisance des moyens qui permettraient de le faire. L'empressement est le signe d'une insistance désireuse d'agir pour que la situation avance plus vite. Bien que légitime, ce désir ne peut s'appuyer sur une fermeté suffisante et il ne peut entraîner que stérilité et complications. Se précipiter, s'affoler, c'est refuser de laisser les choses naître à leur rythme, et faire le lit d'un aventurisme instinctif qui se révèle désastreux à la sixième ligne.

RETOUR : nom de l'hexagramme, voir ligne 1.
Hâte : formé avec le signe d'une marche appuyée et le caractère *tête*, l'idéogramme, dont le sens d'origine est *froncer les sourcils* par embarras ou par manque de ressources, signifie maintenant *urgent, pressant, critique*. Il a aussi le sens de *fréquent*, bien en accord ici avec une répétition tournant à l'agitation stérile. Il n'est cité qu'une autre fois, au même niveau de SE MODELER, également avec une appréciation mantique négative (voir 57/3).
Danger : appréciation mantique signalant les risques inhérents à la situation.
Absence de faute : formule mantique spécifique incitant à ne pas rester dans un état d'esprit incertain ou hésitant.

Hexagramme dérivé : hexagramme 36 : LUMIÈRE OBSCURCIE est un moment de difficultés et d'oppression, une période de mise sous le boisseau durant laquelle on doit préserver et nourrir sa flamme personnelle.

Six en 4
Agir au Milieu Juste — 中行 zhong xing
RETOUR solitaire — 獨復 du FU

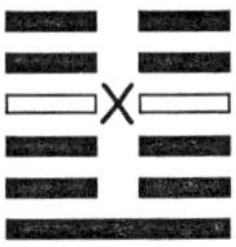

Combinant deux termes parmi les plus importants du *Livre des Changements*, l'action créatrice du Ciel et l'attitude juste et centrale du sage, ce trait évoque une démarche de haute valeur. Par son rapport privilégié avec le premier trait – c'est la seule correspondance à l'œuvre dans cet hexagramme – il est à même de renforcer et prolonger le mouvement de renouveau qui naît au bas de la figure.

On doit cependant être conscient de l'isolement dans lequel on se trouve, isolement souligné par la position du trait au milieu d'un ensemble de cinq traits Yin. Cela doit engager à une attitude courageuse, que rendent possible la correction du trait, Yin à une place Yin, et le potentiel de la place qu'il occupe, celle de Ministre. Disponibilité envers les différentes possibilités qui s'expriment et impartialité, telles sont les qualités sous-entendues par le *Milieu Juste*.

Agir : l'idéogramme combine indistinctement les sens de *marche* et de *fonctionnement productif*, comme en français le verbe marcher. Dans le *Yi Jing*, il est soit l'emblème du mouvement créatif du Ciel, soit l'indication d'une action ou d'une attitude en conformité avec le Ciel.
Milieu Juste : représentant une flèche qui se fiche *au milieu de la cible*,

l'idéogramme, un des plus importants de la langue chinoise, désigne l'attitude juste et centrale parce que en parfait couplage avec le moment.

Agir au Milieu Juste : réunissant deux notions parmi les plus importantes du *Livre des Changements*, l'action créatrice du Ciel et l'attitude juste et centrale, cette expression, qui appelle un comportement de haute qualité, n'est mentionnée que cinq fois : 11/2, 24/4, 42/3, 42/4, 43/5.

RETOUR : nom de l'hexagramme. RETOUR est l'un des hexagrammes les plus scandés. Le texte de chacun des traits commence par le nom de l'hexagramme précédé d'un attribut qui caractérise le moment du RETOUR où l'on se trouve. Alors que dans tous les autres traits, cette construction est en tête, elle est ici précédée d'une phrase, comme pour indiquer une maîtrise nouvelle prévalant sur les hésitations normales du mouvement de RETOUR.

Solitaire : l'idéogramme signifie *autonome, seul, unique*. Il apparaît dans les deux hexagrammes qui traitent des tournants de la montée du Yang, RETOUR et SE MONTRER RÉSOLU (43/3), dans les deux cas au voisinage de l'*agir au Milieu Juste*, attitude dont la solitude est souvent une conséquence.

Hexagramme dérivé : hexagramme 51. ÉBRANLER est un moment de réveil des énergies assoupies, une puissance d'activation à même de féconder un renouveau.

Six en 5

RETOUR magnifié — 敦復 dun Fu

Pas de regrets — 无悔 wu hui

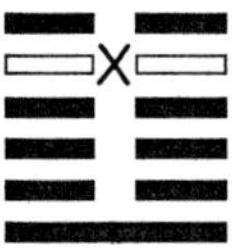

En écho avec la deuxième ligne, où un moment d'arrêt permet de stabiliser le jaillissement initial, ce niveau Souverain est celui où on est à même de comprendre et de consolider le mouvement de renouveau. Cela ne signifie pas se laisser aller à toutes sortes de poussées chaotiques, mais être capable d'en saisir les impulsions pour les enraciner et en faire le vrai début d'une action durable. Il n'y a pas à regretter d'avoir à canaliser les turbulences initiales : maintenir et guider le renouveau est nécessaire pour en organiser les dispositions.

RETOUR : nom de l'hexagramme, voir ligne 1.

Magnifié : formé avec le caractère *rites d'hommage* et un signe général d'autorité, l'idéogramme comporte plusieurs directions de sens. *Magnifié* est un compromis qui tente d'évoquer cette pluralité, qui se regroupe autour de l'idée commune de sublimation. La valeur de ce qui est décrit ici est accentuée par le fait que ce terme n'est mentionné qu'aux places supérieures des hexagrammes où il apparaît (19/6 et 52/6).

Regrets : appréciation mantique signalant qu'on tarde à réagir pour adopter la nouvelle attitude demandée par l'évolution de la situation. Voir ligne 1.

Pas de regrets : formule mantique spécifique dans laquelle une négation renforce le sens d'injonction à aller de l'avant sans aucune nostalgie pour ce qu'on laisse derrière soi, contenu dans le terme *regrets*. Sauf ici et à 13/6, les quatre autres fois où cette formule est citée, elle est mise en relation avec : *tout regret disparaît* (voir 31/5, 34/5, 59/3 et 64/5).

Hexagramme dérivé : hexagramme 3. DIFFICULTÉS INITIALES est le moment des commencements confus. C'est l'établissement des priorités qui permet d'y trouver une orientation.

En haut un six

RETOUR égaré	迷復	mi FU
Fermeture	凶	xiong
Il y a désastres et fautes d'inadvertance	有災眚	you zai sheng
À opérer la mise en route de l'ARMÉE	用行師	yong xing SHI
à la fin il y a grande défaite	終有大敗	zhong you da bai
et ainsi pour le chef et son pays	以其國君凶	yi qi guo jun
fermeture		xiong
Pendant une durée de dix années	至于十年	zhi yu shi nian
on ne peut l'emporter dans des expéditions	不克征	bu ke zheng

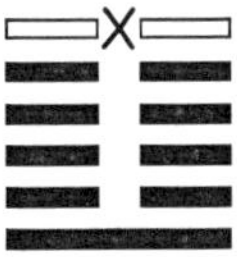

Le texte du dernier trait de RETOUR, le plus éloigné de la source neuve qui affleure au trait initial, se détache des cinq autres par sa profusion (il compte vingt-cinq caractères[32]) et par une accumulation de formules mantiques négatives. S'exprimant par des tentatives volontaristes réitérées, l'incompréhension du processus de RETOUR est ici totale, et les potentialités risquent d'en être complètement gâchées. Il est rendu compte de cette attitude par la description d'une suite d'événements qui constitue un ensemble des plus sombres.

Égarement et manque de discernement se soldent par des impasses et des calamités ; initiatives impétueuses et entreprises agressives répétées aboutissent systématiquement à des échecs ; le chef, qui n'est ici qualifié ni de grand ni d'accompli, s'avère incapable de mener à bien ses affaires et celles du pays. Qui se conduit ainsi ne comprend pas que le moment n'est pas à commander mais à donner à ce qui naît le temps de prendre forme. Ce gaspillage de possibilités de renouveau pourtant bien présentes est le résultat d'une tendance compulsive à vouloir à tout prix précipiter le mouvement.

RETOUR : nom de l'hexagramme, voir ligne 1.
Égaré : formé avec le caractère des grains de riz non cuits et le signe général du mouvement, l'idéogramme, qui évoque les grains de riz *perdus, égarés* parce que emportés par le vent, peut avoir un sens transitif *égarer (quelqu'un), troubler, désorienter, affoler* et aussi réflexif *s'égarer*. Il n'apparaît qu'ici et au Jugement de ÉLAN RÉCEPTIF pour déconseiller de se mettre en avant (2/J).
Fermeture : appréciation mantique signalant un moment de blocage, un mauvais agencement du flux vital qui restreint les possibilités de développement. Ce trait est le seul de la figure où cette appréciation soit non seulement mentionnée mais répétée deux fois.
Il y a : verbe auxiliaire jouant dans le contexte du *Yi Jing* le rôle de modulation mantique. Il renforce l'appréciation qu'il annonce en soulignant son caractère effectif.
Désastre : combinant les caractères *feu* et *fleuve*, représentant l'incendie et l'inondation, les deux fléaux majeurs auxquels sont exposées les cités chinoises, l'idéogramme qui signifie *calamité, fléau, sinistre*, évoque toutes sortes de calamités, parfois naturelles, parfois dues à l'inattention.
Faute d'inadvertance : formule mantique spécifique signalant un type d'erreur particulier dû à un défaut d'observation, à un manque de discernement.
Opérer : verbe auxiliaire insistant sur la mise en œuvre effective de ce qui est décrit par le verbe principal.
Mise en route de l'ARMÉE : formé avec le nom de l'hexagramme 7 et un verbe signifiant *marcher, agir*, ce conseil ne doit pas uniquement être pris pour son sens symbolique : se mobiliser pour instaurer une discipline. La construction de la phrase incite à lire dans cette mise en route de l'ARMÉE l'image d'une attitude agressive, globalement inadéquate au moment de RETOUR, et particulièrement ici à son niveau de sortie.
À la fin : modulation mantique qui replace la circonstance dans une perspective temporelle.
Grande : bien que cet adjectif semble utilisé ici pour son sens propre, il peut également dans le contexte du *Yi Jing* être employé comme emblème du Yang *(Grand... Petit)*, un niveau de sens qui ne peut pas être complètement exclu.
Défaite : formé avec le caractère général des choses précieuses et un signe d'autorité, l'idéogramme, qui n'apparaît qu'ici, évoque peut-être une demande de rançon. Il signifie *ruiner, infliger une défaite, subir une défaite, se flétrir, tomber.*
Chef : l'idéogramme est le premier du binôme qui sert à nommer le Chef Accompli. Cependant, comme rien ne le qualifie, il doit être pris ici dans son sens courant : celui qui est en tête.

Pays : l'idéogramme décrit la notion de pays comme un territoire enclos à l'intérieur d'une frontière nette comme une muraille au centre duquel se trouve une capitale carrée, avec une hallebarde représentant la sécurité.
Dix années : le *Yi Jing* ne parle pas en temps réel mais en durées symboliques ou plutôt psychologiques. Il distingue des cycles complets courts (trois ans) et des cycles complets longs (dix années). Il distingue aussi des temps révolus (rendus par *ans*) et des temps en devenir (rendus par *années*). Le cycle de dix est toujours mentionné avec l'idée de temps à venir *(années)*.
L'emporter : l'idéogramme a pour sens principal *être capable de, pouvoir*. De là, il en est venu à signifier *l'emporter sur, maîtriser, rivaliser*. Les sept fois où il est, comme ici, précédé d'une négation, il marque une situation d'impuissance.
Expéditions : l'idéogramme désignait à l'origine une expédition punitive. Il représente dans le *Yi Jing* la mise en route d'une action vigoureuse et déterminée de remise en ordre, tout à fait inadaptée dans ce contexte.

䷚ **Hexagramme dérivé :** hexagramme 27. NOURRIR représente l'entretien régulier de la vie. On y modère son appétit et son avidité en examinant comment on se nourrit et quelle partie de soi on nourrit.

Nucléaire

䷁ **Hexagramme 2 : ÉLAN RÉCEPTIF.** Au cœur de RETOUR, il y a ÉLAN RÉCEPTIF. Au cœur d'un mouvement de renouveau il y a disponibilité, consentement et adaptabilité aux circonstances. Encore habité par l'indifférencié où il vient se ressourcer, le flux vital s'engendre au cœur de la nuit hivernale. La tranquillité et la souplesse permettent de préserver et de raffermir la vitalité naissante avant qu'elle puisse trouver une orientation.

RETOUR est lui-même l'hexagramme nucléaire d'une famille de quatre figures (hexagrammes 4, 7, 19 et 41), dans lesquelles il prend le sens général de vitalité neuve qui demande à être guidée.

Opposé

䷫ **Hexagramme 44 : ÊTRE ACCUEILLANT.** La relation d'opposition entre RETOUR et ÊTRE ACCUEILLANT apparaît par leur position dans le cycle du calendrier : ce sont les deux situations suivant les culminations Yin et Yang. RETOUR se situe juste après le solstice d'hiver, il indique le moment du retour du Yang. ÊTRE ACCUEILLANT se situe juste après le solstice d'été, il indique le moment du retour au Yin. Dans RETOUR, renaissance d'un Yang encore frêle, l'affirmation doit se faire progressivement pour se consolider. Dans ÊTRE ACCUEILLANT, fin de la suprématie du Yang, ce qui s'est affirmé doit se diffuser vers autrui. Les Grandes Images le précisent : au moment du RETOUR, *le souverain ne visite pas les régions*, au moment d'ÊTRE ACCUEILLANT, *le souverain informe les quatre régions.*

復

25 SPONTANÉMENT

无妄

WU WANG

En haut CIEL ☰
En bas TONNERRE ☳

SPONTANÉMENT	无妄	WU WANG
Fondamentalement favorisant	元亨	yuan heng
Ténacité profitable	利貞	li zhen
Pour qui n'est pas en accord juste	其匪正	qi fei zheng
il y a des fautes d'inadvertance	有眚	you sheng
Pas profitable d'avoir où aller	不利有攸往	bu li you you wang

Au début un neuf

Aller SPONTANÉ	无妄往	WU WANG wang
Ouverture	吉	ji

Six en 2

Sans labourage	不耕	bu geng
des moissons	穫	huo
sans défrichage	不菑	bu zi
des terres nouvelles	畬	yu
Donc il est profitable d'avoir où aller	則利有攸往	ze li you you wang

Six en 3

Désastre du SPONTANÉ	无妄之災	WU WANG zhi zai
D'aventure le bœuf attaché	或繫之牛	huo xi zhi niu
devient gain du nomade	行人之得	xing ren zhi de
et désastre du paysan	邑人之災	yi ren zhi zai

Neuf en 4

Présage de possibilités	可貞	ke zhen
Absence de faute	无咎	wu jiu

Neuf en 5

Fébrilité du SPONTANÉ	无妄之疾	WU WANG zhi ji
Sans médecine la joie est là	勿藥有喜	wu yao you xi

En haut un neuf

Agir SPONTANÉ	无妄行	WU WANG xing
Il y a des fautes d'inadvertance	有眚	you sheng
Aucun lieu n'est profitable	无有利	wu you li

Grande Image

Sous le ciel le tonnerre circule-et-agit	天下雷行	tian xia lei xing
Tous les êtres s'unissent SPONTANÉMENT	物與无妄	wu yu WU WANG
Les Anciens Rois ainsi	先王以	xian wang yi
florissants par adéquation au moment	茂對時	mao dui shi
élevaient les dix mille êtres	育萬物	yu wan wu

Dixième Aile
SPONTANÉMENT
désastre.

无妄 WU WANG
災也 zai ye

Agir SPONTANÉMENT, c'est inventer son attitude en fonction des circonstances. Être à l'écoute de l'instant, agir sans plan préconçu, se départir de toute idée préalable de manière à pouvoir répondre avec justesse aux sollicitations du moment. Bien que faire confiance à son intuition dans des contextes dont on ne peut rien prévoir ne soit guère rassurant, pareille attitude ne débouche sur des catastrophes que si l'on n'est pas en harmonie avec sa nature propre. Les Chinois font confiance au flux vital, même lorsque son fonctionnement prend des formes inattendues ou scandaleuses. Leur langue reflète ce point du vue : la même expression signifie à la fois *nature*, ce qui est par soi-même, et *spontané*, ce qui a pour origine soi-même. Le fonctionnement aléatoire de la nature n'est pas une errance, mais au contraire l'expression d'un ordre sous-jacent, dont la permanence et la finalité se maintiennent, quelle que soit la diversité des êtres ou des situations, sans s'opposer à la créativité ni à la liberté.

L'attitude à adopter ici n'est pas basée sur l'innocence, au sens de simplicité d'esprit ou de non-culpabilité, mais plutôt sur l'aptitude à se mettre au diapason de ce qui surgit. Cette adhésion immédiate à l'impulsion créatrice requiert une vigilance particulièrement alerte. Mais seule une action décidée instantanément à partir de cet éveil permet de ne pas errer, puisqu'elle est mise en accord immédiate avec le contexte : « La spontanéité, on ne peut en voir le principe ni en déceler l'intention. Aucun être ne peut changer la parole qui le constitue, et à cette parole il doit y avoir réponse[33]. »

La présence d'une force impérieuse, qui peut signifier assujettissement si on ne trouve pas la possibilité d'y répondre, s'exprime dans la figure par une prédominance de traits Yang. La première ligne est la plus prometteuse, le commencement qu'elle représente entrant en harmonie avec la créativité des trois traits supérieurs. Le Yang enveloppe les deux traits Yin des seconde et troisième places, où la vie de tous les jours se trouve malmenée par des événements déroutants : une récolte inattendue, une perte imméritée. La disponibilité caractéristique du Yin n'est pas simple soumission aux aléas du cheminement, elle permet aussi qu'une maladie guérisse sans qu'il soit nécessaire d'intervenir. Que ce soit pour semer, élever ou guérir, il s'agit de faire corps avec le courant vital, afin de ne pas errer. Que le nom de l'hexagramme, dont le sens strict est *non-errance*, n'apparaisse pas en deuxième et quatrième places montre que la question de l'errance est moins aiguë lorsqu'on est capable de souplesse et d'acuité.

Cette manière souple d'être à l'affût des signaux de l'instant est soulignée au Jugement de l'hexagramme par l'emploi d'une formule caractéristique, *faute d'inadvertance*, qui signale les erreurs, effectives à la sixième ligne, commises par manque de discernement. Un autre terme est spécifique de cette situation : *désastre*, qui fait référence aux catastrophes naturelles, apparaît trois fois. La vie se déroulant selon un ordre qui dépasse l'échelle humaine, SPONTANÉMENT enseigne que justesse et vigilance sont les seuls moyens de se mettre rapidement et avec à-propos en adéquation avec le cours naturel des choses.

IDÉOGRAMMES

WU : *Non, ne... pas. Négation.*

L'idéogramme est une négation très courante qui apparaît très souvent dans le *Yi Jing*. Son étymologie n'est pas assurée. Certains y voient un boiteux et la rapproche d'une autre négation homophone qui apparaît aussi dans le *Yi Jing*. Bien qu'elle se prononce de la même façon, cette négation n'est pas la même que celle employée dans la formule taoïste « non-agir » *(wu wei)*.

WANG : *Vain, téméraire, mensonger. À tort, à la légère, sans fondement. Désordonné. Insensé, déraisonnable.*

L'idéogramme est composé de deux parties. En bas, le caractère *femme*. Au-dessus un caractère écrit en combinant le verbe *rentrer* et le signe d'une anfractuosité qui signifiait à l'origine *se cacher, disparaître de la vue*. De là, il en est venu à désigner tout ce qui a *disparu* parce que *perdu, égaré, détruit, enfui*, voire *mort*. Ce mot apparaît dans le *Yi Jing* principalement dans la formule mantique : tout regret disparaît. En dehors de cette expression, il se trouve toujours dans des situations de couplage qui se défait. Combinant ces deux parties, l'idéogramme représente la disparition de ce qu'apporte la femme, à savoir la descendance, la continuité de la lignée. De là vient son sens actuel *désordre, errance, divagation*.

SPONTANÉMENT est le seul hexagramme à être nommé avec une négation, comme si ce dont il s'agit, dépassant le cadre de notre entendement usuel, ne pouvait être cerné que par la description de « ce qui n'est pas». Son nom se présente donc comme « négation de l'errance ». Cette formulation négative insiste sur l'apparence désordonnée, et déboussolante, d'un fonctionnement naturel dont le sens caché souvent nous échappe. Il pourrait être rendu mot pour mot par : non-errance, non-divagation, non-désordre. SPONTANÉMENT a été choisi pour des raisons grammaticales et pour souligner la stratégie qui découle de cette perspective.

TEXTE CANONIQUE

JUGEMENT

SPONTANÉMENT	无妄	WU WANG
Fondamentalement favorisant	元亨	yuan heng
Ténacité profitable	利貞	li zhen
Pour qui n'est pas en accord juste	其匪正	qi fei zheng
Il y a des fautes d'inadvertance	有眚	you sheng
Pas profitable d'avoir où aller	不利有攸往	bu li you you wang

SPONTANÉMENT appartient à un ensemble de sept hexagrammes dont le Jugement caractérise par un groupement spécifique de formules mantiques appelé les Quatre Qualités du Ciel-Terre : *fondamentalement favorisant* et *ténacité profitable*. Ces quatre caractères marquent des moments durant lesquels la possibilité de se situer au point de départ d'une situation et de lui faire prendre son essor se conjugue avec l'endurance nécessaire pour en récolter les bienfaits. Ce dynamisme, qui est à l'origine de circonstances nouvelles, requiert ici, pour être saisi et développé de manière efficace, une vigilance constante : seule une grande attention et une capacité de réaction rapide permettent de s'ajuster continuellement au cours que prennent les événements. Trouver *l'accord juste*, comme un musicien qui règle son instrument, c'est inventer son attitude en fonction des circonstances.

Les trois dernières phrases du texte peuvent être lues ensemble. Mal observer ce qui naît dans l'instant, ne pas en faire le point de départ de son orientation, c'est errer : qui s'accorde à un autre diapason que celui de la situation ne peut que jouer faux. Ce conseil global sera repris aux lignes trois et six de l'hexagramme, où excès de précaution et agitation excessive empêchent de régler correctement son action. Lorsqu'on ne se sent pas capable d'avoir cette attention et de trouver immédiatement l'attitude qui en découle, on doit s'abstenir de prendre des initiatives. Vouloir avancer à tout prix sans avoir cette vigilance ne peut conduire qu'à des catastrophes.

Fondamentalement : modulation mantique marquée par un idéogramme qui signifie *début, origine, entièrement.*
Favorisant : appréciation mantique décrivant un climat d'essor, un agencement fertile, un dispositif énergétique global dans lequel l'échange entre le Ciel et la Terre se noue de manière féconde.
Fondamentalement favorisant : formule mantique caractéristique des Jugements. Elle signale un moment particulièrement propice, s'exprimant de manière Yang par une propension à entreprendre et de manière Yin dans une capacité à faire aboutir.
Ténacité profitable : formule mantique soulignant que la situation requiert pour être fructueuse une grande capacité à endurer, à tenir avec constance sans se laisser fatiguer par les difficultés du moment.
Fondamentalement favorisant Ténacité profitable : groupement spécifique de deux formules mantiques, appelé Quatre Qualités du Ciel-Terre (voir 1/J) qui ne qualifie que sept hexagrammes : 1, 2, 3, 17, 19, 25 et 49.
Qui n'est pas : négation particulière qui, dans le contexte du *Yi Jing*, apparaît principalement au voisinage de personnages ou de situations négatives.
Accord juste : l'idéogramme qui signifie *droit, correct, juste, rectifier, régulier* représente un pied s'arrêtant à la limite opportune. Évocation de la *rectitude* (voir 27/DA), proche de l'idée évoquée par le *Milieu Juste* (voir 61/Idéogrammes), c'est un des maîtres mots de la pensée classique chinoise, très employé chez Confucius.
Fautes d'inadvertance : formé avec le caractère *œil* et le verbe *naître*, l'idéogramme, désignant ce qui naît sur la pupille et gêne l'acuité visuelle, a pour sens propre *taie dans l'œil, cataracte.* Il joue dans le contexte du *Yi Jing* le rôle d'une appréciation mantique spécifique, signalant un type d'erreur particulière dû à un défaut d'observation, à un manque de discernement. Cette appréciation particulière est caractéristique de cet hexagramme, non seulement parce qu'il décrit une situation où l'attention est essentielle pour réagir vivement et de manière appropriée, mais aussi parce qu'il est le seul où elle est citée au Jugement (renforcée par la modulation *il y a*) et répétée à la sixième ligne.
Avoir où aller : formule mantique en trois caractères dont le premier est la modulation *il y a* – soulignant le caractère effectif de ce qui suit – le second un caractère de liaison grammaticale et le troisième le verbe *aller* incitation de ferme mise en route. Son sens général est : garder son cap sans se laisser déboussoler par les difficultés propres à la situation, tenir son objectif quelque soit les turbulences, le flou, ou ce qui entrave la marche.
Pas profitable d'avoir où aller : dans la situation générale décrite par SPONTANÉMENT, la fixation opiniâtre sur un objectif n'est pas de mise. Il n'y a que deux situations du *Yi Jing* où le Jugement donne ce conseil

négatif : SPONTANÉMENT et USURE (23/J). L'une comme l'autre sont des circonstances où il ne faut pas chercher à maintenir son projet ou son point de vue à tout prix, mais répondre de manière souple au contexte, qu'il soit à dominante Yin comme celui d'USURE ou Yang comme celui de SPONTANÉMENT. En revanche, dans les circonstances tout à fait particulières décrites à la seconde ligne de cet hexagramme, il devient favorable d'adopter l'attitude inverse et de se fixer un objectif à long terme.

TEXTE DE TRAITS

Au début un neuf
Aller SPONTANÉ — 无妄往 WU WANG wang
Ouverture — 吉 Ji

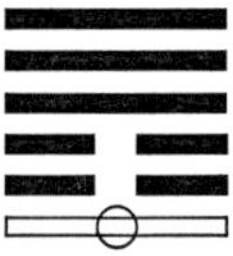

Par sa position initiale, proche du point où ce qui est enfoui doit émerger, ce trait d'Entrée se trouve naturellement en harmonie avec la spontanéité qui donne tout son sens à l'hexagramme. Il est de plus en affinité avec la force Yang concentrée dans les lignes supérieures. Aucune détermination n'étant par avance établie, le mouvement peut s'y enclencher de manière juste, en conformité avec les forces créatives qui prédominent dans la situation.

Que cette ligne soit la seule à bénéficier d'une formule nettement favorable est d'autant plus remarquable que les appréciations positives ne sont pas très fréquentes au début d'un hexagramme. Le chemin s'ouvre à qui répond aux sollicitations du dehors et avance sans arrière-pensées.

Aller : l'idéogramme est un verbe désignant un mouvement qui s'éloigne de soi. Cette incitation à aller de l'avant est cité onze fois en première ligne, mais c'est ici le seul cas où elle est qualifiée par l'appréciation *ouverture*.
SPONTANÉ : nom de l'hexagramme.
Aller SPONTANÉ : la construction de la phrase se retrouve à l'identique au dernier trait. Cette particularité oblige à considérer, ici comme là, le nom de l'hexagramme comme un attribut du verbe aller. À ce niveau d'entrée, c'est de ce mouvement spontané que naît l'ouverture.
Ouverture : appréciation mantique signalant un moment heureux où un agencement fécond du flux vital multiplie les possibilités de développement.

Hexagramme dérivé : hexagramme 12. ADVERSITÉ est un moment où l'on met son attitude en conformité avec la saison. L'énergie est enfouie à l'intérieur de la valeur intime, où elle nourrit des racines solides.

Six en 2

Sans labourage	不耕	bu geng
des moissons	穫	huo
Sans défrichage	不淄	bu zi
des terres nouvelles	畬	yu
Donc il est profitable d'avoir où aller	則利有攸往	ze li you you wang

Cette ligne et la suivante – les deux seuls traits Yin de l'hexagramme – se ressemblent par leur ton et leur manière surprenante de décrire les aléas du cours spontané des choses. Bonheur et malheur apparaissent l'un comme l'autre sans tenir compte des critères humains : un ordre naturel, qui semble parfois injuste ou chaotique, s'impose librement au-delà de nos appréciations ou de nos efforts, selon un rythme ou une occurrence qu'il ne nous appartient pas de déterminer.

À cette place de Préfet, le trait est correct et en correspondance avec la ligne souveraine : position bienvenue dans une situation où souplesse et disponibilité sont les qualités requises pour s'adapter à l'inattendu. Ces qualités sont évoquées par les images utilisées dans le texte : le terrain est tellement meuble qu'il produit sans avoir été travaillé ; le territoire s'étend sans qu'il soit nécessaire de forcer pour le défricher. La capacité à laisser parler une qualité personnelle coïncide de manière particulièrement heureuse avec le contexte, ce qui permet de se prêter à la réalisation de sa nature propre.

Mais il importe de ne pas en rester là et de tirer les conséquences de cette conjoncture positive. Alors que le Jugement met en garde contre la fixation opiniâtre sur un objectif déterminé, le conseil donné ici est inverse. Le fait d'être en harmonie avec la situation implique de répondre aux possibilités qui se présentent : on se doit de les mener à bien quoi qu'il arrive.

Labourage : formé avec le mot *charrue* et le signe de la répartition des champs en parcelles (voir PUITS, 48/I), l'idéogramme, qui n'apparaît qu'ici comme tous ceux de ces deux premières phrases, traite depuis l'Antiquité de tout ce qui à trait au labour ; de nos jours il entre par exemple dans l'expression motoculteur.
Moissons : formé avec le signe des céréales et un groupe signifiant *saisir par la main*, l'idéogramme, assez ancien, signifie *moissonner*.
Défrichage : formé du caractère champs et du dessin d'un barrage sur

les berges d'un cours d'eau, l'idéogramme, qui désignait à l'origine des terres incultes parce que trop exposées aux inondations, a signifié ensuite des champs nouvellement irrigués.

Des terres nouvelles : l'idéogramme, très rare, signifie en propre *terres défrichées depuis deux ou trois ans.*

Donc : l'idéogramme souligne une relation de conséquence.

Avoir où aller : voir Jugement.

Profitable d'avoir où aller : lorsqu'une particularité de la situation risque de faire perdre de vue les objectifs à atteindre, garder son cap est ce qui permet de tirer au mieux parti du moment. Ici on ne doit pas se laisser désarçonner par l'irruption de possibilités tellement inattendues qu'il en résulte un conseil particulier opposé au conseil général donné au Jugement.

Hexagramme dérivé : hexagramme 10. DÉMARCHE est un moment où une force sauvage est approchée et canalisée par une attitude prudente et respectueuse des formes.

Six en 3

Désastre du SPONTANÉ	无妄之災	WU WANG zhi zai
D'aventure le bœuf attaché	或繫之牛	huo xi zhi niu
devient gain du nomade	行人之得	xing ren zhi de
et désastre du paysan	邑人之災	yi ren zhi zai

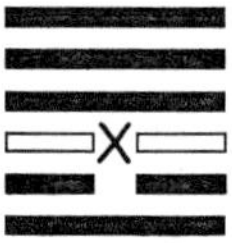

Cette ligne et la précédente – les deux seuls traits Yin de l'hexagramme – se ressemblent par leur ton et leur manière choquante de décrire les aléas du cours spontané des choses. La vie, comme la nature, se déroule chaque jour selon un fonctionnement aléatoire qui passe aussi par des vicissitudes qu'aucune précaution ne peut prévenir ou endiguer. Le texte de ce second trait Yin en donne pour exemple un événement tout aussi déroutant que la récolte inattendue de la ligne précédente : un paysan attache son bœuf pour l'empêcher de divaguer et, malgré cette précaution, se le fait dérober par un « passant ».

SPONTANÉMENT n'est pas un moment où l'on peut prendre des garanties définitives contre le cours des événements. Le gain n'est pas du côté du sédentaire, dont l'inclination à la précaution et au respect des règles se révèle en l'occurrence inefficace. Le nomade, plus ouvert à l'indéterminé, laisse volontiers libre cours à sa fantaisie. Il saisit de façon naturelle les opportunités telles qu'elles se présentent, sans égard pour les usages. Qui suit sa nature propre n'a que faire de liens et de cordes : il s'adapte instantanément au cours des choses sans avoir à prendre de précaution particulière, et rien ne peut l'en détacher. Qui subit des déconvenues peut découvrir un gain caché derrière ce qui semble au premier abord une perte. Lao Zi ne dit-il pas : « Faveur et disgrâce sont comme une surprise. Chéris un malheur comme ton propre corps[34] » (Lao Zi, chap. 13).

Désastre : signifiant *calamité, fléau, sinistre*, l'idéogramme évoque n'importe quelle sorte de désastre à la fois naturel et inattendu. Il est en cela l'essence même du type de situation décrite par SPONTANÉMENT, seul hexagramme où il est cité trois fois : ici, à deux reprises, et à la Dixième Aile. Un des sous-titres usuels de cette figure, « l'inattendu », vient sans doute de cet idéogramme.
SPONTANÉ : nom de l'hexagramme.
D'aventure : l'idéogramme est une marque de doute, d'indétermination.
Bœuf : l'idéogramme signifie *bovidés* en général, donc suivant le contexte, *taureau, bœuf, vache*, etc. Animal emblématique de la sédentarité, il souligne ici l'opposition entre nomades et paysans.
Attaché : l'idéogramme, écrit avec le signe du tissage et un groupe complexe, évoque un lien aussi approprié que matériel, soit pour fixer, soit pour unir.
Gains : très courant, l'idéogramme apparaît toujours dans le contexte du *Yi Jing* dans un sens d'avantage, de gain, de succès.
Nomade : le texte porte deux caractères, le verbe *circuler, marcher* et le caractère *gens*, mot à mot *les gens qui circulent*. Il peut s'agir des voyageurs évoqués à l'hexagramme 56, mais plus vraisemblablement ici des barbares pillards qui venaient régulièrement razzier le territoire chinois et contre qui fut construite la Grande Muraille (voir 7/5).
Paysan : le texte porte deux caractères, fief et gens ; il s'agit donc des gens d'un fief, les cultivateurs sédentaires habitant un domaine féodal. Paysan a été choisi ici pour renforcer le contraste avec les gens qui circulent, les nomades sans feu ni lieu.

Hexagramme dérivé : hexagramme 13. S'ENTENDRE AVEC TOUS est un moment où l'on doit se détacher de son fonctionnement habituel pour se confronter à la différence.

Neuf en 4
Présage de possibilités — 可貞 ke zhen
Absence de faute — 无咎 wu jiu

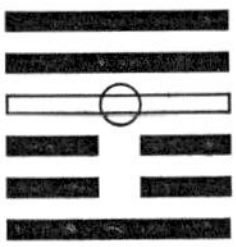

Première du bloc de trois traits fermes qui surplombe l'hexagramme, cette ligne participe de la forte créativité qui traverse la situation. Cependant, située au début de cette force Yang, elle se laisse d'autant moins emporter qu'elle est freinée par les traits Yin qui la précèdent.

L'absence du nom de l'hexagramme indique, ici comme à la seconde ligne, que le problème d'errer ne se pose pas à ce stade. À cette place de Ministre, située à la jonction des forces Yin et Yang, la grande vitalité de l'hexagramme peut se transmettre. On y est à même de saisir les opportunités et de les aider à se réaliser.

Cette position, à la fois forte et retenue, est caractérisée par un couplage particulier de formules mantiques qui ne se retrouve qu'au moment de DIMINUER. On peut y voir l'évocation d'un resserrement Yin préalable au déploiement suggéré par AUGMENTER, l'hexagramme dérivé de ce trait. Cette bonne alternance entre réceptivité et créativité annonce des possibilités que l'on ne doit ni craindre ni précipiter.

Présage de possibilités : formule mantique dont le sens n'est pas complètement avéré. Elle marque des moments porteurs de potentialités, caractérisés par une certaine contention, s'exprimant par la réserve à 2/3, la diminution à 41/J, et la retenue ici.
Absence de faute : formule mantique spécifique incitant à ne pas rester dans un état d'esprit incertain ou hésitant quant aux possibilités qui se présentent. Cette formule est également associée à la précédente au Jugement de DIMINUER (voir 41/J).

Hexagramme dérivé : hexagramme 42. AUGMENTER est un moment de bouillonnement qui permet de redistribuer les forces en présence et de réaménager la situation.

Neuf en 5
Fébrilité du SPONTANÉ — 无妄之疾 — WU WANG zhi ji
Sans médecine la joie est là — 勿藥有喜 — wu yao you xi

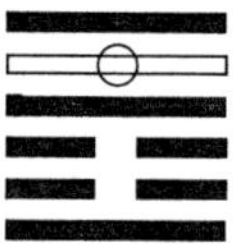
La cinquième ligne, place souveraine, est celle d'où l'on gouverne la situation. Or gouverner est une tâche malaisée lorsqu'on est soumis aux turbulences de l'imprévu, et qu'il faut s'y adapter sans chercher à imposer un contrôle autoritaire. Cette contradiction ressemble à celle décrite au même niveau au moment de S'ENTHOUSIASMER (voir 16/5). Cependant la situation n'est pas aussi bloquée qu'il y paraît. Bien que contrainte et malmenée par la vitalité mouvementée de laquelle elle participe, cette ligne, Yang à une place impaire donc correcte, la transmet aux forces intérieures de l'hexagramme par sa correspondance avec le deuxième trait.

L'antinomie entre force Yang impérieuse et nécessité de laisser se dérouler le mouvement sans contrôle se manifeste sous la forme d'une fièvre, une *fébrilité* qui caractérise dans le *Yi Jing* les moments d'affolement, d'impétuosité ou d'impatience. Sa contrepartie est la *joie*, une jubilation synonyme d'échange confiant, de parité et d'apaisement qui ne peut être que le résultat d'une confiance totale dans le cours naturel de la vie.

On doit se garder du désir d'intervenir et laisser la situation se rétablir d'elle-même. À l'instar des deux autres situations où la maladie fait place à la joie, DIMINUER (41/4) et ÉCHANGER (58/4), il convient d'adopter une stratégie de diminution des tensions et de confiance dans les bienfaits de la communication.

Fébrilité : l'idéogramme signifie à la fois *malaise, souffrance, blessure* et aussi *rapidité, promptitude, hâte*. Fébrilité joue sur ces deux niveaux de sens qui se superposent.

Médecine : formé avec le signe général des plantes et le caractère signifiant en même temps joie et musique (voir 16/GI), l'idéogramme désigne les herbes médicinales, les remèdes, les médicaments. Il est remarquable que la seule fois où la médecine est mentionnée dans le *Yi Jing*, ce soit dans un contexte d'auto-guérison.

Joie : l'idéogramme, associé à l'idée de réjouissances, est dans le *Yi Jing* l'expression d'un renouveau heureux. Il apparaît toujours à la suite d'un moment difficile ou désagréable et comme sa conclusion inespérée.

Hexagramme dérivé : hexagramme 21. MORDRE & UNIR est un moment de rétablissement de l'harmonie par une intervention vigoureuse.

En haut un neuf

Agir SPONTANÉ	无妄行	WU WANG xing
Il y a des fautes d'inadvertance	有眚	you sheng
Aucun lieu n'est profitable	无有利	wu you li

Située au sommet de l'hexagramme, incorrecte et poussée par les forces Yang qui la précèdent, cette ligne évoque un mouvement exagéré que l'on ne peut ni endiguer ni intégrer. La première phrase du texte, par sa construction identique à celle du premier trait, renforce la différence entre les verbes utilisés à l'Entrée et à la Sortie de la situation. Par comparaison avec *aller*, *agir* souligne un volontarisme qui outrepasse le cadre de la situation, notamment parce qu'on se trouve incapable de l'attention requise pour prendre des initiatives dans un tel contexte.

Bien loin de la spontanéité innocente du début, agir SPONTANÉMENT n'est plus à ce niveau adéquation mais inattention. On est particulièrement concerné ici par la mise en garde donnée au

Jugement : ne pas observer soigneusement ce qui naît dans l'instant conduit à l'errance.

Agir : extrêmement courant, l'idéogramme signifie à la fois *marcher* et *agir*. Dans le contexte du *Yi Jing*, il décrit l'activité créatrice du Ciel (voir Grande Image, *circule-et-agit)*.
SPONTANÉ : nom de l'hexagramme.
Agir SPONTANÉ : la construction de la phrase se retrouve à l'identique au premier trait. Cette particularité oblige à considérer, ici comme là, le nom de l'hexagramme comme un attribut du verbe *agir*.
Il y a des fautes d'inadvertance : voir Jugement.
Aucun lieu n'est profitable : appréciation mantique la plus contraire. Elle signifie qu'on est animé de sentiments trop négatifs pour pouvoir aboutir à quoi que ce soit de valable.

Hexagramme dérivé : hexagramme 17. SUIVRE est un moment où l'on est entraîné à se laisse porter par le courant. Cette facilité peut signifier attachement involontaire plutôt qu'abandon à sa nature propre.

ÉLÉMENTS D'ANALYSE

Nucléaire

䷴ **Hexagramme 53 : PROGRESSER PAS À PAS.** Au cœur de SPONTANÉMENT, il y a PROGRESSER PAS À PAS. Au cœur du fonctionnement aléatoire de la nature, il y a l'attachement à un fonctionnement régulier qui dépasse le moment et l'individu, et dans lequel il est possible de s'enraciner. Ce qui semble désastre ou incohérence au niveau humain fait partie d'un ordre sous-jacent qui n'est pas une errance mais suit une direction sûre et constante. Malgré leur aspect catastrophique et injuste, les moments qui apparaissent comme des pas en arrière font partie du cours naturel des choses. S'appuyer sur la permanence du fonctionnement naturel permet de replacer la circonstance dans une finalité plus large.

Opposé

䷭ **Hexagramme 46 : CROISSANCE.** La relation d'opposition entre SPONTANÉMENT et CROISSANCE se situe au niveau du rapport entre effort et profit. CROISSANCE décrit un travail Yin d'enracinement, un moment ingrat et lourd, qui rend soucieux et doit être vécu avec une détermination longanime avant de pouvoir aboutir. SPONTANÉMENT est un moment de créativité Yang, plus léger, plus incohérent, et plus gratifiant pourvu qu'on ait l'esprit dégagé de tout plan préconçu afin de répondre instantanément aux sollicitations de l'instant.

26 GRAND APPRIVOISE

大畜

DA XU

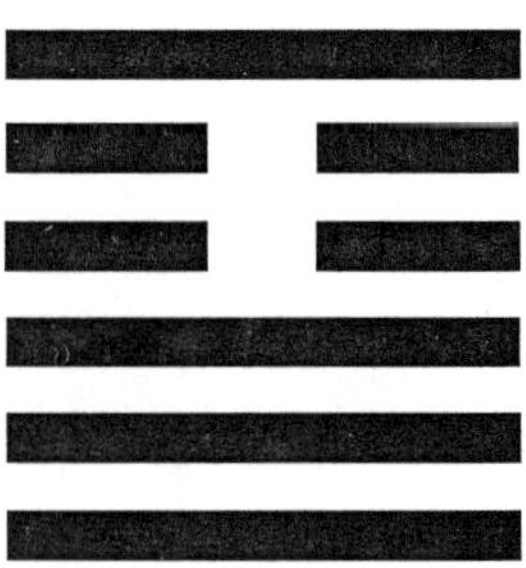

En haut MONTAGNE ☶
En bas CIEL ☰

GRAND APPRIVOISE	大畜	DA XU
Ténacité profitable	利貞	li zhen
Se nourrir hors du CLAN ouverture	不家食吉	bu JIA shi ji
Profitable de passer le grand fleuve	利涉大川	li she da chuan
Au début un neuf		
Il y a danger	有厲	you li
Profitable de cesser	利已	li yi
Neuf en 2		
Les essieux du chariot lâchent prise	輿說輹	yu shuo fu
Neuf en 3		
Un bon cheval s'efforce de poursuivre	良馬逐	liang ma zhu
Présage de difficultés profitables	利艱貞	li jian zhen
Chaque jour contrôler les chariots et les gardes	日閑輿衛	ri xian yu wei
Profitable d'avoir où aller	利有攸往	li you you wang
Six en 4		
La planchette frontale du jeune taureau	童牛之牿	tong niu zhi gu
Fondamentalement ouvert	元吉	yuan ji
Six en 5		
Les dents du marcassin châtré	豕之牙	fen shi zhi ya
Ouverture	吉	ji
En haut un neuf		
Ne serait-ce pas là un chemin détourné du Ciel	何天之衢	he tian zhi qu
Favorisant	亨	heng
Grande Image		
Le ciel est au cœur de la montagne	天在山中	tian zai shan zhong
GRAND APPRIVOISE	大畜	DA XU
L'Être Accompli ainsi	君子以	jun zi yi
en gravant dans son esprit	多識	duo shi (zhi)
beaucoup de paroles et d'actions passées	前言往行	qian yan wang xing
APPRIVOISE ainsi sa conduite	以畜其德	yi XU qi de
Dixième Aile		
GRAND APPRIVOISE	大畜	DA XU
moment opportun.	時也	shi ye

GRAND APPRIVOISE, c'est apprivoiser de manière Yang une énergie puissante. En la retenant fermement, il est possible de l'éduquer et de lui donner une orientation. APPRIVOISER, l'idéogramme le montre, c'est appliquer aux animaux de pâturage le processus d'élevage des vers à soie : il y a là une grande réserve de force, mais elle doit être canalisée pour que son potentiel de créativité passe dans des formes abouties. La construction du nom de l'hexagramme permet de considérer le Grand à la fois comme sujet et objet du processus de domestication. Il s'agit qu'une énergie Yang apprivoise et soit apprivoisée, c'est-à-dire qu'elle apprenne à se maîtriser elle-même, et que cette retenue s'effectue de manière Yang, c'est-à-dire créative, ample et forte.

La structure de la figure se caractérise par une majorité de traits Yang, ce qui renforce la singularité des deux traits Yin en place de Souverain et de Ministre aux quatrième et cinquième niveaux. L'énergie se manifeste d'abord de manière débridée aux deux premières lignes, le véritable apprentissage commençant au troisième trait par la mise en pratique d'une discipline tenace. C'est aux deux traits souples que les possibilités de domestication s'avèrent ensuite les plus fécondes, contrainte qui se sublime au niveau supérieur où le Ciel apparaît comme emblème d'une parfaite maîtrise de la force.

Les principales images du texte utilisent la force animale comme exemple d'énergie brute à retenir et domestiquer. À la différence du *cheval* associé à l'idée de pratique persévérante et quotidienne, le *marcassin* et le *taurillon*, cités aux deux lignes Yin, sont des animaux utilisés lors des grands sacrifices rituels. Cette particularité suggère que, chez les humains, c'est le rite qui aide à prendre ses distances avec un comportement instinctif. Ritualisation et, comme suggéré à la Grande Image, efforts de mémoire ne représentent-ils pas une sorte de domestication par laquelle la personne s'efface et se grandit ?

Malgré les tendances compulsives qui parcourent la situation, aucune appréciation mantique défavorable n'apparaît dans GRAND APPRIVOISE. À l'inverse de l'hexagramme 25 SPONTANÉMENT, retourné de celui-ci, où l'on est assujetti à une force extérieure impérieuse et incontrôlable, on a ici les moyens de contrôler la force intérieure afin de ne pas lui rester assujetti.

Une autre situation est axée sur la même idée de modération de la force : l'hexagramme 9 PETIT APPRIVOISE qui traite du versant Yin de l'apprivoisement, et ne diffère de celle-ci que d'un trait, le cinquième. Là, Yin et Yang finissent par trouver des manières de commercer, ici l'utilisation de moyens fermes et contraignants permet de se dégager de l'emprise de ce qui emporte malgré soi. Le rapport au temps n'est pas le même dans les deux situations : la retenue par le Yin est expérience d'un manque préparant patiemment des réalisations futures, tandis que retenir le Yang apprend à exercer sa force avec opportunité.

IDÉOGRAMMES

DA : *Grand. Important, grandir. Adulte. Noble. Aîné.*

L'idéogramme, un des plus courants et aussi un des plus simples de l'écriture chinoise, représente un être humain posé sur ses deux jambes, les bras étendus pour mimer le geste universel évoquant la notion de grandeur. D'avoir, dès l'origine, été non une représentation de chose (pictogramme), mais la représentation d'une idée (idéogramme) a conféré à ce caractère une grande valeur d'abstraction. Cela lui vaudra d'être utilisé pour figurer le Ciel, tant météorologique que spirituel. En ajoutant un trait horizontal au sommet du signe *grand*, on désigne le Ciel comme la limite supérieure de la grandeur. Cette filiation idéographique servira de terreau au déploiement de l'idée de grandeur dans la notion de Yang. et dans son association avec le Ciel. Dans le *Yi Jing*, considérer *Grand* comme une dénomination primitive de l'idée de Yang est commandé par le fait que quatre hexagrammes sont nommés avec ce caractère : GRAND RÉALISE (14), GRAND APPRIVOISE (26), GRAND EXCÈS (28), GRAND FORCE (34).

XU : *Faire paître, élever du bétail. Nourrir des animaux. Prendre soin de, entretenir, recueillir, supporter, tolérer.*

L'idéogramme est formé de trois parties superposées. En bas le caractère champ, évoquant les animaux qui paissent à l'extérieur. Au-dessus, le signe de la soie en général et tout au sommet le dessin d'un toit simple (abri, hangar). L'ensemble décrit l'élevage du bétail, la domestication des animaux étant présentée comme une extension de la sériciculture, comme l'application au gros bétail du processus d'élevage en chambre des vers à soie. Apprivoiser est plus délicat que domestiquer, néanmoins ce mot français amenuise un peu l'idée sous-jacente à l'idéogramme qui est de s'approprier un processus naturel, de le prendre en charge pour le faire croître.

Grand pouvant comme tous les idéogrammes être compris aussi bien comme nom que comme adjectif, l'association des deux caractères qui nomment cette figure peut se lire de deux façons : l'une met l'accent sur les qualités Yang qui permettent l'apprivoisement, c'est « apprivoisement du », c'est-à-dire *par* le Grand ; l'autre insiste sur la grande force ainsi apprivoisée, c'est « apprivoisement *du* Grand ».

APPRIVOISEMENT, comme EXCÈS, sont les deux seules notions qui soient présentées dans le *Yi Jing* selon leurs modalités Yin (9 et 62) et Yang (26 et 28).

TEXTE CANONIQUE

JUGEMENT

GRAND APPRIVOISE	大畜	DA XU
Ténacité profitable	利貞	li zhen
Se nourrir hors du CLAN ouverture	不家食吉	bu JIA shi ji
Profitable de passer le grand fleuve	利涉大川	li she da chuan

Apprivoiser une force riche de possibilités mais fougueuse exige courage et endurance. Cela demande aussi de savoir prendre ses distances avec un fonctionnement routinier et clos sur ses références propres. La nécessité du contact avec l'extérieur est affirmée de deux façons : d'une part aller *hors du CLAN*, c'est-à-dire rompre avec ses habitudes, quitter son entourage ; ensuite *passer le grand fleuve*, c'est-à-dire s'éloigner du territoire connu pour se diriger vers d'autres rives. Comment mettre cela en pratique, la Grande Image le précise : en se remémorant les situations identiques auxquelles on s'est déjà trouvé confronté.

Des talents qui ne se nourrissent que de leurs propres références ne peuvent que s'étioler. Pour se développer, ils ont besoin d'être expérimentés dans des confrontations avec le monde afin de trouver une forme et une orientation. Il faut donc avoir l'attitude ouverte et conviviale qui permet d'exercer ses talents au-dehors, et ainsi de les affiner par une pratique. Être nourri par l'extérieur permet d'ouvrir les yeux sur l'intérieur, de sortir de fonctionnements répétitifs, d'évaluer et forger ses propres capacités.

Ténacité profitable : formule mantique soulignant que la situation requiert pour être fructueuse une grande capacité à endurer, à tenir avec constance sans se laisser fatiguer par les difficultés du moment.
Se nourrir : l'idéogramme, différent de celui nommant l'hexagramme 27, signifie toujours *manger*. Bien qu'ayant sans doute été employé à l'origine dans son sens féodal, évoquant l'octroi d'apanages en récompense de services rendus (voir 6/3, *vivre sur le patrimoine de ses ancêtres*), il peut être compris dans un sens symbolique plus général.
Se nourrir hors du CLAN : le texte porte mot à mot « pas (dans) Clan manger ». Bien que le caractère CLAN rentre dans le nom de l'hexa-

gramme 37 GENS DU CLAN, il ne semble pas employé ici en référence à cet hexagramme mais plutôt dans son sens de *maison féodale*. L'*ouverture* vient de ne pas rechercher ce qui nourrit à l'intérieur de son domaine habituel, mais d'en sortir pour aller au-dehors à la recherche d'autres expériences.
Ouverture : appréciation mantique signalant un moment heureux où un agencement fécond du flux vital multiplie les possibilités de développement.
Passer le grand fleuve : formule mantique particulière signifiant qu'il faut oser vaincre sa peur, sortir de chez soi, se jeter à l'eau. Le moment requiert de dépasser son fonctionnement habituel et de mettre à l'épreuve ses capacités en accomplissant le pas nécessaire pour aborder à des rives nouvelles. Ici, en écho avec le conseil *se nourrir hors du* CLAN, il ne faut pas rester confiné dans un comportement répétitif mais oser aller vers de nouveaux modes de fonctionnement.

TEXTE DES TRAITS

Au début un neuf
Il y a danger — 有厲 you li
Profitable de cesser — 利已 li yi

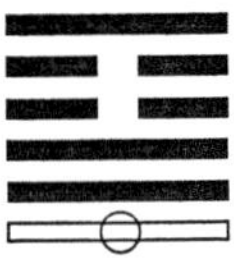

Au début de l'APPRIVOISEMENT, tout est encore à apprivoiser. Le premier trait, niveau le plus inexpérimenté de l'hexagramme, est de plus entraîné par la puissance d'un bloc de trois traits Yang : on y court le *danger* de se laisser aller sans contrôle à une vigueur qui émerge dans toute sa jeunesse. Cette impétuosité est celle d'une force instinctive, qui fait écho à celle du taurillon mentionné à la quatrième ligne.

La correspondance avec ce trait, où sont décrits les moyens de maîtriser l'animalité et de la transformer, suggère la possibilité de ne pas succomber à cette énergie débridée.

Il y a : verbe auxiliaire jouant dans le contexte du *Yi Jing* le rôle de modulation mantique. Il renforce l'appréciation qu'il annonce en soulignant son caractère effectif.
Danger : appréciation mantique signalant les risques inhérents à la situation. Son emploi le plus caractéristique est à SE MONTRER RÉSOLU (voir 43/J) ; les deux autres situations où elle est mentionnée en première ligne font allusion à l'*enfant*, et peut-être ainsi aux dangers de l'inexpérience (53/1 et 18/1).

Cesser : le caractère est incertain. Certaines éditions comportent un signe cyclique (la sixième des douze Branches Terrestres, associée au serpent et à sa mue ; voir 49/J), d'autres un caractère usuel graphiquement très proche et qui signifie *finir, terminer, achever, renoncer à, se désister, trop, excessif* (voir 41/1, *finies*). L'un et l'autre termes marquent un tournant, le premier se situant juste avant, l'autre juste après. *Cesser* a été choisi en fonction de la ressemblance avec le même conseil de commencer par terminer des *affaires*, donné au même niveau au moment de PLAIDER SA CAUSE (voir 6/1).

Hexagramme dérivé : hexagramme 18. REMÉDIER AU CORROMPU est un moment où on traite de manière énergique une situation léguée par le passé.

Neuf en 2

Les essieux du chariot lâchent prise 輿説輹 yu shuo fu

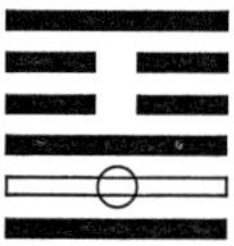

Particulièrement bref et sans aucune considération mantique, le texte de cette ligne pointe une seule chose : une mauvaise relation entre charge et mouvement en arrive à immobiliser le char. Comme dans PETIT APPRIVOISE, l'autre situation d'apprivoisement où la même image est mentionnée, une tension excessive bloque le fonctionnement de la situation. Ici comme là, cette tension est le résultat d'une mauvaise circulation entre énergies *Yin et Yang*, due à un excès de volontarisme ou à un manque de souplesse.

La fermeté du trait, encore accentuée par sa position au milieu d'un groupe de traits Yang, est inadéquate à cette place de Préfet. La correspondance avec la ligne souveraine, où la mise au pas du *marcassin* s'effectue de manière assez contraignante, est un autre signe de la retenue qui s'exerce ici.

Essieux : l'idéogramme, composé du signe général des *chars* et d'un groupe complexe évoquant l'idée de RETOUR ou d'*enrichissement*, a désigné différents éléments du char : le support de la caisse, la cheville qui la fixe à l'essieu, et aussi les rayons des roues. *Essieu* est un compromis qui cherche à rendre leur qualité commune : une pièce de jonction, cachée, dont la solidité est indispensable à la bonne marche de l'ensemble.
Chariot : l'idéogramme est composé avec le signe général des *chars*, précisé par un caractère qui évoque l'idée d'*union concertante* (voir 61/2, *et*). Le chariot, comme le char, en raison de sa caisse carrée comme la Terre et de son dais rond comme le Ciel, est en Chine une image usuelle du couplage Ciel-Terre. Dans le contexte du *Yi Jing*, sa faculté à avancer et à transporter marque généralement l'efficience de ce couplage.

Lâchent prise : l'idéogramme écrit avec le signe général de la *parole* et le nom de l'hexagramme 58 ÉCHANGER, a pour sens usuel *parler, dire, expliquer* et aussi *se réjouir*. Cependant la plupart des commentateurs modernes s'accordent à penser qu'il est mis à la place d'un autre, assez proche graphiquement et phonétiquement, qui signifie *se débarrasser, ôter. Lâchent prise* est un compromis qui joue sur ces deux sens.
Les essieux du chariot lâchent prise : cette phrase est citée à l'identique dans les deux hexagrammes traitant d'APPRIVOISEMENT, ici celui du Yang et là celui du Yin (voir 9/3). La différence entre les deux est qu'au moment d'APPRIVOISER par le PETIT, l'absence de couplage est posée dans un contexte de difficulté relationnelle, alors qu'ici elle est évoquée de manière générale.

Hexagramme dérivé : hexagramme 22. EMBELLIR est un moment où il importe de prendre conscience des effets de l'apparence pour rendre plus fluide la relation entre le dedans et le dehors.

Neuf en 3

Un bon cheval s'efforce de poursuivre	良馬逐	liang ma zhu
Présage de difficultés profitables	利艱貞	li jian zhen
Chaque jour contrôler les chariots et les gardes	日閑輿衛	ri xian yu wei
Profitable d'avoir où aller	利有攸往	li you you wang

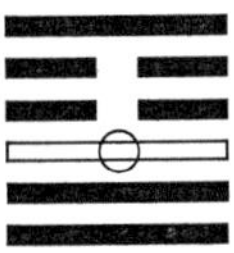
À ce niveau de Passage, la force Yang peut se concentrer grâce à une discipline régulière. Portée par la vitalité du bloc de traits fermes auquel elle appartient, cette ligne se trouve aussi à proximité de l'apprivoisement qui s'effectue aux deux traits Yin voisins. En résonance avec l'action céleste exposée à la sixième ligne, elle est le lieu où l'énergie se prête courageusement à un apprentissage nécessaire.

Le texte décrit un entraînement auquel on se contraint soi-même, sans qu'une intervention extérieure soit nécessaire comme aux deux lignes suivantes. Il y est question de bloquer les entrées et de faire des rondes. À condition que la méticulosité ne fasse pas oublier le but global, l'exercice ne peut qu'aider à la concentration des forces et au développement de la vigilance. Les images utilisées évoquent une force tranquille, le *cheval*, et un couplage efficace entre fermeté et souplesse, le *chariot*, qui fonctionne de nouveau après son immobilisation à la ligne précédente.
Bon : la forme ancienne de l'idéogramme n'est pas claire. Il semble y avoir la représentation d'une construction (une resserre ?) où convergent les signes spiralés de la vitalité féconde. La puissance féconde

qu'il semblait décrire à l'origine est manifeste dans le seul autre cas où il est mentionné (voir 54/5, *fastes*). Signifiant maintenant *bon, excellent, vertueux, sincère, droit, beaucoup, à un très haut degré*, ce terme qualifie également dans la Huitième Aile (Shuo Gua) le type de cheval associé au trigramme Ciel.

Cheval : symbole à la fois d'endurance et de force, le cheval ne se répartit pas clairement entre Yin et Yang. Parfois sa force Yang est mise en avant, parfois, comme ici, sa ténacité Yin est donnée en exemple.

S'efforce de poursuivre : le texte porte un seul idéogramme, signifiant à l'origine *courir le sanglier*, et qui veut dire maintenant *poursuivre, chasser, rivaliser, lutter pour*. Dans le contexte du *Yi Jing*, il décrit un mouvement inlassable ou une recherche inquiète. Or, sauf pour qualifier le cheval dont il évoque ici la ténacité et le tigre dont il montre la chasse insatiable (27/4), ce verbe est toujours employé avec une négation, c'est-à-dire que le *Yi Jing* déconseille de courir après ce qui a été perdu parce qu'on le retrouvera spontanément le moment venu.

Difficultés : écrit avec un groupe complexe, l'idéogramme, évoquant le travail laborieux qu'exige l'entretien des digues, a pris le sens de *efforts, zèle, fatigues, problèmes, tristesse*. Chaque fois que ces *difficultés* sont mentionnées dans le *Yi Jing*, elles n'apparaissent que couplées avec, soit des appréciations mantiques favorables, soit des incitations à réagir.

Présage de difficultés profitables : formule mantique dont l'apparence contradictoire a beaucoup embarrassé les commentateurs. Sa traduction usuelle « profitable d'être persévérant dans les difficultés » en réduit la portée. Citée à trois reprises (voir 21/4 et 36/J), elle relève un fait moral certain : les difficultés sont des occasions de se surpasser. Il ne s'agit pas de simplement savoir endurer un mauvais moment, mais de porter son regard au-delà des difficultés actuelles en prenant conscience de l'avantage qu'il est possible d'en tirer en se forgeant l'âme.

Chaque jour : le texte porte uniquement le mot *soleil* employé dans son sens usuel de *jour*.

Contrôler : formé avec le caractère *porte* et le signe du *bois*, l'idéogramme, qui n'apparaît qu'ici, représente le madrier servant à verrouiller les portes à doubles vantaux. En tant que verbe, il signifie *défendre, garder, protéger, arrêter, réprimer, se prémunir*.

Chariots : voir ligne 2.

Gardes : écrit en combinant le signe de l'agir et un groupe représentant le va-et-vient de la navette du tisserand, l'idéogramme évoque les rondes incessantes des gardes sur les remparts. Toujours très courant – c'était le nom des *gardes* rouges – il signifie *défendre, garder, protéger* en tant que verbe, et *garde* en tant que nom. Il n'est pas mentionné ailleurs.

Avoir où aller : formule mantique en trois caractères dont le sens est : garder son cap sans se laisser déboussoler par les difficultés propres à la situation, tenir son objectif quelles que soient les turbulences, le flou, ou ce qui entrave la marche. Lorsqu'une particularité de la situation risque de faire perdre de vue les objectifs à atteindre, garder son cap par un effort routinier, inscrit dans le long terme, est ce qui permet de tirer au mieux parti du moment.

Hexagramme dérivé : hexagramme 41. DIMINUER est un moment de décantation et de densification qui permet d'améliorer la qualité.

Six en 4

La planchette frontale du jeune taureau 童牛之牿 tong niu zhi gu
Fondamentalement ouvert 元吉 yuan ji

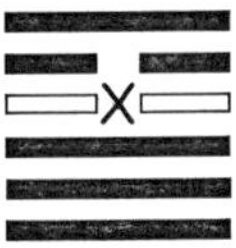

À cette ligne, première des deux seules Yin de l'hexagramme, il est question comme à la ligne suivante d'apprivoiser une force vigoureuse. Sa violence est évoquée à travers deux images d'animaux : ici les cornes d'un *jeune taureau*, là les dents d'un *marcassin*. La correspondance avec la première ligne suggère l'idée que la *planchette* a pour rôle d'intervenir dès le départ du Yang naissant pour empêcher que les cornes du taurillon ne prennent une forme agressive.

À cette place de Ministre, l'apprivoisement du Yang peut s'effectuer de la meilleure manière possible. *Fondamentalement* indique qu'il y a la possibilité de prendre le problème à la base et de l'engager dans un processus riche de possibilités.

Planchette frontale : rare, archaïque et mentionné seulement ici, l'idéogramme, formé avec le signe général des bovidés et le caractère *avertir*, désigne une petite planche qu'on fixait à la pointe des cornes des taurillons pour les empêcher d'être blessantes.
Jeune : toujours très courant, l'idéogramme qui s'applique aussi bien aux humains qu'aux animaux couvre toute la période comprise entre le bébé et l'âge adulte. Il est utilisé plusieurs fois à l'hexagramme 4 JEUNE FOU.
Taureau : le texte porte le caractère général des bovidés. *Taureau* a été choisi de préférence à *vache* ou *bœuf*, en fonction de l'agressivité évoquée par les cornes. Le taureau tient une place importante dans les rituels d'offrandes. Associé à la terre, dont il a la couleur jaune, et aux labours de printemps, il est mis en relation dans certaines légendes anciennes avec la défense contre les débordements du fleuve et, dans d'autres, avec le tambour et la fécondité. Dans le contexte du *Yi Jing*, c'est plutôt sa solidité qui est évoquée, c'est pourquoi ici sa jeunesse est précisée.

Fondamentalement : modulation particulière donnée par un idéogramme qui signifie *début, origine, entièrement.* Appliquée à *ouverture*, elle précise que cet agencement est à la fois dans la vigueur de son début et traversé de fond en comble par une force printanière.

Ouvert (ouverture) : appréciation mantique signalant un moment heureux où un agencement fécond du flux vital multiplie les possibilités de développement. Cette appréciation, citée également en ligne 5, est reprise du Jugement, où elle est associée à l'idée de se confronter de façon bénéfique à l'extérieur.

Fondamentalement ouvert : formule mantique parmi les plus favorables du *Yi Jing*. *Fondamentalement* rehausse la fécondité de l'agencement décrit par ouverture, en soulignant l'étendue de ses possibilités d'application, sa vigueur et sa capacité à initier des situations nouvelles. Cette appréciation n'est mentionnée en quatrième ligne qu'une autre fois, au moment de DÉNOUER, autre situation où l'on est en position de maîtriser un flux puissant (voir 59/4).

Hexagramme dérivé : hexagramme 14. GRAND RÉALISE est un moment de souffle créateur qui permet de passer du projet à la réalisation, du latent au patent, du virtuel au manifesté.

Six en 5

Les dents du marcassin châtré — 豕之牙 fen shi zhi ya

Ouverture — 吉 ji

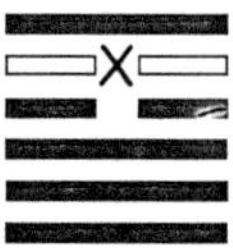

À la place souveraine, seconde des deux seules Yin de l'hexagramme, il est question d'apprivoiser, de manière tout aussi déterminée qu'à la ligne précédente, une force vigoureuse, également évoquée par une image d'animal. Pointues et dangereuses comme les cornes mentionnées à la quatrième ligne, les *dents* sont l'image d'une agressivité ou d'une avidité qu'il convient de brider ; le *marcassin* symbolise une vivacité aussi imprévisible que celle du jeune taurillon dont on prévient les blessures. Toutefois on n'intervient plus ici sur l'origine de l'agressivité, mais sur sa manifestation. Bien que le texte ne soit pas assuré, il semble que l'on doive plutôt se préoccuper d'affiner l'aspect extérieur, et mettre moins de brutalité ou d'arrogance dans la manière de s'exprimer.

La maîtrise de la situation, caractéristique de la place souveraine, est facilitée par la souplesse du trait, gage d'équilibre entre la force brute qui s'exprime au niveau de la seconde ligne, en correspondance, et l'influence du trait supérieur.

Dents : l'idéogramme, qui n'est cité qu'ici, représente les dents

humaines. Son sens propre s'élargit aux dents des animaux et son sens figuré est en rapport avec la beauté.
Marcassin : le texte porte l'idéogramme désignant les porcins en général. *Marcassin* a été choisi en fonction des dents et du caractère farouche de l'animal. Le cochon (ou sanglier), douzième des animaux du zodiaque, est aussi un symbole de force virile.
Châtré : l'idéogramme, rare, archaïque et n'apparaissant qu'ici, combine le signe général des porcins avec le caractère nommant l'hexagramme EMBELLIR (voir 22/I). Évoquant la pétulance du marcassin, il avait à l'origine le sens de *farouche*. Par la suite, il en est venu aussi à signifier *sanglier châtré*, l'apparence plantureuse de l'animal, son embellissement, pouvant être la conséquence de la castration qui par ailleurs tempère son agressivité.
Ouverture : appréciation mantique signalant un moment heureux où un agencement fécond du flux vital multiplie les possibilités de développement. Cette appréciation, citée également en ligne 4, est reprise du Jugement, où elle est associée à l'idée de se confronter de façon bénéfique à l'extérieur.

Hexagramme dérivé : hexagramme 9. PETIT APPRIVOISE est un moment de confinement où les forces s'accumulent patiemment et s'affinent pour devenir fécondes.

En haut un neuf
Ne serait-ce pas là un chemin détourné du Ciel — 何天之衢 he tian zhi qu
Favorisant — 亨 heng

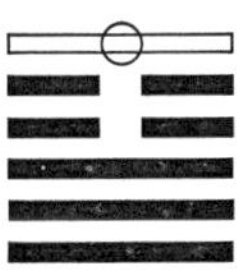
Le Ciel est l'image même de ce qui n'a d'autre modèle que soi-même. Symbole d'un ordre impersonnel et universel, il n'est pas expansion infinie mais régulation constante en mesure de déterminer naturellement sa propre limite. Par cette capacité d'auto-régulation, sa force se manifeste sans brutalité et se canalise d'elle-même dans des formes durables. Cette limitation spontanée par laquelle la force s'apprivoise, on la voit s'exprimer notamment à la ligne souveraine d'ÉLAN CRÉATIF, où la créativité s'exerce de manière juste par le fait que la mesure ne soit pas dépassée.

Que le Ciel puisse s'abstenir de suivre un mouvement rectiligne et univoque pour s'imposer des détours, est une réalité surprenante seulement pour ceux qui n'envisagent la créativité que directe, voire brutale. La forme interrogative du texte renvoie ironiquement le lecteur à lui-même, afin que l'expérimentation de sa force instinctive lui fasse conclure de lui-même à la nécessité d'un tel détour.

La dernière ligne d'un hexagramme représente en général un retournement. Le mouvement général de GRAND APPRIVOISE – une contention exercée sur le bas, l'intérieur, le passé, – s'inverse ici dans la promesse d'une floraison spécifiée par *favorisant*, qui décrit l'échange communicatif entre les flux du Ciel et de la Terre.

Ne serait-ce pas là ? : le texte porte un seul idéogramme, un caractère interrogatif classique. Assez rare, il n'est employé dans le *Yi Jing* qu'en relation avec les idées de *cheminement* (9/1 et 17/4), d'*aller* (38/5) ou, comme ici, de mouvement du Ciel. Il suggère une forme d'ironie amusée s'adressant à celui qui croit parvenir directement à la voie du Ciel.
Chemin détourné : l'idéogramme n'est pas le mot Tao, rendu ailleurs par *chemin*. Formé avec le caractère signifiant *carrefour* et décrivant le mouvement du Ciel *(agir)*, combiné avec un signe représentant un oiseau regardant avec inquiétude de tous côtés, il signifie *rue, embranchement, carrefour de neuf chemins, chemin qui se détache d'une route principale*. Il n'est mentionné qu'ici.
Ciel : la notion de Ciel recouvre toute l'histoire chinoise. À l'époque des Shang, il est l'une des multiples divinités animistes. Les Zhou en feront l'image impersonnelle de la régulation cosmique, la puissance suprême qui confie et retire les mandats de commandement sur terre. Il deviendra ensuite le symbole même du grand Yang et l'attribut principal du trigramme qui en condensera les caractéristiques.
Favorisant : appréciation mantique décrivant un climat d'essor, un agencement fertile, un dispositif énergétique global dans lequel l'échange entre le Ciel et la Terre se noue de manière féconde. La forme ancienne de l'idéogramme montre un mouvement symétrique d'offrande et d'accueil entre le haut et le bas.

䷊ **Hexagramme dérivé :** hexagramme 11. PROSPÉRITÉ est un moment de fluidité printanière et d'ivresse, une effervescence produite par l'échange fécond entre les mouvements du Ciel et de la Terre.

ÉLÉMENTS D'ANALYSE

Nucléaire

䷵ **Hexagramme 54 : MARIAGE DE LA CADETTE.** Au cœur de GRAND APPRIVOISE, il y a MARIAGE DE LA CADETTE. Au cœur d'un moment de grande retenue, il y a une force qui dépasse la volonté individuelle et entraîne dans des circonstances qu'on ne contrôle pas. Cette force prend ici une allure compulsive : elle s'exprime notamment dans la fougue des différents animaux dont les instincts sont bridés ou maîtrisés par l'exercice. Elle représente aussi la vitalité instinctive qui, éduquée et canalisée, donne toute sa fécondité à la situation.

Opposé

䷬ **Hexagramme 45 : RÉUNION.** La relation d'opposition entre RÉUNION et GRAND APPRIVOISE se situe au niveau du lieu et de la façon de gérer un rassemblement d'énergie. Dans GRAND APPRIVOISE, l'agrégat des forces est intérieur, dans RÉUNION il est extérieur. Dans les deux situations, on jugule le danger que représente cet amas de forces en lui donnant une orientation : dans l'hexagramme 26, une grande force solitaire se réfrène par la confrontation avec l'extérieur, on y élève de jeunes animaux ; dans l'hexagramme 45, une grande force collective se conduit par le rappel de ses racines, on y sacrifie du gros bétail. Les conseils d'attitude donnés par les Grandes Images sont en rapport avec le temps : dans RÉUNION, on renouvelle ses armes en fonction d'un futur incertain ; dans GRAND APPRIVOISE, on médite le passé pour ne pas hypothéquer le futur.

27 NOURRIR

YI

En haut MONTAGNE ☶
En bas TONNERRE ☳

NOURRIR	頤	YI
Présage d'ouverture	貞吉	zhen ji
REGARDER ce qui NOURRIT	觀頤	GUAN YI
De là rechercher le plein en bouche	自求口實	zi qiu kou shi
Au début un neuf		
Renoncer à cette tortue magique	舍爾靈龜	she er ling gui
REGARDE-toi l'eau à la BOUCHE	觀我朵頤	GUAN wo duo YI
Fermeture	凶	xiong
Six en 2		
Égarement dans la NOURRITURE	顛頤	dian YI
Écart de la norme	拂經	fu jing
Au tertre ancestral NOURRITURE	于丘頤	yu qiu YI
Impasse pour des expéditions	征凶	zheng xiong
Six en 3		
Écart dans la NOURRITURE	拂頤	fu YI
Présage de fermeture	貞凶	zhen xiong
Dix années sans agir	十年勿用	shi nian wu yong
Aucun lieu n'est profitable	无攸利	wu you li
Six en 4		
Égarement dans la NOURRITURE	顛頤	dian YI
Ouverture	吉	ji
Le tigre guette avec les oreilles baissées	虎視眈眈	hu shi dan dan
Son désir s'efforcer de poursuivre et poursuivre encore	其欲逐逐	qi yu zhu zhu
Absence de faute	无咎	wu jiu
Six en 5		
Écart de la norme	拂經	fu jing
Demeurer présage ouverture	居貞吉	ju zhen ji
On ne peut pas passer le grand fleuve	不可涉大川	bu ke she da chuan
En haut un neuf		
NOURRITURE sortant de terre	由頤	you YI
Danger	厲	li
Ouverture	吉	ji
Profitable de passer le grand fleuve	利涉大川	li she da chuan

Grande Image

Sous la montagne il y a le tonnerre	山下有雷	shan xia you lei
NOURRIR	頤	YI
L'Être Accompli ainsi	君子以	jun zi yi
en étant prudent dans les paroles qu'il prononce	愼言語	shen yan yu
est MESURÉ dans ce qu'il boit et mange	節飲食	JIE yin shi

Dixième Aile

NOURRIR	頤	YI
alimenter la rectitude	養正也	yang zheng ye

NOURRIR, c'est entretenir la vie jour après jour. Établir entre l'organisme et son milieu une circulation mesurée et régulière est ce qui lui permet de durer. L'emblème de cet entretien est la bouche, lieu par où transitent, de l'extérieur vers l'intérieur, la nourriture et, de l'intérieur vers l'extérieur, les paroles. Le rapport entre ces deux mouvements est inscrit dans le nom de l'hexagramme : l'idéogramme associe le signe de la tête à celui de la bouche, suggérant ainsi que seul le cœur – où dans l'optique chinoise siègent les émotions mais aussi les pensées – est à même de maîtriser les impulsions provoquées par le besoin ou le manque.

Il s'agit tout d'abord de se procurer de quoi remplir la bouche, et de veiller à ce que les aliments soient assimilés à un rythme qui permette de les transformer en nourriture effective. Mais il faut aussi considérer ce qu'on nourrit et se poser la question : ce que je recherche, qu'est-ce que cela alimente, quelle lacune cela vient-il combler, quelle croissance cela favorise-t-il ?

La bouche se reconnaît dans la forme de l'hexagramme : une grande ouverture de quatre traits Yin délimitée à chaque extrémité par un trait Yang. Cette structure symétrique fait écho au balancement dialectique de la situation : recevoir pour disséminer, se nourrir pour nourrir en retour. Elle renvoie aussi à l'échange décrit par JUSTE CONFIANCE (61), autre figure construite selon une forme en miroir. Le texte, incertain par endroits, fait référence à deux autres hexagrammes : REGARDER et MESURE (20 et 60), tous deux axés sur une stratégie globale de modération. Cet appel au discernement et à la retenue se prolonge dans les différents conseils qui ponctuent le texte des traits de NOURRIR, particulièrement ceux situés aux places Yang : *renoncer* (première ligne), *ne pas agir* (troisième ligne), *demeurer* (cinquième ligne). Il s'agit de contrôler les mouvements désordonnés d'*écart* ou d'*égarement* que provoquent le manque ou l'avidité. L'appétit, qui en français comme en chinois concerne aussi le désir, est ici symbolisé par les images de la *tortue* (ligne 1) et du *tigre* (ligne 4).

La maîtrise progressive de l'appétit apparaît dans la répartition des appréciations mantiques : négatives aux trois premiers traits, elles deviennent favorables dans les trois supérieurs, particulièrement à la dernière place qui, surplombant l'ensemble de la situation, représente le stade où le nourrissement s'effectue de la manière la plus vivifiante.

Nourrir le corps est une activité spirituelle à recommencer tous les jours. Entretenir la vie, c'est essentiellement, comme le résume la Dixième Aile, *alimenter la rectitude.*

IDÉOGRAMME

YI : *bas du visage, menton, joues. Nourrir, entretenir.*

Devenu assez rare, l'idéogramme est composé de deux parties. À gauche le dessin du bas du visage dans lequel la bouche est soulignée, ainsi que les muscles nécessaires à la manducation. À droite le signe général de la tête qui requalifie la bouche en l'étendant à la notion plus globale de nourrissement.

Ensemble, ces deux signes englobent donc à la fois la partie de la tête concernée, vers l'intérieur, par l'ingestion, et vers l'extérieur, par l'expression. À ce double mouvement correspond aussi un double nourrissement. En effet, rien dans un idéogramme ne permet de distinguer la voix active de la voix passive ; dans le langage courant, c'est seulement le contexte qui y pourvoit. Nourrir signifie donc ici à la fois *ce qui nourrit* et *ce qui est nourri.* Cette ambiguïté, impossible à rendre en français en un seul mot, est présente tout au long du texte de l'hexagramme. Elle apparaît également dans le choix de cet idéogramme pour nommer le palais impérial situé au nord-ouest de Pékin : le Yi He Yuan, que les étrangers appellent simplement palais d'Été, dont le nom signifie en fait : jardin *(yuan)* de l'entretien *(yi)* de l'harmonie *(he).*

TEXTE CANONIQUE

JUGEMENT

NOURRIR	頤	YI
Présage d'ouverture	貞吉	zhen ji
REGARDER ce qui NOURRIT	觀頤	GUAN YI
De là rechercher le plein en bouche	自求口實	zi qiu kou shi

Tout organisme a besoin d'être nourri, et s'en préoccuper ne peut que se révéler fructueux à longue échéance. Il importe toutefois de considérer ce que l'on cherche à entretenir en soi, et d'évaluer les moyens choisis pour répondre à ce désir, afin de voir s'ils aboutissent à une nourriture véritablement adaptée. Pour inciter à cette réflexion, les auteurs du texte ont choisi un terme significatif : REGARDER, le nom de l'hexagramme 20. S'il est ainsi recommandé de prendre de la hauteur, c'est que cette distanciation est particulièrement difficile dans un contexte où le manque peut entraîner la précipitation. Car s'il s'agit de combler une faim, encore faut-il trouver de quoi la satisfaire par une nourriture réellement consistante. En s'exerçant à concevoir la substance juste, le regard supérieur perçoit que c'est lui-même qu'il nourrit.

Ouverture : appréciation mantique signalant un moment heureux où un agencement fécond du flux vital multiplie les possibilités de développement.

Présage ouverture : formule mantique spécifique indiquant la tendance à un réagencement positif de la situation. Usuelle dans les Textes des traits, où elle définit un moment spécifique du déroulement de la situation, cette formule est rare dans les Jugements. Elle ne caractérise que trois situations dans leur ensemble : NOURRIR, ATTENDRE (5/J) et OBSTRUCTION (39/J), trois moments où la durée et le renforcement interne sont primordiaux. Ici elle met l'accent sur la nécessité de considérer l'aspect à long terme du nourrissement.

REGARDER : nom de l'hexagramme 20. Cet hexagramme n'est pas cité ici par inadvertance –, NOURRIR est le seul endroit du Texte canonique où il apparaît – les deux situations sont liées par la même exigence d'authenticité. Si ces deux figures sont construites selon le même rapport entre traits Yin et Yang (quatre Yin, deux Yang), leur organisation est différente. Dans REGARDER le Yang est concentré en haut, vers la prise de conscience, dans NOURRIR il enveloppe le Yin, ajoutant l'élévation à l'ancrage dans la terre.

Ce qui NOURRIT : le nom de l'hexagramme 27 peut prendre un sens double : il peut être à la fois *ce qui nourrit* et *ce qui est nourri*, ambiguïté à la fois impossible à rendre en français avec un seul terme et trop importante pour être escamotée.

De là : l'idéogramme signifie à la fois le lieu d'*origine* ou de *passage* d'un mouvement et *soi-même, de soi-même, spontanément*. Son sens de *spontanément* décrit ce qui vient de soi-même, de manière naturelle – le mot « nature » se dit *zi ran* : ce qui est *(ran)* spontanément, par soi-même *(zi)*, par le simple jeu du Yin-Yang. La phrase pourrait donc être lue « rechercher soi-même le plein en bouche », ou bien encore « spontanément rechercher le plein en bouche ».

Recherche r : l'idéogramme est un terme assez fort qui évoque une tension volontaire en direction d'un but déterminé ; ici il marque une recherche constante.
Plein : l'idéogramme signifie *plein* au sens concret, et *vrai, authentique, précieux* au sens figuré. Il apparaît toujours en relation avec une conduite rituelle, dont il montre la plénitude à 63/5 *(consistance)* et le vide à 54/6 *(rien de consistant)*. Ici, comme à l'intérieur du CHAUDRON (50/2, *rempli*), il renvoie autant à la qualité des aliments qu'à celle de la conduite, deux niveaux associés dans le culte ancestral.
Bouche : l'idéogramme représente une sorte de carré, analogue à celui que dessine la figure de l'hexagramme. Pour qui écrit le chinois, cet accord de forme vaut accord de fond. Comme ce caractère n'est mentionné dans le *Yi Jing* qu'au Jugement de NOURRIR, tous ses sens *bouche, parole, orifice, col de montagne, fil d'une épée*, vont se répercuter dans l'hexagramme. Porte des aliments et des paroles, la bouche est lieu de transformation de la nourriture vers l'intérieur et lieu d'un passage des pensées vers l'extérieur.

TEXTE DES TRAITS

Au début un neuf

Renoncer à cette tortue magique	舍爾靈龜	she er ling gui
REGARDE-toi l'eau à la BOUCHE	觀我朵頤	GUAN wo duo YI
Fermeture	凶	xiong

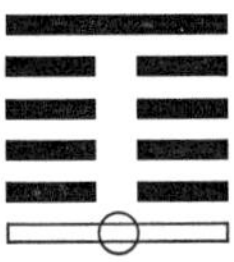

Correcte et en affinité avec l'autre trait Yang qui domine la figure, cette première ligne est en deçà du vide intérieur de l'hexagramme : le problème n'y est pas de se sustenter mais de se rendre compte que – sans doute en raison du caractère inexpérimenté de la place initiale – on a « les yeux plus gros que le ventre ».

La *tortue magique* fait d'abord référence à des pratiques hors normes auxquelles il semble préférable de renoncer ; elle est plus généralement une image d'avidité qui révèle un désir d'outrepasser les rythmes ordinaires. Cet aspect est accentué par la phrase suivante, qui décrit le mouvement d'une personne se tournant de manière envieuse vers une source extérieure de nourriture ou de plaisir. La reprise du nom de l'hexagramme 20 REGARDER, en écho au texte du Jugement, indique qu'une observation plus large de la situation est particulièrement importante ici : il faut être conscient à la fois de son désir et de ce qui le provoque. Se laisser conduire par la seule avidité ne peut mener nulle part.

Renoncer : l'idéogramme, de forme complexe, signifie en propre *demeure, habitation temporaire* (que par définition, on doit quitter). De là vient qu'il peut être utilisé à la place d'un autre phonétiquement identique et graphiquement proche dans le sens de *laisser, renoncer à, abandonner, sacrifier, distribuer des aumônes*. Chaque fois qu'il est cité, c'est à l'orée de quelque chose (voir 3/3 et 22/1).

Cette : l'idéogramme est obscur. Représentant semble-t-il à l'origine un outil pour carder la soie (d'où vient peut-être son sens secondaire *beau, brillant*), se prononçant comme *deux* et *oreilles*, il sert généralement de marque de la seconde personne (voir 31/4, *tes*), de tutoiement familier (voir 61/2, toi) ou condescendant. Désignant ici la tortue, ces différents sens se superposent, pour évoquer soit une injonction « renonce *(toi)* à la tortue magique », soit la dénonciation d'un lien « renoncer au *couplage* avec ce qui *brille* dans la tortue magique ». Aucune de ces lectures n'étant satisfaisante (pas plus que celle qui lit ce caractère comme sujet du verbe *renoncer*), le sens démonstratif a été choisi pour sa relative neutralité. L'ambiguïté de l'ensemble du texte de ce trait vient de l'emploi de pronoms personnels, ici à la seconde personne comme plus bas à la première (voir *toi*), qui apparaissent toujours dans des situations de couplage et renvoient rarement à des personnes identifiables.

Tortue magique : expression toute faite en deux caractères dont le sens, incertain parce que trop vaste et trop variable selon les époques, a donné lieu à toutes sortes d'interprétations fantaisistes. La tortue, symbole de la rationalité divinatoire qui fonde le *Livre des Changements* (voir 41/5 et 42/2), est ici qualifiée de magique. C'est la seule fois dans le *Yi Jing* où elle ne fait pas référence à la divination. L'idéogramme *magique* qui n'est cité qu'ici, est composé avec le signe de la pluie, que les magiciens sont chargés de faire advenir, et le dessin de bouches chantantes ou de gouttes tombantes. Il décrit l'action des chamanes dont les chants à pleine bouche font tomber à grosses gouttes la pluie nourricière. Faut-il alors relier cette tortue magique avec les carapaces de tortues trouvées dans des tombes néolithiques chinoises, posées à l'endroit du sexe (comme on le voit dans les tombes reconstituées au musée de Nankin) ? L'assimilation qui sera faite à partir des Tang entre tortue, obscénité et anatomie en est-elle une résurgence ? L'expression *œuf de tortue* est devenu une insulte grave et *tête de tortue* le nom savant du gland du pénis ! Trop d'éléments sont rassemblés dans cette image pour qu'une interprétation puisse en être donnée avec certitude.

REGARDE : nom de l'hexagramme 20. Repris du texte du Jugement, il souligne la relation entre NOURRIR et REGARDER, deux situations liées par la même exigence de hauteur (voir 20/J).

Toi : le texte porte un caractère formé de deux hallebardes affrontées

signifiant *je, moi, me,* en tant que pronom personnel et *mon, ma, mes* en tant qu'adjectif possessif. Il a été rendu ici par le pronom personnel de la deuxième personne à cause de la construction de la phrase qui se lit mot à mot : *regarder moi l'eau à la bouche.* Elle pose la question de savoir qui peut bien parler à la première personne dans le *Yi Jing.* Ici, il semble bien que ce soit une adresse ironique à celui qui consulte le Livre des Changements.
L'eau à la BOUCHE : rend deux caractères dont le premier est un verbe qui a le sens de mouvoir et le second le nom de l'hexagramme (c'est pourquoi *bouche* est en capitales). Or il existe une expression classique formée avec ces deux derniers caractères, qui se lit mot à mot : mouvoir la mâchoire, ou plus exactement, rester la bouche pendante et qui signifie : en avoir l'eau à la bouche. Le sens de l'ensemble de la phrase devient alors « regarde-moi avoir l'eau la bouche ». Mais le caractère *moi* étant aussi utilisé comme adjectif possessif, elle peut se lire mot à mot : regarder – mon mouvement – eau à la Bouche, c'est-à-dire : prendre conscience – de son propre mouvement – dans ce qu'on nourrit. Dans ce sens, *moi* peut devenir *toi,* puisqu'il est en définitive adressé à qui reçoit cette ligne en réponse.
Fermeture : appréciation mantique signalant un moment de blocage, un mauvais agencement du flux vital qui restreint les possibilités de développement.

Hexagramme dérivé : hexagramme 23. USURE est un moment de fatigue où l'on restaure ses forces en élaguant le superflu.

Six en 2
Égarement dans la NOURRITURE — 顛頤 dian YI
Écart de la norme — 拂經 fu jing
Au tertre ancestral NOURRITURE — 于丘頤 yu qiu YI
Impasse pour des expéditions — 征凶 zheng xiong

Correct mais sans correspondance avec le haut de l'hexagramme, ce trait est surtout en relation avec le trait Yang précédent, niveau où l'avidité prédomine. Cette position isolée se solde par une difficulté à s'orienter que traduisent les termes *égarement* et *écart,* repris aux lignes suivantes mais associés seulement dans celle-ci, comme pour insister sur un vertige ou un manque.

Certains commentateurs considèrent que la règle normale est que les inférieurs soient nourris par les supérieurs, ce qui n'est pas le cas à ce stade où prévaut l'attirance vers le premier trait[35]. D'autres considèrent au contraire qu'il est erroné d'espérer une nourriture venant d'en haut alors que l'aide se situerait à proximité[36]. D'autres encore font allusion aux ermites qui s'écartent du monde pour se retirer dans les montagnes[37]. Quels que soient les errements ou les restrictions, il importe à ce niveau de Préfet d'être conscient de l'inopportunité d'un quelconque mouvement vers l'extérieur. Il est préférable de se tourner vers l'intérieur pour se ressourcer et renforcer ses racines, toute entreprise d'extériorisation volontariste étant sans issue.

Égarement : formé avec le signe de la tête et le caractère *vrai, sincère, ultime*, l'idéogramme a pour sens premier *sommet de la tête, cime, faîte, origine, essentiel*. De cette idée de culmination son sens a dérivé vers celle d'*excès* (voir 28/DA) puis vers celle du mouvement des choses au moment de leur bascule *tomber, verser, se renverser* (voir 50/1). Dans le domaine médical, combiné avec le signe général des maladies, il signifie *folie, démence* ; combiné avec celui des plantes, il sert à nommer la belladone. Il est cité deux fois dans cette figure : lignes 2 et 4.
Dans la Nourriture : dans cette phrase, construite à l'identique de celle qui rythme toutes les lignes sauf la première et la cinquième, le double sens du nom de l'hexagramme désigne à la fois *ce qui nourrit* et *ce qui est nourri*.
Écart : formé avec la main, signe général de l'action, et une négation, l'idéogramme signifie *chasser, écarter, contrarier, s'opposer à, résister à*. Il n'apparaît que dans cette figure où il est cité trois fois : lignes 2, 3 et 5.
Norme : l'idéogramme représente à l'origine les *fils de chaîne* tendus verticalement sur le métier à tisser. À partir de là, il a été employé au sens figuré pour désigner la structure sous-jacente, l'armature invisible sur laquelle s'architecture tout réseau vivant, qu'il soit physique, énergétique ou idéologique. Il servira ainsi à nommer aussi bien les méridiens d'acupuncture, qui structurent le corps humain, que les livres classiques qui structurent le corps social autour d'une vision globale du monde, comme le *Yi Jing*. N'apparaissant que dans cet hexagramme, où il est cité deux fois : lignes 2 et 5, il représente ce qui doit réguler l'alimentation.
Écart de la norme : à la ligne 5 où cette phrase se retrouve, elle est complétée par le conseil de ne pas *passer le grand fleuve*.
Tertre ancestral : l'idéogramme signifie *monticule, coteau, tertre* mais également *tumulus, tombe*, puisque les tombeaux chinois ont souvent cette forme de monticule.
Impasse : appréciation mantique identique à *fermeture*, employée uniquement quand cette appréciation est associée à *expéditions*.
Expéditions : terme mantique représentant la mise en route d'une action déterminée de remise en ordre. L'idéogramme signifiait à l'origine une expédition punitive.
Impasse pour des expéditions : formule mantique signalant l'inadé-

quation d'une stratégie d'intervention vigoureuse. Dans le *Yi Jing*, la mise en route d'une action déterminée de remise en ordre est deux fois plus souvent déconseillée que conseillée.

Hexagramme dérivé : hexagramme 41. DIMINUER est un moment d'amoindrissement et de décantation dont l'aspect positif est l'amélioration de la qualité.

Six en 3

Écart dans la NOURRITURE	拂頤	fu YI
Présage de fermeture	貞凶	zhen xiong
Dix années sans agir	十年勿用	shi nian wu yong
Aucun lieu n'est profitable	无攸利	wu you li

Située à la place de Passage, la troisième ligne décrit généralement une position inconfortable. C'est particulièrement le cas ici où ce trait, Yin à une place Yang donc incorrect, ne profite pas de sa correspondance avec la sixième ligne. Il y est décrit une posture de refus vouée à l'échec complet. Alors qu'aux lignes voisines (2 et 4) *l'égarement* prédomine et qu'aux lignes centrales (2 et 5) on *s'écarte* des rythmes normaux de la régulation vitale, c'est ici de la nourriture elle-même dont on s'écarte, ce qui bloque complètement la situation.

Une accumulation inhabituelle d'appréciations négatives engage à ne rien entreprendre dans un tel état d'esprit, et à ne pas persister dans cette position qui est de loin la moins favorable de l'hexagramme.

Écart : voir ligne 2.
Dans la NOURRITURE : dans cette phrase, construite à l'identique de celle qui rythme toutes les lignes sauf la première et la cinquième, le double sens du nom de l'hexagramme désigne à la fois *ce qui nourrit* et *ce qui est nourri*.
Présage : modulation globale de certaines appréciations mantiques. Précisant que l'appréciation dont il s'agit est moins effective que lorsqu'elle est présentée de manière directe (sans modulation), elle la situe comme une tendance probable.
Fermeture : appréciation mantique signalant un moment de blocage, un mauvais agencement du flux vital qui restreint les possibilités de développement.
Dix années : le *Yi Jing* ne parle pas en temps réel, mais en durée symbolique ou plutôt psychologique. Il distingue des cycles courts, trois ans, et des cycles longs, dix années.
Sans agir : indication mantique spécifique, rendue ailleurs par *ne pas agir*. Composée d'une négation usuelle, souvent à valeur impérative, et

d'un verbe signifiant *faire, employer, utiliser*, cette injonction ne signifie pas qu'on ne peut rien faire, mais qu'à ce moment de la situation, une intervention de type Yang est soit prématurée, soit à contre-courant.
Aucun lieu n'est profitable : appréciation mantique la plus contraire du *Yi Jing*. Elle signifie qu'on est animé de sentiments trop négatifs pour pouvoir aboutir à quoi que ce soit de valable. Elle n'est associée à la formule *présage de fermeture* qu'une autre fois, à 32/1.

Hexagramme dérivé : hexagramme 22. EMBELLIR est un moment où l'accent est mis sur l'apparence, qui peut aussi bien être un masque que laisser transparaître la réalité de l'état intérieur.

Six en 4

Égarement dans la NOURRITURE	顛頤	dian YI
Ouverture	吉	ji
Le tigre guette avec les oreilles baissées	虎視眈眈	hu shi dan dan
Son désir s'efforcer de poursuivre et poursuivre encore	其欲逐逐	qi yu zhu zhu
Absence de faute	无咎	wu jiu

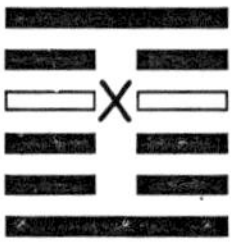

Situé au premier niveau extérieur, ce trait ouvre la partie positive de l'hexagramme. Si on y mentionne le même *égarement* qu'au deuxième trait, le vertige ou la frénésie que ce terme signale a des conséquences très différentes, puisqu'on a ici les moyens de se mettre en chasse et ainsi de concrétiser son désir. Le *tigre*, à la démarche souple et puissante, est l'image d'une force de transformation et de maîtrise : seul *l'Être Grand* peut lui être comparé (voir 49/5). Chercher à honorer ses instincts, faim ou sexualité[38], n'a rien que de légitime, si on a les ressources nécessaires pour le faire et pour canaliser son vertige dans l'action.

Contrairement à l'impatience avide de la *tortue magique* citée à la première ligne, le besoin impérieux symbolisé ici par le tigre est un moteur puissant. La place de Ministre, synonyme de communication, la correction du trait, la correspondance avec la première ligne indiquent que la chasse visant à s'octroyer la nourriture peut être utile à l'ensemble de la situation.

Égarement : voir ligne 2.
Dans la NOURRITURE : dans cette phrase, construite à l'identique de celle qui rythme toutes les lignes sauf la première et la cinquième, le double sens du nom de l'hexagramme désigne à la fois *ce qui nourrit* et *ce qui est nourri*.
Ouverture : appréciation mantique signalant un moment heureux où un agencement fécond du flux vital multiplie les possibilités de déve-

loppement. Elle est citée à trois reprises dans cette figure, aux trois lignes supérieures (4, 5 et 6).
Tigre : si le dragon est au niveau mythologique l'emblème de l'Élan Créatif du Yang, le tigre en est sa plus splendide manifestation au niveau naturel. Dans l'imaginaire chinois, il est le roi des animaux. Il est l'emblème de l'hexagramme 10 Démarche.
Guette : l'idéogramme, dont le sens courant est *examiner, considérer, inspecter, comparer*, représentait l'acte de *voir* appliqué à la lecture des fissures divinatoires. Décrivant plutôt le fait de *regarder quelque chose*, ce caractère toujours très employé qualifie ici le regard du tigre, alors qu'à l'hexagramme 10 (voir 10/3 et 10/6), il décrit plutôt la vigilance nécessaire pour l'approcher.
Oreilles baissées : formé avec le signe oreille et un groupe complexe, l'idéogramme représente l'attitude des félins à l'affût. À partir de là, il veut dire *prendre plaisir à, s'adonner à*.
Désir : formé avec le caractère *vallée* (voir 47/1 et 48/2) et un signe représentant l'idée de manque par le dessin d'un hoquet (vu comme un manque d'air, voir 29/Idéogramme, *ravin*), cet idéogramme comporte une forte connotation sexuelle.
S'efforcer de poursuivre : le texte porte un seul idéogramme, signifiant à l'origine *courir le sanglier*, et maintenant *poursuivre, chasser, rivaliser, lutter pour*. Dans le contexte du *Yi Jing*, il décrit un mouvement inlassable ou une recherche inquiète.
S'efforcer de poursuivre et poursuivre encore : traduit la répétition de l'idéogramme expliqué ci-dessus. En chinois classique, la répétition a valeur de superlatif.
Absence de faute : formule mantique spécifique incitant à ne pas rester dans un état d'esprit incertain ou hésitant.

Hexagramme dérivé : hexagramme 21. Mordre & Unir est un moment où une intervention vigoureuse permet d'éliminer les obstacles et de rétablir l'harmonie.

Six en 5
Écart de la norme 拂經 fu jing
Demeurer présage ouverture 居貞吉 ju zhen ji
On ne peut pas passer le grand fleuve 不可涉大川 bu ke she da chuan

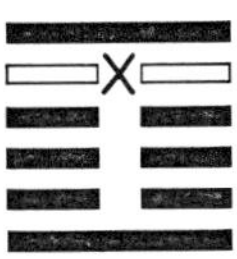

La ligne souveraine de Nourrir est la seule où le nom de l'hexagramme n'apparaît pas. Qu'il ne soit pas ici fait mention de nourriture peut signifier un besoin ou un manque gênant à ce stade de la situation. La proximité d'un trait Yang provoque une attirance similaire à celle qui s'exerce à la deuxième ligne, l'autre place centrale, où se trouve la même tendance à s'écarter d'une règle normale. Mais ici ni impasse, ni égarement, possibilité au contraire d'adopter la seule attitude correcte : *demeurer*, rester en place, et ainsi assumer la maîtrise requise au niveau souverain d'un hexagramme. La reprise de la formule mantique *présage ouverture* utilisée au Jugement indique que cette constance est capable de favoriser le développement du potentiel contenu dans NOURRIR. Cependant la position est trop malaisée pour qu'on puisse prendre l'initiative d'aller vers l'extérieur : on n'a pas ici les moyens de sortir des limites de son domaine propre.

Écart : voir ligne 2.
Norme : voir ligne 2.
Écart de la norme : à la ligne 2, où se trouve la même phrase, il est également conseillé de ne pas entreprendre *(impasse pour des expéditions)*.
Demeurer : l'idéogramme signifie *habiter, séjourner, mettre en réserve, amasser*. Il apparaît toujours dans le *Yi Jing* de manière favorable.
Ouverture : appréciation mantique signalant un moment heureux où un agencement fécond du flux vital multiplie les possibilités de développement. Elle est citée à trois reprises dans cette figure, aux trois lignes supérieures (4, 5 et 6).
Présage ouverture : formule mantique spécifique indiquant la tendance à un réagencement positif de la situation.
Demeurer présage ouverture : ce conseil se retrouve à l'identique à 49/6 et dans une formulation équivalente à 3/1.
On ne peut pas : cette phrase crée un écho avec PETIT EXCÈS (voir 62/J). Là, ce qui est impossible à réaliser, ce sont des *grandes affaires*, ici c'est *passer le grand fleuve*. Irréalisable ici, ce passage l'est à la ligne suivante.
Passer le grand fleuve : formule mantique signifiant qu'il faut oser vaincre sa peur, sortir de chez soi, se jeter à l'eau. Le moment requiert de dépasser son fonctionnement habituel et de mettre à l'épreuve ses capacités en accomplissant le pas nécessaire pour aborder à des rives nouvelles. C'est ici le seul cas où cette formule mantique est considérée comme une impossibilité, alors qu'au trait suivant, elle est extrêmement profitable.

䷩ **Hexagramme dérivé** : Hexagramme 42. AUGMENTER est un moment de boulversement qui permet réforme et de réaménagement interne des potentialités.

En haut un neuf

NOURRITURE sortant de terre	由頤	you YI
Danger	厲	li
Ouverture	吉	ji
Profitable de passer le grand fleuve	利涉大川	li she da chuan

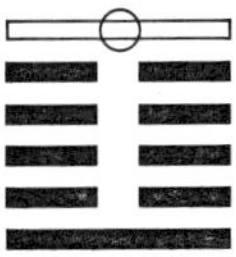

Surplombant l'ensemble de l'hexagramme, ce trait de Sortie associe la hauteur de la place avec une capacité Yang rare dans ce contexte : il représente la seule force capable de donner une orientation à la situation. On sait à ce stade faire éclore de quoi nourrir, et entretenir la vitalité de manière à ce que la croissance soit effective. La mention *danger* indique que le risque de précipitation ou de rigueur excessive n'est pas exclu mais, le travail s'effectuant au niveau indiqué au Jugement par REGARDER, il est possible de rendre fécond le pouvoir germinatif de la dominante Yin de la figure.

Contrairement à la ligne souveraine, la traversée du *fleuve* est ici non seulement possible mais conseillée : il ne faut pas craindre d'aller au-delà du domaine connu pour élargir son potentiel à de nouveaux territoires.

NOURRITURE : dans cette phrase, construite à l'identique de celle qui rythme toutes les lignes sauf la première et la cinquième, le double sens du nom de l'hexagramme, désigne à la fois *ce qui nourrit* et *ce qui est nourri.*

Sortant de terre : représentant une pousse qui sort d'un champ, l'idéogramme a pour sens usuel *origine, cause, motif.* C'est aussi une préposition très employée pour marquer, selon le contexte, *l'origine, le point de départ, le lieu de passage.* Ici comme à 16/4, son sens idéographique est dominant.

Danger : appréciation mantique soulignant les risques inhérents à la situation.

Ouverture : appréciation mantique signalant un moment heureux où un agencement fécond du flux vital multiplie les possibilités de développement. Elle est citée à trois reprises dans cette figure, aux trois lignes supérieures (4, 5 et 6).

Profitable : appréciation mantique indiquant qu'on tire profit à se conduire de la manière indiquée par le contexte.

Passer le grand fleuve : formule mantique particulière signifiant qu'il faut oser vaincre sa peur, sortir de chez soi, se jeter à l'eau. Le moment requiert de dépasser son fonctionnement habituel et de mettre à l'épreuve ses capacités en accomplissant le pas nécessaire pour aborder à des rives nouvelles. Sortir de ses repères habituels permet à ce stade de faire naître quelque chose, alors que c'était jugé impossible à la ligne précédente.

Hexagramme dérivé : hexagramme 24. RETOUR représente le premier pas d'une renaissance encore fragile. Une conduite intempestive y est inappropriée.

ÉLÉMENTS D'ANALYSE

Nucléaire

☷ **Hexagramme 2 : ÉLAN RÉCEPTIF.** Au cœur de NOURRIR, il y a ÉLAN RÉCEPTIF. Au cœur de l'entretien quotidien de la vie, il y a disponibilité, consentement et adaptabilité aux circonstances. Ces qualités permettent de maîtriser les égarements et impulsions désordonnées, de trouver la régularité et la modération nécessaires à un nourrissement quotidien. Cette retenue est résumée dans NOURRIR par l'évocation des hexagrammes REGARDER et MESURE.
NOURRIR est lui-même l'hexagramme nucléaire d'une famille de quatre figures, dans lesquelles il prend le sens général d'une régulation permettant la maîtrise de l'impulsion.

Opposé

䷛ **Hexagramme 28 : GRAND EXCÈS.** La relation d'opposition entre NOURRIR et GRAND EXCÈS se situe au niveau du rapport entre vide et plein. NOURRIR représente un manque à combler, GRAND EXCÈS un trop-plein à tenir. L'un est un moment où la force s'exprime de façon exceptionnelle, l'autre un moment où le quotidien est entretenu de façon régulière. GRAND EXCÈS est à NOURRIR ce que le banquet est au repas quotidien.

28 GRAND EXCÈS

大過

DA GUO

䷛

En haut BRUME ☱
En bas BOIS ☴

GRAND EXCÈS	大過	DA GUO
La poutre faîtière ploie	棟橈	dong nao
Profitable d'avoir où aller	利有攸往	li you you wang
Favorisant	亨	heng
Au début un six		
Comme natte utiliser des roseaux blancs	藉用白茅	jie yong bai mao
Absence de faute	无咎	wu jiu
Neuf en 2		
D'un peuplier desséché	枯楊	ku yang
naissent des surgeons	生稊	sheng ti
Un vieux mari obtient	老夫得	lao fu de
pour épousée une jeune damoiselle	其女妻	qi nu qi
Rien qui ne soit profitable	无不利	wu bu li
Neuf en 3		
La poutre faîtière ploie	棟橈	dong nao
Fermeture	凶	xiong
Neuf en 4		
La poutre faîtière se déploie	棟隆	dong long
Ouverture	吉	ji
En rajouter gêne	有佗吝	you tuo lin
Neuf en 5		
D'un peuplier desséché	枯楊	ku yang
naissent des fleurs éclatantes	生華	sheng hua
Une vieille épouse obtient	老婦得	lao fu de
pour mari un jeune damoiseau	其士夫	qi shi fu
Absence de faute absence d'éloge	无咎无譽	wu jiu wu yu
En haut un six		
Traversée à gué EXCESSIVE	過涉	GUO she
Le sommet de la tête est submergé	滅頂	mie ding
Fermeture	凶	xiong
Absence de faute	无咎	wu jiu
Grande Image		
La brume submerge les arbres	澤滅木	ze mie mu
GRAND EXCÈS	大過	DA GUO
L'Être Accompli ainsi	君子以	jun zi yi

en s'établissant dans la solitude
ne s'inquiète pas
en vivant dans la RETRAITE
ne s'attriste pas

獨立不懼 du li bu ju
遯世无悶 DUN shi wu men

Dixième Aile
GRAND EXCÈS
apogée.

大過 DA GUO
顛也 dian ye

Dans GRAND EXCÈS, le Yang passe la mesure. Un poids excède la norme et menace l'ensemble de la structure. Mais ce moment offre aussi l'opportunité de dépasser les limites habituelles par le déploiement d'une créativité hors norme. Pour qui garde les yeux fixés sur son but sans se laisse abattre par la surcharge, traverser une situation exceptionnellement Yang est possible. Cependant, traverser de manière Yang une situation exceptionnelle exige un surcroît de force qui ne se trouve qu'à l'intérieur de soi.

La forme de l'hexagramme est à l'image de ce surplus. Un bloc massif de quatre traits fermes est regroupé au cœur de la figure, avec un trait souple à chaque extrémité. La symétrie de la figure est à l'image de la répartition des symboles utilisés dans le Texte des traits. La plus caractéristique est la *poutre faîtière*, support principal de la charpente, force concentrée à l'endroit où le mouvement du toit se renverse. À ce point d'inflexion, la poutre n'est pas l'image d'une élévation qui tend indéfiniment vers le ciel, mais celle d'une force cherchant aussi bien à s'enraciner qu'à s'exprimer[39].

Le bois est, dans l'énergétique chinoise, associé à l'Est, au Printemps, à la croissance. Cette vitalité exubérante se manifeste aussi dans le texte par un bouquet d'images végétales : *roseau, peuplier, surgeons, fleurs*, abondance qui montre la propension de l'élan créatif à produire. La poutre, un bois dur, apparaît aux troisième et quatrième traits, c'est-à-dire au cœur de la situation. Aux deuxième et cinquième traits, les deux lignes centrales, elle fait place à l'évocation d'un bois souple, celui de l'arbre le plus Yang de tous : le peuplier. Les fleurs et les surgeons qui lui naissent caractérisent, en les différenciant, la vigueur nouvelle produite par l'union excessive entre jeunesse et âge mûr.

Aux deux traits Yin, qui encadrent la figure, se trouvent des images de souplesse : le roseau qui se couche, l'eau fluide qu'on traverse. À la sixième ligne, par elle-même place d'un dépassement dans beaucoup d'hexagrammes, la démesure est effective. Les conséquences de l'excès, déjà défavorables en troisième ligne, y sont particulièrement difficiles à gérer : la tête trop haut montée risque de s'enfoncer sous une charge trop lourde.

La poutre est le symbole d'une force unifiée, capable aussi bien de soutenir une lourde charge que de s'étendre à ses deux extrémités. On doit pouvoir à la fois compter sur une qualité intérieure solitaire et savoir s'associer. Lorsque le Grand passe la mesure, cela ne constitue un égarement que s'il n'est pas trouvé d'issue à l'excédent de possibilités que le moment recèle.

IDÉOGRAMMES

DA : *Grand. Important, grandir. Adulte. Noble. Aîné.*

L'idéogramme, un des plus courant et aussi un des plus simples de l'écriture chinoise, représente un être humain posé sur ses deux jambes, les bras étendus pour mimer le geste universel évoquant la notion de grandeur. D'avoir dès l'origine été non une représentation de chose (pictogramme), mais la représentation d'une idée (idéogramme) a conféré à ce caractère une grande valeur d'abstraction. Cela lui vaudra d'être utilisé pour figurer le Ciel, tant météorologique que spirituel. En ajoutant un trait horizontal au sommet du signe *grand*, on désigne le Ciel comme la limite supérieure de la grandeur. Cette filiation idéographique servira de terreau au déploiement de l'idée de grandeur dans la notion de Yang et dans son association avec le Ciel. Dans le *Yi Jing*, considérer *grand* comme une dénomination primitive de l'idée de Yang est commandé par le fait que quatre hexagrammes sont nommés avec ce caractère : GRAND RÉALISE (14), GRAND APPRIVOISE (26), GRAND EXCÈS (28), GRAND FORCE (34).

GUO : *traverser, franchir, aller au-delà, dépasser, surpasser, outrepasser, passer au travers, trop, excès, transgression, faute. Opérateur grammatical marquant le passage d'une limite ou simplement du temps.*

L'idéogramme est formé de deux parties. À gauche le signe général du mouvement. À droite un groupe complexe dont l'explication est controversée. Sa forme primitive rappelle pourtant les omoplates divinatoires qui sont à l'origine du *Yi Jing* (il intervient par exemple dans l'écriture du nom de Nu Wa, la parèdre de Fu Xi), et plus particulièrement les cupules qui y étaient fraisées (on retrouve cette idée de trou dans une surface lisse dans d'autres caractères composés avec ce groupe, comme par exemple *tourbillon*, ou encore le nom des poêles concaves chinoises, les « wok »). De ces cupules destinées à recevoir le tison de bronze produisant les fissures, et qui parfois transperçait la cavité fraisée, vient peut-être le sens dominant de ce groupe : aller au-delà, passer au travers. Tous les autres sens découlent de cette idée de dépassement, et la simplification moderne le confirme. En effet, ce groupe a été remplacé par un caractère signifiant à la fois pouce et pouls, représentant l'idée de rythme, de mesure.

Ensemble, les deux idéogrammes nommant cet hexagramme signifient donc : le Grand *dépasse* la mesure. Il n'est pas prépondérant, il est excessif.

Excès et Apprivoisement sont les deux seules notions décrites dans le *Yi Jing* selon leurs modalités Yin (9 et 62) et Yang (26 et 28).

TEXTE CANONIQUE

Jugement

Grand Excès	大過	Da Guo
La poutre maîtresse ploie	棟橈	dong nao
Profitable d'avoir où aller	利有攸往	li you you wang
Favorisant	亨	heng

Débordante de force Yang, la situation est riche de possibilités. Pourtant, que l'essor marqué par *favorisant* ne soit pas qualifié par *fondamentalement* – modulation qui souligne une capacité à initialiser – indique que l'heure est moins à entreprendre du nouveau qu'à se rendre infatigable pour aller jusqu'au bout de la circonstance présente.

La *poutre maîtresse*, pièce principale de la charpente, symbolise la force qui soutient toute la structure. Or, la charge qui pèse sur elle, signe d'une fatigue ou d'un vieillissement, la fait ployer. Dans un tel contexte, rester inerte amènerait à courber encore plus sous le fardeau. C'est au contraire en tendant ses forces vers son objectif, au besoin en le redéfinissant clairement, que l'on peut déployer toutes les potentialités de la situation.

Poutre maîtresse : formé avec le signe général du *bois* et le caractère *Est*, l'idéogramme désigne la poutre principale, celle qui soutient le faîte du toit. Ce sens dérive d'une tradition ancienne. Dans l'organisation des différents bâtiments composant la maison chinoise, les pièces situées à l'Est étaient celles où habitait le maître de maison. Dans la langue actuelle, ce terme désigne toujours, par métonymie, le propriétaire d'un logement. Il n'est mentionné que dans cet hexagramme, où il est cité trois fois : Jugement, lignes 3 et 4.

Ploie : écrit avec le signe du bois et un groupe complexe représentant un tertre, une éminence, l'idéogramme évoque l'idée de quelque chose qui grandit en produisant une forme courbe. Appliqué au bois, il représente une poutre en train de se courber sous un poids excessif. Il n'est mentionné que dans cette figure où il est repris à la ligne 3.
Profitable : appréciation mantique indiquant qu'on tire profit à se conduire de la manière indiquée par le contexte.
Avoir où aller : formule mantique dont le sens est : garder son cap sans se laisser déboussoler par les difficultés propres à la situation, tenir son objectif quels que soient les turbulences, le flou, ou ce qui entrave la marche. Lorsqu'une particularité de la situation risque de faire perdre de vue les objectifs à atteindre, garder son cap est ce qui permet de tirer au mieux parti du moment.
Favorisant : appréciation mantique décrivant un climat d'essor, un agencement fertile, un dispositif énergétique global dans lequel l'échange entre le Ciel et la Terre se noue de manière féconde. Il est notable qu'à l'inverse de la plupart des cas où cette appréciation est mentionnée, elle n'est pas citée en tête du texte du Jugement. Ici, comme par exemple au moment de S'ENTRAÎNER AU PASSAGE DES RAVINS (29/J), elle n'est pas une donnée en soi, indépendante du contexte, mais la conséquence du choix d'une direction claire.

TEXTE DES TRAITS

Au début un six
Comme natte utiliser des roseaux blancs — 藉用白茅 jie yong bai mao
Absence de faute — 无咎 wu jiu

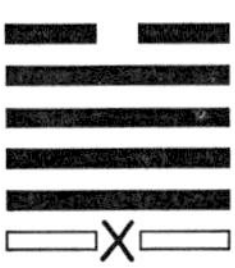

Entrer dans une situation de démesure demande d'être à la fois sûr de soi et prudent. Yin à une place Yang, ce trait compense par sa souplesse la fermeté de la place. Dans le même ordre d'idées, les images utilisées par le texte évoquent la délicatesse à même de prévenir les excès de la force Yang : souplesse du *roseau*, simplicité de la *blancheur*, aspect protecteur de la natte. Support sur lequel faire reposer ce qui est pesant ou imposant, cette *natte* symbolise le comportement approprié : on ne doit pas hésiter à adopter une attitude souple et sans apprêt, qui relève de l'art de recevoir avec précaution un poids trop lourd.

Natte : l'idéogramme, rare, archaïque et n'apparaissant pas ailleurs, avait pour sens *natte sur laquelle on dépose une offrande ou un objet.* Il désignait aussi le champ où le Fils du Ciel procédait à la cérémonie

du labourage de printemps, dont les produits étaient offerts aux esprits. *Comme*, utilisé ici dans le sens *en tant que*, ne correspond pas à un caractère précis mais rend compte de la construction inhabituelle de la phrase qui intercale entre les idéogrammes *natte* et *roseaux blancs* le verbe auxiliaire *employer*.
Roseaux : dans le Texte canonique du *Yi Jing*, les notations botaniques ne sont pas toujours claires, ni ce qu'elles évoquent facile à identifier. Que les roseaux cités ici soient blancs n'aide pas à déterminer la plante dont il s'agit, ni quelle pouvait être son utilisation rituelle. Seul l'emploi du caractère permet de souligner qu'il s'agit d'une plante Yin, à cause la souplesse de sa tige (le caractère *souplesse* s'écrit avec le caractère *roseau*.
Blancs : l'explication traditionnelle de ce caractère, un soleil en train de poindre, n'est guère satisfaisante. Sa gamme de sens est plus vaste : il signifie d'abord *blanc*, puis *pur, vide, clair, simple, facile à comprendre* (comme la langue parlée par comparaison avec la langue écrite) ; c'est la couleur emblématique de l'hexagramme 22 EMBELLIR, et aussi celle de l'Automne et du deuil. On peut mettre le texte de cette ligne en rapport avec le poème 23 du *Livre des Odes* : « Dans les confins, il y a un daim mort. Il est enveloppé de roseaux blancs. Il y a une femme qui songe aux amours printanières. Un chevalier osera-t-il s'en ouvrir à elle ? »
Absence de faute : formule mantique spécifique incitant à ne pas rester dans un état d'esprit incertain ou hésitant.

Hexagramme dérivé : hexagramme 43. SE MONTRER RÉSOLU est un moment où il faut gérer avec détermination des forces Yang proches de leur culmination afin de prévenir leur débordement.

Neuf en 2

D'un peuplier desséché	枯楊	ku yang
naît des surgeons	生稊	sheng ti
Un vieux mari obtient	老夫得	lao fu de
pour épousée une jeune damoiselle	其女妻	qi nu qi
Rien qui ne soit profitable	无不利	wu bu li

À ce niveau comme à la cinquième ligne, le dépassement des rythmes habituels est décrit en deux temps à l'aide d'images prises dans le monde végétal puis dans le monde humain, selon un type de progression métaphorique fréquent dans les textes de l'époque (le *Livre des Odes*). Le Yang, dont les forces arrivent à terme, passe la mesure et retrouve grâce au Yin les ressources nécessaires pour reprendre vie : l'arbre desséché reverdit et engendre des pousses nouvelles ;

l'homme âgé rajeunit et trouve dans l'union avec une femme jeune un surcroît de vigueur, qui peut être l'annonce d'un renouvellement inattendu (ce type d'union entre époux d'âges très différents n'est pas sans évoquer celle dont naquit Confucius lui-même, union heureuse mais qui fut qualifiée d'« excessive » par le nom de cet hexagramme).

La qualité Yin de cette place de Préfet permet de compenser la force Yang du trait ; cette position est également influencée par le voisinage avec le premier trait dont le texte se caractérise par des images de souplesse et de prudence. Ce sont là les signes d'une fluidité qui favorise à la fois le regain de vitalité et son prolongement dans l'environnement extérieur, permettant ainsi de manifester de manière créative un surcroît de possibilités. Aussi cette ligne reçoit-elle l'appréciation la plus favorable de l'hexagramme.

Peuplier : les arbres sont rares dans le *Yi Jing* et d'autant plus symboliques. Se prononçant « yang », écrit avec le signe général des arbres et la partie principale du mot Yang de Yin-Yang, l'idéogramme nomme le plus Yang de tous les arbres. Le peuplier en effet, s'il n'est pas d'un bois très dense (il sert de nos jours à fabriquer les cageots et les allumettes) est un arbre à feuillage serré et racines longues, qui pousse droit et se dresse haut. S'il n'est mentionné que dans cet hexagramme, il possède sa contrepartie : le saule, dont le feuillage se courbe vers le bas, cité à la ligne souveraine d'ÊTRE ACCUEILLANT, hexagramme où le Yin est en puissance (voir 44/5).
Desséché : écrit avec le mot *ancien* et le signe général des arbres, l'idéogramme désigne un *arbre desséché* ; il signifie aussi *fané, flétri, à sec, tari, épuisé*. N'apparaissant que dans cet hexagramme, il y est cité à deux reprises : lignes 2 et 5.
Surgeons : formé avec le signe général des céréales et le caractère *frère puîné, cadet*, l'idéogramme, devenu rare, signifie *rejeton, surgeon*.
Vieux : représentant un être humain à longs cheveux s'appuyant sur une canne, l'idéogramme signifie *vieux, âgé*, etc. Bien qu'il soit dans la langue courante un terme de politesse très laudatif, il est employé ici (et à la ligne 5) dans son sens propre, décrivant une personne *âgée* mais pas aussi vieille que les *grands vieillards* cités à 30/3, autre situation où est décrite une attitude excessive.
Mari : l'idéogramme représente un personnage caractérisé par l'épingle de chignon que les garçons recevaient à leur maturité. Il signifie en général *adulte, homme fait* et particulièrement *mari* quand il est, comme ici, mis en rapport avec *épousée*.
Obtient : l'idéogramme, toujours très courant, signifie *obtenir, acquérir, trouver, atteindre, recevoir*, etc., à chaque fois dans un sens d'avantage, de gain, de succès.

Épousée : écrit avec le signe général de la femme et un groupe complexe qui a donné lieu à des interprétations fantaisistes, l'idéogramme employé ici est peu différent de celui rendu par *épouse* à la cinquième ligne.
Pour épousée une jeune damoiselle : le texte porte simplement un idéogramme grammatical à usage démonstratif suivi des caractères *femme* et *épousée*. La phrase signifie donc mot à mot : obtient cette jeune fille pour épousée. *Damoiselle* a été choisi pour souligner le côté un peu archaïque de la construction et surtout l'écho voulu avec la phrase équivalente du cinquième trait. *Épousée*, peu courant en français, marque la différence d'idéogramme, en même temps que la similitude de sens avec le caractère traduit ailleurs par *épouse* (voir ligne 5).
Rien qui ne soit profitable : une des meilleures appréciations mantiques du *Yi Jing*. Elle souligne la présence d'un fort potentiel d'action et une grande aptitude à œuvrer au renouvellement, particulièrement dans les périodes de transition.

Hexagramme dérivé : hexagramme 31. INCITER est un moment d'ouverture à toutes les stimulations, qu'il faut savoir intégrer sans se laisser déstabiliser.

Neuf en 3

La poutre maîtresse ploie	棟橈 dong nao
Fermeture	凶 xiong

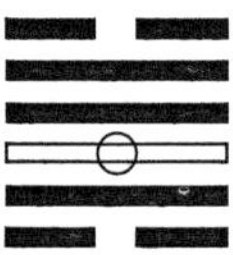

Que l'image de la poutre maîtresse, emblématique de cet hexagramme, soit reprise aux deux lignes médianes indique que la problématique de l'EXCÈS est particulièrement aiguë au niveau humain. À cette place de passage, c'est toute la phrase du Jugement qui est répétée à l'identique, signe qu'à ce niveau se trouve le point focal de la situation. La poutre maîtresse est le cœur de la force qui soutient l'ensemble de la structure, et c'est ici que le fardeau pèse le plus. La pression est telle et le poids si pénible que l'on se sent dans une impasse. Bien que le conseil de garder son cap ne soit pas mentionné, on peut ici se souvenir de la stratégie indiquée au Jugement : ne pas rester inerte.
La relation de correspondance de ce trait avec le sixième, où se trouve la même appréciation mantique négative, est à prendre comme un avertissement. Il convient de se demander s'il y a lieu de mettre toutes ses forces en jeu et dans ce cas d'en trouver la manière.

Poutre maîtresse : voir Jugement.
Ploie : voir Jugement.
La poutre maîtresse ploie : le texte reprend à l'identique la phrase du Jugement[40].

Fermeture : appréciation mantique signalant un moment de blocage, un mauvais agencement du flux vital qui restreint les possibilités de développement.

Hexagramme dérivé : hexagramme 47. ÉPUISEMENT est un moment où l'on mesure ses forces dans la confrontation avec l'entourage. C'est une mise à l'épreuve de la parole qu'on défend.

Neuf en 4

La poutre maîtresse se déploie	棟隆 dong long
Ouverture	吉 ji
En rajouter gêne	有佗吝 you tuo lin

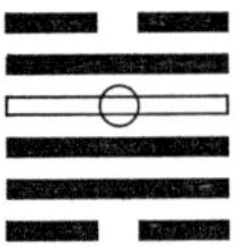
Que l'image de la *poutre maîtresse*, emblématique de cet hexagramme, soit reprise aux deux lignes médianes indique que la problématique de l'EXCÈS est particulièrement aiguë au niveau humain. Ployant sous une charge épuisante au troisième trait, niveau de Passage, la poutre reprend maintenant des forces et se raffermit. Telle une plante qui retrouve l'eau, elle se redresse comme on bombe le torse pour répondre à une situation inhabituelle.

Comme à la seconde ligne, la qualité Yin de la place, renforcée par la relation de correspondance avec le premier trait, apporte une fluidité qui permet aux forces concentrées de se déployer à leur rythme. Outrepasser ce mouvement ne ferait que le figer.

Poutre maîtresse : voir Jugement.
Se déploie : formé d'un ensemble complexe où intervient le signe *naître, croître*, ne se distinguant pas à l'oreille du caractère dragon (voir 1/5), l'idéogramme représente l'idée d'une protubérance chargée de vie et de prospérité. Rien dans ce mot n'évoque l'idée d'un étai, d'un soutien extérieur. Au contraire, signifiant *faire saillie, grandiose, généreux, florissant*, ce caractère, qui n'est employé qu'ici, reprend l'image de la courbure utilisée au trait précédent, non plus dans le sens d'un dangereux surcroît de charge auquel il serait porté remède, mais au contraire dans l'évocation d'une généreuse abondance qui gonfle de l'intérieur. *Se déploie* est un compromis qui vise à rendre le jeu d'images avec la ligne précédente.
Ouverture : appréciation mantique signalant un moment heureux où un agencement fécond du flux vital multiplie les possibilités de développement.
En rajouter : rend une phrase de deux idéogrammes dont le premier est le verbe auxiliaire *il y a*, marque d'une présence effective, et le second un caractère assez rare qui se retrouve à 8/1 et signifie d'*autres*

(*choses* ou *gens*). L'ensemble se lit donc mot à mot *existence d'autres*, sans qu'on puisse déterminer avec certitude s'il s'agit de choses, de gens, ou plus probablement ici de la description d'un comportement excessif.
Gêne : appréciation mantique indiquant un manque de fluidité qui rétrécit les possibilités d'action.

Hexagramme dérivé : hexagramme 48. PUITS est un moment où des éléments nourriciers sont captés pour être amenés au jour, filtrés et partagés.

Neuf en 5

D'un peuplier desséché	枯楊	ku yang
naissent des fleurs éclatantes	生華	sheng hua
Une vieille épouse obtient pour mari	老婦得	lao fu de
un jeune damoiseau	其士夫	qi shi fu
Absence de faute absence d'éloge	无咎无譽	wu jiu wu yu

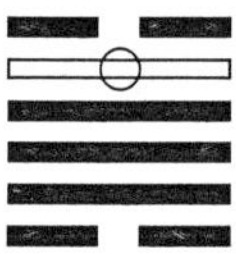

À ce niveau, le dépassement des rythmes habituels est décrit en deux temps, de la même façon qu'au deuxième trait. Un surcroît inhabituel d'énergie permet de passer outre au vieillissement qui atteint aussi bien le peuplier que l'humain : le bois desséché reverdit, la femme âgée trouve un regain de vigueur dans le mariage avec un homme jeune. Bien qu'aucun jugement ne soit porté sur une union aussi inhabituelle – le texte ne mentionne ni *ouverture*, ni *fermeture* – l'appréciation qu'il comporte est nettement moins positive que celle donnée à la seconde ligne. La position du trait, ferme et situé à la place souveraine d'un hexagramme de force, peut accentuer la tentation de s'imposer. Il est de plus en relation de voisinage avec la sixième ligne, où l'EXCÈS devient patent.

Les *fleurs* sont des promesses plus ténues que les *surgeons*. Le Yin parvenu à ce stade peut-il être aussi fécond que le Yin jeune ? Il est opportun de se demander ce qui est réellement recherché ici, et de prendre quelques précautions, surtout lorsqu'un sentiment de force intérieure rend sûr de son fait. Mais il peut être également utile d'adopter parfois des conduites hors norme, jusqu'à être amené à en trouver par soi-même les limites, ou la légitimité.

Peuplier : voir ligne 2.
Desséché : voir ligne 2.
Fleurs éclatantes : représentant des fleurs poussant avec vigueur et profusion, l'idéogramme, dont *fleur* est le sens propre, est surtout employé pour ses sens figurés *florissant, éclatant, splendide, orné, élé-*

gant, la fine fleur, etc. À ce titre, il fait partie du nom complet de la Chine moderne, républicaine d'abord, communiste ensuite : *zhong hua (gong he) min guo*, république (populaire) du peuple de la *fine fleur* du milieu.

Vieille : voir ligne 2, vieux.

Épouse : écrit avec le signe général de la femme et un groupe complexe qui a donné lieu à des interprétations fantaisistes, l'idéogramme employé ici est peu différent de celui rendu par *épousée* à la seconde ligne.

Obtient : voir ligne 2.

Obtient pour mari un jeune damoiseau : le texte porte simplement un idéogramme grammatical à usage démonstratif suivi de deux caractères signifiant le premier *lettré, jeune noble* et le second *homme, mari*. La phrase signifie donc mot à mot : obtient un jeune noble pour époux. *Damoiseau* a été choisi pour souligner le côté un peu archaïque de la construction, en écho à la phrase équivalente de la deuxième ligne.

Éloge : l'idéogramme, toujours très utilisé, désigne une reconnaissance verbale de l'action entreprise.

Absence de faute, absence d'éloge : formule mantique spécifique qui suggère que la qualité de la situation est propre au contexte et donc laissée à l'appréciation du lecteur. Elle n'apparaît que deux fois : ici où, pour s'alléger d'un pesant fardeau, le Yin recherche une énergie neuve, et à ÉLAN RÉCEPTIF (voir 2/4) où il se retire.

Hexagramme dérivé : hexagramme 32. ENDURER est un moment où l'on renforce son courage et dépasse ce qui est usuel et routinier afin de maintenir son orientation.

En haut un six

Traversée à gué EXCESSIVE 過涉 Guo she
Le sommet de la tête est submergé 滅頂 mie ding
Fermeture 凶 xiong
Absence de faute 无咎 wu jiu

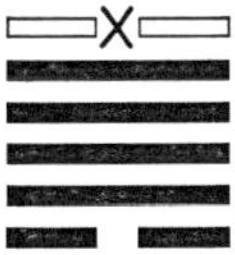

Même si elles peuvent être le signe de circonstances exceptionnelles, ou parfois mettre au jour des capacités extraordinaires, toutes les démesures ont une fin. Que le nom de l'hexagramme soit mentionné au dernier stade de GRAND EXCÈS – c'est la seule ligne où il apparaît – suggère que la situation se révèle à présent réellement excessive. Le moment est venu de se départir d'un agencement trop lourd à supporter, et d'effectuer la transition vers une autre rive.

Ce passage est d'autant moins aisé que le poids réduit la mobilité et empêche de lutter contre le courant. Il faut veiller à ce que la *tête* – ce qui dirige – ne soit pas dépassée. Aller courageusement de l'avant sans se laisser emporter permet de se retirer d'un dispositif qui a fait son temps.

Traversée à gué : formé avec le signe de l'eau et un verbe qui signifie marcher avec difficulté, l'idéogramme décrit précisément le fait de passer à gué un cours d'eau. Il n'apparaît qu'ici en dehors de la formule mantique : *passer le grand fleuve.* Cette traversée rappelle celle qui s'effectue aux hexagrammes Déjà Traversée et Pas encore Traversée, situations de transition, où la tête risque également d'être submergée (voir 63/6 et 64/6).
Excessive : le texte porte le second caractère du nom de l'hexagramme Excès.
Sommet de la tête : rend un seul idéogramme, formé avec le signe général de la tête et celui du clou, qui désigne le vertex crânien, ce point le plus élevé de la tête que l'acupuncture dénomme « réunion de tous les Yang » *(hui Yang).*
Submergé : formé en combinant les signes de l'eau, du feu et des armes de guerre, l'idéogramme signifie *submerger, détruire, exterminer.* Son sens est assez virulent, et il n'apparaît que dans les situations les plus extrêmes du *Yi Jing*, trois fois à Mordre & Unir (21) et deux fois dans cet hexagramme : ici et à la Grande Image.
Fermeture : moment de blocage où un mauvais agencement du flux vital restreint les possibilités de développement.
Absence de faute : incitation à ne pas rester dans un état d'esprit incertain ou hésitant, cette formule sonne ici comme un encouragement à ne pas se laisser dépasser par les circonstances.

䷫ **Hexagramme dérivé :** hexagramme 44. Être accueillant est le moment où, la culmination Yang étant arrivée à son terme, il faut s'ouvrir au Yin et à des circonstances nouvelles.

ÉLÉMENTS D'ANALYSE

Nucléaire

Hexagramme 1 : ÉLAN CRÉATIF. Au cœur de GRAND EXCÈS, il y a ÉLAN CRÉATIF. Au cœur d'une situation de dépassement, il y a un souffle puissant de transformation fait de vigueur, de détermination et de capacité à imaginer le nouveau. Dans GRAND EXCÈS, ce souffle anime le déploiement de la vitalité personnelle. Le renforcement solitaire permet de s'affirmer de façon exceptionnelle à l'extérieur. ÉLAN CRÉATIF manifeste ici la capacité à se surpasser.
GRAND EXCÈS est lui-même l'hexagramme nucléaire d'une famille de quatre figures (hexagrammes 30, 35, 56 et 62), dans lesquelles il prend le sens général de vitalité excessive et de démesure.

Opposé

Hexagramme 27 : NOURRIR. La relation d'opposition entre GRAND EXCÈS et NOURRIR se situe au niveau du rapport entre vide et plein. NOURRIR représente un manque à combler, GRAND EXCÈS un trop-plein à exprimer. L'un est un moment où la force s'exprime de façon exceptionnelle, l'autre un moment où le quotidien est entretenu de façon régulière. GRAND EXCÈS est à NOURRIR ce que le banquet est au repas quotidien.

29 S'ENTRAÎNER AU PASSAGE DES RAVINS

習坎

XI KAN

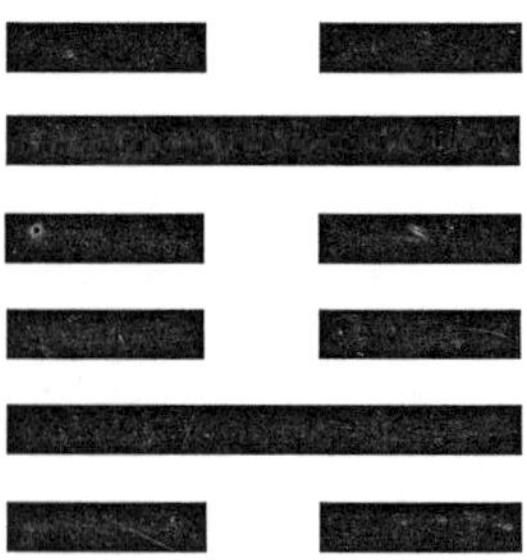

En haut EAU ☵
En bas EAU ☵

S'ENTRAÎNER AU PASSAGE DES RAVINS	習坎	XI KAN
il y a onde porteuse	有孚	you fu
Unifier le cœur	維心	wei xin
Favorisant	亨	heng
Agir amène à se surpasser	行有尚	xing you shang

Au début un six

S'ENTRAÎNER AU PASSAGE DES RAVINS	習坎	XI KAN
Rentré dans la fosse des RAVINS	入于坎窞	ru yu KAN dan
Fermeture	凶	xiong

Neuf en 2

RAVINS	坎	KAN
Il y a un passage difficile	有險	you xian
Rechercher peu obtient	求小得	qiu xiao de

Six en 3

Devant soi RAVINS sur RAVINS	來之坎坎	lai zhi KAN KAN
Être dans un passage difficile et cependant se reposer un peu	險且枕	xian qie zhen
Rentré dans la fosse des RAVINS	入于坎窞	ru yu KAN dan
ne pas agir	勿用	wu yong

Six en 4

Calices dorés vins sacrés patelles appariées	尊酒簋	zun jiu gui
Deux fois plus opérantes les jarres argilées	貳用缶	er yong fou
S'ouvrir à l'union venant de la fenêtre	納約自牖	na yue zi you
À la fin absence de faute	終无咎	zhong wu jiu

Neuf en 5

Les RAVINS ne sont pas remplis	坎不盈	KAN bu ying
seulement déjà aplanis	祇既平	zhi ji ping
Absence de faute	无咎	wu jiu

En haut un six

Entrave à l'aide de grosses cordes	係用徽纆	xi yong hui mo
Entouré par des buissons épineux	寘于叢棘	zhi yu cong ji
Trois ans sans rien obtenir	三歲不得	san sui bu de
Fermeture	凶	xiong

Grande Image

L'eau s'écoulant de façon répétée arrive à tout	水洊至	shui jian zhi
S'ENTRAÎNER AU PASSAGE DES RAVINS	習坎	XI KAN

L'Être Accompli ainsi	君子以	jun zi yi
agissant avec une attitude continue	常德行	chang de xing
apprend et enseigne par RÉPÉTITION	習教事	XI jiao shi

Dixième Aile

FILET D'OISELEUR vers le haut et	離上而	LI shang er
S'ENTRAÎNER AU PASSAGE DES RAVINS vers le bas	坎下也	KAN xia ye

S'ENTRAÎNER AU PASSAGE DES RAVINS, c'est apprendre à ne pas se laisser entraîner par le vide. Lorsque les périls s'accumulent comme des précipices qui se succèdent, il faut dépasser la sensation du sol qui se dérobe sous les pieds et vaincre le vertige ou l'angoisse en se forgeant un cœur dans l'épreuve. Les situations de peur ou de tristesse, qui se produisent de manière incontrôlable, sont généralement liées au manque de confiance. Mais ce qui se répète involontairement se maîtrise pareillement : par la répétition. Comme l'indique le nom de l'hexagramme, dont l'un des idéogrammes suggère les premiers essais d'un oisillon à l'envol, c'est par la pratique et l'exercice que l'on apprend à maîtriser la peur du vide, c'est en accompagnant le mouvement qu'on trouve la confiance et les courants qui soutiennent. Par une série d'efforts suivis, on peut aplanir les difficultés et *unifier son cœur*.

Tardivement associée à l'eau qui coule au fond des ravins, la figure a une forme symétrique qui n'est pas sans rappeler les effets de miroir provoquant le vertige. L'hexagramme appelle par sa dominante Yin souplesse et ténacité, mais qu'il s'articule autour des deux traits Yang situés aux places centrales doit inciter à maintenir une certaine fermeté dans le contrôle de la situation.

Le texte confirme cette répartition. Aux places occupées par des traits Yin sont décrites les positions les plus pénibles : pièges aux lignes un et trois, enfermements aux lignes quatre et six. Cependant, la situation s'améliore au fur et à mesure que l'on avance dans la traversée des ravins : aux *passages difficiles* cités aux deuxième et troisième lignes succèdent les incitations à agir mentionnées aux quatrième et cinquième lignes. Les *ravins* sont surtout intérieurs : cités aux trois traits du bas, ils ne sont repris dans le haut de la figure qu'à la ligne souveraine, et pour être *nivelés*, c'est-à-dire comblés. Que nulle part dans cet hexagramme n'apparaisse la formule *danger* – qui signale des dangers extérieurs à la personne – confirme qu'il s'agit avant tout d'un trouble intérieur.

Débutant et s'achevant sur la même sensation d'impasse, S'ENTRAÎNER AU PASSAGE DES RAVINS est l'un des quatre hexagrammes qui ne comportent nulle part la formule mantique *ouverture* (les trois autres sont REGARDER 20, USURE 23 et SE MONTRER RÉSOLU 43). C'est donc une situation où il s'agit de sortir sans dommage d'un contexte pénible plutôt que de faire s'épanouir des possibilités. Certains moments ont l'allure de paysages abrupts et escarpés : défis à la capacité personnelle, ils doivent susciter un redoublement d'effort.

S'ENTRAÎNER AU PASSAGE DES RAVINS et FILET D'OISELEUR, opposés par leur structure, terminent la première partie du *Yi Jing*, traditionnellement divisé en deux (Livre I, hexagrammes 1 à 30 – Livre II, hexagrammes 31 à 64), dans une disposition en miroir où l'un répond à ÉLAN RÉCEPTIF par sa dominante Yin, l'autre à ÉLAN CRÉATIF par son excès de Yang. Ils ont en commun l'image de l'oiseau, mais entraîné dans des directions opposées : tandis que celui de S'ENTRAÎNER AU PASSAGE DES RAVINS se laisse emporter vers le bas et doit résister au vertige, celui de FILET D'OISELEUR se laisse attirer vers le haut et ne doit pas céder au risque d'illumination.

IDÉOGRAMMES

Le nom de cet hexagramme est formé de deux caractères. Ce n'est pas une exception, il en est ainsi pour quinze hexagrammes. Cependant, parmi ceux-ci, aucun n'est formé du redoublement d'un même trigramme comme l'hexagramme 29. Or, parmi les huit hexagrammes formés du redoublement d'un trigramme, les sept autres portent simplement le nom du trigramme qui les compose. La singularité de l'hexagramme 29 vient de ce que le nom du trigramme redoublé est précédé d'un verbe. L'idée de *répétition* qu'il contient sera comprise comme signifiant répétition (du trigramme) Kan, et finalement, par souci d'homogénéité avec les noms des sept autres hexagrammes formés par la répétition d'un trigramme, bon nombre d'auteurs, même chinois, ont tout simplement supprimé du nom de l'hexagramme ce caractère. Il est pourtant bien présent dans le document sur soie trouvé à Ma Wang Dui, dans lequel il fait partie du nom de l'hexagramme 29, alors qu'aucun nom de trigramme n'est mentionné nulle part. La trace de cette dénomination d'origine est visible dans le Texte canonique, puisque ce nom complet apparaît toujours dans le texte du premier trait.

XI : *S'exercer, s'entraîner à, apprendre, pratiquer, se familiariser avec, répéter un exercice, habitude, entraînement, etc.*

L'idéogramme est formé de deux parties. Au-dessus, le signe général des plumes d'oiseau (voir 53/6). En dessous, le caractère blanc, représentant le dessin d'un soleil levant, pris ici dans le sens figuré de *début, blanc* parce que n'ayant pas encore pris sa couleur. La combinaison des *plumes* et du *début* produit l'idée de l'apprentissage du mouvement des ailes. L'idéogramme montre la situation de l'oisillon encore au nid, que sa mère pousse dans le vide pour l'obliger à prendre son envol, à découvrir que le fondement de l'art de voler, c'est d'être porté par le vide. À partir de cette image d'*apprentissage*, ce verbe a pris le sens de *répétition*, car en Chine, c'est toujours la seule manière d'apprendre.

KAN : *Précipice, escarpement, lieu dangereux. Fosse, cavité, creux. Talus, terrasse, levée de terre à travers champs. Onomatopée d'un bruit de coup violent.*

L'idéogramme est formé de deux parties. À gauche le signe de la terre, réduit pour laisser de la place à l'autre partie. À droite, un caractère dont la forme ancienne représente le dessin d'une gorge se contractant. Le geste qui est représenté est un hoquet de surprise, qui se manifeste par un manque d'air dans la gorge. De là viendra son sens figuré *manque*. L'idéogramme dans son ensemble évoque au sens propre un endroit où la terre manque, un trou, une fosse, un piège, un abîme, un précipice, et au sens figuré un moment où le sol se dérobe sous les pas, les peurs, vertiges, angoisses, et autres ravins du cœur.

TEXTE CANONIQUE

JUGEMENT

S'ENTRAÎNER AU PASSAGE DES RAVINS	習坎	XI KAN
Il y a onde porteuse	有孚	you fu
Unifier le cœur	維心	wei xin
Favorisant	亨	heng
Agir amène à se surpasser	行有尚	xing you shang

Lorsqu'on se trouve devant un gouffre vertigineux, on est surpris, désarmé, et le cœur se serre d'un coup. En de telles circonstances, il ne faut pas céder à la panique mais reprendre confiance en trouvant un courant qui soutienne comme l'air porte les ailes de l'oisillon. Ce courant porteur permet de se centrer et ainsi de stabiliser la disposition intérieure.

La situation n'est donc pas sans issue : quand la peur met le cœur en miettes, il faut le rassembler en recherchant l'appui qui semble manquer. Le tissage évoqué par *unifier* indique que la consolidation du cœur ne se fait pas par fusion, mais par tressage des différentes fibres de la sensibilité en un solide appui intérieur. Le premier caractère du nom de l'hexagramme évoque aussi ce mouvement : l'apprentissage se tisse brin à brin par la répétition.

Quand le vertige paralyse, c'est par l'action que l'on doit réagir. Oser avancer, tel est le moyen de ne pas se laisser gagner par l'inertie. Qui doute de ses possibilités peut découvrir enfouies au fond de soi, lorsqu'il s'engage, des ressources insoupçonnées.

Il y a onde porteuse : variante de la formule mantique *onde porteuse* signalant qu'un fort courant porteur traverse la situation. Elle insiste sur la réalité effective *(il y a)* de ce courant. Le même flux porteur se retrouve à REGARDER (voir 20/J), autre situation exigeante, bâtie sur le même rapport entre traits Yin et Yang et où n'apparaît pas non plus la mention d'*ouverture*.

Unifier : l'idéogramme est formé par la combinaison de deux images de tissage : le signe général de la soie – qui représente un écheveau – et celui des *oiseaux à queue courte* en raison de la manière dont sont *entre-tissées* les plumes de leur queue. À partir de son sens premier *fibre, filament*, il signifie *lier, attacher, joindre, unir*. De là dérivent ses sens figurés *principe fondamental, maintenir, sauvegarder*.

Cœur : l'idéogramme représente un battement. Le cœur est, parmi les cinq viscères, celui qui tient le rôle souverain. Siège de la pensée, il peut représenter l'*esprit*, siège de la vie affective, il peut être *disposition intérieure, volonté, intention, conscience morale*, etc. Dans le contexte du *Yi Jing*, il désigne surtout le *for intérieur*, et est plutôt évoqué dans des contextes de tristesse ou de difficultés.

Favorisant : appréciation mantique décrivant un climat d'essor, un agencement fertile, un dispositif énergétique global dans lequel l'échange entre le Ciel et la Terre se noue de manière féconde. Alors que le plus souvent cette appréciation est citée en tête du texte du Jugement, ici, comme à GRAND EXCÈS (voir 28/J), elle vient après un conseil d'attitude. Comme si l'essor n'était pas une donnée, mais une conséquence de l'unification du cœur.

Agir : l'idéogramme combine indistinctement les sens de *marche* et de *fonctionnement productif*. Dans le *Yi Jing*, ce caractère est l'emblème de l'action créatrice du Ciel (voir 1/GI, *circule-et-agit*).

Amène : le texte porte simplement le verbe *il y a* qui indique la réalité effective de ce qui est décrit. Il souligne ici le fait qu'agir « *fait que* » *il y a (réalisation)* du surpassement de soi.

Se surpasser : représentant la partie supérieure d'un bâtiment, se pro-

nonçant comme le caractère *en haut, vers le haut*, l'idéogramme signifie *surpasser, estimer, faire grand cas, supérieur, honorable.*
Agir amène à se surpasser : cette phrase, peut-être une des plus belles de tout le *Yi Jing*, montre la capacité que chacun possède de vaincre peur et danger. Elle est citée deux autres fois sous une forme légèrement différente (*aller* remplace *agir*) : à 55/1 et à la ligne souveraine de MESURE (voir 60/5)

TEXTE DES TRAITS

Au début un six

S'ENTRAÎNER AU PASSAGE DES RAVINS — 習坎 XI KAN
Rentré dans la fosse des RAVINS — 入于坎窞 ru yu KAN dan
Fermeture — 凶 xiong

On se trouve ici à l'orée d'une suite de ravins à franchir. À l'inexpérience caractéristique du niveau d'Entrée s'ajoute un certain désarroi marqué par le manque de fermeté du trait, Yin à une place Yang. Que cette ligne soit la seule à comporter le nom complet de l'hexagramme souligne à la fois une tendance à se laisser aspirer par le vide du RAVIN et la nécessité de S'ENTRAÎNER pour y résister.

Si cette incitation à l'exercice est mentionnée d'emblée, c'est que le premier pas est souvent le plus difficile à accomplir. Il demande de ne céder ni à l'affolement ni à la dramatisation. Qui se laisse emporter par l'agitation au lieu d'accompagner le mouvement ne peut que s'enfermer dans une impasse.

Rentré dans : le texte porte deux caractères : un verbe signifiant globalement *entrer dans, rentrer, pénétrer*, toujours appliqué dans le *Yi Jing* à des lieux ou des situations à forte teneur Yin, et un opérateur grammatical qui sert d'indication de lieu ou de niveau. La même construction se retrouve au troisième trait.
Fosse des RAVINS : dans cette expression en deux idéogrammes qui n'apparaît que dans cette figure, le premier est la seconde partie du nom de l'hexagramme et le second un caractère complexe, formé en combinant le signe du trou (voir 5/4, *caverne*) et un signe signifiant *creuser*. Ce dernier désigne une ouverture dans le flanc d'un précipice ou une petite fosse dans l'intérieur d'une grande. Il peut indiquer le fond du RAVIN, mais plus vraisemblablement les avant-trous que les soldats chinois creusaient à l'orée des tranchées recouvertes de branchages, un système qui rendait encore plus efficace ce piège classique pour faire tomber les chevaux ennemis. La même expression se retrouve au troisième trait.

Fermeture : appréciation mantique signalant un moment de blocage, un mauvais agencement du flux vital qui restreint les possibilités de développement. Rare en première ligne, cette appréciation prend ici un double sens par analogie entre la situation décrite par le texte et ce que l'idéogramme représente : un mouvement de chute dans un fossé.

Hexagramme dérivé : hexagramme 60. MESURE est un moment de mise en rythme où l'activité doit être modulée selon des règles souples.

Neuf en 2

RAVINS	坎 KAN
Il y a un passage difficile	有險 you xian
Rechercher peu obtient	求小得 qiu xiao de

Lorsqu'on traverse une passe délicate, on doit se garder de vouloir trop en faire. S'il importe de tenir bon comme à l'autre trait Yang situé en place souveraine – le contexte est suffisamment risqué pour que la fermeté, même en place de Préfet, soit légitime –, il s'agit aussi de savoir s'adapter souplement aux circonstances : concentrer ses forces et aller de l'avant pas à pas permet de trouver son chemin.

Scinder une grande difficulté en petits problèmes auxquels on s'attaque successivement est la meilleure stratégie à suivre pour pouvoir avancer dans de telles conditions. On doit être conforté par l'assurance que ce comportement amène à *obtenir*, alors que ce résultat sera beaucoup plus problématique à la dernière ligne.

RAVINS : le texte porte seulement le second caractère du nom de l'hexagramme.

Il y a : verbe auxiliaire jouant dans le contexte du *Yi Jing* le rôle de modulation mantique. Il renforce l'appréciation qu'il qualifie en soulignant son caractère effectif.

Passage difficile : formé d'un ensemble complexe, l'idéogramme, toujours très usuel pour signaler un *endroit dangereux*, avait à l'origine le sens de *obstacle difficile à surmonter, difficulté, passe difficile à franchir*, et aussi celui de *presque, sur le point de*. Renforcé par *il y a*, ce péril est plus effectif ici qu'à la ligne suivante – ce sont les deux seules fois où il est cité dans le *Yi Jing*.

Rechercher : représentant à l'origine un vêtement de fourrure très recherché pour sa chaleur et son prix, l'idéogramme est un terme assez fort qui évoque une tension volontaire en direction d'un but déterminé.

Peu : généralement traduit par *petit*, l'idéogramme représente une

multitude de petites graines. Cependant, dans le contexte du *Yi Jing*, *petit* a également une autre signification qui va au-delà de son sens propre : il est un des anciens emblèmes du Yin. Il semble qu'ici les deux niveaux de sens jouent de manière complémentaire. Il s'agit autant de ne rechercher que des obtentions mineures que d'utiliser une stratégie Yin pour atteindre ce qu'on recherche. En tous cas, agir à petits pas, préférer la longanimité au dynamisme.
Obtient : l'idéogramme recouvre une gamme de sens assez étendue : *parvenir, obtenir, trouver, recevoir, acquérir, convoiter, avoir, posséder*, etc., qui tournent tous autour de l'idée de gain. Les deux seuls Jugements où il est cité sont ceux d'hexagrammes très marqués par le Yin (voir 2/J *trouver* et 48/J *gain*). Il est cité à deux reprises dans cette figure : lignes 2 et 6.

Hexagramme dérivé : hexagramme 8. ALLIANCE est une situation de solidarité organisée autour d'un point central vers lequel convergent toutes les énergies.

Six en 3

Devant soi RAVINS sur RAVINS — 來之坎坎 lai zhi KAN KAN
Être dans un passage difficile et cependant se reposer — 險且枕 xian qie zhen
Rentré dans les fosses des RAVINS — 入于坎窞 ru yu KAN dan
Ne pas agir — 勿用 wú yong

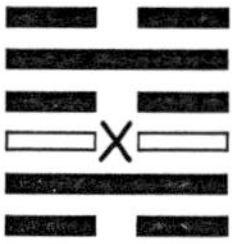
La troisième ligne, niveau de Passage souvent malaisé, l'est d'autant plus dans une situation où il s'agit de franchir des ravins. Le texte décrit un chemin ardu où les précipices se succèdent et les difficultés s'accumulent : *fosse du ravin* comme à la première ligne, *passage difficile* comme à la ligne précédente.

Dans les passes étroites, on ne doit pas vouloir à tout prix forcer la difficulté, mais se donner le temps de reprendre son souffle, faire une pause afin de retrouver un peu de sérénité. Tomber dans une agitation inutile ne ferait qu'aggraver les choses. Ne rien entreprendre permet en revanche de ne pas se laisser piéger par les circonstances et de reconstituer ses forces.

Devant soi : le texte porte un verbe auxiliaire d'emploi très courant. Généralement rendu par *venir*, ce caractère décrit un mouvement se dirigeant vers le sujet. Dans le Grand Commentaire, il est utilisé pour nommer l'avenir, le temps qui vient vers soi. Il est ici construit avec un caractère à usage grammatical qui amène à le comprendre comme une sorte de participe présent *(venant par) devant soi.*

RAVINS sur RAVINS : Le texte porte simplement le mot RAVIN, répété deux fois. La place de cette ligne, située à peu près entre les deux trigrammes, et le redoublement du caractère *kan* qui donnera son nom au trigramme ont amené beaucoup de commentateurs à y voir une description trigrammatique de la figure. Pourtant, si le texte fait bien mention de ravins devant soi, il n'y est nulle part question de ravin derrière soi. En revanche, la répétition est une marque classique du superlatif souvent employée dans le *Yi Jing* avec le nom de l'hexagramme (voir 1/3, 15/1, 43/3 et particulièrement 39/2).
Être dans un passage difficile : le texte porte un seul idéogramme, formé d'un ensemble complexe, mais toujours très courant pour signaler un *endroit dangereux*. Il avait à l'origine le sens de *obstacle difficile à surmonter, difficulté, passe difficile à franchir*, et aussi celui de *presque, sur le point de*. Il est également cité à la ligne précédente.
Et cependant : l'idéogramme évoque une station dans un déroulement. Il signifie maintenant *pour le moment, un instant, en attendant, de plus, et, mais, cependant*, etc.
Se reposer : formé avec le signe général du bois et le caractère évoquant les oreilles baissées du tigre à l'affût (voir 27/4), l'idéogramme, qui n'apparaît qu'ici, a pour sens propre *oreiller*, l'endroit où l'on pose sa tête pour se reposer.
Rentré dans : voir ligne 1.
Fosses des RAVINS : voir ligne 1.
Ne pas agir : formule mantique spécifique en deux caractères dont le premier est une négation usuelle, souvent à valeur impérative et le second un verbe (différent de celui rendu aussi par *agir* au Jugement), qui sert souvent d'auxiliaire verbal dont le sens, très général, est *faire, agir, réaliser, opérer, employer*, etc., et qui dans le contexte du *Yi Jing* insiste sur la réalisation de ce dont il s'agit. Le conseil donné par cette expression n'est pas une injonction à ne rien faire, mais plutôt un avertissement : pour le moment une intervention active de type Yang serait soit prématurée, soit à contre-courant.

䷯ **Hexagramme dérivé :** hexagramme 48. PUITS est un moment où l'on se laisse imprégner par des éléments nourriciers mais informels pour les canaliser et les amener au jour.

Six en 4

Calices dorés vins sacrés patelles appariées	尊酒簋	zun jiu gui
Deux fois plus opérantes les jarres argilées	貳用缶	er yong fou
S'ouvrir à l'union venant de la fenêtre	納約自牖	na yue zi you
À la fin absence de faute	終无咎	zhong wu jiu

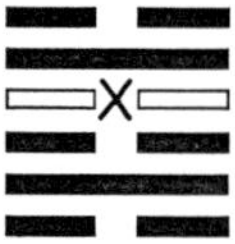

Bien qu'aucun RAVIN ne soit explicitement mentionné à ce trait, l'évocation d'une lumière *venant de la fenêtre* suggère une situation analogue à l'enfermement que l'on peut ressentir au fond d'un gouffre. Comme la fenêtre s'ouvrant sur l'extérieur, les *calices*, les *vins* et les *patelles*, ustensiles rituels servant à se relier à l'au-delà, soulignent un besoin d'entrer en communication. Cependant, l'accumulation de termes désignant la vaisselle rituelle a quelque chose d'ironique, comme pour suggérer que les convictions ont quelque chose de surfait, ou du moins qu'elles s'expriment de manière formelle. Les *jarres* d'argile évoquent en revanche une attitude plus sobre et plus vraie, que l'union et la communication rendent désormais possible. Le chiffre *deux* évoque, ici comme à l'hexagramme 41 DIMINUER, parité et échange.

Chercher à se relier est légitime, mais pas par le biais d'une intériorisation exagérée, plutôt en se tournant vers autrui et en acceptant de s'impliquer dans des liens réels. On doit être particulièrement attentif à l'aide provenant de l'extérieur, même si les effets de ce soutien ne sont pas immédiatement perceptibles.

Calice dorés : l'idéogramme, qui n'apparaît qu'ici, appartient à l'origine au vocabulaire religieux antique. Il ne désigne pas une simple cruche, mais un vase rituel particulier et particulièrement *honorable*, qui est son sens figuré associé au Ciel dans le paragraphe d'ouverture du Grand Commentaire[41]. *Doré* qui n'est pas dans le texte original, a été ajouté pour faire ressortir ce contexte solennel et faire entendre les rimes du texte chinois.
Vins sacrés : l'idéogramme concerne tous les liquides fermentés, de la bière à l'alcool de riz. C'est un des plus vieux caractères chinois car depuis la plus haute Antiquité les Chinois font du « vin » avec tout ce qui peut fermenter, du raisin à la feuille de bambou. C'est aussi un des fondements du rituel car les sacrifices aux ancêtres comportaient toujours des libations (voir 51/J). *Sacré* a été rajouté pour rendre compte de ce contexte cérémoniel.
Patelles appariées : aussi inactuel et précis en chinois que *patelle* l'est en français, l'idéogramme désigne un type particulier de vase rituel en bronze. Différent de celui évoqué au début de la phrase, seul son côté rituel est pris en compte ici. *Appariées*, qui a été rajouté pour les mêmes raisons que *doré* et *sacrés*, fait aussi allusion à sa particularité qui est expliquée au Jugement de DIMINUTION, le seul autre endroit où ce caractère est mentionné (41/J).
Deux fois plus : l'idéogramme correspond au chiffre « 2 », mais il fait partie d'une manière particulière d'écrire les chiffres. En usage depuis plus de deux mille ans et toujours utilisés dans le moindre document officiel, ces « grands chiffres » (on ajoute à la graphie usuelle des

chiffres beaucoup de traits pour qu'ils soient infalsifiables) servent aujourd'hui à remplir dans les chèques la case « chiffres en toutes lettres ». En tant que mot, ce caractère a le sens de *aider, assister, seconder* ; en tant qu'emblème de la parité, il souligne ici une disposition Yin.
Opérantes : le texte porte un verbe auxiliaire renforçant l'idée de réalisation effective (opérer).
Jarres argilées : l'idéogramme, maintenant inusité, représente une jarre en argile. Il désignait l'ensemble des ustensiles en terre, des récipients d'usage quotidien, par opposition aux splendides vases rituels en bronze servant à la cuisson et la transmission des offrandes et des messages destinés aux ancêtres (voir CHAUDRON, hexagramme 50) évoqués au début de la phrase. Ces récipients qui servaient principalement à stocker la nourriture (voir 8/1), sont ici parfaitement adaptés à la situation, alors qu'au niveau correspondant de l'hexagramme précédent et opposé (voir 30/3), ils sont détournés de leur usage.
S'ouvrir à : formé en combinant le signe de la soie, signe général du tissage au sens propre et de tous les réseaux au sens figuré, avec le caractère *intérieur* (voir 37/DA), l'idéogramme montre un élément extérieur rentrant à l'intérieur d'un réseau. Il n'apparaît qu'ici et à 4/2, *accueillir une épouse.*
Union : formé avec le signe général du tissage et celui d'une cuillère pointée, l'idéogramme, qui n'apparaît pas ailleurs, évoque un *lien*, un *pacte*, un *traité.*
Venant de : l'idéogramme signifie à la fois le lieu d'*origine* ou de *passage* d'un mouvement et *soi-même, de soi-même, spontanément* (ce qui vient de soi-même).
Fenêtre : rare, complexe et n'apparaissant qu'ici, l'idéogramme a également pour sens figuré *instruire, éclairer.*
L'union venant de la fenêtre : le sens général de cette phrase est loin d'être assuré. On peut imaginer une situation s'éclairant de l'extérieur, comme une lumière aperçue du fond d'un ravin.
À la fin : modulation mantique qui replace la circonstance dans une perspective temporelle, annonçant soit l'aboutissement probable de la situation, soit un retournement en contraste avec le moment considéré.
Absence de faute : formule mantique spécifique incitant à ne pas rester dans un état d'esprit incertain ou hésitant. C'est ici le seul endroit de tout le *Yi Jing* où cette appréciation mantique est modulée par *à la fin*, comme pour indiquer qu'accepter l'union est la disposition qui permet finalement d'avancer.

䷮ **Hexagramme dérivé :** hexagramme 47. ÉPUISEMENT est un moment éprouvant où l'on tente de forcer les barrières de la solitude pour faire passer sa parole dans l'entourage.

Neuf en 5

Les Ravins ne sont pas remplis — 坎不盈 Kan bu ying
Seulement déjà aplanis — 祇既平 zhi ji ping
Absence de faute — 无咎 wu jiu

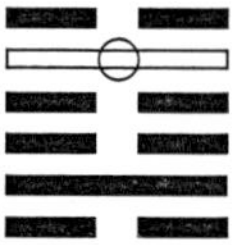

À la place souveraine, la fermeté du trait est gage d'une capacité à maîtriser les émotions et les troubles qui traversent la situation. Dominant les creux qui immobilisent tant à la ligne précédente qu'à la ligne suivante, cette solidité sert de pôle fort à l'hexagramme entier. Même si on ne peut envisager des actions grandioses qui permettraient de pallier tous les manques, on est en mesure de travailler à l'unification des forces en présence.

Aplanir, comme le montre l'attitude recommandée au moment de Se Tenir (voir 15/GI), est un travail d'égalisation qui consiste à réduire les prétentions et combler les insuffisances. Tout ce qui peut concourir à apaiser doit être privilégié, car cela répond à la recommandation du Jugement : calmer les émotions et unifier le cœur.

Remplis : formé avec le signe général des vases et un groupe évoquant un enfant dans la matrice, l'idéogramme signifie à la fois *plein, rempli* et *excédent, surplus*. Il n'apparaît qu'ici et à 8/1, en rapport avec les jarres évoquées à la ligne précédente.

Seulement : l'idéogramme, dont le sens ancien est *esprit de la Terre* et le sens classique *seulement, ne… que*, peut aussi être confondu avec un autre caractère, graphiquement très proche, qui signifie *respect, crainte révérentielle, vénérer, respecter*. L'autre fois où il est cité, à 24/1, c'est dans ce dernier sens.

Déjà : l'idéogramme, dont le sens propre est *en venir à*, est un caractère à usage grammatical. Formé d'un groupe complexe et d'une négation, il sert de marque du passé ou plutôt du passage du temps autour d'un point d'inflexion (voir *Déjà* Traversée, 63/I).

Aplanis : l'idéogramme représente une sorte de balance de marché horizontale. Il est très souvent associé dans la langue courante à l'idée d'apaisement, et à ce titre très utilisé dans les formules rituelles de souhaits du nouvel an. Il est cité à un autre trait, 11/3 *(plaine)*, et à la Grande Image de l'hexagramme 15, rendu par *apaisement*.

Absence de faute : formule mantique spécifique incitant à ne pas rester dans un état d'esprit incertain ou hésitant. Elle indique ici que l'action de nivellement est l'attitude correcte car elle permet de sortir du mouvement saccadé de traversée des précipices.

Hexagramme dérivé : hexagramme 7. Armée est un moment de mobilisation et d'unification des forces dans un combat qui exige endurance et discipline.

En haut un six

Entravé à l'aide de grosses cordes	係用徽纆	xi yong hui mo
Entouré par des buissons épineux	寘于叢蕀	zhi yu cong ji
Trois ans sans rien obtenir	三歲不得	san sui bu de
Fermeture	凶	xiong

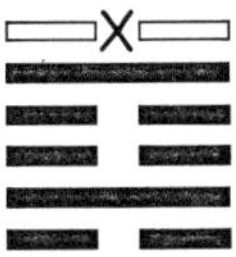

À ce niveau de Sortie est décrite une retombée brutale, qui contraste avec le nivellement effectué au trait précédent. Alors que le texte ne fait pas mention de *ravins* et que la peur qu'ils pouvaient provoquer n'est plus de mise, on se retrouve dans une position d'immobilisation et d'isolement.

Les *cordes*, qu'elles soient utilisées pour empêcher de nuire ou pour éviter un affolement irrationnel, évoquent une rigidité très éloignée de la disposition du cœur nécessaire pour sortir des ravins. On reste bloqué dans une problématique d'enfermement stérile, qui ne conduit qu'à des impasses.

Entravé : l'idéogramme, écrit avec le signe de la soie et le signe général des êtres humains, exprime un lien aussi solide au sens propre qu'invisible au sens figuré.
À l'aide de : le texte porte un caractère utilisé le plus souvent comme verbe auxiliaire, dont le sens global est *opérer* et qui insiste sur la mise en œuvre effective de ce dont il est question.
Grosses cordes : le texte porte deux caractères, des idéogrammes très rares, n'apparaissant qu'ici et qui désignent deux types de cordes particulières, noires et solides, à trois torons pour le premier et à deux torons pour le second.
Entouré : rare, archaïque et n'apparaissant pas ailleurs, l'idéogramme où se retrouve le signe du toit, signifiait à l'origine : mettre à couvert des biens précieux. Il a depuis dérivé vers les sens de *placé, disposé, laissé de côté*, généralement dans un endroit dont on sort difficilement.
Buisson épineux : le texte porte deux idéogrammes qui ne se retrouvent pas ailleurs. Le premier signifie en propre *collection, rassemblement* mais aussi *massif* d'arbres, *bosquet, fourré*, et le second *jujubier*. Cet arbuste épineux est à la fois évocateur de difficultés en général, mais il contient également une idée d'enfermement dans la mesure où des palissades de jujubier étaient autrefois utilisées pour entourer les salles où avaient lieu les examens impériaux, de manière à prévenir toute relation entre les candidats et l'extérieur. L'enfermement qu'on subit ici est différent de celui décrit au même niveau à ÉPUISEMENT, tout comme le buisson épineux mentionné ici est différent des *chardons épineux* décrits à 47/3.

Trois ans : le *Yi Jing* ne parle pas en temps réel, mais en durées symboliques. Par rapport à *dix années*, cycle complet long, *trois ans* représente un cycle complet court, généralement infécond.
Obtenir : l'idéogramme, toujours très courant, signifie *acquérir, trouver, atteindre, recevoir*, etc., à chaque fois dans un sens d'avantage, de gain, de succès. C'est ici la seule fois où il est employé avec une négation, le seul moment où pendant un cycle court, on n'est pas en mesure d'obtenir.
Fermeture : appréciation mantique signalant un moment de blocage, un mauvais agencement du flux vital qui restreint les possibilités de développement.

䷺ **Hexagramme dérivé** : hexagramme 59. DÉNOUER est un moment de crue qui dissout les rigidités et défait les règles habituelles, ce qui peut occasionner certains dérèglements.

ÉLÉMENTS D'ANALYSE

Nucléaire

䷚ **Hexagramme 27 : NOURRIR.** Au cœur de S'ENTRAÎNER AU PASSAGE DES RAVINS, il y a NOURRIR. Au cœur de l'expérience du vertige et de la peur, il y a l'idée d'une régulation permettant de maîtriser les impulsions. C'est en s'entraînant par une action répétée et en avançant petit à petit qu'on apprend à sortir des gouffres intérieurs et à combler la sensation de manque. C'est en allant de l'avant que l'on se dépasse et que l'on rétablit l'échange avec l'extérieur. Ainsi le vide qui affole devient un centre sur lequel s'appuyer et le cœur trouve son rythme.

Opposé

䷝ **Hexagramme 30 : FILET D'OISELEUR.** La relation d'opposition entre S'ENTRAÎNER AU PASSAGE DES RAVINS et FILET D'OISELEUR se joue entre vertige et éblouissement. Si les deux mouvements sont évoqués par l'image commune de l'oiseau, les directions de son envol sont opposées : le vertige entraîne vers le bas et l'éblouissement vers le haut. L'oisillon évoqué par le nom de l'hexagramme 29 tombe vers le sol et doit surmonter le vertige du vide pour apprendre à voler. L'oiseau présent dans le nom de l'hexagramme 30 se laisse emporter vers le haut et doit trouver dans l'enracinement la force de ne pas céder à la plénitude de l'éblouissement.

30 FILET D'OISELEUR
(LUMIÈRE)

LI (LUO)

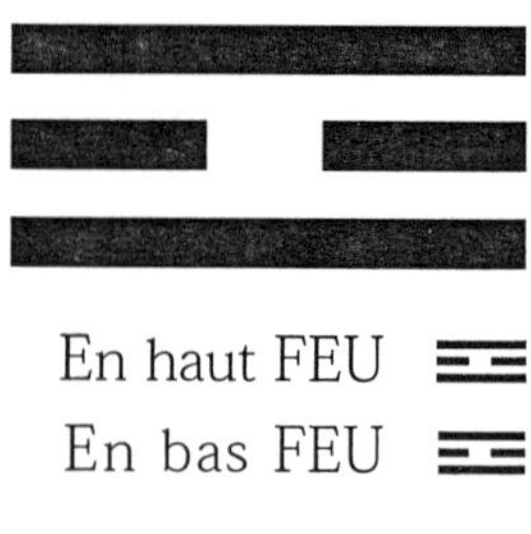

En haut FEU ☲
En bas FEU ☲

FILET D'OISELEUR	離	LI
Ténacité profitable	利貞	li zhen
Favorisant	亨	heng
APPRIVOISER la vache ouverture	畜牝牛吉	XU pin niu ji
Au début un neuf		
DÉMARCHE confuse	履錯然	LÜ cuo ran
Maîtrise de soi absence de faute	敬之无咎	jing zhi wu jiu
Six en 2		
LUMIÈRE jaune	黄離	huang LI
Fondamentalement ouvert	元吉	yuan ji
Neuf en 3		
LUMIÈRE du soleil couchant	日昃之離	ri ze zhi LI
Ne pas tambouriner les jarres d'argile et chanter	不鼓缶而歌	bu gu fou er ge
donc pousser des gémissements comme les grands vieillards	則大耋之嗟	ze da die zhi jie
Fermeture	凶	xiong
Neuf en 4		
Jaillir	突如	tu ru
En revenir	其來如	qi lai ru
Brûler	焚如	fen ru
Mourir	死如	si ru
Renoncer	棄如	qi ru
Six en 5		
Comme verser des flots de larmes	出涕沱若	chu ti tuo ruo
Comme être affligé et pousser des gémissements	戚嗟若	qi jie ruo
Ouverture	吉	ji
En haut un neuf		
Le Roi opère sorties et expéditions	王用出征	wang yong chu zheng
Il est avantageux de soumettre les têtes	有嘉折首	you jia zhe shou
et de ne capturer aucun vilain	獲匪其醜	huo fei qi chou
Absence de faute	无咎	wu jiu
Grande Image		
LUMIÈRE deux fois agissante	明兩作	MING liang zuo
FILET D'OISELEUR	離	LI
Ainsi l'Être Grand	大人以	da ren yi

en se reliant à cette LUMIÈRE 繼明 ji MING
éclaire les quatre régions 照于四方 zhao yu si fang

Dixième Aile
FILET D'OISELEUR vers le haut et 離上而 LI shang er
S'ENTRAÎNER AU PASSAGE DES RAVINS . 坎下也 KAN xia ye
vers le bas

FILET D'OISELEUR ou LUMIÈRE est en même temps nécessité d'y voir clair et danger d'éblouissement. Cette dualité, manifeste dans la structure de la figure par la répétition du même trigramme, est déjà présente dans le nom de l'hexagramme. L'idéogramme par lequel il a finalement été désigné associe en effet un yack et un oiseau, exprimant ainsi la contradiction d'ensemble de la situation : attachement à la terre et désir de s'envoler. Il était nommé à l'origine par un idéogramme montrant les filets utilisés pour rabattre les oiseaux au sol et les capturer. Par la suite, en même temps que l'usage des trigrammes se développait, l'image de l'oiseau en général et celle du faisan au plumage splendide en particulier, a été remplacée par celle de la lumière.

Clarté, visibilité, conscience, cohérence : il s'agit avant tout d'y voir clair, sans se laisser éblouir par la surface des choses ni emporter par des réactions rapides basées sur l'illusion de l'apparence. Pour ne pas tomber dans la confusion, l'agitation et les soubresauts de l'émotivité, la stratégie de l'hexagramme sera de contrebalancer ces élans par un enracinement lucide symbolisé par la *vache*. Cette image, Yin par excellence, engage à contenir les risques d'agitation fébrile en gardant solidement les pieds sur terre.

Dans cette figure où le Yang est majoritaire, voire excessif, l'importance d'une stratégie Yin est soulignée par la présence de traits souples aux deux places centrales. Comme dans ÉLAN RÉCEPTIF, ces deux niveaux sont les seuls à être qualifiés par des formules mantiques favorables. D'autres singularités rapprochent ces deux hexagrammes : un animal femelle comme emblème, la couleur jaune comme qualité centrale, les quatre directions de la terre comme horizon. En revanche, les quatre traits Yang de FILET D'OISELEUR ne décrivent qu'attitudes confuses, hésitations entre insouciance et défaitisme, embrasements suivis d'abandons, remises en ordre brutales. Trop de lumière peut éblouir comme trop de puissance peut enivrer. Le dragon en fait l'expérience aux deux lignes centrales d'ÉLAN CRÉATIF, les deux traits dont la mutation simultanée fait apparaître FILET D'OISELEUR : à ces deux moments, l'attitude conseillée est de prendre du recul avec l'aide de l'Être d'Envergure qui, parmi les 64 Grandes Images, n'apparaît comme modèle que dans celle de l'hexagramme 30. S'ENTRAÎNER AU PASSAGE DES RAVINS et FILET D'OISELEUR, opposés par leur structure, terminent la première partie du *Yi Jing*, traditionnellement divisé en deux (Livre I, hexagrammes 1 à 30 – Livre II, hexagrammes 31 à 64), dans une disposition en miroir où l'un répond à ÉLAN RÉCEPTIF par sa dominante Yin, l'autre à ÉLAN CRÉATIF par son excès de Yang. Ils ont en commun l'image de l'oiseau entraîné dans des directions opposées : tandis que celui de S'ENTRAÎNER au passage des RAVINS se laisse emporter vers le bas et doit résister au vertige, celui de FILET D'OISELEUR se laisse attirer vers le haut et ne doit pas céder au risque d'illumination.

IDÉOGRAMME

LI : *Quitter, se séparer, s'éloigner, s'écarter (de la norme). Deux ensemble. Rencontrer par hasard. Appartenir à, adhérer à.*

L'idéogramme se compose de deux éléments juxtaposés. À gauche une forme complexe dont le bas est une partie du caractère yack (son arrière-train, lourd et puissant, représenté par les deux pattes postérieures et la queue) et le haut le dessin d'un oiseau, peut-être posé sur le dos du yack. À droite, le signe général désignant les oiseaux en général ou ceux qui sont caractérisés par une queue courte.

L'association d'un bovidé à la démarche pesante et d'un volatile prompt à s'envoler résume la problématique de l'hexagramme : peser vers le bas pour contrer une attirance vers le haut. Elle explique aussi l'aspect contradictoire du caractère LI, dont la signification est double : *quitter*, comme l'oiseau – c'est devenu le sens dominant en chinois courant – et *adhérer*, comme le yack – sens le plus proche de la stratégie de l'hexagramme.

Si l'oiseau est le motif dominant de cet idéogramme, c'est parce qu'il conduit en amont au filet et en aval à la lumière. Dans l'Antiquité, l'idéogramme *li* était confondu avec un autre caractère, prononcé *luo* et composé de trois signes : le *filet*, la *soie* et le même caractère oiseau que dans *li*. Ils ont été confondus au moins jusqu'aux Han, puisque dans le manuscrit sur soie trouvé à Ma Wang Dui, c'est ce caractère *luo* et non le caractère *li* qui nomme l'hexagramme 30. Le sens premier de *luo* est *prendre les oiseaux au filet* en tant que verbe et filet d'oiseleur en tant que nom. Ce sens primitif est justement celui appliqué dans le *Yi Jing*, d'une part au caractère *li* lui-même (voir 62/6) et d'autre part à l'hexagramme 30 en tant que figure, dans le chapitre du Grand Commentaire consacré à l'histoire de la civilisation : « Fu Xi fit des filets pour la chasse et des nasses pour la pêche. Sans doute reçut-il cela de l'hexagramme 30[42]. » De son sens d'origine, le caractère *luo* en est venu à désigner, au sens propre, toutes sortes de tissages fins *gaze de soie, mousseline, tamis* et au sens figuré, les délicats réseaux qui permettent d'y voir clair, de prendre au filet les circuits de l'énergie à la surface de la terre. C'est ainsi que la boussole géomantique classique, grâce à laquelle le géomancien diagnostique la configuration énergétique d'un lieu, est nommée *luo pan*, le plateau *(pan)* à réseaux *(luo)*.

Du filet qui s'abat sur l'oiseau et le plaque au sol, l'idéogramme *li* a gardé le sens de *attaché à, adhérer*, courant dans le *Livre des Odes*, où se trouvent plusieurs récits d'oiseaux pris au filet.

Si les Chinois de l'Antiquité aimaient chasser et déguster les oiseaux, ils aimaient aussi les représenter dans le bronze et la terre cuite. Particulièrement sous la dynastie Han, période pendant laquelle la notion de trigramme prendra tout son essor. À cette époque, les lampes à huile avaient la forme d'un oiseau posé sur une assiette creuse contenant de l'huile. La mèche s'enroulait autour des pattes et du cou de l'animal pour finalement pendre au bout de son bec. Pour les lettrés d'alors, veillant sur le texte du *Zhou Yi* afin d'en faire le *Yi Jing*, la condensation entre l'image de l'oiseau et la flamme de la lampe était une évidence renouvelée chaque soir. Ils la prolongeront tout naturellement dans l'association du trigramme LI avec le faisan, animal au plumage splendide, qui s'écrit en combinant les signes de la flèche et de l'oiseau et qui se prononce comme le mot *savoir*.

Dans le texte de l'hexagramme 30, le passage du sens premier au sens élargi est toujours perceptible. Pour le marquer, l'idéogramme *li* a été rendu par FILET quand il est employé dans sa signification la plus ancienne, et par LUMIÈRE quand il intervient dans un sens plus abstrait.

TEXTE CANONIQUE

JUGEMENT

FILET D'OISELEUR	離	LI
Ténacité profitable	利貞	li zhen
Favorisant	亨	heng
APPRIVOISER la vache ouverture	畜牝牛吉	XU pin niu ji

Le filet de l'oiseleur est un avertissement des dangers menaçant quiconque cherche à s'élever sans s'assurer des bases concrètes de son action : la réalité lui remettra brutalement les pieds sur terre, au prix d'errements dont le texte de certaines lignes de l'hexagramme donne idée.

Si la *ténacité* est mise d'emblée en avant, c'est que la situation ne peut vraiment prendre son essor qu'à la condition de se tenir avec constance à ce que l'on fait en évitant dispersion, légèreté et inconséquence. Le choix du terme *apprivoiser*, qui paraît de prime abord incongru appliqué à une vache, sous-entend la présence d'éléments sauvages et fougueux auxquels il importe de ne pas laisser libre cours. Se préoccuper de sa *vache*, c'est en l'occurrence entretenir et renforcer son implantation dans le terre à terre et le quotidien. Dans une situation où le risque d'aveuglement est très présent, seul le réalisme permet à l'activité d'être féconde et aux idées de se concrétiser.

Ténacité profitable : formule mantique signalant que la situation, pour être fructueuse, requiert une grande capacité à endurer, à tenir avec constance, sans se laisser fatiguer par les difficultés du moment. FILET D'OISELEUR est le seul hexagramme où cette formule mantique est citée au Jugement avant *favorisant*, particularité qui insiste sur la nécessité d'une attitude Yin pour rendre la situation profitable dans son ensemble.

Favorisant : appréciation mantique décrivant un climat d'essor, un agencement fertile, un dispositif énergétique global dans lequel l'échange entre le Ciel et la Terre se noue de manière féconde.

APPRIVOISER : l'idéogramme est le second caractère du nom des hexagrammes PETIT APPRIVOISE (9) et GRAND APPRIVOISE (26), deux situations de retenue et d'affinement. Ce choix souligne la nécessité de retenir pour nourrir et entretenir. Il faut résister à l'appel vertical de la lumière, et la déployer au contraire horizontalement de manière à ce qu'elle imprègne la terre, le concret.

Vache : ce terme n'existe pas en chinois. Le texte comporte deux idéogrammes : le caractère des bovidés en général *(bœuf)* précisé par un caractère spécifiant *femelle*. Associé traditionnellement à la terre, dont il a la couleur jaune, le bœuf est le plus souvent dans le *Yi Jing* un emblème de solidité et de ténacité. Il est spécifié ici de la même manière que la *jument* à l'hexagramme uniquement composé de traits Yin (voir 2/J). Ce sont les seuls animaux du *Livre des Changements* dont la symbolique Yin est expressément soulignée. Notoire pour ÉLAN RÉCEPTIF, cet accent n'a pas toujours été bien perçu pour FILET D'OISELEUR.

APPRIVOISER la vache : étant donné que les bovidés sont ordinairement des animaux domestiques, le conseil d'apprivoiser la vache peut paraître comme une marque d'humour. Cependant, l'idéogramme rendu par apprivoiser, qui décrit l'application aux animaux des champs du processus d'élevage des vers à soie, élargit la notion d'apprivoisement en lui donnant une signification plus globale : développer la retenue, apprivoiser le feu qui menace d'éblouir.

Ouverture : appréciation mantique signalant un moment heureux où un agencement fécond du flux vital multiplie les possibilités de développement.

TEXTE DES TRAITS

Au début un neuf

DÉMARCHE confuse	履错然 LÜ cuo ran
Maîtrise de soi absence de faute	敬之无咎 jing zhi wu jiu

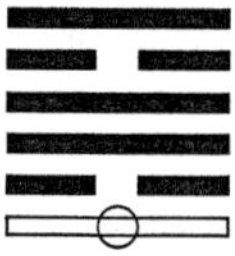

À ce niveau d'Entrée, le flou et l'indécision des commencements prédominent. Le texte évoque la difficulté que l'on éprouve à déterminer clairement sa conduite. La position de la ligne à l'orée d'une situation d'éclairement suggère que ces atermoiements sont dus à l'inexpérience. L'allusion à l'hexagramme 10 DÉMARCHE doit inciter à l'attention et la lucidité. Yang à une place Yang, le trait est correct : il est possible de contrecarrer par un peu de fermeté ce comportement hasardeux et, en adoptant une attitude respectueuse et vigilante, de bénéficier de l'influence de la ligne voisine, la plus favorable de l'hexagramme.

DÉMARCHE : nom de l'hexagramme 10. Alors qu'au début de la situation décrite par DÉMARCHE, l'attitude est *simple* (voir 10/1), elle est ici discordante, erronée.
Confuse : le texte porte deux idéogrammes. Le premier, qui n'apparaît qu'ici, est écrit avec un groupe complexe et le signe du métal. Son sens primitif était *pierre à aiguiser*. En raison du mouvement de la pierre qui aiguise, il en est venu à signifier *oblique, croisé, alternatif.* C'est ce sens qui est employé dans le Grand Commentaire (IIe partie, § 11) pour décrire les opérations de partage des baguettes lors des manipulations aléatoires, et plus généralement pour nommer l'hexagramme « opposé ». Cependant cet idéogramme avait aussi dès l'origine comme adjectif le sens de *disparate, mêlé, confus*, et comme verbe celui de *se méprendre, se tromper, erreur*, etc. C'est vraisemblablement ce dernier sens qui apparaît dans cette phrase, sans doute parce qu'une marche en oblique, et non en parallèle, ne devait pas être très conforme au rituel. Le second est un terme grammatical qui indique que l'action décrite par le caractère précédent est en train de s'accomplir.
Maîtrise de soi : complexe et toujours très employé en style épistolaire, l'idéogramme a le sens de *respecter, révérer, honorer d'un présent*, etc. Il signifie aussi avoir une attitude déférente, *exercer un parfait contrôle sur soi, veiller soigneusement, être vigilant.*

Absence de faute : formule mantique spécifique incitant à ne pas rester dans un état d'esprit incertain ou hésitant.

Hexagramme dérivé : hexagramme 56. VOYAGEUR est un moment de quête et d'errance ouvert à l'inconnu, durant lequel on ne peut s'appuyer sur aucun réseau.

Six en 2
LUMIÈRE jaune — 履錯然 huang LI
Fondamentalement ouvert — 敬之无咎 yuan heng

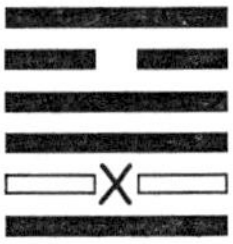

Central et correct, ce trait est le plus favorable de l'hexagramme. Sa position en place de Préfet, lieu souverain du Yin, renforce la capacité à mettre en œuvre le conseil indiqué au Jugement par l'image de la *vache* : se préoccuper d'enraciner son action dans des réalisations concrètes. À ce niveau, les différents sens de l'idéogramme nommant l'hexagramme se rejoignent de manière subtile : la lucidité permet d'étoffer l'activité, d'ancrer les élans dans un maillage organisé.

Le *jaune*, couleur du centre, de la terre, du Yin, met particulièrement en valeur la notion de service qui caractérise la deuxième place. Cette couleur, associée à la même formule mantique favorable, rapproche le texte de ce trait et celui de la ligne souveraine d'ÉLAN RÉCEPTIF (voir 2/5) : cet écho accentue l'importance des qualités de souplesse et d'efficacité à mettre en œuvre ici. Éclat discret et intelligence de la situation sont à même de faire éclore les multiples possibilités d'action que le moment recèle.

LUMIÈRE : nom de l'hexagramme.
Jaune : associé à la terre et au Milieu, synonyme de justesse et d'impartialité, le jaune est la couleur emblématique de la Chine, où sa valeur est infiniment plus positive qu'en Occident. Dans le *Yi Jing*, elle est plus particulièrement associée à la force du Yin, comme le montre sa présence aux deux lignes supérieures d'ÉLAN RÉCEPTIF (2/5 et 2/6).
Ouvert (ouverture) : appréciation mantique signalant un moment heureux où un agencement fécond du flux vital multiplie les possibilités de développement.
Fondamentalement : modulation particulière donnée par un idéogramme qui signifie *début, origine, entièrement*. Appliquée à *ouverture*, elle précise que cet agencement est à la fois dans la vigueur de son début et traversé de fond en comble par une force printanière.
Fondamentalement ouvert : formule mantique parmi les plus favorables du *Yi Jing*. C'est ici le seul cas où elle est citée en seconde ligne, ce qui accentue la prépondérance donnée au Yin dans l'ensemble de

cet hexagramme et exprimé au Jugement par l'image de la vache. *Fondamentalement* rehausse la fécondité de l'agencement décrit par *ouverture*, en soulignant l'étendue de ses possibilités d'application, sa vigueur et sa capacité à initier des situations nouvelles.

Hexagramme dérivé : hexagramme 14. GRAND RÉALISE est un moment de souffle créateur qui permet de passer du projet à la réalisation, du latent au patent, du virtuel au manifesté.

Neuf en 3

LUMIÈRE du soleil couchant	日昃之離	ri ze zhi LI
Ne pas tambouriner les jarres d'argile et chanter	不鼓缶而歌	bu gu fou er ge
donc pousser des gémissements comme les grands vieillards	則大耋之嗟	ze da die zhi jie
Fermeture	凶	xiong

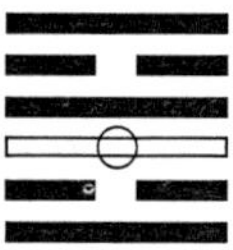

La lumière *jaune* qui resplendit à la ligne précédente subit ici un déclin. Le *couchant* est ce moment imprécis entre chien et loup, obscurcissement ou disparition, dont la vision émeut car elle confronte à l'inconnu et à l'incertitude. C'est précisément à de tels moments que l'on ne doit pas perdre confiance. Le texte invite à refuser une attitude défaitiste et à lutter contre le spleen, en des termes curieux qui font songer à cette anecdote du *Zhuang Zi* dans lequel le philosophe est montré « chantant et battant la mesure sur une écuelle » après la mort de sa femme[43]. La morale en est la suivante : celui qui, face au déclin, se laisse vaincre par la tristesse et s'avère incapable de détachement sera également incapable de se défaire de la vie le moment venu.

Les chants et tambours cités ici évoquent ce même mouvement d'allégresse propre à éloigner la tristesse, et surtout à se détacher des aléas de l'existence. Les *gémissements*, également mentionnés à la ligne souveraine mais accompagnés cette fois de la mention d'*ouverture*, ne sont pas à leur place ici. La troisième ligne est un moment de passage et de transition où la mollesse n'est pas de mise.

LUMIÈRE : nom de l'hexagramme.
Soleil couchant : le texte porte deux idéogrammes dont le premier est le caractère *soleil*. Le second, qui n'apparaît qu'ici, combine un signe représentant un être humain se baissant pour gravir une pente et désigne un soleil en train de baisser sur l'horizon. Il fait écho à l'expression *jusqu'à la fin du jour* évoquée au même niveau de l'hexagramme 1.
Tambouriner : l'idéogramme est constitué du dessin d'un tambour

sur pied et d'une main frappant avec une baguette. N'apparaissant qu'ici et à 61/3, il signifie au sens propre *tambour, battre le tambour*, mais aussi au sens figuré *exciter, émouvoir, ébranler*. Il est par exemple employé dans le Grand Commentaire pour décrire un mouvement d'éveil associé à l'image de l'éclair et du tonnerre : « Les dix mille êtres sont ébranlés par le tonnerre et l'éclair[44]. »

Jarres d'argile : l'idéogramme, maintenant inusité, représente l'ensemble des ustensiles en argile. Il ne s'agit donc pas de vaisselle rituelle, comme les grands vases en bronze qui servaient à la cuisson et à la transmission aux ancêtres (voir CHAUDRON, 50/I), mais de simples récipients d'usage quotidien utilisés principalement pour stocker la nourriture (voir 8/1). Ils sont ici détournés de leur emploi habituel, contrairement au niveau correspondant de l'hexagramme précédent et opposé (voir 29/4).

Chanter : toujours très courant, l'idéogramme contient une idée de contentement et de rassemblement dans la joie qui contraste ici avec les gémissements indiqués par la suite du texte. Comme *tambouriner*, il n'apparaît qu'ici et à 61/3.

Donc : l'idéogramme introduit une idée de conséquence. Il relie les deux membres de phrase dans un rapport de coordination et non pas d'équivalence.

Pousser des gémissements : rare et archaïque, l'idéogramme, cité deux fois dans cette figure (lignes 3 et 5) était à l'origine une simple interjection de douleur, de compassion ou de mépris. Différent du caractère rendu par *gémir* à 13/5, ces gémissement sont cités dans une phrase équivalente à 60/3, où ils sont causés par l'absence de MESURE.

Grands vieillards : formé d'un caractère signifiant *parvenu à*, et du signe *vieux*, l'idéogramme, également rare et archaïque et qui n'apparaît qu'ici, signifie en propre *octogénaire* ou *septuagénaire*.

Fermeture : appréciation mantique signalant un moment de blocage, un mauvais agencement du flux vital qui restreint les possibilités de développement.

䷔ **Hexagramme dérivé** : hexagramme 21. MORDRE & UNIR est un moment où une intervention vigoureuse permet d'éliminer les obstacles et de rétablir l'harmonie.

Neuf en 4

Jaillir	突如	tu ru
En revenir	其來如	qi lai ru
Brûler	焚如	fen ru
Mourir	死如	si ru
Renoncer	棄如	qi ru

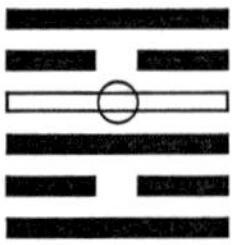

À cette ligne, incorrecte car trop ferme pour une place de Ministre, un excès de vivacité fait suite à l'excès de défaitisme qui obscurcit la ligne précédente. Le texte, dans un exemple saisissant de poésie archaïque au souffle incantatoire, décrit un mouvement enflammant tout sur son passage : cinq verbes s'enchaînent à vive allure comme pour rendre compte d'une succession météorique d'événements : un bond vers le dehors suivi d'un mouvement de retour vers soi, sorte d'aller-retour rapide auquel succèdent embrasement, mort et abandon.

Désir exagéré d'intervenir ou de briller, action inefficace parce que trop emportée ou basée sur des références trop superficielles, ce trajet porte en lui-même les raisons de sa chute. Certains, comme Wang Bi[45], considèrent qu'il s'agit là d'une rébellion, celle à laquelle il est mis bon ordre au niveau du dernier trait. La présence du feu et de la mort indiquent en tout cas une combustion peut-être évitable pour qui sait *renoncer* sans avoir à en passer par de telles expériences.

(Comme... comme) : le texte porte une construction particulière de la langue archaïque en forme de suffixe adverbial, répété après chacun des verbes. Scandant fortement le texte de cette ligne (et faisant écho avec celle employée à la ligne suivante), cette construction répétitive qu'il aurait fallu rendre de manière lourde en français : comme... comme, a été omise ici pour privilégier une cadence plus proche de celle du texte chinois.

Jaillir : formé avec le signe d'une cavité et le caractère *chien*, l'idéogramme, qui n'apparaît qu'ici, représente un chien jaillissant hors de sa niche.

En : ce mot rend ici une variation du texte chinois. Le verbe *revenir* est en effet précédé d'un déterminatif imprécis, usuel en chinois ancien et dans le *Yi Jing*, mais dont le sens est peu clair ici.

Revenir : verbe auxiliaire d'emploi très courant, généralement rendu par *venir* et qui décrit un mouvement se dirigeant vers le sujet.

Brûler : formé avec le signe du feu et le caractère forêt, l'idéogramme dont le sens propre est *mettre le feu* évoquait à l'origine le défrichage par brûlis.

Mourir : écrit avec un groupe complexe où se retrouve le signe du changement irréversible, l'idéogramme signifie *mourir, mort* mais aussi *sans issue, immuable, fixe*. À la différence des grands textes épiques indo-européens comme l'*Iliade*, le *Mahabharata* ou la *Chanson de Roland* débordant de batailles, de combats, de violences et de meurtres, la mort est rarement évoquée dans le *Yi Jing* : elle n'est mentionnée qu'ici, où elle est peut-être symbolique, et au moment de l'ARMÉE (voir 7/3 et 7/5) où des cadavres sont l'image d'une défaite. Les deux seules fois où *mourir* est cité, c'est de manière négative, pour

l'éviter (voir 16/5 et 61/GI). Les Chinois aiment la vie et sa manifestation principale : le changement. Peut-être est-ce là la raison pour laquelle le *Yi Jing* comporte si peu d'allusions à la mort.
Renoncer : différent par sa forme de l'idéogramme rendu ailleurs par *renoncer* (voir par exemple 27/1), mais semblable par son sens, ce caractère, employé seulement ici, signifie *rejeter, écarter, abandonner.*

Hexagramme dérivé : hexagramme 22. EMBELLIR est un moment où prédominent les effets de l'apparence, qui peuvent être aussi bien masque que transparence.

Six en 5

Comme verser des flots de larmes	出涕沱若	chu ti tuo ruo
Comme être affligé et pousser des gémissements	戚嗟若	qi jie ruo
Ouverture	吉	ji

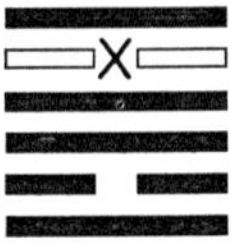

La meilleure manière de résister aux illusions qui prédominent dans FILET D'OISELEUR est un réalisme auquel la souplesse du Yin peut grandement contribuer. La place souveraine exige d'assumer avec lucidité tous les errements, voire d'endurer les éclaboussures de comportements impulsifs tels que celui décrit au trait précédent. Cependant, l'incorrection de ce trait, Yin à la place souveraine, suggère une perméabilité peut-être excessive dans une situation où l'émotivité le dispute à une agitation inconsidérée.

Ces larmes cathartiques expriment un retour cruel au réalisme après des excitations utopiques, lesquelles président souvent à l'activité humaine. Les même *gémissements* sont mentionnés à l'hexagramme 60 MESURE, où ils sont causés par l'absence de modération. On retrouve également ces flots de larmes à l'hexagramme 45 RÉUNION, où le regroupement d'êtres humains provoque des situations imprévues. L'*ouverture* qui qualifie l'ensemble du trait n'est pas aussi *fondamentalement* favorable que celle mentionnée à la seconde ligne, mais les souffrances endurées ici constituent malgré tout une prise de conscience tout à fait positive.

Comme… comme : le texte porte deux idéogrammes qui, bien que différents de ceux apparaissant à la ligne précédente, en sont très proches par leur construction, leur son et leur sens.
Verser : le texte porte un verbe courant signifiant sortir, se produire.
Flots : formé avec le signe général des liquides et un caractère évoquant une succession, l'idéogramme, qui signifie *larmes*, décrit moins une abondance qu'une suite de larmes versées continûment. Il ne se trouve cité qu'ici et à 45/6.

Larmes : formé aussi avec le signe des liquides et un groupe à valeur de neutre, l'idéogramme, qui n'apparaît qu'ici, signifie *larmes, pleurs* en général.
Être affligé : écrit avec un groupe complexe, l'idéogramme signifie *triste, affligé, pitoyable*. N'apparaissant qu'ici, il peut aussi évoquer une alliance par consanguinité.
Pousser des gémissements : voir ligne 3.
Ouverture : appréciation mantique signalant un moment heureux où un agencement fécond du flux vital multiplie les possibilités de développement.

Hexagramme dérivé : hexagramme 13. S'ENTENDRE AVEC TOUS est un moment où les êtres humains cherchent à s'accorder en affirmant, confrontant et dépassant leurs différences.

En haut un neuf

Le Roi opère sorties et expéditions	王用出征	wang yong chu zheng
Il est excellent de soumettre les têtes	有嘉折首	you jia zhe shou
et de ne capturer aucun vilain	獲匪其醜	huo fei qi chou
Absence de faute	无咎	wu jiu

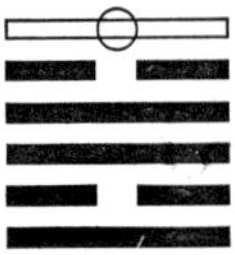

Le texte de ce trait de Sortie marque une rupture de ton avec la couleur flamboyante des lignes précédentes. La tristesse décrite à la ligne souveraine laisse place à une fermeté radicale. Il s'agit maintenant de mettre le holà au désordre qui est la conclusion logique des aveuglements et des excès expérimentés dans tout l'hexagramme.

Que la présence du Roi soit ici nécessaire indique à quel point la confusion s'est installée : il est temps de savoir imposer son autorité et de procéder à une remise en ordre vigoureuse. Toutefois cette autorité ne doit pas s'exercer aveuglément : si les forces qui ont cru pouvoir s'arroger le droit de s'élever pour diriger doivent être brisées, on préservera celles dont l'aveuglement n'est pas de leur fait. Cet assainissement de la situation s'effectue sans regret, la même formule mantique qu'en première ligne semblant promettre une aube nouvelle.

Roi : personnage symbolique, le Roi est le pivot de l'organisation sociale, rassemblant son peuple en le *reliant* à ses racines. Dans le contexte du *Yi Jing*, il peut être aussi une allusion directe au Roi Wen.
Opère : verbe auxiliaire insistant sur la mise en œuvre effective de ce qui est décrit par les verbes suivants, ici *sortir* et *partir en expéditions*.
Sorties : le texte porte un idéogramme rendu le plus souvent par *sortir*, qui est généralement un conseil d'extériorisation.

Expéditions : terme mantique représentant la mise en route d'une action déterminée de remise en ordre. Écrit avec le signe de la marche et un caractère signifiant *correct, corriger*, l'idéogramme désignait à l'origine une expédition punitive.

Excellent : formé avec un groupe complexe, l'idéogramme évoque l'idée d'une joie apportée par un don venu de l'extérieur. Il est par exemple associé dans différentes expressions aux cérémonies de réception du bonnet viril, de fiançailles, de mariage, d'éloges, de récompenses et de présents officiels. Il est cité deux autres fois, uniquement en ligne souveraine : 17/5 et 33/5.

Soumettre : composé du signe général de la main et du caractère *hache*, l'idéogramme signifie au sens propre *briser, casser*. Au sens figuré, il veut dire : *décider, trancher, rabattre, soumettre*, et aussi *se renverser*. Il apparaît deux autres fois dans le Texte canonique : 50/4 *(brisés)* et 55/3 *(se brise)* et deux fois dans les commentaires, dans la même expression : *trancher les procès*, à 22/GI et 55/GI.

Tête : l'idéogramme signifie aussi bien tête que *chef*, celui qui est *en tête*.

Soumettre les têtes : le sens exact de cette phrase n'est pas assuré. Il semble qu'il ne soit pas fait allusion à la décapitation des meneurs mais plutôt à leur soumission.

Capturer : l'idéogramme, évoquant une saisie par force ou par contrainte, fait référence principalement à la chasse mais aussi aux prises de guerre : esclaves, servantes, etc.

Aucun : le texte porte une négation particulière. Précisée par le caractère *être humain*, elle désigne au Jugement de ADVERSITÉ (voir 12/J) ceux qui nient l'ordre établi, les malfrats, les *vauriens*. Or cette négation, qui se retrouve souvent associée aux *brigands*, a déjà, en tant que nom, un emploi propre qui est *vaurien*, désignant des gens qui comme ici sont des hors-la-loi, des rebelles, non pas des nomades pillards étrangers au monde chinois, mais des gens qui se révoltent de l'intérieur du système.

Vilain : formé avec le signe général de ce qui est fermenté et le caractère *démon* (voir 38/6), l'idéogramme, qui n'apparaît qu'ici, signifie *laid, difforme, honteux, mauvais* et aussi *foule, nombreux, beaucoup*. Ce dernier sens, ainsi que le contexte de la ligne, a amené à choisir *vilain*, non pour son actuel sens enfantin, mais pour celui qu'il avait dans la féodalité européenne à l'époque médiévale. Il désignait alors les paysans (ceux qui vivaient sur le territoire de l'ancienne villa romaine et que les nobles considéraient comme à peine différents de la boue des chemins, taillables et corvéables à merci).

Absence de faute : formule mantique spécifique incitant à ne pas rester dans un état d'esprit incertain ou hésitant.

☳☲ **Hexagramme dérivé :** hexagramme 55. ABONDANCE est un moment de grande luminosité qu'il faut savoir voiler pour que la croissance n'aie pas pour conséquence le blocage.

ÉLÉMENTS D'ANALYSE

Nucléaire

䷛ **Hexagramme 28 : GRAND EXCÈS.** Au cœur de FILET D'OISELEUR, il y a GRAND EXCÈS. Au cœur d'une situation d'éblouissement, il y a démesure et vitalité excessive. Cet excès de lumière s'exprime par la confusion et les soubresauts incohérents de l'émotivité. La difficulté à gérer la contradiction entre l'attachement à la terre et le désir de s'en éloigner tourne la force créative en agitation exagérée. L'image de l'oiseau présomptueux est présente dans tous les hexagrammes de la famille de GRAND EXCÈS.

Opposé

䷜ **Hexagramme 29 : S'ENTRAÎNER au passage des RAVINS.** La relation d'opposition entre FILET D'OISELEUR et S'ENTRAÎNER AU PASSAGE DES RAVINS se joue entre vertige et éblouissement. Si les deux mouvements sont évoqués par l'image commune de l'oiseau, les directions de son envol sont opposées : le vertige entraîne vers le bas et l'éblouissement vers le haut. L'oisillon évoqué par le nom de l'hexagramme 29 tombe vers le sol et doit surmonter le vertige du vide pour apprendre à voler. L'oiseau présent dans le nom de l'hexagramme 30 se laisse emporter vers le haut et doit trouver dans l'enracinement la force de ne pas céder à la plénitude de l'éblouissement.

31 INCITER

咸

XIAN

En haut BRUME ☱
En bas MONTAGNE ☶

INCITER	咸	XIAN
Favorisant	亨	heng
Ténacité profitable	利貞	li zhen
Prendre femme ouverture	取女吉	qu nu ji
Au début un six		
INCITATION aux gros orteils	咸其拇	XIAN qi mu
Six en 2		
INCITATION aux mollets	咸其腓	XIAN qi fei
Fermeture	凶	xiong
Demeurer ouverture	居吉	ju ji
Neuf en 3		
INCITATION aux cuisses	咸其股	XIAN qi gu
Retenir avec opiniâtreté l'envie de SUIVRE	執其隨	zhi qi sui
Aller gêne	往吝	wang lin
Neuf en 4		
Présage d'ouverture	貞吉	zhen ji
Tout regret disparaît	悔亡	hui wang
On va et vient indécis comme un enfant	憧憧往來	chong chong wang lai
Les compagnons se conforment à tes pensées	朋從爾思	peng cong er si
Neuf en 5		
INCITATION aux muscles du dos	咸其脢	XIAN qi mei
Pas de regrets	无悔	wu hui
En haut un six		
INCITATION aux os maxillaires aux muscles des joues et à la langue	咸其輔頰舌	XIAN qi fu jia she
Grande Image		
Au-dessus de la montagne il y a la brume	山上有澤	shan shang you ze
INCITER	咸	XIAN
L'Être Accompli ainsi	君子以	jun zi yi
grâce au vide	虛	xu
accueille tous les êtres humains	受人	shou ren
Dixième Aile		
INCITER	咸	XIAN
vite-invite.	速也	su ye

INCITER est un déclic. Subtil, à peine visible, il concerne toute sorte de stimulation soudaine : attirances instinctives, émotions instantanées, contacts affectifs ou désirs qui s'éveillent. C'est l'hexagramme de la réaction spontanée à des influences qui se propagent immédiatement. Se diffusant à travers la personne, souvent à son insu, l'incitation atteint des zones profondes et peut modifier voire bouleverser totalement le comportement. La stratégie que propose INCITER consiste à ne pas se laisser déstabiliser par la soudaineté de ces stimuli, mais à les amortir pour les intégrer à une action durable et ainsi mettre à profit leur dynamisme.

Deux hexagrammes du *Yi Jing* utilisent le corps humain comme toile de fond pour exprimer un mouvement global. À la propension à l'excitation décrite par INCITER répond la mise au calme de STABILISER. Les deux hexagrammes se déroulent des pieds à la tête tout le long du corps humain – l'hexagramme 52 se prolongeant même au-delà. Cette scène commune montre le corps à la fois comme soumis en permanence aux émotions qui le traversent, et comme lieu où l'on apprend à enraciner leur puissance soudaine.

La propagation de l'incitation peut se lire tout au long de l'hexagramme selon la partie du corps qu'elle atteint : orteil, mollet, cuisse, dos, bouche. Plusieurs éléments Yin rappellent la nécessité d'amortir l'excitation involontaire : le conseil de *prendre femme* – faire durer par le Yin la première impulsion – de *rester en place*, de *retenir*, les formules favorables étant réservées aux deux places de service, les deuxième et quatrième traits. Alors que le nom de l'hexagramme est cité à toutes les lignes, il est omis à la quatrième, et aucune partie du corps n'y est indiquée. À ce niveau, le plus interne et situé à mi-chemin des pieds et de la tête, l'excitation cesse d'être superficielle et peut se transformer en un véritable sentiment, à même de favoriser une rencontre profonde entre les êtres. INCITER évoque ainsi le trajet d'un méridien d'acupuncture, qui disparaît à certains endroits du corps tout en continuant à réagir aux stimulations extérieures[46].

INCITER est un moment qui ne dure pas. Bref comme un clin d'œil, il peut en avoir les conséquences troublantes. Mais il possède aussi un potentiel de fécondité remarquable, comme l'a souligné la tradition lettrée en l'analysant comme une remise en mouvement du blocage décrit dans l'hexagramme 12 ADVERSITÉ, par échange des troisième et sixième traits[47]. Dans la division traditionnelle du *Yi Jing* en deux parties (Livre I, hexagrammes 1 à 30 – Livre II, hexagrammes 31 à 64), INCITER est placé à l'ouverture du Livre II, occupant ainsi une place similaire à celle d'ÉLAN CRÉATIF au début du Livre I. Cette analogie souligne l'universalité de l'interaction créative qui traverse tous les êtres vivants.

IDÉOGRAMME

XIAN : *Tous, tous ensemble. Universel, entièrement, continuel. Unir, semblable.*

L'étymologie de cet idéogramme n'est pas assurée. Il est formé de deux parties. D'une part le caractère *bouche* et de l'autre un caractère désignant une sorte de hallebarde ou de hache de combat à long manche. Bien qu'assez peu employé, son sens courant est *tous, tout le monde, ensemble, entièrement, tout à fait, universel, unir*. Sans bien s'expliquer comment la combinaison de ces deux caractères en est venue à prendre ces significations, la majorité des commentateurs chinois souligne que, lorsque à l'idéogramme complet est ajouté le signe du cœur, commun à tous ce qui a trait aux pensées et aux sentiments, apparaît un caractère beaucoup plus courant qui signifie *ressentir, émouvoir*. Par ailleurs lorsque le signe du métal est combiné avec cet idéogramme, on obtient un des caractères les plus courants parmi ceux qui servent à désigner les aiguilles d'acupuncture. Or la caractéristique des aiguilles d'acupuncture, à la différence des médicaments quels qu'ils soient, allopathiques ou phytothérapiques, est de n'avoir aucun effet physiologique direct. Le métal des aiguilles n'agit pas sur le corps, il l'incite à se réorganiser par lui-même, à retrouver la fluidité de l'énergie qui l'anime. Le sens d'incitation contenu dans cet idéogramme se dévoile alors un peu mieux. L'émotion, comme l'acupuncture, sont des mouvements particuliers qui ont en commun de se propager partout et de provoquer des effets sans commune mesure avec les moyens employés.

TEXTE CANONIQUE

JUGEMENT

INCITER	咸	XIAN
Favorisant	亨	heng
Ténacité profitable	利貞	li zhen
Prendre femme ouverture	取女吉	qu nu ji

Tandis que le texte des traits de cet hexagramme insiste sur les risques de déstabilisation que l'incitation entraîne, celui du Jugement met en valeur son caractère globalement fécond. L'attitude appropriée en de tels moments consiste à ne pas en rester au seul attrait involontaire, mais à mettre à profit l'éveil qu'il suscite en le déployant dans une action suivie. Que l'essor indiqué par *favorisant* ne soit pas qualifié par *fondamentalement*, modulation qui signale une capacité particulière à initialiser une situation nouvelle, confirme à la chinoise qu'INCITER est un déclic si rapide qu'on n'en maîtrise pas le surgissement. L'enclenchement qu'il provoque doit être nourri par le temps avant de pouvoir aboutir à des changements effectifs.

L'allégorie de l'union rend compte de cette possibilité de réalisation : un coup de foudre est instantané, mais il peut devenir le point de départ d'une situation durable, à condition de ne pas en rester au stade de l'excitation superficielle. Plus généralement, *prendre femme* indique que la situation est ouverte pour qui sait adopter une stratégie Yin et faire durer l'incitation par l'endurance et la constance.

Favorisant : appréciation mantique décrivant un climat d'essor, un agencement fertile, un dispositif énergétique global dans lequel l'échange entre le Ciel et la Terre se noue de manière féconde.
Ténacité profitable : formule mantique spécifique signalant que la situation, pour être fructueuse, requiert une grande capacité à endurer, à tenir avec constance, sans se laisser fatiguer par les difficultés du moment.
Prendre femme : expression classique qui, dans le contexte du *Yi Jing*, joue le rôle de formule mantique spécifique invitant à nourrir par la durée une incitation ponctuelle. Citée à trois reprises, toujours en rapport avec le conseil de *ne pas agir* ou d'être *tenace* (4/3 et 44/J), son sens général est : épouser le Yin, s'en tenir à une attitude Yin. INCITER est le seul hexagramme où ce conseil est directement associé à *ouverture*.
Ouverture : appréciation mantique signalant un moment heureux où un agencement fécond du flux vital multiplie les possibilités de développement.

TEXTE DES TRAITS

Au début un six
INCITATION aux gros orteils 咸其拇 XIAN qi mu

Dès le premier trait, la stimulation a suffisamment d'impact pour provoquer des frétillements tels que le corps veut se mettre d'emblée en mouvement. Cette ligne est en correspondance avec la quatrième, ligne de forte influence, et l'incitation, bien que cachée, est profonde. Cependant, le niveau d'Entrée d'un hexagramme est rarement celui où se prennent les décisions, et le mouvement est ici purement réactif.

Aucune formule mantique n'étant mentionnée, il est impossible à ce stade de déterminer l'aspect positif ou non de ce qui agite. Il importe toutefois à ce stade de rester attentif aux sollicitations du dehors sans s'y laisser immédiatement assujettir, mais en essayant de n'y donner suite qu'avec discernement.

INCITATION : nom de l'hexagramme. La forme nominale a été préférée pour rendre compte de l'organisation du texte des lignes. INCITER compte parmi les plus scandés du *Yi Jing*. Le texte de chaque trait commence à l'identique : nom de l'hexagramme + caractère grammatical indiquant un niveau + désignation de la partie du corps concernée par l'incitation. Délaissant cette structure, le quatrième trait en souligne, à la chinoise, toute la profondeur.
Gros orteils : formé en combinant le signe général de la main et le caractère *mère*, l'idéogramme désigne au sens propre aussi bien le *pouce* (celui dont les autres doigts sont les fils) que le *gros* orteil, et au sens figuré un *démarrage*. Dans le *Yi Jing* en général, les pieds et les différents termes qui s'y rapportent sont l'image soit d'une mise en route soit d'une démarche à retenir.

Hexagramme dérivé : hexagramme 49. RÉVOLUTION est un moment de bouleversement complet qui ne peut déboucher sur un réajustement que s'il intervient au moment juste.

Six en 2

INCITATION aux mollets	咸其腓 XIAN qi fei
Fermeture	凶 xiong
Demeurer ouverture	居吉 ju ji

À ce stade, il s'agit encore de stabiliser un mouvement qui se décide ailleurs. Comme le pied mentionné à la ligne précédente, le mollet est entraîné par une INCITATION qui s'enclenche à un autre niveau. Il est l'image d'une avancée qui, se produisant dans un contexte de dépendance, risque de se solder par un échec.

Toutefois la centralité de la place, la correction du trait, Yin à une place Yin, et sa correspondance avec la ligne souveraine indiquent qu'il est possible de surseoir à des réactions impétueuses ou irréfléchies. C'est en restant fermement en place que l'on peut limiter et intégrer les effets des incitations diverses et faire évoluer la situation de manière favorable.

INCITATION : nom de l'hexagramme, voir ligne 1.
Mollets : formé avec le signe général de la chair, commun à toutes les parties du corps, et une négation (voir 34/GI, *ne déroge pas*), l'idéo-

gramme, devenu archaïque, avait le sens de *gras de la jambe*, et aussi pour sens figuré celui de *prendre appui, avoir confiance en*. Il est cité au même niveau à l'hexagramme 52.
Fermeture : appréciation mantique signalant un moment de blocage, un mauvais agencement du flux vital qui restreint les possibilités de développement.
Demeurer : l'idéogramme signifie *habiter, séjourner, mettre en réserve, amasser*. Il apparaît toujours dans le *Yi Jing* de manière favorable.
Ouverture : appréciation mantique signalant un moment heureux où un agencement fécond du flux vital multiplie les possibilités de développement.
Demeurer ouverture : le conseil d'épouser une attitude Yin donné au Jugement prend ici une autre forme, plus directe, et d'autant plus claire qu'elle est posée comme une alternative. L'opposition dans une même ligne entre *fermeture* et *ouverture* est également citée à la ligne souveraine de CONSTANCE, hexagramme retourné de celui-ci (voir 32/5) et sous une autre forme à la ligne souveraine de DIFFICULTÉS INITIALES (voir 3/5).

Hexagramme dérivé : hexagramme 28. GRAND EXCÈS est un moment de démesure dont la traversée exige un surcroît inhabituel de force intérieure.

Neuf en 3

INCITATION aux cuisses	咸其股 XIAN qi gu
Retenir avec opiniâtreté l'envie de SUIVRE	執其隨 zhi qi SUI
Aller gêne	往吝 wang lin

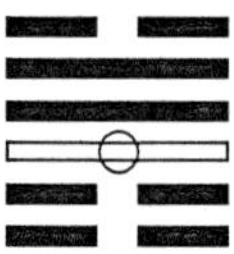

À cette ligne de Passage entre l'intérieur et l'extérieur, la stimulation atteint la région où s'effectue la transition entre le bas et le haut du corps. La position du trait à la lisière des forces Yin et Yang entraîne une hésitation entre deux attitudes : aider à la stabilisation des deux premiers traits souples, ou participer au mouvement des traits Yang supérieurs.

La correction du trait, Yang à une place Yang, inciterait plutôt à aller de l'avant, mais le texte déconseille cette alternative. L'abdication de la maîtrise personnelle, attitude impliquée par le choix du caractère qui nomme l'hexagramme 17 SUIVRE, serait malvenue dans un contexte de déstabilisation. La tentation de se laisser entraîner doit être combattue, car elle ne pourrait qu'attirer des inconvénients. C'est vers la stabilisation des mouvements intérieurs déjà enclenchés qu'il faut se tourner.

INCITATION : nom de l'hexagramme, voir ligne 1.
Cuisses : formé avec le signe général de la chair et un groupe complexe, l'idéogramme désigne la cuisse suivant le même glissement de sens qu'en

français, où le mot cuisse désigne une partie du corps plus grande que son sens d'origine, dérivé du latin *coxa* : l'articulation de la hanche. En chinois aussi, ce que l'idéogramme désigne dépasse largement le haut de la jambe pour englober tout ce qui est situé entre le nombril et les genoux, c'est-à-dire globalement l'endroit où le tronc se divise. De là viennent ses sens figurés *partie, section, division, actions d'une société*. Il n'est cité qu'une autre fois, dans son sens le plus direct (36/2). Au même niveau de l'hexagramme 52, il ne s'agit pas de la cuisse, mais de la *région lombaire*, l'idéogramme employé pour désigner cette partie du corps signifiant *limite, terme, extrémité*. L'image corporelle qui souligne ici la division du corps insiste sur la communication entre sa partie inférieure et sa partie supérieure.

Retenir avec opiniâtreté : formé à partir du signe *main* et d'un caractère montrant un personnage retenu, l'idéogramme évoque une solide contention qui s'applique toujours dans le *Yi Jing* à des tentations : celle de parler au moment de lutter (voir 7/5), celle de fuir au moment de FAIRE RETRAITE (voir 33/2) et ici celle de se laisser aller.

L'envie de SUIVRE : le texte porte seulement le nom de l'hexagramme 17 SUIVRE. *Envie* a été ajouté à cause du verbe précédent, du contexte de l'hexagramme, et du fait que le nom de l'hexagramme 17 n'est cité dans le *Yi Jing* que dans INCITER et STABILISER (52), les deux hexagrammes en rapport avec le corps humain.

Aller : l'idéogramme a, dans le contexte du *Yi Jing*, le sens d'un conseil de mise en route, d'une injonction à aller de l'avant.

Gêne : appréciation mantique indiquant un manque de fluidité qui rétrécit les possibilités d'action.

Aller gêne : formule mantique spécifique indiquant qu'aller de l'avant serait se laisser aller. SUIVRE serait le résultat d'une réaction immédiate et irréfléchie et ne pourrait que freiner le développement de la situation. Il n'y a que deux endroits, à deux niveaux de Passage, où le *Yi Jing* déconseille d'aller de l'avant. Aux deux hexagrammes qui débutent, l'un le mouvement général du *Yi Jing*, DIFFICULTÉS INITIALES (voir 3/3), et l'autre le Livre II : INCITER.

䷬ **Hexagramme dérivé** : hexagramme 45. RÉUNION est un moment de rassemblement où le lien entre des forces convergentes est appelé à se manifester.

Neuf en 4		
Présage d'ouverture	貞吉	zhen ji
Tout regret disparaît	悔亡	hui wang
On va et vient indécis comme un enfant	憧憧往來	chong chong wang lai
Les compagnons se conforment à tes pensées	朋從爾思	peng cong er si

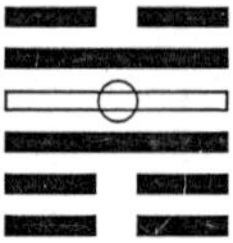

À la différence des autres lignes de l'hexagramme, il n'est mentionné ici ni INCITATION, ni référence directe au corps. C'est pourtant celle où le plus de possibilités sont annoncées. Que l'échange avec l'extérieur n'ait pas de point d'application précis ne signifie pas qu'il ait disparu. Il se produit seulement de manière plus invisible, au plan du cœur, qui n'est pas seulement pour les Chinois le lieu des émotions mais le siège de toute la vie intérieure.

Lorsqu'on reste proche de ses émotions, on est enclin à adopter une attitude naturelle, malléable, innocente semblable à celle d'un enfant. Pareille disposition peut induire versatilité et indécision, mais ce manque d'apprêt, cette absence de dirigisme sont également ce qui permet d'éveiller chez autrui une disposition compréhensive. Alors que la nature ferme du trait, situé au milieu de trois traits Yang, rendrait possible un comportement plus imposant, ce contact gardé avec la réalité du sentiment influence autrui et entraîne l'adhésion amicale de l'entourage. Ce défaut d'intention ou de jugement, qui permet de créer un mouvement de convergence, n'est pas si éloigné de l'attitude réservée mais présente prônée par certains lettrés chinois, tels Wang Fuzhi :

> « Si l'influence seule est efficace par rapport à l'action et à la parole, c'est parce qu'elle opère sans intention précise, de façon continûment diffuse et générale, alors que parole et action sont toujours préméditées, se réfèrent à un certain modèle, obéissent à un plan déterminé[48]. »

(INCITATION) : cet hexagramme compte parmi les plus scandés du *Yi Jing*. Le texte de chaque trait, à l'exception de celui-ci, commence par une phrase identique : nom de l'hexagramme + caractère grammatical indiquant un niveau + désignation de la partie du corps concernée par l'incitation. Au même niveau de l'hexagramme 52, il n'y a pas non plus de référence à un endroit précis du corps, il disparaît devant sa spécificité interne : être lieu d'engendrement de la vie.

Présage d'ouverture : formule mantique spécifique indiquant la tendance à un réagencement positif de la situation.

Regrets : appréciation mantique signalant qu'on tarde à réagir pour adopter la nouvelle attitude demandée par l'évolution de la situation. L'idéogramme, formé avec le signe du cœur, commun à tous les sentiments ou pensées, et un groupe complexe représentant des plantes pullulantes, évoque ce qui encombre le cœur et donc le paralyse.

Tout regret disparaît : formule mantique spécifique qui renforce le sens d'incitation à aller de l'avant contenue dans le terme *regrets*. Le moment est venu de se mettre en marche sans aucune nostalgie pour ce qu'on laisse derrière soi.

On va et vient : le texte porte deux caractères, les verbes *aller* (voir ligne 3) et *venir* sans aucune mention de sujet.
Indécis comme un enfant : rend un seul idéogramme, répété deux fois de suite, ce qui est la marque classique du superlatif. Formé avec le signe du cœur, commun à tous les sentiments, et le caractère *jeune enfant* il signifie *hésitant, indécis.*
Compagnons : dans le *Yi Jing*, les compagnons sont des personnages symboliques qui apparaissent dans des situations de relations horizontales et dans des hexagrammes à forte majorité de traits Yin, pour souligner le plus souvent un mouvement de convergence. Les hésitations évoquées ici rappellent la circulation désorientante des flux qui traversent PROSPÉRITÉ (voir 11/2).
Se conforment : le sens dominant de cet idéogramme est *suivre, se conformer, obéir.* À partir de l'idée de se mettre *au service de*, il peut aussi signifier *diriger* dans le sens de *s'occuper (en tant que vassal) des affaires d'un souverain.*
Tes : l'idéogramme est obscur. Se prononçant comme *deux* et *oreilles*, représentant semble-t-il à l'origine un outil pour carder la soie, il sert très tôt de marque de la deuxième personne, de tutoiement familier ou condescendant, mais il peut aussi avoir un sens démonstratif *cette, ces* (voir 27/1). L'ambiguïté de la phrase réside dans l'emploi de ce pronom personnel qui apparaît toujours dans des situations de couplage, et ne renvoie ici à aucun personnage précisément identifiable.
Pensées : écrit avec le signe du cœur et une représentation de la tête, l'idéogramme signifie *penser, méditer, réfléchir, idée, sentiment, penser avec affection à, garder le souvenir de.* Il concerne tout ce qui se passe dans le for intérieur, que ce soit dans l'esprit ou le cœur puisque ces deux lieux ne sont pas séparés dans la perspective chinoise.

Hexagramme dérivé : hexagramme 39. OBSTRUCTION est un moment où forcer le passage vers l'extérieur ne fait qu'accroître les difficultés ; le retour vers l'intérieur est la seule stratégie possible.

Neuf en 5

INCITATION aux muscles du dos — 咸其脢 XIAN qi mei
Pas de regrets — 无悔 wu hui

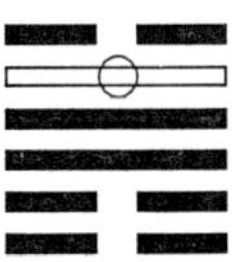

À la ligne souveraine, la stimulation atteint la colonne vertébrale, suggérant une capacité à recevoir et prolonger les influences sans qu'il y ait déstabilisation. À la fois souple et solide, l'épine dorsale gouverne la tenue du corps. L'énergie qui la traverse, sans être aussi profonde que celle qui se propage à l'intérieur au trait précédent, est néanmoins insaisissable car située derrière soi.

L'évocation du dos au niveau souverain fait écho au conseil donné au Jugement de STABILISER (voir 52/J), où il ne faut pas chercher à exercer de contrôle rigide. La correction de la place, Yang à une place Yang, et la correspondance avec la ligne de Préfet montre qu'il est possible ici d'intégrer les différentes incitations qui traversent la situation. Se laisser toucher sans en être perturbé, et réagir avec souplesse, telle est la meilleure façon de donner consistance aux sollicitations du dehors.

INCITATION : nom de l'hexagramme, voir ligne 1.
Muscles du dos : formé avec le signe de la chair, commun à toutes les parties du corps, et un caractère complexe évoquant les plantes s'engendrant par pousse ou surgeons comme les ronces ou les fraisiers, l'idéogramme, rare et archaïque, désigne de manière aussi vague qu'imagée, les muscles situés le long de l'épine dorsale. Il n'apparaît qu'ici. Au même niveau de l'hexagramme 52, ce sont les muscles des joues qui sont mentionnés. En revanche, au Jugement de cet hexagramme, le dos est désigné par un caractère bien plus rituel qu'anatomique.
Regrets : appréciation mantique signalant qu'on tarde à réagir pour adopter la nouvelle attitude demandée par l'évolution de la situation. Voir ligne 4.
Pas de regrets : formule mantique spécifique qui renforce le sens d'incitation à aller de l'avant, sans la moindre nostalgie pour ce qu'on laisse derrière soi. Ici, comme dans trois autres hexagrammes (34/4 et 34/5, 59/2 et 59/3, 64/4 et 64/5), le choix de cette formule marque un palier par rapport à celle employée au trait précédent *(tout regret disparaît)*.

Hexagramme dérivé : hexagramme 62. PETIT EXCÈS est un moment d'hésitation et de fébrilité où il faut concrétiser ce qui est possible plutôt que de viser des objectifs idéalistes.

En haut un six
INCITATION aux os maxillaires 咸其輔頰舌 XIAN qi fu jia she
aux muscles des joues et à la langue

Au niveau de Sortie, la stimulation se produit à l'endroit du corps le plus tourné vers l'extérieur : le visage, et plus particulièrement la bouche, essentielle dans les relations humaines par ce qu'elle suppose de contact, voire de séduction. Une curieuse accumulation d'idéogrammes mettant l'accent sur la mécanique labiale suggère plus une incitation superficielle, peut-être même une tendance au bavardage, qu'un échange profond. Cependant, comme à la première ligne, aucune formule mantique ne vient caractériser ce niveau d'une manière positive ou négative.

INCITATION : nom de l'hexagramme, voir ligne 1.
Os maxillaires : l'idéogramme, écrit avec le caractère *char* et un groupe complexe, désignait à l'origine les renforts de bois qui flanquaient la caisse des chars. À partir de là, il a pris le sens figuré de *aider, assister*. Il en est venu à signifier les os maxillaires inférieurs parce que, quand la bouche s'ouvre, ce sont eux qui aident au mouvement. Il est cité également à l'hexagramme 52, mais au cinquième trait.
Muscles des joues : formé avec le signe de la tête et un caractère signifiant *presser des deux côtés, pincer*, l'idéogramme, rare et archaïque et n'apparaissant qu'ici, évoque les muscles servant à la fermeture de la bouche.
Langue : représentant une langue sortant de la bouche, l'idéogramme, toujours très courant, n'a pas varié de sens. Il n'est pas cité ailleurs.

䷠ **Hexagramme dérivé** : hexagramme 33. FAIRE RETRAITE est une stratégie à long terme où l'on se renforce par un mouvement de recul.

ÉLÉMENTS D'ANALYSE

Nucléaire

䷫ **Hexagramme 44 : ÊTRE ACCUEILLANT.** Au cœur de INCITER, il y a ÊTRE ACCUEILLANT. Au cœur d'une situation de stimulation soudaine, il y a l'idée d'une rencontre avec ce qui est autre, étranger, inconnu. ÊTRE ACCUEILLANT opère la pénétration des frontières du Yang, dont la suprématie se termine, et donne le conseil d'accueillir et intégrer les éléments nouveaux de la situation. Il s'agit également dans INCITER de se laisser atteindre et pénétrer par-delà les barrières qui séparent les individus. Parallèlement, comme le montre le conseil de *prendre femme* commun au Jugement de ces deux hexagrammes, il s'agit aussi de faire fructifier par le temps ces émotions instantanées.

Opposé

䷨ **Hexagramme 41 : DIMINUER.** La relation d'opposition entre INCITER et DIMINUER se situe au niveau du rapport entre surface et profondeur. À la réponse émotionnelle immédiate aux stimuli du dehors s'oppose le travail de densification et d'amélioration de la qualité intérieure. Au contact rapide et fusionnel s'oppose un mouvement de rééquilibrage d'une parité. Si l'idée de modération est commune aux deux hexagrammes, il s'agit plutôt dans INCITER d'amortir les stimuli extérieurs, alors que DIMINUER incite à la retenue des émotions intérieures.

32 ENDURER
(CONSTANCE)

HENG

En haut TONNERRE ☳
En bas VENT ☴

ENDURER	恆	HENG
Favorisant	亨	heng
Absence de faute	无咎	wu jiu
Ténacité profitable	利貞	li zhen
Profitable d'avoir où aller	利有攸往	li you you wang

Au début un six

CONSTANCE qui s'enfonce	浚恆	jun HENG
Présage de fermeture	貞凶	zhen xiong
Aucun lieu n'est profitable	无有利	wu you li

Neuf en 2

Tout regret disparaît	悔亡	hui wang

Neuf en 3

Sans CONSTANCE dans son attitude	不恆其德	bu HENG qi de
Peut-être la honte d'une promotion	或承之羞	huo cheng zhi xiu
Présage de gêne	貞吝	zhen lin

Neuf en 4

Dans les champs pas d'oiseaux	田无禽	tian wu qin

Six en 5

CONSTANCE dans son attitude	恆其德	HENG qi de
présage	貞	zhen
pour l'épouse ouverture	婦人吉	fu ren ji
pour le mari fermeture	夫子凶	fu zi xiong

En haut un six

CONSTANCE qui s'agite	振恆	zhen HENG
Fermeture	凶	xiong

Grande Image

Tonnerre Vent	雷風	lei feng
CONSTANCE	恆	HENG
Ainsi l'Être Accompli	君子以	jun zi yi
en se tenant fermement debout	立	li
est sans mutation dans son orientation	不易方	bu yi fang

Dixième Aile

CONSTANCE	恆	HENG
longtemps.	久也	jiu ye

ENDURER traite moins de la durée que de l'endurance. Seul hexagramme à être nommé à l'aide du signe du cœur, qui désigne ce qui se rapporte à la pensée et à l'émotion, ENDURER décrit une disposition intérieure faite de courage et de longanimité. Comme l'indique encore l'idéogramme, ce sentiment est celui qui doit armer le cœur dans les passages difficiles : il ne s'agit pas de faire perdurer une situation sclérosée, mais d'endurer les aléas d'une traversée.

Cette traversée exige de savoir renouveler sans cesse sa capacité intérieure afin de continuer dans la direction choisie : il est plus question ici de développer les données actuelles que de prendre des initiatives nouvelles. ENDURER, ce sera faire face à la réalité quotidienne dans son aridité. Cependant, ne pas chercher à fuir la réalité présente ne signifie pas non plus empêcher toute évolution. Au contraire la situation est tout entière tendue vers le devenir : le Jugement recommande de garder son cap, et il est question dans les traits par trois fois de présage.

La sobriété du texte correspond bien à la tonalité un peu grise de cette situation où il faut trouver en soi les forces nécessaires au dépassement de ce qui est usuel et routinier. L'accumulation de formules négatives va dans le même sens : *fermeture* (trois fois), *gêne*, *aucun lieu profitable* viennent ponctuer des tendances à l'immobilisme, à la fuite, à l'agitation. Seules les deux lignes centrales ont une tonalité plus claire, notamment la ligne souveraine où se trouve, concernant l'*épouse*, la seule indication réellement favorable de l'hexagramme. Symbole même d'une attitude Yin, l'épouse représente l'adaptabilité associée au milieu juste et à la Terre, appropriée quand savoir alterner fermeté et souplesse permet de se prêter à l'évolution sans tomber dans les travers de la rigidité ou de l'agitation. La détermination, soulignée par l'hexagramme nucléaire SE MONTRER RÉSOLU, est ce qui rend possible de se tenir sans *mutation* dans son orientation, comme l'indique la Grande Image. Élégance des commentateurs du *Livre des Changements*, le nom même de l'ouvrage – changement, mutation – est cité dans l'hexagramme traitant de ce qui est durable et situé au beau milieu de la ronde des soixante-quatre situations. L'aptitude au changement n'est pas versatilité, mais capacité à se situer au centre et à trouver un second souffle.

Suivant le découpage traditionnel du *Yi Jing* en deux sections (Livre I, hexagrammes 1 à 30 – Livre II, hexagrammes 31 à 64), l'hexagramme 32 occupe dans la seconde partie une place équivalente à celle d'ÉLAN RÉCEPTIF dans la première. Il y a là un rapport analogique qui souligne une équivalence de rôle : par sa constance, le Yin mène à terme ce que le Yang initialise, comme ENDURER donne forme à ce qui est INCITÉ (31).

IDÉOGRAMME

HENG : *Ordinaire, habituel, quotidien, coutumier, durable, constant, continu, permanent, persévérer.*

L'idéogramme est formé de deux parties. À gauche le caractère *cœur*, signe général commun à tous les mots en rapport avec les sentiments ou les pensées. Il est écrit ici dans une forme resserrée, usuelle quand il est placé sur le côté. À droite un idéogramme représentant un objet situé entre deux limites parallèles. Il s'agit d'un bateau en train de traverser une rivière, dont les traits horizontaux en haut et en bas représentent les rives éloignées. À partir de cette idée de bateau dans un entre-deux, ce caractère, utilisé seul, va prendre pour sens propre *aller d'une extrémité à l'autre*. Associé au moment où la lune a une forme de bateau, il sera utilisé pour désigner l'intervalle allant du dernier quartier visible de la lune décroissante au premier quartier visible de la nouvelle lune, c'est-à-dire la période où l'astre des nuits n'est plus visible dans le ciel. Deux idées découlent de cette association avec la lune : la traversée d'une période longue comme une nuit sans lune, et la constance dans le changement. Comme de la lune toujours changeante naît la régularité du calendrier, au beau milieu du *Livre des Changements* trône la CONSTANCE.

Que l'idéogramme nommant cette figure soit spécifié par le signe du cœur est une particularité unique parmi les noms des soixante-quatre hexagrammes. Cette singularité confirme que ce qu'il décrit concerne le domaine du ressenti et non pas une réflexion théorique sur la durée. Il traite d'une disposition interne : la détermination qui doit animer le cœur quand on est confronté aux difficultés d'une traversée dangereuse et interminable.

TEXTE CANONIQUE

JUGEMENT

ENDURER	恆	HENG
Favorisant	亨	heng
Absence de faute	无咎	wu jiu
Ténacité profitable	利貞	li zhen
Il est profitable d'avoir où aller	利有攸往	li you you wang

ENDURER ne signifie pas s'arc-bouter sur une position acquise, ni maintenir simplement les choses en l'état par une gestion routinière. Il faut poursuivre dans l'orientation choisie, sans craindre de faire vivre et se déployer la situation, c'est-à-dire trouver à la fois constance et vitalité.

Le nageur, le montagnard et tous ceux qui réalisent de longues traversées savent bien que la longanimité ne dépend ni du résultat immédiat ni de la proximité du but. Il importe de garder en tête l'objectif à atteindre et de mesurer l'instant à l'aune du long temps.

Favorisant : appréciation mantique décrivant un climat d'essor. Coïncidence ou élégance, les idéogrammes rendus par ENDURER et *favorisant* ne se distinguent guère à l'oreille. Proche de son, proche de sens dit la tradition étymologique chinoise.
Absence de faute : formule mantique spécifique incitant à ne pas rester dans un état d'esprit incertain ou hésitant. La présence de cette formule entre *favorisant* et *ténacité profitable* est un cas unique. Cette particularité, qui met en valeur la propension à l'essor contenue dans la circonstance, insiste sur l'idée qu'endurer ne signifie pas attendre. Il ne faut pas douter et, sans changer d'orientation, donner un second souffle à la situation.
Ténacité profitable : formule mantique signalant que la situation, pour être fructueuse requiert une grande capacité à endurer, à tenir avec constance, sans se laisser fatiguer par les difficultés du moment.
Avoir où aller : formule mantique signifiant garder son cap. Elle signale qu'une particularité de la situation risque de faire perdre de vue les objectifs à long terme, de masquer le but à atteindre.

TEXTE DES TRAITS

Au début un six

CONSTANCE qui s'approfondit	浚恆	jun HENG
Présage de fermeture	貞凶	zhen xiong
Aucun lieu n'est profitable	无有利	wu you li

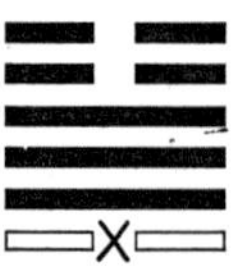

La position initiale de ce trait le met en contradiction avec l'orientation générale de l'hexagramme : l'endurance est affaire de temps. Le mouvement décrit est un creusement impatient et volontariste qui risque plus d'immobiliser, et même d'enfoncer que de faire évoluer la situation.

Yin à une place Yang, le trait est incorrect et en correspondance avec le quatrième où est décrite une chasse inopportune et vaine. Une agitation excessive éloigne de la solidité requise dans ce contexte, et des initiatives vers l'extérieur qui se décideraient dans un tel état d'esprit ne peuvent conduire à rien de *profitable*. La construction est similaire à celle de la sixième ligne, également trop éloignée du « cœur » que demande la CONSTANCE.

CONSTANCE : nom de l'hexagramme. ENDURER ne peut pas convenir, car, à la différence du chinois, en français un verbe peut difficilement être employé comme sujet... d'un verbe.
S'approfondit : formé avec le signe de l'eau et un groupe complexe décrivant une marche lente ou entravée, l'idéogramme, qui n'apparaît qu'ici, signifie *creuser, approfondir, draguer, curer, s'enliser, s'enfoncer*, etc.
Fermeture : appréciation mantique signalant un moment de blocage, un mauvais agencement du flux vital qui restreint les possibilités de développement.
Présage de fermeture : formule mantique spécifique qui conseille de considérer l'état actuel de la situation ou l'attitude choisie dans la perspective d'une évolution défavorable. Cette formule n'est associée à la suivante qu'une autre fois, à la place de passage de NOURRIR (voir 27/3).
Aucun lieu n'est profitable : formule mantique la plus contraire du *Yi Jing*. Elle signifie qu'on est animé de sentiments trop négatifs pour pouvoir aboutir à quoi que ce soit de valable. ENDURER est le seul hexagramme où cette formule est citée au niveau d'entrée. À l'orée d'une situation qui réclame patience et endurance, l'agitation produit l'enlisement et ne conduit à rien.

Hexagramme dérivé : hexagramme 34. GRAND FORCE est un moment de grande vigueur, dont l'expression doit être contrôlée pour ne pas entraîner de dommages.

Neuf en 2
Tout regret disparaît 悔亡 hui wang

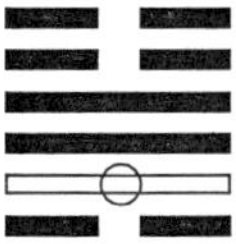

La sobriété et la concision du texte de cette ligne est à l'image d'une attitude simple où l'on maintient calmement sa position. On ne se laisse attirer ni par l'agitation exprimée au premier trait, ni par le désir d'amélioration rapide indiqué au troisième.

Bien que le trait, Yang à une place Yang, soit incorrect, la centralité de la place permet de conserver une position médiane bienvenue entre ces deux niveaux où l'on s'avère incapable de régler correctement son comportement. La correspondance avec la cinquième ligne est un autre point positif : c'est là qu'apparaît le *présage d'ouverture*, seule formule mantique favorable de l'hexagramme, appliquée au personnage de la femme, symbole Yin en affinité avec cette place de Préfet.

Regrets : appréciation mantique signalant qu'on tarde à réagir, à adopter la nouvelle attitude demandée par le changement dans la situation. Formé avec le signe du cœur, commun à tous les sentiments ou pensées, et un groupe complexe représentant des plantes pullulantes, l'idéogramme évoque ce qui encombre le cœur, et donc le paralyse.
Tout regret disparaît : formule mantique spécifique qui renforce le sens d'incitation à aller de l'avant contenue dans le terme *regrets*. Le moment est venu de se mettre en marche sans aucune nostalgie pour ce qu'on laisse derrière soi. L'emploi le plus caractéristique de cette formule est RÉVOLUTION (49), seul hexagramme où elle est citée au Jugement.
Le texte de ce trait est un des deux plus brefs du *Yi Jing*, l'autre, également associé à une seconde ligne, est à 34/2.

Hexagramme dérivé : hexagramme 62. PETIT EXCÈS est un moment d'hésitation et de fébrilité où il faut concrétiser ce qui est possible plutôt que viser des objectifs hors de portée.

Un neuf en 3

Sans CONSTANCE dans son attitude	不恆其德	bu HENG qi de
Peut-être la honte d'une promotion	或承之羞	huo cheng zhi xiu
Présage de gêne	貞吝	zhen lin

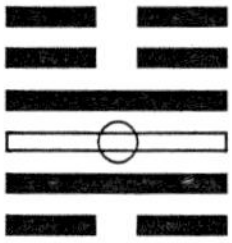

Yang à une place Yang et situé au milieu d'un bloc de trois Yang, ce trait indique une tendance à rechercher une élévation ou une évolution rapides. À ce niveau de passage, il conviendrait au contraire d'assurer la transition entre l'intérieur et l'extérieur, c'est-à-dire de ramasser ses forces pour assumer la situation actuelle, et non de chercher un soulagement en la quittant. Cette incapacité à tenir correctement sa place est sanctionnée par deux formules mantiques particulièrement défavorables.

En écho au blocage auquel aboutissent l'opportunisme et le manque d'endurance décrits dans les mêmes termes à l'hexagramme ADVERSITÉ (voir 12/2 et 12/3), l'éventuelle *promotion* mentionnée ici n'entraîne que confusion et stérilité.

CONSTANCE : nom de l'hexagramme. Voir ligne 1.
Attitude : signifiant *bienveillance, bonté, bienfaisance*, mais aussi *conduite, vertu, moralité*, et également *volonté, cœur à l'ouvrage, influence*, ce terme, qui prendra une place marquante dans la pensée chinoise,

recouvre un vaste réseau de sens qui s'articule autour de l'idée de la matérialisation d'une certaine droiture dans la position sociale qu'on occupe.
Sans Constance dans son attitude : la même phrase est reprise à la ligne 5, mais dans une formulation positive.
Peut-être : l'idéogramme est une marque de doute, d'indétermination. Il souligne l'éventualité de l'action décrite, comme une possibilité parmi d'autres.
Recevoir une promotion : représentant un geste d'élévation des mains, l'idéogramme signifiait à l'origine *présenter un hommage à un supérieur*. Il a ensuite désigné le mouvement inverse *recevoir d'un supérieur, accepter une charge, hériter, succéder*. Ici, est évoquée la possibilité d'une élévation qui serait malvenue à un moment où il s'agit de savoir rester en place.
Honte : représentant à l'origine une main tenant un mouton, c'est-à-dire la présentation d'une offrande rituelle en tribut ou remerciement, l'idéogramme exprime le sentiment de confusion ressenti face à un personnage puissant. Cette émotion est un sentiment bien plus proche de la manière chinoise d'exprimer la politesse que le sens courant de honte, associée le plus souvent en Occident à la notion de péché. Ce mot n'apparaît qu'une autre fois dans le *Yi Jing*, à 12/3.
Présage de gêne : formule mantique spécifique posant en perspective, comme une probabilité, l'appréciation *gêne* qui indique un manque de fluidité rétrécissant les possibilités d'action. Assez rare, elle qualifie uniquement des niveaux de passage (deux fois au troisième trait et deux fois au sixième). À l'autre troisième ligne où cette formule est citée (40/3), c'est aussi dans un contexte de lourdeur et d'inconséquence.

Hexagramme dérivé : hexagramme 40. Délivrance est un moment de soulagement qui s'effectue par l'établissement d'une limite claire entre le réalisable et l'inaccessible.

Neuf en 4
Dans les champs pas d'oiseaux 田无禽 tian wu qin

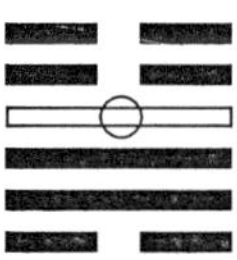
Assortie d'un texte presque aussi bref que celui du deuxième trait, cette ligne située en place de Ministre n'a pas l'avantage de la centralité dévolue à la place de Préfet. Poussée par les traits Yang qui la précèdent, et Yang à une place Yin donc incorrecte, elle décrit comme la troisième ligne une tendance à s'échapper de la situation par un mouvement vers l'extérieur. Mais chercher à exercer son activité au-dehors, dans un territoire éloigné, plutôt que de travailler à sa disposition intérieure,

est inutile. L'espoir d'une gratification immédiate, obtenue au loin et peut-être par hasard[49], est infondé. Le texte, purement descriptif, ne contient aucune mention négative, cependant la notion de CONSTANCE en est absente.

Champs : représentant des champs cultivés en parcelles, l'idéogramme, par sa forme carrée, évoque les quatre directions de la Terre, le multiple, et globalement le pouvoir de germination du Yin. Il a aussi le sens de *chasse* qui apporte avec lui l'idée de limite. Aux confins des terres agricoles se trouve la lisière entre l'inculte et le cultivé, le sauvage et le civilisé, le primitif et le chinois.

Oiseaux : le sens de l'idéogramme est *gibier* en général et *oiseaux* en particulier. Il a aussi pour sens dérivé *oiseaux pillards*, désignant alors soit les volatiles qui picorent les céréales dans les champs, soit les nomades qui surgissent de nulle part pour piller les récoltes, barbares si frustes qu'on croirait qu'ils ne parlent pas une langue humaine mais s'expriment avec des cris d'oiseaux (voir 7/5). Si ces oiseaux représentent du gibier, alors la phrase signifie que la chasse ne rapporte rien ; s'ils symbolisent des barbares pillards, c'est pis encore, puisque leur absence veut dire alors qu'il n'y a plus rien à piller.

Hexagramme dérivé : hexagramme 46. CROISSANCE est un moment où l'on œuvre petit à petit pour s'ériger. Un mouvement dirigé vers le bas y permet l'élévation.

Six en 5

CONSTANCE dans son attitude	恆其德	HENG qi de
présage	貞	zhen
ouverture pour l'épouse	婦人吉	fu ren ji
fermeture pour le mari	夫子凶	fu zi xiong

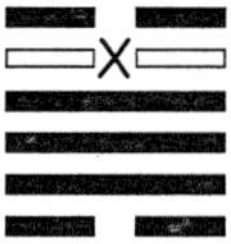

La ligne souveraine comporte à la fois le nom de l'hexagramme et la seule formule mantique favorable de tous les traits. L'attitude de droiture qui fait défaut à la troisième ligne est là, mais la mention de personnages symbolisant des démarches Yin et Yang révèle une incertitude quant à la manière de l'exercer.

Le *mari* est l'emblème de la conduite ferme par laquelle on cherche à imposer sa volonté. Persister dans un tel comportement serait signe de rigidité, non d'endurance. L'*épouse* en revanche, image d'une attitude Yin, est à même, sans se mettre en avant, d'équilibrer variations et turbulences. Sa qualité de souplesse, rattachée au centre et à la terre, permet de préserver la situation tout en la renouvelant. La position centrale de cette ligne n'autorise pas le dirigisme, elle exige disponibilité et courage.

CONSTANCE : nom de l'hexagramme. Voir ligne 1.
Attitude : voir ligne 3.
CONSTANCE **dans son attitude :** la même phrase apparaît à la troisième ligne, mais dans une formulation négative. Non seulement la constance est acquise à ce niveau, mais la modalité de sa mise en œuvre est précisée.
Présage : modulation situant les appréciations qui suivent comme des tendances probables. Elle apparaît ici dans une construction inhabituelle plaçant en apposition deux attitudes possibles.
Épouse : comme *femme*, ce terme est représentatif de l'attitude Yin.
Présage... ouverture : variante de la formule mantique présage d'ouverture indiquant la tendance à un réagencement positif de la situation.
Mari : personnage symbolique représentatif d'une attitude Yang.
Fermeture : appréciation mantique signalant un moment de blocage, un mauvais agencement du flux vital qui restreint les possibilités de développement. Il n'y a que trois situations où cette appréciation est citée en cinquième ligne, place du souverain : ENDURER, DIFFICULTÉS INITIALES (3) et ARMÉE, (7), à chaque fois dans un contexte de comparaison entre deux attitudes.
(Présage)... fermeture : variante de la formule mantique *présage de fermeture* indiquant la perspective d'une évolution défavorable de la situation en fonction de l'attitude décrite précédemment.
Épouse... mari : l'association de ces deux personnages symboliques, qui intervient plutôt dans des contextes tendus ou pénibles (voir par exemple 9/3 ou 53/3), laisse parfois la place à d'autres couples d'emblème Yin-Yang, par exemple *Petit* et *Grand* à 3/5. Ici, comme dans la pluspart des autres cas, c'est l'attitude Yin qui reçoit la meilleure appréciation mantique.

Hexagramme dérivé : hexagramme 28. GRAND EXCÈS est un moment de démesure dont la traversée exige un surcroît inhabituel de force intérieure.

En haut un six
CONSTANCE qui s'agite — 振恆 zhen HENG
Fermeture — 凶 xiong

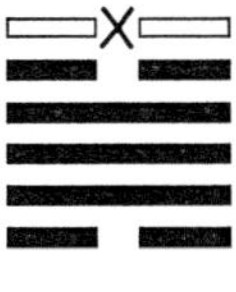
La CONSTANCE est affaire de force intérieure. À ce trait de Sortie, le plus extérieur de l'hexagramme, la capacité d'endurer fait défaut, comme au trait d'entrée – les deux textes sont construits de manière identique. Creuser constamment ou s'agiter constamment, ces mêmes façons remuantes d'envisager la constance aboutissent à une impasse similaire, encore plus effective à cette dernière ligne.

La correspondance avec la troisième ligne, où l'évolution de la situation est espérée avec impatience, ne fait que rejeter encore plus à la périphérie du lieu réel de l'endurance : le cœur.

CONSTANCE : nom de l'hexagramme. Voir ligne 1.
S'agite : formé avec la main, signe général de l'action, et un caractère équivalent à celui qui nomme l'hexagramme 51 ÉBRANLER, l'idéogramme signifie *mettre en branle, exciter, secouer, agiter, faire trembler d'effroi*, etc.
Fermeture : appréciation mantique signalant un moment de blocage, un mauvais agencement du flux vital qui restreint les possibilités de développement. Elle est ici présentée sans aucune modulation : ce qui n'était qu'éventualité aux lignes 1 et 5 est ici effectif.

Hexagramme dérivé : hexagramme 50. CHAUDRON est un moment où un lent travail de raffinement d'une situation ancienne permet de refonder son action.

ÉLÉMENTS D'ANALYSE

Nucléaire

䷪ **Hexagramme 43 : SE MONTRER RÉSOLU.** Au cœur de ENDURER, il y a SE MONTRER RÉSOLU. Au cœur d'une disposition intérieure faite de courage et de longanimité, il y a une capacité résolutive propre à faire franchir un pas à l'ensemble de la situation. Maintenir la tension sans se laisser déborder est ce qui permet ce passage. ENDURER manifeste ce changement de plan par le passage au long terme : il s'agit de s'abstraire de l'effort immédiat pour le replacer sur une échelle de temps plus large. Ainsi tous mouvements, y compris les plus désordonnés, sont réinvestis pour renforcer la détermination en vue de la réalisation de la tâche entreprise.

Opposé

䷩ **Hexagramme 42 : AUGMENTER.** La relation d'opposition entre ENDURER et AUGMENTER se situe au niveau de la manière d'effectuer les changements. Au renforcement de la disposition intérieure s'oppose la réorganisation des dispositifs extérieurs. Dans ENDURER, on renouvelle sa motivation sans changer de direction : il s'agit de trouver un second souffle. Dans AUGMENTER on étend son champ d'action en réaménageant son organisation: il s'agit de trouver un nouveau souffle.

33 FAIRE RETRAITE

遯

DUN

䷠

En haut CIEL ☰
En bas MONTAGNE ☶

FAIRE RETRAITE 遯 DUN
Favoriser le Petit 亨小 heng xiao
Ténacité profitable 利貞 li zhen

Au début un six
La queue du PETIT COCHON 遯尾 DUN wei
Danger 厲 li
Ne pas agir 勿用 wu yong
Il y a où aller 有攸往 you you wang

Six en 2
Retenir opiniâtrement 執之 zhi zhi
à l'aide d'une PEAU de bœuf jaune 用黃牛之革 yong huang niu zhi GE
Rien ne peut réussir à faire lâcher prise 莫之勝說 mo zhi sheng shuo

Neuf en 3
RETRAITE entravée 係遯 xi DUN
Il y a fébrilité Danger 有疾厲 you ji li
RASSEMBLER serviteurs et concubines 畜臣妾吉 XU chen qie ji
ouverture

Neuf en 4
RETRAITE bonifiante 好遯 hao DUN
Pour le Chef Accompli ouverture 君子吉 jun zi ji
Pour l'Être Petit ADVERSITÉ 小人否 xiao ren PI

Neuf en 5
RETRAITE avantageuse 嘉遯 jia DUN
Présage d'ouverture 貞吉 zhen ji

En haut un neuf
RETRAITE fertilisante 肥遯 fei DUN
Rien qui ne soit profitable 无不利 wu bu li

Grande Image
Sous le ciel il y a la montagne 天下有山 tian xia you shan
FAIRE RETRAITE 遯 DUN
L'Être Accompli ainsi 君子以 Jun zi yi
en prenant scs distances avec l'Être Petit 遠小人 yuan xiao ren
sans aversion inspire crainte et respect 不惡而嚴 bu e er yan

Dixième Aile
FAIRE RETRAITE 遯則 DUN
donc céder. 退也 ze tui ye

Faire retraite c'est céder, se replier pour inverser un rapport de force momentanément défavorable. Ni débâcle, ni reculade, c'est un recul décidé, un mouvement stratégique souple qui permet à long terme de se renforcer. L'idéogramme qui le nomme utilise comme image le cochon, animal primordial dans l'alimentation des vivants et central dans le culte aux ancêtres, mais son engraissement surtout, des plus spectaculaires, fait ainsi ressortir l'aspect positif de ce qui prend d'abord l'aspect d'un mouvement en arrière.

Hexagramme de la série du calendrier, Faire retraite décrit le recul du jour qui s'effectue au mois d'août, entre le retour du Yin représenté par l'hexagramme 44, Être accueillant, et le retrait en son for intérieur conseillé par l'hexagramme 12 Adversité. Bien que la présence de deux traits Yin en bas de la figure soit caractéristique, le Yang reste majoritaire : se défaire de la situation suppose de garder l'initiative, non seulement en décidant du mouvement de recul, mais en y procédant de manière organisée.

Le *danger* signalé aux première et troisième lignes indique que ce repli ne commence pas de manière aisée – il peut même prendre des allures de panique. La seconde ligne, la seule où l'idée de retraite n'apparaît pas, est le lieu d'une résistance solide mais ponctuelle, qui participe dialectiquement au mouvement général de repli. Le rythme régulier du texte des quatre traits Yang, et les excellentes appréciations qu'on y rencontre, donnent ensuite le ton d'un repli ordonné qui s'effectue sans regrets. La retraite se maîtrise de mieux en mieux au fur et à mesure que l'on s'éloigne du point de contact entre forces Yin et Yang, jusqu'au dernier trait où tout redevient possible.

Il faut pour en arriver là procéder petit à petit, se déprendre de ce qui a été réalisé, défaire les attachements sans se laisser déborder, garder la maîtrise du processus en en discernant les aspects prometteurs. Courageux et perspicace, le Chef Accompli ne fuit pas sous la pression, il prend peu à peu ses distances sans rester intérieurement lié à ce qui chercherait à l'immobiliser. Il sait que Faire retraite est la manière Yin d'atteindre son but quand les circonstances sont contraires.

Calendérique : Faire retraite appartient à la série dite du calendrier qui rassemble douze hexagrammes associés à la variation du rapport entre ombre et lumière au cours de l'année. Faire retraite est associé dans cette série à la période fin juillet – fin août, celle où l'épanouissement visible de la nature cache encore le renversement qui s'opère dans les profondeurs.

IDÉOGRAMME

DUN : *S'enfuir, s'échapper. Se cacher, se dérober, disparaître. Tromper.*

L'idéogramme se compose de deux parties. À gauche le signe général de la marche, spécifique de la plupart des caractères ayant trait au mouvement, et à droite un caractère formé lui-même de deux éléments juxtaposés – le signe désignant la famille des suidés (porcins et sangliers), renforcé par le signe de la viande – qui désigne un porcelet, un petit cochon de lait.

Lorsqu'ils sont combinés, ces deux caractères décrivent le mouvement du porcelet à l'approche des humains ou de tout autre danger, c'est-à-dire la fuite. Cependant fuir à l'approche d'un danger n'est pas spécifique des seuls petits cochons ; c'est une réaction instinctive chez beaucoup d'animaux. Le choix du porcelet pour construire cet idéogramme est intentionnel et significatif, car il existe d'autres caractères, phonétiquement et graphiquement proches, qui expriment l'idée de fuite. L'un d'eux notamment, composé avec le même signe de la marche mais associé cette fois avec celui du bouclier, insiste sur la fuite comme moyen de se mettre à l'abri. Le cochon, dont la croissance est la plus profitable, apporte une dimension supplémentaire au nom de l'hexagramme en mettant l'accent sur le côté avantageux qu'il y a à FAIRE RETRAITE[50]. De plus, le mouvement Yin de recul du petit cochon – on ne voit déjà plus que le bout de sa queue à la ligne 1– fait écho au mouvement Yang de l'animal emblématique de GRAND FORCE, l'hexagramme retourné de celui-ci (voir 34/3 et 34/6) : le bélier, qui charge tête baissée et cornes en avant. Alors que le bélier est l'image d'une poussée qui risque de se transformer en impuissance, le cochon est l'image d'une esquive qui, préservant la faculté d'engraissement, est une stratégie de renforcement permettant de retourner la situation à son profit. La place du cochon dans le zodiaque chinois – le dernier des signes Yin – n'est pas étrangère à cette idée de retournement favorable.

TEXTE CANONIQUE

JUGEMENT

FAIRE RETRAITE	遯 DUN
Favoriser le Petit	亨小 heng xiao
Ténacité profitable	利貞 li zhen

Se désengager d'une situation qui a fait son temps ne constitue un essor que si l'on procède pas à pas, sans contrainte ni hâte : une retraite convenablement accomplie n'est pas une fuite précipitée mais un repli organisé. Il convient pour cela de privilégier la souplesse et l'adaptabilité, qualités caractéristiques du comportement Yin évoqué par le *Petit*.

Il convient également de ne pas se laisser désarçonner par les changements et les remodelages qu'implique le fait de se retirer de ce qui a été réalisé. La nécessité de procéder à la fois petit à petit et avec ténacité est caractéristique des moments de passage : elle est énoncée dans les mêmes termes à l'hexagramme 63 DÉJÀ TRAVERSÉE, autre renversement de tendance où empressement et inconstance sont également malvenus.

Favoriser : appréciation mantique décrivant un climat d'essor, un agencement fertile, un dispositif énergétique global dans lequel l'échange entre le Ciel et la Terre se noue de manière féconde. Rendue par favorisant quand elle est employée seule, elle est rendue ici par une forme à l'infinitif en raison de son complément Petit.
Petit : l'idéogramme représente à l'origine une multitude de petites graines (voir 9/I ou 62/I). Il a depuis toujours le sens de petit. Cependant dans le contexte du *Yi Jing*, ce caractère peut aussi prendre une signification plus vaste et symboliser le Yin (voir Petit… Grand). Particulièrement ici, envisager petit comme un emblème du Yin plutôt que comme un attribut souligne mieux l'orientation générale de la stratégie proposée.
Favoriser le Petit : formule mantique spécifique, signifiant que pour l'ensemble de la situation, l'essor est conditionné par la mise en œuvre d'une stratégie Yin : agir à petits pas, jouer le temps plutôt que l'action, préférer la longanimité au dynamisme. Formée de deux caractères se lisant mot à mot *Favorisant Petit*, cette appréciation (toujours citée au Jugement) ne concerne que quatre hexagrammes (elle n'y apparaît qu'au Jugement) : EMBELLIR (22), FAIRE RETRAITE (33), PAS ENCORE TRAVERSÉE (64) et DÉJÀ TRAVERSÉE (63). La qualité commune de ces quatre situations est de requérir le même type d'attitude : non pas instaurer de manière ferme et volontaire une organisation nouvelle, mais, en combinant endurance et souplesse, améliorer par petites touches un état de choses existant.
Ténacité profitable : formule mantique spécifique signalant que la situation, pour être fructueuse, requiert une grande capacité à endurer, à tenir avec constance, sans se laisser fatiguer par les difficultés du moment. Cette solidité qui permet de tirer profit de la circonstance n'est couplée avec *favoriser le Petit* qu'une seule autre fois : au Jugement de DÉJÀ TRAVERSÉE (63), où est également évoquée la bascule

d'un état achevé. Dans une pensée du changement, culmination et retour sont immanquablement liés. La même idée se trouve au chapitre 9 du *Dao De Jing*: « L'œuvre accomplie se retirer, telle est la loi du ciel » et au chapitre 40, « retour, c'est le mouvement de la Voie[51] ».

TEXTE DES TRAITS

Au début un six
La queue du PETIT COCHON — 遯尾 DUN wei
Danger — 厲 li
Ne pas agir — 勿用 wu yong
Il y a où aller — 有攸往 you you wang

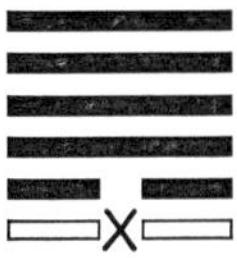

La RETRAITE débute par un mouvement d'affolement, suggéré par l'image d'un *petit cochon* qui cherche à s'enfuir. La première ligne d'un hexagramme décrit souvent le moment le plus spontané ou le plus irréfléchi d'une situation; ici c'est un geste instinctif d'esquive qui peut s'avérer dangereux s'il n'est pas contrôlé. La position initiale de la ligne et son incorrection rendent impossible toute réalisation rapide: il ne faut pas se laisser emporter par l'impétuosité, mais réfléchir calmement à ce qui provoque le désir de s'enfuir.

À ce commencement de l'hexagramme, la stratégie conseillée est la même que celle indiquée au Jugement de DIFFICULTÉS INITIALES: plutôt que d'agir dans l'immédiat, déterminer une orientation claire; prendre le temps de démêler l'important du secondaire, de discerner l'échéance par rapport à laquelle on veut agir. La RETRAITE aussi est l'amorce d'une période nouvelle.

Queue: l'idéogramme signifie *queue, arrière, reste, suivre*. Dans le contexte du *Yi Jing*, la queue concerne surtout deux animaux: le tigre et le renard. Ici, son sens est double. Sur un plan imagé, il montre la fuite du petit cochon (on n'aperçoit que sa queue), sur un plan plus abstrait, il désigne l'arrière du mouvement de retraite, la partie la plus exposée aux poursuivants.

PETIT COCHON: nom de l'hexagramme. Deux raisons inclinent à choisir le sens concret le plus ancien de l'idéogramme plutôt que le sens général de l'hexagramme. L'une est de marquer la différence de construction entre ce trait et les quatre traits Yang où le nom de l'hexagramme apparaît également. L'autre est de rendre perceptible le « jeu de signes » entre les sens propres et figurés des caractères *queue* et *petit cochon* (voir Idéogramme). Traduire « à la queue de FAIRE RETRAITE » serait juste, mais perdrait la saveur rugueuse de l'image d'origine.

Danger : appréciation mantique signalant les risques inhérents à la situation.

Ne pas agir : formule spécifique composée de deux caractères : une négation et un verbe signifiant *faire, employer, utiliser*. Cette injonction ne conseille pas de ne rien faire, elle avertit plutôt que, pour le moment, une intervention active de type Yang serait soit prématurée (comme à 1/1), soit à contre-courant (comme à 44/J).

Il y a où aller : formule mantique en trois caractères dont le premier est le verbe *il y a*, le second un caractère grammatical de liaison et le troisième le verbe *aller* qui dans le *Yi Jing* est une injonction à aller de l'avant. Citée quand un élément propre à la situation risque de faire perdre de vue les objectifs à long terme, cette formule conseille de garder son cap quelles que puissent être les impossibilités ou les turbulences du moment. Ici, le risque inhérent à la situation tient à la difficulté de concevoir un mouvement de retraite non comme une reculade mais comme l'enclenchement d'une stratégie offensive à long terme.

Ne pas agir Il y a où aller : Beaucoup de traducteurs relient ces deux phrases en une seule, lisant « Ne pas agir dans ce qu'il y a où aller » ou plus directement « Ne rien entreprendre ». C'est confondre retraite et abandon. En revanche, séparer les deux conseils donnés en parallèle par le texte fait ressortir leur portée stratégique. Ne pas intervenir maintenant, tout en gardant son objectif en tête, amène à apercevoir l'ensemble de la situation au-delà de la conjoncture présente. Quand on est confronté aux difficultés du début en général et à celles de la retraite en particulier, il vaut mieux ne pas céder à l'envie d'agir impulsivement. Reculer est parfois le meilleur moyen de s'approcher du but. S'arrêter, aussi (voir 3/J).

Hexagramme dérivé : hexagramme 13. S'ENTENDRE AVEC TOUS est un moment où l'on doit se détacher de son fonctionnement habituel pour se confronter à la différence.

Six en 2

Retenir opiniâtrement	執之	zhi zhi
à l'aide d'une PEAU de bœuf jaune	用黃牛之革	yong huang niu zhi GE
Rien ne peut réussir à faire lâcher prise	莫之勝說	mo zhi sheng shuo

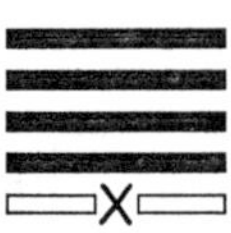

Cette ligne est la seule où le nom de l'hexagramme n'est pas mentionné, donc la seule où il n'est pas question de FAIRE RETRAITE. En revanche les incitations au freinage abondent : conseil de retenir, image d'une peau à la fois souple et solide pour envelopper et contenir, allusions au *bœuf*, symbole d'enracinement, et à la couleur *jaune*, associée à la terre et au centre.

La nature Yin du trait, correcte en seconde place, ainsi que sa relation de correspondance avec le cinquième indiquent que cette retenue à contre-courant participe du mouvement général de l'hexagramme. Résistance ponctuelle dans une stratégie globale de repli, ce mouvement s'apparente à un contre-feu. Cette solide rétention transforme la retraite en une mue intérieure lente et profonde.

Retenir opiniâtrement : formé à partir du signe main et d'un caractère complexe montrant un personnage menotté, l'idéogramme évoque une solide contention qui s'applique toujours dans le *Yi Jing* à des tentations, celle de SUIVRE au moment d'INCITER (voir 31/3), celle de parler au moment de lutter (voir 7/5) et ici celle de fuir au moment d'organiser la retraite.
À l'aide de : le texte comporte un verbe auxiliaire qui insiste sur la nécessité autant que sur le moyen de l'action décrite.
PEAU : l'idéogramme, différent du caractère rendu aussi par peau, est le nom de l'hexagramme RÉVOLUTION (voir 49/I). Bien qu'il soit employé ici dans son sens usuel, le choix de ce caractère induit une connotation de changement, de mue qui souligne le changement de stratégie opéré à cette ligne.
Bœuf : second des animaux du zodiaque, associé à la terre dont il a la couleur jaune, le bœuf est associé dans le *Yi Jing* à l'endurance et la solidité – ici celle de son cuir.
Jaune : couleur de la terre et du Milieu, synonyme de justesse et d'impartialité, le jaune est dans le *Yi Jing* plus particulièrement associé à la force du Yin. Ici il renforce l'idée de solidité de la peau de bœuf tout en soulignant la justesse de son utilisation.
Retenir opiniâtrement à l'aide d'une PEAU de bœuf jaune : cette phrase se retrouve quasiment à l'identique au premier trait de RÉVOLUTION (voir 49/1).
Réussir : l'idéogramme signifie *vaincre, l'emporter sur, triompher de, exceller, supérieur*. Il est toujours employé dans le *Yi Jing* pour indiquer que vaincre est la seule option envisageable.
Lâcher prise : le texte porte un idéogramme dont le sens équivaut à *se débarrasser, ôter, échapper à, esquiver*.

䷫ **Hexagramme dérivé :** hexagramme 44. ÊTRE ACCUEILLANT est un moment où il faut accepter d'être retenu par ce qui semble opposé, et s'ouvrir à des modes de réalisation qu'on aurait tendance à méconnaître ou ignorer.

Neuf en 3

RETRAITE entravée
Il y a danger de fébrilité
RASSEMBLER serviteurs et concubines
ouverture

係遯 xi DUN
有疾厲 you ji li
畜臣妾吉 XU chen qie ji

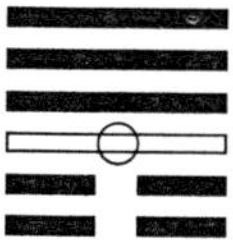

Le premier trait ferme de l'hexagramme se trouve à une place de transition inconfortable. Il est à la fois entraîné par la force des autres traits Yang, et en contact direct avec les traits Yin qui freinent le mouvement de retrait.

Cette contradiction se traduit par une certaine agitation où se mêlent un affolement analogue à celui de la première ligne – il est signalé par la même mention de *danger* – et un attachement au passé renforcé par le voisinage de la seconde ligne. Le problème du désengagement est donc particulièrement aigu à ce niveau de passage.

Il est cependant possible de ne pas se laisser déborder. Pour garder le contrôle des opérations, il faut prendre en main les éléments désorientés de la situation qu'on cherche à quitter, rendus ici par des emblèmes Yin : les *serviteurs*, qui sous-entendent une hiérarchie, et les *concubines*, associées à l'idée d'une filiation, donc d'un futur. L'apprivoisement patient suggéré par le choix du verbe *rassembler* engage à maîtriser, sans brutalité mais avec force, le rythme des changements en cours.

RETRAITE : nom de l'hexagramme. À partir de ce niveau, chacun des Textes des traits commence par une phrase composée à l'identique : le nom de l'hexagramme suivi d'un attribut qui rend compte du niveau atteint par le mouvement de retraite.
Entravée : l'idéogramme exprime un lien aussi solide au sens propre qu'invisible au sens figuré. Ici la retraite n'est pas interrompue, elle se heurte à un attachement.
Il y a : verbe auxiliaire jouant dans le contexte du *Yi Jing* le rôle de modulation mantique. Il renforce l'appréciation qu'il qualifie en soulignant son caractère effectif.
Danger : appréciation mantique signalant les risques inhérents à la situation.
Fébrilité : l'idéogramme signifie à la fois *malaise, souffrance, blessure* et *rapidité, promptitude, hâte*. Fébrilité permet de rendre ces deux niveaux de sens qui souvent se superposent.
RASSEMBLER : l'idéogramme est celui qui sert à nommer les hexagrammes 9 et 26 (APPRIVOISE).
Serviteurs : l'idéogramme a pour sens principal *sujet, vassal, serviteur.*
Concubines : l'idéogramme, composé avec le signe *femme* et le caractère *instituer*, désignait à l'origine une *sœur de l'épouse principale* (voir

MARIAGE DE LA CADETTE, 54), puis il a pris le sens de *femme de second rang*, et de là *concubine, servante*. Symbole de fécondité à venir, il n'est cité qu'une autre fois au niveau d'entrée de CHAUDRON (voir 50/1).
Ouverture : appréciation mantique évoquant un moment heureux où un agencement fécond du flux vital multiplie les possibilités de développement.

Hexagramme dérivé : hexagramme 12. ADVERSITÉ est un moment où l'on met son attitude en conformité avec la saison. L'énergie est enfouie à l'intérieur de la valeur intime, où elle nourrit des racines solides.

Neuf en 4

RETRAITE bonifiante	好遯	hao DUN
Pour le Chef Accompli ouverture	君子吉	jun zi ji
Pour l'Être Petit ADVERSITÉ	小人否	xiao ren PI

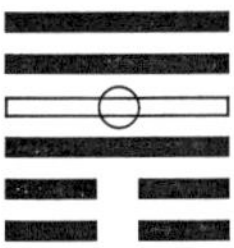
À cette place de Ministre, la situation est à même d'être sérieusement prise en main. Située au milieu d'un bloc de quatre traits Yang, cette ligne est celle où la retraite peut s'effectuer en bon ordre si l'on est capable d'en comprendre la nécessité et le processus. Une hésitation subsiste pourtant, amplifiée par la correspondance avec la première ligne où le recul est vécu comme une fuite. Soit on se comporte comme un Chef Accompli qui, en bon stratège, comprend les possibilités nouvelles que représente une retraite bien effectuée ; soit on en reste à l'attitude immature de l'Être Petit, qui en méconnaît l'importance et la voit comme un blocage. Le détachement par rapport aux circonstances immédiates, une des grandes qualités du Chef Accompli, est au cœur de la situation que décrit l'hexagramme ADVERSITÉ, annoncé par le dérivé de la ligne précédente et évoqué ici par son nom.

RETRAITE : nom de l'hexagramme, voir ligne 3.
Bonifiante : formé en combinant les caractères *enfant* et *femme*, c'est un des caractères parmi les plus employés de la langue quotidienne chinoise pour exprimer ce qui est bien, bon. Il représente une forme de contentement qui le rapproche de l'apaisement apporté par le fait de voir une femme sous le toit de son fils (voir 61/2, bel).
Chef Accompli : personnage symbolique signalant que la situation requiert des qualités particulières de courage et de perspicacité. L'alternative entre son attitude et celle de l'Être Petit se retrouve à la ligne correspondante de l'hexagramme retourné GRAND FORCE (voir 34/3).
Ouverture : appréciation mantique évoquant un moment heureux où

un agencement fécond du flux vital multiplie les possibilités de développement.
Être Petit : personnage symbolique représentant une attitude mesquine et sans envergure, toujours cité dans le voisinage d'un autre personnage qui représente l'attitude appropriée.
ADVERSITÉ : l'idéogramme est le nom de l'hexagramme 12, employé ici autant dans son sens propre *difficultés*, que dans son sens symbolique, *obstruction à l'écoulement du flux vital* (comme à 50/1, *ce qui obstrue*).

Hexagramme dérivé : hexagramme 53. PROGRESSER PAS À PAS est un moment d'avancée pénible et de gestation laborieuse, où les pas en arrière font partie intégrante du processus général de progrès.

Neuf en 5
RETRAITE avantageuse — 嘉遯 jia DUN
Présage d'ouverture — 貞吉 zhen ji

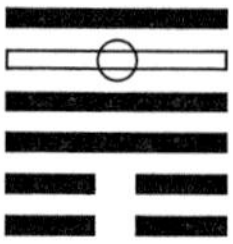

À la place souveraine de FAIRE RETRAITE, le mouvement de repli peut enfin s'accomplir de manière positive : il est clair désormais que se retirer est le meilleur moyen de faire évoluer la situation. Le trait est non seulement correct mais entouré d'autres traits Yang où la stratégie de recul est décrite comme de plus en plus profitable – ce qui renforce la possibilité de se défaire de l'emprise du passé.

La relation de correspondance avec la deuxième ligne permet d'intégrer les résistances aux changements qu'implique la décision de retrait. L'avantage qu'on en tire est le même que celui décrit à la ligne souveraine de l'hexagramme 17 SUIVRE, où il marque le passage d'attachements contraints à une confiance porteuse.

RETRAITE : nom de l'hexagramme, voir ligne 3.
Avantageuse : l'idéogramme évoque l'idée d'une joie apportée par un don venu de l'extérieur. Il est par exemple associé dans différentes expressions aux cérémonies de réception du bonnet viril, de fiançailles, de mariage, d'éloges, de récompenses et de présents officiels. Il est cité deux autres fois : 17/5 et 30/6.
Ouverture : appréciation mantique évoquant un moment heureux où un agencement fécond du flux vital multiplie les possibilités de développement.
Présage d'ouverture : formule mantique spécifique indiquant la tendance à un réagencement positif de la situation.

Hexagramme dérivé : hexagramme 56. VOYAGEUR est un moment de quête et d'errance ouvert à l'inconnu, durant lequel on ne peut s'appuyer sur aucun réseau familier.

En haut un neuf
RETRAITE fertilisante — 肥遯 fei DUN
Rien qui ne soit profitable — 无不利 wu bu li

La dernière ligne, située au sommet d'un bloc de quatre traits Yang, n'est plus soumise à aucune des pressions qui agitent le bas de l'hexagramme. Elle surplombe tout le mouvement de RETRAITE et permet d'en envisager les lendemains.

Un retrait avisé s'accomplit en fonction d'un futur : le moment est venu d'en considérer les perspectives et de mettre à profit son potentiel de *fertilité*. Tout le mouvement de repli a eu pour but d'emmagasiner des forces maintenant susceptibles de se manifester de manières variées et nouvelles.

RETRAITE : nom de l'hexagramme, voir ligne 3.
Fertilisante : formé avec le signe de la *chair* et un caractère signifiant *coller à, souhaiter*, l'idéogramme, qui n'apparaît qu'ici, est extrêmement positif. Il signifie *gros, gras, corpulent, abondant, fertiliser, riche, ample.*
Rien qui ne soit profitable : une des meilleures appréciations mantiques du *Yi Jing*. Elle souligne la présence d'un fort potentiel d'action et une grande aptitude à œuvrer au renouvellement, particulièrement dans les périodes de transition.

Hexagramme dérivé : hexagramme 31. INCITER est un moment d'ouverture à toutes les stimulations et contacts extérieurs, qu'il faut savoir accueillir sans se laisser déstabiliser.

ÉLÉMENTS D'ANALYSE

Nucléaire

䷫ **Hexagramme 44 : Venir à la rencontre.** Au cœur de Faire retraite, il y a Être accueillant. Au cœur d'un mouvement de recul, il y a la rencontre de ce qui est autre, étranger, inconnu. Être accueillant opère la pénétration des frontières du Yang, ce qui implique de savoir accueillir et intégrer les éléments nouveaux de la situation. Faire retraite accentue ce renversement de tendance qui ne s'effectue pas par rupture : garder le contact permet à la fois de se déprendre de ce qui a été réalisé et de préparer le terrain d'une situation nouvelle (le porc qui apparaît dans le nom de Faire retraite est également présent à la première ligne de l'hexagramme 44).

Opposé

䷒ **Hexagramme 19 : Approcher.** La relation d'opposition entre Faire retraite et Approcher se situe au niveau des saisons auxquelles ces hexagrammes sont rattachés. Approcher est une situation printanière, un moment de vitalité qui ouvre à tous les possibles, un présent à construire à partir d'un bouillonnement. Faire retraite est un automne où on se retire de ce qui a été réalisé, l'amorce d'un blocage qui deviendra patent dans Adversité, le calendérique suivant. Les stratégies sont opposées : elles consistent dans Approcher, à assister une poussée ; dans Faire retraite, à accompagner un mouvement de recul.

遯

34 GRAND FORCE

大壯

DA ZHUANG

䷡

En haut TONNERRE ☳
En bas CIEL ☰

GRAND FORCE	大壯	DA ZHUANG
Ténacité profitable	利貞	li zhen
Au début un neuf		
FORCE aux pieds	壯于趾	ZHUANG yu zhi
Impasse pour des expéditions	征凶	zheng xiong
Il y a onde porteuse	有孚	you fu
Neuf en 2		
Présage d'ouverture	貞吉	zhen ji
Neuf en 3		
L'Être Petit opère par FORCE	小人用壯	xiao ren yong ZHUANG
Le Chef Accompli opère sans	君子用罔	jun zi yong wang
Présage de danger	貞厲	zhen li
Le jeune bélier donne de la tête contre la haie	羝羊觸藩	di yang chu fan
Il s'y lie les cornes	羸其角	lei qi jiao
Neuf en 4		
Présage d'ouverture	貞吉	zhen ji
Tout regret disparaît	悔往	hui wang
La haie s'ouvre	藩決	fan jue
On n'est plus lié	不羸	bu lei
FORCE à l'essieu d'un grand chariot	壯于大輿之輹	ZHUANG yu da yu zhi fu
Six en 5		
Perte des béliers à la ville de Yi	喪羊于易	sang yang yu yi
Pas de regrets	无悔	wu hui
En haut un six		
Le jeune bélier donne de la tête contre la haie	羝羊觸藩	di yang chu fan
Il ne peut pas reculer	不能退	bu neng tui
Il ne peut pas aller de l'avant	不能遂	bu neng sui
Aucun lieu n'est profitable	无有利	wu you li
Difficultés donc ouverture	艱則吉	jian ze ji
Grande Image		
Le tonnerre est au-dessus du ciel	雷在天上	lei zai tian shang
GRAND FORCE	大壯	DA ZHUANG
L'Être Accompli ainsi	君子以	jun zi yi
En ne dérogeant pas aux rites	非禮	fei li
Ne se trompe pas dans sa DÉMARCHE	弗履	fu LÜ

Dixième Aile
GRAND FORCE
donc s'arrêter

大壯 DA ZHUANG
則止 ze zhi

GRAND FORCE, c'est maîtriser son énergie. Une ample réserve de puissance a besoin de s'exprimer, mais doit être canalisée afin de ne pas s'égarer ou devenir blessante. Associé dans le cycle naturel à l'expansion qui suit l'équinoxe de printemps, l'hexagramme se caractérise par un bloc de quatre traits pleins poussant vers le haut. Le Yang est majoritaire sans être encore excédentaire : la véritable virilité va consister à savoir dompter cette poussée pour la rendre féconde.

L'emblème de GRAND FORCE est un animal, le *bélier*, contrepartie du petit cochon dont le mouvement est décrit à l'hexagramme précédent (voir 33/I). Sa vigueur est telle qu'elle s'entend dans son nom chinois, puisque l'idéogramme *bélier* se prononce « yang » au même ton que le Yang de Yin/Yang. Alors que le petit cochon s'enfuit à la moindre alerte, le bélier fougueux charge d'abord, tête baissée. Ses cornes, élément caractéristique de l'idéogramme, apparaissent aussi dans la forme globale de la figure – massive en bas, fendue en haut – et le texte de GRAND FORCE raconte par deux fois (lignes 3 et 6) comment elles se prennent dans une haie. À cette fougue excessive correspond, parmi les personnages symboliques cités dans l'hexagramme, la conduite à courte vue de l'Être Petit, qui ne sait réagir à ce qui gêne sa progression autrement qu'en forçant le passage. Le Chef Accompli en revanche montre comment ne pas confondre force et puissance. Il sait retenir le *grand* lorsqu'il *force* et ne pas se précipiter au-devant du danger.

Cette sage retenue se lit dans la répartition des appréciations mantiques : il n'est fait mention d'un réarrangement favorable de la situation *(ouverture)* qu'aux places paires, c'est-à-dire Yin. Elle se voit également dans les Commentaires canoniques qui soulignent la nécessité de la modération et du respect des usages : une position Yin permet de réguler la grande force qui se déploie naturellement tout au long de la situation. La grande vitalité du Yang déploie toute son efficace lorsqu'on n'abuse pas de l'aisance qu'elle procure.

Calendérique : GRAND FORCE appartient à la série dite du calendrier qui rassemble douze hexagrammes associés à la variation du rapport entre ombre et lumière au cours de l'année. GRAND FORCE correspond dans cette série à la période fin avril-fin mai, qui suit la floraison de l'équinoxe et correspond à la plénitude du Printemps, époque où, dans l'année énergétique chinoise, les fleurs se fanent pour laisser place aux fruits.

IDÉOGRAMMES

DA : *Grand. Important, grandir. Adulte. Noble. Aîné.*

L'idéogramme, un des plus courants et aussi un des plus simples de l'écriture chinoise, représente un être humain posé sur ses deux jambes, les bras étendus pour mimer le geste universel évoquant la notion de grandeur. D'avoir dès l'origine été non une représentation de chose (pictogramme), mais la représentation d'une idée (idéogramme) a conféré à ce caractère une grande valeur d'abstraction. Cela lui vaudra d'être utilisé pour figurer le Ciel, tant météorologique que spirituel. En rajoutant un trait horizontal au sommet du signe *grand*, on écrit le caractère *ciel* qui est désigné alors comme la limite supérieure de la grandeur. Cette filiation idéographique servira de terreau au déploiement de l'idée de grandeur dans la notion de Yang et dans son association avec le Ciel. Dans le *Yi Jing*, considérer *grand* comme une dénomination primitive de l'idée de Yang est commandée par le fait que quatre hexagrammes sont nommés avec ce caractère : GRAND RÉALISE (14), GRAND APPRIVOISE (26), GRAND EXCÈS (28), GRAND FORCE (34).

ZHUANG : *Grand, beau, éminent. Exalter, louer. Fort, vigoureux, robuste. Fortifier. Gros, gras. Âgé de vingt-cinq à quarante ans, dans la force de l'âge. Florissant, fertile.*

L'idéogramme est composé de deux éléments : à droite le signe général de la terre ; à côté, la moitié gauche du caractère arbre. À partir de la situation de quelqu'un ébranchant un arbre, l'idéographie chinoise a attribué à la partie droite du caractère arbre – le côté où tombent les branchettes –, la fonction de désigner ce qui est petit, fragile, mince, etc., et à la partie gauche – le côté où est tenu le tronc –, la fonction d'évoquer ce qui est gros, fort, solide, épais, etc. Encore maintenant dans les campagnes chinoises, la plupart des murs sont réalisés en argile damée entre des planches de coffrage, qu'on retire ensuite. À travers ce faisceau de connotations, cet idéogramme est resté un important symbole de la force qui, accentuée par l'évocation de matériaux bruts, le bois et la terre, ajoute l'idée, importante dans cet hexagramme, d'une force vitale, elle aussi à l'état brut. Dans l'Antiquité cependant, cet idéogramme était confondu avec un autre, de prononciation voisine *(qiang)*, et de composition proche (il est formé avec la même partie gauche, mais à droite, se trouve le signe de la hallebarde à la place de celui de la terre) et qui signifie *blessure, destruction violente* (il apparaît dans ce sens à 62/3). Bien que le sens de force ait finalement prévalu, l'idée de blessure demeure d'autant plus sous-jacente que l'un des axes de l'hexagramme sera la maîtrise de cette *force*.

Ensemble, les deux idéogrammes nommant cet hexagramme peuvent se lire de différentes manières selon la valeur grammaticale qu'on accorde à chacun d'entre eux. Si l'on considère le premier comme un nom et le second comme un verbe, leur sens devient alors : le GRAND (le Yang) FORCE (la situation) ; si l'on considère en revanche que le premier est un attribut et le second un nom, il faut lire alors : la FORCE est GRANDE. Ni l'une ni l'autre lecture n'étant entièrement satisfaisante, GRAND FORCE est un compromis utilisant une forme vieillie (construite comme grand-rue) pour tenter de les concilier, tout en préservant GRAND comme attribut commun aux quatre hexagrammes ayant ce caractère dans leur nom.

TEXTE CANONIQUE

JUGEMENT

GRAND FORCE	大壯	DA ZHUANG
Ténacité profitable	利貞	li zhen

Ni personnage modèle, ni précision d'attitude, ni allusion d'aucune sorte, le Jugement de GRAND FORCE compte parmi les plus brefs du *Yi Jing*, où cette concision est en général signe d'aisance et de fluidité (voir par exemple 1/J, 17/J, 34/J, ou encore 58/J). Le nom de l'hexagramme est en soi une description de la situation et de la manière de s'y comporter. Ensuite, comme au Jugement de GRAND RÉALISE, deux caractères seulement résument un dispositif énergétique suffisamment fort pour pouvoir s'appliquer sans plus de détails à n'importe quel contexte.

Pour accompagner la puissance du Yang de manière harmonieuse, il faut agir sans forcer mais de façon suivie. La fatigue est le danger qui guette aux moments de grande dépense d'énergie. Si l'aptitude à faire prospérer est caractéristique des moments de grande force, encore faut-il savoir faire preuve d'endurance et ne pas faiblir dans la tâche entreprise.

Ténacité profitable : formule mantique signalant que la situation, pour être fructueuse, requiert une grande capacité à endurer, à tenir avec constance, sans se laisser fatiguer par les difficultés du moment. Dans le contexte du *Yi Jing*, elle constitue la seconde partie d'un groupement particulier de deux formules mantiques : les Quatre Qualités du Ciel-Terre (voir à 1/J). La première partie de ce groupement est citée au Jugement de GRAND RÉALISE (voir 34/J), autre modalité du GRAND. À eux deux, GRAND RÉALISE & GRAND FORCE recréent le texte complet du Jugement d'ÉLAN CRÉATIF, l'hexagramme composé uniquement de traits Yang.

TEXTE DES TRAITS

Au début un neuf
FORCE aux pieds — 壯于趾 ZHUANG yu zhi
Impasse pour des expéditions — 征凶 zheng xiong
Il y a onde porteuse — 有孚 you fu

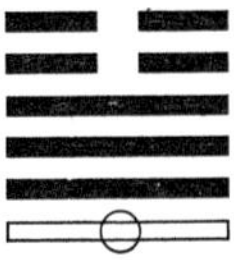

Au tout premier niveau de la situation, la FORCE commence à se manifester par l'envie de bouger et d'agir. Dans le *Yi Jing*, le *pied* est généralement un signe de mise en route, et parfois d'irrépressible démangeaison. Cependant la première ligne d'un hexagramme représente un stade trop inexpérimenté pour qu'on laisse ce désir s'exprimer de manière immédiate et irréfléchie. Happé par une grande réserve de force Yang, on pourrait facilement être emporté par une tendance à outrepasser les limites et à s'imposer brutalement. Il importe de ne pas se laisser aveugler par une trop grande confiance et de maîtriser son élan : enraciner sa force permet de lui donner ampleur et assurance.

Pieds : dans le contexte du *Yi Jing*, les pieds – et les différents termes qui s'y rapportent – sont l'image d'une mise en mouvement.
Impasse : appréciation mantique identique à *fermeture* employée uniquement quand cette appréciation est associée à *expéditions*.
Expéditions : terme mantique représentant, dans le contexte du *Yi Jing*, la mise en route d'une action déterminée de remise en ordre.
Impasse pour des expéditions : formule mantique signalant l'inadéquation d'une stratégie d'intervention vigoureuse. Pareille stratégie est qualifiée d'opportune les deux autres fois où elle est mentionnée au premier trait : 11/1 et 54/1. Dans ces deux contextes, le niveau d'entrée est un moment où l'on peut agir pour se sortir des circonstances dans lesquelles on est impliqué. Ici, la conjonction entre la propension à marcher et le flux signalé par la phrase suivante est trop forte pour que pareille stratégie soit favorable.
Il y a onde porteuse : variante de la formule mantique *onde porteuse* signalant qu'un fort courant porteur traverse la situation. Elle insiste sur la réalité effective *(il y a)* de ce courant. C'est ici le seul endroit où cette réalité de l'*onde porteuse* est mentionnée dès le niveau d'entrée.

 **Hexagramme dérivé :** hexagramme 32. ENDURER est un moment où l'on renforce son courage pour être en mesure de trouver un second souffle.

Neuf en 2

Présage d'ouverture 貞吉 zhen ji

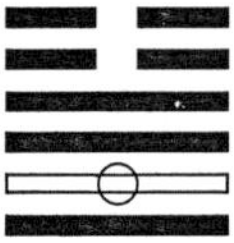

Comme dans le Jugement, la concision de ce texte est signe d'aisance et de fluidité. Il se résume à une appréciation mantique favorable, comparable à celles que reçoivent les deux autres niveaux pairs de l'hexagramme, les quatrième et sixième lignes. La retenue qui incombe à cette place de Préfet est à même de modérer et d'équilibrer la GRANDE FORCE qui s'y exprime.

L'incorrection du trait étant atténuée par sa position seconde, ainsi que par sa correspondance avec la ligne souveraine, il est possible ici de déployer sa créativité et, sans forcer, de mettre à profit les possibilités de réalisation présentes dans la situation.

Ouverture : appréciation mantique signalant un moment heureux où un agencement fécond du flux vital multiplie les possibilités de développement.
Présage ouverture : formule mantique spécifique indiquant la tendance à un réagencement positif de la situation. Elle est citée deux fois dans cet hexagramme : lignes 2 et 4. Uniquement composé de cette formule, le texte de ce trait est un des deux plus brefs du *Yi Jing*. L'autre, également associé à une seconde ligne, se trouve à 32/2. Par comparaison, la moyenne des textes associés aux deuxièmes traits est de 9 idéogrammes et le plus long (3/2) comporte 21 caractères.

 **Hexagramme dérivé :** hexagramme 55. ABONDANCE est un moment de grande luminosité qu'il faut savoir voiler afin que la croissance n'ait pas pour conséquence le blocage.

Neuf en 3

L'Être Petit opère par FORCE 小人用壯 xiao ren yong ZHUANG

Le Chef Accompli opère sans 君子用罔 jun zi yong wang
Présage de danger 貞厲 zhen li
Le bélier fougueux donne de la tête contre la haie 羝羊觸藩 di yang chu fan
Il s'y lie les cornes 羸其角 lei qi jiao

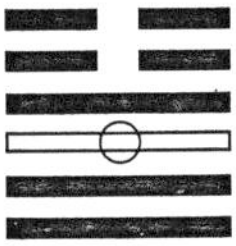

La troisième ligne d'un hexagramme représente une transition vers l'extérieur, trop facilitée ici par la nature Yang du trait et sa position au milieu d'un bloc de quatre traits Yang. Lorsqu'on ressent intérieurement une GRANDE FORCE, on peut être tenté de forcer le Passage sans tenir compte ni de l'entourage, ni des effets de sa propre puissance. C'est le piège dans lequel tombe l'*Être Petit*, image de qui ne sait que réagir au premier degré sans prendre de recul. Un *Chef Accompli* saura quant à lui saisir au moment voulu les lignes de force qui traversent la situation, sans précéder les événements ni se jeter au-devant du danger.

Réserve et perspicacité permettent de ne pas se comporter comme un *bélier fougueux* que sa vigueur et son intrépidité précipitent dans la plus grande confusion. Sa mésaventure est un avertissement donné à qui s'entêterait à forcer la situation. Le bélier réapparaît en effet à la sixième ligne de l'hexagramme dans une posture similaire, que son obstination rend encore plus inextricable.

Être Petit : personnage symbolique représentant une attitude mesquine et sans envergure, toujours cité dans le voisinage d'un autre personnage qui représente l'attitude appropriée.
Opère : verbe auxiliaire dont le sens, très général, est *faire, agir, réaliser, opérer,* etc. Il est employé ici dans son sens propre.
FORCE : deuxième caractère du nom de l'hexagramme.
Chef Accompli : personnage symbolique dont la présence signale que la situation requiert des qualités particulières de courage et de perspicacité. Ici, l'opposition d'attitude avec l'Être Petit fait écho à celle décrite dans la ligne correspondante de l'hexagramme retourné (33/4).
Opère sans : le texte porte trois caractères : Chef Accompli + le verbe *opérer* + une négation particulière qui n'est employée qu'ici dans le *Yi Jing*. En chinois, la phrase paraît moins bancale qu'en français, particulièrement à cause du rapport qu'elle crée avec la phrase précédente. Comportant chacune quatre caractères, les deux phrases forment un ensemble construit comme d'innombrables proverbes et sentences parallèles, structure renforcée par une rime forte entre leurs derniers mots (force : *zhuang* et sans : *wang*). L'ensemble des deux signifie donc que, à la différence de l'Être Petit qui *opère* par la Force, le Chef Accompli lui, *opère* par le « ne… pas ». Cette attitude qui s'apparente à ce qu'on appellera par la suite le « non-agir », n'est pas spécifiquement taoïste. On trouve dans le *Yi Jing* de nombreux exemples de cette manière d'agir qui, en utilisant le Yin plutôt que le Yang, obtient l'effet maximum par une action minimale. Le plus notable se trouve à la ligne souveraine de l'hexagramme uniquement composé de traits Yin : ÉLAN RÉCEPTIF (Voir 2/5).

Présage de danger: formule mantique spécifique soulignant la probabilité de *dangers* inhérents à la situation.

Bélier: le texte porte un idéogramme qui désigne l'ensemble des caprins, béliers, moutons, chèvres, brebis, agneaux, etc., et dont la forme ancienne fait ressortir l'élément significatif de cette classe, les cornes, que la forme globale de l'hexagramme 34 – massif en bas et fendu en haut – évoque également. Pareille identité de forme, qui vaut équivalence de sens en chinois, se retrouve aussi dans la structure de SE MONTRER RÉSOLU – hexagramme suivant dans la série du calendrier et qui ne diffère de celui-ci que d'un trait – dans lequel le bélier est également cité (voir 43/4). Bien que le symbolisme attaché à cet animal ait varié au cours des âges, il est, dans le zodiaque, associé à la huitième heure, de 13 heures à 15 heures, celle qui suit la culmination de midi. *Bélier* a été choisi plutôt que mouton car, dans le contexte du *Yi Jing* et plus particulièrement dans cet hexagramme où il est cité trois fois, cet animal, dont le nom se prononce de manière identique à celle du caractère Yang, est l'emblème de la poussée Yang et surtout de la nécessité de sa maîtrise.

Fougueux: le texte porte un idéogramme archaïque composé avec le signe *bélier* et un caractère nommant les populations barbares de l'Ouest, utilisé en composition dans différents idéogrammes pour souligner des idées de violence méprisable. Il n'apparaît dans le *Yi Jing* que dans cette figure, toujours pour qualifier le bélier (voir ligne 6).

Donne de la tête: l'idéogramme, qui ne sert que pour qualifier l'attitude du bélier dans cet hexagramme, est composé du caractère *corne* et d'un groupe complexe contenant une idée de quelque chose de dressé en l'air. Il signifie en propre *frapper avec les cornes*, puis, à partir de là, *heurter, toucher, choquer, exciter, offenser.*

Haie: formé avec un groupe complexe signifiant *touffu*, l'idéogramme a pour sens propre *palissade, clôture, haie*, en tant que nom et *entourer, défendre* en tant que verbe. On retrouve dans ce caractère un nom donné aux populations non chinoises habitant les marches Ouest et Sud-Ouest de la Chine ancienne. Il n'apparaît que dans cet hexagramme où il est cité trois fois: lignes 3, 4 et 6.

S'y lie: rare et fort complexe (19 traits), l'idéogramme dans lequel on retrouve le caractère *bélier* et l'idée d'enclos pour l'élevage, signifie à la fois *maigre* (voir 44/1) et *lié*. Il a aussi le sens d'*accrocher*, de *renverser* quelque chose en passant, de le faire *se briser* (voir 48/J). Il est cité deux fois dans cette figure: ici et en ligne 4.

Cornes: représentant le dessin d'une corne, l'idéogramme a aussi pour sens figuré *angle, coin, direction*. C'est également le nom de la troisième note de l'ancienne gamme pentatonique, associée à l'Est et au Printemps, et de nos jours le nom du dixième de *yuan*, l'actuelle monnaie chinoise. Citées trois fois dans le *Yi Jing*, les cornes n'apparaissent qu'ici en quatrième ligne. Les deux autres fois, c'est au plus haut des hexagrammes et comme image d'une agressivité déplacée (voir 35/6 et 44/6).

 **Hexagramme dérivé :** hexagramme 54. MARIAGE DE LA CADETTE est un moment où l'on risque de se laisser emporter et dépasser par des circonstances qu'on ne maîtrise pas.

Neuf en 4		
Présage d'ouverture	貞吉	zhen ji
Tout regret disparaît	悔往	hui wang
La haie s'ouvre	藩決	fan jue
On n'est plus lié	不羸	bu lei
FORCE à l'essieu d'un grand chariot	壯于大輿之輹	ZHUANG yu da yu zhi fu

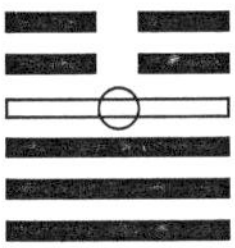

Situé au contact des traits Yin qui occupent les deux places supérieures de l'hexagramme, ce trait ferme, surplombant un ensemble de quatre traits Yang, est celui où la vitalité peut se manifester sans abus. La FORCE, qui est pur élan aux traits précédents, trouve ici une direction et devient capacité à faire progresser la situation sans dommages. L'habileté consiste à faire s'évanouir les obstacles sans les forcer et à éviter ainsi les confrontations qui emprisonnent encore au stade précédent.

Appliquée aux *pieds* à la première ligne, la force est ici rapportée au *chariot*, symbole de l'univers en marche et donc d'une capacité à faire progresser la situation : ce n'est plus une propension instinctive à aller de l'avant qui est décrite, mais une canalisation efficace de la vitalité. Placé au contact du Yin, l'élan Yang est ralenti et gagne en possibilités de réalisation, le maintien de l'équilibre entre les deux polarités permettant un fonctionnement harmonieux et fluide. Qualifié comme le second trait par un *présage d'ouverture*, ce moment est le plus favorable de l'hexagramme.

Présage ouverture : formule mantique spécifiant la tendance à un réagencement positif de la situation. Voir ligne 2.
Regrets : appréciation mantique signalant qu'on tarde à réagir pour adopter la nouvelle attitude demandée par l'évolution de la situation.
Tout regret disparaît : formule mantique spécifique qui renforce le sens d'incitation à aller de l'avant contenue dans le terme *regrets*. Le moment est venu de se mettre en marche sans aucune nostalgie pour ce qu'on laisse derrière soi. Une variante de cette formule est citée à la ligne suivante.

Haie : voir ligne 3.
S'ouvre : formé avec le signe général de l'eau et le caractère qui sert de nom à l'hexagramme 43, l'idéogramme signifie à l'origine *ouvrir un passage à l'eau, brèche dans une digue*. De là il en est venu à vouloir dire *décider, juger, trancher*, etc. Il n'apparaît qu'ici dans le Texte Canonique, mais se retrouve à 43/Dixième Aile, et à la Huitième Aile (Shuo Gua), parmi les attributs des trigrammes Tonnerre (Zhen) et Brume (Dui).
Lié : rare et fort complexe (19 traits), l'idéogramme dans lequel on retrouve le caractère *bélier* et l'idée d'enclos pour l'élevage, signifie à la fois *maigre* (voir 44/1) et *lié*. Il a aussi le sens d'*accrocher*, de *renverser* quelque chose en passant, de le faire *se briser* (voir 48/J). Il est cité deux fois dans cette figure : lignes 3 et 4.
FORCE : deuxième caractère du nom de l'hexagramme.
Essieux : l'idéogramme a désigné différents éléments du char : le support de la caisse, la cheville qui la fixe à l'essieu, et aussi les rayons des roues. *Essieu* est un compromis qui vise à rendre leur qualité commune : une pièce de jonction, cachée, dont la solidité Yin est indispensable à la bonne marche de l'ensemble. Toujours en relation avec le *chariot*, ce terme n'est cité qu'aux deux hexagrammes traitant de l'APPRIVOISEMENT, du Yin à 9/3 et du Yang à 26/2.
Grand : voir Jugement.
Chariot : le chariot, comme le char, en raison de sa caisse carrée comme la Terre et de son dais rond comme le Ciel, est en Chine une image usuelle du couplage Ciel-Terre. Dans le contexte du *Yi Jing*, sa faculté à avancer et à transporter marque généralement l'efficience de ce couplage. Ici comme à l'hexagramme GRAND RÉALISE, le chariot est caractérisé par l'adjectif *grand* qui souligne en même temps sa capacité à contenir et sa faculté à se mouvoir (voir 14/2).

Hexagramme dérivé : hexagramme 11. PROSPÉRITÉ est un moment de fluidité printanière et d'ivresse, une effervescence produite par l'excellence de l'échange entre les mouvements du Ciel et de la Terre.

Six en 5
Perte des béliers à la ville de Yi — 喪羊于易 sang yang yu yi
Pas de regrets — 无悔 wu hui

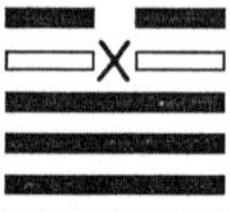
Le sens du texte de cette ligne n'est pas complètement assuré. Il est possible qu'il y soit fait allusion aux aventures de Wang Hai, personnage légendaire de la dynastie des Shang et marchand de troupeaux de son état, qui aurait perdu plusieurs fois ses biens pour cause de galanterie trop empressée envers les épouses de ses hôtes. Un comporte-

ment irréfléchi qui peut être rapproché de celui du bélier impulsif se prenant les cornes dans la haie aux troisième et sixième lignes.

Les deux traits Yin qui surplombent GRAND FORCE aux cinquième et sixième niveaux expriment la même difficulté à contenir la poussée du Yang. La vigueur combative du bélier n'est pas à sa place à cette ligne souveraine, et l'incitation à réagir signalée par la formule *pas de regrets* suggère que sa perte n'est pas si fâcheuse. La position centrale de la ligne, ainsi que les relations qu'elle entretient avec les deux traits où se trouvent les formules mantiques les plus favorables – correspondance avec le deuxième, voisinage avec le quatrième – confirment que les déconvenues subies peuvent s'avérer des expériences positives, si elles amènent à prendre conscience de l'avantage qu'il y a à brider l'impétuosité.

Perte : l'idéogramme qui signifie dans le langage populaire actuel « avoir de la déveine » est employé, dans le contexte du *Yi Jing*, pour évoquer la perte de différentes choses, toujours importantes. C'est pourquoi on est généralement tenté de partir immédiatement à leur recherche, stratégie qui convient rarement à la situation.
Bélier : voir ligne 3.
Ville de Yi : le texte porte un seul idéogramme, *Yi*, celui qui sert à nommer le *Livre des « Changements » (« Yi » Jing)*. Cependant, il ne semble pas qu'il s'agisse ici d'une évocation du Classique par lui-même. Les Chinois sont assez précautionneux avec ce genre de référence et ne les placent pas sans raison (voir 32/GI). C'est pourquoi, pendant deux mille ans, ce caractère a été compris comme étant employé pour son sens usuel (simple, facile) et la phrase lue : « Il perd le bélier avec facilité. » Or depuis la découverte et l'analyse des textes divinatoires gravés sur les carapaces de tortues, il est apparu qu'à l'époque des Shang, ce caractère était le nom d'une ville – pour le moment non localisée – qui serait aussi en rapport avec les aventures de Wang Hai évoquées à l'hexagramme VOYAGEUR, où est précisément citée une phrase équivalente : *perte des bœufs à la ville de Yi* (voir 56/6). La seule différence est qu'ici ce sont des béliers que l'on perd et là des bœufs. L'élément commun est la perte, la disparition de quelque chose auquel on tient, sans doute ici une faculté Yang et à 56/6 une capacité Yin.
Regrets : voir ligne 4.
Pas de regrets : formule mantique dans laquelle une négation renforce l'injonction à aller de l'avant sans aucune nostalgie pour ce qu'on laisse derrière soi, contenue dans le terme *regrets*. Ici, comme dans trois autres cas (31/5, 59/5, et 64/5), cette formule spécifique marque un palier par rapport à *tout regret disparaît* qui est employé au trait précédent.

Hexagramme dérivé : hexagramme 43. SE MONTRER RÉSOLU est un moment où il faut gérer avec détermination et doigté des forces Yang proches de leur culmination, afin de prévenir leur débordement.

En haut un six

Le bélier fougueux donne de la tête contre la haie	羝羊觸藩 di yang chu fan
Il ne peut pas reculer	不能退 bu neng tui
Il ne peut pas aller de l'avant	不能遂 bu neng sui
Aucun lieu n'est profitable	无有利 wu you li
Difficultés donc ouverture	艱則吉 jian ze li

Les deux traits Yin qui surplombent GRAND FORCE aux cinquième et sixième niveaux expriment la même difficulté à contenir la poussée du Yang. Le texte mentionne ici les mêmes errements qu'à la troisième ligne, avec laquelle celle-ci est en relation de correspondance. Le désir de foncer tête baissée symbolisé par l'ardeur juvénile du bélier se solde cette fois par un blocage complet. La vivacité fougueuse ne conduit à rien quand elle n'est pas maîtrisée, et aucune initiative ne peut être envisagée à ce niveau de sortie si on en reste encore au stade de l'élan.

Paradoxalement, cette immobilisation peut se révéler positive. Le trait, Yin à une place Yin, est correct, et on y trouve même une appréciation mantique plus favorable qu'aux autres places Yin de l'hexagramme. C'est la capacité à endurer les *difficultés* qui permet de se sortir de cette situation. Réaliser qu'on est le jouet d'une force instinctive est le premier pas vers un réagencement constructif.

Bélier fougueux : voir ligne 3.
Se prend les cornes dans la haie : voir ligne 3.
Il ne peut pas : l'idéogramme qui signifie *pouvoir* est ici précédé d'une négation qui souligne le blocage auquel parvient le bélier trop fougueux.
Reculer : écrit avec le signe général du mouvement et le nom de l'hexagramme 52, l'idéogramme évoque l'idée de se retirer. Il est généralement couplé avec un autre caractère, rendu par *avancer*, qui représente le mouvement inverse (voir 20/3 et 57/1).
Aller de l'avant : formé avec le signe de la marche et le caractère général des porcins (voir 33/I), ce caractère se rapproche par le son et par le sens du nom de l'hexagramme 17. Il signifie *suivre*, mais aussi *avancer, progresser, aboutir, achever*. Il n'y a qu'ici qu'il soit couplé avec *reculer* (voir aussi 37/2, *pousser en avant* et 51/4, *avance*).
Aucun lieu n'est profitable : formule mantique la plus contraire. Elle

signifie qu'on est animé de sentiments trop négatifs pour pouvoir aboutir à quoi que ce soit de valable.

Difficultés : l'idéogramme signifie *efforts, zèle, fatigues, problèmes, tristesse.* Dans le contexte du *Yi Jing*, les *difficultés* – dont l'emploi le plus caractéristique est à LUMIÈRE OBSCURCIE (voir 36/J) – sont avant tout des occasions de se surpasser. Elles apparaissent toujours couplées avec soit des appréciations mantiques favorables (ici *ouverture*), soit des incitations à réagir. La vraie force s'éprouve surtout dans les moments difficiles.

Donc : l'idéogramme souligne une idée de conséquence.

Ouverture : appréciation mantique signalant un moment heureux où un agencement fécond du flux vital multiplie les possibilités de développement.

Difficultés donc ouverture : le couplage de ces deux formules mantiques est unique dans le *Yi Jing*. Bien qu'il semble au premier abord contradictoire, il peut cependant être rapproché d'une construction similaire, citée dans l'hexagramme dérivé de ce trait (voir 14/1). Les mêmes *difficultés* y sont suivies du conseil de ne pas rester dans l'incertitude, alors qu'elles entraînent ici un réagencement progressif de la situation.

䷍ **Hexagramme dérivé :** hexagramme 14. GRAND RÉALISE est un moment de grand souffle créateur qui permet de passer du projet à la réalisation, du latent au patent, du virtuel au manifesté.

ÉLÉMENTS D'ANALYSE

Nucléaire

䷪ **Hexagramme 43 : SE MONTRER RÉSOLU.** Au cœur de GRAND FORCE, il y a SE MONTRER RÉSOLU. Au cœur d'un grand déploiement de force, il y a une capacité à opérer un changement de niveau. GRAND FORCE manifeste ce changement par le passage potentiel de la vitalité à la maîtrise, comme l'exprime cette phrase de Lao Zi : « Qui vainc les autres est fort, qui se vainc soi-même est puissant[52]. » Le *bélier*, qui dans GRAND FORCE est symbole d'une énergie Yang à domestiquer, est également présent dans SE MONTRER RÉSOLU, *tenu par une longe* (voir 43/4). Si l'aspect décidé de l'hexagramme 43 se manifeste ici par le désir d'agir, on doit songer à la retenue exprimée au Jugement de cet hexagramme : ne pas *recourir aux armes*.

Opposé

䷓ **Hexagramme 20 : REGARDER.** La relation d'opposition entre GRAND FORCE et REGARDER est axée sur le rapport au temps. GRAND FORCE correspond à la période qui suit l'équinoxe de printemps ; c'est une situation d'expansion et de pleine expression de la vitalité. REGARDER correspond à la période qui suit l'équinoxe d'automne ; c'est un moment où l'on prend du recul pour faire le bilan du passé. Dans GRAND FORCE on se laisse emporter dans l'action extérieure sans pouvoir s'en détacher pour y porter le regard ; dans REGARDER, on se détache des implications extérieures pour améliorer la qualité de son point de vue.

大壯

35 AVANCER AU GRAND JOUR

晉

JIN

䷢

En haut FEU ☲
En bas TERRE ☷

AVANCER AU GRAND JOUR	晉	JIN
Prospère Prince de Kang	康侯	Kang hou
Emploi de nombreux chevaux en don d'investiture	用錫馬蕃庶	yong xi ma fan shu
En un jour triple audience	晝日三接	zhou ri san jie
Au début un six		
Comme en PROGRESSION	晉如	JIN ru
comme en régression	催如	cui ru
Présage d'ouverture	貞吉	zhen ji
Pas d'onde porteuse	罔孚	wang fu
Largesse absence de faute	裕无咎	yu wu jiu
Six en 2		
Comme en PROGRESSION	晉如	JIN ru
comme en dépression	愁如	chou ru
Présage d'ouverture	貞吉	zhen ji
Recevoir un important bonheur	受蕬介福	shou si jie fu
de la Reine-Mère	于其王母	yu qi wang mu
Six en 3		
La foule consent	眾允	zhong yun
Tout regret disparaît	悔亡	hui wang
Neuf en 4		
Comme en PROGRESSION	晉如	JIN ru
rongeur nuisible	鼫鼠	shi shu
Présage de danger	貞厲	zhen li
Six en 5		
Tout regret disparaît	悔亡	hui wang
Manques ou gains pas de craintes à avoir	失得勿恤	she de wu xu
Aller ouverture	往吉	wang ji
Rien qui ne soit profitable	无不利	wu bu li
En haut un neuf		
AVANCER les cornes hautes	晉其角	JIN qi jiao
Seulement opérer la soumission du fief par les armes	維用伐邑	wei yong fa yi
Danger	厲	li
Ouverture	吉	ji
Absence de faute	无咎	wu jiu
Présage de gêne	貞吝	zhen lin

Grande Image

La LUMIÈRE sort au-dessus de la terre	明出地上	MING chu di shang
AVANCER AU GRAND JOUR	晉	Jin
L'Être Accompli ainsi	君子以	jun zi yi
en s'éclairant et en veillant sur lui-même	自照	zi zhao
rend sa conduite LUMINEUSE	明德	MING de

Dixième Aile

AVANCER AU GRAND JOUR	晉	JIN
au grand jour.	晝也	zhou ye

AVANCER AU GRAND JOUR, c'est se montrer et montrer ce dont on est capable. Il s'agit d'assumer une charge difficile sur un chemin parsemé d'obstacles, ce qui exige de vaincre ses réticences pour s'avancer en pleine lumière. Cette sortie de l'ombre a pour image principale un grand vassal mis à l'honneur par son suzerain, et appelé à exercer ses talents au service de l'État. Le Prince de Kang est ainsi le symbole des aléas et difficultés que l'on rencontre lorsqu'on est promu à une tâche délicate.

AVANCER AU GRAND JOUR (35) et LUMIÈRE OBSCURCIE (36) utilisent comme trame des faits historiques contemporains de l'accession des Zhou au pouvoir. L'un comme l'autre mettent en scène des destins de cadets. Le héros de l'hexagramme 36 est le sire de Ji, troisième frère du tyran Di Xin, et celui de l'hexagramme 35 le Prince de Kang, troisième fils du Roi Wen.

La position du Prince de Kang était plus modeste que celle de ses deux illustres frères, le Roi Wu, qui avait vaincu les Shang (voir hexagramme 49 RÉVOLUTION) et le sage Duc des Zhou, qui avait été nommé régent à la mort du Roi Wu. C'est une révolte des barons Shang qui, au début de cette régence, le sortit de l'ombre. Plutôt que de lancer une expédition punitive pour mater les rebelles, le Duc des Zhou préféra leur donner un nouveau suzerain en la personne de son cadet. Le Prince de Kang accepta cette promotion ; une fastueuse cérémonie d'investiture fut organisée et répercutée à grand renfort d'audiences.

Le pari était risqué, car les barons révoltés pouvaient très bien refuser de se soumettre au propre frère de celui qui les avait vaincus. L'habileté du Duc des Zhou consista à présenter aux barons révoltés leur nouveau suzerain en mettant en avant son ascendance Shang : le sang qui coulait dans ses veines était celui de la Reine-Mère, la sœur de leur dernier suzerain Shang, dont l'histoire est relatée à l'hexagramme 54. Il semble que le régent ait finalement gagné son pari, et que le Prince de Kang ait ramené calme et prospérité dans les provinces séditieuses.

Pour annoncer sa nomination à ses ancêtres, Kang fit fondre un magnifique vase Ding qui existe toujours. Retrouvé, pense-t-on, sous les Song, il faisait partie des trésors impériaux de la Cité interdite. On peut toujours le voir au musée du Palais à Taipei. Six caractères, disposés en deux lignes, sont gravés sur les parois de la panse : *kang hou feng zuo bao zun*, ce qui signifie : *Feng*, Prince *(hou)* de Kang a fait fondre *(zuo)* ce vase précieux *(zun)*.

L'aspect éclatant de l'audience décrite au Jugement contraste avec les difficultés concrètes telles qu'elles apparaissent dans le texte des différents traits. La prédominance des traits Yin montre qu'il ne s'agit pas d'une progression tranquille, rapide et aisée, et surtout que le progrès exige pour être mené à son terme des qualités Yin de disponibilité et de secondarité. Cette importance du Yin se retrouve dans le vocabulaire utilisé : nécessité d'une attitude *large*, intervention de la *Reine-Mère*, présence de la *foule*. Aux deux premières lignes, la progression piétine, ce qui suscite régression et mélancolie ; il faudra de la force de conviction (ligne 3) et de la fermeté (ligne 5) pour maîtriser une situation qui exige avant tout de savoir s'adapter. Les deux traits Yang, aux quatrième et sixième lignes, où est décrite une tendance à forcer la situation (*rongeur* nuisible, opérations disciplinaires) sont des moments de *danger*. Cette ambiance sombre renforce l'idée que l'apparition sur le devant de la scène, bien que présentée comme une promotion, risque de se heurter dans la pratique à de nombreux désagréments.

Ne rien imposer d'autre que ce que la situation exige et ne compter que sur soi-même, telle est la manière de servir lorsqu'on a l'occasion de faire montre de ses talents.

IDÉOGRAMME

JIN : *avancer, progresser, s'élever, être promu.*

L'idéogramme se compose de deux parties superposées. En bas, le caractère soleil, qui entre dans la composition de nombreux idéogrammes en rapport avec des notions temporelles. En haut, un signe complexe, formé du redoublement du caractère signifiant *arriver* (voir par exemple 5/3). Déformé par le dynamisme du pinceau, ce caractère n'est plus lisible dans la forme classique. La forme ancienne en revanche représente soit une flèche se fichant en terre, soit un oiseau piquant vers le sol. Du point de vue de l'être humain qui observe cette scène, qu'il s'agisse d'oiseaux venant du plus haut du ciel (ce sont sans doute des hirondelles ou des loriots) ou de flèches, l'élément commun est l'*arrivée* de quelque chose devenant de plus en plus visible. Sans doute est-ce la raison pour laquelle cet idéogramme a été choisi pour nommer l'hexagramme.

Dans le caractère *jin*, le sens abstrait de *progression* dérive de l'idée d'augmentation de la visibilité, propre à l'apparat donné à la promotion sociale dans l'Antiquité, comme par exemple le fait de voyager en char ou d'avoir de nombreux chevaux. Dans le contexte de cet hexagramme, ce glissement sera renforcé par l'interprétation du soleil, dessiné en bas de l'idéogramme, comme représentant un soleil levant (ce qui sera renforcé par la symbolique attribuée plus tard au trigramme Li, situé ici en haut de l'hexagramme). Tardive en ce qui concerne le trigramme et inexacte pour l'idéogramme (il n'y a pas dans le caractère *jin* de trait *sous* le signe du soleil comme dans le caractère : aube, par exemple), cette interprétation d'un soleil levant a amené à associer à cet hexagramme « l'image du progrès rapide et aisé qui traduit en même temps l'expansion toujours plus grande et la clarté[53] » en contradiction avec la scène historique qui lui sert de trame, le récit qui en est donné dans les Textes des traits et l'hexagramme nucléaire. En revanche, il est notable que se retrouve dans le nom de cet hexagramme l'image de l'oiseau associée au trigramme Li dans une situation demandant non seulement d'y voir clair, mais aussi patience et maîtrise (voir 30/I).

TEXTE CANONIQUE

JUGEMENT

AVANCER AU GRAND JOUR	晉	JIN
Prospère Prince de Kang	康侯	kang hou
Emploi de nombreux chevaux	用錫馬蕃庶	yong xi ma fan
en don d'investiture		shu
En un jour triple audience	晝日三接	zhou ri san jie

S'avançant au grand jour, le Prince de Kang est reçu en audience trois fois de suite, c'est-à-dire avec ostentation et apparat. Le don d'investiture est spectaculaire : les chevaux sont en si grand nombre qu'ils semblent former une haie. Un personnage de rang secondaire est amené en pleine lumière et convié à mettre ses talents au service du pays.

Il ne faut pourtant pas se laisser éblouir par ce faste : le cheval, symbole de force et de ténacité, est une invite à mettre en œuvre sa capacité personnelle. Le pouvoir conféré ici est une charge, une mission difficile, en l'occurrence pacifier une révolte. L'acceptation de dons honorifiques comporte un aspect risqué. Bien que le texte ne mentionne aucune appréciation mantique ni favorable, ni défavorable, il est notable que les deux autres contextes d'investiture cités par le *Yi Jing* – dont l'emphase est marquée comme ici par le chiffre *trois* – concernent des situations dont le développement n'est pas très heureux : le début d'une guerre dans ARMÉE (7/2), une destitution dans PLAIDER SA CAUSE (6/6). Quelles que soient les difficultés à affronter, on doit être conscient que la circonstance demande de se rendre visible et de se manifester avec à-propos.

Prospère Prince de Kang : le texte comprend deux idéogrammes, dont le premier, *prince*, est un titre nobiliaire de la Chine ancienne et le second, un caractère se prononçant *kang*, et dont la signification est *tranquille, prospère, solide, puissant, heureux*. Pendant des siècles, ces deux caractères ont été traduits « le puissant prince », les commentateurs y voyant l'évocation d'un personnage anonyme. Or, depuis la découverte et l'étude des textes divinatoires gravés sur les carapaces de tortues, il s'est avéré que le caractère *kang* était aussi un nom de lieu, celui d'une principauté du début de la dynastie des Zhou, attribuée en fief au troisième fils du Roi Wen. Le texte de ce Jugement cessait dès lors de concerner un prince en général, pour évoquer un personnage réel et important de la dynastie des Zhou. Cependant, qu'un idéogramme soit un nom propre ne lui fait pas perdre pour autant sa signification en tant que nom commun. Pour relier ces deux niveaux, il faudrait traduire « le prince de Kang-la-puissante ». *Prospère* a été préféré parce que en français, c'est à la fois un adjectif courant et un prénom un peu vieillot. Il suggère aussi l'idée de profusion qui est contenue dans le caractère *Feng*, nom personnel du héros de cette figure, et titre de l'hexagramme 55 ABONDANCE. Enfin, *Prospère Prince de Kang*, sonnant comme une déclamation médiévale, se rapproche de l'ambiance solennelle de la situation.
Emploi : verbe auxiliaire dont le sens général est *faire, réaliser, opérer*, etc. Il insiste sur la réalisation effective de ce qui est décrit (voir ligne 6, *opérer*).
Nombreux : le texte porte deux idéogrammes, cités seulement ici, qui évoquent la même idée, le premier par l'image des multiples tiges des *haies* (voir 34/3) et le second par la multitude du peuple. Le redoublement de deux caractères au sens équivalent, qui est en chinois classique une forme de superlatif, met ici en valeur le nombre des chevaux,

denses comme la population d'un fief et rangés en ligne comme les piquets d'une haie.

Chevaux: symbole à la fois d'endurance et de force, le cheval tient à la fois du Yin et du Yang. Dans le système zodiacal, son aspect Yang est manifeste, il est associé à l'heure de la culmination du soleil (de 11 heures à 13 heures). Cependant, quand on naît une année du cheval, il est préférable que ce soit la nuit, car le cheval est aussi réputé être issu de l'essence de la Terre. Dans le *Yi Jing*, le cheval est associé à la fois au Yin et au Yang. Parfois sa force est mise en avant (36/2 et 59/1), parfois sa ténacité est soulignée de manière exemplaire (2/J et 26/3). Il peut enfin être évoqué pour son rôle féodal: en tant que parade de mariage (22/4), ou, comme ici, en tant que don d'investiture.

Don d'investiture: formé avec le signe du métal et le caractère *changement* du *Livre des Changements*, l'idéogramme signifie une *mutation* obtenue en *récompense*, une *faveur* royale, une *promotion* ou une *investiture* particulière. Dans le contexte du *Yi Jing*, ce mot apparaît toujours dans des situations officielles et dans des phrases où, par le chiffre *trois*, l'accent est mis sur la répétition, comme si l'insistance de l'investiture la rendait patente aux yeux de tous. Parmi les trois situations où ce caractère est cité, une fois l'accent est mis sur celui qui confère (le Roi à 7/2), une autre sur l'objet de la distinction (6/6), ici enfin c'est le récipiendaire qui est mis en valeur.

En un jour: expression classique en deux idéogrammes dont le premier, employé à la Dixième Aile *(au grand jour)*, est un caractère spécifique précisant la partie du jour opposée à la nuit, et le second le mot *soleil*, employé dans son sens courant de jour.

Triple audience: le texte porte simplement *trois audiences*, mais le chiffre *trois*, au-delà de son sens usuel de marque du pluriel, évoque une répétition insistante, particulièrement dans une atmosphère officielle (voir par exemple 8/J ou 49/3).

TEXTE DES TRAITS

Au début un six

Comme en PROGRESSION	晉如	JIN ru
comme en régression	催如	cui ru
Présage d'ouverture	貞吉	zhen ji
Pas d'onde porteuse	罔孚	wang fu
Largesse absence de faute	裕无咎	yu wu jiu

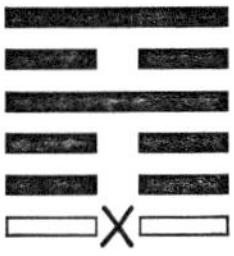

Les premiers efforts pour AVANCER AU GRAND JOUR tournent à vide, comme un moteur qui patine. Yin à une place Yang, ce trait est situé au niveau le plus intérieur, au seuil d'un groupe de traits Yin qui « pèsent » sur lui. Même la correspondance avec la quatrième ligne n'est pas profitable, en raison de l'attitude égoïste décrite à ce trait.

Lorsqu'on entre sur un terrain difficile sans recevoir aucun soutien de l'extérieur, il se peut qu'on commence par tourner en rond. Cela ne bloque pas la situation pour autant et peut même ouvrir des horizons dans une position où il s'agit d'avancer en ne comptant que sur ses propres forces. Que l'on ne se sente guère en confiance ou que l'on se heurte à la défiance de l'entourage, il ne faut pas hésiter à adopter une attitude souple, généreuse et compréhensive. L'ouverture d'esprit qu'elle demande permet de dépasser l'impression de « surplace » qu'on pourrait ressentir.

Comme… comme : construction particulière de la langue archaïque chinoise en forme de suffixe adverbial, difficile à faire apparaître en français. Elle évoque une idée de comparaison oratoire dont la forme répétitive scande le texte de certains hexagrammes (3, 22, 30, etc.).
PROGRESSION : nom de l'hexagramme. La construction de la phrase oblige à une forme nominale.
Régression : formé avec le signe de la main et un groupe complexe signifiant haut, élevé, l'idéogramme, qui n'apparaît qu'ici, a pour sens propre *briser, rompre, abaisser, humilier, réprimer, détruire. Régression*, comme *progression*, a été choisi pour rendre le rythme très marqué et le choix des assonances de la première phrase.
Comme en PROGRESSION comme en régression : ici, comme à 3/2, autre situation de départ retenu, la construction répétitive accentue l'impression de tourner en rond.
Ouverture : appréciation mantique signalant un moment heureux où un agencement fécond du flux vital multiplie les possibilités de développement. Elle est citée quatre fois dans cette figure : lignes 1, 2, 5 et 6.
Présage d'ouverture : formule mantique indiquant la tendance à un réagencement positif de la situation. Elle est citée deux fois dans cette figure : lignes 1 et 2.
Onde porteuse : appréciation mantique signalant qu'un fort courant porteur traverse la situation. Dans l'ensemble du *Yi Jing*, ce flux porteur n'est que deux fois dénié, chaque fois d'une manière différente. Ici, c'est avec une négation rare, utilisée seulement au moment de GRAND FORCE (voir 34/3, opère *sans*). Une autre négation définit l'absence de ce flux porteur à la ligne souveraine de RÉUNION, où est également évoquée la difficulté à établir un consensus (voir 45/5).
Largesse : composé avec le signe général des vêtements et le caractère

vallée (voir 47/1), l'idéogramme désigne au sens propre un *vêtement large et ample* comme un val. Il s'agit de la vallée fertile évoquée dans le *Dao De Jing*, la matrice féconde du monde, l'image même du Yin : « L'esprit de la *vallée* ne meurt pas, cela se rapporte à la femelle obscure[54]. » Dans le *Yi Jing*, il exprime une idée de générosité qui se manifeste ici dans un contexte extérieur, social, et à REMÉDIER AU CORROMPU dans un contexte intérieur, familial (voir 18/4).
Absence de faute : formule mantique incitant à ne pas rester dans un état d'esprit incertain ou hésitant.

Hexagramme dérivé : hexagramme 21. MORDRE & UNIR est un moment où l'élimination d'un obstacle permet de rétablir l'harmonie.

Six en 2

Comme en PROGRESSION	晉如	JIN ru
comme en dépression	愁如	chou ru
Présage d'ouverture	貞吉	zhen ji
Recevoir un important bonheur	受茲介福	shou si jie fu
de la Reine-Mère	于其王母	yu qi wang mu

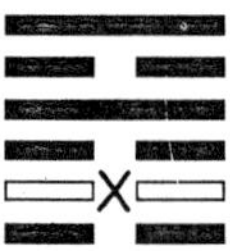

Alors que le Jugement évoque une gratification, on découvre à ce stade les difficultés de la tâche à réaliser, ce qui provoque une certaine mélancolie. Mais la situation n'est pas fermée pour autant : non seulement la place de Préfet s'accorde à une position de grand vassal telle celle du Prince de Kang, mais ce trait, Yin à une place Yin, est le seul correct de l'hexagramme et son affinité avec la ligne souveraine renforce la justesse de sa position centrale.

La Reine-Mère, l'épouse Shang du Roi Wen, est un personnage central de l'histoire des Zhou. Un hexagramme entier lui est consacré, MARIAGE DE LA CADETTE (54), qui évoque les moments où l'on est emporté par des circonstances qu'on ne contrôle pas. Pourtant, les situations d'union forcée comportent elles aussi leur fécondité (voir en paticulier 54/5). L'apparition de l'aide inattendue apportée au Prince de Kang par l'ascendance de sa mère est de cet ordre (voir p. 536-537).

Bien que l'on soit placé dans une position difficile, une attitude de vassal courageux et tenace, où prédominent l'écoute et la disponibilité, met en rapport avec la source Yin profonde. Sans se laisser miner par les embûches et les doutes, il est possible, en mettant en lumière les éléments consensuels, de faire progresser la situation.

Comme… comme : voir ligne 1.
PROGRESSION : nom de l'hexagramme. La construction de la phrase oblige à une forme nominale.
Dépression : composé avec le caractère automne et le signe du cœur, cet idéogramme, qui n'apparaît qu'ici, décrit poétiquement la *tristesse*, le *chagrin*, le *souci*, la *mélancolie*, comme des moments où l'on se sent « le cœur en Automne ». Dépression a été choisi pour faire entendre le rythme et la sonorité du texte chinois.
En PROGRESSION… en dépression : la reprise de la construction scandée de la première ligne (jusque dans la consonance *jin ru chou ru*) marque le « patinage » de la progression.
Ouverture : appréciation mantique signalant un moment heureux où un agencement fécond du flux vital multiplie les possibilités de développement. Elle est citée quatre fois dans cette figure : lignes 1, 2, 5 et 6.
Présage d'ouverture : voir ligne 1.
Recevoir : toujours extrêmement courant, l'idéogramme représente une main recevant d'une autre main un objet, vraisemblablement en relation avec les carapaces divinatoires. Il signifie *recevoir, obtenir, accepter, admettre, supporter*. De là, son sens s'est étendu à *subir, endurer*, ce qui explique pourquoi il est maintenant utilisé comme marque du passif. Dans le *Yi Jing*, son sens est franchement positif, puisqu'il n'est employé qu'avec *bonheur* comme complément.
Important : l'accord est assez général pour donner ici à ce caractère le sens de *grand, important*, qui est une de ses significations anciennes. Cependant, les idées de séparation, voire de cuirasse, que ce caractère évoque aussi (voir 16/2 et 58/4) ne sont pas étrangères à la situation décrite à ce trait.
Bonheur : sans doute un des idéogrammes les plus répandus de la culture chinoise. On le trouve partout, sur les objets, les cartes de vœux, en pendentif ou en boucles d'oreilles, etc. Formé avec le signe général des questions religieuses et un caractère représentant une jarre pleine de grains, il évoque le bonheur matériel résultant du travail humain et de la faveur céleste. Le bonheur dont il est question ici n'est pas la nomination du Prince de Kang, mais le fait que, pour obtenir le respect des barons rebelles, il puisse, de par sa mère, se prévaloir de son sang Shang.
Mère du Roi : seul personnage féminin de rang et de sang royal à jouer un rôle dans le *Yi Jing*, la Reine-Mère n'apparaît qu'ici. Il ne s'agit pourtant pas d'un personnage secondaire puisqu'un hexagramme entier lui est consacré : MARIAGE DE LA CADETTE (54). Sœur du tyran Di Xin, le dernier souverain Shang, épouse du Roi Wen, mère du futur conquérant (le Roi Wu), et de ses deux frères cadets (le Duc des Zhou et le Prince de Kang), sa contribution à l'installation des Zhou au pouvoir n'est pas mince. Que l'unique apparition de la Mère du Roi se

trouve à cet hexagramme souligne à la fois l'importance de la disponibilité productive du Yin et la fécondité inattendue qui peut surgir de circonstances où, comme le décrit l'hexagramme 54, on est utilisé pour des raisons qui ne nous incombent pas.

Hexagramme dérivé : hexagramme 64. PAS ENCORE TRAVERSÉE est une situation de transition où, malgré le désordre, un vassal valeureux œuvre à la réorganisation des forces en présence.

Six en 3

La foule consent — 眾允 zhong yun
Tout regret disparaît — 悔亡 hui wang

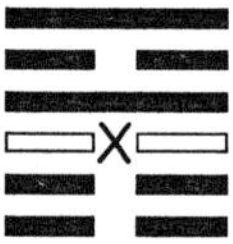

La place de transition marque le passage à l'extériorisation. Après les difficultés décrites aux deux premières lignes, un changement de rythme dans la construction du texte et l'absence du nom de l'hexagramme signalent une accalmie dans les contrariétés et une pause dans la progression. L'accent n'est plus mis comme au Jugement sur la cérémonie d'investiture elle-même, mais sur la *foule* de ceux que son apparat doit impressionner.

Comme le Prince de Kang, on se trouve au grand jour, sans appui, mais on est en mesure d'obtenir un certain consensus, et un assentiment devient perceptible. La souplesse évoquée par la nature Yin du trait est ici plus adéquate que l'attitude belliqueuse signalée au sixième trait (avec lequel celui-ci est en correspondance) pour dissoudre les résistances et amadouer l'adversité.

Foule : l'idéogramme, qui n'est employé qu'ici, est formé de trois fois le caractère être humain surmonté du signe de l'œil. Il désigne une multitude à surveiller et son sens courant *groupe, nombreux, foule, troupe, peuple, masse, ordinaire, vulgaire* le différencie du caractère employé pour désigner le peuple chinois, ceux qui sont unis et policés par des rites raffinés. Cette distinction est particulièrement notable à 7/GI.
La foule consent : interprétée historiquement, cette phrase indique la réussite du stratagème de Zhou Gong. Mais il faut noter dans cette perspective l'ironique insolence des vainqueurs. Les Zhou, naguère vassaux des Shang, utilisent pour les nommer le terme péjoratif de *foule*. S'étant comporté comme des rebelles, les barons Shang révoltés sont assimilés à des barbares. Voir aussi 63/5, *voisins de l'Est*.
Regrets : appréciation mantique signalant qu'on tarde à réagir pour adopter la nouvelle attitude demandée par l'évolution de la situation.
Tout regret disparaît : formule mantique spécifique qui renforce le sens d'incitation à aller de l'avant contenue dans le terme *regrets*. Le

moment est venu, ici comme en ligne 5, de se mettre en marche sans aucune nostalgie pour ce qu'on laisse derrière soi.

Hexagramme dérivé : hexagramme 56. VOYAGEUR est un moment de quête et d'errance ouvert à l'inconnu, durant lequel on ne peut s'appuyer sur aucun réseau familier.

Neuf en 4	
Comme en PROGRESSION	晉如 JIN ru
Rongeur nuisible	鼫鼠 shi shu
Présage de danger	貞厲 zhen li

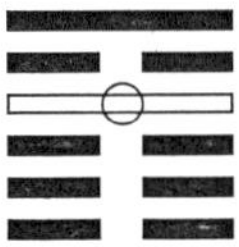

Au premier niveau extérieur, occupé par le premier trait Yang de la figure, l'avancée se manifeste par la réapparition du nom de l'hexagramme. Le texte évoque celui de la première ligne, avec laquelle celle-ci est en correspondance. Cependant la construction est différente et l'appréciation mantique également. Ce qui empêche d'AVANCER AU GRAND JOUR n'est plus un sentiment intérieur, mais une réalité extérieure représentée par un *rongeur*, élément nocif dont l'activité nocturne est malvenue dans un contexte d'éclairement.

La place de Ministre exigerait une attitude plus claire et plus désintéressée : utiliser l'obscurité pour progresser à des fins personnelles mine l'ensemble de la situation. Du coup, la perspective devient dangereuse, et on voit déjà se profiler les violences décrites au sixième trait, l'autre trait Yang de l'hexagramme, où le *danger* n'est plus potentiel, mais bien réel.

Comme : la construction particulière qui scande le texte des deux premiers traits commence à s'effilocher à ce niveau (elle disparaît complètement au sixième trait). Le début de la phrase est identique, mais son balancement n'est plus que phonétique à la phrase suivante.
PROGRESSION : nom de l'hexagramme. La construction de la phrase oblige à une forme nominale.
Rongeur nuisible : rat, marmotte ou belette, il est d'autant plus difficile de savoir précisément de quel animal il s'agit qu'il n'apparaît pas ailleurs dans le *Yi Jing*. Il est désigné par deux caractères dont l'un est le signe général pour tous les rongeurs et l'autre, très rare, combine le caractère *pierre* avec celui… des rongeurs. Il s'agit donc d'une sorte de « rat des pierres ». Cependant, que les caractères employés pour le désigner le classent parmi les rats permet de cerner un peu l'idée qu'il exprime. En effet, le rat dans l'imaginaire chinois, est « l'animal emblématique de la première heure double (23 heures/1 heure.) ; il apparaît au moment où le pouvoir du Yin passe par son maximum et commence à décroître, celui où le Yang commence à se manifester[55] ». Certains dictionnaires

précisent que ces deux idéogrammes désignaient un « rongeur à queue poilue, dévoreur de récoltes », particularité qui souligne son côté nocif. D'autres indiquent qu'il s'agit d'un animal trouble puisqu'il vit à l'envers, marchant la nuit et dormant le jour. Le choix d'un animal nocturne, dans un hexagramme de progression au grand jour serait alors une manière différente d'exprimer son caractère inadéquat.
Présage de danger : formule mantique spécifique soulignant la probabilité des risques inhérents à la situation. L'idéogramme *danger* représente un scorpion tapi sous une pierre. Le choix de cette image montre que la situation comporte des dangers objectifs, qui appellent la prudence dans la manière dont on s'y comporte.

Hexagramme dérivé : hexagramme 23. USURE représente dans le cycle du calendrier le dernier stade avant l'obscurité complète. C'est une situation de fatigue où toute initiative est déconseillée.

Six en 5

Tout regret disparaît	悔亡	hui wang
Manques ou gains pas de crainte à avoir	失得勿恤	shi de wu xu
Aller ouverture	往吉	wang ji
Rien qui ne soit profitable	无不利	wu bu li

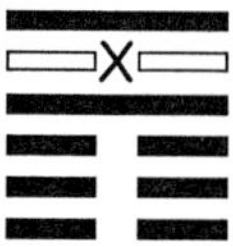
La manière souveraine d'AVANCER AU GRAND JOUR, c'est assumer la situation en déployant ses capacités d'action sans se soucier de résultats immédiats. À cette place Yang, la nature Yin du trait renforce l'affinité avec les trois traits Yin du bas de l'hexagramme, particulièrement avec le troisième : même incitation à aller de l'avant, même absence du nom de l'hexagramme.

Sans se laisser atteindre par la réussite ou l'échec, il faut faire preuve d'une disponibilité semblable à celle du PUITS, qui demeure égal sans qu'il y ait à s'inquiéter de ses variations (voir 48/J). L'évolution favorable, posée comme probable aux deux premiers traits, est ici réelle, et cela de la meilleure manière possible. Qui sait se rendre capable à la fois d'action et de détachement ne doit pas hésiter à aller de l'avant pour développer toutes les possibilités de la situation.

Regrets : appréciation mantique signalant qu'on tarde à réagir pour adopter la nouvelle attitude demandée par l'évolution de la situation.
Tout regret disparaît : formule mantique spécifique qui renforce le sens d'incitation à aller de l'avant contenue dans le terme *regrets*. Le moment est venu, ici comme en ligne 3, de se mettre en marche sans aucune nostalgie pour ce qu'on laisse derrière soi.

Manques : l'idéogramme, toujours très usuel, signifie *laisser échapper, perdre, manquer le but*, etc.
Gains : également très courant, l'idéogramme qui représentait à l'origine une main tenant un cauris, signe général des choses précieuses, signifie *obtenir, acquérir, trouver*, etc. Il apparaît toujours, dans le contexte du *Yi Jing*, dans un sens d'avantage, de gain, de succès.
Manques ou gains : locution assez rare. La même idée est exprimée dans le même ordre mais sous une forme un peu différente (les *manques* y sont remplacés par des *pertes*), au Jugement de l'hexagramme PUITS (48).
Pas de crainte à avoir : formule mantique dont le sens indique qu'on est en train de se ronger inutilement les sangs.
Ouverture : appréciation mantique signalant un moment heureux où un agencement fécond du flux vital multiplie les possibilités de développement. Elle est citée quatre fois dans cette figure : lignes 1, 2, 5 et 6.
Aller : ce verbe, toujours très usuel, a dans le *Yi Jing* le sens d'une injonction à aller de l'avant.
Aller ouverture : donnant le conseil d'agir tout de suite et sans hésiter, le couplage de ces deux termes mantiques n'apparaît que deux fois (ici et à 3/4), à chaque fois confirmé par la formule suivante.
Rien qui ne soit profitable : une des meilleures appréciations mantiques du *Yi Jing*. Elle souligne la présence d'un fort potentiel d'action et une grande aptitude à œuvrer au renouvellement, particulièrement dans les périodes de transition.

䷋ **Hexagramme dérivé :** hexagramme 12. ADVERSITÉ est un moment où l'on met son attitude en conformité avec la saison automnale, ne sachant communiquer qu'avec discernement.

En haut un neuf

AVANCER les cornes hautes	晉其角	JIN qi jiao
Seulement opérer la soumission du fief par les armes	維用伐邑	wei yong fa yi
Danger	厲	li
Ouverture	吉	ji
Absence de faute	无咎	wu jiu
Présage de gêne	貞吝	zhen lin

䷢ À ce niveau de Sortie, la situation se retourne. L'avancée n'est plus bienveillante, elle devient agressive. La confusion s'installe, suggérée par une profusion discordante de formules mantiques. Le *danger*, seulement probable au quatrième trait – l'autre trait Yang de l'hexagramme – est maintenant réel. Il est couplé avec la mention *ouverture*, ce qui est rare : il n'y a que lorsque des turbulences agitent les membres d'un même CLAN que la situation est à la fois dangereuse et riche de possibilités (voir 37/3).

S'il est correct d'affronter les périls, la force n'est opportune qu'à condition de l'utiliser à établir la discipline sur son propre territoire : elle ne doit pas tourner à la crispation. Quand une situation est à la fois périlleuse et prometteuse, il importe d'agir avec discernement avant que sa fluidité ne se restreigne.

AVANCER : nom de l'hexagramme. Cette formulation courte a été préférée pour marquer la complète rupture de construction entre le texte de ce trait et celui des précédents. Non seulement le nom de l'hexagramme est utilisé ici avec un complément d'objet, mais la structure répétitive caractéristique des lignes du début a complètement disparu.

Cornes : représentant le dessin d'une corne, l'idéogramme a aussi pour sens figuré *angle, coin, direction*. C'est aussi le nom de la troisième note de l'ancienne gamme pentatonique, associée à l'Est et au Printemps, et de nos jours le nom du dixième de *yuan*, l'actuelle monnaie chinoise.

Cornes hautes : le texte porte simplement le caractère *corne*. Emblème de la vivacité du Yang, les cornes marquent une poussée qui devient agressive, particulièrement en haut d'un hexagramme. Le même type de construction – nom de l'hexagramme + déterminatif + cornes – se retrouve d'une manière assez ironique à la dernière ligne de ÊTRE ACCUEILLANT (voir 44/6).

Seulement : le texte porte un idéogramme formé par la combinaison de deux images de tissage. De son sens propre *fibre, filament* dérive son sens figuré *joindre, unir* (voir 29/J et 17/6). Cependant, de l'idée de tissage dérive son emploi à la place d'autres caractères très proches qui signifient *mais* et *seulement, seul* (voir 40/5).

Opérer : verbe auxiliaire dont le sens général est *faire, agir, réaliser*, etc. Il insiste sur l'idée de la réalisation effective de ce qui est décrit.

Soumission par les armes : l'idéogramme signifie à l'origine *frapper, marcher contre l'ennemi, expédition punitive*.

Opérer la soumission par les armes : il ne s'agit pas ici d'une conquête dirigée vers l'extérieur (comme en 63/3 et 64/4) mais, comme l'indique la mention du *fief*, d'une action intérieure de remise en ordre (comme en 15/6).

Fief : l'idéogramme, qui évoquait à l'origine les agglomérations paysannes, a pris ensuite dans le cadre de la féodalité instaurée par les Zhou le sens d'autorité conférée sur un territoire. Il peut aussi dans le contexte du *Yi Jing*, représenter la base personnelle où se réfugier, se défendre en cas de danger où encore remettre de l'ordre.

Danger : appréciation mantique signalant les risques inhérents à la situation.

Ouverture : appréciation mantique signalant un moment heureux où un agencement fécond du flux vital multiplie les possibilités de développement. Citée quatre fois dans cette figure : lignes 1, 2, 5 et 6, cette appréciation n'est couplée avec *danger* qu'une autre fois, à l'hexagramme GENS DU CLAN (voir 37/3).
Absence de faute : formule mantique incitant à ne pas rester dans un état d'esprit incertain ou hésitant.
Présage de gêne : formule mantique spécifique posant en perspective, comme une probabilité, l'appréciation *gêne* qui indique un manque de fluidité rétrécissant les possibilités d'action. Assez rare, elle qualifie uniquement des niveaux de passage (deux fois au troisième trait et deux fois au sixième). À l'autre ligne de Sortie où cette formule est citée, à la fin de PROSPÉRITÉ (voir 11/6), on retrouve également un contexte de rapport de forces et le conseil de modérer son agressivité.

☳☷ **Hexagramme dérivé :** hexagramme 16. S'ENTHOUSIASMER est une situation d'impulsivité où l'on tente de rassembler des énergies indolentes, dispersées ou assoupies.

ÉLÉMENTS D'ANALYSE

Nucléaire

☵☶ **Hexagramme 39 : OBSTRUCTION.** Au cœur de AVANCER AU GRAND JOUR, il y a OBSTRUCTION. Au cœur d'une progression, il y a une résistance qui freine et empêche une reconnaissance rapide et aisée. Cette inertie, qui se manifeste par la lenteur, les difficultés et des moments de régression, est ce qui oblige à enraciner le mouvement. En amenant à concentrer la force à l'intérieur, elle accroît la patience et la capacité à apparaître en pleine lumière.

Opposé

☵☰ **Hexagramme 5 : ATTENDRE.** La relation d'opposition entre AVANCER AU GRAND JOUR et ATTENDRE se joue au niveau du rapport entre intériorisation et extériorisation. Au moment d'ATTENDRE, il faut retenir son désir d'avancer et d'utiliser ses talents, car c'est en se tranquillisant et en différant son action qu'on favorise le mieux l'évolution de la situation. Au moment d'AVANCER AU GRAND JOUR en revanche, il faut s'obliger à avancer car on est appelé à sortir de l'ombre et à montrer ses talents. Dans un cas, on doit vaincre des obstacles par des efforts inlassables ; dans l'autre on doit résoudre des tensions par la convivialité et la détente.

36 LUMIÈRE OBSCURCIE (OISEAU BLESSÉ)

明夷

MING YI

En haut TERRE ☷
En bas FEU ☲

Lumière Obscurcie	明夷	Ming Yi
Présage des difficultés profitables	利艱貞	li jian zhen
Au début un neuf		
Oiseau Blessé en vol	明夷于飛	Ming Yi yu fei
laisse pendre ses ailes	垂其翼	chui qi yi
Chef Accompli en marche	君子于行	jun zi yu xing
trois jours sans manger	三日不食	san ri bu shi
Il y a où aller	有攸往	you you wang
Le maître a des mots	主人有言	zhu ren you yan
Six en 2		
Oiseau Blessé	明夷	Ming Yi
Blessure au côté gauche de la cuisse	夷于左股	Yi yu zuo gu
Opérer la délivrance avec la FORCE d'un cheval	用拯馬壯	yong zheng ma Zhuang
Ouverture	吉	ji
Neuf en 3		
Oiseau Blessé au cours de la chasse au Sud	明夷于南狩	Ming Yi yu nan shou
Atteindre au grand capitaine	得其大首	de qi da shou
Présage de fébrilité inefficace	不可疾貞	bu ke ji zhen
Six en 4		
Entrer au côté gauche du ventre	入于左腹	ru yu zuo fu
Saisir le cœur de l'Oiseau Blessé	獲明夷之心	huo Ming Yi zhi xin
au sortir de la grand-porte de la cour d'honneur	于出門庭	yu chu men ting
Six en 5		
Tel le Sire de Ji Obscurcir sa Lumière	箕子之明夷	Ji zi zhi Ming Yi
Ténacité profitable	利貞	li zhen
En haut un six		
Obscurité sans Lumière	不明晦	bu Ming hui
Au début élevé au ciel	初登于天	chu deng yu tian
ensuite rentré en terre	後入于地	hou ru yu di
Grande Image		
Lumière rentrée au cœur de la terre	明入地中	Ming ru di zhong
Lumière Obscurcie	明夷	Ming Yi
L'Être Accompli ainsi	君子以	jun zi yi

en gouvernant la foule
utilise l'obscurité pour ensuite ÉCLAIRER

莅眾 li zhong
用晦 yong hui
而明 er MING

Dixième Aile
OISEAU BLESSÉ
être blessé.

明夷 MING YI
誅也 Zhu ye

LUMIÈRE OBSCURCIE est une situation d'étouffement, une oppression pénible dont il faut se protéger de manière intelligente et endurante afin que talents et capacités propres ne soient pas définitivement annihilés. La tyrannie subie est d'autant plus cruelle que, à la différence du contexte conflictuel décrit par PLAIDER SA CAUSE (6), on est confronté à cette oppression à son corps défendant.

LUMIÈRE OBSCURCIE (36) comme AVANCER AU GRAND JOUR (35) utilisent comme trame des faits historiques contemporains de l'accession des Zhou au pouvoir. L'un comme l'autre mettent en scène des destins de cadets. Le héros de l'hexagramme 35 est le Prince de Kang, troisième fils du Roi Wen, et celui de l'hexagramme 36 le Sire de Ji, troisième frère du tyran Di Xin.

Après avoir succédé à son père le souverain Yi, qui avait donné sa fille en mariage au Roi Wen (voir hexagramme 54 MARIAGE DE LA CADETTE), Di Xin, dernier souverain des Shang, gouvernait d'une façon cruelle et désordonnée. Un jour d'audience, excédé par les remontrances que lui avait adressées Bi Gan son second frère, Di Xin lui fit arracher le cœur. Se tournant ensuite vers son troisième frère Ji Zi, le Sire de Ji, il lui demanda fielleusement ce qu'il pensait de sa conduite. Le Sire de Ji était pris dans un dilemme dramatique : s'il critiquait le tyran, il perdait la vie, s'il ne le faisait pas, il perdait l'honneur. Il se sortit du piège dans lequel la folie sanguinaire de son aîné l'avait placé en décidant d'*obscurcir sa lumière*, c'est-à-dire de simuler la folie. Décontenancé par cette issue imprévue, Di Xin se contenta de le faire enfermer dans une porcherie. En voilant sa lumière, Ji Zi avait échappé au conflit dans lequel l'avait placé l'esprit obscurci du tyran. Le destin que le Ciel avait confié à Ji Zi n'était pas de mourir héroïquement en dénonçant la folie meurtrière de son frère, mais de transmettre à ceux qui, sous la conduite du Roi Wu des Zhou, briseraient la tyrannie (voir hexagramme 49 RÉVOLUTION) la Grande Règle, un texte conservé jusqu'à nos jours et qui contient les règles de l'art de bien gouverner.

Semblable confrontation entre un être juste et un souverain devenu fou s'est répétée à plusieurs reprises au cours de l'histoire chinoise, et les lettrés en furent à chaque fois les victimes. Au deuxième siècle avant notre ère l'empereur Qin Shi Huangdi, pour briser la contestation des lettrés confucéens lança l'ordre terrible de « brûler les livres (confucéens) et enterrer vivants les lettrés » qui refuseraient de livrer les textes en leur possession. Ceux-ci surent alors courageusement « masquer leur lumière » – c'est-à-dire leur savoir – en cachant leurs exemplaires au péril de leur vie. N'étant pas encore considéré à cette époque comme un classique confucéen, le *Yi Jing* échappa à l'autodafé. Plus près de nous, lors de la Révolution culturelle (1966-1976) nombre de lettrés, en se voilant sous l'uniforme prolétarien, purent, à l'instar du Sire de Ji, sauvegarder leur expérience afin d'en faire profiter les générations suivantes quand la tourmente se fut apaisée. L'enseignement du Tai Ji Quan et du Qi Gong, et leur développement en Occident, doit beaucoup à ceux-là.

Bien que le texte de cet hexagramme ne comporte aucune indication de *fermeture*, de *regrets*, de *danger* ou de *gêne*, les *blessures* sous-entendues dans son nom, et les différentes violences relatées, doivent inciter à la plus grande prudence. C'est le seul hexagramme dont le Jugement mentionne des *difficultés*, terme qui engage à puiser de manière inhabituelle dans ses ressources propres. Les anecdotes relatées par les différents traits font état d'une brutalité certaine, qui donne idée des relations hiérarchiques de l'époque : aile pendante d'un oiseau blessé, période de famine, blessure à la cuisse pour un vassal qui doit se sauver d'urgence, atteinte au cœur à la sortie d'une audience royale, etc. Peu d'hexagrammes baignent dans une atmosphère aussi sombre.

Constituée d'une majorité de traits Yin, LUMIÈRE OBSCURCIE implique par sa structure même de s'accommoder de la situation sans chercher à rien imposer. Lorsqu'on est victime de circonstances sur lesquelles il n'est pas possible d'agir dans l'immédiat, il faut pour en sortir s'y adapter par une force intérieure et une capacité de résistance exceptionnelles. Les formules mantiques positives se trouvent aux deux lignes centrales, toutes deux Yin : la cinquième ligne, point focal de l'hexagramme, reprend le terme *profitable* du jugement ; cela la met en relation avec la seconde, place du Préfet où se trouve la seule *ouverture*.

Malgré la tonalité globalement Yin de l'hexagramme, les places Yang, impaires, sont occupées par des individualités fermement déterminées : le Chef Accompli, symbole de courage (ligne 1), un grand capitaine tenté par l'action (ligne 3), le Sire de Ji, emblème d'une intelligente stratégie de simulation (ligne 5). Celui-ci est le seul à avoir compris que, lorsqu'une situation est totalement assombrie, la seule chose à faire est de voiler sa propre lumière pour la préserver. Bien que l'ombre de personnages historiques plane derrière le texte des lignes principales (le Roi Wen à la deuxième, le Roi Wu à la troisième, Bi Gan à la quatrième) le Sire de Ji, celui qui sait jouer sur l'apparence, est le seul à apparaître nominalement à la ligne souveraine.

IDÉOGRAMMES

MING : *Briller, éclairer, lumière, clarté, brillant, lumineux. Lucide, intelligent. Distinguer clairement. Manifeste, évident.*

L'idéogramme, composé dans sa forme actuelle des caractères soleil et lune, est un de ceux qui servent souvent à expliquer la formation des idéogrammes chinois : l'association des deux luminaires célestes explique facilement ses sens courants *briller, éclairer, clarté, brillant, lumineux.* Cependant, depuis la découverte des caractères sur carapaces de tortues, il s'est avéré que le caractère maintenant écrit soleil était à l'origine un idéogramme différent représentant une fenêtre à treillis. Il ne s'agit plus de la combinaison théorique de deux astres projetant leur éclat, mais d'une tout autre scène : la lune, par une belle nuit d'Automne, entrant par une fenêtre et éclairant l'intérieur d'une pièce. La nuance est importante car elle permet de différencier dans le *Yi Jing* deux types d'éclairement, selon leur nature. Il y a un éclairement de type Yang, vers l'extérieur, produit par une source lumineuse chaude (par exemple une torche, voir 5/J *brillamment*) et qui éclaire alentour à partir de celui qui la tient ; et un éclairement de type Yin, produit par une source lumineuse froide (la lune) qui éclaire l'intérieur d'une chambre, ou d'un cœur, depuis l'extérieur. C'est à partir de cette image d'éclairement à l'intérieur que ce caractère a pris ses sens figurés *(être) éclairé, lucidité*, etc.

YI : *Blesser, raser, exterminer. Égal. Peuples non chinois de l'Est. Étranger. Cacher, invisible.*

L'idéogramme est formé de la superposition de deux caractères : grand et arc. C'est le nom d'une population non chinoise qui vivait au Shandong (mais qui devait être répandue sur toutes les côtes Nord de la mer de Chine et du Japon, puisque les Aïnous de l'île de Hokkaido sont désignés également avec ce caractère). Ils furent brutalement exterminés par les Chinois, d'où les sens actuels de l'idéogramme : destruction ne laissant pas pierre sur pierre. Or cette population, sans doute cousine, comme les Aïnous, des peuples chamaniques de Sibérie méridionale, avait un rapport particulier avec les oiseaux. Ils les vénéraient et les chassaient avec un arc de très grande taille (d'où la composition du caractère). En outre, ils s'approchaient de leurs proies en se cachant avec des manteaux faits de plumes d'oiseaux. C'est de cette coutume que vient le sens de *cacher, invisible* que l'on retrouve par exemple dans le *Dao De Jing* : « On regarde mais sans voir on l'appelle *invisible*[56] ». Ensemble, ces deux idéogrammes auraient donc le sens de : *lumière blessée* (description de la situation) et *cacher sa lumière* (stratégie à adopter en pareilles circonstances).

Cependant, pour ces deux mots, il semble bien que les caractères d'origine aient été écrits avec des signes différents ayant une prononciation identique. D'après le professeur Li Xing Shi, le premier aurait été utilisé à la place d'un autre caractère, formé avec le signe de la bouche et le signe des oiseaux et qui signifie : *crier, avertir, se faire entendre*. Quant au second, il serait un emprunt pour un caractère formé aussi avec le signe des oiseaux et le caractère *blessé*, qui est le nom d'une sorte de pélican. Si on adopte cette hypothèse, que de nombreux poèmes du *Livre des Odes* confirment, le sens d'origine du nom de cet hexagramme aurait été alors : le cri du pélican blessé.

À l'époque des Han, quand l'analyse trigrammatique fut établie et les Grandes Images composées, grâce à la présence du trigramme Li en haut de l'hexagramme, l'oiseau a tout naturellement été remplacé par la lumière (voir 30/I), aussi bien dans le nom de l'hexagramme que dans le texte des traits. La trace de cette retouche tardive est visible à la ligne 1.

TEXTE CANONIQUE

JUGEMENT

LUMIÈRE OBSCURCIE	明夷 MING YI
Présage des difficultés profitables	利艱貞 li jian zhen

Le nom de l'hexagramme décrit une éclipse de la lumière. Mais il peut également être lu en termes de stratégie : lorsque l'on subit des moments d'oppression ou que l'on se trouve dans des circonstances d'étouffement, on doit y répondre par la mise à l'abri de sa propre lumière, pour la protéger en vue d'une renaissance ultérieure.

Malgré le contexte amer et les efforts pénibles qu'il annonce, le texte de ce Jugement, un des plus brefs du *Yi Jing*, ne doit pas décourager. L'épreuve est révélatrice du caractère, tout comme le noir permet en photographie au cliché d'apparaître.

Difficultés : écrit avec un groupe complexe où se combinent les mots *jaune* et *terre*, l'idéogramme évoque aussi bien l'argile desséchée au soleil des champs arides que celle utilisée pour le colmatage des digues. À cause du travail laborieux qu'exige l'entretien des digues, ce caractère a pris le sens d'*efforts, zèle, fatigues, problèmes, tristesse*. Dans le contexte du *Yi Jing*, LUMIÈRE OBSCURCIE est le seul Jugement où ces difficultés sont citées. Cependant ici, comme chaque fois qu'elles sont mentionnées, elles signalent des moments qui sont avant tout des occasions de se surpasser. Elles n'apparaissent en effet que couplées avec soit des appréciations mantiques favorables (*profitable* et *ouverture*), soit des incitations à réagir *(absence de faute)*.
Présage des difficultés profitables : formule mantique dont l'apparence contradictoire a beaucoup embarrassé les commentateurs. Citée à trois reprises (voir 21/4 et 26/3), elle relève un fait moral certain : la vraie force s'éprouve surtout dans les moments difficiles. Sa traduction usuelle « profitable d'être persévérant dans les difficultés » en réduit la portée. Il ne s'agit pas seulement de savoir endurer un mauvais moment, mais de porter son regard au-delà des difficultés actuelles en prenant conscience de l'avantage qu'il est possible d'en tirer.

TEXTE DES TRAITS

Au début un neuf

OISEAU BLESSÉ en vol	明夷于飛 MING YI yu fei
laisse pendre ses ailes	垂其翼 chui qi yi
Chef Accompli en marche	君子于行 jun zi yu xing
trois jours sans manger	三日不食 san ri bu shi
Il y a où aller	有攸往 you you wang
Le maître a des mots	主人有言 zhu ren you yan

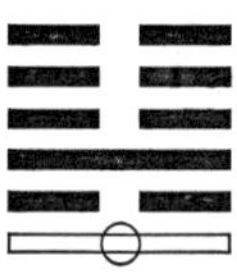

Les difficultés annoncées au Jugement de LUMIÈRE OBSCURCIE commencent dès ce niveau d'Entrée, et elles y sont décrites sans complaisance. Le texte de ce trait, un des plus longs de tout le livre, est composé à la façon des anciennes odes chinoises sur un balancement entre une image naturelle et un personnage humain.

Dans le contexte du *Yi Jing*, l'*oiseau* est l'image d'une conduite imprudente et inconséquente. Au sommet de VOYAGEUR, il met le feu à son nid (voir 56/6) ; au Jugement de PETIT EXCÈS, il se laisse prendre au filet (voir 62/J). Ici, sa présence est un avertissement : qui se manifeste clairement ou se met à découvert risque d'avoir à en rabattre.

En contrepoint le *Chef Accompli*, dont les qualités de courage et de ténacité sont particulièrement mises en valeur à l'hexagramme 15 SE TENIR (dérivé de cette ligne), sait s'appuyer sur sa force intérieure pour ne pas se laisser atteindre. Il ne craint pas les difficultés d'un chemin long et pénible et agit sans dévier de son but malgré les restrictions et les réprimandes. Il faut, comme lui, savoir combiner prudence et vaillance pour traverser les moments d'impuissance et de dénuement sans se laisser égarer par le manque de soutien ou les murmures de désapprobation.

La correspondance de ce trait avec le quatrième où les circonstances s'aggravent doit inciter à la plus grande prudence. Ce n'est pas le moment de se conduire de façon impulsive ou irréfléchie, mais de garder les pieds sur terre et de se préserver avec lucidité, quels que soient les efforts que le chemin exige.

> Alors que Confucius traversait avec ses disciples les landes du pays de Chen, les vivres vinrent à manquer. Certains tombèrent malades au point de ne plus pouvoir se lever. Zilu, trouvant la situation insupportable, vint voir le maître et lui dit avec rage : « Comment se peut-il que des êtres accomplis puissent être réduits à cet état ? » Confucius lui répondit : « Bien sûr qu'un être accompli peut tomber dans la détresse, mais lui sait l'affronter. C'est l'être petit qui dans de pareilles circonstances se laisse aller aux excès[57]. »

OISEAU BLESSÉ : nom de l'hexagramme. Le sens concret, primitif semble mieux convenir dans le texte des traits, particulièrement ici où il est question de voler, même si au cinquième trait le contexte appelle le sens abstrait que le nom de l'hexagramme a pris par la suite.
En vol : dans le contexte du *Yi Jing*, quand il s'agit d'oiseaux, voler ou s'envoler est toujours signe de malheur. Le dragon est le seul animal dont l'envol soit favorable.
Laisse pendre ses ailes : expression classique en deux idéogrammes évoquant peut-être l'attitude des cormorans et autres oiseaux aquatiques qui écartent et laissent pendre leurs ailes pour sécher les plumes intérieures. En tout cas l'image évoque un geste qui n'est pas accordé au mouvement de voler.
OISEAU BLESSÉ en vol laisse pendre ses ailes : cette phrase et la suivante sont construites comme des stances du *Livre des Odes* où, dans plusieurs poèmes, se retrouve l'image d'un oiseau caractérisé par le mouvement de ses ailes[58].
Chef Accompli : personnage symbolique dont la présence signale que la situation requiert des qualités particulières. Modeste et lucide, c'est

un stratège fin, s'adaptant souplement aux circonstances et tenant solidement son cap. Ses qualités de courage et de discernement, qui deviendront l'idéal des lettrés confucéens, sont particulièrement mises en valeur dans deux hexagrammes où il est cité trois fois : SE TENIR (15) et REGARDER (20). Ici, le Chef Accompli ne transige pas sur ses principes. Il préfère jeûner plutôt que céder.

En marche : l'idéogramme, formé avec le signe du mouvement alterné du pied droit et du pied gauche, est aussi celui employé pour décrire l'action créatrice du Ciel. Les phrases décrivant le vol de l'oiseau et la marche du Chef Accompli sont construites à l'identique.

Trois jours : expression désignant une durée symbolique imprécise, mais relativement courte comparée aux autres cycles évoqués dans le *Yi Jing*.

Manger : l'idéogramme, qui signifie toujours manger, est employé ici dans son sens le plus matériel. Cependant dans l'Antiquité, ce caractère pouvait aussi avoir le sens de revenus d'un territoire féodal (voir 6/3, *vivre sur le patrimoine de ses ancêtres*). La phrase pourrait alors signifier que le Chef Accompli, à l'inverse du seigneur qui est promu avec ostentation à l'hexagramme précédent (voir 35/J), ne reçoit pas d'emploi chez son prince pendant une certaine durée.

Il y a où aller : formule mantique spécifique en trois caractères, apparaissant chaque fois qu'une particularité de la situation risque de faire perdre de vue les objectifs à long terme. Son sens global est : garder son cap sans se laisser déboussoler par les difficultés propres à la situation, tenir son objectif quels que soient les turbulences, le flou, ou ce qui entrave la marche. Alors qu'elle est le plus souvent modulée par l'appréciation *profitable*, elle est ici posée directement, ce qui souligne son côté impératif. Il s'agit d'être sûr de sa direction et de la suivre malgré revers et critiques.

Maître : l'idéogramme signifie au sens propre *maître, propriétaire*, et au sens figuré *point principal, direction essentielle*.

Le maître a des mots : le sens de cette phrase n'est pas parfaitement défini. Elle est formée de trois caractères dont le premier est *maître*, le second le verbe *il y a* et le dernier *mots, paroles*. Apparaissant quatre fois dans le Texte canonique, elle n'est citée qu'ici avec un personnage humain. Généralement comprise comme évoquant des critiques qu'on subit, il est possible qu'elle évoque aussi les remontrances de Bi Gan envers le tyran Di Xin (voir ligne 4).

䷎ **Hexagramme dérivé :** hexagramme 15. SE TENIR est un moment où l'on ne transige ni avec soi ni avec autrui. Le Chef Accompli s'y entraîne à « resserrer ses paroles » et à corriger excès et insuffisances.

Six en 2
OISEAU BLESSÉ
BLESSURE au côté gauche de la cuisse
Opérer la délivrance avec la FORCE d'un cheval
Ouverture

明夷 MING YI
夷于左股 YI yu zuo gu
用拯馬壯 yong zheng ma ZHUANG
吉 ji

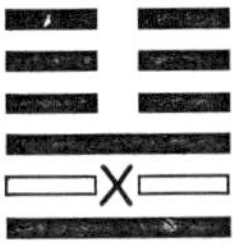

Lorsque aucune clarté ne préside plus aux décisions du souverain, les places en contact étroit avec le pouvoir – Préfet en deuxième ligne, Ministre en quatrième – sont celles où l'on court le plus de risques. Dans LUMIÈRE OBSCURCIE, il est fait mention à l'une comme à l'autre de *blessures*. Ici, la blessure touche le haut de la jambe, provoquant une immobilisation qui évoque celle d'un grand vassal, le Roi Wen, enfermé de longues années durant pour sa muette désapprobation des débordements de son suzerain (voir 9/J).

Wen fut un vassal modèle car, au lieu de se révolter contre l'ordre hiérarchique en heurtant de front le souverain, il sut mettre à profit une période de difficultés pour réaliser son œuvre : écrire le *Yi Jing*. Comme lui, il ne faut pas subir l'oppression de manière stérile mais réagir avec la force et l'endurance que symbolise le *cheval*, cité également au début de DÉNOUER, autre moment où il faut s'extirper rapidement d'une situation délicate (voir 59/1). Centrale et correcte, entourée de traits également corrects, cette ligne bénéficie de l'appréciation la plus favorable de l'hexagramme.

OISEAU BLESSÉ : nom de l'hexagramme, voir ligne 1.
BLESSURE : second caractère du nom de l'hexagramme.
Gauche : les notions de gauche et droite sont rares dans le *Yi Jing*. Dans cette figure, seule la gauche est mentionnée, appliquée ici à la cuisse et au ventre au trait 4. Dans l'énergétique chinoise, la gauche appartient au domaine du Yang (Est, Printemps, bois, naissance, etc.). Place d'honneur en temps de paix, elle le cède à la droite dans des circonstances néfastes (voir 7/4).
Cuisses : l'idéogramme, employé ici dans son sens propre, peut aussi désigner la partie du corps située entre le nombril et les genoux, celle où le tronc se divise.
Délivrance : l'idéogramme – différent de celui qui nomme l'hexagramme DÉLIVRANCE (40) – signifie *soulever, tirer, arracher* au sens propre et *aider, secourir, sauver, délivrer* au sens figuré. Il est ici précédé du verbe *opérer*, auxiliaire insistant sur la nécessité de la réalisation de ce qui est écrit ensuite.
FORCE : second des deux caractères nommant l'hexagramme GRAND FORCE (34).

Cheval : symbole à la fois d'endurance et de force, le cheval ne se répartit pas clairement entre Yin et Yang. Dans les deux premiers hexagrammes, le Yang est représenté par le Dragon (voir 1/1) et le Yin par le cheval (voir 2/J, *jument*). Ensuite, au couple dragon/cheval se substitue le couple cheval/vache. Dans le reste du Texte canonique, c'est parfois la force Yang du cheval qui est mise en avant (comme ici et à 59/1), et parfois sa ténacité Yin (voir 26/3).
Délivrer avec la FORCE d'un cheval : le sens de cette phrase qui se lit mot à mot « opérer, délivrance, cheval, force » n'est pas assuré. On peut également la lire « opérer avec force la délivrance du cheval ». Elle se retrouve à l'identique, suivie de la même appréciation positive, à 59/1.

Hexagramme dérivé : hexagramme 11. PROSPÉRITÉ est un moment où la prospérité naît de la communication entre le haut et le bas, entre l'intérieur et l'extérieur.

Neuf en 3

OISEAU BLESSÉ au cours de la chasse au Sud	明夷于南狩	MING YI yu nan shou
Atteindre au grand capitaine	得其大首	de qi da shou
Présage de fébrilité inefficace	不可疾貞	bu ke ji zhen

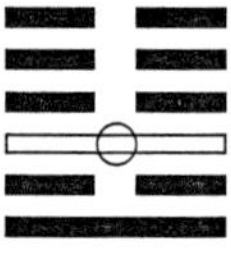

Yang à une place Yang et située en place de passage, cette ligne suggère de manière ambiguë un désir de se manifester à l'extérieur. S'agit-il de l'envie d'atteindre celui qui gouverne, c'est-à-dire les forces qui dans cette conjoncture sont à la source de l'oppression, ou bien d'arriver à se conduire soi-même en grand chef ? Les deux options sont possibles, bien que le conseil enjoignant d'éviter la hâte fasse plutôt pencher vers la seconde.

Sans doute compréhensible, la précipitation ne serait guère opportune en la circonstance, d'autant plus que la ligne est en correspondance avec le sixième trait, qui décrit une chute ou une retombée. Comme aux deux lignes précédentes, c'est une attitude de force personnelle et de prudence qui est recommandée.

OISEAU BLESSÉ : nom de l'hexagramme, voir ligne 1.
Chasse au Sud : cette chasse évoque un contexte dont on a pas encore retrouvé la signification rituelle. Seule indication : le Sud, auquel se rapportent des connotations de lumière, d'oiseau rouge, et d'activité en général. Dans le contexte du *Yi Jing*, on peut remarquer que le Sud sépare les terres des Zhou à l'Ouest, de celles des Shang à l'Est ; une avancée dans ce territoire intermédiaire serait synonyme de blessure.

Atteindre au grand capitaine : le texte porte quatre caractères dont le premier *atteindre* évoque l'idée qu'on parvient à matérialiser quelque chose, et le dernier *capitaine* est ambigu, l'idéogramme signifiant à la fois *tête* et *celui qui commande*. En référence aux rebelles dont on tranche les têtes (voir 30/6), la phrase peut être comprise comme décrivant la capture d'un chef. Le contexte historique suggère aussi une autre lecture. Le Roi Wu sut en effet se comporter en capitaine de guerre, et notamment attendre suffisamment longtemps avant de mener l'attaque décisive contre le tyran. La phrase signifierait alors «atteindre au niveau d'un grand chef ». En la rattachant à ce qui suit, le conseil serait ainsi : lorsque la tentation d'agir est forte, seul celui qui comprend que toute hâte est inutile se comporte en grand chef.
Fébrilité : l'idéogramme signifie à la fois *malaise, souffrance, blessure* et aussi *rapidité, promptitude, hâte. Fébrilité* joue sur ces deux niveaux de sens qui souvent se superposent.
Présage de fébrilité inefficace : variante de la formule mantique *présage d'impossibilités* par insertion du caractère *fébrilité* entre *présage* et *impossibilités.*

Hexagramme dérivé : hexagramme 24. RETOUR est un moment de renouveau, le premier pas d'une renaissance encore fragile, durant laquelle une conduite intempestive est inappropriée.

Six en 4

Entrer au côté gauche du ventre	入于左腹	ru yu zuo fu
Saisir le cœur de l'OISEAU BLESSÉ	獲明夷之心	huo MING YI zhi xin
au sortir de la grand-porte de la cour d'honneur	于出門庭	yu chu men ting

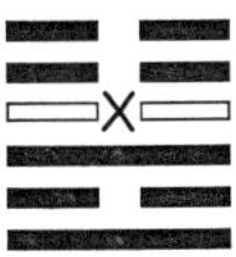

À ce niveau de Ministre comme à celui du Préfet, on se trouve dans la position d'un vassal qui subit l'oppression, et de façon directe : plus proche de la ligne souveraine, la place est encore plus exposée. Une rupture dans la construction du texte – le nom de l'hexagramme n'est plus cité en tête du texte – marque cette aggravation, mettant ainsi en valeur l'évocation de la circonstance tragique qui coûta la vie à Bi Gan, tué par son frère le tyran Di Xin qui lui fit *saisir le cœur*.

La grand-porte est celle de la cour royale où l'on expose ses remontrances (voir 43/J). S'y présenter est extrêmement risqué dans une situation où la plus grande réserve est conseillée. À ce niveau de l'hexagramme, l'écartèlement s'exacerbe entre le plus interne – le cœur, le ventre – et le plus extérieur – la cour d'honneur — (voir 52/J où cette opposition est résolue). Yin à une place Yin, le trait est correct et en accord avec les quatre lignes inférieures de l'hexagramme, mais pas avec la cinquième. Une trop grande correction peut s'avérer dramatique dans une situation où il faudrait savoir, comme à la ligne suivante, simuler.

Entrer : signifiant globalement *entrer dans, rentrer, pénétrer*, ce verbe est toujours appliqué dans le contexte du *Yi Jing* à des lieux ou des situations à forte teneur Yin.
Côté gauche : voir ligne 2.
Ventre : aucune autre occurrence dans le *Yi Jing* ne permet de préciser le sens de ce mot. Cependant, l'idéogramme, composé du signe général de la chair et du nom de l'hexagramme 24, indique que c'est « le lieu du corps où se fait le retour ». Dans cet hexagramme, il peut être mis en rapport avec la faim du Chef Accompli (cité à la ligne 1, en correspondance avec celle-ci) et avec la *cuisse* (ligne 2) dont est reprise la précision *gauche*, ces deux relations suggérant que c'est encore du vassal dont il est ici question.
Saisir : l'idéogramme, évoquant une saisie par force ou par contrainte, fait référence principalement à la chasse.
Cœur : l'idéogramme représente un battement. Siège de la pensée, le cœur peut représenter l'*esprit*, siège de la vie affective, il peut aussi être *disposition intérieure, volonté, intention, conscience morale*. Désignant dans le *Yi Jing* le *for intérieur*, il apparaît plutôt dans des contextes de tristesse et de douleur. Ici, il évoque peut-être directement le supplice de Bi Gan, résumé par les trois verbes du texte de ce trait : entrer, saisir, sortir. Cependant, elle peut aussi se comprendre comme « saisir le cœur de l'obscurcissement ». Il s'agirait alors de savoir aller au cœur du problème de l'hexagramme, comme le fit le Sire de Ji qui, en voyant le meurtre de son frère, sut trouver la stratégie adéquate face au tyran.
OISEAU BLESSÉ : nom de l'hexagramme, voir ligne 1.
Entrer... sortir : faisant référence à l'hexagramme 24 RETOUR (où ils apparaissent couplés au Jugement), l'emploi de ces deux verbes renforce l'évocation de cet hexagramme déjà suggéré par le mot *ventre*. Le sacrifice de Bi Gan a marqué le tournant final de la dynastie des Shang et le renouveau que consacrera la prise du pouvoir par les Zhou.
Grand-porte : l'idéogramme dessine la porte extérieure à deux vantaux de la maison traditionnelle chinoise. La grand-porte de la maison marque la limite entre l'intérieur et l'extérieur, c'est son verrouillage qui fonde le Clan (voir 37/1). Souvent associé au verbe sortir, c'est un signe d'extériorisation.
Cour d'honneur : l'idéogramme désigne la grande cour d'honneur située devant la salle du trône du palais, le lieu le plus central et le plus public du pouvoir.

䷶ **Hexagramme dérivé :** hexagramme 55. ABONDANCE est un moment de grande luminosité qu'il faut savoir voiler afin que la croissance n'ait pas pour conséquence le blocage.

Six en 5
Tel le Sire de Ji OBSCURCIR SA LUMIÈRE — 箕子之明夷 Ji zi zhi MING YI
Ténacité profitable — 利貞 li zhen

Frappante par la concision de son texte et par l'évocation nominale du frère cadet du tyran, cette ligne éclaire tout l'hexagramme. Le Sire de Ji, provoqué par son cruel aîné, ne put échapper à sa folie meurtrière qu'en *obscurcissant sa lumière*, c'est-à-dire en simulant la folie. Cette stratégie libératoire lui permit de sortir du dilemme aux conséquences terribles, décrites à la ligne précédente, dans lequel s'était enfermé son second frère Bi Gan.

Mettre en pleine lumière des conduites négatives n'est pas toujours l'attitude la plus efficace. L'influence secrète de qui sait garder son savoir dans l'ombre est parfois bien plus opérante. Dans une situation de conflit provoquée par une tyrannie extérieure, l'attitude souveraine consiste à ne pas répondre à la provocation, à ne pas se conduire comme un héros qui se fera inévitablement et inutilement massacrer. Il est préférable, à l'instar du Sire de Ji, de masquer son intelligence de la situation – *Ming*, lumière, signifie également intelligence – afin de préserver des richesses intérieures qui pourront resurgir quand la tourmente sera apaisée. En plus de l'habileté à séparer clairement le vrai du faux – *Ji* signifie également tamis – l'endurance est ici la seule qualité qui puisse permettre à la situation de porter ses fruits.

Tel : le texte porte une construction avec un génitif (mot à mot : LUMIÈRE OBSCURCIE *du* Sire de Ji), usuelle en chinois classique mais impossible à rendre en français avec une forme verbale et en suivant l'ordre du texte original. *Tel* est un artifice dû à ces contraintes.
Sire de Ji : nom public du troisième frère de Di Xin, le tyran contre lequel le Roi-Guerre Wu Wang mena une campagne victorieuse qui installa les Zhou sur le trône des Shang. Après qu'il eut « obscurci sa lumière » pour échapper à la cruauté de son frère aîné, le Sire de Ji fut selon certains enfermé dans une porcherie, selon d'autres condamné à jouer le bouffon pour son frère aîné. Il fut libéré au moment de la conquête par son beau-frère, Wu Wang, qui lui propose d'être son Premier Ministre. Refusant de servir ceux qui avaient anéanti sa famille, mais reconnaissant envers celui qui les avait délivrés du tyran, le Sire

de Ji se sortit de ce second dilemme en dévoilant un texte demeuré classique : la *Grande Règle de gouvernement*, le *Hong Fan* (un texte retranscrit à une époque très ancienne, sans doute contemporain de la rédaction du *Yi Jing* et, comme bien d'autres classiques, remanié à l'époque des Han).

Pour ce don qui permit au clan des Zhou d'affermir sa conquête – attitude évoquée à la Grande Image – le Sire de Ji est le seul membre de la dynastie vaincue à être cité, et par son nom personnel, à la place d'honneur d'un hexagramme. En effet, de tous les personnages Shang évoqués dans le *Yi Jing*, seuls sont nommés ceux qui, chacun à sa manière, ont contribué à l'élévation des Zhou : Di Yi (11/5 et 54/5) et Wu Ding (63/3) et ici le Sire de Ji[60]. L'idéogramme avec lequel son nom est écrit souligne joliment les qualités du personnage : son sens propre est *van*, cette sorte de panier ouvert en forme de demi-entonnoir que l'on voit encore au bord des routes chinoises et utilisé par les paysans pour séparer la paille et le grain.

Ténacité profitable : formule mantique signalant que la situation, pour être fructueuse, requiert une grande capacité à endurer, à tenir avec constance, sans se laisser fatiguer par les difficultés du moment En écho avec les *difficultés profitables* évoquées au Jugement, cette solidité permet de rendre finalement la circonstance profitable. Alors qu'elle est présente dans presque un Jugement sur trois, cette formule n'est citée que trois fois dans les Textes des traits, toujours à des places centrales : LUMIÈRE OBSCURCIE (36/5), DIMINUER (41/2) et CHAUDRON (50/5).

Hexagramme dérivé : hexagramme 63. DÉJÀ TRAVERSÉE est une situation d'équilibre précaire qu'une attitude téméraire ne peut que défaire.

En haut un six

Obscurité sans LUMIÈRE	不明晦	bu MING hui
Au début élevé au ciel	初登于天	chu deng yu tian
ensuite rentré en terre	後入于地	hou ru yu di

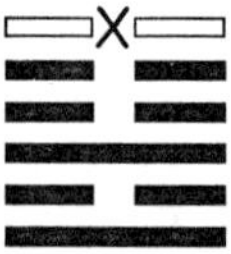

Ce niveau de Sortie est le premier où il n'est pas fait mention de blessure. Seule la LUMIÈRE est citée. Il ne s'agit plus d'obscurcissement, mais d'obscurité ; plus de stratégie, mais du cours naturel du temps. Bien que le texte ait souvent été lu comme décrivant simplement le destin du tyran Di Xin, dont les excès entraînèrent la chute, il peut aussi être compris de manière plus générale. Comme dans le mécanisme des rêves, l'image utilisée condense deux évocations, celle de l'oiseau et celle du Sire de Ji.

En écho avec celui de la première ligne, et comme toujours dans le contexte du *Yi Jing*, l'oiseau qui s'est trop élevé doit à présent en rabattre. Le Sire de Ji, cadet qui s'est élevé jusqu'à une attitude royale, part s'exiler en Corée après avoir refusé la promotion proposée par le Roi Wu. Le prince *rentre en terre* et se dissimule à nouveau après avoir mis en lumière les bienfaits de la simulation. Pour amère qu'elle puisse paraître, la situation n'est présentée sans aucune formule mantique positive ni négative : c'est un déclin qu'il s'agit de reconnaître.

Obscurité : formé avec le signe du *soleil* et un groupe évoquant quelque chose qui s'étend par un mouvement de recouvrement progressif, l'idéogramme désignait à l'origine le *dernier jour du mois lunaire*. Son sens général est *obscurité, ténèbres, nuit, sombre*, etc. Sans rapport graphique avec le premier caractère du titre de l'hexagramme, cet idéogramme, quand il est comme ici dans un rapport d'opposition avec LUMIÈRE, a une connotation néfaste.
Obscurité sans LUMIÈRE : la phrase comporte trois caractères qui se lisent mot à mot : (négation) – Lumière – obscurité. Bien que souvent comprise comme une opposition (non lumière, mais obscurité), la reprise de deux de ces caractères dans le texte de la Grande Image amène à considérer cette « non-lumière » comme un attribut déterminant l'obscurité.
Au début : écrit en combinant le signe général des vêtements et le caractère *couteau*, l'idéogramme évoque la toute première coupe dans un tissu, le point de départ d'un vêtement donné, puisque jusque-là, n'importe quel vêtement était possible. Ici, ce rappel du début fait écho à l'oiseau en vol de la première ligne, symbole d'une attitude présomptueuse.
Élevé : la forme ancienne de l'idéogramme montre une paire de mains élevant un vase rituel vers l'empreinte de deux pas, signe de la présence tangible des ancêtres. De là l'idéogramme a pris le sens de *gravir, s'élever*, et aussi, *recevoir, enregistrer*.
Rentré en : voir ligne 4, *entré*.

䷕ **Hexagramme dérivé** : hexagramme 22. EMBELLIR est une situation d'ajustement du visible avec l'invisible jusqu'à la transparence symbolisée par le blanc, couleur du deuil.

ÉLÉMENTS D'ANALYSE

Nucléaire

䷧ **Hexagramme 40 : DÉLIVRANCE.** Au cœur de LUMIÈRE OBSCURCIE, il y a DÉLIVRANCE. Au cœur d'une situation d'étouffement, il y a l'idée d'un soulagement qui s'effectue par séparation nette entre le dedans et le dehors, entre l'avant et l'après. Par une adroite stratégie de simulation, on place une barrière entre le visible et le caché afin de se protéger de l'oppression extérieure. Comme son nom le suggère, le Sire de Ji, lorsqu'il voile sa lumière, fait la part entre l'immédiat et le long terme. Ce masque permet à la lumière de ne pas être définitivement atteinte et de renaître plus tard.

Opposé

䷅ **Hexagramme 6 : PLAIDER SA CAUSE.** La relation d'opposition entre OBSCURCIR SA LUMIÈRE et PLAIDER SA CAUSE se situe au niveau de l'implication personnelle dans un conflit. PLAIDER SA CAUSE décrit un conflit dont on est partie prenante, OBSCURCIR SA LUMIÈRE une situation conflictuelle dans laquelle on est impliqué malgré soi. Outre cette différence, les solutions stratégiques s'opposent par l'utilisation ou non de la parole : PLAIDER SA CAUSE exige de l'utiliser avec souplesse et d'être conscient de l'opportunité de plaider. Dans OBSCURCIR SA LUMIÈRE, le problème ne pouvant se résoudre à notre niveau, il est préférable de se taire pour éviter toute aggravation dangereuse, afin de disposer de ses forces quand la fin de l'oppression sera venue.

明夷

37 GENS DU CLAN

家人

JIA REN

䷤

En haut VENT ☴
En bas FEU ☲

GENS DU CLAN	家人	JIA REN
Profitable d'être tenace comme une femme	利女貞	li nu zhen
Au début un neuf		
Les madriers verrouillant les portes	閑	xian
réalisent le CLAN	有家	you JIA
Tout regret disparaît	悔亡	hui wang
Six en 2		
Il n'y a pas lieu de pousser en avant	无攸遂	wu you sui
Être au Milieu Juste en charge des offrandes de repas	在中饋	zai zhong kui
Présage d'ouverture	貞吉	zhen ji
Neuf en 3		
GENS DU CLAN poussent de hauts cris	家人嗃嗃	JIA REN he he
Regrets	悔	hui
Danger	厲	li
Ouverture	吉	ji
Épouse et enfants rient sans mesure	婦子嘻嘻	fu zi xi xi
À la fin gêne	終吝	zhong lin
Six en 4		
Enrichissement du CLAN	富家	fu JIA
Ouverture en grand	大吉	da ji
Neuf en 5		
Le Roi en se reliant réalise le CLAN	王假有家	wang jia you JIA
Pas de craintes à avoir	勿恤	wu xu
Ouverture	吉	ji
En haut un neuf		
Il y a onde porteuse	有孚	you fu
comme elle en impose !	威如	wei ru
À la fin ouverture	終吉	zhong ji
Grande Image		
Le vent sort du feu	風自火出	feng zi huo chu
GENS DU CLAN	家人	JIA REN
L'Être Accompli ainsi	君子以	jun zi yi
en donnant consistance à ses paroles	言有物	yan you wu
alors donne CONSTANCE à son agir	而行有恆	er xing you HENG

Dixième Aile
GENS DU CLAN
intérieur

家人 JIA REN
內也 nei ye

GENS DU CLAN, c'est l'organisation pour durer. Basé sur le culte ancestral, cet hexagramme marque les moments où il faut replacer l'événement dans une échelle de temps plus vaste. Ensemble vivant qui survit aux individus, le clan est le modèle de tout dispositif qui transforme de l'éphémère en durable par référence à un foyer commun, toute communauté ou école de pensée rassemblée autour d'un point de convergence et soudée par des rites.

Ensemble de ceux qui sacrifient à un ancêtre commun, le clan chinois relie les générations passées et futures à la manière des anneaux d'une chaîne. Il est l'assurance que quelque chose qui participe de l'existence même perdure par-delà ce qui meurt. Le culte est primordial, car les êtres humains ont besoin du lien avec l'invisible : ils en sont tissés, ils ont souci de l'entretenir.

Deux personnages emblématiques sont à l'honneur dans GENS DU CLAN : le roi, capable de relier à l'invisible, et la femme, sans qui il n'y a pas de rites. Établir un lien avec le caché pour fonder une organisation qui fonctionne est une attitude royale. Assurer la continuité de ce lien en perpétuant la lignée est indispensable. Le clan est ainsi une organisation à la fois close sur elle-même et en relation avec l'ouvert. Se relier aux esprits invisibles, en les invoquant et en les nourrissant, c'est sans cesse réintégrer des éléments cachés dans la machine à créer du vivant : nourrir l'autre, c'est se nourrir soi-même.

La force Yin est manifeste dans la structure de l'hexagramme par les deux traits Yin situés aux places de Préfet et de Ministre, qui ont la particularité d'être en relation de voisinage ou de correspondance avec les trois places Yang de la figure. L'attitude Yin consiste à trouver la qualité d'endurance qui rend capable de génération, et de régénération. C'est aussi l'aptitude à occuper jour après jour une position centrale dans un organisme dont le roi assure souverainement l'aspect visible et le lien avec le caché. GENS DU CLAN est l'une des situations les plus favorables du *Yi Jing* : il y est fait cinq fois mention de l'appréciation *ouverture*.

GENS DU CLAN doit amener à reconsidérer le lien avec le groupe ou l'école à laquelle on appartient, ou à trouver la capacité d'organiser l'ensemble des forces en présence autour d'un point de référence. Se tourner vers ce pôle à la fois caché et ouvert permet de replacer les problèmes du moment dans un cadre temporel plus vaste.

IDÉOGRAMMES

JIA : *Maison, demeure, logis, foyer. Habiter. Famille, parenté, clan. Maison de commerce, école de pensée ou artistique. Maître. Personnes, gens.*

L'idéogramme est formé de deux parties. En haut le signe du toit. En bas le signe général des porcins, porc, cochon, etc. Ce caractère a été longtemps expliqué comme étant une représentation de la maison paysanne chinoise, avec le cochon qui vit à l'intérieur, assurant le service de voirie. Les cochons servaient à cet usage, mais dans les villes européennes de la Renaissance. En Chine, il en allait autrement, et il est de toute façon naïf d'imaginer que les lettrés qui composaient les caractères soient allés-concept aussi important. La réalité étymologique est plus en rapport avec la spiritualité familiale représentée par cet idéogramme, qui est relié à l'armature du clan chinois, le culte aux ancêtres. La demi-tête de cochon est en effet l'offrande minimale aux ancêtres défunts. De là, cet idéogramme désigne non pas ceux qui sont unis par un lien de sang, mais l'ensemble de ceux qui sacrifient à un ancêtre commun : la grande famille chinoise, mais aussi les groupements intellectuels ou artistiques que nous appelons des écoles. Le culte des ancêtres aide à vaincre l'absurdité d'une vie individuelle limitée en l'incluant dans un ensemble plus vaste qui lui préexistait et lui survivra. Plutôt que « famille » par lequel il est généralement rendu, le sens de cet idéogramme serait le mot français « maisonnée » ou mieux « maison » au sens médiéval de ce terme. *Clan* a été choisi pour évoquer les multiples liens de la grande famille chinoise.

REN : *Être humain en général, personne. Les gens.*

L'idéogramme représente l'être humain en général. Il est caractérisé par ce qui le différencie de tous les autres vivants : il se tient debout sur ses pattes arrière. Quelques rares animaux peuvent se tenir quelques instants ainsi, notamment le tigre, ce qui le rapproche du règne humain (voir hexagramme 10/I). Cependant cette vision de l'être humain est vraisemblablement tardive. Les formes les plus archaïques de ce signe montrent une personne dans une attitude rituelle d'oraison. Trop simples pour être sûres, ces graphies laissent supposer qu'avant d'être anthropologique, l'idée que se faisaient les anciens Chinois de l'être humain était d'abord spirituelle.

Parmi les soixante-quatre situations nommées dans le *Yi Jing*, deux seulement le sont en référence à l'être humain : S'ENTENDRE AVEC TOUS (13) et GENS DU CLAN. Toutes deux traitent des relations entre humains, mais chacune d'un point de vue particulier, explicité par le premier caractère de leur nom. Ici, avec le CLAN, l'accent est mis sur les rapports verticaux entre différentes générations à l'intérieur de la grande famille. À l'hexagramme13, avec le mot S'ENTENDRE, ce sont les rapports horizontaux entre membres d'une même génération qui sont soulignés. Ces deux points de vue sont représentés dans chacun des idéogrammes par des objets relatifs à la nourriture : ici, le cochon dans son aspect le plus rituel, à l'hexagramme 13, par un bol et son couvercle, un ustensile plus usuel.

TEXTE CANONIQUE

JUGEMENT

GENS DU CLAN 家人 JIA REN
Profitable d'être tenace comme une femme 利女貞 li nu zhen

S'organiser pour durer demande une seule qualité : la ténacité. Le Jugement de GENS DU CLAN, un des plus courts du *Livre des Changements*, n'évoque rien d'autre mais il prend pour emblème de cette qualité un personnage : la *femme*. En dehors de toute représentation sociale, la femme symbolise dans le contexte du *Yi Jing* une force : celle qui permet de perdurer. Si dans le clan chinois, le culte aux ancêtres doit être tenu par le fils aîné, il exige pour être effectif la collaboration de son épouse, dont la fécondité est le symbole de ce qui prolonge la famille au-delà des existences individuelles.

À travers celle à qui incombe la perpétuation de la lignée, ce sont des capacités de gestation et de génération qui sont mises en valeur. La CONSTANCE quotidienne – le nom de l'hexagramme 32 est mentionné dans le texte de la Grande Image – fait appel à des qualités d'adaptabilité, d'endurance, de retrait et de compréhension qui concernent tout un chacun.

Profitable d'être tenace comme : construction particulière de la formule mantique *ténacité profitable*. Entre les deux idéogrammes de cette formule est intercalé un caractère qui particularise la forme de ténacité qui est profitable dans la circonstance. Cette précision généralement passée inaperçue, est importante car elle donne à cette phrase un sens bien plus intéressant que le simple conseil de persévérance avec lequel elle est généralement expliquée. La spécificité des personnages symboliques choisis pour caractériser les différentes formes de ténacité est parlante : la femme (ici et 20/2), *qui demeure* (3/1 et 17/3), et le *Chef Accompli* (13/J). Leur qualité commune est la force Yin, la solidité qui permet de tenir quelles que soient les difficultés.

Femme : personnage emblématique symbolisant une attitude Yin. L'idéogramme représente un être humain assis sur ses talons, les poignets croisés, les mains posées paumes contre les cuisses, position qui était dans l'Antiquité chinoise la manière noble de s'asseoir. Par ailleurs, avoir les poignets croisés, mains posées paumes contre les cuisses, était un autre signe de puissance. Il signifiait « je ne travaille pas » parce que je commande à d'autres qui travaillent pour moi. Les serviteurs en effet se présentaient mains parallèles et posées sur les cuisses, paumes tournées vers le haut, dans un geste de soumission signifiant « mes mains sont à ton service ».

Profitable d'être tenace comme une femme : cette seule phrase résume la stratégie globale à adopter au moment de GENS DU CLAN. L'organisation pour durer nécessite de considérer l'éphémère sous un angle plus large.

TEXTE DES TRAITS

Au début un neuf

Les madriers verrouillant les portes — 閑 xian
réalisent le CLAN — 有家 you JIA
Tout regret disparaît — 悔亡 hui wang

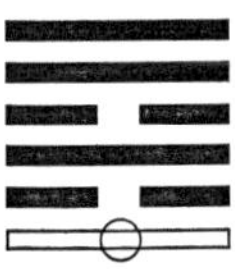

Une organisation, quelle qu'elle soit, ne peut s'établir qu'à l'intérieur de limites claires, symbolisées par les *madriers* qui bloquent les portes de la maison. Frontière par rapport à l'extérieur – le CLAN est résumé à la Dixième Aile comme l'*interne* – mais aussi définition des places et des règles, cette délimitation est nécessaire pour établir et structurer un dispositif durable.

À ce trait d'Entrée, correct et en relation avec les deux traits Yin de la figure, sont posées les bases qui permettent de *réaliser le clan*, expression qui définit la tâche du roi à la cinquième ligne. Accepter les limitations contribue à fonder l'espace clos, intérieur et organisé du clan. Le sentiment de contrainte que provoque la définition des différents champs est normal et ne saurait durer.

Les madriers verrouillant les portes : le texte porte un seul idéogramme formé avec le caractère *porte* et le signe du bois, qui représente la poutre servant à assurer la fermeture des portes à double vantail. En tant que verbe, il signifie *défendre, garder, protéger, contrôler* (voir 26/3).
Réalisent : rend le verbe *il y a*, qui dans le contexte du *Yi Jing* insiste sur la réalisation effective de ce dont il s'agit.
CLAN : le nom complet de l'hexagramme n'est pas cité, seulement le premier des deux caractères. L'accent n'est pas mis sur les *gens* qui composent le Clan, mais sur la structure mise en place par le cloisonnement.
Regrets : appréciation mantique signalant qu'on tarde à réagir pour adopter la nouvelle attitude demandée par l'évolution de la situation.
Tout regret disparaît : formule mantique spécifique qui renforce le sens d'incitation à aller de l'avant contenue dans le terme *regrets*. Le moment est venu de se mettre en marche sans aucune nostalgie pour ce qu'on laisse derrière soi.

Hexagramme dérivé : hexagramme 53. PROGRESSER PAS À PAS est un moment d'avancée pénible et de gestation laborieuse, où les pas en arrière font partie intégrante du processus général de progrès.

Six en 2

Il n'y a pas lieu de pousser en avant	无攸遂	wu you sui
Être au Milieu Juste en charge des offrandes de repas	在中饋	zai zhong kui
Présage d'ouverture	貞吉	zhen ji

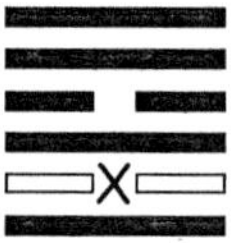

Située à l'intérieur d'un l'hexagramme axé sur l'organisation de l'interne, le second niveau, celui de Préfet, est en position centrale et sa qualité Yin résonne particulièrement avec la *ténacité* de la *femme* indiquée au Jugement. Que le nom de l'hexagramme n'y soit pas cité confirme à la chinoise qu'il s'agit moins ici du clan que du mouvement organique qui l'entretient et le nourrit. Ce mouvement ne consiste pas à forcer les choses mais à être là, veillant à l'entretien de ce qui, bien que caché, sous-tend toute la structure.

En correspondance avec la cinquième ligne, lieu de l'invocation de la lignée, ce trait évoque le lien qui se tisse au quotidien par le culte que le clan rend à sa continuité. Nourrir les ancêtres, c'est tenir sa place dans la chaîne qui relie aux défunts, c'est nourrir le contact avec les forces invisibles en se préoccupant des vivants. La *justesse* de cette attitude est si importante qu'un hexagramme entier, JUSTE CONFIANCE (61), lui est consacré. Il y est montré comment la confiance naît d'une position médiane entre ascendants et descendants, entre interne et externe, entre manifesté et virtuel, entre ce qui précède et ce qui suit.

Le trait est correct et en relation avec les trois places Yang de la figure – qualité qu'il partage avec l'autre trait Yin situé en place de Ministre, également place de service. Il s'agit, non de prendre des initiatives, mais de savoir accueillir la force invisible sur laquelle se fonde la structure, de trouver la position juste permettant l'entretien de cette force et d'en assurer ainsi la régénération.

Pousser en avant : formé avec le signe de la marche et le caractère général des porcins (voir 33/I), ce caractère, qui se rapproche par le son et par le sens du nom de l'hexagramme 17, signifie *suivre ses désirs*, mais aussi *aller de l'avant, progresser, aboutir, achever*. Il se retrouve à 34/6 *(aller de l'avant)* et 51/4 *(avance)*.
Il n'y a pas lieu de pousser en avant : la phrase est construite sur le modèle de la formule mantique *aucun lieu n'est profitable*, à la différence près que le mot *profitable* est remplacé par le verbe *pousser en avant*. Elle signifie donc mot à mot qu'il n'y a pas à aller au-delà de la situation actuelle.
Être au : l'idéogramme est plus fort que le simple verbe « être ». Signifiant *être en un lieu, être présent dans, être en train de*, etc., il souligne un fort rapport entre la présence et le lieu de la présence.
Milieu Juste : représentant une flèche qui se fiche *au milieu* de la cible, l'idéogramme représente l'attitude *juste* parce qu'en parfait accord avec le moment.
Être au Milieu Juste : comme le suggérait déjà le verbe *être au*, ce n'est pas une localisation qui est décrite ici – le texte de la Dixième Aile emploie un autre caractère pour évoquer l'*intérieur* – mais une attitude. Il s'agit d'adopter une démarche retenue, de se sentir en charge de la réalisation des repas pour les défunts et les vivants, sans en faire plus. La position désignée ici, entre pouvoir et retrait, fait écho à celle décrite également comme *au milieu juste* au même niveau de ARMÉE (voir 7/2), où grâce à la ténacité effacée du préfet nommé général par le roi lui-même, le pays est défendu.
En charge des offrandes de repas : rend un seul idéogramme, formé avec le signe général de tout ce qui concerne la nourriture et un caractère signifiant noble, précieux. Devenu assez rare, ce caractère qui n'apparaît qu'ici, avait pour sens primitif *offrir des mets à un supérieur*, et de là, il en est venu à signifier *offrir, présenter, faire cadeau*, etc. Il ne s'agit donc moins de cuisiner ou de manger – activités qui sont prises en compte dans le *Yi Jing* mais désignées par d'autres idéogrammes – que du culte des ancêtres, rituel qui dès l'origine était basé sur l'offrande de nourriture aux défunts.
Présage : modulation globale de certaines appréciations mantiques.

Ouverture : appréciation mantique signalant un moment heureux où un agencement fécond du flux vital multiplie les possibilités de développement. Cette appréciation est citée à cinq reprises dans cet hexagramme (lignes 2, 3, 4, 5 et 6). Pareille accumulation n'est le fait que de trois hexagrammes : GENS DU CLAN, PLAIDER SA CAUSE (6) et ALLIANCE (8), et souligne leur côté extrêmement favorable.
Présage ouverture : formule mantique spécifique indiquant la tendance à un réagencement positif de la situation.

Hexagramme dérivé : hexagramme 9. PETIT APPRIVOISE est un moment où les forces s'accumulent patiemment et s'affinent pour devenir fécondes.

Neuf en 3

GENS DU CLAN poussent de hauts cris	家人嗃嗃	JIA REN he he
Regrets	悔	hui
Danger	厲	li
Ouverture	吉	ji
Épouse et enfants rient sans mesure	婦子嘻嘻	fu zi xi xi
À la fin gêne	終吝	zhong lin

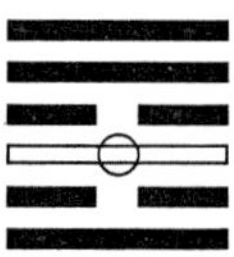

À ce niveau de Passage entre l'intérieur et l'extérieur, l'organisation du CLAN a tendance à se gripper. La maison où habite le clan représente l'interne par rapport au monde extérieur. Elle se partage elle-même en un domaine Yang, la grande cour exposée au Sud et un domaine Yin, le gynécée, regroupant tous les bâtiments situés au Nord. Ceux qui habitent ici ricanent, ceux qui agissent là-bas maugréent : dans l'un comme dans l'autre, l'individualisme prend le pas sur le sentiment d'appartenance. Le texte reflète cette situation grinçante par une accumulation déconcertante d'onomatopées et d'appréciations mantiques.

Ces dissonances provoquent un va-et-vient hésitant entre fermeté et laxisme. La correction de la place, Yang à une place Yang, pousse à une certaine rigueur qui, si elle comporte des dangers, peut permettre d'éviter la confusion. Le laisser-aller en revanche, surtout envers ceux que l'on considère comme ses proches, peut se révéler à la longue plus gênant.

Poussent de hauts cris : le texte porte seulement un caractère répété deux fois, marque classique du superlatif. Cet idéogramme, formé avec le signe de la bouche et le mot *grand, élevé*, est en fait une onomatopée. Il n'apparaît qu'ici.
Regrets : appréciation mantique signalant qu'on tarde à réagir pour adopter la nouvelle attitude demandée par l'évolution de la situation.

Danger : appréciation mantique signalant les risques inhérents à la situation.
Ouverture : voir ligne 2.
Épouse : composé du caractère *femme* (voir Jugement) et d'un groupe complexe qui a donné lieu à des interprétations fantaisistes, l'idéogramme signifie *épouse, femme mariée, dame. Épouse,* comme *femme,* est dans le contexte du *Yi Jing* un personnage symbolique représentant une attitude Yin.
Enfants : l'idéogramme signifie à la fois *enfant, fils* et *prince.*
Rient sans mesure : le texte porte un caractère répété deux fois, ce qui est la marque classique du superlatif. Cet idéogramme, qui n'apparaît qu'ici, est formé avec le signe de la bouche et le caractère joie (voir 25/5). Resté très courant pour évoquer le rire, il est différent de celui également rendu par *rire* quand ce terme est opposé à *pleurer.*
À la fin : modulation mantique qui replace la circonstance dans une perspective temporelle.
Gêne : appréciation mantique indiquant un manque de fluidité qui rétrécit les possibilités d'action.
À la fin gêne : c'est ici la seule fois où le rétrécissement évoqué par *gêne* est posé en perspective.

Hexagramme dérivé : hexagramme 42. AUGMENTER est un moment de bouillonnement et de montée en puissance au cours duquel on réaménage et redistribue les forces en présence.

Six en 4
Enrichissement du CLAN — 富家 fu JIA
Ouverture en grand — 大吉 da ji

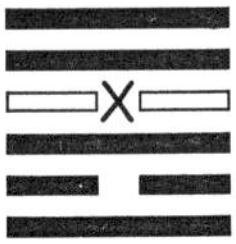

À l'inverse des réactions égoïstes décrites à la ligne précédente, le sentiment d'appartenance prend maintenant le pas sur l'individualisme. L'*enrichissement* indiqué ici est signe d'échange et de reconnaissance. La formule rare *ouverture en grand* engage à mettre à profit des possibilités de relation et de fécondité exceptionnelles.

Porté par son bon voisinage avec la ligne souveraine, ce quatrième trait est celui où le rôle de communication dévolu à la place de Ministre se joue de la manière la plus satisfaisante. Correct et en relation avec les trois places Yang de la figure, reprenant et parachevant l'action du Préfet en seconde ligne, il représente le moment le plus favorable de l'hexagramme.

Enrichissement : l'idéogramme signifie *riche, enrichir, abondant, copieux, richesse, opulence,* etc. Son usage courant est matériel et positif, il entre par exemple dans la composition du mot *bonheur* (voir 35/2). Dans le contexte du *Yi Jing*, il n'est cité en dehors de cet hexagramme que dans une formule spécifique qui traite d'enrichissement en relation avec les voisins, emploi qui souligne son rapport avec l'échange. Il ne s'agit pas de la gestion précautionneuse d'une ménagère avertie équilibrant avec diligence recettes et dépenses, d'autant plus que la phrase ne comporte pas de sujet, mais d'un mouvement d'enrichissement par reconnaissance réciproque : les voisins sont devenus des membres du CLAN.

Ouverture : voir ligne 2.

Ouverture en grand : variante de l'appréciation *ouverture*. Il semble bien qu'ici *grand* intervienne uniquement dans son sens propre d'attribut, comme une modulation de l'*ouverture* et non comme emblème du Yang. Lire « pour le Grand ouverture », c'est-à-dire « pour le Yang ouverture » non seulement est grammaticalement difficile, mais surtout ne correspond pas à la caractéristique Yin de cet hexagramme comme des quatre autres où la même formule est citée (45/4, 46/1, 50/6 et 62/J).

Hexagramme dérivé : hexagramme 13. S'ENTENDRE AVEC TOUS est un moment où les êtres humains se détachent de leur fonctionnement habituel et cherchent à s'accorder en affirmant, confrontant et dépassant leurs différences.

Neuf en 5

Le Roi en se reliant réalise le CLAN — 王假有家 wang jia you JIA
Pas de crainte à avoir — 勿恤 wu xu
Ouverture — 吉 ji

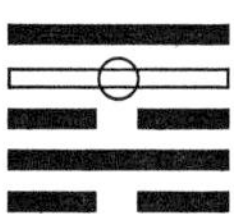

À la croisée du quotidien et du rituel, le Roi compte parmi les personnages les plus importants du *Yi Jing*. Dans le contexte de la Chine ancienne comme dans tous ceux où le civil et le religieux se confondent, il est à la fois la référence suprême de l'organisation sociale et, grâce au lien qu'il assure avec les ancêtres, le représentant de l'ordre universel. Complémentaire de celui de la femme dont l'importance est soulignée au Jugement, le rôle du Roi est de *se relier*, c'est-à-dire d'établir un lien avec l'invisible et de le manifester aux yeux de tous. Plus riche que le mot français, l'idéogramme rendu par *se relier* permet d'approfondir la signification du rituel évoqué par le texte. À l'idée d'*invoquer* il associe celle de *simuler* : on attire l'esprit de l'ancêtre en imaginant sa présence. Ainsi le geste rituel dépasse l'aspect formel pour établir un processus plus subtil au travers duquel l'imaginaire *convoque* le réel.

Le Roi est rarement cité en ligne souveraine. Pôle manifeste autour duquel se fonde la communauté aux temps d'ALLIANCE (8/5), référence intangible lorsque les structures se défont au moment de DÉNOUER (59/5), le roi symbolise ici, à l'intersection du vertical et de l'horizontal, la force capable de faire se manifester ce qui dépasse les individus. Établir un lien avec le caché pour organiser les relations entre les êtres en un ensemble qui fonctionne et leur survit est une attitude royale. Si elle requiert une certaine noblesse, on ne doit pas craindre de l'assumer ni se laisser impressionner par les forces ainsi mises en œuvre.

Roi : personnage symbolique, le Roi est le pivot de l'organisation sociale, le point central qui rassemble le peuple en le *reliant* à ses racines. Dans le contexte du *Yi Jing*, où il peut aussi être une allusion directe au Roi Wen, son apparition la plus caractéristique est à 45/J, où il est le sujet du même verbe qu'ici.
Se reliant : l'idéogramme est complexe et son sens ambigu. Sa signification actuelle est double, à la fois *faux, feint, simulé, emprunté* et *congé, vacances*, ce dernier sens dérivant peut-être du grand deuil de trois ans suivi à la mort des parents et qui obligeait pendant trois ans à laisser en *vacance* sa profession. Cependant, il peut aussi être employé à la place de deux autres caractères dont le premier a pour sens *arriver, pénétrer, faire venir, invoquer un esprit*, et le second *atteindre, pénétrer*. Dans le *Yi Jing*, où il est utilisé de manière spécifique (ici en place de Souverain, ailleurs uniquement au Jugement et avec le Roi comme sujet (voir 45, 55 et 59), ce verbe évoque vraisemblablement une cérémonie ayant pour but de faire venir un esprit afin de se *relier* à lui.
Réalise : le texte porte le verbe *il y a* modulation qui, dans le contexte du *Yi Jing*, accentue l'idée d'une réalisation effective.
CLAN : le texte porte le premier caractère du nom de l'hexagramme. Comme en ligne 1, l'accent n'est pas mis sur les *gens* composant le *Clan*, mais sur la structure globale de l'organisation familiale, manifestée par une structuration interne au premier trait et ici par l'action rituelle du Roi.
Pas de crainte à avoir : formule mantique indiquant qu'on est en train de se ronger inutilement les sangs. CROISSANCE, seul hexagramme dont le Jugement la cite, est la situation où son emploi est le plus caractéristique.
Ouverture : voir ligne 2.

䷕ **Hexagramme dérivé** : hexagramme 22. EMBELLIR est un moment de prise de conscience des effets de l'apparence, qui permet de rendre plus fluide la relation entre le dedans et le dehors.

En haut un neuf
Il y a onde porteuse
Comme elle en impose !
À la fin ouverture

有孚 you fu
威如 wei ru
終吉 zhong ji

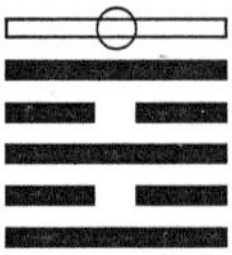

Ce niveau, le plus élevé de l'hexagramme, se situe en dehors de l'organisation humaine du CLAN. Il est sans relations avec les autres traits comme si, à ce stade, l'absence d'implication directe permettait de jouer un autre rôle.

Un flux est là auquel il faut s'accorder avec confiance et respect. À la différence de la tâche du Roi décrite à la ligne précédente, c'est par une position de réserve et d'effacement, sans intervention directe, que les êtres pourront être mis en relation favorable avec les forces mystérieuses qui sont entretenues par le CLAN et le nourrissent en retour. On retrouve ici l'écho de l'attitude décrite à la ligne souveraine de GRAND RÉALISE (14/5), où l'unique ligne Yin est particulièrement mise à l'honneur. Dans les deux cas, c'est la noblesse intérieure qui inspire à l'entourage une confiance inébranlable.

Onde porteuse : appréciation mantique signalant qu'un fort courant porteur traverse la situation.
Il y a onde porteuse : variante de la formule mantique *onde porteuse* insistant sur l'existence effective *(il y a)* de ce courant porteur, qui n'est pas ici un flux qui emporte mais une onde qui porte à faire corps avec le mouvement du CLAN.
Comme : construction particulière de la langue archaïque chinoise en forme de suffixe adverbial. Elle évoque ici une tournure exclamative, mais peut aussi souligner une idée de comparaison oratoire dont la forme répétitive scande particulièrement le texte de certains hexagrammes (voir hexagrammes 3, 22, 30, 35, etc.).
Impose : formé avec le caractère femme et le signe d'une hallebarde, l'idéogramme évoque à la fois une puissance qui fait trembler et un prestige qui en impose. On peut y voir une allusion à la crainte respectueuse qu'inspiraient les chamanesses dans la haute antiquité. Ce terme n'apparaît qu'une seule autre fois, également en rapport avec l'onde porteuse, à la ligne souveraine de GRAND RÉALISE (voir 14/5), l'unique ligne Yin de cette figure.
À la fin : modulation mantique qui replace la circonstance dans une perspective d'avenir, en annonçant soit son aboutissement probable, soit un retournement en contraste avec la situation actuelle.
Ouverture : voir ligne 2.
À la fin ouverture : formule mantique spécifique qui renforce le

conseil de considérer la situation plus dans l'évolution favorable de son dispositif que dans son état actuel.

䷾ **Hexagramme dérivé :** hexagramme 63. DÉJÀ TRAVERSÉE est un moment où tous les éléments sont à leur place, selon un modèle ordonné dans lequel les forces ont atteint un équilibre provisoire, appelé à se défaire et se renouveler sans cesse.

ÉLÉMENTS D'ANALYSE

Nucléaire

䷿ **Hexagramme 64 : PAS ENCORE TRAVERSÉE.** Au cœur de GENS DU CLAN, il y a PAS ENCORE TRAVERSÉE. Au cœur d'un modèle d'organisation transformant de l'éphémère en durable par référence à un foyer commun, il y a un chaos sous-jacent, une indétermination à même de faire évoluer ce qui est régulier, défini ou statique. Ouvert aux aventures individuelles des êtres qui le constituent, mais prenant sa source en deçà de ses manifestations éphémères, le Clan est en mesure de résister aux désintégrations cycliques qui le traversent tout en se renouvelant par leur apport. Il pérennise ainsi un ordre vivant du fait de savoir intégrer l'ouvert et l'indéterminé.

GENS DU CLAN est lui-même l'hexagramme nucléaire d'une famille de quatre figures (hexagrammes 6, 10, 47 et 58) dans lesquelles il prend le sens général de structure organisée autour d'une référence commune, qui perdure par-delà les épisodes individuels.

Opposé

䷧ **Hexagramme 40 : DÉLIVRANCE.** La relation d'opposition entre GENS DU CLAN et DÉLIVRANCE se situe au niveau du temps. GENS DU CLAN symbolise l'intégration d'éléments séparés dans un ensemble durable, DÉLIVRANCE la séparation d'un ensemble constitué entre éléments vivants et éléments périmés. GENS DU CLAN ramène vers l'intérieur des éléments externes en les organisant autour d'une référence unique. DÉLIVRANCE libère des attachements intérieurs en établissant rapidement la distinction entre un dedans et un dehors, un avant et un après.

38 DIVERGENCE

睽

KUI

䷥

En haut FEU ☲

En bas BRUME ☱

DIVERGENCE	睽	KUI
Pour des petites affaires ouverture	小事吉	xiao shi ji
Au début un neuf		
Tout regret disparaît	悔亡	hui wang
Perte du cheval	喪馬	sang ma
Ne pas s'efforcer de poursuivre	勿逐	wu sui
Spontanément RETOUR	自復	zi FU
On voit des êtres méchants	見惡人	jian e ren
Absence de faute	无咎	wu jiu
Neuf en 2		
Rencontrer un maître dans une ruelle sinueuse	遇主于巷	yu zhu yu xiang
Absence de faute	无咎	wu jiu
Six en 3		
On voit le chariot freiné	見輿曳	jian yu yi
un bœuf traîné	其牛掣	qi niu che
des gens le crâne rasé le nez coupé	其人天且劓	qi ren tian qie yi
Sans début il y a aboutissement	无初有終	wu chu you zhong
Neuf en 4		
Esseulé en DIVERGENCE	睽孤	KUI gu
Rencontrer un être d'initiative	遇元夫	yu yuan fu
Onde portant à nouer des relations	交孚	jiao fu
Danger	厲	li
Absence de faute	无咎	wu jiu
Six en 5		
Tout regret disparaît	悔亡	hui wang
Dans le temple familial MORDRE la peau !	厥宗噬膚	jue zong SHI fu
Comment aller pourrait-il être une faute	往何咎	wang he jiu
En haut un neuf		
Esseulé en DIVERGENCE	睽孤	KUI gu
On voit un porc couvert de boue	見豕負塗	jian shi fu tu
un char chargé de fantômes	載鬼一車	zai gui yi che
D'abord on tend l'arc	先張之弧	xian zhang zhi hu
ensuite on détend l'arc	後説之弧	hou shuo zhi hu
N'est pas brigand qui scelle l'union par mariage	匪寇婚媾	fei kou hun gou
En allant on rencontre la pluie	往遇雨	wang yu yu
donc l'ouverture s'ensuit	則吉	ze ji

Grande Image

Le feu monte la brume descend	上火下澤	shang huo xia ze
DIVERGENCE	睽	KUI
L'Être Accompli ainsi	君子以	jun zi yi
en CONCORDANT	同	TONG
alors se différencie	而異	er yi

Dixième Aile

DIVERGENCE	睽	KUI
extérieur.	外也	wai ye

DIVERGENCE traite des antagonismes et de leur résolution. Montrant les tensions qui surviennent lorsque les êtres réalisent leurs différences, il concerne les contrariétés, contestations et désaccords qui s'élèvent lorsque chaque individu groupe ou tendance à l'intérieur d'une même personne, cherche à s'extérioriser et à s'affirmer. Quand on se trouve confronté à des sentiments ou des points de vue contradictoires, la finesse consiste à maintenir vivant et rendre fertile le dynamisme créé par ces différences de potentiel. Éviter de trop en faire, privilégier la souplesse, telle est l'attitude qui permet à chaque partenaire de jouer son rôle dans un face-à-face fécond. DIVERGENCE est une situation tendue comme l'arc, qu'une détente opportune, évoquée au trait final de l'hexagramme, empêche de devenir agressif.

La structure de la figure donne une autre image de cette tension : non seulement les traits Yang y sont majoritaires, mais ils occupent les trois places Yin de l'hexagramme, ce qui n'est pas sans rapport avec les diverses complications suscitées par des rencontres difficiles. Le texte met ainsi en scène, dans une atmosphère de méfiance, un éventail de personnages étranges, incertains ou effrayants : *fantômes, êtres méchants, brigands, condamnés*, un *maître inattendu, un être d'initiative.*

Particulièrement long, l'ensemble du texte peut s'éclairer au vu des relations entre les trois traits du bas et ceux du haut de l'hexagramme. La possibilité d'une coïncidence, non dénuée de risques, existe au niveau des premier et quatrième traits. Une relation est également suggérée entre les deux traits centraux, au second et cinquième niveaux, dans un rapport à la fois plus tortueux et moins dangereux. Enfin, entre les troisième et sixième traits, la tension est portée à son comble avant d'être finalement désamorcée. Au milieu de toutes ces incidences, l'isolement est par deux fois, aux lignes 4 et 6, le point de départ d'un mouvement aboutissant à la résolution de la divergence.

Tous les efforts doivent être tendus vers ce but : rapprocher petit à petit des points de vue antinomiques, transformer une vision stérile et porteuse de troubles en une relation favorable. Apercevoir un terrain commun où l'entente est possible sans que la différence ne devienne une opposition irréductible. Si cet objectif doit être poursuivi sans relâche (le conseil *absence de faute* est donné quatre fois), il ne doit pas être mené avec fermeté. Comme dans toutes les situations de tension, par exemple PLAIDER SA CAUSE, la tendance Yang à l'affrontement doit être retenue pour que la rencontre puisse se réaliser. Cette stratégie est développée de manière plus large dans l'hexagramme PETIT EXCÈS, autre situation où les *petites affaires* sont recommandées et où on *rencontre* également par trois fois. Ici, fait significatif, c'est aux trois places paires que les rencontres sont citées, comme en écho à la stratégie Yin conseillée au Jugement. Ce n'est qu'au dernier trait de l'hexagramme que se réalise le côté favorable de la rencontre, symbolisé par la *pluie*, image d'union et de fertilité, et manifesté par *ouverture*, la seule appréciation positive de la figure. Seul celui qui s'efforce d'aller au-delà des apparences peut rendre les divergences fécondes.

IDÉOGRAMME

KUI : *Divergence au niveau des yeux, différent, discordant, étrange, s'opposer, être en désaccord, éloigné, séparé.*

L'idéogramme se compose de deux parties contiguës. À gauche le caractère *œil*, dessiné verticalement pour gagner de la place, signe général de tout ce qui a trait à la vision. À droite, un caractère qui appartient à un groupe particulier appelé « signes cycliques ». Ce groupe, qui est un des legs les plus anciens de la conception chinoise du temps, est constitué de deux séries de respectivement dix et douze idéogrammes. Quasiment contemporaines de l'invention de l'écriture elle-même – on en a trouvé un agencement complet sur une omoplate divinatoire datant de 1500 avant J.-C. – ces deux séries sont toujours en usage. Leur emploi principal est le décompte des périodes, notamment la succession des années dans le « siècle » de soixante ans, caractéristique du calendrier chinois et dû à la combinaison de ces deux séries de signes (5 x 12 = 6 x 10). Ils jouent aussi le rôle de classement imparti en Occident aux chiffres romains visibles sur les cadrans des horloges ou numérotant les tomes d'un ouvrage. La signification principale de ces séries, dont la première est appelée Troncs Célestes et la seconde Branches Terrestres, réside dans leur ordre de succession.

Le signe qui entre dans la composition du nom de DIVERGENCE occupe une place particulière parmi les dix Troncs Célestes : c'est le dixième et dernier de la série. Comme le neuvième, il est associé au Nord, à l'eau, à l'hiver, et au milieu de la nuit. En tant que dernier, il se situe à l'extrémité du cycle, c'est-à-dire au seuil d'un nouveau retour marqué quant à lui par le premier des Troncs Célestes : Jia (voir 18/J). À l'image de Janus, le dieu romain aux deux visages, également associé à la période de la fin et du recommencement du cycle annuel – janvier, *januarius* en latin, est le mois associé à Janus – ce signe est double, tourné à la fois vers le passé et l'avenir.

Appliquée à la vision, la dualité contenue dans le signe cyclique explique le sens propre de l'idéogramme *bigler*, qui est le contraire de loucher. Loucher désigne une convergence des globes oculaires, bigler une divergence du regard. Ce manque de parallélisme diminue l'acuité visuelle mais rend capable d'apercevoir ensemble les deux extrémités d'une situation. On retrouve le même genre de déficience dans l'hexagramme opposé OBSTACLE, mais appliquée à la faculté de marcher. L'association entre une marche handicapée et une vision déficience est une particularité chinoise aussi présente dans le *Yi Jing* (voir hexagrammes 10/3, 54/1, 54/2) que dans les grands textes historiques[62] (« L'État de Lu n'emploie que des *borgnes* et celui de Wei des *boiteux* », dit par exemple le *Livre des Annales*). Cependant entre cet hexagramme et son opposé elle est plus subtile puisqu'elle se situe au niveau des idéogrammes. En effet le caractère nommant l'hexagramme 39 est construit à partir du signe du pied comme celui de l'hexagramme 38 celui de l'œil. Bien que l'usage ait fait évoluer le sens du caractère vers le seul côté négatif de cette divergence, *se fuir des yeux, être en désaccord*, l'hexagramme en a conservé toute la tension productive. Pouvoir envisager d'un seul regard les oppositions qui animent la situation dans laquelle on se trouve permet de découvrir la fécondité propre à cette tension.

TEXTE CANONIQUE

JUGEMENT

DIVERGENCE	睽	KUI
Pour des petites affaires ouverture	小事吉	xiao shi ji

DIVERGENCE n'est pas un moment de grand bouleversement, plutôt l'occasion, par atténuation progressive des tensions, de modifier le regard que l'on porte sur une personne ou une situation. Ne comportant que trois idéogrammes – c'est un des Jugements les plus courts avec ceux des hexagrammes 50 et 58 – le texte évoque des *affaires* qui ont pour seule caractéristique d'être *petites*, c'est-à-dire Yin. Des réalisations peuvent aboutir pour peu que l'on se conforme aux possibilités du contexte. C'est là une invitation à agir, mais lentement, avec précaution et en réduisant ses ambitions, comme au moment de PETIT EXCÈS, seul autre hexagramme où cette phrase est citée.

Chercher à avoir raison contre l'autre, affirmer fermement son point de vue, pareil comportement serait néfaste ici comme dans les situations où un équilibre est à instaurer ou à maintenir, celles où une stratégie Yin est explicitement mise en avant par le terme *petit*. Avancer à petits pas, avec souplesse, réduire petit à petit les contradictions en percevant ce qui les relie est le moyen de surmonter les divergences et de les rendre féconde.

Petites: l'idéogramme, qui représentait à l'origine une multitude de petites graines (voir 9/I ou 62/I) a toujours gardé le sens de petit. Cependant, dans le contexte du *Yi Jing*, petit peut aussi prendre une signification plus vaste et évoquer symboliquement une attitude Yin. La question demeure parfois de savoir si petit est cité en tant que simple attribut ou déjà comme emblème du Yin. Ici, vouloir trancher entre le sens propre (des affaires de petite taille) et le sens figuré (une attitude Yin) serait aller à l'encontre du texte qui joue avec bonheur sur le rapprochement entre ces deux niveaux de sens.
Affaire: toujours d'emploi très courant, l'idéogramme a un sens très général qui s'étend à partir de l'idée de ce qu'il y a *à faire*.
Pour de petites affaires ouverture: parmi les soixante-quatre situations du *Yi Jing*, il n'y en a que deux où il est fait mention d'affaires « petites »: DIVERGENCE et PETIT EXCÈS (62). Dans l'une comme dans l'autre, tout autre comportement qu'une attitude Yin ne pourrait qu'entraîner des obstructions. (Voir *favoriser le petit* à 22/J, 33/J, 63/J et 64/J, ainsi que *petit favorisant* à 57/J et 56/J.)
Ouverture: appréciation mantique signalant un moment heureux où un agencement fécond du flux vital multiplie les possibilités de développement.

TEXTE DES TRAITS

Au début un neuf		
Tout regret disparaît	悔亡	hui wang
Perte du cheval	喪馬	sang ma
Ne pas s'efforcer de poursuivre	勿逐	wu sui
Spontanément RETOUR	自復	zi FU
On voit des êtres méchants	見惡人	jian e ren
Absence de faute	无咎	wu jiu

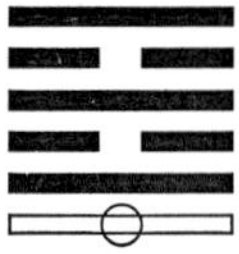

Le premier contact avec l'extérieur se produit dans des circonstances difficiles : on perd sa force symbolisée par le *cheval* – et on est entouré d'éléments négatifs qui se manifestent par leur laideur. Ces difficultés, concevables à l'entrée d'une situation de DIVERGENCE, ne doivent pas décourager. On doit laisser sans crainte la situation se rétablir d'elle-même. L'activisme ne pourrait que gaspiller les aspects bénéfiques qu'elle recèle, bien qu'ils ne soient qu'en germe et donc difficiles à percevoir en l'état actuel. La toute première phrase, signalant la disparition des *regrets*, indique que quelque chose est derrière soi, tandis que RETOUR, le nom de l'hexagramme 24, annonce un regain naturel qui permettra de retrouver force et moyens d'action.

À cette première ligne, la seule de tout l'hexagramme à n'avoir aucune relation avec les autres traits, la tentation de s'isoler est d'autant plus forte que l'entourage paraît repoussant. On ne doit pas se sentir responsable de cet état de fait ni s'accrocher à ce que l'on a perdu. La ligne est également la seule à être correcte : patience et détermination à ne pas se laisser entraîner par des gens malfaisants permettent de progresser vers une meilleure vision de la situation.

Tout regret disparaît : formule mantique spécifique qui renforce le sens d'incitation à aller de l'avant contenu dans le terme *regrets*. Le moment est venu, ici comme en ligne 5, de se mettre en marche sans aucune nostalgie pour ce qu'on laisse derrière soi.
Perte : l'idéogramme a maintenant dans le langage populaire le sens de « avoir de la déveine ». Dans le contexte du *Yi Jing*, il est employé pour désigner une *disparition* qui, bien que toujours bénéfique, est d'abord ressentie comme une *perte*.
Cheval : symbole à la fois d'endurance et de force, le cheval ne se répartit pas clairement entre Yin et Yang. Parfois c'est sa force Yang qui est mise en avant (comme ici et à 59/1), parfois c'est sa ténacité Yin qui est donnée en exemple (26/3).
S'efforcer de poursuivre : le texte porte un seul idéogramme, qui signifie maintenant *poursuivre, chasser, rivaliser, lutter pour*. Dans le contexte du *Yi Jing*, il décrit un mouvement inlassable ou une recherche inquiète. Or, ce verbe est le plus souvent employé avec une négation, c'est-à-dire que le *Yi Jing* déconseille de courir après ce qui a été perdu parce qu'on le retrouvera spontanément le moment venu (51/2 et 63/2).
Spontanément : L'idéogramme signifie à la fois le lieu d'origine ou de passage d'un mouvement et *soi-même, de soi-même* et *spontanément*. Ici, le texte joue sur les deux registres, le cheval retourne du lieu où il s'en était allé et en même temps il en revient spontanément.

Retour : nom de l'hexagramme 24.
Perte du cheval Ne pas s'efforcer de poursuivre Spontanément
Retour : les deux dernières phrases de cette sentence sont passées directement à l'état de proverbe dans la langue chinoise. L'ensemble évoque une anecdote célèbre dans l'Antiquité. Un paysan avait une magnifique jument qui un jour s'était échappée. À ses voisins venus le plaindre, il répondit : « Attendons pour en juger. » Au bout d'un certain temps en effet, la jument revint avec à sa suite un troupeau d'étalons magnifiques. Quelque temps plus tard, son fils unique se brisa la jambe et devint boiteux. À ses voisins venus le plaindre, il fit la même réponse. Or peu après voilà qu'une guerre survint. La mobilisation enleva leurs fils valides à tous ses voisins, il fut le seul à conserver le sien. Parfois, ce qui paraît une perte dans l'instant se révèle un bienfait dans l'avenir. Dans le contexte du *Yi Jing*, cette idée se retrouve exprimée à plusieurs reprises (voir 9/1), dont deux où elle est complétée par une indication de durée : *sept jours et obtenir* (voir 51/2 et 63/2).
On voit : formé avec le signe général des être humains surmonté d'un œil énorme, l'idéogramme, qui est cité trois fois (lignes 1, 3 et 6), signifie aussi bien *voir* que *visible* et *être vu*. Par rapport au côté intérieur du Yin (voir 37/DA), la visibilité, l'extériorisation, l'image qu'on donne et celle qu'on perçoit est très présente dans cet hexagramme dont le nom est caractérisé par un certain type de vision.
Méchants : écrit en combinant le signe du cœur, commun à tous les sentiments, et un caractère représentant un ouvrage *tordu, bancal, laid*, l'idéogramme signifie *méchant, mauvais, laid, sale*, en tant que nom et *détester, haïr, offenser, irriter* (ce qui tord le cœur), en tant que verbe.
Êtres méchants : le texte porte le caractère *méchant* et le signe le plus général pour désigner les êtres humains. Il est difficile d'en savoir plus sur ces personnages dans la mesure où, comme l'*être d'initiative* cité à la quatrième ligne, ils n'apparaissent que dans cet hexagramme.
Absence de faute : formule mantique spécifique incitant à ne pas rester dans un état d'esprit incertain ou hésitant. Citée trois fois sous cette forme (lignes 1, 2 et 4), cette formule apparaît également dans une formulation proche à la cinquième ligne.

Hexagramme dérivé : hexagramme 64. Pas encore Traversée est un moment de transition entre un équilibre qui s'achève et un autre en gestation. On y distingue les éléments préparant l'avenir, tout en respectant les forces en présence.

Neuf en 2
Rencontrer un maître dans une ruelle sinueuse 遇主于巷 yu zhu yu xiang
Absence de faute 无咎 wu jiu

Aussi incorrecte que les suivantes, cette ligneest cependant centrale et sa position n'est pas aussi difficile que celles qui l'entourent. En correspondance avec la ligne souveraine, elle décrit une rencontre réelle, plutôt bienvenue dans un contexte où les désaccords abondent. Toutefois, cette rencontre se produit dans des circonstances particulières, hasardeuses et inattendues : dans une *ruelle*, c'est-à-dire un endroit extérieur, inadéquat, inconfortable. Elle pourrait être considérée comme fautive, mais c'est avec un *maître* qu'elle a lieu, c'est pourquoi il faut y souscrire sans hésiter.

La correspondance entre ce trait et le cinquième est renforcée par le fait que MORDRE, un des caractère du nom de l'hexagramme 21, dérivé de cette ligne, se retrouve dans le texte de la cinquième ligne. Cet écho doit inciter à une vigilance particulière quant aux obstacles, préséances ou rivalités, qui pourraient entraver la relation.

Rencontrer : l'idéogramme, toujours très employé, représente un mouvement inattendu provoquant un couplage heureux. Il est cité trois fois dans cet hexagramme, lignes 2, 4 et 6.
Maître : l'idéogramme, dont la forme est proche de celle du caractère *roi*, signifie au sens propre *maître propriétaire* et au sens figuré *point principal, direction essentielle*.
Ruelle sinueuse : l'idéogramme actuel, simplification d'une forme plus complexe, représente l'espace entre les maisons, ruelles et venelles, qui n'étaient pas considérées comme des espaces publics, différentes en cela des rues plus larges séparant les pâtés de maisons. *Sinueuse* a été ajouté pour rendre ce contexte.
Absence de faute : formule mantique spécifique incitant à ne pas rester dans un état d'esprit incertain ou hésitant. Citée trois fois sous cette forme (lignes 1, 2 et 4), cette formule réapparaît également dans une formulation proche à la cinquième ligne.

Hexagramme dérivé : hexagramme 21. MORDRE & UNIR est un moment où une intervention vigoureuse permet d'éliminer les obstacles et de rétablir l'harmonie.

Six en 3

On voit le chariot freiné	見輿曳	jian yu yi
un bœuf traîné	其牛掣	qi niu che
des gens le crâne rasé le nez coupé	其人天且劓	qi ren tian qie yi
Sans début il y a aboutissement	无初有終	wu chu you zhong

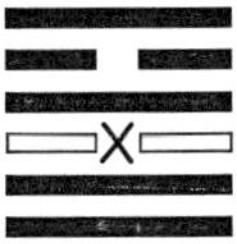

Située au niveau de Passage d'un hexagramme où les relations sont difficiles, cette ligne décrit une position très inconfortable. Incorrect et isolé entre des traits fermes où les rencontres sont effectives, en correspondance avec le sixième où est décrite une attitude méfiante et agressive, ce trait est celui où se concentrent toutes les tensions de la situation. Non seulement la description de personnages portant les traces de châtiments évoque un contexte pénible, mais les éléments symbolisant le couplage Yin-Yang *(char, bœuf)* sont malmenés, ce qui entraîne le blocage du mouvement.

Le texte ne comporte cependant aucune indication mantique négative. Le discernement évoqué par le terme *voir* peut permettre de se rendre compte que, sans que l'on puisse agir sur l'origine de ces complications, il est possible avec le temps d'arriver à un résultat. Que *sans début* il puisse y avoir un *aboutissement* – une phrase cité à la ligne souveraine de l'hexagramme 57 SE MODELER – laisse supposer que ce début malaisé n'empêche pas de travailler à façonner autrement les relations et d'aboutir finalement à une amélioration. C'est ce que suggère la présence à la sixième ligne, niveau de ortie de DIVERGENCE, de l'unique mention d'*ouverture*.

On voit : la visibilité, l'extériorisation, l'image qu'on donne et celle que l'on perçoit est très présente dans cet hexagramme dont le nom est caractérisé par un certain type de vision. Voir ligne 1.
Chariot : l'idéogramme est composé du signe général des *chars*, précisé par un caractère qui évoque l'idée de soulever à plusieurs, d'union concertante. Le chariot, comme le char (voir ligne 6), est aussi, dans le contexte du *Yi Jing*, une marque du couplage Ciel-Terre.
Freiné : représentant deux mains qui tirent une corde d'un seul côté, et peut-être à l'origine un mouvement spiralé alternatif (voir 2/I) dont un seul sens fonctionnerait, l'idéogramme signifie *tirer, traîner* (il sert aujourd'hui dans l'expression signifiant *tracteur*), mais il a aussi le sens de *usé, affaibli, empêché.*
Bœuf : animal le plus cité dans le *Yi Jing* après le cheval, le bœuf tient aussi une place importante dans les anciens rituels d'offrandes. Dans le contexte du *Yi Jing*, c'est souvent sa solidité qui est évoquée.
Traîné : assez rare, l'idéogramme employé ici a un sens proche de celui rendu plus haut par *freiné.*
Crâne rasé : expression archaïque qui était le nom d'une punition légère consistant à raser le crâne, augmentée selon les cas d'un marquage au fer rouge.
Nez coupé : composé du caractère *couteau* et de celui du *nez*, l'idéogramme désigne le premier des cinq châtiments classiques de la Chine ancienne. Les quatre autres étant, par ordre de gravité l'amputation

des pieds, l'amputation des mains, la castration (pour les femmes la réclusion) et la décapitation. Dans le contexte du *Yi Jing*, il peut s'agir d'un châtiment, mais ce terme peut aussi être lu au sens symbolique comme l'image d'une impossibilité à ressentir la situation (voir 47/5).
Début : écrit en combinant le signe général des vêtements et le caractère *couteau*, l'idéogramme évoque la toute première coupe dans un tissu, point de départ d'un vêtement donné, puisque jusque-là, n'importe lequel était possible à partir de la pièce de tissu.
Il y a aboutissement : formule mantique indiquant une matérialisation, un aboutissement, grâce à un abandon du volontarisme.
Sans début il y a aboutissement : formule mantique spécifique, également mentionnée à 57/5, et rappelant celle citée, mais dans un sens différent, au même niveau de ÉLAN RÉCEPTIF (voir 2/3).

Hexagramme dérivé : hexagramme 14. GRAND RÉALISE est un moment où, par la présence du Yin à la place d'honneur, on passe du projet à la réalisation. L'aptitude à se relier est ce qui rend possible d'harmoniser toutes les énergies.

Neuf en 4

Esseulé en DIVERGENCE	睽孤	KUI gu
Rencontrer un être d'initiative	遇元夫	yu yuan fu
Onde portant à nouer des relations	交孚	jiao fu
Danger	厲	li
Absence de faute	无咎	wu jiu

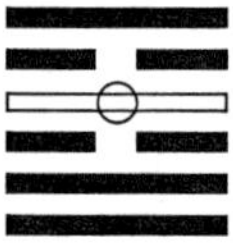

Au premier trait extérieur, la discorde est effective. Elle est marquée par l'apparition du nom de l'hexagramme, associé à l'idée d'*esseulement*, c'est-à-dire d'absence d'appariement. Elle est également soulignée par l'incorrection du trait et son absence de correspondance avec la première ligne. Cependant la mention pour la deuxième fois d'une *rencontre* montre une réelle possibilité d'entrer en relation.

Le couplage se produit de manière aussi spontanée et hasardeuse qu'à la seconde ligne, mais il a lieu cette fois avec un *être d'initiative*. Ce personnage singulier évoque une capacité à instaurer un renouveau qui fait écho à celui suggéré au premier trait par RETOUR, le nom de l'hexagramme 24. Malgré les risques que comporte cette propension à l'alliance, se laisser porter par la confiance correspond à l'esprit de concorde qui permet de dépasser les divergences.

Esseulé : formé avec les caractères *enfant* et *citrouille amère*, l'idéogramme a pour sens propre *orphelin de mère* et pour sens étendu *seul, isolé, délaissé, payé d'ingratitude*. Dans le contexte du *Yi Jing*, il n'est cité qu'en relation avec le nom de l'hexagramme 38, aux lignes 4 et 6.

Esseulé en DIVERGENCE : la construction de la phrase (*esseulé*, précédant DIVERGENCE, le qualifie) oblige à y voir une solitude dans la divergence et non pas une divergence en solitaire. Alors que la divergence consiste à envisager d'un seul regard les *différents* éléments qui s'opposent, la solitude marque ici le fait de n'en prendre en compte qu'un seul. Cette phrase se retrouve à l'identique au sixième trait.

Rencontrer : voir aussi ligne 2.

Être : l'idéogramme est relativement vague. Il représente un être humain grand, caractérisé par l'épingle à chignon que les garçons recevaient à leur maturité. Il signifie *adulte, homme*, mais surtout *mari* quand il est mis en corrélation avec *épouse*. Dans le contexte du *Yi Jing*, il est généralement la marque d'un couplage, qui peut ici se réaliser de manière favorable.

Initiative : signifiant *origine, commencement*, etc., cet idéogramme n'est utilisé ailleurs dans le *Yi Jing* qu'en tant que modulation spécifique de certains termes mantiques, et rendu alors par *fondamentalement*. Cette particularité rend son emploi ici délicat à comprendre. *Initiative* est un compromis qui fait écho à son emploi mantique.

Être d'initiative : personnage symbolique difficile à cerner. Certains y voient un *grand homme*, d'autres un *homme aux pieds coupés*, d'autres un *être d'esprit semblable*. N'apparaissant qu'ici, il est aussi difficile à préciser que les *êtres méchants* cités à la première ligne.

Onde portant à : appréciation mantique rendue ailleurs par *onde porteuse* signalant qu'un fort courant porteur traverse la situation.

Nouer des relations : représentant un personnage assis les jambes croisées, l'idéogramme évoque tout ce qui s'entrecroise, les *relations* d'échange, de commerce, d'amitié, de contact.

Onde portant à nouer des relations : de construction inhabituelle et n'apparaissant qu'ici dans le *Yi Jing*, cette formule mantique souligne une propension aux contacts.

Danger : appréciation mantique signalant les risques inhérents à la situation.

Absence de faute : formule mantique spécifique incitant à ne pas rester dans un état d'esprit incertain ou hésitant. Citée trois fois sous cette forme (lignes 1, 2 et 4), elle apparaît également à la cinquième ligne dans une formulation proche.

䷨ **Hexagramme dérivé :** hexagramme 41. DIMINUER est un moment de décantation qui permet l'amélioration de la qualité.

Un six en 5
Tout regret disparaît 悔亡 hui wang
Au temple familial MORDRE la peau ! 厥宗噬膚 jue zong SHI fu
Comment aller pourrait-il être une faute 往何咎 wang he jiu

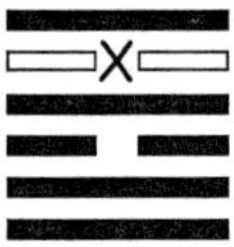

À la ligne souveraine de DIVERGENCE est décrite la volonté d'en finir avec les tensions et les malentendus regrettables qui s'accumulent depuis le bas de l'hexagramme. Le désir d'éliminer vigoureusement les occasions de regrets est manifesté par MORDRE, un des deux idéogrammes qui sert à nommer MORDRE & UNIR, l'hexagramme où une intervention déterminée permet de rétablir la circulation des énergies.

Le *temple familial* est l'espace rituel où la nourriture est partagée avec les ancêtres, le lieu le plus interieur où les personnes d'un même clan se rassemblent autour de ce qui les unit. Qu'il soit cité dans un hexagramme où désaccords et mésententes prédominent pourrait surprendre. Mais c'est précisément pour ramener les choses vers un centre unificateur qu'il faut maintenant trancher énergiquement dans ce qui empêche les éléments ou protagonistes de la situation de se rejoindre. On ne doit pas hésiter à agir de façon déterminée pour en finir avec les apparences et établir des relations vivantes à partir de ce qui réunit profondément. La correspondance avec la seconde ligne, où l'on rencontre un *maître*, fait écho à la capacité requise ici d'agir avec force au-dehors en fonction d'une référence intérieure également forte.

Tout regret disparaît : formule mantique spécifique qui renforce le sens d'incitation à aller de l'avant contenue dans le terme *regrets*. Le moment est venu, ici comme en ligne 1, de se mettre en marche sans aucune nostalgie pour ce qu'on laisse derrière soi. Elle est ici renforcée par les deux formules suivantes.
Temple familial : formé avec le signe général des questions religieuses et le caractère *toit*, l'idéogramme représente l'autel des ancêtres que l'on trouve encore aujourd'hui dans les familles traditionnelles. Il ne représente pas des compagnons mais la communauté des ancêtres défunts auxquels culte est rendu. L'affirmation du clan n'est pas ici une limite à l'acceptation des autres, comme c'est le cas au second trait de S'ENTENDRE AVEC TOUS (voir 13/2).
MORDRE : premier caractère du nom de l'hexagramme 21 MORDRE & UNIR. N'apparaissant qu'ici, il évoque une intervention active dans la situation.
Peau : l'idéogramme a, depuis l'Antiquité, pour sens propre *peau* et pour sens figuré *superficiel*. Il ne s'agit pas ici de voiles, mais semble-t-il, comme au second trait de MORDRE & UNIR, d'une image symbolisant une frontière entre interne et externe.

Au temple familial MORDRE la peau ! : dans le texte chinois, cette sentence commence par un caractère rare (voir 14/5) qui comporte une forte valeur exclamative, c'est pourquoi il est rendu par un point d'exclamation. C'est le seul point assuré de cette phrase dont le sens global reste mystérieux.
Aller : extrêmement usuel, l'idéogramme est écrit avec un signe général de la marche et le caractère *principe, maître* (voir ligne 2). Dans le contexte du *Yi Jing*, ce verbe, cité à deux reprises dans cet hexagramme (lignes 5 et 6), a le sens d'une mise en route, d'une incitation à aller de l'avant.
Comment aller pourrait-il être une faute : l'idée de *faute* apparaît dans le *Yi Jing* quasi uniquement sous une forme négative, dans la formule *absence de faute* citée trois fois dans cet hexagramme (lignes 1, 2 et 4). Ici, cette cette injonction à ne pas rester dans un état d'esprit incertain ou hésitant est présentée sous une forme interrogative, à la limite de l'ironie. L'incitation à *aller* de l'avant en est d'autant plus renforcée.

Hexagramme dérivé : hexagramme 10. DÉMARCHE est un moment de contact périlleux avec une force sauvage, violente comme un tigre. On la canalise par une attitude prudente et respectueuse des formes.

En haut un neuf

Esseulé en DIVERGENCE	睽孤	KUI gu
On voit un porc couvert de boue	見豕負塗	jian shi fu tu
un char chargé de fantômes	載鬼一車	zai gui yi che
D'abord on tend l'arc	先張之弧	xian zhang zhi hu
ensuite on détend l'arc	後說之弧	hou shuo zhi hu
N'est pas brigand qui scelle l'union par mariage	匪寇婚媾	fei kou hun gou
En allant on rencontre la pluie	往遇雨	wang yu yu
donc l'ouverture s'ensuit	則吉	ze ji

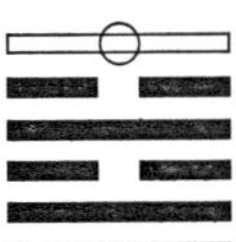
Au niveau de Sortie de DIVERGENCE, les différentes tensions évoquées dans l'hexagramme sont reprises, – dans le texte le plus long de toutes les sixièmes lignes –, celadans une optique de résolution. Comme à la quatrième ligne, la discorde est effective, indiquée par le nom de l'hexagramme également associé à l'idée de solitude, c'est-à-dire d'une absence d'appariement. Or on n'est pas seul, puisqu'on a sous les yeux toute une scène dont l'imagerie rappelle celle de la troisième ligne, avec laquelle ce trait est en correspondance. Cependant ce qui était entraves réelles à la ligne de passage prend ici une allure étrange,

fantasmagorique, voire hallucinatoire qui provoque d'abord de la crainte, réflexe au demeurant injustifié puisqu'il n'est nulle part fait mention de *danger*.

Il y a lieu de dépasser cette vision pour reconsidérer le regard qu'on porte sur ce qui se présente. L'*arc*, ici image d'une réaction agressive, doit devenir idéal de justesse (voir 61/I). Il faut aller au-delà de l'impression première pour rechercher détente et union. N'en rester qu'à l'apparence serait à la fois se conduire en *brigand* et perdre les possibilités d'appariement que le moment recèle. Comme à la ligne de passage de SE MONTRER RÉSOLU, aller de l'avant permet de *rencontrer la pluie* c'est-à-dire de résoudre les tensions et de réaliser l'union qui semblait impossible. La *rencontre*, inattendue à la deuxième ligne et dangereuse à la quatrième, est qualifiée par la seule formule positive de tous les traits. Alors qu'au Jugement, l'*ouverture* ne concernait que les *petites affaires*, elle est ici la conséquence d'une avancée déterminée qui permet d'entrer en relation et de sortir de la DIVERGENCE.

Esseulé : voir ligne 4.
Esseulé en DIVERGENCE : la construction de la phrase (*esseulé*, précédant DIVERGENCE, le qualifie), oblige à y voir une solitude dans la divergence et non pas une divergence en solitaire. Alors que la divergence consiste à envisager d'un seul regard les *différents* éléments qui s'opposent, la solitude marque ici le fait de n'en prendre en compte qu'un seul. Cette phrase se retrouve à l'identique au quatrième trait.
On voit : la visibilité, l'extériorisation, l'image qu'on donne et celle que l'on perçoit est très présente dans cet hexagramme dont le nom est caractérisé par un certain type de vision. Voir ligne 1.
Porc : voir 33 ou 37/ I.
Boue : formé avec le signe de l'eau, celui de la terre et un groupe complexe, l'idéogramme, différent du mot *vase* (voir 51/4) a pour sens propre *boue, enduit, crépi*, et pour sens figuré *souillure*. Il n'est cité qu'ici.
Char : le char, comme le *chariot* (voir ligne 3), est aussi une image du couplage Ciel-Terre. Il est employé ici pour son sens propre.
Chargé : voir 9/6 ou 14/2.
Fantômes : l'idéogramme ne représente pas un fantôme, mais l'effet qu'il produit sur celui qui en voit un. Il montre en effet un personnage agenouillé dans une position de crainte. À partir de là, ce caractère désigne toute manifestation extraordinaire d'entités ou de défunts. Dans ce sens, c'est la seule apparition de ce mot dans le *Yi Jing* (voir aussi 63/3 et 64/4, *diables*).
Arc : formé avec le caractère *arc* et le signe général des cucurbitacées (pour leur forme arrondie), l'idéogramme désigne un type d'arc, plus

court et qui se courbe de manière plus ronde que le grand arc chinois. Il n'est cité qu'ici.

Détend : le texte porte un idéogramme écrit avec le signe général de la *parole* et le nom de l'hexagramme 58 ÉCHANGER.

Brigands : dans le contexte du *Yi Jing*, le *brigand*, vivant en dehors des lois, et en dehors du territoire civilisé de la Chine d'alors, est un personnage symbolique représentant des forces dangereuses qu'il faut circonvenir soit par la coercition, soit par la diplomatie.

N'est pas brigand qui scelle l'union par mariage : phrase étrange, rimée et rythmée comme un proverbe en quatre caractères, qui fait écho à la politique traditionnelle chinoise vis-à-vis des barbares nomades des steppes du Nord-Ouest. Quand ils ne pouvaient être vaincus militairement (voir 63/3), ils étaient assujettis pacifiquement par l'octroi en mariage de princesses chinoises qui les transformaient en tributaires. Dans le contexte du *Yi Jing* cependant, différentes lectures sont possibles parmi lesquelles deux prédominent sans d'ailleurs s'exclure. Soit ce brigand est un « affreux », un barbare hirsute et le conseil est de dépasser cette apparence repoussante pour s'allier avec lui, c'est-à-dire changer son propre regard pour reconnaître l'altérité. Soit ce brigand est, malgré son état, un homme d'honneur et alors, s'il s'amende et demande l'union c'est-à-dire s'il change et accepte de rejoindre la civilité, ce serait se comporter soi-même en brigand que de le repousser.

Allant : extrêmement usuel, l'idéogramme est écrit avec un signe général de la marche et le caractère *principe, maître* (voir ligne 2). Dans le contexte du *Yi Jing*, ce verbe, cité à deux reprises dans cet hexagramme (lignes 5 et 6), a le sens d'une mise en route, d'une incitation à aller de l'avant.

On rencontre : l'idéogramme, toujours très employé, représente un mouvement inattendu provoquant un couplage heureux. Il est cité trois fois dans cet hexagramme, lignes 2, 4 et 6.

Rencontrer la pluie : expression très fortement rimée et rythmée, puisque les deux caractères ont une prononciation qui ne se distingue que par des tons différents. La pluie en Chine est chaude, féconde et favorable. Elle a toujours été considérée comme un symbole d'union productive. Dans le contexte du *Yi Jing*, son arrivée est généralement de bon augure. La même phrase se retrouve à 43/3.

Donc : le texte porte un idéogramme qui insiste sur l'idée de conséquence.

Ouverture : reprise de l'appréciation mantique citée au Jugement.

䷵ **Hexagramme dérivé** : hexagramme 54. MARIAGE DE LA CADETTE est un moment où le trouble envahit la perception et où l'on risque de se laisser emporter par des circonstances qu'on ne maîtrise pas.

ÉLÉMENTS D'ANALYSE

Nucléaire

䷾ **Hexagramme 63 : DÉJÀ TRAVERSÉE.** Au cœur de DIVERGENCE, il y a DÉJÀ TRAVERSÉE. Au cœur d'une situation de tension et de désaccord, il y a un ordre caché, un fonctionnement régulier capable d'intégrer des manifestations en apparence aléatoires en un système ouvert et vivant. Ce fonctionnement est basé sur la relation entre des forces distinctes qui, selon les moments, s'équilibrent ou se séparent. En DIVERGENCE, situation de confrontation avec l'extérieur, l'interne et l'externe sont amenés à rester associés en une tension qui, grâce au nucléaire, peut s'équilibrer et se maintenir. L'opposition des contraires participe ainsi d'une conception du monde ordonnée et efficace.
DIVERGENCE est lui-même nucléaire de quatre hexagrammes (5, 9, 38 et 57) dans lesquels il prend le sens général de tension entre deux pôles.

Opposé

䷦ **Hexagramme 39 : OBSTRUCTION.** La relation d'opposition entre DIVERGENCE et OBSTRUCTION, deux situations nommées en rapport avec une déficience corporelle, l'une de la marche, l'autre de la vision, se situe au niveau de leurs directions. DIVERGENCE est une extériorisation qui provoque une tension entre l'interne et l'externe, tandis que dans OBSTRUCTION, une difficulté à avancer se résout par un retour vers l'intérieur. La fécondité consiste pour l'un dans le maintien d'une différence de potentiels, pour l'autre dans un mouvement de recul.

39 OBSTRUCTION

JIAN

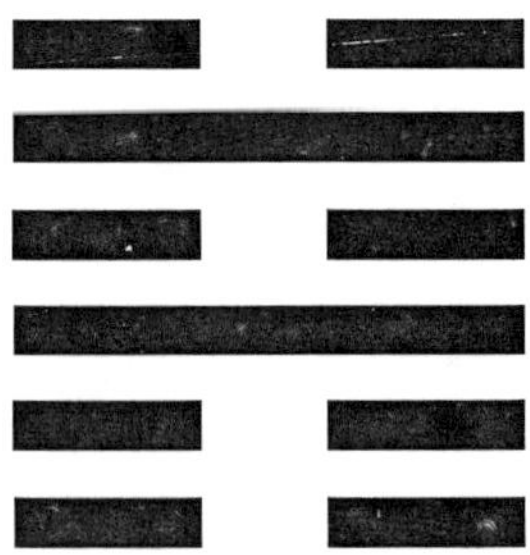

En haut EAU ☵

En bas MONTAGNE ☶

OBSTRUCTION	蹇	JIAN
Profitable le Sud-Ouest	利西南	li xi nan
Pas profitable le Nord-Est	不利東北	bu li dong bei
Profitable d'aller voir quelqu'un d'envergure	利見大人	li jian da ren
Présage d'ouverture	貞吉	zhen ji
Au début un six		
En allant OBSTRUCTION	往蹇	wang JIAN
En venant éloges	來譽	lai yu
Six en 2		
OBSTRUCTION sur OBSTRUCTION pour le serviteur d'un roi	王臣蹇蹇	wang chen JIAN JIAN
Ce n'est pas sa personne qui est en cause	匪躬之故	fei gong zhi gu
Neuf en 3		
En allant OBSTRUCTION	往蹇	wang JIAN
En venant retour	來反	lai fan
Six en 4		
En allant OBSTRUCTION	往蹇	wang JIAN
En venant union	來連	lai lian
Neuf en 5		
OBSTRUCTION en Grand	大蹇	da JIAN
Des compagnons viennent	朋來	peng lai
En haut un six		
En allant OBSTRUCTION	往蹇	wang JIAN
En venant excellence	來碩	lai shuo
Ouverture	吉	ji
Profitable d'aller voir quelqu'un d'envergure	利見大人	li jian da ren
Grande Image		
Au-dessus de la montagne il y a l'eau	山上有水	shan shang you shui
OBSTRUCTION	蹇	JIAN
L'Être Accompli ainsi	君子以	jun zi yi
en faisant retour sur lui-même	反身	fan shen
aiguise sa conduite	修德	xiu de

Dixième Aile
OBSTRUCTION 蹇 JIAN
difficultés. 難也 nan ye

OBSTRUCTION, c'est buter sur un obstacle. Comme le montre l'idéogramme nommant l'hexagramme, la marche est entravée, boiteuse : quelque chose empêche d'avancer. Il n'y a pas que la difficulté à laquelle on se heurte : à ce qui fait barrage s'ajoute le regard que l'on porte dessus. En pareille circonstance, adopter une attitude Yang, chercher à passer en force, pulvériser l'obstacle – stratégie qui n'est pas mauvaise en soi, c'est celle que conseille l'hexagramme 21 MORDRE & UNIR – serait aussi vain qu'inadapté.

Face à un obstacle réel, mais surdimensionné, la stratégie adéquate est plus profonde que celle préconisée par l'adage « reculer pour mieux sauter ». Différente de celle proposée à l'hexagramme 33 FAIRE RETRAITE – il ne s'agit pas d'inverser un rapport de force momentanément défavorable – elle consiste en un double mouvement : prendre de la hauteur pour redonner à l'obstacle une dimension plus juste et se replier en son for intérieur pour éliminer ce qui a entraîné la mauvaise appréciation de la difficulté. Si l'obstacle auquel on est confronté était seulement extérieur, le déroulement du Texte des traits montrerait une progression dans son franchissement – processus qui s'observe à maintes occasions (par exemple aux hexagrammes 53 ou 59). Or, quel que soit le niveau, le texte répète le même conseil : en se précipitant vers l'obstacle on arrive à l'obstruction, en faisant marche arrière on favorise sa solution, voire sa dissolution. Cette particularité unique – aucun autre hexagramme n'est composé de telle façon – montre bien que le problème, et donc sa clé, n'est pas tant à l'extérieur qu'à l'intérieur de soi, dans la manière dont on transforme un empêchement en blocage.

La dominante de l'hexagramme est globalement Yin, et le conseil de ne pas se mettre en avant proche de ceux prodigués à l'hexagramme 2 ÉLAN RÉCEPTIF, où la recherche de *compagnons* susceptibles d'apporter soutien et compréhension est également mise en valeur. Les deux seuls traits Yang soulignent les qualités généralement attachées aux troisième et cinquième places, indiquant les moments où la fermeté est nécessaire pour ne pas se laisser envahir et maintenir un point de rassemblement des forces.

Sur les six lignes de l'hexagramme, le mouvement de repli est présenté dans quatre cas comme entraînant *éloges* (1) *retour* (3) *union* (4) et *excellence* (6). Seules les deux lignes centrales se distinguent partiellement de cette répétition insistante : la cinquième, où la position souveraine permet de susciter le soutien propre à la maîtrise de la difficulté, et la seconde, où l'on prête généreusement son concours. Outre l'appui de serviteurs et l'aide de compagnons, on doit aussi rechercher l'avis d'une personne d'*envergure*. Que ce soit au Jugement ou au dernier trait de l'hexagramme, les deux seuls moments où il est fait mention d'*ouverture*, cette démarche donne la possibilité de prendre conscience de la nécessité du retrait et du travail à accomplir sur sa perception de la situation – cette attitude est également conseillée à la Grande Image. Quand on est face à un obstacle, prendre de la hauteur est la seule attitude qui puisse permettre de réouvrir le chemin.

IDÉOGRAMME

JIAN : *Boiter, boiteux. Lent, pénible. Difficulté, malheur, souffrance, pauvreté, gêne. Orgueilleux. Arrogance. Entremetteur, mariage.*

L'idéogramme est formé de deux parties superposés. En haut un groupe complexe et en bas le signe du pied. Le groupe complexe est composé lui-même de deux éléments : le signe du toit qui évoque tout ce qui est « à couvert » et un ensemble représentant à l'origine les fenêtres à treillis des anciennes maisons paysannes (dont le quadrillage de la partie supérieure de cet ensemble garde la trace graphique). Ce groupe signifie par lui-même *bouché, obstrué* à cause de la très ancienne habitude de boucher au moment de l'hiver ces fenêtres à l'aide d'un mélange de terre et de paille pour se protéger du froid (le verre ne fut importé du monde hellène qu'à la fin des Royaumes combattants[63] et le papier ne fut inventé en Chine qu'au premier siècle de notre ère). Combiné avec le signe des glaçons, ce groupe forme le caractère *froid* (voir 48/5), avec celui de la terre c'est le verbe *boucher, obstruer, empêcher* (voir 50/3) et avec celui de la parole, c'est alors le verbe *bégayer*.

L'idéogramme titre de cet hexagramme est donc formé par l'application de cette idée d'obstruction à la notion de mouvement. Il évoque une marche entravée, pénible, boiteuse dans un contexte de blocage hivernal. Cependant, ce qui gêne la progression est moins une difficulté objective que le regard qu'on porte dessus. En effet, si ce caractère est différent de celui utilisé pour désigner un *boiteux* à 10/3 et 54/1, il est comme lui associé à une autre déficience, celle de la vision dont le symbole est le *borgne*. Ce couplage entre difficulté à marcher et difficulté à voir, qui est systématique dans le *Yi Jing* se retrouve également dans les textes historiques de l'Antiquité : « L'État de Lu n'emploie que des *borgnes* et celui de

Wei que des *boiteux.*» Ici il se manifeste dans le rapport d'opposition liant les hexagrammes 39 et 38. En effet, les idéogrammes qui nomment ces deux figures comportent l'un le caractère pied, et l'autre le caractère l'œil (voir 38/I). À un autre niveau, la relation entre vision et démarche est perceptible à l'hexagramme 10 où sont réunis le borgne et le boiteux qui s'approchent du tigre : qui se prend pour un tigre sans avoir ni la souplesse de sa démarche ni l'acuité de son regard risque ici de se jeter contre l'obstacle. Ce réseau se boucle lorsqu'on y intègre la sexualité dont le tigre est un des symboles (voir 27/4) et dont traite l'hexagramme 54, l'autre situation où sont réunis borgnes et boiteux. Or dans l'imaginaire chinois, le pied tient une place importante, liaison qui à partir de l'an mille de notre ère aboutira à l'horrible coutume des pieds bandés mais qui remonte beaucoup plus loin dans le temps, comme en témoigne un des emplois secondaires de l'idéogramme OBSTRUCTION : *entremetteur de mariage.* Ce sens est dû au fait que ce caractère entre dans le nom d'un personnage légendaire Jian Xiu, un ministre de Fu Xi. Le créateur mythique du *Yi Jing* étant crédité également de l'établissement des rites de mariage, il lui fut attribué un ministre qui remplissait la fonction d'entremetteur et dont le nom signifie : le boiteux qui arrange. En son souvenir, lors des cérémonies de mariage, l'entremetteur attachait aux pieds des deux mariés un fil rouge qui les reliait symboliquement tout en entravant leurs mouvements.

TEXTE CANONIQUE

JUGEMENT

OBSTRUCTION	蹇	JIAN
Profitable le Sud-Ouest	利西南	li xi nan
Pas profitable le Nord-Est	不利東北	bu li dong bei
Profitable d'aller voir quelqu'un d'envergure	利見大人	li jian da ren
Présage d'ouverture	貞吉	zhen ji

Les moments d'OBSTRUCTION sont ceux où un obstacle empêche d'avancer. Ce blocage se manifeste par l'absence des appréciations mantiques usuelles dans les Jugements : la situation n'est ni une circonstance *favorisante*, ni un moment où l'on peut amorcer quelque chose de *fondamentalement* nouveau, ni non plus un contexte où une *ténacité* obstinée serait *profitable.*

Cependant, pour réel que soit le blocage, il résulte moins de l'agencement de la situation elle-même, comme aux moments d'ADVERSITÉ (12), que du comportement que l'on y adopte. Non seulement il n'y a pas de *fermeture*, mais le moment peut même devenir porteur d'*ouverture* si on sait mettre à profit cet empêchement pour réexaminer la manière dont on se positionne. Comment réaliser cela? Le Jugement l'indique de deux manières, horizontalement par l'utilisation des points cardinaux, verticalement par l'incitation *à aller voir quelqu'un d'envergure*.

La démarche à adopter est d'abord résumée par les indications *Sud-Ouest* et *Nord-Est*: se diriger vers le nord-est, ce serait attaquer le problème de manière Yang, stratégie décrite à différents traits par le verbe *aller*; rester dans le sud-ouest permet en revanche de prendre du recul pour reconsidérer ce qui fait obstacle, attitude représentée dans les traits par le verbe *venir*. Il s'agit ensuite de prendre de la hauteur: si l'obstacle paraît infranchissable, c'est parce qu'on en est trop proche; s'en distancier en consultant un point de vue extérieur permet de reconsidérer le regard que l'on porte sur lui et ainsi de lui donner une dimension plus raisonnable.

Profitable: appréciation mantique indiquant qu'on tire profit à se conduire de la manière indiquée par le contexte. L'idéogramme, combinant les caractères épi et couteau, évoque le profit du moment des récoltes, le résultat du travail humain. Dans cet hexagramme, cette appréciation est citée trois fois au Jugement pour indiquer une direction et à la ligne 6 pour conseiller de prendre de la hauteur.

Sud-Ouest... Nord-Est: les désignations géographiques sont rares dans le *Yi Jing* et le plus souvent symboliques ou rituelles (points cardinaux). Elles renvoient globalement à l'opposition entre les Zhou qui habitaient à l'Ouest et les Shang dont l'empire et la capitale étaient à l'Est. Du point de vue des Zhou, une avancée en direction du Nord-Est, région de leur suzerain, signifiait une initiative aventureuse, et une retraite en direction du Sud-Ouest, leur région d'origine, un resserrement prudent de leurs forces. De là, le Sud-Ouest en est venu à symboliser dans le *Yi Jing* l'endroit où l'on se rassemble et se renforce. C'est le début d'un temps Yin qui correspond, dans la disposition des trigrammes attribuée au Roi Wen, à la place de la Terre et, dans une perspective saisonnière, à la fête de la pleine lune d'automne. Au Nord-Est correspondent en écho le début d'un temps Yang, la place précédant le trigramme Tonnerre, éveilleur de l'énergie enfouie pendant l'hiver, et le moment de la fête du printemps (nouvel an chinois). Comme au Jugement de ÉLAN RÉCEPTIF, seul autre endroit où cette disposition est citée à l'identique, le Nord-Est, évocation d'une avancée solitaire et audacieuse, est en dysharmonie avec le repli requis par la situation, symbolisé par le Sud-Ouest.

Aller voir : le texte porte un seul idéogramme, extrêmement courant, qui signifie aussi bien *voir, aller voir* que devenir *visible, être vu.*
Aller voir quelqu'un d'envergure : formule mantique spécifique signifiant « aller demander conseil à quelqu'un d'avisé ou toute personne en qui on a confiance ». Dans le contexte du *Yi Jing*, ce conseil montre qu'on a trop « le nez collé sur son problème » pour avoir quelque chance de le résoudre. Pour s'en distancier, le meilleur moyen est de l'extérioriser. Cette démarche, en obligeant à donner une forme objective à ce qui soucie, ne serait-ce que pour pouvoir l'expliciter à quiconque, permet déjà de se voir du dehors, de prendre de la hauteur par rapport ses préoccupations, de gagner en envergure. OBSTRUCTION est le seul hexagramme où ce conseil est cité à la fois comme stratégie globale (Jugement) et particulière (au sixième trait).
Présage : modulation globale de certaines appréciations mantiques, précisant que l'appréciation en question est moins effective que lorsqu'elle est présentée de manière directe (sans modulation), et la situant comme une tendance probable.
Ouverture : appréciation mantique signalant un moment heureux où un agencement fécond du flux vital multiplie les possibilités de développement.
Présage d'ouverture : formule mantique indiquant la tendance à un réagencement positif de la situation. Usuelle dans les Textes des traits, où elle définit un agencement spécifique du déroulement de la situation, cette formule est rare dans les Jugements : elle ne concerne que trois hexagrammes : ATTENDRE (5), NOURRIR (27) et OBSTRUCTION, trois situations où la durée et le renforcement interne sont primordiaux.

TEXTE DES TRAITS

Au début un six
En allant OBSTRUCTION — 往蹇 wang JIAN
En venant éloges — 來譽 lai yu

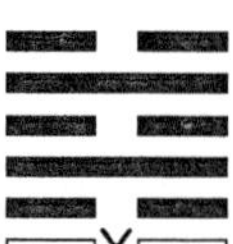

À ce niveau d'Entrée comme à tous les autres de l'hexagramme à l'exception des deux lignes centrales, est posée l'équation qui permet de dépasser l'obstacle : *aller* de l'avant mène au blocage ; *revenir* en arrière permet de reconsidérer la manière dont on se positionne. Malgré le désir qu'on pourrait avoir de s'élancer, prendre des initiatives serait aller au-devant d'ennuis. Rester à l'intérieur, c'est occuper la position légitime d'une place de début.

À l'orée d'une situation où avancer est préjudiciable, la nature Yin du trait, incorrecte à cette place impaire, ainsi que son absence de relation avec les autres traits deviennent des atouts. La stratégie de repli est si opportune qu'elle reçoit des *éloges* habituellement réservées aux places supérieures d'un hexagramme.

En allant Obstruction, en venant... : Obstruction est l'un des hexagrammes dont le Texte des traits est le plus scandé. À l'exception des deux traits médians (2 et 5), ils commencent tous selon une construction identique : *en allant* + nom de l'hexagramme ; *en venant* + un terme spécifique, toujours favorable.
Allant ... venant : assez souvent couplés dans le *Yi Jing*, les verbes *aller et venir* décrivent chacun une trajectoire qui prend le locuteur pour point référence. *Aller* désigne un mouvement qui s'éloigne de soi et *venir* un mouvement qui se dirige vers soi. À chaque niveau de l'hexagramme décrit par cette construction, la problématique est similaire : le mouvement d'aller vers l'obstacle mène à l'Obstruction, alors que celui de retour sur soi apporte quelque chose de propice.
Éloges : l'idéogramme, toujours très utilisé, désigne une reconnaissance verbale de l'action entreprise. Dans le *Yi Jing*, c'est la seule fois où il qualifie un niveau d'entrée (ailleurs il apparaît en place de Ministre ou de Souverain).

Hexagramme dérivé : hexagramme 63. Déjà Traversée est un moment où tout est en place, un équilibre provisoire qu'une attitude agitée et turbulente ne peut que défaire.

Six en 2

Pour le serviteur du roi Obstruction sur Obstruction	王臣蹇蹇	wang chen Jian Jian
Ce n'est pas sa personne qui est en cause	匪躬之故	fei gong zhi gu

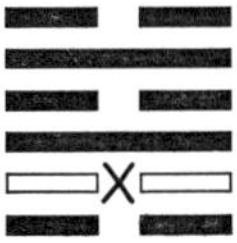

À cette place de Préfet, comme à la cinquième ligne, il n'est question ni d'*aller* ni de *venir* : l'équation qui, à tous les autres niveaux, montre comment dépasser l'obstacle n'est pas citée. Le nom de l'hexagramme est en revanche redoublé : impossible ici d'échapper au blocage. Toutefois, central, correct et surtout en correspondance avec la ligne souveraine, ce trait réunit assez de potentialités pour que la situation soit vécue sans dommage : pas plus qu'aux autres lignes on ne trouve ici de formule mantique négative.

Le *serviteur*, bien qu'il ne soit pour rien dans les obstructions actuelles, ne peut rester en dehors. Sa position seconde implique de se tenir disponible et d'apporter son concours à la partie qui, placée au comble des difficultés, les assume et cherche une issue à la situation.

Serviteur : l'idéogramme dont le sens premier est *sujet, vassal*, serviteur en est venu, à partir de l'idée de serviteur du roi, à désigner les grands serviteurs de l'État, *ministres, dignitaires*.
Roi : personnage symbolique, le Roi apparaît rarement en tant qu'acteur à une seconde ligne (7/2 et 42/2). Le reste du temps, il est comme ici, utilisé comme déterminant pour qualifier un personnage ou une situation.
OBSTRUCTION sur OBSTRUCTION : le texte porte le nom de l'hexagramme répété deux fois de suite. En chinois, la répétition est une marque de superlatif (voir 1/3, 15/1, 43/3). On retrouve cette contruction dans un autre contexte de difficulté : 29/3. Ce trait est le seul, avec le cinquième, à ne pas être construit comme les autres traits de l'hexagramme, selon la dialectique *aller OBSTRUCTION, venir*... (voir ligne 1).
Pour le serviteur du roi : la marque du pluriel n'existe pas en chinois classique. On pourrait donc tout aussi bien lire : pour les serviteurs du roi. Le singulier a été préféré pour faire ressortir la relation de vassalité. Pour la même raison, la lecture « pour serviteurs et rois », grammaticalement possible (voir 18/6), n'a pas été retenue.
Ce n'est pas : négation particulière qui, dans le contexte du *Yi Jing*, apparaît principalement au voisinage de personnages ou de situations négatives.
Personne : le sens actuel de l'idéogramme *en personne, personnellement* fait toujours référence à la présence physique plus qu'à une personne déterminée.
Qui est en cause : formé de l'association de deux caractères, l'un évoquant l'ancienneté et l'autre l'autorité, l'idéogramme, toujours très courant, recouvre une vaste plage de sens qui tournent autour de l'idée de causalité d'un événement. Il signifie *événement, affaire, phénomène, cause, motif, intentionnellement, exprès, spécialement, c'est pourquoi*, et aussi *vieux, ancien, primitivement, à l'origine, par nature*. Il n'apparaît qu'ici dans le Texte canonique, mais se retrouve trois fois dans les Commentaires : 17/DA *(intention)*, 49/DA *(ancien)* et 55/DA *(événements)*.

Hexagramme dérivé : hexagramme 48. PUITS est un moment où des éléments nourriciers sont captés pour être amenés au jour, filtrés et partagés.

Neuf en 3
En allant OBSTRUCTION
En venant retour

往蹇 wang JIAN
來反 lai fan

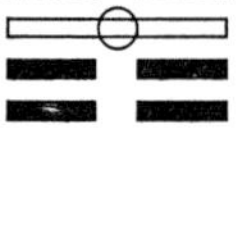

À ce trait, comme aux autres niveaux de l'hexagramme à l'exception des deux lignes centrales, est posée l'équation qui permet de dépasser l'obstacle : *aller* de l'avant mène au blocage, *revenir* en arrière permet de reconsidérer la manière dont on se positionne. La fermeté du trait, correcte à cette place de Passage, peut indiquer une propension à pousser en avant qui serait, là encore, préjudiciable.

D'autres éléments viennent cependant contrebalancer le désir d'avancer. Yang comme la ligne souveraine et comme elle en relation avec les trois niveaux Yin de la figure (les seconde, quatrième et sixième positions), ce trait est surtout en correspondance avec la sixième ligne, seul niveau d'*ouverture* de la situation, où un conseil *d'envergure* incite à voir les choses de plus haut. Ces conditions favorisent le retrait, le *retour* en arrière, qui permet un opportun recentrage – possibilité confirmée par l'absence de formule mantique négative. La sagesse consiste ici à ne pas intervenir directement, mais à savoir se tenir en concentrant toutes les forces vers l'intérieur.

En allant OBSTRUCTION, en venant... : voir ligne 1.
Retour : L'idéogramme, composé de deux paumes l'une tournée vers le haut, l'autre vers le bas, représente en fait une paume qui se retourne. Il signifie au sens propre *envers*, et à partir de cette idée *s'opposer, contre, anti, se détourner* ; le mouvement de la main a induit les sens de *retourner*, devenu finalement *revenir en arrière, retourner sur ses pas*. Ce n'est pas le nom de l'hexagramme 24 RETOUR. Le mouvement décrit ici est un retour vers l'intérieur préalable au mouvement de redémarrage qui caractérise la poussée de l'hexagramme 24.

Hexagramme dérivé : hexagramme 8. ALLIANCE est une situation de solidarité organisée autour d'un point central, vers lequel convergent toutes les énergies.

Un six en 4
En allant OBSTRUCTION — 往蹇 wang JIAN
En venant union — 來連 lai lian

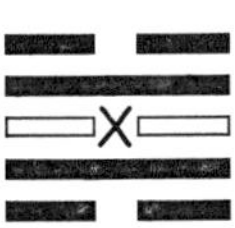

À ce trait, comme aux autres niveaux de l'hexagramme à l'exception des deux lignes centrales, est posée l'équation qui permet de dépasser l'obstacle : *aller* de l'avant mène au blocage, *revenir* en arrière permet de reconsidérer la manière dont on se positionne. Du fait de son voisinage avec les deux traits Yang de la figure, le trait, bien que correct à ce niveau pair, se trouve dans une position contradictoire entre le mouvement général vers l'intérieur et sa position extérieure de Ministre.

À la fois impliqué dans les problèmes évoqués plus bas et amené, comme à la deuxième ligne, à participer à la gestion des obstacles, on n'a pas d'autre choix que d'assumer le rôle de communication dévolu à cette place, et de faire le lien entre ce qui est ressenti intérieurement et les implications extérieures. Averti des difficultés auxquelles se heurte le mouvement vers le dehors, on peut jouer son rôle en organisant de manière efficace les potentialités qui convergent vers la place souveraine.

En allant Obstruction, en venant... : voir ligne 1.
Union : formé avec le caractère chariot et le signe général du mouvement, l'idéogramme, qui n'apparaît qu'ici, signifie aussi se succéder, s'enchaîner. Il n'évoque pas une union par mariage (voir par exemple 3/3), ou une union par alliance (voir hexagramme 8), mais plutôt une convergence disciplinée, un regroupement efficace, à l'image des chariots d'une compagnie militaire qui se suivent en formation.

Hexagramme dérivé : hexagramme 31. Inciter est un jeu de stimulations et de contacts, auquel il faut savoir s'ouvrir sans se laisser déstabiliser.

Neuf en 5
Obstruction en Grand — 大蹇 da Jian
Des compagnons viennent — 朋來 peng lai

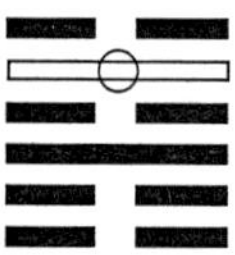

À cette place de Souverain comme à la place de Préfet en seconde ligne, il n'est question ni d'*aller* ni de *venir* : l'équation qui, aux autres traits, montre comment dépasser l'obstacle n'est pas citée. En revanche, l'obstruction y est qualifiée de *grande* : c'est ici qu'on subit le blocage le plus important. Pour le maîtriser, la meilleure stratégie ne consiste pas à forcer le passage mais à savoir se placer au point où toutes les forces peuvent affluer vers soi.

Correcte et centrale, la ligne est en relation avec les trois niveaux Yin de l'hexagramme (en seconde, quatrième et sixième positions), ce qui indique la possibilité de s'ouvrir à toutes les énergies et de les regrouper. La correspondance avec la seconde ligne et le voisinage avec la quatrième suggèrent l'assistance d'excellents serviteurs ; la proximité avec la sixième, où l'on profite du point de vue d'un être d'*envergure*, apporte une influence positive. Alors que partout ailleurs dans l'hexagramme le verbe *venir* indique le repli à accomplir pour ne pas se précipiter dans les difficultés, ce sont ici les compagnons qui *viennent* vers soi, comme à l'hexagramme 24 Retour, où ils représentent le mouvement de resserrement par lequel un renouveau commence, par consolidation patiente, à prendre forme.

Obstruction : nom de l'hexagramme. Ce trait est le seul, avec le second, à ne pas être construit comme les autres traits de l'hexagramme, selon la dialectique *aller Obstruction, venir...* (voir ligne 1).

Grand : l'idéogramme peut, dans le contexte du *Yi Jing*, être employé parfois dans son sens propre *grand*, parfois comme évocation du Yang. Le niveau de sens auquel le texte s'accorde n'est pas toujours facile à déterminer avec certitude, car les deux significations peuvent se chevaucher.
Obstruction en Grand : formulation spécifique qui peut se lire de plusieurs manières, selon la valeur grammaticale qu'on accorde aux deux idéogrammes la composant. Si *grand* est un attribut et *obstruction* un nom, il s'agit simplement d'un obstacle de taille. Mais si *grand* est lu comme un nom, *obstruction* devient un verbe dont *grand* est le sujet. Le sens devient alors « le Grand en OBSTRUCTION », c'est-à-dire : le Yang est bloqué ; ou bien encore le Grand (l'attitude Yang) fait Obstruction, c'est-à-dire empêche la réalisation.
Compagnons : l'idéogramme a toujours le sens de compagnon. Dans le contexte du *Yi Jing* les compagnons sont des personnages symboliques qui apparaissent dans des hexagrammes à forte majorité de traits Yin, dans des situations de relations horizontales et le plus souvent associés à un mouvement de convergence.
Viennent : l'idéogramme est le verbe *venir* utilisé dans la construction répétitive caractéristique de cet hexagramme (voir ligne 1). C'est ici la seule fois où il est employé sans être mis en relation avec *aller*.
Des compagnons viennent : cette phrase, qui se retrouve à l'identique à 24/J, prend ici une certaine importance en raison de la combinaison de compagnons avec le verbe clé de l'hexagramme : venir. Représentant en général un mouvement qui se dirige de l'extérieur vers le locuteur il signale ici un mouvement de convergence et d'appui. Alors que le mouvement de retour vers soi produit une réorganisation interne au trait précédent, ici est souligné l'écho favorable rencontré dans l'entourage.

☷☶ **Hexagramme dérivé :** hexagramme 15. SE TENIR est un moment de cohésion et de réserve où corriger excès et insuffisances permet de réagir souplement mais efficacement aux sollicitations du dehors.

En haut un six

En allant OBSTRUCTION	往蹇	wang JIAN
En venant excellence	來碩	lai shuo
Ouverture	吉	ji
Profitable d'aller voir quelqu'un d'envergure	利見大人	li jian da ren

Au trait de Sortie, comme aux autres niveaux de l'hexagramme à l'exception des deux lignes centrales, est posée l'équation qui permet de dépasser l'obstacle : *aller* de l'avant mène au blocage, *revenir* en arrière permet de reconsidérer la manière dont on se positionne. Cependant ici, le texte ne se réduit pas à ce simple énoncé. Deux autres éléments montrent qu'à ce niveau, le plus élevé d'OBSTRUCTION, se produit un saut qualitatif : d'abord la mention de la seule formule mantique citée dans les traits, qui est une appréciation favorable ; ensuite la reprise à l'identique du conseil donné au Jugement de prendre de l'*envergure*.

À ce trait, non seulement correct mais en relation avec les deux seuls Yang de la figure dont la ligne souveraine, l'intervention d'un point de vue extérieur apporte une hauteur de vue qui aide à ne pas s'épuiser vainement contre l'obstacle et favorise la transition vers des perspectives nouvelles. On est en mesure de réaliser que le pas en arrière est le meilleur moyen de sortir de l'obstruction, de considérer le mouvement de concentration intérieure comme un facteur de progrès, et de prendre conscience de la capacité enfouie de renouvellement symbolisée par l'*excellence* – terme utilisé au sommet de l'hexagramme 23 pour décrire la qualité du fruit qui permet de dépasser l'USURE.

En allant OBSTRUCTION, en venant... : voir ligne 1.
Excellence : le texte porte un idéogramme, très laudatif, signifiant *grand, gros, imposant, magnifique*. Formé des caractères *pierre* et *tête*, il peut signifier aussi *ferme comme le roc, inébranlable*. Le plus souvent, son emploi est figuré, et évoque quelqu'un ayant amassé beaucoup de connaissances. Il est par exemple utilisé de nos jours pour désigner le diplôme de licencié d'université. Il n'apparaît qu'au dernier trait des deux hexagrammes où il est cité (voir 23/6).
Ouverture : appréciation mantique signalant un moment heureux où un agencement fécond du flux vital multiplie les possibilités de développement.
Aller voir quelqu'un d'envergure : formule mantique spécifique signifiant : aller demander conseil à quelqu'un d'avisé ou toute personne en qui on a confiance. Dans le contexte du *Yi Jing*, ce conseil montre qu'on a trop « le nez collé sur son problème » pour avoir quelque chance de le résoudre. Pour s'en distancier, le meilleur moyen est de l'extérioriser. Cette démarche, en obligeant à donner une forme objective à ce qui soucie ne serait-ce que pour pouvoir l'expliciter à quiconque, permet déjà de se voir du dehors, de prendre de la hauteur par rapport ses préoccupations, de gagner en envergure. C'est le seul hexagramme où ce conseil est cité à la fois comme stratégie globale (Jugement) et particulière (texte d'un trait).

䷴ **Hexagramme dérivé** : hexagramme 53. PROGRESSER PAS À PAS est un moment d'avancée pénible et de gestation laborieuse, où les pas en arrière font partie intégrante du processus général de progrès.

ÉLÉMENTS D'ANALYSE

Nucléaire

䷿ **Hexagramme 64 : PAS ENCORE TRAVERSÉE.** Au cœur de OBSTRUCTION, il y a PAS ENCORE TRAVERSÉE. Au cœur d'une situation d'empêchement, il y a un chaos sous-jacent, une indétermination à même de faire évoluer ce qui est régulier, défini ou statique. Ce désordre est ce qui rend difficile d'entreprendre à l'extérieur et incite à ramener ses forces vers l'intérieur. En évitant de s'extérioriser quand le désordre règne, on rassemble ses énergies dans un mouvement de gestation qui prépare les éclosions futures.

OBSTRUCTION est lui-même l'hexagramme nucléaire d'une famille de quatre figures (hexagrammes 16, 21, 35, 51) dans lesquelles il prend le sens général de résistance freinant le mouvement d'extériorisation.

Opposé

䷥ **Hexagramme 38 : DIVERGENCE.** La relation d'opposition entre OBSTRUCTION et DIVERGENCE, deux situations nommées en rapport avec une déficience corporelle, l'une de la marche, l'autre de la vision, se situe au niveau de leurs directions. DIVERGENCE est une extériorisation qui provoque une tension entre l'interne et l'externe, tandis que dans OBSTRUCTION, une difficulté à avancer se résout par un retour vers l'intérieur. La fécondité consiste pour l'un dans le maintien d'une différence de potentiels, pour l'autre dans un mouvement de recul.

40 DÉLIVRANCE

解

XIE (Jie)

En haut TONNERRE ☳
En bas EAU ☵

DÉLIVRANCE	解 XIE
Profitable le Sud-Ouest	利西南 li xi nan
Absence d'endroit où aller	无所往 wu suo wang
Vient le RETOUR ouverture	其來復吉 qi lai FU ji
Il y a où aller	有攸往 you you wang
De bon matin ouverture	夙吉 su ji
Au début un six	
Absence de faute	无咎 wu jiu
Neuf en 2	
Dans les champs capturer trois renards	田獲三狐 tian huo san hu
Obtenir une flèche jaune	得黃失 de huang shi
Présage d'ouverture	貞吉 zhen ji
Six en 3	
Être chargé de biens et en plus voyager en char	負且乘 fu qie cheng
provoque l'arrivée des brigands	致寇至 zhi kou zhi
Présage de gêne	貞吝 zhen lin
Neuf en 4	
DÉLIVRANCE	解 XIE
et puis démarrage	而拇 er mu
Les compagnons arrivent	朋至 peng zhi
S'ensuit une onde porteuse	斯孚 si fu
Six en 5	
Seul un Chef Accompli réalise la DÉLIVRANCE	君子維有解 jun zi wei you XIE
Ouverture	吉 ji
Il y a onde porteuse vers l'Être Petit	有孚于小人 you fu yu xiao ren
En haut un six	
Le Duc tire à l'arc sur un épervier	公用射隼 gong yong she sun
du haut d'un mur élevé	于高墉之上 yu gao yong zhi shang
Il le capture	獲之 huo zhi
Rien qui ne soit profitable	无不利 wu bu li
Grande Image	
Tonnerre pluie stimulent	雷雨作 lei yu zuo
DÉLIVRANCE	解 XIE

L'Être Accompli ainsi 君子以 jun zi yi
en amnistiant les EXCÈS 赦過 she GUO
pardonne les fautes 宥罪 you zui

Dixième Aile
DÉLIVRANCE 解 XIE
relâcher. 緩也 huan ye

DÉLIVRANCE, c'est poser le fardeau, se libérer de ce qui pèse. Le nom de l'hexagramme évoque le soulagement qui se produit lorsqu'on se détache de ce qui enserre, lorsqu'un lâcher prise permet de se défaire de ce qui retient au passé et d'envisager la situation de manière nouvelle. Cela passe par l'établissement d'une distinction entre le réalisable et l'inaccessible : cesser de s'investir dans ce qui ne nécessite plus d'attention permet de se concentrer sur les objectifs qui la requièrent.

Dans cet hexagramme où les traits Yin prédominent, les deux traits Yang situés aux deux places de service représentent chacun une moitié de la stratégie proposée au Jugement. À la place de Préfet, il s'agit de se tourner vers le passé pour capturer des éléments cachés. À la place de Ministre, de se tourner vers l'avenir pour rassembler des éléments porteurs. DÉLIVRANCE est une situation instable dans laquelle, excepté le dernier, aucun trait n'est en adéquation avec sa place. L'action, qu'elle soit mouvement ou capture, s'y produit aux places Yin, tandis que les trois places impaires dépendent de leur relation avec les deux traits Yang. Cet entremêlement complexe rapproche DÉLIVRANCE de l'hexagramme 64 PAS ENCORE TRAVERSÉE, qui ne diffère de celui-ci que par le dernier trait (on y retrouve l'image du *renard* et le personnage du *Chef Accompli*, cité à la ligne souveraine dans les deux hexagrammes). Ces éléments incitent à considérer DÉLIVRANCE comme une situation particulière de transition, entre la fin d'une OBSTRUCTION (décrite par l'hexagramme 39, retourné de celui-ci) et une nouvelle perspective.

Celle-ci ne s'instaure pas sans difficultés. Parmi tous les personnages évoqués dans cet hexagramme, *brigands, compagnons, Duc, Chef Accompli, Être Petit*, seul le Duc cité au trait le plus élevé voit son action décrite comme particulièrement profitable. La dernière ligne est en effet celle où l'on est à même de se dégager des attachements qui alourdissent : l'*épervier* au regard perçant qu'on atteint du haut d'un mur élevé est l'image de l'acuité nécessaire à la séparation nette qui doit être opérée entre ce qui pèse et ce qui allège, entre le passé et les forces de renouvellement.

DÉLIVRANCE ne fait référence à aucun *danger* grave. Pour se donner les moyens d'ouvrir de nouvelles perspectives, il faut en finir avec les rancunes et solder les comptes. Comme l'indique la Grande Image, cet allégement ne peut s'effectuer que par l'amnistie et le pardon, que ce soit vis à vis de soi-même ou des autres. Les moments de délivrance sont des instants qui ne durent pas : il faut savoir en profiter pour entamer une période nouvelle.

IDÉOGRAMME

XIE : *prononciation spécifique pour le nom de cet hexagramme. Prononcé JIE : diviser, détacher, délivrer, dénouer. Expliquer, comprendre. Opinion. Dissiper, dissoudre. Décharger, débarrasser de. Se soulager, besoin naturel.*

L'idéogramme est formé de trois parties. À gauche le caractère *corne*. À droite, en haut le caractère *couteau* et en bas celui des *bovidés* en général. L'ensemble représente à l'origine un outil, un couteau dont la lame est en corne de bœuf, c'est-à-dire une épissoire, l'outil qui sert à défaire des nœuds trop serrés. À partir de cette image, ce terme va prendre toute une série de sens extrêmement courants, tous reliés à l'idée de soulagement d'une tension. Enfin, à l'époque moderne, il connaîtra un usage historique comparable à celui du mot « libération » en France après la Seconde Guerre mondiale. En effet, l'armée Rouge de Mao Zedong prendra le nom d'armée de Libération et, depuis la fondation de la république populaire de Chine, les expressions « avant la Libération, après la Libération » sont couramment employées pour désigner (et surtout comparer) les périodes d'avant et d'après le 1er octobre 1949. Dans chaque ville chinoise, il y a une rue de la Libération.

Son sens usuel est celui d'un soulagement comparable à celui qu'on ressent lorsque après avoir été bloquée (voir 39, hexagramme précédent), une situation se détend et retrouve sa fluidité. Cette situation peut être morale, matérielle ou même physiologique, puisque ce caractère a aussi le sens d'uriner. Une image de DÉLIVRANCE comme seul en est capable le tranquille pragmatisme chinois mais dont chacun ressent la justesse, et qui se prolonge avec humour dans le jeu des trigrammes : l'eau (Kan) associée au mouvement (Zhen).

TEXTE CANONIQUE

JUGEMENT

DÉLIVRANCE	解	XIE
Profitable le Sud-Ouest	利西南	li xi nan
Absence d'endroit où aller	无所往	wu suo wang
Que vienne le RETOUR ouverture	其來復吉	qi lai FU ji
Il y à où aller	有攸往	you you wang
De bon matin ouverture	夙吉	su ji

Pour créer les conditions d'un soulagement, il importe de faire place nette en séparant ce qui dépend de nous de ce qui, échappant à notre contrôle, doit être abandonné sans regrets. Il faut commencer par surseoir à toute conduite précipitée en se retirant au *Sud-Ouest*, l'orient qui, aux moments d'OBSTRUCTION, permet également de prendre du recul pour considérer ce qui entrave.

Ce temps d'arrêt permet ici de différencier ce qui est passé ou hors d'atteinte de ce qui reste possible. Désimbriquer ces deux territoires est le moyen de dénouer la situation. Dans les domaines où il n'y a pas de perspective, il ne faut plus intervenir et laisser les choses renaître d'elles-mêmes. Dans ceux où l'on peut avancer, il faut intervenir sans attendre pour saisir les opportunités de se détacher de ce qui pèse. Distinguer soigneusement ces deux champs permet de réagir de manière rapide et féconde.

Profitable : appréciation mantique indiquant qu'on tire profit à se conduire de la manière indiquée par le contexte.

Sud-Ouest : les désignations géographiques sont rares dans le *Yi Jing* et le plus souvent symboliques (points cardinaux). Le Sud-Ouest représente une retraite avisée, un resserrement prudent de ses forces. Il correspond, dans la disposition des trigrammes attribuée au Roi Wen, à la place de la Terre et, dans une perspective saisonnière, à la fête de la pleine lune d'automne, début des temps Yin. Alors qu'aux Jugements de ÉLAN RÉCEPTIF (2) et de OBSTRUCTION (39) cette position est citée en opposition avec le Nord-Est, symbole d'une avancée solitaire et audacieuse, cette direction n'est pas mentionnée ici car son opportunité constitue un cas particulier explicité par les phrases suivantes.

Absence d'endroit où aller : variante unique de la formule mantique *il y a où aller* utilisée dans la deuxième partie du texte. Le verbe *il y a* est remplacé par une négation *(absence)* et le caractère de liaison grammaticale *(où)* est différent *(endroit où)*. Cette particularité renforce l'alternative posée par la formule positive qui suit.

Que vienne : l'idéogramme est le verbe *venir*, employé ici dans une construction particulière avec un caractère grammatical qui lui sert de sujet abstrait.
RETOUR : nom de l'hexagramme 24.
Ouverture : appréciation mantique signalant un moment heureux où un agencement fécond du flux vital multiplie les possibilités de développement. Citée quatre fois dans cet hexagramme (deux fois en Jugement, lignes 2 et 5), elle est rarement répétée deux fois dans le même paragraphe (cela ne se produit qu'ici et à 4/2). Cette répétition accentue le balancement entre les deux éventualités présentées.
Il y a où aller : formule mantique spécifique en trois caractères dont le premier *(il y a)* insiste sur la réalité effective de ce qui suit, le second est un caractère de liaison grammaticale et le troisième *(aller)* un conseil de ferme mise en route. Son sens général est : garder son cap sans se laisser déboussoler par les difficultés propres à la situation, tenir son objectif quels que soient les turbulences, le flou, ou ce qui entrave la marche.
De bon matin : écrit avec une partie du caractère *vent* et un signe représentant le dernier quartier de lune, l'idéogramme, qui n'apparaît qu'ici, signifie *matin, matinal, tôt* (le moment où le dernier quartier est visible) et *ancien, vieux*, par association avec la lunaison qui se termine.

TEXTE DES TRAITS

Au début un six
Absence de faute 无咎 wu jiu

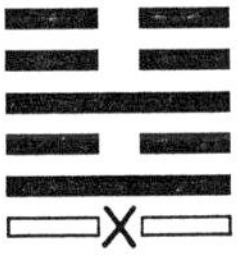

Le texte de cette première ligne, qui compte parmi les plus brefs du *Yi Jing*, ne comporte que deux idéogrammes : une simple incitation à entrer dans le processus de DÉLIVRANCE.

Sa relation avec les deux traits Yang de la figure contrebalance l'inertie due à sa nature souple. Elle l'amène à se laisser facilement emporter dans le mouvement par sa correspondance avec le quatrième trait. Le voisinage avec l'autre trait ferme, le second, va dans le même sens. Les trois traits étant incorrects, on peut douter de cette manière un peu innocente de se laisser entraîner. Mais cette légereté s'accorde à l'esprit de détente caractéristique de la situation dans son ensemble.

Absence de faute : formule mantique incitant à ne pas rester dans un état d'esprit incertain ou hésitant. Très répandu dans le *Yi Jing*, ce conseil n'apparaît qu'ici dans cet hexagramme.

 **Hexagramme dérivé :** hexagramme 54. MARIAGE DE LA CADETTE est un moment où l'on œuvre dans des conditions que l'on n'a pas choisies, en tant qu'instrument d'une réalité susceptible, bien qu'elle nous dépasse, de porter des fruits.

Neuf en 2

Dans les champs capturer trois renards 田獲三狐 tian huo san hu
Obtenir une flèche jaune 得黃矢 de huang shi
Présage d'ouverture 貞吉 zhen ji

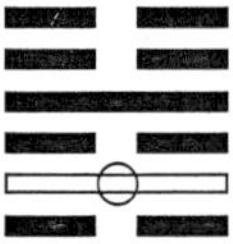

À cette ligne, l'indolence n'est pas de mise. Comme à la sixième ligne, la plus favorable de l'hexagramme, il est question d'une chasse, et même d'une *capture*. Cependant, celle-ci se passe au niveau de la terre, des *champs*, c'est-à-dire des tâches concrètes et quotidiennes (voir 1/2). La nature Yang du trait suggère de sortir de la réserve habituelle d'une place de Préfet pour passer à l'action de manière habile et efficace. Difficile à chasser en raison de sa prudence, le *renard* évoque la recherche d'éléments cachés et nombreux *(trois)* qui se dérobent.

La correspondance avec la ligne souveraine, où se trouve la même mention d'*ouverture*, accentue la valeur de ce travail pour l'ensemble du processus. La *flèche*, récompense honorifique couronnant ces efforts, accroît le potentiel de celui qui l'obtient. Le *jaune*, emblème de l'idée de Milieu, est gage de l'attitude juste dans la manière de l'obtenir. La même récompense est mentionnée à l'hexagramme MORDRE & UNIR, lorsqu'un Ministre particulièrement méritant travaille à la réduction des obstacles qui empêchent une circulation fluide des énergies.

Champs : représentant des champs cultivés en parcelles, l'idéogramme évoque, par sa forme carrée, les quatre directions de la Terre, le multiple, et globalement le pouvoir de germination du Yin. Il a aussi le sens de *chasse* qui apporte avec lui l'idée de limite. Aux confins des terres agricoles se trouve la lisière entre l'inculte et le cultivé, le sauvage et le civilisé, le primitif et le chinois.
Capturer : l'idéogramme, qui évoque une saisie par force ou par contrainte, fait référence principalement à la chasse mais aussi aux prises de guerre : esclaves, servantes, etc.
Trois : quand il n'apparaît pas dans un contexte politique ou répétitif, ou pour quantifier des durées, le chiffre *trois* est une marque du pluriel.
Renards : en Chine, la prudence du renard est plus proverbiale que sa ruse, c'est pourquoi sa chasse est réputée difficile. Voir aussi 64/J.

Dans les champs capturer trois renards : une phrase quasiment identique se trouve à 57/4.
Obtenir : l'idéogramme, toujours très courant, recouvre une gamme de sens assez étendue : *parvenir, obtenir, trouver, recevoir, acquérir, convoiter, avoir, posséder*, etc., qui tournent tous autour de l'idée de gain. Les deux seuls Jugements où il est cité sont deux situations très Yin : ÉLAN RÉCEPTIF et PUITS (voir 2/J *trouver* et 48/J *gain*).
Flèche : l'idéogramme représente le dessin d'une flèche. Dans la Chine féodale, l'arc est l'arme noble par excellence (voir *JUSTE*, 61/I) et la flèche un insigne honorifique. C'est l'une des meilleures récompenses que peut recevoir un vassal (voir 21/4 et 56/5). De là, le caractère en est venu à signifier aussi *droit, sincère.*
Jaune : associé à la Terre et au Milieu, synonyme de justesse, d'impartialité et de non-agir efficace, le jaune est la couleur emblématique de la Chine, où sa valeur est infiniment plus positive qu'en Occident. Dans le *Yi Jing*, le jaune est plus particulièrement mis en relation avec la valeur et la force du Yin.
Présage : modulation globale de certaines appréciations mantiques. Précisant que l'appréciation dont il s'agit est moins effective que lorsqu'elle est présentée de manière directe, elle la situe comme une tendance probable.
Ouverture : voir Jugement.
Présage d'ouverture : formule mantique indiquant la tendance à un réagencement positif de la situation. Elle n'est citée qu'ici dans cette figure.

Hexagramme dérivé : hexagramme 16. S'ENTHOUSIASMER est un moment de ferveur et d'impulsivité où l'on tente de rassembler des énergies indolentes, dispersées ou assoupies.

Six en 3

Être chargé de biens et cependant voyager en char	負且乘 fu qie cheng
provoque l'arrivée des brigands	致寇至 zhi kou zhi
Présage de gêne	貞吝 zhen lin

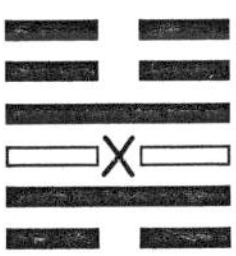

Situé au niveau de Passage, stade d'extériorisation, ce trait, incorrect et enserré entre les deux lignes Yang de l'hexagramme, décrit une conduite inadéquate et néfaste. Alors qu'au second trait est montré comment se délivrer du passé et qu'au quatrième est indiqué comment préparer l'avenir, l'attitude décrite ici est grotesque et présage mal de l'avenir : on porte quelque chose sur son dos alors qu'on est monté sur un char. Non seulement on continue de s'alourdir de ce qui n'a plus lieu d'être, mais ce faisant on diminue l'efficacité de ce qui pourrait emmener plus loin et on attire dangereusement l'attention sur soi.

DÉLIVRANCE requiert de la légèreté, pas de l'inconséquence. Si on se refuse, par convoitise ou forfanterie, à abandonner ce qui alourdit et empêche d'avancer, on ne peut que s'attirer des ennuis. Il y a contradiction entre le poids de ce que l'on veut conserver et le dynamisme requis pour aller au-delà. Ce manque de discernement évoque l'*Être Petit* auquel il est fait allusion à la cinquième ligne.

Être chargé de biens : formé avec le signe des choses précieuses et un caractère représentant un homme penché, l'idéogramme a pour sens propre *porter sur son dos, porter avec une palanche sur l'épaule* et pour sens figuré *supporter, avoir le dessous* et aussi *s'appuyer sur, s'adosser.* Il n'est cité qu'ici et à 38/6 *(couvert de).*
Et cependant : l'idéogramme évoque une station dans un déroulement.
Voyager en char : l'idéogramme signifie *atteler (une voiture,* voir 3/2), *monter un cheval* (13/4, *à califourchon)* et *voyager en char.*
Provoque : l'idéogramme, écrit en combinant un signe d'autorité avec le caractère *arrivée* expliqué ci-dessous, produit dans cette phrase un effet de rime graphique et sonore – effet voulu puisqu'il n'est pas employé en dehors de cette phrase, qui n'apparaît que deux fois (ici et à 5/3). Du sens premier de ce caractère *le plus haut point de l'autorité* dérivent ses sens usuels *faire advenir, provoquer, causer.*
Arrivée : représentant une flèche qui se fiche dans la terre ou un oiseau qui pique vers le sol, l'idéogramme a pour sens propre usuel *arriver à, parvenir* et pour sens dérivé *jusqu'à, au plus haut point, extrêmement.* Il marque généralement l'intervention d'éléments nouveaux dans la situation, ici les *brigands,* à la ligne suivante les *compagnons.*
Brigands : l'idéogramme a le sens général de *brigand, ennemi, envahisseur, pillard.* Dans le contexte du *Yi Jing,* le *brigand,* vivant en dehors des lois, et en dehors du territoire civilisé de la Chine d'alors, est un personnage symbolique représentant des forces dangereuses qu'il faut circonvenir soit par la coercition, soit par la diplomatie.
Provoque l'arrivée des brigands : expression particulière où se répondent échos sonores (le premier et le troisième caractères ont une prononciation identique) et renvois graphiques (le premier est écrit avec le troisième combiné avec un signe d'action). Elle se retrouve à l'identique et au même niveau de passage au moment d'ATTENTE (voir 5/3). Là, les brigands attaquent celui qui s'enlise dans une attente lourde et craintive, ici ils menacent quelqu'un qui est alourdi, immobilisé par ses propres richesses. La détente, comme l'attente, requièrent une certaine légèreté.
Présage de gêne : formule mantique spécifique posant en perspective,

comme une probabilité, l'appréciation *gêne* qui indique un manque de fluidité rétrécissant les possibilités d'action. Assez rare, elle qualifie uniquement des niveaux de passage (deux troisièmes traits et deux sixièmes). À l'autre troisième ligne où cette formule est citée (32/3), c'est aussi dans un contexte d'avidité.

Hexagramme dérivé : hexagramme 32. ENDURER est un moment où l'on renforce son courage pour être en mesure de trouver un second souffle.

Neuf en 4		
DÉLIVRANCE	解	XIE
et alors démarrage	而拇	er mu
Les compagnons arrivent	朋至	peng zhi
S'ensuit une onde porteuse	斯孚	si fu

Comme le montre la mention pour la première fois du nom de l'hexagramme, la DÉLIVRANCE devient patente à ce niveau de Ministre. Bien que le trait soit incorrect, sa fermeté est ici un atout, car elle marque une capacité d'initiative propre à éloigner des attachements susceptibles de retenir le mouvement. Ces entraves sont suggérées par les relations de ce trait avec les deux Yin intérieurs, par voisinage avec le troisième et correspondance avec le premier.

La construction du texte insiste deux fois sur la continuité à l'œuvre *(et puis, s'ensuit)*. C'est en se libérant des attachements que la légèreté revient et que le mouvement en avant redevient possible. On ne doit pas craindre pour autant de se retrouver seul : une fois le mouvement enclenché, un tri s'opère naturellement : ce ne sont plus des *brigands* qui arrivent comme à la ligne précédente mais des *compagnons* qui convergent vers soi. Le rôle de Ministre, axé sur la communication, est particulièrement complémentaire ici de celui de Préfet, tourné vers l'intérieur. C'est par un mouvement en avant déterminé, analogue à celui spécifié à la fin du Jugement, que l'on se rend capable d'attirer les énergies et de permettre que s'amorce, que *s'ensuive*, un courant de confiance.

Démarrage : le texte porte le mot *gros orteil*. Ce caractère, employé dans son sens propre à 31/1, semble bien être utilisé ici dans son sens figuré de *mise en route*. Dans le *Yi Jing*, les pieds et les différents termes qui s'y rapportent sont l'image d'une mise en mouvement. Quand ils sont directement reliés au corps, ils sont toujours cités à la première ligne, quand ils apparaissent plus haut, c'est uniquement en quatrième ligne, au début du trigramme supérieur, et dans une ambiance de renouvellement.

Compagnons : dans le contexte du *Yi Jing* les compagnons sont des personnages symboliques le plus souvent associés à un mouvement de convergence. Différents des *vassaux* qui symbolisent un mouvement de hiérarchisation, ils apparaissant dans des situations de relation horizontale et dans des hexagrammes à forte connotation Yin.
Arrivent : voir ligne 3.
S'ensuit : formé du signe du *van* (voir 36/5), et du caractère *hache*, l'idéogramme dont le sens d'origine est *couper, séparer*, est un caractère à usage grammatical (il sépare les phrases) servant de déterminatif et de conjonction de conséquence (voir 56/1).
Onde porteuse : appréciation mantique signalant qu'un fort courant porteur traverse la situation. Citée deux fois dans cet hexagramme, elle apparaît dans une formulation différente à la ligne suivante.
S'ensuit une onde porteuse : le flux porteur est décrit ici comme une conséquence, non comme une donnée indépendante de l'attitude qu'on adopte. Cela n'arrive que deux autres fois : 11/4 et à 49/J.

Hexagramme dérivé : hexagramme 7. ARMÉE est un moment de discipline et de rassemblement des énergies en fonction d'un objectif déterminé.

Un six en 5

Seul un Chef Accompli réalise la DÉLIVRANCE	君子維有解 jun zi wei you XIE
Ouverture	吉 ji
Il y a onde porteuse poussant vers l'Être Petit	有孚于小人 you fu yu xiao ren

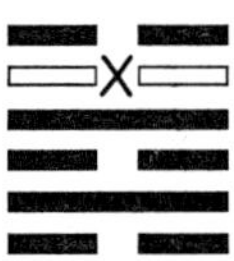

Lorsque le Chef Accompli est mentionné à la ligne souveraine d'un hexagramme, c'est que la maîtrise de la situation est particulièrement difficile. Cela n'arrive qu'en deux autres situations : lorsqu'il s'agit de voir dans l'obscurité (REGARD 20/5), ou pour assurer une transition (PAS ENCORE TRAVERSÉE 64/5). Ici, il s'agit d'assumer la responsabilité d'une situation dont les liens internes se dénouent. À l'inverse de l'*Être Petit* qui ne considère que son intérêt immédiat, l'une des qualités maîtresses du Chef Accompli est sa capacité à élargir son champ de vision : il sait comment embrasser d'un même regard l'avant et l'après et déceler dans le présent ce qui prépare le futur.

Le trait est en relation avec les deux Yang de la figure, par voisinage avec le quatrième et correspondance avec le second. Ces deux traits, situés l'un et l'autre à des places subordonnées, se caractérisent par la grande activité déployée, par le Préfet pour découvrir des éléments cachés, par le Ministre pour enclencher l'avenir. Cette activité appelle en retour courage et fermeté, ce que l'incorrection du trait, Yin à une place Yang, ne garantit pas. Une propension à la mesquinerie et à l'égoïsme, symbolisée par l'*Être Petit*, est susceptible de réduire l'*ouverture*. La situation ne peut évoluer favorablement que si l'on conduit fermement la transition, ce qui exige de savoir solder le passé et envisager l'avenir avec sérénité.

Seul : le texte porte un idéogramme formé par la combinaison de deux images de tissage. De son sens propre *fibre, filament*, dérive son sens figuré *joindre, unir* (voir 29/J et 17/6). Cependant, de l'idée de tissage dérive son emploi à la place d'autres caractères très proches qui signifient *mais* et *seul, seulement* (voir 35/6).
Chef Accompli : personnage symbolique dont la présence signale que la situation requiert des qualités particulières. Modeste et lucide, c'est un stratège fin, s'adaptant souplement aux circonstances et tenant solidement son cap. Ses qualités de courage et de discernement, qui deviendront l'idéal des lettrés confucéens, sont particulièrement mises en valeur dans deux hexagrammes où il est cité trois fois : SE TENIR (15) et REGARDER (20).
Réalise : le texte porte le verbe *il y a* qui, outre son usage de modulation mantique (voir Jugement), est utilisé pour insister sur la matérialisation de ce qui est décrit (voir 14/I).
Ouverture : voir Jugement.
Onde porteuse : appréciation mantique signalant que la situation est traversée par un fort courant porteur.
Il y a onde porteuse poussant vers : variante de la formule mantique *onde porteuse* insistant sur l'existence (il y a) et la direction du courant porteur (poussant vers). Elle est présentée ici d'une manière différente de celle citée à la ligne précédente, comme si le flux était plus effectif et plus orienté.
Être Petit : personnage symbolique représentant une attitude sans envergure, mesquine, immature ou rigide. Incapable de responsabilités et peu perspicace quant à l'évolution d'une situation, l'Être Petit ne sait pas replacer le moment dans une perspective plus vaste.
Il y a onde porteuse poussant vers l'Être Petit : soulignant une tentation de se conduire petitement, cette phrase a été comprise de façons diverses, parfois surprenantes[64].

☱☵ **Hexagramme dérivé** : hexagramme 47. ÉPUISEMENT est un moment où l'on mesure ses forces dans la confrontation avec l'entourage. C'est une mise à l'épreuve de la parole qu'on défend.

En haut un six

Le Duc tire à l'arc sur un épervier du haut d'un mur élevé — 公用射隼 于高墉之上 — gong yong she sun yu gao yong zhi shang

Il le capture — 獲之 — huo zhi

Rien qui ne soit profitable — 无不利 — wu bu li

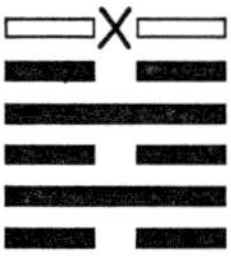

À ce niveau de Sortie, la Délivrance opère un saut, marqué par une des formules mantiques des plus favorables. Non seulement ce trait est le seul correct de la figure, mais il est également le seul à n'avoir aucune relation avec les cinq autres. Cette position dégagée fait écho au *mur élevé* d'où l'on peut apercevoir l'ensemble de la situation.

Comme à PETIT EXCÈS (62/5), autre situation où il intervient avec un arc, le *Duc* a pour rôle d'assurer une transition du pouvoir. Ce qu'il *capture* n'est pas un renard qui se cache comme à la seconde ligne, mais un rapace qui domine le paysage. Allusion possible à la domination des Shang dont les Zhou ont délivré le peuple, l'épervier au regard aiguisé évoque aussi l'acuité nécessaire à la séparation qui doit être opérée entre le passé et les forces de renouvellement. Que cette capture n'ait pas lieu au niveau des *champs*, comme à la deuxième ligne, mais depuis une hauteur accentue le détachement et la légèreté nécessaires au parachèvement de la DÉLIVRANCE. L'action vigoureuse commencée aux deux premières places paires trouve ici son point d'orgue et sa meilleure application possible. Le temps est venu de passer à une ère nouvelle : toute intervention adroite et déterminée allant dans le sens de se débarrasser des entraves passées est non seulement légitime, mais très bénéfique.

Duc : terme nobiliaire de l'antique féodalité chinoise, sans équivalent direct en français. Duc est une convention arbitraire, mais reconnue. L'idéogramme a pris par la suite le sens de *collectif, général, public* (voir 6/I), inscrivant dans le langage le fait que le rôle Yin du vassal est de réaliser et de disséminer les ordres du prince. Dans le contexte du *Yi Jing*, le choix de ce titre peut selon les cas symboliser une position de vassal en général, ou bien être une allusion à Zhou Gong, le sage Duc des Zhou.

Tire à l'arc : dans la Chine féodale, l'arc est l'arme noble par excellence et le tir à l'arc l'expression de la justesse interne (voir 61/I).

Épervier : formé avec le signe général des oiseaux à queue courte et maintenant le signe dix (mais qui, à l'origine représentait sans doute un perchoir), l'idéogramme est le nom de différents oiseaux :

épervier, faucon pèlerin, crécerelle. La signification symbolique de ce terme est difficile à cerner dans la mesure où il n'est cité qu'ici dans le *Yi Jing*. Il apparaît une fois dans le *Livre des Odes*, dans une pièce tardive relatant une expédition de Fang Zhu contre les barbares du Sud en 825 avant notre ère, où il est symbole de clarté, d'efficacité et de justice[65].

Mur : l'idéogramme, rare et complexe, signifie un petit rempart en simple terre battue, un mur, mince et peu élevé puisqu'on peut y grimper et s'y tenir à califourchon (voir 13/4).

Élevé : représentant un bâtiment à étage, l'idéogramme signifie globalement *haut* au sens propre et au sens figuré.

Tout en haut d'un mur élevé : le texte comporte une phrase construite de manière étrange. Elle se lit en effet mot à mot : depuis – le haut – d'un – petit mur – élevé.

Capture : voir ligne 2.

Rien qui ne soit profitable : une des meilleures appréciations mantiques du *Yi Jing*. Elle souligne la présence d'un fort potentiel d'action et une grande aptitude à œuvrer au renouvellement, particulièrement dans les périodes de transition.

Hexagramme dérivé : hexagramme 64. PAS ENCORE TRAVERSÉE est une transition entre un moment qui s'achève et une période nouvelle. Une grande attention est recommandée pour être en mesure de favoriser le passage du désordre à l'ordre.

ÉLÉMENTS D'ANALYSE

Nucléaire

䷾ **Hexagramme 63 : DÉJÀ TRAVERSÉE.** Au cœur de DÉLIVRANCE, il y a DÉJÀ TRAVERSÉE. Au cœur d'une situation de détente et de libération des tensions, il y a ordre sous-jacent, une cohérence à même d'intégrer des manifestations chaotiques en un système stable. Il représente la régularité d'un fonctionnement basé sur la relation entre des forces distinctes qui, selon les moments, se rencontrent ou se séparent. En DÉLIVRANCE, l'interne et l'externe sont amenés à se séparer nettement sans que, grâce au nucléaire, la cohésion de l'ensemble ne soit remise en cause.

DÉLIVRANCE est lui-même nucléaire de quatre hexagrammes (15, 22, 36 et 52) dans lesquels il prend le sens général de séparation nette entre un dedans et un dehors.

Opposé

䷤ **Hexagramme 37 : GENS DU CLAN.** La relation d'opposition entre DÉLIVRANCE et GENS DU CLAN se situe au niveau du temps. GENS DU CLAN symbolise l'intégration d'éléments séparés dans un ensemble durable, DÉLIVRANCE la séparation d'un ensemble constitué entre éléments vivants et éléments périmés. GENS DU CLAN ramène vers l'intérieur des éléments externes en les organisant à long terme autour d'une référence unique. DÉLIVRANCE libère des attachements intérieurs en établissant rapidement la distinction entre un dedans et un dehors, un avant et un après.

41 DIMINUER

解

SUN

En haut MONTAGNE ☶
En bas BRUME ☱

DIMINUER	損	SUN
Il y a onde porteuse	有孚	you fu
Fondamentalement ouvert	元吉	yuan ji
Absence de faute	无咎	wu jiu
Présage de possibilités	可貞	ke zhen
Profitable d'avoir où aller	利有攸往	li you you wang
Comment accomplir cela	曷之用	he zhi yong
Deux patelles peuvent accomplir les rites d'hommage	二簋可用享	er gui ke yong xiang

Au début un neuf

L'affaire finie rapidement s'en aller	事遄往	yi shi chuan wang
Absence de faute	无咎	wu jiu
Réfléchir sur la DIMINUTION	酌損之	zhuo SUN zhi

Neuf en 2

Ténacité profitable	利貞	li zhen
Impasse pour des expéditions	征凶	zheng xiong
Ce n'est pas DIMINUER c'est AUGMENTER	弗損益之	fu SUN YI zhi

Six en 3

Trois personnes en marche	三人行	san ren xing
donc DIMINUTION d'une personne	則損一人	ze SUN yi ren
Une personne en marche	一人行	yi ren xing
donc gain d'un ami	則得其友	ze de qi you

Six en 4

DIMINUER la fébrilité	損其疾	SUN qi ji
entraîne rapidement la joie	使遄有喜	shi chuan you xi
Absence de faute	无咎	wu jiu

Six en 5

AUGMENTATION indéfinissable	或益之	huo YI zhi
Dix couples de tortues	十朋之龜	shi peng zhi gui
sont incapables de faire dévier	弗克違	fu ke wei
Fondamentalement ouvert	元吉	yuan ji

En haut un neuf

Ce n'est pas DIMINUER c'est AUGMENTER	弗損益之	fu SUN YI zhi
Absence de faute	无咎	wu jiu
Présage d'ouverture	貞吉	zhen ji
Profitable d'avoir où aller	利有攸往	li you you wang
Gain de serviteurs pas de CLAN	得臣无家	de chen wu JIA

Grande Image

Sous la montagne il y a la brume	山下有澤	shan xia you ze
DIMINUER	損	SUN
L'Être Accompli ainsi	君子以	jun zi yi
en contenant sa colère	懲忿	cheng fen
modère ses passions	窒慾	zhi yu

Dixième Aile

DIMINUER AUGMENTER	損益	SUN YI
début de la floraison et du déclin.	盛衰之始也	sheng shuai zhi shi ye

DIMINUER est une perte qui permet un rééquilibrage. Bien que l'idéogramme *sun*, qui signifiait à l'origine *retirer*, soit toujours utilisé pour nommer la colonne débitrice des comptes bancaires, l'hexagramme a un sens plus vaste : DIMINUER est avant tout un processus de concentration qui entraîne un accroissement de la qualité. Cette amélioration est soulignée dans le texte par la présence à trois reprises du nom de l'hexagramme inverse AUGMENTER, utilisé lui aussi en comptabilité, mais pour nommer les colonnes créditrices.

Le texte de DIMINUER n'est pas relié seulement à celui d'AUGMENTER. Il entretient aussi d'étroites relations avec CHAUDRON, seul autre hexagramme dont le Jugement comporte la formule *fondamentalement ouvert*. Ces deux situations montrent l'une comme l'autre une transformation profonde. Ils se rapprochent par l'importance donnée aux vases rituels, objets symboliques d'un changement de nature par élimination : sublimation spirituelle pour CHAUDRON, décantation intérieure pour DIMINUER. Cette dimension est soulignée par plusieurs Commentaires canoniques qui associent DIMINUER à la culture du caractère[66], notamment la Grande Image, qui a la particularité de traiter de sentiment : elle insiste sur la retenue des passions, la contention de l'émotionnel.

DIMINUER ne fait pas allusion à un contexte historique ou politique particulier. Son vocabulaire est d'ordre général et abstrait : des nombres, *deux, trois, un, dix*, apparaissent au Jugement et aux trois traits Yin, tandis qu'il est question de mouvement aux trois traits Yang. Le rituel décrit au Jugement suppose une attitude déférente, mais il insiste surtout sur la notion d'appariement : les deux récipients nécessaires à l'opération de diminution symbolisent le rééquilibrage des forces en présence. Ce processus est précisé à la troisième ligne, où l'on est à la recherche d'un équilibre entre manque et surplus. La notion de parité se retrouve aussi dans la correspondance entre traits fermes et souples, qui fonctionne à tous les niveaux de l'hexagramme.

Mais le *deux* est d'abord le nombre du Yin, et Yin signifie resserrement. L'idée même de réduction est en affinité avec le Yin, car ce qui est retranché revient à la source pour préparer une expansion future : il s'agit donc d'un renouvellement du processus Yin-Yang dans son entier. Si on trouve par deux fois la formule rare *fondamentalement ouvert*, ce qui ne se produit ailleurs qu'à l'hexagramme 42, c'est que l'AUGMENTATION est le juste résultat d'une DIMINUTION bien comprise.

L'étude, tous les jours *un peu plus*
Le Tao, tous les jours *un peu moins*
De moins en moins jusqu'au non-agir[67]

IDÉOGRAMME

SUN : *Diminuer, amoindrir, décroître, abaisser, affaiblir, etc.*

L'idéogramme est composé de trois éléments. À gauche le caractère de la main. L'hexagramme 41 est le seul dont le nom est caractérisé par ce signe général d'action. À droite, un groupe formé de deux idéogrammes superposés. En bas, il y a un caractère dont la forme actuelle est celle du signe général des choses précieuses, mais dont la forme primitive représentait un chaudron rituel (voir 50/I). Ce vase de bronze qui fait écho à celui représenté dans le nom de AUGMENTER (voir 42/I) constitue un des multiples éléments reliant entre eux ces deux hexagrammes. Au-dessus de ce vase, il y un caractère dont la forme actuelle est celle du signe de la bouche, mais dont la forme primitive était un cercle représentant l'encolure du vase dessiné en dessous. Cette encolure ronde n'est pas vue d'en haut, mais à l'horizontale.

L'ensemble des trois caractères représente l'action effectuée sur un vase de manière à ce que son encolure soit visible à l'horizontale, c'est-à-dire le geste de renverser le vase pour en vider le contenu. De là dérivent les sens dominants de l'idéogramme *diminuer, abaisser, décroître*. Par la suite, ce caractère prendra dans la langue courante différents sens insistant sur la perte, comme *léser, affaiblir, railler, critiquer*, etc. Toujours très actuel, cet idéogramme est particulièrement employé en combinaison avec le nom de l'hexagramme 42 pour nommer les colonnes débit (diminuer) et crédit (augmenter) des comptes bancaires.

TEXTE CANONIQUE

JUGEMENT

DIMINUER	損	SUN
Il y a onde porteuse	有孚	you fu
Fondamentalement ouvert	元吉	yuan ji
Absence de faute	无咎	wu jiu
Présage de possibilités	可貞	ke zhen
Profitable d'avoir où aller	利有攸往	li you you wang
Comment accomplir cela	曷之用	he zhi yong
Deux patelles peuvent accomplir les rites d'hommage	二簋可用享	er gui ke yong xiang

Cela peut sonner comme un paradoxe : plus qu'une simple réduction, DIMINUER est le point de départ d'une organisation nouvelle. Caractérisée par une accumulation d'appréciations positives, notamment les mentions d'un courant de confiance et d'une capacité à entrer dans un flux nouveau et fécond, la diminution ne doit pas être vécue seulement comme une privation. Se laisser troubler par les désagréments qu'elle entraîne masquerait les possibilités qu'elle offre. Deux hexagrammes seulement, tous deux axés sur le rituel aux ancêtres, sont caractérisés par la formule *fondamentalement ouvert* qui marque la possibilité d'un réagencement général et fécond : CHAUDRON (50) et DIMINUER. Le premier, à dominante Yang, est tourné vers l'expression de ce qui est établi – son nucléaire est SE MONTRER RÉSOLU (43) – et qu'une condensation parachève. Le second, à dominante Yin, est centré sur la retenue qui permet la concentration des forces en vue de floraisons nouvelles – son nucléaire est RETOUR (24).

Dans le mouvement énergétique global constitué par le couple DIMINUER-AUGMENTER, l'hexagramme 41 représente la phase Yin, où il importe de ne pas agir de manière turbulente. Cette réserve est marquée par la formule *présage de possibilités*, caractéristique de la ligne de passage d'ÉLAN RÉCEPTIF, situation Yin par excellence, où il est déconseillé de se faire valoir et de s'exprimer de manière trop voyante (voir 2/3). La concentration des moyens doit être considérée comme le temps préparatoire d'une action à plus longue échéance : le resserrement Yin est préalable au déploiement décrit par l'hexagramme 42 AUGMENTER, dont le nom est cité trois fois dans le texte de DIMINUER, notamment à la ligne souveraine.

Comment rendre cette diminution opérante ? En allant au fond de la réduction, qu'elle soit effectuée ou subie, de ce qui est visible et manifeste au profit de forces cachées et nourricières. Les *patelles* symbolisent ce travail en le reliant à la transmutation dont le CHAUDRON est l'image. Servant à la fois au nourrissement des ancêtres et à la nourriture des vivants, les récipients rituels, patelles et chaudrons, étaient utilisés ensemble pour les offrandes, mais se distinguaient par leur nombre. Le *Livre des Rites* indique que celui des chaudrons est toujours impair (de trois à neuf selon le rang) et celui des patelles toujours pair (de deux à huit). Ici la mention de *deux* patelles a une double signification : emblème du Yin, *deux* met en avant la parité nécessaire au maintien d'un équilibre ; il donne aussi une image concrète de la diminution puisque c'est le chiffre pair le plus bas, correspondant à une position subalterne.

DIMINUER est un moment privilégié du processus de régulation. Le resserrement des moyens ne doit pas être ressenti comme une insuffisance, mais être vécu avec confiance et sincérité, comme la phase préalable d'une augmentation à venir.

Il y a onde porteuse : variante de la formule mantique *onde porteuse* signalant qu'un fort courant porteur traverse la situation. Elle insiste sur la réalité effective *(il y a)* de ce courant.
Fondamentalement : modulation particulière rendue par un idéogramme qui signifie *début, origine, entièrement.*
Ouvert (ouverture) : appréciation mantique signalant un moment heureux où un agencement fécond du flux vital multiplie les possibilités de développement.
Fondamentalement ouvert : formule mantique parmi les plus favorables du *Yi Jing. Fondamentalement* rehausse la fécondité de l'agencement décrit par *ouverture*, en soulignant l'étendue de ses possibilités d'application, sa vigueur et sa capacité à initier des situations nouvelles. Non seulement cette formule ne qualifie que deux situations dans leur ensemble (Jugement) : DIMINUER et CHAUDRON (50/J) mais elle est citée deux fois dans cet hexagramme : ici et à la cinquième ligne. Pareille répétition ne concerne que deux situations : DIMINUER et AUGMENTER (42).
Absence de faute : formule mantique spécifique incitant à ne pas rester dans un état d'esprit incertain ou hésitant. Se retrouve trois fois dans cet hexagramme : lignes 1, 4 et 6.
Présage de possibilités : formule mantique assez rare et dont le sens n'est pas complètement avéré. Elle signale des moments porteurs de potentialités, caractérisés par une certaine contention, s'exprimant par la réserve à 2/3, la retenue à 25/4, et ici la diminution.
Accomplir : le texte porte un verbe très courant dont le sens général est *opérer, réaliser, mettre en pratique* et qui dans le contexte du *Yi Jing* insiste sur la mise en œuvre effective de ce dont il est question.
Avoir où aller : formule mantique dont le sens est : garder son cap sans se laisser déboussoler par les difficultés propres à la situation,

tenir son objectif quels que soient les turbulences, le flou, ou ce qui entrave la marche. Un effort routinier, inscrit dans le long terme, est ce qui permet de tirer au mieux parti du moment.

Deux : le texte porte le chiffre *deux* sous sa forme la plus courante. Il n'exprime pas ici un redoublement (comme à 4/J, 29/4 et 30/GI où ce nombre apparaît dans une graphie différente), mais une qualité symbolique. Les vases sacrificiels qu'il dénombre ne sont pas deux fois plus *opérants* comme à 29/4, ils n'ont de sens que par leur usage par paire, ils sont de nature « deux », c'est-à-dire Yin, qualité dont ce chiffre est l'emblème. Le nombre des vases sacrificiels qui doivent être employés selon le rang hiérarchique auquel on appartient est méticuleusement précisé dans le *Rituel des Zhou*. Les vases de type « chaudron » (voir hexagramme 50) sont toujours en nombre impair, de un à neuf, et les vases de type « patelle » toujours en nombre pair, de deux à huit.

Patelles : les patelles, du latin *patella*, sont des vases rituels en forme de plat, utilisés dans l'Antiquité romaine pour offrir des libations. Aussi inactuel en chinois que patelle l'est en français, l'idéogramme désigne un type précis de vase rituel appelés en chinois *Gui*. Cet idéogramme est écrit avec un groupe complexe comportant le signe général des objets en bambou. On peut donc supposer qu'à l'origine, ces vases étaient en bambou, bien que, à cause de la fragilité de ce matériau, on n'en ait encore jamais retrouvé aucun. En revanche les vases gui, que les fouilles archéologiques ont exhumés en grand nombre, sont d'imposantes pièces en bronze (certaines pèsent plus d'une centaine de kilos) dont les plus anciennes datent de la fin des Shang, c'est-à-dire d'avant l'époque où fut rédigé le *Yi Jing*. Ces découvertes remettent d'autant plus en question l'interprétation traditionnelle – qui voyait dans ces vases des ustensiles sobres symbolisant la simplicité des moyens à mettre en œuvre dans les rites – que l'idée de simplicité dans les ustensiles rituels est exprimée dans le *Yi Jing* par un autre mot, les *jarres* d'argile (voir par exemple 29/4). Cependant la question demeure : quelle distillation s'opérait dans ces vases *gui*, cuisson à l'étouffée, vins tiédis ? quel couplage s'y effectuait ? La seule certitude tient dans leur chiffrage : ils ne sont utilisés que par paires, ce qui marque une opération en rapport avec la matérialisation par le Yin.

Rites d'hommage : l'idéogramme est très proche de celui traduit par *favorisant* dont la forme ancienne montre un mouvement symétrique d'offrande et d'accueil entre le haut et le bas. Dans cette variante, l'accent est mis sur le bas, donc sur l'offrande. Son sens d'origine est *offrir à un supérieur, faire des offrandes aux esprits*. Par la suite, comme *favorisant*, il a été utilisé pour décrire le mouvement de retour provoqué par cet aller vers le haut et de ce fait a aussi le sens de *recevoir de, obtenir, agréer*. Dans le contexte du *Yi Jing*, il n'est cité que dans deux hexagrammes, ici et deux fois à ÉPUISEMENT (voir 47/2 et 47/5).

TEXTE DES TRAITS

Au début un neuf
L'affaire finie rapidement s'en aller — 事遄往 yi shi chuan wang
Absence de faute — 无咎 wu jiu
Réfléchir sur la DIMINUTION — 酌損之 zhuo SUN zhi

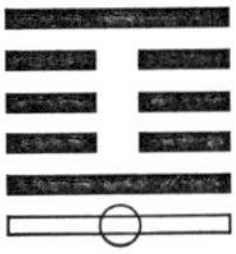

Lorsqu'on est amené à jouer un rôle dans des situations qui ne sont pas entièrement de notre fait, on ne doit pas s'y laisser trop impliquer, surtout si elles nous pèsent. Il est préférable de ne pas intervenir à tout propos et, sa tâche accomplie, de *s'en aller*: tourner rapidement la page est conforme au processus d'allégement que représente DIMINUER. L'injonction de se départir de préoccupations exagérées et de complications émotionnelles est renforcée par la nature Yang du trait, correct et en correspondance avec le quatrième où l'idée d'un mouvement *rapide* est également évoquée.

Entrer dans un processus de décantation ne signifie pas pour autant tout abandonner. Il est opportun, à ceniveau d'Entrée, d'apprendre à évaluer l'aspect positif de la diminution, notamment de n'y consentir que si elle n'est pas abusive et permet un rééquilibrage.

Affaire: d'étymologie controversée mais toujours d'emploi courant, l'idéogramme a un sens très général qui s'étend à partir de l'idée de ce qu'il y a *à faire*.
Finies: certaines éditions chinoises portent un signe cyclique associé au serpent et à sa mue (voir 49/J), d'autres un caractère usuel qui lui ressemble beaucoup et qui signifie *finir, terminer, achever, renoncer à, se désister*. L'un et l'autre se situent de part et d'autre d'un tournant, l'un juste après, l'autre juste avant. *Finies* a été choisi en fonction de la ressemblance avec le conseil donné au même niveau au moment de PLAIDER SA CAUSE (voir 6/1) ; là, comme ici, il est conseillé de commencer par terminer des *affaires*. Par comparaison, au même niveau d'entrée de l'hexagramme 42, il s'agit d'*initier* un mouvement.
Rapidement: l'idéogramme évoque un mouvement vif. Il n'est cité que dans cette figure, lignes 1 et 4.
S'en aller: extrêmement usuel, l'idéogramme a, dans le contexte du *Yi Jing*, le sens d'un conseil de mise en route, d'une injonction à aller de l'avant.
Absence de faute: formule mantique spécifique incitant à ne pas rester dans un état d'esprit incertain ou hésitant. Elle est citée à trois reprises dans cette figure: Jugement, lignes 1 et 6.
S'en aller absence de faute: les deux phrases se renforcent l'une

l'autre. Elles se retrouvent réunies au premier trait de trois hexagrammes : DÉMARCHE (10), RÉUNION (45) et DIMINUER.

Réfléchir sur : formé avec le signe général des boissons fermentées et celui d'une cuillère, l'idéogramme, qui n'apparaît qu'ici, avait pour sens primitif *verser à boire*. De là, il en est venu à signifier *délibérer, discuter, consulter*, et également *délibérer en soi-même, réfléchir, peser le pour et le contre*.

DIMINUTION : nom de l'hexagramme. La construction impose en français une forme nominale.

Hexagramme dérivé : hexagramme 4. JEUNE FOU est la maîtrise d'un jaillissement impétueux et sa canalisation en un courant fécond par l'apprentissage.

Neuf en 2

Ténacité profitable	利貞	li zhen
Impasse pour des expéditions	征凶	zheng xiong
Ce n'est pas DIMINUER c'est AUGMENTER	弗損益之	fu SUN YI zhi

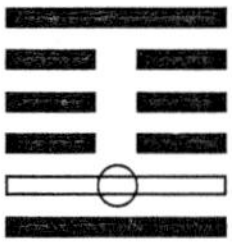

À ce niveau, central et en correspondance avec la ligne souveraine, le processus d'amoindrissement est engagé. Cependant, les privations que la DIMINUTION implique ne doivent pas être imposées de façon brutale ni entraîner des réactions agressives. La nature Yang du trait, incorrect et en contact avec les trois Yin qui le surplombent, accentue une tendance à la précipitation en désaccord avec l'aspect souple et longanime de la situation.

À forcer le mouvement, on empêcherait la DIMINUTION d'aboutir à son renversement naturel, l'AUGMENTATION, également mentionnée à la cinquième ligne. À cette place de Préfet, où l'endurance est particulièrement recommandée, s'abstenir d'interventions impétueuses est le meilleur moyen de favoriser un rééquilibrage qui doit, pour être profond et durable, trouver sa respiration et s'effectuer à son rythme. La reprise à l'identique de la phrase clé de ce trait à la sixième ligne, *ce n'est pas DIMINUER c'est AUGMENTER*, doit inciter à rester dans une attitude de retenue conforme à cette place de service, afin de laisser le temps accomplir son œuvre.

Ténacité profitable : formule mantique signalant que la situation, pour être fructueuse, requiert une grande capacité à endurer, à tenir avec constance, sans se laisser fatiguer par les difficultés du moment. Alors qu'elle est présente dans presque un Jugement sur trois, cette formule est rare dans les Textes des traits. Elle n'y est citée que trois fois et toujours à des places centrales : DIMINUER, LUMIÈRE OBSCURCIE (36/5) et CHAUDRON (50/5).

Impasse : appréciation mantique identique à *fermeture*.
Impasse pour des expéditions : formule mantique signalant l'inadéquation d'une stratégie d'intervention vigoureuse.
AUGMENTER : nom de l'hexagramme 42. Il est cité trois fois dans cet hexagramme, aux lignes 2, 5 et 6.
Ce n'est pas DIMINUER c'est AUGMENTER : cette phrase est reprise à l'identique à la ligne 6 et sous une forme différente à la ligne 5. Elle est composée d'une négation appliquée au nom de l'hexagramme 41, suivie du nom de l'hexagramme 42 et d'un complément direct d'objet neutre. Elle pourrait être lue : Ne pas DIMINUER AUGMENTE cela.

Hexagramme dérivé : hexagramme 27. NOURRIR représente l'entretien régulier de la vie. On y modère son avidité ou son appétit en examinant comment on se nourrit et quelle partie de soi on alimente.

Six en 3

Trois personnes en marche	三人行	san ren xing
donc DIMINUTION d'une personne	則損一人	ze SUN yi ren
Une personne en marche	一人行	yi ren xing
donc gain d'un ami	則得其友	ze de qi you

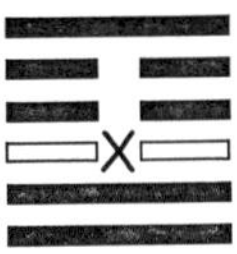

À ce niveau de Passage, le processus de rééquilibrage est en marche. Il est décrit de manière à la fois imagée et abstraite, l'anonymat des personnages renforçant la valeur symbolique des opérations mentionnées. Il y a un trop-plein ? Le superflu est éliminé. Il y a un manque ? Un élément est rajouté. Que ce soit par addition ou soustraction, *un* et *trois*, chiffres impairs Yang, disparaissent pour faire advenir le deux, nombre Yin explicitement mentionné au Jugement et ici simplement suggéré – ce qui est bien dans la manière effacée du Yin.

L'appariement du Yin et du Yang est à la base du processus vital. L'excès de l'un ou de l'autre conduit au blocage ou à l'épuisement. Prévenir ces extrémités demande d'être par avance conscient des trop-pleins qui appellent décantation et des manques qui veulent être comblés, de manière à conserver aux processus leur indispensable fluidité.

La relation de correspondance entre les troisième et sixième traits a beaucoup été utilisée pour expliquer ce rééquilibrage. Selon Wang Bi[68], ce trait Yin ne doit pas faire bloc avec les deux autres afin de ne pas « provoquer la suspicion du dernier trait Yang » avec lequel il est apparié. D'autres lectures, notamment celle de Wang Fuzhi[69], se placent en amont de cet hexagramme et situent le départ du processus au niveau de l'hexagramme 11 PROSPÉRITÉ dans lequel, par échange entre les troisième et sixième traits, le Yang réduit volontairement son expansion afin de maintenir la cohésion de l'ensemble.

Trois : le chiffre *trois* quand il n'a pas un sens répétitif (voir par exemple 6/6), ou quand il ne sert pas à quantifier des durées, joue aussi le rôle de pluriel indéterminé. Il vient ici en écho aux *deux* patelles dont il est question au Jugement.
Personnes : le texte porte le signe le plus général pour désigner les êtres humains. À part le fait qu'ils cheminent et qu'ils sont trois, comme ceux qui *ne sont pas invités* à la fin de ATTENDRE (voir 5/6), aucun détail ne permet de préciser qui sont ces personnages.
En marche : l'idéogramme signifie au sens propre *marcher, cheminer*. Dans le contexte du *Yi Jing*, il peut aussi avoir le sens d'agir.
Trois personnes en marche : cette phrase est très célèbre en Chine parce qu'elle se trouve au début d'une citation renommée de Confucius : « (prenez au hasard) *trois personnes en marche*, (de l'une d'entre elles au moins) je peux certainement apprendre quelque chose[70]. »
Donc : l'idéogramme, qui en tant que nom signifie *loi, règle, modèle, pattern*, souligne en tant que conjonction une idée de conséquence.
Gain : l'idéogramme, toujours très courant, signifie *obtenir, acquérir, trouver*, etc., à chaque fois dans un sens positif d'avantage, de gain, de succès. Il est cité deux fois dans cet hexagramme : lignes 3 et 6.
Ami : l'idéogramme dessine le geste universel de l'amitié : deux mains qui se nouent. Désignant aussi bien l'*amitié* que l'*ami*, ce terme est de nos jours associé au mot *compagnon* (voir ligne 5) pour former l'expression la plus courante pour dire *ami*. Il n'apparaît qu'ici dans le Texte canonique.

Hexagramme dérivé : hexagramme 26. GRAND APPRIVOISE est un moment où des forces instinctives sont retenues et transformées par un mouvement d'affinement et de concentration.

Six en 4
DIMINUER la fébrilité
Entraîne rapidement la joie
Absence de faute

損其疾 SUN qi ji
使遄有喜 shi chuan you xi
无咎 wu jiu

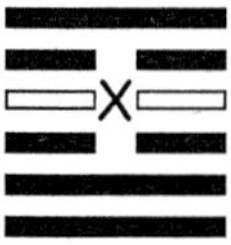

À cette ligne est montrée une tendance à l'agitation et à l'égarement. La position du trait au milieu d'un bloc de trois traits Yin dénote un isolement qui pousse à réagir de façon hésitante et inquiète au processus de DIMINUTION. Cette *fébrilité* est caractéristique de situations où le partenariat et la communication sont difficiles (par exemple 58/4 et 25/5, où la *joie* est également promise).

Situé en place de Ministre, le trait est en correspondance avec la première ligne, position qui est peut-être mise à profit pour chercher à combler la sensation de manque. On doit plutôt rechercher l'apaisement et renoncer à trop en vouloir. Privilégier non le plus mais le moins permet de mettre *rapidement* fin aux difficultés et d'amener un rétablissement de l'harmonie.

Fébrilité : l'idéogramme signifie à la fois malaise, souffrance, blessure et *rapidité, promptitude, hâte. Fébrilité* permet de rendre ces deux niveaux de sens qui souvent se superposent.
Rapidement : voir ligne 1.
Joie : l'idéogramme, associé à l'idée de réjouissances, principalement celles du mariage et de l'enfantement apparaît toujours dans le *Yi Jing* comme l'expression d'un renouveau heureux faisant suite à une période difficile ou désagréable.
Absence de faute : formule mantique spécifique incitant à ne pas rester dans un état d'esprit incertain ou hésitant.

Hexagramme dérivé : hexagramme 38. DIVERGENCE est un moment de confrontation et de tension féconde. Les désaccords peuvent y être rencontre bénéfique entre les deux parties.

Six en 5
AUGMENTATION indéfinissable — 或益之 huo YI zhi
Dix couples de tortues — 十朋之龜 shi peng zhi gui
sont incapables de faire dévier — 弗克違 fu ke wei
Fondamentalement ouvert — 元吉 yuan ji

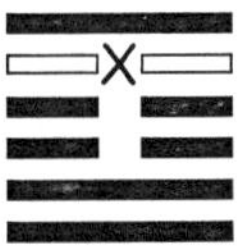

À cette place souveraine, la nature Yin du trait est essentielle. Ce n'est que par une attitude Yin en effet qu'on peut être en mesure d'accueillir les diminutions qui s'opèrent aux autres lignes et d'en manifester les aspects bénéfiques. Ce niveau est le seul où le nom de l'hexagramme n'est pas cité. Il est remplacé par scelui de l'hexagramme retourné : il n'y a pas ici DIMINUTION mais ébauche d'AUGMENTATION. La perte n'est pas ressentie comme telle, car elle est replacée dans une perspective globale. Que cette augmentation soit pour le moment *indéfinissable* précise que c'est le fonctionnement même du processus diminution/augmentation qui est maîtrisé, sans préoccupation de résultats.

Les *couples de tortues* font référence aux opérations divinatoires, qui aident à trouver l'attitude appropriée au moment. Elles ne sont ici d'aucune utilité, tant l'assurance et la confiance en soi sont profondes. Diminution des doutes et augmentation des certitudes, l'opération divinatoire est magnifiée par le nombre *dix*, qui évoque une totalité. Cependant, plus importante peut-être que cette précision chiffrée est le rappel de l'utilisation *couplée* des carapaces de tortues, qui fait écho aux opérations naturelles de rééquilibrage décrites aux troisième trait. Clé de l'hexagramme, cette parité équilibrante déjà énoncée par les *deux patelles* du Jugement est le moyen souverain de mettre la DIMINUTION en pratique.

Qui sait, par une attitude constante de retrait, maintenir un équilibre n'a pas à se poser de questions. L'assurance d'être à la juste place favorise une *ouverture fondamentale* : comme le montre la reprise de l'appréciation mantique du Jugement, une des plus bénéfiques du *Yi Jing*, la confiance est telle qu'elle permet un réaménagement profond de la situation.

AUGMENTATION : nom de l'hexagramme 42. Il est cité trois fois dans cet hexagramme, aux lignes 2, 5 et 6.

Indéfinissable : représentant un pays sans frontières, l'idéogramme est une marque de doute, d'indétermination..

AUGMENTATION **indéfinissable** : cette phrase est construite sur le modèle de celle citée aux lignes 2 et 6. Cependant ici, le groupe formé par la négation et le nom de l'hexagramme 41 est remplacé par le caractère *indéfinissable*. Apparaissant telle quelle au niveau correspondant de l'hexagramme retourné (voir 42/2) elle pourrait être lue « peut-être quelqu'un (ou quelque chose) l'AUGMENTE[71] ».

Dix : formé d'une simple croix, qui sera par la suite interprétée comme la totalité de ce qui est horizontal et vertical, ce chiffre est dans la symbolique chinoise la marque d'un tout complet.

Couples : l'idéogramme est caractérisé par sa symétrie. Bien que sa forme actuelle soit constituée par le redoublement du caractère *viande* ou *lune*, il représentait à l'origine deux séries d'objets précieux (cauris ou jade) enfilés sur des tiges ou des fils parallèles. De cette origine, cet idéogramme tire sa signification principale de couplage horizontal, qui deviendra réciprocité dans *compagnons*, son sens actuel le plus courant. *Couples* a été préféré ici en fonction de son application aux tortues divinatoires.

Dix couples de tortues : cette phrase est une référence directe aux pratiques divinatoires sur carapaces de tortues. Le couplage évoque à la fois la symétrie rigoureuse de la carapace le long de la suture médiane et l'utilisation qui en était tirée : la question double. Pour répondre à chacune des alternatives de la question double, on opérait en effet deux séries de brûlage symétriques de part et d'autre de la suture médiane de la carapace. Les commentaires résumant le pronostic gravés ensuite sur la carapace y étaient eux aussi disposés symétriquement. Cette phrase signifie donc : un ensemble complet d'opérations divinatoires. Qu'une telle opération ne puisse ici entamer l'intime conviction amène à comparer cette référence à la divination par tortue avec celles qui renvoient aux manipulations des tiges

d'achillée à 4/J et 8/J, où le doute prédomine, et également avec l'allusion à une pratique oraculaire non précisée à 49/5. Là, il y a détermination à changer sans consulter l'oracle, ici détermination à ne pas changer même en le consultant car, à ce niveau de la DIMINUTION, la confiance interne prédomine. Le *Yi Jing* lui-même le confirme : cette phrase est reprise à l'identique au second trait de l'AUGMENTATION (42/2), équivalente à celle-ci par retournement, et dont le dérivé est le même : l'hexagramme 61 JUSTE CONFIANCE.
Incapable : le texte porte deux idéogrammes dont le premier est une négation particulière et le second un verbe dont le sens principal est *être capable de, pouvoir* et *l'emporter sur, maîtriser, rivaliser*.
Faire dévier : l'idéogramme, schématisant le mouvement de deux personnes tirant chacune en sens opposé, signifie à la fois *s'écarter, s'éloigner* et *s'opposer à, contrevenir, empêcher*.
Fondamentalement ouvert : voir Jugement.

Hexagramme dérivé : hexagramme 61. JUSTE CONFIANCE est une situation de confiance en soi et en l'autre, où la force d'un cœur vide de préjugé permet une attitude juste et centrée.

En haut un neuf	
Ce n'est pas DIMINUER c'est AUGMENTER	弗損益之 fu SUN YI zhi
Absence de faute	无咎 wu jiu
Présage d'ouverture	貞吉 zhen ji
Profitable d'avoir où aller	利有攸往 li you you wang
Gain de serviteurs pas de CLAN	得臣无家 de chen wu JIA

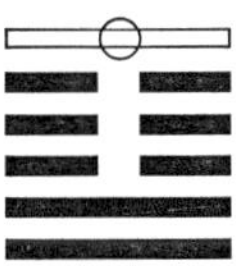
Mettre un frein à l'activité ne doit pas être considéré comme un amoindrissement, mais comme un rééquilibrage des forces permettant à l'ensemble du processus de DIMINUTION de se poursuivre. La restriction qui s'exerce à ce niveau de Sortie est mise en rapport avec le profit qu'elle entraîne, rappelé par le nom de l'hexagramme 42 AUGMENTER. Le processus est similaire à celui qui s'effectue au niveau de la deuxième ligne, où l'on conseille de ne pas dilapider ses forces mais de les resserrer dans l'optique d'une expansion. Il est aussi en relation avec le jeu de compensations qui se produit à la troisième ligne, en correspondance avec celle-ci, où la perte équivaut également à un *gain*.

Cependant, la reprise de l'injonction donnée au Jugement de garder une vision claire de la direction à suivre *(profitable d'avoir où aller)* montre que cet équilibre est délicat à maintenir. Bien que les *serviteurs* que l'on obtient représentent une augmentation du yin, l'absence de CLAN suggère que ce moment n'est peut-être pas celui d'un rassemblement des forces dans une structure organisée et durable.

AUGMENTER : nom de l'hexagramme 42. Il est cité trois fois dans cet hexagramme, aux lignes 2, 5 et 6.

Ce n'est pas DIMINUER c'est AUGMENTER : cette phrase est reprise à l'identique à la ligne 2 et sous une forme différente à la ligne 5. Elle pourrait être lue : Ne pas DIMINUER AUGMENTE cela.

Absence de faute : formule mantique spécifique incitant à ne pas rester dans un état d'esprit incertain ou hésitant. Elle est citée à trois reprises dans cette figure : Jugement, lignes 1 et 6.

Ouverture : appréciation mantique signalant un moment heureux où un agencement fécond du flux vital multiplie les possibilités de développement.

Présage d'ouverture : formule mantique spécifique indiquant la tendance à un réagencement positif de la situation.

Profitable d'avoir où aller : voir Jugement. Ici se trouve le seul cas où ce conseil, repris du Jugement, est cité au dernier trait d'un hexagramme. Cette double singularité accentue l'importance du niveau de sortie de cette situation.

Gain : voir ligne 3.

Serviteurs : l'idéogramme représente un personnage dans une attitude de révérence comme il sied à un sujet face à son prince.

CLAN : le texte porte le premier caractère du nom de l'hexagramme 37 GENS DU CLAN.

Gain de serviteurs, pas de CLAN : L'explication traditionnelle veut qu'on soit ici gratifié de serviteurs sans famille, c'est-à-dire célibataires et sans enfants. La présence du nom de l'hexagramme 37 incline aussi à y voir une incitation à faire perdurer un processus qui risque de ne représenter qu'une augmentation passagère.

Hexagramme dérivé : hexagramme 19. APPROCHER est un moment où il faut se pencher avec bienveillance sur ce qui pousse pour l'aider à grandir.

ÉLÉMENTS D'ANALYSE

Nucléaire

☷☳ **Hexagramme 24 : RETOUR.** Au cœur de DIMINUTION, il y a RETOUR. Au cœur d'une situation de réduction, il y a une vitalité neuve qui demande à être guidée. La décantation des implications et de l'activité permet une concentration de forces printanières qui empêche leur épuisement. Ce rééquilibrage se fait à l'intérieur par la modération des émotions. Le renouveau des processus vitaux se caractérise ici par la régulation de l'activité.

Opposé

☱☶ **Hexagramme 31 : INCITATION.** La relation d'opposition entre INCITER et DIMINUER se situe au niveau du rapport entre surface et profondeur. À la réponse émotionnelle immédiate aux stimuli du dehors s'oppose le travail de densification et d'amélioration de la qualité intérieure. Au contact rapide et fusionnel s'oppose un mouvement de rééquilibrage d'une parité. Si l'idée de modération est commune aux deux hexagrammes, il s'agit plutôt dans INCITER d'amortir les stimuli extérieurs, alors que DIMINUER incite à la retenue des émotions intérieures.

42 AUGMENTER

YI

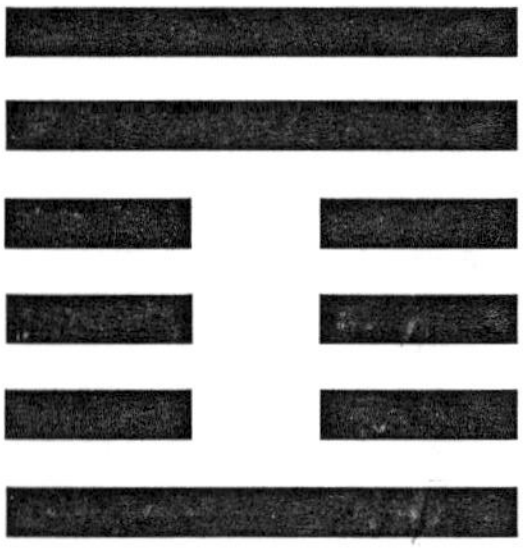

En haut VENT ☴

En bas TONNERRE ☳

AUGMENTER	益	YI
Profitable d'avoir où aller	利有攸往	li you you wang
Profitable de passer le grand fleuve	利涉大川	li she da chuan
Au début un neuf		
Profitable d'être employé	利用	li yong
pour initier de grandes choses	爲大作	wei da zuo
Fondamentalement ouvert	元吉	yuan ji
Absence de faute	无咎	wu jiu
Six en 2		
AUGMENTATION indéfinissable	或益之	huo YI zhi
Dix couples de tortues	十朋之龜	shi peng zhi gui
sont incapables de faire dévier	弗克違	fu ke wei
Rendre durable présage ouverture	永貞吉	yong zhen ji
Le Roi accomplit les rites d'hommage	王用享	wang yong xiang
auprès du souverain	于帝	yu di
Ouverture	吉	ji
Six en 3		
AUGMENTATION à l'aide d'affaires malheureuses	益之用凶事	YI zhi yong xiong shi
Absence de faute	无咎	wu jiu
Il y a onde portant à agir au Milieu Juste	有孚于中行	you fu yu zhong xing
Avertir les ducs à l'aide des tablettes d'accréditation	告公用圭	gao gong yong gui
Six en 4		
Agir au Milieu Juste	中行	zhong xing
Avertir les ducs de se conformer	告公從	gao gong cong
Profitable d'être employé à un poste de confiance	利用爲依	li yong wei yi
pour le transfert du royaume	遷國	qian guo
Neuf en 5		
Il y a onde porteuse	有孚	you fu
Bienveillance du cœur	惠心	hui xin
Ne pas interroger	无問	wu wen
Fondamentalement ouvert	元吉	yuan ji
Il y a onde porteuse	有孚	you fu
Bienveillance de mon attitude	惠我德	hui wo de

En haut un neuf

AUGMENTATION nulle	莫益之	mo YI zhi
Attaque possible	或擊之	huo ji zhi
Cœur figé ne DURE pas	立心勿恆	li xin wu HENG
Fermeture	凶	xiong

Grande Image

Vent Tonnerre	風雷	feng lei
AUGMENTER	益	YI
L'Être Accompli ainsi	君子以	jun zi yi
il voit un bien donc le promeut	見善則遷	jian shan ze qian
il y a un EXCÈS donc le réforme	有過則改	you GUO ze gai

Dixième Aile

DIMINUER AUGMENTER	損益	SUN YI
début de la floraison et du déclin.	盛衰之始也	sheng shuai zhi shi ye

AUGMENTER est une situation d'expansion qui appelle une réorganisation. Bien que l'idéogramme nommant cette figure soit toujours utilisé pour nommer la colonne créditrice des comptes bancaires, la situation se présente d'abord sous la forme d'un bouleversement. Pour être profitable, l'affluence de possibilités nouvelles exige une réforme profonde, un changement du lieu central de l'activité, un redéploiement des priorités selon une hiérarchisation nouvelle.

Cependant, tel l'intérêt d'une somme d'argent – c'est un autre sens de l'idéogramme – qui en accroît le montant initial, l'augmentation se produit d'elle-même. À la différence de la décantation dont traite l'hexagramme retourné DIMINUER, et qui correspond à un moment de modération, l'AUGMENTATION est une mise en mouvement qui appelle la réaction personnelle permettant de concrétiser les changements nécessaires.

Souvent expliquée comme une évolution de l'hexagramme 12, par une « glissade » des troisième et sixième traits qui échangeraient leur place, la forme de la figure est caractéristique par elle-même. Comme à l'hexagramme 41, elle est constituée d'un groupe de trois traits Yin encadrés par deux Yang aux extrémités. L'élément discriminant devient donc la position occupée par le troisième trait Yang. Alors que dans DIMINUER, il occupe la place centrale du bas, correspondant à la décantation Yin qui dépose les éléments lourds au fond du récipient, ici, il occupe la place centrale du haut, montrant la pression Yang qui augmente comme dans une machine à vapeur (ou comme dans l'idéogramme, l'eau qui jaillit hors du vase).

Le vocabulaire utilisé est d'ordre concret, social et politique. À la place de Ministre est évoqué un transfert de la capitale du royaume, pour lequel tout l'appareil de l'État, Roi, ducs, Souverain, est mis à contribution. Les représentants du pouvoir doivent faire preuve d'autorité pour imposer les réformes – qu'il leur soit parfois nécessaire de présenter les insignes de leur accréditation montre les difficultés et les résistances auxquelles se heurtent les réformes qu'exige la situation. Une attitude juste et impartiale est d'autant plus nécessaire pour les mener à bien. Faire passer les changements dans les faits demande non seulement de sortir de son cheminement habituel pour prendre des initiatives, mais aussi une détermination confiante et une profonde *bienveillance*.

À la différence de 41 DIMINUER, où le freinage de l'expansion permet le retour de l'augmentation, il ne faut pas, lorsque la pression augmente, retenir l'énergie mais lui donner une direction déterminée. La Grande Image, qui se situe au même plan social que le reste de l'hexagramme, montre qu'il s'agit de procéder à une réorganisation profonde : ce qui était central devient secondaire, ce qui était périphérique passe au premier plan. Comme l'indique la répétition de l'appréciation *fondamentalement ouvert*, tout incite à se défaire de sa rigidité et à se mettre à l'œuvre pour que puisse fleurir le riche potentiel présent dans AUGMENTER.

IDÉOGRAMME

YI : *Ajouter, augmenter, progresser. Utilité, profit, avantage. Aider, soutenir.*

L'idéogramme est formé de deux parties superposées. En bas se trouve un caractère utilisé comme signe général des bassins en bronze mais qui désigne en propre un certain type de vase muni d'un haut piédestal et de deux anses plutôt horizontales. Servant de récipient quotidien pour l'eau ou la nourriture, c'est-à-dire d'usage moins rituel que le chaudron (voir 50/I) qui apparaît dans le nom de DIMINUER (voir 41/I) ou que les patelles citées au Jugement de l'hexagramme 41, ce vase constitue un des multiples éléments reliant entre eux les hexagrammes 41 et 42. Au-dessus il y a le caractère *eau* écrit non seulement dans sa forme ancienne, mais d'une manière très caractéristique par rapport au *vase*. En effet, dans les formes anciennes de l'écriture, lorsque le caractère *vase* est utilisé pour évoquer ce qu'il contient, le signe désignant ce contenu est inscrit *à l'intérieur* du vase, que ce contenu soit matériel (voir 18/I) ou bien rituel comme pour le caractère *sang* (dans lequel le sang – contenu par excellence du vase sacrificiel – est simplement marqué par un trait, voir par exemple 54/6). Cette particularité disparaîtra dans les formes classiques : le signe du vase prenant une forme fermée et non plus concave, son contenu sera dessiné au-dessus. Malgré cela, même dans sa forme classique, la particularité de l'idéogramme AUGMENTER est encore perceptible : le signe de l'*eau* n'est pas dessiné comme étant à l'intérieur du vase mais représenté nettement au-dessus du vase et d'une taille bien plus grande que son ouverture. Dans ces conditions, ce n'est pas de l'eau contenue dans un récipient qui est montrée, mais de l'eau en train d'en déborder. De là dérive le sens précis de l'idéogramme. Il montre, à la manière d'un dessin animé, le mouvement même d'une augmentation provoquant un débordement. À cela l'idéogramme ajoute une autre idée : cette augmentation n'est due à aucun agent extérieur (par exemple humain, comme le montre le signe de la main dans le caractère DIMINUER). Que cette augmentation n'ait pas d'autre cause qu'elle-même explique pourquoi aujourd'hui, parmi les différents emplois de ce caractère toujours très usuel, il y a celui d'intérêt de l'argent, c'est-à-dire l'argent qui s'augmente de lui-même. Ce n'est pas son seul usage monétaire, il sert également en combinaison avec le nom de l'hexagramme 41 pour désigner en comptabilité les colonnes débit (41) et crédit (42) des comptes.

TEXTE CANONIQUE

JUGEMENT

AUGMENTER	益	YI
Profitable d'avoir où aller	利有攸往	li you you wang
Profitable de passer le grand fleuve	利涉大川	li she da chuan

Au moment d'AUGMENTER, des éléments nouveaux interviennent dans la situation. Cela provoque des bouleversements mais représente aussi une extension des possibilités d'action qu'il s'agit d'accompagner avec détermination. Le texte du Jugement ne comporte aucune appréciation mantique : la situation dans son ensemble n'est jugée ni *favorisante*, ni *ouverte*, ni génératrice de *danger* ou de *gêne*. Elle est une donnée à laquelle il s'agit de répondre. Pour cela deux conseils d'attitude sont proposés, deux stratégies spécifiques, l'une et l'autre mentionnées en différentes situations du *Yi Jing*, mais conjointes uniquement ici.

Un accroissement de possibilités provoque des turbulences et des remises en question qui appellent des transformations concrètes. Pour ne pas se laisser déborder par cette effervescence, il importe de donner une orientation claire à son action et de garder son cap malgré les remous. Par ailleurs, une augmentation de l'activité est difficile à maîtriser si l'on s'en tient aux fonctionnements habituels : des réformes sont nécessaires pour étendre son champ d'action au-delà du territoire connu. AUGMENTER est une situation qui appelle le mouvement. Plutôt que de chercher à s'y soustraire, on doit la mettre à profit en prenant le risque d'effectuer d'importants réaménagements.

Avoir où aller : formule mantique en trois caractères dont le premier est la modulation *il y a* soulignant le caractère effectif de ce qui est décrit ensuite, le second un signe de liaison grammaticale et le troisième le verbe *aller* incitant à une ferme mise en route. Son sens est : garder son cap sans se laisser déboussoler par les difficultés propres à la situation, tenir son objectif quels que soient les turbulences, le flou, ou ce qui entrave la marche. Lorsqu'une particularité de la situation, ici l'augmentation de l'effervescence, risque de faire perdre de vue les objectifs à atteindre, garder son cap par un effort routinier, inscrit dans le long terme est ce qui permet de tirer au mieux parti du moment.
Passer le grand fleuve : formule mantique signifiant qu'il faut oser vaincre sa peur, sortir de chez soi, se jeter à l'eau. Le moment requiert de dépasser son fonctionnement habituel et de mettre à l'épreuve ses capacités en accomplissant le pas nécessaire pour aborder à des rives nouvelles. L'obstacle à vaincre ici, c'est la difficulté à oser un réaménagement complet de son organisation familière.

TEXTE DES TRAITS

Au début un neuf

Profitable d'être employé	利用 li yong
pour initier de grandes choses	爲大作 wei da zuo
Fondamentalement ouvert	元吉 yuan ji
Absence de faute	无咎 wu jiu

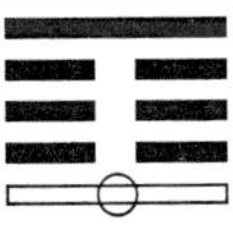

Dès l'Entrée dans la situation, on est appelé à accompagner sans hésiter le mouvement qui s'enclenche. Alors que souvent au premier trait sont prodigués des conseils de freinage et de prudence, ici l'injonction à se lancer dans l'action est répétée de trois manières différentes : par le profit qu'il y a à *initier*, par la référence à la vigueur *fondamentale* des débuts, et par l'incitation *absence de faute*. Il faut non seulement prendre conscience du réveil qui secoue la situation mais participer pleinement à ce démarrage de l'AUGMENTATION.

Correct puisque ferme à une place Yang, et en relation de correspondance avec la quatrième ligne où est évoqué une autre *grande chose* : le *transfert* de capitale, ce trait représente un moment où l'on a la capacité de prendre part à un réagencement global. On y a même la possibilité d'y jouer un rôle moteur, comme l'indique la reprise à la ligne souveraine de l'appréciation *fondamentalement ouvert*. Qu'elle ne soit mentionnée dans une autre première ligne qu'au trait initial de RETOUR (24) confirme la possibilité présente d'amorcer un renouveau.

Profitable : voir Jugement
Être employé : le texte porte un idéogramme complexe qui signifie *agir, agir en qualité de, agir pour le compte de*, précédé d'un verbe auxiliaire dont le sens, très général, est *faire, agir, réaliser, opérer* et qui, dans le contexte du *Yi Jing*, insiste sur la réalisation de ce dont il s'agit. Cette phrase qui n'apparaît ailleurs qu'une autre fois (53/6) est citée à deux reprises dans cet hexagramme : lignes 1 et 4, résonance qui incite, ici comme là, à ne pas manquer le début de la transformation.
Initier : l'idéogramme, qui n'apparaît qu'ici, signifiait à l'origine *faire se produire quelque chose*. Très employé de nos jours dans le sens général de *faire, fabriquer, exécuter*, etc., il veut dire aussi *se lever, se produire, paraître, surgir, causer, faire naître, exciter, stimuler. Initier* a été choisi en raison de l'emploi de ce mot pour décrire le mouvement produit par la combinaison du tonnerre et de la pluie, évocatrice des orages printaniers et du démarrage de la saison nouvelle (voir 40/GI *stimuler*).
Être employé pour initier : l'utilisation conjointe de deux idéogrammes ayant des sens voisins apporte la nuance d'un double mouvement. Il s'agit d'une part d'être engagé par un supérieur et de l'autre d'agir en tant que responsable à la place de ce supérieur.
Grandes choses : le texte porte simplement l'adjectif *grand*, utilisé dans le *Yi Jing* soit dans son sens propre d'attribut, soit comme évocation du Yang, deux niveaux de sens qui parfois se chevauchent. Il est possible ici de lire : profitable d'être employé pour initier en Grand, c'est-à-dire de manière Yang.
Fondamentalement : modulation particulière donnée par un idéogramme qui signifie *début, origine, entièrement*. Appliquée à *ouverture*, elle précise que cet agencement est à la fois dans la vigueur de son début et traversé de fond en comble par une force printanière.
Ouvert (ouverture) : appréciation mantique signalant un moment heureux où un agencement fécond du flux vital multiplie les possibilités de développement.
Fondamentalement ouvert : formule mantique parmi les plus favorables du *Yi Jing*. *Fondamentalement* rehausse la fécondité de l'agencement décrit par *ouverture*, en soulignant l'étendue de ses possibilités d'application, sa vigueur et sa capacité à initier des situations nouvelles.

Très avantageuse, cette formule n'est mentionnée qu'à un autre niveau d'entrée : au moment de RETOUR, situation de renouveau par excellence (24/1), emploi qui fait écho ici à l'idée de recommencement. Cette appréciation est également reprise à la cinquième ligne, répétition qui n'intervient que dans deux hexagrammes : AUGMENTER et DIMINUER (41). **Absence de faute** : formule mantique spécifique incitant à ne pas rester dans un état d'esprit incertain ou hésitant. Elle est citée aux lignes 1 et 3.

Hexagramme dérivé : hexagramme 20. REGARDER est un moment où l'on élève son point de vue de manière à resituer son action dans un espace et un temps plus larges.

Six en 2

AUGMENTATION indéfinissable	或益之	huo YI zhi
Dix couples de tortues	十朋之龜	shi peng zhi gui
sont incapables de faire dévier	弗克違	fu ke wei
Rendre durable présage ouverture	永貞吉	yong zhen ji
Le Roi accomplit les rites d'hommage	王用享	wang yong xiang
auprès du Souverain	于帝	yu di
Ouverture	吉	ji

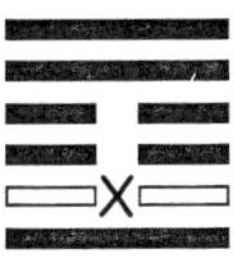
On est ici poussé par une profusion de possibilités dont la forme est indéterminée mais la fertilité certaine. La seconde ligne d'AUGMENTER est très proche par son texte de la cinquième ligne de DIMINUER. Que ce soit pour assumer le « moins » ou pour aider à mettre en place le « plus », la consultation de la tortue n'est pas nécessaire : la même confiance inébranlable prédomine aux deux temps du rééquilibrage que constitue le couple réduction/expansion. Savoir se placer au point de convergence pour permettre aux énergies de circuler dans un sens ou dans l'autre n'est pas une question d'oracle ou de place mais de conviction intérieure.

Le trait est non seulement correct mais en relation avec les deux niveaux qualifiés par l'appréciation *fondamentalement ouvert* : par voisinage avec la première ligne où se créent les conditions de l'augmentation ; par correspondance avec la ligne souveraine où il est également inutile d'*interroger*.

Toutefois, si prendre part à l'AUGMENTATION demande des capacités de Roi, c'est aussi une opération qui exige des qualités Yin, comme le montre la mention de cette figure emblématique en place seconde. Dans l'histoire du *Yi Jing*, un seul personnage remplit ces deux exigences : le Roi Wen, fondateur de la dynastie des Zhou. À l'époque où se situe le fait historique évoqué ici, il n'est encore qu'un vassal, appelé à rejoindre par mariage la maison royale des Shang (voir 11/5). Sa présence dans le temple ancestral pour prendre part aux rites de la famille régnante constitue une reconnaissance, une *augmentation*. Cette promotion a toutefois ses contraintes : le Roi Wen n'est pas sur son territoire ; il participe à une œuvre au futur brillant, mais aux contours pour l'instant indécis. L'opération en cours exige de la patience. La mention *rendre durable présage ouverture* n'intervient qu'une autre fois sous cette forme, dans un contexte qui requiert une lente imprégnation (voir 22/3). Il s'agit ici, non seulement d'agir en pleine confiance dans le devenir de la situation, mais de matérialiser l'AUGMENTATION dans des formes solides et durables.

AUGMENTATION : nom de l'hexagramme. Il est cité aux lignes 2, 3 et 6.
Indéfinissable : l'idéogramme est une marque de doute, d'indétermination. Apparaissant deux fois dans cette figure, il est rendu par *possible* à la sixième ligne.
AUGMENTATION **indéfinissable** : le texte porte trois idéogrammes : le caractère d'indétermination, le nom de l'hexagramme et un signe grammatical à usage de complément d'objet neutre. Apparaissant telle quelle au niveau correspondant de l'hexagramme retourné (voir 41/5), cette expression pourrait être lue « peut-être quelqu'un (ou quelque chose) l'AUGMENTE ». Ici, elle produit un écho avec une phrase équivalente citée au sixième trait : AUGMENTATION nulle. La différence entre les deux est que l'accroissement qualifié ici par une indétermination l'est au sixième trait par une négation.
Dix : ce chiffre est dans la symbolique chinoise la marque d'un tout complet. Dans le contexte du *Yi Jing*, à part son emploi spécifique dans la formule apparaissant ici et à 41/5, il n'est employé que pour quantifier une durée.
Couples : l'idéogramme est caractérisé par sa symétrie. Il représentait à l'origine deux séries d'objets précieux (cauris ou jade) enfilés sur des tiges ou des fils parallèles. De cette origine, cet idéogramme tire sa signification principale de couplage horizontal, qui deviendra réciprocité dans *compagnons*, son sens figuré le plus courant. *Couples* a été préféré ici en fonction de son application aux tortues divinatoires.
Dix couples de tortues : cette phrase est une référence explicite aux pratiques divinatoires sur carapaces de tortues. Le couplage dont il est fait mention évoque à la fois la symétrie rigoureuse de la carapace le long de la suture médiane et l'utilisation qui en était tirée : la question double. Pour répondre à chacune des alternatives de la question double, on opérait en effet deux séries de brûlage symétriques de part et d'autre de la suture médiane de la carapace. Les commentaires résumant le pronostic, qui étaient gravés ensuite sur la carapace, y étaient

eux aussi disposés symétriquement. Cette phrase signifie donc : un ensemble complet d'opérations divinatoires. Qu'une telle opération ne puisse ici entamer l'intime conviction amène à comparer cette référence à la divination par tortue avec celles qui renvoient aux manipulations des tiges d'achillée à 4/J et 8/J, où le doute prédomine, et également avec l'allusion à une pratique oraculaire non précisée à 49/5 où il y a détermination à changer sans consulter l'oracle. Ici, il y a détermination à ne pas changer même en le consultant car à ce niveau de l'AUGMENTATION, la confiance interne prédomine. Le *Yi Jing* lui-même le confirme : cette phrase est reprise à l'identique à la place souveraine de DIMINUTION (41/5), équivalente à celle-ci par retournement, et dont le dérivé est le même : l'hexagramme 61 JUSTE CONFIANCE.

Incapable : le texte porte deux idéogrammes dont le premier est une négation et le second un verbe dont le sens principal est *être capable de, pouvoir*.

Faire dévier : l'idéogramme, schématisant le mouvement de deux personnes tirant chacune en sens opposé, signifie à la fois *s'écarter, s'éloigner* et *s'opposer à, contrevenir, empêcher*.

Rendre durable : le texte porte un seul idéogramme, ressemblant au caractère *eau* (dont l'écoulement est perpétuel) et qui signifie *long, durable, éternel*. Cependant, il représente moins un état ou une qualité que le résultat d'une action.

Ouverture : appréciation mantique signalant un moment heureux où un agencement fécond du flux vital multiplie les possibilités de développement.

Rendre durable présage ouverture : formule mantique rare (elle n'est citée que deux fois : ici et à 22/3) et dont le sens n'est pas complètement avéré. Elle peut en effet aussi être lue *durable présage d'ouverture* ou bien encore *durablement tenir bon ouverture* (voir 52/1). Dans l'impossibilité de trancher, il est cependant possible de remarquer que l'appréciation reste largement favorable, puisque la mention d'*ouverture* est répétée à deux reprises dans le texte de ce trait, ce qui ne se produit que cinq fois dans le *Yi Jing* (4/2, 40/J, 42/2, 57/5 et 64/5).

Roi : personnage symbolique, le Roi est le pivot de l'organisation sociale, le point central qui rassemble le peuple en le *reliant* à ses racines. Dans le contexte du *Yi Jing*, il peut être aussi une allusion directe au Roi Wen.

Accomplit : verbe auxiliaire dont le sens, très général, est *faire, agir, réaliser, opérer*, etc., et qui dans le *Yi Jing* insiste sur la réalisation de ce dont il s'agit.

Rites d'hommages : l'idéogramme est très proche de celui traduit par *favorisant*. Cependant dans cette variante, l'accent est mis sur le bas.

Son sens premier est *offrir à un supérieur, faire des offrandes aux esprits*. Ensuite, comme *favorisant*, il peut décrire le mouvement de retour provoqué par cet aller et vouloir dire *recevoir de, obtenir, agréer*.
Auprès : le texte porte un idéogramme à usage grammatical ayant fonction d'indication de lieu. Il souligne ici l'importance du différentiel hiérarchique de la situation.
Souverain : différent du terme *Roi*, en usage chez les Zhou, cet idéogramme était le titre officiel des monarques Shang. Bien qu'à l'origine il ait vraisemblablement appartenu au vocabulaire religieux (son étymologie est encore controversée) et que par la suite, il ait été utilisé par les missionnaires jésuites pour traduire en chinois la notion chrétienne de Dieu, l'usage spécifiquement social de ce terme dans le contexte du *Yi Jing* (voir 11/5 et 54/5), ainsi que son rapprochement ici avec le titre de *roi*, confirme qu'il s'agit bien d'une distinction hiérarchique et non religieuse.

Hexagramme dérivé : hexagramme 61. JUSTE CONFIANCE est une situation de confiance en soi et en l'autre, où la force d'un cœur vide de préjugé permet une attitude juste et centrée.

Six en 3

AUGMENTATION à l'aide d'affaires malheureuses	益之用凶事	YI zhi yong xiong shi
Absence de faute	无咎	wu jiu
Il y a onde poussant à agir au Milieu Juste	有孚于中行	you fu yu zhong xing
Avertir les ducs à l'aide des tablettes d'accréditation	告公用圭	gao gong yong gui

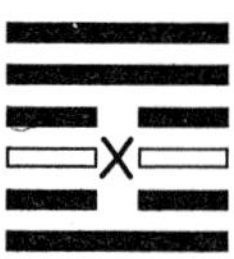
Au niveau de Passage, le processus d'AUGMENTATION se grippe. Cette résistance est décrite par un événement historique : la révolte des nobles Shang après la conquête des Zhou. La difficulté de la situation requiert pour agir de manière impartiale des qualités de haut niveau. Ce n'est pas comme à la ligne précédente le Roi Wen qui en est l'emblème : bien qu'aucun personnage ne soit formellement mentionné, le contexte porte à y voir le Prince de Kang, son troisième fils, dont un chapitre entier, l'hexagramme 35, raconte comment il sut, en AVANÇANT AU GRAND JOUR face à ceux qui s'insurgeaient contre les changements en cours, assurer le pouvoir des Zhou.

Incorrect et isolé au milieu de trois traits Yin, le trait est de plus en correspondance avec le sixième, seul autre trait incorrect, où une attitude rigide est sanctionnée par la seule autre formule négative de l'hexagramme. Pareille conjoncture ne rend pas facile une tâche pour laquelle on a besoin de consensus. Mais les désagréments rencontrés ne doivent pas empêcher d'aller de l'avant. Lorsqu'on peut s'appuyer sur une capacité à agir de manière juste et impartiale, il importe, à ce trait comme au suivant, de se faire reconnaître en tant qu'investi d'une autorité supérieure et de s'assurer ainsi le concours de tous ceux qui doivent participer aux changements.

AUGMENTATION : nom de l'hexagramme. Il est cité aux lignes 2, 3 et 6.
À l'aide de : le texte porte un caractère utilisé le plus souvent comme verbe auxiliaire dont le sens global est *opérer* et qui insiste sur la mise en œuvre effective de ce dont il est question.
Affaires : l'idéogramme a un sens très général qui s'étend à partir de l'idée de ce qu'il y a *à faire*. En tant que nom, il signifie *affaire, situation, événement, occupation, emploi*, etc. En tant que verbe, il veut dire *faire, exécuter, s'occuper de, servir (un supérieur)*.
Malheureuses : le texte porte l'appréciation mantique *fermeture* (voir ligne 6), employé ici dans son sens propre *mauvais, meurtrier, excessif, néfaste*. Associé à *affaire*, il forme une expression classique qui peut évoquer soit un décès, soit une bataille ou encore un assassinat.
Absence de faute : formule mantique spécifique incitant à ne pas rester dans un état d'esprit incertain ou hésitant. Elle est citée aux lignes 1 et 3.
Il y a : verbe auxiliaire usuel jouant dans le contexte du *Yi Jing* le rôle de modulation mantique. Il renforce l'appréciation concernée en soulignant son caractère effectif (voir 14/I, RÉALISE).
Onde poussant à : appréciation mantique rendue ailleurs par *onde porteuse*, signalant qu'un fort courant porteur traverse la situation. Elle est citée trois fois dans cette figure : ici et deux fois à la ligne 5.
Il y a onde porteuse poussant à : variante de la formule mantique *il y a onde porteuse* insistant sur l'existence *(il y a)* et la direction (*à* ou *vers*) du courant porteur. Alors que les deux autres fois où cette construction est employée, le courant porteur entraîne à des attitudes négatives (vers l'Être Petit à 40/5, et vers la boisson à 64/6), ici sa direction est franchement positive.
Agir : l'idéogramme combine indistinctement les sens de *marche* et de *fonctionnement productif*. Dans le *Yi Jing*, il est soit l'emblème du mouvement créatif du Ciel, soit l'indication d'une action ou d'une attitude humaine en conformité avec le Ciel.
Milieu Juste : représentant une flèche qui se fiche *au milieu* de la cible, l'idéogramme désigne l'attitude juste et centrale parce que en parfait couplage avec le moment (voir JUSTE CONFIANCE 61/I).
Agir au Milieu Juste : par le couplage de l'action créatrice du Ciel et de l'attitude juste et centrale, deux notions parmi les plus importantes

du *Livre des Changements*, une démarche de haute valeur est décrite deux fois dans cette figure, ici et au trait suivant (voir aussi 11/4, 22/4 et 43/5).

Avertir : l'idéogramme signifie *informer, annoncer, notifier*. Cependant son usage classique désigne un type particulier de communication : un message émanant d'une autorité. Dans le *Yi Jing*, son emploi est plus précis encore, il montre une communication venant d'une autorité légitime en direction d'un lieu où elle n'est pas encore admise (voir en particulier 43/J).

Ducs : terme nobiliaire de l'antique féodalité chinoise, sans équivalent en français. « Duc » est une convention arbitraire mais reconnue. Dans le contexte du *Yi Jing*, ce titre peut parfois être une allusion à Zhou Gong, le sage « Duc des Zhou ». Ici, comme à la ligne suivante, il est clair qu'il désigne globalement les féodaux Shang révoltés.

Tablettes d'accréditation : l'idéogramme qui évoque un objet longiligne et beau, comporte aussi l'idée de hiérarchisation – il se retrouve dans le caractère nommant les hexagrammes. Il désigne précisément des tablettes de jade données jadis par le monarque aux nouveaux princes comme insigne du pouvoir qui leur était confié, ainsi qu'aux envoyés spéciaux comme marque de leur accréditation pour une mission officielle. Ce sont ces tablettes que l'on voit tenues à deux mains par les mandarins civils dans les statues qui gardent « l'allée des esprits » menant aux tombeaux impériaux de la nécropole des Ming au Nord-Ouest de Pékin. Qu'il soit fait ici mention de ce terme spécifique (il n'apparaît pas ailleurs dans le *Yi Jing*) confirme l'arrière-plan historique de la situation évoquée dans sa globalité par l'hexagramme AVANCER AU GRAND JOUR (35). Une scène particulière est suggérée : un représentant du pouvoir nouvellement constitué par les Zhou se heurte à des membres de l'ancienne noblesse Shang qui refusent d'obéir. Il doit confirmer le mandat qui lui est confié en brandissant devant les réfractaires les insignes garantissant son accréditation.

Hexagramme dérivé : hexagramme 37. GENS DU CLAN représente un dispositif qui transforme de l'éphémère en durable par référence à une organisation hiérarchisée autour d'un pôle commun.

Six en 4

Agir au Milieu Juste	中行	zhong xing
Avertir les ducs de se conformer	告公從	gao gong cong
Profitable d'être employé à un poste de confiance	利用爲依	li yong wei yi
pour le transfert du royaume	遷國	qian guo

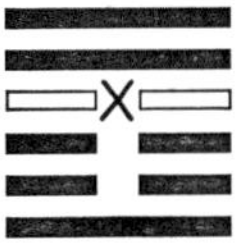

Bien que l'AUGMENTATION n'y soit pas nommée, cette place de Ministre est le stade où il est possible d'agir avec le plus d'assurance pour la rendre effective. Plus encore qu'au trait précédent, premier des deux niveaux de l'être humain, il faut dépasser les résistances et imposer son autorité de manière *juste* et impartiale afin que tous les éléments impliqués participent aux bouleversements en cours. Il ne s'agit pas d'une mince affaire : le lieu central de l'activité doit être déplacé et on a la responsabilité de ce transfert. C'est une tâche imposante qui exige à la fois fermeté et compétence.

Correct et en relation de voisinage avec la ligne souveraine, ce trait est surtout en correspondance étroite avec la première ligne. Les efforts effectués de part et d'autre sont complémentaires : le mouvement est vigoureusement impulsé au niveau du trait initial, tandis qu'à celui-ci correspond un moment de responsabilité et d'organisation.

Agir au Milieu Juste : par le couplage de l'action créatrice du Ciel et de l'attitude juste et centrale, deux notions parmi les plus importantes du *Livre des Changements*, une démarche de haute valeur est décrite deux fois dans cette figure, ici et au trait précédent (voir ligne 3).
Avertir les ducs : voir ligne 3.
Se conformer : le sens dominant de cet idéogramme est *suivre, obéir*. À partir de l'idée de *se mettre au service de*, il peut aussi signifier *diriger dans le sens de s'occuper (en tant que vassal) des affaires d'un roi* (voir 2/3 et 6/3).
Profitable d'être employé : cette phrase, citée à deux reprises dans cet hexagramme lignes 1 et 4, incite ici comme là à ne pas manquer le début de la transformation. Voir ligne 1.
À un poste de confiance : écrit avec le signe général des êtres humains et le caractère vêtement, l'idéogramme a pour sens propre et figuré *s'appuyer sur*.
Transfert : l'idéogramme signifie *se déplacer, changer de domicile, transférer, déplacer un fonctionnaire, changer, corriger*. Il est repris dans le texte de la Grande Image *(promeut)*, ce qui montre la généralisation qui s'est opérée du terme concret à l'attitude morale proposée par la Grande Image.
Royaume : l'idéogramme signifie en propre *pays*. Ici, comme à 20/4, *royaume* a été préféré en raison de la présence du *Roi*.
Transfert du royaume : cette expression évoque un changement de capitale, habitude courante à l'époque : les Shang comme après eux les Zhou ont plusieurs fois transféré leur capitales.

Hexagramme dérivé : hexagramme 25. SPONTANÉMENT décrit une attitude de réponse instantanée à la sollicitation du moment. L'adéquation à la situation y est un gage d'attitude juste.

Neuf en 5

Il y a onde porteuse	有孚 you fu
Bienveillance du cœur	惠心 hui xin
Ne pas interroger	无問 wu wen
Fondamentalement ouvert	元吉 yuan ji
Il y a onde porteuse	有孚 you fu
Bienveillance de mon attitude	惠我德 hui wo de

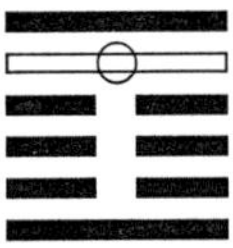

À ce trait, plus aucun doute ne subsistant quant à l'expansion en cours, l'AUGMENTATION s'effectue de manière souveraine. Le flux qui parcourt la situation devient particulièrement *porteur* et nourricier. Le trait, correct et en relation avec les deux places de service, celle de Préfet par correspondance, celle de Ministre par voisinage – l'une et l'autre également occupées par des traits corrects –, bénéficie d'appuis solides. Plus que d'intervenir directement, l'important ici est de répondre aux forces qui œuvrent avec loyauté et efficacité par une attitude positive de soutien et de compréhension.

Comme à la première ligne où elle est également mentionnée, l'appréciation *fondamentalement ouvert* doit inciter à soutenir le travail de régénération qui s'enclenche à ce stade. La formule *ne pas interroger* fait écho de son côté à la confiance infaillible évoquée par les *tortues* à la place de Préfet. Enfin, qu'elle provienne d'un sentiment intime ou soit le fruit d'une attitude extérieure, la *bienveillance* envers tout ce qui participe du changement en cours est la meilleure manière de l'aider à prendre forme.

Il y a onde porteuse : variante de la formule mantique *onde porteuse* signalant qu'un fort courant porteur traverse la situation. Elle insiste sur la réalité effective *(il y a)* de ce courant. Différente de celle citée à la ligne 3, cette variante est répétée à deux reprises dans le texte de ce trait ce qui ne se produit qu'une autre fois, au premier trait d'ALLIANCE (voir 8/1).

Bienveillance : composé avec le signe du cœur, commun à tous les sentiments, et un groupe complexe, l'idéogramme signifie *bonté, bienveillance, sympathie, accorder, secourir*. Il n'apparaît pas ailleurs dans le *Yi Jing*.

Cœur : l'idéogramme représente un battement. Évoqué deux fois dans cet hexagramme, associé ici à la bienveillance et en ligne 6 à la rigidité, le cœur désigne le *for intérieur*. Il apparaît le plus souvent dans des contextes de tristesse et de douleur.

Interroger : formé en combinant les caractères *bouche* et *porte*, l'idéogramme, toujours extrêmement courant, signifie *demander, interroger*. Il représente la question qu'on pose quand quelqu'un frappe à la porte :

« Qui est là ? » Il fait écho ici à l'interrogation divinatoire décrite à la ligne 2.
Fondamentalement ouvert : voir ligne 1.
Mon : l'idéogramme signifie *je, moi, me,* en tant que pronom personnel et *mon, ma, mes* en tant qu'adjectif possessif. Cette phrase, comme toutes celles comportant un pronom personnel, pose la question de savoir qui peut bien parler à la première personne dans le *YI JING.* Parfois il s'agit du Roi Wen lui-même, parfois, comme ici, l'attribution est moins claire.
Attitude : signifiant *bienveillance, bonté, bienfaisance,* mais surtout *conduite, vertu, moralité* et également *volonté, cœur à l'ouvrage, influence,* l'idéogramme recouvre un vaste réseau de sens qui s'articule autour de l'idée de la matérialisation d'une certaine droiture dans la position sociale qu'on occupe. Ici, cette attitude fait ici écho au *cœur* cité plus haut, comme si étaient évoquées les deux faces de la bienveillance, intérieure avec le cœur, extérieure avec l'attitude.

Hexagramme dérivé : hexagramme 27. NOURRIR représente l'alimentation nécessaire à un entretien régulier de la vie. La capacité à rechercher le substantiel y est primordiale.

En haut un neuf

AUGMENTATION nulle	莫益之	mo YI zhi
Attaque possible	或擊之	huo ji zhi
Cœur figé ne DURE pas	立心勿恆	li xin wu HENG
Fermeture	凶	xiong

À ce niveau de Sortie, comme souvent au dernier trait d'un hexagramme, la situation se renverse. L'AUGMENTATION n'a plus lieu, la confiance a disparu et on se trouve en dehors de l'expansion décrite aux cinq traits précédents. Cette *fermeture* de la situation est sanctionnée par la seule appréciation mantique franchement défavorable de tout l'hexagramme. Que l'on se refuse à apporter son concours à l'augmentation, ou que l'on vise à un accroissement sans vouloir faire l'effort de la mise en jeu qu'il suppose, l'attitude négative décrite risque de provoquer de violents retours de bâton.

Le *cœur,* bienveillant à la ligne précédente, est à présent *figé,* gagné par une dureté qui rend toute évolution improbable. Pour perdurer, une situation doit pouvoir se transformer par l'intégration d'éléments nouveaux. La mention dans ce texte du mot ENDURER, nom de l'hexagramme opposé de celui-ci, le souligne : la rigidité n'a rien à voir avec la véritable constance.

AUGMENTATION : nom de l'hexagramme. Il est cité aux lignes 2, 3 et 6.
Nulle : l'idéogramme est une négation. Il représentait à l'origine un soleil vu à hauteur des arbres et des plantes, c'est-à-dire se couchant. De là dérive son sens usuel *ne, ne pas, nul, rien,* etc.
AUGMENTATION nulle : le texte porte une phrase en trois caractères dont le premier est une négation *(nulle)*, le second le nom de l'hexagramme et le troisième un caractère grammatical à usage de complément d'objet neutre. Elle produit ici un écho avec la phrase *augmentation indéfinissable* citée au deuxième trait. La différence entre les deux est que l'augmentation, ici réduite à néant, est au deuxième trait indéterminée.
Attaque : composé avec le signe de la main tenant un objet long, l'idéogramme évoque aussi bien la férule du maître (voir 4/6, *fustiger*) que la baguette du musicien frappant les pierres musicales ou bien, comme ici, l'arme d'un assaillant.
Possible : l'idéogramme est une marque de doute, d'indétermination. Apparaissant deux fois dans cette figure, il est rendu par *indéfinissable* à la seconde ligne.
Cœur : voir ligne 5.
Figé : représentant un être humain debout les jambes écartées et bien posées sur le sol, l'idéogramme, qui n'apparaît qu'ici dans le Texte canonique, signifie à proprement parler *se dresser, se lever, établir, constituer, fonder, instituer*. Appliquée au cœur, cette attitude, garante de la constance au moment où il faut savoir ENDURER (voir 32/GI, *se tenant fermement debout*), décrit ici une rigidité, une crispation qui ne convient pas à la situation.
DURE : le texte porte le nom de l'hexagramme 32, ENDURER, opposé de celui-ci.
Fermeture : appréciation mantique signalant un moment de blocage, un mauvais agencement du flux vital qui restreint les possibilités de développement. Il est cité également à la ligne 3 *(malheureuses)*.

䷂ **Hexagramme dérivé :** hexagramme 3. DIFFICULTÉS INITIALES décrit la confusion des commencements. L'établissement de priorités permet d'y trouver une orientation.

ÉLÉMENTS D'ANALYSE

Nucléaire

☶☳ **Hexagramme 23 : USURE.** Au cœur de AUGMENTER, il y a USURE. Au cœur d'une période bouillonnante où pressions et possibilités s'accroissent, il y a une disparition portant en elle les germes d'un renouvellement. Le réaménagement des forces se fait par l'élagage des éléments inopérants et la promotion de ceux qui sont efficaces. Floraison et déclin sont liés : la floraison représente en elle-même un déclin, et ce déclin est ce qui permet l'introduction d'un nouveau dispositif.

Opposé

☳☴ **Hexagramme 32 : ENDURER.** La relation d'opposition entre AUGMENTER et ENDURER se situe au niveau de la manière d'effectuer les changements. Au renforcement de la disposition intérieure s'oppose la réorganisation des dispositifs extérieurs. Dans ENDURER, on renouvelle sa motivation sans changer de direction : il s'agit de trouver un second souffle. Dans AUGMENTER on étend son champ d'action en réaménageant son organisation: il s'agit de trouver un nouveau souffle.

43 SE MONTRER RÉSOLU

夬

GUAI

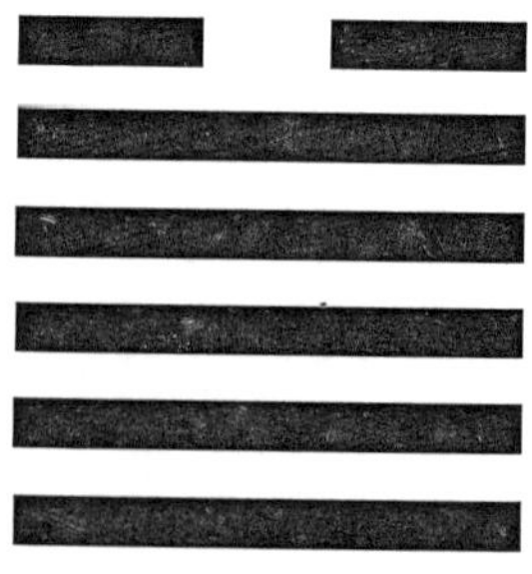

En haut BRUME ☱
En bas CIEL ☰

RÉSOLUMENT se manifester à la cour du Roi	夬揚于王庭	GUAI yang yu wang ting
Appel porteur	孚號	fu hao
Il y a danger	有厲	you li
Avertir son propre fief	告自邑	gao zi yi
Pas profitable de recourir aux armes	不利即戎	bu li ji rong
Profitable d'avoir où aller	利有攸往	li you you wang

Au début un neuf

FORCE dans l'avancée des pieds	壯于前趾	ZHUANG yu qian zhi
Aller sans vaincre quelle faute	往不勝爲咎	wang bu cheng wei jiu

Neuf en 2

Appel à vigilance	惕號	ti hao
Le soir la nuit il y a des combats	莫夜有戎	mu ye you rong
Pas de craintes à avoir	勿恤	wu xu

Neuf en 3

FORCE sur le visage	壯于頄	ZHUANG yu qiu
Il y a fermeture	有凶	you xiong
Le Chef Accompli est RÉSOLUMENT RÉSOLU	君子夬夬	jun zi GUAI GUAI
Agir autonome	獨行	du xing
Rencontrer la pluie en être comme imprégné	遇雨若濡	yu yu ruo ru
Il y a des rancœurs absence de faute	有慍无咎	you yun wu jiu

Neuf en 4

Fesses sans peau	臀无膚	tun wu fu
L'agir fait étape un moment	其行次且	qi xing ci qie
Bélier tenu par une longe	牽羊	qian yang
Tout regret disparaît	悔亡	hui wang
Des paroles sont entendues sans être entendues	聞言不信	wen yan bu xin

Neuf en 5

Le pourpier comestible	莧陸	xian lu
est RÉSOLUMENT RÉSOLU	夬夬	GUAI GUAI
Agir au Milieu Juste	中行	zhong xing
Absence de faute	无咎	wu jiu

En haut un six

Pas d'appel	无號	wu hao
À la fin il y a fermeture	終有凶	zhong you xiong

Grande image

Brume montant vers le Ciel	澤上於天	ze shang yu tian
SE MONTRER RÉSOLU	夬	GUAI
L'Être Accompli ainsi	君子以	jun zi yi
en répandant ses bienfaits jusqu'en bas	施祿及下	shi lü ji xia
demeure dans la juste conduite	居德	ju de
donc pour le reste préfère s'abstenir	則忌	ze ji

Dixième Aile

SE MONTRER RÉSOLU	夬	GUAI
Ouvrir un passage.	決也	jue ye
Fermeté ouvre un passage vers Souplesse.	剛決柔也	gang jue rou ye

SE MONTRER RÉSOLU, c'est résoudre la tension créée par une accumulation dangereuse. Il est urgent de canaliser une force vive lorsqu'elle en arrive au point où elle risque de déborder. Comme on ouvre une brèche pour que s'écoulent les eaux d'un fleuve dont la montée menace, c'est en s'exprimant de manière décidée qu'on peut résoudre la tension. Comme d'une main sûre on perce un abcès, c'est en dosant habilement fermeté et adresse qu'on peut empêcher des forces Yang proches de leur culmination de dégénérer en agressivité, et ainsi faire accomplir un pas décisif à la situation.

À l'image de l'idéogramme, qui désignait à l'origine une encoche taillée dans le bois, l'hexagramme montre un mur de traits Yang au sommet duquel un unique trait Yin dessine une trouée. C'est en élargissant cette brèche, c'est-à-dire en rétablissant une relation plus équilibrée entre Yin et Yang, que l'accumulation de force peut se déverser et la tension se résoudre.

L'ensemble du texte est caractérisé par une atmosphère dense et la description d'une grande activité – *agir* y apparaît à trois reprises. Alors qu'aux places impaires (Yang) sont décrites des tensions et des réactions vives accentuées par la présence du nom de l'hexagramme, aux places paires (Yin) prédominent des marques de prudence, de retenue et de retrait. Dans cette situation où il est primordial de *se manifester*, notamment par la parole, il n'est question d'un bout à l'autre que d'*appels*, d'*avertissements*, de *cris*. Une *vigilance* particulière est recommandée au deuxième trait, où des combats sont évoqués dans une ambiance incertaine et nocturne. La différence entre une détermination réelle et des manifestations plus instinctives est marqué par la FORCE, qui n'est d'abord qu'agitation vaine au premier trait, et au troisième colère stérile. Aux deux lignes médianes sont indiquées les deux versants de la stratégie adéquate : savoir se déterminer seul, car faire preuve de volonté est nécessaire en place de passage ; savoir se retenir quand l'action n'est pas comprise, car la communication est importante en place de Ministre. Les dangers de l'accumulation ne sont vraiment résorbés efficacement qu'à la ligne souveraine : une action au *milieu juste*, c'est-à-dire parfaitement centrée, permet à ce stade de prendre en main la situation sans se laisser emporter. Cet équilibre est perdu à la dernière ligne, où le manque d'échange clôt toute possibilité.

SE MONTRER RÉSOLU est l'un des rares hexagrammes qui ne comportent pas la mention *ouverture* (les autres sont 20, 23 et 29), ce qui montre bien que l'accumulation de force Yang n'est pas garantie de réalisation. C'est au contraire en étant capable de s'exprimer de façon résolue, de prendre des décisions fermes et de les appliquer avec doigté que peut être canalisée la grande masse d'énergie qui monte et cherche à percer.

Calendérique : SE MONTRER RÉSOLU appartient à la série dite du calendrier qui rassemble douze hexagrammes associés à la variation du rapport entre ombre et lumière au cours de l'année. Il est associé dans cette série à la période correspondant à l'avant solstice (début mai – début juin), moment de pleine montée de la sève.

IDÉOGRAMME

GUAI : *Décider, décréter. Résolument.*

L'idéogramme, dont l'emploi est assez rare en dehors du *Yi Jing*, représentait à l'origine une main tenant ce qu'on appelait jadis une taille, c'est-à-dire une petite latte de bois sur laquelle étaient pratiquées des encoches. Ces tailles servaient de témoignage d'un contrat passé entre deux parties. Après accord, la latte était fendue en deux, chacun des contractants gardait une moitié et le rapprochement des deux parties servait de vérification et de garantie. À partir de cette image d'une encoche, l'idéogramme va être utilisé dans différents composés. Par exemple, combiné au signe général des poteries, il forme un caractère signifiant : (vase) ébréché. Combiné au signe général des vêtements, il forme le caractère désignant la manche, l'endroit où la robe, souvent d'une seule pièce, comprend une ouverture (un emploi symbolique de cette manche apparaît de manière significative à 54/5). Combiné enfin au signe de l'eau, il forme un caractère qui évoquera l'eau qui *s'ouvre un passage* au travers d'une brèche dans une digue. Sans doute la raison pour laquelle ce mot est employé dans ce sens à la Dixième Aile de cet hexagramme tient-elle au rapport analogique entre ce que l'idéogramme décrit et la forme globale de l'hexagramme 43 : un mur de cinq traits continus surmonté par l'encoche, la brèche représentée par l'unique trait Yin.

TEXTE CANONIQUE

JUGEMENT

RÉSOLUMENT se manifester à la cour du roi	夬揚于王庭	GUAI yang yu wang ting
Porté à crier	孚號	fu hao
Il y a danger	有厲	you li
Avertir son propre fief	告自邑	gao zi yi
Pas profitable de recourir aux armes	不利即戎	bu li ji rong
Profitable d'avoir où aller	利有攸往	li you you wang

SE MONTRER RÉSOLU, c'est s'exprimer sans craindre, faire entendre son point de vue là où il doit être entendu. Il n'est plus temps de tergiverser, de remettre à plus tard des décisions ou de retenir des paroles qui pourraient se manifester malgré soi et avec trop de violence. Car s'il importe à présent de parler haut et clair, il convient aussi de ne pas se laisser emporter par ce qu'on a à dire. La *cour du roi* représentant le lieu souverain où les décisions sont prises et les ordres donnés, s'y manifester avec force peut se révéler aventureux : agir à la cour exige calme et modération (voir 52/J), car *il y a danger* à parler devant le roi – danger d'autant plus effectif que ce Jugement est le seul à comporter la mention d'un risque réel. Mais le péril peut venir aussi de l'intérieur : il est également recommandé de ne pas *recourir aux armes*, c'est-à-dire de se garder de recourir à la violence pour se faire entendre.

Cependant des paroles résolues ne suffisent pas : on doit aussi veiller à appuyer cette extériorisation sur un intérieur fort. Comme le conseille la phrase *avertir son propre fief*, il convient de s'assurer que ce qui doit être dit, avant d'être clamé en haut lieu, soit connu et approuvé de ceux qui sont appelés à le soutenir. On peut aussi comprendre ce conseil dans une optique plus personnelle, et s'assurer que ce que l'on veut faire passer à l'extérieur ne soit pas exagéré par rapport à ce qui est intérieurement ressenti. Il importe enfin de ne pas se laisser aveugler par la pression et l'émotivité en confondant détermination et agressivité : une action vraiment résolue ne s'appuie pas sur la force, mais sur la durée. Prévoir les lendemains de ses véhémences permet d'en prévenir les outrances et d'en désamorcer les risques.

RÉSOLUMENT : nom de l'hexagramme. La forme adverbiale a été préférée pour conserver la construction du texte qui, comme pour chaque Jugement, commence par le nom de l'hexagramme.
Se manifester : l'idéogramme, qui n'apparaît qu'ici, est composé avec la *main*, signe général de l'action, et la partie droite du caractère Yang (de Yin-Yang). Se prononçant également « yang », il exprime autant par sa graphie que par sa sonorité la nécessité d'une manifestation vers l'extérieur. Signifiant maintenant *soulever, faire connaître, propager*, il est toujours très employé, par exemple dans l'expression : haut-parleur.
Cour : l'idéogramme désigne la grande cour d'honneur située devant la salle du trône du palais, le lieu le plus central et le plus public du pouvoir. Dans le *Yi Jing*, il n'est cité au Jugement que de deux hexagrammes : SE MONTRER RÉSOLU et STABILISER (52), chaque fois dans un contexte de maîtrise difficile.
Roi : personnage symbolique, le Roi est le pivot de l'organisation sociale, le point central qui rassemble le peuple en le *reliant* à ses racines. Bien qu'il semble moins cité ici en tant qu'acteur que pour déterminer la scène de l'action, on peut aussi imaginer cette scène comme une évocation de l'entrevue entre le Roi Wen et le tyran Di Xin, dernier souverain des Shang, célèbre pour sa cruauté (voir hexagramme 36), entrevue à l'issue de laquelle le tyran fit jeter le Roi Wen dans une geôle pour plusieurs années (voir hexagramme 9).
À la cour du Roi : il s'agit de l'audience royale, pas de la cour de justice (voir 6/6). La situation est différente : on ne vient pas plaider sa cause, mais exprimer des remontrances.
RÉSOLUMENT se manifester à la cour du Roi : alors que généralement le nom de l'hexagramme est placé en position isolée en tête du texte du Jugement, comme un titre, il intervient ici directement dans la première phrase du texte du Jugement. Ce n'est pas un cas unique, cette construction se retrouve six fois (voir 10/J, 12/J, 13/J, 20/J et 52/J).
Porté à : le texte porte l'idéogramme traduit ailleurs par *onde porteuse*, formule mantique signalant qu'un fort courant traverse la situation. Il est employé ici dans son sens propre, qualifiant la propension à s'exprimer et désignant à la fois la force d'entraînement et la possibilité d'emportement que cette disposition comporte.
Crier : l'idéogramme combine un signe représentant un cri ou un hoquet avec le caractère désignant le tigre au rugissement rauque et puissant. Selon le ton auquel il est prononcé, il peut signifier *pleurer, se lamenter*, et aussi *appeler, désigner, nommer, crier, commandement, signal, appel*. La référence au tigre (voir hexagramme 10, construit sur le même rapport entre lignes Yin et Yang) ainsi que la répétition à trois reprises de ce caractère (il est rendu par *appel*, lignes 2 et 6) dans cette

figure (c'est l'hexagramme où il est le plus employé) indique que SE MONTRER RÉSOLU est bien plus qu'une attitude intérieure. Quand le Yang déborde, la détermination ne peut pas rester muette, elle conduit à une manifestation publique.

Porté à crier : la construction particulière de cette phrase souligne qu'on est porté à proclamer ce qu'on a à dire de manière agressive. Pareille attitude est généralement néfaste. Au moment de PLAIDER SA CAUSE (voir 6/J), elle bloque la vigilance. Ici, où le danger est effectif, elle peut être menaçante.

Danger : appréciation mantique signalant les risques inhérents à la situation. L'idéogramme représente un scorpion tapi sous une pierre. Le choix de cette image montre que la situation comporte des dangers objectifs qui appellent la prudence dans la manière dont on s'y comporte. Ici – seul Jugement où cette appréciation est citée – son emploi est d'autant plus caractéristique qu'elle est renforcée par le verbe auxiliaire *il y a* qui souligne son caractère effectif.

Avertir : l'idéogramme signifie *informer, annoncer, notifier*. Cependant, l'usage classique de ce caractère désigne un type particulier de communication, un message émanant d'une autorité. Dans le *Yi Jing*, son emploi est plus précis encore, il montre une communication venant d'une autorité légitime en direction d'un lieu où elle n'est pas encore admise. D'où ici, l'importance de la manifester à partir de ce qui constitue sa base.

Son propre : l'idéogramme signifie à la fois *son, soi-même* et *depuis, à partir de*. La phrase pourrait être lue « avertir *à partir* du fief ». Le rapprochement avec une phrase similaire à 11/6, « depuis son propre fief proclamer mandat » semble y inciter. Cependant, bien que les deux situations soient l'une comme l'autre des moments de culmination précédant une retombée, les deux phrases sont construites différemment.

Fief : l'idéogramme, qui évoquait à l'origine les agglomérations paysannes, a pris ensuite dans le cadre de la féodalité instaurée par les Zhou le sens d'autorité conférée sur un territoire. Il peut aussi dans le contexte du *Yi Jing*, représenter la base personnelle où remettre de l'ordre et se réfugier en cas de danger.

Profitable : cette appréciation est rarement employée sous forme d'un conseil négatif comme ici.

Recourir : l'idéogramme, toujours très employé, signifie au sens propre *aller vers, s'approcher de, en venir à*.

Armes : représentant une hallebarde et un bouclier, l'idéogramme veut dire aussi bien *armes* que *soldats, combats* (voir ligne 2) et *attaquer*. Dans le *Yi Jing*, où les faits d'armes ne sont guère prisés, il n'est utilisé que pour désigner une attitude faussement conciliante (voir 13/3) ou, comme ici, dangereusement agressive.

Avoir où aller : formule mantique en trois caractères dont le sens est : garder son cap sans se laisser déboussoler par les difficultés propres à la situation, tenir son objectif quels que soient les turbulences, le flou, ou ce qui entrave la marche. Elle signale ici que la violence du courant traversant la conjoncture risque de faire perdre de vue le but à atteindre.

TEXTE DES TRAITS

Au début un neuf

FORCE dans l'avancée des pieds	壯于前趾	Zhuang yu qian zhi
Aller sans vaincre quelle faute	往不勝爲咎	wang bu cheng wei jiu

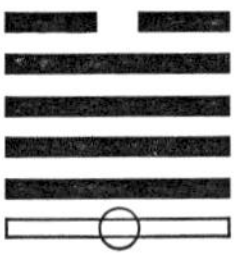

À ce niveau d'Entrée, il n'y a pas encore de résolution, seulement de la FORCE, et uniquement au niveau des *pieds*, qui sont généralement la marque d'une tendance à s'engager de manière immédiate et irréfléchie. Que le désir d'agir se manifeste par l'envie de bouger, quoi de plus légitime à la place la plus inexpérimentée d'un hexagramme ? Mais la référence à l'hexagramme 34 GRAND FORCE montre plus une impulsion irrésistible qu'une détermination réelle, et le tour ironique du texte suggère qu'il pourrait n'y avoir ici qu'agitation vaine et coups d'épée dans l'eau.

La correction du trait, Yang à une place impaire, et sa position à l'orée d'un bloc de traits Yang peuvent induire un entraînement facile à l'action. Il importe de ne pas en rester à de simples démangeaisons et de s'assurer que la volonté d'aller de l'avant est bien réelle. On ne doit pas faire seulement semblant d'y aller, mais donner corps à son désir d'agir et caractère à ses interventions.

FORCE : l'idéogramme est un des deux caractères nommant l'hexagramme 34 GRAND FORCE qui précède SE MONTRER RÉSOLU dans la série des hexagrammes calendériques.
Avancée : de forme complexe, l'idéogramme signifie *avancer* en tant que verbe, et *autrefois, précédemment, antérieur, d'abord, devant* en tant qu'adverbe. Il est employé ici pour qualifier le mouvement des pieds.
Pieds : dans le contexte du *Yi Jing*, les pieds et les différents termes qui s'y rapportent sont l'image d'un mouvement.
Aller : écrit avec un des signes de la marche et le caractère *maître, principe directeur*, l'idéogramme indique, dans le contexte du *Yi Jing*, une mise en route décisive.

Vaincre : formé d'un groupe complexe, l'idéogramme signifie *vaincre, l'emporter sur, triompher de, exceller, supérieur,* etc. Ici, comme aux deux autres lignes où ce verbe est employé (voir *réussir* à 33/2 et 53/5), c'est pour indiquer que triompher est la seule option envisageable.
Quelle : resté extrêmement courant, l'idéogramme qui a pour sens principal *faire, agir* est ici employé pour exprimer une certaine ironie.
Faute : employé dans le *Yi Jing* quasi uniquement dans la formule *absence de faute* qui a le sens d'une incitation à ne pas rester dans un état d'esprit hésitant ou incertain, ce terme apparaît ici dans une construction légèrement différente qui renforce le conseil précédent d'aller de l'avant avec la volonté de réussir.

Hexagramme dérivé : hexagramme 28 : GRAND EXCÈS est un moment de démesure dont la traversée exige un surcroît inhabituel de force intérieure.

Neuf en 2

Appel à vigilance	惕號	ti hao
Le soir la nuit il y a des combats	莫夜有戎	mu ye you rong
Pas de craintes à avoir	勿恤	wu xu

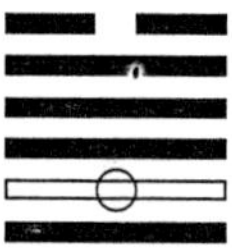

À cette ligne, la capacité à se manifester peut prendre consistance, si l'on tient compte des conseils de prudence donnés ici dans des termes proches de ceux du Jugement. L'*appel* qui, dans le contexte tendu de cette situation, risque de tourner à la vocifération, doit être tempéré par la *vigilance* permettant de discerner entre les périls qui rôdent quand l'heure est incertaine. On ne doit pas se laisser impressionner par des réactions agressives, qu'elles résultent des vérités que l'on exprime ou qu'elles se déclenchent en raison d'une tension devenue insupportable.

La fermeté du trait, augmentée par celle des traits Yang qui l'entourent, est compensée par la qualité Yin de la place qui, comme à la quatrième ligne, est un facteur de retenue. Caractéristique des moments de crispation, le conseil de *vigilance* (voir 6/J) va dans le même sens. Lorsqu'entre chien et loup, on se trouve entraîné dans des rivalités difficiles à maîtriser, il importe de ne pas se laisser gagner par le désarroi et de savoir tempérer les ardeurs.

Appel : voir *crier* au Jugement.
Vigilance : appréciation mantique signalant qu'une attention particulière doit être portée aux changements en cours.
Soir : l'idéogramme représentait à l'origine le soleil dessiné entre le signe général des plantes, c'est-à-dire très bas sur l'horizon, donc en

train de se coucher. Employé aussi comme négation, il n'apparaît qu'ici dans son sens propre.
Nuit : représentant un être humain allongé sous un toit, l'idéogramme, qui n'apparaît qu'ici, désignait à l'origine le temps du repos, la nuit. Cependant ici, couplé au mot *soir*, il semble insister sur la noirceur de l'obscurité.
Combats : voir Jugement *armes*.
Pas de craintes à avoir : formule mantique en deux caractères dont le premier est une négation et le second, composé avec le signe général du cœur et celui du *sang*, signifie au sens propre *se faire du mauvais sang*. N'apparaissant jamais dans une construction positive (il y a des *craintes* à avoir), cette formule indique qu'on est en train de se ronger inutilement les sangs.

☱☲ **Hexagramme dérivé** : hexagramme 49. RÉVOLUTION est un moment de renversement qui ne peut déboucher sur un réajustement que s'il intervient au moment juste.

Neuf en 3

FORCE sur le visage	壯于頄	ZHUANG yu qiu
Il y a fermeture	有凶	you xiong
Le Chef Accompli est RÉSOLUMENT RÉSOLU	君子夬夬	jun zi GUAI GUAI
Agir autonome	獨行	du xing
Rencontrer la pluie en être comme imprégné	遇雨若濡	yu yu ruo ru
Il y a des rancœurs absence de faute	有慍无咎	you yun wu jiu

À cette ligne de Passage est posée l'alternative entre deux manières de s'exprimer avec fermeté. La première se rapproche du comportement décrit à la ligne initiale : la FORCE qui se manifeste là dans les *pieds* apparaît ici sur le *visage* : un trépignement impatient devient vocifération grimaçante. La seconde est représentée par le *Chef Accompli*, comme à la troisième ligne de l'hexagramme 34 GRAND FORCE. À la différence de celui qui, emporté par son impulsivité, tente de forcer le passage, un Chef Accompli sait faire la part entre agitation vaine et détermination réelle. Plutôt que de se laisser enfermer dans des disputes stériles, il se détermine seul et va de l'avant sans hésiter. Cette attitude doublement RÉSOLUE permet, comme à la ligne de sortie de DIVERGENCE (voir 38/6), de *rencontrer la pluie* c'est-à-dire de résoudre les tensions et de rétablir la communication, quelles que soient les aigreurs que cette fermeté pourrait provoquer.

Correct et en correspondance avec la seule ligne Yin de la figure, ce trait est en outre relié à la ligne souveraine, la plus positive de l'hexagramme, par l'inhabituelle répétition du nom de la figure. La force qui se condense à cette ligne, située au milieu d'un bloc de cinq Yang, peut soit exploser de manière brutale, soit se fluidifier et se canaliser dans une action concrète. Si colère et invectives sont le signe d'une attitude rigide et d'une incapacité à se faire entendre – incapacité sanctionnée comme à la sixième ligne par la mention d'une *fermeture* effective – une démarche assurée et *autonome* permet de renouer la communication.

FORCE : voir ligne 1.
Visage : l'idéogramme est différent de celui également rendu par *visage* à 49/6. Devenu très rare, il précise qu'il s'agit surtout des os maxillaires et souligne ici que, dans le face-à-face, la force s'exprime par le mouvement de la bouche.
Fermeture : appréciation mantique signalant un moment de blocage, un mauvais agencement du flux vital qui restreint les possibilités de développement. Elle n'est présentée comme effective *(il y a)* que trois fois dans le *Yi Jing*, parmi lesquelles deux concernent SE MONTRER RÉSOLU : ici et à la ligne 6, où cependant la *fermeture* est présentée comme prospective *(à la fin)*.
Chef Accompli : personnage symbolique signalant que la situation requiert des qualités particulières de courage et de perspicacité. Son attitude est plusieurs fois comparée à celle de l'être petit, qui n'est ici que sous-entendue.
RÉSOLUMENT RÉSOLU : les deux mots sont en capitales car ils rendent le nom deux fois répété de l'hexagramme, construction qui est reprise à la cinquième ligne. En chinois, la répétition d'un caractère lui donne valeur de superlatif. Courante dans le *Yi Jing* (voir par exemple 15/1, 29/3 ou 39/2), cette construction n'est appliquée au nom d'un hexagramme qu'une autre fois – et au même niveau – dans le seul hexagramme à comporter plus de traits Yang que celui-ci : ÉLAN CRÉATIF (voir 1/3).
Agir : ce caractère qui apparaît trois fois dans cette figure (lignes 3, 4 et 5) est, dans le contexte du *Yi Jing*, soit l'emblème du mouvement créatif du Ciel (voir 1/GI, *circule-et-agit*) soit l'indication d'une action ou d'une attitude humaine en conformité avec le Ciel.
Autonome : ce caractère n'est employé que dans les deux hexagrammes qui traitent des tournants de la montée du Yang, SE MONTRER RÉSOLU et RETOUR (voir 24/4 *solitaire*), chaque fois en rapport avec l'idée d'agir.
Rencontrer : l'idéogramme, toujours très employé, représente un mouvement inattendu provocant un couplage heureux.
Rencontrer la pluie : expression fortement rimée et rythmée, les deux caractères ayant une prononciation qui ne se distingue que par des

tons différents. La pluie en Chine est chaude, féconde et favorable. Elle a toujours été considérée comme un symbole d'union productive. Dans le contexte du *Yi Jing*, son arrivée est généralement de bon augure. La même phrase se retrouve à 38/6.

En être comme : le texte porte une construction particulière du chinois ancien en forme de suffixe adverbial. Parfois difficile à faire apparaître en français, cette construction sonne comme une sorte de comparaison oratoire dont la forme incantatoire scande particulièrement le texte de certains hexagrammes (voir par exemple 3/2).

Imprégné : l'idéogramme, écrit en combinant le signe général de l'eau et le nom de l'hexagramme ATTENDRE, décrit une action qui a besoin de temps pour se réaliser en profondeur. Il signifie *tremper, mouiller, imbiber, humecter* au sens propre, et *lent, hésitant, patient,* au sens figuré. Il est notable que les trois autres hexagrammes où il est cité soient ceux où il est conseillé au Jugement de *favoriser le Petit.*

Rencontrer la pluie en être comme imprégné : composée comme un proverbe en quatre caractères, cette phrase est très fortement rimée (les quatre caractères comportent le son « u ») et rythmée (les deux premiers caractères commencent par « y », les deux seconds par « r »). Cette musique se retrouve également, bien que de manière atténuée, dans la phrase suivante.

Rancœurs : écrit en combinant le signe général du cœur et un caractère complexe lié aux idées de répétition, de ressassement, l'idéogramme, n'apparaissant qu'ici, signifie *haïr, détester, s'indigner, en vouloir, ressentiment,* etc.

Absence de faute : incitation à ne pas rester dans un état d'esprit incertain ou hésitant.

䷹ **Hexagramme dérivé** : hexagramme 58. ÉCHANGER est un moment de communication amicale où on ne met l'accent ni sur la rigueur ni sur les différences.

Neuf en 4

Fesses sans peau	臀无膚	tun wu fu
L'agir fait étape un moment	其行次且	qi xing ci qie
Bélier tenu par une longe	牽羊	qian yang
Tout regret disparaît	悔亡	hui wang
Des paroles sont entendues sans être entendues	聞言不信	wen yan bu xin

䷪ À cette ligne, la propension à s'exprimer se heurte à des résistances. L'activisme rencontre de lui-même sa limite : comme à la ligne de passage de l'hexagramme retourné, l'image des *fesses sans peau* indique qu'il est temps de faire une pause (voir 44/3). Lorsqu'il n'y a plus rien pour protéger ou voiler, la réalité se révèle nue et crue : on est alors amené à calmer ses ardeurs. Si ce n'est de plein gré, il faut procéder à ce ralentissement par la contrainte : le *bélier*, animal emblématique de la FORCE impulsive, doit être retenu par la *longe*, la corde avec laquelle on tire les animaux qui refusent d'entrer ou de sortir de l'enclos.

La fermeté du trait, augmentée par celle des Yang qui l'entourent, est compensée par la qualité Yin de la place, qui représente, comme à la seconde ligne, un facteur de retenue. La contrainte qui s'exerce ici est d'autant plus adéquate qu'il s'agit d'une place de Ministre dont la fonction principale est la communication. Or, comme au moment d'ÉPUISEMENT, les *paroles* ne sont pas *entendues* et la confiance ne s'établit pas (voir 47/J). Il est préférable d'en prendre conscience et, plutôt que de chercher à forcer la situation, d'adopter une tactique d'apprivoisement.

Fesses : l'idéogramme ne manque pas d'humour. Il est composé avec le signe général de la chair, commun à toutes les parties du corps et un caractère signifiant *grande salle* d'un temple ou d'un palais (les trois plus prestigieux bâtiments de la Cité interdite, dont la salle du trône, sont nommés avec ce caractère), *base, fondement*, et aussi *fermer la marche, arrière-garde*, ce qui est bien la situation des fesses dans le corps humain. Une pudeur toute missionnaire a longtemps utilisé divers euphémismes pour traduire ce caractère dont la présence dans un texte classique n'avait jamais offusqué les Chinois. Ici comme les deux autres fois où les *fesses* sont citées (voir 44/3 et 47/1), elles sont une image d'une atteinte restreignant la faculté à aller de l'avant.
Peau : l'idéogramme a pour sens propre *peau* et pour sens figuré *superficiel*.
Fesses sans peau : cette phrase se retrouve à l'identique et au niveau correspondant dans l'hexagramme retourné (voir 44/3). Elle peut être comprise de différentes façons. La plus simple est de la lire au niveau physique comme la description de quelqu'un dont l'entrecuisse est à vif et qui de ce fait, ne peut marcher (agir) sans souffrir. Cependant, on peut aussi y voir l'indication que, au-delà du superficiel, un moment de vérité est atteint dans la difficulté à communiquer (voir 47/1).
Agir : voir ligne 3.
Fait étape : l'idéogramme possède de nombreux sens, parmi lesquels *s'arrêter, faire halte, étape auberge, lieu, campement*, etc.
L'agir fait étape un moment : cette phrase apparaît également au niveau correspondant à l'hexagramme retourné (voir 44/3).
Bélier : le texte porte un idéogramme qui désigne l'ensemble des caprins : béliers, moutons, chèvres, brebis, agneaux, etc. *Bélier* a été

choisi car, dans le contexte du *Yi Jing*, il représente la poussée Yang – la prononciation du caractère qui le nomme ne se distingue pas à l'oreille de celle du caractère Yang de Yin-Yang – et surtout la nécessité de sa maîtrise. L'hexagramme où cet animal est le plus mentionné est GRAND FORCE (voir 34/3, 34/5 et 34/6).

Tenu par une longe : l'idéogramme représente un mouvement contraint, qui fait écho au mouvement spontané décrit à la première ligne. Cette longe n'est citée qu'une autre fois, dans un hexagramme construit selon le même rapport entre traits Yin et traits Yang, celui où le PETIT APPRIVOISE (voir 9/2).

Tout regret disparaît : formule mantique spécifique qui renforce le sens d'incitation à aller de l'avant contenu dans le terme *regrets*. Le moment est venu de se mettre en marche sans aucune nostalgie pour ce qu'on laisse derrière soi.

Paroles : l'idéogramme signifie *paroles* en tant que nom et *parler* en tant que verbe. Il est formé du signe de la *bouche* surmonté de plusieurs traits horizontaux qui évoquent, dit-on maintenant, les ondes sonores qui en sortent. Il est plus vraisemblable qu'à l'origine ce dessin devait avoir une signification plus sociologique que vibratoire et qu'il comportait la signification sous-jacente d'outrepasser une limite, celle du respect du à son suzerain quand on lui adressait des remontrances.

Sont entendues : écrit en combinant les caractères *porte* et *oreille*, l'idéogramme signifie *entendre*, dans le sens de prêter l'oreille pour discerner la réponse donnée à la question « qui est là ? » par la personne qui vient de frapper à la porte (voir 42/5, *interroger*).

Être entendues : composé avec le signe général de l'être humain et le caractère *parole*, l'idéogramme évoque la concordance entre ce qu'un être dit et ce qu'il fait. Son sens principal, qui correspond à l'ancienne expression française « parole d'homme », est *fidélité* à un engagement, *croire*, *digne de foi*, *message*, etc. *Entendre*, qui en français signifie à la fois percevoir (de l'extérieur) et comprendre (prendre en soi), a été choisi pour rendre perceptible le délicat jeu de signes présenté par le texte. Lisant les idéogrammes à la suite, l'œil chinois voit la *parole* devenir *confiance* en s'incorporant à l'*être humain*. Cependant une négation indique qu'ici ce processus ne se produit pas ; la parole ne rencontre aucun écho sincère, aucune confiance : ce qu'on dit n'est pas « entendu ».

Des paroles sont entendues sans être entendues : une phrase très proche, évoquant le même manque de compréhension (« on parle sans être entendu ») se trouve au Jugement de ÉPUISEMENT (voir 47/J).

䷄ **Hexagramme dérivé :** hexagramme 5. ATTENDRE décrit les moments de tension où la nourriture est promise si on sait faire confiance au temps et ne pas intervenir.

Neuf en 5

Le pourpier comestible — 莧陸 xian lu
est RÉSOLUMENT RÉSOLU — 夬夬 GUAI GUAI
Agir au Milieu Juste — 中行 zhong xing
Absence de faute — 无咎 wu jiu

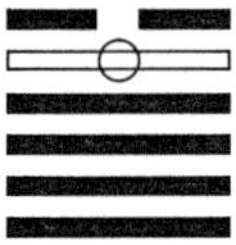

À ce niveau se résout la contradiction entre force et détermination qui parcourt tous les niveaux précédents de l'hexagramme. Une décision pour être *Juste*, ne nécessite aucune brutalité mais une RÉSOLUTION redoublée : elle doit être prise au bon endroit et au bon moment. La ligne souveraine représente la position idéale pour *agir*, car il s'y manifeste la qualité nécessaire pour aller de l'avant de manière franche et impartiale. Cette capacité y est symbolisée par une plante, image qui a rendu perplexe les commentateurs. Bien que les éléments botaniques mentionnés dans le *Yi Jing* soient rarement désignés avec précision, la plupart voient dans cette plante une mauvaise herbe qu'il conviendrait d'arracher. Cependant, le *pourpier comestible* offre dans le contexte de cet hexagramme une perspective intéressante. En effet, cette plante qui donne de jolies fleurs pourpres et dont les petites feuilles charnues sont un peu poisseuses, comporte une particularité singulière : les tiges de ses pousses se dressent vigoureusement mais elles se cassent quand elles reçoivent un coup sec. Ce mélange de fragilité et de fermeté, qui se retrouve par exemple dans le geste résolu du vitrier rompant le verre d'un coup sec, est une métaphore élégante de l'attitude à adopter sans hésitation ici. Lorsque les différentes données d'un problème ont été suffisamment pesées, arrive le moment où il peut se résoudre aisément pour peu que l'on sache concentrer sa force au bon endroit et l'appliquer avec doigté.

La répétition du nom de l'hexagramme, point commun avec la troisième ligne où se fait le partage entre brutalité et détermination, montre également qu'au voisinage de la seule ligne Yin de la figure, résumer la force dans un geste clair permet de ne pas se laisser submerger par l'hésitation.

RÉSOLUMENT RÉSOLU : les deux mots sont en capitales car ils rendent le nom deux fois répété de l'hexagramme, construction qui apparaît aussi à la troisième ligne. En chinois, la répétition d'un caractère lui donne valeur de superlatif (voir ligne 3).

Pourpier comestible : il est difficile de déterminer d'une manière assurée la plante dont il est question ici. Certains commentateurs postulent qu'il s'agit d'un champignon particulièrement mou et poisseux qui servirait à montrer que la résolution atteint à ce niveau un extrême puisqu'elle s'appliquerait même à cette plante. Le texte porte deux

caractères dont le sens actuel est : amarante des plateaux *(lu xian)*. Cependant, le *Grand Dictionnaire étymologique*[71] précise qu'à l'époque des Shang, ce binôme était le nom d'une plante appelée maintenant « amarante dent de cheval » *(ma chi xian)*. Or cette expression désigne le pourpier commun dont la variété comestible possède des fleurs rouges comme l'amarante.
Agir : voir ligne 3.
Milieu Juste : représentant une flèche qui se fiche au *milieu* de la cible, l'idéogramme, un des plus importants de la langue chinoise, désigne l'attitude juste et centrale parce qu'en parfait couplage avec le moment (voir *JUSTE* CONFIANCE 61/I).
Agir au Milieu Juste : par le couplage de l'action créatrice du Ciel et de l'attitude juste et centrale, deux notions parmi les plus importantes du *Livre des Changements*, c'est une démarche de haute valeur qui est décrite ici.

Hexagramme dérivé : hexagramme 34. GRAND FORCE est un moment de grande vigueur, dont l'expression doit être contrôlée pour ne pas entraîner de dommages.

En haut un six
Pas d'appel — 无號 wu hao
À la fin il y a fermeture — 終有凶 zhong you xiong

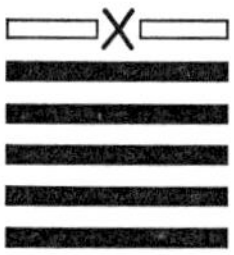

À ce niveau de Sortie, la capacité à communiquer, seule qualité à même de compenser l'accumulation de force caractéristique de SE MONTRER RÉSOLU, est en passe de se tarir. L'*appel*, qu'il soit parole virulente (Jugement) ou plus prudente (ligne 2), est primordial pour résoudre les tensions : il fait à présent défaut, indiquant que l'échange s'amenuise et devient de plus en plus difficile.

La qualité Yin du trait, tournée vers le latent et le caché, n'est pas en accord avec une situation où il s'agit de s'exprimer. Bien qu'il soit correct à ce niveau pair, le fait qu'il soit le seul de sa nature l'empêche d'équilibrer efficacement la propension au débordement représentée par les cinq traits Yang qu'il surplombe. De plus, les deux traits avec lesquels il est en relation sont ceux où il est question de se déterminer de façon RÉSOLUMENT RÉSOLUE : le voisinage avec la ligne souveraine, où la décision peut être prise de manière juste, ne suffit pas à résorber les tensions ; la correspondance avec la troisième ligne, où la détermination peut prendre une figure grimaçante, accentue le risque d'incompréhension. Cette absence de contact est marquée aux deux traits par la mention d'une *fermeture* effective.

Appel : voir Jugement, *crier*. C'est dans cet hexagramme, où le Yang déborde, que ce terme est cité le plus souvent (Jugement, lignes 2 et 6). Cependant, alors que le second trait mentionne des appels spécifiques, ici c'est leur absence qui est soulignée.
Fermeture : appréciation mantique signalant un moment de blocage, un mauvais agencement du flux vital qui restreint les possibilités de développement. Cette appréciation est, comme à la troisième ligne, présentée comme effective *(il y a)*.
À la fin il y a fermeture : formule mantique spécifique caractérisée par la combinaison de deux modulations (*il y a* et *à la fin*) appliquées ensemble à la même appréciation mantique. Cette construction, particulièrement défavorable, est quasiment unique dans le *Yi Jing*. Elle ne se retrouve qu'une autre fois, dans une phrase différente par sa construction mais semblable par son présage tout aussi néfaste : « à la fin il y a grande défaite et ainsi pour le Chef et son pays fermeture » au dernier trait de l'hexagramme RETOUR (voir 24/6).

䷀ **Hexagramme dérivé :** hexagramme 1. ÉLAN CRÉATIF est un moment de vigueur et de fermeté. La véritable force consiste à en comprendre la puissance sans se laisser emporter par ses rigidités.

ÉLÉMENTS D'ANALYSE

Nucléaire

☰ **Hexagramme 1 : Élan créatif.** Au cœur de Se montrer résolu, il y a Élan créatif. Au cœur d'une accumulation propre à faire changer de niveau, il y a un souffle puissant de transformation fait de vigueur, de détermination et de capacité à imaginer le nouveau. Dans Se montrer résolu, ce souffle crée une tension qu'il faut savoir maintenir et utiliser sans se laisser déborder. Élan créatif se manifeste ici par une force décisionnelle capable de dynamiser l'ensemble d'une situation.

Se montrer résolu est lui-même l'hexagramme nucléaire d'une famille de quatre hexagrammes, dans lesquels il prend le sens général de capacité à faire changer de plan : à passer au long terme (32), au réel (14), à la maîtrise (34), au spirituel (50).

Opposé

䷖ **Hexagramme 23 : Usure.** La relation d'opposition entre Usure et Se montrer résolu apparaît par leur position dans le cycle du calendrier : ce sont les deux situations précédant les culminations Yin et Yang. Se montrer résolu se situe juste avant le solstice d'été, Usure se situe juste avant le solstice d'hiver. Dans Se montrer résolu, la tension doit se résorber par l'expression de la force dans une action déterminée et ponctuelle. Dans Usure l'action doit être évitée pour que le temps travaille à la restauration des forces.

44 ÊTRE ACCUEILLANT

GOU

En haut CIEL ☰
En bas VENT ☴

ÊTRE ACCUEILLANT	姤	GOU
La femme est en PUISSANCE	女壯	nu ZHUANG
Ne pas agir	勿用	wu yong
Prendre femme	取女	qu nu

Au début un six

Attaché par une cale de métal	繫于金柅	xi yu jin ni
Présage d'ouverture	貞吉	zhen ji
Il y a où aller	有攸往	you you wang
Fermeture visible	見凶	jian xiong
Porc maigre	羸豕	lei shi
Onde porteuse hésitante et bloquée	孚蹢躅	fu di zhu

Neuf en 2

Dans l'enceinte il y a des poissons	包有魚	bao you yu
Absence de faute	无咎	wu jiu
Pas profitable d'accepter l'hospitalité	不利賓	bu li bin

Neuf en 3

Fesses sans peau	臀无膚	tun wu fu
L'agir fait étape un moment	其行次且	qi xing ci qie
Danger	厲	li
Absence de grande faute	无大咎	wu da jiu

Neuf en 4

Dans l'enceinte il n'y a pas de poissons	包无魚	bao wu yu
Fermeture croissante	起凶	qi xiong

Neuf en 5

Melons enveloppés dans une enceinte en osier	以杞包瓜	yi qi bao gua
Distinction contenue	含章	han zhang
Il y a quelque chose tombant d'en haut du ciel	有隕自天	you yun zi tian

En haut un neuf

ÊTRE ACCUEILLANT les cornes hautes	姤其角	GOU qi jiao
Gêne	吝	lin
Absence de faute	无咎	wu jiu

Grande Image

Sous le ciel il y a le vent	天下有風	tian xia you feng
ÊTRE ACCUEILLANT	姤	GOU
Les Souverains ainsi	后以	hou yi

en déployant les mandats	施命	shi ming
informaient les quatre régions	誥四方	gao si fang

Dixième Aile

Être accueillant	姤	Gou
se trouver face à face	遇也	yu ye
Souplesse rencontre Fermeté	柔遇鋼也	rou yu gang

Être accueillant est rencontre, contact avec ce que l'on aurait tendance à méconnaître ou ignorer. Dans la série du calendrier, cet hexagramme marque un tournant symétrique à celui évoqué par son opposé Retour (24). Une fois atteinte la culmination du Yang, décrite par Élan créatif (1), vient le moment du retour au Yin. Parvenue à sa pleine expansion, la faculté d'initiative doit accepter de changer de nature et commencer à intégrer les valeurs de souplesse et d'accueil sans rester crispée sur le sommet atteint, comme le *dragon hautain* au dernier trait de l'hexagramme 1.

Il faut désormais s'adapter à la saison afin que l'alternance Yin/Yang s'effectue harmonieusement. Le frein mis à l'extériorisation permet que commence le travail de l'interne. Cette rencontre des deux polarités, qui doit se vivre dans un rapport de complémentarité et non d'adversité, trouve son illustration dans le monde des relations et des rencontres intimes, ce qui a longtemps entraîné une lecture négative de cet hexagramme.

Parmi les différentes situations types décrites dans le *Yi Jing*, Être accueillant est, avec Mariage de la Cadette, une de celles qui ont été le plus maltraitées par les commentateurs tant chinois qu'étrangers, plaquant sur ces hexagrammes les pires stéréotypes de leur époque, particulièrement méprisants envers les femmes.

L'importance du Yin apparaît dans la structure de la figure : bien que le Yang y soit largement majoritaire, elle est caractérisée par l'unique trait Yin situé en première place, mis en valeur par un texte bien plus fourni que celui des autres traits. Plein de promesses, mais fragilisé par le bloc des cinq traits Yang qui le surplombent et pèsent sur son développement, ce premier trait annonce la prééminence du Yin qui infiltre déjà tout l'hexagramme.

Le texte est placé sous l'égide de la *femme* : sa souveraineté est visible dans le nom de la figure, sa *puissance* est soulignée au Jugement qui conseille, comme à l'hexagramme 31 Inciter, de chercher à intégrer sa force synonyme de durée. Ce symbole est relayé dans le Texte des traits par de nombreuses images Yin : *porc, frein, enceinte, poissons, melon, osier de saule*, etc. La stratégie est axée sur l'idée de ralentissement, clairement indiquée aux trois premières lignes : retenir par un *frein de métal*, refuser l'*hospitalité*, faire *étape*. Ce freinage ne signifie pas obstruction définitive mais crée les conditions d'une germination, comme l'indique l'image de la matrice utilisée aux places hiérarchiquement importantes, Préfet, Ministre et Souverain.

Car si le ralentissement qui marque la fin de l'expansion Yang est associé à de nombreux signes de vitalité, c'est qu'il équivaut à une mise en réserve de l'énergie pour une gestation préparant des éclosions futures. Il s'agit de vitalité interne, concentrée, retenue : le melon est *enveloppé* et ses multiples graines font écho au frai abondant du *poisson*, également contenu dans une *enceinte*, tandis que le Ciel répond à cette attitude précautionneuse en se courbant vers le bas à la façon des branches souples d'un *saule*.

Donner suite à la culmination du Yang appelle une transformation dont il faut intégrer les premiers signes sans se raidir. Au moment d'ÊTRE ACCUEILLANT, l'élan change de nature, il devient concentration. Il faut accompagner ce renversement en sachant embrasser, c'est-à-dire à la fois s'ouvrir et enclore.

Calendérique : ÊTRE ACCUEILLANT appartient à la série dite du calendrier qui rassemble douze hexagrammes associés à la variation du rapport entre ombre et lumière au cours de l'année. ÊTRE ACCUEILLANT est associé dans cette série à la période qui suit le solstice d'été (juillet-début août) quand, après la culmination du jour, la nuit reprend un mouvement de croissance.

IDÉOGRAMME

GOU : *Rencontre, rencontrer, trouver sur son chemin. Fortuit. Bon, vertueux.*

L'idéogramme, relativement rare en dehors du *Yi Jing*, est formé de la combinaison de deux éléments. À gauche, l'idéogramme *femme* placé en position de signe général. Que le nom de l'hexagramme 44 soit le seul à être caractérisé par ce signe est une particularité qui souligne l'importance du Yin dans cette figure. À droite, un caractère représentant un être humain se penchant pour nourrir ceux qui sont au-dessous de lui, figurés par le signe de la bouche. Dans le contexte du *Yi Jing*, ce terme, dont le sens d'origine est *souverain*, a un usage particulier. Différent du caractère *Roi*, plutôt utilisé par les Zhou, et de celui rendu par *souverain* en usage chez les Shang (voir 42/2), il apparaît pour désigner le personnage modèle de trois Grandes Images, celles de PROSPÉRITÉ, RETOUR et ÊTRE ACCUEILLANT.

Moins majestueux que les Anciens Rois, mais plus honorables que l'Être Accompli, ces *souverains* définissent l'attitude appropriée dans la situation même du couplage productif (11/GI) et à chacun des moments de retour (celui du Yang à 24/GI et ici celui du Yin).

La tonalité Yin caractéristique de ce titre se manifeste de différentes manières. Dans l'Antiquité il sera le titre posthume attribué au ministre de l'agriculture de l'empereur mythologique Shun, que les Zhou introniseront comme leur grand ancêtre parce qu'il a donné la prospérité au clan des Zhou en lui enseignant l'agriculture en général, et principalement la culture du millet : Hou Ji, traditionnellement appelé « Prince Millet », mais dont le titre exact est « Souverain *(hou)* millet *(ji)* ». De manière encore plus évidente, ce titre sera durant toute la période classique celui donné à la divinité de la Terre : *Hou Tu*, la Terre Souveraine (un caractère graphiquement proche et phonétiquement identique apparaît à la Grande Image de l'hexagramme 2 ÉLAN RÉCEPTIF, où il est rendu par *ouverte et cordiale*). Par la suite, ce titre deviendra l'appellation officielle de la femme de l'empereur. Finalement, l'impératrice venant après l'empereur, ce terme sera utilisé comme forme simplifiée d'un autre caractère signifiant *après, derrière, postérieur, ensuite.*

Associés, les deux idéogrammes formant le nom de cet hexagramme montrent la rencontre entre féminité et souveraineté, produisant l'idée d'une souveraineté féconde et accueillante comme celle de la terre et du Yin. Dans le contexte du *Yi Jing*, le sens de « venir à la rencontre » dérivera de l'image du souverain qui va à la rencontre de son peuple pour répondre à son appel et le nourrir. Car cette rencontre, si elle peut avoir un caractère fortuit (voir 43/3, *rencontrer*) est toujours favorable. Cela se manifeste particulièrement dans le texte de la Dixième Aile où, comme à l'hexagramme retourné (voir 43/DA), la situation est résumée par les mêmes caractères que ceux définissant l'ÉLAN CRÉATIF et l'ÉLAN RÉCEPTIF (voir 1/DA et 2/DA) : *souplesse* et *fermeté*, anciens nom de Yin et Yang. Évoquant toute la puissance du Yin, le nom de l'hexagramme 44 résume ainsi la disposition adéquate à toute rencontre : souveraine est l'attitude de qui sait accueillir.

TEXTE CANONIQUE

JUGEMENT

ÊTRE ACCUEILLANT	姤	GOU
La femme est en PUISSANCE	女壯	nu ZHUANG
Ne pas agir	勿用	wu yong
Prendre femme	取女	qu nu

Tout comme les nuits commencent à rallonger après le solstice d'été, quand le flamboiement du soleil de juillet masque encore le renversement à l'œuvre, ÊTRE ACCUEILLANT montre le RETOUR des forces Yin à un moment où leur essor n'est encore qu'à peine perceptible. Cette dynamique a un emblème : la *femme*. Qu'elle soit ici déterminée par la FORCE qui qualifie le Yang à l'hexagramme 34 n'est contradictoire qu'en apparence. D'abord parce que cette force est solidité – l'idéogramme *force* s'écrit avec le signe de la terre – ensuite parce qu'elle est potentialité : la femme est *en puissance*, la fécondité que porte le Yin est à venir.

La prépondérance du Yang est en revanche bien visible, manifestée par la masse des cinq traits fermes qui s'appuient sur le germe Yin naissant à la base de la figure. Ne pas tenir compte de ce germe, l'empêcher de se former, pourrait – comme le suggèrent des variantes de l'idéogramme *force* (voir 34/I) – entraîner des blessures. Le temps des initiatives est passé, la puissance se trouve désormais dans une attitude souple et accueillante. L'impulsion est maintenant à contre-courant et doit faire place à une force endurante et cachée qui laisse au temps le soin de la faire croître et prendre forme. Comme au Jugement de l'hexagramme 31, le conseil de *prendre femme* symbolise la capacité à intégrer des INCITATIONS multiples dans un processus à longue échéance. C'est la rencontre entre faculté d'activation et capacité de durer qui permet désormais à la créativité de s'enraciner.

Femme : personnage emblématique symbolisant une attitude Yin.
En PUISSANCE : le texte porte le second caractère du nom de l'hexagramme GRAND *FORCE* (voir 34/I). Il est donc question ici de force, non de la force du GRAND, la force du Yang décrite à l'hexagramme 34, mais de la force Yin, celle qui revient après la culmination du solstice d'été et qui va se développer jusqu'au solstice d'hiver. Lire cette première phrase comme l'ont fait des générations entières de commentateurs tant chinois qu'étrangers « la femme est puissante » est à courte vue et ouvre la porte à la conclusion douteuse qu'il faut se méfier de cette femme. Caché par nature, le Yin n'est encore que naissant, mais il a le temps pour lui, sa force est à venir : elle est en puissance.
Ne pas agir : formule mantique spécifique formée d'une négation et d'un verbe auxiliaire dont le sens, très général, est *faire, agir, réaliser, opérer*, etc. Cette injonction ne signifie pas qu'il ne faut rien faire, mais qu'une intervention active est soit prématurée (comme à 1/1), soit franchement à contre-courant (comme ici).
Prendre femme : expression classique qui, dans le contexte du *Yi Jing*, joue le rôle de formule mantique spécifique invitant à nourrir par la durée une incitation ponctuelle. Citée à trois reprises, toujours en rapport avec le conseil de *ne pas agir* ou d'être *tenace* (4/3 et 31/J), son sens général est : épouser le Yin, s'en tenir à une attitude Yin.

Ne pas agir Prendre femme : combinaison particulière de deux formules autonomes qui se répondent dialectiquement. La première *(ne pas agir)* déconseille une intervention de type Yang et la seconde *(prendre femme)* lui fait écho en conseillant d'adopter une attitude Yin d'attente et de nourissement interne. Ce conseil, dont on trouve ici l'emploi le plus caractéristique, se retrouve tel quel au troisième trait de JEUNE FOU (voir 4/3). Cependant, ces deux phrases ont longtemps été comprises comme n'en formant qu'une seule, « *ne pas agir* dans le fait de *prendre femme* », et souvent résumées par le conseil brutal « ne pas épouser la femme », lecture qui a donné lieu à diverses interprétations le plus souvent réductrices et malveillantes.

TEXTE DES TRAITS

Au début un six
Attaché par une cale de métal — 繫于金柅 xi yu jin ni
Présage d'ouverture — 貞吉 zhen ji
Il y a où aller — 有攸往 you you wang
Fermeture visible — 見凶 jian xiong
Porc maigre — 羸豕 lei shi
porté à trépigner — 孚蹢躅 fu zhi zhu

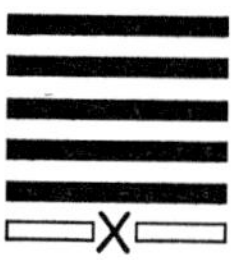

L'importance du seul trait Yin de la figure, situé à la base d'un bloc Yang, est manifestée par la longueur du texte qui lui est associé. À l'orée d'une situation qui marque elle-même l'entrée dans un processus à long terme, le freinage représenté par le retour de la polarité Yin est explicite. S'il est évoqué par une *cale*, mécanisme spécifique du char, c'est pour signaler l'arrêt de la relation fluide entre Yin et Yang généralement symbolisée par le char. Le texte précise que cette cale est en *métal*, ce qui souligne la force de ce freinage. Pourtant ce ralentissement ne doit pas désarçonner, ni être vécu comme un blocage définitif : pour peu qu'il soit replacé dans un processus global d'intériorisation, il peut ouvrir des perspectives fécondes.

Le trait est incorrect et en relation de correspondance avec le quatrième, incorrect également et placé au milieu d'un groupe de cinq Yang. Le rapport entre freinage interne et implication active au-dehors peut provoquer un affolement inopportun. Le *porc*, image de ce qui relie à l'invisible lors du culte aux ancêtres, représente aussi ce qui croît avec le temps. Qualifié de *maigre*, il symbolise le tout début d'un processus de maturation qu'une tendance à l'agitation inquiète ne peut que perturber. Entrer dans un jeu de tensions brusques reviendrait à transformer la *fermeture visible*, c'est-à-dire probable, en une *fermeture croissante*, c'est-à-dire effective, celle décrite à la quatrième ligne. On doit accepter le ralentissement et l'inclure dans un processus créatif à long terme, sous peine de le vivre dans une agitation inquiète entravant la confiance et l'échange.

Attaché : l'idéogramme, écrit avec le signe du tissage et un groupe complexe, évoque un lien matériel, approprié pour fixer ou pour unir.
Cale : écrit avec le signe général du bois et un caractère évoquant l'idée de retenue (voir 51/4, *vase*), l'idéogramme, qui n'apparaît qu'ici, désigne une sorte de frein qui immobilisait les roues des chars.
Métal : la forme primitive de l'idéogramme associe la représentation des pépites ou nodules avec celle des armes en général. Ce caractère, dont le sens premier était simplement *métal* et qui maintenant désigne l'or, servait dans l'Antiquité à fabriquer tous les objets importants et symboliques du pouvoir et du rituel.
Cale de métal : tout comme les chars qui, construits en bois, peuvent prendre un aspect métallique (voir 47/4, *doré*), les cales qui les immobilisent, aussi fabriquées en bois (comme l'indique l'idéogramme *cale*), peuvent être spécifiées comme étant métalliques. Qu'il soit fait ici mention d'une précision technique, une cheville de bois renforcée de plaques de métal, ou bien d'une précision symbolique rattachant l'idée de cale aux attributs associés à l'élément métal, l'Ouest, le Yin, l'Automne, ou encore d'une évocation du Yang, du Ciel, de l'ÉLAN CRÉATIF (hexagramme 1, dérivé de cette ligne) également rattaché au métal en tant que trigramme, tout concourt à évoquer la fermeté du freinage.
Ouverture : appréciation mantique signalant un moment heureux où un agencement fécond du flux vital multiplie les possibilités de développement.
Présage d'ouverture : formule mantique indiquant la tendance à un réagencement positif de la situation.
Il y a où aller : formule mantique spécifique en trois caractères dont le premier est la modulation *il y a* qui souligne le caractère effectif de ce qui est décrit ensuite, le second un caractère de liaison grammaticale et le troisième, le verbe *aller* qui joue dans le *Yi Jing* le rôle d'une injonction à se mettre en route, à aller de l'avant, à se diriger vers un but. Le sens global de cette formule est : garder son cap sans se laisser déboussoler par les difficultés propres à la situation, tenir son objectif quels que soient les turbulences, le flou, ou ce qui entrave la marche. Alors qu'elle est le plus souvent modulée par l'appréciation *profitable* (et parfois son contraire : *pas profitable*, voir ligne 2), elle est ici posée directement, ce qui souligne son côté impératif.

Fermeture : appréciation mantique signalant un moment de blocage, un mauvais agencement du flux vital qui restreint les possibilités de développement.
Visible : l'idéogramme signifie aussi bien voir, que *visible* et *être vu*. Il sert aussi dans la langue chinoise de suffixe verbal soulignant la réalisation par l'entendement de ce qui a été perçu par les sens (voir aussi REGARDER 20/I). Par rapport à l'aspect caché du Yin, la visibilité est de l'ordre du Yang. Le blocage n'est pas posé ici comme prospectif, en vue, mais comme visible, c'est-à-dire perceptible.
Fermeture visible : une phrase construite à l'identique se trouve à la ligne 4, où la *fermeture* n'est pas jugée *visible*, mais *croissante*.
Porc : image de la force Yin et de l'épaississement fécond (voir 33/), le porc est aussi relié au culte ancestral (voir 37/I, CLAN). Il prend toute son importance dans le nom de l'hexagramme 33 FAIRE RETRAITE qui suit ÊTRE ACCUEILLANT dans l'ordre calendérique. Il fait ici écho à l'animal emblématique de l'hexagramme 34 GRAND FORCE, le bélier, évoqué par ses *cornes hautes* à la dernière ligne de ÊTRE ACCUEILLANT.
Maigre : rare et fort complexe (19 traits), l'idéogramme, dans lequel on retrouve le caractère bélier et l'idée d'enclos pour l'élevage, signifie à la fois *maigre* et *lié* (voir 34/3 et 34/4). Il a aussi le sens d'*accrocher*, de *renverser* quelque chose en passant, de le faire *se briser* (voir 48/J).
Porté à : l'idéogramme est celui de l'appréciation mantique *onde porteuse*. Évoquant une circonstance où l'on se sent porté, il est la marque d'un fort courant traversant la situation. Cependant, il est ici inséré dans une construction particulière, en relation d'attribut du groupe verbal formé par les deux caractères qui le suivent. Cette construction se retrouve deux autres fois : 43/J et 58/2.
Trépigner : le texte porte deux idéogrammes rares, composés l'un et l'autre avec le signe général du pied et qui n'apparaissent qu'ici. Ils signifient *s'arrêter, piétiner* pour le premier, et *s'agiter, bondir*, pour le second. Ensemble, ils désignent et un mouvement de blocage et l'énervement qui en résulte.

Hexagramme dérivé : hexagramme 1. ÉLAN CRÉATIF est un moment de plein déploiement de l'action. Sa limitation, favorisant une concentration dans l'interne, en renforce le potentiel car elle participe de sa régulation. Cet hexagramme est également le nucléaire de cette figure.

Neuf en 2

Dans l'enceinte il y a des poissons — 包有魚 bao you yu
Absence de faute — 无咎 wu jiu
Pas profitable d'accepter l'hospitalité — 不利賓 bu li bin

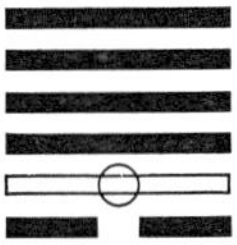

Premier Yang de l'hexagramme, incorrect à ce niveau de Préfet, ce trait est le premier où il est question d'une *enceinte*, c'est-à-dire d'un enveloppement. Que le *poisson* soit l'image d'une nourriture ou le symbole d'une fécondité abondante, il est à l'intérieur d'une matrice close qui le protège en empêchant le contact avec l'extérieur.

Comme à la ligne précédente avec laquelle celle-ci est en relation privilégiée de voisinage, on doit éviter de s'engager de façon intempestive. Le repli sur soi est ici tout à fait adéquat : en s'abstenant de commercer, que ce soit pour donner ou pour recevoir, on évite de dépenser ses réserves et on favorise une croissance dont le fruit devient visible au niveau de la ligne souveraine.

Enceinte : l'idéogramme, toujours très utilisé, représente l'idée d'un enclos, d'une matrice susceptible de contenir et d'enrichir. Il recouvre un grand nombre de sens, articulés autour des idées d'enveloppement et de développement, tels que *contenir, envelopper, supporter, prendre en charge*, etc. Combiné avec le signe général de la chair, commun aux différentes parties du corps, il signifie *utérus* ; combiné avec celui de la main, il veut dire *embrasser, tenir dans ses bras. Enceinte* est un compromis qui permet d'évoquer ce faisceau de sens, particulièrement important dans cette figure où cet idéogramme est cité à trois reprises (lignes 2, 4 et 5, *enveloppé*). Il est cependant clair qu'ici – comme à la ligne 4 – l'enceinte est un vivier. La pisciculture est une vieille tradition en Chine.
Il y a : verbe auxiliaire jouant dans le contexte du *Yi Jing* le rôle de modulation mantique renforçant le caractère effectif de ce qui est décrit.
Poissons : représentant le dessin d'un poisson, l'idéogramme est un symbole assez important en Chine. Animal aquatique, le poisson est, par ses innombrables œufs, une allégorie notoire de la multiplicité et de la fécondité Yin. Connotation renforcée par le fait qu'en chinois, le caractère poisson ne se distingue pas à l'oreille d'un autre idéogramme signifiant *abondance, surplus, reste*. Dans le *Yi Jing*, les deux autres hexagrammes où il apparaît sont eux aussi fortement concernés par le Yin. Le poisson y symbolise la nourriture qui permet de tenir pendant les périodes hivernales (voir 23/5) ou l'assurance d'une descendance (voir 61/J).
Dans l'enceinte il y a des poissons : la même image est citée à la ligne 4, mais en négatif.
Absence de faute : formule mantique spécifique incitant à ne pas rester dans un état d'esprit incertain ou hésitant. Elle est citée 3 fois dans cette figure : lignes 2 et 6, et ligne 3 sous une forme particulière.
Profitable : appréciation mantique indiquant qu'on tire profit à se

conduire de la manière indiquée par le contexte. Ici, précédée d'une négation, elle déconseille d'adopter l'attitude décrite par le verbe suivant.
Accepter l'hospitalité : le texte porte un seul idéogramme qui, comme le mot « hôte » en français, a une double signification. En tant que nom, il signifie *celui qui reçoit l'hospitalité*, et en tant que verbe *accueillir un visiteur*. Contrairement à l'autre fois où il est cité (20/4), l'échange qu'il suppose n'est pas ici profitable.

Hexagramme dérivé : hexagramme 33. FAIRE RETRAITE est une stratégie de recul maîtrisé qui permet à long terme de se renforcer.

Neuf en 3

Fesses sans peau	臀无膚	tun wu fu
L'agir fait étape un moment	其行次且	qi xing ci qie
Danger	厲	li
Absence de grande faute	无大咎	wu da jiu

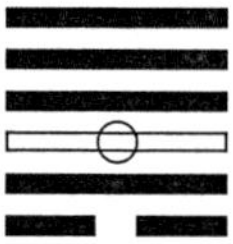

Yang à une place Yang, entraînée par le bloc des cinq traits Yang auquel elle appartient, cette ligne de passage n'est pas de celles où l'on accepte facilement de modérer sa vivacité. Mais un activisme excessif finit par trouver de lui-même sa limite. Lorsqu'il n'y a plus rien pour protéger ou voiler, les choses apparaissent nues et crues : on est alors amené à calmer ses ardeurs et à ralentir naturellement son activité.

Tenter de réagir à ce freinage contraint en essayant de forcer les choses, ce serait s'exposer au danger d'une confrontation agressive, comme celle décrite à la sixième ligne. Cependant la situation affaiblie dans laquelle on se trouve interdit d'en faire trop, ce qui permet d'éviter ces inconvénients.

Fesses : l'idéogramme ne manque pas d'humour. Il est composé avec le signe général de la chair, commun à toutes les parties du corps et un caractère signifiant *grande salle* d'un temple ou d'un palais (les trois plus prestigieux bâtiments de la Cité interdite, dont la salle du trône, sont nommés avec ce caractère), *base, fondement*, et aussi *fermer la marche, arrière-garde*, ce qui est bien la situation des fesses dans le corps humain. Une pudeur toute missionnaire a longtemps utilisé divers euphémismes pour traduire ce caractère dont la présence dans un texte classique n'avait jamais offusqué les Chinois. Ici comme les deux autres fois où les *fesses* sont citées (voir 43/4 et 47/1), elles sont l'image d'une atteinte qui restreint la faculté d'aller de l'avant.
Peau : l'idéogramme a pour sens propre *peau* et pour sens figuré *superficiel*.

Fesses sans peau : cette phrase, qui se retrouve à l'identique et au niveau correspondant dans l'hexagramme retourné (voir 43/4), peut être comprise à de différentes façons. La plus simple est de la lire au niveau physique comme la description de quelqu'un dont l'entrecuisse est à vif et qui de ce fait, ne peut marcher *(agir)* sans souffrir. Cependant, on peut aussi y voir l'indication qu'au-delà du superficiel, un moment de vérité est atteint dans la difficulté à communiquer (voire dans ÉPUISEMENT de cette communication, comme à 47/J).
Agir : l'idéogramme combine indistinctement les sens de *marche* et de *fonctionnement productif.* Dans le *Yi Jing*, ce caractère, qui n'est cité qu'ici dans cette figure, est l'emblème de l'action du Ciel.
Fait étape : l'idéogramme possède de nombreux sens, parmi lesquels *s'arrêter, faire halte, étape, auberge, lieu, campement.*
Un moment : représentant à l'origine un présentoir d'offrandes aux ancêtres, l'idéogramme évoque une station dans un déroulement. Il signifie *pour le moment, un instant, en attendant, de plus, et, cependant*, etc.
L'agir fait étape un moment : cette phrase est reprise à l'identique à 43/4, également associée à la phrase précédente.
Danger : appréciation mantique signalant les risques inhérents à la situation. Son emploi le plus caractéristique est à SE MONTRER RÉSOLU (voir 43/J).
Absence de grande faute : variante de la formule mantique *absence de faute* incitant à ne pas rester dans un état d'esprit incertain ou hésitant, citée deux autres fois dans cette figure : ligne 2 et 6. Ici, comme à 18/3, le conseil de ne pas rester dans l'expectative est renforcé par l'adjectif *grand.* Bien que ce terme semble employé ici dans son sens simple d'attribut, il peut être aussi un emblème du Yang, ce qui ouvre un autre niveau de lecture : absence de faute due à une attitude Yang.

Hexagramme dérivé : hexagramme 6. PLAIDER SA CAUSE est un moment de controverse où il importe de ne pas pousser les choses à bout afin de trouver des possibilités d'entente.

Neuf en 4
Dans l'enceinte il n'y a pas de poissons　包无魚 bao wu yu
Fermeture croissante　起凶 qi xiong

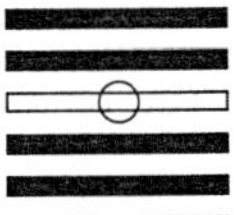
À cette ligne est décrite une attitude d'incompréhension devant la transformation qui s'opère au moment d'ÊTRE ACCUEILLANT. L'image de l'*enceinte* pleine de *poissons*, déjà utilisée à la seconde ligne, est reprise mais négativement : le vivier est vide. Alors que l'attitude décrite à la place de Préfet est toute de prudence, la nature de ce trait, Yang à une place Yin, et sa position au milieu d'un groupe de cinq Yang suggèrent une

fermeté exagérée qui pousse à reprendre l'agitation un temps retenue à la ligne précédente.

Même la relation de correspondance avec la première ligne, seul trait Yin de l'hexagramme, joue de manière négative, les deux traits étant incorrects. Le commerce Yin-Yang ne s'effectue pas normalement : à la première ligne, le char est bloqué, ici il n'y a pas de nourriture disponible. Une attitude intransigeante ne fait qu'accroître l'incapacité à entrer en relation et ferme la porte aux possibilités de fécondité contenues dans la situation.

Enceinte : l'idéogramme représente l'idée d'un enclos, d'une matrice susceptible de contenir et d'enrichir. Voir ligne 2.
Il n'y a pas : le texte ne porte pas le verbe *il y a*, mais simplement une négation. Une lecture mot à mot serait : enceinte sans poissons.
Poissons : le poisson, symbole important en Chine, est une allégorie notoire de la multiplicité et de la fécondité Yin. Voir ligne 2.
Dans l'enceinte il n'y a pas de poissons : la même image est citée à la ligne 2, mais sous une forme positive.
Fermeture : appréciation mantique signalant un moment de blocage, un mauvais agencement du flux vital qui restreint les possibilités de développement.
Croissante : toujours très courant mais n'apparaissant qu'ici, l'idéogramme signifie *se lever, surgir, susciter, entreprendre.*
Fermeture croissante : une phrase construite à l'identique se trouve à la ligne 1, où la *fermeture* n'est pas jugée *croissante*, mais *visible*. Cette répétition empêche de lire cette appréciation mantique : *entreprendre* (suscite la) *fermeture.*

Hexagramme dérivé : hexagramme 57. SE MODELER est un moment de contrainte où formes et opinions sont infléchies par les circonstances.

Neuf en 5

Melons enveloppés dans une enceinte en osier de saule	以杞包瓜 yi qi bao gua
Distinction contenue	含章 han zhang
Il y a quelque chose qui tombe d'en haut du ciel	有隕自天 you yun zi tian

Loin des agitations et incertitudes précédentes, la rencontre s'effectue ici sous le signe de la fécondité et de la retenue. La description conjointe de l'action du Ciel et des fruits de la Terre indique quelle est la manière souveraine d'ÊTRE ACCUEILLANT. Le *melon* rappelle les autres symboles Yin mentionnés dans les lignes précédentes : le *porc* dont il a la rondeur accomplie, les *poissons* dont le frai rappelle ses graines abondantes. Après ces différentes promesses de gestation, le fruit est là, mûr mais encore caché, réservé, soigneusement *enveloppé* dans une *enceinte* en osier. Le *saule*, dont les branches poussent vers le bas, évoque ce qui se courbe vers la Terre comme pour aller à la rencontre de ce qui croît dans l'invisible tout au long de l'hexagramme : il est l'image même de qui sait se plier pour recevoir.

Cette manière accueillante et noble résonne harmonieusement avec la mention d'une *distinction contenue*. Que cette réserve, caractéristique de la disponibilité Yin décrite à la ligne de passage d'ÉLAN RÉCEPTIF, soit nommée ici à la place souveraine et au milieu d'un groupe de traits Yang, est une indication de l'attitude juste par laquelle chaque polarité s'ouvre à l'influence de l'autre. La capacité à servir sans se mettre en avant est une invite adressée au Yang d'avoir à œuvrer de manière complémentaire : le Ciel ne s'enferme pas dans une attitude hautaine, mais donne un horizon à son action en s'ouvrant à la Terre. C'est l'image même de la rencontre féconde, en écho à la retenue qui s'exerce opportunément à la place de Préfet – il n'y a d'ailleurs qu'au niveau des deux lignes centrales de l'hexagramme que l'on est à même de considérer le contact, et le ralentissement qu'il provoque, comme une possibilité de fécondation et de croissance. Bien que le texte ne comporte pas d'appréciation mantique particulière, l'aspect favorable du moment apparaît dans le contraste avec la *fermeture* indiquée à la ligne précédente et la *gêne* citée à la ligne suivante. Une attitude précautionneuse et attentive, prête à recevoir tout élément inconnu, est la manière juste de se tourner vers ce qui peut survenir.

Melon : l'idéogramme, qui n'apparaît qu'ici, est le nom général de tous les membres de la famille des cucurbitacées *melons, pastèques, citrouilles, concombres, courges*, etc.
Enveloppé : l'idéogramme est celui rendu aux lignes 2 et 4 par *enceinte*. Il est employé ici dans son sens le plus courant *envelopper, emballer*. On transporte toujours en Chine les produits qu'on va vendre au marché, y compris les cochons, dans des paniers en osier.
Osier de saule : écrit avec le signe général des arbres et le sixième des signes cycliques associé à la terre et au début des temps Yin, l'idéogramme, qui n'apparaît qu'ici, désigne spécifiquement le saule pourpre, mais il était dans l'Antiquité le nom général de tous les saules à osier. Les arbres sont rares dans le *Yi Jing* et donc d'autant plus symboliques. Parmi ceux-ci, le saule, seul arbre dont les branches poussent vers le bas, est le plus Yin, comme le peuplier qui se dresse vers le Ciel est le plus Yang (voir 28/2 ou 28/5).

Distinction : formé d'un groupe complexe, l'idéogramme, toujours très usuel, désigne ce qui distingue les parties d'un tout ordonné : *chapitre* d'un livre, *strophe* d'un poème, *mesure* d'un morceau de musique. Comme *insigne* en français, il peut désigner en même temps une qualité personnelle et le fait d'en être honoré.

Contenue : formé avec le signe de la bouche et un caractère signifiant une présence actuelle et invisible (il entre dans la composition du mot « Yin »), l'idéogramme signifie *tenir en bouche, contenir, renfermer, dissimuler, retenir, refouler.*

Distinction contenue : formule rare, qui évoque une contention fertile. Elle n'est citée qu'une autre fois dans le Texte Canonique, au troisième trait d'ÉLAN RÉCEPTIF, pour décrire la réserve caractéristique du Yin (voir 2/3).

Il y a quelque chose : le texte porte simplement le verbe auxiliaire *il y a*, qui dans le *Yi Jing* souligne la réalité effective de ce qui est décrit (voir lignes 1, 2 et 4). La langue chinoise peut attribuer comme complément à ce verbe un autre verbe *(tomber)*, le français, non. *Quelque chose* a été ajouté pour souligner cette matérialisation effective.

Tombe d'en haut : formé d'un groupe complexe où se retrouve le caractère *fonctionnaire*, l'idéogramme, qui n'apparaît qu'ici, décrit un mouvement spécifiquement dirigé du haut vers le bas.

Du (de, depuis) : l'idéogramme marque le lieu d'*origine* ou de *passage* d'un mouvement, mais il signifie aussi *soi-même, de soi-même, spontanément, naturellement.* Comme ce terme est associé ici à la description d'un mouvement venant du Ciel lui-même, il vraisemblable que le texte joue sur les deux registres (voir aussi 14/6, *de lui-même*).

Ciel : la notion de Ciel recouvre toute l'histoire chinoise. À l'époque des Shang, il est l'une des multiples divinités animistes. Les Zhou en feront l'image impersonnelle de la régulation cosmique, la puissance suprême qui confie et retire les mandats de commandement sur terre. Il deviendra ensuite le symbole même du grand Yang et l'attribut principal du trigramme qui en condensera les caractéristiques.

Hexagramme dérivé : hexagramme 50. CHAUDRON est un moment de refondation et de renouvellement par circulation des énergies entre le haut et le bas. On y établit son pouvoir en resserrant et densifiant ses forces.

En haut un neuf

ÊTRE ACCUEILLANT les cornes hautes — 姤其角 Gou qi jiao
Gêne — 吝 lin
Absence de faute — 无咎 wu jiu

Alors que ÊTRE ACCUEILLANT est entièrement axé sur l'idée d'intégration sereine d'un élément Yin appelé à croître dans l'imperceptible, l'apparition du nom de l'hexagramme à ce niveau de sortie dénote le passage à une visibilité qui est de l'ordre du Yang. La retombée est nette, annoncée par le *danger* signalé à la troisième ligne. Tandis que le déroulement des cinq premiers traits décrit une croissance intérieure du *frein* jusqu'au *fruit*, on se dresse ici agressivement vers l'autre, à la manière des *dragons* se combattant à la dernière ligne d'ÉLAN RÉCEPTIF (voir 2/6).

La position de ce trait, incorrect et situé au plus loin de la seule ligne Yin de la figure, rend une relation fluide particulièrement difficile : c'est ici que la suprématie du Yang est la plus entière car elle est confortée par tous les traits Yang qui précèdent. Se conduire comme le jeune bélier qui, à l'hexagramme 34 GRAND FORCE, fonce tête baissée contre ce qui lui fait face est une attitude blessante qui provoque la *gêne*, c'est-à-dire le rétrécissement des potentialités d'accueil. *Absence de faute* est une incitation à ne pas en rester à une conduite aussi négative.

Cornes : représentant le dessin d'une corne, l'idéogramme a aussi pour sens figuré *angle, coin, direction*. C'est aussi le nom de la troisième note de l'ancienne gamme pentatonique, associée à l'Est et au Printemps, et de nos jours, le nom du dixième de *yuan*, l'actuelle monnaie chinoise.
ÊTRE ACCUEILLANT les cornes hautes : une phrase de construction identique (nom de l'hexagramme + déterminatif + *cornes*) apparaît au même niveau dans l'hexagramme AVANCER AU GRAND JOUR (voir 35/6). Emblème de la vivacité du Yang, les cornes, quand elles sont citées en haut d'un hexagramme, montrent une poussée devenant agressive et inopportune. *Hautes* a été ajouté pour accentuer le côté belliqueux de l'attitude décrite ici.
Gêne : appréciation mantique indiquant un manque de fluidité qui rétrécit les possibilités d'action.
Absence de faute : formule mantique spécifique incitant à ne pas rester dans un état d'esprit incertain ou hésitant. Elle est citée trois fois dans cette figure : lignes 2 et 6, et ligne 3 sous une forme particulière.

Hexagramme dérivé : hexagramme 28. GRAND EXCÈS est un moment de démesure dont la traversée exige à la fois un surcroît de force intérieure et une capacité à la prolonger au-dehors.

ÉLÉMENTS D'ANALYSE

Nucléaire

Hexagramme 1 : ÉLAN CRÉATIF. Au cœur de ÊTRE ACCUEILLANT, il y a ÉLAN CRÉATIF. Au cœur de la capacité à accueillir, il y a un souffle puissant de transformation fait de vigueur, de détermination et de capacité à imaginer le nouveau. Dans ÊTRE ACCUEILLANT, le freinage de ce souffle lui permet de reconnaître les limites de l'activisme et ainsi de nourrir le potentiel créatif de la situation. Par cette régulation cyclique de sa force, ÉLAN CRÉATIF apprend à reconnaître qu'elle n'est pas infinie, et à envisager son prolongement au-delà de lui-même.
ÊTRE ACCUEILLANT est lui-même nucléaire d'une famille de quatre hexagrammes (31, 49, 13 et 33) dans lesquels il prend le sens général d'une capacité à rencontrer l'autre, l'étranger, l'inconnu.

Opposé

Hexagramme 24 : RETOUR. La relation d'opposition entre ÊTRE ACCUEILLANT et RETOUR apparaît par leur position dans le cycle du calendrier : ce sont les deux situations suivant les culminations Yin et Yang. RETOUR se situe juste après le solstice d'hiver, il indique le moment du retour du Yang. ÊTRE ACCUEILLANT se situe juste après le solstice d'été, il indique le moment du retour au Yin. Dans RETOUR, renaissance d'un Yang encore frêle, l'affirmation doit se faire progressivement pour se consolider. Dans ÊTRE ACCUEILLANT, fin de la suprématie du Yang, ce qui s'est affirmé doit se diffuser vers autrui. Les Grandes Images le précisent : au moment du RETOUR, le souverain ne visite pas les régions, au moment d'ÊTRE ACCUEILLANT, le souverain informe les quatre régions.

45 RÉUNION

CUI

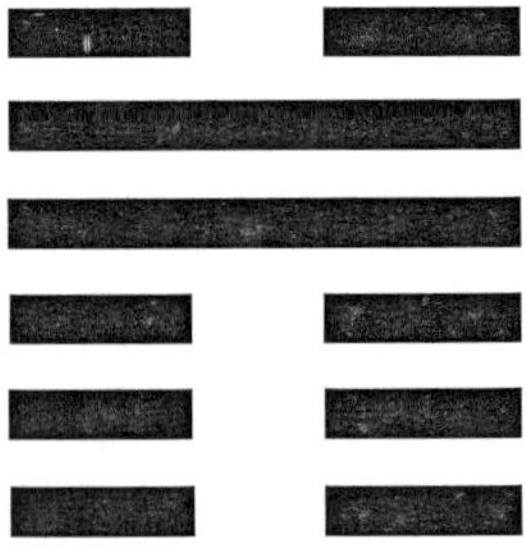

En haut BRUME ☱
En bas TERRE ☷

RÉUNION	萃	CUI
Favorisant	亨	heng
Le Roi en se reliant réalise le temple des ancêtres	王假有廟	wang jia you miao
Profitable d'aller voir quelqu'un d'envergure	利見大人	li jian da ren
Favorisant	亨	heng
Ténacité profitable	利貞	li zhen
Sacrifier du gros bétail ouverture	用大牲吉	yong da sheng ji
Profitable d'avoir où aller	利有攸往	li you you wang

Au début un six

Il y a onde porteuse sans aboutissement	有孚不終	you fu bu zhong
Est-ce désordre est-ce RÉUNION	乃亂乃萃	nai luan nai CUI
Il y a appel	若號	ruo hao
une poignée de gens y voient une plaisanterie	一握爲笑	yi wo wei xiao
Pas de craintes à avoir	勿恤	wu xu
Aller absence de faute	往无咎	wang wu jiu

Six en 2

Se laisser attirer ouverture	引吉	yin ji
Absence de faute	无咎	wu jiu
Onde porteuse	孚	fu
Profitable alors de réaliser le sacrifice Yué	乃利用禴	nai li yong yue

Six en 3

Comme se RÉUNISSANT	萃如	CUI ru
comme poussant des gémissements	嗟如	jie ru
Aucun lieu n'est profitable	无有利	wu you li
Aller Absence de faute	往无咎	wang wu jiu
Petit Gêne	小吝	xiao lin

Neuf en 4

Ouverture en grand	大吉	da ji
Absence de faute	无咎	wu jiu

Neuf en 5

RÉUNION en ordre	萃有位	CUI you wei
Absence de faute	无咎	wu jiu
Aucune onde porteuse	匪孚	fei fu
Présage fondamentalement durable	元永貞	yuan yong zhen
Tout regret disparaît	悔亡	hui wang

En haut un six		
Soupirer bruyamment	齎咨	ji zi
continuellement pleurer le nez bouché	涕洟	ti yi
Absence de faute	无咎	wu jiu

Grande Image		
Brume montant sur la terre	澤上於地	ze shang yu di
RÉUNION	萃	CUI
L'Être Accompli ainsi	君子以	jun zi yi
en prenant soin de ses armes	除戎器	chu rong qi
se met en garde contre l'imprévu	戒不虞	jie bu yu

Dixième Aile		
RÉUNION réunir et	萃聚而	CUI ju er
CROISSANCE ne pas parvenir	升不來也	SHENG bu lai ye
à l'extérieur		

RÉUNION est le rassemblement de forces éparses autour de l'idée, du projet ou du rituel qui motive leur association. Quand un grand nombre d'éléments individuels se réunissent, que ce soit pour une assemblée, un meeting ou une cérémonie, il se produit une densification qui génère beaucoup d'émotion, un effet de foule qui peut parfois basculer de manière irrationnelle. Car il ne suffit pas de réunir des forces, encore faut-il pouvoir les tenir : c'est là que le lien entre des énergies convergentes est appelé à se manifester.

Dans les sociétés où civil et religieux sont confondus, ce rôle est dévolu au souverain. Personnage central du rituel ancestral, le Roi a pour fonction de faire apparaître aux yeux de tous ce qui fonde le groupe. Mettre en scène ce qui relie entre eux les membres du clan est une manière de rappeler à chaque individu pris isolément ce qui le dépasse, et ainsi de recentrer l'activité du groupe autour de ce qui la fonde. Il ne s'agit pas seulement de rétablir le contact avec cette référence commune : la source elle-même doit en être ravivée et nourrie. L'offrande traditionnelle se manifeste par l'abattage rituel de grands animaux qui, rendant la mort présente, rappelle ce qui met un terme aux aventures individuelles. Le sacrifice constitue alors à la fois une participation collective au sacré et une manière d'exorciser le danger qu'il représente.

RÉUNION, composé d'une majorité de traits Yin, se caractérise par les deux traits Yang situés aux quatrième et cinquième niveaux. Ces deux places, celles de Ministre et de Souverain, représentent les instances supérieures auprès desquelles affluent et se regroupent toutes les énergies, selon une structure proche de celle de l'hexagramme 8

ALLIANCE, autre situation d'organisation collective mais qui correspond plutôt au moment où elle s'établit. La mention du nom de l'hexagramme aux trois niveaux impairs – où le ralliement des énergies est successivement incertain, puis difficile, enfin ordonné – accentue l'idée d'aller de l'avant pour participer au rassemblement ou amener à y participer. Aux trois premiers traits, tous Yin, on est appelé à dépasser hésitations et réticences pour rejoindre le groupe. Cette nécessité de se rendre disponible au rassemblement en cours est accentuée par l'*ouverture* qui qualifie les deux places de service, Préfet et Ministre. Cependant, la répétition à toutes les lignes de la formule *absence de faute* sous-entend que les efforts effectués à chaque stade, par nature insuffisants dans ce contexte, ne sont pas en cause dans les difficultés du rassemblement. Enfin, comme le montrent les *rires* (ligne 1), les *gémissements* (ligne 3) et les *larmes* (ligne 6), se rassembler provoque beaucoup d'émotivité.

C'est cette émotivité qu'il faut maîtriser afin que le groupe puisse exister de manière organisée. La munificence des sacrifices y contribue, mais des formes sincères et simples de rituel permettent aussi de se relier. Dans un contexte moderne, déterminer les équivalents de ces points de focalisation, et les manifester avec force, permet de raviver les liens entre les membres d'un groupe ou d'une communauté et ainsi d'en sauvegarder les objectifs.

IDÉOGRAMME

CUI : *Dense, touffu, épais. Se réunir, se rassembler. Foule, multitude.*

L'idéogramme, rare en dehors du *Yi Jing*, est formé de deux parties superposées. En haut le signe général des plantes, employé ici pour son sens figuré de multitude évoqué par les herbes innombrables dans la plaine, une image familière à la culture chinoise. Mao Zedong l'emploiera dans une formule célèbre pour montrer qu'un événement révolutionnaire isolé peut aboutir à un embrasement généralisé « une étincelle peut mettre le feu à la plaine ». En bas, un des deux caractères classiques signifiant *soldat*. Il ne s'agit pas de celui écrit avec le dessin d'une main tenant une hache, l'homme d'armes qui, dans le contexte du *Yi Jing*, peut être assimilé au pillard ou au *brigand*, mais du militaire régulier qu'est le soldat chinois. Celui-là n'est pas caractérisé par l'arme qu'il brandit, mais par l'uniforme qu'il porte : l'idéogramme ressemblait à l'origine au caractère représentant une robe à pans nouée par-devant, comme celle qu'on voit aux soldats de l'armée de terre cuite gardant la tombe du premier empereur à Xi An. Cette différenciation se retrouve dans le jeu d'échecs chinois – projection du problème militaire majeur des Chinois : la lutte contre les barbares nomades – dans lequel les pions d'un camp sont désignés « soldats » et ceux de l'autre « hommes d'armes » (les pièces du jeu d'échecs chinois ont toutes la même forme, celle des pions du jeu de dame. Elles sont différenciées uniquement par l'idéogramme qui est écrit sur leur face supérieure).

L'association des signes *herbe* et *soldat* forme un idéogramme qui combine l'idée de multitude à celle d'alarme. Car, même réguliers, les soldats n'ont jamais été bien vus dans la société chinoise. Comme le montre aussi l'hexagramme 7 Armée, constitué de cinq lignes Yin, l'armée, défensive par essence, doit être à la fois présente et invisible. Quand on commence à apercevoir des soldats dans les rues et qu'ils deviennent aussi nombreux que les herbes, ce n'est généralement pas de bon augure, mais plutôt signe que la situation devient inhabituelle et, partant, imprévisible. Une grande Réunion de forces est un atout, mais son défaut est qu'elle peut basculer à partir d'un certain niveau. On retrouve dans l'hexagramme cette connotation de danger potentiel qui peut être exprimée en termes modernes par l'idée de masse critique.

TEXTE CANONIQUE

Jugement

Réunion	萃	Cui
Favorisant	亨	heng
Le Roi en se reliant réalise le temple des ancêtres	王假有廟	wang jia you miao
Profitable d'aller voir quelqu'un d'envergure	利見大人	li jian da ren
Favorisant	亨	heng
Ténacité profitable	利貞	li zhen
Sacrifier du gros bétail ouverture	用大牲吉	yong da sheng ji
Profitable d'avoir où aller	利有攸往	li you you wang

La capacité de transformer des éléments divers en un organisme cohérent est à même de créer un climat d'essor profondément *favorisant*. Cependant, pour qu'une communauté existe, il faut une figure centrale, capable de personnaliser l'adhésion au projet qui la fonde. En Chine ancienne, c'est le Roi qui tient ce rôle : garant de l'évocation rituelle des esprits tutélaires, ravivant par sa seule présence les racines de ce qui constitue le groupe, il personnifie le lien avec les ancêtres ; renouant le lien avec l'invisible et le manifestant aux yeux de tous, il rappelle aux êtres ce qui les réunit en un ensemble qui fonctionne et leur survit. Cette scène est mentionnée à l'identique à l'hexagramme 59 DÉNOUER, situation où, quand toutes les structures se dissolvent, le Roi apparaît comme la référence par laquelle le lien primordial est sauvegardé et recréé. Lorsqu'il s'agit d'assumer une telle fonction, le concours d'un être de parole est utile pour prendre de la hauteur et discerner les tenants et aboutissants du rassemblement.

Par le rite, ce qui s'enracine dans l'invisible et le spirituel se matérialise de façon visible aux yeux de tous. Il fait aussi appel à ce qu'il y a de plus intérieur aux individus, et l'émotion qu'il éveille doit être suffisamment forte pour que le lien recréé de chacun à la source rassemble aussi les individus entre eux. À la différence des cérémonies grandioses évoquées de manière ironique à la ligne souveraine de l'hexagramme 63 DÉJÀ TRAVERSÉE, l'utilisation de *gros bétail* insiste moins ici sur une conduite outrancière que sur la nécessité d'une mise en jeu importante. Lorsqu'un projet faiblit ou devient flou, l'expression forte de son bien-fondé contribue à rendre à nouveau évidents l'orientation personnelle et les objectifs collectifs.

RÉUNION est le seul hexagramme où l'appréciation *favorisant* est répétée deux fois dans le Jugement. Cette singularité est renforcée par le fait que les deux paragraphes qui viennent à la suite de cette appréciation sont quasiment construits à l'identique. L'un et l'autre se terminent par deux phrases de quatre caractères chacune : la première, descriptive et évoquant un rituel, la seconde stratégique et conseillant une distanciation. Des commentateurs voient dans cette répétition la trace « en creux » du travail de polissage appliqué au Texte canonique au cours des siècles. Comme si deux versions différentes avaient été proposées ici et qu'ensuite, soit la synthèse n'ait pas été faite, soit la version rejetée n'ait pas été supprimée. Cette hypothèse audacieuse est pour le moment d'autant plus invérifiable que cette sorte de redoublement n'intervient en aucun autre endroit de manière aussi marquée. Le seul où il pourrait être perceptible est le Jugement de l'hexagramme VOYAGEUR (voir 56/J, *VOYAGER*). Ici, l'interrogation demeure : la longueur inhabituelle du texte peut aussi être mise en rapport avec la multiplicité évoquée par l'idéogramme et la structure additive avec le rassemblement décrit par l'hexagramme.

Favorisant : appréciation mantique décrivant un climat d'essor, un agencement fertile, un dispositif énergétique global dans lequel l'échange entre le Ciel et la Terre se noue de manière féconde.

Roi : personnage symbolique, le Roi est le pivot de l'organisation sociale. La forme classique de l'idéogramme est composée de trois traits horizontaux représentant les trois instances à l'œuvre dans l'univers : la Terre, l'Être humain et le Ciel, reliés par un axe vertical. Plus que la majesté, c'est la fonction royale qui est ainsi représentée. Le Roi est le moyeu vide qui rassemble le peuple en le *reliant* à ses racines. Dans le contexte du *Yi Jing*, il peut aussi être une allusion directe au Roi Wen. Cependant ici, son sens symbolique caractérisé par le verbe *se reliant* est essentiel.
Se reliant : l'idéogramme est complexe et son sens ambigu. Sa signification actuelle est double, à la fois *faux, feint, simulé, emprunté* et *congé, vacances*, ce dernier sens dérivant peut-être du grand deuil de trois ans suivi à la mort des parents et qui obligeait pendant trois ans à laisser en *vacance* sa profession. Cependant, il peut aussi être employé à la place de deux autres caractères dont le premier a pour sens *arriver, pénétrer, faire venir, invoquer un esprit* et le second *atteindre, pénétrer*. Dans le *Yi Jing*, où il est utilisé de manière caractéristique – toujours dans un contexte rituel, à des endroits importants (voir 37/5, 55/J et 59/J) et avec le Roi comme sujet – ce verbe évoque vraisemblablement une cérémonie rituelle ayant pour but de faire venir un esprit afin de *se relier* à lui.
Réalise : le texte porte simplement le verbe *il y a*, modulation qui insiste sur la réalité effective de ce qui est décrit.
Temple des ancêtres : composé du signe général des bâtiment à auvent et du caractère audience du matin (voir 6/6), l'idéogramme décrit l'aspect social du culte ancestral, pratiqué dans les bâtiments latéraux, ouverts sur la cour d'honneur où avaient lieu les grandes audiences matinales. En 1957, la loi sur la simplification de l'écriture a réinterprété ce caractère dans un sens à la fois moins féodal et plus abstrait. Le signe *audience du matin* a été remplacé par un caractère représentant une pousse qui sort d'un champ (voir 27/6 *issue*) et qui signifie : *origine*. Cette image permet de transposer l'idée chinoise ancienne contenue dans ce mot et de se représenter ce *temple des ancêtres* comme le symbole de ce qui constitue notre base, de tout ce qui nous enracine, vis-à-vis de nous-mêmes et des autres.
Le roi en se reliant réalise le temple des ancêtres : le sens global de la phrase n'est pas complètement assuré. On peut toutefois remarquer qu'elle apparaît à l'identique au Jugement de DÉNOUER (59), autre situation décrivant des flux qui se rassemblent. Là aussi, au moment où les flots montent au point d'emporter toute structure, le Roi, secondé par un excellent ministre en quatrième place, doit *relier* c'est-à-dire matérialiser la base sur laquelle s'enraciner.
Profitable : appréciation mantique indiquant qu'on tire profit à se conduire de la manière indiquée par le contexte. L'idéogramme, qui

combine les caractères : épi et couteau, évoque le profit du moment des récoltes, le résultat du travail humain. Répétée deux fois au Jugement, cette appréciation se retrouve aux lignes 2 et 3.

Aller voir : le texte porte un seul idéogramme, extrêmement courant, qui signifie aussi bien *voir, aller voir*, que devenir *visible, être vu*.

Aller voir quelqu'un d'envergure : formule mantique spécifique signifiant : « aller demander conseil à un être de parole ou toute personne en qui on a confiance ». Lorsqu'on est trop envahi par un problème, le meilleur moyen de le résoudre est de s'en distancier en l'extériorisant. Cette démarche oblige à donner une forme objective à ce qui soucie, ne serait-ce que pour pouvoir l'expliciter ; elle permet ainsi de se voir du dehors, de se détacher de ses préoccupations, de prendre de la hauteur, de gagner en envergure.

Ténacité profitable : formule mantique signalant que la situation, pour être fructueuse, requiert une grande capacité à endurer, à tenir avec constance, sans se laisser fatiguer par les difficultés du moment.

Sacrifier : le texte porte un verbe auxiliaire dont le sens est très général *faire, agir, réaliser, opérer*, etc. Dans le *Yi Jing*, il insiste sur une réalisation effective. Ici, comme en ligne 2 *(opérer)*, c'est d'un sacrifice dont il s'agit.

Gros : le texte porte l'adjectif *grand* qui intervient ici dans son sens propre d'attribut. Cependant, que cet adjectif puisse être aussi dans le contexte du *Yi Jing* un emblème du Yang renforce l'idée que l'action doit être menée de manière visible. Voir aussi ligne 4 *en grand*.

Bétail : écrit avec le signe général des bovidés et le caractère *vivre*, l'idéogramme, qui n'apparaît qu'ici, signifie maintenant les animaux domestiques en général. À l'époque des Zhou, il désignait spécifiquement les bœufs d'une seule couleur, ceux dont la pureté de la robe manifestait pleinement la perfection du flux vital et qui pour cela étaient réservés aux sacrifices rituels importants.

Ouverture : appréciation mantique signalant un moment heureux où un agencement fécond du flux vital multiplie les possibilités de développement. Elle est citée trois fois dans cette figure : Jugement, lignes 2 et 4.

Avoir où aller : formule mantique dont le sens global est « garder son cap sans se laisser déboussoler par les difficultés propres à la situation, tenir son objectif quels que soient les turbulences, le flou, ou ce qui entrave la marche ». Lorsqu'une particularité de la situation, ici une forte convergence, risque de faire perdre de vue les objectifs à atteindre, garder son cap par un effort routinier, inscrit dans le long terme, est ce qui permet de tirer au mieux parti du moment présent. Ce conseil est renforcé aux lignes 1 et 3 par la formule *aller absence de faute*.

Texte des traits

Au début un six

Il y a onde porteuse sans aboutissement	有孚不終	you fu bu zhong
Est-ce désordre est-ce RÉUNION	乃亂乃萃	nai luan nai CUI
À l'appel	若號	ruo hao
Une poignée y voient une plaisanterie	一握爲笑	yi wo wei xiao
Pas de crainte à avoir	勿恤	wu xu
Aller absence de faute	往无咎	wang wu jiu

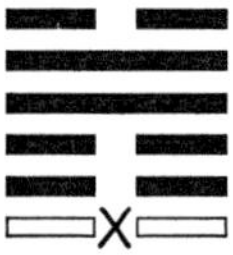

Ce niveau d'Entrée représente un moment de confusion où le regroupement des énergies s'effectue mal. La confiance, pourtant bien réelle, avec laquelle on s'y prête se mue en incertitude devant l'incohérence des comportements. L'*appel*, c'est-à-dire l'invitation à se rassembler, n'est pas pris au sérieux : il ne provoque pour l'instant que des quolibets.

Bien que le trait, Yin à une place Yang, soit incorrect, sa correspondance avec le quatrième, où l'on œuvre directement au ralliement, est une invite à adhérer au processus en cours. On ne doit pas attendre que les autres participent mais aller de l'avant sans hésiter malgré l'appréhension qu'on peut ressentir.

Onde porteuse : appréciation mantique signalant qu'un fort courant porteur traverse la situation. Elle est citée à trois reprises dans cet hexagramme (lignes 1, 2 et 5), chaque fois dans une formulation différente.
Il y a onde porteuse : variante de la formule *onde porteuse*, insistant sur l'existence effective *(il y a)* de ce flux porteur.
Sans aboutissement : formule mantique particulière en deux caractères dont le premier est une négation usuelle et le second, la modulation rendue ailleurs par *à la fin*. Son contraire *(il y a aboutissement)* est cité à 47/4, mais c'est ici la seule fois où elle est appliquée à l'*onde porteuse*.
Est-ce... est-ce : construction particulière marquée par la répétition d'un caractère à usage grammatical employé dans un sens d'interrogation oratoire.
Désordre : représentant deux mains affairées sur un écheveau de soie tout entremêlé, l'idéogramme est un mot fort qui indique le bouleversement des règles convenues. Appliqué à un mariage, il précise qu'il est incestueux ; appliqué à des soldats, il les désigne comme mutins. Au sens figuré, il évoque une désagrégation de l'harmonie sociale. Il n'apparaît qu'une autre fois, à 63/J, où il est rendu par *troubles*.
Appel : l'idéogramme signifie selon sa prononciation soit *pleurer, se lamenter*, soit *appeler, désigner, nommer, crier, commandement, signal*.

Une poignée : cette expression, classique dans sa structure et vieillie dans sa forme, n'apparaît qu'ici dans le *Yi Jing*. Bien qu'elle soit utilisée sans complément, il semble d'après le contexte qu'il soit question d'une poignée de *gens*.
Y voient : le texte ne porte pas le verbe voir, mais un idéogramme complexe qui, parmi de nombreux sens, signifie *faire comme si, feindre, simuler*.
Plaisanterie : l'idéogramme signifie *rire, plaisanter*.
Pas de crainte à avoir : formule mantique en deux caractères dont le second, composé avec le signe général du cœur et celui du *sang*, signifie au sens propre *se faire du mauvais sang*. N'apparaissant jamais dans une construction positive (il y a des *craintes* à avoir), cette formule indique qu'on est en train de se ronger inutilement les sangs. Il n'y a pas à s'inquiéter du déroulement de la situation, même si l'appel à se réunir ne provoque pour le moment que des moqueries. L'hexagramme retourné de celui-ci, CROISSANCE, seule figure dont le Jugement mentionne cette formule, est la situation où son emploi est le plus caractéristique.
Aller : extrêmement usuel, l'idéogramme a, dans le contexte du *Yi Jing*, le sens d'un conseil de mise en route, d'une injonction à aller de l'avant. Il est cité trois fois dans cette figure : Jugement, lignes 1 et 3.
Absence de faute : formule mantique incitant à ne pas rester dans un état d'esprit incertain ou hésitant. Caractéristique de cet hexagramme, elle y est citée à chacun des six traits.
Aller absence de faute : la combinaison de ces deux injonctions qui se renforcent l'une l'autre est rare. En dehors de cet hexagramme, où elle est répétée deux fois (lignes 1 et 3), elle n'apparaît qu'à DÉMARCHE (10/1), pour inciter à avancer tout en veillant à la manière de le faire. Cependant des formulations proches de ce conseil impératif sont citées à 41/1 et 43/1, ainsi qu'à 14/2 et 38/5.

Hexagramme dérivé : hexagramme 17. SUIVRE est un moment où l'on fait le pas nécessaire pour s'insérer avec aisance dans un courant porteur.

Six en 2
Se laisser attirer ouverture 引吉 yin ji
Absence de faute 无咎 wu jiu
Onde porteuse 孚 fu
Profitable alors d'opérer le sacrifice Yué 乃利用禴 nai li yong yue

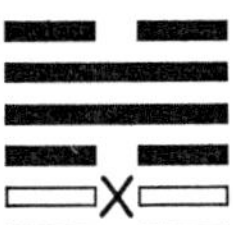

Correct et en correspondance avec la ligne souveraine, ce trait s'ouvre sur une invitation à rejoindre le mouvement collectif. Il convient d'y donner suite sans tergiverser et d'adopter une attitude de disponibilité conforme à la nature Yin du trait. Qu'au même niveau de l'hexagramme retourné CROISSANCE soient également mentionnés l'*onde porteuse* et le *sacrifice Yué* suggère que cette participation confiante est aussi une opportunité, en s'enracinant, de grandir.

La position de cette ligne, centrale à l'intérieur d'un groupe de trois traits Yin, permet de mettre en valeur le rôle attaché à la place de Préfet. Il consiste, dans les moments et les domaines où la confiance se manifeste, à favoriser le processus de rassemblement des énergies : le rituel évoqué représente toute action qui permet de les réunir en ravivant le lien avec leur source commune.

Attirer : composé du caractère arc et d'un simple trait vertical représentant un fil, l'idéogramme signifiait à l'origine *tirer la corde vers soi*. Il désigne aussi bien la tension de la corde de l'arc que les flèches à fil utilisées pour la chasse aux oiseaux. À partir de cette image, ce caractère, qui se prononce «*yin*», prendra de multiples sens, tous en relation avec l'idée de tirer à soi, *induire*, *citer* au sens figuré et *traîner*, *entraîner* au sens propre (il sert aujourd'hui dans l'expression signifiant : tracteur). À la différence de l'échange *attirant* décrit à 58/6, ce mouvement est ici favorable parce que en harmonie avec le flux global de RÉUNION.

Ouverture : appréciation mantique signalant un moment heureux où un agencement fécond du flux vital multiplie les possibilités de développement. Elles est également cirée au Jugement et à la ligne 4.

Absence de faute : formule mantique incitant à ne pas rester dans un état d'esprit incertain ou hésitant. Caractéristique de cet hexagramme, elle y est citée à chacun des six traits.

Onde porteuse : appréciation mantique signalant qu'un fort courant porteur traverse la situation. Citée à trois reprises dans cet hexagramme (lignes 1, 2 et 5), à chaque fois dans une formulation différente, cette appréciation n'apparaît comme ici sans modulation ni précision qu'une autre fois : au même niveau de l'hexagramme retourné CROISSANCE (voir 46/2).

Profitable : voir Jugement

Alors : le texte porte un idéogramme grammatical qui insiste sur le sens conséquentiel, faisant de la pratique du rite la résultante du flux porteur.

Opérer : verbe auxiliaire dont le sens très général *faire, agir, réaliser, opérer*, etc., insiste sur la réalisation de ce qui est en question. Ici, comme au Jugement *(sacrifier)*, c'est d'un sacrifice qu'il s'agit.

Sacrifice Yué : nom d'un rituel dont le sens exact semble perdu. On peut inférer de la composition du caractère qu'il s'agissait d'une liturgie associée à la partie Yang de l'année, ayant pour fonction de réunir harmonieusement dans un mouvement de croissance la Terre au Ciel et les vivants aux défunts, comme sont reliés entre eux les tubes étalons de la gamme chinoise. Il apparaît au même niveau de l'hexagramme retourné (46/2) et au niveau souverain de l'hexagramme DÉJÀ TRAVERSÉE (63/5). Là, le sacrifice Yué est l'emblème d'une pratique sincère et modeste opposée à l'imposant rituel des « voisins » Shang. Ici, où il est mis en rapport comme à 46/2 avec un courant porteur, cette connotation d'intériorité réelle n'est sans doute pas absente.

Hexagramme dérivé : hexagramme 47. ÉPUISEMENT est un moment où l'on mesure ses forces dans la confrontation avec l'entourage. C'est une mise à l'épreuve de la parole qu'on défend.

Six en 3

Comme se RASSEMBLANT	萃如	CUI ru
comme poussant des gémissements	嗟如	jie ru
Aucun lieu n'est profitable	无有利	wu you li
Aller absence de faute	往无咎	wang wu jiu
Petit gêne	小吝	xiao lin

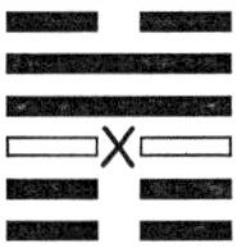
Seuls deux traits de cet hexagramme ne sont pas en relation de correspondance : celui-ci et le sixième. Cette inaptitude à œuvrer collectivement, malvenue dans un contexte de RASSEMBLEMENT, provoque ici *gémissements* et là *soupirs*. La mention du nom de l'hexagramme indique pourtant une participation au rassemblement, mais qui s'effectue de manière contrainte et forcée. L'incorrection du trait, Yin en place de passage, indique également que la transition avec l'extérieur se fait mal, ce qui est dommageable dans une situation collective. La reprise de la même construction balancée qu'à la première ligne, enfin, accentue l'aspect incertain du rassemblement à ce stade.

Il est préférable dans un tel état d'esprit de ne rien entreprendre individuellement, aucun résultat ne pouvant être obtenu de cette façon. On peut corriger ces tendances négatives en suivant sans hésitation le conseil d'*aller* de l'avant pour participer au groupe. Une conduite *petite*, c'est-à-dire chiche et à courte vue, ne peut conduire qu'à des empêchements.

Comme... comme : construction particulière par redoublement d'un suffixe adverbial. Elle évoque une idée de comparaison oratoire dont la forme itérative scande particulièrement le texte de certains hexagrammes (voir par exemple 3/2, 22/3, 30/5, 35/1, etc.). Elle fait écho ici à la répétition de la formule interrogative de la première ligne *est-ce... est-ce...*
Se RASSEMBLANT : nom de l'hexagramme ; la construction impose une forme verbale.

Poussant des gémissements : formé du signe de la bouche et d'un caractère signifiant *erreur, se tromper, inférieur, imparfait*, l'idéogramme était à l'origine une simple interjection de douleur, de compassion ou de mépris.
Aucun lieu n'est profitable : appréciation mantique la plus contraire du *Yi Jing*. Elle signifie qu'on est animé de sentiments trop négatifs pour pouvoir aboutir à quoi que ce soit de valable.
Aller : extrêmement usuel, l'idéogramme a, dans le contexte du *Yi Jing*, le sens d'une mise en route. Il est cité trois fois dans cette figure : Jugement, lignes 1 et 3.
Absence de faute : formule mantique incitant à ne pas rester dans un état d'esprit incertain ou hésitant. Caractéristique de cet hexagramme, elle y est citée à chacun des six traits.
Aller absence de faute : voir ligne 1.
Petit : l'idéogramme a depuis toujours le sens de *petit*, cependant, dans le contexte du *Yi Jing*, ce caractère peut aussi prendre une signification plus vaste et évoquer symboliquement une attitude Yin.
Gêne : appréciation mantique indiquant un manque de fluidité qui rétrécit les possibilités d'action.
Petit Gêne : formule mantique rare qui peut se lire de deux manières selon la valeur que l'on attribue à *petit*. La première, lui donnant son sens d'attribut simple, indiquerait que la situation est *petitement gênante*, c'est-à-dire pénible mais sans gravité. La seconde, lisant *petit* dans son sens d'emblème du Yin, indiquerait qu'une attitude retenue, sans envergure, serait productrice de *gêne*. Une telle attitude serait en contradiction avec le conseil d'investissement massif donné au Jugement et avec l'injonction *absence de faute*, également couplée à *petit gêne* la seule autre fois où cette formule est citée (21/3). Cette ambiguïté se retrouve dans l'emploi inhabituel de grand à la ligne suivante.

Hexagramme dérivé : hexagramme 31. INCITER est un moment d'ouverture à toutes les stimulations et contacts extérieurs, qu'il faut savoir accueillir sans se laisser déstabiliser.

Neuf en 4
Ouverture en grand — 大吉 da ji
Absence de faute — 无咎 wu jiu

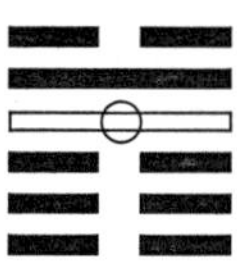

Le premier trait Yang de l'hexagramme marque un des points forts du processus de RÉUNION. Par ses relations avec les trois traits Yin inférieurs – correspondance avec le premier, voisinage avec le troisième, affinités avec le second où se trouve la seule autre mention d'*ouverture* – il indique une grande capacité à travailler à la convergence de toutes les énergies.

Le rôle de communication dévolu à la place de Ministre est ici spécialement à l'honneur, car il s'agit dans un même mouvement de réunir ces énergies et de les mettre en contact avec les sphères supérieures. La reprise du terme *grand*, utilisé au Jugement pour décrire la qualité du bétail à sacrifier, ainsi que la nature Yang du trait suggèrent que l'on doit se préoccuper activement des aspects concrets du rituel. Son association rare à l'appréciation *ouverture* met en valeur le potentiel de cette position pour œuvrer au rassemblement de forces éparses en un ensemble constitué.

Ouverture : voir Jugement.
Ouverture en grand : formule mantique particulière qui peut se lire de deux manières selon la valeur qu'on attribue à *grand*. La première, lui donnant son sens d'attribut simple, serait une indication que l'agencement favorable de la situation est jugé plus important que celui simplement décrit par *ouverture*. La seconde, lisant *grand* dans son sens d'emblème du Yang, indique qu'une attitude Yang d'extériorisation amène un résultat heureux. Bien que peu en rapport avec la tonalité Yin de cet hexagramme, tonalité qui se retrouve dans les autres situations où cette formule est employée (37/4, 45/4, 50/6 et 62/J), cette lecture fait écho à l'adjectif *grand* utilisé au Jugement (*gros* bétail) pour qualifier l'investissement à mettre en jeu pour réaliser le rassemblement. Cette ambiguïté renvoie à l'emploi inhabituel de *petit* à la ligne précédente.
Absence de faute : formule mantique incitant à ne pas rester dans un état d'esprit incertain ou hésitant. Caractéristique de cet hexagramme, elle y est citée à chacun des six traits.

Hexagramme dérivé : hexagramme 8. ALLIANCE est l'élection d'un centre autour duquel des forces disparates viennent se constituer en un ensemble hiérarchisé.

Neuf en 5

RÉUNION en ordre	萃有位	CUI you wei
Absence de faute	无咎	wu jiu
Aucune onde porteuse	匪孚	fei fu
Présage fondamentalement durable	元永貞	yuan yong zhen
Tout regret disparaît	悔亡	hui wang

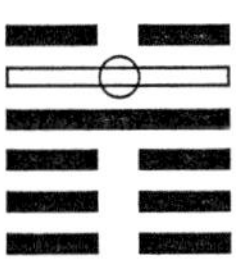

À la ligne souveraine, la RÉUNION est à même de se réaliser selon un ordonnancement clair qui permette à chacun de trouver sa place dans l'organisation collective. Cependant – est-ce difficulté du Yang à vaincre les résistances qui s'expriment aux traits Yin, est-ce le peu de relations de ce trait avec les autres niveaux de l'hexagramme? - cette position n'est pas assumée dans un climat de facilité et de confiance.

Quand il y a regroupement des énergies, que ce soit lorsqu'une communauté se fonde comme dans ALLIANCE (8), ou lorsqu'elle se rassemble comme dans RÉUNION, l'incertitude règne. Là, ce manque d'assurance concerne le projet autour duquel l'association se noue ; ici il s'agit que le lien puisse se manifester de façon suffisamment forte pour que le groupe perdure. Que l'on ne se sente pas en confiance ou que l'on se heurte à la défiance de l'entourage, il importe de réitérer et défendre de manière *durable* ce qui est *fondamental* pour le groupe. Jouer ce rôle en inspirant à nouveau une certaine ferveur permet de faire s'évanouir les doutes et les regrets.

Ordre : l'idéogramme, composé avec le signe général des êtres humains et un caractère signifiant *se tenir debout, établir, constituer, accomplir*, évoque la hiérarchisation méticuleuse des institutions chinoises. Les sens les plus usuels de cet idéogramme, toujours très employé, sont *place, rang, condition, position sociale*, etc. En dehors de cet hexagramme, le seul où il apparaît, il a dans le *Yi Jing* un emploi technique : manifestant la logique positionnelle à l'œuvre dans les figures linéaires, il sert à nommer les six « places », ou six « niveaux » constituant les hexagrammes.

RÉUNION en ordre : le texte porte trois caractères, dont le premier est le nom de l'hexagramme, le second le verbe auxiliaire *il y a* qui souligne la réalisation effective de ce dont il s'agit, et le troisième le mot *ordre*. À ce niveau le processus de RÉUNION se manifeste par une organisation effective.

Absence de faute : formule mantique incitant à ne pas rester dans un état d'esprit incertain ou hésitant. Caractéristique de cet hexagramme, elle y est citée à chacun des six traits.

Aucune : négation particulière qui, dans le contexte du *Yi Jing*, apparaît principalement dans le voisinage de personnages ou de situations négatives.

Onde porteuse : appréciation mantique signalant qu'un fort courant porteur traverse la situation. Elle est mentionnée à trois reprises dans cet hexagramme (lignes 1, 2 et 5), à chaque fois dans une formulation différente.

Aucune onde porteuse : l'onde porteuse est rarement qualifiée par son absence. Cela ne se produit qu'une autre fois (avec une autre négation), au début de AVANCER AU GRAND JOUR (voir 35/1) dans un autre contexte social.

Présage : l'idéogramme signifie à la fois *présage* et *ténacité*. Les deux sens se chevauchent dans le *Yi Jing*, mais ici la construction de la phrase incite à lire *présage* plutôt que *ténacité*.

Fondamentalement : modulation particulière rendue par un caractère qui signifie *début, origine, entièrement.*
Durable : l'idéogramme, ressemblant au caractère eau (dont l'écoulement est perpétuel), signifie *long, durable, éternel.* Cependant, il représente moins un état ou une qualité que le résultat d'une action.
Présage fondamentalement durable : formule rare qui signale la possibilité de se rendre capable de réaffirmer sans cesse ce que l'on considère comme *fondamental,* c'est-à-dire ici comme fédérateur et primordial. Pouvant également être lue : *présage de fondements à rendre durables,* cette formule n'est citée dans le *Yi Jing* qu'une autre fois, au Jugement de ALLIANCE, autre situation civile et collective (voir 8/J).
Regrets : appréciation mantique signalant qu'on tarde à réagir pour adopter la nouvelle attitude demandée par l'évolution de la situation. L'idéogramme, formé avec le signe du cœur – commun à tous les sentiments ou pensées – et un groupe complexe représentant des plantes pullulantes, évoque ce qui encombre le cœur et donc le paralyse.
Tout regret disparaît : formule mantique qui renforce le sens d'incitation à aller de l'avant contenue dans le terme *regrets.* Le moment est venu de se mettre en marche sans aucune nostalgie pour ce qu'on laisse derrière soi. L'emploi le plus caractéristique de cette formule est à RÉVOLUTION, seul hexagramme où elle est citée au Jugement (voir 49/J).

Hexagramme dérivé : hexagramme 16. S'ENTHOUSIASMER est un mouvement d'exaltation qui porte à franchir une limite. Cet engouement ne peut devenir productif que s'il est nourri par la hiérarchisation et la discipline.

En haut un six
Soupirer bruyamment — 齎咨 ji zi
Continuellement pleurer le nez bouché — 涕洟 ti Yi
Absence de faute — 无咎 wu jiu

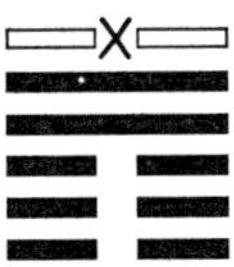

À ce niveau de Sortie, comme souvent au dernier trait d'un hexagramme, la situation bascule et, le *nez bouché,* on n'a pas senti venir ce retournement. La description moqueuse d'une attitude de dépit, qui rappelle celle décrite à la fin de DIFFICULTÉS INITIALES, suggère qu'ici aussi on a « manqué le coche » en laissant passer le temps du rassemblement. Seuls deux traits de cet hexagramme, celui-ci et le troisième, ne sont pas en correspondance, ce qui souligne une incapacité à œuvrer collectivement d'autant plus grande que, à la différence du troisième trait, le nom de l'hexagramme n'est pas cité. Cette inaptitude, qui provoque là des *gémissements,* se manifeste ici par des *soupirs bruyants.*

Séparé des autres traits Yin réunis dans le bas de l'hexagramme, celui-ci n'a pas d'autre relation que le voisinage avec la ligne souveraine, ce qui explique peut-être ce comportement intempestif par lequel on cherche à attirer l'attention. Quand l'heure est au rassemblement, et qu'on se trouve délaissé et sans appui, pleurs et gesticulations ne sont peut-être pas le meilleur moyen de retrouver un peu de sérénité.

Soupirer : l'idéogramme, rare et n'apparaissant qu'ici, a pour sens global une communication verbale, une demande orale, un appel. Signifiant aussi *solliciter un avis*, il est employé ici dans son sens d'interjection : *hélas ! Ah ! Hé !*
Bruyamment : le texte porte un caractère également rare et n'apparaissant qu'ici, qui signifie à la fois *nourrir en son sein, entretenir* et *offrir. Bruyamment* est une interprétation due au fait qu'il est placé dans cette phrase en position d'attribut de *soupirer*. L'idée évoquée est double : on nourrit en son sein des ressentiments et en même temps, pour attirer l'attention, on émet force soupirs tapageurs.
Continuellement pleurer : le texte porte un seul idéogramme formé avec le signe général des liquides et un caractère évoquant une succession ininterrompue. Signifiant *larmes*, mais décrivant plus précisément un flot continu de pleurs, il n'apparaît qu'ici et à 30/5 *(à flots)*.
Nez bouché : formé avec le signe général des liquides, combiné avec le nom des barbares Yi (voir 36/I) qui évoque ici l'idée d'ennuis continuels, l'idéogramme, fort rare et employé seulement ici, décrit tout ce qui irrite le nez, qu'il soit obstrué ou sujet à des écoulements. *Bouché* est un choix arbitraire justifié par le contraste avec les soupirs et les larmes qui s'écoulent.
Absence de faute : formule mantique incitant à ne pas rester dans un état d'esprit incertain ou hésitant. Caractéristique de cet hexagramme, elle y est citée à chacun des six traits.

䷋ **Hexagramme dérivé :** hexagramme 12. ADVERSITÉ est un moment où la communication est bloquée. L'énergie s'enfouit à l'intérieur de la valeur intime, où elle nourrit des racines solides.

ÉLÉMENTS D'ANALYSE

Nucléaire

☴☷ **Hexagramme 53 : PROGRESSER PAS À PAS.** Au cœur de RÉUNION, il y a PROGRESSER PAS À PAS. Au cœur d'un moment de rassemblement de forces éparses autour d'une manifestation commune, il y a l'attachement à un fonctionnement régulier qui dépasse le moment et l'individu, et dans lequel il est possible de s'enraciner. Au cœur de la convergence qui amène les individus à œuvrer en commun, il y a le rappel d'une référence collective qui permet d'ancrer le groupe. Revenir régulièrement à la source intangible qui fonde et sous-tend l'activité du groupe aide à resituer par rapport à un déroulement plus vaste les difficultés du moment.

Opposé

☶☰ **Hexagramme 26 : GRAND APPRIVOISE.** La relation d'opposition entre GRAND APPRIVOISE et RÉUNION se situe au niveau du lieu et de la façon de gérer un rassemblement d'énergie. Dans GRAND APPRIVOISE, l'agrégation des forces est intérieur, dans RÉUNION il est extérieur. Il faut dans les deux situations juguler le danger que représente cet amas de force en lui donnant une orientation : dans l'hexagramme 26, une grande force solitaire se réfrène par la confrontation avec l'extérieur, on y élève de jeunes animaux ; dans l'hexagramme 45, une grande force collective se conduit par le rappel de ses racines, on y sacrifie du gros bétail. Le conseil d'attitude donné par la Grande Image est en rapport avec le temps : dans RÉUNION, renouveler ses armes en fonction d'un futur incertain ; dans GRAND APPRIVOISE, méditer le passé pour ne pas hypothéquer le futur.

46 CROISSANCE

升

SHENG

䷭

En haut TERRE ☷

En bas BOIS ☴

CROISSANCE	升	SHENG
Fondamentalement favorisant	元亨	yuan heng
Aller voir quelqu'un d'envergure	用見大人	yong jian da ren
Pas de craintes à avoir	勿恤	wu xu
Ouverture pour des expéditions vers le Sud	南征吉	nan zheng ji

Au début un six

CROISSANCE par consentement	允升	yun SHENG
Ouverture en grand	大吉	da ji

Neuf en 2

Onde porteuse	孚	fu
Alors il est profitable de réaliser les sacrifices Yué	乃利用禴	nai li yong yue
Absence de faute	无咎	wu jiu

Neuf en 3

CROÎTRE dans un fief vide	升虛邑	SHENG xu yi

Six en 4

Le Roi favorise l'essor par un rite	王用亨	wang yong heng
au mont Qi	于岐山	yu qi shan
Ouverture	吉	ji
Absence de faute	无咎	wu jiu

Six en 5

Présage d'ouverture	貞吉	zhen ji
CROÎTRE par degrés	升階	SHENG jie

En haut un six

CROISSANCE dans les ténèbres	冥升	ming SHENG
Profitable d'avoir la ténacité de qui tient sans relâche	利于不息之貞	li yu bu xi zhi zhen

Grande Image

Au cœur de la terre naissent les racines	地中生木	di zhong sheng mu
CROISSANCE	升	SHENG
l'Être Accompli ainsi	君子以	jun zi yi
par une attitude d'abandon	順德	shun de
accumule le petit	積小	ji xiao
et ainsi parvient à ce qui est grand et élevé	以高大	yi gao da

Dixième Aile

RÉUNION réunir et CROISSANCE ne pas parvenir à l'extérieur. 萃聚而升不來也 CUI ju er SHENG bu lai ye

CROISSANCE, c'est s'enraciner pour s'élever et grandir. Le moment est au rassemblement des forces internes et à un renforcement opiniâtre qui permette de pousser. La mesure à grain, représentée par l'idéogramme servant de nom à l'hexagramme, donne à voir ce mouvement de concentration vers l'intérieur qui assure la poussée vers l'extérieur : lorsqu'on mesure le grain, il se déverse vers le bas et son accumulation produit alors une élévation du niveau. La stratégie à adopter pour enraciner la croissance est du même ordre : rassembler ses forces avec confiance en procédant par étapes et de façon continue, aller de l'avant sans se décourager en mesurant chaque effort à l'aune du but à atteindre.

La structure de la figure, majoritairement constituée de traits Yin, suggère une gestation patiente et longanime. La présence de traits fermes aux deuxième et troisième niveaux met en valeur la nécessité de conjuguer acceptation et extériorisation, qualités requises à ces places de service et de passage. Bien que la concision du texte soit à l'image de la concentration requise, il se caractérise surtout par l'absence d'appréciation mantique négative : on y trouve au contraire à quatre reprises la mention d'*ouverture*. Le conseil global est de dépasser l'aridité présente pour considérer le mouvement dans son ensemble et, en se dirigeant à la lumière du *Sud*, de ne pas perdre de vue l'horizon où des réalisations parviendront à éclore.

Les difficultés qui freinent la CROISSANCE sont moindres aux places Yang, où elle s'effectue successivement par *consentement*, avec conviction, puis graduation des efforts. Parmi les places Yin, les deuxième et quatrième représentent les moments où l'enracinement est le plus nécessaire : les rituels y symbolisent le lien entretenu avec la base où l'on s'enracine. Que la communication entre l'interne et l'externe importe autant, sinon plus, que l'éclat d'une position extérieure est marqué par la présence du Roi non en place souveraine mais à celle de Ministre. La nécessité de prendre appui sur l'intériorité et l'indéterminé pour grandir est signalée par l'évocation d'une montagne sacrée, le mont Qi, sanctuaire ancestral du clan des Zhou mais, plus largement, image de la terre s'élevant vers le ciel. La dernière ligne reprend et condense toute la dialectique de la situation. Au plus haut de l'hexagramme, on est encore dans l'obscurité de la terre : bien qu'encore sans résultats visibles, la croissance y poursuit pourtant son ascension. Elle n'offrira ses fruits qu'à celui qui persiste dans ses efforts et poursuit son objectif avec opiniâtreté en dépit de l'obscurité.

CROISSANCE est un moment où l'incertitude contraint la vitalité à prendre une forme propre. On ne doit pas hésiter à fonder son action sur une perspective à long terme et savoir organiser son effort sans craindre le vide ou le noir. Comme le redit la Grande Image, c'est en accumulant petit à petit que l'on parvient à ce qui est grand et élevé.

IDÉOGRAMME

SHENG : *(ancienne mesure de capacité, environ un dixième de litre). Monter, s'élever. Monter en grade, être promu.*

L'idéogramme représentait à l'origine un boisseau, une mesure à grain constituée d'un récipient carré muni d'un manche qui lui donnait l'aspect d'une cuillère. Or il existe un autre caractère, graphiquement assez proche pour désigner spécifiquement cet instrument (mentionné à 55/2 dans le nom de la constellation que nous appelons la Grande Ourse, il y est rendu par *boisseau*). La différence entre les deux est que la forme ancienne du caractère CROISSANCE, en plus de l'instrument lui-même, représente à l'intérieur et à l'extérieur du boisseau des grains de céréales. Cette précision permet de focaliser le sens du caractère non plus sur l'objet mais sur le mouvement que sa capacité produit, transformant ainsi le nom d'une ancienne mesure en verbe d'action. Très courant, ce verbe désigne en général un processus d'accroissement : par exemple, associé au signe *note de musique*, il forme le binôme signifiant *dièse* ; mais plus particulièrement un mouvement d'élévation lent et progressif : associé au mot degré, il forme le binôme signifiant *avoir de l'avancement, passer dans une classe supérieure* ; ou encore un mouvement alternatif : associé avec le verbe *descendre, abaisser*, il forme alors le binôme signifiant au sens propre *monter et descendre* et au sens figuré *promotion et déchéance, vicissitudes de la vie*, binôme auquel il suffit d'ajouter le mot machine pour former l'expression signifiant… *ascenseur*.

Cependant, pour comprendre comment cette mesure de capacité est devenue le signe d'un mouvement d'élévation, il faut considérer l'opération de mesure dans son ensemble et d'un point de vue cinématique. Elle commence par un mouvement Yin consistant à verser le grain de haut en bas à l'intérieur du boisseau. Les grains s'amassent ensuite au fond du récipient et petit à petit le niveau se met à s'élever (mouvement Yang), et finalement à force de croître, il en arrive à devenir visible en formant un cône qui dépasse largement le bord du boisseau. Ce déroulement que décrit également le texte de la Grande Image concentre la double dynamique : enracinement suivi d'une élévation, à l'œuvre dans cet hexagramme. Si parmi les nombreux idéogrammes ayant le sens de croissance, d'élévation, de floraison, celui-ci a été choisi pour nommer cet hexagramme, c'est bien parce qu'il illustre toute la dialectique de la situation : c'est par un enracinement vers le bas que la croissance trouve l'assise nécessaire à son développement vers le haut.

TEXTE CANONIQUE

JUGEMENT

CROISSANCE	升	SHENG
Fondamentalement favorisant	元亨	yuan heng
Aller voir quelqu'un d'envergure	用見大人	yong jian da ren
Pas de craintes à avoir	勿恤	wu xu
Ouverture pour des expéditions vers le Sud	南征吉	nan zheng ji

CROISSANCE est un moment où une grande capacité d'initiative se conjugue favorablement à une puissante force de déploiement. Comme au Jugement de GRAND RÉALISE (14) et de REMÉDIER AU CORROMPU (18), la formule *fondamentalement favorisant* marque la présence d'un grand potentiel de réalisation ainsi que la possibilité de créer les conditions d'une nouvelle avancée. Pour parvenir à déployer ce potentiel de CROISSANCE, il faut prendre de la hauteur, au besoin avec l'aide d'un regard extérieur, afin de pouvoir considérer, au-delà de sa phase actuelle d'enracinement, le processus dans son ensemble : cela permet de ne pas se laisser décourager par les efforts à fournir et l'absence de résultats immédiats.

Plus que des obstacles réels, le texte souligne les craintes infondées qui peuvent retenir d'agir. On doit aller résolument de l'avant en gardant le regard tourné vers le *Sud*, région du Yang, de la manifestation et de la réalisation. Cette image montre la voie à suivre : mettre en jeu tout son dynamisme et sa vitalité à partir du terreau sur lequel apparaîtra à long terme une situation nouvelle.

Fondamentalement : modulation mantique marquée par un idéogramme qui signifie *début, origine, entièrement.*

Favorisant : appréciation mantique décrivant un climat d'essor, un agencement fertile, un dispositif énergétique global dans lequel l'échange entre le Ciel et la Terre se noue de manière féconde.

Fondamentalement favorisant : formule mantique caractéristique des Jugements. Elle signale un moment particulièrement propice, s'exprimant de manière Yang par une propension à entreprendre et de manière Yin dans une capacité à faire aboutir.
Aller voir : le texte porte un seul idéogramme, extrêmement courant, qui signifie aussi bien *voir, aller voir*, que devenir *visible, être vu.*
Aller voir quelqu'un d'envergure : formule mantique spécifique signifiant : aller demander conseil à un être de parole ou toute personne en qui on a confiance. Lorsqu'on est trop envahi par un problème, le meilleur moyen de le résoudre est de s'en distancier en l'extériorisant. Cette démarche oblige à donner une forme objective à ce qui soucie, ne serait ce que pour pouvoir l'expliciter ; elle permet ainsi de se voir du dehors, de se détacher de ses préoccupations, de prendre de la hauteur, de gagner en envergure. Cependant, alors que chaque fois que ce conseil est donné, il est précédé de l'appréciation *profitable*, cette formule est remplacée ici par un verbe auxiliaire (non traduit) dont le sens, très général, est *faire, agir, réaliser, opérer* – qui, dans le contexte du *Yi Jing*, insiste sur la réalisation de ce dont il s'agit. Cette variante unique qui se lit mot à mot : *réaliser* le fait d'*aller voir quelqu'un d'envergure* renforce la nécessité de cette démarche.
Pas de craintes à avoir : formule mantique en deux caractères dont le second, composé avec le signe général du cœur et celui du *sang*, signifie au sens propre *se faire du mauvais sang*. N'apparaissant jamais dans une construction positive (il y a des *craintes* à avoir), cette formule indique qu'on est en train de se ronger inutilement les sangs. Il n'y a aucune raison de s'inquiéter quant au déroulement de l'action, malgré le manque de profit immédiat.
Ouverture : appréciation mantique signalant un moment heureux où un agencement fécond du flux vital multiplie les possibilités de développement.
Expéditions : terme mantique représentant, dans le contexte du *Yi Jing*, la mise en route d'une action déterminée de remise en ordre.
Ouverture pour des expéditions : formule mantique spécifique signalant la nécessité d'une stratégie d'intervention vigoureuse. Dans le *Yi Jing*, la mise en route d'une action déterminée de remise en ordre est deux fois plus souvent déconseillée *(impasse pour des expéditions)* que conseillée (comme ici). Son emploi est caractéristique de cet hexagramme, ce Jugement étant le seul à la citer.
Vers le Sud : les désignations géographiques sont rares dans le *Yi Jing*, et d'autant plus symboliques (points cardinaux). Quand elles sont couplées par deux – Sud-Ouest, Nord-Est – elles renvoient aux domaines respectifs des Shang et des Zhou. Sud est l'unique direction cardinale qui soit mentionnée seule (ici et dans une phrase obscure à 36/3). Dans la symbolique générale chinoise, le Sud est l'orient du

Yang, de la lumière, l'oiseau rouge, etc., et le lieu de la pleine activité. Il y a peut-être dans cette *expédition vers le Sud* le souvenir lointain des migrations qui ont jadis emmené le peuple des Zhou vers la province du Sichuan.

TEXTE DES TRAITS

Au début un six
CROISSANCE par consentement — 允升 yun SHENG
Ouverture en grand — 大吉 da ji

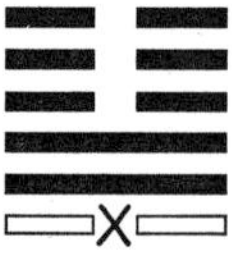

Processus à longue échéance, la CROISSANCE débute par le regroupement et la cohésion des forces : tout le poids de la situation se ramasse à ce niveau d'entrée en un germe prometteur. Comme à la ligne de Passage de AVANCER AU GRAND JOUR, le *consentement* qualifie un rassemblement des énergies sur lequel il est possible de prendre appui pour commencer à s'élever.

La souplesse du trait le met en résonance avec les autres traits Yin de la figure, tous situés dans la partie extérieure de l'hexagramme. Cette connivence entre l'interne et l'externe, porteuse de réalisation, est soulignée par *ouverture en grand*, appréciation mantique caractéristique de situations où le Yin prédomine, et qui n'est mentionnée qu'ici à une première ligne. Qu'elle soit citée à la place de Ministre de RÉUNION, l'hexagramme retourné, indique une disposition équivalente, mais plus intérieure : en travaillant à la convergence de toutes les énergies, on participe d'entrée à la mise en route de réalisations prometteuses.

Consentement : formé avec une variante du signe général des êtres humains et un caractère ayant le sens d'une potentialité active, l'idéogramme, qui n'apparaît qu'ici et à 35/3, signifie *permettre, consentir, convenable, juste, adapté*. Il évoque ici un consensus favorable.
CROISSANCE par consentement : la même construction (nom de l'hexagramme précédé d'un caractère le déterminant) se retrouve à la sixième ligne. Elle est différente aux deux autres traits où le nom de l'hexagramme est cité (3 et 5).
Ouverture : appréciation mantique décrivant un moment heureux où un agencement fécond du flux vital multiplie les possibilités de développement.
Ouverture en grand : formule mantique particulière qui peut se lire de deux manières selon la valeur qu'on attribue à *grand*. La première, lui donnant son sens d'attribut simple, serait une indication que

l'agencement favorable de la situation est jugé plus important que celui décrit simplement par *ouverture*. La seconde donnant à *grand* son sens d'emblème du Yang consisterait à lire « pour le Yang ouverture ». Grammaticalement plausible, elle correspond assez peu à la tonalité Yin de cet hexagramme, tonalité qui se retrouve à différents titres les autres fois où cette formule est employée : 37/4, 45/4, 50/6 et 62/J.

Hexagramme dérivé : hexagramme 11. PROSPÉRITÉ est un moment de fluidité printanière où Yin et Yang se conjuguent de manière harmonieuse et fructifiante

Neuf en 2
Onde porteuse — 孚 fu
profitable alors d'opérer les sacrifices Yué — 乃利用禴 nai li yong yue
Absence de faute — 无咎 wu jiu

À cette place de Préfet, située au milieu des trois traits intérieurs, est évoqué le besoin de se rasséréner et de se renforcer. Le poids des efforts à fournir exige en effet de pouvoir s'orienter à partir d'une base consistante. Le *sacrifice Yue* peut être compris comme ce qui permet de relier les éléments porteurs à leurs sources profondes et ainsi d'enraciner l'action. Qu'il en soit fait mention au même niveau de l'hexagramme retourné (45) incite à voir dans cette pratique rituelle une allégorie de tout ce qui favorise le rassemblement des énergies, à l'intérieur aux moments de CROISSANCE, à l'extérieur aux moments de RÉUNION.

La fermeté du trait est équilibrée par la qualité Yin de la place, ce qui retient de se lancer sans s'assurer auparavant de ses appuis. Le trait est relié aux trois niveaux comportant la mention d'une *ouverture* : voisinage avec le premier trait qui se caractérise par une grande disponibilité ; correspondance avec la ligne souveraine où la croissance est organisée ; affinité avec la place de Ministre où est également mentionné un rituel. Ce dispositif souligne l'aspect favorable de cette phase d'intériorisation et indique la présence d'une capacité à œuvrer à l'enracinement solide du processus de croissance.

Onde porteuse : appréciation mantique signalant qu'un fort courant porteur traverse la situation. Elle n'apparaît qu'ici dans cet hexagramme.
Alors : le texte porte un idéogramme grammatical utilisé pour marquer un sens conséquentiel reliant l'aspect favorable du rite à la présence d'un courant porteur.

Opérer : verbe auxiliaire qui, dans le contexte du *Yi Jing*, insiste sur la réalisation de ce dont il s'agit. Ici, comme au Jugement *(sacrifier)*, c'est d'un sacrifice qu'il s'agit.
Sacrifices Yué : nom d'un rituel dont le sens exact semble perdu. On peut inférer de la composition du caractère qu'il s'agissait peut-être d'une liturgie qui, associée à la partie Yang de l'année, avait pour fonction de réunir harmonieusement dans un contexte de croissance la Terre au Ciel et les vivants aux défunts, comme sont reliés entre eux les tubes de la flûte de Pan. Il apparaît au même niveau de l'hexagramme retourné (45/2) et à la ligne souveraine de l'hexagramme DÉJÀ TRAVERSÉE (63/5). Là, les sacrifices Yué sont l'emblème d'une pratique sincère et modeste opposée à l'imposant rituel des « voisins » Shang. Ici, où comme à 45/2, il est mis en rapport avec un courant porteur, cette connotation d'intériorité réelle n'est sans doute pas absente.
Absence de faute : formule mantique spécifique incitant à ne pas rester dans un état d'esprit incertain ou hésitant. Apparaît également en ligne 4.

Hexagramme dérivé : hexagramme 15. SE TENIR est un moment de cohésion et de réserve où corriger excès et insuffisances permet de réagir souplement mais efficacement aux sollicitations du dehors.

Neuf en 3
CROÎTRE en un fief vide 升虛邑 SHENG xu yi

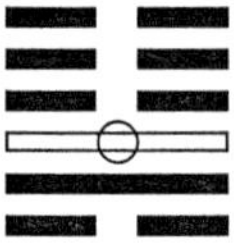

Bien que le processus de CROISSANCE soit réel, à aucun moment de l'hexagramme il ne peut vraiment, comme l'indique la Dixième Aile, *parvenir à l'extérieur*. Situé au niveau de passage entre interne et externe, ce trait en est le stade le plus critique. L'avancée est ici paradoxale : on gagne un *fief* mais il est désert, et c'est précisément cet aspect invisible, impalpable, qui perturbe et désarçonne. Que ce gain semble *vide* risque de faire perdre confiance dans ses propres forces. Aucune appréciation mantique, pas plus négative que positive, ne permettant d'évaluer davantage la situation, il peut être utile, à ce stade comme au sixième, de se souvenir du conseil donné au Jugement : *pas de crainte à avoir.*

Correct et soutenu par le seul autre Yang de la figure, ce trait est aussi en correspondance avec la sixième ligne : le *vide* ressenti ici fait écho aux *ténèbres* décrites au trait le plus extérieur, où le conseil de *tenir sans relâche* enjoint de renforcer son courage quand, ici comme là, l'absence de résultats patents provoque le malaise.

CROÎTRE : nom de l'hexagramme. La forme verbale a été préférée ici pour marquer l'identité de construction avec la cinquième ligne et la différence avec celle des traits 1 et 6.

Fief : l'idéogramme, qui évoquait à l'origine les agglomérations paysannes, a pris ensuite dans le cadre de la féodalité instaurée par les Zhou le sens plus général d'autorité sur un territoire. Ici, le fait qu'il soit qualifié de *vide* fait vraisemblablement allusion aux problèmes démographiques de l'Antiquité chinoise, quand la population, qui fournissait récoltes et surtout fantassins, était la principale richesse d'un territoire. Lors, la conquête d'un territoire sans population représentait un accroissement quasi nul, ou à tout le moins réduit à l'état de potentiel.

Vide : l'idéogramme, formé du caractère *tigre* et d'un signe évocateur de hauteurs, est traditionnellement expliqué comme représentant le sommet rayé de collines dénudées. Employé ici dans son sens le plus usuel et toujours actuel, il fut utilisé au niveau philosophique par les taoïstes pour désigner la vacuité, les bouddhistes lui préférant un autre terme.

Hexagramme dérivé : hexagramme 7. ARMÉE est un moment de rassemblement des énergies en fonction d'un objectif qui exige endurance et discipline.

Six en 4

Le Roi favorise l'essor par un rite	王用亨	wang yong heng
au mont Qi	于岐山	yu qi shan
Ouverture	吉	ji
Absence de faute	无咎	wu jiu

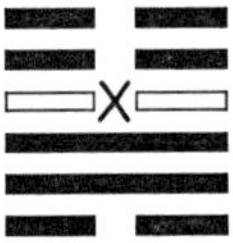

À ce premier niveau extérieur, le processus d'accumulation décrit par CROISSANCE prend la forme d'une montagne grandiose : le *mont Qi*, sanctuaire ancestral du clan des Zhou. La montagne, qui est en elle-même une élévation de la terre, représente l'image du lien entre hauteur et profondeur. Elle est non seulement le lieu d'un ressourcement rituel, qui s'effectue ici de façon plus visible qu'à la place de Préfet, mais l'image du lien qui peut s'établir entre le dedans et le dehors.

C'est tenir un rôle de Roi que de rassembler des forces éparses en un ensemble organisé. Calquant son attitude sur la puissance de régulation que le Ciel symbolise, le Roi, en se rendant à la montagne qui abrite le temple dédié à sa lignée, vient se ressourcer auprès de ses ancêtres. Se relier à ses racines, c'est-à-dire à ce qui fonde, donne un souffle et une orientation à toutes les énergies qui œuvrent à la CROISSANCE. Cette attitude est décrite en termes similaires à la dernière ligne de SUIVRE, où elle signale la fin d'une maturation. À cette place de Ministre dévolue à la communication, comme là au niveau de Sortie, la capacité à favoriser l'enracinement permet d'*unifier* les forces, de les organiser autour d'un centre et de donner aux efforts la pérennité qui leur permet de porter des fruits.

Roi : personnage symbolique, le Roi est le pivot de l'organisation sociale. Dans le contexte du *Yi Jing*, il peut aussi être une allusion directe au Roi Wen. Son emploi le plus caractéristique est à 45/J.
Favorise l'essor par un rite à : le texte comporte une phrase en trois caractères. Le premier est un verbe auxiliaire qui dans le contexte du *Yi Jing* insiste sur la réalisation de ce dont il s'agit ; le second est l'appréciation mantique *favorisant* – et le dernier un caractère grammatical à usage d'indication de lieu ou de niveau. En tant que formule mantique autonome, *favorisant* décrit un climat d'essor global dans lequel l'échange entre le Ciel et la Terre se noue de manière féconde. Cependant, il peut aussi être employé à la place d'un autre idéogramme, très semblable par le sens et la graphie : *rites d'hommage* (voir 41/J). Sans qu'il soit possible de choisir, on peut remarquer que dans le *Yi Jing* cette phrase décrit un rituel dont la solennité est attestée par le prestige des lieux où il est conduit et l'importance des personnages qui le réalisent ou y participent : le Roi (ici et à 17/6) et le Duc, auprès du Fils du Ciel (à 14/3).
Mont Qi : il ne s'agit pas d'une montagne quelconque. Non seulement c'est la seule montagne citée dans le *Yi Jing*, mais c'est un lieu sacré, le plus important sanctuaire ancestral du clan des Zhou. Appelée aussi *montagne de l'Ouest* (voir 17/6), elle est situé à l'Ouest du territoire des Zhou, à quelques centaines de kilomètres de l'actuelle ville de Xi An et de l'ancienne capitale des rois Wen et Wu, où des fouilles récentes ont retrouvé et dégagé les fondations du grand temple ancestral des Zhou.
Ouverture : appréciation mantique signalant un moment heureux où un agencement fécond du flux vital multiplie les possibilités de développement.
Absence de faute : formule mantique spécifique incitant à ne pas rester dans un état d'esprit incertain ou hésitant.

䷟ **Hexagramme dérivé** : hexagramme 32. ENDURER est un moment où renforcer son courage permet de dépasser ce qui est usuel et routinier et de maintenir son orientation.

Six en 5

Présage d'ouverture	貞吉 zhen ji
CROÎTRE par degrés	升階 SHENG jie

À cette ligne est montrée la manière souveraine d'organiser le processus de CROISSANCE. La capacité à le considérer dans son ensemble – c'est l'une des qualités attachées à cette place supérieure – permet d'organiser l'élévation par paliers successifs et ainsi de lui donner un rythme. L'identité de construction entre la dernière phrase du texte et celui de la troisième ligne permet de mesurer la différence entre ces deux moments. Alors qu'au niveau de Passage l'accroissement se produit dans un terrain *vide*, il s'organise ici avec la régularité d'un escalier, par *paliers*. Cette mise en ordre permet un renforcement car la difficulté est abordée de façon mesurée, chaque étape pouvant dès lors s'inscrire souplement dans une progression continue.

La correspondance de ce trait avec la ligne de Préfet crée un lien avec les énergies internes de la situation. Cette connivence est renforcée par la mention d'une tendance à l'*ouverture* qui, par l'écho avec celles indiquées aux première et quatrième lignes, rattache cette ligne aux ressources profondes décrites à ces deux niveaux.

Ouverture : appréciation mantique signalant un moment heureux où un agencement fécond du flux vital multiplie les possibilités de développement.
Présage d'ouverture : formule mantique spécifique indiquant la tendance à un réagencement positif de la situation.
CROÎTRE : nom de l'hexagramme. La forme verbale a été préférée ici pour marquer l'identité de construction avec la troisième ligne et la différence avec celle des traits 1 et 6.
Degrés : signifiant à l'origine les *marches* d'un escalier, l'idéogramme désigne au sens figuré les *degrés* hiérarchiques, *échelons, rangs, grades*, etc. Il a été très employé ces dernières années en Chine car il entre dans l'expression en deux caractères signifiant *classe sociale*.
CROÎTRE par degrés : la phrase pourrait être lue on *GRAVIT les échelons*.

Hexagramme dérivé : hexagramme 48. PUITS est un moment où l'on se laisse imprégner par des éléments nourriciers mais informels pour les canaliser et les amener au jour.

En haut un six

CROISSANCE dans les ténèbres	冥升	ming SHENG
Profitable d'avoir la ténacité de qui tient sans relâche	利于不息之貞	li yu bu xi zhi zhen

À ce niveau de Sortie, stade le plus élevé d'une situation caractérisée par un processus d'enracinement, la sentence de la Dixième Aile *ne pas parvenir à l'extérieur* prend tout son sens. La CROISSANCE se poursuit pourtant, mais de façon invisible, dans les *ténèbres*. Alors que l'orient indiqué au Jugement est le *Sud*, lieu de luminosité et de pleine expansion, cet environnement sombre indique qu'il reste du chemin à parcourir avant que les fruits des efforts fournis ne deviennent visibles. Ils n'apparaîtront que pour qui tient *sans relâche* ou, comme mentionné à la Grande Image de ÉLAN CRÉATIF (1/GI), pour *qui n'est jamais à bout de souffle* (c'est la même expression en chinois). Ce point commun renforce de manière discrète l'injonction à déployer son activité – déjà indiquée au Jugement par la formule *ouverture pour des expéditions* – avec une ténacité qui permette d'aller au-delà des emballements sans lendemain. Ces *ténèbres* en effet sont également mentionnées au niveau de Sortie de S'ENTHOUSIASMER (16/6) : ils doivent être pris comme une incitation à ne pas se laisser décourager par la perspective des efforts à fournir.

Situé au niveau le plus extérieur, ce trait est relié à l'intérieur de la situation par sa correspondance avec la troisième ligne, où la croissance s'opère dans un *fief vide* comme ici dans les *ténèbres*. Il est également relié au premier trait par la construction similaire de la première phrase. Le contexte difficile dans lequel se poursuit la croissance ne doit pas éteindre les ardeurs mais engager à se renforcer.

Ténèbres : formé avec un signe représentant un couvercle (voir 4/I) au dessous duquel est placé le caractère *soleil* avec encore au dessous le chiffre six, l'idéogramme est traditionnellement expliqué comme évoquant les six heures doubles de la nuit pendant lesquelles le soleil est sous la terre. Signifiant *obscur, sombre*, il veut aussi dire *nuit, ténèbres*, et à partir de là, l'au-delà néfaste, le *séjour souterrain des morts*, les *enfers*, ainsi que les *hauteurs inaccessibles du ciel*.
CROISSANCE dans les ténèbres : la même construction (nom de l'hexagramme précédé d'un caractère le déterminant) se retrouve à la première ligne. Elle est différente aux deux autres traits où apparaît le nom de l'hexagramme (3 et 5).
Profitable d'avoir la ténacité de... : construction particulière de la formule *ténacité profitable* où entre les deux termes mantiques est intercalée l'évocation de différents personnages symboliques. Cette construction, qui affine le conseil de persévérance par lequel elle est généralement comprise, lui donne une tout autre dimension. Le choix de ces personnages modèles est parlant. Ils sont quatre : ici, celui qui tient sans relâche, ailleurs la jument (2/J), un être retiré et solitaire (54/2), un guerrier (57/1). Leur qualité commune est une force Yin qui sait résister, endurer et agir, sans se soucier d'avoir à œuvrer dans des conditions qui ne sont pas forcément celles qu'on aurait choisies.
Qui tient sans relâche : aucun personnage, pas même général (voir Jugement : *quelqu'un* d'envergure) n'est précisé par le texte. C'est donc bien une qualité qui est évoquée ici, définie non par elle-même, mais

« en creux », par la négative. Cette expression n'apparaît qu'à un autre endroit, à la Grande Image d'ÉLAN CRÉATIF (voir 1/GI) où elle définit l'attitude modèle de l'Être Accompli. Là, comme ici, il s'agit de tenir, de se renforcer sans cesse, pour accompagner un mouvement de croissance créatrice.

☶ **Hexagramme dérivé** : hexagramme 18 : REMÉDIER AU CORROMPU est un moment où un effort énergique doit être accompli pour porter remède à une situation dégradée.

ÉLÉMENTS D'ANALYSE

Nucléaire

Hexagramme 54 : MARIAGE DE LA CADETTE. Au cœur de CROISSANCE, il y a MARIAGE DE LA CADETTE. Au cœur d'un moment où l'on œuvre petit à petit pour s'ériger, il y a une force qui dépasse la volonté individuelle et entraîne dans des circonstances qu'on ne contrôle pas. Cette force est l'ardeur qui pousse et soutient dans les lenteurs de l'avancée. C'est une vitalité instinctive qui, dans les efforts imposés par le contexte, nourrit et renforce la détermination à grandir.

Opposé

Hexagramme 25 : SPONTANÉMENT. La relation d'opposition entre SPONTANÉMENT et CROISSANCE se situe au niveau du rapport entre effort et profit. CROISSANCE décrit un travail Yin d'enracinement, un moment ingrat et lourd qui rend soucieux et doit être vécu avec une détermination longanime avant de pouvoir aboutir. SPONTANÉMENT est un moment de créativité Yang, plus léger, plus incohérent et plus gratifiant, pourvu qu'on ait l'esprit dégagé de tout plan préconçu, ce qui permet de répondre instantanément aux sollicitations de l'instant.

47 ÉPUISEMENT

KUN

En haut BRUME ☱
En bas EAU ☵

ÉPUISEMENT	困	KUN
Favorisant	亨	heng
Présage d'ouverture pour un Être d'Envergure	貞大人吉	zhen da ren ji
Absence de faute	无咎	wu jiu
On parle sans être entendu	有言不信	you yan bu xin
Au début un six		
Sur les fesses ÉPUISÉ auprès d'une souche dépouillée	臀困于株木	tun KUN yu zhu mu
Rentré dans un val retiré et solitaire	入于幽谷	ru yu you gu
Trois ans sans visites	三歲不覿	san sui bu di
Neuf en 2		
Épuisé auprès des offrandes de vins et de nourriture	困于酒食	KUN yu jiu shi
Voici que survient la robe à galon vermillon	朱紱方來	zhu fu fang lai
Profitable d'accomplir les rites d'hommage aux ancêtres	利用享祀	li yong heng si
Impasse pour des expéditions	征凶	zheng xiong
Absence de faute	无咎	wu jiu
Six en 3		
Épuisé auprès de la borne de pierre	困于石	KUN yu shi
Appuyé auprès de chardons épineux	據于蒺蔾	ju yu ji li
Rentrant dans le palais	入于其宮	ru yu qi gong
l'épousée n'est pas visible	不見其妻	bu jian qi qi
Fermeture	凶	xiong
Neuf en 4		
Venir tout doucement	來徐徐	lai xu xu
ÉPUISÉ auprès du char doré	困于金車	KUN yu jin che
Gêne	吝	lin
Il y a aboutissement	有終	you zhong
Neuf en 5		
Amputation du nez et des pieds	劓刖	yi yue
ÉPUISÉ auprès de la robe à galons écarlates	困于赤紱	KUN yu chi fu
Alors doucement il y a détente	乃徐有說	nai xu you shuo
Profitable d'accomplir les rites d'offrande aux ancêtres	利用祭祀	li yong ji si

En haut un six

ÉPUISÉ auprès de plantes grimpantes	困于葛藟	KUN yu ge lei
devant un mouvement périlleux	于臲卼	yu nie wu
À se dire bouger regrets il y a	曰動悔有悔	yue dong hui
des regrets		you hui
Ouverture pour des expéditions	征吉	zheng ji

Grande Image

Brume sans eau	澤无水	ze wu shui
ÉPUISEMENT	困	KUN
L'Être Accompli ainsi	君子以	jun zi yi
en sacrifiant sa vie (son mandat)	致命	zhi ming
fait avancer ses aspirations	遂志	sui zhi

Dixième Aile

PUITS communication sans entraves et	井通而	JING tong er
ÉPUISEMENT se trouver	困相遇也	KUN xiang yu ye
mutuellement face à face.		

ÉPUISEMENT est un moment où un difficile face-à-face avec autrui place face à soi-même. Comme un arbre enserré par un mur qui empêche sa vitalité de s'étendre au-dehors, on se heurte à une barrière qui arrête la parole, on n'est pas compris par l'entourage. Cette image d'encerclement, qui sert à nommer l'hexagramme, donne le ton de ces moments exigeants où les convictions sont passées au crible des faits. La seule manière de répondre à une telle mise à l'épreuve est d'approfondir son enracinement et de se rapprocher de ses sources, afin de vérifier si l'action que l'on veut exercer est réellement fondée. ÉPUISEMENT est le seul hexagramme dont le Jugement recommande, non pas d'*aller voir* un Être d'Envergure, mais d'être *soi-même* un Être d'Envergure. Dans les moments de vérité, seul un être de parole aura la vaillance requise pour s'assurer, même s'il n'est pas cru, de la solidité de son point de vue, ainsi que la capacité indispensable pour en convaincre les autres et le concrétiser dans des actes.

La structure de l'hexagramme, également répartie en traits Yin et Yang, démontre la nécessité de qualités d'endurance autant que de capacités à agir. L'ÉPUISEMENT est décrit à tous les traits, chaque fois mis en rapport avec un objet symbolique. Aux traits Yang, tous trois situés aux places hiérarchiquement importantes (Préfet, Ministre, Souverain), il est fait allusion à des propositions de postes officiels de plus en plus élevés. La *robe vermillon* proposée à la deuxième place est-elle à la hauteur de l'action que l'on entend mener, ou bien doit-on d'abord s'assurer de la solidité de ses principes? Le *char* somptueux décrit à la quatrième ligne est encore signe de malaise, et ce n'est qu'à la place souveraine qu'il est opportun d'endosser la *robe écarlate*, c'est-à-dire la charge du pouvoir.

À la différence de ceux où la fermeté est requise pour s'investir dans l'action extérieure, les trois traits Yin se caractérisent par des images végétales qui font écho à la vitalité exprimée par l'idéogramme : une *souche* dépouillée en bas de l'hexagramme, des *chardons* épineux au milieu, des *plantes* qui s'élancent vers le ciel au dernier niveau. À la frontière avec l'extérieur, marquée par la *borne de pierre* du troisième trait, ce qui pousse naturellement subit une pression qui contraint à un ressourcement. C'est par les *rites*, au niveau des deux lignes centrales, que l'on procède au renforcement nécessaire : approfondir sa parole affermit la crédibilité de ce qu'on affirme.

La difficile concrétisation des convictions dans la réalité passe par différentes attitudes marquées par la répartition Terre-Ciel-Être humain. Les deux places de la Terre sont des moments de retrait obligé, tandis que celles de l'Être humain décrivent la pénible rencontre avec l'extérieur. Les deux traits du Ciel, les seuls corrects, sont les stades de résolution de l'oppression, notamment par une action déterminée à la dernière ligne, la seule où apparaît une appréciation mantique favorable : *ouverture* qui, dans ce contexte d'encerclement, prend tout son sens.

Si la seule autre mention positive concerne l'*Être d'Envergure* (Jugement), c'est que seule une personnalité forte peut trouver la détermination intérieure indispensable pour forcer la communication et traverser les moments d'ÉPUISEMENT.

IDÉOGRAMME

KUN : *Entourer, encercler. Pauvre, à bout de ressources. Pauvreté, détresse. Difficile. Se tracasser. Souci, anxiété. Fatigue, épuisement. Avoir sommeil.*

L'idéogramme est composé de deux éléments imbriqués. À l'extérieur, il y a le signe d'une enceinte complètement close, représentation d'une frontière étanche. Par exemple, si dans ce signe on place le mot être humain, on obtient le caractère *prison*. D'un autre côté, cette frontière est ce qui permet de faire la différence entre un *pays* et un no man's land, entre un royaume sédentaire et une zone incertaine parcourue par les nomades.

Lorsque de l'idéogramme *pays* on retire cette frontière, on obtient alors un caractère qui est une marque d'indétermination (il apparaît quatorze fois dans le *Yi Jing*, rendu par *d'aventure*).

Le second élémentest le caractère *arbre* qui, bien qu'entrant dans la composition de nombreux idéogrammes, apparaît rarement dans le Texte canonique (on ne le rencontre que deux fois : à la première ligne de cet hexagramme, pour qualifier une souche, et à 53/4 pour qualifier un chevron). Sa forme ancienne représente symétriquement, de part et d'autre du tronc, au-dessus la ramure et en dessous les racines. Or les racines d'un arbre sont invisibles. Si elles sont marquées ici, c'est que, plus qu'un arbre dans sa réalité objective, ce qui est « dessiné » par cet idéogramme est bien une idée abstraite, celle d'un fonctionnement que l'image d'un arbre aide à se figurer (voir 16/I, *éléphant*). Ce dispositif est celui qui, au Printemps, fait monter sous forme de sève, depuis les racines jusqu'au bout des branches, l'énergie accumulée dans les profondeurs de la terre pendant l'hiver, pour faire éclore les bourgeons et enclencher ainsi un nouveau cycle. C'est pour cela que ce caractère a été choisi pour désigner, dans le système des Cinq Éléments, la qualité que prend l'énergie vitale au Printemps. Il faut donc ici lire cet arbre au niveau symbolique comme le signe du jaillissement printanier du flux vital, comme l'image de tout ce qui pousse, aussi bien vers l'extérieur que vers les autres.

Or dans le nom cet hexagramme, cet élan, propension à l'extériorisation et à la communication, est empêché, enfermé, confiné à l'intérieur d'une frontière étanche, bloqué dans un enclos qui empêche son expansion, ce qui provoque une étouffante sensation d'oppression, une épuisante situation de non-communication. Cette signification symbolique est encore renforcée par la comparaison avec le caractère PUITS qui nomme l'hexagramme 48, retourné de celui-ci, dans lequel cette limite, bien que présente, est juste évoquée, ce qui souligne l'idée de filtrage, de porosité et de communication sans entraves caractéristique du PUITS (voir 48/I).

TEXTE CANONIQUE

JUGEMENT

ÉPUISEMENT	困	KUN
Favorisant	亨	heng
Présage d'ouverture pour un Être d'Envergure	貞大人吉	zhen da ren ji
Absence de faute	无咎	wu jiu
On parle sans être entendu	有言不信	you yan bu xin

Moment d'épreuve, ÉPUISEMENT n'est pas pour autant une situation stérile. Même si elle se présente sous un jour difficile, elle recèle un potentiel favorable qu'il faut savoir déployer. Cela exige de mobiliser toutes ses forces, presque comme en temps de guerre, et de mettre en jeu une force de caractère et une conviction à toute épreuve. Car si les circonstances recèlent des possibilités de réalisation, elles ne peuvent se concrétiser qu'au moyen d'une conduite supérieure dont l'*Être d'Envergure* est l'emblème.

Dans le *Yi Jing*, l'*Être d'envergure* est un personnage capable d'avoir une influence sur autrui. Son intervention directe, particulièrement rare, marque des moments exigeant une trempe particulière: les places centrales d'ADVERSITÉ, la ligne souveraine de RÉVOLUTION. ÉPUISEMENT est le seul hexagramme dont le Jugement – le conseil stratégique global – recommande de se comporter *soi-même* comme un *Être d'Envergure*, c'est-à-dire de faire preuve de la conviction nécessaire pour faire entendre ce qu'on a à dire.

Cela demande courage et détermination, tant dans l'action que dans le choix du moment opportun pour agir. Les résistances rencontrées pour faire passer sa parole mettront durement les certitudes à l'épreuve. L'incompréhension et l'oppression ressenties doivent engager à puiser d'autant plus profondément dans ce qui enracine et relie.

Favorisant: appréciation mantique décrivant un climat d'essor dans lequel l'échange entre le Ciel et la Terre se noue de manière féconde.
Ouverture: appréciation mantique signalant un moment heureux où un agencement fécond du flux vital multiplie les possibilités de développement.
Présage d'ouverture: formule mantique spécifique indiquant la tendance à un réagencement positif de la situation.
Être d'Envergure: personnage symbolique signalant par sa présence que la situation requiert une hauteur de vue particulière. Figure importante du *Yi Jing*, qui ajoute à la perspicacité et au courage du *Chef Accompli* les qualités morales de l'*Être Aguerri* (voir 7/J), l'Être d'Envergure exerce une influence sur autrui, il a une parole à faire passer. ÉPUISEMENT, situation d'épreuve de la parole, est l'hexagramme où il apparaît de la manière la plus caractéristique.
Présage d'ouverture pour un Être d'Envergure: une phrase quasiment identique, *Présage d'ouverture pour un Être Aguerri*, ouvre le texte du Jugement de ARMÉE (voir 7/J). Les deux situations ne diffèrent que par le personnage qui leur sert d'emblème, ÉPUISEMENT et ARMÉE traitant l'un et l'autre de moments difficiles, pendant lesquels les règles usuelles n'ont pas cours. Les personnages symboliques qui incarnent l'attitude à tenir dans ces deux situations se ressemblent, ils sont de la même trempe et sont nommés par des caractères proches. Cependant

leurs champs d'action ne se situent pas au même niveau : ARMÉE requiert plus de maîtrise, ÉPUISEMENT plus d'envergure.

Absence de faute : incitation à ne pas rester dans un état d'esprit incertain ou hésitant.

On parle : le texte porte deux idéogrammes. Le premier est le verbe *il y a* qui joue dans le contexte du *Yi Jing* le rôle de renforcement du caractère effectif de ce qui suit et le second un caractère signifiant *paroles, mots* en tant que nom et *parler* en tant que verbe. Écrit avec le signe de la *bouche* surmonté par plusieurs traits horizontaux qui évoquent, dit-on, les ondes sonores qui en sortent, il est vraisemblable qu'à l'origine ce dessin devait avoir une signification plus sociologique que vibratoire et qu'il comportait la signification sous-jacente d'outrepasser une limite, celle du respect dû à son suzerain quand on lui adressait des remontrances. Ici, cette limite fait écho à une parole qui ne « passe » pas.

Entendu : associant le signe général de l'être humain avec le caractère *paroles, mots*, l'idéogramme évoque la concordance entre ce qu'un être dit et ce qu'il fait. Correspondant à l'ancienne expression française « parole d'homme », son sens principal est *fidélité à un engagement, croire, digne de foi, message.*

On parle sans être entendu : les quatre caractères de cette phrase signifient mot à mot : il y a (des) paroles sans confiance. *Entendu*, qui en français signifie à la fois percevoir (de l'extérieur) et comprendre (prendre en soi), à été choisi pour rendre le délicat jeu de signes présenté par la forme idéographique. En effet, lisant les idéogrammes à la suite, l'œil chinois voit la *parole* devenir *confiance* en s'incorporant à l'*être humain*. Cependant une négation montre ici que ce processus ne se produit pas : le message ne passe pas, ce qu'on dit n'est pas entendu, ne rencontre aucun écho, ne produit aucune confiance. Une phrase très proche se trouve à SE MONTRER RÉSOLU : « Des paroles sont entendues sans être entendues » (voir 43/4).

TEXTE DES TRAITS

Au début un six

Sur les fesses ÉPUISÉ auprès d'une souche dépouillée	臀困于株木	tun KUN yu zhu mu
Rentré dans un val retiré et solitaire	入于幽谷	ru yu you gu
Trois ans sans visites	三歲不覿	san sui bu di

À ce niveau d'Entrée, l'ÉPUISEMENT se manifeste par le dénuement et la solitude. La position décrite, *sur les fesses*, est l'image d'un temps d'arrêt, pendant lequel on ne fait pas usage de ses jambes. L'atmosphère d'abattement est accentuée par l'évocation d'une *souche*, arbre sans tronc ni branche, c'est-à-dire privé de ce qui lui permet de tendre son fluide vital vers l'extérieur – image qui reprend en l'accusant celle de l'arbre enfermé décrit par le nom de l'hexagramme. Le personnage assis sur cette souche dénudée est-il un lettré que les échecs ou l'incompréhension poussent à se retirer de la vie publique ?

Sans jambes, on n'est pas pour autant sans racines, c'est-à-dire sans possibilités de ressourcement. Comme l'indique l'image Yin du *val* où il se réfugie, c'est en se retirant au plus profond de soi qu'il faut traverser cette période ardue. La correspondance avec le quatrième trait, bien qu'il soit également incorrect, est à prendre comme un encouragement car une lente remise en mouvement y est évoquée. Cette période d'isolement, inévitable mais limitée dans le temps, doit permettre de se resituer et de retrouver au fond de soi le moyen de rejoindre ultérieurement le monde extérieur.

Sur les fesses : le texte porte seulement le mot *fesses*, un idéogramme qui ne manque pas d'humour. Il est composé avec le signe général de la chair, commun à toutes les parties du corps et un caractère signifiant *grande salle* d'un temple ou d'un palais (les trois plus prestigieux bâtiments de la Cité interdite, dont la salle du trône, sont nommés avec ce caractère), *base, fondement*, et aussi *fermer la marche, arrière-garde*, ce qui est bien la situation des fesses dans le corps humain. Une pudeur toute missionnaire a longtemps utilisé divers euphémismes pour traduire ce caractère dont la présence dans un texte classique n'avait jamais offusqué les Chinois. Ici, comme les deux autres fois où ces *fesses* sont citées (voir 43/4 et 44/3), elles sont une image du corps où la jonction des jambes est atteinte, restreignant la faculté d'aller de l'avant. Cependant qu'à ces deux autres occurrences les *fesses* soient précisément *sans peau*, indique peut-être que là, comme ici, au-delà du superficiel *(peau)*, un moment de vérité est atteint dans la difficulté de la communication.
ÉPUISÉ auprès de... : ÉPUISEMENT est l'un des hexagrammes dont le texte est très scandé. Le texte de chacun des traits comporte une phrase construite à l'identique : nom de l'hexagramme + caractère grammatical à sens locatif *(auprès de)* + indication de lieu ou d'objet précisant l'ÉPUISEMENT concerné par le trait.
Souche dépouillée : le texte porte deux idéogrammes. L'un est le signe général des arbres (voir plus haut Idéogramme), l'autre, formé de l'association du signe *arbre* et du caractère *vermillon* (voir ligne suivante), a pour sens propre *partie inférieure du tronc d'un arbre, souche*. *Dépouillé*, qui rappelle la couleur rouge des troncs dont on arrachait l'écorce pour en faire de la farine par temps de grande famine, a été rajouté pour faire apparaître en français ce que les idéogrammes donnent à voir par leurs graphies.

Rentré dans : signifiant globalement *rentrer dans, pénétrer*, ce verbe est toujours appliqué à des lieux ou à des situations à forte connotation Yin. Cité deux fois dans cette figure, il apparaît également à la ligne 3.
Val : formé avec le signe *orifice* qui signifie aussi rassemblement (voir bouche, 27/J), et un dessin évoquant des replis qui se divisent, l'idéogramme signifie *vallée, ravin, lit d'un torrent entre deux montagnes, caverne, souterrain*. Cependant, il s'est assimilé avec un autre caractère formé de la même ouverture avec au-dessus le signe de la chair qui, par l'évocation du sexe féminin qu'il comporte est un signe de désir et de concupiscence[75]. Cette association entre l'ouverture vaginale et la vallée fertile, très présente dans le taoïsme pour désigner le Yin primordial[76], se retrouve dans le *Yi Jing* dans plusieurs caractères composés avec celui-ci (voir 18/4 *être large*, 19/GI et 7/GI, *tolérant*, etc.).
Retiré et solitaire : rend un seul idéogramme, qui signifie aussi bien *retiré* que *solitaire*. Composé comme un tableau chinois, cet idéogramme combine le signe *montagne* avec, inséré entre les sommets que dessine ce caractère, la partie supérieure du caractère *soie*. L'ensemble évoque les brumes nuageuses légères comme des gazes qu'ont voit en Chine planer entre les sommets escarpés des régions montagneuses.
Trois ans sans : le *Yi Jing* ne parle pas en temps réel, mais en durées symboliques. *Trois ans* représente un cycle complet court, par rapport à *dix années*, cycle complet long.
Trois ans sans visites : cette phrase est citée à l'identique une autre fois, au dernier trait de ABONDANCE (voir 55/6).

Hexagramme dérivé : hexagramme 58 : ÉCHANGER est un moment de sérénité où l'on ne met l'accent ni sur la rigueur ni sur les différences.

Neuf en 2

ÉPUISÉ auprès des offrandes de vins et de nourriture	困于酒食 KUN yu jiu shi
Voici que survient la robe à galon vermillon	朱紱方來 zhu fu fang lai
Profitable d'accomplir les rites d'hommage aux ancêtres	利用享祀 li yong heng si
Impasse pour des expéditions	征凶 zheng xiong
Absence de faute	无咎 wu jiu

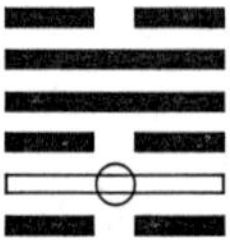

À la place de Préfet, la question de la relation avec l'extérieur se pose de manière d'autant plus cruciale que la situation matérielle est précaire : l'ÉPUISEMENT se situe à présent au niveau des ressources. Alors que le stade précédent traite d'une période de retrait solitaire pendant laquelle on ne reçoit aucune visite, il y a ici une intervention extérieure qui se manifeste par la présentation d'une *robe*, symbole d'une invite à participer aux affaires publiques. Cependant, en place subalterne de Préfet, il n'est pas certain que l'habit que l'on propose d'endosser permette d'exercer ses talents comme on le souhaite et de faire passer sa parole propre (une *robe*, mais d'un rang supérieur, est également offerte au niveau de la ligne souveraine).

Pour savoir comment il convient de répondre à cette offre, il est conseillé de se mettre en rapport avec les *ancêtres*, c'est-à-dire d'examiner attentivement la situation à partir des éléments qui constituent notre base la plus intime. Dans le prolongement du ressourcement qui s'effectue à la ligne précédente, c'est en confortant ses racines qu'il est possible de réviser de près ses convictions et de déterminer une position juste. Le trait, ferme à une place Yin, est incorrect et sans aucune relation avec les traits extérieurs. On doit d'abord s'assurer de sa force personnelle avant d'être en mesure de matérialiser son pouvoir au-dehors. Avoir une action sur les autres, surtout si elle demande de s'imposer, ne peut s'effectuer que si le lien avec ce qui soutient est sûr. Il serait malvenu à ce stade de chercher à s'affirmer par la manière forte.

ÉPUISÉ auprès de... : voir ligne 1.
Vins : l'idéogramme concerne tous les liquides fermentés, de la bière à l'alcool de riz. C'est un des plus vieux caractères chinois car les sacrifices aux ancêtres comportaient toujours des libations d'alcools rituels (voir 51/J).
Offrandes de nourriture : l'idéogramme signifie au sens propre *aliments, manger*. Il évoque ici les aliments apprêtés pour les ancêtres.
Offrandes de vin et de nourriture : repas des vivants et culte des ancêtres, l'esprit chinois ne dissocie pas les deux domaines, et ici, comme à 5/5 où la même phrase apparaît, la suite du texte évoque une atmosphère rituelle.
Voici que survient : le texte porte un verbe qui indique un mouvement se dirigeant depuis l'extérieur vers le sujet, précédé d'un caractère à usage grammatical indiquant la soudaineté de l'action décrite par le verbe.
Robe à galons : le texte porte un idéogramme très ancien composé avec le signe de la général de la soie, commun à tous les vêtements et un groupe complexe qui, quand il est combiné avec le signe de la main signifie *tirer de bas en haut* (voir 11/1 ou 12/1, *arracher*). Pouvant avoir le sens de *genouillère* et de *robe*, il désignait à l'origine la *bande de soie* avec laquelle les officiers suspendaient à leur ceinture le sceau officiel qui était la marque de leur investiture, et par métonymie, la charge dont ils étaient détenteurs. C'est ce sens

figuré qui est employé ici, comme à la ligne 5, les deux seuls endroits où ce mot est cité. Celui qui, pour protester contre son souverain, s'est retiré dans un endroit solitaire (voir ligne 1) se voit présenter ici comme aux trois lignes suivantes une charge officielle pour prix de son ralliement.

Vermillon : l'idéogramme représente un tronc écorcé. L'aubier des grands arbres utilisés en charpente est rouge, d'où les sens principaux de ce caractère *rouge vif, vermillon, cinabre, vermeil, écarlate*. C'était dans l'Antiquité une couleur de noblesse. Ici, elle fait écho à *écarlate*, cité à la ligne souveraine pour qualifier la même *robe à galon*. On peut supposer que celle-ci est de rang inférieur à celle-là.

Accomplir : verbe auxiliaire dont le sens, très général, est *faire, agir, réaliser, opérer*, etc.

Rites d'hommage : l'idéogramme est très proche de celui traduit par *favorisant* dont la forme ancienne montre un mouvement symétrique d'offrande et d'accueil entre le haut et le bas. Dans cette variante, l'accent est mis sur le bas, donc sur l'offrande. Son sens d'origine est *offrir à un supérieur, faire des offrandes aux esprits*. Par la suite, comme *favorisant*, il a été utilisé pour décrire le mouvement de retour provoqué par cet aller vers le haut et a pris aussi le sens de *recevoir de, obtenir, agréer*. Dans le contexte du *Yi Jing*, il n'est cité que dans trois hexagrammes : ÉPUISEMENT, DIMINUER (41/J) et AUGMENTER (42/2).

Aux ancêtres : formé avec le signe général des questions religieuses et un signe cyclique, l'idéogramme signifie *offrir un sacrifice aux ancêtres défunts* et aussi *année* car il désignait les sacrifices annuels accomplis aux anniversaires des défunts. Cité deux fois dans cet hexagramme (lignes 2 et 5), il n'apparaît pas ailleurs.

Impasse : appréciation mantique identique à *fermeture*.

Expéditions : terme mantique représentant, dans le contexte du *Yi Jing*, la mise en route d'une action déterminée de remise en ordre.

Impasse pour des expéditions : formule mantique signalant l'inadéquation d'une stratégie d'intervention vigoureuse. Dans le *Yi Jing*, la mise en route d'une action déterminée de remise en ordre est deux fois plus souvent déconseillée (comme ici) que conseillée (comme en ligne 6, *ouverture pour des expéditions*).

Absence de faute : incitation à ne pas rester dans un état d'esprit incertain ou hésitant.

Hexagramme dérivé : hexagramme 45. RÉUNION est un moment de rassemblement où le lien entre des forces convergentes est appelé à se manifester.

Six en 3

ÉPUISÉ auprès de la borne de pierre	困于石	KUN yu shi
Appuyé sur des chardons épineux	據于蒺蔾	ju yu ji li
Rentrant dans le palais	入于其宮	ru yu qi gong
l'épousée n'est pas visible	不見其妻	bu jian qi qi
Fermeture	凶	xiong

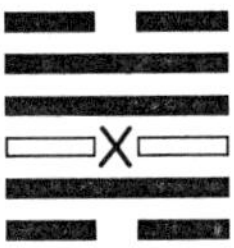

À la ligne de Passage, il n'y a pas comme aux places hiérarchiques (2, 4 et 5) de proposition venant de l'extérieur, mais une remise en question sérieuse de la parole qu'on défend. L'ÉPUISEMENT se situe maintenant au niveau de la *borne de pierre*, c'est-à-dire de la limite entre l'intérieur et l'extérieur, au point même où il s'agit de s'exprimer. Or l'accueil reçu, ou l'appui attendu, s'avère beaucoup plus épineux, voire hostile, qu'on ne l'avait escompté.

On est donc amené à faire retour sur soi, et on constate, dans son *palais intérieur*, l'absence d'une force personnelle endurante et consistante. Or, il n'est possible d'influencer le dehors que si les convictions naissent d'un état d'esprit à la fois souple et solide. À ce trait, incorrect, enserré entre deux traits fermes et sans autre relation que le voisinage avec ces deux lignes où l'incertitude prédomine, il n'y a pas d'autre perspective qu'une revivification courageuse de ses ressources intérieures.

ÉPUISÉ auprès de... : voir ligne 1.
Borne de pierre : le texte porte simplement le caractère *pierre*. L'idée de borne dérive de celle de séparation. Dans l'Antiquité, les bornes de pierre marquaient la limite d'un territoire ou des « faubourgs » (voir 13/6) d'une cité. C'était l'endroit jusqu'où la politesse obligeait à reconduire les amis venus vous visiter, donc le lieu où s'effectuait la séparation (voir 16/2).
Appuyé : écrit avec le signe de la main et une forme complexe, l'idéogramme signifie *s'appuyer sur, se fier à, compter sur*, etc.
Chardons épineux : le texte porte deux idéogrammes anciens et complexes, qui évoquent des plantes définies comme foncées et coupantes comme des flèches. Elles sont différentes de l'enceinte formée par le *buisson épineux* cité à 29/6.
Rentrant : voir ligne 1.
Palais : parmi les caractères utilisés pour nommer les différents palais, celui-ci est bien spécifique. Il désigne la partie Yin de l'ensemble palatial, le gynécée. L'autre fois où ce *palais* est mentionné (voir 23/5), le texte montre bien qu'il s'agit d'un lieu où s'exerce la puissance féminine (la dévolution de cette partie de la maison à la fonction de gynécée explique comment le mot *palais* a pu devenir le nom d'un des cinq châtiments

classiques : réclusion dans cette partie du palais pour les femmes, castration pour les hommes qui, devenus eunuques, pouvaient alors y pénétrer). Il s'agit également d'un lieu où les choses naissent (ce caractère sera choisi à l'époque moderne pour désigner l'utérus, mot à mot : le *palais* des enfants). Il est aussi une marque d'origine dans la scansion du temps, le nom d'une des cinq notes de la musique chinoise. De même que l'heure chinoise autour de minuit, celle d'où commence le décompte des heures du jour, est appelée dans la série des douze signes cycliques l'heure de l'enfant, de même ce *palais* est le nom de la note « dont la fréquence va servir de fondamentale à la gamme pentatonique qu'on instaure à l'arrivée d'une nouvelle dynastie[77] ».
Épousée : l'idéogramme est peu différent de celui rendu ailleurs par épouse. Ils se rejoignent par le sens, celui d'un symbole Yin *(femme)*.
Fermeture : appréciation mantique signalant un moment de blocage, un mauvais agencement du flux vital qui restreint les possibilités de développement. L'idéogramme qui représente un mouvement de chute dans un fossé, résonne tout particulièrement dans la scène générale d'enfermement que constituent l'hexagramme 47 et l'idéogramme qui le nomme.

Hexagramme dérivé : hexagramme 28. GRAND EXCÈS est un moment de démesure dont la traversée exige un surcroît inhabituel de force intérieure.

Neuf en 4
Venir tout doucement — 來徐徐 — lai xu xu
ÉPUISÉ auprès du char doré — 困于金車 — KUN yu jin che
Gêne — 吝 — lin
Il y a aboutissement — 有終 — you zhong

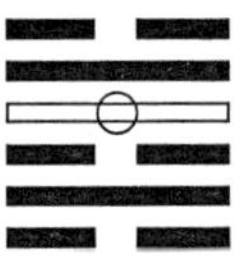
À la place de Ministre, premier niveau extérieur, l'encerclement, désormais moins étanche, évolue vers une perspective de déblocage lent. L'ÉPUISEMENT est à présent situé au niveau d'un *char*, symbole de couplage efficace et d'avancée. Ce char est *doré* : il est donc, comme la *robe* proposée aux second et cinquième traits, un cadeau officiel, une marque de participation aux affaires publiques. Pourtant, soit que cette proposition ne soit pas jugée satisfaisante, soit qu'elle n'émane pas de personnes suffisamment honorables, ou encore que l'on ne se sente pas en mesure d'assumer son éclat, cette proposition suscite l'embarras, la *gêne*.

Le trait est incorrect et en relation, par correspondance ou voisinage, avec les deux traits Yin inférieurs, où sont décrits des mouvements de *rentrée* : dans un *val retiré* pour le premier, dans un *palais* confiné pour le troisième. Ces attachements, accentués par l'absence de relation avec la place souveraine, retiennent de s'investir dans les possibilités offertes. Pris entre la tentation de l'abattement et des propositions somptuaires, il faut savoir tenir avec courage jusqu'à ce qu'adviennent de réelles possibilités d'agir.

Venir : comme *aller*, avec qui il est très lié, venir prend le locuteur pour point de référence. Quand il décrit un déplacement dans l'espace, *venir* désigne un mouvement qui se dirige vers soi.
Tout doucement : le texte porte répété deux fois un idéogramme écrit avec le signe de la marche et un groupe complexe, qui signifie *marcher lentement, démarche pleine de dignité, calme, lentement, sans hâte.* Il n'apparaît que trois fois, uniquement dans cette figure (ligne 4 et 5). Sa répétition ici est une marque classique du superlatif.
ÉPUISÉ auprès de ... : voir ligne 1.
Char : marque honorifique, signe de position sociale élevée, le char est aussi une image familière du couplage Ciel-Terre. Il symbolise enfin, par sa faculté à avancer, à aller au-delà de la situation surtout quand elle est difficile comme ici ou au dernier trait de USURE (voir 23/6), l'efficience de ce couplage.
Doré : le sens propre de l'idéogramme était (le) *métal* c'est-à-dire le *bronze*, métal précieux par excellence dans la Chine antique puisqu'il servait à fabriquer tous les objets symboliques du pouvoir, chaudron du culte ancestral, armes de guerre et d'apparat. Étant donné que les chars étaient en bois, *doré* a été préféré ici pour rendre le caractère somptueux contenu dans ce terme, qui sert de nos jours à désigner l'*or*.
Gêne : appréciation mantique indiquant un manque de fluidité qui rétrécit les possibilités d'action. Le rétrécissement que l'idéogramme évoque représente cependant une difficulté moindre que la *fermeture* citée à la ligne précédente. Ce que confirme la formule suivante.
Il y a aboutissement : formule mantique spécifique indiquant la matérialisation d'un accomplissement, par une attitude de maîtrise comparable à celle du Chef Accompli, seul personnage à recevoir pareille indication (voir aussi 15/J et 15/1). Son contraire *(sans aboutissement)* est cité à 45/1.

☵ **Hexagramme dérivé** : hexagramme 29. S'ENTRAÎNER au passage des RAVINS est un moment où l'on s'exerce à franchir les précipices. On y donne le conseil d'*unifier le cœur* afin de juguler peurs et vertiges.

Neuf en 5

Amputation du nez et des pieds	劓刖	yi yue
ÉPUISÉ auprès de la robe à galon écarlate	困于赤紱	KUN yu chi fu
Alors doucement il y a détente	乃徐有説	nai xu you shuo
Profitable d'accomplir les rites d'offrande aux ancêtres	利用祭祀	li yong ji si

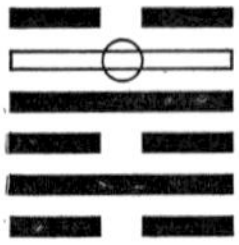

À la ligne souveraine, l'évocation de châtiments sévères indique une prise en main vigoureuse de la situation, car, après avoir successivement concerné les ressources de nourriture, puis la limite du territoire, enfin des implications honorifiques, l'ÉPUISEMENT se situe à présent au niveau du pouvoir lui-même. La fonction représentée par la *robe écarlate* est plus importante que celle représentée au niveau du Préfet par la *robe vermillon*. Ici, la charge offerte, quoique les circonstances soient difficiles, offre la possibilité peu à peu d'imposer ses vues.

Bien que sans relation avec les lignes de Préfet et de Ministre, toutes deux incorrectes, ce trait, Yang à une place impaire, est le premier de l'hexagramme à être correct. De plus, il se trouve au voisinage de l'autre trait correct, le sixième, situé à l'autre place du Ciel, où l'unique appréciation positive encourage à sortir des blocages. On a ici la possibilité de faire passer sa parole de façon à ce qu'elle soit comprise et que la situation puisse se dénouer. Toutefois les responsabilités que l'on doit assumer impliquant d'être sûr de ce que l'on fait, il importe de s'assurer que les actes correspondent à un engagement réel. Le sacrifice évoqué, plus important que celui indiqué à la place de Préfet, est le signe d'une attitude authentique. Comme à la ligne souveraine de l'hexagramme 63 DÉJÀ TRAVERSÉE, il permet de revivifier le lien avec les sources profondes et ainsi de renforcer la parole que l'on défend.

Amputation du nez et des pieds : écrits l'un et l'autre avec le caractère *couteau*, combinés pour l'un avec *nez* et pour l'autre avec *chair*, ces deux idéogrammes désignent les deux premiers des cinq châtiments classiques de la Chine ancienne. Les trois autres étant par ordre de gravité l'amputation des mains, la castration (pour les femmes la réclusion) et la décapitation. Dans le contexte du *Yi Jing*, ils représentent des châtiments, mais peuvent également être pris au sens symbolique comme une impossibilité à ressentir la situation et à agir pour s'en sortir (voir aussi 38/3).
ÉPUISÉ auprès de... : voir ligne 1.
Robe à galons : voir ligne 2.
Écarlates : l'idéogramme, formé avec le caractère *grand* et le signe du *feu*, désigne une couleur fondamentalement rouge, précisément celle du cinabre. Il signifie également *sincère, cordial*, mais aussi *vide, qui n'a rien, nu*[78]. Dans la symbolique chinoise, c'est la couleur propre du Sud (symbolisé par l'oiseau *rouge*) et du temps des Zhou, c'était la couleur la plus noble. Par comparaison avec le *vermillon* cité à la seconde ligne, le choix de ce terme marque une gradation. Il n'apparaît pas ailleurs.

Doucement : écrit avec le signe de la marche et un groupe complexe, l'idéogramme signifie *marcher lentement, démarche pleine de dignité, calme, lentement, sans hâte.* Il n'apparaît que trois fois, uniquement dans cette figure : ligne 4 et 5.
Il y a : verbe auxiliaire jouant dans le contexte du *Yi Jing* le rôle de modulation mantique. Il renforce l'appréciation qu'il annonce en soulignant son caractère effectif.
Détente : le texte porte un idéogramme dont le sens usuel est *parler, dire, expliquer* et aussi *se réjouir.* Cependant la plupart des commentateurs modernes s'accordent à penser que ce caractère est mis à la place d'un autre, assez proche graphiquement et phonétiquement, qui signifie *se débarrasser, ôter, échapper à, esquiver.* « Détente », comme « lâcher prise » avec lequel ce caractère est aussi rendu, sont des compromis qui jouent entre ces deux sens.
Accomplir : verbe auxiliaire dont le sens, très général, est *faire, agir, réaliser, opérer,* etc.
Rites d'offrande : écrit avec le signe général des questions religieuses, surmonté des caractères *main* et *viande,* l'idéogramme résume l'idée fondamentale de la spiritualité chinoise : nourrir les souffles des ancêtres défunts. Le caractère signifiant globalement *offrir un sacrifice ou une offrande rituelle,* plutôt que désigner un type particulier de sacrifice, décrit le fait même d'accomplir un sacrifice rituel. Cependant, dans le contexte du *Yi Jing,* que ce rituel ne soit cité ligne souveraine (il n'apparaît qu'ici et à 63/5) montre son importance. Il est différent des *rites d'hommage* cités à la seconde ligne.
Aux ancêtres : voir ligne 2.

Hexagramme dérivé : hexagramme 40. DÉLIVRANCE est un moment de soulagement que l'on favorise en distinguant les domaines où l'on doit intervenir de ceux où il est préférable de laisser les choses advenir d'elles-mêmes.

En haut un six

ÉPUISÉ auprès de plantes grimpantes	困于葛藟	KUN yu ge lei
Devant un mouvement périlleux	于臲卼	yu nie wu
À se dire bouger regrets il y a des regrets	曰動悔有悔	yue dong hui you hui
Ouverture pour des expéditions	征吉	zheng ji

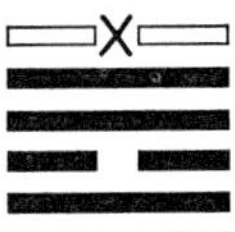

À ce niveau de Sortie, comme souvent au dernier trait d'un hexagramme, la situation franchit un cap : la possibilité de sortir de l'oppression se fait jour. L'ÉPUISEMENT est mentionné, comme aux autres lignes, mais alors qu'au niveau d'entrée de la situation il était en relation avec une *souche dépouillée*, c'est-à-dire un arbre n'ayant plus que ses racines, il concerne maintenant des *plantes grimpantes*, sorte de lierres qui s'entremêlent mais dont la vivacité indique le désir de se projeter loin des murs pour les franchir.

Pareil élan est si inattendu à la fin d'une longue oppression qu'on se surprend à hésiter. Pourtant le moment d'agir fermement est venu. Il ne s'agit plus de rites et de renforcement intérieur comme à la plupart des lignes précédentes, mais de fermes *expéditions* de remise en ordre. Comme à la ligne souveraine, autre place du Ciel et seule autre ligne correcte de l'hexagramme, l'hésitation n'est plus de mise. Comment rester dubitatif quand le texte mentionne l'*ouverture*, la seule formule mantique favorable de tous les traits ? Elle peut prendre tout son sens à la sortie de cette situation d'encerclement, si on est capable d'aller de l'avant sans plus se laisser entortiller dans des complications et des discussions stériles.

ÉPUISÉ auprès de... : voir ligne 1.
Plantes grimpantes : le texte porte deux idéogrammes, composés l'un et l'autre avec le signe général des plantes. Le premier, caractérisé par un groupe complexe évoquant un son montant, est le nom propre d'une plante à croissance rapide fournissant une longue fibre textile, la puéraire ou le dolic. En tant que verbe, il signifie *s'étendre, se propager*. Le second, plus rare, combine avec le signe des plantes un caractère en rapport avec l'idéogramme *tonnerre*. C'est un nom général pour toutes sortes de plantes grimpantes. On trouve ces deux caractères ensemble dans le *Canon des Poèmes* pour désigner les tiges s'enroulant autour des arbres.
Mouvement périlleux : le texte porte deux idéogrammes complexes et rares, composés l'un et l'autre avec le caractère *escarpé, dangereux, périlleux*, et qui évoquent tous les deux une situation instable et inquiète. *Mouvement* a été ajouté en fonction du contexte.
À se dire : l'idéogramme représente une bouche particulièrement grande, à l'intérieur de laquelle est dessiné un trait pour désigner les paroles que cette bouche prononce. Le sens d'origine de ce caractère très ancien est *dire, déclarer*. Cependant, déjà à l'époque du *Yi Jing* il n'était quasiment plus utilisé que pour introduire une citation. Fréquent dans les Commentaires canoniques, son emploi ici – unique dans le Texte canonique – prend un relief tout à fait particulier. Tout se passe comme si le texte du *Yi Jing* « citait » la phrase que serait en train de penser celui qui reçoit ce trait en réponse à sa question.
Bouger : écrit avec le signe de la force musculaire et un groupe complexe, l'idéogramme, toujours très courant, signifie *se mouvoir, agir, mettre en branle, se mettre à*. Dans le contexte du *Yi Jing*, il a aussi un sens technique particulier. C'est par ce caractère qu'est désigné un

trait « mutant », c'est-à-dire sur le point de *se mettre en mouvement*, d'accomplir la mutation qui le transformera en son opposé.

Regrets : appréciation mantique signalant qu'on tarde à réagir pour adopter la nouvelle attitude demandée par l'évolution de la situation. L'idéogramme, formé avec le signe du cœur – commun à tous les sentiments ou pensées – et un groupe complexe représentant des plantes pullulantes, évoque ce qui encombre le cœur, et donc le paralyse. Répété deux fois dans le texte de ce trait (ce qui n'arrive ailleurs qu'à 16/3), ce terme apparaît ici juxtaposé au mot précédent, dans une construction inhabituelle, équivalente au signe typographique de ponctuation deux-points.

Il y a des regrets : formule mantique dans laquelle l'appréciation *regrets* est renforcée par il y a, verbe auxiliaire soulignant le caractère effectif de l'appréciation devant laquelle il est placé. Plus spécifique que la simple mention de *regrets*, cette appréciation n'est citée que quatre fois, toujours à des moments de passage pour marquer une inadéquation de l'attitude par excès (comme à 1/6), par manque de résolution (comme ici, à 16/3 et à 18/3).

Ouverture : voir Jugement.

Expéditions : voir ligne 2.

Ouverture pour des expéditions : formule mantique spécifique signalant la nécessité d'une stratégie d'intervention vigoureuse. Dans le *Yi Jing*, la mise en route d'une action déterminée de remise en ordreest deux fois plus souvent déconseillée (comme en ligne 2 *impasse pour des expéditions*) que conseillée (comme ici).

䷅ **Hexagramme dérivé :** hexagramme 6. PLAIDER SA CAUSE est un moment de controverse où il importe de ne pas pousser les choses à bout afin de trouver des possibilités de redémarrage.

ÉLÉMENTS D'ANALYSE

Nucléaire

䷤ **Hexagramme 37 : Gens du Clan.** Au cœur de Épuisement, il y a Gens du Clan. Au cœur de la difficulté à faire admettre son point de vue, il y a une structure organisée transformant de l'éphémère en durable par référence à un foyer commun. C'est par une parole consistante, capable de relier, que cette organisation intègre les éléments étrangers ou invisibles. La confrontation avec l'entourage doit en passer par la recherche d'une référence commune. Elle oblige à réviser les fondements de sa parole propre, à en revoir les aspects insuffisants ou incompréhensibles afin de rétablir le contact avec autrui.

Opposé

䷕ **Hexagramme 22 : Embellir.** La relation d'opposition entre Embellir et Épuisement se situe au niveau du rapport entre le fond et la forme. Au moment d'Épuisement, exprimer sa parole oblige à en déterminer la forme et ainsi à en revisiter le bien-fondé. Au moment d'Embellir, prendre conscience des effets de l'apparence permet de les atténuer, afin que beauté et simulation ne dissimulent pas le fond.

困

48 PUITS

井

JING

En haut EAU ☵

En bas BOIS ☴

PUITS	井	JING
Les fiefs changent pas les PUITS	改邑不改井	gai yi bu gai JING
Ni pertes ni gains	无喪无得	wu sang wu de
Allées et venues en BON ORDRE	往來井井	wang lai JING JING
Qu'arrive l'étiage	汔至亦	qi zhi yi
que manque la corde au PUITS	未橘井	wei ju JING
que se brise la cruche	羸其瓶	lei qi ping
Fermeture	凶	xiong
Au début un six		
Vase du PUITS	井泥	JING ni
On ne s'en nourrit pas	不食	bu shi
PUITS vétuste nul oiseaux	舊井无禽	jiu JING wu qin
Neuf en 2		
Val du PUITS	井谷	JING gu
On tire à l'arc des bébés carpes	射鮒	shi fu
L'amphore usée coule goutte à goutte	瓮敝漏	weng bi lou
Neuf en 3		
Nettoyage du PUITS	井渫	JING xie
On ne s'en nourrit pas	不食	bu shi
Pour mon cœur quelle douleur	爲我心惻	wei wo xin ce
On pourrait l'utiliser et puiser	可用汲	ke yong ji
Un Roi éclairé en s'appariant	王明並	wang ming bing
reçoit le bonheur	受其福	shou qi fu
Six en 4		
Maçonnerie du PUITS	井甃	JING zhou
Absence de faute	无咎	wu jiu
Neuf en 5		
Fraîcheur du PUITS	井洌	JING lie
Source froide et pure	寒泉	han quan
On s'en nourrit	食	shi
En haut un six		
Récolte du PUITS	井收	JING shou
Ne pas le couvrir	勿幕	wu mu
Il y a onde porteuse	有孚	you fu
Fondamentalement ouvert	元吉	yuan ji

Grande Image

Au-dessus du bois il y a l'eau	木上有水	mu shang you shui
PUITS	井	Jing
L'Être Accompli ainsi	君子以	jun zi yi
en consolant le peuple de ses fatigues	勞民	lao min
l'encourage à l'organisation mutuelle	勸相	quan xiang

Dixième Aile

PUITS communication sans entraves et	井通而	JING tong er
ÉPUISEMENT se trouver mutuellement face à face.	困相遇也	KUN xiang yu ye

Le PUITS est ce qui nourrit parce qu'il relie. Accès à une eau invisible et profonde, c'est moins un objet qu'un fonctionnement. L'idéogramme ne figure ni poulie ni margelle, mais le système de fermage organisé en Chine ancienne autour du puits central. La langue le confirme en employant ce caractère pour désigner toute structure générant une activité harmonieuse et féconde. Symbole universel du lien entre les humains et de leur aptitude à vivre en commun, le puits représente à la fois la source invisible, disponible pour chacun en permanence, et le centre immobile autour duquel s'organisent les échanges. La circulation horizontale qui se produit à la surface de la terre autour de cet axe vertical se retrouve analogiquement dans le corps social et dans le corps humain : le Roi représente le pivot autour duquel s'organise la vie collective, tout comme le cœur est l'organe central de la vie individuelle.

Les PUITS permettent d'accéder à une source intangible qui n'appartient à personne et ne dépend pas des variations humaines. Plus durables que les frontières, ils symbolisent les structures sous-jacentes qui, au cœur des humains comme des peuples, « vivifient sans jamais s'épuiser[79] ». Chacun peut, en s'approchant de sa nappe profonde, construire son activité en s'y reliant.

L'idée d'appariement est suggérée par la forme de la figure elle-même, constituée à parité de traits Yin et Yang, équilibre qui évoque la nécessité d'allier patience et habileté. Si le Jugement évoque une circulation horizontale, le déroulement des traits montre un puits réel, de son fond humide à son ouverture sur l'extérieur. Il est d'abord décrit comme *envasé*, ensuite comme un *creux*, puis *nettoyé* et *maçonné*, enfin comme une *source fraîche*. Aux deux places de la Terre, le puits n'est d'abord qu'un fond boueux, rendu plus inutilisable encore par une attitude vindicative ; il faudra la capacité de l'être humain à s'organiser pour qu'une voie d'accès soit construite et que son eau devienne claire ; ce passage du naturel au culturel trouve son aboutissement aux deux places les plus extérieures où l'eau devient fraîche et accessible à tous. Cette ascension est scandée aux trois places impaires par l'évocation d'une nourriture, inconsommable au premier trait, inaccessible au troisième, enfin roborative à la place souveraine. Au trait de sortie du puits, le système fonctionne parfaitement, à la fois comme *nourriture* individuelle et comme lieu d'échange *fondamentalement ouvert*: c'est par cette appréciation particulièrement favorable qu'est marqué l'aboutissement bénéfique du parcours qui transforme de la *vase* en eau pure.

Le PUITS, image de ce qui irrigue en permanence, suppose de savoir établir un lien entre l'interne et le monde extérieur. Se centrer paisiblement tout en restant disponible et accessible – poreux – permet de se poser à un niveau de profondeur plus constant que d'éphémères frontières.

IDÉOGRAMME

JING: *Puits. En bon ordre, régulièrement. Terrain carré divisé en neuf parties égales, comme le caractère Jing.*

L'idéogramme, dont le sens courant désigne les puits, ne représente pas un puits. Il ne figure pas un objet mais un dispositif, un mode de fonctionnement: le « système puits ». Ce système désignait dans l'Antiquité un type particulier d'organisation agricole. Il était construit à partir d'unités territoriales globalement carrées qu'on divisait en neuf parcelles sur lesquelles étaient installées huit familles paysannes. La neuvième parcelle n'était allouée à personne en propre: vide et centrale, elle représentait le souverain, c'était en son centre qu'on creusait le puits qui alimentait l'ensemble du système. Elle était cultivée à tour de rôle par chacune des familles habitant les parcelles périphériques, ses produits revenant au souverain en tant qu'impôt foncier. À partir de cette unité de base, on opérait des regroupements de quatre, seize et soixante-quatre ensembles constitués de huit familles et neuf parcelles, toujours par multiples de quatre de manière à rester dans une structure carrée. Dans l'imaginaire de la Chine ancienne, ce système était tellement lié à l'idée d'agriculture qu'un des caractères les plus usuels pour dire *labourer* est formé par la combinaison du signe charrue et de l'idéogramme *puits*, caractère qui se retrouve dans une expression littéraire élégante pour décliner jadis une profession intellectuelle : labourer avec le pinceau.

Même s'il semble bien que ce type d'organisation ait été plus idéal qu'effectif, la place qu'il tenait dans la pensée chinoise était telle que l'idéogramme PUITS a depuis toujours, et encore maintenant, le sens figuré de « en bon ordre », puisque le système puits représentait le modèle de tout ce qui est bien arrangé, organisé de manière fluide et constitué d'échanges féconds (il retrouve dans ce sens la symbolique du chiffre *huit*, voir 58/I). Or cela ne provenait pas tant du puits lui-même que de la communication qu'il provoquait : les huit familles venaient y puiser chaque jour et cultivaient à tour de rôle la parcelle qui l'entourait. Cette double circulation autour d'un pivot vide paraissait idéale car elle fonctionnait analogiquement comme le corps humain centré sur le cœur et comme le corps social organisé autour du souverain (voir ligne 3).

À la différence de l'idéogramme qui nomme l'hexagramme retourné de celui-ci ÉPUISEMENT (47), où une frontière étanche enserrant un arbre dessiné au centre souligne l'incommunicabilité caractéristique de la situation, il n'y a pas dans l'idéogramme PUITS de délimitation extérieure : il ne représente pas un terrain mais, en seulement quatre traits, la division intérieure qui l'organise en neuf parcelles (le trait vertical gauche n'est recourbé que pour des raisons dynamiques et esthétiques), ce qui souligne à la fois l'idée de filtrage, de porosité caractéristique des puits et celle de communication sans entrave caractéristique de cette situation (voir DA).

TEXTE CANONIQUE

JUGEMENT

PUITS	井	JING
Les fiefs changent pas les PUITS	改邑不改井	gai yi bu gai JING
Ni pertes ni gains	无喪无得	wu sang wu de
Allées et venues en BON ORDRE	往來井井	wang lai JING JING
Qu'arrive l'étiage	汔至亦	qi zhi yi
que manque la corde au PUITS	未橘井	wei yu JING
que se brise la cruche	羸其瓶	lei qi ping
Fermeture	凶	xiong

Creux, enfoui en terre, filtrant l'eau souterraine, le PUITS accumule les symboles Yin. Lieu de convergence qui demeure malgré les turbulences et les vicissitudes, il n'est altéré ni par le déplacement horizontal des frontières tracées à la surface de la terre, ni par les variations verticales de son niveau. Y puiser ne diminue pas l'eau qu'il contient mais la renouvelle. Le PUITS n'étant pas un endroit d'accumulation mais d'échange, *ni pertes ni gains* ne l'affectent. Ce qui le fait fonctionner, c'est le mouvement qui s'organise dans et autour de ce point central dont chacun a la responsabilité mais dont personne ne peut s'approprier le contrôle.

L'accès à cette base Yin, constante et nourricière, n'est pas pour autant aisé. Il requiert des efforts et un soin particulier dans les moyens utilisés : une tension soutenue pour établir le lien avec les forces profondes, une attention précautionneuse pour s'en approcher. Comme l'indique la *fermeture*, seule formule négative de tout l'hexagramme, un comportement désordonné ou brutal éloigne de cette source vivifiante et conduit à l'impasse.

Fiefs : l'idéogramme, qui évoquait à l'origine les agglomérations paysannes, a pris ensuite dans le cadre de la féodalité instaurée par les Zhou le sens d'autorité conférée sur un territoire.

Changent : l'idéogramme n'est pas celui du nom du *Livre des Changements*. Écrit en combinant un signe cyclique et un signe d'autorité, son sens est voisin du nom de l'hexagramme 49 RÉVOLUTION (voir 49/4). Signifiant *changer, modifier, réformer, corriger* et évoquant d'importantes modifications sociales, il insiste sur le fait que ces transformations se situent à l'intérieur d'un système donné, sans en bouleverser la structure fondamentale (voir 42/GI, *réforme*). Toujours très usuel, ce terme a notamment été utilisé dans le nom donné à la politique de *réformes* instaurée par Deng Xiaoping en 1979.

Ni pertes ni gains : dans le *Yi Jing*, les *gains* sont le plus souvent favorables et les *pertes* nécessaires ou négligeables. PUITS est le seul cas où ils sont évoqués ensemble – et dans l'ordre inverse où ils sont habituellement énoncés en français. Ils sont donc situés ici au plan le plus général, soulignant la permanence du puits et de son remplissage, quel que soit son usage.

Allées et venues : le texte porte deux verbes *aller* et *venir*, souvent reliés dans le contexte du *Yi Jing* (voir 11/J ou 12/J). Évoquant le premier un mouvement centrifuge et le second un mouvement centripète, ils apparaissent ici sans aucun sujet, ce qui les situe eux aussi, comme les *pertes* et les *gains*, au plan le plus général. Ils évoquent l'ensemble des mouvements concertants qui animent le système du PUITS : d'abord celui qui tous les jours amène chaque famille de la périphérie vers le puits central pour y puiser l'eau qui lui est nécessaire, ensuite celui circulaire, qui amène à tour de rôle chaque famille à la parcelle centrale pour la cultiver, apportant par là sa participation nécessaire au fonctionnement global du système.

BON ORDRE : le texte porte l'idéogramme PUITS (c'est pourquoi *bon ordre* est écrit en capitales), répété deux fois de suite, construction qui est une forme classique de superlatif. Ce redoublement forme une expression restée très usuelle pour signifier *disposé de manière régulière, en bon ordre, méthodiquement.*

Étiage : l'étiage est le moment où un cours d'eau ou un bassin est à son niveau le plus bas. Le texte porte un idéogramme très rare formé avec le signe de l'eau et une partie d'un caractère signifiant *sec.* Son sens propre désigne un terrain qui, après avoir été couvert d'eau, est quasiment redevenu sec. De là, il signifie au sens figuré *presque, peu s'en faut, peut-être* (il est employé dans ce sens au Jugement de l'hexagramme 64). Ici, les deux sens se chevauchent : le puits est *presque à sec.*

Manque : l'idéogramme représente le dessin d'un arbre dans lequel est souligné un ensemble de branches encore en bourgeons, une nouvelle génération à venir. Bien que son sens prédominant soit celui d'un « à venir » pas encore réalisé (c'est celui qu'il a dans le nom de l'hexagramme 64 *PAS ENCORE* TRAVERSÉE), il est aussi employé comme négation simple et comme verbe indiquant un manque ou la non-réalisation d'une potentialité. Il peut tout aussi bien décrire ici soit une corde trop courte, soit un manque de corde.

Corde : écrit avec le signe général de tout ce qui est tissé ou tressé et un groupe complexe, l'idéogramme, devenu fort rare, désigne non la corde à laquelle en Occident on accroche le seau avant de le jeter dans le puits mais le système d'attaches reliant, dans les puits en usage dans la Chine ancienne, la cruche à une perche de bois.

Cruche : écrit avec le signe général de tout ce qui est façonné en argile et un caractère qui désigne ce qui est situé « de chaque côté » (voir ligne 3, *apparié*), l'idéogramme désigne les vases à anses surbaissées servant à puiser l'eau (voir aussi ligne 2, *amphore*).

Se brise : rare et fort complexe, l'idéogramme qui peut signifier *maigre* (voir 44/1) et *lié* (voir 34/3 et 34/4) a aussi le sens d'*accrocher*, de *renverser* quelque chose en passant, de le faire *se briser.*

Qu'arrive l'étiage que manque la corde au PUITS que se brise la cruche : les trois phrases sont placées en apposition, construction qui les relie avec l'appréciation *fermeture* clôturant le texte. Ce n'est qu'aux moments d'assèchement que la mauvaise utilisation des moyens servant à l'usage du puits rend l'accès à l'eau difficile.

Fermeture : appréciation mantique signalant un moment de blocage, un mauvais agencement du flux vital qui restreint les possibilités de développement. Comme chaque fois que cette appréciation est mentionnée au Jugement, elle ne qualifie pas la situation en tant que telle, mais l'hypothèse particulière précisée par les phrases précédentes (voir aussi 6/J, 8/J et 19/J).

TEXTE DES TRAITS

Au début un six
Vase du PUITS — 井泥 JING ni
On ne s'en nourrit pas — 不食 bu shi
PUITS vétuste sans nul oiseau — 舊井无禽 jiu JING wu qin

Ce trait d'Entrée représente le niveau à la fois le plus profond et le moins utilisable du PUITS. On imagine des restes de construction ancienne autour d'une mare boueuse qui ne propose aucune nourriture vivifiante mais une eau croupie dont personne ne veut, pas même les nomades – lesquels, s'ils ignorent les frontières, savent toujours où sont les puits.

Incorrect et sans autre relation que le voisinage avec la seconde ligne, ce trait est isolé. Ne participant pas au mouvement ascensionnel du reste de l'hexagramme, il représente un stade d'immobilité où le passé se sédimente et sur lequel le vouloir n'a pas directement prise.

Vase du PUITS : le texte de cet hexagramme est l'un des plus scandés. Chacun des six traits commence par une phrase construite à l'identique : le nom de l'hexagramme précédé d'un caractère le déterminant. On pourrait lire ici : puits envasé.
Vase : n'évoquant en français qu'eau boueuse ou fétide, *vase* rend mal les connotations de fertilité que cet idéogramme contient en chinois.
Nourrit : l'idéogramme, différent de celui nommant l'hexagramme 27, signifie toujours *manger*. Cité à trois reprises dans cet hexagramme (lignes 1, 3 et 5), il représente tout ce qui alimente aussi bien le corps que l'esprit ainsi que le fonctionnement du système dans son ensemble. Mentionné deux fois négativement (ici et ligne 3), il est cité positivement au cinquième trait.
Oiseau : le sens propre de l'idéogramme est *gibier* en général et *oiseau* en particulier. Il a aussi pour sens dérivé *oiseaux pillards*, désignant alors soit les volatiles qui picorent les céréales dans les champs, soit les nomades qui surgissent de nulle part. Ici, le puits est dans un tel état d'abandon qu'aucune créature n'y vient plus boire, même les oiseaux sauvages et les brigands qui leur ressemblent
Vétuste : écrit en combinant le signe général des brins d'herbes, le verbe *creuser* et le caractère *oiseau*, l'idéogramme, peut-être à cause des migrateurs qui reviennent faire leur nid toujours au même endroit, signifie *vieux* par rapport à récent, neuf.

Hexagramme dérivé : hexagramme 5. ATTENDRE est une situation de gestation, où l'on se renforce en n'anticipant pas sur les événements à venir.

Neuf en 2
Val du PUITS — 井谷 JING gu
On tire à l'arc des bébés carpes — 射鮒 shi fu
L'amphore usée coule goutte à goutte — 瓮敝漏 weng bi lou

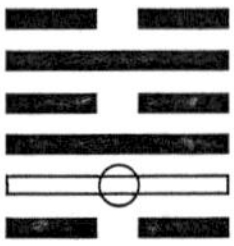

À ce niveau de Préfet, le PUITS commence à prendre forme. Mare boueuse au trait précédent, il est maintenant un creux fertile où l'eau commence à jaillir et se rassembler. À l'errance nomade des oiseaux se substituent les outils du sédentaire, mais inutilisables ou employés à contre-courant. L'*arc*, projection Yang, sert à chasser les animaux de la terre et du ciel, pas les poissons ; l'*amphore*, contenant Yin, fuit et ne peut remplir son office. Excès d'impatience et incapacité à rassembler empêchent la nourriture de croître (les *carpes* sont minuscules) et le système de s'installer. Le désir avide de se procurer de quoi se nourrir provoque un comportement turbulent qui est à l'opposé de l'attitude patiente caractéristique du fonctionnement des PUITS et qui tue dans l'œuf les potentialités de nourrissement.

Incorrect et situé au voisinage du seul autre trait incorrect, ce trait est sans relation avec la partie extérieure de l'hexagramme. L'absence de correspondance avec l'autre ligne centrale, la ligne souveraine en cinquième place, marque un dysfonctionnement : l'eau qui fuit de la cruche retombe vers le bas, suivant un trajet opposé au mouvement ascensionnel qui assure l'utilisation du puits. L'incapacité à s'apparier est révélée par l'agressivité envers des poissons qui vont par paire. Des moyens coercitifs brutaux gâchent la nourriture potentielle qui ne peut survenir que par l'échange et la communication.

Val du PUITS : le texte de cet hexagramme est l'un des plus scandés. Chacun des six traits commence par une phrase construite à l'identique : le nom de l'hexagramme précédé d'un caractère le déterminant. On pourrait lire ici : puits encaissé.
Val : formé avec le signe *orifice*, comportant aussi l'idée de *rassemblement* (voir 27/J, *bouche*) placé au-dessous d'un groupe complexe évoquant des replis se divisant, l'idéogramme signifie *vallée, ravin, lit d'un torrent entre deux montagnes, caverne, souterrain*. Cependant il résulte de l'assimilation avec un autre caractère dans lequel les replis se divisant au-dessus de l'orifice sont proches du caractère désignant la chair. Ce dernier caractère, évoquant les lèvres de la bouche et du sexe féminin est devenu un signe important de *désir* et de concupiscence[80] (voir 27/4, *désir*). Cette association entre ouverture vaginale et vallée fertile, très présente dans le taoïsme pour désigner le Yin primordial (voir 47/1, *val*) se retrouve dans plusieurs composés (voir 18/4, *être large*, 19/GI et 7/GI, *tolérant*, etc.).

Tirer à l'arc : dans la Chine féodale, l'arc est l'arme noble par excellence et le tir à l'arc l'expression de la justesse interne (voir 61/I *JUSTE* CONFIANCE). Tirer juste signifie plus que percer la cible en son centre, c'est maîtriser entièrement son corps de manière à inscrire son action de façon consonante dans un rythme. Tout cela renforce le côté inapproprié de l'attitude décrite ici.
Bébés carpes : le texte porte un idéogramme rare, écrit avec le signe général des poissons et le caractère *donner, confier*. Il désigne un tout petit poisson de la famille des carpes qui est devenu un symbole de l'assistance mutuelle car il ne va jamais seul. *Bébé carpe* est une licence qui n'évoque pas l'âge du poisson, mais sa taille minuscule, allusion ici à une possibilité encore ténue de nourriture.
On tire à l'arc des bébés carpes : le ridicule de la situation décrite ici se retrouve dans une expression littéraire qui décrit un esprit borné et ignorant : « poisson de PUITS ».
Amphore : écrit en combinant le signe général de tout ce qui est façonné en argile et les caractères *duc* et *commun* (voir 6/I), l'idéogramme désigne un type de vases ordinaires en argile qui se différencient par leur col haut des cruches dont il est question au Jugement et des jarres citées à 8/1, 29/4 et 30/3.
Usée : formé d'un groupe complexe peut-être en rapport avec les carapaces de tortues divinatoires, l'idéogramme signifie toujours au sens propre, *délabré, abîmé, misérable*. Au sens figuré, il est encore utilisé couramment dans les formules de politesse. Par exemple, on ne demande jamais à quelqu'un quel est son « nom », mais son « précieux nom » ; et on ne doit pas répondre « je m'appelle... », mais « mon *misérable* patronyme est... ».
Coule goutte à goutte : écrit en combinant les caractères eau, pluie et corps, le sens de cet idéogramme recouvre tout ce qui s'écoule de manière soit organique (larme, transpiration, spermathorrée) soit mécanique (suinter, filtrer, écoulement d'une horloge à eau) soit figuré (laisser échapper un secret, négliger, perdre, oublier).

䷦ **Hexagramme dérivé** : hexagramme 39. OBSTRUCTION est un moment où forcer le passage vers l'extérieur ne fait qu'accroître les difficultés ; le retour vers l'intérieur est la seule stratégie possible.

Neuf en 3

Nettoyage du PUITS	井渫	JING xie
On ne s'en nourrit pas	不食	bu shi
Pour mon cœur quelle douleur	爲我心惻	wei wo xin ce
On pourrait l'utiliser et puiser	可用汲	ke yong ji
Un Roi éclairé en s'appariant	王明並	wang ming bing
reçoit le bonheur	受其福	shou qi fu

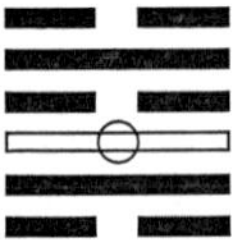

Terreuse à la première ligne, insaisissable à la seconde, la nourriture issue du Puits devient consommable grâce au travail de *nettoyage* décrit à ce niveau. Pourtant, comme au trait initial, *on ne s'en nourrit pas*, ce qui provoque grande tristesse. À cette place de Passage, il est temps de se tourner vers l'extérieur avec plus d'audace. Il ne suffit pas en effet que l'eau du puits soit claire, il faut aussi en rendre possiblel'accès. La présence du Roi, inhabituelle à cette place de passage, indique la nécessité d'un pôle – personnage, projet ou orientation – capable de centraliser et d'organiser les relations. Pivot neutre qui permet à une vie imperceptible d'alimenter l'activité humaine tout comme la parcelle centrale du système Puits met en contact avec une vie souterraine, le personnage du Roi résonne comme une incitation à établir des liens permettant de tirer l'eau disponible, de la faire circuler, et de rendre ainsi le consommable véritablement nourricier.

Ce premier des deux niveaux associés à l'être humain est occupé par le premier trait correct de l'hexagramme. Il préfigure l'ouvrage mentionné au trait suivant, avec lequel il y a relation de voisinage. La nécessité de l'extériorisation est accentuée par la correspondance avec la sixième ligne, où l'eau devenue saine permet un partage, une pleine *ouverture* qui répond à la possibilité de *bonheur* mentionnée ici. Caractéristique de contextes relationnels forts où des personnages importants sont en cause, l'évocation de ce bonheur doit inciter à donner désormais solidité et consistance à la manière de se manifester.

Nettoyage du Puits : le texte de cet hexagramme est l'un des plus scandés. Chacun des six traits commence par une phrase construite à l'identique : le nom de l'hexagramme précédé d'un caractère le déterminant. On pourrait lire ici : puits nettoyé.
Nettoyage : devenu fort rare et écrit en combinant le caractère *feuilles* et le signe général de l'eau, l'idéogramme signifie au sens propre *nettoyer, curer un puits*, c'est-à-dire enlever les feuilles tombées à l'intérieur.
On ne s'en nourrit pas : voir ligne 1.
Mon : le texte porte un idéogramme très usuel signifiant *je, moi, me*, en tant que pronom personnel et *mon, ma, mes* en tant qu'adjectif possessif. À cette phrase, comme à toutes celles où apparaît un pronom personnel, se pose la question de savoir qui parle à la première personne dans le *Yi Jing*. Parfois il semble évident que c'est du Roi Wen lui-même qu'il s'agit (voir 9/J ou 62/5), ici l'attribution est moins claire.
Cœur : désignant dans le contexte du *Yi Jing* le *for intérieur*, ce terme y est plutôt évoqué dans des contextes de tristesse.
Douleur : écrit avec le signe du *cœur* et un caractère évoquant l'idée

de conséquence *(donc)*, l'idéogramme, assez rare, signifie *douleur, affliction, compassion* dans le sens d'une émotion survenant à cause d'un fait extérieur.

Pour mon cœur quelle douleur : la construction rugueuse de la phrase permet une autre lecture qui serait « en ce qui me concerne, j'en ai le cœur affligé ». L'accablement du cœur est également mentionné, mais avec des termes différents, à la quatrième ligne de l'hexagramme 56 VOYAGEUR et à la seconde ligne de l'hexagramme 52 STABILISER.

On pourrait l'utiliser : Le texte porte deux idéogrammes dont le premier évoque l'idée d'une capacité et le second celle d'une mise en œuvre effective *(opérer)*.

Roi : personnage symbolique, le Roi est le pivot de l'organisation sociale, le moyeu vide qui rassemble le peuple en le reliant à ses racines.

Éclairé : voir 36/I, LUMIÈRE.

En s'appariant : l'idéogramme, entièrement symétrique, proche par le son du mot *couple* (41/5), est employé depuis très longtemps dans le sens d'un redoublement et d'un couplage efficace. Il est dit par exemple dans le *Livre des Odes* : « Les objets et le moment du rituel doivent être *appariés*[81] ».

Reçoit : l'idéogramme, toujours très courant (il sert en chinois moderne comme marque du passif), représente à l'origine une main, recevant d'une autre main un objet vraisemblablement en relation avec les carapaces divinatoires. Il signifie *recevoir, obtenir, accepter, admettre, supporter*. Dans le *Yi Jing*, son sens est franchement positif, puisqu'il n'est employé qu'avec le mot bonheur comme complément.

Bonheur : sans doute un des idéogrammes les plus répandus de la culture chinoise. On le trouve partout, sur les objets, les cartes de vœux, en pendentif ou en boucles d'oreilles, etc. Formé avec le signe général des questions religieuses et un caractère représentant une jarre pleine de grains, il évoque le bonheur matériel résultant du travail humain et de la faveur céleste.

Un roi éclairé en s'appariant reçoit le bonheur : le sens de cette phrase reste assez obscur. Elle pourrait être lue « le roi éclairé reçoit d'autant plus de bonheur », ou encore « le Roi lumineusement apparié reçoit le bonheur » ou même « un roi éclairant deux fois plus, reçoit le bonheur ».

Hexagramme dérivé : hexagramme 29. S'ENTRAÎNER au passage des RAVINS est un moment où l'on s'exerce à franchir les précipices. On y donne le conseil d'unifier le cœur et de se surpasser afin de juguler peurs et vertiges.

Six en 4

Maçonnerie du PUITS — 井甃 JING zhou

Absence de faute — 无咎 wu jiu

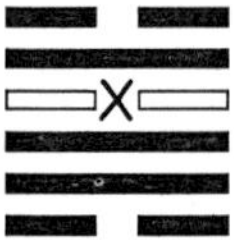

Cette ligne, seconde des deux associées à l'être humain, représente le stade où l'intervention humaine est nécessaire pour établir le fonctionnement du PUITS. Après la prise de conscience effectuée à la ligne précédente, où l'eau ne peut être nourricière faute de partenariat et d'organisation, il s'agit à présent de construire une voie, un conduit qui permette d'accéder à l'eau et de l'extraire.

C'est à ce trait, correct et en relation avec les deux lignes adjacentes, que s'établit le lien entre le haut et le bas de l'hexagramme, selon le rôle de communication dévolu à une place de Ministre. L'appréciation mantique sonne comme une incitation à se mettre à l'ouvrage.

Maçonnerie du PUITS : le texte de cet hexagramme est l'un des plus scandés. Chacun des six traits commence par une phrase construite à l'identique : le nom de l'hexagramme précédé d'un caractère le déterminant. On pourrait lire ici : puits maçonné.
Maçonnerie : l'idéogramme, devenu rare, est écrit avec le signe général des ouvrages en tuiles et le caractère *Automne*. Il désigne les travaux de réfection des puits qui avaient lieu à cette saison.
Absence de faute : incitation à ne pas rester dans un état d'esprit incertain ou hésitant. Elle n'apparaît qu'ici dans cet hexagramme.

Hexagramme dérivé : hexagramme 28. GRAND EXCÈS est un moment de démesure dont la traversée exige à la fois un surcroît de force intérieure et une capacité à l'exprimer au-dehors.

Neuf en 5

Fraîcheur du PUITS — 井洌 JING lie

Source froide et pure — 寒泉 han quan

On s'en nourrit — 食 shi

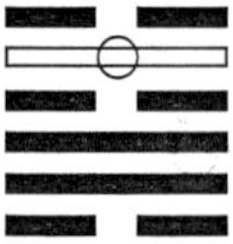

À la ligne souveraine, le texte met en avant la *fraîcheur* vivifiante du PUITS, décrit comme une *source* aussi *froide* que *pure*. Qu'il soit pour la première fois possible de *s'en nourrir* suppose que les étapes précédentes ont été franchies, notamment la mise en commun des efforts nécessaires au dégagement et à la consolidation de l'ouvrage. On se trouve au cœur de la situation, au niveau où le système fonctionne de manière juste, où l'eau est devenue une véritable nourriture.

La ligne est correcte, à l'instar de celles qui l'entourent. Le voisinage avec la quatrième ligne garantit l'accès à l'eau, celui avec la sixième est gage d'une utilisation collective, ce qui est précieux pour une position souveraine. C'est un moment où il faut profiter pleinement de ce contact fortifiant avec les forces profondes.

Fraîcheur du PUITS : le texte de cet hexagramme est l'un des plus scandés. Chacun des six traits commence par une phrase construite à l'identique : le nom de l'hexagramme précédé d'un caractère le déterminant. On pourrait lire ici : puits rafraîchi.
Fraîcheur : devenu rare, l'idéogramme signifie *froid*. Il est écrit en combinant le signe de la glace et un groupe complexe rattaché à l'idée de figer.
Source : l'idéogramme a toujours le sens usuel de source. Il est écrit avec le signe de l'eau disposé comme si elle s'écoulait du caractère *blanc*, qui est pris dans le sens de ce qui, venant d'apparaître, n'a pas encore sa couleur (voir 22/6, pur).
Froide et pure : écrit en combinant le signe de la glace avec un groupe décrivant l'opération de bouchage des fenêtres au début de l'hiver (voir 39/I), le caractère est resté très usuel dans le sens général de *froid*, froidure de l'hiver, etc. Cependant, appliqué ici à une source, ce qui est généralement vécu comme un désagrément devient une qualité essentielle.
On s'en nourrit : voir ligne 1.

Hexagramme dérivé : hexagramme 46. CROISSANCE est un moment d'enracinement où on œuvre petit à petit pour s'ériger. Un mouvement dirigé vers le bas y permet l'élévation.

En haut un six
Récolte du PUITS
Ne pas le couvrir
Il y a onde porteuse
Fondamentalement ouvert

井收 JING shou
勿幕 wu mu
有孚 you fu
元吉 yuan ji

Cette ligne est le couronnement de tout le système symbolisé par le PUITS. C'est à ce niveau qu'il est établi comme centre de la vie communautaire, et chacun peut s'en approcher librement. Le conseil de le laisser accessible fait écho au partenariat recherché au niveau de la troisième ligne : le puits est ouvert à tous parce que l'eau n'appartient à personne. Il n'a besoin ni de protection ni de mesures contraignantes car il est l'image d'un fonctionnement sain, collectif, garanti par le pouvoir invisible qu'il représente. Tous les paysans savent que l'utilisation régulière d'un puits est gage de la bonne santé de son eau.

Correct et en relation de voisinage avec la ligne souveraine, ce trait est également en contact avec l'intérieur de l'hexagramme par sa correspondance avec la troisième ligne. Le texte conjugue deux appréciations mantiques rares à ce niveau d'un hexagramme : la présence effective d'un courant de confiance et une capacité exceptionnelle à créer des situations fécondes. Cette position est très favorable pour alimenter une circulation d'échanges confiants et créatifs avec l'entourage.

Récolte du PUITS : le texte de cet hexagramme est l'un des plus scandés. Chacun des six traits commence par une phrase construite à l'identique : le nom de l'hexagramme précédé d'un caractère le déterminant. On pourrait lire ici : puits recueillant.

Récolte : très courant bien que d'étymologie obscure, l'idéogramme signifie en tant que verbe *recueillir, rassembler, recevoir, recouvrer* et en tant que nom *récolte*.

Couvrir : écrit avec le signe des tissus combiné avec un caractère qui, à partir de la représentation d'un soleil disparaissant derrière les herbes, est utilisé comme négation, l'idéogramme signifiait à l'origine une tenture disposée horizontalement, un rideau masquant aux regards l'endroit où se tient un représentant du pouvoir. Désignant maintenant le rideau du théâtre, il représente ici ce qui recouvre l'orifice du puits, empêchant les impuretés d'y pénétrer.

Il y a onde porteuse : variante de la formule mantique *onde porteuse* signalant qu'un fort courant porteur traverse la situation. Elle insiste sur la réalité effective *(il y a)* de ce courant.

Fondamentalement ouvert : formule mantique parmi les plus favorables du *Yi Jing*. *Fondamentalement* rehausse la fécondité de l'agencement décrit par *ouverture*, en soulignant l'étendue de ses possibilités d'application, sa vigueur et sa capacité à initier des situations nouvelles.

Hexagramme dérivé : hexagramme 57. SE MODELER est un mouvement de contrainte qui courbe les êtres et pénètre à l'intérieur des situations cachées pour en remettre la forme à jour.

ÉLÉMENTS D'ANALYSE

Nucléaire

䷥ **Hexagramme 38 : DIVERGENCE.** Au cœur du PUITS, il y a DIVERGENCE. Au cœur d'un point central de ressourcement et de communication, il y a une tension féconde. Cette tension n'est pas une obstruction, mais une différence de potentiels qui se situe au niveau du lien entre le dedans et le dehors. L'eau profonde est une nourriture disponible, mais son accès dépend des moyens et des instruments que chacun se donne. Savoir construire la maçonnerie qui favorise la communication permet avec le temps de relier l'intérieur à l'extérieur : extériorisation qui est en même temps un processus de clarification. Le passage de la profondeur informelle à une vraie nourriture représente une tension dont le résultat fécond est à la fois le ressourcement individuel et l'organisation d'ensemble.

Opposé

䷔ **Hexagramme 21 : MORDRE & UNIR.** La relation d'opposition entre PUITS et MORDRE & UNIR se situe au niveau de la manière d'accéder à ce qui nourrit et relie : permanente, invisible, presque insensible dans l'un, ponctuelle, spectaculaire, presque violente dans l'autre. Les aliments mis en scène dans les deux hexagrammes sont à l'image de cette opposition. Dans MORDRE & UNIR, une nourriture carnée, solide, évocatrice de l'attitude vigoureuse et décidée qui permet de détruire ce qui empêche les énergies de se rejoindre. Dans le PUITS, une eau claire et fluide, montant lentement le long de l'hexagramme, évocatrice de l'attitude de réceptivité qui permet la communication. Le cœur de la situation n'est pas le même : un obstacle à éliminer dans MORDRE & UNIR, une tension à utiliser dans le PUITS. On ne peut pas remplir un puits, mais on peut patiemment favoriser son fonctionnement par une attitude Yin. MORDRE & UNIR est en revanche la situation où est recommandée l'intervention la plus ferme et la plus active de tout le *Yi Jing*.

49 RÉVOLUTION (RENOUVELER)

GE

En haut BRUME ☱
En bas FEU ☲

RÉVOLUTION	革	GE
Au jour *Si*	巳日	si ri
alors onde porteuse	乃孚	nai fu
Fondamentalement favorisant	元亨	yuan heng
Ténacité profitable	利貞	li zhen
Tout regret disparaît	悔亡	hui wang
Au début un neuf		
Retenir solidement	鞏	gong
à l'aide d'une PEAU de bœuf jaune	用黄牛之革	yong huang niu zhi GE
Six en 2		
Au jour *Si*	巳日	si ri
Alors c'est la RÉVOLUTION	乃革之	nai GE zhi
Ouverture pour des expéditions	征吉	zheng ji
Absence de faute	无咎	xu jiu
Neuf en 3		
Impasse pour des expéditions	征凶	zheng xiong
Présage de danger	貞厲	zhen li
Paroles de RÉVOLUTION	革言	GE yan
par trois fois	三就	san jiu
Il y a onde porteuse	有孚	you fu
Neuf en 4		
Tout regret disparaît	悔亡	hui wang
Il y a onde porteuse	有孚	you fu
Le mandat change	改命	gai ming
Ouverture	吉	ji
Neuf en 5		
L'Être d'Envergure	大人	da ren
transforme tel le tigre	虎變	hu bian
Sans même consulter l'oracle	未占	wei zhan
il y a onde porteuse	有孚	you fu
En haut un six		
Le Chef Accompli	君子	jun zi
transforme telle la panthère	豹變	bao bian
L'Être Petit	小人	xiao ren
RÉVOLUTIONNE son visage	革面	GE mian
Impasse pour des expéditions	征凶	zheng xiong
Demeurer présage ouverture	居貞吉	ju zhen ji

Grande Image

Au cœur de la brume il y a le feu	澤中有火	ze zhong you huo
Révolution	革	Ge
L'Être Accompli ainsi	君子以	jun zi yi
en réglant le calendrier	治歷	zhi li
distingue clairement les moments opportuns	明時	ming shi

Dixième Aile

Révolution	革	Ge
rejeter ce qui a vieilli.	去 故也	qu gu ye

Révolution est changement de pouvoir et pouvoir de changement. Comparable à la mue du serpent, processus par lequel la peau usée est abandonnée au profit d'une neuve, Révolution est un moment de renouvellement et de remise à jour radicale. Il doit amener à la prise de conscience qu'une manière d'être, une emprise ou une domination est devenue obsolète. Cependant le désir de se débarasser de ce qui ne fonctionne plus ne doit pas aveugler. Le choix du moment conditionne la réussite du bouleversement. La Révolution ne peut aboutir à un réajustement durable que si elle est menée à l'heure juste, c'est-à-dire quand l'autorité qui doit succéder au *mandat* actuel est prête à en prendre la relève.

La théorie du mandat céleste

Après leur victoire militaire sur les Shang, le clan des Zhou se trouvait devant une impasse politique délicate. Sur le plan de la justice, ils avaient soustrait le peuple à la tyrannie, mais sur le plan féodal, ils s'étaient révoltés contre leur suzerain – nous appellerions cela aujourd'hui une révolution. À l'époque, le lien féodal était ce qui cimentait la société, et l'enfreindre mettait les vainqueurs dans une position fragile quant à la légitimité du nouveau contrat politique qu'ils instauraient. Ils firent alors appel au Ciel, non pour l'implorer mais pour en faire l'instigateur du bouleversement qu'ils venaient de provoquer. Les Zhou ne firent pas seulement du Ciel une figure impersonnelle qui regroupait et subordonnait les anciens dieux Shang, ils établirent la théorie du « mandat céleste » qui allait tenir lieu de socle constitutionnel à la Chine pendant près de trois millénaires. Le Ciel, d'après les Zhou, donne à un clan mandat de gouverner en son nom. Cette délégation, il peut la retirer quand ses mandataires cessent, comme les Shang, d'en être dignes, et la confier à un autre clan pour que l'ordre revienne « sous le Ciel ». Dans cette optique, s'emparer du pouvoir n'est plus un acte de rébellion, mais le juste accomplissement de la volonté céleste, l'appui du Ciel à ce « changement de mandat » se manifestant de manière éclatante par la victoire accordée à ceux qui l'ont reçu. Or les deux termes employés pour écrire ce « changement de mandat » sont pour *changement* le nom de l'hexagramme 49 et pour *mandat* un caractère cité à la ligne 4 de cet hexagramme. Formalisée ensuite par l'école confucéenne[82], cette expression sera finalement utilisée par les marxistes chinois pour désigner le concept de révolution.

La propension à l'action est manifeste dans la figure par la prédominance des traits Yang. Le texte la reflète par plusieurs images d'animaux, ceux-ci évoquant en général dans le *Yi Jing* une force instictive à domestiquer et, plus particulièrement ici, une mutation radicale : le *serpent* dont la mue est spectaculaire, le *bœuf* dont la peau évoque le travail de mégisserie, le *tigre* et la *panthère*, associés à l'idée de transformation, lucide dans un cas, profonde dans l'autre. La tension propre à la situation s'exprime dans la répétition des formules mantiques : un fort courant de certitude est indiqué quatre fois par *onde porteuse*, une volonté de remise en ordre à trois reprises par l'envie de se lancer dans des *expéditions*. Mais ces entreprises martiales ne peuvent ici encore aboutir que si elles s'effectuent au moment adéquat : inopportunes aux troisième et sixième traits, elles ne se révèlent fécondes qu'à la place de Préfet. Le tournant de la situation se situe à la place de Ministre, où le *changement* de *mandat* manifeste la réforme qui sera consolidée aux deux niveaux supérieurs.

Que l'*ouverture* soit réservée aux seules places Yin indique que la RÉVOLUTION ne se provoque pas mais, une fois enclenchée, s'accompagne avec retenue et circonspection. La formule *tout regret disparaît* – c'est le seul cas où elle est mentionnée au Jugement d'un hexagramme – est une incitation forte à abandonner un système qui ne fonctionne plus. La présence aux deux places du Ciel du *Chef Accompli* et de l'*Être d'envergure*, deux personnages symboliques parmi les plus importants du *Yi Jing*, doit engager, quand on est impliqué dans un processus de changement, à veiller à ce qu'il débouche sur une transformation réelle et durable.

IDÉOGRAMME

GE : *Peau débarrassée des poils ; cuir en préparation ; cuir. Peau. Cuirasse. Soldat. Éliminer, abroger, retrancher. Changer, révolutionner, renouveler.*

L'idéogramme est un tout indécomposable, qui représentait à l'origine une opération de mégisserie. On devine dans la forme ancienne la peau de l'animal (avec sa tête et sa queue) tendue sur un support de bois pour pouvoir être raclée et ainsi débarrassée des poils et des restes de chair, traitement qui prépare la transformation de la peau en cuir.

De cette opération, le caractère a gardé jusqu'à nos jours un double niveau de sens, l'un concret en relation avec le matériau (voir 33/2) et l'autre figuré autour de l'idée du passage d'un état périmé à un état renouvelé (voir 50/3). Dans le premier cas, le caractère *ge* intervient comme radical général dans différents caractères courants ayant trait à la peausserie – comme le verbe *tanner* pour lequel il est combiné au caractère *souplesse* – ou désignant des objets en cuir comme les *chaussures* ou la *balançoire* où il est combiné avec le caractère *transfert* (voir 42/4). Dans le second, il intervient en tant que mot à part entière, mais dans un sens verbal et abstrait, celui d'*éliminer, abroger, retrancher, se débarrasser de ce qui ne convient plus* (voir DA), qui se manifeste dans de nombreuses expressions dont la plus connue est « abolir l'ancien et établir le nouveau » et dans laquelle *abolir* et *établir* sont les noms des hexagrammes 49 et 50. Cette idée est si familière aux inventeurs du *Livre des Changements* qu'il existe même une version raccourcie de cette expression constituée simplement du nom des hexagrammes 50 et 49 disposés dans cet ordre.

La signification particulière de l'idéogramme *ge* est d'autant plus masquée par le sens politique du terme *révolution* dans le monde moderne qu'en Chine il semble y être naturellement associé. Par exemple la politique de *réforme* engagée par Deng Xiaoping à partir de 1979 pour sortir la Chine du maoïsme fût désignée par un binôme dans lequel le premier caractère signifie *changer* (il est mentionné à la ligne 4 de cet hexagramme) et le second est le nom de l'hexagramme 49. Peut-être était-ce un clin d'œil ironique? En effet quand, vers la fin du XIXe siècle, les écrits de Karl Marx furent traduits en chinois, pour rendre en idéogrammes le concept marxiste de « révolution », les lettrés choisirent de reprendre la vieille expression en deux caractères *ge ming*, dans laquelle *ge* est le nom de cet hexagramme et *ming* le terme mandat (par ailleurs mentionné à la quatrième ligne). C'est ainsi qu'on vit le plus important des concepts révolutionnaires du philosophe allemand apparaître en Chine sous la forme d'un retour au principe du *changement de mandat* instauré trois mille ans auparavant par les Zhou pour justifier leur conquête du pouvoir. Ce n'est que plus tard, par croisement entre l'idée plus générale de renouvellement (de la peau) et une interprétation erronée du caractère lézard (écrit en combinant le signe des petits reptiles et le caractère *changement* du *Livre des Changements*) que le nom de cet hexagramme devint une métaphore de la mue.

TEXTE CANONIQUE

JUGEMENT

RÉVOLUTION	革	GE
Au jour *Si*	巳日	si ri
alors onde porteuse	乃孚	nai fu
Fondamentalement favorisant	元亨	yuan heng
Ténacité profitable	利貞	li zhen
Tout regret disparaît	悔亡	hui wang

Quand un renversement doit avoir lieu, il importe qu'il ne soit pas le résultat d'une poussée incontrôlée, mais qu'il intervienne parce que l'heure en est propice. Ce n'est qu'au jour marqué par les Chinois du signe *Si*, associé au serpent et à l'habileté avec laquelle il mue, que l'on doit se laisser emporter par la certitude d'avoir à déposer l'ordre ancien et changer la manière de (se) gouverner. Alors, et seulement parce que les temps sont mûrs, peuvent se déployer, comme aux moments de ÉLAN CRÉATIF et ÉLAN RÉCEPTIF les Quatre Qualités du Ciel-Terre : initialisation, essor, profit, endurance. Marquées par un groupement spécifique de formules mantiques, *fondamentalement favorisant* et *ténacité profitable*, ces capacités caractérisent des circonstances où la possibilité de trouver le point de départ d'une situation et de lui faire prendre son essor se conjugue à l'endurance nécessaire pour en assurer l'épanouissement.

Savoir saisir le moment juste permet de mettre à profit ce dispositif énergétique pour procéder sans inquiétude à la transition entre l'ancien et le nouveau. RÉVOLUTION est le seul hexagramme dont le Jugement comporte la formule *tout regret disparaît*, incitation à tourner la page sans aucune nostalgie pour la période qui s'achève.

Au jour *Si* : le texte porte le mot *soleil* dans le sens de jour et un idéogramme intraduisible : *Si*, qui appartient à un groupe particulier de caractères : les dix Troncs Célestes et les douze Branches Terrestres appelés « signes cycliques ». Servant à organiser en séquences un ensemble quelconque : années dans le calendrier traditionnel, arguments dans une démonstration, chapitres dans un livre, etc., ces idéogrammes, dont le sens propre est généralement perdu, valent uniquement par leur position dans un ordre d'énumération. Le signe *Si* fait partie des Branches Terrestres qui servaient dans l'Antiquité à marquer les années du cycle zodiacal de Jupiter et, depuis les Han, les heures doubles de la journée. Sixième de cette série, le signe *Si* (il se prononce « sseu ») est dans le zodiaque chinois associé au serpent, animal dont le sifflement est caractéristique et la mue spectaculaire. Dans le cycle horaire, il est en relation avec la sixième heure double de la journée, de 9 heures à 11 heures, celle qui suit l'heure du dragon, symbole dans le *Yi Jing* de l'ÉLAN CRÉATIF et avec lequel le serpent est en affinité de forme et d'expression : « Le serpent est la manifestation de la vertu aisée et habile[83]. » N'apparaissant que dans cet hexagramme, ce signe y est cité deux fois : Jugement et ligne 2.

Onde porteuse : appréciation mantique signalant qu'un fort courant porteur traverse la situation. Il est signalé à quatre reprises dans cet hexagramme : Jugement, lignes 3, 4 et 5.

Alors onde porteuse : l'onde porteuse est décrite ici comme une conséquence du couplage avec le moment opportun : une particularité (soulignée par *alors*, idéogramme à usage grammatical) qui ne concerne que cet hexagramme. Deux autres fois l'*onde porteuse* est posée comme une conséquence, mais c'est alors de l'attitude qu'on adopte qu'elle dépend (voir 40/4 et 11/4).

Fondamentalement : modulation mantique marquée par un idéogramme qui signifie *début, origine, entièrement.*

Favorisant : appréciation mantique décrivant un climat d'essor, un agencement fertile, un dispositif énergétique global dans lequel l'échange entre le Ciel et la Terre se noue de manière féconde.

Fondamentalement favorisant : formule mantique caractéristique des Jugements. Elle signale un moment particulièrement propice, s'exprimant de manière Yang par une propension à entreprendre et de manière Yin dans une capacité à faire aboutir.

Ténacité profitable : formule mantique soulignant que la situation requiert pour être fructueuse une grande capacité à endurer, à tenir avec constance sans se laisser fatiguer par les difficultés du moment.

Fondamentalement favorisant Ténacité profitable : groupement spécifique de deux formules mantiques, appelé Quatre Qualités du Ciel-Terre (voir 1/J) qui ne qualifie que sept hexagrammes : 1, 2, 3, 17, 19, 25 et 49.

Regrets : appréciation mantique qui signale qu'on tarde à réagir, à adopter la nouvelle attitude demandée par le changement dans la situation. Formé avec le signe du cœur, commun à tous les sentiments ou pensées et un groupe complexe représentant des plantes pullulantes, l'idéogramme évoque ce qui encombre le cœur, et donc le paralyse.

Tout regret disparaît : formule mantique spécifique qui renforce le sens d'injonction à aller de l'avant contenue dans le terme *regrets.* RÉVOLUTION est la seule situation où cette formule est citée au

Jugement. Cette singularité éclaire le sens spécifique qu'elle prend dans le contexte du *Yi Jing*, celui d'une injonction à se mettre en mouvement sans aucune nostalgie pour ce qu'on laisse derrière soi. Ce conseil est donné à nouveau au quatrième trait, le tournant de la situation. Ici comme là, il indique que le moment est venu de mettre en marche le processus de RÉVOLUTION.

TEXTE DES TRAITS

Au début un neuf
Retenir solidement — 鞏 gong
à l'aide d'une PEAU de bœuf jaune — 用黄牛之革 yong huang niu zhi GE

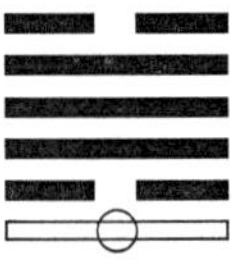

L'accumulation dans ce texte d'allusions à l'idée de retenue est signe que le désir de changement se manifeste dès l'entrée dans la situation de façon prégnante. Il n'est cependant pas possible, au stade inexpérimenté d'une première ligne, de laisser libre cours à de telles ardeurs. Bien que le caractère nommant l'hexagramme soit mentionné, c'est dans son sens propre de *peau*, c'est-à-dire en tant qu'image d'une contention à la fois souple et solide, et non comme un encouragement à une mue qui serait ici prématurée. Les lanières de cuir servant à attacher et retenir, ne sont pas les seules images qui incitent au freinage : le *bœuf*, symbole d'enracinement et de lenteur, qui engage à garder les pieds sur terre (voir 30/J), le *jaune*, couleur du Yin, de la Terre et du Milieu Juste. Ce sont là autant d'invites à se garder d'une tentation émotive à la révolte.

La correction du trait, Yang à une place impaire, est le signe d'une certaine propension à agir, mais sa relation de voisinage avec la seconde ligne, où les conditions du changement sont maîtrisées, peut aider à s'abstenir pour le moment d'initiatives aventureuses.

Retenir solidement : l'idéogramme, utilisé ici dans son sens propre *lier avec une courroie, affermir, consolider*, équivaut à un « jeu de signes » puisqu'il est écrit en combinant un groupe complexe avec le caractère qui sert à nommer l'hexagramme lui-même. C'est avec un caractère proche de sens, mais de graphie différente (retenir opiniâtrement) que commence une phrase quasit identique au seul moment de FAIRE RETRAITE où il est conseillé de ne pas reculer, mais au contraire, de « révolutionner » sa stratégie en tenant fermement le terrain (voir 33/2).
Peau : le texte porte le nom de l'hexagramme, utilisé ici dans son sens propre *cuir* (voir Idéogramme). Le caractère *révolution* est ainsi lisible deux fois de suite dans le texte de cette première ligne.

Bœuf : associé à la Terre, dont il a la couleur jaune, et aux labours de Printemps, le bœuf est le plus souvent dans le contexte du *Yi Jing*, un symbole de solidité. Ici c'est celle de son cuir qui est évoquée.
Jaune : associé à la Terre et au Milieu, synonyme de justesse et d'impartialité, devenu la couleur souveraine par excellence, le jaune est la couleur emblématique de la Chine, où sa valeur est infiniment plus positive qu'en Occident. Dans le *Yi Jing*, elle est plus particulièrement associée à la force, à la solidité et à la ténacité du Yin.

Hexagramme dérivé : hexagramme 31. INCITER est un moment d'ouverture à toutes les stimulations et contacts extérieurs, qu'il faut savoir accueillir sans se laisser déstabiliser.

Six en 2
Au jour *Si* — 巳日 si ri
alors c'est la RÉVOLUTION — 乃革之 nai GE zhi
Ouverture pour des expéditions — 征吉 zheng ji
Absence de faute — 无咎 wu jiu

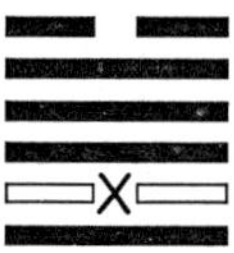

Ce trait représente, par la reprise des termes du Jugement, un moment clé de l'hexagramme : c'est ici que s'enclenche le mouvement qui conduit au renouvellement. À la lucidité quant à l'opportunité du changement s'ajoute la conscience des *expéditions* à mener pour l'accomplir. Le moment est venu d'opérer les remises en ordre qui s'imposent afin de préparer le changement de mandat qui devient effectif au niveau de la ligne de Ministre, et cela avec d'autant moins d'hésitation que c'est la seule fois où cette stratégie vigoureuse est conseillée à une place de Préfet.

Correct, ce trait décrit une position de juste équilibre entre la nécessité de la RÉVOLUTION et la maîtrise des moyens préparant son avènement. Seul trait Yin de l'intérieur de la figure, il retient les forces Yang qui l'entourent et sa relation de correspondance avec la ligne souveraine indique une participation effective à la mutation en cours. Comme le soulignent les mentions *ouverture* et *absence de faute*, l'intelligence de la situation permet d'aller de l'avant sans tergiverser.

Au jour *Si* : voir Jugement.
Alors RÉVOLUTION : voir Jugement.
Ouverture : appréciation mantique signalant un moment heureux où un agencement fécond du flux vital multiplie les possibilités de développement. Elle est citée trois fois dans cet hexagramme : lignes 2, 4 et 6.
Expéditions : formule mantique spécifique signalant la nécessité d'une stratégie d'intervention vigoureuse. Dans le *Yi Jing*, la mise en

route d'une action déterminée de remise en ordre est deux fois plus souvent déconseillée *(impasse pour des expéditions)* que conseillée (comme ici). RÉVOLUTION, l'hexagramme où ce type d'intervention est le plus cité (trois fois), respecte cette proportion : favorables ici, les expéditions sont déconseillées aux lignes 3 et 6.
Absence de faute : incitation à ne pas rester dans un état d'esprit incertain ou hésitant. Elle n'apparaît qu'ici dans cet hexagramme.

Hexagramme dérivé : hexagramme 43. SE MONTRER RÉSOLU est un moment où il faut se manifester de manière déterminée tout en prévenant des débordements agressifs.

Neuf en 3

Impasse pour des expéditions	征凶 zheng xiong
Présage de danger	貞厲 zhen li
Paroles de RÉVOLUTION	革言 GE yan
par trois fois	三就 san jiu
Il y a onde porteuse	有孚 you fu

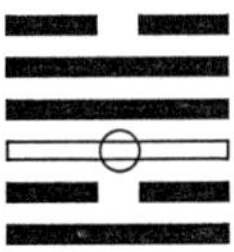

À ce niveau de Passage, on doit veiller à ne pas se laisser emporter par la tendance à l'agitation et à l'activisme : les *expéditions*, adéquates à la ligne précédente, sont ici déconseillées. Comme à la même place de transition de PAS ENCORE TRAVERSÉE, autre contexte de remise en question (voir 64/3), il est préférable, lorsqu'on se trouve entre deux rives, d'éviter de tout bousculer par des entreprises intempestives, particulièrement au moment où les désirs de bouleversement s'expriment et se propagent au point de rendre la situation explosive. Comme au moment de SE MONTRER RÉSOLU, où se laisser emporter par une surenchère de paroles peut s'avérer périlleux (voir 43/J), la certitude que le renouvellement est nécessaire risque d'être pervertie par des débordements incontrôlés.

Correct et entraîné par la force des traits Yang supérieurs, ce trait est en correspondance avec la sixième ligne, où est décrite l'alternative entre une réforme profonde et un comportement plus aventureux. Le voisinage avec la seconde ligne est un facteur de retenue qui peut aider à canaliser la force dans des entreprises fécondes.

Impasse pour des expéditions : formule mantique signalant l'inadéquation d'une stratégie d'intervention vigoureuse. Dans le *Yi Jing*, la mise en route d'une action déterminée de remise en ordre est deux fois plus souvent déconseillée (comme ici) que conseillée *(ouverture pour des expéditions)*. RÉVOLUTION, l'hexagramme où ce type d'intervention est le plus cité (trois fois), respecte cette proportion : défavorables ici et en ligne 6, les expéditions sont profitables en ligne 2.

Présage de danger : formule mantique soulignant la probabilité de risques inhérents à la situation.
Paroles : l'idéogramme qui signifie toujours *paroles, mots* avait à l'origine le sens d'outrepasser une limite.
Paroles de Révolution : trop simple pour être claire, cette phrase a donné lieu à de multiples commentaires. Elle pourrait être lue : Révolutionner les paroles.
Par trois fois : le chiffre *trois* souligne souvent dans le contexte du *Yi Jing* une répétition insistante. Cette connotation est particulièrement renforcée ici par l'emploi d'un second caractère équivalent au mot *fois* en français et dont c'est la seule occurrence.
Il y a onde porteuse : variante de la formule mantique *onde porteuse* signalant qu'un fort courant porteur traverse la situation. Elle insiste sur la réalité effective *(il y a)* de ce courant. Révolution est le seul hexagramme où cette formule est citée à trois reprises : lignes 3, 4 et 5.

Hexagramme dérivé : hexagramme 17. Suivre représente l'insertion dans un courant porteur. La facilité peut y signifier attachement involontaire plutôt qu'abandon à sa nature propre.

Neuf en 4

Tout regret disparaît	悔亡	hui wang
Il y a onde porteuse	有孚	you fu
Le mandat change	改命	gai ming
Ouverture	吉	ji

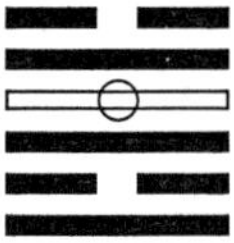

C'est à ce niveau que l'ensemble de la situation bascule. Que cette ligne soit le point focal de l'hexagramme est indiqué à la fois par l'affirmation *le mandat change* et par la reprise de la phrase caractéristique du Jugement *tout regret disparaît* : on a ici la possibilité de balayer sans hésiter les agencements vieillis et les fonctionnements inefficaces. Placée au centre d'un bloc de trois traits Yang, entourée de deux lignes comportant également la mention d'une *onde porteuse*, cette place de Ministre représente le moment où peut s'effectuer en toute confiance le *changement de mandat*. Que le nom de l'hexagramme n'y soit pas cité montre qu'il s'agit moins d'une révolution, au sens où l'on entend ce mot en Occident depuis deux siècles, que d'un renouvellement. Une nouvelle manière de gouverner peut se mettre en place, marquée par la mention *ouverture*, posée ici seulement de manière inconditionnelle.

L'incorrection du trait et le fait qu'il soit sans relation sont ici des atouts pour se défaire des implications anciennes. Articulation véritable de la situation et point central de sa force créative, ce niveau marque le tournant où s'effectue la transition entre l'ancien et le nouveau.

Tout regret disparaît : formule mantique spécifique qui renforce le sens d'injonction à aller de l'avant contenue dans le terme *regrets* (voir Jugement). Cette formule, ainsi que la suivante, signalent qu'à ce stade, le moment est vraiment venu de mettre en marche le renouvellement sans aucune nostalgie pour ce qu'on laisse derrière soi.
Il y a onde porteuse : variante de la formule mantique *onde porteuse* signalant qu'un fort courant porteur traverse la situation. Elle insiste sur la réalité effective (il y a) de ce courant. RÉVOLUTION est le seul hexagramme où elle est citée à trois reprises : lignes 3, 4 et 5.
Mandat : dans l'Antiquité ce terme, recouvrant à la fois le mandat général alloué par le Ciel et le mandat féodal conféré par le souverain, désignait aussi bien le destin individuel, la durée de vie, que la position hiérarchique, la situation sociale. Dans le contexte du *Yi Jing* cependant, ce terme apparaît généralement combiné avec l'évocation de changement dans les rapports hiérarchiques qui sont particulièrement manifestes ici.
Changent : l'idéogramme n'est pas celui qui sert à nommer le *Livre des Changements*. Écrit en combinant un signe cyclique et un caractère d'autorité, son sens, voisin de celui de RÉVOLUTION, évoque d'importantes modifications sociales. Le choix de ce caractère qui signifie *changer, modifier, réformer, corriger*, et qui n'apparaît ailleurs dans le *Yi Jing* que pour souligner l'intangibilité des PUITS (voir 48/J), insiste ici sur le fait que les changements dont il s'agit se situent à l'intérieur d'un système donné, sans en bouleverser la structure fondamentale (voir aussi 42/GI). Toujours très usuel, ce mot a été utilisé par Deng Xiaoping pour nommer la politique de *réforme* développée à partir de 1979.
Le mandat change : cette phrase résume toute la dialectique de la situation en insistant sur le fait que le mandat change de mains, mais pas de nature. Les Zhou quand ils prirent le pouvoir sur les Shang ne voulaient pas passer pour des usurpateurs ou pour des révolutionnaires au sens moderne du terme, mais se présentaient comme des instruments de la volonté manifestée par le Ciel qui jadis avait confié le mandat aux Shang.
Ouverture : appréciation mantique signalant un moment heureux où un agencement fécond du flux vital multiplie les possibilités de développement. Alors qu'aux traits 2 et 6, l'*ouverture* est conditionnelle, liée soit à une intervention active de remise en ordre (ligne 2), soit au contraire à une attitude de retenue (ligne 6), ici c'est le bouleversement lui-même qui permet l'ouverture globale de la situation.

䷾ **Hexagramme dérivé :** hexagramme 63. DÉJÀ TRAVERSÉE est un moment où tout est en place, selon un modèle ordonné dans lequel les forces ont atteint un équilibre appelé à se défaire et se renouveler sans cesse.

Neuf en 5
L'Être d'Envergure
transforme tel le tigre
Sans même consulter l'oracle
il y a onde porteuse

大人 da ren
虎變 hu bian
未占 wei zhan
有孚 you fu

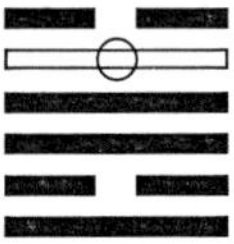

La manière souveraine de conduire le renouvellement est décrite par l'association de deux images puissantes, celles du *tigre* et de l'*Être d'Envergure*. Que le nom de l'hexagramme ne soit pas cité à cette ligne indique que RÉVOLUTION n'est pas agitation permanente, mais capacité à transformer profondément la réalité. Il faut pour cela une agilité de félin et une perspicacité peu commune. Lorsque l'Être d'Envergure est proposé comme modèle, ce qui est rare, c'est que l'heure est suffisamment grave pour nécessiter une parole forte. S'il est comparé au tigre à l'œil perçant, c'est qu'il est capable de voir et d'agir avec rapidité et puissance, afin de procéder en toute souveraineté à l'aggiornamento que l'heure impose. L'Être d'Envergure connaît par lui-même les signes, son action se fonde sur une certitude qui n'a besoin d'aucune confirmation extérieure.

Correct et en relation avec la ligne de Préfet où se préparent les conditions du renouvellement, ce trait est en outre porté par la force des traits Yang précédents. La capacité à transformer la réalité peut s'exprimer ici avec une puissance exceptionnelle.

Être d'Envergure : personnage symbolique signalant par sa présence que la situation requiert une hauteur de vue particulière. Figure importante du *Yi Jing*, qui ajoute à la perspicacité et au courage du *Chef Accompli* les qualités morales de l'*Être Aguerri* (voir 7/J), l'Être d'Envergure exerce une influence sur autrui, il a une parole à faire passer. ÉPUISEMENT, situation d'épreuve de la parole, est l'hexagramme où il apparaît de la manière la plus caractéristique (voir 47/J).
Transforme : écrit avec un groupe complexe, cet idéogramme, qui n'apparaît que dans cette figure (lignes 5 et 6), signifie *changer, se transformer, muer, se métamorphoser*. Par opposition au verbe *changer* cité à la ligne précédente, il évoque des changements brusques et relativement extraordinaires.
Tigre : si le dragon est l'emblème du Yang et de l'ÉLAN CRÉATIF (voir 1/J), le tigre en est sa plus splendide manifestation au niveau terrestre. Roi des animaux dans l'imaginaire chinois, il est ici employé comme symbole Yang en écho avec la panthère, image Yin, citée à la ligne suivante.
Transforme tel le tigre : le texte ne porte pas d'idéogramme à caractère comparatif, mais une construction particulière qui en tient lieu ici et à la ligne suivante.

Sans même : l'idéogramme évoque l'idée de quelque chose qui n'est pas encore réalisé (voir 64/I, *PAS ENCORE* TRAVERSÉE)
Consulter l'oracle : traduit un seul caractère dont le sens est général : *opérer une divination*, sans qu'il soit fait référence à une pratique oraculaire particulière.
Il y a onde porteuse : variante de la formule mantique *onde porteuse* signalant qu'un fort courant porteur traverse la situation. Elle insiste sur la réalité effective *(il y a)* de ce courant. RÉVOLUTION est le seul hexagramme où cette formule est citée à trois reprises : lignes 3, 4 et 5.

Hexagramme dérivé : hexagramme 55. ABONDANCE est une situation de profusion printanière qui nécessite une attitude royale et juste pour en canaliser les effets.

En haut un six

Le Chef Accompli	君子 jun zi
transforme telle la panthère	豹變 bao bian
L'Être Petit	小人 xiao ren
RÉVOLUTIONNE son visage	革面 GE mian
Impasse pour des expéditions	征凶 zheng xiong
Demeurer présage ouverture	居貞吉 ju zhen ji

À ce niveau de Sortie est indiqué comment parachever la RÉVOLUTION. La manière d'accomplir le renouvellement, décrite à la ligne souveraine, se prolonge sous la forme d'une alternative entre *Chef Accompli* et *Être Petit*. La stratégie que représente le Chef Accompli est décrite à l'aide d'une comparaison similaire à celle appliquée à l'Être d'Envergure au trait précédent. Associé au *tigre*, l'Être d'Envergure est le modèle à suivre lorsque la situation requiert une parole forte. Associé à la *panthère*, le Chef Accompli est l'exemple d'une attitude perspicace et courageuse qui permet de s'adapter avec souplesse à toute circonstance, y compris une RÉVOLUTION.

À cette mise en parallèle s'ajoute celle qui relie les deux animaux : le tigre symbolise l'aspect Yang extérieur, visible, du changement, tandis que la panthère en représente l'aspect Yin, intérieur, caché. Contrairement à l'Être Petit qui n'est capable que d'un renouvellement de façade, le Chef Accompli est à même d'intérioriser les effets du changement de mandat et de le transformer en une mue profonde. Il sait que l'heure n'est plus à se lancer dans des *expéditions* hasardeuses, mais qu'il faut à présent *demeurer*, c'est-à-dire rester en place pour gérer les acquis et enraciner le changement.

Impliqué dans les bouleversements internes de la RÉVOLUTION par sa correspondance avec la troisième ligne, ce trait est correct et en relation de voisinage avec la ligne souveraine. Cette position donne la possibilité de voir l'ensemble de la situation et de parfaire le renouvellement d'une manière féconde

Chef Accompli : personnage symbolique dont la présence signale que la situation requiert des qualités particulières.
Transforme : voir ligne 5.
Panthère : l'idéogramme, utilisé seulement ici dans le *Yi Jing*, est le nom spécifique des *panthères* et des *léopards*. Panthère a été choisi pour souligner la symbolique Yin de cet animal, dans son opposition au *tigre* cité à la ligne précédente. L'analogie avec le Yin est double ; le caractère *panthère* est écrit avec le signe général des félins et le caractère *cuillère* (voir 51/J). Ensuite, son pelage n'est pas rayé comme celui du tigre, mais moucheté. De même que les rayures du tigre rappellent le côté extérieur des carapaces divinatoires, celui où l'on lisait les fissures, de même les taches noires du léopard rappellent les cupules creusées dans la face interne des carapaces, celle où était apposé le tison de bronze.
Transforme telle la panthère : le texte ne porte pas d'idéogramme à caractère comparatif, mais une construction particulière qui en tient lieu ici comme à la ligne précédente.
Être Petit : personnage symbolique représentant une attitude sans envergure, mesquine, immature ou rigide.
RÉVOLUTIONNE : nom de l'hexagramme. Il est cité à trois reprises dans le Texte des traits : lignes 2, 3 et 6. Ici, la construction implique une forme verbale.
Visage : représentant le schéma d'un visage, l'idéogramme signifie la *face* à tous les sens que peut prendre ce mot dans un contexte asiatique. Il est un symbole d'extériorité, de façade. La phrase *RÉVOLUTIONNE son visage* est restée proverbiale en chinois pour désigner qui ne se réforme qu'en apparence.
Impasse pour des expéditions : formule mantique signalant l'inadéquation d'une stratégie d'intervention vigoureuse. Dans le *Yi Jing*, la mise en route d'une action déterminée de remise en ordre est deux fois plus souvent déconseillée que conseillée (*ouverture pour des expéditions*). RÉVOLUTION, l'hexagramme où ce type d'intervention vigoureuse est le plus cité (trois fois), respecte cette proportion : déconseillées ici et en ligne 3, les expéditions sont favorables en ligne 2.
Demeurer : l'idéogramme qui signifie *habiter, séjourner, mettre en réserve, amasser* apparaît toujours dans le *Yi Jing* de manière favorable.
Ouverture : appréciation mantique signalant un moment heureux où un agencement fécond du flux vital multiplie les possibilités de développement.
Demeurer présage ouverture : ce conseil se retrouve à l'identique à 27/5.

Hexagramme dérivé : hexagramme 13. S'ENTENDRE AVEC TOUS est un moment où les êtres humains se détachent de leur fonctionnement individuel et cherchent à s'accorder en affirmant, confrontant et dépassant leurs différences.

ÉLÉMENTS D'ANALYSE

Nucléaire

Hexagramme 44 : ÊTRE ACCUEILLANT. Au cœur de RÉVOLUTION, il y a ÊTRE ACCUEILLANT. Au cœur d'un renouvellement, il y a la rencontre de ce qui est autre, étranger, inconnu. ÊTRE ACCUEILLANT opère la pénétration des frontières du Yang, dont la suprématie se termine, ce qui implique de savoir accueillir et intégrer les éléments nouveaux de la situation. Le changement de mandat qui s'effectue dans RÉVOLUTION représente l'amorce d'une période nouvelle qu'il faut savoir accueillir lorsqu'elle survient, en laissant les regrets derrière soi.

Opposé

Hexagramme 4 : JEUNE FOU. La relation d'opposition entre RÉVOLUTION et JEUNE FOU se joue sur l'axe du temps. RÉVOLUTION est renouvellement de ce qui a vieilli, remise à jour ; la mue est ce moment où la jeune peau rejette et remplace la vieille peau usée. JEUNE FOU, à l'inverse, est le moment où ce qui est en devenir se met à l'école de ce qui ne vieillit pas – la tradition. Il est fondamentalement retour aux sources, comme le suggère aussi son hexagramme nucléaire, mais dans une perspective de constant renouvellement : la pensée chinoise est une tradition du changement.

50 CHAUDRON

鼎

DING

En haut FEU ☲
En bas BOIS ☴

CHAUDRON	鼎	DING
Fondamentalement ouvert	元吉	yuan ji
Favorisant	亨	heng

Au début un six

CHAUDRON aux pieds renversés	鼎顛趾	DING dian zhi
Profitable pour faire sortir ce qui OBSTRUE	利出否	li chu PI
Obtenir une concubine et ainsi un fils	得妾以其子	de qie yi qi zi
Absence de faute	无咎	wu jiu

Neuf en 2

CHAUDRON rempli	鼎有實	DING you shi
Mon partenaire est fébrile	我仇有疾	wo chou you ji
Ce n'est pas moi qui peux approcher	不我能即	bu wo neng ji
Ouverture	吉	ji

Neuf en 3

CHAUDRON aux anses à RENOUVELER	鼎耳革	DING er GE
L'agir est empêché	其行塞	qi xing se
La graisse du faisan n'est pas consommée	雉膏不食	zhi gao bu shi
Que survienne la pluie se dissipent les regrets	方雨虧悔	fang yu kui hui
À la fin ouverture	終吉	zhong ji

Neuf en 4

CHAUDRON au pied brisé	鼎折足	DING zhe zu
Le repas du Duc est répandu	覆公餗	fu gong su
La forme est trouble	其形渥	qi xing wo
Fermeture	凶	xiong

Six en 5

CHAUDRON avec anses jaunes	鼎黃耳	DING huang er
et barre de bronze	金鉉	jin xuan
Ténacité profitable	利貞	li zhen

En haut un neuf

CHAUDRON avec barre de jade	鼎玉鉉	DING yu xuan
Ouverture en grand	大吉	da ji
Rien qui ne soit profitable	无不利	wu bu li

Grande Image

Au-dessus du bois il y a le feu	木上有火	mu shang you huo
CHAUDRON	鼎	DING
L'Être Accompli ainsi	君子以	jun zi yi
en rectifiant la place qu'il occupe	正位	zheng wei
condense sa position	凝命	ning ming

Dixième Aile

CHAUDRON	鼎	DING
Accueillir le nouveau.	取新也	qu xin ye

CHAUDRON est le symbole d'une transmutation, d'un passage à un niveau supérieur qui s'opère en fondant du nouveau à partir de l'ancien. D'abord simples marmites servant à transformer les aliments crus en mets raffinés, les chaudrons sont en Chine, par leur place dans le culte ancestral, l'emblème de la spiritualité. Ils servaient à transmettre aux défunts à la fois le souffle vital des aliments et des informations sur leur lignée, sous forme de messages gravés à l'intérieur de la panse du récipient. Placés dans le temple ancestral, les chaudrons étaient ainsi des instruments de communication de la terre vers le ciel. Par la suite, ils devinrent des emblèmes de pouvoir : quand un noble recevait un titre important, il matérialisait cette élévation en fondant un chaudron qui manifestait aux yeux de tous sa nouvelle position. Cette alliance entre politique et religieux, matériel et spirituel, visible et invisible, est illustrée par le matériau utilisé, le *bronze*, l'alliage par excellence : son nom en chinois, associant le signe du métal au nom de l'hexagramme 13, s'écrit « les métaux qui S'ENTENDENT ». Ces vases rituels, qui atteindront des sommets artistiques, attestent du raffinement technique et spirituel de la civilisation chinoise. Plus généralement, le CHAUDRON symbolise une transformation du solide au subtil, un passage du terrestre au céleste qui s'opère par réduction et condensation, processus que chimie et psychologie désignent en français par le même terme : sublimation.

La forme de la figure, à laquelle un bloc de trois traits Yang donne un aspect massif, est dans son ensemble à l'image de l'objet. En bas les *pieds*, puis la panse, ensuite les *anses* et tout en haut la *barre* servant à le déplacer. Le texte évoque les mets qu'on y prépare : nourriture *consistante*, *graisse* onctueuse du faisan, *repas* du Duc. Il insiste sur l'établissement du lien entre Ciel et Terre en soulignant ses empêchements : le processus commence d'abord par une obstruction, puis il est marqué par une absence de partenariat au second trait, la nécessité d'un renouvellement au troisième et un manque de considération au quatrième. Sa fertilité est mise en valeur par des images évocatrices de la compénétration du Yin et du Yang : une *concubine*, la *pluie*, le *jade*. Les difficultés rencontrées constituent le travail préalable à une densification de plus en plus raffinée, qui trouve son achèvement aux deux places du ciel où, par le lien qui s'établit enfin, il devient possible d'atteindre au niveau le plus spirituel. Le saut qualitatif y est illustré par la transmutation symbolique du *bronze* en *jade*. Ce passage au matériau le plus noble que la nature ait produit – les Chinois en plaçaient dès le néolithique dans les tombes et le considèrent toujours comme le talisman le plus puissant de la vitalité – indique que le CHAUDRON devient alors véritablement le moyen de fonder la relation avec l'invisible.

> Le jade est l'image de la vertu parfaite et de la pureté. Emblèmedu pouvoir impérial et de l'autorité, cette pierre dure et imputrescible, douce et onctueuse au toucher. Il est aussi un symbole de l'immortalité[82].
>
> Une croyance tenace voulait qu'au bout de mille ans l'essence du sang se transforme en pierre précieuse et à partir de l'époque Han, qu'un linceul de plaque de jade empêche la décomposition du corps

IDÉOGRAMME

DING : *Vase tripode qui servait pour les offrandes et les sacrifices. Vase rond ou rectangulaire à trois ou quatre pieds pour la cuisson des aliments ou des offrandes rituelles. Marmite, chaudron.*

L'idéogramme était à l'origine la représentation schématique d'un vase rituel servant à préparer les offrandes de nourriture pour le culte des ancêtres. Les vases rituels de la Chine ancienne, de formes aussi originales qu'élégantes, et dont le poids peut varier de quelques centaines de grammes pour les plus petits à plus de huit cents kilos pour les plus gros, comptent parmi les trésors de l'art ancien du bronze. Il en existait de très nombreuses variétés (voir par exemple *patelles* à 42/J, *hanap* à 61/2). Celui désigné par cet idéogramme est caractérisé par ses deux anses solides servant à le sortir du feu à l'aide d'une barre (voir ligne 5 et 6) ; il était à l'origine muni de trois pieds (voir ligne 4) et d'un col rond sans couvercle. Bien que par la suite, sa forme ait évolué vers une ouverture carrée et une structure à quatre pieds, sa caractéristique de tripode explique pourquoi ce caractère à gardé jusqu'à nos jours le sens dérivé de tout ce qui réunit trois choses, comme en français le préfixe : tri dans des expressions comme alliance tripartite.

Si ces pièces furent si importantes dans l'imaginaire et l'art chinois de l'Antiquité, c'est parce que s'y entrecroisent les deux piliers fondateurs de cette civilisation : le culte ancestral et le goût du bien manger. Le chaudron, dans cette perspective, devient le symbole de l'instrument par lequel s'opèrent les transmutations. Pour les aliments, il est le lieu de la transformation du cru au cuit, et pour les rituels, le lieu du passage entre le niveau terrestre, matériel et le niveau céleste, spirituel, celui des ancêtres pour qui sont préparées les offrandes qui seront ensuite partagées par les membres de leur famille réunis en leur nom. L'importance de cette fonction rituelle sera magnifiée par une pratique qui ira en se développant au cours des siècles, celle de graver des messages sur leurs parois. En effet, quand un noble était gratifié d'une nouvelle attribution par son souverain, il était impensable qu'il n'en informât pas ses ancêtres par une cérémonie rituelle. Il faisait alors fondre un chaudron sur lequel était gravé un message détaillant et établissant sa promotion. Ce message n'était pas disposé comme la décoration sur la face externe du vase, car il n'était pas destiné aux personnes présentes, mais sur la face interne, le rituel, ayant comme le vase pour les aliments, la faculté de transmuter le message, c'est-à-dire de le rendre perceptible à ceux qui vivent dans le monde invisible, les ancêtres défunts. Cette coutume qui montre toute l'importance fondatrice des chaudrons de bronze et leur rôle en tant que vecteurs du passage à un niveau spirituel est également à l'origine d'une expression littéraire signifiant abolir l'ancien et établir du nouveau, dans laquelle les mots *établir* et *abolir* ne sont autres que les noms des hexagrammes 49 et 50, expression tellement parlante qu'elle pouvait même se résumer aux noms de ces deux hexagrammes pour évoquer solennellement un changement de dynastie.

TEXTE CANONIQUE

JUGEMENT

CHAUDRON	鼎 DING
Fondamentalement ouvert	元吉 yuan ji
Favorisant	亨 heng

CHAUDRON est un moment de grande opportunité : le texte du Jugement – un des plus courts du *Yi Jing* avec ceux des hexagrammes 14 et 34 – n'est constitué que de deux formules mantiques, et parmi les plus favorables. Aucune stratégie spécifique n'y est détaillée : son dispositif est d'une puissance telle qu'il ne peut être rendu que par des abstractions caractéristiques d'une grande propension à réaliser, comme aux Jugements de GRAND FORCE (34) et GRAND RÉALISE (14). Ce riche potentiel de refondation est marqué par *fondamentalement ouvert*, une appréciation particulièrement rare au Jugement puisqu'elle n'y est mentionnée que dans une autre situation : DIMINUER (41). Mentionnant l'un et l'autre des vases rituels, ces deux hexagrammes rendent tous deux compte d'un processus de densification qui entraîne un accroissement de la qualité. Si DIMINUER, à dominante Yin, est axé sur la retenue qui condense les forces en vue de floraisons nouvelles, la réduction qui s'opère au moment de CHAUDRON, à dominante Yang, œuvre à fondre des éléments anciens pour fonder une manière neuve de se poser dans la réalité.

Ouverture et *favorisant*, deux appréciations très positives, ne sont rassemblées dans un Jugement qu'à un autre hexagramme : PROSPÉRITÉ (11), image de la relation la plus fluide entre le Ciel et la Terre. Quel que soit le domaine auquel il répond, le CHAUDRON, instrument de communication avec l'invisible, établit par l'entrecroisement d'une élimination et d'un épanouissement une circulation et, par là, une transformation qui touche à l'essentiel.

Fondamentalement : modulation particulière qui, appliquée à *ouverture*, précise que cet agencement est à la fois dans la vigueur de son début et traversé de fond en comble par une force printanière.
Ouvert : appréciation mantique signalant un moment heureux où un agencement fécond du flux vital multiplie les possibilités de développement. Elle est citée à quatre reprises dans cette figure : Jugement et lignes 2, 3 et 6.
Fondamentalement ouvert : formule mantique parmi les plus favorables du *Yi Jing*. Fondamentalement rehausse la fécondité de l'agencement décrit par ouverture, en soulignant l'étendue de ses possibilités d'application, sa vigueur et sa capacité à initier des situations nouvelles. Elle n'est mentionnée au Jugement que de deux hexagrammes : CHAUDRON et DIMINUER (41/J).
Favorisant : appréciation mantique décrivant un climat d'essor, un agencement fertile, un dispositif énergétique global dans lequel l'échange entre le Ciel et la Terre se noue de manière féconde. Deux hexagrammes seulement associent dans leur Jugement *favorisant* et *ouverture* : CHAUDRON et PROSPÉRITÉ (11/J).

Texte des traits

Au début un six
CHAUDRON aux pieds renversés 鼎顛趾 DING dian zhi
Profitable pour faire sortir ce qui OBSTRUE 利出否 li chu PI
Obtenir une concubine et ainsi un fils 得妾以其子 de qie yi qi zi
Absence de faute 无咎 wu jiu

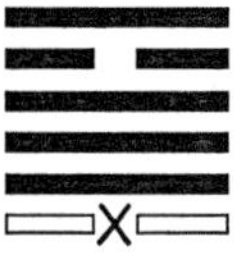

Pour mettre en route le processus de transmutation décrit par CHAUDRON, il faut commencer par se débarrasser de ce qui est vieux et mort. À ce niveau d'entrée, le chaudron retourné évoque un renversement permettant de se séparer des éléments qui bloquent la communication et empêchent une relation fertile entre le Ciel et la Terre. Que soit évoqué le recours à une *concubine* suggère que les relations habituelles ne fonctionnent pas. L'élimination des résidus du passé permet d'utiliser les éléments encore féconds et ainsi d'assurer une transition. La perpétuation de la lignée est le souci constant de la famille chinoise car la présence d'un *fils* garantit la poursuite du rituel aux ancêtres. Le texte incite donc à se redonner sans hésitation les moyens de remettre en route un fonctionnement permettant le contact avec la source cachée de la vitalité.

La correspondance de ce trait avec le quatrième, où la base est également remise en question, indique une complémentarité dans le renouvellement qui s'enclenche : à l'intérieur le nettoyage des scories et l'inépuisable continuité Yin, à l'extérieur la souillure qui amène à reconsidérer la manière Yang d'exercer le pouvoir. Que cette mise à plat soit nécessaire ne doit pas inquiéter : le passé est la matière à partir de laquelle se réalise l'opération de transmutation.

CHAUDRON aux... : le texte de cet hexagramme compte parmi les plus scandés. Chacun des traits commence en effet par une phrase de construction identique : trois caractères dont le premier est toujours le nom de l'hexagramme. Cette scansion n'a pas toujours pu être rendue en français.
Pieds : dans le contexte du *Yi Jing*, les pieds sont généralement l'image soit d'une mise en route à opérer, soit d'une démarche à retenir ou à contrôler. Ici le cas est particulier, car il s'agit des pieds d'un ustensile, cependant l'idée d'une remise en route demeure. C'est un autre caractère qui est mentionné à la quatrième ligne de cet hexagramme.
Renversés : écrit avec le signe de la tête et un caractère signifiant ultime, l'idéogramme a pour sens d'origine *sommet de la tête, cime, sommet, faîte.* Suivant la pente dialectique chinoise, ce terme a dérivé de

cette culmination vers sa conclusion, sa conséquence : *verser, se renverser tomber*. Dans le domaine médical, combiné avec le signe des maladies, il signifie *folie, égarement* (voir 27/2) ; combiné avec le signe général des plantes, il sert à nommer la belladone. Ici le chaudron est retourné, renversé et posé les pieds en l'air, de manière à pouvoir être récuré. Cependant, au-delà de la simple description technique, le choix de ce caractère rappelle un autre renversement, celui des Shang par les Zhou, sujet de l'hexagramme précédent.
OBSTRUE : nom de l'hexagramme 12 ADVERSITÉ où est traité le manque de relation entre Ciel et Terre. Il est employé ici à la fois dans son sens propre, *ce qui bouche le chaudron*, et dans son sens symbolique, *obstruction à l'écoulement du flux vital*. On peut également remarquer que ADVERSITÉ a pour opposé PROSPÉRITÉ, dans lequel est mentionné le mariage du Roi Wen avec la fille du souverain des Shang (11/5).
Obtenir : toujours très courant, l'idéogramme signifie *obtenir, acquérir, recevoir*, à chaque fois dans un sens d'avantage. C'est ici le seul cas où ce verbe est cité en première ligne.
Concubine : l'idéogramme, composé avec le signe *femme* et le caractère *instituer*, désignait à l'origine une sœur de l'épouse principale (voir MARIAGE DE LA CADETTE, 54). Il a pris ensuite le sens de *femme de second rang* et puis *concubine, servante*. Symbole dans le *Yi Jing* de fécondité à venir, il est cité également au moment de FAIRE RETRAITE (voir 33/3).
Et ainsi : le texte porte un caractère à usage grammatical qui insiste sur la relation de conséquence entre ce qui précède et ce qui suit.
Fils : l'idéogramme signifie à la fois *enfant, fils* et *prince*. Il est possible qu'ici les deux sens se chevauchent pour évoquer un *jeune prince*. Dans le *Yi Jing*, ce mot apparaît toujours dans les traits inférieurs des hexagrammes, au début de la situation, comme symbole de devenir.
Absence de faute : formule mantique spécifique incitant à ne pas rester dans un état d'esprit incertain ou hésitant.

Hexagramme dérivé : hexagramme 14. GRAND RÉALISE est un moment où, par la présence du Yin à la place d'honneur, on passe du projet à la réalisation. L'aptitude à se relier y rend possible l'harmonisation de toutes les énergies.

Neuf en 2

CHAUDRON rempli	鼎有實	DING you shi
Mon partenaire est fébrile	我仇有疾	wo chou you ji
Ce n'est pas moi qui peux approcher	不我能即	bu wo neng ji
Ouverture	吉	ji

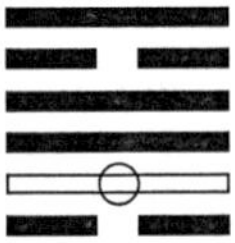

Le second trait représente le niveau où la transmutation se prépare concrètement. Le chaudron, retourné pour en vider les résidus à la première ligne, est ici empli d'une nourriture *consistante*. Mais s'il y a là une substance à offrir, dont les fumets sont prêts à s'élever vers le Ciel, le défaut de communication empêche qu'elle soit utilisée. La consommation ne peut avoir lieu que si un lien s'établit, ce qui ne peut s'envisager dans l'agitation. La cuisson lente et sûre suggérée à ce stade est à l'opposé d'une attitude volontariste visant à tout établir à l'avance.

À l'orée d'un bloc de trois traits Yang qui l'entraînent vers le haut, ce trait est également retenu par sa relation avec la ligne initiale. Situé à la place de Préfet où se condensent les qualités de la Terre, il est par sa correspondance avec la ligne souveraine en relation étroite avec l'opération qui s'effectue aux deux places du Ciel, particulièrement la sixième ligne où la fécondité, signalée là aussi par *ouverture*, prend toute son ampleur. La matière contenue dans la panse du chaudron participe pleinement de la transmutation, même si on ne peut ici en maîtriser tous les paramètres.

CHAUDRON rempli... : le texte de cet hexagramme compte parmi les plus scandés. Chacun des traits commence en effet par une phrase de construction identique : trois caractères dont le premier est toujours le nom de l'hexagramme. Pour rendre ici cette scansion, il aurait fallu traduire : CHAUDRON au contenu consistant

Rempli : l'idéogramme signifie *plein* au sens concret et *vrai, authentique, précieux* au sens figuré. Ici, comme au Jugement de NOURRIR (voir 27/J, *plein*) et au dernier niveau de MARIAGE DE LA CADETTE (voir 54/6, *consistant*), ce caractère qui apparaît toujours en relation avec une conduite rituelle renvoie moins à la qualité des aliments qu'à la conduite de ceux qui participent au culte.

Mon... moi : le texte porte le même idéogramme qui signifie *je, moi, me*, en tant que pronom personnel et *mon, ma, mes* en tant qu'adjectif possessif. Les deux phrases où il est mentionné ici, comme toutes celles où il apparaît, posent la question de savoir qui parle à la première personne dans le *Yi Jing*. Parfois il semble clair qu'il s'agit du Roi Wen, parfois comme ici, l'attribution est moins claire.

Partenaire : l'idéogramme, dont c'est ici la seule apparition, est double. Il évoque par exemple dans le contexte d'une partie, aussi bien celui *avec qui* on joue, que celui *contre qui* on joue.

Fébrile : l'idéogramme signifie *malaise, souffrance, blessure*, mais aussi *rapidité, promptitude, hâte*. *Fébrile* permet de rendre ces deux nivaux de sens qui souvent se superposent.

Approcher : l'idéogramme, de forme complexe et toujours très

employé, signifie au sens propre *aller vers, s'approcher de, en venir à*. Il est employé ici sans aucune mention de complément direct.
Ouverture : appréciation mantique signalant un moment heureux où un agencement fécond du flux vital multiplie les possibilités de développement. Reprise du Jugement, cette appréciation est citée à trois reprises dans cette figure : lignes 2, 3 et 6.

 **Hexagramme dérivé :** hexagramme 56. VOYAGEUR est un moment de quête et d'errance ouvert à l'inconnu. Hors réseau, le voyageur est confronté à la fois à des potentialités nouvelles et à la difficulté de s'établir.

Neuf en 3

CHAUDRON aux anses à RENOUVELER	鼎耳革 DING er GE
L'agir est empêché	其行塞 qi xing se
La graisse du faisan n'est pas consommée	雉膏不食 zhi gao bu shi
Que survienne la pluie se dissipent les regrets	方雨虧悔 fang yu kui hui
À la fin ouverture	終吉 zhong ji

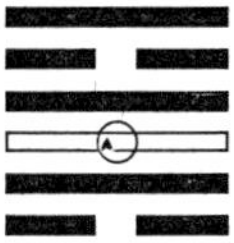

Niveau de Passage entre l'intérieur et l'extérieur, ce trait est au cœur de la transition entre l'ancien et le nouveau à l'œuvre dans cet hexagramme. Comme à la ligne suivante, autre place de l'être humain, le pouvoir symbolisé par le CHAUDRON est remis en question. Un type de fonctionnement issu du passé arrive à terme et nécessite une RÉVOLUTION car il ne remplit plus son office. La *graisse du faisan* indique la présence d'une nourriture, comme à la ligne précédente, mais bien que raffinée, savoureuse, elle est pour l'instant inaccessible. Le manque de communication appelle un changement important afin que le fonctionnement soit à nouveau possible et cette nourriture utilisable. La mention de la *pluie*, allégorie de l'échange fluide et fécond entre Ciel et Terre, indique la possibilité de rétablir le lien qui fait défaut et de restaurer un processus conforme.

Seul trait correct de l'hexagramme, ce trait est également le seul sans aucune relation, ni de voisinage ni de correspondance. Cependant sa position au cœur d'un bloc de trois Yang sous-entend la présence d'une force qui permet de sortir de cet isolement. Bien qu'ils nécessitent une profonde réorganisation, les éléments de la fécondité sont là et s'inscrivent dans une perspective positive marquée ici, comme aux deuxième et sixième traits, par l'appréciation *ouverture*.

CHAUDRON **aux…** : voir ligne 1.
Anses : l'idéogramme représente une *oreille*. Signifiant toujours oreille au sens propre (voir 21/6), il est aussi utilisé en chinois pour désigner tout ce qui est double et latéral, par exemple ici comme à la ligne 5, les anses du chaudron.
RENOUVELER : le texte porte le nom de l'hexagramme 49 RÉVOLUTION employé ici dans son sens propre *renouveler, changer*. La phrase pourrait aussi être lue dans un sens progressif : CHAUDRON aux anses en RENOUVELLEMENT.
Agir : l'idéogramme combine indistinctement les sens de *marche* et de *fonctionnement* productif. Dans le *Yi Jing*, il est soit l'emblème du mouvement créatif du Ciel, soit l'indication d'une action ou d'une attitude humaine en conformité avec le Ciel.
Empêché : l'idéogramme, dont c'est ici la seule mention, est très proche par la graphie du nom de l'hexagramme OBSTRUCTION (voir 39/I) et, par le sens, de ce qui OBSTRUE à la ligne 1.
Graisse : écrit en associant les caractères *supérieur* et *chair*, l'idéogramme signifie au sens propre *gras, onctueux*. Il désigne la graisse onctueuse située juste sous la peau des animaux, considérée en Chine comme ce qu'il y a de plus savoureux dans un mets. C'est par exemple cette partie qui est dégustée en premier dans le canard laqué à la mode de Pékin. Appliqué à la terre, ce caractère signifie *profitable, fertile, fécond* au sens où l'on parle en français d'une terre *grasse*. Il n'est cité que deux fois dans le *Yi Jing*, ici et à DIFFICULTÉS INITIALES (voir 3/5. *fécondes*).
Faisan : écrit avec le signe général des oiseaux et le caractère *flèche*, l'idéogramme désigne le faisan comme l'oiseau de la chasse par excellence (voir 56/5). C'est aussi un mets de choix et un symbole de splendeur et de perspicacité, associé pour cela au trigramme Li. Ses plumes sont aussi utilisées dans les rites dansés (voir 53/6).
Consommée : l'idéogramme signifie toujours *manger*. Du fait que *manger* fait disparaître les aliments, ce verbe en est venu à vouloir dire *consommer*, au double sens de *s'incorporer* et de *faire disparaître*. Ici est évoquée l'idée d'une incorporation qui ne se fait pas.
Que survienne : le texte ne porte pas le verbe *venir*, mais un caractère à usage grammatical indiquant la soudaineté de l'action décrite ensuite.
Pluie : en Chine la pluie est chaude, salutaire et favorable. Elle a pour cela toujours été considérée comme un symbole de couplage efficace et d'union féconde. C'est au dragon qu'est confiée la tâche de la répandre et aux chamanes celle de la faire survenir. Dans le contexte du *Yi Jing*, l'arrivée de la pluie est généralement de bon augure.
Se dissipent : formé d'un groupe complexe et n'apparaissant qu'ici, l'idéogramme signifie *diminuer, s'amoindrir, s'affaiblir*.

Regrets : appréciation mantique qui signale qu'on tarde à réagir, à adopter la nouvelle attitude demandée par le changement dans la situation.
À la fin : modulation mantique qui replace la circonstance dans une perspective temporelle.
Ouverture : appréciation mantique évoquant un moment heureux où un agencement fécond du flux vital multiplie les possibilités de développement. Reprise du Jugement, cette appréciation est citée à trois reprises dans cette figure : lignes 2, 3 et 6.
À la fin ouverture : formule mantique spécifique qui invite à considérer la situation plus dans l'évolution favorable de son dispositif que dans son état actuel.

Hexagramme dérivé : hexagramme 64. PAS ENCORE TRAVERSÉE est un moment de transition entre un équilibre précaire et un autre en gestation. On y distingue les éléments préparant l'avenir, tout en respectant les forces en présence.

Neuf en 4

CHAUDRON au pied brisé	鼎折足	DING zhe zu
Le repas du Duc est répandu	覆公餗	fu gong su
La forme est trouble	其形渥	qi xing wo
Fermeture	凶	xiong

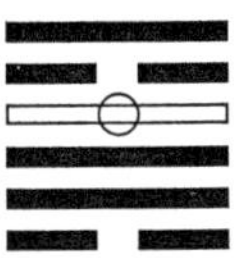

À cette place de Ministre, le texte décrit une attitude cassante et irrespectueuse qui provoque une rupture dans le processus de transmutation. La nourriture contenue dans le chaudron est renversée, le rituel aux ancêtres n'a pas lieu. L'allusion au *Duc* suggère pourtant le début d'un nouvel exercice du pouvoir, mais qui peine à se faire reconnaître. Ce manque de déférence, dû à un excès de force ou peut-être d'avidité, crée un désordre qui brouille la communication, empêche la transformation d'avoir lieu et un nouvel ordre, plus à même que l'ancien d'entrer en relation avec le Ciel, de s'établir.

L'opposition rencontrée à ce stade est illustrée par la position de la ligne. Située au voisinage de la ligne souveraine, elle exprime également la force, difficile à contenir, du groupe de traits Yang qu'elle surplombe. La correspondance avec le premier trait indique des implications encore très prégnantes dans les résidus du passé. La seule appréciation négative de l'hexagramme, *fermeture*, le souligne : participer au processus de sublimation ne peut se faire dans la brutalité. À proximité des deux places du Ciel, la souillure due au manque de respect des formes doit amener à reconsidérer la manière de s'approcher des sphères supérieures.

CHAUDRON **au…** : voir ligne 1.

Pied : l'idéogramme, différent du caractère rendu aussi par *pied* à la ligne 1, n'est employé dans le *Yi Jing* que pour désigner les pieds d'ustensiles et toujours dans un contexte de difficulté d'utilisation, de « fatigue » de la structure portante (voir 23/1). Il ne sert donc pas comme métaphore de la faculté à aller de l'avant (voir par exemple 21/1), mais comme image d'un point d'appui qui fait défaut.

Brisé : composé du signe général de la main et du caractère *hache*, l'idéogramme signifie au sens propre *briser, casser*. Au sens figuré, il veut dire : *décider, trancher, rabattre, soumettre*, et aussi *se renverser*. Il apparaît deux autres fois dans le Texte canonique : 30/6 *(soumettre)* et 55/3 *(se brise)* et, dans la même expression *(trancher les procès)*, deux fois dans les commentaires : 22/GI et 55/GI. Ici, le choix de ce mot indique que la cassure n'est pas due à l'usure, mais à une action extérieure.

Repas : archaïque, l'idéogramme qui n'apparaît qu'ici, désignait dans l'Antiquité une sorte de ragoût, un mélange de riz bouilli et de viande.

Duc : le texte porte un terme nobiliaire de l'antique féodalité chinoise, sans équivalent direct en français. Par la suite, cet idéogramme a pris le sens de *collectif, général, public* (voir 6/I), inscrivant dans le langage le fait que le rôle Yin du vassal est de réaliser et de disséminer les ordres du souverain. Dans le contexte du *Yi Jing*, ce titre peut selon les cas symboliser une position de vassal, ou bien être une allusion à Zhou Gong, le sage « Duc des Zhou », second fils du Roi Wen.

Répandu : l'idéogramme, qui n'apparaît qu'ici, signifie *verser, renverser le contenu d'un récipient, bouleverser, perdre, détruire*, etc.

Forme : composé avec un caractère évoquant un bâti et le signe d'une vibration, c'est-à-dire combinant les idées de structure et d'apparence, l'idéogramme, qui n'apparaît qu'ici dans le *Yi Jing*, est un mot important de la philosophie chinoise. Il désigne aussi bien la *forme*, l'*apparence*, la *matérialité* que la *configuration* par exemple d'un terrain, ou la *situation*, l'*état des choses*, les *circonstances*.

Trouble : devenu rare, l'idéogramme signifie *mouiller, humecter, imbiber*. Il évoque aussi un liquide *épais*, une saveur *forte*, une couleur *foncée*. Bien qu'il soit généralement connoté favorablement, *trouble* a été choisi ici en fonction du contexte.

Fermeture : appréciation mantique signalant un moment de blocage, un mauvais agencement du flux vital qui restreint les possibilités de développement.

Hexagramme dérivé : hexagramme 18. REMÉDIER AU CORROMPU est un moment où l'on traite de manière énergique une situation léguée par le passé de manière à s'en dégager et à recréer les conditions d'un nouveau départ.

Six en 5
CHAUDRON avec anses jaunes et barre de bronze
Ténacité profitable

鼎黃耳 DING huang er
金鉉 jin xuan
利貞 li zhen

À la ligne souveraine, première des deux places du Ciel, le processus de transmutation franchit un pas décisif. Les *anses*, en réparation au niveau de la troisième ligne, sont ici en état de recevoir la *barre* qui permet de sortir le chaudron du feu et de l'utiliser pour le repas rituel réunissant vivants et ancêtres. La nourriture est à même de se prêter à la transmutation grâce au lien spirituel qui s'établit avec le Ciel. La matière du Chaudron, le *bronze*, mentionné ici pour la première fois, souligne un passage à une alliance d'une qualité supérieure, raffinement rendu possible par l'attitude disponible, centrale et juste indiquée par la couleur *jaune*. Le processus n'est pourtant pas achevé : appelé à se poursuivre au trait suivant par la transformation en *jade*, il nécessite encore de la *ténacité*. Cependant, c'est à ce niveau, le seul où les anses (Yin) et la barre (Yang) sont évoquées ensemble, que se noue l'élaboration du lien entre terrestre et céleste.

La relation de correspondance avec le second trait situé en place de Préfet représente la complémentarité nécessaire à ce passage du matériel au spirituel. Le voisinage avec la ligne supérieure souligne d'autre part une aptitude à accueillir les flux œuvrant au parachèvement du processus. *Ténacité profitable* prolonge les capacités d'initiative et de déploiement indiquées au Jugement par *fondamentalement* et *favorisant*, complétant ainsi les Quatre Qualités du Ciel-Terre (voir 1/J).

CHAUDRON avec... : voir ligne 1 CHAUDRON au...
Anses : voir ligne 3.
Jaune : associée à la Terre et au Milieu, synonyme de justesse et d'impartialité, le jaune est la couleur emblématique de la Chine où sa valeur est infiniment plus positive qu'en Occident. Il est dans le *Yi Jing* plus particulièrement associé à la force du Yin.
Barre : l'idéogramme est écrit avec le signe général du métal et un caractère signifiant *subtil, sombre, mystérieux* et qui nomme une couleur rouge très sombre considérée comme un des attributs du Ciel (voir 2/6, *noir*). Il désignait dans l'Antiquité la tige que l'on glissait au travers des anses d'un chaudron pour le transporter et le retirer du feu.
Bronze : servant à fabriquer tous les objets symboliques du pouvoir, chaudron du rituel ancestral, armes de guerre et d'apparat, etc., le bronze était dans la Chine antique le métal précieux par excellence. Le caractère *bronze*, dont le sens premier était simplement (le) *métal*, désigne maintenant l'*or*.

Ténacité profitable : formule mantique signalant que la situation, pour être fructueuse, requiert une grande capacité à endurer, à tenir avec constance, sans se laisser fatiguer par les difficultés du moment. Alors qu'elle est mentionnée dans presque un Jugement sur trois, cette formule est rare dans les Textes des traits. Elle n'y est citée que trois fois et toujours à des places centrales : CHAUDRON, LUMIÈRE OBSCURCIE (36/5) et DIMINUER (41/2).

Hexagramme dérivé : hexagramme 44. ÊTRE ACCUEILLANT est un moment où il faut accepter d'être retenu par ce qui semble opposé, et s'ouvrir à des modes de réalisation qu'on aurait tendance à méconnaître ou ignorer.

En haut un neuf

CHAUDRON avec barre de jade	鼎玉鉉	DING yu xuan
Ouverture en grand	大吉	da ji
Rien qui ne soit profitable	无不利	wu bu li

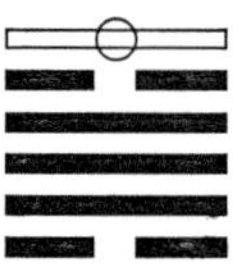

À ce niveau supérieur, le CHAUDRON et la *barre* qui sert à le déplacer ne sont plus cités en tant qu'objets matériels, mais comme métaphores d'une transmutation qui parvient à son achèvement. Extérieure mais essentielle, la barre, qui permet d'apporter la nourriture là où elle est consacrée aux ancêtres, est l'image du lien qui s'établit avec le Ciel. Qu'elle soit en *jade*, ce qui est matériellement impossible, marque la qualité atteinte à ce stade de la transmutation. Le *bronze* cité à la cinquième ligne se métamorphose ici en un matériau rare, le plus fin et le plus noble qui soit pour l'esprit chinois : image même de l'alliance entre vertus céleste et terrestre, le jade est associé à la créativité du dragon et à l'éternité de la vie. En résonance avec la *concubine* requise à la première ligne pour assurer la descendance, en accord avec la *pluie* annoncée au niveau de la troisième ligne, le jade fait plus qu'indiquer le raffinement de la nourriture offerte, il symbolise la capacité de la vie à se transmettre, se renouveler et se dépasser sans cesse.

Une transmutation fondamentale se parachève ici, une transition s'opère d'une ancienne matière à une nouvelle. C'est une transformation subtile d'une qualité interne qui dépasse l'humain. Reliée par son voisinage avec la place souveraine aux forces intérieures de l'hexagramme, la ligne située au niveau le plus élevé condense et couronne tout le processus décrit par le CHAUDRON. Cette position éminente est marquée par l'association de deux appréciations parmi les plus favorables du *Yi Jing*, *ouverture en grand* et *rien qui ne soit profitable*. Ce couplage est le signe d'un potentiel de fécondité exceptionnel qui ne se retrouve qu'une autre fois, également en sixième ligne : au moment où le GRAND RÉALISE (14/6).

CHAUDRON avec… : voir ligne 1 CHAUDRON aux…
Barre : voir ligne 5.
Jade : matériau précieux par excellence, le jade joue en Chine le rôle que l'or tient dans les autres civilisations. Symbole même de la perfection du couplage entre le Yin, dont il a la douceur, et le Yang dont il a la dureté, le jade est apprécié en Chine depuis la plus haute antiquité. Sa définition traditionnelle évoque sans ambages l'intensité de son pouvoir vivifiant, puisqu'on le décrit comme du sperme de dragon vitrifié par la terre. Qu'il ne soit cité en aucun autre endroit du *Yi Jing* renforce autant sa valeur que celle de la transmutation qui s'effectue à ce trait.
Barre de jade : l'objet décrit ici est mystérieux, car matériellement impossible. Les barres servant au maniement des chaudrons étaient en métal, l'idéogramme l'atteste et le bon sens le confirme : le bois aurait été trop fragile sauf à employer des madriers aussi lourds que ce qu'ils devaient porter ; quant au jade, même si sa résistance mécanique est remarquable, la longueur nécessaire pour en faire un levier en prohibe l'usage.
Ouverture : appréciation mantique signalant un moment heureux où un agencement fécond du flux vital multiplie les possibilités de développement. Reprise du Jugement, cette appréciation est citée à trois reprises dans cette figure : lignes 2, 3 et 6.
Ouverture en grand : variante de l'appréciation mantique *ouverture* dans laquelle *grand*, par ailleurs emblème d'une attitude Yang, intervient comme attribut modulant *ouverture*.
Rien qui ne soit profitable : formule mantique parmi les plus favorables du *Yi Jing*. Elle souligne la présence d'un fort potentiel d'action et une grande aptitude à œuvrer au renouvellement, particulièrement dans les périodes de transition. Elle est quatre fois couplée avec l'appréciation *ouverture*, mais définie seulement ici comme *en grand*, et seulement à 14/6 au même niveau (les deux autres cas sont 19/2 et 57/5).

䷟ **Hexagramme dérivé :** hexagramme 32. ENDURER, situé au centre du *Livre des Changements*, est un moment où l'on renforce son cœur pour trouver un second souffle.

ÉLÉMENTS D'ANALYSE

Nucléaire

䷪ **Hexagramme 43 : SE MONTRER RÉSOLU.** Au cœur de CHAUDRON, il y a SE MONTRER RÉSOLU. Au cœur du chaudron rituel, il y a une capacité à faire changer de plan. CHAUDRON manifeste ce changement de niveau par un saut qualitatif qui fonde une nouvelle manière d'être. Par le renouvellement d'une situation ancienne s'effectue une transformation d'ordre spirituel, qui est la marque d'un passage du matériel au subtil.

Opposé

䷂ **Hexagramme 3 : DIFFICULTÉS INITIALES.** La relation d'opposition entre DIFFICULTÉS INITIALES et CHAUDRON s'articule autour du balancement entre début et fin. DIFFICULTÉS INITIALES décrit la confusion d'un commencement, alors que CHAUDRON symbolise la perfection d'un achèvement. DIFFICULTÉS INITIALES est découverte, on y défriche des terres nouvelles ; CHAUDRON est accomplissement, on y refonde son pouvoir en transmutant l'ancien. Au travail d'organisation de forces neuves s'oppose un lent travail de raffinement de forces anciennes.

La relation d'opposition entre les hexagrammes 3 et 50 ainsi que le sens de refondation de CHAUDRON sont renforcés par une particularité de l'organisation des soixante-quatre hexagrammes dans le Texte canonique. Tous les hexagrammes de 1 à 50 ont comme opposé un hexagramme également compris entre 1 et 50. De même, tous les hexagrammes compris entre 51 et 64 ont leur opposé entre 51 et 64. Si on met à part les hexagrammes 1 et 2 – en tant que piliers Yin et Yang du *Livre des Changements* –, il ressort que les hexagrammes 3 et 50 se présentent comme les deux extrémités d'un déroulement dont la césure à l'hexagramme 50 pose CHAUDRON à la fois comme achèvement d'un premier cycle et fondation d'un second.

鼎

51 ÉBRANLER

ZHEN

En haut TONNERRE ☳
En bas TONNERRE ☳

ÉBRANLEMENT	震	ZHEN
Favorisant	亨	heng
L'ÉBRANLEMENT survient Aïe Aïe Aïe	震來虩虩	ZHEN lai xi xi
Paroles rieuses Ha Ha Ha	笑言啞啞	xiao yan e e
L'ÉBRANLEMENT épouvante à cent lieues à la ronde	震敬百里	ZHEN jing bai li
Ne pas perdre la cuillère de vin de millet noir	不喪匕鬯	bu sang bi chang
Au début un neuf		
L'ÉBRANLEMENT survient Aïe Aïe Aïe	震來虩虩	ZHEN lai xi xi
Ensuite paroles rieuses Ha Ha Ha	笑言啞啞	hou xiao yan e e
Ouverture	吉	ji
Six en 2		
L'ÉBRANLEMENT survient	震來	ZHEN lai
Danger	厲	li
Présumer une perte de richesses	億喪貝	yi sang bei
Gravir les neuf collines ancestrales	躋于九陵	ji yu jiu ling
Ne pas s'efforcer de poursuivre	勿逐	wu zhu
Sept jours et obtenir	七日得	qi ri de
Six en 3		
L'ÉBRANLEMENT se ranime se ranime	震蘇蘇	ZHEN su su
L'ÉBRANLEMENT circule-et-agit	震行	ZHEN xing
Absence de faute d'inadvertance	无眚	wu sheng
Neuf en 4		
L'ÉBRANLEMENT avance dans la vase	震遂泥	ZHEN sui ni
Six en 5		
L'ÉBRANLEMENT va et vient	震往來	ZHEN wang lai
Danger	厲	li
Ne prévoir aucune perte	意无喪	yi wu sang
Il y a à faire	有事	you shi
En haut un six		
L'ÉBRANLEMENT s'épuise s'épuise	震索索	ZHEN suo suo
Regards craintifs alentour	視矍矍	shi jue jue
Impasse pour des expéditions	征凶	zheng xiong
L'ÉBRANLEMENT n'est pas au niveau de sa personne mais à celui des voisins	震不于其躬 于其鄰	ZHEN bu yu qi gong yu qi lin
Absence de faute	无咎	wu jiu
Il y a des mots à propos d'union par mariage	婚媾有言	hun gou you yan

Grande Image	
Coups de Tonnerre arrivant	洊雷 jian lei
de façon répétée	
ÉBRANLEMENT	震 ZHEN
L'Être Accompli ainsi	君子以 jun zi yi
Grâce à la crainte et à l'inquiétude	恐懼 kong ju
Aiguise la manière dont il s'examine	脩省 xiu xing

Dixième Aile	
ÉBRANLEMENT	震 ZHEN
se lever.	起也 qi ye

Tonitruant, fulgurant, ÉBRANLER est une secousse violente qui surprend et réveille. C'est une brusque mise en mouvement, dont il faut savoir, selon les circonstances, susciter ou intégrer les effets. Le tonnerre est l'emblème de cet ÉBRANLEMENT, et les violents orages printaniers qui secouent la terre de Chine son image naturelle. Le tonnerre est invisible, seul son fracas est perceptible. On l'entend tout au long du texte de cet hexagramme, roulant de ligne en ligne sous forme d'onomatopées répétées, d'échos sonores, de cris de frayeur et de rires nerveux.

Ce réveil est celui que provoque le rituel décrit au Jugement : l'arôme fort du vin de millet versé par l'officiant fait remonter du fond de la terre des forces assoupies. Cette invocation est puissante, car lorsqu'on procède à la réunion du Yin et du Yang, c'est la vie qui éclate à nouveau. La crainte que cette vigoureuse mise en route inspire peut être salutaire si elle incite à mettre à profit l'énergie ainsi réveillée pour sortir de la torpeur. Lorsqu'on est amené à vivre la violence de l'ÉBRANLEMENT, il ne faut pas se laisser désorienter par le tremblement qu'elle provoque, mais profiter de son intensité pour se remettre en route.

La structure de la figure est en analogie avec celle de l'hexagramme 24, qui décrit le RETOUR de l'énergie printanière. Ici, les deux traits Yang situés en première et quatrième places représentent la stimulation qui s'exerce sur le Yin. C'est au premier trait, le plus proche de la terre, que le mouvement est le plus fort : le tonnerre, et l'effroi qu'il suscite, y sont décrits dans les mêmes termes qu'au Jugement, ce qui fait de cette ligne de démarrage le point focal de l'hexagramme. Ce mouvement se prolonge à la quatrième place, comme repris en écho par l'autre trait Yang. Les deux places centrales, qui suivent immédiatement ces deux secousses, sont celles où il faut en intégrer les effets. C'est particulièrement difficile à la deuxième ligne, car c'est là que la commotion est le plus fortement ressentie : à ce niveau, elle entraîne des pertes et contraint à une régénération lente. C'est moins pénible à la cinquième ligne, car les turbulences y sont suffisamment amoindries pour qu'on puisse absorber l'onde de choc et la mettre à profit. Cette possibilité de maîtrise risque en revanche d'être perdue à la dernière ligne de chaque trigramme : si on bénéficie à la troisième de la dynamisation apportée par l'ébranlement, on ne peut plus en profiter à la dernière que de manière très éloignée.

ÉBRANLER incite soit à remuer énergiquement une situation, soit à intégrer les effets d'une forte commotion. Que la seule appréciation favorable, *ouverture*, soit citée à la ligne initiale met en valeur l'aspect positif de ce réveil. Le tonnerre effraie, mais ne doit pas désarçonner. Comme l'indique la Grande Image, la crainte qu'il inspire permet de sortir de l'assoupissement et de se reprendre. On doit savoir se laisser traverser par la puissance d'activation de l'ÉBRANLEMENT sans être décontenancé par sa véhémence, car c'est une stimulation capable de féconder un renouveau.

IDÉOGRAMME

ZHEN : *Violent coup de tonnerre. Ébranler, mettre en mouvement, exciter puissamment, faire trembler. Tremblement (de terre). Majesté (qui en impose), inspirer la crainte, user de sévérité.*

L'idéogramme est formé de deux parties superposées. En haut, le caractère *pluie* devenu le signe général de tous les phénomènes météorologiques en raison de l'importance de la pluie pour l'irrigation des cultures en terrasses. En bas, un caractère appartenant à un ensemble appelé « signes cycliques ». Constitué de deux séries d'idéogrammes, les dix Troncs Célestes et les douze Branches Terrestres, les signes cycliques forment un des plus vieux systèmes bâtis par l'écriture chinoise. Valant plus par leur position respective que par leur sens particulier, ils servent principalement à organiser en séquence un ensemble quelconque : années dans le calendrier traditionnel, arguments dans une démonstration, chapitres dans un livre, etc. Le signe dont il s'agit ici fait partie des Branches Terrestres, qui organisent les heures de la journée et les années du cycle zodiacal. Il signifie jour, époque, saison dans le sens général de moment opportun, et désignait seul, sans le signe de la pluie, l'hexagramme 51 dans le document sur soie trouvé à Ma Wang Dui. Associé au Dragon et à l'heure de 7 heures à 9 heures. du matin, il est l'emblème de l'aube, signe du début, marque de l'éveil. En composition avec le caractère *main*, il forme le verbe *remuer, secouer*, utilisé à 18/GI pour décrire la stratégie de réveil énergique nécessaire lorsqu'il s'agit de porter remède à une situation qu'on a laissée s'engourdir ou se corrompre avec le temps. Il se retrouve aussi dans des mots usuels comme *paysans* (ceux qui travaillent dès l'aube), ou plus anciens comme *être enceinte*, plus exactement *sentir l'enfant bouger dans son ventre*. Dans le contexte du *Yi Jing*, sa signification se double d'une allusion historique. C'est en effet le nom propre du commandant de l'armée que les Zhou prêtèrent jadis au Souverain Wu Ding pour soumettre une contrée rebelle (voir 64/4). Ce patronyme – qui pourrait être rendu par : le général *Foudroyant* – est d'autant mieux choisi que le fait d'armes que ce personnage représente marque l'éveil historique du clan des Zhou et le début de l'ascension qui allait les mener sur le trône des Shang.

L'idéogramme ÉBRANLER combine donc les idées de force impétueuse et de phénomène naturel. Dans ce sens, il est employé dans le binôme signifiant *tremblement de terre*, mais il évoque surtout les orages printaniers, particulièrement violents en Chine du Nord, d'où lui vient son sens propre *coup de tonnerre*. Son sens figuré a glissé de la cause à l'effet produit, soit sur la nature *éveiller, mettre en mouvement, exciter*, soit sur les humains *faire trembler, inspirer la crainte*. Ce lacis de significations se retrouve tout au long du texte de cet hexagramme et particulièrement dans son style. Non seulement c'est celui où le nom est le plus souvent répété dans le corps du texte lui-même (neuf fois), mais c'est également celui où il y a le plus grand nombre de caractères redoublés, parmi lesquels différentes onomatopées qui d'un paragraphe à l'autre s'amplifient de leur propre écho comme les roulements du tonnerre.

TEXTE CANONIQUE

JUGEMENT

ÉBRANLEMENT	震	ZHEN
Favorisant	亨	heng
L'ÉBRANLEMENT survient Aïe Aïe Aïe	震來虩虩	ZHEN lai xi xi
Paroles rieuses Ha Ha Ha	笑言啞啞	xiao yan e e
L'ÉBRANLEMENT épouvante à cent lieues à la ronde	震敬百里	ZHEN jing bai li
Ne pas perdre la cuillère de vin de millet noir	不喪匕鬯	bu sang bi chang

Quand la foudre s'abat d'un coup à grand fracas, on est tellement surpris qu'on se met à trembler de tous ses membres. À cette réaction de peur succède un rire cathartique dont l'éclat saccadé rappelle le roulement du tonnerre. Ce n'est pourtant pas le moment de céder à la stupeur : les époques où de telles secousses se produisent sont propices à un redémarrage. Il faut savoir se laisser traverser sans fléchir par la commotion, faire en sorte que ce mouvement puisse se propager de manière ample et féconde, et en profiter pour remettre en marche ce qui s'était assoupi.

On n'est pas nécessairement l'objet de ces brusques réveils, on peut aussi avoir à les susciter soi-même. L'attitude à adopter alors doit être équivalente de l'aura de crainte respectueuse qui caractérise l'état d'esprit chinois lors des rituels. Celui décrit ici est particulier par l'importance donnée au Yin : l'odeur forte du *vin de millet noir* versé avec la *cuillère* rituelle vient réveiller les esprits Yin endormis dans les tréfonds de la Terre pour les ramener dans le monde visible. On ne doit pas se laisser impressionner par la puissance ainsi mise en jeu, si on ne veut pas que ce surgissement se réduise à un choc passager. Ce que l'on éveille, il s'agit de savoir le tenir et l'accompagner, afin que les effets dynamisants de l'impulsion puissent se déployer dans le temps. L'ÉBRANLEMENT n'est une force de renouveau que s'il est prolongé, cultivé et nourri par l'endurance. Que l'on en soit l'instigateur ou le récipiendaire, la secousse décrite par ÉBRANLER ne peut devenir féconde que si on est en mesure d'en intégrer les effets.

Favorisant : appréciation mantique décrivant un climat d'essor, un agencement fertile, un dispositif énergétique global dans lequel l'échange entre le Ciel et la Terre se noue de manière féconde. Il est notable que l'appréciation *favorisant* ne soit pas ici spécifiée par la modulation *fondamentalement* qui précise que l'essor est caractérisé par une capacité à initialiser une situation nouvelle. Cette absence souligne que la secousse produite par l'ÉBRANLEMENT est plus un redémarrage après l'achèvement évoqué par l'hexagramme précédent CHAUDRON qu'un recommencement ou un commencement ex nihilo.
Survient : le texte porte un verbe auxiliaire usuel, signifiant *venir*. Généralement couplé avec *aller* (comme à la ligne 5), ce verbe qui désigne spécifiquement un mouvement se dirigeant de l'extérieur vers le sujet est caractéristique de cet hexagramme où il est employé à quatre reprises : Jugement et lignes 1, 2 et 5 *(vient)*.
L'ÉBRANLEMENT survient : cette phrase, qui souligne l'arrivée intempestive du tonnerre, est reprise de manière caractéristique aux deux premiers traits de l'hexagramme.
Aïe Aïe Aïe : fait unique dans le *Yi Jing*, le texte ne comporte pas des mots mais des onomatopées, ce qui accentue l'aspect tonitruant de cet

hexagramme. Non seulement redoublé, ce qui est une marque classique du superlatif, mais triplé, l'idéogramme est composé d'un groupe complexe évoquant quelque chose qui s'ouvre (une crevasse, une fente) associé au caractère *tigre*, animal Yang au rugissement aussi terrifiant que le tonnerre, dont la puissance est l'emblème de l'hexagramme DÉMARCHE (voir 10/J). Cet idéogramme est tellement évocateur des sentiments *de frayeur et d'effroi* qu'il peut être utilisé comme variante du caractère traduit par ces mots à 10/4. Il est, comme l'onomatopée suivante, repris à la première ligne,

Paroles rieuses : le texte porte deux idéogrammes qui ne sont associés que dans cette phrase. Le premier est le caractère *paroles*, repris à la ligne 6 *(mots)*, et le second le verbe *rire*. Cependant, il semble bien que cette phrase ne décrive pas un rire joyeux, mais un rire nerveux, cathartique, comme en réaction à la frayeur causée par un choc. En effet, dans les deux autres cas où les rires sont cités (13/5 et 56/6), ils sont opposés à des larmes, alors qu'ici, aucune contrepartie de tristesse n'est indiquée.

Ha Ha Ha : le texte utilise à nouveau une onomatopée redoublée. Associé ici aux *paroles rieuses*, l'idéogramme employé est différent de celui qui évoque plus haut le fracas du tonnerre. Formé avec le caractère bouche et un signe désignant quelque chose de *laid, bancal, déformé* (voir 14/GI méfaits), il sert habituellement à exprimer les sons hoquetés et disgracieux qui sortent de la bouche des muets. Le choix de cette onomatopée confirme que les *paroles rieuses* dont elle fait entendre le bruit ne sont pas les manifestations d'une franche gaieté.

Épouvante : écrit avec le caractère *cheval* et un groupe complexe évoquant l'attitude de révérence craintive à observer devant un puissant, l'idéogramme, à partir de l'image d'un cheval qui s'emballe, signifie *prendre peur, frayeur, épouvante*, etc. Il n'est employé qu'ici.

Cent : chiffre symbolique de ce qui est nombreux mais dénombrable (voir 6/2). Il peut aussi signifier *tous*.

Cent lieues : expression classique désignant l'ensemble d'un territoire connu. Elle signifie ici que la commotion provoquée par l'ÉBRANLEMENT s'étend partout, en tous lieux. *Lieues* a été choisi pour rendre le double sens de l'idéogramme employé, qui est le nom d'une ancienne mesure de distance (valant environ cinq cents mètres), mais dont le sens propre est *village*.

Perdre : signifiant aussi *deuil* – il en représente les vêtements et les lamentations rituelles – l'idéogramme a maintenant dans le langage populaire le sens d'« avoir de la déveine ». Dans le contexte du *Yi Jing* – ÉBRANLER est l'hexagramme où ce mot est plus souvent cité (voir ligne 2 et 5) – ce terme est employé pour désigner une disparition qui, bien que toujours bénéfique, est d'abord ressentie comme une perte.

Cuillère : l'idéogramme représente un creux, un contenant, de liquides ou de graines. Pour cette raison, il joue dans l'écriture un rôle important de caractérisation Yin. Par exemple, associé à un nom d'animal, il signifie *femelle* (voir 2/J *jument* et 30/J *vache*) ; combiné avec le mot femme, il signifie *aïeule* (voir 62/2) et avec le signe général des carnassiers, il désigne la *panthère* (voir 49/6). Dans le ciel, la cuillère rappelle par sa forme la constellation boréale appelée par les Occidentaux, Grande Ourse et par les Chinois, Boisseau du Nord (voir 55/2 et aussi 46/Idéogramme). Pour cette raison, dans les premières boussoles, inventées à l'époque des Han, l'aiguille aimantée aura la forme d'une cuillère.
Vin de millet noir : le texte porte un seul caractère, devenu rare, composé avec le caractère *cuillère* et un groupe complexe désignant une boisson fermentée. Le *Livre des Rites* des Zhou mentionne explicitement à plusieurs reprises ce liquide fortement aromatisé en tant que libation rituelle, précisant même que son odeur puissante est destinée à attirer et faire remonter des profondeurs de la terre les esprits Yin. Les passages qui lui sont consacrés multiplient d'ailleurs les symboles Yin. Il est dit que ce vin est spécifiquement une offrande à la *terre*, qu'il est *répandu dans le sol à l'aide d'une grande cuillère* (par opposition aux offrandes au Ciel qui sont solides – des viandes – et brûlées de façon à ce que les fumées montent en direction du ciel), que la variété de millet utilisée est *noire* (couleur de l'hiver et du Nord), et que la forte odeur de la boisson qu'on en tirait a le même effet à l'intérieur de la terre que les sons dans l'air : en se diffusant, elle appelle et *réveille* les esprits Yin.

TEXTE DES TRAITS

Au début un neuf

L'ÉBRANLEMENT survient Aïe Aïe Aïe	震來虩虩	ZHEN lai xi xi
Ensuite paroles rieuses Ha Ha Ha	笑言啞啞	hou xiao yan e e
Ouverture	吉	ji

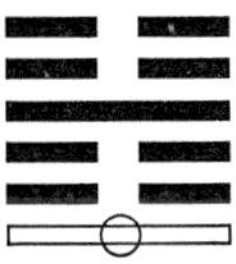

Le trait d'Entrée d'un hexagramme représente toujours un moment de mise en route. C'est d'autant plus le cas dans cet hexagramme d'éveil où l'ÉBRANLEMENT est immédiatement ressenti dans les tréfonds. Comme l'indique la reprise à l'identique des termes du Jugement, c'est ici le lieu même du réveil : un mouvement fort fait irruption et traverse tout sans pouvoir être contrôlé. Quand le tonnerre éclate, on est d'abord saisi, le souffle coupé, surpris par sa violence, avant qu'à ce moment de stupeur ne succède un rire libérateur.

La présence à ce trait de la seule mention favorable de tout l'hexagramme, *ouverture*, indique que, malgré une apparition brutale et une réaction nerveuse, le coup de tonnerre produit un réveil salutaire : la secousse doit être vécue comme un point de départ aux conséquences fécondes.

L'ÉBRANLEMENT… : le Texte des traits de cet hexagramme est parmi les plus scandés. Chacun des six niveaux commence par une phrase de construction identique : le nom de l'hexagramme suivi d'un verbe d'action qui caractérise l'état de l'ébranlement se propageant de trait en trait, jusqu'au sixième.
Aïe Aïe Aïe : onomatopées évoquant des *sentiments de frayeur* et d'effroi, voir Jugement.
L'ÉBRANLEMENT survient Aïe Aïe Aïe : reprise à l'identique du Jugement, cette phrase désigne ce trait comme le point focal de l'ensemble de la situation. Elle est également citée, mais de manière tronquée à la ligne suivante.
Ensuite : dans le contexte du *Yi Jing*, ce terme apparaît généralement en relation avec son opposé, *d'abord*, particulièrement les deux fois où est décrit une succession allant des rires aux pleurs (56/6) et des pleurs aux rires (13/5). Il n'y qu'ici et à 18/J *(vient après)* qu'il est employé seul.
Paroles rieuses Ha Ha Ha : également reprise du Jugement, cette phrase décrit un rire plus nerveux que joyeux. La différence entre les deux emplois vient de la précision apportée par l'adverbe *ensuite*, qui n'est pas mentionné au Jugement et qui ici souligne encore plus le côté réactionnel, cathartique, de ce rire.
Ouverture : appréciation mantique signalant un moment heureux où un agencement fécond du flux vital multiplie les possibilités de développement.

Hexagramme dérivé : hexagramme 16. S'ENTHOUSIASMER est un moment de ferveur et d'impulsivité où l'on tente de rassembler des énergies indolentes ou assoupies.

Six en 2

L'ÉBRANLEMENT survient	震來	ZHEN lai
Danger	厲	li
Présumer une perte de richesses	億喪貝	yi sang bei
Gravir les neuf collines ancestrales	躋于九陵	ji yu jiu ling
Ne pas s'efforcer de poursuivre	勿逐	wu zhu
Sept jours et obtenir	七日得	qi ri de

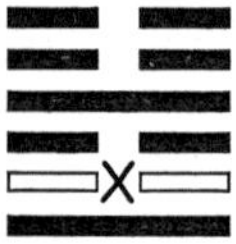

Si le trait initial est le lieu même de l'ÉBRANLEMENT, c'est à ce niveau qu'il est ressenti dans ses répercussions profondes et ses aspects les plus violents. Ce deuxième trait est le seul en contact direct, par relation de voisinage, avec le point focal de l'hexagramme, c'est ici qu'on est le plus confronté aux effets du choc qu'il représente. Le tonnerre *survient*, comme à cette première ligne, mais *rires* et *ouverture* ont disparu pour laisser place au *danger*.

L'ÉBRANLEMENT entraîne à la fois une fin et un renouveau. Le réaménagement profond qu'il provoque s'effectue en trois temps : perdre, gravir, laisser advenir. Il s'agit d'abord d'envisager les pertes que ce bouleversement implique ; d'accomplir ensuite le parcours difficile par lequel on fait retour à ses énergies profondes ; de faire confiance au temps enfin, qui doit nécessairement s'écouler avant qu'une situation nouvelle ne puisse éclore. La secousse subie représente l'achèvement d'un cycle et le passage par une période de ressourcement, pénible mais indispensable pour en intégrer les effets. L'amorce d'une situation neuve est à ce prix : contrairement à la secousse elle-même, le renouvellement ne peut surgir d'un coup, ni être recherché avec trop de volonté.

L'ÉBRANLEMENT... : voir ligne 1.
Survient : voir Jugement.
L'ÉBRANLEMENT survient : cette phrase, comme celle du trait précédent, est reprise du texte du Jugement. Elle scande les deux premiers niveaux de l'hexagramme, puis le mouvement s'amenuise au fur et à mesure que l'on s'éloigne du trait initial.
Danger : appréciation mantique signalant les risques inhérents à la situation. Cet hexagramme, où elle apparaît deux fois, est le seul où elle est mentionnée en seconde ligne.
Présumer : l'idéogramme est formé du signe général des êtres humains et d'un groupe complexe dont la signification tourne autour de l'idée de *pensée*, de *sentiment*, d'*intention* (voir ligne 5, *prévoir*). Bien que son sens propre soit *conjecturer, estimer, présumer*, il est également depuis fort longtemps employé aussi comme unité pour désigner les très grands nombres (ceux qu'on a du mal à estimer). Sa valeur numérique a subi une certaine inflation avec le temps, passant de cent mille dans la langue classique à dix millions (le *kotî* des textes bouddhiques), pour valoir de nos jours cent millions (dix mille fois dix mille). Ici, la construction de la phrase et l'écho produit avec la phrase de construction identique au cinquième trait incline à privilégier le sens verbal.
Perte : voir Jugement.
Richesses : l'idéogramme représente un cauris, coquillage du Pacifique qui servait de monnaie en Asie à l'époque néolithique. Par la suite ce caractère, qui n'apparaît qu'ici dans le *Yi Jing*, est devenu le signe général des choses précieuses.
Perte de richesses : une phrase similaire se trouve à 57/6 ; à la place de richesses, ce sont des biens et une hache d'honneur que l'on perd.

Gravir : formé avec le signe du pied et un groupe complexe entrant dans la composition du mot TRAVERSÉE (voir 63 et 64/I), l'idéogramme, devenu rare, exprime un long cheminement.
Colline ancestrale : l'idéogramme signifie aussi bien *colline* que *tombeau*, les tombeaux chinois étant des tumulus, des tertres qui ont globalement la forme de collines. Chaque fois que cette colline ancestrale est citée, le texte suggère un certain temps de stérilité avant que la situation ne redevienne positive (voir 13/3 et 53/5). À la différence de ces deux occurrences, la durée n'en est pas précisée ici. Elle peut cependant être déduite des chiffres utilisés. Dans la phrase suivante, le nombre des jours à attendre avant d'obtenir est 7, emblème du Jeune Yang et du renouveau printanier (voir 24/J). Dans celle-ci, le nombre de collines à gravir est 9, emblème du Vieux Yang et de la culmination estivale ou zénithale, comme s'il fallait en passer par la désintégration automnale puis hivernale pour qu'à la perte succède le rétablissement.
Gravir les neuf collines ancestrales : la colline ancestrale étant une image se rattachant au rituel du culte aux ancêtres, l'indication d'aller la gravir peut être comprise de nos jours comme une invitation à se rapprocher de ses racines, de ce qui constitue sa base, ses fondements. Ce mouvement de retour au Yin, pour qu'il produise un renouveau, est précédé ici d'une perte et associé à l'idée d'abandonner le volontarisme.
S'efforcer de poursuivre : l'idéogramme, qui signifiait à l'origine *courir le sanglier*, veut dire maintenant *poursuivre, chasser, rivaliser, lutter pour*. Dans le *Yi Jing*, où il décrit un mouvement inlassable ou une recherche inquiète, il est le plus souvent employé avec une négation, c'est-à-dire que le *Yi Jing* déconseille de courir après ce qui a été perdu parce qu'on le retrouvera spontanément le moment venu.
Sept jours : étant donné qu'en Chine ancienne la « semaine » était de dix jours (voir 55/1), la durée évoquée ici est une période approximative (plus courte qu'un demi-cycle, moins longue qu'un cycle entier). Cependant, ici comme à 63/2, elle se termine par une fin heureuse pour peu qu'on sache se conduire de manière Yin, sans chercher à forcer le mouvement en cours.
Obtenir : l'idéogramme, recouvre une gamme de sens assez étendue : *parvenir, obtenir, trouver, recevoir, acquérir, convoiter, avoir, posséder*, etc., qui tournent tous autour de l'idée de gain.
Ne pas s'efforcer de poursuivre sept jours et obtenir : cette sentence évoque une anecdote antique (détaillée à 38/1), dont le sens est : ce qui paraît une perte dans l'instant peut se révéler un bienfait dans l'avenir. L'attitude conseillée est d'accepter de perdre, de ne pas contrarier le mouvement de renouveau par des efforts à contre-temps. Elle est citée également au même niveau de DÉJÀ TRAVERSÉE qui décrit

une situation achevée durant laquelle se prépare une transition (voir 63/2). Mise en relation cette fois avec l'épouse, elle conseille de se préparer patiemment aux enfantements à venir, plutôt que de s'évertuer à courir après ce qui a disparu.

Hexagramme dérivé : hexagramme 54. MARIAGE DE LA CADETTE est un moment où l'on est emporté de manière involontaire par des circonstances qui, bien qu'on ne les maîtrise pas, sont susceptibles de porter des fruits.

Six en 3

L'ÉBRANLEMENT se ranime se ranime	震蘇蘇 ZHEN su su
L'ÉBRANLEMENT circule-et-agit	震行 ZHEN xing
Absence de faute d'inadvertance	无眚 wu sheng

À ce niveau, éloigné de la secousse initiale, l'ÉBRANLEMENT ne *survient* plus. Ses effets, violemment ressntis au trait précédent, se propagent à présent avec moins d'impétuosité. La relation de voisinage avec le quatrième trait accentue la stabilisation de la secousse. La place de passage assurant la transition entre le haut et le bas, le mouvement du tonnerre déploie sa vigueur tant au niveau interne par la vitalité qu'il *ranime* qu'au niveau externe par l'*agir* qu'il engendre.

Plus de désarroi ici, on peut déployer son activité sans craindre de commettre d'erreurs d'appréciation : la commotion, intériorisée de manière positive, est à même de se diffuser de manière rythmée dans l'ensemble de la situation.

L'ÉBRANLEMENT... : voir ligne 1.
Se ranime : combinant les caractères *herbes*, *céréales* et *poissons*, trois ingrédients culinaires dont la toute première fraîcheur est essentielle pour qu'ils soient porteurs de vitalité, l'idéogramme signifie *revivre, reprendre force, se réveiller*. C'est ce caractère, précédé d'un autre signifiant « père » dans une forme respectueuse, qui sera choisi pour transcrire le nom de Jésus en chinois. L'ensemble produit à la fois un jeu de son (le premier caractère se prononce « yé » et le second « sou ») et un jeu de sens puisqu'il désigne « le père qui fait revivre ».
Se ranime se ranime : le texte comporte le même caractère répeté deux fois de suite, marque usuelle du superlatif employée à plusieurs reprises dans le texte de cet hexagramme. Impossible à rendre en français autrement que par une répétition, cette construction est reprise à la sixième ligne avec laquelle ce doublet produit un net effet d'allitération.
Circule-et-agit : l'idéogramme combine indistinctement les sens de

marche et de *fonctionnement*. Dans le *Yi Jing*, il est soit l'emblème du mouvement céleste, incessant et rythmé, invisible et productif (voir 1/GI), soit l'indication d'une action ou d'une attitude en conformité avec le ciel.
Faute d'inadvertance : l'idéogramme, sans aucun rapport avec le caractère rendu ailleurs par *faute*, est une formule mantique spécifique signalant un type d'erreur dû à un défaut d'observation, à un manque de discernement.

Hexagramme dérivé : hexagramme 55. ABONDANCE est une situation de profusion printanière qui nécessite une position juste et centrale pour en canaliser les effets.

Neuf en 4
L'ÉBRANLEMENT avance dans la vase　　震遂泥 ZHEN sui ni

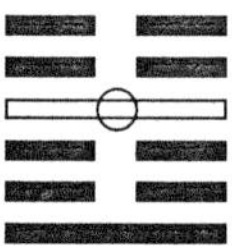

À ce second trait Yang, l'ÉBRANLEMENT, qui se manifeste bruyamment au premier trait, poursuit son mouvement de façon plus ralentie. Enfoui au milieu de quatre traits Yin, il se propage maintenant dans les profondeurs de la terre, comme un écho assourdi de la commotion initiale.

La brièveté du texte, qui contraste avec les onomatopées utilisées aux lignes précédentes, indique moins la fin du mouvement que l'absence de manifestation extérieure. Comme la force électrique de l'orage dynamise les germes, c'est à l'intérieur que sa puissance se diffuse et que sa fécondité peut trouver à s'exprimer.

L'ÉBRANLEMENT... : voir ligne 1.
Avance : formé avec le signe de la marche et le caractère général des porcins (voir 33/I), ce caractère qui se rapproche par le son et par le sens du nom de l'hexagramme 17 signifie *suivre*, mais aussi *aller de l'avant, progresser, aboutir, achever* (voir aussi 34/6, *aller de l'avant* et 37/2, *pousser en avant*).
Vase : n'évoquant en français qu'eau boueuse ou fétide, *vase* rend mal les connotations de fertilité de cet idéogramme dont le sens actuel est *pâte, mortier, ciment*. Il s'écrit en combinant le signe de l'eau avec un groupe formé du mot *cuillère* (voir Jugement) et un des caractères désignant le corps humain. Ce groupe n'est pas anodin, c'est le nom d'une montagne sacrée de la province du Shandong, le mont Ni, dont le sommet était marécageux à cause de ses bords relevés qui empêchaient l'écoulement des eaux (de là vient le sens dérivé de l'idéogramme *vase* : faire obstacle à, arrêter, voir 5/3). Or cette montagne était dans l'Antiquité un lieu célèbre pour la fertilité qui s'y diffusait. La mère de Confucius, dont l'époux n'était plus dans l'exubérance de

la jeunesse, vint y prier pour avoir un enfant. Elle fut exaucée et l'auteur des *Entretiens* reçut en souvenir de ce bienfait, comme nom privé personnel *Qiu*, qui signifie : tertre (voir 27/2), et comme nom public *Zhong Ni* : le cadet (du mont) Ni.

Hexagramme dérivé : hexagramme 24. RETOUR est le moment où le processus végétatif reprend dans les profondeurs, le tout premier pas d'un renouveau qui demande à être consolidé.

Six en 5

L'ÉBRANLEMENT va et vient	震往來	ZHEN wang lai
Danger	厲	li
Ne prévoir aucune perte	意无喪	yi wu sang
Il y a à faire	有事	you shi

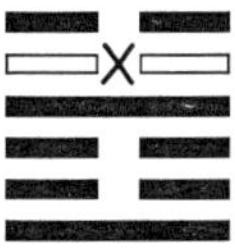
Au niveau Souverain, et bien mieux qu'au second trait, il est à la fois possible d'accueillir l'ÉBRANLEMENT et de le rendre efficient. Les deux lignes ont plus d'une similitude : toutes deux centrales, elles sont situées l'une et l'autre à la suite d'un trait Yang. Le texte reprend par ailleurs la mention d'une *perte*, l'appréciation *danger*, et une injonction à se projeter dans l'avenir, *prévoir*, cette fois dans une perspective positive.

Éloigné du fracas de la première ligne, l'ÉBRANLEMENT, bien qu'il puisse encore se manifester par des à-coups *dangereux*, est maintenant moins brutal. Il prend plutôt à ce niveau l'allure d'un mouvement d'allers et retours, comme un train d'ondes allant et venant en une suite de croisements qui s'organisent d'eux-mêmes. On n'a plus ici à craindre les pertes que la commotion fait subir en place de Préfet. Il est temps d'agir énergiquement afin de se mettre au diapason du réveil à l'œuvre et d'en concrétiser les effets.

L'ÉBRANLEMENT... : voir ligne 1.
Va et vient : deux verbes très liés l'un à l'autre et qui prennent toujours le locuteur pour point de référence. Quand ils décrivent un déplacement dans l'espace, *aller* désigne un mouvement qui s'éloigne de soi et *venir* un mouvement qui se dirige vers soi. Quand ils s'appliquent à une durée, *aller* est utilisé pour nommer le passé, le temps qui s'éloigne de soi, et *venir* l'avenir, le temps qui vient vers soi. Ici, les deux niveaux se combinent pour évoquer un mouvement qui n'est plus seulement centrifuge (c'est la seule fois dans cet hexagramme où *venir*, cité à quatre reprises (voir Jugement *survient*), est combiné avec *aller*).
Danger : appréciation mantique signalant les risques inhérents à la situation.

Prévoir : écrit avec le signe général du cœur, commun à tout ce qui concerne les pensées et les sentiments, et un groupe complexe, l'idéogramme signifie *idée, pensée, opinion, intention, dessein, visée*, etc. C'est le caractère employé en composition avec le signe général de l'être humain et rendu par *présumer* à la ligne 2.
Perte : voir Jugement.
Ne prévoir aucune perte : construite à l'identique, reprenant le même terme avec un jeu graphique d'autant plus avéré que les mots *présumer* et *prévoir* ne sont employés que dans cet hexagramme, cette phrase est le pendant en négatif de celle citée à la ligne 2. A ce niveau, il n'y a pas à envisager de perte. Cela est d'autant plus remarquable que c'est ici le seul cas où *perte* est utilisé dans son sens général, sans objet symbolique précis, et que la seule autre fois où une non perte est spécifiée c'est à l'hexagramme PUITS, déjà évoqué par le couplage des verbes *aller* et *venir*.
Il y a à faire : le texte porte une expression en deux caractères restée d'un usage extrêmement courant dans la langue contemporaine. N'apparaissant qu'ici dans le *Yi Jing*, elle est formée de deux idéogrammes dont le premier est le verbe *il y a*, auxiliaire qui renforce l'appréciation qu'il annonce en soulignant son caractère effectif et le second un caractère dont le sens très général s'étend à partir de l'idée de ce qu'il y a *à faire*. En tant que nom, il signifie *affaire, situation, événement, occupation, emploi*, etc. En tant que verbe, il veut dire *faire, exécuter, s'occuper de, servir (un supérieur)*.

Hexagramme dérivé : hexagramme 17. SUIVRE représente l'insertion dans un courant porteur. La facilité peut y signifier attachement involontaire plutôt qu'abandon à sa nature propre.

En haut un six		
L'ÉBRANLEMENT s'épuise s'épuise	震索索	ZHEN suo suo
Regards craintifs alentour	視矍矍	shi jue jue
Impasse pour des expéditions	征凶	zheng xiong
L'ÉBRANLEMENT n'est pas au niveau	震不于其躬	ZHEN bu yu qi gong
de sa personne mais à celui des voisins	于其鄰	yu qi lin
Absence de faute	无咎	wu jiu
Il y a des mots à propos d'union par mariage	婚媾有言	hun gou you yan

Ce trait est situé au niveau le plus éloigné de l'impulsion décrite au trait initial, qui donne tout son sens à l'hexagramme. En plus de cet éloignement, il est le seul à n'avoir aucune relation avec les autres traits. Le réveil produit par l'ÉBRANLEMENT perd ici sa puissance de régé-

nération pour ne plus provoquer qu'agitation épuisante et regards apeurés. Le sentiment d'impuissance donne envie de réagir par des initiatives impétueuses, auxquelles il est préférable de renoncer, car elles ne peuvent mener qu'à des *impasses*.

Le texte de cette ligne – l'une des sixièmes lignes les plus longues, avec 24/6 et 38/6, toutes deux également empreintes d'une certaine impétuosité – évoque peut-être le dépit ressenti par les Zhou lorsque, après la contribution décisive du général Zhen aux campagnes de Wu Ding (voir 64/4), ils durent se contenter de la position de vassaux des Shang, alors au faîte de leur puissance. Les discussions mentionnées rendent sans doute compte des tensions survenues dans les relations avec leurs suzerains, appelés ironiquement *voisins*.

Que l'on soit à la lisière d'une force d'éveil dont le contrôle échappe ne doit pas déconcerter. Même non entièrement choisis, des partenariats sont préférables à un comportement nerveux qui ne peut qu'hypothéquer l'avenir.

L'ÉBRANLEMENT... : voir ligne 1.
S'épuise : l'idéogramme veut aussi bien dire *exiger* que *isolé, morne, terne, entièrement employé, épuisé*. Ce dernier sens a été préféré en raison de l'effet d'écho produit par le texte chinois avec le caractère *s'anime*, terme employé au troisième trait dans une construction identique et dont la prononciation produit un net effet d'allitération.
S'épuise s'épuise : le texte comporte le même caractère répété deux fois de suite, marque usuelle du superlatif employée à plusieurs reprises dans le texte de cet hexagramme et impossible à rendre en français autrement que par une répétition.
Regards : formé avec le caractère *voir* et le signe des affaires religieuses, l'idéogramme décrivait à l'origine l'acte de voir appliqué à la lecture des fissures divinatoires.
Craintifs alentour : le texte comporte encore le même caractère répété deux fois de suite. Écrit avec un groupe complexe où se retrouvent les caractères *main, oiseau* et deux fois celui de l'*œil*, l'idéogramme, devenu très rare, représente les regards effarés que jette un oiseau qu'on immobilise en lui tenant les pattes serrées dans la main. C'est en quelque sorte le contraire du mouvement décrit à la Grande Image de S'ENTHOUSIASMER où le tonnerre « sort de terre comme *un oiseau qu'on lâche* » (voir 16/GI).
Expéditions : terme mantique représentant, dans le contexte du *Yi Jing*, la mise en route d'une action déterminée de remise en ordre.
Impasse pour des expéditions : formule mantique signalant l'inadéquation d'une stratégie d'intervention vigoureuse.
Personne : l'idéogramme évoque quelqu'un en train de se pencher en avant pour une salutation de politesse. Son sens actuel, qui fait tou-

jours référence à la présence physique plus qu'à une personne déterminée, est *en personne, personnellement.*

Voisins : dans le contexte du *Yi Jing*, ce n'est pas de paisibles relations de voisinage dont il s'agit, et encore moins d'une allégorie de son prochain. L'ironie est plus mordante puisque ce terme désigne les Shang, avec qui, selon le rapport de force, on entretient (9/5), ou pas (11/4 et 15/5) des accointances enrichissantes.

Absence de faute : formule mantique spécifique incitant à ne pas rester dans un état d'esprit incertain ou hésitant.

Mots : voir Jugement, *paroles*.

Il y a des mots : le sens de cette phrase n'est pas parfaitement assuré. Elle est formée de deux caractères, le verbe *il y a* qui, dans le contexte du *Yi Jing*, souligne le caractère effectif de ce qui suit et le caractère *paroles*. Elle est souvent comprise comme représentant des critiques que l'on subit ou un désaccord dont on est victime.

Union par mariage : locution formé de deux caractères, dont le premier signifie mariage et le second *union de deux familles*. Dans le contexte du *Yi Jing*, cette expression est associée aux brigands sauf ici et à 3/4.

䷔ **Hexagramme dérivé :** hexagramme 21. MORDRE & UNIR est un moment où une intervention vigoureuse permet d'éliminer les obstacles et de rétablir l'harmonie.

ÉLÉMENTS D'ANALYSE

Nucléaire

䷦ **Hexagramme 39 : OBSTRUCTION.** Au cœur de ÉBRANLER, il y a OBSTRUCTION. Au cœur d'un brusque mouvement de réveil il y a une résistance qui freine la rapidité de sa propagation. Cette résistance est ce qui permet d'amortir le choc et de le diffuser de manière à en accroître la fécondité.

Opposé

䷸ **Hexagramme 57 : SE MODELER.** La relation d'opposition entre ÉBRANLER et SE MODELER se situe au niveau du temps et de la direction. ÉBRANLER est un mouvement soudain et rapide dirigé vers l'extérieur, tandis que SE MODELER est un mouvement patient et répété de pénétration dans l'interne.

Après la culmination que représente l'hexagramme 50 CHAUDRON, une autre répartition, sous-jacente à la division classique en deux livres (hexagrammes 1 à 30 et 31 à 64), pivote autour de l'hexagramme 51 : celle qui considère les hexagrammes dans leur rapport d'opposition. Chaque hexagramme compris entre 1 et 50 a en effet pour opposé une figure située elle aussi entre 1 et 50 ; symétriquement, tous les hexagrammes comprises entre 51 et 64 ont eux aussi leur opposé situé entre 51 et 64.

La position de l'hexagramme 51 comme ouverture de cette seconde partie, en accord avec l'idée de redémarrage qui imprègne cet hexagramme, le met ainsi en rapport avec le premier hexagramme ÉLAN CRÉATIF. On y retrouve en effet les qualités principales du Yang, la mise en mouvement, la puissance dynamisante, et également ses faiblesses, la fatigabilité, le manque d'endurance.

52 STABILISER

GEN

En haut MONTAGNE ☶
En bas MONTAGNE ☶

STABILISER le dos	艮其背	GEN qi bei
sans saisir le corps	不獲其身	bu huo qi shen
Agir à la Cour	行其庭	xing qi ting
sans voir personne	不見其人	bu jian qi ren
Absence de faute	无咎	wu jiu

Au début un six

STABILISER les pieds	艮其趾	GEN qi zhi
Absence de faute	无咎	wu jiu
Profitable de durablement tenir bon	利永貞	li yong zhen

Six en 2

STABILISER les mollets	艮其腓	GEN qi fei
Pas de délivrance pour qui SUIT	不拯其隨	bu zheng qi SUI
Le cœur n'est pas joyeux	其心不快	qi xin bu kuai

Neuf en 3

STABILISER la région lombaire	艮其限	GEN qi xian
Raidissement de la colonne vertébrale	列其夤	lie qi yin
Danger	厲	li
Le cœur suffoque	熏心	xun xin

Six en 4

STABILISER le corps	艮其身	GEN qi shen
Absence de faute	无咎	wu jiu

Six en 5

STABILISER les os maxillaires	艮其輔	GEN qi fu
Les paroles sont ordonnées	言有序	yan you xu
Tout regret disparaît	悔亡	hui wang

En haut un neuf

Magnifiquement STABILISER	敦艮	dun GEN
Ouverture	吉	ji

Grande Image

Montagnes réunies	兼山	Lian shan
STABILISER	艮	GEN
L'Être Accompli ainsi	君子以	jun zi yi
par la pensée	思	si
ne va pas au-delà de la situation	不出其位	bu chu qi wei

Dixième Aile
STABILISER
s'arrêter.

艮 GEN
止也 zhi ye

STABILISER, c'est calmer le corps et le cœur : assurer sa posture et apaiser ses pensées. Non pas s'immobiliser de manière rigide, mais s'affermir intérieurement sans crispation, afin de pouvoir agir extérieurement sans dispersion. La stabilisation du cœur commence par celle du corps et se fonde sur la seule partie du corps qu'on ne peut pas voir, celle qui soutient l'ensemble : le *dos*. Si la méditation immobile est un moyen approprié de calmer son état intérieur, le projet de STABILISER ne s'arrête pas à cet objectif solitaire. Concentrer sa force est le préalable qui rend capable d'*agir à la cour*. La cour royale est le centre invisible sur lequel repose le corps social, comme le dos est le pivot de la personne. L'un est public, l'autre est intime. STABILISER n'est pas arrêter mais renforcer le mouvement en consolidant les deux pôles sur lesquels il s'appuie. Ce n'est pas en cherchant à dominer ces centres qu'on peut les consolider, mais en évitant de lutter contre la mollesse par la rigidité.

Parmi les soixante-quatre hexagrammes, deux seulement explicitent un processus énergétique en mettant en scène le corps humain : STABILISER et INCITER (31). Alors que, dans le second, on est mis en mouvement par des sollicitations extérieures qu'il faut intégrer, dans l'hexagramme 52 c'est en mettant fin à l'agitation intérieure qu'on rétablit fermement son intégrité et se prépare à agir. Les deux hexagrammes se déroulent de façon identique des pieds à la tête, opérant à des niveaux équivalents un travail de maîtrise des émotions, extérieures dans un cas, intérieures dans l'autre.

La figure comporte une majorité de traits Yin, ce qui renforce l'importance des places où sont situés les deux seuls traits Yang : aux deux niveaux de Passage. Le troisième, celui où s'opère le passage entre l'interne et l'externe, marque la transition entre la force qui s'assemble à l'intérieur du corps et la totalité de la personne telle qu'elle s'investit au-dehors. Le sixième, niveau le plus élevé des deux places du Ciel, est un lieu de détachement où la stabilisation passe à un niveau supérieur, en se plaçant au-delà du corps. Avant d'en arriver là, le processus de stabilisation traverse tout le corps. Il faut d'abord calmer les *pieds*, puis les *jambes*, enfin le bas du dos où la *colonne* se raidit. Les deuxième et troisième lignes marquent des étapes difficiles, le *cœur* y souffre, de dépression d'abord, de surexcitation ensuite. Ce n'est qu'à partir du quatrième trait que le calme commence à s'étendre à l'ensemble du *corps*. Il devient alors possible de répercuter cette solidité interne vers l'extérieur en ayant un discours qui porte parce qu'il est stabilisé. Enfin, au niveau de la dernière ligne, on devient capable d'agir sur la qualité énergétique de la situation dans son ensemble.

Le changement qui s'effectue à ce dernier stade, c'est le passage d'un plan à un autre tel que les ermites le pratiqueront en s'élevant dans les montagnes de Chine pour y concentrer le souffle. De même que le trigramme GEN, redoublé dans cet hexagramme, a la forme d'une porte, les montagnes chinoises ne sont pas des barrières qui arrêtent mais des invites à passer à un niveau supérieur. Le texte le confirme en ne comportant nulle part l'appréciation *fermeture* et en situant les deux seules appréciations positives à la première et la dernière lignes, comme pour inciter à enclore et ouvrir à la fois, comme pour inviter, en réunissant les énergies, à franchir un seuil.

IDÉOGRAMME

GEN (prononcé au premier ton): *Refuser d'avancer, résister. Prononcé au troisième ton: Ferme, solide, dur, inébranlable, franc, droit, simple dans sa mise.*

Rare en dehors du *Yi Jing*, l'idéogramme est composé de deux parties, maintenant réunies en un seul dessin. En haut il y avait à l'origine le caractère œil dont la signification va bien au-delà des phénomènes de vision. Le verbe voir par exemple, qui s'écrit avec ce caractère *œil* placé au-dessus du signe général des êtres humains, a un usage linguistique courant en chinois. Il joue le rôle d'une particule post-verbale indiquant que la perception sensorielle opérée par la vue, ou par n'importe quel organe des sens, a produit un entendement parvenu à la conscience. La présence dans ce caractère d'un signifiant en rapport avec l'idée d'une prise de conscience relie cet hexagramme au propos de l'hexagramme 20 REGARDER, figure avec laquelle STABILISER entretient aussi un rapport analogique au niveau de la structure linéaire: l'un et l'autre en effet peuvent se lire à partir du trigramme GEN, redoublé dans l'hexagramme 52, dédoublé dans l'hexagramme 20. En bas se trouvait le signe général des êtres humains, mais représenté d'une manière particulière. Alors que le signe être humain dessine ce dernier en train de marcher, ici il est tourné à l'envers, selon une symétrie en miroir, c'est-à-dire représenté au moment où, d'un geste brusque et décidé, il se retourne. La particularité de ce geste est de désigner un coup d'arrêt, une stabilisation dans un processus que jusqu'alors on ne maîtrisait pas, comme quelqu'un qui brusquement décide de s'opposer à ce qui l'entraîne et marque sa détermination d'un coup de talon dans le sol (combiné avec le signe du pied, le nom de cet idéogramme signifie talon). Cela explique le sens principal de l'idéogramme *refuser d'avancer, résister* et pourquoi, combiné avec le signe général du mouvement, il signifie *reculer* (voir 20/3, 34/6 et 57/1).

Ensemble, les deux parties de l'idéogramme évoquent donc une double réaction : d'abord une prise de conscience qui change la perception, ensuite une fermeté, un enracinement dans le refus de continuer à se laisser entraîner, et donc une stabilisation par laquelle il est possible de passer à une autre manière de se situer. [Dans le manuscrit sur soie trouvé à Ma Wang Dui, le nom de cet hexagramme était écrit avec un caractère un peu différent de celui-ci puisqu'il y est combiné avec le signe général de l'arbre. L'idéogramme ainsi formé signifie : *racine, base, source*, au sens propre, mais aussi : *organe de perception*, au sens figuré ; ce sens sera repris beaucoup plus tard par les textes bouddhistes chinois qui feront par ailleurs grand cas de cet hexagramme comme exemple du processus de stabilisation et du passage au niveau de conscience supérieur qui s'opère par la méditation.]

TEXTE CANONIQUE

JUGEMENT

STABILISER le dos	艮其背	GEN qi bei
sans saisir le corps	不獲其身	bu huo qi shen
Agir à la cour	行其庭	xing qi ting
sans voir personne	不見其人	bu jian qi ren
Absence de faute	无咎	wu jiu

Pour STABILISER, il faut commencer par établir le calme à l'intérieur sans chercher à dominer la situation, car cela n'aboutirait qu'à se diviser contre soi-même. Pour y parvenir, il ne faut pas se préoccuper de l'ensemble du corps, mais orienter son attention sans contrainte ni hâte sur la source : le *dos*, la partie de soi sur laquelle on s'appuie sans la voir, celle qui gouverne et structure l'ensemble de l'être humain, où tout s'enracine avant de s'étendre au reste du corps. Se rapprocher le plus possible de ce centre invisible ne peut se faire par une *saisie* volontariste ou crispée.

Bien que cet exercice ait trouvé de multiples prolongements dans toutes les techniques de méditation développées depuis l'écriture du *Yi Jing*, STABILISER ne concerne pas que la personne en assise, il traite aussi de la personne en mouvement[83]. Là encore, lorsqu'on est impliqué dans la vie publique, on ne doit pas se référer aux manifestations extérieures mais rester en contact avec la source du pouvoir : afin de ne pas perdre sa concentration, ne pas se laisser détourner de son objectif en réagissant à la présence des autres, ni entrer dans la dispersion provoquée par leur regard.

> « L'expérience du grand calme consiste d'abord en un sentiment accru de réalité – d'une réalité intérieure mais qui n'exclut pas la réalité extérieure. Celle-ci reste perceptible, mais elle est repoussée à la périphérie[84]. »
>
> Jean-François BILLETER

Que l'action soit intérieure ou publique, le point important est d'unifier son énergie : à l'intérieur, ne pas se laisser diviser (comme au-dehors) ; à l'extérieur, maintenir son unité (comme au dedans). L'exemple de la régularité à instaurer pour apprivoiser les soubresauts de la vie intérieure est donné par le rythme même des deux premières phrases du Jugement : trois caractères, puis quatre, le tout répété une seconde fois, comme deux sentences parallèles qui indiqueraient la manière d'harmoniser le pair et l'impair. Ce parallélisme se retrouve dans les verbes employés : *saisir* et *voir* évoquent tous deux une mainmise, une appropriation, alors que *stabiliser* et *agir* fonctionnent en référence à un centre qui doit rester libre et invisible. Ce dernier point sera illustré par la différence de valeur entre les lignes de l'hexagramme : le vrai travail n'a pas lieu au niveau du cinquième trait mais du sixième, comme si la véritable souveraineté s'exerçait depuis un autre lieu que l'habituelle place de pouvoir.

Dos : écrit en combinant le signe général de la *chair* et le caractère *Nord*, qui lui-même représente deux êtres humains dos à dos, l'idéogramme, qui n'apparaît qu'ici, désigne d'abord la partie du corps qu'on doit appuyer au Nord. S'adosser à une montagne au Nord est le principe de base sur lequel se fonde toute la géomancie chinoise. En acupuncture, il existe aussi toute une série de points dans le dos – les points *shu* – qui communiquent directement avec les organes (voir aussi 17/1, *changements*).
STABILISER le dos : alors que généralement le nom de l'hexagramme est placé en position isolée, comme un titre, il intervient ici directement dans la première phrase du texte du Jugement. Ce n'est pas un cas unique, cette construction se retrouve six fois (10/J, 12/J, 13/J, 20/J et 43/J).
Saisir : l'idéogramme évoque une saisie par force ou par contrainte. Il représente ici une contraction qui bloque de force un mouvement, une crispation rigide à l'opposé de la calme stabilisation que la situation requiert.

Corps : parmi les différents caractères désignant le *corps humain*, celui-ci le considère dans sa spécificité la plus belle ; le corps en effet y est vu comme le lieu où la vie se manifeste, la forme ancienne de l'idéogramme représentait une femme avec un bébé dans son ventre. Appliqué au corps en général, ce caractère montre que pour l'esprit chinois, le corps humain est d'abord considéré comme le lieu d'engendrement de la vie (voir aussi 20/6). De cette idée, une constatation s'ensuit : chaque personne est toujours enceinte d'elle-même, et une conclusion s'impose : notre corps est ce que nous en faisons (voir aussi ligne 4).

Agir : l'idéogramme combine indistinctement les sens de *marche* et de *fonctionnement productif*. Dans le *Yi Jing*, il est soit l'emblème du mouvement créatif du Ciel, soit l'indication d'une action humaine en conformité avec le Ciel. Ici, il fait écho à STABILISER qui ouvre la première phrase du texte dans un balancement rigoureux soulignant l'idée qu'au mouvement de stabilisation appliqué à l'interne correspond à l'externe un agir, symbolisé par le lieu le plus extérieur, le plus public qui soit : la cour du roi.

Cour : l'idéogramme désigne la grande cour d'honneur située devant la salle du trône du palais, le lieu le plus central et le plus public du pouvoir. Dans le *Yi Jing*, il n'est cité au Jugement que de deux hexagrammes : SE MONTRER RÉSOLU (43) et STABILISER, chaque fois associé à une action dans des conditions délicates.

Voir : l'idéogramme signifie aussi bien *voir* que *visible* et *être vu*. Il sert aussi dans la langue chinoise de suffixe verbal indiquant la réalisation par l'entendement de ce qui a été perçu par les sens.

Personne : l'idéogramme est le plus ordinaire et le plus général qui soit pour désigner les êtres humains en général. Un choix curieux pour désigner les personnes se trouvant à la *cour*, lieu où l'on s'attendrait plutôt à des désignations nobiliaires circonstanciées. Il faut donc comprendre ce caractère dans un sens symbolique, comme la reprise sur un mode élargi du processus de généralisation déjà suggéré par le passage du *dos* au *corps* dans la phrase précédente. Le saut qui est ainsi opéré invite à adopter à l'extérieur la même politique qu'à l'intérieur : ne pas chercher à contrôler l'ensemble de la situation.

Sans voir personne : cette phrase peut être lue de deux manières différentes. Elle peut signifier soit que la cour est vide, c'est-à-dire, qu'on y est seul parce qu'il n'y a personne dedans, soit que, étant stabilisé à l'intérieur, on ne « voit » pas le monde extérieur (qu'il y ait ou non des gens dans la cour, ils ne sont pas *visibles*). Ces deux lectures ne sont pas contradictoires, mais complémentaires. Quand il s'agit de stabiliser une situation, que ce soit intérieurement par la méditation ou extérieurement par l'action, on doit toujours se considérer comme seul.

Absence de faute : formule mantique spécifique incitant à ne pas rester dans un état d'esprit incertain ou hésitant. Cette injonction s'applique ici à chacun des deux niveaux décrits par les phrases précédentes. Citée trois fois dans cet hexagramme, elle est reprise aux traits 1 et 4.

TEXTE DES TRAITS

Au début un six

STABILISER les pieds	艮其趾	GEN qi zhi
Absence de faute	无咎	wu jiu
Profitable de durablement tenir bon	利永貞	li yong zhen

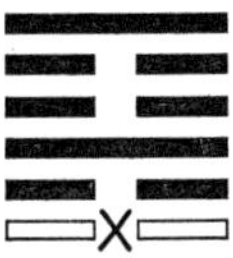

Pour stabiliser l'ensemble d'une situation, il faut commencer par s'appuyer sur une base solide. À ce trait d'Entrée, la première chose à faire est d'arrêter le mouvement et de se poser là où l'on est sans plus bouger, comme pour s'enraciner dans le sol. Aucune hésitation à avoir quant à cette immobilisation : comme l'indique la reprise de la seule indication mantique du Jugement, *absence de faute*, le travail qui s'y effectue est important pour l'ensemble du processus[85].

La formule qui engage à *durablement tenir bon* est particulièrement significative. Qu'elle ne soit citée qu'à l'hexagramme ÉLAN RÉCEPTIF, et lors du cas rare où l'ensemble des six traits Yin est *à l'œuvre*, donne une indication précieuse quant à la conduite à tenir : il ne faut pas chercher à se mettre en avant, mais être constamment à l'écoute de son environnement aussi bien interne qu'externe, tout en évitant de se laisser aller à la moindre initiative qui pourrait troubler la réunion tranquille des énergies. Cette tenue rigoureuse est en résonance avec la stabilisation générale qui s'effectue à la quatrième ligne et se parachève à la dernière, où se trouve la seule autre formule mantique favorable.

STABILISER… : cet hexagramme comporte un texte particulièrement scandé : chacun des traits commence par une phrase construite à l'identique : nom de l'hexagramme + caractère grammatical à usage déterminatif + indication d'une partie du corps. Il n'y a qu'à la dernière ligne que cette structure se modifie, indiquant le saut qualitatif qui se produit à ce niveau dans le processus de stabilisation.
Pieds : dans le contexte du *Yi Jing*, les pieds sont toujours cités à la première ligne et suggèrent soit une mise en route, soit comme ici une démarche à retenir ou à contrôler.
Absence de faute : formule mantique spécifique incitant à ne pas rester dans un état d'esprit incertain ou hésitant. Reprise du jugement, cette formule est également citée au quatrième trait.

Profitable de durablement tenir bon : formule mantique inhabituelle et dont le sens n'est pas totalement avéré. Elle n'est citée qu'une autre fois, et pour la circonstance extrêmement rare où, lors d'un tirage, la mutation touche *en même temps* les six traits Yin de ÉLAN RÉCEPTIF (voir 2/Tous les six à l'œuvre). Ici elle évoque l'importance de l'attitude Yin qui permet de préparer les autres stades.

Hexagramme dérivé : hexagramme 22. EMBELLIR est une situation où l'on harmonise l'extérieur avec le positionnement interne dans un esprit de modération.

Six en 2

STABILISER les mollets	艮其腓	GEN qi fei
Pas de délivrance pour qui SUIT	不拯其隨	bu zheng qi SUI
Le cœur n'est pas joyeux	其心不快	qi xin bu kuai

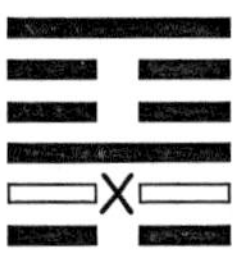

À ce niveau de l'hexagramme, il importe de résister à la tendance à se laisser facilement entraîner. Dans la symbolique du corps telle qu'elle apparaît dans le *Yi Jing*, le *mollet* est ce qui SUIT le mouvement, l'emblème de ce qui répond à une impulsion dont le *pied*, cité au trait précédent, est l'image.

Souple à une place Yin, la ligne indique une propension au relâchement qui ne s'accorde pas à la rigueur de la situation[86]. SUIVRE, le nom de l'hexagramme 17, évoque une abdication de la maîtrise personnelle qui n'a en l'occurrence rien de libératoire. Il faut prendre conscience de son indolence et se ressaisir. Le moment n'est pas à la recherche de la facilité et du contentement : il s'agit au contraire de dépasser les sentiments de frustration et de tristesse que la nécessité de la fermeté entraîne.

STABILISER... : voir ligne 1.

Mollets : écrit avec le signe général de la chair, commun à toutes les parties du corps, et une négation, l'idéogramme, devenu archaïque, a pour sens propre *gras de la jambe*. Il a aussi pour sens figuré *prendre appui, avoir confiance en*. Il est cité au même niveau à l'hexagramme 31.

Délivrance : l'idéogramme signifie *soulever, tirer, arracher* au sens propre et *aider secourir, sauver, délivrer* au sens figuré. Différent du caractère qui nomme l'hexagramme DÉLIVRANCE (40), les deux autres fois où il est employé, c'est en rapport avec la *force du cheval*.

SUIT : nom de l'hexagramme 17 SUIVRE. Le nom de cette figure n'est cité que dans les deux hexagrammes où le corps humain sert de symbole global : STABILISER et INCITER (31).

Cœur : le cœur a une double signification. Siège de la pensée, il peut représenter l'*esprit*, siège de la vie affective, il peut être *disposition intérieure, volonté, intention, conscience morale*. Dans le contexte du *Yi Jing*, il désigne le *for intérieur* ; il est plutôt évoqué dans des contextes de tristesse (comme ici) et de douleur (comme à la ligne suivante). STABILISER est le seul hexagramme où le cœur est cité deux fois.

Le cœur n'est pas joyeux : une phrase quasi identique se trouve à la quatrième ligne de l'hexagramme 56 VOYAGEUR. À cet endroit, le texte décrit la tristesse de celui qui voyage quand il réalise que le lieu où il s'établit ne peut être que transitoire. L'accablement du cœur est également décrit dans des termes équivalents à la troisième ligne de l'hexagramme 48 PUITS, quand on s'aperçoit qu'il n'y a pas encore accès à une nourriture pourtant déjà disponible.

䷑ **Hexagramme dérivé :** hexagramme 18. REMÉDIER AU CORROMPU est une situation où il faut énergiquement réparer ce qu'on a laissé se dégrader avec le temps, de manière à recréer les conditions d'un nouveau départ.

Neuf en 3

STABILISER la région lombaire	艮其限	GEN qi xian
Raidissement de la colonne vertébrale	列其夤	lie qi yin
Danger	厲	li
Le cœur suffoque	薰心	xun xin

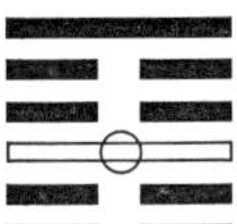

Au niveau de Passage, le processus de stabilisation, après avoir concerné les *pieds* (trait 1), puis les *mollets* (trait 2), atteint une limite imprécise située entre cuisse et nombril. Premier Yang de l'hexagramme, le trait est à l'image de cette région du corps où cesse la division des membres inférieurs. Tenir fermement cette ceinture ne doit pas pour autant se transformer en raidissement et empêcher la circulation des souffles. Comme souligné au Jugement, où sont évoqués à la fois le *dos* et la tentation de *saisir*, la tendance générale est d'y mettre trop de volonté, et de perdre ainsi la fluidité et la souplesse nécessaires au processus de stabilisation : l'axe de distribution de l'énergie vitale se bloque, la respiration, processus d'échange entre l'interne et l'externe, se fait mal et le cœur étouffe.

Alors que la nature Yin du trait précédent accentue un risque de relâchement, la fermeté de celui-ci peine à tenir la situation sans se transformer en rigidité. Il importe de se calmer pour retrouver un peu de sérénité, car une crispation prolongée entraîne une fatigue qui risque de conduire à l'asphyxie.

STABILISER... : voir ligne 1.

Région lombaire : écrit avec le signe général des tertres rituels combiné avec le caractère nommant l'hexagramme 52, l'idéogramme a pour sens d'origine *barre servant à fermer une porte*. De là, il a pris la signification générale de *limite, terme, extrémité*. Le choix de *région lombaire*, bien qu'anatomiquement arbitraire, est traditionnel. Il est justifié par de nombreux commentateurs en raison de la suite du texte et de la place médiane du trait. À cette ligne de Passage, c'est de la communication entre le haut de la partie inférieure et le bas de la partie supérieure du corps qu'il s'agit. Au même niveau de l'hexagramme 31, l'idéogramme employé (rendu par *cuisse*) désigne la partie du corps située entre le nombril et les genoux, là où le tronc se divise.
Raidissement : écrit avec le caractère *couteau* et un groupe complexe où se retrouve l'idée d'ossements, l'idéogramme, qui signifiait à l'origine *disloquer* une carcasse, *désosser*, a maintenant pour signification – peut-être en raison de la préparation des os divinatoires – *exposer, rangée, ordre, degré*, etc. *Raidissement* est un compromis qui tient surtout au contexte : à ce niveau de passage, une stabilisation trop rigide est préjudiciable.
Colonne vertébrale : l'idéogramme, rare et ancien, est assez imprécis, comme la plupart des termes anatomiques du *Yi Jing*. Son sens d'origine est *avancer, progresser, s'accrocher comme des plantes grimpantes*. De là, il en est venu à désigner dans l'Antiquité d'abord les filaments des reins, puis globalement l'axe central du corps.
Danger : appréciation mantique signalant les risques inhérents à la situation. Elle n'est mentionnée qu'ici dans cet hexagramme.
Cœur : voir ligne 2.
Suffoque : écrit avec le caractère *feu* et un groupe complexe qui évoque la fumée, l'idéogramme dont le sens propre est *fumée, enfumage* (des viandes), peut également signifier *asphyxier, émouvoir*.

Hexagramme dérivé : hexagramme 23. USURE représente la fin d'un cycle, le dernier stade avant l'obscurité complète, un moment de fatigue inquiète qui doit être consacré aux élagages indispensables.

Six en 4

STABILISER le corps	艮其身 GEN qi shen
Absence de faute	无咎 wu jiu

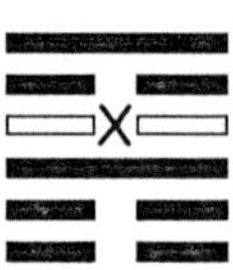

Au premier niveau extérieur, il devient possible de déployer dans l'ensemble de la personne tout le travail de stabilisation effectué intérieurement. Il ne s'agit plus d'affermir telle ou telle partie du corps comme aux trois traits précédents, mais de consolider l'ensemble en laissant le calme se diffuser lentement partout. Le texte reprend les termes utilisés au Jugement : le *corps*, ici stabilisé sans saisie volontariste, et la formule *absence de faute* qui, en écho au premier trait où elle est également citée, évoque un nouveau départ après le blocage de la ligne précédente. INCITER, l'autre figure où l'image du corps sert de toile de fond au déroulement de l'hexagramme, montre un palier semblable. L'incitation qui, de trait en trait, est repérée à des endroits précis du corps, disparaît au quatrième niveau : comme ici, aucune partie spécifique du corps n'y est plus précisée, car l'incitation se propage alors dans les profondeurs.

La souplesse de ce trait, correct en place de Ministre – celle dévolue à la fonction de communication – en fait un lien précieux entre ce qui cherche à se réunifier au trait précédent et la relation avec l'extérieur qui s'établit à la ligne suivante.

STABILISER... : voir ligne 1.
Corps : parmi les différents idéogrammes désignant le *corps humain*, celui-ci le considère dans son ensemble, comme le lieu où la vie se manifeste en chaque être (voir Jugement). Ici, cette idée se double d'une indétermination significative. Dans l'Antiquité, ce caractère pouvait désigner soit la taille (le corps considéré de la tête aux pieds), soit simplement le tronc (le corps considéré du cou à la taille). Il est remarquable qu'à ce niveau de l'hexagramme, comme au même niveau de l'hexagramme 31, aucun endroit précis du corps n'est mentionné.
Absence de faute : formule mantique spécifique incitant à ne pas rester dans un état d'esprit incertain ou hésitant. Reprise du Jugement, cette formule apparaît également à la première ligne.

Hexagramme dérivé : hexagramme 56. VOYAGEUR est un moment de quête et d'errance ouvert à l'inconnu. Hors réseau, le voyageur y est confronté à la fois à des potentialités nouvelles et à la difficulté de s'établir.

Six en 5

STABILISER les os maxillaires	艮其輔 GEN qi fu
Les paroles sont ordonnées	言有序 Yan you xu
Tout regret disparaît	悔亡 Hui wang

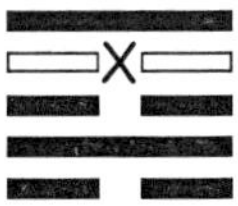

STABILISER ne concerne pas que l'intériorité. Après la diffusion du calme dans l'ensemble du corps décrite au niveau précédent, il devient maintenant possible de se tourner vers l'extérieur. Il ne suffit pas en effet d'arriver à établir l'équilibre en soi, il faut aussi être capable de le maintenir lorsqu'on est en situation. Au niveau souverain, il s'agit de réaliser le second objectif décrit au Jugement : conserver sa sérénité dans l'action.

La parole étant ce par quoi les humains communiquent, c'est par la maîtrise du langage que la stabilisation peut se propager dans l'entourage. Encore faut-il que le discours soit le calme reflet de la quiétude intérieure, et que les pensées s'expriment de façon régulière, en accord avec le cœur où elles prennent racine. C'est par cette disposition qu'un contact serein s'établit avec autrui et que s'effacent les réticences qui empêchent d'aller de l'avant.

STABILISER... : voir ligne 1.
Os maxillaires : écrit avec le caractère *char* et un groupe complexe, l'idéogramme désignait à l'origine les renforts de bois qui flanquaient la caisse des chars. À partir de là, il a pris le sens figuré de *aider, assister.* Il en est venu à signifier les *os maxillaires inférieurs*, parce que quand la bouche s'ouvre, ce sont eux qui aident au mouvement. Le choix de ce mot confirme, à la chinoise, que STABILISER n'est pas immobiliser, mais régulariser les variations d'un mouvement. Au même niveau de l'hexagramme 31, ce sont les muscles du dos qui sont mentionnés, alors que les *os maxillaires* y sont cités au sixième trait.
Paroles : formé d'une bouche surmontée de plusieurs traits horizontaux qui évoquent, dit-on maintenant, les ondes sonores, mais qui à l'origine devaient avoir en arrière-plan le sens d'outrepasser une limite, l'idéogramme, dont le sens est *paroles* en tant que nom et parler en tant que verbe, est resté extrêmement usuel.
Ordonnées : l'idéogramme, écrit avec le signe général des bâtiments latéraux ouverts sur la cour centrale et le caractère *enfant*, avait pour sens d'origine école. De là dérive son sens usuel *ordre, rang, mettre en ordre*. Non pas les élèves devant le maître comme à la communale, mais les connaissances apprises par cœur les unes à la suite des autres selon l'habitude chinoise traditionnelle. C'est ce caractère qui est employé pour nommer la Dixième Aile : « Les hexagrammes en ordre », c'est-à-dire « stabilisés » par opposition aux « hexagrammes en désordre », nom de la Dixième Aile.
Tout regret disparaît : formule mantique spécifique qui renforce le sens d'incitation à aller de l'avant contenue dans le terme *regrets*. Le moment est venu de se mettre en marche sans aucune nostalgie pour ce qu'on laisse derrière soi.

䷴ **Hexagramme dérivé** : hexagramme 53. PROGRESSER PAS À PAS décrit un moment d'avancée continue et graduée dans laquelle chaque nouveau pas s'enracine dans le stade précédent.

En haut un neuf
Magnifiquement STABILISER — 敦艮 dun GEN
Ouverture — 吉 ji

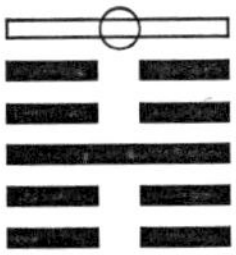

À l'apogée de STABILISER, le dernier trait marque une double rupture. D'une part, la construction de son texte ne suit plus le rythme qui scande celui des autres traits. D'autre part, le renversement fréquemment décrit au stade ultime d'un hexagramme ne s'exprime pas ici par un lieu spécifique – il ne s'agit pas de calmer un endroit particulier du corps comme aux trois premiers traits et au trait précédent, ni même le corps tout entier comme au quatrième trait – mais par la manière même de STABILISER. *Magnifiquement* fait référence à une attitude solide, à la fois droite et généreuse, à même d'aider à se poser et s'affermir. L'idéogramme évoque des rituels, en accord avec cette seconde place du Ciel où une autorité capable de relier s'impose d'elle-même. Les deux autres hexagrammes où ce terme est cité, également aux places du Ciel, sont RETOUR et APPROCHE, deux situations printanières traitant de l'éveil et de l'accueil d'énergies neuves. Ce rapprochement éclaire le processus à l'œuvre au dernier trait de STABILISER : il consiste à régénérer les forces pour les rendre à la fois consistantes et fluides.

Tout le mouvement de cet hexagramme, pourtant synonyme de rigueur et de fermeté, a donc pour objet le renouvellement des énergies. Cette rare capacité de transformation est soulignée par *ouverture*, la seule appréciation favorable de tout l'hexagramme. Non seulement on y parachève la stabilisation interne grâce au point de vue élevé d'une place supérieure, mais on y est en position de la relier à l'extérieur et ainsi d'apporter une cohésion à l'ensemble de la situation.

... STABILISER : Cet hexagramme est un de ceux dont le texte est le plus scandé : chacun des Traits commence par une phrase construite à l'identique : nom de l'hexagramme + caractère grammatical à usage déterminatif + indication d'une partie du corps. À cette dernière ligne cette structure se modifie : le nom de l'hexagramme ne commence plus la phrase, il est précédé d'un caractère qui le détermine. Cette construction souligne le saut qualitatif qui se produit à ce niveau dans le processus de stabilisation. Elle est, comme par exemple au dernier trait de l'hexagramme 18, le signe d'un changement de plan.

Magnifiquement : formé avec le caractère *rites d'hommage* (voir 41/J) et un signe général d'autorité, l'idéogramme comporte plusieurs directions de sens. La plus courante est *ferme, solide, bon, honnête, sincère, loyal, généreux, affermir, augmenter.* Il signifie aussi *encourager, exciter, presser, urger.* Enfin, il désigne également différents ustensiles rituels en bois. *Magnifiquement* est un compromis qui tente d'évoquer cette pluralité autour de l'idée commune de sublimation également présente les deux autres fois où il est mentionné (19/6 et 24/5).

Ouverture : appréciation mantique signalant un moment heureux où un agencement fécond du flux vital multiplie les possibilités de développement. N'apparaissant qu'ici dans cet hexagramme, cette appréciation fait écho à la formule *présage durablement profitable* de la première ligne.

䷎ **Hexagramme dérivé :** hexagramme 15. SE TENIR est un moment de cohésion et de réserve où corriger excès et insuffisances permet de réagir souplement mais efficacement aux sollicitations du dehors.

ÉLÉMENTS D'ANALYSE

Nucléaire

Hexagramme 40 : Délivrance. Au cœur de Stabiliser, il y a Délivrance. Au cœur d'un moment d'apaisement et d'affermissement, il y a l'idée d'un soulagement qui s'effectue par séparation nette entre le dedans et le dehors. Cette distinction est explicite dans le Jugement : en cessant de transposer à l'intérieur les crispations et l'agitation extérieures, on ne se laisse plus envahir par des réactions désordonnées et on recrée un espace où unifier l'énergie. Ainsi la force intérieure se stabilise et le calme peut ensuite se propager dans l'action, si on prolonge au dehors l'unité rétablie dans l'interne.

Opposé

Hexagramme 58 : Échanger. La relation d'opposition entre Stabiliser et Échanger s'articule autour de la relation aux autres. Stabiliser est un moment de gravité où on concentre ses forces à l'intérieur. Échanger est un moment de légèreté où l'on se tourne vers autrui. Dans Échanger, l'on converse joyeusement entre amis, alors que dans Stabiliser, on met rigoureusement en ordre le cœur et les paroles.

53 PROGRESSER PAS À PAS

漸

JIAN

䷴

En haut BOIS ☴
En bas MONTAGNE ☶

PROGRESSER PAS À PAS	漸	JIAN
La femme se MARIE	女歸	nu GUI
Ouverture	吉	ji
Ténacité profitable	利貞	li zhen
Au début un six		
L'oie des moissons PROGRESSE	鴻漸于干	hong JIAN yu gan
à hauteur de rive		
Danger pour l'enfant petit	小子厲	xiao zi li
Il y a des mots	有言	you yan
Point de faute	無咎	wu jiu
Six en 2		
L'oie des moissons PROGRESSE	鴻漸于磐	hong JIAN yu pan
à hauteur de roches plates		
Boire et manger en grande aise	飲食衎衎	yin shi kan kan
Ouverture	吉	ji
Neuf en 3		
L'oie des moissons PROGRESSE	鴻漸于陸	hong JIAN yu lu
à hauteur de coteau		
Le mari parti en expédition	夫征不復	fu zheng bu FU
ne RETOURNE pas		
L'épouse enceinte n'enfante pas	婦孕不育	fu yun bu yu
Fermeture	凶	xiong
Profitable de s'opposer aux brigands	利禦寇	li yu kou
Six en 4		
L'oie des moissons PROGRESSE	鴻漸于木	hong JIAN yu mu
à hauteur d'arbre		
Peut-être atteindra-t-elle branche	或得其桷	huo de qi jue
lisse ou chevron		
Absence de faute	无咎	wu jiu
Neuf en 5		
L'oie des moissons PROGRESSE	鴻漸于陵	hong JIAN yu ling
à hauteur de colline ancestrale		
L'épouse trois ans durant n'est pas	婦三歲不孕	fu san sui bu yun
enceinte		
À la fin rien ne peut empêcher	終莫之勝	zhong mo zhi sheng
de réussir		
Ouverture	吉	ji

En haut un neuf		
L'oie des moissons PROGRESSE à hauteur de coteau	鴻漸于陸	hong JIAN yu lu
Les plumes peuvent être utilisées pour les rites dansés	其羽可用爲儀	qi yu ke yong wei yi
Ouverture	吉	ji

Grande Image		
Sur la montagne il y à un arbre	山上有木	shan shang you mu
PROGRESSER PAS À PAS	漸	JIAN
L'Être Accompli ainsi	君子以	jun zi yi
en demeurant dans une conduite irréprochable	居賢德	ju xian de
améliore les mœurs de tous les jours	善俗	shan su

Dixième Aile		
PROGRESSER PAS À PAS	漸	JIAN
la femme se MARIANT attend	女歸待	nu GUI dai
l'homme agit.	男行也	nan xing ye

PROGRESSER PAS À PAS montre un cheminement lent et régulier qu'un effort tenace permet de mener à terme. Il décrit le rythme du progrès graduel qui s'effectue par sauts et par boucles et doit en passer par des pas en arrière avant de pouvoir produire. Toute progression dans une pratique, par exemple, comporte des moments marqués par l'impression de stagner, voire de régresser. Ces moments de doute dans l'avancée font partie intégrante du processus, ils sont la marque d'une progression en profondeur qui se déroule selon la sage cadence des rondes enfantines, « deux pas en avant, un pas en arrière ». C'est là une manière d'agir répétée et productive à long terme, comme le montrent les images assemblées dans l'idéogramme : l'eau qui crée les ravins, le char qui creuse les ornières, la hache qui taille le bois. PROGRESSER PAS À PAS montre la ténacité confiante avec laquelle on dépasse arrêts et reculs, alors que MARIAGE DE LA CADETTE, auquel cet hexagramme est relié par l'histoire autant que par la structure, symbolise l'hasardeuse facilité qui accompagne par nature les situations passionnelles.

À la différence de l'hexagramme 54, dont le titre MARIAGE DE LA CADETTE renvoie directement à l'événement historique qui lui sert d'emblème, le nom de cet hexagramme – qui aurait pu s'appeler *mariage de l'aînée* – est un verbe d'action. L'accent est mis sur un fonctionnement global, sur une généralisation. Bien qu'il n'y soit fait que des allusions, sa trame est pourtant tirée du même événement : le mariage du Roi Wen avec les trois filles du Souverain Yi, l'avant-dernier monarque Shang. Une coutume de l'époque, la « polygamie sororale », voulait en effet que, lorsqu'un prince de haut rang épousait une aînée, il épousât également ses sœurs cadettes. Non par désir frivole de se constituer un harem, mais par souci bien chinois d'éviter toute rupture dans la succession des générations assurant le culte ancestral de sa lignée : au cas où l'épouse principale ne donnerait pas de descendant mâle, un fils d'une de ses sœurs, situé au même niveau de génération que le fils manquant de l'aînée, le remplacerait sans interruption dans le rituel. C'est précisément ce qui devait arriver aux enfants du Roi Wen.

Si un hexagramme entier est consacré à la CADETTE, c'est parce que c'est de sa « manche » (voir 54/5) que sont sortis les fondateurs de la dynastie. Or c'est grâce à la grossesse inféconde de sa sœur aînée que ses fils ont pu régner. Événement capital, cette absence de naissance devait trouver sa place dans le *Livre des Changements*. Mais un manque est un événement « en creux », un passage à vide, il peut servir de toile de fond à un hexagramme, pas l'occuper entièrement. Si la princesse aînée a bien dû ressentir la progression graduelle de sa position qui accompagnait sa grossesse, elle a dû également ressentir cruellement le brutal pas en arrière causé par la naissance de son enfant mort, toute la gloire allant désormais à sa sœur CADETTE. Sur ce point, le mouvement global de l'hexagramme se démarque de la scène historique qui lui sert de cadre. Le triste sort de l'aînée disparaît au profit d'une image plus rassurante : le vol des migrateurs qui s'en retournent toujours à un moment de l'année. L'anecdote historique n'est que suggérée, remplacée par une épure plus générale : toute progression avance malgré, et sans doute à cause de ses reculs.

Composée à parité de Yin et de Yang, la structure de la figure ne comporte que deux traits en correspondance, les deux lignes centrales. Ils figurent les deux pôles de la complémentarité Yin-Yang, les deux phases d'une progression qui finit par produire en dépit des moments d'aridité. Parmi les soixante-quatre hexagrammes du *Yi Jing*, PROGRESSER PAS À PAS est celui dont le texte est rythmé avec le plus de rigueur. Chacun des six traits commence par la même phrase, situant l'*oie des moissons* à un moment de sa progression graduelle. Symbole de constance et de fidélité, parce que fidèle au retour des saisons, l'oie des moissons suit son chemin par étapes, passant successivement de *rive* en *rocher*, de *coteau* en *arbre*, de *colline* en *coteau*. Dans cette progression, il y a un passage à vide, un pas en arrière : au point le plus haut, le coteau de la sixième ligne, on est ramené à un stade déjà traversé, celui de la troisième ligne. Comme un rebond qui viendrait prendre appui sur un point solide et connu, un véritable apprentissage comporte des retours périodiques à ce qui a été accompli, afin de le parachever et de s'y ancrer pour un nouveau démarrage. Cet agencement minutieux, dans lequel l'*oie des moissons* marque les étapes d'une PROGRESSION recouvre une autre image qui ne caractérise, elle, que les places Yang : celle d'un enfantement difficile, qui doit en passer à la première ligne par des dangers, à la troisième par des échecs et finit par advenir à la ligne souveraine.

L'alternance de phases d'action et de moments de halte, qui résume toute l'efficace de PROGRESSER, apparaît également dans la construction de l'hexagramme. Les trois places impaires sont dédiées à l'effort et les trois places paires au repos. Les appréciations mantiques sont en rapport avec cette progression cadencée : l'incitation à agir *absence de faute* est donnée aux deux places de mise en route en première et quatrième lignes. Les deux niveaux de maîtrise en seconde et cinquième place sont des moments d'*ouverture*. La phase critique se trouve au moment du passage, lieu de séparation entre mari et femme marqué par la seule formule négative *fermeture*. Enfin, la dernière ligne, où des cérémonies viennent invoquer le succès du parcours effectué, est une apogée marquée par la même possibilité d'*ouverture* qu'aux deux places centrales.

Cette fin heureuse est rare dans le *Yi Jing*, et elle souligne une différence profonde entre cette situation et l'hexagramme opposé MARIAGE DE LA CADETTE qui s'achève quant à lui sur une retombée brutale. PROGRESSER PAS À PAS est une suite d'efforts prolongés qui finissent toujours par porter leurs fruits quand, adoptant une attitude Yin, on leur donne la vertu du temps.

IDÉOGRAMME

JIAN (prononcé au premier ton) : *Se déverser dans, se jeter dans (cours d'eau). Mouiller, humecter, imbiber. Exercer une influence (bonne ou mauvaise). Prononcé au quatrième ton) : Avancer pas à pas, pénétrer peu à peu, graduellement.*

L'idéogramme se compose de trois éléments juxtaposés. À gauche, le signe général de l'eau, réduit à trois points comme dans tous les cas où il est en composition, au centre celui du char, à droite celui de la hache. L'eau creuse les ravins, le char les ornières, l'un et l'autre, comme la hache, poursuivent une action par petites touches qui, par une répétition incessante, atteint finalement son but. Chacun d'une façon spécifique, les trois éléments associés ici évoquent, par l'image d'allers-retours répétés, les moments de recul et de reprise continuelle décrits par le rythme général de l'hexagramme.

Il n'est pas impossible que ce caractère ait été choisi pour la dualité de ses prononciations, qui chacune rendent compte d'un niveau différent. La prononciation au quatrième ton décrit la signification générale de la figure, et celle au premier ton, par l'image d'un affluent rejoignant un grand cours d'eau, évoque le mariage du Roi Wen avec l'aînée des filles du Souverain Shang. La même union est considérée à l'hexagramme suivant du point de vue de la CADETTE.

TEXTE CANONIQUE

JUGEMENT

PROGRESSER PAS À PAS	漸	JIAN
La femme se MARIE	女歸	nu GUI
Ouverture	吉	ji
Ténacité profitable	利貞	li zhen

PROGRESSER PAS À PAS, c'est avancer malgré les revers et les déceptions passagères. Cette stratégie a un emblème : la *femme*, symbole de la capacité à œuvrer avec ténacité quelles que soient les circonstances. Cette attitude Yin est également appropriée dans les autres hexagrammes où ce personnage est cité : quand le moment est à INCITER ou à ÊTRE ACCUEILLANT, sa présence engage à faire perdurer de manière féconde les agitations passagères ; au moment de GENS DU CLAN, elle symbolise la force par laquelle la situation perdure et se renouvelle. Ici, où il s'agit non seulement de PROGRESSER mais de le faire PAS À PAS, son *mariage* représente l'alliance entre la force Yang d'avancée et la force Yin d'endurance.

Même si le modèle historique à pu être terni par les déconvenues de la princesse aînée, ce mariage est présenté comme fécond car, malgré les pas en arrière, la complémentarité Yin-Yang est ce qui permet d'inscrire les efforts dans une action suivie et ainsi de les faire aboutir. À travers le personnage de la femme, ce sont non seulement des capacités de gestation et de génération qui sont mises en valeur – voir les images d'enfantement dans le texte des traits – mais aussi les qualités d'adaptabilité et d'endurance qui permettent, en procédant par étapes, de mener à terme des projets de longue haleine.

Femme : personnage emblématique symbolisant une stratégie Yin.
Se marie : le texte porte le premier caractère de *Mariage* de la Cadette, nom de l'hexagramme 54, retourné, opposé de celui-ci auquel il est également relié par l'évocation du mariage des filles du Souverain Yi. Cependant, le choix de ce caractère prend un relief particulier dans la mesure où son sens propre est *retourner*. Il a pris le sens de *se marier*, en raison d'une coutume ancienne voulant que l'achèvement des cérémonies de mariage soit marqué par la visite que la nouvelle épousée rendait à ses parents, *retournant* chez elle le troisième jour pour rendre à ses ancêtres un hommage ultime, puisque dorénavant elle allait rendre culte exclusivement à ceux de son mari. Que ce terme apparaisse ici pour faire pendant à l'hexagramme 54, tous les commentateurs s'accordent là-dessus, mais peu ont remarqué le double sens qu'il constitue. Pourtant la lecture de ce verbe au sens propre (celui où il est employé par exemple à 6/2) éclaire le processus de généralisation propre au *Yi Jing* qui a sublimé un fond historique pour en faire la description abstraite d'une stratégie globale. En effet, dans cette perspective, la phrase entière devient : le Yin (la femme) retourne en arrière (se marie).
Ouverture : appréciation mantique signalant un moment heureux où un agencement fécond du flux vital multiplie les possibilités de développement. Elle est mentionnée à quatre reprises dans cette figure : Jugement, lignes 2, 5 et 6.
Ténacité profitable : formule mantique signalant que la situation, pour être fructueuse requiert une grande capacité à endurer, à tenir avec constance, sans se laisser fatiguer par les difficultés du moment.

Textes des traits

Au début un six

L'oie des moissons Progresse à hauteur de rive	鴻漸于干	hong Jian yu gan
Danger pour l'enfant petit	小子厲	xiao zi li
Il y a des mots	有言	you yan
Point de faute	無咎	wu jiu

À ce niveau d'Entrée, où l'*oie des moissons* entame sa Progression, la *rive* suggère un envol, et l'*enfant petit* une filiation espérée ou le départ d'un long parcours vers la maturité. Mais ce début est entravé par des inquiétudes et des discussions, peut-être entre partenaires. À l'orée d'un aussi long périple, ces difficultés *peuvent être source de danger*. La ligne initiale évoquant souvent un moment d'inexpérience, la mention de ces démêlés est une invite à la patience et au réalisme. On doit particulièrement veiller à ne pas compromettre ses efforts par des disputes.

Incorrect et sans relation, ce trait se trouve dans une position isolée qui se traduit par des désaccords et une certaine défiance. Dépasser ses réticences permet d'entrer avec souplesse dans le processus de progrès.

L'oie des moissons PROGRESSE **à hauteur de... :** PROGRESSER PAS À PAS est de tous les hexagrammes celui dont le Texte des traits est le plus rigoureusement scandé. Chacun commence par une phrase construite à l'identique : l'oie des moissons + nom de l'hexagramme + un caractère grammatical à sens locatif + une indication de lieu ou de niveau. Il en est ainsi de la première à la sixième ligne avec une régularité qui rend d'autant plus sensible à la fois la progression décrite par l'hexagramme dans son ensemble et la reprise au sixième trait du terme utilisé pour décrire le troisième stade.
Oie des moissons : l'idéogramme est écrit avec le signe général des oiseaux à queues longues et un groupe complexe signifiant *grand, vaste, immense*, dans le sens d'une inondation recouvrant une vaste étendue. Il désigne différents oiseaux comme l'oie sauvage, l'oie des moissons, le cygne, la cigogne, etc., dont la caractéristique commune est d'être des migrateurs de grande taille. Cependant les migrateurs ont en Chine une connotation symbolique différente de celle qu'ils ont en Occident. Alors que l'Occident retient comme trait dominant le fait qu'ils voyagent, ce qui importe en Chine, c'est qu'ils reviennent périodiquement. C'est ainsi que les migrateurs sont dans l'esprit chinois des symboles de fidélité parce que leur retour en arrière est, comme les crues des fleuves, fidèle au rythme des saisons. Cependant, que l'oiseau qui sert d'emblème à cet hexagramme ne soit pas défini avec précision, mais que son nom soit employé couramment à la place d'un autre caractère signifiant *vaste, immense, intense*, montre bien qu'il a été choisi ici pour décrire un processus global et universel.
Rive : l'idéogramme représentait sans doute à l'origine les *pieux* enfoncés sur les berges d'un cours d'eau pour en stabiliser les rives. Il suggère donc des idées en rapport avec le bois, qui dans l'énergétique chinoise, est associé à l'Est, au foie (organe qui s'écrit en combinant le caractère *pieux* et le signe général de la chair) et plus globalement avec le Printemps et donc le départ du mouvement Yang. Ici, en écho à l'arbre mentionné à la quatrième ligne, cette rive représente le point le plus bas, le plus proche de l'eau, d'où l'oie des moissons puisse prendre son envol.
Danger : appréciation mantique signalant les dangers inhérents à la situation.

Enfant petit : le texte porte deux termes dont l'un est le caractère *petit*, ici dans son sens simple d'attribut, et l'autre un idéogramme représentant un enfant emmailloté, souvent rendu par *fils*.
Il y a des mots : le sens de cette phrase n'est pas parfaitement défini. Formée du verbe *il y a* et du caractère *paroles*, elle est souvent comprise comme représentant des critiques qu'on subit ou un désaccord dont on est victime.
Point de : le texte porte une négation classique rare dans le *Yi Jing*, mais fréquente dans le *Dao De Jing*.
Point de faute : variante de la formule mantique *absence de faute* citée à la ligne 4. L'emploi ici d'une négation différente ne change pas le sens général de cette formule : une injonction à ne pas rester dans un état d'esprit incertain ou hésitant.

Hexagramme dérivé : hexagramme 37. GENS DU CLAN représente un moment où l'on replace les problèmes du moment dans un cadre temporel plus vaste.

Six en 2

L'oie des moissons PROGRESSE	鴻漸于磐 hong JIAN yu pan
à hauteur de roches plates	
Boire et manger en grande aise	飲食衎衎 yin shi kan kan
Ouverture	吉 ji

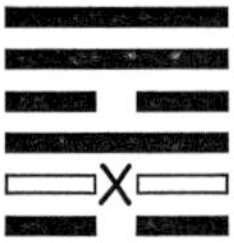
Au second niveau, la PROGRESSION de l'*oie des moissons* se déroule de manière positive et plaisante. Falaise ou roc solide, les *roches plates* marquent une étape tranquille où l'on prend le temps de se nourrir. Le progrès passe ici par une consolidation et un renforcement qui s'effectuent dans une ambiance joyeuse et conviviale. C'est un moment dénué d'inquiétude où l'on se donne le temps et les moyens de se développer, ce qui est en adéquation avec le caractère Yin d'une place de Préfet.

Le trait est non seulement correct mais sa nature souple est en accord avec le symbole de la *femme* cité au Jugement : on est ici dans la phase Yin de la créativité de l'*épouse* mentionnée à la ligne souveraine, où en est décrite la phase Yang. La correspondance entre les deux lignes, toutes deux centrales et marquées par la même mention d'*ouverture*, accentue l'aspect heureux de ce patient renforcement intérieur qui participe pleinement de l'objectif final.

L'oie des moissons PROGRESSE à hauteur de ... : voir ligne 1.
Roches plates : écrit en combinant le signe général des pierres et le caractère *bateau*, l'idéogramme décrit vraisemblablement les grosses

pierres qui se trouvent au bord des rivières. Alors qu'ici ces pierres servent d'assise à la PROGRESSION, au premier trait de DIFFICULTÉS INITIALES, seul autre endroit où elles sont citées, elles se dressent comme un obstacle à la mise en route (voir 3/1).
Boire : cet idéogramme précède manger dans l'ordre de la phrase, suivant ainsi l'antique coutume chinoise – toujours en usage – de commencer un banquet en buvant d'abord du « vin » tiédi.
Manger : un des mots les plus employés de la langue chinoise. Bien que dans le contexte du *Yi Jing* ce caractère puisse avoir une importante connotation rituelle ou symbolique, ici le sens matériel est d'autant plus dominant que la mention du fait de *boire* indique qu'il s'agit d'un banquet.
En grande aise : le texte porte un idéogramme répété deux fois, marque classique du superlatif. Ce caractère, devenu rare, signifie *prendre part à une réjouissance, être réjoui par un banquet*. Il peut concerner aussi bien des vivants que des ancêtres défunts.
Ouverture : voir Jugement

Hexagramme dérivé : hexagramme 57. SE MODELER est un mouvement de pénétration dans l'interne qui permet aux êtres d'actualiser leur forme.

Neuf en 3

L'oie des moissons PROGRESSE à hauteur de coteau	鴻漸于陸 hong JIAN yu lu
Le mari parti en expédition ne RETOURNE pas	夫征不復 fu zheng bu FU
L'épouse enceinte n'enfante pas	婦孕不育 fu yun bu yu
Fermeture	凶 xiong
Profitable de s'opposer aux brigands	利禦寇 li yu kou

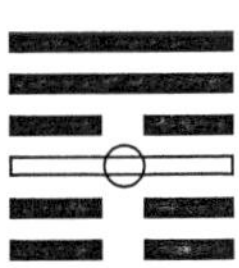
Niveau de Passage, la troisième ligne est le moment le plus ardu de la PROGRESSION. Il n'y est question que de lointain, de séparation et de blocages. Le palier atteint à présent par l'*oie des moissons* est symbolisé par un *coteau*, une hauteur isolée et aride. Qu'elles soient de type Yang comme les *expéditions* du *mari*, ou de type Yin comme l'*enfantement* de l'*épouse*, aucune des actions entreprises ne parvient à son terme. L'atmosphère de partage joyeux qui prévaut à la ligne précédente laisse place à l'absence de relation entre Yin et Yang, si bien que chacun échoue de son côté : les initiatives extérieures du Yang n'aboutissent pas, ce qui empêche le mouvement Yin de RETOUR ; le travail interne du Yin n'atteint pas sa phase Yang d'extériorisation. Ce désaccord rappelle la situation évoquée au même niveau de PETIT APPRIVOISE où *mari*

et épousée se regardent de travers (voir 9/3). Les conséquences de cette mésalliance, sanctionnées par *fermeture*, la seule appréciation négative de l'hexagramme, exigent d'autant plus de vigilance que l'isolement qui en résulte attire les *brigands*, image de forces dangereuses qui peuvent chercher à profiter de la situation.

Entreprises inféccondes, accouchement improductif, toutes les épreuves évoquées à cette ligne sont dues au fait que, bataillant chacun de son côté, aucun des partenaires ne fait confiance au temps. La nature Yang du trait, bien que correct à cette place impaire, peut être le signe d'une opiniâtreté excessive, qui se traduit par le non-respect de l'alternance entre phases d'action et de repos. Bien que le trait soit sans correspondance avec le sixième, l'écho créé par l'emploi à ces deux lignes du même terme *coteau* sous-entend, à ces deux niveaux, la capacité à prendre de la hauteur. En sachant voir le recul comme une péripétie au regard de la progression d'ensemble, on peut surmonter la déception et retrouver la conviction permettant de tenir bon malgré les pas en arrière.

L'oie des moissons PROGRESSE à hauteur de... : voir ligne 1.
Coteau : formé d'un groupe complexe où se retrouve le signe des collines d'argile damées et deux fois le signe de la terre, l'idéogramme qui désignait dans l'Antiquité une *haute plaine*, un *coteau*, signifie maintenant *terre ferme, continent*. Il est très usuel, pour désigner la Chine continentale *(da lu)* par rapport à la province insulaire de Taiwan. N'apparaissant que dans cet hexagramme, il y est cité deux fois : ici et en ligne 6.
Mari : dans le contexte du *Yi Jing*, ce caractère est une marque de couplage avec le Yin, dont ici (comme par exemple à 4/3), la mauvaise réalisation est soulignée.
Parti en expédition : le texte porte seulement l'idéogramme *expédition*, employé ici dans un sens descriptif comme évocation d'un mouvement de type Yang.
RETOURNE : nom de l'hexagramme 24 RETOUR.
Épouse : personnage symbolique représentant une attitude Yin, cité deux fois dans cette figure : lignes 3 et 5.
Enceinte : écrit avec le caractère *enfant* et un signe qui évoque une matrice, l'idéogramme, qui signifie toujours *concevoir, grossesse*, n'est employé que dans cet hexagramme, aux lignes 3 et 5. Il est proche graphiquement du caractère rendu par *enfantement* à 3/2.
Enfante : l'idéogramme, écrit avec le signe général de la chair et un caractère représentant un germe, signifie aussi bien *nourrir, éduquer, instruire*, que *enfanter, donner naissance, engendrer*.
Brigands : personnage symbolique représentant des forces dangereuses qu'il faut circonvenir soit par la coercition, soit par la diplomatie.

Profitable de s'opposer aux brigands : à la différence de 4/6, la possibilité de composer avec les brigands n'est même pas évoquée ici, seulement le conseil de s'y opposer.

Hexagramme dérivé : hexagramme 20. REGARDER est un moment où l'on élève son point de vue de manière à resituer son action dans une unité de temps plus large.

Six en 4

L'oie des moissons PROGRESSE à hauteur d'arbre	鴻漸于木 hong JIAN yu mu
Peut-être atteindra-t-elle branche lisse ou chevron	或得其桷 huo de qi jue
Absence de faute	无咎 wu jiu

À ce premier niveau extérieur, la PROGRESSION de l'*oie des moissons* change de domaine. Alors qu'aux trois lignes précédentes elle s'appuyait sur une *rive*, des *rochers* ou un *coteau*, milieux consistants et proches de la terre, elle se déploie maintenant dans des espaces plus élevés. L'*arbre* fait écho aux piliers de bois avec lesquels sont consolidées les berges de la *rive* citée au trait initial. Associé dans la symbolique des Cinq Éléments au printemps et à l'aube, il évoque un redémarrage bienvenu après la décourageante phase de stérilité décrite au trait précédent.

Située entre deux lignes où il est question d'enfantement, ce niveau invite, comme le second, à un moment de pause. Le parcours vertical, qui va de la *rive* du premier trait à la *colline* du cinquième, passe ici par une étape horizontale : l'oiseau est à la recherche d'une *branche* où se poser pour faire une halte légitime et réparatrice. Correct et en relation de bon voisinage avec la ligne souveraine, ce trait de Ministre, à fonction de communication, fait le lien entre les efforts déjà accomplis et l'objectif final situé plus haut dans l'hexagramme. Pour continuer à progresser, il faut à ce stade savoir trouver un point stable où se poser.

L'oie des moissons PROGRESSE à hauteur de... : voir ligne 1.
Arbres : dans le système du *Yi Jing*, ce caractère nommera une des deux images naturelles attribuées au trigramme Xun qui se trouve en haut de cet hexagramme.
Branche lisse ou chevron : rend un seul idéogramme, formé avec le signe *arbre* et le caractère *corne*. Cet idéogramme désigne le plus souvent les chevrons de charpente, particulièrement ceux qui soutiennent les arêtes des toits chinois recourbés en forme de corne.

Cependant il peut aussi avoir le sens de *grosse branche horizontale*. Les deux peuvent convenir à un oiseau, et ici rien ne permet de choisir entre le bois construit ou le bois naturel.
Absence de faute : formule mantique spécifique incitant à ne pas rester dans un état d'esprit incertain ou hésitant. Une variante est citée à la ligne 1.

Hexagramme dérivé : hexagramme 33. FAIRE RETRAITE est une stratégie à long terme où l'on se renforce par un mouvement de recul.

Neuf en 5

L'oie des moissons PROGRESSE à hauteur de colline ancestrale	鴻漸于陵	hong JIAN yu ling
L'épouse trois ans durant n'est pas enceinte	婦三歲不孕	fu san sui bu yun
À la fin rien ne peut empêcher de réussir	終莫之勝	zhong mo zhi sheng
Ouverture	吉	ji

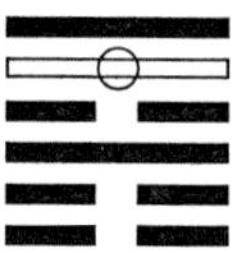
À la ligne souveraine, l'*oie des moissons* touche au degré le plus élevé de sa PROGRESSION. Des différents niveaux qu'elle atteint lors de son périple, la *colline* est le plus proche du ciel, et celui qui recèle en ses fondements l'énergie des ancêtres. On se trouve ici au point de passage entre générations passées et filiations futures, dont le lien est assuré par l'*épouse*. À cette troisième place impaire, qui fait suite aux dangers évoqués à la ligne 1 et aux échecs de la ligne 3, la troisième référence à l'enfantement est synonyme de réussite. À l'inverse de la ligne de passage où séparation et activisme étaient cause de stérilité, la rencontre entre les profondeurs souterraines et les hauteurs célestes se manifeste ici par la conception de l'enfant : c'est la phase Yang de la créativité de l'*épouse*, en relation de complémentarité avec l'autre place centrale, la seconde ligne, où est décrite la phase Yin.

La *colline ancestrale* pourtant ne se gravit pas aisément. Ici, comme à l'hexagramme 51 ÉBRANLER, elle est associée à une longue période de latence. Mais c'est précisément le juste rapport entre action créatrice et prise en compte du temps qui permet d'envisager un résultat. Correct et en relation avec les deux places de service, Préfet au second niveau et Ministre au quatrième, ce trait est également en rapport avec la ligne supérieure, l'autre place du ciel, par la même mention d'*ouverture*. Cette excellente position permet l'aboutissement des efforts effectués à chaque palier de la progression : c'est le moment où, après un cheminement lent et difficile, il est enfin possible d'entrevoir la réalisation de ses objectifs.

L'oie des moissons PROGRESSE **à hauteur de… :** voir ligne 1.
Colline ancestrale : l'idéogramme, formé d'un groupe complexe, signifie aussi bien *colline* que *tombeau*. Les tombeaux chinois étant des tumulus, des tertres, ils ont globalement la forme de collines. Ce terme peut être compris de nos jours dans le sens de se rapprocher de ses racines. Chaque fois que cette colline ancestrale est citée, le texte suggère un certain temps de stérilité avant que la situation ne redevienne positive (voir 13/3 et 51/2).
Épouse : voir ligne 3.
Trois ans durant : le *Yi Jing* ne parle pas en temps réel, mais en durées symboliques. *Trois ans* représente un cycle complet court, par rapport à *dix années*, cycle complet long.
Enceinte : voir ligne 3.
Rien ne peut l'empêcher : le texte porte un seul idéogramme qui est une négation. Il représentait à l'origine un soleil vu à hauteur des arbres et des plantes, c'est-à-dire se couchant. De là dérive son sens usuel *ne, ne pas, nul, rien*, etc.
Réussir : formé d'un groupe complexe, l'idéogramme signifie *vaincre, l'emporter sur, triompher de, exceller, supérieur*, etc. Ici, comme dans les deux autres fois où ce verbe est employé (33/2 et 43/1), c'est toujours pour indiquer que réussir est la seule option envisageable.
Ouverture : appréciation mantique citée quatre fois dans cette figure : Jugement, lignes 2, 5 et 6.

Hexagramme dérivé : hexagramme 52. STABILISER est un moment où concentration et intériorisation permettent d'agir calmement et d'affermir les processus.

En haut un neuf
L'oie des moissons PROGRESSE à hauteur de coteau — 鴻漸于陸 hong JIAN yu lu
Les plumes peuvent être utilisées — 其羽可用 qi yu ke yong
Pour les rites dansés — 爲儀 wei yi
Ouverture — 吉 ji

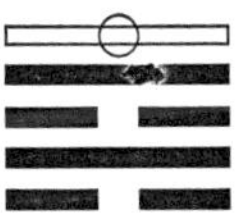
Le cheminement de l'*oie des moissons* ni ne se poursuit indéfiniment, ni ne se déploie linéairement. Le dernier pas de sa PROGRESSION est à la fois un pas en arrière et un pas de danse. Après l'aboutissement décrit au niveau précédent et comme souvent au sixième trait des hexagramme, le mouvement se retourne. Ici nettement un repli s'opère et la trajectoire de l'hexagramme se boucle sur elle-même. Ce retournement est montré sans ambiguïté par la reprise du terme

coteau, strictement le même que celui utilisé pour décrire le niveau atteint par la progression à la troisième ligne.

Il faut d'abord y voir une indication sur la manière de progresser dans toute entreprise de longue haleine : non point pousser toujours plus avant, mais savoir revenir sur ce qui a déjà été travaillé pour le renforcer. Cependant, même s'il marque un pas en arrière, le *coteau* dont il s'agit ici n'est plus signe de séparation aride, mais occasion de danses et de rites de couplage. À ce niveau de Sortie, dernière place Yin de l'hexagramme, la halte déjà évoquée aux second et quatrième traits signifie enfin délassement et joie de parvenir à une meilleure maîtrise des rythmes de l'action. Le coteau représente ainsi la double face du travail humain : à la fois douleur solitaire et joie partagée. Le rituel invoqué ici est bien différent de celui qui lui fait pendant au même niveau de l'hexagramme 54, où il n'est que faux-semblant. Il se manifeste au contraire en relation avec les ancêtres : la danse rituelle entretient ce lien et nourrit la force qui permet de transcender les difficultés.

L'absence de relation avec d'autres traits, atténuée par la mention d'*ouverture* qui l'associe aux deux lignes centrales, est bien à l'image de cette position dégagée, où se fête le concours du latent et du manifesté. Comme à la dernière ligne de l'hexagramme 64 PAS ENCORE TRAVERSÉE, il y est suggéré un achèvement transitoire et donc toujours à reprendre, mais qui suit un rythme fidèle.

L'oie des moissons PROGRESSE à hauteur de… : voir ligne 1.
Coteau : l'idéogramme du texte canonique est strictement le même que celui qui apparaît à la ligne 3. Au XIIIe siècle, cependant, Zhu Xi, un philosophe néo-confucéen, décida qu'il s'agissait d'un caractère « erroné » et qu'il fallait y substituer un autre, de prononciation et de graphie différentes (à la place du signe des collines damées s'il y a celui de la marche). Ce caractère, déjà vieilli à l'époque, signifie *carrefour où se rencontrent neuf chemins, route, voie de communication*. Zhu Xi, à partir de l'idée des « 9 » (chemins), chiffre du Yang culminant qu'il rapprochait des *plumes*, dont il est question seulement à la phrase suivante, expliquait la signification de ce caractère comme une métaphore de la « route du Ciel », celle où convergent toutes les spiritualités terrestres. Cette manipulation avait un motif idéologique précis : la nécessité de neutraliser l'énorme influence qu'avait le bouddhisme depuis les Tang en incorporant le plus possible ses idées dans une nouvelle interprétation des antiques classiques chinois. Dans cet hexagramme par exemple, le thème du progrès graduel, en devenant linéaire par élimination du pas en arrière souligné par les rédacteurs du texte canonique, pouvait prétendre représenter l'amélioration

continue dans la purification humaine qui, à la manière de la floraison du lotus, se déroule comme une montée constante depuis la boue terrestre (la *rive* citée au premier trait) jusqu'à la pureté céleste (manifestée par ce nouveau caractère). Largement reprise par les traducteurs missionnaires chrétiens du XIXe siècle (certains allèrent jusqu'à traduire le caractère ajouté par l'expression « hauteur nuageuse »), cette dénaturation est maintenant uniment rejetée.

Plume : l'idéogramme représente des plumes d'oiseau ; il peut également désigner les bouquets de plumes de faisan que les danseurs tenaient lors des pantomimes rituelles. Rien dans le texte ne permet de décider qu'il s'agit des plumes de l'oie des moissons. La suite du texte en revanche incite plutôt à penser qu'il y a là une référence aux plumes servant dans les danses rituelles.

Rites dansés : l'idéogramme, formé du mot *vertu, droiture* et du signe général des êtres humains, recouvre une très large plage de sens qui va du *rite* à la *règle*, en passant par le *maintien* et les cadeaux d'usage. Il signifie également au niveau matériel l'*appareillage*, les *instruments* qui permettent de mesurer et de chercher. Dans le contexte de la philosophie chinoise, c'est ce mot qui a été finalement choisi pour désigner les deux « ustensiles » permettant d'apprécier la qualité énergétique du moment : les deux types de traits Yin et Yang avec lesquels sont formés les hexagrammes. Dans cette phrase, les rites évoqués devaient ressembler à ceux qu'on exécute toujours aujourd'hui en l'honneur de grands personnages de la culture chinoise, comme par exemple en l'honneur de Confucius sur le parvis de son temple ancestral, le jour de son anniversaire à Qufu sa ville natale.

Ouverture : appréciation mantique citée quatre fois dans cette figure, au Jugement, en lignes 2, 5 et 6.

䷦ **Hexagramme dérivé :** hexagramme 39. OBSTRUCTION est un moment où aller de l'avant mène au blocage tandis qu'un pas en arrière permet de se renforcer.

ÉLÉMENTS D'ANALYSE

Nucléaire

䷿ **Hexagramme 64 : PAS ENCORE TRAVERSÉE.** Au cœur de PROGRESSER PAS À PAS, il y a PAS ENCORE TRAVERSÉE. Au cœur d'un mariage symbolisant un rythme de production lent et pénible, il y à un chaos sous-jacent, une indétermination à même de faire évoluer ce qui est régulier, défini ou statique. Ce désordre est ce qui oblige à avancer par étapes et reculs, en enracinant patiemment efforts et acquis dans une progression régulière, en une gestation lente mais sûre.

PROGRESSER PAS À PAS est lui-même l'hexagramme nucléaire d'une famille de quatre figures (hexagrammes 12, 17, 25, 45) dans lesquelles il prend le sens général d'attachement à un fonctionnement régulier qui dépasse le moment ou l'individu, et dans lequel il est possible de s'enraciner lorsque l'effort personnel est insuffisant ou malvenu.

Opposé

䷵ **Hexagramme 54 : MARIAGE DE LA CADETTE.** La relation d'opposition entre MARIAGE DE LA CADETTE et PROGRESSER PAS À PAS s'articule sur des différences de rythme et de productivité. Le mouvement de PROGRESSER PAS À PAS est cadencé, il avance par étapes, paliers et retours en arrière. Il concerne le mariage de la fille aînée, dont l'enfantement est difficile et incertain. Le mouvement de MARIAGE DE LA CADETTE procède par à-coups, retards et revirements. Il concerne le mariage de la fille cadette, dont l'enfantement est beaucoup plus aisé. L'une représente le courage, la fidélité et l'obstination dans la difficulté, l'autre symbolise la passion, le caprice et l'inattendu. Cette relation d'opposition est renforcée par le fait que ces deux hexagrammes sont aussi le retourné l'un de l'autre (particularité qui ne concerne que quatre couples d'hexagrammes : 11/12, 17/18, 53/54 et 63/64).

54 MARIAGE DE LA CADETTE

歸妹

GUI MEI

En haut TONNERRE ☳

En bas BRUME ☱

MARIAGE DE LA CADETTE	歸妹	GUI MEI
Impasse pour des expéditions	征凶	zheng xiong
Aucun lieu n'est profitable	无攸利	wu you li

Au début un neuf

MARIAGE DE LA CADETTE en tant que seconde épouse	歸妹以娣	GUI MEI yi di
Un boiteux peut MARCHER	破能履	po neng LÜ
Ouverture pour des expéditions	征吉	zheng ji

Neuf en 2

Un borgne peut observer	眇能視	miao neng shi
Profitable d'avoir la ténacité d'un être retiré et solitaire	利幽人之貞	li you ren zhi zhen

Six en 3

MARIAGE DE LA CADETTE en tant que position d'attente	歸妹以須	GUI MEI yi xu
Retour à un MARIAGE en tant que seconde épouse	反歸以娣	fan GUI yi di

Neuf en 4

MARIAGE DE LA CADETTE manqué au moment fixé	歸妹愆期	GUI MEI qian qi
Retarder le MARIAGE l'assure au moment opportun	遲歸有時	chi GUI you shi

Six en 5

Le Souverain Yi	帝乙	Di Yi
MARIE SA CADETTE	歸妹	GUI MEI
Les manches de la princesse	其君之袂	qi jun zhi mei
ne sont pas aussi	不如	bu ru
fastes que les manches	其娣之袂	qi di zhi mei
de la seconde épouse	良	liang
À l'approche de la lune pleine	月幾望	yue ji wang
Ouverture	吉	ji

En haut un six

Une femme présente une corbeille	女承筐	nu cheng kuang
sans rien de consistant	无實	wu shi
Un chevalier égorge un bélier	士刲羊	shi kui yang
sans aucun sang	无血	wu xue
Aucun lieu n'est profitable	无攸利	wu you li

Grande Image

Au-dessus de la brume il y a le tonnerre	澤上有雷 ze shang you lei
MARIAGE DE LA CADETTE	歸妹 GUI MEI
L'Être Accompli ainsi	君子以 jun zi yi
à la lumière de ce qui dure	永終 yong zhong
prend conscience de ce qui s'use	知敝 zhi bi

Dixième Aile

MARIAGE DE LA CADETTE	歸妹 GUI MEI
aboutissement du féminin.	女之終也 nu zhi zhong ye

MARIAGE DE LA CADETTE est un moment de trouble se présentant le plus souvent sous la forme d'une union forcée. Un choix est effectué pour des raisons autres que celles qu'on imagine ; un partenariat – un MARIAGE – est établi dans lequel l'autre est utilisé sans que les motivations profondes en soient clairement perçues. L'alliance s'établissant sur des bases que l'on croit communes, il s'ensuit des illusions, une sensation de contrainte ou de duperie, l'impression d'être pris en otage par une part obscure de soi-même ou d'autrui. Sans pouvoir vraiment les maîtriser, on est emporté par des flux d'attirance prenant l'aspect sémillant de l'ardeur, celui imprévisible de la passion, et parfois celui étonnant de la chance.

La CADETTE, qui donne son nom à l'hexagramme, est un personnage historique réel. Il s'agit d'une princesse Shang, inopinément impliquée dans une alliance politique en tant qu'épouse de second rang du Roi Wen et qui, à la suite de circonstances extérieures, est finalement devenue Reine Mère et aïeule principale de la dynastie des Zhou.

À l'époque où le *Yi Jing* est conçu règne en Chine une idéologie féodale strictement hiérarchisée pour laquelle seuls comptent les mâles et parmi eux, seuls comptent les aînés. Il a donc fallu des circonstances exceptionnelles pour qu'un hexagramme entier soit consacré aux aventures d'une femme, qui plus est une cadette. Donnée en seconde épouse au Roi Wen, son vassal de l'Ouest, par un souverain Shang dont elle était la fille, tout la destinait à l'anonymat. Cette CADETTE est pourtant le seul personnage historique féminin cité dans le *Yi Jing* : si elle y apparaît trois fois, dont deux en ligne souveraine, c'est que son rôle fut essentiel dans la saga des Zhou. Cependant sa gloire est due à un coup du sort : la stérilité de sa sœur aînée (voir l'hexagramme 53, PROGRESSER PAS À PAS). Les Chinois d'alors pratiquaient en effet une règle de mariage qui a reçu le nom de «polygamie sororale». Le principe en était simple: quand un prince de haut rang épousait une princesse, il recevait également comme secondes épouses les sœurs cadettes de sa fiancée. Nulle préoccupation de harem ne gouvernait à l'origine cet usage – bien que les Chinois n'aient pas manqué de s'en servir par la suite pour justifier une pratique de la polygamie de fait – mais des considérations bien plus importantes à leurs yeux: la continuité du culte ancestral. Au cas malheureux où l'épouse principale ne donnerait pas de descendant mâle, on instituait, pour éviter toute interruption dans la lignée familiale, le fils d'une seconde épouse – situé exactement au même niveau de génération que le fils manquant de la première – en charge des cérémonies cultuelles. C'est précisément ce qui arriva au fondateur de la dynastie des Zhou. La princesse aînée, première épouse du Roi Wen, ne porta qu'un enfant mort-né. Sa cadette en revanche donna le jour à trois garçons qui eurent un destin glorieux: Fa l'intrépide, l'aîné, conquerrait le trône des Shang (voir hexagramme 49 RÉVOLUTION), le Sage duc des Zhou, son cadet, administrerait la conquête, et Prospère, Prince de Kang, le benjamin, maîtriserait les dernières révoltes des barons Shang vaincus (voir hexagramme 35 AVANCER AU GRAND JOUR). Tous trois installeraient définitivement le clan des Zhou sur le trône de leurs anciens suzerains. Par un renversement imprévu du cours habituel des choses, celle qui était entrée malgré elle dans la situation et s'y tenait dans l'ombre en ressort en grand honneur. Symbolisant un tour inhabituel du destin, la CADETTE est devenue l'image des situations dans lesquelles on se trouve entraîné par les circonstances ou des choix sur lesquels on a peu de prise, mais qui peuvent amener des renversements bénéfiques.

Il n'y a aucun moyen de forcer la fécondité d'une telle situation: elle survient malgré nous, en dehors de ce que l'on cherche à réaliser. Ce qui se décide et s'entreprend dans des circonstances mal engagées et dont on n'a pas la maîtrise paraissant voué à l'échec, le mieux est de ne pas réagir par des initiatives brutales. L'attitude qui convient est décrite à la ligne souveraine: se prêter à une conjoncture que l'on n'a pas choisie permet de la rendre productive. Mais cette conduite, symbolisée par le MARIAGE effectif de la CADETTE, est exceptionnelle dans l'hexagramme. La majorité des lignes décrit les contretemps et handicaps qui empêchent l'union. Aux deux premiers traits, niveaux de la terre, apparaissent le *borgne* et le *boiteux*, les deux personnages qui, à l'hexagramme 10 DÉMARCHE, s'approchent imprudemment du tigre – image d'une force violente qui peut parfois prendre l'allure de la passion dévorante. Que l'on fasse traîner l'affaire ou qu'on l'accepte à contre-cœur, les deux places du niveau humain sont celles des refus.

La position la plus négative est celle de la sixième ligne, où une attitude sans consistance se solde par l'absence de lien rituel véritable. Bien qu'il en soit question quatre fois, notamment aux trois places Yang (où il est également fait mention de la *seconde épouse*), le mariage n'est réellement bénéfique qu'à la ligne souveraine.

Au demeurant malaisées à vivre, les déconvenues sont caractéristiques de Mariage de la Cadette, comme les pas en arrière le sont de l'hexagramme Progresser pas à pas qui lui est à la fois opposé et retourné. Aussi naturelles et chaotiques que la venue du printemps décrite à l'hexagramme 11 Prospérité – avec lequel celui-ci est apparié par le texte (voir 11/5) et par la structure (voir l'hexagramme nucléaire), l'ardeur et l'ivresse ici à l'œuvre représentent avant tout les pulsions profondes par quoi s'exprime le dynamisme du vivant.

IDÉOGRAMMES

GUI : *Revenir, rentrer, retourner à. Se marier (en parlant d'une jeune fille). Rendre, restituer. Appartenir à. Annexer. Donner.*

L'idéogramme est formé de deux éléments. À gauche un groupe complexe formé avec un signe signifiant mur et le caractère pied, dans le sens de s'arrêter. À droite un autre groupe complexe dans lequel la forme actuelle laisse apparaître le signe de la main et celui du balai de charpie toujours très à l'honneur en Chine. Pendant des siècles les lettrés chinois et les commentateurs étrangers se sont complus à expliquer ce groupe comme étant une excellente représentation du destin de l'épouse[87]. Comme pour le caractère *femme*, la découverte des caractères anciens sur carapaces de tortue a montré l'absence de tout fondement de cette explication oiseuse. Les formes les plus anciennes de ce groupe montrent plutôt une femme chamane revêtue des marques de son pouvoir, en particulier une imposante couronne de plumes[88]. L'idéogramme dans son ensemble représente les murets de la maison où la femme s'arrête. De là vient son sens de *mariage* qu'il possède depuis l'origine. Son sens secondaire *retourner, revenir*, toujours très usuel, dérive d'une coutume du culte ancestral. Le rite qui clôt les cérémonies de mariage est la visite que la jeune mariée rend à sa famille d'origine trois jours après le mariage. Elle *revient* saluer ses parents et rendre un dernier hommage à ses ancêtres (puisque dorénavant, elle rendra culte à ceux de son mari). Il a été renforcé dans le langage courant par le fait qu'il ne se distingue pas à l'oreille du caractère désignant les fantômes (voir 38/6), les revenants.

MEI : *Sœur cadette. (Par extension) cousine plus jeune que soi.*

L'idéogramme est formé de deux éléments. À gauche le signe général de la femme et à droite une négation qui dérive du signe général des arbres. On y a souligné un ensemble de branches encore en bourgeons, une nouvelle génération à venir. Ce caractère, très usuel, représente sous la forme d'une négation, un « à venir » qui n'est pas encore parvenu à maturité. Son sens le plus usuel *pas encore* est celui avec lequel il est utilisé dans le nom de l'hexagramme 64.

TEXTE CANONIQUE

JUGEMENT

MARIAGE DE LA CADETTE	歸妹	GUI MEI
Impasse pour des expéditions	征凶	zheng xiong
Aucun lieu n'est profitable	无攸利	wu you li

Il arrive d'être à la merci de circonstances que l'on n'a pas choisies ou de se trouver pris dans une situation dont les ressorts échappent. Pour sortir du trouble que produisent ces moments, il importe de commencer par en prendre conscience, ce à quoi invite le nom même de l'hexagramme : comme la CADETTE, on se trouve en porte-à-faux, soumis à des événements qui nous dépassent, emporté par des flux qui nous débordent. Lorsqu'on se sent mû par une ardeur inhabituelle, il faut se garder de dilapider ses forces en se lançant dans des entreprises intempestives ou en cherchant à s'imposer : les initiatives dynamiques sont inopérantes quand on est impliqué dans une situation dont on ne contrôle ni les tenants ni les aboutissants.

À la place des formules mantiques usuelles dans les Jugements, généralement favorables, on trouve ici l'indication sévère *aucun lieu n'est profitable*. Pareille appréciation n'intervient qu'une autre fois dans un Jugement : à l'hexagramme 64 où il s'agit de traverser une situation de désordre. Alors qu'au moment de PROGRESSER PAS À PAS (hexagramme 53 opposé de celui-ci), l'attitude Yin est fortement recommandée, ici le conseil est « en creux » : il s'agit seulement de s'abstenir d'une attitude Yang.

L'impossibilité de peser sur la situation est illustrée par le destin des deux héros du mariage qui sert de toile de fond à cet hexagramme.

Le Roi Wen passera des années en prison (voir hexagramme 9) et sa seconde épouse restera en position seconde tant que la stérilité de sa sœur ne sera pas avérée. Ils seront l'un comme l'autre les instruments d'une histoire qui les dépasse largement mais qui aura, par la patience dont ils sauront faire preuve, une fin heureuse.

Impasse : appréciation mantique identique à *fermeture*.
Expéditions : terme mantique représentant, dans le contexte du *Yi Jing*, la mise en route d'une action déterminée de remise en ordre.
Impasse pour des expéditions : formule mantique signalant l'inadéquation d'une stratégie d'intervention vigoureuse. N'apparaît qu'ici dans un Jugement.
Aucun lieu n'est profitable : appréciation mantique la plus contraire du *Yi Jing*. Elle signifie qu'on est animé de sentiments trop négatifs pour pouvoir aboutir à quoi que ce soit de valable.

TEXTE DES TRAITS

Au début un neuf
MARIAGE DE LA CADETTE en tant que seconde épouse — 帰妹以娣 GUI MEI yi di
Un boiteux peut MARCHER — 破能履 po neng LÜ
Ouverture pour des expéditions — 征吉 zheng ji

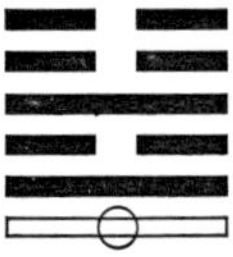

Dès le niveau d'Entrée, le MARIAGE est présenté sans ambages comme une position dépendante. Cependant, même dans un contexte où les moyens sont limités, il est encore possible à ce stade d'intervenir de manière positive. C'est là une particularité de ce trait : alors que le Jugement conseille globalement de ne pas entreprendre des *expéditions*, on a ici encore l'opportunité de le faire car on n'est pas encore complètement engagé dans la situation. Il importe seulement de ne pas méconnaître ses limites et ses insuffisances : comme le *borgne* cité à la ligne suivante, le *boiteux* est un personnage caractéristique de l'hexagramme 10, qui décrit la DÉMARCHE à adopter lorsqu'on se trouve impliqué par inadvertance dans des tensions soudaines.

Que ce premier trait soit à la fois correct et sans relations avec les autres lignes est le signe d'une autonomie opportune dans une situation de dépendance. Deux hexagrammes seulement, PROSPÉRITÉ (11) et MARIAGE DE LA CADETTE, comportent dès le premier trait le conseil d'aller de l'avant pour remettre de l'ordre. Il y a lieu ici de profiter de la tension que suscitent des circonstances non choisies pour agir à la fois avec prudence et fermeté.

MARIAGE DE LA CADETTE en tant que : le nom de l'hexagramme est suivi d'un caractère à usage grammatical indiquant un complément de fonction. Cette construction est reprise à l'identique à la ligne 3.
Seconde épouse : écrit avec le signe général de la femme et un caractère signifiant *degré, ordre, rang, classe*, l'idéogramme désignait en général une femme d'un rang subalterne et plus spécifiquement la sœur cadette de l'épouse principale, et parfois encore la femme du frère cadet. N'apparaissant que dans cet hexagramme, ce terme y est cité trois fois : lignes 1, 3 et 5.
Boiteux : formé avec le caractère *pied* et un signe signifiant *peau* dans un sens non naturel, l'idéogramme n'évoque la boiterie que par dérivation. Son sens premier est *estropié*, celui qui a de la peau à la place d'un pied arraché. Dans le *Livre des Rites*, il est dit « lors des funérailles, les *estropiés* sont dispensés de bondir ». Ici, comme pour *borgne* au trait suivant, plus qu'une blessure physique, c'est l'empêchement de marcher qui est décrit.
MARCHER : nom de l'hexagramme 10 DÉMARCHE.
Un boiteux peut MARCHER : cette phrase apparaît à l'identique à 10/3, où elle est précédée d'une autre phrase mettant en scène le *borgne* mentionné au trait suivant de cet hexagramme.
Ouverture : appréciation mantique signalant un moment heureux où un agencement fécond du flux vital multiplie les possibilités de développement.
Expéditions : Voir Jugement
Ouverture pour des expéditions : les *expéditions* ne sont conseillées que deux fois au tout début d'une situation : ici et au début de PROSPÉRITÉ (voir 11/1), seul autre hexagramme où le MARIAGE DE LA CADETTE du souverain Yi est cité (voir 11/5).

Hexagramme dérivé : hexagramme 40. DÉLIVRANCE est un moment de soulagement. Par l'établissement d'une limite claire entre le réalisable et l'inaccessible, on se détache de ce qui enferme ou alourdit.

Neuf en 2
Un borgne peut observer — 眇能視 miao neng shi
Profitable d'avoir la ténacité d'un être retiré et solitaire — 利幽人之貞 li you ren zhi zhen

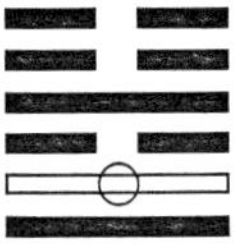
À ce niveau de Préfet, la situation est vue sous un angle trop limité pour qu'il soit possible de s'engager. Incorrect et en relation avec une cinquième ligne également incorrecte, ce trait est l'un des deux, avec le sixième, où le nom de l'hexagramme n'est pas cité : il

n'y est pas question de MARIAGE mais, à travers l'image de quelqu'un qui ne voit que d'un œil et vit sans compagnon, d'une insuffisance de perception et d'une absence de relation.

Lorsqu'on ne peut avoir qu'une vision partielle d'une situation, il est préférable de ne pas s'y impliquer. En refusant de se laisser entraîner et en prenant ses distances sans craindre l'isolement, on peut échapper aux aspects troubles de la conjoncture. Le *borgne* et l'*être solitaire* sont des personnages caractéristiques de l'hexagramme 10 DÉMARCHE, où seule une vigilance et une prudence soutenues permettent de ne pas se jeter dans la gueule du tigre – symbole dans le *Yi Jing* de désir insatiable (voir 27/4). Quand la lucidité est réduite, il est préférable de rester opiniâtrement à l'écart.

Borgne : formé avec le caractère *œil* et un signe signifiant *tout petit*, l'idéogramme ne signifie borgne que par dérivation. Son sens premier est *avoir un œil plus petit que l'autre ; regarder en fermant un œil*. Ce n'est pas la disparité physique qui est soulignée ici, mais le mauvais équilibre de la perception.
Observer : l'idéogramme a pour sens premier *examiner, considérer, inspecter, comparer*. Différent du verbe *voir*, ce caractère, décrit plutôt le fait de *regarder* quelque chose. Toujours très employé, il qualifie dans le *Yi Jing* le regard du tigre et apparaît deux fois dans l'hexagramme 10 DÉMARCHE situation dont le tigre est l'emblème, et seule figure où se retrouve aussi le borgne (10/3).
Profitable d'avoir la ténacité de : construction particulière de la formule *ténacité profitable*, où entre les deux termes mantiques est intercalé l'évocation de différents personnages symboliques dont la qualité commune est une force Yin qui sait résister, endurer et agir, sans se soucier d'avoir à œuvrer dans des conditions qui ne sont pas forcément celles qu'on aurait choisies.
Retiré et solitaire : rend un seul idéogramme, qui signifie aussi bien *retiré* que *solitaire*. Composé comme un tableau chinois, cet idéogramme combine le signe des montagnes et celui de la soie : disposé entre les sommets du signe montagne, le caractère soie évoque les gazes nuageuses qu'ont voit planer entre les sommets escarpés dans les régions sauvages. Le terme qualifiant un être humain, il s'agit ici de l'évocation d'un ermite.

䷲ **Hexagramme dérivé :** hexagramme 51. ÉBRANLER est un moment de secousse brutale dont les effets, difficiles à intégrer, sont susceptibles de féconder un renouveau.

Six en 3
MARIAGE DE LA CADETTE 歸妹以須 GUI MEI yi xu
en tant que position d'attente
Retour à un MARIAGE 反歸以娣 fan GUI yi di
en tant que seconde épouse

Dans cet hexagramme, les troisième et quatrième traits – les deux niveaux plus spécifiquement rattachés à l'être humain – sont ceux où l'on est le plus soumis aux flux contradictoires traversant la situation. Leurs textes, construits à l'identique sur un balancement qu'aucune indication mantique ne vient trancher, y présentent chacun le MARIAGE DE LA CADETTE dans une perspective temporelle. Mais les attitudes à adopter diffèrent.

Incorrect et pris dans des relations de voisinage qui l'enserrent et le bousculent, le troisième trait représente un moment où il est inutile de chercher à échapper rapidement à la situation. Qu'elles apparaissent sous un jour imprévu ou qu'elles aient insensiblement changé, souvent le temps sert de révélateur aux véritables motivations d'une association. L'union à laquelle on est contraint peut représenter une solution provisoire même au prix d'ambitions ou des espoirs déçus. Revenir en arrière et consentir, comme à la première ligne, à une position subalterne est la seule attitude qui convienne à ce niveau de Passage.

MARIAGE DE LA CADETTE en tant que : voir ligne 1.
Position d'attente : formé avec le caractère *tête* et un signe représentant des filaments, l'idéogramme signifie à l'origine *barbe* (c'est ainsi qu'il est traduit à 22/2). Manifestation visible de la vitalité, la barbe est symbole de force, mais aussi de patience. Caresser sa barbe est un geste quasi emblématique du théâtre chinois. Il signale que le personnage est en train d'attendre et de réfléchir. C'est pourquoi ce caractère signifie aussi *attendre, un instant, retarder, s'arrêter, requérir, il faut*, etc. Il n'est cité qu'ici et à 22/2
Retour : le texte ne porte pas le nom de l'hexagramme 24, mais un caractère qui lui est associé par opposition (voir 24/J). L'idéogramme, à partir de l'idée d'envers – il représente une paume se retournant – signifie *s'opposer, contre, anti, se détourner* ; et à partir du mouvement de la main : *renvoyer, retourner*, et finalement : *revenir en arrière, retourner sur ses pas*. Ce n'est pas un retour en avant qui est décrit ici, mais un retour à des conditions antérieures.
En tant que seconde épouse : voir ligne 1.

Hexagramme dérivé : hexagramme 34. GRAND FORCE est un moment de grande vigueur dont l'expression doit être contrôlée pour ne pas entraîner de dommages.

Neuf en 4

Mariage de la Cadette manqué au moment fixé	歸妹愆期 Gui Mei qian qi
Retarder le Mariage l'assure au moment opportun	遲歸有時 chi Gui you shi

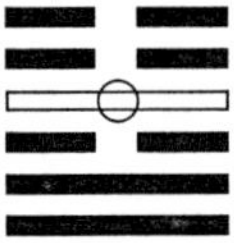

Les traits de cet hexagramme situés en troisième et quatrième positions – niveaux plus spécifiquement rattachés à l'être humain – sont les plus soumis aux flux contradictoires qui traversent la situation. Leurs textes, construits à l'identique sur un balancement qu'aucune indication mantique ne vient trancher, y présentent le Mariage de la Cadette dans une perspective temporelle. Mais les réponses à apporter diffèrent à chaque niveau.

Incorrect et pris dans des relations de voisinage qui l'enserrent et le ralentissent, ce trait représente un moment où il est inutile de chercher à précéder la situation. Alors qu'au trait précédent, il importe de faire un pas en arrière et de reconnaître sa position seconde mais obligée dans un mariage déjà effectué, il s'agit à ce stade de se retenir et de retarder le mouvement pour ne pas hypothéquer la possibilité d'une union future. Ce contretemps, peut-être dû au fait que les relations s'articulent sur des désirs différents, doit être vécu comme un délai laissant à la rencontre le temps de devenir un véritable couplage.

Manquer : l'idéogramme, rare et ancien, n'apparaît qu'ici. Il signifie une faute, un écart, un excès ou un manque.
Moment fixé : écrit avec le signe de la lune commun à beaucoup de termes astronomiques et le caractère *van* qui a le sens de ce qui trie (voir 36/5, *Sire de Ji*), l'idéogramme, toujours très employé, signifie moment, période.
Retarder : formé avec le signe général de la marche et un groupe complexe dont une variante montre un mouton tiré par une corde, l'idéogramme signifie *marcher lentement, ralentir le pas.* Il évoque également des idées d'indécision et de lenteur d'esprit. Prononcé différemment, il évoque aussi des idées d'attente, d'espoir et de moment particulier. Dans le contexte du *Yi Jing*, chaque fois qu'il est cité (ici et à 16/3, *tarder*), ce mot désigne un couplage désiré mais dont la réalisation est difficile.
Assure : le texte porte simplement le verbe il y a qui, dans le contexte du *Yi Jing* souligne la réalisation effective de ce qui est décrit.
Moment opportun : formé avec le signe du soleil et un groupe comprenant le signe des plantes et celui de la juste mesure, cet idéogramme très courant a pour sens premier *saison.* À partir de là, il a pris la signification de *temps, moment, heure,* toujours en gardant le sens

d'adéquation à la saison, c'est-à-dire de *moment favorable, occasion, opportun, s'adapter aux circonstances*, etc.

 **Hexagramme dérivé :** hexagramme 19. APPROCHER est un moment de surgissement de forces multiples où il faut se pencher avec bienveillance sur ce qui naît pour l'aider à grandir.

Six en 5

Le Souverain Yi	帝乙	Di Yi
MARIE SA CADETTE	歸妹	GUI MEI
Les manches de la princesse	其君之袂	qi jun zhi meine
sont pas aussi	不如	bu ru
fastes que les manches de	其娣之袂	qi di zhi mei
la seconde épouse	良	liang
À l'approche de la lune pleine	月幾望	yue ji wang
Ouverture	吉	ji

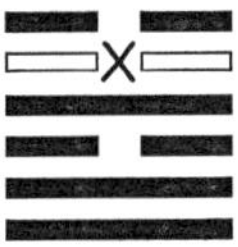

À cette ligne souveraine, la plus positive de l'hexagramme, le MARIAGE du roi Wen et de la CADETTE est décrit dans les mêmes termes et au même niveau qu'à l'hexagramme PROSPÉRITÉ (voir 11/5). Toutefois ce n'est pas tant l'union entre deux personnes qui importe ici que la fécondité qui s'ensuivra, particulièrement pour le clan des Zhou auquel l'avenir appartient. S'appuyant sur une interprétation superficielle du mot *faste* et une lecture au premier degré des *manches*, cet épisode a longtemps été commenté comme prêchant la modestie aux épouses vertueuses. L'affaire est tout autre et c'est une réalité historique importante qui est évoquée ici avec élégance : la première épouse du roi Wen n'ayant donné naissance qu'à un enfant mort-né (voir 53/3), ce qui est sorti de sa manche – image délicate du conduit utérin – fut bien moins *faste* que ce qui est sorti de la manche de sa sœur CADETTE, dont les fils devinrent les glorieux fondateurs de la future dynastie.

Il arrive souvent de se trouver à son corps défendant impliqué dans des situations qui apportent plus de désagréments que de satisfactions. Et pourtant, de cette contrainte peuvent naître malgré nous des fruits inattendus. L'astre de la nuit, emblème Yin par excellence, est ici montré à son point culminant, au moment où il est à parité de rondeur avec le soleil. La lune presque pleine évoque l'imminence de l'éclosion par où le long et patient travail du Yin se renverse en acte créateur. Dans cet hexagramme où les termes favorables sont rares, l'appréciation *ouverture* est sans équivoque : la position est idéale pour mettre au jour la fertilité d'une union même non choisie.

Souverain : différent du terme *roi*, en usage chez les Zhou, l'idéogramme qui appartenait vraisemblablement à l'origine au vocabulaire religieux (son étymologie est encore controversée) et qui à l'époque coloniale a servi à créer le binôme traduisant l'idée occidentale de Dieu, était dans l'Antiquité le titre officiel des monarques Shang. Dans le contexte du *Yi Jing*, il n'est employé que dans ce sens (voir 42/2 et 11/5).
Yi : nom de culte de l'avant dernier souverain des Shang. De tous les personnages historiques évoqués dans le *Yi Jing*, seuls sont nommés trois membres de la dynastie Shang, ceux qui, chacun à leur manière, ont contribué à l'élévation des Zhou : le Souverain Yi (ici et à 11/5), le Sire de Ji (à 36/5) et Wu Ding, l'Illustre Ancêtre (à 63/3).
MARIE SA CADETTE : nom de l'hexagramme. Cette phrase est reprise telle quelle et au même niveau à l'hexagramme PROSPÉRITÉ (11/5).
Manche : À l'époque des Zhou la manche était la seule partie du vêtement qui n'était pas brodée[89]. Il est donc invraisemblable que les manches dont il est question soient des symboles de l'ornementation et de la vanité. En revanche, deux considérations – l'une tirée d'un usage particulier de la manche et l'autre du caractère servant à l'écrire – permettent d'éclairer leur signification symbolique. Dans la robe chinoise traditionnelle, grâce à un rabat intérieur, la manche servait de poche. De nos jours encore l'expression *xiu zhen*, « trésor (de) manche », est utilisée pour désigner tous les objets que nous qualifions « de poche », comme par exemple un « dictionnaire de poche ». La manche est donc ce qui recèle un trésor. Ensuite, l'idéogramme employé pour l'écrire est composé du signe général des vêtements spécifié par le caractère *brèche*, celui qui nomme l'hexagramme 43. À cause de cette allusion à l'hexagramme, ce terme prend une signification supplémentaire, Il évoque l'endroit où s'opère un changement de niveau, le canal par où ce qui est à l'intérieur *perce* au dehors. Sa forme alors induit la métaphore du canal utérin qui donne à l'image tout son sens. Comparé à l'enfant mort qu'enfantera la *princesse*, sa sœur aînée (voir 53/3), ce qui sortira de la manche de la *seconde épouse*, la CADETTE sera bien plus *faste* : trois fils glorieux, le Roi Wu, le Duc des Zhou et le Prince de Kang qui vont par leurs exploits venger leur père et poser les fondements de la dynastie des Zhou
Fastes : la forme ancienne de cet idéogramme n'est pas claire. Il semble représenterune construction (peut-être une resserre) où convergent des signes spiralés de vitalité féconde. Il signifie maintenant *bon, excellent, vertueux, sincère, droit, beaucoup, à un très haut degré*, etc. Cependant, la puissance fertile qu'il semblait décrire à l'origine prend ici toute sa signification. Ce terme, qui dans le Shuo Gua (Huitième Aile) est associé au trigramme Ciel, qualifie également l'endurance efficace du *cheval* à 26/3 (où il est rendu par *bon*).

Seconde épouse : voir ligne 1.
À l'approche de la lune pleine : le texte porte une expression en trois idéogrammes dont le premier est le caractère *lune*, le second veut dire *presque* (voir 3/3, *au tout premier indice*), et le troisième *face à*, qui ici appliqué à la lune face au soleil, désigne la pleine lune. Deux idées se superposent dans cette expression. La première est que les astres Yin et Yang sont *presque* face à face, c'est-à-dire quasiment à égalité de puissance. La seconde est que, par rapport à sa variation cyclique, la lune est proche de sa culmination (pleine lune), c'est-à-dire proche de l'instant où s'amorce la mutation de la lune ascendante à la lune descendante. Cette scène, une des rares notations astronomiques du *Yi Jing*, se retrouve dans deux autres hexagrammes pour évoquer le croisement de ces deux images : à la fin de l'incarcération de celui dont on célèbre le mariage ici (voir 9/6) et à JUSTE CONFIANCE au moment où se tend le couplage Yin-Yang (voir 61/4).
Ouverture : appréciation mantique signalant un moment heureux où un agencement fécond du flux vital multiplie les possibilités de développement. C'est la seule formule réellement favorable de l'hexagramme.

Hexagramme dérivé : hexagramme 58. ÉCHANGER est un moment de communication heureuse où l'on ne met l'accent ni sur la rigueur ni sur les différences.

En haut un six

Une femme présente une corbeille	女承筐	nu cheng kuang
sans rien de consistant	无實	wu shi
Un chevalier égorge un bélier	士刲羊	shi kui yang
sans aucun sang	无血	wu xue
Aucun lieu n'est profitable	无攸利	wu you li

À ce niveau de Sortie, comme souvent au dernier trait des hexagrammes, la situation bascule. On n'y trouve ni MARIAGE ni CADETTE, mais un rituel étrange, ou plutôt une caricature de rituel, décrit en un couple de phrases aussi rimées que rythmées. Les ustensiles sont pourtant conformes : la *corbeille* de la *femme* est *carrée* comme la Terre et l'animal que sacrifie le chevalier est Yang. Mais si les formes sont respectées, l'esprit n'est pas là, et les acteurs ne sont pas ceux qu'il faudrait. *Femme, chevalier*, ils sont désignés de la manière la plus générale qui soit alors que au terme d'un hexagramme avec le mariage, on attendrait au moins les appellations *épouse* et *époux*. L'union n'a pas lieu. La femme n'a rien à offrir dans son couffin carré, l'homme ne fait rien jaillir de sa dague pointue. Ni Yin, ni Yang ne sont adéquats, a fortiori leur relation. Les flux vitaux ne s'échangent pas et, le sacrifice ne pouvant nouer le lien qu'il devait établir, le rituel se révèle vide et vain.

Isolé au-dessus de la ligne souveraine, celle où se réalise le MARIAGE, ce trait est sans relation avec les autres lignes où, malgré contre-temps et incompréhensions, les associations finissaient par aboutir à une organisation féconde. À ce niveau, les partenaires sont là, mais leurs rapports n'ont pas de *consistance*. Cette stérilité passagère est sanctionnée par la reprise à l'identique de l'appréciation négative formulée au Jugement.

Femme : personnage emblématique symbolisant dans le contexte du *Yi Jing* une attitude Yin.
Présente : représentant un geste d'élévation des mains, l'idéogramme signifiait à l'origine *présenter un objet en hommage à un supérieur*. Il a ensuite désigné le mouvement inverse *recevoir d'un supérieur, accepter une charge, hériter, succéder*.
Corbeille : l'idéogramme, qui n'a plus d'usage actuel, désignait dans l'Antiquité un panier rituel dont la caractéristique était sa forme carrée, ce qui l'associait avec la Terre et le Yin.
Consistant : l'idéogramme signifie *plein* au sens concret, et *vrai, authentique, précieux* au sens figuré. Ici, comme au Jugement de NOURRIR (voir 27/J, *plein*), ce caractère qui apparaît toujours en relation avec une conduite rituelle renvoie moins à la qualité des aliments sacrificiels qu'à celle de la conduite de ceux qui participent au culte ancestral.
Chevalier : l'idéogramme, qui désignait dans l'Antiquité un rang secondaire dans la hiérarchie féodale, signifie maintenant *lettré, fonctionnaire, homme, soldat*. Dans le contexte du *Yi Jing*, les deux fois où il est employé (ici et à 28/5, *damoiseau*), c'est toujours en contrepoint de *femme*, c'est-à-dire dans son sens le plus général, comme image du Yang.
Égorge : écrit avec le caractère *couteau* et le signe des tablettes accréditatives (voir 42/3) l'idéogramme, qui n'a plus d'usage actuel, désignait dans l'Antiquité un égorgement rituel.
Bélier : le texte porte l'idéogramme qui désigne l'ensemble des caprins. *Bélier* a été choisi car dans le contexte du *Yi Jing* cet animal est un des emblèmes du Yang, ne serait-ce que parce que sa prononciation est la même que celle du caractère Yang de Yin/Yang.
Sang : dans la Chine ancienne, le sang était rituel, avant d'être physiologique. Toutefois, dans le contexte du *Yi Jing*, chaque fois qu'il est mentionné, toujours en haut des hexagrammes, c'est dans un contexte de couplage tendu ou stérile. Ici, l'absence du sang, comme celle des fruits dans la corbeille carrée, souligne la stérilité du couplage.
Aucun lieu n'est profitable : voir Jugement.

䷥ **Hexagramme dérivé** : hexagramme 38. DIVERGENCE est un moment où désaccords et tensions s'exacerbent, mais qu'un regard plus ouvert peut rendre fécond.

ÉLÉMENTS D'ANALYSE

Nucléaire

䷾ **Hexagramme 63 : DÉJÀ TRAVERSÉE.** Au cœur de MARIAGE DE LA CADETTE, il y a DÉJÀ TRAVERSÉE. Au cœur d'une situation d'union forcée, il y a un ordre sous-jacent, un équilibre cohérent capable d'intégrer des manifestations en apparence aléatoires en un système stable. Il représente la régularité d'un fonctionnement basé sur la relation entre des forces distinctes qui, selon les moments, se rencontrent ou se séparent. Dans MARIAGE DE LA CADETTE, les énergies s'associent d'une façon qui provoque illusions et contretemps. Mais la fécondité qui peut en découler montre que ce parcours suit une direction qui échappe à notre volonté et notre entendement.

MARIAGE DE LA CADETTE est lui-même l'hexagramme nucléaire de quatre figures (11,18, 26 et 46) dans lesquelles il prend le sens général d'une force qui dépasse la volonté individuelle et entraîne dans des configurations qu'on ne contrôle pas.

Opposé

䷴ **Hexagramme 53 : PROGRESSER PAS À PAS.** La relation d'opposition entre MARIAGE DE LA CADETTE et PROGRESSER PAS À PAS s'articule sur des différences de rythme et de productivité. Le mouvement de PROGRESSER PAS À PAS est cadencé, il progresse par étapes, paliers et retours en arrière. Il concerne le mariage de la fille aînée, dont l'enfantement est difficile et incertain. Le mouvement de MARIAGE DE LA CADETTE procède par à-coups, retards et revirements. Il concerne le mariage de la fille cadette, dont l'enfantement est beaucoup plus favorable. L'une représente le courage, la fidélité et l'obstination dans la difficulté, l'autre symbolise la passion et l'inattendu. Cette relation d'opposition est renforcée par le fait que ces deux hexagrammes sont aussi le retourné l'un de l'autre (particularité qui ne concerne que quatre couples d'hexagrammes : 11/12, 17/18, 53/54 et 63/64).

55 ABONDANCE

FENG

En haut TONNERRE ☳
En bas FEU ☲

ABONDANCE	豐	FENG
Favorisant	亨	heng
Le Roi s'y relie	王假之	wang jia zhi
Ne pas s'attrister	勿憂	wu you
Il convient d'être le soleil au zénith	宜日中	yi ri zhong
Au début un neuf		
Rencontrer par hasard un maître apparié	遇其配主	yu qi pei zhu
Bien que pour une décade	雖旬	sui xun
Absence de faute	无咎	wu jiu
Aller amène à se surpasser	往有尚	wang you shang
Six en 2		
ABONDANCE du voilage	豐其蔀	FENG qi bu
Le soleil au zénith le Boisseau du Nord est visible	日中見斗	ri zhong jian dou
Aller n'obtient que doutes et fébrilité	往得疑疾	wang de yi ji
Il y a onde portant à se conformer à ce qui se manifeste	有孚發若	you fu fa ruo
Ouverture	吉	ji
Neuf en 3		
ABONDANCE de bannières	豐其沛	FENG qi pei
Le soleil au zénith les étoiles sont visibles	日中見沬	ri zhong jian mei
On se brise le bras droit	折其右肱	zhe qi you gong
Absence de faute	无咎	wu jiu
Neuf en 4		
ABONDANCE du voilage	豐其蔀	FENG qi bu
Le soleil au zénith le Boisseau du Nord est visible	日中見斗	ri zhong jian dou
Rencontrer un maître CACHE	遇其夷主	yu qi YI zhu
Ouverture	吉	ji
Six en 5		
Distinction qui vient	來章	lai zhang
Il y a félicitations et éloges	有慶譽	you qing yu
Ouverture	吉	ji
En haut un six		
ABONDANCE de bâtiments	豐其屋	FENG qi wu
Voilage de son CLAN	蔀其家	bu qi JIA

Guetter à la dérobée par	闚其户	kui qi hu
la porte intérieure		
S'apercevoir qu'il n'y a personne	闃其无人	qu qi wu ren
Trois ans sans visites	三歲不覿	san sui bu di
Fermeture	凶	xiong
Grande Image		
Éclair Tonnerre ensemble arrivent	電雷皆至	dian lei jie zhi
à tout		
ABONDANCE	豐	FENG
L'Être Accompli ainsi	君子以	jun zi yi
en tranchant les procès	折獄	zhe yu
provoque l'exécution des peines	致刑	zhi xing
Dixième Aile		
ABONDANCE	豐	FENG
beaucoup d'événements.	多故也	duo gu ye

ABONDANCE est profusion, foisonnement, prolifération, pléthore. C'est un moment où la vitalité se manifeste avec tant de plénitude qu'elle doit être canalisée pour ne pas aboutir à l'obscurcissement et la sclérose. L'idéogramme le montre, qui associe fertilité naturelle et rites agraires : une telle richesse nécessite une solide capacité à éclairer et diriger. Que l'ABONDANCE soit en même temps richesse et trop-plein est aussi indiqué par la présence, au cœur de cette figure, de l'hexagramme nucléaire GRAND EXCÈS.

La scène astronomique qui sert de décor à la situation met en valeur la dimension de la dynamique à l'œuvre. D'une part, le *soleil au zénith* est l'image récurrente d'une position parfaitement centrée permettant d'éclairer chaque chose de manière juste. D'autre part, le Boisseau du Nord, que nous appelons Grande Ourse, est la constellation qui indique l'étoile polaire dont le faible éclat est compensé par l'assurance d'une position constante. Un événement exceptionnel, éclipse ou « vent jaune » chargé à profusion du sable arraché au désert de Gobi, d'une densité telle que le soleil en est obscurci, sert d'allégorie au propos de l'hexagramme : la maîtrise de la lumière par l'ombre, le voilement volontaire par lequel il est possible d'éclairer sans éblouir.

Dans l'antique société chinois, le Roi, personnifiant la lumière, est le pivot qui relie la communauté à son fondement invisible. Se tenant au milieu juste entre la Terre et le Ciel, il garantit récoltes et richesses par l'exercice de sa fonction rituelle et institue le lien entre le monde caché des ancêtres et celui, visible, des humains. Mais son rôle est aussi de trouver le juste équilibre entre vitalité et pléthore. Tout comme la végétation se renforce lorsqu'on la taille, c'est en tranchant dans la profusion et en éliminant le surplus que l'on procède à la nécessaire régulation de la vitalité. Plus symboliquement, voiler une luminosité trop forte permet de laisser apparaître un éclairage Yin, un repère caché mais constant, reflet secret de l'éphémère position zénithale de l'astre solaire.

Comme l'indique la Dixième Aile, la profusion, si elle est signe de richesse, est aussi source d'ennuis et de chagrins. Cela se traduit dans le déroulement de l'hexagramme par des accumulations, d'*étendards*, de *voilages* ou de *bâtiments*. La lumière excessive étant assombrie, on voit apparaître au niveau des deuxième et quatrième lignes un repère constant : l'*étoile polaire*. Aux première et quatrième lignes, il est possible de s'apparier avec un *maître*, momentané dans un cas, caché dans l'autre. Les troisième et sixième lignes sont des moments difficiles : on s'égare et se blesse à la ligne de passage, tandis que l'abondance devient synonyme d'enfermement et d'isolement à la dernière ligne. Que l'*ouverture* soit réservée aux niveaux importants, c'est-à-dire aux places de Souverain, Préfet et Ministre, montre à quel point la maîtrise est ici essentielle. La *distinction* mise en valeur à la ligne souveraine est la qualité essentielle qui permet de compenser par la réserve un éclat trop vif et ainsi d'accompagner la plénitude.

« Qui gouverne par la vertu est comparable à l'étoile polaire,
immuable sur son axe mais centre d'attraction
de toute la planète[90]. »

Confucius, *Lun Yu* 2/1

IDÉOGRAMME

FENG : *Récolte abondante. Fertile, luxuriant, opulent. Abondant, copieux, nombreux, considérable. Plein, replet.*

L'idéogramme est formé de deux éléments superposés. En bas se trouve la représentation d'un vase composé d'un pied supportant un récipient en forme de bol ou de plat. Il désignait dans l'Antiquité un vase de bois dans lequel on offrait des aliments non carnés aux esprits. Ce vase rituel nettement moins solennel que les vases de bronze (voir 50/I) étant tombé en désuétude ce caractère servit à partir de l'époque des Han à remplacer un caractère beaucoup plus compliqué pour désigner les légumineuses en général, fève, haricot, soja, etc.

En haut un groupe complexe qui se compose de plusieurs éléments. Le point de départ est la représentation d'un rameau. Écrit à partir du signe général des plantes, il a la particularité d'avoir ses branchages au nombre de trois, marque usuelle du pluriel. Ce signe archaïque contient donc déjà l'idée abstraite de vitalité, de fertilité, d'opulence et c'est pour cette raison qu'il sera choisi comme forme simplifiée de l'idéogramme *abondance*. Dans la forme ancienne, il est redoublé, expression classique du superlatif, puis ces deux rameaux sont disposés sur ce qui semble être des sacs pleins, vraisemblablement de grains. Avec le temps, la représentation de ces sacs s'est assimilée au caractère *montagne* qui opérait un renforcement du sens d'opulence (les grains s'accumulant aussi haut qu'une montagne).

L'association de ces deux signes produit un ensemble dans lequel tout les éléments se renforcent l'un l'autre en croisant leurs symbolisme. En effet, tant les rameaux que les sacs de grains ou les vases contenant des céréales, toutes ces images évoquent les idées d'abondance, de vitalité printanière tout en faisant aussi référence aux rites agraires présidés par le souverain qui, dans l'esprit animiste de l'époque, célèbrent et entretiennent cette poussée productive de la vitalité naturelle. On peut remarquer enfin que cette abondance, liée en Occident à la récolte automnale – la « corne d'abondance » déborde de *fruits* – est en Chine reliée à la vitalité du flux printanier représentée dans l'idéogramme par les graines à semer et les bourgeons des rameaux.

TEXTE CANONIQUE

JUGEMENT

ABONDANCE	豐	FENG
Favorisant	亨	heng
Le Roi s'y relie	王假之	wang jia zhi
Ne pas s'attrister	勿憂	wu you
Il convient d'être le soleil au zénith	宜日中	yi ri zhong

ABONDANCE est un moment de profusion féconde qui requiert double capacité de *favoriser* l'épanouissement de l'élan vital et d'en contenir la prolifération. Dans le *Yi Jing*, cette aptitude a un emblème, le Roi, à la fois référence de l'organisation sociale et représentant de l'ordre universel. À la croisée du vertical et de l'horizontal, son rôle est de *relier* aux ancêtres, qui symbolisent les flux fondamentaux, les bases sur lesquelles on enracine son action.

Établir un lien avec l'invisible et le manifester aux yeux de tous est une attitude royale. Elle requiert à la fois fermeté et abnégation : comme on coupe les pousses surabondantes, gourmands de la vigne ou surgeons des rosiers, on doit tailler dans la profusion pour empêcher l'ABONDANCE de s'étouffer. La *tristesse* que l'on peut en ressentir, et contre laquelle le Jugement met en garde, ressemble à celle éprouvée aux moments d'APPROCHE, lorsque l'on peine à canaliser l'effervescence printanière (voir 19/3). Comme un Roi appelé à apparaître en pleine lumière tout en préservant ses sujets de la force qu'il convoque, on doit savoir conserver une position médiane, c'est-à-dire juste et centrée, quelque difficile qu'elle puisse être. À l'instar du soleil de midi qui illumine et consume à la fois, il faut dans un même mouvement manifester l'abondance et en maîtriser le foisonnement.

Favorisant : appréciation mantique décrivant un climat d'essor, un agencement fertile, un dispositif énergétique global dans lequel l'échange entre le Ciel et la Terre se noue de manière féconde.
Roi : personnage symbolique, le Roi est le pivot de l'organisation sociale, le moyeu vide qui rassemble le peuple en le *reliant* à ses racines.
S'y relie : l'idéogramme est complexe et son sens ambigu. Actuellement encore sa signification est double, puisqu'il veut dire à la fois *faux, feint, simulé, emprunté* et *congé, vacances*, ce dernier sens dérivant peut-être du grand deuil de trois ans qui suivait la mort des parents. Durant cette période en effet, il était interdit de continuer à exercer sa profession et les lettrés devaient alors se mettre en vacance de leur fonction sociale. Cependant ce caractère peut aussi être employé à la place de deux autres dont le premier a pour sens *arriver, pénétrer, faire venir, invoquer un esprit*, et le second *atteindre, pénétrer*. Dans le *Yi Jing*, où ce terme est employé de manière caractéristique, toujours dans un contexte rituel, dans des situations importantes et uniquement avec le Roi comme sujet (voir 37/5, 45/J et 59/J), il évoque vraisemblablement une cérémonie ayant pour but de faire venir un esprit afin de se *relier* à lui. Toutefois il apparaît ici dans une construction particulière, suivi d'un un terme général, un complément d'objet neutre, indifférencié (rendu par « y ») qui renvoie apparemment au nom de l'hexagramme. Le sens semble être alors que le Roi, assumant son rôle, se relie au flux de l'abondance.
Ne pas s'attrister : dans le contexte du *Livre des Changements*, cette phrase, comme tous les conseils donnés sous une forme négative, demande une lecture dialectique : si le *Yi Jing* recommande de ne pas s'attrister, c'est qu'on aurait tendance à le faire.
Il convient : l'idéogramme, qui dans l'Antiquité était le nom particulier d'un sacrifice aux génies de la Terre, signifie *convenir, approprié ; convenable, s'accorder ; devoir, falloir.*

Soleil au zénith: le texte porte deux idéogrammes, le caractère *soleil* et le caractère *Milieu Juste*. Il s'agit donc du moment où le soleil est au milieu du ciel, c'est-à-dire au méridien. Seule notation astronomique du *Yi Jing*, cette phrase est caractéristique de cet hexagramme où elle est répétée aux traits 2, 3 et 4.
Il convient d'être comme le soleil au zénith: ce n'est pas seulement une convenance morale et sociale qui est exposée ici, mais une attitude plus vaste, en harmonie avec la vitalité du moment. Il s'agit, par une position parfaitement juste et centrale, de se tenir comme un flambeau pour le peuple de ceux qui lèvent les yeux vers leur Roi.

TEXTE DES TRAITS

Au début un neuf

Rencontrer un maître apparié	遇其配主	yu qi pei zhu
Bien que pour une décade	雖旬	sui xun
Absence de faute	无咎	wu jiu
Aller amène à se surpasser	往有尚	wang you shang

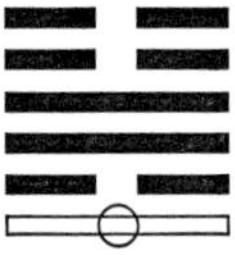

Aux moments d'ABONDANCE, il s'agit de permettre à une vitalité foisonnante de s'exprimer de manière équilibrée. À cette ligne d'Entrée, niveau de découverte et d'inexpérience, cette attitude est momentanément trouvée par l'intermédiaire d'un *maître apparié*, quelqu'un dont on se sent proche, que l'on suit ou auquel on s'identifie. Ce couplage, par lequel une sorte d'égalisation énergétique est obtenue, ne peut être que passager: on doit en faire son deuil si on veut ne pas en rester à des facilités ou des illusions.

Que cet appariement, pour légitime qu'il soit, ne puisse être durable, cela peut assombrir. Pourtant, ce sentiment, qui fait écho à la tristesse contre laquelle le Jugement met en garde, doit être surmonté pour *aller* de l'avant. Cette attitude passe autant par l'apprivoisement du vide que par la mise en rythme du plein, comme le montrent les deux autres situations où conseil est également donné de *se surpasser*: S'ENTRAÎNER AU PASSAGE DES RAVINS et MESURE (29/J et 60/5). Il s'agit bien à ce stade initial de renoncer à des contacts éphémères bien que brillants pour trouver une plus juste mesure. Cette optique de limitation ne doit pas décourager, car elle est en affinité avec le quatrième trait où il y a aussi rencontre avec un *maître*, et avec la ligne souveraine, le seul autre niveau où le nom de l'hexagramme n'est pas cité.

Rencontrer: l'idéogramme, toujours très employé, représente un mouvement inattendu provoquant un couplage heureux, puisqu'il signifie *rencontrer par hasard, survenir, occasion, chance.*

Maître : l'idéogramme signifie au sens propre *maître, propriétaire*, et au sens figuré *point principal, direction essentielle*. On peut y voir un écho avec le *principe (maître)* du Yin (voir 2/J) qui enjoint de ne pas se mettre en avant. Il est cité deux fois dans cet hexagramme, lignes 1 et 4.

Apparié : l'idéogramme, qui signifie *être comparable, partenaire, assorti, apte à*, etc., implique une très forte identité commune. Dans le Grand Commentaire (1re partie, chapitre 5) ce terme est utilisé pour définir la relation liant le Yin avec la Terre et le Yang avec le Ciel.

Décade : écrit avec le caractère *soleil*, dans son sens usuel de *jour*, et un signe évoquant un ensemble complet, l'idéogramme désignait dans l'Antiquité la période de dix jours qui alors tenait lieu de semaine.

Aller : extrêmement usuel, l'idéogramme, écrit avec un signe général de la marche et le caractère *maître*, a dans le contexte du *Yi Jing* le sens d'un conseil de mise en route, d'une injonction à aller de l'avant. Il est cité deux fois dans cette figure : lignes 1 et 2.

Amène : le texte porte le verbe *il y a* indiquant la réalité effective de ce qui est décrit ensuite.

Se surpasser : représentant la partie supérieure d'un bâtiment, se prononçant comme le caractère *en haut, vers le haut*, l'idéogramme signifie *surpasser, estimer, faire grand cas, supérieur, honorable.*

Aller amène à se surpasser : Cette phrase, peut-être une des plus belles de tout le *Yi Jing*, souligne la responsabilité que nous avons dans notre propre cheminement pour vaincre peur et dangers. Elle est citée deux autres fois : à la ligne souveraine de MESURE (voir 60/5) et surtout, dans une forme encore plus explicite (*agir* remplace *aller*), au Jugement de S'ENTRAÎNER AU PASSAGE DES RAVINS (voir 29/J). Ici elle est mise en écho avec un phrase de structure identique qui apparaît au trait suivant, avec un résultat bien différent : *aller n'obtient que doutes et fébrilité.*

Hexagramme dérivé : hexagramme 62. PETIT EXCÈS est un moment d'hésitation inquiète où l'on doit resserrer son activité sur ce qui est possible plutôt que viser des objectifs hors de portée.

Six en 2

ABONDANCE du voilage	豐其蔀	FENG qi bu
Le soleil au zénith le Boisseau du Nord est visible	日中見斗	ri zhong jian dou
Aller n'obtient que doutes et fébrilité	往得疑疾	wang de yi ji
Il y a onde portant à se conformer à ce qui se manifeste	有孚發若	you fu fa ruo
Ouverture	吉	ji

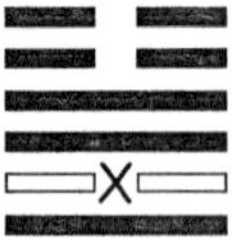

À ce trait comme aux deux suivants sont décrits les effets de l'ABONDANCE : une profusion telle qu'elle masque les repères habituels. L'image utilisée pour rendre compte de ce phénomène, qui sera reprise à la quatrième ligne, ne manque pas de grandeur : le soleil de midi est obscurci au point de laisser apercevoir la *Grande Ourse*. Bien que cette éclipse puisse affoler, elle ne signifie pas la fin de la lumière puisque à ce repère éclatant, image d'une position médiane bien qu'éphémère, se substitue un repère discret mais fixe : l'étoile polaire, axe immobile autour duquel tourne la multitude constellée du ciel nocturne, versant Yin de la fonction de pivot dont l'aspect Yang est mis en valeur au Jugement par le Roi.

Lorsqu'une situation est à ce point foisonnante que l'on n'y voit plus clair, il est préférable de ne pas s'en remettre aux seules manifestations extérieures, mais de se repérer sur une lumière intérieure, plus terne mais plus solide. Cette luminosité Yin discrète mais constante trouve son prolongement dans le conseil de s'abstenir d'*aller* de l'avant : les initiatives extérieures ne peuvent qu'accroître le désordre et l'agitation, tandis que rester attentif à ce qui se met en route de soi-même permet de prendre confiance. Correcte et en relation avec les deux traits Yang voisins, cette ligne de Préfet est en résonance avec celle de Ministre, où se retrouve l'image de luminosité obscurcie, et en affinité avec la *distinction* décrite à la ligne souveraine. La fécondité d'une telle position est marquée, ici comme à ces deux traits, par la même mention d'*ouverture*.

> «Le Souverain d'en Haut, qu'à certaines époques on appelle le Ciel, habite normalement le Centre du Ciel. Son faible éclat est largement racheté par sa position. Ce n'est pas celui dont la majesté resplendit qui est le plus majestueux. Il sied à la profondeur secrète du pouvoir d'être enfouie dans le ciel bleu pourpre de la nuit[91]. »

Voilage : écrit avec le signe général des plantes et un caractère désignant un ensemble organisé *classe, section, partie*, l'idéogramme qui signifie *écran, voile, cacher, protéger* représente soit un rideau de verdure, soit une natte de jonc, en tous cas un objet susceptible de faire écran. Dans le contexte de cet hexagramme, le seul où il apparaisse et où il est mentionné à trois reprises (lignes 2, 4 et 6), il évoque peut-être le « vent jaune », bourrasques chargées du sable venant du désert de Gobi et qui, voilant l'éclat du soleil en plein jour, permit aux Chinois d'observer les taches solaires deux mille ans avant qu'on ne les aperçoive en Occident.
Soleil au zénith : voir Jugement.
Boisseau du Nord : le texte porte seulement le caractère *boisseau* qui

représente une mesure à grain en forme de cuillère (voir 46/I). En raison de cette forme, il désigne dans l'astronomie chinoise la constellation de la Grande Ourse, celle qui indique l'étoile polaire. Ce terme n'apparaît que dans cette figure où il est repris à la ligne 4.

Visible : l'idéogramme signifie aussi bien *voir*, que *visible* et *être vu*. Par rapport à l'aspect caché du Yin, la visibilité est plutôt de l'ordre du Yang. Elle est très présente dans cet hexagramme où ce terme apparaît lignes 2, 3 et 4 dans des phrases équivalentes.

Aller : extrêmement usuel, l'idéogramme a, dans le contexte du *Yi Jing*, le sens d'un conseil de mise en route, d'une injonction à aller de l'avant. Il est cité deux fois dans cette figure : lignes 1 et 2.

Obtient : l'idéogramme recouvre une gamme de sens assez étendue qui tournent tous autour de l'idée de gain, ce qui renforce ici l'ironie de la phrase.

Doutes : formé d'un groupe complexe, l'idéogramme signifie *doute, douter, soupçon, appréhension*. Les deux fois où il est cité (voir 16/4), c'est en relation avec l'idée d'obtention et avec une certaine agitation.

Fébrilité : l'idéogramme signifie *malaise, souffrance, blessure*, mais aussi *rapidité, promptitude, hâte*. *Fébrilité* permet de rendre ces deux niveaux de sens qui souvent se superposent.

Aller n'obtient que doutes et fébrilité : nulle part ailleurs dans le *Yi Jing* le fait d'aller de l'avant n'est jugé aussi négativement. Cette singularité est également renforcée ici par l'écho produit avec la phrase de structure identique citée au trait précédent, *aller amène à se surpasser*.

Il y a onde portant à : variante de la formule mantique *onde porteuse* signalant qu'un fort courant porteur traverse la situation. Elle insiste sur l'existence de ce courant *(il y a)* et sur sa direction *(portant à)* donnée par le contexte.

Se conformer : l'idéogramme est obscur. Sa forme ancienne représente un personnage les mains levées et les cheveux en désordre. Son sens primitif est *se conformer, obéir, favorable*, etc. Cependant son emploi le plus courant est grammatical, comme pronom de la seconde personne *(tu, toi, vous)*, conjonction de subordination *(si, comme)*, conjonction de coordination *(ou bien)*, adverbe *(ainsi)*, etc. En choisissant le sens de conjonction, une lecture différente serait possible : *Il y a onde porteuse si on se manifeste*. Il apparaît dans une construction identique à 20/J.

Ce qui se manifeste : formé d'un groupe complexe où apparaît l'idée de lancer une flèche, l'idéogramme, toujours très utilisé, signifie *émettre, envoyer, produire, prendre l'initiative, instaurer, lancer*, etc.

Ouverture : appréciation signalant un moment heureux où un agencement fécond du flux vital multiplie les possibilités de développement, mentionnée trois fois dans cette figure : lignes 2, 4 et 5.

䷡ **Hexagramme dérivé :** hexagramme 34. GRAND FORCE est un moment de grande vigueur, dont l'expression doit être contrôlée pour ne pas entraîner de dommages.

Neuf en 3

ABONDANCE de bannières	豐其沛 FENG qi pei
Le soleil au zénith les étoiles sont visibles	日中見沫 ri zhong jian mei
On se brise le bras droit	折其右肱 zhe qi you gong
Absence de faute	无咎 wu jiu

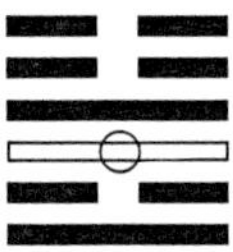

À la ligne de Passage, l'obscurcissement provoqué par la profusion est à son comble. Comme aux deux traits voisins, l'horizon est envahi d'éléments qui empêchent d'y voir clair. La lumière de midi est voilée, sans que l'on puisse cette fois trouver un repère parmi les *étoiles visibles*. Si le *Boisseau du Nord* cité aux deux lignes voisines symbolise la présence cachée mais permanente du Souverain, ces petites étoiles semblent plutôt faire référence à sa cour[92]. Cet entourage peut-il fournir une lumière suffisante, ou bien n'égare-t-il pas plus encore ? Les *étendards* qui s'accumulent suggèrent une bataille et le *bras droit*, côté à l'honneur en temps de guerre, un activisme exagéré au point que la force d'action risque de s'en trouver brisée.

Bien que correct, ce trait est pris dans des relations contradictoires : situé au voisinage d'une place de Préfet où une attitude confiante et réservée est possible, il est aussi en correspondance avec la sixième ligne, où l'abondance n'est plus maîtrisée, ce qui accentue l'impression d'incapacité. Bien qu'il puisse être légitime d'aller de l'avant, c'est là un avertissement qui doit prévenir d'une attitude inconséquente et agitée.

Bannières : l'idéogramme est peu assuré. En effet, fait rare dans le *Yi Jing*, il en existe au moins trois variantes officielles. La plus notoire, composée du signe de l'eau et du caractère *tissu*, signifie *copieux, abondant* et désigne également une eau coulant rapidement ainsi qu'un marais couvert de végétation. Dans ce caractère, comme dans les deux autres variantes, ce qui ressort est une idée d'abondance masquante, proche de celle exprimée par les deux phrases de construction identique, qui ouvrent comme celle-ci les textes des deux traits adjacents. *Bannière*, qui vient[93] de l'idée de tissu, est un choix arbitraire emprunté à G. Whincup qui voit dans ce trait l'horizon obscurci par l'abondance des drapeaux de guerre.
Soleil au zénith : voir Jugement.
Étoiles : l'idéogramme est également sujet à caution. Formé du signe

général de l'eau associé à une négation indiquant un état de non-réalisation (voir 64/I PAS ENCORE), il désignait dans l'Antiquité la lueur d'une étoile visible en plein jour. Cependant une variante (dans laquelle le signe de l'eau est remplacé par celui de l'œil) signifie *daltonien, qui a une mauvaise vue*. Les deux sens se rejoignent dans le rapport entre le caché et le visible, cependant, il semble bien que ce soit d'étoiles qu'il s'agisse ici, comme aux deux lignes précédentes où, dans une phrase de construction identique, c'est la constellation indiquant l'étoile polaire qui est nommée. Il s'agirait alors d'étoiles de plus forte magnitude, car l'étoile polaire est trop faible pour être visible en plein jour, à la différence de certaines planètes ou comètes.
Visibles : voir ligne 2.
Brise : composé du signe général de la main et du caractère *hache*, l'idéogramme signifie au sens propre *briser, casser*. Au sens figuré, il veut dire : *décider, trancher, rabattre, soumettre*, et aussi *se renverser*. Il apparaît deux autres fois dans le Texte canonique : 30/6 *(soumettre)* et 55/3 *(se brise)* et deux fois dans les commentaires dans la même expression (*trancher les procès*, à 22/GI et 55/GI).
Bras : écrit avec le signe général de la chair et le signe de la main, l'idéogramme désigne le bras en général et plus spécialement l'avant-bras. Il n'apparaît qu'ici.
Droit : composé des caractères *main* et *bouche*, l'idéogramme désigne la main qui porte les aliments à la bouche. Les notions de gauche et droite sont rares dans le *Yi Jing*. Elles sont appliquées trois fois à des parties du corps humain : ici (la seule fois où *droit* est cité) et à l'hexagramme LUMIÈRE OBSCURCIE – dont le titre est en affinité avec les scènes décrites par l'hexagramme 55 – où il est question de la cuisse gauche et du côté gauche du ventre (voir 36/2 et 36/4). Enfin dans la symbolique chinoise, le côté gauche (Yin) est associé à la paix (c'est celui où doit camper l'ARMÉE quand le combat ne doit pas être recherché, voir 7/4) et le droit (Yang) à la guerre, à laquelle ici les bannières renvoient peut-être.
Absence de faute : formule mantique spécifique incitant à ne pas rester dans un état d'esprit incertain ou hésitant.

Hexagramme dérivé : hexagramme 51. ÉBRANLER est un moment de réveil brutal dont les effets sont difficiles à intégrer, une forte commotion qui peut se traduire par une agitation désordonnée et bruyante.

Neuf en 4
ABONDANCE du voilage — 豐其蔀 FENG qi bu
Le soleil au zénith le Boisseau du Nord est visible — 日中見斗 ri zhong jian dou
Rencontrer un maître CACHÉ — 遇其夷主 yu qi yi zhu
Ouverture — 吉 ji

À ce trait comme aux deux précédents sont décrits les effets de l'ABONDANCE : une profusion telle qu'elle masque les repères habituels. L'image utilisée à cette place de Ministre est la même qu'à celle de Préfet : le soleil de midi est obscurci au point de laisser apercevoir la Grande Ourse. Bien que cette éclipse puisse affoler, elle ne signifie pas la fin de la lumière puisque à ce repère éclatant, image d'une position médiane bien qu'éphémère, se substitue un repère discret mais fixe : l'étoile polaire, axe immobile autour duquel tourne la multitude constellée du ciel nocturne, versant Yin de la fonction de pivot dont l'aspect Yang est mis en valeur au Jugement par le Roi.

Lorsqu'une situation est à ce point foisonnante que l'on n'y voit plus clair, il est préférable de ne pas s'en remettre aux seules manifestations extérieures, mais de se repérer sur une lumière intérieure, plus terne mais plus solide. Cette luminosité Yin ouvre la voie à la perception de ce qui est *caché*, qui se traduit ici par la possibilité d'une *rencontre*, moins aléatoire que celle de la première ligne, avec un *maître*, principe ou personne capable, tel le Sire de Ji, de voiler son éclat afin de sauvegarder la lumière (voir hexagramme 36). Le voisinage de ce trait avec la ligne souveraine, où se retrouve la même mention d'*ouverture*, indique la possibilité d'une complémentarité heureuse.

> « Que l'on fixe l'étoile polaire pour contempler la sphère céleste, alors les mouvements de l'univers ne paraîtront pas stupéfiants[94]. »
>
> WANG BI

Voilage : voir ligne 2.
Soleil au zénith : voir Jugement.
Le Boisseau du Nord est visible : voir ligne 2.
Rencontrer un maître : voir ligne 1.
CACHÉ : le texte porte le second caractère du nom de l'hexagramme 36, LUMIÈRE OBSCURCIE, c'est pourquoi le mot est en majuscules. L'idéogramme, dont le sens général est *obscurci, caché*, peut aussi avoir des connotations de parité et par exemple signifier *égal*. Ici, le fait que l'hexagramme 36 soit le dérivé de cette ligne amène à privilégier le sens le plus en rapport avec le nom de cet hexagramme.
Ouverture : appréciation signalant un moment heureux où un agencement fécond du flux vital multiplie les possibilités de développement. Elle est citée trois fois dans cette figure : lignes 2, 4 et 5.

Hexagramme dérivé : hexagramme 36. LUMIÈRE OBSCURCIE est une situation où l'on fait son deuil de l'éclat extérieur dans une perspective de préservation de l'essentiel.

Six en 5
Distinction qui vient — 來章 lai zhang
Il y a félicitations et éloges — 有慶譽 you qing yu
Ouverture — 吉 ji

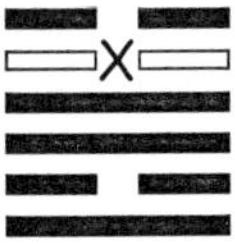

Au niveau de la ligne souveraine, il devient possible de maîtriser l'ABONDANCE. Le texte l'évoque par une accumulation d'appréciations positives qui accentue l'absence du nom de l'hexagramme. Alors qu'aux deux autres places Yang, on réagit à la profusion par l'incertitude (trait 1) ou l'agitation (trait 3), alors qu'aux trois places Yin (2, 4 et 6), le *voilage* est nécessaire pour atténuer l'éclat, ici l'ABONDANCE s'harmonise d'elle-même par une qualité intérieure.

La *distinction* est l'art de gérer le multiple. Indiquant à la ligne de passage d'ÉLAN RÉCEPTIF comment œuvrer sans se faire valoir, et à la ligne souveraine d'ÊTRE ACCUEILLANT comment chaque polarité s'ouvre à l'influence de l'autre, cette capacité à discerner dans le foisonnement ce qu'il faut mettre en avant ou retenir est ici décrite comme *venant* vers soi. Contenue quand le Yin prédomine, elle est ici en mouvement et se déploie par une attitude réservée, accueillante et noble, réponse discrète à la présence éclatante du Roi exposée au Jugement, comme si à ce niveau souverain était trouvé un point d'équilibre entre apparition et effacement.

Simplement soutenue par le voisinage avec la ligne de Ministre, cette distinction est à l'image de l'éclat sobre mais constant du *Boisseau du Nord* ou du *maître CACHÉ* recherché à ce niveau. Cette aptitude à assumer une position centrale sans aveugler est louée et marquée, comme aux places de Préfet et de Ministre, par l'appréciation *ouverture*.

> « La multitude ne peut gouverner la multitude. Ce qui gouverne la multitude, c'est l'extrême minorité (l'unique, le seul, le Fils du Ciel)…Ce qui permet aux mouvements d'accomplir une révolution commune, c'est que leur origine est nécessairement unique[95]. »
>
> Wang Bi

Distinction : formé d'un groupe complexe, l'idéogramme, toujours très usuel, désigne ce qui distingue les parties d'un tout ordonné : *chapitre* d'un livre, *strophe* d'un poème, *mesure* d'un morceau de musique (les traits des hexagrammes ne rentrent pas dans cette catégorie, car il existe un terme spécifique pour les désigner). Comme *insigne* en français, le terme rendu par *distinction* peut désigner en même temps une qualité personnelle et le fait d'en être honoré.
Vient : le texte porte un verbe auxiliaire très courant. Souvent couplé

avec *aller* (voir lignes 1 et 2), il décrit un mouvement qui se dirige depuis l'extérieur vers le locuteur.

Distinction qui vient : le sens de cette expression inhabituelle – seule où *distinction* est employé en dehors de la formule *distinction contenue* (voir 2/3 et 44/5) – n'est pas complètement assuré.

Il y a : verbe auxiliaire jouant dans le contexte du *Yi Jing* le rôle de modulation mantique renforçant l'appréciation qu'il annonce en soulignant son caractère effectif.

Félicitations : l'idéogramme, assez complexe, n'apparaît qu'ici dans le *Yi Jing*. Évoquant des idées de *compliments*, de *récompense*, de *faveur du Ciel*, de *bonheur*, il entre dans le nom d'une grande ville de la province du Sichuan, Chongching, mot à mot : Faveur Redoublée.

Éloges : l'idéogramme désigne une reconnaissance verbale de l'action entreprise.

Ouverture : appréciation signalant un moment heureux où un agencement fécond du flux vital multiplie les possibilités de développement. Elle est citée trois fois dans cette figure : lignes 2, 4 et 5.

Hexagramme dérivé : hexagramme 49. RÉVOLUTION est un moment où l'on doit mettre en œuvre sa capacité à assurer les renouvellements opportuns et les réajustements adéquats.

En haut un six		
ABONDANCE de bâtiments	豐其屋	FENG qi wu
Voilage du CLAN	蔀其家	bu qi JIA
Guetter à la porte intérieure	闚其户	kui qi hu
S'apercevoir qu'il n'y a personne	闃其无人	qu qi wu ren
Trois ans sans visites	三歲不覿	san sui bu di
Fermeture	凶	xiong

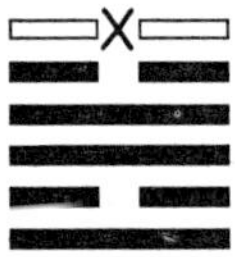

Dépassant la position équilibrée atteinte à la ligne souveraine, la situation tourne ici à la rigidité et à la lourdeur. L'ABONDANCE devient ici opulence, la profusion possession, et le *voilage*, image du jeu subtil entre ombre et lumière qui trame tout l'hexagramme, se transforme en murs épais. Si les *bâtiments* multiples évoquent la riche demeure d'un *CLAN*, les dissimuler suggère un refus de communiquer avec l'extérieur. C'est le signe d'un resserrement égocentrique sur une structure interne, en analogie avec ces moments où la propension à S'ENTENDRE AVEC TOUS se restreint au seul temple familial (voir 13/2).

Parcourant les cours intérieures des différent bâtiments, peut-être à l'affût d'intrus, on n'y trouve plus aucun habitant. À chercher qui aurait pu pénétrer de l'extérieur, on s'aperçoit que l'intérieur est déserté, et on réalise que l'abondance ne cache plus que vide et solitude. Cet appauvrissement du partenariat ressemble à l'encerclement évoqué aux moments d'ÉPUISEMENT, lorsqu'on reste également *trois ans sans visites* (47/1) et qu'à l'intérieur du palais l'*épousée n'est pas visible* (47/3). La constante référence au Yin qui aux autres lignes tempère la trop forte luminosité fait ici défaut. S'enfermer dans son bien, le cacher non pour en harmoniser la profusion mais pour en profiter seul ne peut que faire le vide autour de soi. L'appréciation *fermeture*, seule mention négative de tout l'hexagramme, prend ici tout son sens : on retrouve à l'intérieur de soi les barrières que l'on dresse contre l'extérieur.

Bâtiments : écrit avec le signe général du corps et le caractère *arriver*, l'idéogramme signifie *chambre* en Chine du Nord et *maison* en Chine du Sud. Il n'apparaît qu'ici.
Voilage : voir ligne 2.
CLAN : le texte porte le premier caractère du nom de l'hexagramme 37 GENS DU CLAN.
Guetter à la dérobée : formé avec le caractère *porte* et un groupe signifiant voir ou encore *mesurer*, l'idéogramme désigne précisément le fait d'*observer à travers l'ouverture d'une porte* (la tête penchée, précisent même certains dictionnaires), de *regarder furtivement*, d'*épier*, de *guetter*. Dans le *Canon des Poèmes*, ce verbe est spécifiquement attribué à une femme observant son mari. Il évoque le regard rapide de la fiancée jetant un œil par une petite ouverture sur son prétendant. À 20/2, seule autre fois où il est employé, son insuffisance tient au fait qu'il n'est pas réciproque.
Porte intérieure : l'idéogramme dessine la porte à un vantail qui sépare les parties internes de la maison traditionnelle chinoise. Distinct de celui qui désigne la grand-porte (voir 60/1) qui, elle, marque la limite entre l'intérieur et l'extérieur de la maison, il peut également par métonymie avoir le sens de famille, comme en français ancien le mot *feux* (voir 6/2).
Trois ans : le *Yi Jing* ne parle pas en temps réel, mais en durées symboliques. *Trois ans* représente un cycle complet court, par rapport à *dix années*, cycle complet long.
Trois ans sans visites : cette phrase se retrouve à l'identique au premier trait de ÉPUISEMENT (47/1).
Fermeture : appréciation mantique signalant un moment de blocage, un mauvais agencement du flux vital qui restreint les possibilités de développement.

Hexagramme dérivé : hexagramme 30. FILET D'OISELEUR est un moment de pleine lumière où il importe d'aller au-delà des apparences et de contrebalancer l'éblouissement en cultivant le Yin.

ÉLÉMENTS D'ANALYSE

Nucléaire

䷛ **Hexagramme 28 : Grand Excès.** Au cœur de Abondance, il y a Grand Excès. Au cœur d'une situation de pléthore, il y a démesure et vitalité excessive. La force exceptionnelle est ce qui permet à la fois de faire advenir la richesse et de tailler dans son trop-plein étouffant. La double capacité d'enracinement et de communication qui compose la force solitaire évoquée dans Grand Excès trouve écho dans les luminaires Yin et Yang qui cohabitent dans Abondance. Le soleil au zénith rejoint l'image de l'oiseau présomptueux présent dans les autres hexagrammes de cette famille.

Opposé

䷺ **Hexagramme : 59 : Dénouer.** La relation d'opposition entre Abondance et Dénouer se situe entre embâcle et débâcle. Au moment de Dénouer, ce qui était figé est emporté par un flot puissant et retrouve sa liberté d'action ; au moment d'Abondance, ce qui était porté par un flux puissant a tendance à se figer. L'un est tourné vers l'eau et gère une fluidification, l'autre est tourné vers le feu et gère un épaississement. Les deux sont affaire de Roi : dans un cas, il est le pivot qui canalise les énergies, dans l'autre il est la référence qui permet de faire face à la dérégulation.

56 VOYAGEUR

旅

LÜ

䷷

En haut FEU ☲

En bas MONTAGNE ☶

VOYAGEUR	旅	LÜ
Petit favorisant	小亨	xiao heng
VOYAGER présage ouverture	旅貞吉	LÜ zhen ji
Au début un six		
VOYAGEUR se dispersant dans d'insignifiantes vétilles	旅瑣瑣	LÜ suo suo
en conséquence n'en retire que désastres	斯其所取災	si qi suo qu zai
Six en 2		
VOYAGEUR s'approchant de l'étape	旅即次	LÜ ji ci
Serre ses biens contre son sein	懷其資	huai qi zi
Obtenir un jeune aide	得童僕	de tong pu
Tenir bon	貞	zhen
Neuf en 3		
VOYAGEUR ravageant son étape par le feu	旅焚其次	LÜ fen qi ci
Perdre son jeune aide	喪其童僕	sang qi tong pu
Présage de danger	貞厲	zhen li
Neuf en 4		
VOYAGEUR se posant en un lieu	旅于處	LÜ yu chu
Obtenir biens et hache d'honneur	得其資斧	de qi zi fu
Mon cœur n'est pas joyeux	我心不快	wo xin bu kuai
Six en 5		
Tirer le faisan à l'arc	射雉	she zhi
La première flèche disparaît	一矢亡	yi shi wang
À la fin grâce aux éloges mandat	終以譽命	zhong yi yu ming
En haut un neuf		
Oiseau ravageant son nid par le feu	鳥焚其巢	niao fen qi chao
Gens qui VOYAGENT	旅人	LÜ ren
d'abord rient	先笑	xian xiao
ensuite pleurent et gémissent	後號咷	hou hao tao
Perte des bœufs à la ville de Yi	喪牛于易	sang niu yu yi
Fermeture	凶	xiong
Grande Image		
Au-dessus de la montagne il y a le feu	山下有火	shan shang you huo
VOYAGEUR	旅	LÜ
L'Être Accompli ainsi	君子以	jun zi yi

en étant perspicace éclairé et attentif 明慎 ming shen
veille à rendre opératoires les peines 用刑 yong xing
et à ne pas faire traîner les procès 而不留獄 er bu liu yu

Dixième Aile
Relations de cordialité parentale réduites 親寡 qin gua
VOYAGEUR. 旅也 LÜ ye

Être VOYAGEUR, c'est se trouver hors de son réseau habituel. Que l'on se déplace en pays inconnu ou que l'on voyage en quête de territoires nouveaux, on est de passage. C'est une situation instable car on ne peut s'appuyer ni sur ses habitudes ni sur des relations confirmées, seulement sur des connivences passagères. La méconnaissance des usages ayant cours dans le domaine traversé offre autant d'opportunités de découvertes enrichissantes que d'enivrants dérèglements. La plus grande prudence est donc requise : on doit avancer à petits pas pour trouver sa place, et ainsi, malgré la fragilité de sa position, profiter d'éventuelles possibilités d'ouverture.

Bien que la figure soit composée à parité de traits Yin et Yang, l'avantage y revient au *petit*, c'est-à-dire à une attitude Yin. Le nom de l'hexagramme est cité à toutes les lignes, sauf à la cinquième, marquant ainsi les différentes étapes du voyage. Que le voyageur ne soit pas nommé à la place souveraine indique où se trouve la maîtrise de l'errance : c'est en entrant habilement en relation avec ses hôtes que l'on obtient charge ou *mandat* et que l'on cesse d'errer. Avant d'en arriver là, le chemin en passe par des incertitudes et des maladresses qui traduisent l'incapacité, ou la réticence, à se fixer.

D'après certains auteurs, VOYAGEUR relaterait l'histoire de Wang Haï, un lointain ancêtre des Shang qui voyageait beaucoup pour vendre ses animaux, et qui serait surtout connu pour ses aventures douteuses et les catastrophes qu'il provoquait sur son passage. Bien qu'encore sujette à caution, l'allusion à ce personnage figurerait bien les gains et les pertes décrites avec insistance dans cet hexagramme. Les aléas d'une conduite désordonnée y sont plus particulièrement montrés aux niveaux les plus extérieurs : dispersion et *désastres* au trait d'entrée, calamités diverses au trait de sortie où l'appréciation *fermeture* sanctionne l'attitude de qui privilégie le rire et la facilité. Comme à cette sixième ligne, on trouve au niveau de Passage des *ravages* causés par le feu et des *pertes*, du soutien d'autrui dans un cas, de troupeaux dans l'autre. Ces pertes sont compensées aux places de Préfet, de Ministre et de Souverain par des *gains* qui scandent les progrès dans l'avancée du voyage : on *obtient* de l'*aide* à la deuxième ligne, des *biens* à la quatrième, avant que les *éloges* n'ouvrent la voie à un *mandat* au niveau de la place souveraine.

S'ouvrant et s'achevant sur la description de conduites inconséquentes, VOYAGEUR montre le passage de rencontres incertaines à des échanges plus fructueux : on va ainsi des deuxième et troisième niveaux, où l'aide d'autrui est précieuse, aux quatrième et cinquième où, même si le *cœur* n'y est pas, on sait entrer en relation et trouver des possibilités de s'établir. L'*ouverture* énoncée au Jugement est promise à celui qui, sans chercher à s'imposer de façon irrespectueuse et débridée, sait faire de sa quête l'exploration prudente de possibilités nouvelles.

> « Qui passe une frontière doit s'enquérir des interdits, qui arrive dans un pays doit s'informer des coutumes. »
>
> *Livre des Rites*, I, 42

IDÉOGRAMME

LÜ : *Troupe de 500 ou 1 000 hommes. Brigade. Voyager, séjourner hors de chez soi, voyageur. Nombreux, une foule de. Suivre l'ordre de préséance, placer, disposer. Ensemble, en commun.*

L'idéogramme se compose de deux parties imbriquées. La première, située en bas et à droite, représente un groupe de personnes. La seconde qui comprend l'ensemble situé à gauche se prolongeant dans le haut de la partie droite, représenterait selon certains des branchages et selon d'autres des oriflammes militaires.

L'ensemble du caractère figurait à l'origine des soldats qui soit font une halte en s'abritant sous des feuillages, soit sont rassemblés selon leurs rangs sous des drapeaux. Ces soldats ne sont pas ici l'image d'un temps de guerre (voir 7/I), mais le symbole de tous ceux que leur mission emmène loin de chez eux, marchands et voyageurs en général. À partir de là, cet idéogramme, toujours très courant, en est venu à désigner ceux qui séjournent en dehors de leur lieu habituel de résidence, par exemple à notre époque les touristes. Associé au caractère nommant les *gens* en général, il forme le binôme le plus courant pour désigner les *gens qui voyagent* (voir ligne 6) ; associé au caractère *circuler*, c'est le binôme signifiant *voyager* ; avec le caractère *auberge*, c'est en chinois moderne l'hôtel et au Japon l'auberge traditionnelle avec tatamis et futon.

TEXTE CANONIQUE

JUGEMENT

VOYAGEUR	旅	Lü
Petit favorisant	小亨	xiao heng
VOYAGER présage ouverture	旅貞吉	Lü zhen ji

Qui parcourt en territoire inconnu doit se montrer réservé et discret : quand on sait voyager, on se pose sans s'imposer. Dans la mesure où l'on ignore les usages et les codes des endroits que l'on traverse, cette faculté d'adaptation n'est pas seulement prudence, elle est lucidité. C'est en évitant de se montrer arrogant, en se tenant à l'écoute et prêt à la découverte que l'on peut trouver les bienfaits d'un parcours en dehors de son domaine habituel.

Cette souplesse est aussi celle qui est requise lorsqu'on on est amené à SE MODELER. Cependant si le *petit* est conseillé dans les mêmes termes à l'hexagramme 57, il n'est cependant pas impératif quand on voyage d'*avoir où aller*, c'est-à-dire de se tenir à une direction préétablie. Ne pas avoir de plan préconçu permet de porter un regard neuf aussi bien sur ce qu'on découvre que sur ce que l'on croyait déjà connaître. C'est en avançant à petits pas qu'on s'ouvre le chemin d'une période de rencontres et de commerces féconds.

Petit : l'idéogramme qui représentait à l'origine une multitude de petites graines a depuis toujours le sens de petit. Cependant dans le contexte du *Yi Jing*, ce caractère peut aussi prendre une signification plus vaste et évoquer symboliquement une attitude Yin. Ici, comme chaque fois qu'il intervient au Jugement, envisager *petit* comme un emblème du Yin souligne un autre aspect de la stratégie proposée.
Favorisant : appréciation mantique décrivant un climat d'essor, un agencement fertile, un dispositif énergétique global dans lequel l'échange entre le Ciel et la Terre se noue de manière féconde.
Petit favorisant : formule mantique spécifique dont le sens est double. Elle s'apparente par les termes à *favoriser le Petit* mais en diffère par la construction. Ici, *Petit* précède *favorisant*, donc est placé en position de déterminant ou de sujet. Si on le considère dans son sens simple d'adjectif qualifiant *favorisant*, le sens est alors que la situation est *petitement favorisante*. Si en revanche on lui donne sa valeur d'emblème du Yin, le sens devient alors : (une attitude) *Yin* (est) *favorisante*. Dans les deux seuls hexagrammes où cette formule apparaît (VOYAGEUR et SE MODELER 57), la mise en œuvre d'une stratégie Yin – agir à petits pas, jouer le temps plutôt que l'action, préférer la longanimité au dynamisme – est la plus appropriée.

Voyager : nom de l'hexagramme. VOYAGEUR est le seul hexagramme dans lequel le nom soit répété au Jugement. Certains y voient une corruption du texte, comme si deux versions différentes avaient été élaborées et qu'on eût oublié de gommer celle qui n'aurait pas été retenue. Bien que certains arguments aillent dans le sens de cette hypothèse (voir ligne 2 *tenir bon*), elle est pour le moment invérifiable. Considérant le texte tel qu'il nous est parvenu, la construction de la dernière phrase amène, pour éviter la périphrase *pour le* VOYAGEUR, à donner en français une forme verbale au nom de l'hexagramme.
Ouverture : appréciation mantique signalant un moment heureux où un agencement fécond du flux vital multiplie les possibilités de développement.
Présage ouverture : formule mantique spécifique indiquant la tendance à un réagencement positif de la situation.

TEXTE DES TRAITS

Au début un six
VOYAGEUR batifolant
en conséquence n'en retire
que désastres

旅瑣瑣 Lü suo suo
斯其所取災 si qi suo qu zai

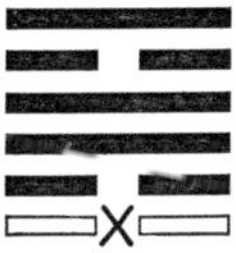

L'inexpérience est une des caractéristiques du niveau d'Entrée d'un hexagramme. Elle se manifeste ici par un fait courant au commencement d'un voyage : on se retrouve tout à coup confronté à la perte de ses repères. La réaction est une attitude agitée, instable, une effervescence superficielle qui se manifeste par des discussions vaines ou des fixations sur des détails secondaires.

Le trait est non seulement incorrect mais en relation de correspondance avec la quatrième ligne, où l'humeur est chagrine. Contraires à l'attitude réservée conseillée au Jugement, l'excitation et le manque de vigilance peuvent transformer un incident inopiné en *désastre*. Ce terme, caractéristique de l'hexagramme 25 SPONTANÉMENT, est ici un avertissement des désagréments qui s'accumulent à la dernière ligne, également qualifiée par une formule mantique négative.

Batifolant : le texte porte deux fois de suite le même caractère, construction qui est en chinois la marque usuelle du superlatif. L'idéogramme, qui n'apparaît qu'ici, est formé avec le signe du jade et un groupe complexe. Il désignait à l'origine le son léger des pierres sonores et des pendentifs de jade. De là, il en est venu à signifier ce qui est *menu, insignifiant*, et au sens figuré, tout ce qui est *bagatelles, vétilles*.

En conséquence : rend une construction causale particulière.
Retire : la forme ancienne de l'idéogramme montre un geste codé de saisie de quelque chose dont on prend possession ou qu'on ramène à soi. Ses différents sens sont *recevoir, accepter obtenir, prendre, saisir, choisir, prendre à son service, appeler, héler*.
Désastre : représentant l'incendie et l'inondation, les deux fléaux majeurs auxquels sont exposés depuis toujours les Chinois, l'idéogramme signifie *calamité, fléau, sinistre*. Ce caractère n'est cité qu'ici au niveau initial d'une situation.

Hexagramme dérivé : hexagramme 30. FILET D'OISELEUR est un moment d'éblouissement où la vivacité risque de tourner à l'agitation si on ne garde pas les pieds sur terre.

Six en 2

VOYAGEUR s'approchant de l'étape	旅即次	Lü ji ci
Serrer ses biens contre son sein	懷其資	huai qi zi
Obtenir un jeune aide	得童僕	de tong pu
Tenir bon	貞	zhen

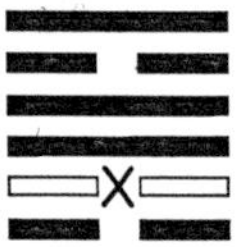

À ce niveau, le VOYAGEUR qui piétine au trait précédent a réellement commencé son périple. Mais si la première *étape* est en vue, elle n'est pas encore atteinte et le chemin pour y parvenir semble jonché de périls. Bien qu'il soit central et correct, le trait n'a pas d'autre relation que le voisinage avec la troisième ligne, où une attitude inconséquente se révèle désastreuse.

L'incertitude est le lot du voyageur, l'inquiétude son compagnon de route. Pourtant, contrairement aux première et troisième lignes, aucun danger ni aucune calamité ne sont signalés ici. Il suffit de tenir bon, avec prudence mais sans appréhension exagérée. En effet, ce niveau de préfet est, avec celui de Ministre, le seul où l'on *obtienne* quelque chose : ici un coup de main qui allège, là une charge qui honore.

Étape : l'idéogramme possède de nombreux sens, parmi lesquels *s'arrêter, faire halte, étape, auberge, lieu, campement*. Il est cité deux fois dans cette figure : lignes 2 et 3.
Serre : écrit avec le signe général du cœur et une forme complexe évoquant le geste de quelqu'un qui serre son col avec appréhension, l'idéogramme est employé ici dans son sens propre *tenir contre sa poitrine, serrer contre son sein*. Au sens figuré, il signifie *garder en son cœur, nourrir un sentiment, une vertu*.
Biens : écrit avec le signe général des choses précieuses et un groupe complexe, l'idéogramme désigne les *biens matériels* (et les *qualités*

innées) sur lesquels on peut s'appuyer. De nos jours, il désigne en comptabilité les *actifs* d'une société (par rapport à sa production) et en économie politique le *capital* (par opposition au travail). En dehors de cette figure où il est cité deux fois (lignes 2 et 4), ce mot n'apparaît qu'à la dernière ligne de l'hexagramme suivant (voir 57/6) où, comme ici à la ligne 4, il est couplé avec la *hache d'honneur*.

Obtenir : composé à l'origine du signe général des choses précieuses et du caractère main, dans le sens de tenir en main, l'idéogramme recouvre une gamme de sens assez étendue : *parvenir, obtenir, trouver, recevoir, acquérir, convoiter, avoir, posséder*, etc., qui tournent tous autour de l'idée de gain.

Aide : de forme complexe, l'idéogramme, à présent vieilli, signifie *serviteur, domestique* en général et plus particulièrement dans l'Antiquité un *cocher*. Comme ce caractère n'apparaît que dans l'hexagramme VOYAGEUR, où il est cité aux lignes 2 et 3, ce sens est le plus probable. Cependant la précision qu'il soit *jeune*, donc inexpérimenté, indique également qu'il s'agit d'une aide petite et bienvenue.

Tenir bon : le texte porte le caractère habituellement rendu soit par *présage* (voir Jugement), soit par *ténacité*. Cependant dans le *Yi Jing*, ce mot n'est jamais employé seul. Il est toujours couplé avec une appréciation mantique qui soit le détermine (voir *ténacité favorable*), soit est modulée par lui (comme *danger*, voir ligne suivante). Sa construction solitaire, qui est unique, peut être due à une corruption du texte primitif (voir Jugement *VOYAGER*), rend son sens obscur. Certains commentateurs modernes ajoutent *ouverture*, ce qui est plausible mais osé. *Tenir bon* est un compromis provisoire.

Hexagramme dérivé : hexagramme 50. CHAUDRON est un moment où le lent travail de raffinement d'une situation ancienne permet de refonder son action.

Neuf en 3

VOYAGEUR ravageant son étape par le feu — 旅焚其次 Lü fen qi ci
Perdre son jeune aide — 喪其童僕 sang qi tong pu
Présage de danger — 貞厲 zhen li

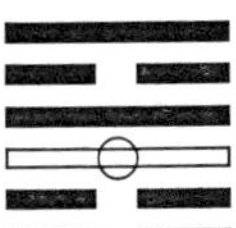

À ce niveau de Passage se trouve le premier trait Yang de la figure. Alors que cette fermeté est généralement gage d'une attitude correcte en place de transition, elle est plutôt malvenue ici car elle pousse à commettre des imprudences : le gîte ainsi que l'aide obtenus à la ligne précédente sont à présent perdus.

Le voyageur ne semble guère prendre garde à l'instabilité de sa position : il oublie qu'il ne maîtrise pas le territoire où il se trouve, et que ce qui lui est accordé ne l'est qu'à titre provisoire. Il est encore temps d'en prendre conscience, sous peine de voir s'aggraver les catastrophes que l'on provoque par son inconséquence. Comme indiqué au sixième trait, ce n'est plus l'étape mais le *nid* qui risque d'être détruit si on persévère dans un tel comportement.

Ravageant par le feu : formé avec les caractères *feu* et *broussailles*, l'idéogramme dont le sens usuel est *mettre le feu* évoquait à l'origine le défrichage par brûlis. Il est cité deux fois dans cette figure : lignes 3 et 6.
Étape : voir ligne 2.
Perdre : signifiant aussi *deuil*, l'idéogramme a maintenant dans le langage populaire le sens de « avoir de la déveine ». Il est employé dans le *Yi Jing* pour désigner une disparition qui finit généralement par s'avérer bénéfique.
Jeune aide : voir ligne 2.
Présage de danger : formule mantique spécifique soulignant la probabilité des risques inhérents à la situation et des *dangers* dus à la manière dont on s'y comporte.

Hexagramme dérivé : hexagramme 35. AVANCER AU GRAND JOUR est un moment de progression dans des conditions difficiles où l'on est amené à montrer ses talents.

Neuf en 4

VOYAGEUR se posant en un lieu	旅于處	LÜ yu chu
Obtenir biens et hache d'honneur	得其資斧	de qi zi fu
Mon cœur n'est pas joyeux	我心不快	wo xin bu kuai

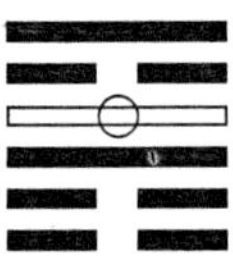
À ce niveau de Ministre un palier important est atteint dans le cheminement du voyageur. Il n'y a plus ici de gîte temporaire comme à la seconde ligne, mais un *lieu* où il est possible de se poser. Ensuite, alors qu'on craignait de perdre des *biens* à la seconde ligne, ici on en *obtient*. Enfin, l'aide qui n'était que temporaire aux stades précédents devient reconnaissance sociale. Et pourtant, les insignes d'honneur et de pouvoir dont on est gratifié semblent causer plus de peine que de joie. Le *cœur* n'y est pas : on a l'humeur vagabonde.

Bien que le voisinage avec la place souveraine suggère l'aboutissement proche du voyage – la fin de l'errance ou de la quête – la position du trait, incorrect et en correspondance avec le trait initial où est décrite une attitude superficielle, induit une réaction négative qui n'a pas lieu d'être. Peut-être les propositions offertes sont-elles décevantes, ou bien se chagrine-t-on avec nostalgie de la stabilisation qu'elles risquent d'entraîner? C'est oublier que tout voyage n'est que passage, et que l'heure est à un resserrement des forces – d'ailleurs aussi mal accepté à la seconde ligne de STABILISER, hexagramme dérivé de ce trait. Qu'il n'y ait pas réellement lieu de s'attrister ici est indiqué – à la chinoise – par l'absence de formule mantique négative.

Se posant en un lieu : rend un seul idéogramme formé d'un groupe complexe qui, selon le ton auquel il se prononce, a le sens de *habiter, demeurer, se fixer, s'arrêter, se reposer*, ou *état, aspect*, ou encore celui de *lieu, endroit, place*, où se produit le mouvement d'arrêt. Tous ces sens on en commun l'idée d'un mouvement qui cesse. Voir 9/6, *repos*.
Obtenir : voir ligne 2.
Biens : voir ligne 2.
Hache d'honneur : écrit avec le caractère *hache*, et le caractère *père* (voir 18/1) qui déjà à l'origine représentait une main tenant une hache de pierre, l'idéogramme ne désigne pas une arme de guerre, mais un insigne d'autorité qui symbolise la délégation par le souverain du pouvoir judiciaire d'exécution des criminels. Les fouilles archéologiques ont livré de magnifiques haches en pierre en jade et en bronze, dont les plus anciennes remontent à la période néolithique. Comme à 57/6, la *hache d'honneur* est associée aux *biens*, mais ici on les reçoit alors que là on les perd.
Mon : l'idéogramme signifie *je, moi, me*, en tant que pronom personnel et *mon, ma, mes* en tant qu'adjectif possessif. Il pose la question de savoir qui parle à la première personne dans le *Yi Jing*. Parfois il semble qu'il s'agisse du Roi Wen lui-même, parfois comme ici, l'attribution est moins claire.
Cœur : l'idéogramme représente un battement. Siège de la pensée, le *cœur* peut représenter l'*esprit*, siège de la vie affective, il peut aussi être *disposition intérieure, volonté, intention, conscience morale*, etc. Dans le *Yi Jing*, il est synonyme du *for intérieur* et plutôt évoqué dans des contextes de tristesse et de douleur.
Mon cœur n'est pas joyeux : une phrase de construction à peu près identique apparaît à 52/2 et une idée équivalente est évoquée dans une autre construction à 48/3.

䷳ **Hexagramme dérivé :** hexagramme 52. STABILISER est un mouvement d'apaisement et de concentration permettant d'affermir les processus.

Six en 5

Tirer le faisan à l'arc	射雉	she zhi
La première flèche disparaît	一失亡	yi shi wang
À la fin grâce aux éloges mandat	終以譽命	zhong yi yu ming

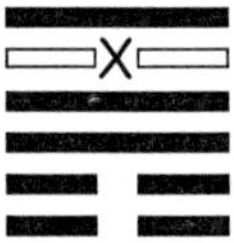

La cinquième ligne de VOYAGEUR est la seule où le nom de l'hexagramme n'est pas mentionné. L'absence de cette scansion au niveau souverain suggère ou la fin du voyage, ou du moins une étape essentielle dans la manière de l'envisager : la quête ne représente pas une fin en soi, elle se nourrit de l'espoir de trouver une position satisfaisante. Les périples qui ne mènent nulle part ne sont pas des voyages mais des errances.

Le voyageur sait maintenant non seulement entrer adroitement en relation avec ses hôtes, mais aussi faire preuve d'adresse dans les rencontres auxquelles il est convié à participer, ici probablement une chasse. Son habileté lui offre l'opportunité de s'insérer dans un cercle, de s'épanouir dans un réseau. L'*arc* est symbole de la justesse, le *faisan*, image de splendeur et de vivacité. Le *mandat* que l'on reçoit avec des *éloges*, vaut plus que les *biens* ou les *honneurs* obtenus à la ligne précédente : il représente reconnaissance et responsabilités.

Cependant, bien que sa nature Yin soit en harmonie avec la stratégie du *petit à petit* conseillée au Jugement, l'incorrection du trait et ses relations contradictoires avec les deux traits voisins suggèrent une tendance à l'hésitation – comme un reste de l'humeur chagrine évoquée à la ligne précédente – qui se manifeste par la perte de la *première flèche*. Ce n'est qu'avec le temps qu'un changement s'opère et que l'on arrive à maîtriser l'art d'atteindre son but.

Tirer à l'arc : dans la Chine féodale, l'arc est l'arme noble par excellence et le tir à l'arc l'expression de la justesse interne (voir 61/I). Dans le *Yi Jing*, à part le tir caricatural sur des poissons minuscules évoqué à 48/2 et celui anonyme ici, seul le Duc tire à l'arc.
Faisan : écrit avec le signe général des oiseaux et le caractère *flèche*, l'idéogramme désigne le faisan comme l'oiseau de la chasse par excellence. C'est donc dans le *Yi Jing* un mets de choix (voir 50/3). Associé par la suite au trigramme Li, le faisan deviendra symbole de splendeur et de perspicacité (voir également 53/6).
Flèche : l'idéogramme représente le dessin d'une flèche. Arme de guerre et de chasse, la flèche est également un insigne honorifique. C'est une des meilleures récompenses que peut recevoir un vassal (voir 21/4 et 40/2). À ce titre, ce caractère signifie aussi *droit, sincère*.
Disparaît : écrit avec le verbe rentrer et le signe d'une anfractuosité, l'idéogramme désigne tout ce qui a *disparu* parce que *perdu, égaré, détruit, enfui*.
À la fin : modulation mantique qui replace la circonstance dans une perspective temporelle, annonçant soit l'aboutissement probable de la situation, soit un retournement en contraste avec le moment considéré.
Éloges : l'idéogramme, toujours très utilisé, signifie une reconnaissance verbale de l'action entreprise.

Mandat : l'idéogramme désignait dans l'Antiquité à la fois le mandat général alloué par le Ciel et le mandat féodal conféré par le souverain. Il peut donc signifier aussi bien le destin individuel, le lot de vie, que la position hiérarchique, la situation sociale.

Hexagramme dérivé : hexagramme 33. FAIRE RETRAITE est une stratégie à long terme où l'on se renforce par un mouvement de recul.

En haut un neuf

Oiseau ravageant son nid par le feu	鳥焚其巢	niao fen qi chao
Gens qui VOYAGENT	旅人	LÜ ren
d'abord rient	先笑	xian xiao
ensuite pleurent et gémissent	後號咷	hou hao tao
Perte des bœufs à la ville de Yi	喪牛于易	sang niu yu yi
Fermeture	凶	xiong

À ce niveau de Sortie, comme souvent à la dernière ligne d'un hexagramme, la situation retombe. Alors que le voyage débouchait sur une position assurée à la ligne souveraine, la réapparition ici du nom de l'hexagramme indique que le voyage reprend, et de la pire manière qui soit. Les calamités s'accumulent, toutes dues au comportement du voyageur : à sa cervelle d'oiseau et son comportement de coucou. Rarement de bon augure, l'*oiseau* évoque généralement dans le *Yi Jing* les désagréments promis à qui ne sait pas s'enraciner. Celui mentionné ici est l'emblème de PETIT EXCÈS, hexagramme dérivé de cette ligne, où son imprudence le conduit à se faire tuer.

Le feu, qu'il soit celui de la passion ou de l'incendie, détruit le *nid*, et non une étape temporaire comme à la troisième ligne : c'est le lieu même du repos qui est à présent réduit en cendres. Ceux qui se sont laissé éblouir par la facilité, le plaisir ou l'imprévoyance n'ont plus que leurs yeux pour pleurer car leur capital aussi est perdu. En écho aux *désastres* promis en première ligne à celui qui ne sait pas se préparer, la *fermeture* sanctionne l'attitude de qui, en terre lointaine, ne sait ni trouver ni tenir sa place.

Oiseau : l'idéogramme désigne les volatiles en général, par opposition aux quadrupèdes. Cependant, il y a en chinois deux termes génériques différents pour désigner les oiseaux. Le caractère employé ici désigne en particulier les oiseaux à queue longue, ceux dont le panache est formé de longues plumes parallèles, comme par exemple les faisans à la différence de ceux dont la queue est formée de petites plumes entrecroisées, comme les moineaux ou les pigeons. Or l'idéogramme employé ici, à partir de cette particularité du panache caudal de certains oiseaux et suivant une métaphore ancienne (qui n'est pas propre à la pensée chinoise), a également un sens souterrain : prononcé *tiao* au lieu de *niao*, il désigne le membre viril. Eu égard aux aventures dont est crédité Wang Hai, et au fait que, en dehors de l'hexagramme 62, c'est ici le seul cas où cet idéogramme est mentionné, il n'est pas impossible que cette métaphore sous-jacente ait été sinon voulue, du moins appréciée par les rédacteurs du Texte canonique.

Ravageant par le feu : voir ligne 3.

Nid : l'idéogramme, dont le sens propre est toujours *nid*, représente simplement un nid d'oiseau juché en haut du caractère arbre. Cependant, phénomène peut-être renforcé par une certaine assonance avec les connotations sexuelles du signe oiseau, en tout cas confirmé par les légendes faisant naître des lignées royales (notamment celle des Shang) à partir d'œufs d'oiseau reçus par des jeunes femmes, ce caractère, qui n'apparaît pas ailleurs, a pris un sens figuré plus direct. Il entre en effet dans une expression littéraire classique qui se lit mot à mot : les nids *(chao)* de l'essence spermatique *(jing)* et qui signifie *testicules*.

Gens qui VOYAGENT : le texte porte le nom de l'hexagramme suivi du caractère général des êtres humains (voir *GENS* DU CLAN, 37/I ou S'ENTENDRE AVEC *TOUS*, 13/I).

D'abord... ensuite... : signifiant *en avant, d'abord*, et *en arrière, après* ces deux idéogrammes, quand ils ne décrivent pas un simple déroulement temporel, indiquent soit une succession d'états, soit un retournement de situation qui, partout ailleurs dans le *Yi Jing* sauf ici, est orienté vers un mieux.

Rient : l'idéogramme signifie toujours *rire*. Il est composé avec un signe représentant un être humain la tête renversée et le caractère bambou, dont l'entrechoquement des troncs agités par le vent suggère le bruit du rire.

Pleurent et gémissent : expression fortement rimée en deux caractères, se retrouve combinée avec *rire* à 13/5, mais dans un ordre de succession inverse.

Perte : voir ligne 3.

Bœufs : l'idéogramme signifie *bovidés* en général, donc suivant le contexte, *taureau, bœuf, vache*, etc. *Bœuf* a été choisi en fonction du contexte de la situation. Animal emblématique de la sédentarisation, le bœuf tient aussi une place importante dans les anciens rituels d'offrande. Dans le contexte du *Yi Jing*, c'est souvent sa solidité qui est évoquée.

Ville de Yi : le texte porte un seul caractère, *yi*, celui qui sert à nommer le *Yi Jing* et dont le sens propre est *simple, facile*. Aussi depuis toujours, cette phrase a été lue : « Il perd étourdiment la vache[96] » ou bien encore « perdre le bœuf dans les changements[97] » sans qu'on puisse expliquer ce que le *Yi Jing* venait faire là-dedans. Or, les Chinois sont assez précautionneux avec ce genre de références (voir 32/GI) et ne les placent pas sans raison. Depuis la découverte des caractères anciens sur carapaces de tortues, le mystère s'est éclairci car il semblerait que ce caractère ait également été à l'époque des Shang le nom d'une ville. Cette cité, pour le moment non localisée, serait aussi en rapport avec les aventures de Wang Hai.

Perte des bœufs à la ville de Yi : une phrase similaire se trouve à la ligne souveraine de GRAND FORCE (voir 34/5), à une variation près : ici ce sont des bœufs qu'on perd, là des béliers. L'élément commun est la perte, la disparition de quelque chose de précieux auquel on tient. En écho avec la fougue Yang symbolisée par les béliers à l'hexagramme 34, les bœufs symbolisent peut-être ici une capacité Yin de résistance à l'éblouissement, à l'instar de la *vache* évoquée au Jugement de l'hexagramme 30.

Fermeture : appréciation mantique signalant un moment de blocage, un mauvais agencement du flux vital qui restreint les possibilités de développement. Annoncée par la mention *présage de danger*, citée à la troisième ligne où un incendie est également mentionné, cette appréciation fait écho aux *désastres* signalés à la première ligne.

䷽ **Hexagramme dérivé :** hexagramme 62. PETIT EXCÈS est un moment d'hésitation et de fébrilité où il faut concrétiser ce qui est possible plutôt que de viser des objectifs inaccessibles.

Nucléaire

䷛ **Hexagramme 28 : GRAND EXCÈS.** Au cœur de VOYAGEUR, il y a GRAND EXCÈS. Au cœur d'une situation d'errance, il y a démesure et vitalité excessive. Le manque de MESURE s'exprime par l'étonnante aptitude du voyageur à se fourvoyer et à provoquer des catastrophes (incendies, pertes, calamités diverses). Son émotivité exagérée va de pair avec une conduite inconstante suggérée par l'oiseau présomptueux, présent dans le VOYAGEUR comme dans les autres figures ayant également pour nucléaire l'hexagramme 28 : les hexagrammes 30, 55 et 62.

Opposé

䷻ **Hexagramme 60 : MESURE.** La relation d'opposition entre VOYAGEUR et MESURE se situe au niveau des règles qu'ici on instaure, que là on ignore. Alors que MESURE montre les différentes façons de se mettre en rythme et de régler une cadence, le VOYAGEUR, méconnaissant les usages du lieu où il se trouve, se croit affranchi des règles et tombe dans la démesure. Dans l'un, des normes sont posées au seul risque de l'excès de rigueur. Dans l'autre, le laxisme prédomine au grand risque du dérèglement et de l'excès.

57 SE MODELER

XUN

En haut VENT ☴
En bas VENT ☴

SE MODELER	巽	XUN
Petit favorisant	小亨	xiao heng
Profitable d'avoir où aller	利有攸往	li you you wang
Profitable d'aller voir quelqu'un d'envergure	利見大人	li jian da ren
Au début un six		
Avances et reculs	進退	jin tui
Profitable d'avoir la ténacité d'un guerrier	利武人之貞	li wu ren zhi zhen
Neuf en 2		
SE MODELER est au-dessous du lit	巽在牀下	XUN zai chuang xia
Utiliser archivistes et chamanes en grand nombre	用史巫紛若	yong shi wu fen ruo
Ouverture	吉	ji
Absence de faute	无咎	wu jiu
Neuf en 3		
SE MODELER à la hâte	頻巽	pin XUN
Gêne	吝	lin
Six en 4		
Tout regret disparaît	悔亡	hui wang
Dans les champs capturer trois espèces	田獲三品	tian huo san pin
Neuf en 5		
Présage d'ouverture	貞吉	zhen ji
Tout regret disparaît	悔亡	hui wang
Rien qui ne soit profitable	无不利	wu bu li
Sans début il y a aboutissement	无初有終	wu chu you zhong
Avant le jour Geng trois jours	先庚三日	xian geng san ri
Après le jour Geng trois jours	後庚三日	hou geng san ri
Ouverture	吉	ji
En haut un neuf		
SE MODELER est au-dessous du lit	巽在牀下	XUN zai chuang xia
Perte des biens et de la hache d'honneur	喪其資斧	sang qi zi fu
Présage de fermeture	貞凶	zhen xiong
Grande Image		
Vents se SUIVANT	隨風	SUI feng
SE MODELER	巽	XUN

l'Être Accompli ainsi	君子以	jun zi yi
en répétant les commandements	申命	shen ming
fait avancer leur exécution	行事	xing shi

Dixième Aile

ÉCHANGER se montrer et	兑見而	DUI jian er
SE MODELER s'effacer.	巽伏也	XUN fu ye

SE MODELER, c'est plier. C'est un mouvement de contrainte qui courbe les êtres et pénètre à l'intérieur des situations cachées pour en remettre la forme à jour. Comme le vent qui courbe les brins d'herbe sans leur faire perdre leur verdeur, comme la racine qui, butant sur une pierre, se plie pour contourner l'obstacle et ainsi atteindre son but, SE MODELER invite à accepter que la situation prenne une forme différente de celle que l'on imaginait. Bien qu'elle puisse se manifester de manière vigoureuse, voire provoquer des réactions d'affolement ou d'hésitation, cette contrainte n'est pas aliénation, car elle est productrice à long terme. Comme le montre l'idéogramme, représentant des sceptres posés sur un autel, ou l'antique salut féodal, qui montre la force bridée par le chevalier pour la mettre à la disposition de son suzerain, le pouvoir en Chine ancienne résulte toujours d'une allégeance. Qui en est le dépositaire, fût-il au plus haut rang, en donne l'exemple par son obéissance à plus haut encore, à l'image de l'empereur dont le titre le plus solennel est pourtant une marque de sujétion : Fils du Ciel.

La figure, comportant une majorité de traits Yang, renforce l'importance des deux seuls traits Yin situés en première et quatrième places. Cette disposition implique un mouvement double : enracinement vers le bas, le passé, en même temps que croissance vers le haut, le futur. Cette ambiguïté se traduit par l'évocation d'un sentiment d'hésitation typique de cette situation et par l'emploi d'un vocabulaire axé sur le temps : *avances* mêlées de *reculs*, *archivistes* fouillant le passé et *chamanes* préparant l'avenir, notions de *début* et d'aboutissement, utilisation de signes cycliques marquant l'entrée dans un moment spécifique, etc. Tout le travail auquel invite cet hexagramme consiste à remodeler ce qui échoit du passé en un sens nouveau. Les deux lignes centrales, celles où se trouve l'indication d'*ouverture*, sont à l'image de ce partage des tâches : compréhension des formes enfouies dans le passé ou le rêve à la place de Préfet, action énergique pour les actualiser au niveau de la place souveraine. Les personnages cités dans ce travail sont de deux sortes : *guerriers* et *chasseurs* en sont les éléments actifs, tandis que l'*être d'envergure* et les *chamanes* en sont les pôles de réflexion.

Savoir conjuguer action et réflexion, telle est la capacité décrite à la ligne souveraine, où se donner le temps de cadrer son action permet d'envisager la contradiction inhérente à la situation de manière féconde. Le Jugement précise comment : en haussant son point de vue au-delà de la circonstance immédiate, non seulement on accepte les modifications qu'elle impose, mais on garde en vue son cap au-delà de ce détour. SE MODELER est une œuvre de mise à jour, qui passe aussi par une mise au jour, et demande du temps pour atteindre son but. Comme l'indique la Grande Image, la solidité et l'endurance nécessaires à une répétition inlassable sont les qualités requises pour imprimer une nouvelle orientation.

IDÉOGRAMME

XUN : *Soumis, docile, complaisant, humble. Céder, concéder.*

Très rare en dehors du *Yi Jing*, l'idéogramme est constitué de deux parties formées chacune de deux éléments. En bas une sorte de dressoir surmonté de la représentation schématique de deux mains qui se lèvent en un geste respectueux. Audessus sont figurés deux insignes de pouvoir. Dans certaines graphies anciennes il s'agit d'arcs, dans la forme la plus courante ce sont des sortes de sceptres, des marques d'accréditation que le suzerain donnait à ses mandataires (voir 60/I). Dans les deux cas l'idée est la même, l'arc étant aussi représentatif du système d'organisation et de délégation du pouvoir dans l'Antiquité chinoise (voir 61/I, JUSTE CONFIANCE). Le second élément commun est que ces objets sont au nombre de deux, comme les *patelles* dont il est fait mention au Jugement de DIMINUER (voir 41/J). Arc ou sceptre, ce sont certes des signes de pouvoir, mais l'insistance sur leur parité met l'accent sur la relation de vassalité à l'origine du pouvoir dont ils sont l'emblème. La représentation des deux mains levées dans une attitude de révérence évoque également cette idée en ce qu'elle rappelle l'antique salut féodal chinois : devant son suzerain, le vassal levait ses deux mains à hauteur du visage et, inclinant la tête il fermait alors son poing droit et l'enroulait de sa main gauche. Ce geste, qui perdure avec des variantes chez les pratiquants d'arts martiaux, signifiait : ma force (poing droit) je la bride (enfermement par la main gauche) pour la mettre à ton service.

La détention du pouvoir passe d'abord par la soumission à un pouvoir supérieur. Dans la Chine ancienne, même celui qui était situé au point le plus haut de la hiérarchie, l'empereur, était considéré dans une perspective d'assujettissement, puisque son titre le plus officiel était Fils du Ciel. C'est aussi pour cette raison que le guerrier est mis en scène à la première ligne de l'hexagramme : pour ses qualités non de combativité mais d'obéissance. La Dixième Aile insiste également sur ce point en résumant cet hexagramme par le verbe *s'effacer, s'agenouiller.*

Enfin l'antique idée chinoise que tout pouvoir social découle de la soumission à un autre pouvoir s'exprime à l'époque moderne dans un idéogramme phonétiquement et graphiquement très proche du nom de l'hexagramme (il se prononce *xuan* et s'écrit en ajoutant simplement le signe de la main). Signifiant *choisir, sélectionner, trier, élire,* il intervient dans la composition de nombreuses expressions ayant trait au suffrage électoral.

TEXTE CANONIQUE

JUGEMENT

SE MODELER	巽	XUN
Petit favorisant	小亨	xiao heng
Profitable d'avoir où aller	利有攸往	li you you wang
Profitable d'aller voir quelqu'un d'envergure	利見大人	li jian da ren

Lorsqu'il s'agit de modeler, a fortiori de SE MODELER, une intervention de type Yang, vive et rapide, est moins appropriée qu'une attitude Yin de consentement et de disponibilité. Ce n'est pas par la fermeté mais par la souplesse et la répétition patiente qu'il est possible de se vaincre soi-même ou de convaincre autrui, et de faire prendre à la situation une tournure nouvelle. Cela comporte un aspect contraignant qui peut décourager, voire provoquer des réactions d'incertitude et d'hésitation analogues à celles évoquées dans VOYAGEUR, seul autre hexagramme où la stratégie du « faire *petit* » est présentée comme *favorisante.* Cependant, alors qu'en voyage, il n'est pas mauvais de vagabonder sans s'en tenir à une direction strictement établie, les moments où il faut SE MODELER exigent plus de hauteur et de rigueur. Pour sortir du flou qui porte à l'hésitation, il est impératif d'avoir une direction clairement établie et de s'y tenir : les détours que les circonstances imposent se réduisent à des péripéties quand on garde constamment présent à l'esprit le but qu'on s'est fixé.

Mais cette direction, des conditionnements passés souvent très prégnants rendent difficile de la percevoir avec netteté. Il est alors profitable de prendre les conseils d'une personne de confiance, moins impliquée dans la situation. Car on a besoin pour la remodeler d'un regard qui en fasse apparaître la forme, aussi bien celle que le passé impose, qu'une autre en devenir et que le présent appelle.

Petit : l'idéogramme qui représentait à l'origine une multitude de petites graines a depuis toujours le sens de *petit*. Cependant dans le contexte du *Yi Jing*, ce caractère peut aussi prendre une signification plus vaste et évoquer symboliquement une attitude Yin. Ici, comme chaque fois qu'il intervient au Jugement, envisager *petit* aussi comme un emblème du Yin souligne un autre aspect de la stratégie proposée.
Favorisant : appréciation mantique décrivant un climat d'essor, un agencement fertile, un dispositif énergétique global dans lequel l'échange entre le Ciel et la Terre se noue de manière féconde.
Petit favorisant : formule mantique spécifique dont le sens est double. Elle s'apparente par les termes à *favoriser le Petit* mais en diffère par la construction. Ici, *Petit* précède *favorisant*, donc est placé en position de déterminant ou de sujet. Si on le considère dans son sens simple d'adjectif qualifiant *favorisant*, le sens est alors que la situation est *petitement favorisante*. Si en revanche on lui donne sa valeur d'emblème du Yin, le sens devient alors : (une attitude) *Yin* (est) *favorisante*. Dans les deux seuls hexagrammes où cette formule apparaît (SE MODELER et VOYAGEUR 56), la mise en œuvre d'une stratégie Yin – agir à petits pas, jouer le temps plutôt que l'action, préférer la longanimité au dynamisme – est la plus appropriée.
Avoir où aller : formule mantique dont le sens est «garder son cap sans se laisser déboussoler par les difficultés propres à la situation, tenir son objectif quels que soient les turbulences, le flou, ou ce qui entrave la marche.» Lorsque des particularités de la situation risquent de faire perdre de vue les objectifs à atteindre, garder son cap par un effort routinier, inscrit dans le long terme est ce qui permet de tirer au mieux parti du moment.
Aller voir : le texte porte un seul idéogramme, extrêmement courant, qui signifie aussi bien *voir, aller voir*, que *devenir visible, être vu*.
Aller voir quelqu'un d'envergure : formule mantique spécifique signifiant aller demander conseil à un être de parole ou toute personne en qui on a confiance. Cette démarche oblige à donner une forme objective à ce qui soucie, ne serait-ce que pour pouvoir l'expliciter ; elle permet ainsi de se voir du dehors, de se détacher de ses préoccupations, de prendre de la hauteur.

Texte des traits

Au début un six
Avances et reculs
Profitable d'avoir la ténacité d'un guerrier

進退 jin tui
利武人之貞 li wu ren zhi zhen

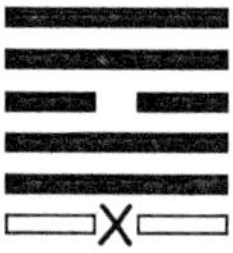

À ce niveau d'Entrée, le plus bas et le plus intérieur de l'hexagramme, on est soumis à des fluctuations auxquelles on ne fait que réagir sans aucune maîtrise. Le trait est incorrect et en deçà du travail de remodelage qui ne commence véritablement qu'à la ligne suivante où le nom de l'hexagramme apparaît pour la première fois.

Lorsqu'on est en proie à l'hésitation et à l'incertitude, il ne faut pas chercher à dominer la situation, mais s'y conformer en s'appuyant sur des armes simples : la rigueur, la discipline, la régularité, l'endurance. Ces qualités de *guerrier* permettent de résister à la confusion et à l'indécision.

Avances : écrit avec le signe général du mouvement et le caractère *oiseau*, l'idéogramme évoque l'idée d'*avancer*, de *s'élever*. Il n'apparaît dans le contexte du *Yi Jing* que deux fois, toujours couplé avec *recul*.
Reculs : écrit également avec le signe général du mouvement et le nom de l'hexagramme 52, l'idéogramme évoque l'idée de *se retirer*, de *céder*. Il est cité seul au dernier trait de Grand Force, pour décrire l'attitude du bélier fougueux qui s'est pris les cornes dans la haie (34/6).
Avances et reculs : cette phrase est citée à l'identique au niveau de passage de l'hexagramme Regarder, quand le regard se tourne vers les aléas de sa propre vie (voir 20/3).
Profitable d'avoir la ténacité de… : construction particulière de la formule *ténacité profitable* où, entre les deux termes mantiques, est intercalé l'évocation de différents personnages symboliques. Cette construction affine le conseil de persévérance par lequel elle est généralement comprise, en lui donnant une tout autre dimension par le choix de ces personnages modèles. Ils sont quatre : ici un guerrier, ailleurs la jument (2/J), un être retiré et solitaire (54/2) et qui tient sans relâche (46/6). Leur qualité commune est une force Yin qui sait résister, endurer et agir, sans se soucier d'avoir à œuvrer dans des conditions qui ne sont pas forcément celles qu'on aurait choisies.
Guerrier : les Chinois n'ont guère l'âme martiale, ni la fibre épique. À la différence des grandes épopées fondatrices des grandes civilisations indo-européennes, les guerriers sont peu à l'honneur dans le *Yi Jing*. Le Roi-Guerre lui-même, Fa l'intrépide, dont le rôle fut pourtant essentiel dans la saga des Zhou, s'il est honoré pour ses exploits,

meurt jeune. Il ne bénéficie pas de la longévité réservée aux héros civils, comme son père le Roi Wen ou son frère cadet le sage Duc des Zhou. La langue également rend compte de cet état d'esprit : l'idéogramme, qui signifie *militaire, martial,* est écrit en composant le signe général des armes et le caractère *arrêter.* Peuple pacifique et peu conquérant par nature, les Chinois n'envisagent pas d'autre justification à l'emploi des armes que celui d'arrêter les invasions. Dans le *Yi Jing,* le guerrier n'est cité que deux fois : ici, plus pour sa ténacité que sa vaillance, et à 10/3 pour dénoncer une tendance à l'usurpation (voir aussi 7/J).

Hexagramme dérivé : hexagramme 9. PETIT APPRIVOISE est un moment de confinement où les forces s'accumulent patiemment et s'affinent pour devenir fécondes.

Neuf en 2

SE MODELER est au-dessous du lit	巽在牀下	XUN zai chuang xia
Utiliser archivistes et chamanes en grand nombre	用史巫紛若	yong shi wu fen ruo
Ouverture	吉	ji
Absence de faute	无咎	wu jiu

À ce niveau de Préfet, le travail de modelage, marqué par la mention du nom de l'hexagramme, commence réellement. Symbole même du Yin par son horizontalité, sa forme carrée et sa proximité du sol, le *lit,* en tant que lieu de repos et de restauration des forces, suggère un ralentissement de l'activité. Mais il est aussi ce lieu indéterminé où le rêve le dispute au sommeil, où le présent s'estompe dans les images venues du passé. Il s'agit de traverser cette frontière ambiguë protégeant une activité qui échappe à notre contrôle, afin de ne plus être assujetti à des conditionnements révolus.

Comme à l'hexagramme 23, USURE, dont il est l'image principale, le *lit* doit inciter à se défaire des éléments qui ne fonctionnent plus dans la situation actuelle. Pour pénétrer cette aire du caché, il est favorable d'éclairer le présent par le passé comme le font les *archivistes,* et le visible par l'invisible comme le font les *chamanes.* On ne doit pas hésiter à procéder à cette élucidation, car elle est le préalable indispensable à la réorientation décidée et dirigée à la ligne souveraine, le seul autre niveau qualifié comme celui-ci par la mention *ouverture.*

Est : l'idéogramme est plus fort que le simple verbe *être.* Signifiant *être en un lieu, être présent dans, être en train de,* etc., il souligne un rapport étroit entre la présence et le lieu de la présence. Dans le contexte du *Yi Jing*, il est le plus souvent mis en relation avec des lieux Yin, et cité à des places paires.

Au-dessous : bien que très simple (il représente une barre au-dessous d'un trait horizontal) et très courant, cet idéogramme est assez rare dans le *Yi Jing*. Servant à résumer l'hexagramme S'ENTRAÎNER au passage des RAVINS (voir 29/DA), il n'est employé dans le Texte canonique que trois fois dont deux dans cet hexagramme (ici et ligne 6 dans la même expression), la troisième se trouvant au Jugement de PETIT EXCÈS pour désigner le mouvement qui convient à un moment particulièrement Yin (voir 62/J).

Lit : écrit avec le signe du bois et celui des planches épaisses, l'idéogramme signifiait à l'origine *banc large*. De là, il en est venu à désigner tout support ou bâti en bois. Il n'apparaît qu'ici et à l'hexagramme USURE qui traite principalement de la capacité Yin de restauration des forces, et dont le lit est l'objet emblématique (voir 23/1).

SE MODELER est au-dessous du lit : cette phrase est citée à l'identique au sixième trait.

Archivistes : fort ancien, l'idéogramme représente une main tenant un objet que les spécialistes interprètent de diverses façons tant sa graphie est simple. Son importance est essentielle, puisqu'elle touche à l'écriture qui, dans la Chine ancienne, regroupe les domaines du politique, du symbolique et du spirituel. Il signifie *archiviste, historiographe, annaliste* quand il désigne une personne et *chroniques, histoire, annales* quand il désigne un texte.

Utiliser : verbe auxiliaire insistant sur la mise en œuvre effective de ce qui est décrit ensuite.

Chamanes : également d'étymologie controversée, l'idéogramme désigne maintenant les sorciers, magiciens, etc., ceux dont l'action est résumée par le caractère signifiant magique (voir 27/1). Ce caractère est composé avec le signe des chamanes, celui de la pluie et le dessin de bouches chantantes ou de gouttes tombantes. Il décrit l'action des chamanes dont les chants à pleine bouche font tomber à grosses gouttes la pluie nourricière. Contrairement aux archivistes dont le domaine est le passé et le politique, leur action se situe dans le futur et l'immatériel.

En grand nombre : le texte porte deux idéogrammes. Le premier évoque une idée de multiplicité, plutôt dans un sens de confusion, de désordre, d'éparpillement. Le second est un caractère obscur dont la forme ancienne représente un personnage les mains levées et les cheveux en désordre. Son sens primitif est *se conformer, obéir, favorable*, etc. (voir 20/J). Cependant son emploi le plus courant est grammatical, en tant que pronom de la seconde personne *(tu, toi, vous)*, conjonction de subordination *(si, comme)*, conjonction de coordination *(ou bien)*, adverbe *(ainsi)*, etc. La phrase pourrait être lue : tous se conforment.

Ouverture : appréciation mantique signalant un moment heureux où un agencement fécond du flux vital multiplie les possibilités de développement. Elle est citée trois fois dans cette figure : ici et deux fois en ligne 5.
Absence de faute : formule mantique spécifique incitant à ne pas rester dans un état d'esprit incertain ou hésitant. Elle n'apparaît qu'ici dans cette figure.

Hexagramme dérivé : hexagramme 53. PROGRESSER PAS À PAS est un moment d'avancée pénible et de gestation laborieuse, où les pas en arrière font partie intégrante du processus général de progrès.

Neuf en 3
SE MODELER à la hâte — 頻巽 pin XUN
Gêne — 吝 lin

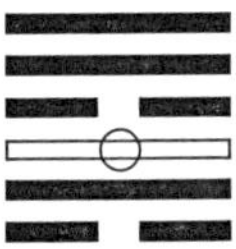

Situé au niveau du Passage entre intérieur et extérieur, ce trait est pris entre les places de Préfet et de Ministre, les deux niveaux où s'effectue le travail de recherche des éléments qui perturbent l'actualisation de la situation. C'est une position inconfortable, où l'on est malmené par les efforts de renouvellement, peut-être même emporté par le désir précipité d'y participer. À la fois retenu par des implications anciennes et pressé de les faire évoluer, on court le risque de tomber dans un comportement émotif et fébrile.

Pourtant, comme à la ligne de Passage de l'hexagramme 24 RETOUR, seul autre endroit où cette *hâte* est mentionnée, l'amorce d'un renouveau est là. Le sentiment de déstructuration qui en est le préalable ne doit pas affoler, ni le désir de formes nouvelles entraîner la précipitation. Un remodelage nécessite du temps, un comportement agité ne pourrait que le *gêner*.

À la hâte : formé avec le signe d'une marche appuyée et le caractère *tête*, l'idéogramme, dont le sens d'origine est *froncer les sourcils* par embarras ou par manque de ressources, signifie maintenant d'une part *fréquent, souvent, fréquemment*, etc. et d'autre part *urgent, pressant, critique*. Il n'est cité qu'une autre fois, au même niveau de RETOUR, également avec une appréciation négative (voir 24/3).
Gêne : appréciation mantique indiquant un manque de fluidité qui rétrécit les possibilités d'action.

Hexagramme dérivé : hexagramme 59. DÉNOUER est un moment de crue où ce qui était figé retrouve sa liberté d'action. La perte des repères familiers y offre aussi l'opportunité de se libérer de ses rigidités.

Six en 4
Tout regret disparaît 悔亡 hui wang
Dans les champs capturer trois espèces 田獲三品 tian huo san pin

Au premier trait extérieur de l'hexagramme, la disparition des *regrets* indique l'opportunité de commencer à se détacher du passé pour aller de l'avant. Loin de l'hésitation qui décontenance au premier trait, l'action n'est plus située dans le domaine des ombres comme au second trait ou dans celui des émotions comme au troisième, mais au niveau des *champs* c'est-à-dire à l'extérieur, en dehors de soi.

Il s'agit à présent de passer énergiquement à l'action pour mettre la main sur les éléments qui échappent au regard et freinent l'avancée. Il faut amener au jour les restes cachés d'attitudes passées afin de leur faire perdre leur emprise. Comme au second trait de l'hexagramme 40 DÉLIVRANCE, où il est aussi question de *capture*, cette traque est de l'ordre d'une séparation libératoire.

Regrets : appréciation mantique signalant qu'on tarde à réagir pour adopter la nouvelle attitude demandée par l'évolution de la situation. L'idéogramme, formé avec le signe du cœur, commun à tous les sentiments ou pensées, et un groupe complexe représentant des plantes pullulantes, évoque ce qui encombre le cœur et donc le paralyse.
Tout regret disparaît : formule mantique spécifique qui renforce le sens d'incitation à aller de l'avant contenu dans le terme *regrets*. Le moment est venu, ici comme à la ligne suivante, de se mettre en marche sans aucune nostalgie pour ce qu'on laisse derrière soi.
Champs : représentant des champs cultivés en parcelles, l'idéogramme évoque, par sa forme carrée les quatre directions de la Terre, le multiple, et globalement le pouvoir de germination du Yin. Il a aussi le sens de *chasse* qui apporte avec lui l'idée de limite. Aux confins des terres agricoles se trouve la lisière entre l'inculte et le cultivé, le sauvage et le civilisé, le primitif et le chinois.
Capturer : l'idéogramme, qui évoque une saisie par force ou par contrainte, fait référence principalement à la chasse mais aussi aux prises de guerre : esclaves, servantes, etc.
Trois : quand il n'apparaît pas dans un contexte politique et répétitif ou pour quantifier des durées (comme à la ligne 5), le chiffre *trois* est simplement une marque du pluriel.
Espèces : formé de la triple répétition du même signe – peut-être des plats – l'idéogramme, qui n'apparaît qu'ici, évoque à la fois un ensemble de *produits, marchandises, objets* divers et également ce qui permet de les classer *grade, rang, degré*.
Dans les champs capturer trois espèces : cette phrase apparaît de

manière quasi identique au second trait de DÉLIVRANCE (voir 40/2), où il est précisé que ce sont trois *renards* qui sont capturés. En raison de cette concordance, certains commentateurs suggèrent que le mot *gibier* devrait être ajouté ici.

Hexagramme dérivé : hexagramme 44. ÊTRE ACCUEILLANT est un moment où il faut accepter d'être retenu par ce qui semble opposé, et s'ouvrir à des modes de réalisation qu'on aurait tendance à méconnaître ou ignorer.

Neuf en 5

Présage d'ouverture	貞吉	zhen ji
Tout regret disparaît	悔亡	hui wang
Rien qui ne soit profitable	无不利	wu bu li
Sans début il y a aboutissement	无初有終	wu chu you zhong
Avant le jour Geng trois jours	先庚三日	xian geng san ri
Après le jour Geng trois jours	後庚三日	hou geng san ri
Ouverture	吉	ji

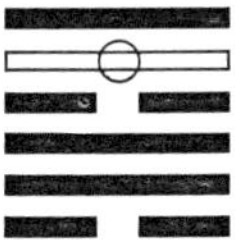

La ligne souveraine marque la meilleure position pour remodeler la situation de fond en comble. Correct et assisté de serviteurs efficaces en places de Ministre et de Préfet, ce trait décrit une capacité à réorienter radicalement le moment dans un sens nouveau. Peu importe que l'origine des circonstances actuelles ne puisse être déterminée avec précision, ou que celles-ci aient dévié par rapport à un projet initial : ce qui compte c'est de l'actualiser, en mettant de l'ordre dans la situation telle qu'elle est. Il faut pour cela se donner le temps de cadrer son action. Pour exprimer cette nécessité, le texte emploie des caractères spécifiques, comme au Jugement de REMÉDIER AU CORROMPU. Que cet hexagramme soit par ailleurs le dérivé de ce trait est une particularité qui souligne l'opportunité de recréer les conditions d'une saison nouvelle.

Marquant le début d'un temps Yin, le *jour Geng*, rattaché à l'automne, à l'ouest, au métal et à la justice, incite à effectuer un important travail de nettoyage. Il convient d'abord de se tourner vers le futur en décidant de l'orientation que l'on veut désormais imprimer au contexte, puis d'établir un plan précis permettant d'éliminer les éléments périmés qui pourraient empêcher ce rajeunissement. Une situation ancienne ne peut se déconstruire dans la précipitation : l'application d'un tel programme demande du temps et ne peut se réaliser qu'à pas comptés. Ce pouvoir de mise à jour est mis en valeur par un texte inhabituellement fourni – c'est le texte le plus long associé à une cinquième ligne – et souligné par une accumulation d'appréciations mantiques positives, dont la plus favorable est *rien qui ne soit profitable* et la plus caractéristique une *ouverture* décrite comme potentielle au début du texte et comme effective à la fin. Ce sont là des signes qui doivent être pris comme de nettes incitations à la décision et à l'action.

Présage ouverture : formule mantique spécifique indiquant la tendance à un réagencement positif de la situation.
Tout regret disparaît : formule mantique spécifique qui renforce le sens d'incitation à aller de l'avant contenu dans le terme *regrets*. Le moment est venu, ici comme à la ligne précédente, de se mettre en marche sans aucune nostalgie pour ce qu'on laisse derrière soi.
Rien qui ne soit profitable : une des meilleures appréciations mantiques du *Yi Jing*. Elle souligne la présence d'un fort potentiel d'action et une grande aptitude à œuvrer au renouvellement, particulièrement dans les périodes de transition.
Début : écrit en combinant le signe général des vêtements et le caractère *couteau*, l'idéogramme évoque la toute première coupe dans un tissu, point de départ d'un vêtement donné, puisque jusque-là, n'importe quel vêtement était possible à partir de la pièce de tissu.
Il y a aboutissement : formule mantique en deux caractères dont le premier est le verbe auxiliaire *il y a* qui dans le contexte du *Yi Jing* renforce l'appréciation qu'il qualifie en soulignant son caractère effectif, et le second une formule mantique rendue ailleurs par *à la fin*.
Sans début il y a aboutissement : cette formule est citée à l'identique à DIVERGENCE (voir 38/3). Elle rappelle aussi par sa construction la phrase *ne pas mener à terme permet d'aboutir* qui apparaît à ÉLAN RÉCEPTIF (voir 2/3). Cependant ici, comme à DIVERGENCE, le point de vue est légèrement différent : ce qui peut se réaliser si on n'y œuvre pas avec insistance à 2/3 peut aboutir ici sans que l'on s'arrête à la manière dont cela a commencé.
Jour *Geng* : le texte porte deux idéogrammes, le caractère *soleil*, employé ici dans son sens usuel de jour et un caractère particulier appartenant à un ensemble appelé « signes cycliques ». Parmi ces signes cycliques, *Geng*, comme *Jia* cité à l'hexagramme 18 REMÉDIER dérivé de ce trait, marquent des moments de début. *Jia*, placé en première position, marque l'origine des temps Yang et Geng, placé en septième position, associé à l'Ouest et à l'Automne, marque l'origine des temps Yin.
Trois jours : durée symbolique imprécise représentant un laps de temps relativement court.
Avant le jour *Geng* trois jours après le jour *Geng* trois jours : selon l'ancien calendrier chinois, le passage d'une saison à une autre était marqué par un double rituel. Quelque temps avant la date de bascule

avaient lieu les cérémonies d'accueil de la saison nouvelle, durant lesquelles on venait à sa rencontre, et quelques jours après, les cérémonies d'adieu, au cours desquelles on raccompagnait la saison passée. Il ne s'agit donc pas d'une rupture brutale, mais d'un laps de temps dédié au travail de transition entre deux périodes. Cet intervalle ne durant qu'un temps, les possibilités de renouvellement qu'il comporte doivent être saisies au vol.
Ouverture : appréciation mantique signalant un moment heureux où un agencement fécond du flux vital multiplie les possibilités de développement. Elle est citée deux fois dans le texte de cette ligne, particularité qui ne concerne que deux autres situations : 42/2 et 64/5.

Hexagramme dérivé : hexagramme 18. REMÉDIER AU CORROMPU est un moment où un effort énergique doit être accompli pour porter remède à une situation dégradée.

En haut un neuf

SE MODELER est au-dessous du lit	巽在牀下	XUN zai chuang xia
Perte des biens et de la hache d'honneur	喪其資斧	sang qi zi fu
Présage de fermeture	貞凶	zhen xiong

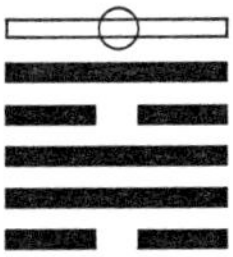
À ce niveau de Sortie, comme souvent à la dernière ligne des hexagrammes, la situation bascule. Alors que la possibilité de courber et de rajeunir la forme est atteinte à la ligne souveraine, on recommence, comme à la deuxième ligne, à fouiller le passé. Nécessaire en place de Préfet, ce travail d'élucidation tourne maintenant à l'insistance stérile.

La pression déplacée que produit pareille investigation ne fait que traduire une incapacité à assumer correctement le pouvoir que symbolise la *hache d'honneur*. Du coup on le perd, ainsi que la position acquise. Le trait est incorrect et isolé, sans voisinage ni correspondance avec aucun autre trait. En rester de manière indicative et répétitive à des zones indistinctes, sans passer au stade de réelle mise à jour qui fait tout le sens de SE MODELER, ne peut conduire qu'à des impasses.

SE MODELER est au-dessous du lit : voir ligne 2.
Perte : l'idéogramme a maintenant dans le langage populaire le sens de « avoir de la déveine ». Dans le contexte du *Yi Jing*, il désigne une disparition qui, bien que toujours bénéfique, est d'abord réssentie comme une perte. C'est pourquoi on est généralement tenté de partir à la recherche de ce qui a disparu. C'est ici un des rares cas où cette perte est décrite sans indication d'un éventuel retour (comparez avec 38/1, *perte du cheval*).

Biens : écrit avec le signe général des choses précieuses et un groupe complexe, l'idéogramme désigne les biens matériels (et les qualités innées) sur lesquels on peut s'appuyer. Il désigne de nos jours en comptabilité les actifs d'une société (par rapport à sa production) et en politique le capital (par opposition au travail). N'aparaissant qu'ici dans cet hexagramme, il est cité deux fois à l'hexagramme précédent (voir 56/2 et 56/4).
Hache d'honneur : écrit avec le caractère *hache* et le caractère *père*, qui déjà à l'origine représentait une main tenant une hache de pierre, l'idéogramme ne désigne pas une arme mais un insigne d'autorité qui symbolise la délégation par le souverain du pouvoir judiciaire d'exécution des criminels. Les fouilles archéologiques ont livré de magnifiques haches en pierre, en jade et en bronze dont les plus anciennes remontent à la période néolithique. Ici, comme à 56/4, la *hache d'honneur* est associée aux *biens* ; cependant, ici on les perd, alors que là on les reçoit.
Perte des biens et de la hache d'honneur : une phrase similaire se trouve à 51/2. La différence est qu'ici, ce sont biens et hache d'honneur que l'on perd, alors que là, ce sont des richesses.

䷯ **Hexagramme dérivé :** Hexagramme 48. PUITS est un moment où communication et organisation mutuelle permettent d'accéder à une nourriture commune.

ÉLÉMENTS D'ANALYSE

Nucléaire

䷥ **Hexagramme 38 : DIVERGENCE.** Au cœur de SE MODELER il y a DIVERGENCE. Au cœur d'un mouvement de soumission et de pénétration, il y a une tension féconde. Cette tension n'est pas une obstruction, mais une différence de potentiels qui se situe au niveau du temps : il s'agit de différencier le présent du passé. Un pouvoir vient pénétrer dans l'interne pour libérer de ce qui se cache sous les formes et les conditionnements passés. Cette pénétration rencontre des résistances, mais elle est féconde car la clarification permet de remodeler la forme dans un sens nouveau.

Opposé

䷲ **Hexagramme 51 : ÉBRANLER.** La relation d'opposition entre SE MODELER et ÉBRANLER se joue au niveau du temps et de la direction. ÉBRANLER est un mouvement soudain et rapide dirigé vers l'extérieur, tandis que SE MODELER est un mouvement patient et répété de pénétration dans l'interne.

58 ÉCHANGER

DUI

En haut BRUME ☱
En bas BRUME ☱

ÉCHANGER	兌	DUI
Favorisant	亨	heng
Ténacité profitable	利貞	li zhen

Au début un neuf

ÉCHANGE harmonisant	和兌	he DUI
Ouverture	吉	ji

Neuf en 2

ÉCHANGE portant comme une onde	孚兌	fu DUI
Ouverture	吉	ji
Tout regret disparaît	悔亡	hui wang

Six en 3

ÉCHANGE arrivant	來兌	lai DUI
Fermeture	凶	xiong

Neuf en 4

ÉCHANGE en délibération	商兌	shang DUI
pas encore apaisé	未寧	wei ning
Se séparer de la fébrilité amène la joie	介疾有喜	jie ji you xi

Neuf en 5

Onde porteuse poussant vers l'USURE,	孚于剝	fu yu BO
Il y a danger	有厲	you li

En haut un six

ÉCHANGE attirant	引兌	yin DUI

Grande Image

Brumes en communication	麗澤	li ze
ÉCHANGER	兌	DUI
L'Être Accompli ainsi	君子以	jun zi yi
grâce à l'amitié des compagnons	朋友	peng you
délibère et S'ENTRAÎNE en groupe	講習	jiang XI

Dixième Aile

ÉCHANGER se montrer et	兌見而	DUI jian er
SE MODELER s'effacer.	巽伏也	XUN fu ye

ÉCHANGER, c'est la joie de communiquer. Commercer avec autrui dans un rapport amical et détendu, s'exprimer avec légèreté, échanger sur tout avec tous sont des plaisirs que le peuple chinois a toujours tenu en grande estime. Pierre angulaire de son art de vivre ensemble, l'aptitude à la communication est ce qui permet d'aplanir les difficultés inhérentes à la vie collective, d'en éroder les aspérités, comme les brumes légères adoucissent les contours des montagnes et embellissent les paysages. Est-ce à cause de cette évidence que le texte de ÉCHANGER est le plus court des soixante-quatre chapitre du *Yi Jing*[98] ?

Le caractère qui nomme cet hexagramme en résume bien le domaine. Combiné avec le signe du cœur, il désigne la joie, avec celui de la parole, la communication. L'ensemble du texte se déroule en trois temps selon la répartition Terre – Être humain – Ciel. Que l'accent soit mis sur les deux traits inférieurs par la répétition de l'appréciation *ouverture*, seule mention favorable de tout l'hexagramme, montre qu'une disposition naturellement ouverte à l'échange est ici l'attitude la plus opportune. Les premières difficultés de l'échange se révèlent aux deux lignes médianes, celles où l'on doit plus s'impliquer dans le contact réel avec l'extérieur. Aux deux lignes supérieures enfin, le dialogue, devenant insistant, risque d'entraîner la fatigue ou de tourner à l'inconsistance. Particularité remarquable, le nom de l'hexagramme, alors qu'il ouvre le texte de chacun des traits, n'est pas mentionné à la ligne souveraine. On y trouve en revanche le nom de l'hexagramme 23 USURE, comme pour indiquer que la fermeté nécessaire à une position souveraine n'est pas adéquate lorsqu'il s'agit de laisser sourdre librement la légèreté intérieure.

Bien qu'elle ne puisse être le point de départ de grandes réalisations, la disposition raffinée décrite par ÉCHANGER est précieuse lorsqu'il s'agit, comme l'indique la Grande Image, d'aplanir les différends. L'amicale confiance qu'elle suppose, et dont le flux porteur est indiqué aux deux lignes centrales, ne doit pas être gaspillée mais servir, comme au moment de l'hexagramme 17 SUIVRE, à s'insérer dans un courant plus large que la disposition personnelle. On doit pour cela veiller à ce que l'échange ne se résume pas à un simple effet de miroir, comme pourrait le laisser supposer la symétrie de la figure. Échanger, ce n'est pas seulement rechercher au-dehors l'écho de ce qui est intérieurement ressenti, mais savoir à la fois s'exprimer et se mettre subtilement à l'écoute.

IDÉOGRAMME

DUI : *Échanger, troquer. Transvaser (un liquide), changer (de l'argent).*

L'idéogramme est formé de deux éléments superposés. En haut se trouve le chiffre *huit* (quand ce caractère est en composition, particulièrement lorsqu'il est en position supérieure, il n'est pas écrit sous sa forme normale – une sorte de « v » renversé – mais sous celle de deux virgules convergentes, déformation depuis longtemps classique car son exécution est beaucoup plus rapide au pinceau). Au-delà de son usage quantitatif, huit est l'emblème de tout ce qui est bien rangé, ordonné de manière fluide et féconde. Cette valeur symbolique, dont l'origine vient de la répartition des quatre points cardinaux et des quatre directions intermédiaires sur la rose des vents, s'applique à de multiples domaines (par exemple les huit traits formant le caractère *durable*) et la découverte du système des huit trigrammes grâce auquel l'ensemble des soixante-quatre hexagrammes peut être disposé renforcera considérablement sa réputation.

En dessous, se trouve le caractère *frère aîné*. L'idéogramme est formé du signe de la bouche et de la partie inférieure du signe général de l'être humain. Dans la forme primitive, la bouche est dessinée tournée vers le Ciel (*mandat*), précision qui souligne une attitude votive (de nos jours, combiné avec le signe des affaires religieuses, ce caractère forme le verbe *souhaiter, faire le vœu de*). Le frère aîné est désigné par un geste de prière en raison de son rôle dans les cérémonies du culte familial aux ancêtres. L'aîné est en effet celui par lequel se réalise le passage entre deux niveaux, celui des vivants et celui des défunts, et s'instaure l'échange entre le monde visible des offrandes et celui invisible des ancêtres à qui elles sont destinées, lesquels en retour, selon une circulation fluide et ordonnée, feront redescendre sur leur clan faveurs et bienfaits (dans le Shuo Gua, la Huitième Aile, le trigramme Dui est associé à la bouche et au chamane intercesseur entre les mondes, et dans le document sur soie de Ma Wang Dui, le nom de l'hexagramme 58 comporte le signe de l'oiseau).

L'idée d'échange qui est à la base de l'hexagramme 58 transparaît également dans de nombreux caractères dont l'idéogramme nommant cette figure est l'élément significatif. Par exemple, combiné avec le signe général de la parole, il forme un caractère extrêmement courant qui signifie *parler, dire, expliquer* (il intervient dans le titre de la Huitième Aile, le Shuo Gua, dont le sens est *explications* des figures).

Combiné avec le signe du cœur, il forme le caractère *joie, heureux, content, prendre plaisir à*, qui est précisément celui par lequel est résumé, dans le chapitre VI du Shuo Gua, le trigramme Brume redoublé dans cet hexagramme. Combiné avec le signe de la chair, il forme le caractère *décharner, débarrasser de, ôter* qui est également confondu avec le précédent (voir 9/3 et 26/2, *lâchent prise*). Combiné avec le signe des céréales, il forme le caractère qualifiant de manière globale les *impôts, taxes, droits de douane*, et autres *contributions* qui dans l'Antiquité étaient payées en grains. Combiné avec le signe des insectes, il désigne la *dépouille*, la peau que laissent les serpents et certains insectes après l'avoir échangée contre une nouvelle au cours de leur mue.

Enfin, l'expression d'usage courant qui représente peut-être le mieux la notion d'échange contenue dans le nom de cet hexagramme est celle dans laquelle il est associé avec un idéogramme qui veut dire troquer (*voir* 59/I) : on la trouve écrite au-dessus de tous les comptoirs où en Chine on peut *changer* de l'argent. DUI n'apparaît pas dans le Texte canonique en dehors de cet hexagramme où il est présent 5 fois : lignes 1, 2, 3, 4 et 6.

TEXTE CANONIQUE

JUGEMENT

ÉCHANGER	兌	DUI
Favorisant	亨	Heng
Ténacité profitable	利貞	li zhen

Trois caractères seulement : le Jugement d'Échanger, un des plus courts du *Yi Jing*, n'est constitué que de formules mantiques. Comme celui de l'hexagramme 17 SUIVRE, il ne décrit pas une situation particulière mais un dispositif qui peut s'appliquer à n'importe quel contexte. L'heure n'est pas à la recherche de solutions rigoureuses comme au moment de STABILISER (52) ou contraignantes comme dans SE MODELER (57). S'exprimer sereinement et se prêter à l'échange, telle est l'attitude la plus adaptée pour donner son essor à la situation.

Cependant, que la conjoncture soit propice aux relations ne signifie pas qu'elles soient immédiatement gratifiantes. Pour que la disposition à échanger porte ses fruits, on ne doit pas en rester au premier contact mais avoir une certaine constance. Bien que l'heure ne soit pas à réorganiser la situation de fond en comble - la modulation *fondamentalement* est la seule des Quatre Qualités du Ciel-Terre (voir 1/J) à n'être pas citée dans le texte –, s'exprimer, se montrer et se prêter à un échange paisible est la disposition la plus adaptée au moment.

Favorisant : appréciation mantique décrivant un climat d'essor, un agencement fertile, un dispositif énergétique global dans lequel l'échange entre le Ciel et la Terre se noue de manière féconde.
Ténacité profitable : formule mantique signalant que la situation, pour être fructueuse, requiert une grande capacité à endurer, à tenir avec constance, sans se laisser fatiguer par les difficultés du moment.

Texte des traits

Au début un neuf
ÉCHANGE harmonisant — 和兌 he DUI
Ouverture — 吉 ji

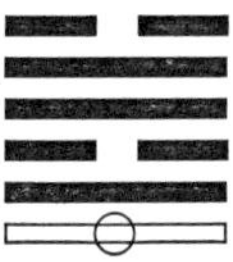

À ce niveau d'Entrée, l'ÉCHANGE se produit de façon simple et spontanée. Le trait est correct et situé à la place la plus intérieure, en deçà de la découverte réelle del'autre décrite à la quatrième ligne. C'est le dialogue pour le plaisir, sans aspérités, et sans autre visée que l'accord avec autrui. La rencontre s'effectue sur la seule base d'éléments communs : c'est le dialogue du même avec le même. Peut-être un peu naïf, voire idéaliste, la nature légère et insouciante de cet échange est néanmoins tout à fait dans le ton de la situation.

ÉCHANGE : nom de l'hexagramme. ÉCHANGER est l'un des hexagrammes les plus scandés. Le texte de chacun des traits commence à l'identique : nom de l'hexagramme précédé d'un caractère qui en décrit la modalité ce qui empêche de la rendre en français par une formule verbale. Seul le cinquième trait rompt ce rythme.
Harmonisant : écrit avec le caractère *bouche* et le signe général des céréales, l'idéogramme désignait à l'origine les chants alternés des paysans travaillant aux champs, qui se répondaient de deux rangs en deux rangs, comme nos chants « en canon ». Il signifie *concorder, harmoniser, s'accorder, paix, aller de pair, aller ensemble,* etc. Cependant, la dialectique chinoise différencie deux types d'harmonisation : l'harmonisation du dissemblable et celle du semblable. La première, plus difficile, est le sujet d'un hexagramme entier : S'ENTENDRE AVEC TOUS, dont le nom décrit l'harmonisation créée entre deux objets de diamètres différents : le bol et son couvercle (voir 13/I). Ici, il s'agit de la convergence créée par un écho du même au même, d'une harmonie par uniformisation. Cela est encore plus marqué dans l'autre cas où ce

terme est employé, au second trait de JUSTE CONFIANCE (voir 61/2, *fait écho*).
Ouverture : appréciation mantique signalant un moment heureux où un agencement fécond du flux vital multiplie les possibilités de développement. Elle est citée deux fois dans cette figure : lignes 1 et 2.

Hexagramme dérivé : hexagramme 47. ÉPUISEMENT est un moment où la difficulté à faire passer son point de vue à l'extérieur oblige à en reconsidérer les fondements.

Neuf en 2
ÉCHANGE portant comme une onde 孚兑 fu DUI
Ouverture 吉 ji
Tout regret disparaît 悔亡 hui wang

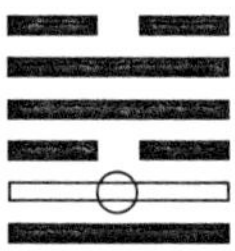
La place de Préfet est celle où on est porté à échanger de la manière la plus confiante. Proche du plaisir qui s'exprime naturellement à la première ligne, elle améliore par sa position de centralité la possibilité de s'ouvrir aux autres. Il y a ici un courant qui favorise l'échange, alors qu'il n'entraîne qu'épuisement à la cinquième ligne.

La fermeté du trait emmène vers l'extérieur, mais elle est équilibrée par la disponibilité caractéristique d'une place de Préfet, qui empêche l'attitude directive difficilement évitable au niveau de la ligne souveraine. Le plaisir, à la fois ressenti et partagé, permet à ce stade d'effacer l'hésitation à s'engager en pleine confiance dans l'échange.

Porté à : le texte comporte l'idéogramme qui désigne l'appréciation mantique rendue ailleurs par *onde porteuse* signalant qu'un fort courant porteur traverse la situation. Cet idéogramme, qui évoque une circonstance où l'on se sent en confiance, est ici posé en relation d'attribut du nom de l'hexagramme, ce qui a amené à utiliser une formulation différente de celle de la ligne 5 (*onde poussant vers*) où il est également cité.
ÉCHANGE : nom de l'hexagramme. Voir ligne 1.
Ouverture : appréciation mantique signalant un moment heureux où un agencement fécond du flux vital multiplie les possibilités de développement. Elle est citée deux fois dans cette figure : lignes 1 et 2.
Regrets : appréciation mantique signalant qu'on tarde à réagir pour adopter la nouvelle attitude demandée par l'évolution de la situation. L'idéogramme, formé avec le signe du cœur – commun à tous les sen-

timents ou pensées – et un groupe complexe représentant des plantes pullulantes, évoque ce qui encombre le cœur et donc le paralyse.
Tout regret disparaît : formule mantique spécifique qui renforce le sens d'incitation à aller de l'avant contenue dans le terme *regrets*. Le moment est venu de se mettre en marche sans aucune nostalgie pour ce qu'on laisse derrière soi.

Hexagramme dérivé : hexagramme 17. SUIVRE est un moment où l'on fait le pas nécessaire pour s'insérer avec aisance dans un courant porteur.

Six en 3
ÉCHANGE arrivant — 來兑 lai DUI
Fermeture — 凶 xiong

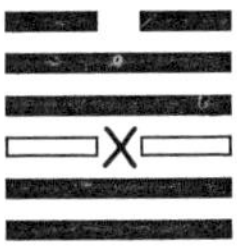

Alors que le niveau de Passage est par nature un lieu de contact avec l'extérieur, le troisième trait d'ÉCHANGER, incorrect et enserré par tous les traits Yang qui l'entourent, ne prolonge pas le mouvement d'échange confiant évoqué aux deux premières lignes.

On laisse l'initiative venir du dehors sans apporter soi-même son concours à l'échange, sans « y mettre du sien ». Cette attitude passive ou méfiante ferme la porte à toute possibilité de communication heureuse. Elle est sanctionnée par l'appréciation mantique la plus défavorable de l'hexagramme.

ÉCHANGE : nom de l'hexagramme. Voir ligne 1.
Arrivant : le texte porte un verbe très usuel indiquant un mouvement qui, partant de l'extérieur, arrive vers le sujet.
Fermeture : appréciation mantique signalant un moment de blocage, un mauvais agencement du flux vital qui restreint les possibilités de développement. Elle n'apparaît qu'ici dans cette figure.

Hexagramme dérivé : hexagramme 43. SE MONTRER RÉSOLU est un moment où il faut se manifester de manière déterminée tout en prévenant des débordements agressifs.

Neuf en 4
ÉCHANGE en délibération — 商兑 shang DUI
pas encore apaisé — 未寧 wei ning
Se séparer de la fébrilité amène la joie — 介疾有喜 jie ji you xi

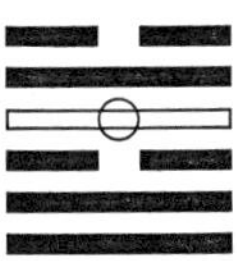

Les deux lignes médianes, aux troisième et quatrième niveaux de l'hexagramme, sont le lieu de la rencontre entre intérieur et extérieur. Cependant, alors qu'au stade précédent on se ferme à l'échange, un mouvement inverse pousse ici à la rencontre d'autrui. L'ÉCHANGE se déroule toutefois dans une atmosphère de controverse animée, qui provoque énervement et agitation.

À cette place de Ministre, particulièrement concernée par la communication, la nature Yang du trait, donc incorrecte, pousse à se laisser gagner par une trop grande émotivité. Rechercher le calme nécessaire aux débats est le moyen de rendre possible un dialogue heureux.

ÉCHANGE : nom de l'hexagramme. voir ligne 1.
Délibération : formé avec le signe de la bouche et un groupe complexe, l'idéogramme, qui n'apparaît qu'ici, a pour sens propre *débattre, discuter, marchander.* De là lui vient son sens le plus courant *marchand.* Cependant, c'est aussi le nom de la dynastie des Shang. Le glissement de sens viendrait, pense-t-on, d'un fait historique : privés de fiefs par leurs vainqueurs, les descendants des Shang n'auraient pas eu d'autre solution que de devenir commerçants.
Pas encore : l'idéogramme est celui qui entre dans le nom de l'hexagramme 64 PAS ENCORE TRAVERSÉE. Il est ici employé dans son sens usuel indiquant la non réalisation d'une action.
Apaisé : l'idéogramme dont le sens est maintenant *paix, tranquillité* – il se trouve à ce titre dans le nom de beaucoup de villes chinoises – signifiait à l'origine une aspiration à la paix. De là vient son sens dérivé *préférer, aimer mieux*. Il n'est employé dans le *Yi Jing* (ici et à 8/J *inquiets*) qu'avec une négation.
Se séparer : écrit avec seulement quatre traits, l'idéogramme est d'une graphie trop simple pour avoir une étymologie sûre et un sens complètement avéré. Sa signification d'origine est celle d'un *intervalle*, d'un entre-deux qui vient peut-être de l'examen pratiqué sur les fissures divinatoires apparaissant à la surface des carapaces de tortues et dont l'écartement devait rentrer en ligne de compte pour l'établissement du pronostic. Ce rapport est également suggéré par un de ses sens dérivés *coquille, cuirasse* (la carapace des crustacés et celle des soldats). Son sens figuré *fermeté, détermination, résolution* a pu venir aussi bien de la fissure que de la cuirasse. Cependant ici, comme à 16/2 où il est renforcé par l'idée de *fermeté*, le sens de *séparation* semble mieux convenir.
Fébrilité : l'idéogramme signifie *malaise, souffrance, blessure* et aussi *rapidité, promptitude, hâte. Fébrilité* permet de rendre ces deux niveaux de sens qui souvent se superposent.
Joie : représentant un tambour et des chants, l'idéogramme est surtout associé à l'idée de réjouissances, principalement celles du mariage, dont il reste toujours en Chine le symbole principal. Il est d'ailleurs aussi, comme en français l'expression heureux événement, associé à l'idée de grossesse et d'enfantement. Expression d'un renouveau, il apparaît toujours dans le *Yi Jing* à la suite et en conclusion d'un

moment difficile ou désagréable. Ici, il souligne la joie recouvrée après une période de tensions.

 **Hexagramme dérivé** : hexagramme 60. MESURE est un moment de mise en rythme où l'activité doit être modérée selon des règles souples.

Neuf en 5
Onde porteuse poussant vers l'USURE 孚于剝 fu yu bo
Il y a danger 有厲 you li

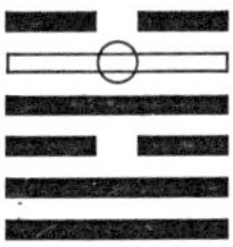

L'échange ne se commande pas. Ce n'est une relation heureuse que s'il se déroule entre amis : une position hiérarchiquement forte ne lui est pas favorable. La légèreté nécessaire pour ÉCHANGER ne s'harmonise ni avec la fermeté de ce trait, ni avec la maîtrise caractéristique d'une cinquième place. C'est peut-être pour cela que la ligne souveraine est la seule à ne pas comporter le nom de l'hexagramme.

Le courant qui traverse la situation ne porte plus vers autrui, comme à la seconde ligne, mais vers l'USURE, hexagramme où est décrit un état de grande fatigue. Que l'on soit trop à l'écoute du bavardage usant de son entourage ou porté soi-même à gaspiller son énergie par un comportement qui fatigue autrui, le résultat est aussi négatif. La propension à l'échange, lequel ne s'épanouit que dans la souplesse, ne peut suffire à elle seule à déterminer une ligne de conduite intangible. Il est préférable à ce stade, pour ne pas accroître des risques réels, de réduire ses implications extérieures.

Onde porteuse poussant vers : variante de la formule mantique *onde porteuse*, signalant qu'un fort courant porteur traverse la situation. Elle est ici utilisée dans une construction différente de celle employée à la seconde ligne (*portant comme une onde*), qui souligne sa direction particulière par un caractère grammatical spécifique (*poussant vers*). La même formule se trouve à 17/5.
USURE : nom de l'hexagramme 23. Que le nom de cet hexagramme ne soit cité qu'une seule fois dans le Texte canonique donne un relief singulier à cette occurence. Le danger d'usure étant réel, il est approprié de songer à la stratégie proposée à cet hexagramme : élagage de l'activité et restauration des forces.
Il y a : verbe auxiliaire qui joue dans le contexte du *Yi Jing* le rôle de modulation mantique renforçant l'appréciation qu'il détermine en soulignant son caractère effectif.
Danger : appréciation mantique signalant les risques inhérents à la situation.

Il y a danger : la présence effective d'éléments de risque n'est signalée que trois fois dans le *Yi Jing* (voir 26/1 et 43/J), et seulement ici en ligne souveraine.

Hexagramme dérivé : hexagramme 54. MARIAGE DE LA CADETTE est un moment où le trouble qui envahit les relations risque d'emporter dans des aventures qu'on ne maîtrise pas.

En haut un six
ÉCHANGE attirant 引兑 yin DUI

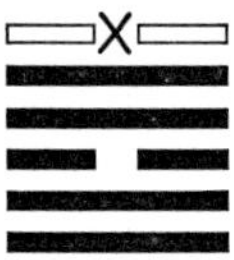

À ce niveau de Sortie est associé un des textes les plus courts du *Yi Jing* auquel l'ÉCHANGE est décrit comme un mouvement par lequel on tente de ramener quelque chose vers soi. Alors qu'au troisième trait, on laisse l'échange venir à soi, on cherche ici à l'attirer à soi. Dans les deux cas, la communication avec l'extérieur est pervertie par l'attitude adoptée.

Bien que correct, ce trait est très éloigné des deux premiers niveaux, ceux où le désir d'échange est vécu le plus sincèrement. Le voisinage avec la ligne souveraine, où la fatigue gagne, n'atténue pas le risque d'inconséquence. Aucune appréciation mantique ne vient pourtant qualifier cette disposition. Vouloir retenir ce qui s'enfuit est une des particularités les plus naturelles du cœur humain.

ÉCHANGE : nom de l'hexagramme. Voir ligne 1.
Attirant : composé du caractère *arc* et d'un simple trait vertical représentant un fil, l'idéogramme, qui n'apparaît qu'ici et à 45/2 (*attirer*), signifiait à l'origine *tirer la corde vers soi*. Il désigne aussi bien la tension de la corde de l'arc que les flèches à fil utilisées pour la chasse aux oiseaux. À partir de cette image, ce caractère, qui se prononce *yin*, prendra des sens multiples, tous en relation avec l'idée de tirer à soi : *induire, citer* au sens figuré et *traîner, entraîner* au sens propre (il sert aujourd'hui dans l'expression signifiant tracteur).

Hexagramme dérivé : hexagramme 10. DÉMARCHE est un moment où une force instinctive est approchée et canalisée par une attitude prudente et respectueuse des formes.

ÉLÉMENTS D'ANALYSE

Nucléaire

☲ **Hexagramme 37 : GENS DU CLAN.** Au cœur d'ÉCHANGER, il y a GENS DU CLAN. Au cœur d'une communication joyeuse et amicale, il y a une structure organisée transformant de l'éphémère en durable par référence à un foyer commun. C'est par une parole consistante, capable de relier, que cette organisation intègre les éléments étrangers ou invisibles. L'art du dialogue peut transformer la conversation en une communication véritable, ouverte aux aspects inconnus de l'autre, et permettre que l'échange soit l'expression d'une appartenance commune.

Opposé

☶ **Hexagramme 52 : STABILISER.** La relation d'opposition entre ÉCHANGER et STABILISER s'articule autour de la relation aux autres. STABILISER est un moment de gravité où on concentre ses forces à l'intérieur. ÉCHANGER est un moment de légèreté où l'on se tourne vers autrui. Dans ÉCHANGER, on converse joyeusement entre amis, alors que dans STABILISER, on met rigoureusement en ordre le cœur et les paroles.

59 DÉNOUER

HUAN

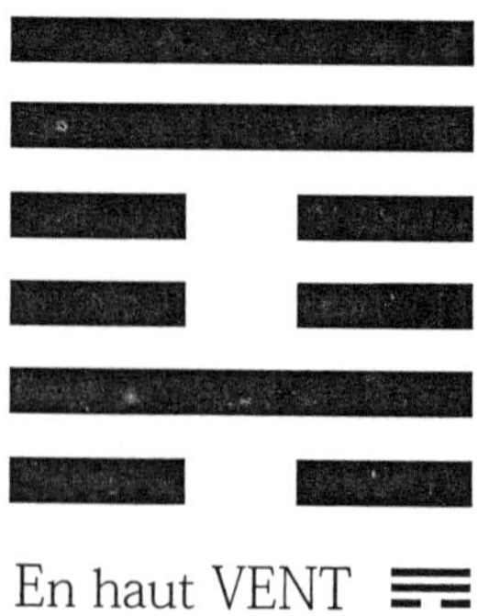

En haut VENT

En bas EAU

DÉNOUER	渙	HUAN
Favorisant	亨	heng
Le Roi en se reliant réalise le temple des ancêtres	王假有廟	wang jia you miao
Profitable de passer le grand fleuve	利涉大川	li she da chuan
Ténacité profitable	利貞	li zhen
Au début un six		
Opérer la délivrance avec la FORCE d'un cheval	用拯 馬壯	yong zheng ma ZHUANG
Ouverture	吉	ji
Neuf en 2		
DÉNOUER	渙	HUAN
Se diriger à grandes enjambées vers une plate-forme	奔其机	ben qi ji
Tout regret disparaît	悔亡	hui wang
Six en 3		
DÉNOUER sa personne	渙其躬	HUAN qi gong
Pas de regrets	无悔	wu hui
Neuf en 4		
DÉNOUER son groupe	渙其群	HUAN qi jun
Fondamentalement ouvert	元吉	yuan ji
DÉNOUER au tertre ancestral	渙有丘	HUAN you qiu
C'est tout à fait inouï	匪夷所思	fei yi suo si
Neuf en 5		
DÉNOUER dans la sueur	渙汗	HUAN han
avec de grands appels	其大號	qi da hao
DÉNOUER le Roi	渙王	HUAN wang
Demeurer absence de faute	居无咎	Ju wu jiu
En haut un neuf		
DÉNOUER le sang	渙其血	HUAN qi xue
La décrue apparaît	去逖出	qu ti chu
Absence de faute	无咎	wu jiu
Grande Image		
Le vent circule-et-agit au-dessus de l'eau	風行水上	feng xing shui shang
DÉNOUER	渙	HUAN
Ainsi les Anciens Rois	先王以	xian wang yi

en rendant hommage au Souverain 享于帝 xiang yu di
instituaient les temples à leurs ancêtres 立廟 li miao

Dixième Aile
DÉNOUER 渙 HUAN
séparer. 離也 li ye

DÉNOUER est le moment où ce qui était figé retrouve sa fluidité. Les structures établies se dissolvent, les repères connus disparaissent, les éléments cristallisés reprennent leur liberté d'action. La scène choisie pour représenter cette période de dispersion est un fleuve en crue, une inondation, un flot qui monte, bouscule et déplace tout sur son passage. Perçue au premier abord comme une débâcle (au sens originel de ce terme : la rupture des glaces d'un fleuve gelé), la crue représente aussi une opportunité favorable, celle de se défaire de rigidités qui paralysent ou de règles périmées. Qui sait résister à l'inquiétude sans se laisser déborder par l'émotivité peut traverser cette situation-de manière favorable.

La répartition à parité de traits Yin et Yang dans la figure suggère la double stratégie à adopter dans un tel contexte : accepter la dissolution à l'œuvre et réagréger les énergies autour de ce qui fonde leur pérennité. Ce comportement est incarné par le Roi, personnage central du rituel aux ancêtres, qui représente ce qui perdure par-delà la désintégration des formes éphémères. Comme à l'hexagramme RÉUNION, où la foule se rassemble avec la force inquiétante d'un fleuve en crue, le Roi personnifie la capacité à se relier à ce qui dépasse les individus et leur survit, et la possibilité, par la sauvegarde du lien primordial, de recentrer l'activité autour de ce qui l'enracine.

Le texte décrit de trait en trait la montée de l'inondation. D'abord lointaine, elle n'est pas nommée au premier trait ; puis elle affleure, minime, au second. Elle est ensuite différemment localisée aux trois traits suivants, atteignant successivement la *personne*, puis le *groupe*, enfin le *Roi* lui-même, avant que finalement, au niveau de sortie, la décrue ne s'amorce. Parmi tous ces stades, c'est à la quatrième ligne, place du Ministre, qu'on est le plus à même de regrouper, autour du *tertre ancestral*, les éléments qui se dispersent. Les formules mantiques sont réparties deux par deux : aux deuxième et troisième lignes, *tout regret disparaît* invite à tourner une page ; aux deux dernières, associées par leur nature Yang, *absence de faute* incite à aller de l'avant malgré la *sueur* et le *sang*. Aux première et quatrième lignes enfin, où la situation peut être sauvegardée, *ouverture* en montre les perspectives positives.

Bien que l'inondation soit un désastre familier aux Chinois, il est important de noter que DÉNOUER ne comporte aucune appréciation négative, seulement des encouragements à ne pas se laisser dominer par l'affolement et à profiter de la dissolution des repères habituels pour procéder à un nouvel agencement.

IDÉOGRAMME

HUAN : *Dissoudre, séparer, disperser, répandre, grossi (en parlant des eaux d'un fleuve). Fonte des glaces. Inondation.*

Cet idéogramme n'a quasiment pas d'emploi en dehors du *Yi Jing*. Il est composé de deux éléments contigus : à gauche le signe général de l'eau contracté en trois virgules et à droite un groupe complexe dans lequel se trouve (en bas) le caractère *grand*. Le sens global de ce groupe complexe, très rarement utilisé de manière autonome, est celui d'un grand déploiement : *richement décoré, brillant, prospère, abondant, nombreux*. Quand ce groupe est combiné avec le signe de la bouche, il forme un caractère qui signifie *appeler, éveiller* ; avec celui du feu, c'est un mot qui veut dire *rayonner* ; et avec celui de la main, il constitue un caractère très courant signifiant *troquer, échanger, changer d'apparence* (voir 58/I).

La combinaison des deux signes qui composent le nom de cet hexagramme évoque donc le développement en grand du travail de l'eau. Il ne s'agit pas de son pouvoir d'irrigation mais de sa faculté de dispersion, de dissolution, qui se manifeste particulièrement lorsque les cours d'eau débordent de leurs lits. L'inondation, fléau usuel de la Chine, s'écrit en général avec un caractère différent. Le choix de celui-ci montre donc que l'image de la crue qui monte de trait en trait tout au long de cet hexagramme ne doit pas être prise comme celle d'une inondation destructrice mais comme une allégorie de la dissolution progressive des structures et des rigidités. C'est d'ailleurs dans ce sens que ce caractère est employé dans le *Dao De Jing* : « Les Sages de l'Antiquité... *prêts à changer* comme la glace qui va fondre[99]. » Enfin, dans le groupe complexe constitutif de l'idéogramme, se lit aussi le dessin de deux mains soulevant un vase cérémoniel. Ainsi le caractère DÉNOUER, à l'intérieur de son sens général de propagation d'un flux de déstructuration, suggère-t-il aussi que le moyen d'y remédier est en rapport avec une attitude rituelle.

TEXTE CANONIQUE

JUGEMENT

DÉNOUER	渙	HUAN
Favorisant	亨	heng
Le Roi en se reliant réalise le temple des ancêtres	王假有廟	wang jia you miao
Profitable de passer le grand fleuve	利涉大川	li she da chuan
Ténacité profitable	利貞	li zhen

DÉNOUER est un tourbillon par lequel ce qui était noué retrouve la liberté de se réagencer de manière *favorisante*. Pour juguler la désorganisation que l'inondation entraîne et maîtriser la réorganisation qu'elle permet, il importe de se référer à ce qui n'est pas soumis aux aléas. Dans la Chine ancienne, ce rôle échoit au souverain et dans le *Yi Jing* au Roi, figure symbolique de ce qui demeure en dépit des dislocations ou des disparitions. En renouant le lien avec l'invisible, le Roi rappelle l'intangible où se fonde toute activité ou tout ensemble. Garant de l'évocation rituelle des esprits tutélaires, il personnifie le lien avec les ancêtres, ravivant par sa seule présence les racines de ce qui fonde l'action. Cette évocation se retrouve à l'identique au moment de RÉUNION, autre situation de montée d'un flux, où le Roi est également la référence primordiale par laquelle le lien réunissant le groupe est sauvegardé et recréé.

Lorsque tout part à vau-l'eau et que ce qui était solidement posé ne l'est plus, il n'est pas possible d'en rester aux comportements habituels. Il faut savoir tenir bon avec endurance et *passer le fleuve* avec audace, dépasser les limites ordinaires pour s'ouvrir à des possibilités nouvelles.

Favorisant : appréciation mantique décrivant un climat d'essor, un agencement fertile, un dispositif énergétique global dans lequel l'échange entre le Ciel et la Terre se noue de manière féconde.
Roi : personnage symbolique. Pivot de l'organisation sociale, le Roi est le moyeu vide qui rassemble le groupe en le *reliant* à ses racines.
Se reliant : l'idéogramme est complexe et son sens ambigu. Sa signification actuelle est double, à la fois *faux, feint, simulé, emprunté* et *congé, vacances*, ce dernier sens dérivant peut-être du grand deuil de trois ans suivi à la mort des parents et qui obligeait pendant trois ans à laisser en *vacance* sa profession. Cependant, il peut aussi être employé à la place de deux autres caractères dont le premier a pour sens *arriver, pénétrer, faire venir, invoquer un esprit*, et le second *atteindre, pénétrer*. Dans le *Yi Jing*, où il est utilisé de manière caracté-

ristique – toujours dans un contexte rituel, à des endroits importants (voir 37/5, 45/J et 55/J) et avec le Roi comme sujet – ce verbe évoque vraisemblablement une cérémonie rituelle ayant pour but de faire venir un esprit afin de se *relier* à lui.
Réalise : le texte porte le verbe *il y a* qui accentue l'idée d'une réalisation effective.
Temple des ancêtres : composé du signe genéral des bâtiment à auvent et du caractère audience du matin (voir 6/6), l'idéogramme décrit l'aspect social du culte ancestral, pratiqué dans les bâtiments latéraux, ouverts sur la cour d'honneur où avaient lieu les grandes audiences matinales. En 1957, la loi sur la simplification de l'écriture a réinterprété ce caractère dans un sens à la fois moins féodal et plus abstrait. Le signe *audience du matin* a été remplacé par un caractère représentant une pousse qui sort d'un champ (voir 27/6 *issue*), et qui signifie *origine*. Cette image permet de transposer l'idée chinoise ancienne contenue dans ce mot et de se représenter ce *temple des ancêtres* comme le symbole de ce qui constitue notre base, de tout ce qui nous enracine, vis-à-vis de nous-mêmes et des autres.
Le roi en se reliant réalise le temple des ancêtres : le sens global de la phrase n'est pas complètement assuré. On peut toutefois remarquer qu'elle apparaît à l'identique au Jugement de RÉUNION (45). Là aussi, le Roi, secondé par un excellent ministre en quatrième place, doit en se reliant fonder un espace où la communauté se conforte et l'individu se ressource.
Passer le grand fleuve : formule mantique particulière signifiant qu'il faut oser vaincre sa peur, sortir de chez soi, se jeter à l'eau. Le moment requiert de dépasser son fonctionnement habituel et de mettre à l'épreuve ses capacités en accomplissant le pas nécessaire pour aborder à des rives nouvelles. Le fonctionnement à dépasser ici est celui basé sur les repères habituels, emportés par les flots. Dans une situation d'inondation, conseiller de passer le grand fleuve ne manque pas d'humour.
Ténacité profitable : formule mantique signalant que la situation, pour être fructueuse, requiert une grande capacité à endurer, à tenir avec constance, sans se laisser fatiguer par les difficultés du moment.

TEXTE DES TRAITS

Au début un six

Opérer la délivrance	用拯	yong zheng
avec la FORCE d'un cheval	馬壯	ma ZHUANG
Ouverture	吉	ji

Le trait d'Entrée de DÉNOUER est le seul où le nom de l'hexagramme n'est pas cité. À son niveau le plus bas, la crue n'a pas encore une puissance suffisante pour tout emporter sur son passage. Bien qu'assez ambiguë, la seule phrase du texte comporte au moins deux termes qui incitent à intervenir rapidement : la FORCE engage à ne pas rester inerte devant la désagrégation qui s'annonce, et le *cheval* à réagir avec vigueur et endurance. Comme à la seconde ligne de LUMIÈRE OBSCURCIE, où la même phrase est citée, il est possible de ne pas se laisser totalement emporter à vau-l'eau.

L'incorrection du trait et sa relation avec la seconde ligne, où l'inondation devient manifeste, doivnt inciter à ne pas se laisser déconcerter. La *délivrance* est marquée par une des deux seules appréciations positives de l'hexagramme *ouverture*, qui fait écho à la quatrième ligne où elle prend une forme encore plus favorable. Ici comme là, on ne doit pas succomber à l'émotivité ni se laisser désarçonner.

Opérer : verbe auxiliaire insistant sur la réalisation effective de ce qui est décrit ensuite.
Délivrance : l'idéogramme, qui évoque l'idée de tirer quelque chose vers le haut, signifie au sens propre *soulever, tirer, arracher* et au sens figuré aider *secourir, sauver, délivrer*. Il est différent du caractère qui nomme l'hexagramme DÉLIVRANCE (40).
FORCE : l'idéogramme est le second caractère du nom de l'hexagramme GRAND FORCE (34).
Cheval : l'idéogramme représente un cheval, caractérisé par sa crinière flottant au vent. Symbole à la fois d'endurance et de force, le cheval ne se répartit pas clairement entre Yin et Yang. Parfois sa force Yang est mise en avant (comme ici et à 36/2), parfois sa ténacité Yin est soulignée de manière exemplaire (26/3).
Délivrer avec la FORCE d'un cheval : le sens de cette phrase n'est pas assuré. Mot à mot, le texte porte « opérer délivrance cheval force », qui peut être lu également comme « opérer avec force la délivrance du cheval ». Elle se retrouve à l'identique, suivie de la même appréciation positive, à 36/2.
Ouverture : appréciation mantique signalant un moment heureux où un agencement fécond du flux vital multiplie les possibilités de développement.

Hexagramme dérivé : hexagramme 61. JUSTE CONFIANCE est une situation de confiance en soi et en l'autre, où la force d'un cœur vide de préjugés permet une attitude juste et centrée.

Neuf en 2
DÉNOUER — 渙 HUAN
Se diriger à hautes enjambées — 奔其机 ben qi ji
vers une plate-forme
Tout regret disparaît — 悔亡 hui wang

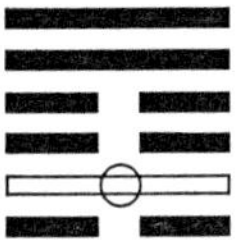

À cette ligne comme à toutes les suivantes, le nom de l'hexagramme manifeste la réalité de la crue. Mais ce trait est le seul où cette crue est mentionnée sans localisation particulière. Elle semble déjà tout recouvrir, sans toutefois avoir atteint une hauteur suffisante pour emporter la structure. Bien qu'entraîné dans l'inondation, on peut encore se déplacer en levant haut les pieds pour rechercher un support qui permette à la fois de se sauvegarder et de considérer la situation de plus haut.

La fermeté du trait est ici un atout pour favoriser ce mouvement. Sans relation avec les lignes supérieures où le flot est maîtrisable, la ligne est cependant à une place centrale de Préfet : sa position au milieu des deux traits Yin voisins évoque la possibilité de rallier et d'entraîner les énergies.

Se diriger à hautes enjambées : l'idéogramme composé du caractère grand et de la triple répétition du signe des herbes représente les grands pas que l'on est obligé de faire en levant haut les jambes quand on marche dans un endroit couvert de hautes herbes. Ici, seul endroit où il est cité, ce caractère évoque la démarche de quelqu'un qui traverse un endroit recouvert d'eau.
Plate-forme : l'idéogramme, écrit avec le signe général des objets en bois et la représentation d'une sorte de petit support, tabouret ou table basse, est assez peu courant et mal défini. Il n'apparaît qu'ici.
Tout regret disparaît : formule mantique spécifique qui renforce le sens d'incitation à aller de l'avant contenue dans le terme *regrets*. Le moment est venu de se mettre en marche sans aucune nostalgie pour ce qu'on laisse derrière soi.

Hexagramme dérivé : hexagramme 20. REGARDER est un moment où l'on élève son point de vue de manière à resituer son action dans une unité de temps plus large.

Six en 3
DÉNOUER sa personne — 渙其躬 HUAN qi gong
Pas de regrets — 无悔 wu hui

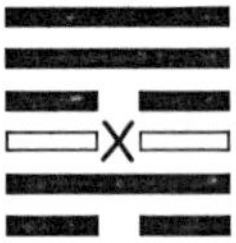

À cette ligne de Passage entre l'intérieur et l'extérieur, la crue atteint la *personne*. Position inconfortable : qu'il s'agisse du corps ou plus généralement de la personnalité, l'inondation atteint un point tel qu'elle signifie une totale remise en question de ce qui est établi, intégrité physique ou certitudes personnelles. Mais la dissolution des rigidités permet aussi d'aller de l'avant et de se réagencer dans un sens nouveau. Bien qu'il ne qualifie la situation ni positivement ni négativement, le texte emploie une formule qui marque une graduation dans la nécessité de ne pas se laisser envahir par le doute.

Prise entre le mouvement décrit à la place de Préfet et la retenue qui s'exerce à celle de Ministre, cette ligne est dans une situation instable. Cependant, sa correspondance avec le sixième trait – la seule à l'œuvre dans l'hexagramme – est un atout pour reconsidérer les dispositifs issus du passé et envisager les opportunités créées par l'inondation.

Personne : formé par la combinaison des caractères *corps* et *arc* (pour sa courbure), l'idéogramme évoque quelqu'un en train de se pencher en avant pour une salutation de politesse. Son sens actuel, qui fait toujours référence à la présence physique plus qu'à une personne déterminée, est *en personne, personnellement*.
Pas de regrets : formule mantique dans laquelle une négation renforce le sens d'injonction à aller de l'avant sans aucune nostalgie pour ce qu'on laisse derrière soi, contenue dans le terme *regrets*. Ici, comme dans trois autres cas (31/5, 34/5, et 64/5), cette formule spécifique marque un palier par rapport à celle employée au trait précédent *(tout regret disparaît)*.

Hexagramme dérivé : hexagramme 57. SE MODELER est un moment où il faut accepter que formes et opinions soient soumis à une réactualisation profonde.

Six en 4

DÉNOUER son groupe — 渙其群 HUAN qi jun
Fondamentalement ouvert — 元吉 yuan ji
DÉNOUER au tertre ancestral — 渙有丘 HUAN you qiu
C'est tout à fait inouï — 匪夷所思 fei yi suo si

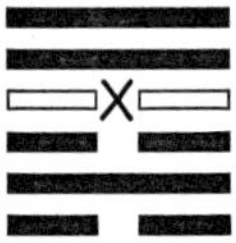

L'inondation, qui submerge la *personne* à la ligne précédente et le *Roi* à la ligne suivante, atteint ici le niveau du *groupe*. Il s'agit de la dissolution d'un ensemble compact, qui permet de le refondre dans une unité renouvelée. Comme au premier trait, la situation s'ouvre, mais *fonda-*

mentalement, c'est-à-dire de fond en comble : la désagrégation de la structure permet de remodeler les perspectives de façon radicalement nouvelle.

Le *tertre ancestral*, que l'on peut imaginer comme une colline surplombant un paysage inondé, donne l'idée d'un point de vue élevé où tous se réfugient et se retrouvent lorsque le fief – le domaine quotidien – est recouvert par l'eau. Non seulement les circonstances où les relations sont désorganisées offrent l'opportunité de communications inattendues, mais elles sont l'occasion de comprendre spontanément ce qui rassemble. Le *tertre*, crête bien visible à la lisière du ciel, marque la frontière où se retrouvent les vivants et leurs ancêtres. Il représente ce qui demeure lorsque tout se défait, un en-deçà des formes où la forme prend sa source, un point intangible auquel il est toujours possible de se référer.

La relation privilégiée de ce trait, par voisinage, avec la ligne souveraine où le nom de l'hexagramme est également répété deux fois, accentue le rôle de communication dévolu à la place de Ministre. Comme au même niveau de GRAND APPRIVOISE, on a ici la capacité de ne pas se laisser déborder par un déferlement de forces.

Groupe : écrit en combinant les caractères *bélier* et *chef*, l'idéogramme évoque une grande troupe d'animaux considérés comme des seigneurs. Il signifie en général *groupe, multitude* et désigne plus spécifiquement un ensemble organisé d'animaux : *troupeau* de moutons, *harde* de bêtes sauvages, *banc* de poisson, *essaim* d'abeilles, *vol* d'oiseaux migrateurs, etc. Ce terme n'apparaît ailleurs dans le *Yi Jing* que pour qualifier un *vol* de dragons (voir 1/ Tous les neuf à l'œuvre).
Fondamentalement : modulation mantique marquée par un idéogramme qui signifie *début, origine, entièrement.*
Ouvert (ouverture) : appréciation mantique signalant un moment heureux où un agencement fécond du flux vital multiplie les possibilités de développement.
Fondamentalement ouvert : formule mantique parmi les plus favorables du *Yi Jing*. *Fondamentalement* rehausse la fécondité de l'agencement décrit par *ouverture*, en précisant qu'elle est ici à la fois dans la vigueur de son début et traversé de fond en comble par une force printanière, ce qui souligne l'étendue de sa capacité à initier des situations nouvelles. Cette appréciation n'est mentionnée en quatrième ligne qu'une autre fois, au moment de GRAND APPRIVOISE, autre situation où un flux puissant est maîtrisé (voir 26/4).
Tertre ancestral : l'idéogramme signifie *monticule, coteau, tertre*, mais également *tumulus, tombe*, puisque les tombeaux chinois ont gardé depuis les temps plus lointains cette forme de monticule.

C'est tout à fait inouï : le texte porte quatre idéogrammes. Le premier est une négation particulière qui apparaît principalement au voisinage de personnages ou de situations négatives (voir *vauriens* à 12/J ou 8/3). Le second est le nom d'une tribu barbare (voir 36/I, *obscurcir*), le troisième un caractère à usage grammatical et le dernier le verbe *penser*. L'ensemble de l'expression se lit donc mot à mot : (ne peut) pas, le barbare, cela, penser. Cette expression, qui n'apparaît qu'ici, est devenue une sentence proverbiale dans la langue littéraire pour désigner quelque chose qui outrepasse l'entendement usuel.

Hexagramme dérivé : hexagramme 6. PLAIDER SA CAUSE est un moment de controverse où il importe de ne pas pousser la situation à bout afin de faire advenir des possibilités de redémarrage.

Neuf en 5

DÉNOUER dans la sueur	渙汗 HUAN han
avec de grands appels	其大號 qi da hao
DÉNOUER le Roi	渙王 HUAN wang
Demeurer absence de faute	居无咎 Ju wu jiu

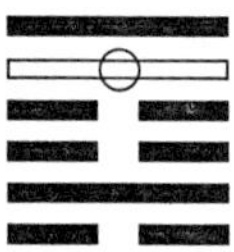

La crue, qui submerge la *personne* au troisième trait et le *groupe* à la ligne précédente, atteint ici son maximum : elle est maintenant au niveau du *Roi*, c'est-à-dire au lieu même de la souveraineté. Ce bouleversement entraîne fièvre et clameurs : l'atteinte est en effet d'autant plus angoissante que le Roi est cité au Jugement comme personnage emblématique de la situation.

DÉNOUER est une crise qui oblige à une refonte générale. À cette ligne souveraine, point focal de l'hexagramme, la manière dont s'exerce le pouvoir est remise en cause. Pôle manifeste autour duquel se fonde l'ALLIANCE du groupe (8/5) et la communauté des GENS DU CLAN (37/5), le Roi symbolise une référence intangible qui se maintient lorsque les structures se défont. Que sa personne soit submergée ne signifie pas ici la fin de sa fonction mais son renouvellement. Une souveraineté *demeure* quelle que soit la crise, car elle vient de plus loin que l'individu qui l'incarne. Cette permanence doit engager à ne se laisser aller ni à l'affolement, ni à l'hésitation, mais à canaliser les périls en se référant à ce qui perdure quand les repères se dissolvent.

Correct, ce trait est en relation exclusive avec la ligne de Ministre, qui fournit un point d'appui précieux pour aider au rassemblement. Il est également par sa nature Yang en écho avec la ligne supérieure, où se retrouve la même incitation à ne pas se laisser envahir par le doute.

Sueur : écrit avec le signe général de l'eau et un groupe complexe, ce caractère, toujours très usité, n'apparaît qu'ici.
Appel : l'idéogramme, combinant le signe d'un cri ou d'un sanglot et le caractère désignant le tigre au rugissement sourd et puissant, signifie quand il est prononcé au deuxième ton *pleurer, se lamenter* et quand il est prononcé au quatrième ton *appeler, désigner, nommer, crier, commandement, signal.*
Roi : voir Jugement.
Demeure : l'idéogramme signifie *habiter, séjourner, mettre en réserve, amasser.* Il apparaît toujours dans le *Yi Jing* de manière favorable.
Absence de faute : formule mantique spécifique incitant à ne pas rester dans un état d'esprit incertain ou hésitant. Elle est citée à deux reprises dans cette figure lignes 5 et 6.

Hexagramme dérivé : hexagramme 4. JEUNE FOU est un moment de prise en compte d'un jaillissement impétueux et sa transformation en un courant fécond par l'apprentissage.

En haut un neuf
DÉNOUER le sang — 渙其血 HUAN qi xue
La décrue apparaît — 去逖出 qu ti chu
Absence de faute — 无咎 wu jiu

À ce niveau de Sortie, l'inondation, parvenue à son maximum au trait précédent, entame sa décrue. La tension ne retombe pas pour autant comme si, encore impliqué dans les dérèglements qu'elle a provoqués, on n'y prenait pas garde. Le *sang*, qu'il soit évocation de blessures ou image ritualisée d'inquiétude, indique que le cœur est encore noué par l'angoisse. On doit dissiper cette anxiété qui n'a maintenant plus lieu d'être : quand la situation a tourné, il est inutile de rester crispé sur ce qui est passé.

Impliquée par sa correspondance avec la troisième ligne dans les problèmes internes de la situation, cette ligne est aussi en résonance avec la place souveraine par la nature Yang du trait et par la même incitation à sortir de l'incertitude.

Sang : dans la Chine ancienne, le sang est rituel avant d'être physiologique : l'idéogramme ne le représente pas comme un liquide corporel, mais comme le contenu d'un vase sacrificiel. Dans le *Yi Jing*, comme il apparaît toujours dans un contexte de couplage tendu ou stérile, il peut être l'image d'une blessure physique ou le résultat d'une relation qui se fait mal.
Décrue : le texte porte deux idéogrammes dont l'un très courant signifie *sortir, s'en aller* et l'autre, devenu très rare, *loin, lointain.* Ce

dernier, formé par la combinaison du signe général du mouvement et des caractères feu et carnassier, évoque peut-être une sorte de chasse avec des torches dans laquelle on se sert de feux pour faire fuir au loin le gros gibier, le rabattant ainsi en direction des chasseurs. L'emploi de ce mot rare apporte deux idées : d'abord est décrit quelque chose qui s'en va au loin et ensuite ce mouvement est signalé par des verbes qui sont totalement différents de ceux décrivant la montée des eaux, signe sans doute que le mouvement s'est inversé. *Décrue* est une licence qui tient plus au mouvement d'ensemble de l'hexagramme qu'au sens propre de ces deux termes.
Apparaît : représentant des pousses qui sortent de rameaux, l'idéogramme a le sens de *sortir, produire, se produire, paraître, se manifester*. Il est le plus souvent un signe d'extériorisation.
Absence de faute : voir ligne 5.

䷜ **Hexagramme dérivé :** hexagramme 29. S'ENTRAÎNER AU PASSAGE DES RAVINS est un moment où l'on apprend, en se surpassant, à juguler peurs et vertiges.

ÉLÉMENTS D'ANALYSE

Nucléaire

䷚ **Hexagramme 27 : NOURRIR.** Au cœur de DÉNOUER, il y a NOURRIR. Au cœur d'un moment de déstructuration où ce qui était figé retrouve sa liberté d'action, il y a l'idée d'une régulation permettant d'équilibrer les impulsions. DÉNOUER provoque une sensation de perte, un surcroît d'émotions et d'inquiétudes. Lorsqu'on se tourne vers ce qui dépasse les dérèglements ponctuels, le vide qui affole devient un centre sur lequel s'appuyer, et la déperdition un espace que l'on maîtrise. Entretenir la vie, c'est se référer aux sources qui permettent aussi bien d'établir les règles que de les dissoudre.

Opposé

䷶ **Hexagramme 55 : ABONDANCE.** La relation d'opposition entre DÉNOUER et ABONDANCE se situe entre embâcle et débâcle. Au moment de DÉNOUER, ce qui était figé est emporté par un flux puissant et retrouve sa liberté d'action ; au moment d'ABONDANCE, ce qui était porté par un flux puissant a tendance à se figer. L'un est tourné vers l'eau et gère une fluidification, l'autre est tourné vers le feu et gère un épaississement. Les deux sont affaire de Roi : dans un cas, il est le pivot qui canalise les énergies, dans l'autre il est la référence qui permet de faire face à la dérégulation.

60 MESURE

節

JIE

En haut EAU ☵
En bas BRUME ☱

MESURE	節	JIE
Favorisant	亨	heng
MESURE amère	苦節	ku JIE
présage impossibilité	不可貞	bu ke zhen

Au début un neuf

Ne pas sortir	不出	bu chu
à la porte intérieure de la cour d'honneur	户庭	hu ting
Absence de faute	无咎	wu jiu

Neuf en 2

Ne pas sortir	不出	bu chu
à la grand-porte de la cour d'honneur	門庭	men ting
Fermeture	凶	xiong

Six en 3

Comme sans MESURE	不節若	bu JIE ruo
donc comme poussant des gémissements	則嗟若	ze jie ruo
Absence de faute	无咎	wu jiu

Six en 4

MESURE paisible	安節	an JIE
Favorisant	亨	heng

Neuf en 5

MESURE sucrée	甘節	gan JIE
Ouverture	吉	ji
Aller amène à se surpasser	往有尚	wang you shang

En haut un six

MESURE amère	苦節	ku JIE
présage fermeture	貞凶	zhen xiong
Tout regret disparaît	悔亡	hui wang

Grande Image

Au-dessus de la brume il y a l'eau	澤上有水	ze shang you shui
MESURE	節	JIE
L'Être Accompli ainsi	君子以	jun zi yi
en codifiant les nombres et leurs lois	制數度	zhi shu du
pèse les raisons de la conduite et de l'agir	議德行	yi de xing

Dixième Aile

MESURE	節	JIE
s'arrêter.	止也	zhi ye

MESURE, c'est trouver le rythme par lequel la vitalité se déploie à sa juste mesure. Comme les nœuds du bambou articulent sa tige, comme les fêtes saisonnières scandent les saisons, comme le tempo canalise l'émotion musicale, MESURE représente tout ce qui régularise, tempère et délimite. Établir une cadence permet de trouver un souffle, reconnaître des limites permet d'habiter un territoire, poser des frontières permet de modérer les élans et de déterminer un cadre. Cependant, lorsque tout se mêle et que l'heure est à la régulation, imposer ou s'imposer des règles trop rigoureuses, des barrières trop étanches, c'est dépasser la mesure et aboutir à son contraire. Reconnaître les limites, celles d'autrui et les siennes propres, c'est trouver la juste cadence entre manque et trop-plein, entre laxisme et rigidité, et ainsi créer un espace de circulation fluide où peut s'épanouir le flux vital qui nourrit les dix mille êtres.

Cet équilibre entre fermeté et souplesse se retrouve dans la construction de la figure, où traits Yin et Yang alternent, deux par deux, puis un par un. Régularité qui se retrouve dans le Texte des traits : aux trois niveaux inférieurs, des négations marquent les atermoiements qui empêchent de trouver le tempo, tandis que la MESURE s'instaure aux trois lignes supérieures pour devenir successivement *paisible*, puis *sucrée*, enfin *amère*. À cette division binaire se superpose une autre cadence : aux deux places de la Terre, la *porte* est l'image insistante d'une frontière intérieure à bâtir, puis extérieure à franchir. À l'articulation de la troisième ligne, les *gémissements* font prendre conscience de la nécessité d'une régulation. Celle-ci s'installe aux deux traits suivants avant de se durcir au dernier stade. Enfin, la répartition des appréciations mantiques révèle une autre métrique : *absence de faute* marque aux premier et troisième traits tâtonnements et hésitations, *fermeture* aux deuxième et sixième l'enfermement et la rigidité ; entre ces deux tendances, *favorisant* et *ouverture* aux quatrième et cinquième niveaux indiquent l'allure juste.

À l'image du bambou, symbole de droiture et de souplesse, qui articule vides et pleins comme une onde sonore alterne ventres et nœuds, MESURE est une respiration, une économie, une mise en rythme qui requiert à la fois engagement et tempérance. Une règle harmonieuse n'est pas une suite de préceptes cruels[100] ou de limitations brimantes mais un subtil dosage entre le doux et l'amer.

IDÉOGRAMME

JIE : *Nœud (de bambou ou de plante), entre-nœud. Jointure, articulation. Conjoncture, occurrence, circonstance. Paragraphe, alinéa, verset. Les 24 divisions du temps dans l'année solaire. Fête annuelle.*

Cérémonie, rite, règle de bienséance. Économiser, modérer, tempérer, mesure. Fermeté d'âme, droiture, fidélité. Rythme. Degré, niveau, classe. Lettre de créance.

L'idéogramme est formé de deux parties superposées. En haut le signe général des bambous et en dessous un groupe complexe dont l'étymologie n'est pas encore très sûre. Cependant, son sens courant *aller vers, s'approcher, à présent*, dérive de la représentation d'un repas rituel vers lequel s'approche un personnage recevant une investiture. Cette investiture était matérialisée par des sortes de lettres de créance qui étaient en réalité des « crédentiels », c'est-à-dire des objets-témoins[101] dont la possession « attestaient qu'était détenu d'une autorité mandat d'établir une cité ou un fief » dont la dimension dépendait du rang du mandataire. Ces crédentiels qui étaient coupés en deux parties (leur rapprochement attestaient l'authenticité du mandat), dont l'une était gardée par le mandant et l'autre par le titulaire (qui les plaçaient sur un support, comme le montre l'idéogramme nommant l'hexagramme 57) étaient de forme et surtout de taille spécifique correspondant au rang du mandataire ». C'est de ce format donnant la mesure plus ou moins grande de la cité ou du fief dont l'établissement était autorisé que dériverait selon certains commentateurs chinois le sens global de l'idéogramme *jie*. Cependant, l'extension des significations de ce caractère vient aussi du signe du bambou qui à l'origine spécifiait peut-être simplement la matière dans laquelle étaient réalisés ces sceptres-témoins. Symbole de droiture en raison de sa forme, de durée à cause de son imputrescibilité, le bambou est surtout l'emblème d'une régulation harmonieuse en raison de l'organisation cadencée de sa structure où se succèdent à intervalles réguliers nœuds pleins et ventres vides. Le bambou doit cette particularité au fait qu'il ne croît pas en épaisseur comme les troncs des arbres, mais se déploie en longueur comme une antenne télescopique. De cette particularité botanique dérive l'image des nœuds du bambou comme symbole de tout ce qui rythme un développement linéaire, et notamment des fêtes rituelles qui scandent le déroulement saisonnier de l'année. Enfin, l'emploi de fiches de bambou pour les opérations arithmétiques – par exemple celles permettant de « calculer » un hexagramme (voir 21/I MORDRE) – a contribué à fixer dans ce caractère l'idée de juste mesure. La modération n'est pas en Chine une ascèse (le Jugement esr clair sur ce point) mais un couplage efficace entre une personne et une situation ; ce n'est pas non plus une quelconque limitation, mais une manière mesurée de tenir sa place qui permet au contraire le plein déploiement de soi, comme dans une chorale, un participant qui chante en mesure peut donner son plein sans que sa voix se distingue de l'ensemble.

TEXTE CANONIQUE

JUGEMENT

MESURE	節	JIE
Favorisant	亨	heng
MESURE amère	苦節	ku JIE
présage impossibilité	不可貞	bu ke zhen

En Chine, où la modération est une vertu cardinale, la MESURE est une évidence. Sans doute est-ce pour cela que le Jugement de cet hexagramme paraît si banal. Il ne comprend qu'une appréciation mantique, *favorisant*, et un avertissement : éviter toute *mesure amère*. Le comportement adéquat ici consiste à agir avec modération, afin d'économiser l'effort et de canaliser l'énergie. Que ce soit pour maîtriser une position ou entreprendre une activité, se donner des règles souples et délimiter son champ d'action permet de déployer sa vitalité sans excès, de trouver le bon rythme et d'avancer sans s'essouffler.

Réguler n'est pas contraindre de manière autoritaire et rigide, mais harmoniser. Lorsqu'on pousse la sévérité trop loin, le nécessaire dosage entre fermeté et souplesse est perdu. La formule *présage impossibilité* est caractéristique de moments où l'on risque de se laisser emporter par le volontarisme : c'est notamment le cas au dernier trait de cet hexagramme, où l'excès de rigueur fait perdre la fluidité et risque d'entraîner la sclérose. Que ce soit pour soi-même ou pour autrui, il faut savoir à la fois imposer une règle et reconnaître les limites : même la mesure doit être mesurée.

Favorisant : appréciation mantique décrivant un climat d'essor, un agencement fertile, un dispositif énergétique global dans lequel l'échange entre le Ciel et la Terre se noue de manière féconde. Elle est citée deux fois dans cet hexagramme : Jugement et ligne 4.
Amère : formé en combinant le signe général des plantes et le caractère *ancien, vieux*, l'idéogramme signifie *amer, saumâtre, pénible, laborieux, peiner, travailler, de toutes ses forces, avec acharnement*. Il n'apparaît que dans cet hexagramme : au Jugement et à la ligne 6.
Impossibilité : le texte porte deux caractères, une négation courante et un idéogramme qui recouvre un vaste réseau de sens tournant autour de l'idée de *possibilité, capacité, permission, adéquation, potentialité*.

Présage impossibilité : formule mantique rare signalant des moments porteurs d'impossibilités par inadéquation de la stratégie employée, trop Yang à 18/2, trop hâtive à 36/3 et trop sévère ici.

Texte des traits

Au début un neuf
Ne pas sortir — 不出 bu chu
à la porte intérieure de la cour d'honneur — 户庭 hu ting
Absence de faute — 无咎 wu jiu

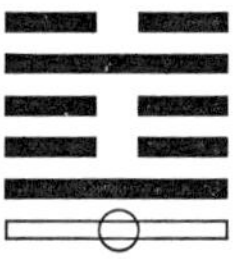

Le mouvement est rarement conseillé au niveau d'Entrée d'un hexagramme. Ici, tel un musicien qui accorde son instrument avant de prendre sa place dans l'orchestre, on doit, pour trouver le bon rythme, commencer par un temps de retenue. Cette mise en mesure intérieure est évoquée par les *portes* qui séparent les différentes cours des grandes maisons chinoises et dont les *barres* assurent les fondements du CLAN (voir 37/1). La délimitation des espaces intérieurs symbolise le travail qui consiste à se donner une règle, à établir ses structures propres. Comme le bambou qui, encore à l'état de pousse, acquiert déjà sa largeur définitive, on doit d'abord réguler son assise personnelle pour être ensuite en mesure de *sortir*, c'est-à-dire de se déployer à l'extérieur.

La nature Yang du trait, bien que correcte à cette place impaire, peut accentuer la tendance à aller de l'avant, mais elle est atténuée par la correspondance avec la ligne de Ministre où la *mesure* est paisible. La reconnaissance de ses limites permet ainsi d'accepter ce qui paraît d'abord être une limitation.

Sortir : représentant des pousses qui sortent de rameaux, l'idéogramme a le sens de *sortir, produire, se produire, paraître, se manifester*. Il est le plus souvent un signe d'extériorisation. Il n'y a que dans cet hexagramme (lignes 1 et 2) que cette poussée vers l'extérieur soit exprimée par une construction négative.
Porte intérieure : l'idéogramme dessine la porte à un vantail qui sépare les parties internes de la maison traditionnelle chinoise. Il est distinct de celui qui désigne la grand-porte (voir ligne 2) qui, elle, marque la limite entre l'intérieur et l'extérieur de la maison.
Cour d'honneur : l'idéogramme, composé avec le signe général des galeries à auvent et un caractère représentant un gentilhomme en train de faire une révérence, désigne la grande cour d'honneur située devant la salle du trône du palais, le lieu le plus central et le plus

public du théâtre du pouvoir. Il est cité deux fois dans cet hexagramme, lignes 1 et 2.
Absence de faute : formule mantique spécifique incitant à ne pas rester dans un état d'esprit incertain ou hésitant.

Hexagramme dérivé : hexagramme 29. S'ENTRAÎNER AU PASSAGE DES RAVINS est un moment où l'on apprend à franchir les précipices en unifiant le cœur afin de juguler peurs et vertiges.

Neuf en 2

Ne pas sortir	不出	bu chu
à la grand-porte de la cour d'honneur	門庭	men ting
Fermeture	凶	xiong

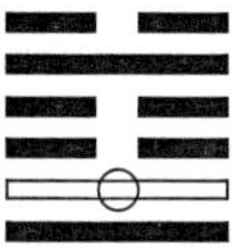

Le processus de mise en rythme franchit ici un pas. L'image *porte intérieure* évocatrice du domaine intime, citée à la ligne précédente, est remplacée ici par celle de la *grand-porte*, c'est-à-dire le portail qui marque la limite avec l'extérieur, le seuil ouvrant sur le monde. À ce stade, s'enfermer dans son quant-à-soi, si ordonné soit-il, serait se fermer à la rencontre. Comme au moment de S'ENTENDRE AVEC TOUS où le sentiment de concorde ne doit pas se limiter au cadre restreint du Clan (voir 13/2), c'est par l'échange et la confrontation que l'on peut prendre sa véritable mesure.

Incorrect et séparé des places extérieures de Ministre et de Souverain où s'installe une mise en rythme fluide, ce trait décrit une indolence sanctionnée par *fermeture*, appréciation encore plus défavorable que celle associée à la sévérité décrite à la dernière ligne de l'hexagramme.

Ne pas sortir : voir ligne 1.
Grand-porte : l'idéogramme dessine la porte extérieure à deux vantaux de la maison traditionnelle chinoise. Il est distinct de celui qui désigne les portes intérieures (voir ligne 1). La grand-porte marque la limite entre l'intérieur et l'extérieur de la maison, c'est son verrouillage qui fonde le Clan (voir 37/1). Lorsque cette porte est, comme ici, associée au verbe *sortir* (voir 17/1), elle est la marque d'un fort conseil d'extériorisation.
Cour d'honneur : voir ligne 1.
Fermeture : appréciation mantique signalant un moment de blocage, un mauvais agencement du flux vital qui restreint les possibilités de développement.

Hexagramme dérivé : hexagramme 3. DIFFICULTÉS INITIALES décrit la confusion des commencements. L'établissement de priorités permet d'y trouver une orientation.

Six en 3
Comme sans MESURE 不節若 bu JIE ruo
donc comme poussant des gémissements 則嗟若 ze jie ruo
Absence de faute 无咎 wu jiu

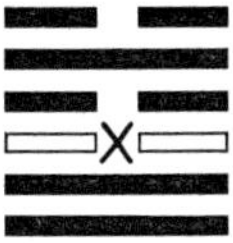

À ce niveau de Passage s'opère la transition entre les limites intérieures et les implications extérieures. On quitte maintenant les frontières indiquées aux deux traits précédents par les différentes *portes*, sans pour autant être déjà capable d'agir avec MESURE. L'apparition pour la première fois du nom de l'hexagramme montre que la régulation devient maintenant indispensable. Comme au moment de FILET D'OISELEUR, où les mêmes *gémissements* sont mentionnés (voir 30/3 et 30/5), la découverte que l'extérieur ne correspond pas toujours aux critères établis pour soi-même provoque une déconvenue qui doit non seulement engager à la modération, mais pousser à établir une règle à la fois rigoureuse et souple.

Incorrect et sans autre relation que le voisinage avec une seconde ligne marquée par une certaine frilosité, ce trait est aussi en résonance avec l'inexpérience indiquée au premier par la mention *absence de faute*, qui doit inciter à prendre conscience de la nécessité des délimitations.

Comme... comme : l'idéogramme employé ici, bien que différent de celui traduit ailleurs aussi par *comme*, lui est très proche aussi bien par le son que par le sens.
Sans MESURE : reprise de la formulation négative caractéristique des deux premiers traits.
Donc : l'idéogramme insiste sur l'idée de conséquence.
Poussant des gémissements : l'idéogramme était à l'origine une simple interjection de douleur, de compassion ou de mépris.
Absence de faute : formule mantique spécifique incitant à ne pas rester dans un état d'esprit incertain ou hésitant.

Hexagramme dérivé : hexagramme 5. ATTENDRE décrit un moment de tension où une convivialité sereine apprend à désamorcer l'anxiété.

Six en 4
MESURE paisible 安節 an JIE
Favorisant 亨 heng

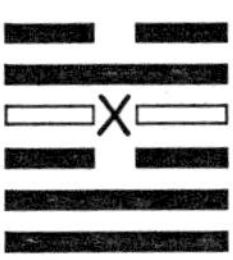

Ici, les atermoiements qui prédominent dans le bas de l'hexagramme prennent fin. Désormais la régulation est à même de s'établir dans la souplesse et la tranquillité. Une disponibilité *paisible*, caractéristique de la manière Yin (voir 2/J), permet d'accueillir la régulation sans qu'elle soit vécue comme une limitation et, comme au même niveau de PLAIDER SA CAUSE, de mettre fin à ce qui empêche une communication fluide (voir 6/4). La reprise à ce trait de la seule appréciation mantique du Jugement montre qu'il constitue un moment important de la mise en rythme. Moduler son énergie en établissant délimitations et repères permet à la situation de se déployer et de trouver sa pleine mesure.

Ce trait, Yin en place de Ministre, donc correct, est en correspondance avec la ligne initiale, également correcte, où la temporisation est bienvenue. La relation de voisinage avec la ligne souveraine aide à consolider le rythme qu'on est en mesure d'établir.

MESURE : nom de l'hexagramme. À ce trait, comme à chacun des trois niveaux supérieurs, le texte commence selon une structure identique : nom de l'hexagramme + un caractère le qualifiant (placé avant).
Paisible : l'idéogramme, souvent traduit par *paix*, désigne l'*apaisement* ressenti par tout le clan chinois à voir une femme s'installer sous le toit du fils aîné. Grâce aux descendants qu'elle donnera à la famille, ni le culte rendu aux aïeux, ni la continuité de la lignée ne seront interrompus. Dans le contexte du *Yi Jing*, le choix de ce terme souligne la capacité Yin de prendre en compte le travail du temps pour résoudre les tensions.
Favorisant : voir Jugement.

Hexagramme dérivé : hexagramme 58. ÉCHANGER est un moment de communication joyeuse et amicale où l'on ne met l'accent ni sur la rigueur ni sur les différences.

Neuf en 5

MESURE sucrée	甘節 gan JIE
Ouverture	吉 ji
Aller amène à se surpasser	往有尚 wang you shang

À la ligne souveraine, la nécessité d'une règle et d'une mise en rythme est évoquée dans un esprit de consentement et de douceur. Après la *paix* évoquée à la ligne précédente, une autre qualité Yin, le *sucré*, rattaché à la rectitude, au Milieu Juste et à la Terre, indique la possibilité d'établir la MESURE en sachant conjuguer mansuétude et fermeté. Il ne s'agit pas de tolérance tiède ou passive mais d'une attitude de haute noblesse, évoquée par la sentence *agir amène à se surpasser.* Les deux autres situations où elle est citée, ABONDANCE et S'ENTRAÎNER au passage des RAVINS (voir 55/1 et 29/J), montrent

qu'ici, trouver la juste MESURE, c'est autant apprivoiser le vide que canaliser le plein, autant maîtriser la propension au trop que domestiquer la peur du manque.

À l'opposé des contraintes *amères* mentionnées à la ligne suivante, cette attitude ouvre des perspectives fécondes signalées par l'appréciation *ouverture*, qui n'apparaît qu'à cette ligne. La correction du trait, Yang à une place impaire, souligne une position d'équilibre entre les deux attitudes, l'une rigide et l'autre amène, décrites aux deux lignes adjacentes.

MESURE : nom de l'hexagramme. Voir ligne 4.
Sucrée : représentant quelque chose qui est en bouche, l'idéogramme signifie au sens propre : *doux, sucré.* En tant que saveur, il est associé à la rate, à la terre et à la couleur jaune, donc à la sincérité, à la rectitude et à la fidélité. De cette association vient son sens figuré *de plein gré, volontiers, de bon cœur* qui s'applique généralement à des situations désagréables (comme dans l'expression ancienne « un chevalier accepte *volontiers* d'être brûlé vif pour son souverain »). Cependant, dans le contexte de cet hexagramme, il n'est pas sûr que ce sens dérivé soit celui qui est évoqué dans la mesure ou le *sucré* fait écho à l'*amertume* évoquée au Jugement et citée à la ligne suivante. Voir aussi 19/3.
Aller : extrêmement usuel, l'idéogramme a, dans le contexte du *Yi Jing*, le sens d'un conseil de mise en route, d'une injonction à aller de l'avant.
Amène : le texte porte simplement le verbe *il y a* qui indique la réalité effective de ce qui est décrit. Il marque ici une conséquence : ce qui précède *fait que se réalise* ce qui suit.
Se surpasser : représentant la partie supérieure d'un bâtiment, se prononçant comme le caractère *en haut, vers le haut*, l'idéogramme signifie *surpasser, estimer, faire grand cas, supérieur, honorable.*
Aller amène à se surpasser : cette phrase, parmi les plus belles de tout le *Yi Jing*, souligne la responsabilité que nous avons dans notre propre cheminement pour vaincre peur et dangers. Elle est citée trois fois : ici, à 55/1 et surtout, dans une forme encore plus explicite (*agir* remplace *aller*) au Jugement de S'ENTRAÎNER AU PASSAGE DES RAVINS (voir 29/J).

☷☱ **Hexagramme dérivé :** hexagramme 19. APPROCHER est un moment de surgissement de forces multiples où il faut se pencher avec bienveillance sur ce qui pousse pour l'aider à grandir.

En haut un six		
MESURE amère	苦節	ku JIE
présage fermeture	貞凶	zhen xiong
Tout regret disparaît	悔亡	hui wang

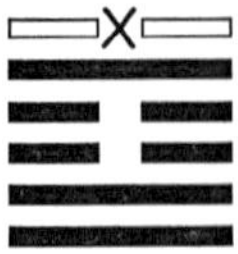

À ce niveau de Sortie, la MESURE est dépassée, elle devient *amère*. L'avertissement déjà donné au Jugement prend ici tout son effet : une rigueur austère qui ne tient pas compte des limites pervertit la recherche d'une mise en rythme harmonieuse. Bien éloigné de la saveur *sucrée* et de l'atmosphère *paisible* qui évoquent aux deux lignes précédentes une canalisation tempérée de l'énergie, un excès de sévérité engendre à ce niveau une amertume qui laisse présager un blocage. Cette constatation ne doit ni décourager, ni servir d'excuse pour renoncer : prendre conscience que les exigences sont allées au-delà de ce qui est possible doit inviter à balayer les regrets et pousser à retrouver une plus juste mesure.

Correct et en relation de voisinage avec la ligne souveraine, ce dernier trait résume l'expérience de la limite qui s'effectue à travers les différents degrés de l'hexagramme. La note douce-amère sur laquelle il s'achève doit inciter à ne pas déguiser la faiblesse en rigidité.

MESURE : nom de l'hexagramme. Voir ligne 4.
Amère : voir Jugement.
Fermeture : appréciation mantique signalant un moment de blocage, un mauvais agencement du flux vital qui restreint les possibilités de développement. Elle est citée deux fois dans cet hexagramme : lignes 2 et 6.
Présage fermeture : formule mantique qui indique la probabilité que la situation se grippe.
Regrets : appréciation mantique qui signale qu'on tarde à réagir, à adopter la nouvelle attitude demandée par le changement dans la situation. Formé avec le signe du cœur, commun à tous les sentiments ou pensées et un groupe complexe représentant des plantes pullulantes, l'idéogramme évoque ce qui encombre le cœur, et donc le paralyse.
Tout regret disparaît : formule mantique spécifique qui renforce le sens d'incitation à aller de l'avant contenue dans le terme regrets.

Hexagramme dérivé : hexagramme 61. JUSTE CONFIANCE est une situation de confiance en soi et en l'autre, où la force d'un cœur vide de préjugé permet une attitude juste et centrée.

ÉLÉMENTS D'ANALYSE

Nucléaire

䷚ **Hexagramme 27 : NOURRIR.** Au cœur de MESURE, il y a NOURRIR. Au cœur d'un moment où l'on articule son activité sur des règles se trouve l'idée d'une régulation permettant de maintenir les impulsions. C'est en évitant à la fois la rigidité et le laisser-aller que l'on trouve le rythme juste. Cette capacité à installer une respiration en posant des limites et en s'y référant est ce qui permet à la vitalité de se déployer. Elle est si importante pour l'entretien de la vie que MESURE est la stratégie conseillée dans la Grande Image de l'hexagramme 27.

Opposé

䷷ **Hexagramme 56 : VOYAGEUR.** La relation d'opposition entre MESURE et VOYAGEUR se situe au niveau des règles qu'ici on instaure, que là on ignore. Alors que MESURE montre les différentes façons de se mettre en rythme et de régler une cadence, le VOYAGEUR, méconnaissant les usages du lieu où il se trouve, s'en croît affranchi et tombe dans la démesure. Dans l'un, des normes sont posées au seul risque de l'excès de rigueur. Dans l'autre, le laxisme prédomine au grand risque du dérèglement et de l'excès.

61 JUSTE CONFIANCE

中孚

ZHONG FU

䷼

En haut VENT ☴

En bas BRUME ☱

JUSTE CONFIANCE	中孚	ZHONG FU
Porc et poisson	豚魚	tun yu
Ouverture	吉	ji
Profitable de passer le grand fleuve	利涉大川	li shi da chuan
Ténacité profitable	利貞	li zhen
Au début un neuf		
Pour qui se prépare ouverture	虞吉	yu ji
Qui en rajoute	有他	you ta
perd la quiétude	不燕	bu yan
Neuf en 2		
Une grue se fait entendre dans l'ombre	鳴鶴在陰	ming he zai yin
Son joli prince lui fait écho	其子和之	qi zi he zhi
J'ai un bien bel hanap	我有好爵	wo you hao jue
Toi et moi renversons-le avec prodigalité	吾與爾靡之	wu yu er mi zhi
Six en 3		
On atteint son double	得敵	de di
Parfois sonner la charge	或鼓	huo gu
parfois le cessez-le-feu	或罷	huo ba
Parfois pleurer en silence	或泣	huo qi
parfois chanter à tue-tête	或歌	huo ge
Six en 4		
À l'approche de la lune pleine	月幾望	yue ji wang
L'attelage est découplé	馬匹亡	ma pi wang
Absence de faute	无咎	wu jiu
Neuf en 5		
Il y a ONDE PORTEUSE	有孚	you FU
comme reliant à la manière des anneaux dune chaîne	攣如	luan ru
Absence de faute	无咎	wu jiu
En haut un neuf		
Le cri du faisan s'élevant jusqu'au ciel	翰音登于天	han yin deng yu tian
présage fermeture	貞凶	zhen xiong
Grande Image		
Au-dessus de la brume il y a le vent	澤上有風	ze shang you feng
JUSTE CONFIANCE	中孚	ZHONG FU

L'Être Accompli ainsi	君子以	jun zi yi
en pesant les raisons des procès	議獄	yi yu
sursoit à l'exécution des peines de mort	緩死	huan si

Dixième Aile		
JUSTE CONFIANCE	中孚	ZHONG FU
fidélité.	信也	xin ye

JUSTE CONFIANCE est une marque d'une certitude. C'est la confiance qui vient du fond de soi quand, certain de se tenir à sa vraie place, on est porté à agir en parfaite adéquation avec le moment et l'entourage. C'est la force qui naît quand un cœur vide de préjugés se déploie une attitude juste et centrée. C'est la quiétude qui rend capable d'apaiser les querelles les plus vives et d'établir avec les autres des rapports sincères. Cet hexagramme, sans doute un des plus profonds du *Livre des Changements*, condensé des valeurs fondamentales de la spiritualité chinoise, prend tout son sens dans les relations d'échange, en montrant comment peuvent se créer les liens réunissant des temps et des mondes différents.

Son nom rassemble en deux caractères les deux idées majeures : le Milieu, c'est-à-dire la justesse d'une attitude capable de mettre parfaitement en accord tous les éléments du moment présent, et la confiance, c'est-à-dire le sentiment d'être à sa place dans une continuité qui porte comme un flux.

La forme de la figure donne à voir ce balancement par sa symétrie. Le ferme et le souple y sont disposés de façon circulaire, distribuées harmonieusement comme en anneau, chaque polarité se tenant au lieu de sa meilleure efficience : extériorisation Yang à la périphérie, intériorité Yin au centre. Majoritaires, les quatre traits Yang ne forment pas un bloc prépondérant, car ils sont scindés en deux groupes situés aux deux extrémités, entourant comme pour s'y ancrer les deux traits Yin regroupés au milieu de l'hexagramme. À l'image d'un cœur vide, ce dispositif crée aux deux places de l'être humain un espace libre, un lieu d'échange ouvert où convergent l'interne et l'externe, permettant un lien fluide entre Ciel et Terre.

Le texte de JUSTE CONFIANCE, dont la plupart des images – *coupe* à boire, *anneaux* qui s'enchaînent, *pleine lune* – sont en analogie avec la forme circulaire qui relie le thème de l'hexagramme à son aspect, multiplie les évocations de rencontre, d'alliance et de partenariat. Son déroulement global s'organise selon la même symétrie concentrique. Les traits situés aux deux extrémités entourent les moments forts de la rencontre, comme dans un opéra le prélude et l'épilogue, le premier décrivant la préparation, le dernier la séparation. Aux deux places centrales, la confiance prédomine et va crescendo de l'appel à l'alliance : au second trait, une invite est lancée dans l'ombre, un chant d'oiseau auquel l'écho répond ; au cinquième, le seul où apparaît le nom de l'hexagramme, un lien s'établit, solide comme les annaux d'une chaîne. Aux deux places médianes enfin, celles du niveau humain, sont décrites les incertitudes de la rencontre : au troisième trait, le tohu-bohu d'une relation qui s'échauffe entre partenaires à la recherche l'un de l'autre ; au quatrième, les difficultés à tenir un *attelage* qui tire à hue et à dia.

Porté par la foi en l'éternité de la vie que les Chinois placent au cœur de l'existence, JUSTE CONFIANCE engage à dépasser les appréhensions et à s'engager avec une conviction telle qu'il devient possible d'aller bien au-delà de ce que l'on croyait possible. La confiance en soi prend alors toute son ampleur dans la disposition à l'amitié et au partage.

IDÉOGRAMMES

ZHONG : *Milieu. Central. Le Milieu Juste, la juste mesure, centre, droit, équilibré. Intermédiaire, médiateur, arbitre. L'intérieur. Le cœur humain, la vie intérieure.*

L'idéogramme, un des caractères les plus importants de la pensée chinoise, est expliqué depuis plus de deux mille ans comme étant la représentation d'une cible vue d'en haut (seule sa tranche apparaît) qu'une flèche fichée en son centre transperce de part en part. Alors que l'épée est l'arme noble par excellence en Occident, c'est en Chine de l'arc que vient toute la noblesse, qu'elle soit féodale ou morale. Dans l'Antiquité se déroulaient tous les cinq ans des concours de tir à l'arc qui réunissaient tous les nobles à la cour royale. Lors de ces concours, l'épreuve la plus importante était le tir en musique, forme particulièrement raffinée du maniement de l'arc. Les coups au but n'étaient décomptés que si la flèche avait atteint le centre de la cible au moment juste, c'est-à-dire à un moment précis de la mélodie marqué par le son du gong. La synchronicité des deux moments se vérifiait à l'oreille : au moment où le gong résonnait (émettant le son « gonggg »), la flèche se fichait au centre de la cible (émettant alors un son que rappelle la prononciation de l'idéogramme « djonggg »). Alors celui qui avait réussi, non seulement à viser juste mais surtout à insérer son tir dans le rythme de la mélodie, montrait par là qu'il était apte à gouverner. En conséquence son mandat féodal était reconduit pour cinq ans au même niveau nobiliaire voire à un niveau supérieur. Dans le cas contraire, on pouvait être rétrogradé à un rang nobiliaire inférieur. On comprend que dans un tel contexte, alors que flèche et cible sont utilisés pour évoquer l'idée de justesse, le verbe tirer à l'arc ne s'écrive ni avec tirer, ni avec arc, mais en combinant les signes du corps et du rythme. Idée centrale de la pensée chinoise, le Milieu Juste n'est pas une notion géométrique, mais une attitude. La définition qu'en donne le dictionnaire de poche le plus répandu en Chine actuelle est : harmonisation des quatre directions.

FU : *Fidèle, sincère, digne de foi. Avoir foi. Avoir confiance.*

L'idéogramme est composé de deux éléments. En bas un caractère dont le sens est à la fois enfant et prince. La partie supérieure s'écrit maintenant avec le signe des griffes d'oiseau, mais sa forme ancienne est clairement une main humaine et représente un geste : celui d'une main se posant sur la tête d'un enfant pour la pousser doucement vers la poitrine. Ce geste a été choisi pour représenter un sentiment de confiance totale et réciproque, unissant deux êtres situés dans des générations différentes. Cette idée demeure dans les sens usuels de ce caractère, mais ce sont des sens figurés. En remontant à l'origine, on trouve un sens au prime abord curieux : prisonnier. C'est un doublet, qui dérive de l'interprétation de ce caractère comme main tenant un prince (ennemi). En revanche deux composés confirment l'interprétation précédente : le mot sein d'abord, dans lequel est simplement ajoutée la forme d'un sein pour le différencier de la scène d'ensemble, et surtout le verbe, flotter, nager. Les Chinois jusque naguère détestaient la natation. Dans le contexte du *Yi Jing*, l'eau n'est bénéfique que sous forme de pluie, et quand il s'agit de traverser une rivière, nager n'est même pas envisagé, c'est à gué qu'il faut *passer le grand fleuve* (voir Jugement), cette traversée étant limage de l'effroi maximum. Pour nager il ne faut pas craindre l'eau, mais se laisser porter par elle. Aussi le caractère signifiant *nager* s'écrit-il en combinant le signe de l'eau et celui de la confiance. De même que l'angoisse est évoquée par l'image du sol qui se dérobe sous les pas (voir 29/I), la confiance en l'eau sert à désigner la natation. De là découle le choix de *portance*, pour traduire l'idée globale de ce caractère, et celui de *onde porteuse* pour ses différentes apparitions en tant que formule mantique. Il est en effet utilisé quarante et une fois dans le Texte canonique, et dans une grande variété de formes, comme pour adapter cette appréciation mantique aux particularités de chaque situation.

Le tir à l'arc est la voie des justes rapports humains. C'est en lui-même que le tireur cherche la rectitude de son tir. Il ne décoche sa flèche qu'après avoir rectifié son propre comportement. Et si alors il manque le but, il n'en éprouve aucune animosité à l'égard du vainqueur mais fait retour en lui-même pour y chercher les raisons de son échec. Confucius disait : « Comment le tireur peut-il, dans son tir, décocher ses flèches en suivant la cadence de la musique et atteindre sans faute le milieu de la cible ? N'est-ce pas là le fait seulement de qui est excellent[102] ? »

Livre des Rites

TEXTE CANONIQUE

JUGEMENT

JUSTE CONFIANCE	中孚	ZHONG FU
Porc et poisson	豚魚	tun yu
Ouverture	吉	ji
Profitable de passer le grand fleuve	利涉大川	li shi da chuan
Ténacité profitable	利貞	li zhen

Les deux animaux qui symbolisent la JUSTE CONFIANCE résument à eux seuls toute la spiritualité chinoise. Le *porc* représente les ascendants car la demi-tête de cochon était l'offrande de base du culte ancestral – à partir de là, il est l'image de tout ce qui a précédé. Le *poisson* représente les descendants, car un repas de mariage n'est pas concevable sans que soit servi un plat de poisson – à partir de là, il est l'image de tout ce qui suivra. Du couplage de ces deux symboles découle toute une conception de la vie, qui se manifeste dans le sentiment d'être à sa place juste dans le présent, comme un maillon vide et nécessaire dans une chaîne vivante d'ancêtres défunts et d'enfants à venir.

Plus généralement, cette sensation d'une position juste est à la base d'une profonde confiance en soi qui donne le cœur de réaliser ce qu'on croyait impossible et la force de *passer le grand fleuve*, c'est-à-dire d'aller sans crainte à la rencontre de l'autre. Cependant, comme le suggère l'absence de la mention *favorisant*, l'accord n'est pas acquis d'emblée : l'échange est un parcours qui nécessite patience et *ténacité*. Qui s'appuie sur ce qui a été pour faire advenir ce qui sera envisage le présent avec confiance.

Porc : formé avec le signe général des porcins et le caractère *chair*, l'idéogramme signifie en propre *porcelet, cochon de lait*. Bien que ce caractère, utilisé seulement ici, soit un peu différent de celui qui désigne le porc à proprement parler, porc a été préféré en raison de son assonance avec *poisson*, qui fait entendre la musique rythmée du texte chinois.

Poisson : le poisson est un symbole important en Chine. Animal aquatique, il est surtout, à cause de ses myriades d'œufs, une allégorie usuelle de la multiplicité et de la fécondité Yin. Naguère encore chez les paysans pauvres du Shanxi, quand on ne pouvait pas se payer de poisson lors d'une noce, on servait quand même un plat avec un poisson en bois nappé de sauce rouge (couleur de la joie et du mariage). Dans les deux autres hexagrammes où il apparaît (23/5 et 44/2), eux aussi concernés par le Yin, il symbolise la nourriture qui permet de « tenir » pendant les périodes hivernales et l'assurance d'une fécondité.

Ouverture : appréciation mantique signalant un moment heureux où un agencement fécond du flux vital multiplie les possibilités de développement. Elle n'apparaît sous cette forme directe (sans commentaires) que deux autres fois : au moment d'ALLIANCE (8/J) et de PROSPÉRITÉ (11/J).

Passer le grand fleuve : formule mantique spécifique signifiant qu'il faut oser vaincre sa peur, sortir de chez soi, se jeter à l'eau. Le moment requiert de dépasser son fonctionnement habituel et de mettre à l'épreuve ses capacités en accomplissant le pas nécessaire pour aborder à des rives nouvelles. Entre *porc* et *poisson*, il faut aller au-delà d'un comportement frileux pour trouver la position juste entre deux territoires.

Ténacité profitable : formule mantique signalant que la situation, pour être fructueuse, requiert une grande capacité à endurer, à tenir avec constance, sans se laisser fatiguer par les difficultés du moment.

TEXTE DES TRAITS

Au début un neuf

Se préparer ouverture	虞吉	yu ji
Qui en rajoute	有他	you ta
perd la quiétude	不燕	bu yan

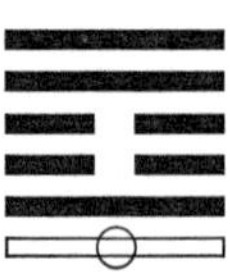

À ce niveau d'Entrée, le processus qui s'amorce bute sur les difficultés propres à tout début. Si une rencontre suppose la remise en jeu des certitudes, elle ne doit pas aller jusqu'à entraîner l'abandon des convictions personnelles.

Avant que la confiance ne puisse s'instaurer, il faut s'éprouver au contact de l'autre, sans se laisser désarçonner par les premières escarmouches, afin d'apprécier ce qui est attendu aussi bien que ce qui peut être apporté dans la relation. Préserver sa *quiétude* est à ce stade la meilleure façon de se préparer à un échange véritable.

Correct mais situé à un niveau où l'inexpérience prédomine, ce premier trait est en correspondance avec le quatrième, où est évoqué un partenariat tendu. Cette allusion à une rencontre difficile ne doit pas empêcher de se prêter à l'échange. Que la confiance ne puisse s'improviser ne doit pas décourager : comme l'indique la présence de l'unique appréciation favorable mentionnée dans les traits, tout est *ouvert* à qui sait se donner le temps d'inventer l'attitude permettant la rencontre.

Se préparer : l'idéogramme, de forme assez complexe, a pour sens général *se préparer*. Cette préparation préalable permet, au milieu des DIFFICULTÉS INITIALES, de discerner les tout premiers indices du changement en cours (voir 3/3).
Ouverture : appréciation mantique signalant un moment heureux où un agencement fécond du flux vital multiplie les possibilités de développement. Elle apparaît au jugement, mais c'est le seul trait où elle est citée.
Qui en rajoute : le texte comporte deux idéogrammes. Le premier est le verbe auxiliaire *il y a* et le second un caractère rare et vague qui signifie *une autre personne* ou *une autre chose*. Une phrase presque similaire se retrouve deux fois : *s'ajoutent d'autres choses* à 8/1 et *en rajouter* à 28/4.
Perd la quiétude : le texte porte seulement une négation et un idéogramme représentant une *hirondelle*. Il est usuellement utilisé à la place d'un autre caractère signifiant *banquet, festin, repos, loisir, tranquillité* (voir 5/GI et 17/GI).

Hexagramme dérivé : hexagramme 59. DÉNOUER est un moment de crue où ce qui était figé retrouve sa liberté d'action. La perte des repères familiers y offre aussi l'opportunité de se libérer des rigidités.

Neuf en 2

Une grue se fait entendre dans l'ombre	鳴鶴在陰	ming he zai yin
Son joli prince lui fait écho	其子和之	qi zi he zhi
J'ai un bel hanap	我有好爵	wo you hao jue
Toi et moi renversons-le avec prodigalité	吾與爾靡之	wu yu er mi zhi

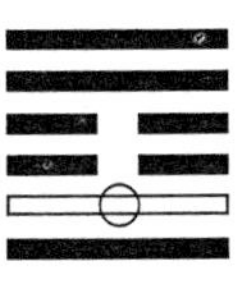

Appel, écho, agapes, toi et moi : imagé comme un poème, tout le texte de cette ligne est invitation à l'échange. Venue du fond le plus caché – de cette *ombre* qui servira à nommer le Yin – une invite aussi directe que discrète retentit au loin, et reçoit une réponse. C'est là une incitation à sortir du doute pour s'aventurer en confiance à la rencontre de l'autre. L'appel se double d'une proposition à boire qui résonne comme une exhortation à l'amitié et au partage.

Bien qu'il soit sans correspondance directe, ce trait est une sorte d'écho à distance de la cinquième ligne : aux gobelets évoqués ici répondent plus haut les anneaux d'une chaîne. L'analogie des deux images, proches par leur forme circulaire et leur matériau métallique, indique une progression dans la symbolique de l'union. L'invite qui se fait jour à cette place centrale du Yin reflète ces moments où, à la lisière du monde intérieur, on trouve l'assurance nécessaire pour s'élancer vers le dehors.

Grue : un oiseau extrêmement valorisé dans l'imaginaire chinois. Symbole de longévité et d'élévation, la grue deviendra la monture privilégiée des Immortels taoïstes. Elle est parfois utilisée comme symbole de l'impatience.
Se fait entendre : écrit avec le caractère *oiseau* et le signe de la bouche, l'idéogramme désigne le *cri des animaux* en général et celui des oiseaux en particulier. Son sens figuré est *émettre un son, faire retentir*. De nos jours, on peut le voir en Chine au bord des routes et des canaux, écrit sur le panneau de circulation indiquant l'obligation de signaler sa présence par un coup de Klaxon ou de sirène. Dans le *Yi Jing*, il n'est employé qu'ici et aux hexagrammes SE TENIR et S'ENTHOUSIASMER (voir 15/2 et 16/1).
Dans : l'idéogramme est plus fort que le simple verbe « être dans ». Signifiant *être en un lieu, être présent dans, être en train de*, il souligne un fort rapport entre la présence et le lieu de la présence. Dans le contexte du *Yi Jing*, il est le plus souvent mis en relation avec des lieux assez Yin, et cité à des places paires.
Ombre : l'idéogramme a pour sens propre *ubac, versant ombreux, temps couvert*. Mais c'est aussi celui qui sera choisi, à partir de la rédaction du Grand Commentaire, pour écrire le concept de Yin. Il n'apparaît qu'ici dans le Texte canonique (le caractère Yang n'y est pas mentionné).
Joli prince : le texte porte un seul idéogramme qui signifie à la fois *enfant* et *prince*. La majorité des commentateurs tant chinois qu'étrangers choisissent le sens de *enfant*, pensant au petit de la grue citée à la phrase précédente et à la symbolique attachée au nom de l'hexagramme (voir Idéogrammes, *confiance*). *Petit*, qui convient aussi bien pour les animaux que pour les enfants, est alors commenté comme une image de la relation de confiance entre mère et enfant. Ce point de vue est majoritaire depuis les Han, sans doute parce qu'il permettait un commentaire aussi chaste que

prude. En effet, dès lors qu'on envisage qu'il puisse s'agir d'un *prince*, ce n'est plus une maternité qui est évoquée, mais un chant d'amour, une invite sans équivoque comme il s'en trouve dans le *Livre des Odes*. *Joli prince*, qui vaut pour un enfant comme pour un amant, joue sur ce double sens. Cependant, qu'il désigne un enfant ou un jeune prince, ce caractère n'est employé dans le *Yi Jing* qu'associé aux traits inférieurs des hexagrammes, au début des situations qu'ils décrivent, comme un signe de devenir.

Fait écho : écrit avec le caractère *bouche* et le signe général des céréales, l'idéogramme désignait à l'origine les chants alternés des paysans qui, travaillant dans les champs, se répondaient de deux rangs en deux rangs, comme nos chants « en canon ». Il signifie *concorder, harmoniser, s'accorder, paix, aller de pair, aller ensemble*, etc. (voir aussi 58/1, *harmonisant*).

J'ai : le texte porte deux idéogrammes, le verbe *avoir* (voir *il y a* ligne 1) et un caractère qui signifie *je, moi, me* en tant que pronom personnel et *mon, ma, mes* en tant qu'adjectif possessif. Cette phrase, comme toutes celles comportant un pronom personnel, pose la question de savoir qui parle à la première personne dans le *Yi Jing*. Parfois il s'agit du Roi Wen lui-même (voir 9/J ou 62/5), parfois, comme ici, l'attribution est moins claire. Est-ce la grue qui appelle ainsi dans l'ombre ou bien son joli prince qui lui répond ? La seule certitude est qu'il y a un appel et une invite à boire.

Bel : formé par la combinaison des signes femme et enfant (prince), l'idéogramme est un des caractères les plus employés de la langue chinoise pour exprimer tout ce qui est *bon* et *bien*. La forme de contentement qu'il donne à voir le rapproche de l'*apaisement* apporté par la présence d'une femme sous le toit du fils aîné (voir 2/J). Dans le *Yi Jing*, il n'est cité qu'une autre fois, pour qualifier la RETRAITE quand elle commence à devenir fructueuse (voir 33/4 *bonifiante*).

Hanap : aussi inusuel en chinois que hanap en français, l'idéogramme était le nom d'un type de coupe à boire en bronze, haute sur pied et en forme d'oiseau, utilisée dans les banquets féodaux (durant lesquels on communiquait entre vivants, et non avec les défunts comme dans l'hexagramme opposé, voir 62/2). Ce terme est devenu par la suite une appellation nobiliaire générale équivalente à « noble sire ». Hanap, qui est le nom d'une ancienne coupe elle aussi haute et métallique, a été choisi pour sa consonance médiévale et en raison de cette analogie de forme.

Toi : l'idéogramme est obscur. Représentant semble-t-il à l'origine un outil pour carder la soie, se prononçant comme *deux* et *oreilles*, il sert très tôt de marque de la seconde personne, de tutoiement familier ou condescendant, mais il peut aussi avoir un sens démonstratif *(cette, ces)*. Il renforce l'idée de partenariat et de couplage.

Et : bien plus qu'une simple conjonction de coordination, l'idéogramme employé est une copule, au sens le plus fort du terme. Formé à l'origine avec le signe *cuillère* (voir 51/J), spécifiée comme étant retournée, donc versée (d'où son premier sens *donner*), le caractère s'est amplifié pour décrire un désir puissant d'union féconde. Il est toujours très usuel dans le sens de *ensemble, avec, et, unir, aider, s'associer, donner, faire que*, etc. Manifeste ici, ce sens s'exprime au niveau symbolique dans l'union du ciel et du feu qui produit S'ENTENDRE AVEC TOUS (voir 13/GI) et la désunion du ciel et de l'eau qui produit PLAIDER SA CAUSE (voir 6/GI).
Moi : l'idéogramme, formé du signe de la bouche, dans le sens de rassemblement (voir 27/I) et du chiffre *cinq*, marque du centre, est une forme tombée en désuétude du pronom personnel à la première personne utilisé à la phrase précédente.
Renversons-le avec prodigalité : rare et complexe, l'idéogramme est généralement utilisé pour son sens grammatical de négation. Cet usage vient de son sens propre d'origine *courbé vers la terre, renversé*, devenu au figuré *prodigue, dépensier, somptueux*.

Hexagramme dérivé : hexagramme 42. AUGMENTER est un moment de bouillonnement et de montée en puissance qui accroît les potentiels et offre l'opportunité de réaménager les forces en présence.

Six en 3
On atteint son double — 得敵 de di
Parfois sonner la charge — 或鼓 huo gu
parfois le cessez-le-feu — 或罷 huo ba
Parfois pleurer en silence — 或泣 huo qi
parfois chanter à tue-tête — 或歌 huo ge

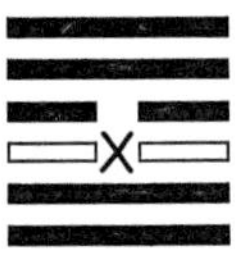
À la première des deux places où sont décrits les aléas de la relation, l'invite devient rencontre, contact réel qui provoque accès d'émotivité et tourbillons d'incertitude. Ces turbulences sont décrites en termes imagés, qui peuvent être lus au sens guerrier aussi bien qu'amoureux : assauts suivis de retraits, bouffées de tristesse laissant place à des explosions de joie. La réalité inattendue de la rencontre désarçonne et ébranle la confiance en soi. Mais le flottement qu'elle provoque n'est pas préjudiciable : aucune formule mantique négative ne vient le sanctionner. Comme à la ligne de Passage de FILET D'OISELEUR, où l'émotivité est décrite en des termes similaires, il importe, aux moments où l'éclat peut tourner à l'éblouissement, de garder confiance.

La souplesse du trait suggère un manque d'assurance, une versatilité incorrecte à cette place de passage. Sa correspondance avec la sixième ligne, où l'on parle trop haut et trop fort, accentue la tendance à l'agitation. Transformer la rencontre d'autrui en échange véritable suppose de trouver l'équilibre entre audace et légèreté.

Atteint : toujours très courant, l'idéogramme signifie *obtenir, acquérir, trouver, atteindre, recevoir*, à chaque fois dans un sens d'avantage, de gain, de succès.
Double : l'idéogramme désigne le partenaire, au sens sportif du mot, celui avec qui, et contre qui, on joue. Il signifie aussi bien *égal*, que *rival*. Il n'apparaît qu'ici dans le Texte canonique.
Parfois... parfois : une marque de doute, d'indétermination. Il est notable que ce caractère soit répété quatre fois au trait de passage de l'hexagramme de la confiance en soi.
Sonner la charge : le texte porte un seul idéogramme formé du dessin d'un tambour sur pied et d'une main frappant avec une baguette. Il signifie tambour, *battre le tambour*, mais aussi *exciter, émouvoir, ébranler*. Il décrit dans le Grand Commentaire un mouvement d'éveil « les dix mille êtres sont *éveillés* par le tonnerre et l'éclair[103] ». Voir aussi 30/3, *tambouriner*.
Cessez le feu : écrit avec le signe du filet et le verbe *pouvoir*, l'idéogramme a pour sens général *cesser, arrêter, interrompre*. Il est employé de nos jours pour dire *faire grève*, et aussi *déposer les armes*.
Sonner la charge... Cessez le feu : ces expressions à la fois anciennes et anachroniques du vocabulaire militaire détonent dans le *Yi Jing*. Elles ont sans doute été choisies pour exprimer la violence du mouvement décrit et peut-être aussi pour suggérer des luttes plus intimes (voir 2/6, *corps à corps*).
Pleurer en silence : rend un seul idéogramme, composé du signe des liquides et du caractère *se tenir debout*, et évoquant quelqu'un dont les larmes coulent sans qu'il soit dans une attitude prostrée.
Chanter à tue-tête : rend un seul idéogramme, toujours très courant, et qui signifie simplement *chanter*, mais avec l'idée sous-jacente de contentement et de rassemblement dans la joie. À *tue-tête* a été ajouté pour accentuer le contraste avec le verbe précédent.

䷈ **Hexagramme dérivé** : hexagramme 9. PETIT APPRIVOISE est un moment de confinement et d'accumulation de forces que l'on affine patiemment pour les rendre fécondes.

Six en 4

À l'approche de la lune pleine	月幾望	yue ji wang
L'attelage est découplé	馬匹亡	ma pi wang
Absence de faute	无咎	wu jiu

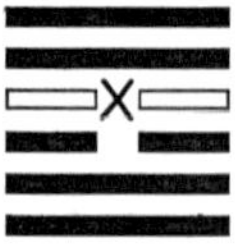

À la seconde des deux places où sont décrits les aléas de la rencontre, la recherche de l'autre, qui s'opère dans une atmosphère chaotique au stade précédent, devient partenariat où l'on peine à s'accorder pour avancer de concert. La lune, emblème Yin par excellence, est face au soleil, à parité de rondeur avec lui. Comme à PETIT APPRIVOISE, ce face-à-face des deux luminaires suggère un appariement fécond, mais aussi un équilibre difficile à sauvegarder. À la fois signe de tension et promesse d'éclosion, limage de la *lune presque pleine* se double d'un autre symbole de parité, l'*attelage*. Là encore, il s'agit de savoir maintenir un accord : pour diriger un chariot, le cocher doit pouvoir s'appuyer sur un des deux chevaux qu'il place légèrement en avant de l'autre. Que le partenaire tente de s'imposer au lieu de faire équipe, et l'attelage s'égare.

Correct et en relation de voisinage avec la ligne souveraine, ce trait représente le stade où il faut tenir le rôle de communication conforme à une place de Ministre. Il importe ici de maintenir la position médiane qui donne tout son sens à l'hexagramme, afin de pouvoir retenir patiemment les énergies et faciliter une orientation commune. La correspondance avec la première ligne, stade des préparatifs, est en résonance avec l'idée d'un *presque*, qui doit inciter à se préparer à l'adéquation à venir.

À l'approche de la lune pleine : expression en trois idéogrammes dont le premier est le caractère *lune*, le second veut dire *presque* (voir 3/3, *au tout premier indice*), et le troisième *face à*, qui appliqué à la lune *face* au soleil, désigne la pleine lune. Deux idées se superposent dans cette expression. La première est que les astres Yin et Yang sont *presque* face à face, c'est-à-dire quasiment à égalité de puissance. La seconde est que, par rapport à sa variation cyclique, la lune est proche de sa culmination (pleine lune), c'est-à-dire proche de l'instant où s'amorce la mutation de la lune ascendante en lune descendante. Cette scène, une des rares notations astronomiques du *Yi Jing*, se retrouve dans deux autres hexagrammes avec cette double connotation : au dernier trait de PETIT APPRIVOISE, c'est-à-dire à la fin de l'incarcération du Roi Wen (9/6), et à MARIAGE DE LA CADETTE où elle fait allusion à la conception de ses fils, toute première amorce du changement qui finalement mènera les Zhou sur le trône (54/5).
Attelage : écrit avec une partie du caractère *quatre*, le second idéogramme de l'expression est expliqué comme étant une division de quatre. D'où lui viennent les sens de *paire, couple, associés, époux, compagnons*, etc. désignant tout ce qui va par paire, comme les canards appelés mandarins. *Attelage* a été préféré puisque ce mot sert ici à qualifier des chevaux.

Découplé : écrit avec le verbe rentrer et le signe d'une anfractuosité, l'idéogramme qui signifiait à l'origine se cacher, disparaître est dans le contexte du *Yi Jing* une marque de séparation (voir par exemple 11/2, où ce sont les amis qui disparaissent) et d'errance solitaire (voir 25/I).
Absence de faute : formule mantique spécifique incitant à ne pas rester dans un état d'esprit incertain ou hésitant.

Hexagramme dérivé : hexagramme 10. DÉMARCHE est un moment où une force instinctive est approchée et canalisée par une attitude prudente et respectueuse des formes.

Neuf en 5

Il y a ONDE PORTEUSE	有孚 you FU
comme reliant à la manière des anneaux d'une chaîne	攣如 luan ru
Absence de faute	无咎 wu jiu

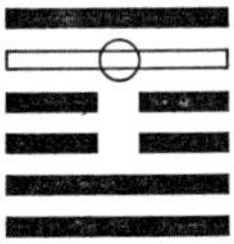
Que le nom de l'hexagramme – du moins le second caractère de son titre – n'apparaisse qu'à la ligne souveraine indique qu'ici se situe le point focal de la situation. Cette présence est d'autant plus importante que ce mot est aussi une appréciation mantique très répandue dans le *Yi Jing*, comme si l'ONDE PORTEUSE était une harmonique essentielle de l'art du changement. Alors que les deux traits précédents bouillonnent de tensions contradictoires, la confiance permet ici un échange fécond, indiquant l'aboutissement de la conjonction décrite à la quatrième ligne.

Le lien qu'il est possible à ce stade d'établir a la solidité des *anneaux d'une chaîne* : bien quelle ne semble constituée que de vides entrecroisés, une chaîne est un soutien ferme, analogue à celui donné par l'assurance d'être à sa place dans une continuité. Comme la coupe en bronze citée à la seconde ligne, les anneaux sont à l'image de l'hexagramme lui-même : une forme ronde où un alliage de métal entoure un vide central. Ce vide, qui permet l'usage des coupes et l'enchaînement des anneaux, est analogue à la disposition qui permet au cœur de s'ouvrir librement à la communication et au partage. Si la coupe fait allusion à un rapprochement intime, la chaîne évoque plutôt l'aptitude à entretenir des relations : à PETIT APPRIVOISE, l'autre situation où cette image apparaît – au même niveau souverain et qualifiée par le même flux porteur (voir 9/5) – le Roi Wen est le symbole de qui sait, par son effacement, préserver les liens quelles que soient les tensions.

Correct et soutenu par sa relation de voisinage avec la ligne de

Ministre, ce trait concrétise et magnifie l'invite lancée au niveau de la seconde ligne. Apogée de la JUSTE CONFIANCE, il représente un moment de parfait équilibre entre force intérieure et possibilité d'ouverture au monde.

Trente rayons se joignent en un moyeu unique
Ce vide dans le char en permet l'usage
D'une motte de glaise on façonne un vase
Ce vide dans le vase en permet l'usage
On ménage des portes et des fenêtres pour une pièce
Ce vide dans la pièce en permet l'usage[104]

LAO ZI

Il y a ONDE PORTEUSE : formule mantique insistant sur l'existence d'un fort courant porteur, qui correspond ici au nom même de l'hexagramme (voir Idéogrammes).
Comme : construction particulière de la langue archaïque chinoise en forme de suffixe adverbial. Elle marque une sorte de comparaison oratoire dont la forme répétitive scande particulièrement le texte de certains hexagrammes.
Reliant à la manière des anneaux d'une chaîne : le texte porte un seul idéogramme, formé avec le signe de la main et un groupe complexe montrant l'entrelacement des brins de soie. Ce caractère signifiait à l'origine *se tenir (par les mains), indissolublement unis à la manière des anneaux dune chaîne.* Quand il est composé avec le signe enfant au lieu du signe main, il signifie alors *jumeau.* Il n'apparaît dans le *Yi Jing* que deux fois, toujours en ligne souveraine : ici et à 9/5.
Absence de faute : formule mantique spécifique incitant à ne pas rester dans un état d'esprit incertain ou hésitant.

Hexagramme dérivé : hexagramme 41. DIMINUER est un moment de décantation où la retenue des émotions permet qu'elles gagnent en densité.

En haut un neuf
Le cri du faisan s'élevant jusqu'au ciel — 翰音登于天 han yin deng yu tian
Présage fermeture — 貞凶 zhen xiong

Au-delà de la culmination atteinte à la ligne souveraine, la propension à l'accord s'estompe et la confiance retombe. Alors qu'au niveau de la seconde ligne, une *grue dans l'ombre* invite à la rencontre, le faisan à ce trait supérieur, n'a plus ni les pattes sur terre, ni aucun partenaire. Trop extériorisé et trop volontaire, son appel criard s'élève haut dans le ciel, détruisant l'équilibre délicat qui permettait l'union. Plus aucun écho ne répond : c'est l'annonce de la défiance qui prédomine à PETIT EXCÈS (62), hexagramme suivant et opposé de celui-ci, où ce *cri* est le signe d'une dangereuse présomption.

Incorrect et sans autre relation que la correspondance avec une troisième ligne où l'agitation prédomine, ce trait est en dehors du mouvement de rencontre qui donne tout son sens à l'hexagramme. Épilogue abrupt, accentué par la symétrie avec la première ligne : alors que la préparation à l'échange est ouverture à des potentiels de fécondité, la recherche de l'autre se réduit ici à une attitude fanfaronne qui ne peut conduire qu'à des impasses.

Cri : confondu à l'origine avec le caractère *paroles*, l'idéogramme représente des messages sonores non parlés ; il signifie au sens propre *son, bruit, note de musique*, et au sens figuré *message, nouvelles*. Ici les deux sens se télescopent dans un raccourci saisissant : le message apporté par l'oiseau se confond avec le cri qu'il jette lorsqu'il est atteint par une flèche. Voir FILET D'OISELEUR (30) et PETIT APPRIVOISE (62).

Faisan : l'idéogramme, rare et archaïque, peut prendre des sens contradictoires. Formé avec le signe des plumes et un groupe complexe qu'on retrouve dans le caractère nommant l'ÉLAN RÉCEPTIF (la pousse y est remplacée par les plumes), ce caractère peut signifier *faisan au plumage rouge* et *plumes d'oiseau servant à écrire*. De là vient son sens le plus classique *pinceau, écrit*. Mais il peut aussi signifier *blanc, cheval blanc*. De cet éventail de significations se dégage comme constante l'idée d'une certaine manifestation de visibilité.

Ciel : la notion de Ciel recouvre toute l'histoire chinoise. Il deviendra le symbole même du Yang. Ici, bien que le texte concerne plus particulièrement le ciel physique, la notion spirituelle n'est sans doute pas entièrement absente.

Présage : modulation globale de certaines appréciations mantiques.

Fermeture : appréciation mantique signalant un moment de blocage, un mauvais agencement du flux vital qui restreint les possibilités de développement.

Présage de fermeture : formule mantique spécifique qui conseille de considérer la situation en général ou l'attitude qu'on y tient plus dans la perspective d'une évolution défavorable que dans son état actuel.

䷻ **Hexagramme dérivé** : hexagramme 60. MESURE est un moment de mise en rythme où l'activité doit être modérée selon des règles souples.

ÉLÉMENTS D'ANALYSE

Nucléaire

䷚ **Hexagramme 27 : NOURRIR.** Au cœur de JUSTE CONFIANCE, il y a NOURRIR. Au cœur d'un moment de confiance et de certitude se trouve l'idée d'une régulation permettant de maîtriser les impulsions. C'est en sachant se situer à la place juste entre passé et futur que l'on se pose dans le moment présent ; c'est en laissant un espace libre entre soi et l'autre que l'on trouve la respiration et le rythme de l'échange. Ainsi ni l'espace ni le temps ne sont plus un vide effrayant mais un plein organisé sur lequel on prend appui. Non seulement la confiance s'en nourrit, mais elle nourrit en retour le fil qui rattache à l'éternité de la vie.

Opposé

䷽ **Hexagramme 62 : PETIT EXCÈS.** La relation d'opposition entre JUSTE CONFIANCE et PETIT EXCÈS se situe au niveau du rapport entre confiance et défiance. L'un est confiance car on est sûr de soi et de la place qu'on occupe entre ascendants et descendants. L'autre est défiance car on ne trouve pas sa juste place et on reste hésitant entre passé et futur. L'un est échange et certitude d'une position au milieu juste. L'autre est méfiance et fébrilité d'une position inquiète. L'un est tourné vers la vie et la grue y est symbole de bonheur partagé. L'autre est tourné vers les défunts et l'oiseau y est symbole de destruction.

中孚

62 PETIT EXCÈS

小過

XIAO GUO

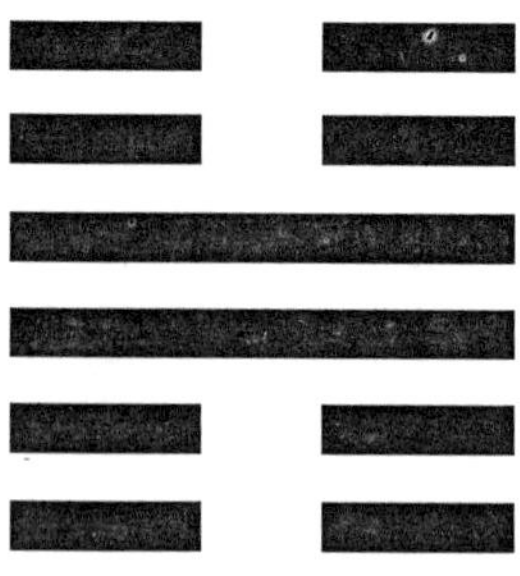

En haut TONNERRE ☳
En bas MONTAGNE ☶

PETIT EXCÈS	小過	XIAO GUO
Favorisant	亨	heng
Ténacité profitable	利貞	li zhen
Des petites affaires sont possibles	可小事	ke xiao shi
Des grandes affaires sont impossibles	不可大事	bu ke da shi
L'oiseau qui s'envole ne laisse qu'un cri	飛鳥遺之音	fei niao yi zhi yin
Il ne convient pas de monter	不宜上	bu yi shang
Il convient de descendre	宜下	yi xia
Ouverture en grand	大吉	da ji

Au début un six

L'oiseau qui s'envole	飛鳥	fei niao
et ainsi fermeture	以凶	yi xiong

Un six en 2

DÉPASSANT l'aïeul	過其祖	GUO qi zu
se trouver juste face à l'aïeule	遇其妣	yu qi bi
Sans parvenir jusqu'au chef	不及其君	bu ji qi jun
se trouver juste face au ministre	遇其臣	yu qi chen
Absence de faute	勿咎	wu jiu

Un neuf en 3

Sans DÉPASSER s'en prémunir	弗過放之	fu GUO fang zhi
Se conformer peut-être blessure	從或戕之	cong huo qiang zhi
Fermeture	凶	xiong

Un neuf en 4

Absence de faute	无 咎	wu jiu
Sans DÉPASSER se trouver juste en place	弗過遇之	fu GUO yu zhi
Aller danger	往厲	wang li
Il est impératif de se tenir sur ses garde	必戒	bi jie
Ne pas agir	勿用	wu yong
Durablement tenir bon	永貞	yong zhen

Un six en 5

Nuages épais pas de pluies	密雲不雨	mi yun bu yu
en nos domaines de l'Ouest	自我西郊	zi wo xi jiao
Le Duc lance une flèche	公弋	gong yi
et tire à lui celui-là qui est dans la caverne	取彼在穴	qu bi zai xue

En haut un six

Sans se trouver juste en place DÉPASSER	弗遇過之	fu yu GUO zhi
L'oiseau qui s'envole est pris au FILET	飛鳥離之	fei niao LI zhi
Fermeture	凶	xiong
En fait désastres et fautes d'inadvertance	是謂災眚	she wei zai sheng

Grande Image

Sur la montagne il y a le tonnerre	山上有雷	shan shang you lei
PETIT EXCÈS	小過	XIAO GUO
L'Être Accompli ainsi dans	君子以	jun zi yi
l'agir est d'une politesse EXCESSIVE	行過乎恭	xing GUO hu gon
le deuil d'une compassion EXCESSIVE	喪過乎哀	sang GUO hu ai
les dépenses d'une économie EXCESSIVE	用過乎儉	yung GUO hu jian

Dixième Aile

PETIT EXCÈS	小過	XIAO GUO
DÉPASSEMENT	過也	GUO ye

Dans PETIT EXCÈS, le Yin passe la mesure, les comportements achoppent, l'incertitude et l'inconsistance prédominent. Lorsque qu'elles ne sont pas centrées autour d'une direction unique, les qualités propres au Yin – pluralité, densité, largesse, indulgence, endurance – jouent à contre courant et, par leur insistance, se transforment en défauts : c'est parfois quand on cherche à trop en faire que l'on en fait trop peu. L'EXCÈS de PETIT se traduit par des initiatives disparates et volatiles qui s'éparpillent et peinent à aboutir, ou encore par des attitudes hésitantes et agitées qui manifestent un sentiment d'écartèlement et un manque de confiance. Alors que, dans l'hexagramme opposé JUSTE CONFIANCE, la convergence des forces laisse un espace libre pour l'échange, l'absence de complémentarité entre Yin et Yang se solde ici par l'incompréhension et la séparation. Tout comme le Yang, dont la propension est à s'élever, se caractérise par de la lourdeur lorsqu'il outrepasse, les excès du Yin, dont la nature est de descendre, se manifestent par de la légèreté. Dans un tel contexte, la seule attitude profitable est de s'abstenir de toute envolée grandiose et de réduire ses objectifs. C'est en s'enracinant dans le possible par le terre à terre, le petit à petit, la répétition, la méticulosité, que l'on retourne à son avantage les forces Yin et que l'on traverse la situation.

Dans la structure de la figure, ce n'est pas la prépondérance des traits souples qui est un handicap, mais leur agencement : le Yin, force de resserrement, est placé aux extrémités, enfermant le Yang, force d'expansion, au centre de la figure. Chaque polarité étant en porte-à-faux avec la place qu'elle occupe, les énergies s'immobilisent sans se rencontrer. Cette architecture est le reflet de la tonalité sombre qui colore le texte de l'hexagramme : évocation de rituels funéraires, images de prison et d'oiseau pris au filet, blessures et désastres.

Le Texte des traits, un des plus fournis du *Yi Jing*, développe cette structure par une construction symétrique. Aux deux extrémités, *l'oiseau* imprudent, symbole d'une tendance à l'éblouissement, s'envole de manière inconsidérée au lieu, comme le conseille le Jugement, de *descendre*. Aux deux lignes centrales, des tentatives de rencontre se traduisent par des alternances d'excès et d'insuffisance (deuxième trait) ou des essais de rapprochement (cinquième). Aux deux lignes médianes, où les forces Yang sont enserrées, des possibilités de *blessures* et de *dangers* invitent à la plus grande prudence. Aux trois places Yin est plus particulièrement posée la question de *trouver sa place* : elle se résout par le *dépassement* à la ligne de Préfet, en évitant le dépassement à celle de Ministre, tandis qu'au dernier trait l'EXCÈS empêche définitivement de la résoudre. Enfin, qu'à chaque alternative proposée l'avantage soit donné aux personnages Yin – *aïeule, serviteur, Duc* – vaut comme conseil d'attitude : c'est en diminuant ses prétentions qu'on trouve le point d'ancrage opportun, celui qui permet de se positionner de manière juste.

Si l'inadéquation qui caractérise PETIT EXCÈS est soulignée trois fois par la mention *fermeture*, il ne s'agit pourtant que d'un excès *petit*, comme le montre la présence d'appréciations rares comme *ouverture en grand* au jugement et *durablement tenir bon* à la quatrième ligne. En compensant les tendances à l'illusion par un excès d'attention et de précaution, et en ramenant ses objectifs à un niveau plus réaliste, il est possible de traverser la situation sans dommage.

IDÉOGRAMMES

XIAO : *Petit, menu, mince. Peu, un peu de. Rapetisser, diminuer, s'amenuiser.*

L'explication usuelle de l'idéogramme le décrit comme représentant un bâton vertical en train d'être épointé. Son sens de petit viendrait alors de la pointe qui s'amenuise et des minces copeaux dessinés par les petits traits de chaque côté du bâton. Bien que traditionnelle, cette explication témoigne d'un point de vue particulier : ce qui est *petit* n'est pas défini en soi, comme une qualité propre, mais comme l'amenuisement, l'effilochage de quelque chose de *grand*. Quand *petit* sera reconnu comme un des emblèmes du Yin, on expliquera l'idéogramme en insistant sur la parité (autre symbole Yin) marquée par les deux copeaux. Le saut sémantique est justifié, mais aussi l'idéologie qu'il véhicule. Le Yin est toujours considéré en référence au Yang et dans un rapport déprécié, les copeaux étant moins utiles qu'un bâton pointu. Ce type d'association sous-jacente nourrira à partir des Han un point de vue négatif associant durablement *petit* avec mauvais et féminin. d'où résultera l'habitude d'assujettir le Yin au Yang. Renforcée par les Song, qui institueront par ailleurs l'odieuse coutume des pieds bandés, cette dévalorisation sera reprise à l'envi par les traducteurs occidentaux de la période coloniale et passera telle quelle dans de nombreux commentaires ultérieurs. La découverte des caractères archaïques a démenti l'interprétation traditionnelle et montré qu'elle était tendancieuse. Sur les pièces divinatoires en effet, le signe *petit* était dessiné par trois petits traits verticaux de taille égale représentant simplement des graines. L'image est plus claire, elle montre ce qui est petit sans référence extérieure, tout en suggérant la force spécifique du Yin : le pouvoir germinateur de la multiplicité (trois) des graines que la terre et le temps transformeront en nourriture.

GUO : *traverser, franchir, aller au-delà, dépasser, surpasser, outrepasser, passer au travers, trop, excès, transgression, faute. Opérateur grammatical marquant le passage d'une limite ou simplement du temps.*

L'idéogramme est formé de deux parties. À gauche le signe général du mouvement. À droite un groupe complexe dont l'explication est controversée. Sa forme primitive rappelle pourtant les omoplates divinatoires qui sont à l'origine du *Yi Jing* (il intervient par exemple dans l'écriture du nom de Nu Wa, la parèdre de Fu Xi), et plus particulièrement les cupules qui y étaient fraisées (on retrouve cette idée de trou dans une surface lisse dans d'autres caractères composés avec ce groupe, comme par exemple *tourbillon*, ou encore le nom des poêles concaves chinoises, les « wok »). De ces cupules destinées à recevoir le tison de bronze produisant les fissures, et qui parfois transperçait la cavité fraisée, vient peut-être le sens dominant de ce groupe : aller audelà, passer au travers. Tous les autres sens découlent de cette idée de dépassement, et la simplification moderne le confirme. En effet, ce groupe a été remplacé par un caractère signifiant à la fois : pouce et pouls, représentant l'idée de rythme, de mesure.

Ensemble, les deux idéogrammes nommant cet hexagramme signifient donc : le Petit *dépasse* la mesure. Il n'est pas prépondérant, il est excessif.

EXCÈS et APPRIVOISEMENT sont les deux seules notions décrites dans le *Yi Jing* selon leurs modalités Yin (9 et 62) et Yang (26 et 28).

TEXTE CANONIQUE

JUGEMENT

PETIT EXCÈS	小過	XIAO GUO
Favorisant	亨	heng
Ténacité profitable	利貞	li zhen
Des petites affaires sont possibles	可小事	ke xiao shi
Des grandes affaires sont impossibles	不可大事	bu ke da shi
L'oiseau qui s'envole ne laisse qu'un cri	飛鳥遺之音	fei niao yi zhi yin
Il ne convient pas de monter	不宜上	bu yi shang
Il convient de descendre	宜下	yi xia
Ouverture en grand	大吉	da ji

Quand on traverse un moment de PETIT EXCÈS, on ne peut pas réorganiser la situation de fond en comble, mais seulement en développer les potentialités avec constance : *favorisant*, qui indique cette possibilité d'essor, n'est pas ici qualifié par *fondamentalement*, signe de la capacité d'initialisation. En évitant la folie des grandeurs et en se restreignant à des *affaires petites*, on s'en tient à ce qui est réalisable. Un comportement inconséquent, tel celui de l'*oiseau qui s'envole* vers le ciel, ne peut que se solder par des revers cruels. Que l'avantage doive être donné à une stratégie réaliste, consciencieuse, terre à terre, cela est redit par les verbes utilisés : *monter* représente l'expansion verticale du Yang, *descendre* incite au resserrement des forces et à l'enracinement dans le quotidien.

L'insistance de ces conseils restrictifs ne ferme pas pour autant la porte à tout développement. Pour qui sait ajuster son attitude à ses possibilités, il y a *ouverture en grand*. Caractéristique des moments où l'on favorise la communication et la convergence des énergies, cette formule indique que par, un effort excessivement routinier, on peut dépasser l'incertitude et créer l'appui solide qui permet de transformer la situation.

Favorisant : appréciation mantique décrivant un climat d'essor, un agencement fertile, un dispositif énergétique global dans lequel l'échange entre le Ciel et la Terre se noue de manière féconde.
Ténacité profitable : formule mantique signalant que la situation, pour être fructueuse requiert une grande capacité à endurer, à tenir

avec constance, sans se laisser fatiguer par les difficultés du moment.
Petit… Grand : symboles, dans le contexte du *Yi Jing*, des attitudes Yin et Yang, *petit et grand* peuvent également être employés dans leur sens propre. Ici, les deux niveaux de lecture s'enrichissent l'un l'autre.
Affaires : d'étymologie controversée mais toujours d'emploi très courant, l'idéogramme a un sens général qui s'étend à partir de l'idée de ce qu'il y a *à faire*. Il n'y a que deux situations où le Jugement mentionne des affaires : DIVERGENCE (38) et PETIT EXCÈS. Dans l'une comme dans l'autre, c'est l'option Yin qui est recommandée.
Oiseau : l'idéogramme est différent de celui rendu aussi par *oiseaux* au pluriel. Désignant les oiseaux par opposition aux quadrupèdes, il est dans le contexte du *Yi Jing* le symbole du choix entre décoller du réel ou garder les pieds sur terre (voir FILET D'OISELEUR 30/J). Également utilisé pour spécifier les oiseaux « à queue longue », cet idéogramme a aussi pris un sens souterrain : prononcé *tiao*, il désigne le membre viril. En dehors de cet hexagramme où il apparaît trois fois (Jugement, lignes 1 et 6), il n'est cité qu'à 56/6.
S'envole : à l'exception de celui du dragon (voir 1/5), l'envol est toujours dans *Yi Jing* signe de malheur ou de dommage (voir 61/6). Il est cité trois fois dans cet hexagramme : Jugement, lignes 1 et 6.
Laisse : formé avec un caractère signifiant *cadeau précieux* et le signe du mouvement, l'idéogramme a pour sens propre : ce qu'on laisse derrière soi après son départ. À partir de là, il prend le sens de *laisser, perdre, oublier, omettre*, mais aussi *ce qui reste* (après le départ de quelqu'un), *léguer, transmettre à la postérité*. Couplé avec le mot corps, il sert maintenant dans l'expression désignant le code génétique (ce que le corps laisse derrière lui).
Cri : l'idéogramme désigne toutes sortes de messages sonores. Il signifie au sens propre *son, bruit, note de musique*, et au sens figuré *message*, nouvelle. Ici les deux niveaux de sens se télescopent dans un raccourci saisissant : le message laissé par l'oiseau se confond avec le cri qu'il jette lorsqu'il est atteint par la flèche ou pris au filet.
Il convient… il ne convient pas : représentant un objet du culte ancestral, l'idéogramme, qui dans l'Antiquité, était le nom particulier d'un sacrifice aux génies de la Terre, signifie *convenable, approprié ; convenir, s'accorder, devoir, falloir*. Sa connotation Yin est importante. En effet, quand il est appliqué dans les textes classiques au terme CLAN (voir 37/I), il signifie l'aptitude d'une femme à faire régner la concorde dans une famille. Il est toujours cité dans un contexte Yin (voir 19/5 *devoir*, 55/J *convient*, et 11/GI *adéquation*).
Monter… descendre : chaque fois que ces deux verbes sont couplés, l'alternative qu'ils indiquent est toujours en faveur du mouvement Yin, privilégiant *descendre* sur *monter*. Ils n'apparaissent qu'ici dans un jugement.

Ouverture en grand : variante de l'appréciation mantique *ouverture*. Il semble qu'ici *grand*, par ailleurs emblème d'une attitude Yang, intervienne dans son sens propre d'attribut, comme modulation de *ouverture*. En effet, lire ici « pour le Yang ouverture », est non seulement grammaticalement difficile, mais surtout correspondrait peu à la tonalité Yin de cet hexagramme comme des quatre autres où la même formule est citée (37/4, 45/4, 46/1 et 50/6).

Texte des traits

Au début un six

L'oiseau qui s'envole	飛鳥 fei niao
et ainsi fermeture	以凶 yi xiong

À l'Entrée d'une situation où prédomine le manque de lucidité et de confiance, la tendance à une attitude inconsidérée, caractéristique souvent des premières lignes, risque de tourner à l'égarement complet. Symbole de la tendance à l'aveuglement, l'*oiseau* inconstant et frivole sera, à la dernière ligne de l'hexagramme, capturé par le filet de l'oiseleur. Que cette image d'*envol* soit ici reprise à l'identique du Jugement indique que la propension à se fourvoyer est particulièrement aiguë à cette ligne de début.

Incorrect et en correspondance avec la quatrième ligne où l'annonce d'un *danger* engage à couper court au désir d'aller de l'avant, ce trait décrit un manque de réalisme qui ne peut conduire qu'à des impasses. Il est urgent à ce stade d'abandonner ses illusions et de s'en tenir à des objectifs plus terre à terre.

L'oiseau qui s'envole : voir Jugement.
Fermeture : appréciation mantique citée trois fois dans cet hexagramme : lignes 1, 3 et 6. Elle signale un moment de blocage, un mauvais agencement du flux vital qui restreint les possibilités de développement.
Et ainsi fermeture : l'appréciation défavorable n'est pas posée comme concernant le moment dans son ensemble, mais introduite par un caractère à usage grammatical *(et ainsi)* qui souligne la relation entre l'envol et la fermeture.

Hexagramme dérivé : hexagramme 55. ABONDANCE est un moment de grande luminosité qu'il faut savoir voiler afin qu'elle n'ait pas pour conséquence l'aveuglement et le blocage.

Six en 2

DÉPASSANT l'aïeul	過其祖	GUO qi zu
se trouver face à l'aïeule	遇其妣	yu qi bi
Sans parvenir jusqu'au chef	不及其君	bu ji qi jun
se trouver face au serviteur	遇其臣	yu qi chen
Absence de faute	无咎	wu jiu

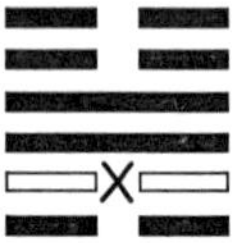

Le second niveau, représentatif dans tout hexagramme de la place la plus centrale et la plus juste du Yin, prend une valeur particulière dans cette situation où le Yin prévaut. Le texte y relate des efforts multiples en direction d'une position Yang, symbolisée par l'*aïeul* et le *chef*. Qu'ils soient soutien recherché auprès des ascendants, besoin d'un guide ou encore désir d'occuper soi-même ce rang, ces efforts n'aboutissent pas. Dans le monde de l'ombre et de l'indéterminé, le DÉPASSEMENT a pour résultat le retour à une position seconde dont l'*aïeule* est l'image. Dans le monde du jour et de la réalisation quotidienne, l'insuffisance conduit également à occuper une fonction plus conforme aux possibilités réelles, celle de *serviteur*. Cette double image donne l'idée d'une recherche hésitante, alternance de manques et d'exagérations caractéristique d'une situation où l'inquiétude prédomine. Que l'excès soit du côté des morts et l'insuffisance du côté des vivants montre à quel point la tendance à l'imaginaire doit être compensée par l'ancrage dans le réel : constater la petitesse des moyens dont on dispose conduit à réduire ses prétentions pour s'en tenir à ce qui est possible.

Le trait est correct et entouré de deux lignes où l'appréciation *fermeture* sanctionne des excès d'inconséquence ou de faiblesse. L'absence de correspondance avec le cinquième trait suggère des rencontres remises à plus tard, les deux lignes étant toutefois en résonance par la mise en valeur de personnages Yin. Toutes chaotiques qu'elles soient, les tentatives de rencontres s'avèrent légitimes puisqu'elles permettent finalement de déterminer une attitude plus réaliste. Expérimenter le manque et l'excès apprend à doser son mouvement et à trouver sa juste place.

DÉPASSANT : second caractère du nom de l'hexagramme (EXCÈS).
Aïeul : écrit avec le signe général des affaires religieuses et le même objet rituel que dans le caractère *il convient* (voir Jugement), l'idéogramme signifie en général *ancêtres* et en particulier *grand-père paternel* et aussi *le plus ancien des ancêtres dont la tablette est conservée dans le temple ancestral*. Combiné avec le mot pays, il est très employé de nos jours pour dire : la mère patrie, c'est-à-dire le pays des ancêtres.
Se trouver face à : l'idéogramme, toujours très courant, représente un mouvement inattendu provoquant un couplage heureux *(rencontre)*. Il

signifie *rencontrer par hasard, se produire fortuitement, survenir, occasion, chance*. Il apparaît aussi lignes 4 et 6.
Aïeule : écrit avec le signe femme et le caractère ALLIANCE (8), l'idéogramme signifie précisément *grand-mère défunte*.
Chef : bien que cet idéogramme soit le premier du binôme désignant le Chef Accompli, il semble utilisé ici sans référence particulière à ce personnage symbolique, pour reprendre au niveau humain le balancement entre aïeul et aïeule.
Serviteur : l'idéogramme représente un personnage dans une attitude de révérence comme il sied à un sujet face à son prince. De là vient son sens premier *sujet, vassal, serviteur*. Puis, à partir de l'idée de *serviteur du roi*, ce caractère en est venu à désigner les grands serviteurs de l'État, prenant alors le sens de *ministre, dignitaire*, etc.

 **Hexagramme dérivé :** hexagramme 32. ENDURER est un moment où l'on renforce son courage pour maintenir son orientation en dépit de l'aspect usuel et routinier de la situation.

Neuf en 3

Sans DÉPASSER s'en prémunir	弗過放之	fu GUO fang zhi
Se conformer peut-être blessure	從或戕之	cong huo qiang zhi
Fermeture	凶	xiong

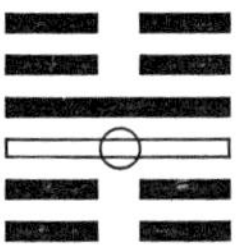

Dans une situation où le Yin prédomine et où les rencontres achoppent, les deux places médianes, occupées par les deux seuls traits Yang de l'hexagramme, sont dans une position d'encerclement qui peut *blesser* tout espoir d'expression. Ici comme à la ligne suivante, on ne peut y répondre qu'en s'abstenant de conduites excessives. À ce niveau de Passage, des réactions de peur et d'émotivité peuvent pousser à se protéger de manière exagérée des dangers qui menacent ; elles peuvent aussi amener à se prêter à la situation de manière complaisante, voire servile. L'excès de crédulité autant que de méfiance ne peut conduire qu'à des impasses.

Bien que correct, ce trait est trop peu soutenu pour que puisse s'y déployer la fermeté qui convient à une place de passage. Sa correspondance avec le sixième, où l'on se fourvoie complètement, est soulignée par la même appréciation *fermeture*, impasse à laquelle conduit également l'attitude décrite à la première ligne. Ces résonances doivent inciter à ne pas chercher à échapper à la situation par une conduite fébrile.

DÉPASSER : second caractère du nom de l'hexagramme (EXCÈS).

Se prémunir : écrit avec le signe général des constructions en terre damée et le caractère signifiant *direction* (voir 2/2) et aussi *méthode*, l'idéogramme a pour sens d'origine *digue, rempart de terre* et pour sens figuré *mettre obstacle à, se prémunir contre*.
Se conformer : le sens dominant de cet idéogramme est *suivre, se conformer, obéir*. À partir de l'idée de se mettre *au service de*, il peut aussi signifier *diriger* dans le sens de *s'occuper (en tant que vassal) des affaires d'un souverain*.
Peut-être : représentant un pays sans frontières, l'idéogramme est une marque de doute, d'indétermination. Il souligne l'éventualité de l'action décrite, comme une possibilité parmi d'autres.
Fermeture : voir ligne 1.

Hexagramme dérivé : hexagramme 16. S'ENTHOUSIASMER est un mouvement impulsif où se mêlent exaltation et indolence. Il ne peut devenir productif que nourri par la hiérarchisation et la discipline.

Neuf en 4

Absence de faute	无咎	wu jiu
Sans DÉPASSER se trouver juste en place	弗過遇之	fu GUO yu zhi
Aller danger	往厲	wang li
Il est impératif de se tenir sur ses gardes	必戒	bi jie
Ne pas agir	勿用	wu yong
Durablement tenir bon	永貞	yong zhen

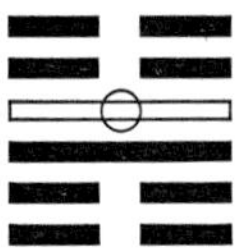
Dans une situation où le Yin prédomine et où les rencontres achoppent, les deux places médianes, occupées par les deux seuls traits Yang de l'hexagramme, sont dans une position d'encerclement qui rend *dangereuse* toute tentative d'avancer. Ici comme à la ligne précédente, on ne peut y répondre qu'en s'abstenant de conduites excessives. À ce niveau, la tentation est grande d'échapper à la situation par l'activisme et le volontarisme. Il suffit pourtant, pour trouver sa place, de s'empêcher de prendre des initiatives autres que celles consistant à se maîtriser et se préserver. Tous les conseils donnés vont dans ce sens de manière insistante : ne pas chercher à *aller* de l'avant, car ce serait aller au devant du danger ; *se tenir sur ses gardes*, car lorsqu'une situation apparemment établie se délite de l'intérieur, le trouble menace (voir 63/4) ; s'abstenir d'entreprendre, quand les moyens dont on dispose ne sont pas adaptés à la situation (voir 44/J) ; enfin économiser sa force par une attitude prudente et, en se tenant en retrait, faire du temps un allié.

Bien qu'elle soit signe d'incorrection, la nature Yang de ce trait est un avantage si on sait utiliser la fermeté à bon escient. La position de

Ministre donne la maturité nécessaire pour résister aux envols de la ligne initiale en correspondance ; le voisinage avec la ligne souveraine représente de son côté un facteur positif de retenue.

Absence de faute : incitation à ne pas rester dans un état d'esprit incertain ou hésitant.
DÉPASSER : second caractère du nom de l'hexagramme (EXCÈS).
Se trouver juste en place : voir ligne 2.
Aller : extrêmement usuel, l'idéogramme a, dans le contexte du *Yi Jing*, le sens d'un conseil de mise en route, d'une injonction à aller de l'avant.
Danger : appréciation mantique signalant les risques inhérents à la situation où à l'attitude qu'on y tient.
Aller danger : c'est le seul endroit de tout le *Yi Jing* où le fait d'aller de l'avant est annoncé comme dangereux. Cette singularité renforce les autres conseils de ne pas agir.
Il est impératif : désignant une obligation absolue, cet idéogramme, qui n'est employé qu'ici, renforce d'autant plus le conseil donné.
Se tenir sur ses gardes : l'idéogramme signifie *prendre garde, mettre en garde, se prémunir, informer*, etc. Toujours cité en place de ministre (voir 11/4 et 63/4), il vaut comme conseil de prudence.
Ne pas agir : indication mantique spécifique composée d'une négation à valeur impérative et d'un verbe auxiliaire dont le sens, très général, est *faire, agir, réaliser, opérer*. Cette injonction ne signifie pas qu'il ne faut rien faire, mais qu'à ce moment de la situation, une intervention de type Yang serait prématurée ou à contre-courant.
Durablement : très ancien, l'idéogramme ressemble au caractère *eau* (dont l'écoulement est perpétuel) et signifie *long, durable, éternel*. Il représente moins un état ou une qualité que le résultat d'une action.
Tenir bon : le texte porte le caractère habituellement rendu par *ténacité* au Jugement et par *présage* dans les Traits. Il aurait pu être rendu ici par *présage*, la phrase se lisant alors : *présage durable*. Cependant, *tenir bon* a été préféré à cause de la présence d'une formule proche dans deux situations très concernées par le Yin : STABILISER (52/1) et ÉLAN RÉCEPTIF (2/Tous les six à l'œuvre).
Durablement tenir bon : formule mantique unique et dont le sens n'est pas totalement avéré, mais qui confirme pour la troisième fois dans le texte de ce trait la nécessité absolue d'une attitude essentiellement Yin, puisque l'appréciation *profitable* n'est même pas mentionnée comme aux deux autres cas où une formule proche est employée.

☷☶ **Hexagramme dérivé :** Hexagramme 15. SE TENIR est un moment de cohésion et de réserve où corriger excès et insuffisances permet de réagir souplement mais efficacement aux sollicitations du dehors.

Six en 5

Nuages épais pas de pluies 密雲不雨 mi yun bu yu
en nos domaines de l'Ouest 自我西郊 zi wo xi jiao
Le Duc lance une flèche 公弋 gong yi
et tire à lui celui qui est dans la caverne 取彼在穴 qu bi zai xue

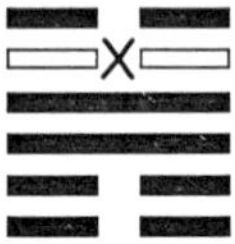

Aucun EXCÈS n'est indiqué à cette ligne souveraine. Il y est par contre montré la manière royale d'apprivoiser un dépassement Yin : par la modération et la rencontre. Les *nuages épais* évoquent l'atmosphère sombre qui précède l'orage : ils symbolisent une tension que la *pluie* résoudra à son heure, – allusion directe au destin du Roi Wen, dont l'excellence des qualités Yin est mise en valeur à PETIT APPRIVOISE (voir 9/GI). Modèle de qui sait user de patience pour circonscrire des forces tyranniques et ainsi exercer une influence déterminante sur l'ensemble d'une situation, le Roi Wen montre ici comment transformer un enfermement en une position finalement féconde.

Un autre emblème d'effacement productif vient seconder cette image, le *Duc*, vraisemblablement le sage Duc des Zhou qui, à la mort de son frère aîné, assura la régence jusqu'à la maturité de son neveu à qui il remettra le pouvoir. Il montre ici comment gérer une situation où écartèlement et séparation génèrent des blocages : agir avec l'habileté nécessaire pour faire sortir de l'ombre les énergies et en permettre la réunion (voir l'hexagramme 35 AVANCER AU GRAND JOUR). De la présence de ces deux personnages ressort que la maîtrise du *petit*, c'est l'apprivoisement et le contact. La modération n'y est pas faiblesse et l'initiative se limite à ce qui permet de stimuler le rapprochement.

Située au voisinage de la place de Ministre où la retenue est possible, la ligne est également en résonance avec celle du Préfet par la présence de personnages Yin. L'équilibre entre la nature souple du trait et la position ferme de la place indique la possibilité d'une régulation que la difficulté du contexte réserve à des personnages de haute valeur.

Nuages : l'apparition de nuages est un message du Ciel qui annonce, surtout quand ils sont *épais*, l'arrivée de la pluie, signe de fécondité. C'est sans doute la raison pour laquelle ce terme sera choisi à la place de l'eau pour désigner le trigramme Kan dans les Grandes Images de deux hexagrammes décrivant une stratégie assez proche de celui-ci : DIFFICULTÉS INITIALES (3/GI) et ATTENDRE (5/GI).

Pluies : la pluie en Chine est chaude, féconde et favorable. Le territoire des Zhou est une région montagneuse cultivée en terrasses depuis la plus haute antiquité. Dans ces conditions, la pluie constitue la seule possibilité d'irrigation. Pour cela, elle a toujours été considérée dans l'imaginaire chinois comme un symbole de couplage efficace et d'union féconde. Dans le contexte du *Yi Jing*, l'arrivée de la pluie est généralement de bon augure.

Nuages épais pas de pluies : expression en quatre caractères restée usuelle sous forme de proverbe. Dans le contexte du *Yi Jing*, elle décrit le moment le plus aride de quelque chose que le temps, météorologique ou calendérique, rendra fécond.

En : l'idéogramme signifie à la fois le lieu *d'origine* ou *de passage* d'un mouvement et *soi-même, de soi-même, spontanément*. Le texte joue sur les deux sens, car en Chine comme partout, la pluie vient plutôt de la mer qui est à l'Est à la fois du domaine des Shang et de celui du Roi Wen. Même si ici son sens locatif est primordial, l'idée de spontanéité naturelle est sous-jacente. L'ordre des choses pousse les nuages féconds du côté des Zhou.

Nos : l'idéogramme signifie *je, moi, me*, en tant que pronom personnel et *mon, mes, nos* en tant qu'adjectif possessif. Qui parle à la première personne dans le *Yi Jing* ? Ici, il ne fait pas de doute que c'est le Roi Wen, mais d'autres cas sont moins clairs.

Domaines : l'idéogramme, écrit avec le signe des délimitations territoriales et le caractère *échanges, relations*, signifie littéralement *faubourgs*, le lieu d'échange entre la ville murée, la région civilisée et la campagne sauvage. *Domaines* a été préféré à cause de l'évocation du Roi Wen et aussi parce qu'à l'époque considérée, le territoire des Zhou, bien que partie du royaume Shang, était géographiquement situé dans ses « faubourgs ».

Ouest : les désignations géographiques sont rares dans le *Yi Jing* et renvoient le plus souvent à l'opposition entre les Shang (Est) et les Zhou (Ouest). L'évocation de l'Ouest par le roi Wen emprisonné loin de chez lui sous-entend que, même hors de chez soi, c'est de son propre domaine, c'est-à-dire de soi-même, qu'il faut attendre la solution.

Nuages épais pas de pluie en nos domaines de l'Ouest : caractéristique d'une stratégie productive avec le temps, cette phrase est citée à l'identique au Jugement de PETIT APPRIVOISE (9/J), l'autre hexagramme traitant de la modalité Yin.

Duc : le texte porte un terme nobiliaire de l'antique féodalité chinoise, sans équivalent direct en français. Par la suite, cet idéogramme a pris le sens de *collectif, général, public*, (voir 6/Idéogramme), inscrivant dans le langage le fait que le rôle du vassal est de réaliser et de disséminer les ordres du prince. Dans le contexte du *Yi Jing*, ce titre peut selon les cas symboliser une position de vassal en général, ou bien être une allusion à Zhou Gong, le sage « Duc des Zhou ».

Lance une flèche : l'idéogramme précise qu'il s'agit d'une flèche à fil. Ce type de flèche, à laquelle était accroché un long fil, était principalement utilisé pour la chasse aux oiseaux, proie de petite taille tombant souvent dans des endroits inaccessibles. On se servait alors du fil pour ramener la proie. Cette utilisation illustre un double mouvement Yin et Yang : d'abord on lance la flèche vers le gibier, ensuite on la ramène à soi. Ici, la proie n'est pas en vol ou s'envolant, mais au fond d'une caverne. Peut-être s'agit-il d'une autre allusion à l'emprisonnement du Roi Wen et au travail du Duc des Zhou tirant au jour ce qui a été nourri dans la caverne, c'est-à-dire le *Yi Jing* créé au fond de sa prison par le Roi Wen et dont son fils le Duc des Zhou détaillera les multiples aspects en rédigeant les textes des traits pour l'éducation de son petit fils.

Tire à lui : les différents sens de l'idéogramme *recevoir, accepter, obtenir, prendre, saisir, choisir, prendre à son service, appeler, héler*, tournent tous autour de l'idée de quelque chose de bénéfique qui vient vers soi.

Est dans : l'idéogramme est plus fort que le simple verbe « être ». Signifiant *être en un lieu, être présent dans, être en train de*, il souligne un fort rapport entre la présence et le lieu de la présence. Dans le contexte du *Yi Jing*, il est mis en relation avec des lieux Yin, et toujours cité à des places paires sauf ici et à la ligne souveraine de ÉLAN CRÉATIF (voir 1/5), deux cas particuliers où il souligne un couplage entre Yin et Yang.

Caverne : l'idéogramme signifie *trou, grotte*, mais son évocation va plus loin que le rappel de l'enfermement du roi Wen. Un de ses premiers sens est *tanière*, l'abri que choisissent les animaux pour hiberner. Il désigne aussi les maisons troglodytes creusées traditionnellement dans le loess du Shanxi, autre trou où s'accumule et s'entretient l'énergie familiale. Ce caractère est enfin celui par lequel sont nommés les points d'acupuncture. Il n'est cité qu'ici et deux fois au moment d'ATTENDRE (5/4 et 5/6).

Hexagramme dérivé : hexagramme 31. INCITER est un moment d'ouverture à toutes les stimulations et contacts, qu'il faut savoir accueillir sans se laisser déstabiliser.

En haut un six

Sans se trouver juste en place DÉPASSER 弗遇過之 fu yu GUO zhi
L'oiseau qui s'envole est pris au FILET 飛鳥離之 fei niao LI zhi
Fermeture 凶 xiong
En fait désastres et fautes d'inadvertance 是謂災眚 she wei zai sheng

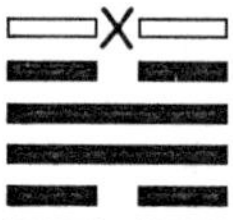

Des trois emplacements Yin de l'hexagramme, celui-ci est le seul où on ne se trouve pas en place. Alors qu'il n'empêche pas de trouver le niveau adéquat à la seconde ligne, alors qu'il est évitable à la quatrième, le DÉPASSEMENT tourne ici à l'excès. L'*oiseau* inconstant et frivole, déjà cité au Jugement, symbolise la tendance à l'illusion et à l'aveuglement, particulièrement forte tout au long de PETIT EXCÈS. Son *envol*, à la place la plus haute d'un hexagramme où il convient de ne pas monter, indique que l'on ne sait pas doser son action. Le refus de considérer les possibilités de s'enraciner, qui entraîne dès la première ligne des perspectives néfastes, prend ici une tournure désastreuse. Qui se laisse aller à une impulsivité excessive ou au désir d'échapper au réel se retrouve pris dans les *filets* de l'oiseleur, et voit la situation brutalement se fermer.

La relation de correspondance avec la troisième ligne, où est décrite une attitude instable, ainsi que l'écho avec l'image d'*envol* utilisée à la première ligne indiquent que les conseils du Jugement n'ont pas été intégrés. Ce surplace stérile est sanctionné par un redoublement d'appréciations mantiques négatives parmi lesquelles *désastres* et *fautes d'inadvertance*, mentions caractéristiques de SPONTANÉMENT, une situation où la plus grande attention aux signes du moment est requise.

Se trouver juste en place : voir ligne 2.
Dépasser : second caractère du nom de l'hexagramme (EXCÈS).
L'oiseau qui s'envole : le texte reprend à l'identique la phrase du Jugement, seul le cri ne s'entend plus.
Est pris au FILET : rend un seul idéogramme, celui qui deviendra le nom du trigramme Li et de l'hexagramme FILET D'OISELEUR (voir 30/Idéogramme) où il est conseillé de lutter contre l'éblouissement par un enracinement dans le concret. Il se retrouve à 12/4 *(clarifier)*.
Fermeture : appréciation mantique qui apparaît trois fois dans cet hexagramme : lignes 1, 3 et 6. Elle signale un moment de blocage, un mauvais agencement du flux vital restreignant les possibilités de développement.
En fait : le texte porte deux caractères le verbe *être* et le verbe *être nommé*.
Désastre : l'idéogramme, évoquant l'incendie et l'inondation, les deux fléaux majeurs auxquels sont depuis toujours exposés les Chinois, signifie *calamité, fléau, sinistre*. Il est, comme le mot suivant, caractéristique de l'hexagramme SPONTANÉMENT (voir 25/3).
Faute d'inadvertance : formé avec le caractère *œil* et le verbe *naître*, l'idéogramme, désignant ce qui naît sur la pupille et gêne l'acuité visuelle, a pour sens propre *taie dans l'œil, cataracte*. Il joue dans le contexte du *Yi Jing* le rôle d'une appréciation mantique spécifique, signalant un type d'erreur particulière due à un défaut d'observation, à un manque de discernement.

䷷ **Hexagramme dérivé :** hexagramme 56. VOYAGEUR est un moment d'errance où, méconnaissant les normes en usage dans le pays dont on est l'hôte, on peine à trouver sa place.

ÉLÉMENTS D'ANALYSE

Nucléaire

☱☰ **Hexagramme 28 : Grand Excès.** Au cœur de Petit Excès, il y a Grand Excès. Au cœur d'une situation d'indétermination et d'incertitude, il y a démesure et vitalité excessive. Cet excès s'exprime par des tentatives répétitives et confuses de fuite et de rencontre. La force présente au cœur de l'hexagramme produit agitation exagérée et inconsistance fébrile mais donne aussi des possibilités de régulation. L'image de l'oiseau présomptueux est présente dans Petit Excès comme dans les autres hexagrammes de cette famille.

Opposé

☴☱ **Hexagramme 61 : Juste Confiance.** La relation d'opposition entre Petit Excès et Juste Confiance se situe au niveau du rapport entre confiance et défiance. L'un est confiance car on est sûr de soi et de la place qu'on occupe entre ascendants et descendants. L'autre est défiance car on ne trouve pas sa juste place et on reste hésitant entre passé et futur. L'un est échange et certitude d'une position au milieu juste. L'autre est méfiance et fébrilité d'une position inquiète. L'un est tourné vers la vie et la grue y est symbole de bonheur partagé. L'autre est tourné vers les défunts et l'oiseau y est symbole de destruction.

小過

63 DÉJÀ TRAVERSÉE

既済

JI JI

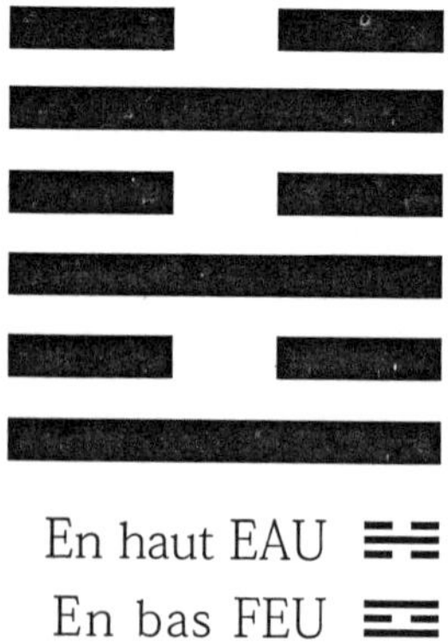

En haut EAU ☵
En bas FEU ☲

DÉJÀ TRAVERSÉE	既濟	JI JI
Favoriser le Petit	亨小	heng xiao
Ténacité profitable	利貞	li zhen
Au début ouverture	初吉	chu ji
à la fin trouble	終亂	zhong luan

Au début un neuf

Roues freinées	曳其輪	ru qi wei
Queue trempée	濡其尾	qi lun
Absence de faute	无咎	wu jiu

Six en 2

L'épouse perd les tentures	婦喪其茀	fu sang qi fu
Ne pas s'efforcer de poursuivre	勿逐	wu zhu
Sept jours et obtenir	七日得	qi ri de

Neuf en 3

Ancêtre Illustre	高宗	gao zong
a soumis par les armes la région des Diables	伐鬼方	fa gui fang
Trois années de suite il a vaincu	三年克之	san nian ke zhi
Des Êtres Petits n'ont pas été employés	小人勿用	xiao ren wu yong

Six en 4

Les vêtements de soie aussi	繻有衣袽	xu you yi ru
deviennent des haillons		
Jusqu'à la fin du jour se tenir	終日戒	zhong ri jie
sur ses gardes		

Neuf en 5

Les voisins de l'Est tuent des taureaux	東鄰殺牛	dong lin sha niu
Ce n'est pas comme les rites d'offrande	不如西鄰	bu ru xi lin
Yué des voisins de l'Ouest	之禴祭	zhi yue ji
La consistance reçoit le bonheur	實受其福	shi shou qi fu

En haut un six

Tête trempée		ru qi shou
Danger	濡其首	li
	厲	

Grande Image

L'eau est au-dessus du feu	水在火上	shui zai huo shang
DÉJÀ TRAVERSÉE	既濟	JI JI
L'Être Accompli ainsi	君子以	jun zi yi
en pensant aux malheurs	思患而	si huan er
s'en prémunit par avance	預防之	yu fang zhi

Dixième Aile
DÉJÀ TRAVERSÉE
calme.

即濟 JI JI
定也 ding ye

DÉJÀ TRAVERSÉE est un moment où tout est en place. Comme la mer étale à marée haute, un point d'inflexion a été atteint, une organisation harmonieuse est DÉJÀ parvenue à son maximum, une TRAVERSÉE est accomplie. Dans la perspective dynamique du *Livre des Changements*, toute culmination ne pouvant être que transitoire, DÉJÀ TRAVERSÉE est aussi un moment de transition entre un cycle qui s'achève et un nouvel agencement qui commence sa gestation.

DÉJÀ TRAVERSÉE est relié à PAS ENCORE TRAVERSÉE (64) par une triple relation d'opposition, de retournement et de nucléaire. Le premier décrit une situation d'ordre qu'il suffit de garder en l'état, le second appelle une remise en ordre qui demande courage, longanimité et prudence. Or, qu'il s'agisse de maintenir un ordre qui se défait ou de sortir d'une situation dans laquelle le trouble s'est installé, la stratégie conseillée est la même : *favoriser le Petit*. Freiner, ne rien précipiter, avancer avec une prudence de renard, cette économie est d'autant plus appropriée qu'il n'y a pas ici à rechercher d'autre rive.

DÉJÀ TRAVERSÉE a une structure particulière. Comme dans PAS ENCORE TRAVERSÉE, les traits Yin et Yang sont distribués à parité, cependant ici ils sont ici harmonieusement imbriqués. 63 est le seul hexagramme dont tous les traits sont corrects, la nature de chacun étant en adéquation avec celle de la place qu'il occupe : traits Yin aux places paires, traits Yang aux places impaires. Ce dispositif particulier entraîne à tous les niveaux des relations de voisinage et de correspondance, qui font écho aux rapports entre clans évoqués par le texte.

L'image principale est, comme dans l'hexagramme 64, la traversée d'un cours d'eau, symbole de passage, évocation du transitoire et de l'impermanent. TRAVERSÉE, l'idéogramme commun au nom des deux hexagrammes, est à l'origine le nom d'une rivière et signifie encore aujourd'hui : traverser un cours d'eau. Ce franchissement, auquel on est ici entraîné, est lisible dans le déroulement des deux hexagrammes, dont le texte est encadré par l'évocation de l'eau qui trempe la *queue* au premier trait et la *tête* au dernier.

DÉJÀ TRAVERSÉE, comme toute culmination, contient le germe de sa propre transformation. Fait unique, cette dynamique est soulignée au Jugement par un pronostic : *au début… à la fin…* La transition déjà à l'œuvre est illustrée au cœur de l'hexagramme par deux sortes d'images : aux traits Yin des tissages, *tentures* qui s'envolent, *vêtements* qui s'effilochent, et aux traits Yang des allusions historiques évoquant les rapports entre un pouvoir finissant et un autre en devenir. Les deuxième et troisième niveaux sont ceux de l'alliance : au second trait l'*épouse* évoque le mariage du Roi Wen, fondateur de la dynastie future ; au troisième les campagnes dans la région des Diables rappellent l'aide demandée aux Zhou par les Shang. Aux quatrième et cinquième traits, les différences s'exacerbent : le doute s'installe, les rituels sont dissemblables et séparés.

Bien que cette construction régulière reflète la symétrie de l'hexagramme, on n'y trouve, à l'inverse de PAS ENCORE TRAVERSÉE, que peu d'appréciations mantiques. Cette absence accentue la nécessité de la prudence pour la préservation de l'équilibre actuel, tout comme la Grande Image incite à ne pas se laisser déborder par le désordre en germe au cœur de l'hexagramme. Avant-dernière situation du *Yi Jing*, DÉJÀ TRAVERSÉE doit conforter dans la satisfaction, fût-elle éphémère, de ce qui a été atteint. Considérer l'amorce du déclin est une manière de prolonger ce temps d'équilibre dédié au plaisir du moment présent.

IDÉOGRAMMES

JI : *(Marque du passé, de l'accompli) déjà fini, achevé, écoulé, cela étant, ensuite.*

L'idéogramme est formé de deux éléments. À gauche, un groupe complexe qui représente le riz cuit, en Chine le repas par excellence. À droite, une négation usuelle qui, à partir de l'idée d'inspirer, d'avaler, figure une sorte de hoquet, un *manque* d'air.

L'ensemble des deux signes évoque ce qui n'est déjà plus là, ce qui est passé, fini, par l'image d'un repas terminé. Pour expliquer leur habitude de manger très rapidement, les Chinois disent : « Le riz qui est *déjà* dans l'estomac, personne ne peut le prendre, celui qui est dans le bol… ».

JI: *Réussir, mener à bonne fin. Compléter. Traverser.*

L'idéogramme était à l'origine le nom d'un affluent du fleuve Jaune. Le choix du féminin dans la traduction de ce caractère vise à rendre ce sens toujours présent en chinois. Il donne par exemple son nom à l'actuelle capitale de la province du Shandong, la ville de Jinan, mot à mot : la ville au Sud *(nan)* de la rivière Ji. Dans un sens verbal, il signifie *traverser un cours d'eau* à gué ou en bateau. Ce sens propre apparaît dans un poème du *Livre des Odes* où l'image de la traversée est utilisée comme allusion à des usages anciens qui ne sont plus respectés, particulièrement des unions mal assorties et des cérémonies de mariage conclues à la hâte.

Il est composé de deux éléments : à gauche le signe général de l'eau, contracté en trois points comme chaque fois qu'il est en composition, et à droite un caractère très touffu représentant des épis de céréales bien organisés en rangées régulières de hauteur égales. On retrouve donc, combinés dans cet idéogramme, les deux sens principaux de l'hexagramme : d'une part le passage difficile d'un état à un autre, et d'autre part celui d'une situation caractérisée par une bonne organisation.

TEXTE CANONIQUE

JUGEMENT

DÉJÀ TRAVERSÉE	既濟 JI JI
Favoriser le Petit	亨小 heng xiao
Ténacité profitable	利貞 li zhen
Au début ouverture	初吉 chu ji
à la fin trouble	終亂 zhong luan

Parvenue à sa culmination, toute situation amorce sa mutation. Qu'il s'agisse de freiner un déclin (63) ou d'accompagner un renouveau (64), la stratégie est la même : *favoriser le Petit*, ne rien précipiter, avancer avec souplesse. Particulièrement lorsqu'une situation a atteint un point d'équilibre, l'habileté réside dans l'aptitude à la maintenir en l'état. Il faut pour cela adopter une attitude Yin, s'en tenir à la réserve et à la prudence, s'abstenir de trop en vouloir – stratégie du petit à petit que le Texte des traits confirme en multipliant conseils de modération et images de freinage.

Même si la perfection atteinte ne saurait durer éternellement, l'heure est à une attitude sereine permettant de profiter des acquis. L'*ouverture* qui caractérise le moment présent engage à un comportement prévenant, tandis que les *troubles* qui se précisent *à la fin* doivent inciter à ne rien pousser à terme. Comme au moment de PLAIDER SA CAUSE (voir 6/J), on doit particulièrement veiller à se maintenir au *Milieu Juste.*

La présence au Jugement des seules appréciations favorables de l'hexagramme souligne l'aspect globalement positif de la situation.

Leur absence dans le Texte des traits fait ressortir la difficulté à maintenir l'équilibre entre inertie et dynamisme.

Favoriser : appréciation mantique décrivant un climat d'essor, un agencement fertile, un dispositif énergétique global dans lequel l'échange entre le Ciel et la Terre se noue de manière féconde. Rendue par *favorisant* quand elle est employée seule, la forme à l'infinitif a été préférée ici en raison de son complément *Petit*.

Petit : l'idéogramme représente à l'origine une multitude de petites graines. Il a depuis toujours le sens de *petit*. Cependant dans le contexte du *Yi Jing*, ce caractère peut aussi prendre une signification plus vaste et symboliser le Yin. Particulièrement ici, envisager *petit* comme un emblème du Yin, plutôt que comme un attribut, souligne mieux l'orientation générale de la stratégie proposée.

Favoriser le Petit : formule mantique spécifique, signifiant que pour l'ensemble de la situation, l'essor est conditionné par la mise en œuvre d'une stratégie Yin : agir à petits pas, jouer le temps plutôt que l'action, préférer la longanimité au dynamisme. Formée de deux caractères se lisant mot à mot *Favorisant Petit*, cette appréciation, toujours citée au Jugement, ne concerne que quatre hexagrammes : EMBELLIR (22), FAIRE RETRAITE (33), PAS ENCORE TRAVERSÉE (63) et DÉJÀ TRAVERSÉE (64). La qualité commune de ces quatre situations est de requérir le même type d'attitude : non pas instaurer de manière ferme et volontaire une organisation nouvelle, mais, en combinant endurance et souplesse, améliorer par petites touches un état de choses existant. Enfin, relier ici *Petit* directement à *favoriser* – un choix assez largement partagé, surtout chez les auteurs traditionnels – souligne la présence d'un conseil identique en tête des Jugements de DÉJÀ TRAVERSÉE et de PAS ENCORE TRAVERSÉE (64), deux situations très reliées.

Ténacité profitable : formule mantique signalant que la situation, pour être fructueuse, requiert une grande capacité à endurer, à tenir avec constance, sans se laisser fatiguer par les difficultés du moment. Cette solidité n'est couplée avec *favorisant pour le Petit* qu'une autre fois : au moment de FAIRE RETRAITE (voir 33/J). Dans une pensée du changement, culmination et retrait sont immanquablement liées : « L'œuvre accomplie se retirer, telle est la loi du Ciel[106]. »

À la fin : modulation mantique qui replace la circonstance dans une perspective temporelle, annonçant soit l'aboutissement probable de la situation, soit un retournement en contraste avec le moment considéré.

Trouble : représentant deux mains affairées sur un écheveau de soie tout entremêlé, l'idéogramme est un mot très fort pour indiquer le désordre. Appliqué à un mariage, il signifie incestueux, appliqué à des soldats, il désigne des mutins. Ce terme, qui n'apparaît qu'ici, évoque généralement une désagrégation de l'harmonie sociale.

TEXTE DES TRAITS

Au début un neuf
Roues freinées 曳其輪 yi qi lun
Queue trempée 濡其尾 ru qi wei
Absence de faute 无咎 wu jiu

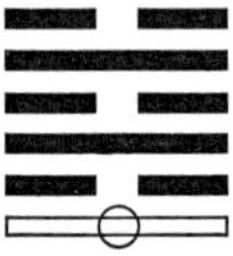

Dans une situation où tout est en place, avancer ne peut qu'entraîner le déclin. Au tniveau d'Entrée de DÉJÀ TRAVERSÉE, tout ce qui va dans le sens d'un ralentissement, qu'il soit volontaire ou incident, est donc bienvenu. Que la *queue* du renard traversant une rivière s'alourdisse au point d'empêcher le mouvement, cela représente un handicap lorsqu'il faut, comme à 64/1, s'éloigner d'une rive devenue incertaine ; mais la même image n'est qu'un rappel à l'ordre quand il est préférable d'en rester au stade où l'on est parvenu.

En écho au conseil de *favoriser le Petit* donné au Jugement, le freinage de l'activité – suggérée par le char – et le ralentissement de l'élan – évoqué par le renard – préviennent de défaire prématurément l'équilibre tel qu'il prévaut. Ils sont complémentaires du calme recommandé à la ligne voisine et de la prudence conseillée au quatrième trait, en relation de correspondance avec celui-ci.

Roues freinées : cette expression réapparaît telle quelle en 64/2, mais accompagnée de l'appréciation *présage d'ouverture.*
Queue : dans le contexte du *Yi Jing,* la queue concerne principalement trois animaux : le tigre (voir 10/J), le petit cochon (voir 33/1, où elle est associée au recul décrit par FAIRE RETRAITE) et le renard qui la trempe malencontreusement au jugement de PAS ENCORE TRAVERSÉE (64). Il est admis qu'il s'agit ici aussi de celle du renard, parce que les deux premières phrases du texte de cette ligne sont citées aux premier et second traits de l'hexagramme 64.
Trempée : l'idéogramme, écrit en combinant le signe général de l'eau et le nom de l'hexagramme ATTENDRE, décrit une action qui a besoin de temps pour se réaliser en profondeur. Il signifie *tremper, mouiller, imbiber, humecter* au sens propre, et *lent, hésitant, patient,* au sens figuré. Cité deux fois dans cette figure (lignes 1 et 6), il est principalement mentionné dans trois des quatre hexagrammes où il est conseillé au Jugement de *favoriser le Petit.*
Queue trempée : cette expression réapparaît telle quelle en 64/1, mais accompagnée de l'appréciation *gêne.*
Absence de faute : incitation à ne pas rester dans un état d'esprit incertain ou hésitant.

 **Hexagramme dérivé** : hexagramme 39. OBSTRUCTION est une situation de blocage, à laquelle on répond par un repli sur soi. Toute tentative pour avancer y conduit à des obstacles.

Six en 2
L'épouse perd les tentures — 婦喪其茀 fu sang qi fu
Ne pas s'efforcer de poursuivre — 勿逐 wu zhu
Sept jours et obtenir — 七日得 qi ri de

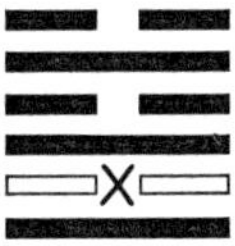

À cette ligne ne se trouvent qu'images et recommandations Yin, en résonance avec le conseil donné au Jugement *(favoriser le Petit)* et en accord avec la tonalité de retrait caractéristique d'une place de Préfet. L'*épouse*, symbole d'une position seconde adaptée à cette place, est montrée dans le palanquin fermé qui l'emmène vers la maison de son futur mari. Cette coutume, restée en usage jusqu'au milieu du XXe siècle, évoque sans doute ici le mariage du Roi Wen avec les filles du souverain Shang (voir hexagrammes 53 et 54) et donc une alliance pacifique entre passé et avenir. À l'instar des différents tissus évoqués à l'hexagramme 2 ÉLAN RÉCEPTIF, la *tenture* qui masque l'épouse aux regards est un symbole Yin de retenue et d'enveloppement. Sa perte peut être le signe qu'un ordre interne se défait : ce qui était caché aux regards soudain ne l'est plus. Elle est aussi l'annonce des déchirures qui s'accentuent au niveau de la quatrième ligne et des outrances de la dynastie régnante, mises en lumière à la ligne correspondante en place souveraine.

La disparition de cette protection ne doit pas tourmenter : elle est la porte ouverte à ce qui succédera à la situation présente. Comme à la même ligne de l'hexagramme 51 ÉBRANLER, cette mésaventure est le prélude de fécondités futures. Ici comme là, et en des termes identiques, conseil est donné de ne pas chercher à rétablir la situation, mais de laisser la traversée suivre son cours jusqu'à ce que le renouveau s'installe de lui-même. Le chiffre 7, emblème du jeune Yang, évoque naissance et RETOUR. Le renouvellement ne peut manquer de se produire de lui-même pourvu que l'impatience ne conduise pas à gâcher le processus en cours.

Épouse : dans le contexte du *Yi Jing*, *épouse*, comme *femme*, symbolise une attitude Yin ou un couplage avec le Yin.
Perd : l'idéogramme, qui a maintenant dans le langage populaire le sens de « avoir de la déveine », désigne dans le *Yi Jing* une disparition finalement bénéfique, mais d'abord ressentie comme une perte.
Tentures : formé du signe général des objets tissés et d'une négation, l'idéogramme signifie mot à mot « le tissage qui fait qu'on ne voit

pas ». Ces tentures évoquent celles des fenêtres du palanquin conduisant la future mariée à la maison de son époux. Nul ne devait apercevoir son visage, en outre protégé durant ce trajet par un voile rouge qui n'était levé que devant l'autel ancestral du mari, geste qui officialisait le mariage.

S'efforcer de poursuivre : le texte porte un seul idéogramme. Signifiant à l'origine *courir le sanglier*, il veut dire maintenant *poursuivre, chasser, rivaliser, lutter pour*. Dans le contexte du *Yi Jing*, il décrit un mouvement inlassable ou une recherche inquiète et il est toujours employé avec une négation. Bien qu'on soit généralement tenté de partir à la recherche de ce qui a disparu, le *Yi Jing* le déconseille ; on le recouvrera spontanément le moment venu.

Obtenir : composé à l'origine du signe général des choses précieuses et du caractère *main*, dans le sens de tenir en main, l'idéogramme recouvre une gamme de sens assez étendue, qui tournent tous autour de l'idée de gain.

Ne pas s'efforcer de poursuivre sept jours et obtenir : cette sentence évoque une anecdote antique (détaillée à 38/1), dont le sens est : « ce qui paraît une perte dans l'instant peut se révéler un bienfait dans l'avenir ». L'attitude conseillée est d'accepter de perdre, de ne pas contrarier le mouvement de renouveau par des efforts à contre-temps. Elle n'est citée qu'une autre fois, à 51/2, où une forte commotion, également dans un contexte rituel, vient réveiller la fécondité du Yin. Là aussi une perte marque la séparation nécessaire au renouvellement.

Hexagramme dérivé : hexagramme 5. ATTENDRE est une situation de renforcement et de gestation, où l'on n'anticipe pas sur les événements à venir.

Neuf en 3

Ancêtre Illustre — 高宗 gao zong
a soumis par les armes la région des Diables — 伐鬼方 fa gui fang
Trois années de suite il a vaincu — 三年克之 san nian ke zhi
Des Êtres Petits n'ont pas été employés — 小人勿用 xiao ren wu yong

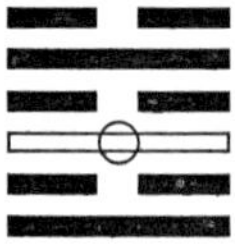

Un premier accroc dans l'ordre établi, décrit à la ligne précédente, devient craquement plus grave à cette ligne de Passage. *Ancêtre Illustre*, le souverain Shang, personnifie le pouvoir en place luttant contre des éléments de désintégration dont la contention demande efforts répétés et appuis extérieurs. Qu'un personnage de ce rang soit montré à l'œuvre à ce niveau inférieur, et non en place souveraine, indique à quel point la fermeté est maintenant requise pour défendre ce qui a été construit. Pour le vassal, il ne s'agit pas de se comporter en *Être Petit*: c'est l'opportunité au contraire de faire preuve de courage, de perspicacité et de loyauté en commençant par mettre ses talents au service de l'autorité actuelle. Le concours apporté aux Shang marquera en effet pour leurs vassaux les Zhou le début de l'ascension qui les conduira au pouvoir.

La correspondance de ce trait avec le sixième, où il est recommandé de ne pas perdre la tête, accentue la nécessité de la rigueur et de la prudence. Une situation nouvelle se bâtit d'abord sur les acquis de l'ancienne.

Ancêtre Illustre: c'est le nom de culte de Wu Ding, un souverain fameux de la dynastie des Shang qui vivait deux siècles avant la conquête des Zhou. Il est cité dans le *Classique des Mers et des Montagnes (Shan Hai Jing)* et dans le *Livre des Odes* (ode 303). L'histoire a retenu de lui ses dates (1324 – 1265) et la notoriété de son épouse: elle se nommait Fu Hao et sa tombe a été retrouvée aux environs d'Anyang, près de l'emplacement de l'ancienne capitale Shang. Chef de guerre commandant à des milliers d'hommes, Fu Hao fut enterrée avec tout son arroi de général. Dans le contexte du *Yi Jing*, seuls trois membres de la dynastie des Shang sont nommés par leur nom propre. Ils doivent cet honneur au fait d'avoir, chacun à sa manière, contribué à l'élévation des Zhou: le Souverain Yi (11/5 et 54/5), le Sire de Ji (36/5) et ici Wu Ding.
Soumis par les armes: l'idéogramme signifie à l'origine *frapper, marcher contre l'ennemi, expédition punitive*.
Diables: nom péjoratif que les Shang donnaient aux peuples nomadisant au Nord-Ouest de la Chine. On dirait aujourd'hui des *affreux*. C'est contre eux que seront bâties plus tard les différentes fortifications qui, réunies, formeront la Grande Muraille.
Soumettre par les armes la région des Diables: une suite de campagnes menées par Wu Ding. Il avait réuni à cette occasion une grande armée au sein de laquelle se trouvait un contingent de soldats Zhou. Cette action est décrite dans les mêmes termes au trait correspondant de l'hexagramme retourné (voir 64/4), mais cette fois c'est le général Zhen, commandant le contingent Zhou, qui est mis en valeur.
Trois années de suite: le *Yi Jing* ne parle pas en temps réel, mais en durées symboliques. Trois ans y symbolise un cycle complet court. Par ailleurs, le chiffre *trois*, quand il n'est appliqué ni à des personnes ni à une durée, évoque une répétition insistante: il a fallu trois campagnes l'une après l'autre pour venir à bout des *Diables*.
Être Petit: personnage symbolique représentant une attitude sans envergure, immature, mesquine ou rigide.
Des Êtres Petits n'ont pas été employés: la phrase est ambiguë. Est-ce une allusion au général Zhen (voir 64/4) ou une considéra-

tion plus générale ? Elle se retrouve à la dernière ligne de ARMÉE, autre moment de passage entre guerre et paix, entre désordre et ordre (voir 7/6). Cependant il semble qu'ici, le développement de la situation suive un cours inverse. Si à 7/6, dernier stade de l'état de guerre, un état de troubles se termine par un état de grâce, le général vainqueur remettant à son suzerain le mandat que celui-ci lui avait confié (voir 7/2) et retournant à sa condition de préfet, ici, le déroulement est inverse, un état de grâce – Wu Ding a vaincu grâce à l'appui du général Zhen – sera finalement suivi d'une période de troubles, le général vassal appartenant au clan qui ravira le pouvoir à la dynastie régnante.

Hexagramme dérivé : hexagramme 3. DIFFICULTÉS INITIALES est le moment des commencements confus où il faut savoir retenir les impulsions pour privilégier l'organisation à long terme.

Six en 4

Les vêtements de soie aussi deviennent des haillons
Jusqu'à la fin du jour se tenir sur ses gardes

繻有衣袽 ru you yi ru
終日戒 zhong ri jie

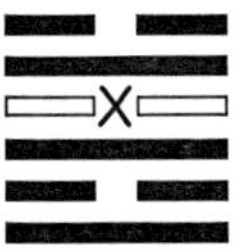

La propension au délitement qui caractérise DÉJÀ TRAVERSÉE dans son ensemble prend à ce premier niveau extérieur un tour sérieux. Même des atours soignés, teints de couleurs éclatantes, ne peuvent échapper à l'usure du temps. Comme à la seconde ligne, le tissu est incapable désormais de voiler ou de contenir, et la *soie* qui se défait donne l'image d'un ordre qui s'effiloche. Une période s'achève, la lumière décline, et comme à la ligne de Passage d'ÉLAN CRÉATIF (voir 1/3), cette heure incertaine, propice aux errements, est aussi celle où la fatigue peut amener à flancher.

En écho avec le conseil de *favoriser le Petit* donné au Jugement, par une attitude prudente, tenace et vigilante il est possible de surseoir à d'éventuels troubles. La correspondance avec la ligne initiale doit inciter à éviter des incartades qui ne sont plus de mise en place de Ministre ; la proximité de la ligne souveraine, où la rivalité entre clans s'exacerbe, est une raison supplémentaire de ne pas baisser sa garde.

Vêtements de soie : écrit avec le signe général des objets tissés et le caractère qui sert à nommer l'ATTENTE (voir 5/I) le caractère, tombé en désuétude, désigne les tissus de soie teints de vives couleurs par *trempage* (voir ligne 1). Dans le contexte du *Yi Jing*, les

objets tissés sont des symboles Yin souvent employés comme images de ce qui protège.
Haillons : le texte porte deux caractères dont le premier est le signe général des vêtements et le second assez rare à le sens d'*étoupe*. L'ensemble désigne donc des vêtements en charpie. Qu'on puisse s'en servir comme étoupe a amené certains à suggérer que la traversée se passe mal et que l'on serait en train d'essayer, avec des bouchons de tissu, de maintenir à flot un bateau qui prend l'eau.
Jusqu'à la fin du jour : formule mantique en deux caractères dont le premier est la modulation *à la fin* et le second l'idéogramme *soleil* majoritairement utilisé dans le *Yi Jing* au sens de *jour*. Apparaissant à trois reprises (voir 1/3 et 16/2), cette expression peut simplement signifier *jusqu'au bout* car la notation temporelle qu'elle indique est floue. Bien plus brève que celle mentionnée à la ligne précédente, elle souligne qu'un cycle est en train de s'achever.
Se tenir sur ses gardes : l'idéogramme signifie *prendre garde, mettre en garde, se prémunir, informer*, etc. Il n'est employé qu'en place de ministre (voir 11/4, 62/4 et 63/4), ce qui souligne la prudence requise à proximité de la place souveraine.

Hexagramme dérivé : hexagramme 49. RÉVOLUTION est une situation dans laquelle on se débarrasse de ce qui a vieilli. Un changement de mandat s'y prépare pour émerger à l'heure juste.

Neuf en 5

Les voisins de l'Est tuent des taureaux	東鄰殺牛	dong lin sha niu
Ce n'est pas comme les rites d'offrande	不如西鄰	bu ru xi lin
Yué des voisins de l'Ouest	之禴祭	zhi yue ji
La consistance reçoit le bonheur	實受其福	shi shou qi fu

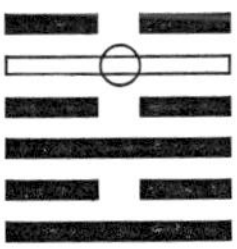

À la ligne souveraine de DÉJÀ TRAVERSÉE est envisagée la manière d'exercer le pouvoir pour que perdure une situation dans laquelle des polarités différentes sont en équilibre. Comme l'indique aussi le conseil de *sacrifier du gros bétail* au moment de RÉUNION (45/J), cet exercice n'est pas séparable de la pratique rituelle. Ici, la comparaison entre deux manières d'accomplir les cérémonies, et donc de se relier au Ciel, accuse la différence entre l'apparence du pouvoir et la réalité de la puissance. D'un côté le faste coûteux des sacrifices offerts par les Shang, de l'autre la véracité discrète des rituels accomplis par les Zhou. La formulation ironique du texte fait plus que moquer le comportement ostentatoire du pouvoir en place, elle met en valeur la *consistance* d'un culte sincère. Une pratique authentique permet de se relier à des sources profondes : le sacrifice *Yué* est l'image d'un renforcement qui favorise une concentration des énergies aussi bien internes qu'externes, tandis que les *rites d'offrande* évoquent les liens qui soutiennent lorsque, aux moments d'ÉPUISEMENT, il faut faire passer coûte que coûte sa parole (voir 47/J et 47/5).

En relation avec toutes les lignes de l'hexagramme, par voisinage ou par le biais de sa correspondance avec la ligne de Préfet, cette cinquième ligne peut, plus que toute autre, être dite souveraine. Le *bonheur* n'échoit qu'à celui qui sait conduire un agencement ordonné non en s'imposant mais en reliant avec discrétion l'intérieur et l'extérieur. L'accent mis sur le comportement de la dynastie montante souligne que seule une attitude modeste et réservée permet à la fois d'assumer la conjoncture présente et de la faire transiter vers une situation nouvelle.

Voisins : dans le contexte du *Yi Jing*, les *voisins* ne sont ni l'évocation de paisibles relations de voisinage, ni l'allégorie de son prochain en général. L'ironie est plus mordante. Alors qu'en ligne de passage, *Ancêtre Illustre* est honoré par son nom de culte, les anciens suzerains des Zhou sont ici désignés de manière sarcastique et condescendante, comme des relations avec qui, selon le rapport de force, on entretient (9/5) ou non (11/4 et 15/5) des accointances enrichissantes.

Est... Ouest : les désignations géographiques sont rares dans le *Yi Jing* et essentiellement symboliques, elles renvoient généralement à l'opposition entre les Shang (Est) et les Zhou (Ouest), et sont toujours considérées du point de vue de ces derniers.

Tuent : courant dans toutes les épopées, le verbe *tuer* n'est employé qu'une seule fois dans le *Yi Jing* : ici, dans un contexte rituel, et pour sacrifier des animaux, non des humains.

Taureau : le texte comporte simplement le caractère général des bovidés, animaux qui tiennent une place importante dans les sacrifices rituels.

Ce n'est pas comme : construction particulière de la langue archaïque chinoise en forme de suffixe adverbial qui marque une comparaison oratoire négative.

Rites d'offrande : écrit avec le signe général des questions religieuses surmonté des caractères *main* et *viande*, l'idéogramme, décrivant l'accomplissement d'un sacrifice rituel, résume l'obligation fondamentale de la spiritualité chinoise : nourrir les souffles des ancêtres défunts. Qu'il ne soit employé qu'en ligne souveraine (il n'apparaît qu'ici et à 47/5) montre l'importance de ce rituel.

Yué : nom d'un rituel dont le sens exact semble perdu. On peut inférer de la composition du caractère qu'il s'agissait peut-être d'une liturgie qui, associée à la partie Yang de l'année, avait pour fonction de réunir harmonieusement dans un contexte de croissance la Terre au Ciel et les vivants aux défunts, comme sont reliés entre eux les tubes de la flûte de Pan. Les deux autres fois où ces sacrifices sont mentionnés (45/2 et 46/2), ils ne sont pas comme ici opposés aux imposantes cérémonies des « voisins » Shang, mais reliés à l'*onde porteuse*, c'est-à-dire à l'idée de sincérité, évoquée ici par la *consistance*.

Consistance : l'idéogramme signifie *plein* au sens concret, et *vrai, authentique, précieux* au sens figuré. Il est généralement mentionné en rapport avec une conduite rituelle, comme à 54/6 où il en montre l'insuffisance. Il renvoie moins à la qualité des aliments sacrificiels qu'à celle de la conduite de ceux qui participent au culte ancestral.

Recevoir : l'idéogramme, toujours très courant (il sert en chinois moderne comme marque du passif), représente à l'origine une main, recevant d'une autre main un objet vraisemblablement en relation avec les carapaces divinatoires. Il signifie *recevoir, obtenir, accepter, admettre, supporter*. Dans le *Yi Jing*, son sens est franchement positif, puisqu'il n'est employé qu'avec le mot *bonheur* comme complément.

Bonheur : sans doute un des idéogrammes les plus répandus de la culture chinoise. On le trouve partout, sur les objets, les cartes de vœux, en pendentif ou en boucles d'oreille, etc. Formé avec le signe général des questions religieuses et un caractère représentant une jarre pleine de grains, il évoque le bonheur matériel résultant du travail humain et de la faveur céleste.

Hexagramme dérivé : hexagramme 36. LUMIÈRE OBSCURCIE est une situation où l'on fait son deuil de tout éclat extérieur dans une perspective de préservation de l'essentiel.

En haut un six
Tête trempée — 濡其首 ru qi shou
Danger — 厲 li

Alors qu'à la ligne souveraine il y a encore une alternative possible entre une attitude ostentatoire et un comportement plus vrai, la dernière ligne de DÉJÀ TRAVERSÉE décrit une inquiétante incapacité à garder les pieds sur terre. On ne voit pas – ou l'on ne veut pas s'apercevoir – que la situation a maintenant atteint un point où elle ne peut que se défaire. Les *troubles* annoncés au Jugement sont à présent effectifs, comme le souligne la mention *danger*, appréciation la plus défavorable de l'hexagramme. Folie dans la façon de diriger les affaires ou refus de voir la réalité en face, la *tête trempée* – peut-être une allusion au comportement désordonné du dernier souverain Shang (voir 64/6) – doit inciter à envisager une évolution inévitable et à ne pas chercher à maintenir un équilibre périmé.

À l'inverse du freinage évoqué au trait initial par la *queue* trempée, la *tête* trempée symbolise l'incapacité à évaluer la situation, ce qui est particulièrement dommageable à la place la plus élevée d'un hexagramme. La correspondance avec la troisième ligne accentue la différence entre les deux niveaux : là un souverain capable de défendre son pays, ici une inaptitude à diriger. Encore plus qu'à la dernière ligne de l'hexagramme 64 PAS ENCORE TRAVERSÉE, et cette fois sans autre alternative, on doit se garder de réagir en autruche au caractère inéluctable des changements à opérer.

Tête : l'idéogramme signifie aussi bien *tête* que *chef*. Ici, il a le sens de tête, comme chef de la personne.
Trempée : voir ligne 1.
Tête trempée : cette phrase est citée à l'identique et au même niveau dans l'hexagramme opposé PAS ENCORE TRAVERSÉE (64/6). Elle fait peut-être référence à la débauche du dernier souverain des Shang dont les exploits cruels sont évoqués à l'hexagramme 36 et dont l'attitude indigne décidera Wu Wang, fils du Roi Wen, à provoquer le bouleversement dynastique (voir 49/J).
Danger : appréciation mantique signalant les risques inhérents à la situation. Une absence aggrave ici cette indication : c'est le seul endroit où elle apparaît aussi sèchement, sans modulation ni conseil, comme un fait.

Hexagramme dérivé : hexagramme 37. GENS DU CLAN représente un dispositif qui transforme de l'éphémère en durable par référence à un foyer commun. On y replace les problèmes du moment dans un cadre temporel plus vaste.

Terminant l'ordre d'exposition des Changements, le couple 63 et 64 marque l'aboutissement de l'imbrication du Yin et du Yang, les deux principes posés par les hexagrammes 1 et 2. La place de cet hexagramme dans l'ordre d'exposition du *Yi Jing* est notable : 63 est le produit du 7 et du 9, chiffres qui deviendront les symboles de la croissance et de la culmination du Yang. Comme toute culmination, celle-ci n'est pas un achèvement. Tout en montrant l'apogée de son organisation, l'hexagramme 63 ne clôt pas le *Yi Jing*. Les Changements recommencent avec l'hexagramme 64, avant-premier du nouveau cycle dont il montre la gestation (8 x 8). Comme à la fin d'une partie de cartes, on brouille le jeu pour continuer à jouer.

ÉLÉMENTS D'ANALYSE

Nucléaire

䷿ **Hexagramme 64 : PAS ENCORE TRAVERSÉE.** Au cœur de DÉJÀ TRAVERSÉE, il y a son opposé PAS ENCORE TRAVERSÉE. Au cœur d'une situation d'ordre, il y a un désordre sous-jacent, une indétermination capable de faire évoluer ce qui est régulier, défini ou statique. Il représente le dynamisme d'un fonctionnement basé sur la relation entre des forces antagonistes qui parfois se rencontrent et parfois se séparent. DÉJÀ TRAVERSÉE représente une organisation des polarités autour d'un noyau d'instabilité qui prépare leur séparation. Ce chaos latent qui fluidifie une situation où tout est à sa place est aussi ce qui amène l'équilibre interne à se défaire.

DÉJÀ TRAVERSÉE est lui-même nucléaire d'une famille de quatre hexagrammes (38, 40, 54, 64) dans lesquels il prend le sens général d'ordre sous-jacent, de cohérence à même d'intégrer des manifestations chaotiques en un système stable. Il représente la régularité d'un fonctionnement basé sur la relation entre des forces dont l'antagonisme est complémentaire.

Opposé

䷿ **Hexagramme 64 : PAS ENCORE TRAVERSÉE.** La relation d'opposition entre DÉJÀ TRAVERSÉE et PAS ENCORE TRAVERSÉE s'articule autour de l'idée d'ordre et d'équilibre. DÉJÀ TRAVERSÉE est une situation ordonnée, dans laquelle les forces se rencontrent et s'équilibrent. PAS ENCORE TRAVERSÉE est une situation de transition dans laquelle rien n'est en place. La structure des deux hexagrammes se ressemblent mais les dynamiques internes et les stratégies sont contraires : dans l'un, on tente d'amortir les changements pour maintenir l'équilibre, dans l'autre on amorce le changement pour sortir du déséquilibre. Cette relation d'opposition est renforcée par le fait que ces deux hexagrammes sont aussi le retourné l'un de l'autre (particularité qui ne concerne que quatre couples d'hexagrammes : 11/12, 17/18, 53/54 et 63/64).

64 PAS ENCORE TRAVERSÉE

未濟

WEI JI

䷿

En haut FEU ☲

En bas EAU ☵

PAS ENCORE TRAVERSÉE	未濟	WEI JI
Favoriser le Petit	亨小	heng xiao
Que le renard ayant presque accompli la TRAVERSÉE	狐汔濟	hu qi JI
trempe sa queue	濡其尾	ru qi wei
Aucun lieu n'est profitable	无攸利	wu you li
Au début un six		
Queue trempée	濡其尾	ru qi wei
Gêne	吝	lin
Neuf en 2		
Roues freinées	曳其輪	yi qi lun
Présage d'ouverture	貞吉	zhen ji
Six en 3		
PAS ENCORE TRAVERSÉE	既濟	WEI JI
Impasse pour des expéditions	征凶	zheng xiong
Profitable de passer le grand fleuve	利涉大川	li she da chuan
Neuf en 4		
Présage d'ouverture	貞吉	zhen ji
Tout regret disparaît	悔亡	hui wang
Le général Zhen	震	
a été employé à soumettre par les armes la région des Diables	用伐	zhen yong fa
	鬼方	gui fang
Trois années de suite	三年	san nian
il fut récompensé et honoré	有賞	you shang
au Grand Pays	于大國	yu da guo
Six en 5		
Présage d'ouverture	貞吉	zhen ji
Pas de regrets	无悔	wu hui
Éclat du Chef Accompli	君子之光	jun zi zhi guang
Il y a onde porteuse	有孚	you fu
Ouverture	吉	ji
En haut un neuf		
Il y a onde porteuse poussant à boire du vin	有孚于飲酒	you fu yu yin jiu
Absence de faute	无咎	wu jiu
Tremper sa tête	濡其首	ru qi shou
Il y a onde portant à perdre ce qui est	有孚失是	you fu shi shi

Grande Image

Le feu se trouve au-dessus de l'eau	火在水上	huo zai shui shang
PAS ENCORE TRAVERSÉE	未濟	WEI JI
L'Être Accompli ainsi	君子以	Jun zi yi
en étant attentif dans la différenciation des choses	愼辨物	Shen bian wu
demeure en place	居方	ju fang

Dixième Aile

PAS ENCORE TRAVERSÉE	未濟	WEI JI
amenuisement du masculin.	男之窮也	nan zhi qiong ye

PAS ENCORE TRAVERSÉE est un moment où rien n'est en place. Comme la mer étale à marée basse, un point d'inflexion est atteint, un processus de désorganisation touche à son maximum, une TRAVERSÉE reste à accomplir. Dans la perspective dynamique du *Livre des Changements*, toute culmination ne pouvant être que transitoire, PAS ENCORE TRAVERSÉE est aussi un moment de transition entre un cycle qui s'achève et un nouvel agencement qui n'a PAS ENCORE commencé à se manifester.

PAS ENCORE TRAVERSÉE est relié à DÉJÀ TRAVERSÉE (63) par une triple relation d'opposition, de retournement et de nucléaire. L'un appelle une remise en ordre qui demande courage, longanimité et prudence, l'autre décrit une situation d'ordre qu'il suffit de garder en l'état. Or, qu'il s'agisse de maintenir un ordre qui se défait ou de sortir d'une situation dans laquelle le trouble s'est installé, la stratégie conseillée est la même : *favoriser le Petit*. Freiner, ne rien précipiter, avancer avec une prudence de *renard*, cette économie est d'autant plus appropriée qu'il y a ici une rive à atteindre, un ordre à reconstruire.

PAS ENCORE TRAVERSÉE a une structure particulière. Comme dans DÉJÀ TRAVERSÉE, les traits Yin et Yang sont distribués à parité, mais ils sont ici imbriqués a contrario. C'est le seul hexagramme dont tous les traits sont incorrects, la nature de chacun étant en porte-à-faux avec celle de la place qu'il occupe : traits Yin aux places impaires, traits Yang aux places paires. Ce dispositif particulier entraîne à tous les niveaux des relations de voisinage et de correspondance. Le texte y fait écho, bien que de manière moins accentuée que dans l'hexagramme opposé, où les rapports entre clans et entre traits sont plus équilibrés.

L'image principale est, comme dans l'hexagramme 63, la traversée d'un cours d'eau, symbole de passage, évocation du transitoire et de l'impermanent. TRAVERSÉE, l'idéogramme commun au titre de ces deux situations, est à l'origine le nom d'une rivière et signifie encore aujourd'hui traverser un cours d'eau. Ce franchissement, auquel on est ici porté, est lisible dans le déroulement des deux hexagrammes, dont le texte est encadré par l'évocation de l'eau qui trempe la *queue* au premier trait et la *tête* au dernier. Une autre image leur est commune : la campagne militaire pour laquelle les Shang demandèrent l'aide des Zhou contre les barbares qui assaillaient le *Grand Pays*. Cependant la situation n'est pas présentée ici du point de vue du souverain mais des vassaux, représentés par leur général. En prêtant main forte aux Shang, les Zhou entament une longue marche qui finalement les mènera au pouvoir.

Cette perspective suggère l'attitude à adopter lorsque l'on doit prendre les rênes d'une situation qui se défait : ne pas chercher à tout bouleverser mais tenir compte de l'état actuel, de manière à laisser apparaître les éléments à partir desquels il est possible de reconstruire. Cette attitude est mise en valeur par l'*éclat* du Chef Accompli et les *honneurs* accordés au vassal. Elle est accentuée par la reprise aux deuxième, quatrième et cinquième lignes de la même appréciation favorable, *ouverture*, qui qualifie le *freinage* à la place de Préfet, la loyauté à la place de Ministre et la confiance à la place souveraine.

Les difficultés inhérentes à une situation où rien n'est en place n'empêchent pas qu'elle soit un moment riche de possibilités : l'*onde porteuse* y est mentionnée trois fois et l'*ouverture* à quatre reprises. La Grande Image met en avant le discernement nécessaire à la préparation d'un nouvel agencement des forces, afin qu'émerge l'ordre déjà présent au cœur de l'hexagramme. Dernière situation du Yi Jing, PAS ENCORE TRAVERSÉE, son nom le dit bien, n'est pas une fin, mais l'amorce d'une période nouvelle.

> Le maître était au bord d'une rivière. Il dit : « Oh, aller ainsi de l'avant, sans trêve, jour et nuit[107] ! »

IDÉOGRAMMES

WEI : *Ne pas encore. Ne... pas, ne pas exister encore.*

L'idéogramme représente le dessin d'un arbre dans lequel est soulignée une nouvelle génération de branches encore en bourgeons. Couramment utilisé comme négation, ce caractère ne désigne pas un manque, mais un *à venir*, un non encore advenu. Il apparaît ainsi dans de nombreuses expressions comme « fiancée, fiancé » (*wei hun ji, wei hun fu*, mot à mot : pas encore épouse, pas encore mari) ou bien « à suivre » (*wei wan*, mot à mot : pas encore achevé) ou encore « x », l'inconnue des formules mathématiques (*wei zhi shu*, le nombre pas encore connu). Combiné avec le caractère femme, il forme le caractère : cadette (celle qui n'est pas aînée) utilisé dans le nom de l'hexagramme MARIAGE DE LA CADETTE (voir 54/I).

Par ailleurs, cet idéogramme appartient aussi à un ensemble appelé signes cycliques marquant les heures doubles de la journée, dans lequel il est associé à la tranche horaire 13 heures-15 heures, celle qui, après la culmination Yang de 11 heures-13 heures, ouvre et prépare l'accomplissement des temps Yin de la journée. On retrouve là l'idée évoquée à la Dixième Aile et, de manière générale, la primauté donnée au Yin dans tout l'hexagramme.

JI : *Réussir, mener à bonne fin. Compléter. Traverser.*

L'idéogramme était à l'origine le nom d'un affluent du fleuve Jaune. Le choix du féminin dans la traduction de ce caractère vise à rendre ce sens toujours présent en chinois. Il donne par exemple son nom à l'actuelle capitale de la province du Shandong, la ville de Jinan, mot à mot : la ville au Sud *(nan)* de la rivière Ji. Dans un sens verbal, il signifie *traverser un cours d'eau* à gué ou en bateau. Ce sens propre apparaît dans un poème du *Livre des Odes*[108] où l'image de la traversée est utilisée comme allusion à des usages anciens qui ne sont plus respectés, particulièrement des unions mal assorties et des cérémonies de mariage conclues à la hâte.

Il est composé de deux éléments : à gauche le signe général de l'eau, contracté en trois points comme chaque fois qu'il est en composition, et à droite un caractère très touffu représentant des épis de céréales bien organisés en rangées régulières de hauteur égales. On retrouve donc, combinés dans cet idéogramme, les deux sens principaux de l'hexagramme : d'une part le passage difficile d'un état à un autre, et d'autre part celui d'une situation caractérisée par une bonne organisation.

TEXTE CANONIQUE

JUGEMENT

PAS ENCORE TRAVERSÉE	未濟	WEI JI
Favoriser le Petit	亨小	heng xiao
Que le renard ayant presque	狐汔濟	hu qi JI
accompli la TRAVERSÉE		
trempe sa queue	濡其尾	ru qi wei
Aucun lieu n'est profitable	无攸利	wu you li

Parvenue à sa culmination, toute situation amorce sa mutation. Qu'il s'agisse d'accompagner un renouveau (64) ou de freiner un déclin (63), la stratégie est la même : *favoriser le Petit*, ne rien précipiter, avancer pas à pas avec souplesse sans chercher à s'imposer. Particulièrement lorsqu'une situation en arrive à un stade de désorganisation tel qu'un nouvel agencement doit être envisagé, il ne faut pas s'imaginer pouvoir tourner la page d'un seul coup.

Cette circonspection, le *renard* en est l'image : lorsqu'il traverse un cours d'eau, il prend soin de tenir jusqu'au bout sa queue hors de l'eau afin de ne pas la tremper, ce qui risquerait de le surcharger et de le faire couler. Quand on se trouve dans une phase de transition, il convient de suivre son exemple en veillant à ne pas se laisser entraîner par tout ce qui peut embarrasser ou alourdir.

Cependant, le renard est décrit comme ayant *presque* achevé la TRAVERSÉE, alors que le nom de l'hexagramme précise bien qu'elle ne l'est PAS ENCORE. Ce rapprochement est d'autant plus significatif que le renard est dans l'imaginaire chinois un des symboles de l'illusion : c'est au moment où l'on se sent le plus harassé par le parcours effectué que l'on voudrait avoir déjà fini la traversée, et que l'on a tendance à s'imaginer avoir déjà atteint le but. Sortir d'une période de trouble exige de redoubler d'endurance car aux efforts fournis pour s'en défaire s'ajoutent ceux déjà effectués pendant la phase qui a abouti à cette désagrégation. Comme à l'hexagramme 54 MARIAGE DE LA CADETTE, *aucun lieu n'est profitable* pour qui se laisse dépasser par la situation et bercer de chimères. Rien ne sert de franchir tous les périls d'une traversée si on échoue juste avant d'aborder l'autre rive. Courage et longanimité, plus que vaillance et intrépidité, sont les qualités indispensables pour mener la traversée à son terme.

Favoriser : appréciation mantique décrivant un climat d'essor, un agencement fertile, un dispositif énergétique global dans lequel l'échange entre le Ciel et la Terre se noue de manière féconde. Rendue par *favorisant* quand elle est employée seule, la forme à l'infinitif a été préférée ici en raison de son complément Petit.

Petit : l'idéogramme représente à l'origine une multitude de petites graines. Il a depuis toujours le sens de *petit*. Cependant dans le contexte du *Yi Jing*, ce caractère peut aussi prendre une signification plus vaste et symboliser le Yin. Particulièrement ici, envisager *petit* comme un emblème du Yin, plutôt que comme un attribut, souligne mieux l'orientation générale de la stratégie proposée.

Favoriser le Petit : formule mantique spécifique, signifiant que pour l'ensemble de la situation, l'essor est conditionné par la mise en œuvre d'une stratégie Yin : agir à petits pas, jouer le temps plutôt que l'action, préférer la longanimité au dynamisme. Formée de deux caractères se lisant mot à mot *Favorisant Petit*, cette appréciation (toujours citée au Jugement) ne concerne que quatre hexagrammes : EMBELLIR (22), FAIRE RETRAITE (33), DÉJÀ TRAVERSÉE (63) et PAS ENCORE TRAVERSÉE. La qualité commune de ces quatre situations est de requérir le même type d'attitude : non pas instaurer de manière ferme et volontaire une organisation nouvelle, mais, en combinant endurance et souplesse, améliorer par petites touches un état de choses existant. Enfin, relier ici *Petit* directement à *favoriser* permet de souligner la présence d'un conseil identique en tête des Jugements de DÉJÀ TRAVERSÉE (63) et de PAS ENCORE TRAVERSÉE, deux situations très reliées.

Renard : en Chine, la prudence du renard est bien plus proverbiale que sa ruse, on trouve par exemple au chapitre 15 du *Dao De Jing* : « prudent comme le renard qui passe un gué en hiver ». C'est aussi un animal doué de la faculté de se métamorphoser en humain pour lui voler son essence vitale, surtout les renardes. Pour tout cela, il faut s'en méfier. La coutume populaire dit qu'il est dangereux de lui donner l'appellation familière de « petit[109] ».

Presque : le texte porte un idéogramme rare dont le sens propre désigne un terrain qui, après avoir été couvert d'eau, est quasiment redevenu sec (voir 48/J. *étiage*). De là, il signifie presque, *peu s'en faut, peut-être.*

Trempe : l'idéogramme, écrit en combinant le signe général de l'eau et le nom de l'hexagramme ATTENDRE, décrit une action qui a besoin de temps pour se réaliser en profondeur. Il signifie *tremper, mouiller, imbiber, humecter* au sens propre, et *lent, hésitant, patient,* au sens figuré. Cité trois fois dans cette figure (Jugement, lignes 1 et 6), il est principalement mentionné dans trois des quatre hexagrammes où il est conseillé au Jugement de *favoriser le Petit.*

Queue : l'idéogramme signifie *queue, arrière, reste,* en tant que nom et *suivre* en tant que verbe. Il est cité deux fois dans cet hexagramme : auJugement et à la ligne 1.

Aucun lieu n'est profitable : appréciation mantique la plus contraire du *Yi Jing*. Elle signifie qu'on est animé de sentiments trop négatifs pour pouvoir aboutir à quoi que ce soit de valable. Elle indique ici que rien n'est possible si l'on ne se sent pas en mesure d'aboutir.

TEXTE DES TRAITS

Au début un six

Queue trempée — 濡其尾 ru qi wei

Gêne — 吝 lin

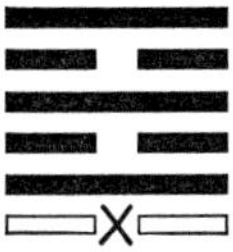

Lorsqu'on est amené à faire advenir une situation nouvelle, il importe de ne pas se laisser entraîner par le poids du passé et envahir par un sentiment de désagrégation. Comme au niveau d'Entrée de DIFFICULTÉS INITIALES, la reprise au trait initial de l'image utilisée au Jugement fait ressortir l'aspect critique de ce premier pas. Le renard qui laisse *tremper sa queue* dans l'eau l'indique, c'est à l'orée d'une traversée que l'on est le plus exposé au danger de s'enfoncer avant d'avoir atteint l'autre rive. On ne peut œuvrer à l'agencement d'un nouvel état des choses si on se divise intérieurement : plutôt que de rester attaché à ce qui alourdit, il faut maintenant tenter de s'en détourner pour aller de l'avant.

Alors qu'à la ligne initiale de DÉJÀ TRAVERSÉE la même image évoque un freinage qui ne prête pas à conséquence, elle représente ici un alourdissement. Au-delà de l'appréciation mantique qui souligne le manque de facilité, la correspondance de ce trait avec le quatrième est encourageante, car la combativité qui se déploie à la place de Ministre peut aider à vaincre les éléments de trouble.

Trempée : voir Jugement.
Queue trempée : cette phrase se retrouve à l'identique au trait initial de DÉJÀ TRAVERSÉE, seule l'appréciation mantique diffère. Si l'alourdissement va dans le sens d'un ralentissement bienvenu à 63/1, il est plus gênant au début de PAS ENCORE TRAVERSÉE, où tout reste à faire.
Gêne : appréciation mantique évoquant un manque de fluidité qui rétrécit les possibilités d'action. C'est la seule fois où cette appréciation apparaît en première ligne sans aucune modulation.

Hexagramme dérivé : hexagramme 38. DIVERGENCE est un moment de désaccord et de tension qui peut devenir fécond par la prise en compte des deux versants de la situation.

Neuf en 2
Roues freinées — 曳其輪 yi qi lun
Présage d'ouverture — 貞吉 zhen ji

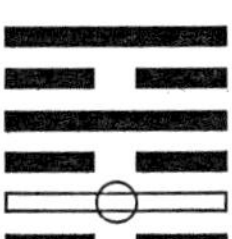

Le ralentissement décrit ici est bénéfique car accordé avec l'attitude Yin préconisée au Jugement. Les *roues* suggèrent la présence d'un char, donc d'une avancée susceptible, comme au trait extrême de USURE, d'emmener au-delà de la situation présente (voir 23/6). Encore faut-il savoir économiser ses forces en se conduisant avec prudence.

La nature Yang du trait est adoucie par la qualité Yin de cette place de Préfet ; il est également en correspondance avec la cinquième ligne où le même *présage d'ouverture* s'accompagne cette fois d'une *ouverture* réelle. Cette appréciation rapproche également cette ligne de la quatrième, où un grand vassal sait prêter son concours sans sortir de sa position. Se refuser à avancer rapidement ou à trop en vouloir est l'attitude complémentaire de celle du *Chef Accompli*, qui personnifie à la ligne souveraine la capacité à gérer en fin stratège une situation de désordre.

Roues freinées : cette phrase se retrouve à l'identique au début de DÉJÀ TRAVERSÉE (voir 63/1). Si l'image et le conseil sont semblables à l'orée des deux situations, l'appréciation mantique est différente. Alors que celle utilisée à l'entrée de DÉJÀ TRAVERSÉE est une incitation à poursuivre dans le ralentissement *(absence de faute)*, le freinage est ici un contrôle du mouvement qui, au début d'une traversée à effectuer, présage l'*ouverture*.
Présage d'ouverture : formule mantique indiquant la tendance à un réagencement positif de la situation. Elle est citée trois fois dans cette figure : lignes 2, 4 et 5.

Hexagramme dérivé : hexagramme 35. AVANCER AU GRAND JOUR est un moment d'avancée patiente et progressive qui n'atteindra son but qu'après un chemin long et parsemé d'obstacles.

Six en 3

PAS ENCORE TRAVERSÉE	既濟	WEI JI
Impasse pour des expéditions	征凶	zheng xiong
Profitable de passer le grand fleuve	利涉大川	li she da chuan

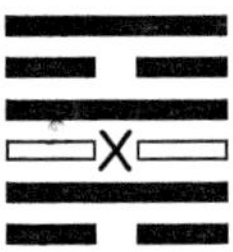

Le texte de ce trait comporte une particularité unique dans le *Yi Jing* : la phrase qui concerne la description de la situation n'est constituée que du nom de l'hexagramme, posé abruptement, sans verbe ni complément, comme si à ce stade – le seul où le nom est cité – se condensait toute la problématique du moment. À la ligne de Passage d'une situation de TRAVERSÉE, c'est l'idée même de passage qui est ainsi mise en valeur. La stratégie à suivre à ce moment clé joue sur la différence entre mener des *expéditions* et passer un *grand fleuve*.

Lorsque l'on se trouve au milieu du gué, ce n'est pas en bousculant tout par des entreprises impétueuses qu'il est possible d'aboutir, mais en concentrant ses forces pour se diriger hardiment vers l'autre rive. Au cœur d'une situation de désordre, la véritable détermination ne consiste pas à s'affairer pour remettre de l'ordre, mais à se dépasser pour aller au-delà des territoires connus.

Impasse : équivalent de *fermeture* quand cette appréciation qualifie des expéditions.
Impasse pour des expéditions : formule mantique signalant l'inadéquation d'une stratégie d'intervention vigoureuse.
Passer le grand fleuve : formule mantique signifiant qu'il faut oser vaincre sa peur, sortir de chez soi, se jeter à l'eau. Le moment requiert de dépasser son fonctionnement habituel et de mettre à l'épreuve ses capacités en accomplissant le pas nécessaire pour aborder à des rives nouvelles. Cité à la ligne de passage, dans une situation de transition entre désordre et ordre, au seul trait où la TRAVERSÉE est nommée, ce conseil prend toute sa signification. Non seulement il est inopportun de vouloir passer en force *(expéditions)* mais, lorsqu'on est encore entre deux rives, la détermination est essentielle.

Hexagramme dérivé : hexagramme 50. CHAUDRON est un moment où le lent travail de raffinement d'une situation ancienne permetde refonder son action.

Neuf en 4

Présage d'ouverture	貞吉	zhen ji
Tout regret disparaît	悔亡	hui wang
Le général Zhen	震	zhen
a été employé à soumettre par les	用伐	yong fa
armes la région des Diables	鬼方	gui fang
Trois années de suite	三年	san nian
Il fut récompensé et honoré	有賞	you shang
au Grand Pays	于大國	yu da guo

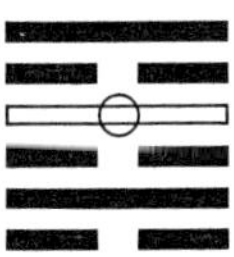

Alors qu'une attitude brutale est déconseillée au trait précédent, il est question à cette ligne d'une campagne militaire, celle qui marquera un pas important dans la TRAVERSÉE effectuée par le clan des Zhou jusqu'au sommet de la civilisation et du pouvoir. Pour repousser les *Diables* qui menaçaient la frontière Nord-Ouest du *Grand Pays*, les Shang demandèrent le soutien des Zhou, leurs frustes voisins de l'Ouest (voir 63/5). Également décrite à DÉJÀ TRAVERSÉE (voir 63/3), cette campagne évoque les difficultés rencontrées par le pouvoir en place. Cependant le personnage mis en valeur ici n'est pas le suzerain Shang, mais le général Zhen, commandant l'armée venue lui prêter main forte. La situation est donc considérée cette fois sous l'angle de la force montante, celle qui parviendra au pouvoir lorsque la dynastie régnante finira de sombrer dans le désordre. Dans l'intervalle, leur allégeance permettra au petit clan des Zhou de grandir à l'ombre de la civilisation et vaudra au nouveau vassal une période réitérée de reconnaissance et d'honneurs.

Cet épisode indique plus généralement que, lorsqu'un certain ordre prédomine encore, il ne s'agit pas de le combattre mais de s'y intégrer en lui apportant son aide. Lorsqu'une situation vacille, ce n'est pas en hurlant avec les loups que l'on peut la faire évoluer, mais en se rendant capable de tenir des responsabilités. La force appelée à diriger doit s'y exercer dès à présent, mais en restant à sa place, en contribuant à lutter contre ce qui malmène l'autorité : le pouvoir commence par l'acceptation de la vassalité. Ainsi que le montre le *présage d'ouverture*, également cité aux deux places centrales de l'hexagramme, on ne doit pas rester dans une attitude indécise mais considérer une position seconde, en accord avec cette place de Ministre, comme la meilleure manière d'avancer.

Présage d'ouverture : voir ligne 2.
Regrets : appréciation mantique qui signale qu'on tarde à réagir, à adopter la nouvelle attitude demandée par le changement dans la situation.
Tout regret disparaît : formule mantique spécifique qui renforce le sens d'incitation à aller de l'avant contenue dans l'appréciation *regrets*. Le moment est venu de se mettre en marche sans aucune nostalgie pour ce qu'on laisse derrière soi. L'emploi le plus caractéristique de cette formule est à RÉVOLUTION (voir 49/J). Une variante de cette formule est citée à la ligne suivante.
Le général Zhen : le texte porte un seul idéogramme, le nom de l'hexagramme 51 ÉBRANLEMENT. Il a jusque fort récemment été interprété comme représentant le trigramme *Zhen* dont le redoublement forme cet hexagramme. Or les noms des trigrammes et des hexagrammes formés du redoublement du même trigramme n'étaient pas encore fixés au début des Han (ils portent des noms différents dans le document sur soie enterré à Ma Wang Dui en 178 avant notre ère) : il ne peut donc pas être interprété dans ce sens. En revanche, les *Annales de Bambou*, un vieux document classique[110], racontent les campagnes contre les barbares menées pour le compte d'un souverain Shang par un général du clan des Zhou nommé « *Zhen* » c'est-à-dire « Foudroyant ». Étant donné que ce caractère n'apparaît qu'ici dans le Texte canonique, qui plus est dans un texte racontant cette campagne, tout porte à y voir la même personne : le premier héros de la future dynastie. Coïncidence ou réminiscence, le trigramme qui porte ce nom est associé à l'Est, au début, à la mise en route du mouvement.
Soumettre par les armes la région des Diables : cette campagne menée par le souverain Wu Ding vers 1310 avant notre ère est décrite dans des termes similaires au trait correspondant de l'hexagramme retourné (voir 63/3), où c'est le souverain Shang qui est mentionné et

non comme ici le général Zhen. Que l'accent soit mis sur le vassal souligne l'importance d'une attitude Yin.
Trois années de suite : le *Yi Jing* ne parle pas en temps réel, mais en durées symboliques. Trois années y symbolisent un cycle complet court. Par ailleurs, le chiffre *trois*, quand il n'est appliqué ni à des personnes ni à une durée, évoque une répétition insistante : il a fallu trois campagnes l'une après l'autre pour venir à bout des *Diables*, le commandant des Zhou sera honoré trois années *de suite*.
Récompensé et honoré : se prononçant comme *monter*, écrit avec le signe des choses précieuses et la partie haute du caractère *élevé*, l'idéogramme signifie *donner en récompense, gratifier, accorder, estimer, honorer*, etc.
Grand Pays : nom que les Shang donnaient à leur propre royaume.

Hexagramme dérivé : hexagramme 4. JEUNE FOU est une situation d'apprentissage, où la maîtrise du jaillissement vital et des éléments impétueux prépare la jeunesse à une prise en charge des affaires.

Six en 5

Présage d'ouverture	貞吉	zhen ji
Pas de regrets	无悔	wu hui
Éclat du Chef Accompli	君子之光	jun zi zhi guang
Il y a onde porteuse	有孚	you fu
Ouverture	吉	ji

À cette ligne est décrite la manière souveraine d'assumer une transition : être capable à la fois d'effacer le passé sans hésitation et d'envisager le nouveau avec confiance. Comme à l'hexagramme 20, autre moment de bilan où le *Chef Accompli* est mis en valeur (voir 20/5), l'heure est à REGARDER la situation en face, à la considérer dans son ensemble en la replaçant dans une perspective plus large que le moment présent. L'*éclat* dont il est question ici n'est pas celui du *royaume* (voir 20/4), c'est un éclat personnel qui vient se substituer à celui d'un pouvoir déclinant. Grâce à sa propre intelligence de la situation, le Chef Accompli perçoit la transformation en train de s'opérer. Comme au moment de DÉLIVRANCE, autre hexagramme montrant le Chef Accompli en position souveraine (voir 40/5), il s'agit d'assumer la responsabilité d'une situation dont les liens internes se dénouent. Dans les deux cas, il faut savoir, en stratège habile et courageux, embrasser d'un même regard l'avant et l'après, et déceler dans le présent ce qui prépare le futur.

En relation avec les trois traits Yang de la figure, cette ligne indique la possibilité de maîtriser le moment par une attitude de vassalité prudente et d'impartialité éclairée. La reprise du *présage d'ouverture* déjà énoncé aux places de Préfet et de Ministre accentue le lien entre les forces principales de la situation. La confiance signalée par la présence effective de l'*onde porteuse* doit d'autant plus prédominer que le texte de cette ligne est un des rares à comporter à deux reprises la mention *ouverture*.

Présage d'ouverture : voir ligne 2.
Pas de regrets : formule mantique dans laquelle une négation spécifique renforce le sens d'injonction à aller de l'avant, sans aucune nostalgie pour ce qu'on laisse derrière soi, contenu dans le terme *regrets*. Elle marque un palier par rapport à celle qui est citée au trait précédent *(tout regret disparaît)*.
Éclat : l'idéogramme, représentant à l'origine un personnage portant trois torches, signifie *brillamment* (voir 5/J), *lumineux, lumière, gloire, splendeur, éclat*, etc. Il y a dans le *Yi Jing* deux sortes d'éclairement. L'un, de type Yin, est décrit par un caractère représentant une lumière lunaire, froide, rentrant à l'intérieur d'une pièce par une fenêtre (voir 36/I, LUMIÈRE). L'autre, de type Yang, est noté avec l'idéogramme utilisé ici. Il évoque une lumière chaude (torches) qui éclaire à partir d'un mouvement d'irradiation, allant de soi vers l'extérieur (voir aussi 20/4).
Chef Accompli : personnage symbolique dont la présence signale que la situation requiert des qualités particulières de courage et de discernement, particulièrement mises en valeur à SE TENIR (15) et REGARDER (20).
Il y a onde porteuse : variante de la formule mantique *onde porteuse* signalant qu'un fort courant porteur traverse la situation. Elle insiste sur la réalité effective *(il y a)* de ce courant.

Hexagramme dérivé : hexagramme 6. PLAIDER SA CAUSE est un moment de controverse où l'on doit éviter de pousser les choses à bout afin de ne pas bloquer l'évolution de la situation.

En haut un neuf

Il y a onde porteuse poussant à boire du vin	有孚于飲酒	you fu yu yin jiu
Absence de faute	无咎	wu jiu
Tremper sa tête	濡其首	ru qi shou
Il y a onde portant à perdre ce qui est	有孚失是	you fu shi shi

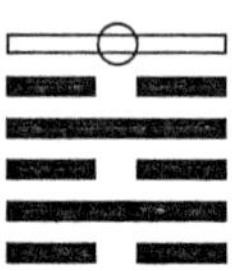
Le dernier trait du dernier hexagramme du *Yi Jing* s'ouvre sur une invite réjouissante : lever son verre à la santé de ce qui n'a de cesse, en s'en allant, de se renouveler. Ici se fête le partage entre ce qui s'est accompli et ce qui reste à

accomplir. Aucun tragique dans cette page qui se tourne : ce qui s'annonce, pour peu qu'on y prenne garde, ne peut manquer de survenir. Qu'un courant de confiance porte à des réjouissances, quoi de plus normal ? Aucune formule mantique négative ne vient qualifier cette attitude. On doit seulement veiller à ne pas aller jusqu'à s'enivrer de ces belles perspectives, sous peine de perdre le contact avec *ce qui est*, c'est-à-dire avec la réalité. Ce ne serait plus alors la *queue* du renard qui s'enfoncerait comme au premier trait, mais la personne entière qui perdrait sa direction – sa *tête* – et risquerait de couler. Cette mise en garde contre l'ivresse – peut-être une allusion à Di Xin, dernier souverain de la dynastie en train de sombrer, dont d'autres dérèglements sont évoqués à l'hexagramme 36 – les confucéens l'approuveront sans pour autant se refuser à boire.

Il importe de ne pas reprendre les travers du pouvoir ou de la période dont on prend le relais, mais de s'en départir. L'esprit d'allégeance, qui a conduit à appuyer l'ordre ancien pour prendre appui sur lui, ne doit pas tourner à l'aveuglement. Lorsqu'une période nouvelle s'annonce, la confiance joyeuse avec laquelle on se prépare à l'accueillir n'exclut pas la vigilance. Au tournant ultime du *Livre des Changements*, il importe de savoir distinguer l'onde capable de porter du tourbillon susceptible d'emporter.

Onde porteuse : formule mantique signalant qu'un fort courant porteur traverse la situation.
Il y a onde porteuse poussant à : variante de cette formule insistant sur l'existence *(il y a)* et la direction *(poussant à)* du courant porteur.
Boire : l'idéogramme décrit un plaisir toujours fort apprécié des Chinois. C'est le seul cas du *Yi Jing* où il n'est pas associé à *manger*. En revanche, ce qu'on boit est bien précisé : du « vin », c'est-à-dire en chinois toute boisson fermentée, de la bière à l'alcool de riz. Dans un paragraphe des *Entretiens* de Confucius (Lun Yu, 10/8) sont décrites par le menu les principes alimentaires du Maitre. Il se termine par : « La seule chose qui n'était pas mesurée à sa table était le vin. Mais le Maître n'était jamais ivre[111]. »
Absence de faute : formule mantique spécifique incitant à ne pas rester dans un état d'esprit incertain ou hésitant.
Tremper sa tête : une image évocatrice d'ivresse, citée à l'identique et au même niveau dans l'hexagramme opposé DÉJÀ TRAVERSÉE (63/6). Elle fait peut-être référence à la débauche de Di Xin, dernier souverain Shang dont les exploits cruels (voir hexagramme 36) amèneront finalement le Roi Wu, fils du Roi Wen, à provoquer le bouleversement dynastique (voir hexagramme 49).
Il y a onde portant à : autre variante de la formule *onde porteuse*, différente de celle qui ouvre le texte de ce trait. Elle insiste autant sur l'existence *(il y a)* du courant porteur, mais moins sur la direction qu'il

peut prendre *(portant à)*. La répétition de la même appréciation mantique dans le texte d'un même trait est rare : elle ne concerne que trois situations : 8/1, 42/5 et 64/6.
Perdre : l'idéogramme, toujours très usuel, signifie *laisser échapper, perdre, manquer le but*, etc. Dans cette phrase, la construction oblige à lui donner comme complément le verbe suivant et non pas la *tête* de la phrase précédente.
Ce qui est : le texte porte un idéogramme, écrit en combinant le signe du soleil et le caractère *correct, juste*. Décrivant ce qui est mesurable de manière *juste* sous le *soleil*, ce caractère ne correspond à l'emploi du verbe « être » en français que dans le sens de réalité concrète.
Perdre ce qui est : expression devenue classique en chinois pour signifier *négliger ce qui est réel*.

䷧ **Hexagramme dérivé :** hexagramme 40. DÉLIVRANCE est une situation de détente où l'on distingue soigneusement les domaines où intervenir de ceux où il est préférable de laisser les choses advenir d'elles-mêmes.

Terminant l'ordre d'exposition des Changements, le couple 63 et 64 marque l'aboutissement de l'imbrication du Yin et du Yang, les deux principes posés par les hexagrammes 1 et 2. La place de cet hexagramme dans l'ordre d'exposition du *Yi Jing* est notable : 64 est le produit du 8 par le 8, chiffre qui deviendra le symbole de la croissance du Yin. Après la culmination décrite à l'hexagramme 63, les Changements recommencent avec l'hexagramme 64, à la fois culmination du désordre et amorce d'un nouvel arrangement. Comme à la fin d'une partie de cartes, on brouille le jeu pour continuer à jouer, le dernier hexagramme ne termine pas le *Yi Jing*. Il n'est pas achèvement mais reprise : il est tourné vers ce qui est en devenir, sa position au soixante-quatrième rang est en fait celle d'avant-premier.

ÉLÉMENTS D'ANALYSE

Nucléaire

Hexagramme 63 : DÉJÀ TRAVERSÉE. Au cœur de PAS ENCORE TRAVERSÉE, il y a son opposé DÉJÀ TRAVERSÉE. Au cœur d'une situation de désordre, il y a ordre sous-jacent, une cohérence capable d'intégrer des manifestations chaotiques en un système stable. Il représente la régularité d'un fonctionnement basé sur la relation entre des forces antagonistes qui parfois se rencontrent et parfois se séparent. PAS ENCORE TRAVERSÉE représente une désorganisation des polarités autour d'un noyau de stabilité qui prévient leur séparation. Cette harmonie latente qui maintient la cohésion d'ensemble dans une situation où rien n'est à sa place est aussi ce qui amène l'équilibre interne à se réagencer.

PAS ENCORE TRAVERSÉE est lui-même nucléaire d'une famille de quatre hexagrammes (37, 39, 53, 63) dans lesquels il prend le sens général de chaos sous-jacent, d'indétermination à même de faire évoluer ce qui est régulier, défini ou statique. Il représente le dynamisme d'un fonctionnement basé sur la relation entre des forces dont l'antagonisme est complémentaire.

Opposé

Hexagramme 63 : DÉJÀ TRAVERSÉE. La relation d'opposition entre PAS ENCORE TRAVERSÉE et DÉJÀ TRAVERSÉE s'articule autour de l'idée d'ordre et d'équilibre. DÉJÀ TRAVERSÉE est une situation ordonnée, dans laquelle les forces se rencontrent et s'équilibrent. PAS ENCORE TRAVERSÉE est une situation de transition dans laquelle rien n'est en place. La structure des deux hexagrammes se ressemble mais les dynamiques internes et les stratégies sont contraires : dans l'un, on tente d'amortir le changement pour maintenir l'équilibre, dans l'autre on amorce le changement pour sortir du déséquilibre. Cette relation d'opposition est renforcée par le fait que ces deux hexagrammes sont aussi le retourné l'un de l'autre (particularité qui ne concerne que quatre couples d'hexagrammes : 11/12, 17/18, 53/54 et 63/64).

Notes

1. Certains idéogrammes, bien que s'écrivant de la même façon, peuvent avoir des prononciations différentes et alors des sens différents, comme en français les mots *fils* (tissage) et *fils* (descendants).

2. Dans le manuscrit sur soie trouvé à Ma Wang Dui, le nom l'hexagramme 1 était écrit avec un idéogramme différent. Composé avec un caractère signifiant *avec force* (voir 1/GI) et le signe du métal, il a pour sens : *barre qui sert à fermer les portes, pêne, ressort, cheville ouvrière, nœud d'une affaire, ce qui la fonde.*

3. Il existe aussi une variante, très explicite, du caractère classique nommant cet hexagramme. L'idéogramme signifiant s'étendre est remplacé par deux fois le mot *carré, directions* (voir ligne 2). Au lieu d'être mis sur l'extension, l'accent est placé sur les directions repoussées par cette extension. L'idée est la même, et elle recoupe celle évoquée par le caractère du document sur soie de Ma Wang Dui.

4. *Yi Jing*, Pékin, juin 1989. Bien qu'elle soit rejetée par l'ensemble des commentateurs européens, cette ponctuation semble avoir la faveur de certains auteurs chinois. Elle est reprise notamment par l'index de Harvard in China *Zhouyi yinde*, Taipei, 1966 (1re édition Pékin, 1930) ; par Z.D. SUNG : *The text of the* Yi King, Shangai, 1935 ; par Wang YUNWU : *Zhouyi jinzhu jinyi*, Taipe 1974 ; par Sha SHAOHAI : *Zhouyi qianyi*, Guiyang, 1987.

5. La compréhension de cette phrase comme représentant des dragons en lutte a été initiée par Wang Bi, qui y voit l'évocation de blessures dues à la confrontation du Yin et du Yang. Voir à ce sujet *Wang bi Philosophe du Non-avoir* par M.I. BERGERON, Éditions de l'Institut Ricci, « Variétés sinologiques », 1986.

6. Voir Kyril RYJIK, *L'Idiot chinois*, Paris, Éditions Payot, 1980, tome 1, page 341.

7. Voir Alice FANO, « La chanson de Song », revue *Hexagramme* n° 6, page 27, Paris 1989.

8. L. VANDERMEERSCH, *Wang dao ou La voie royale*, Paris, Éditions A. Maisonneuve, 1980, p. 462.

9. Voir Li YEN, *Yi Jing Hua Zhuan* (le Yi Jing illustré), Beijing, Éditions en langues étrangères, 1990, p. 38. Traduit en français sous le titre *Le Yi Jing en dessins*, Paris, Éditions You Feng, 1992.

10. *Entretiens de Confucius*, VII/10, traduction Anne Cheng, Paris, Éditions du Seuil, collection « Point sagesse ».

11. LAO ZI, *Tao Te King*, chapitre 31, traduction Duyvendak, Paris, Éditions A. Maisonneuve, 1975.

12. *Tao Te King, op. cit.* chapitre 31.

13. Certains commentateurs chinois anciens (Zhu Xi) et modernes (Gao Heng) ont avancé l'hypothèse d'une anomalie du texte, pointant l'absence d'une formule négative comme *fermeture*. Il est vrai que c'est la seule ligne de l'hexagramme à ne comporter aucune appréciation mantique.

14. Voir à ce sujet Jolan CHANG, *Le Tao de l'art d'aimer*, Paris, Éditions Calmann-Lévy, 1977.

15. François CHENG, *Vide et plein. Le langage pictural chinois*, Paris, Éditions du Seuil, 1979, p. 67.

16. *Lun Yu, Les Entretiens de Confucius*, chapitre VIII § 13, traduction Pierre RYCKMANS, Paris, Éditions Gallimard, 1987.

17. *Tao Te King, le livre de la voie et de la vertu*, chap. 40, traduction Claude LARRE, Paris, Éditions Desclée de Brouwer, 1977.

18. Traduction Liou KIA-HWAY et Bénédicte GRYMPAS in *Philosophie taoïste*. Préface de Étiemble, Paris, Gallimard, « Bibliothèque de la Pléiade », 1967, p. 105-106.

19. « Commentaire sur le Jugement de l'hexagramme 18 (Tuan 1re Aile) », *Yi King – Le livre des transformations*, traduction Richard WILHELM – Étienne PERROT, Paris, Librairie de Médicis, 1973, page 531.

20. Un des kôan les plus célèbres, très discuté dans la branche Rinzaï du bouddhisme japonais, est le kôan wou : « Le chien a-t-il la nature de Bouddha ? ». De nombreux maîtres s'y sont heurtés des années durant avant d'en arriver à élever leur point de vue... Voir Jacques BROSSE, *Les maîtres du Zen*, Paris, Éditions Bayard, 1996.

21. Ce qui explique, par opposition, la célébrité des rares juges irréprochables dont l'histoire chinoise a conservé le souvenir. Le plus célèbre d'entre eux est le juge Ti, qui vécut sous la dynastie des Tang (VIe-IXe siècles). Robert VAN GULLIK, consul de Hollande à Shanghai durant les années trente, en a fait le héros d'une série de romans policiers d'époque particulièrement savoureux et instructifs : *Les Enquêtes du Juge Ti*, 17 volumes publiés en français par les Éditions 10/18.

22. Le texte de cette ligne est cité dans le Grand Commentaire (Xi Ci, Ve et VIe Ailes, IIe partie, chapitre 4), mais ce caractère n'y est pas repris : on trouve à sa place celui qui nomme l'hexagramme 10, ce qui rend le rapprochement entre les deux figures sans ambiguïté.

23. Pour certains commentateurs, la flèche pourrait aussi représenter le nœud du problème que l'on finit par découvrir. Voir Greg WHINCUP, *Rediscovering the I Ching*, New York, Éditions Doubleday, 1986, traduit en français sous le titre *Le Yi-King au quotidien*, Paris, Éditions Press Pocket, 1991 ; Li YAN, *Zhouyi Huazhuan*, Pékin, Éditions Heping, 1993, traduit en français sous le titre *Le Yi Jing illustré*, Pékin, Éditions en langues étrangères, 1997 ; Dan XIAOCHUN et Li DIANZHONG, *Zhouyi manhua*, Pékin, Éditions ouvrières, 1995, traduit en français sous le titre *Le Yi Jing en dessins*, Paris, Editions You-Feng, 1992.

24. Voir à ce sujet L. VANDEERMERSCH, *Wang dao ou la voie royale, op. cit.*

25. Lun YU, *Les Entretiens de Confucius, op. cit.*, chapitre VII, § 7.

26. La symbolique saisonnière des couleurs associe, autour du jaune placé au centre, le bleu-vert au printemps, le rouge à l'été, le blanc à l'automne et le noir à l'hiver. Dans la partie Yang (printemps, été) sont placées les couleurs « vives » par rapport aux couleurs « fades » de la partie Yin (automne, hiver). À l'intérieur de chaque domaine, le passage du début de la saison à sa culmination est marqué par une croissance de la densité : le Yang va ainsi de la pâleur du bleu-vert à l'intensité du rouge, le Yin va de la neutralité du blanc à la profondeur du noir.

27. Voir Anne CHENG, *Histoire de la pensée chinoise*, Paris, Éditions du Seuil, 1997. p. 143-147.

28. Voir notamment François CHENG qui raconte cette coutume dans son roman *Le Dit de Tian Yi*, Paris, Éditions Albin Michel, 1998.

29. Kyril RYJIK, *L'Idiot chinois*, Paris, Éditions Payot, 1984, tome 2.

30. Site néolithique près de Xi An, formé d'un important village, déjà habité il y a dix mille ans.

31. Petites Images (IIIe et IVe Ailes), hexagramme 1, ligne 3.

32. Soit deux fois et demie de plus que la moyenne (environ 10 caractères) des textes associés à des sixièmes lignes. Il n'y a qu'une seule autre sixième ligne dont le texte soit plus long (27 caractères), celle de l'hexagramme DIVERGENCE (38/6).

33. Wang BI, commentaire du chapitre 17 du *Tao Te King*, cité par M.I. BERGERON in *Wang Pi, philosophe du non-avoir, op. cit.* page 68.

34. *Tao Te King*, chapitre 13. *op. cit.*

35. Cheng YI et Zhu XI, cités par Richard LYNN in *I Ching the Classic of Changes*, New York, Columbia University Press, 1994, p. 310.

36. SCHLUMBERGER, *Yi King, principes pratique et interprétation*, Orléans, Éditions Dangles, 1987, p. 269.

37. BLOFELD, *I Ching, the book of change*, Londres, G. Allen and Unwin. Réédition Mandala, 1984, p. 140.

38. Voir MENCIUS, *Gao zi*, chapitre 6A, § 4.

39. L'image de la poutre faîtière sera utilisée pour nommer le dessin du grand retournement, le Tai Ji, notion qui apparaît dans le Grand Commentaire du *Yi Jing* (Xi Ci A11) et aura une suite féconde dans la réflexion des penseurs chinois. Anne Cheng la commente ainsi : « Dans l'expression *taiji*, *ji* désigne la poutre faîtière d'un édifice et, par extension, un point focal au-delà duquel on ne peut aller ; taiji, la « poutre faîtière suprême » évoque donc ce point-limite à partir duquel se déploie en aval l'infinie multiplicité du réel ». Voir Anne CHENG, *Histoire de la pensée chinoise*, Paris, Éditions du Seuil, 1997, p. 262 et 471-478.

40. L'indication que « la poutre se rompt », telle que mentionnée dans la traduction française de l'ouvrage de R. WILHELM ne correspond ni au texte allemand, ni au texte chinois. Voir *Le Livre des Transformations, op. cit.*

41 Xi Ci I partie, § 1.

42. Xi Ci II partie, § 2.

43. Cf *L'œuvre complète de Tchouang-tseu, op. cit.*, chapitre 18

44. Xi Ci I partie, § 3.

45. Voir Wang BI *The classic of changes*, traduction de Richard LYNN, New York, Columbia University Press, 1994.

46. Le premier trait correspondrait ainsi au départ des méridiens Yin (orteils), le cinquième au vaisseau gouverneur (dos), tandis que la disparition qui s'effectue au niveau du quatrième trait ressemble à celle du méridien de l'estomac, seul méridien Yang de la face Yin du corps.

47. Voir notamment l'analyse de Wang Fuzhi, in François JULLIEN, *Figures de l'immanence*, Paris, Éditions Grasset, 1993.

48. François JULLIEN, *Procès ou création*, Paris, Éditions du Seuil, 1989, édition de poche, p.41.

49. C'est la lecture qu'en fait Wang Fu Zi. Voir François JULLIEN, *Figures de l'immanence, op. cit.*

50. C'est pourquoi traduire le nom de cet hexagramme par le sens le plus ancien de l'idéogramme (le petit cochon), comme le fait Kerson Huang, et non par son sens global (reculer), c'est remonter trop loin dans le temps et se priver inutilement du travail de généralisation opéré par les lettrés qui ont transformé l'antique manuel de divination de la cour des Zhou en le hissant au niveau abstrait de

Classique des Changements. Voir Kerson HUANG, *Yi Jing, le sens originel du Livre des mutations*, Paris, Éditions Dangles, 1993.

51. *Tao Te King. Le Livre de la Voie et de la Vertu*, traduction Claude LARRE, Paris, Éditions Desclée de Brouwer, 1977. Dans ce passage le mot *retour* est celui rendu par *en se retournant* à 24/J.

52. *Dao De Jing, op. cit.* chapitre 33.

53. R. WILHELM, *Yi King, le Livre des transformations*, Paris, Éditions de Médicis 1973, p.166.

54. *Tao Te King* § 6, *op. cit.*

55. TOURNIER, *L'Imaginaire et le symbolique dans la Chine ancienne*, Paris, Éditions L'Harmatthan, 1991, p. 180.

56. *Tao Te King*, chapitre 14, traduction Claude LARRE, Paris, Éditions Desclée de Brouwer, 1977.

57. CONFUCIUS, *Les Entretiens*, chapitre 15 § 2.

58. Voir par exemple les *Odes* 2, 28, 33, 156, 181, 215, 216, 252, 278, etc.

59. Ji Zi ainsi que Bi Gan sont également cités dans les *Entretiens* de CONFUCIUS : « Le tyran fit fuir le seigneur de Wei (on ne connaît pas très bien ce personnage, qui serait selon certains un demi-frère de Di Xin), il réduisit le Sire de Ji en esclavage et exécuta Bi Gan qui lui avait fait des remontrances. Confucius dit « La dynastie des Shang a eu trois hommes parfaitement bons ». Chapitre 18, § 1.

60. Selon l'heureuse formule de l'ethnologue Stéphane BRETON in *La Mascarade des sexes*, Paris, Éditions Calman-Lévy, 1989.

61. « L'État de Lu n'emploie que des borgnes et celui de Wei des boiteux », *Livre des Annales (Shi Ji)*, cité par Séraphin COUVREUR, *Dictionnaire classique de la langue chinoise*, 1890, réédité par les Éditions Kuangchi Press, Taichung, 1966.

62. Eulalie STEENS, *Dictionnaire de la civilisation chinoise*, Paris, Éditions du Rocher, 1996.

63. « Il montre ainsi au vulgaire que pour lui l'affaire est sérieuse », Richard WILHELM, qui commente : « Les hommes vulgaires ne doivent pas être éloignés par des interdictions ou des moyens extérieurs. Si l'on veut se défaire d'eux, on doit tout d'abord se détacher complètement d'eux intérieurement, car ils remarquent d'eux-mêmes le sérieux que l'on témoigne et ils se retirent. » Paris, Éditions. de Médicis, 1973.

« Avoir confiance envers l'homme insignifiant ». M. Vinogradoff qui commente « Cela permet de lier, d'unir, donc de résoudre. L'homme de peu en est capable également. Il faut seulement lui montrer l'exemple et la capacité d'accueil (trait malléable en position yang) fera le reste. » *Yi Jing, la marche du Destin*, Paris, Éditions Dervy, 1996.

« There will be confidence (by) small men ». Wu JING-NUAN qui commente « A leader will find solutions and gain the confidence of those who follow. » *Yi Jing*, Hawaii, Asian Spirituality, Taoïst Studies series 1991.

64. *Ode* 178, chapitre Xiao Ya. Traduction S. COUVREUR, *op. cit.*

65. Grand Commentaire IIe partie, chapitre VI.

66. *Tao Te King, op. cit.* chapitre 48. Dans cet extrait, les mots en italique sont la traduction des idéogramme AUGMENTER et DIMINUER.

67. Voir les commentaires de Wang BI, philosophe chinois du IIIe siècle de notre ère, dans la traduction de Richard LYNN. *op. cit.*

68. Voir les commentaires de Wang Fuzhi, rapportés par François JULLIEN dans son ouvrage *Figures de l'immanence, op. cit.* p.111 *sqq.*

69. CONFUCIUS, *Les Entretiens, op. cit.* Chapitre 7 § 22.

70. Mais difficilement « quelqu'un l'augmente à coup sûr » comme le fait Richard WILHELM, *Yi King, le livre des transformations, op. cit.* page 194.

71. Zhongzheng Xing Yin Yi Zonghe Da Cidian, Taipei, Cheng Chung Book Company 1971, page 1483.

72.Voir à ce sujet Alain REYNAUD, *Une géohistoire. La Chine des printemps et des automnes*, Montpellier, Éditions Géographiques/Reclus, 1992.

73. Kyril RYJIK, *L'Idiot Chinois*, Paris, Éditons Payot, 1980.

74. « L'Esprit du Val est à jamais vivant. On parle là de la femelle mystérieuse. La femelle mystérieuse a une ouverture d'où sortent le Ciel et la Terre », *Tao Te King, le Livre de la Voie et de la Vertu*, § 6. « Un grand pays est un bassin d'influence ; la réunion de tous les êtres, la femelle universelle » § 61. Traduction Claude LARRE, *op. cit.*

75. Kyril RYJIK, L'IDIOT CHINOIS, Paris, Éditions Payot, 1984, tome 2.

76. Le gouvernement communiste a joué avec bonheur sur ce double sens à l'époque de la Révolution culturelle quand furent créés les « médecins aux pieds nus », brigades légères de soignants qui parcouraient les campagnes avec une double mission, à la fois prophylactique et révolutionnaire.

77. *Dictionnaire français de la langue chinoise*. Institut Ricci. *Appendice sur le Livre des Mutations*, Paris, 1976.

78. Kyril RYJIK, *L'Idiot chinois, op. cit.* tome 1.

79. *Dictionnaire classique de la langue chinoise*, Séraphin COUVREUR, *op. cit.*

80. Cette théorie est développée au chapitre XVIII du classique confucéen appelé *L'Invariable Milieu*. Voir Zhong YONG, *La Régulation à usage ordinaire*, traduit par François JULLIEN, Paris, Éditions de l'Imprimerie Nationale, 1993, p.71 et *sqq.*

81. Claude LARRE, *Les Chinois*, Paris, Éditions Lidis, 1981, page 323.

82. Karl PETIT, *Le Monde des symboles dans l'art de la Chine*, Bruxelles, Éditions Thanh-Long, 1981.

83. Cette question sera un objet de polémique dans le bouddhisme, notamment dans sa version la plus chinoise, le bouddhisme Tchan. Voir à ce sujet *Entretiens de Lin tsi*, Paris, Éditions Fayard, 1972.

84. J.-F. BILLETER, *op. cit.*, page 159. On trouve différentes descriptions de cette attitude dans de nombreux ouvrages, par exemple celle-ci, de Suzuki : « Si votre esprit est calme et constant, vous resterez hors du monde bruyant même en y étant plongé. Plongé dans le bruit et le changement, votre esprit sera stable et tranquille ». Shunryu SUZUKI, *Esprit Zen, esprit neuf*, Paris, Éditions du Seuil, 1977, p.75.

85. « Surprenante importance de la suppression des petits mouvements, note Henri Michaux. Humble début aux suites immenses. La résistance soutenue aux envies de bouger introduit l'Immuable. » cité par J.-F. BILLETER, *op. cit.* p 159.

86. « En calligraphie comme dans les autres arts, il faut résister à la tentation du moindre effort au début si l'on veut se donner le moyen d'abolir ultérieurement l'effort. » J.-F. BILLETER, *op. cit.* p 159.

87. La plus extravagante conclusion en a été tirée par Marguerite DE SURANY dans

son ouvrage sur le *Yi Jing*: « L'époussette a été inventée au XXIe siècle av. J.-C. Elle est l'attribut de la personne qui a soin de l'intérieur, et de l'épouse qui doit être soumise à son mari ». M. DE SURANY : *Le Perpétuel Devenir*, Paris, Éditions Guy Trédaniel, 1980, p. 82.

88. Voir à ce sujet Kang YIN, *Wenzi yuan liu tanshuo, (The origin and developpement of chinese ideographs)*, Pékin 1992.

89. Voir à ce sujet Zhou XUN et Gao CHUNMING, *Le Costume chinois*, Hong Kong, 1984. Publié en français par l'Office du Livre et les Éditions Vilo, Paris, 1985, pages 18 à 27.

90. *Entretiens de Confucius (Lun Yu)* chapitre 2 § 1. Traduction Anne CHENG, Paris, Éditions du Seuil, 1981.

91. Claude LARRE, *Les Chinois*, Paris, Éditions Lidis, 1981, p.48.

92. « Les étoiles circumpolaires sont la cour du Souverain d'en haut. Elles aident la Polaire à commander au Ciel. » Claude LARRE, *op. cit.*, p.48.

93. Voir Greg WHINCUP, REDISCOVERING THE I CHING, *op. cit.*

94. Cité par M.I. BERGERON in *Wang Bi, philosophe du non-avoir*, Paris, Éditions de l'Institut Ricci, 1986, page 148.

95. Cité par M.I. BERGERON, OP. CIT., p. 146.

96. Richard WILHELM, *Yi King, Le livre des Transformations*, Paris, Éditions de Médicis, 1973.

97. Michel VINOGRADOFF, *Yi Jing, La marche du Destin*, Paris, Éditions Dervy, 1996.

98. Il comporte en tout trente idéogrammes, alors que la moyenne est de soixante-quatre caractères et que le texte le plus long, celui de l'hexagramme 47 ÉPUISEMENT en compte quatre-vingt-quinze.

99. *Tao Te King*, chapitre 15. Traduction Claude LARRE, *op. cit.*

100. Selon la traduction adoptée pour le texte du Jugement par P.L.F PHILASTRE dans son ouvrage *Le Yi : King ou Livre des Changements de la dynastie des Tshéou*, traduit pour la première fois en français, Paris, Annales du Musée Guimet, 1881. Réédition, Paris, Adrien Maisonneuve, 1982. Réédité en un seul volume par les Editions Zulma, Toulouse, 1990.

101. L. VANDERMEERSCH, *Wang Dao ou la Voie royale*, tome 2, page 105, note 5, Paris, Édition Maisonneuve, 1980, cité par Kyril RYJIK in *L'Idiot chinois*, tome 2. *op. cit.*

102. Li JI, *Livre des Rites*, commenté par L. VANDERMEERSCH, cité par K. RYJIK, *L'Idiot chinois* tome 2. *op. cit.*

103. Grand Commentaire Ire partie, § 1.

104. *Tao Te King. Le Livre de la Voie et de la Vertu*, chapitre XI. Traduction Claude LARRE. *op. cit.*

105. « Le gué est profond. Quand il est profond, pour le *passer* on relève les vêtements jusqu'à la ceinture » Section Guo Feng, chapitre 34 Bei Feng, chant 9, traduction S. COUVREUR, *op. cit.* p. 38.

106. TAO TE KING, chapitre IX. Le mot traduit dans cette sentence par *se retirer* apparaît aussi dans le *Yi Jing* à 57/1, 20/3 et 34/6, où il est rendu par *recul*.

107. *Les Entretiens de Confucius*, chapitre 9, § 17. Traduction Pierre RYCKMANS, *op. cit.*

108. « Le gué est profond. Quand il est profond, pour le *passer* on relève les vêtements jusqu'à la ceinture » Section Guo Feng, chapitre 34 Bei Feng, chant 9, traduction S. COUVREUR, *op. cit.* p. 38.

109. Wolfram EBERHARD, *Dictionnaire des symboles chinois*, Paris, Éditions Seghers, 1984.

110. Voir LEGGE, *Shoo King*, 137-138 ; cité par Richard RUTT in *Zhouyi the book of Change. A new translation with commentary*, Richmond, Éditions Curzon, 1996 p. 359.

111. *Entretiens de Confucius (Lun Yu)*, *op. cit.* chapitre 10 § 8.

Lexique des termes d'usage spécifiques au *Livre des Changements*

Tout domaine génère un jargon. Le *Yi Jing* n'échappe pas à cette règle : il possède un vocabulaire spécifique rebutant pour qui n'en a pas l'habitude. Le but de ce lexique est de pallier cet inconvénient en présentant de manière succincte les termes, mots et expressions spécifiques au *Livre des Changements.*

Classés par ordre alphabétique, ces termes français sont définis en fonction de leur proximité au mot chinois d'origine selon trois rubriques : traditionnel, usuel et conventionnel. Sont appelés *traditionnels* les termes français dont le sens courant correspond bien à celui des caractères chinois qu'ils représentent. Sont appelés *usuels* les termes et expressions auxquels les lecteurs du *Livre des Changements* sont habitués, mais dont le sens propre diffère de celui du caractère chinois qui leur correspond. Sont appelés *conventionnels* enfin des termes nouveaux, introduits soit pour remplacer certains termes usuels qui ne correspondent pas à leurs équivalents chinois, soit pour désigner des notions généralement méconnues en français mais essentielles à la compréhension du *Livre des Changements.*

Achillée Plante dont les tiges sont utilisées pour la consultation du *Yi Jing*. Commune sur tout le continent eurasien, cette plante à feuilles très dentelées (elle est qualifiée de *mille-feuille*) doit son nom occidental à ses propriétés curatives (efficace contre les blessures légères dues à des coups, elle est parfois appelée *herbe aux charpentiers*).

Ailes (Dix) Terme traditionnel désignant les dix chapitres des commentaires officiels du *Yi Jing*, appelés *Commentaires canoniques.*

Appréciations mantiques Terme conventionnel désignant certains idéogrammes – usuels dans la langue chinoise classique et, pour la plupart, toujours courants dans la langue actuelle – qui, dans le contexte du *Yi Jing*, prennent une signification particulière. Servant à définir la qualité énergétique de la situation ainsi que la manière de s'y comporter, ces déterminations se divisent en trois catégories.: les *appréciations mantiques* à proprement parler, les *modulations mantiques* et les *formules mantiques.* Les premières sont toujours formées d'un seul idéogramme (elles sont pour cette raison appelées également termes mantiques) et graduées par un nombre restreint de modulations ; quant aux formules mantiques, ce sont de courtes phrases, composées de mots usuels qui prennent dans le *Yi Jing* une signification symbolique spécifique.

Calendérique (hexagramme) Nom traditionnel d'une série de douze hexagrammes rattachés aux mois de l'année en raison de l'organisation interne des traits qui les composent. La caractéristique commune de ces hexagrammes est que les traits de même nature occupent des places contiguës, ce qui répartit la figure en deux groupes biens différenciés. De cette particularité est venue l'idée de considérer chaque figure comme caractéristique d'une *proportion* entre Yin et Yang, qui fut alors associée au rapport entre la durée du jour et celle de la nuit à douze moments de l'année.

Central Terme conventionnel désignant les traits situés aux deuxième et cinquième niveaux d'un hexagramme, parce qu'ils sont placés chacun au centre des deux blocs de trois traits correspondant aux trigrammes. Les traits *centraux* ne doivent pas être confondus avec les traits *médians*, situés eux aux troisième et quatrième places.

Ciel Antérieur Nom traditionnel désignant une disposition octogonale des huit trigrammes, attribuée à Fu Xi, le créateur légendaire du *Yi Jing*.

Ciel Postérieur Nom traditionnel désignant une disposition octogonale des huit trigrammes, attribuée au Roi Wen.

Commentaires canoniques Terme usuel désignant l'ensemble des commentaires officiels du *Yi Jing*, appelées *Dix Ailes*, attribués légendairement à Confucius.

Continu (trait ou ligne) Terme conventionnel désignant les traits Yang. Il évoque tout à la fois la forme du trait ainsi que l'unicité convergente caractéristique du Yang. Le mot *ferme* est également employé pour désigner les traits Yang.

Correct, correction (d'un trait ou d'une ligne) Termes traditionnels désignant le rapport entre un niveau pair ou impair d'un hexagramme et la nature Yin ou Yang du trait qui l'occupe. Ce rapport est dit *correct* quand il y a adéquation entre le trait et la place, c'est-à-dire lorsqu'un trait double (Yin) occupe une place paire ou qu'un trait continu (Yang) occupe une place impaire. Dans le cas contraire, ce rapport est dit *incorrect*. Comme toutes les notions globales utilisées pour la compréhension du *Yi Jing*, la correction ou l'incorrection d'un trait s'efface toujours devant la particularité de l'hexagramme et la singularité du niveau concerné.

Correspondance (entre deux lignes ou deux traits) Terme traditionnel désignant la relation possible entre chacun des trois premiers niveaux d'un hexagramme et chacun des trois derniers. Il peut ainsi y avoir correspondance entre les traits 1 et 4, entre les deux traits centraux 2 et 5, ou entre les traits 3 et 6 : il faut pour cela que l'un des deux traits soit Yin et l'autre Yang. Lorsque la correspondance entre deux traits est effective, elle souligne toujours une complémentarité Yin-Yang entre les deux niveaux concernés.

Dérivé (hexagramme) Terme usuel désignant l'hexagramme apparaissant par mutation de Yin en Yang ou réciproquement, *d'un seul trait* d'un hexagramme quelconque. L'hexagramme dérivé (à la différence de l'hexagramme de perspective qui dépend uniquement du tirage effectué) est une notion constitutive, inhérente à la structure linéaire des figures du *Yi Jing* et indifférente aux particularités que souligne le tirage lui-même. Le terme *dérivé* est heureux, non seulement dans son sens courant (l'hexagramme obtenu « dérive » de la mutation de la ligne), mais aussi dans son sens mathématique : en algèbre, la dérivée en un point d'une courbe détermine la tangente en ce point à cette courbe, c'est-à-dire sa pente naturelle à un moment donné. L'hexagramme dérivé apporte un complément d'information sur la problématique décrite au niveau considéré de l'hexagramme de départ ; il permet par ailleurs un approfondissement du lien entre les deux figures.

Dixième Aile (DA) Nom conventionnel désignant un des Commentaires canoniques du *Yi Jing*, placé en dixième position dans l'organisation des *Dix Ailes*. Très court, décrivant chaque hexagramme le plus souvent par un seul idéogramme, ce commentaire – trace probable de l'expérience des devins de l'Antiquité – offre un résumé abrupt et saisissant de chacune des soixante-quatre situations. Il présente également les soixante-quatre hexagrammes dans un ordre de succession différent de l'ordre usuel.

Double (trait ou ligne) Terme conventionnel désignant les traits Yin. Il rappelle la forme graphique du trait et évoque la multiplicité féconde du Yin. Le terme *souple* est aussi employé pour désigner les traits Yin.

Entrée Terme usuel désignant la fonction associée au premier niveau d'un hexagramme, celui situé en bas de la figure linéaire. Il est théoriquement préférable que ce niveau impair, où se situe le démarrage du processus décrit par l'hexagramme, soit occupé par un trait ferme (Yang). Une mutation à ce niveau indique que le consultant est plus particulièrement concerné par le début, l'entrée dans la situation décrite par l'hexagramme tiré. Il arrive souvent que les formules mantiques associées au niveau d'entrée mettent en garde contre un comportement impulsif ou inexpérimenté.

Famille (d'hexagrammes nucléaires) Terme conventionnel désignant un groupe de quatre figures ayant en commun le même hexagramme *nucléaire*. Les soixante-quatre hexagrammes peuvent ainsi être répartis en seize familles, elles-mêmes organisées en quatre familles ayant pour hexagramme nucléaire les quatre piliers du *Yi Jing*, les hexagrammes 1, 2, 63 et 64.

Ferme Fermeté Terme traditionnel désignant dans le *Yi Jing* ce qui est de nature Yang: attitude, trait, place, ligne, par exemple. Il est employé pour résumer l'hexagramme 1, ÉLAN CRÉATIF dans le texte de la Dixième Aile de cet hexagramme.

Formules mantiques Terme conventionnel désignant la partie la plus spécifique et la plus ancienne du Texte canonique : les mots et phrases jaugeant la qualité énergétique des différentes situations, tant dans leur ensemble (Jugement) que dans leur détail (Traits), ainsi que les conseils stratégiques permettant de déterminer la position adéquate.

Grand Commentaire Nom traditionnel du plus important des Commentaires canoniques. Réflexion d'ensemble sur le contenu et le processus du *Livre des Changements*, placé en position centrale (Cinquième et Sixième Ailes) parmi les Dix Ailes, ce texte capital a haussé le manuel des Changements de la cour des Zhou (Zhou Yi) au niveau de Classique des Changements (*Yi Jing*). C'est dans sa première partie qu'apparaissent pour la première fois dans l'histoire de la pensée chinoise les mots Yin et Yang dans leur sens philosophique.

Grandes Images Nom traditionnel d'un ensemble de commentaires appartenant aux Troisième et Quatrième Ailes. Commençant par une description de la position respective des deux trigrammes de l'hexagramme considéré, chaque chapitre de ce texte se poursuit invariablement par l'évocation d'un personnage modèle, le plus souvent l'*Être Accompli*, qui explicite la manière idéale de se comporter dans la situation. Dans cet ouvrage, suivant une habitude qui remonte en Chine à la dynastie Song (XIe-XIIIe siècle de notre ère), le texte a été découpé et chaque Grande Image adjointe au texte de l'hexagramme correspondant. Cependant, à la différence des éditions chinoises de cette époque et de la quasi-totalité des éditions occidentales, ce paragraphe n'a pas été inséré entre le texte du Jugement et celui des Traits, mais rejeté à la fin de chacun des soixante-quatre chapitres, pour le différencier sans ambiguïtés du Texte canonique.

Jugement Terme traditionnel désignant le paragraphe placé en ouverture de chacun des soixante-quatre chapitres du *Yi Jing*. Considéré à juste titre comme la partie la plus ancienne du Texte canonique, le Jugement est le paragraphe qui envisage la situation dans son ensemble. À la différence de la Grande Image qui indique ce qu'il convient de faire dans la situation considérée, le Jugement présente, avec la liberté et la verdeur des texte archaïques, une vue globale sur la configuration interne de la situation.

Ma Wang Dui Nom de lieu désignant l'endroit où fut découvert en 1974, dans la tombe du marquis de Cai, le plus vieil exemplaire connu à ce jour du *Yi Jing*. Ce manuscrit sur soie enterré en 178 avant notre ère comprend une version du Texte canonique globalement identique à celle que nous connaissons, la principale différence venait de l'absence des noms de chacun des huit trigrammes et de tout commentaire les concernant, notamment les Grandes Images et la Huitième Aile.

Médians (traits) Terme conventionnel désignant les traits situés au troisième et quatrième niveaux d'un hexagramme, c'est-à-dire au milieu de la figure considérée dans l'ensemble de ses six niveaux. Ils ne doivent pas être confondus avec les traits *centraux* situés aux deuxième et cinquième niveaux. Dans la répartition de l'hexagramme selon les trois instances Ciel-Terre-Être humain, les deux traits médians correspondent au niveau humain.

Ministre Terme usuel désignant la fonction associée au quatrième niveau d'un hexagramme. Située à une place paire, donc Yin, la place de Ministre se caractérise à la fois par sa fonction de service et sa position supérieure. D'une part, elle se trouve en résonance avec le niveau d'*Entrée* (affinité qui peut être soulignée ou non par une relation de *correspondance*) et proche du niveau de *Passage* (contiguïté qui peut être soulignée ou non par une relation de *voisinage*). D'autre part, elle se trouve au premier niveau extérieur de l'hexagramme, à proximité du Souverain à la cinquième place (avec lequel elle entretient ou non une relation de *voisinage*). Jouant un rôle de communication entre le haut et le bas de la figure, le Ministre d'un côté accueille les énergies qui se développent dans les niveaux précédents pour les faire converger vers le Souverain, de l'autre retransmet vers le bas les instructions du Souverain.

Modulations mantiques Terme conventionnel désignant les idéogrammes spécifiques qui nuancent les appréciations mantiques.

Mutation, ligne mutante Terme usuel désignant, au cours d'un tirage, la transformation des traits de l'hexagramme tiré en traits de nature opposée, opération qui permet de construire l'hexagramme de perspective.

Nucléaire (hexagramme) Terme usuel désignant l'hexagramme formé en superposant aux traits 2, 3 et 4 d'un hexagramme un autre ensemble constitué des traits 3, 4 et 5. Notion structurelle, donc indépendante des traits que le tirage désigne comme *mutants*, l'hexagramme nucléaire représente les forces qui animent le cœur de la situation décrite par l'hexagramme concerné. Il est possible de regrouper les soixante-quatre hexagrammes du *Yi Jing* en seize *familles* de quatre figures ayant en commun le même noyau.

Opposé (hexagramme) Terme usuel désignant l'hexagramme obtenu en remplaçant dans un hexagramme quelconque tous les traits Yin par des traits Yang et réciproquement. Notion structurelle, donc indépendante des traits que le tirage désigne comme *mutants*, l'hexagramme opposé représente ce que la situation décrite *n'est pas*, ce qui permet de faire ressortir le sens de l'hexagramme considéré.

Passage Terme usuel désignant la fonction associée au troisième niveau d'un hexagramme. Rarement favorable, le stade du Passage est un moment délicat de transition entre l'intérieur (les trois traits inférieurs de l'hexagramme) et l'extérieur (les trois traits supérieurs). Situé à un niveau impair, donc préférablement occupé par un trait Yang, le niveau de Passage peut-être en relation de *voisinage* avec la place de Préfet (seconde ligne) et avec la place de Ministre (quatrième ligne), et en relation de *correspondance* avec le niveau de Sortie (sixième trait).

Perspective (hexagramme de) Terme conventionnel désignant l'hexagramme obtenu après avoir opéré sur l'hexagramme tiré la transformation de Yin en Yang ou réciproquement de l'ensemble des lignes *mutantes* – les traits non mutants gardant la même polarité. L'hexagramme de perspective ne représente en rien le futur ou l'avenir d'une situation, mais sa propension, sa tendance telle qu'elle apparaît dans le moment présent.

Préfet Terme usuel désignant la fonction associée au second niveau d'un hexagramme. Située à un niveau pair donc Yin, la position de Préfet est à la fois une place de service et un pôle d'autorité. En résonance, de par sa position *centrale*, avec le Souverain en cinquième place, le Préfet peut également lui être plus étroitement lié par le biais d'une relation de *correspondance*. Complément et prolongement du pouvoir unique du roi qui trône à la capitale, les préfets en applique les directives dans les multiples régions. Alors que le Souverain impulse et ordonne, le Préfet doit son pouvoir à sa nature Yin : il accueille les ordres venant d'en haut et s'emploie à leur donner forme et consistance dans le quotidien comme dans le long terme.

Quatre Qualités du Ciel-Terre Nom conventionnel d'un ensemble de quatre idéogrammes n'apparaissant qu'au Jugement de certains hexagrammes. Étant donné que ces caractères composent à eux seuls la totalité du texte du Jugement du premier hexagramme associé au Ciel, ils sont souvent appelés Quatre qualités du Ciel. Cette dénomination impropre (leur nom chinois est simplement : Quatre Qualités) est surtout tendancieuse car elle masque le fait que ces « qualités » sont également partie intégrante du Jugement de l'hexagramme 2, associé à la Terre. Pour rendre compte de ce fait, il est préférable de parler des « Quatre Qualités du Ciel-Terre ». La présence, ou l'absence, de l'un ou de l'ensemble de ces termes mantiques spécifiques est un paramètre important pour l'étude des hexagrammes (voir 1/J).

Retourné (hexagramme) Terme usuel désignant l'hexagramme obtenu en retournant un hexagramme quelconque, c'est-à-dire en inversant la position de ses traits – ce qui revient à lire l'hexagramme de haut en bas. Chaque hexagramme dont la figure n'est pas symétrique possède un hexagramme retourné. Le rapport de retournement, trop peu utilisé, amène à rechercher le point commun aux deux figures, ainsi que l'éclairage particulier que chacune apporte. L'ordre canonique du *Yi Jing* est bâti sur ce rapport puisque les hexagrammes se succèdent par couples de retournés (en cas de figure symétrique, l'hexagramme est suivi de son opposé).

Sortie Terme usuel désignant la fonction associée à la sixième place d'un hexagramme, celle qui concerne l'achèvement de la situation. Après la culmination, qui se situe dans la plupart des cas au cinquième trait, le mouvement général propre à l'hexagramme s'inverse. Cette bascule n'est pas toujours une retombée : dans certaines situations, le sixième trait est le lieu d'un saut qualitatif par lequel la problématique propre à la situation est transcendée et passe à un niveau supérieur.

Souverain Terme usuel désignant la fonction associée à la cinquième place d'un hexagramme. Située à un niveau impair donc Yang, la place souveraine se caractérise par le fait qu'elle est à la fois centrale et supérieure, position qui lui confère une autorité s'étendant naturellement à tous les traits situés en dessous ainsi que, bien que parfois plus difficilement, à celui situé juste au-dessus. Le Souverain représente la maîtrise de la situation définie globalement par l'hexagramme : son rôle est de donner la direction. Répercuté vers le bas par le Ministre situé juste au-dessous de lui, ce processus est mené à bien par son autre serviteur à la seconde place, le Préfet, avec lequel le Souverain peut être plus étroitement lié par une relation de *correspondance*. Quand, au cours d'un tirage, le cinquième niveau de l'hexagramme est mis en valeur par une mutation, cela signifie que le consultant se trouve en position souveraine, c'est-à-dire en mesure de diriger la situation ou de l'influencer de façon décisive.

Texte canonique Terme usuel désignant la partie la plus ancienne du *Yi Jing*, le Jugement et les textes associés à chacun des six traits des soixante-quatre hexagrammes. La version complète du *Yi Jing* comprend le Texte canonique et les Commentaires canoniques.

Texte des traits Terme traditionnel désignant les paragraphes spécifiques du Texte canonique associés à chacun des six traits d'un hexagramme, par opposition au Jugement, qui décrit la situation dans son ensemble, les textes de chacun des traits en particularisent l'évolution degré par degré. Dans l'analyse d'un tirage, seuls les textes des traits mutants sont pris en compte : ils complètent et précisent les conseils d'ordre général donnés au Jugement et à la Grande Image.

Voisinage Terme usuel désignant les relations d'une ligne quelconque d'un hexagramme avec la ou les lignes qui lui sont directement adjacentes. Le voisinage est effectif lorsque les deux lignes sont de polarités opposées : il souligne alors la complémentarité Yin-Yang qui existe entre ces deux niveaux de l'hexagramme.

Table des matières

Achevé d'imprimer en janvier 2002
sur presse Cameron
par ***Bussière Camedan Imprimeries***
à Saint-Amand-Montrond (Cher)

Édition exclusivement réservée
aux adhérents du Club
Le Grand Livre du Mois
15, rue des Sablons
75116 Paris
réalisée avec l'aimable autorisation des éditions Albin Michel

ISBN : 2-7028-5000-6

N° d'impression : 020099/4.
Dépôt légal : février 2002.

Imprimé en France